全唐文

二

〔清〕董　誥等編

中華書局

梁太祖

帝姓朱氏諱晃初名溫宋州碭山人唐大中六年生初從黃巢尋降於河中節度使王重榮重榮表奏僖宗授左金吾衛大將軍賜名全忠天復元年封梁王天祐二年加相國改封魏王備九錫四年四月受唐禪改今名開平三年加尊號睿文聖武廣孝皇帝在位六年年六十一諡曰神武元聖孝皇帝廟號太祖

受禪改名令

王者創業興邦立名傳世必難知而示訓從易避以便人闕或稽其符命應彼開基之義垂諸象德之言爰考簡書求於往代周王昌發之號漢帝詢衍之文或崇一德以徽稱或爲二名而更易先王令典布在縑緗寡人本名兼於二字且異帝王之號仍兼避易之難郡職縣官多須改換況宗廟不遷之業憲章百世之規事叶典儀豈憚革易寡人今改名晃是以天意雅符於明德日光顯契於瑞文昭融萬邦理斯在是庶順元穹之意永臻康濟之期宜令有司分告天地宗廟其舊名中外章疏不得更有迴避

受禪改元制

王者受命於天光宅四海祇事上帝寵綏下民革故鼎新諒歷數而先定創業垂統知圖籙以無差神器所歸祥符合應是以三正互用五運相生前朝道消中原政散瞻烏莫定失鹿難追朕經緯風雷沐浴霜露四征七伐垂三十年糾合齊盟翼戴唐室隨山刊木罔憚胼胝投袂揮戈不遑寢處洎上穹之所贊知廣運之不興莫諧輔漢之謀徒罄事殷之禮唐主知英華已竭算祀有終釋龜鼎以如遺推劒紱而相授朕懼德弗嗣執謙允恭避駿命於南河眷

清風於潁水而乃列嶽羣后盈廷庶官東西南北之人斑白緇黃之衆謂朕功蓋上下澤被幽深宜應天以順時俾化家而爲國拒彼億兆至於再三且曰七政已齊萬幾難曠勉遵令典爰正鴻名告天地神祇建宗廟社稷顧惟涼德曷副樂推慄若履冰懔如馭朽金行啟祚玉歷建元方宏經始之規宜布維新之令可改唐天祐四年爲開平元年國號大梁書載虞賓斯爲令範詩稱周客蓋有明文是用先封以禮後嗣宜以曹州濟陰之邑奉唐主封爲濟陰王凡曰軌儀並遵故實姬庭多士比是殷臣楚國羣材終

爲晉用歷觀前載自有通規但遵故事之文勿替在公之效應是唐朝中外文武舊臣見任前資官爵一切仍舊凡百有位無易厥章陳力濟時盡瘁事我古者興王之地受命之邦集大勳有異庶方霑慶澤所宜加等故豐沛著啟祚之美穰鄧有建都之榮用壯鴻基且旌故里爰遵令典先示殊恩宜升汴州爲開封府建名東都其東都改爲西都仍廢京兆府爲雍州佑國軍節度使

授錢鏐太尉制

集非常之事必有挺非常之才建第一之功必有居第一

之位朕膺圖受命負扆開階未嘗以真太尉之官輕於擬議大司闕之職易於簡求蓋由其爵尊其任重不有英佐孰當異恩啟聖匡運同德功臣淮南鎮海鎮東等軍節度使淮南浙江東西等道管內觀察處置充淮南四面都統營田安撫兼兩浙鹽鐵制置發運等使開府儀同三司檢校太師兼中書令杭越等州大都督府長史上柱國吳越王食邑一萬五千戶實封一千戶錢鏐海岳騰英星雲誕秀契君臣咸一之德有文武兼備之才宣慈惠和忠正廉毅敦詩說禮樹百行於藩維去暴除奸敵萬人於帷幄弼予興運明乃嘉謨頃屬淮夷不賓王化自爾益封吳會兼鎮廣陵追擒每盡於隻輪覆溺連收其巨艦復聞奸宄屢擾巡封謂天塹高若水可恃爾又橫戈憤悱獨力支吾妙運神機大殲戎醜元雲陣起雄風驅下瀨之師白露圍開沴氣散常州之化再安生聚重復土疆薛公之三策咸明漢主之一奇斯在況早攀鱗翼備見肺腸同德同心二紀密參於締構惟忠惟孝四方咸則於儀刑苟非劇恩何以加賞是用鏤於彝鼎冊以輅車擬呂望之尊崇正列侯之貴重仍加真食復寵兼官式是獎酬且旌忠烈於戲進以

正大易所以經邦慎厥終格言用之居位勉思遵守克荷寵靈服予訓辭錫爾繁祉可守太尉加實封二百戶餘並如故

令同華雍等州招諭制

左馮背叛元惡遁逃如聞相濟之徒多是脅從之輩若能迴心向國轉禍全身當與加恩必不問罪仍令同華雍等州切加招諭如能梟斬溫韜或以鎮寨歸化必加厚賞仍獎官班兼委本界招復人戶切加安存

黜罰使臣制

朝廷命使臣下奉行唯於辭見之儀合守敬恭之道近者凡差出使往復皆越常規或已辭而尚在本家或未見而先歸私第但從已便莫稟王程在禮敬而殊乖置典章而私舉宜令御史臺別具條流事件具黜罰等奏聞

南郊恩制

夫嚴祀報本所以通神明流澤覃休所以惠黎庶斯蓋邦家不易之道皇王自昔之規敢斁大猷茲惟古義粵朕受命於今三年何嘗不寅畏晨興焦勞夕惕師唐虞之典上則於乾坤挹殷夏之源下涵於民極欲使萬方有裕六辨

無愆然而志有所未孚理有所未達致奸宄作孽旱霾為災驕將守邊擁牙旗而背義積陰馭氣陵玉燭以干和載考休徵式昭至警朕是以仰高俯厚靡惜於責躬履薄臨淵冀昭於元覽兢兢慄慄夙夜匪寧及夫動干戈而必契靈謀陳犧粢而克章善應苟非天垂丕祐神賛殊休則安可致夷凶渠就不戰之功變沴戾氣作有年之慶況靈旗北指喪犬羊於亂轍之間飛騎西臨下鄜翟若走丸之易息一隅之煙燧復千里之封疆而又掃蕩左馮討除峴首故得外戎內夏益知天命之攸歸喙息跂行共識皇基之永固仰懷昭應欲報無階爰因南至之辰親展圜丘之禮茲惟大慶必及下民乃宏渙汗之私以錫疲羸之幸所冀漸臻蘇息丞致和平噫朕自臨御已來歲時尚邇氛昏未殄討伐猶頻甲兵須議於餽糧飛輓頻勞於編戶事非獲已慮若納隍宜所在長吏倍切撫綏明加勉諭每官中抽差徭役禁猾吏廣斂貪求免至流散靡依凋弊不濟宜令河南府開封府及諸道觀察使切加鈐轄刺史縣令不得因緣賦斂分外擾人凡關庶獄每尚輕刑只候纔罷用軍必當便議優給德音節文內有未該者宜令所司類例條

件聞奏

委宰臣專判祭祀制

國之大事惟祀與戎祭法所標禮經猶重其齊心必至備物精臻方感召於神祇乃降通於福祐近者所司祠祭或聞官吏因循虛破支供動多虧闕致陰陽之失序仍水旱以為災每一念思實多凜若宜加提舉用復敬恭須委元臣以專重事自今後應在京四時大小祀及諸色祭祀並委宰臣貽矩專判躬親點簡無令怠墮有失典常

求賢制

自開創以來凡有赦書德音節文內皆委諸道搜訪賢良尚慮所在長吏未切薦揚其有卓犖不羈沈潛用晦負王霸之業蘊經濟之謀究古今刑政之源達禮樂質文之奧機籌可以制變經術可以辨疑一事較羣一才拔俗並令招聘旋具奏聞然後試其所長待以不次所貴牢籠俊傑採摭英翹

禁軍吏誅求制

戎機方切國用未殷養兵須藉於賦租輓粟尚煩於力役所在長吏不得因緣徵發自務貪求苟有故違必行重典

立法垂制詳刑定科傳之無窮守而勿失中書門下所奏新定格式律令已頒下中外各委所在長吏切務遵行盡革煩苛皆除枉濫用副哀矜之旨無違欽恤之言

禁用軍焚掠制

扈氏不恭固難去戰鬼方未服尚或勞師其蟻聚餘妖狐鳴醜類棄天常而拒命據地險以偷生言事討除將期戡定問罪止誅於元惡延災可憫於遺黎每念傷痍良深愧歎應天兵所至之地宜令將帥節級嚴戒軍伍不得焚燒廬舍開發邱壠毀廢農桑驅掠士女使其背叛之俗知予弔伐之心

日食求言制

兩漢已來日蝕地震百官各上封事指陳得失蓋欲周知時病盡達物情用緝國章以奉天誡朕每思逆耳罔忌觸鱗將洽政經庶開言路況茲譴見當有咎徵其在列辟羣臣危言正諫極萬邦之利害致六合之殷昌毗予一人永建皇極

貶相州刺史李思安制

懷州刺史段明遠少年治郡庶事惟公兩度祗奉行鑾數

程宿食本界動無遺闕舉必周豐蓋能罄竭於家財務在顯酬夫明獎觀明遠之忠勤若此見思安之悖慢何如闕

加恩前朝官寮詔

前朝官寮譴逐南荒積年未經昭雪其間有懷抱材器爲時所嫉者深負冤抑仍令錄其名姓盡復官資兼告諭諸道令津致赴闕如已亡殁並許歸葬以明恩蕩

定封冊禮詔

朝廷之儀封冊爲重用報勳烈以隆恩榮固合親臨式光典禮彝章久缺自我復行今後每封冊大臣宜令有司備

臨軒之禮稱朕意焉

恤征役詔

潞寇未平王師在野攻戰之勢難緩於寇讎飛輓之勤實勞於人力永言輟耒深用軫懷宜令長吏丁寧布告期以兵罷之日給復賦租

令諸州撲蝗詔

令下諸州去年有蝗蟲下子處蓋前冬無雪今春亢陽致為災沴實傷隴畝必慮今秋重困稼穡自知多在荒陂榛蕪之內所在長吏各須分配地界精加翦撲以絕根本

亢陽修政詔

邇者下民喪禮法吏舞文銓衡既失於選求州鎮又無其舉刺風俗未厚獄訟實繁職此之繇上貽天譴

崇節儉詔

敦尚儉素抑有前聞斥去浮華期臻至理如聞近日貢奉競務奢淫或奇巧蕩心或雕鐫溢目徒殫資用有費工庸此後應諸道進獻不得以金寶裝飾戈甲劍戟至於鞍勒不用塗金及雕刻龍鳳如有此色所司不得引進

定鞍飾等級詔

車服以庸古之制也貴賤無別罪莫大焉應內外將相許以銀飾鞍勒其刺史都將內諸司使以降祇取用銅莫定尊卑永為條制仍令執法官糾察之

修祀典詔

祀典之禮有國之大事也如聞官吏慢於展敬禮容牲餼有異精虔宜令御史疏其條件以聞

給百官俸料詔

秩俸所以養賢而勵奉公也兵車未戢貢賦莫充朝謁甚勤祿廩蓋寡朕今啟建都市已畢郊禋職采至多費用差

少其百官逐月俸料委左藏庫依前例全給

申謝南郊詔

朕自膺眷佑勉副樂推三載於茲多難未弭但蒙靈貺每竊休徵致稼穡之有年乃陰陽之克敘昨者以災興右地叛結左馮連邠鳳之凶狂據關河之險固王師纔進逆黨生擒寸刃未施重門盡啟以致元凶自遁遺壘皆降賊除不出於浹旬兵罷匪踰於一月而況時當炎暑路涉惡山風迎馬以納涼雲隨車而不雨功因捷速役免滯留非朕質之敢當賴上元之垂祐合申告謝用表精虔宜令所司

擇日親拜郊祀

祭告東岳詔

封岳告功前王重事祭天肆覲有國常規朕自以眇身恭臨大寶既功德未敷於天下而災祥互降於域中慮於告謝之儀有闕齋虔之禮宜修昭報用契幽通宜令中書侍郎同平章事于兢往東岳祭拜禱祀訖聞奏

追贈張策等官詔

追養以祿王者推歸厚之恩欲靜而風人子抱終身之感其以刑部尚書致仕張策及三品四品常參官二十二人

先世各追贈一等

討劉知俊懸爵賞詔

劉知俊貴爲方伯尊極郡王而乃背誕朝恩竄投賊壘固人神之共怒諒天地所不容雖命討除尚稽擒戮宜懸爵賞以大功名必有忠貞咸思憤發有生擒劉知俊者賞錢千萬授節度使首級次之得孟審登者錢百萬除刺史得都將孫坑卓環劉儒張隣等賞賜有差

禁僞造犀玉詔

奇邪亂正假僞奪眞既刑典之不容宜犯違而勿赦應東西兩京及諸道州府制造假犀玉珍珠腰帶璧珥并諸色售用等一切禁斷不得輒更造作如公私人家先已有者所在送納長吏對面毀棄如行勅後有人故違必當極法仍委所在州府差人簡察收捕明行處斷

求賢詔

朕聞歷代帝王首推堯舜爲人父母孰比禹湯睿謀高出於古先聖德普聞於天下尚或卑躬待士屈己求賢俯仰星雲慮一民之遺逸網羅巖穴恐片善之韜藏延爵祿以徵求設丹青而訪召使其爲政樂在進賢蓋縣國有萬機

朝稱百揆非才不治得士則昌自朕光宅中區迄今三載宵分輟寐日旰忘餐思共力於廟謀庶永清於王道而乃朝廷之內或未盡於昌言軍旅之間亦罕聞於奇策眷言方岳下及山林豈無英奇副我延佇諸道都督觀察防禦使等或勳高翊世或才號知人必於塗巷之賢備察芻蕘之士詔到可精搜郡邑博訪賢良喻之以千載一時約之以高官美秩諒無求備唯在得人如有卓犖不羈沈潛自負通霸王之上略達文武之大綱究古今刑政之源識禮樂質文之變朕則待之不次委以非常用佐經綸豈勞階

級如或一言拔俗一事出羣亦當舍短從長隨才授任大小方圓之器寧限九流溫良恭儉之人難誣十室勉思薦舉勿至因循俟爾發揚慰予翹渴仍從別勅處分

遣官分祀風神詔

自朔至今暴風未息諒惟不德致此咎徵皇天動威罔敢不懼宜徧命祈禱副朕意焉

嚴關防詔

關防者所以譏異服察異言也況天下未息兵民多姦攺形易衣覘我戎事比者有譏皆以詐敗而未嘗罪所過地

叛將逃卒竊其妻孥而影附使者亦未嘗詰其所經今海內未同而緩法弛禁非所以息姦詐止奔亡也應在京諸司不得擅給公驗如有出外須執憑繇者其司門過所先須經中書門下點簡宜委宰臣趙光逢專判出給俾繇顯重冀絕姦源仍下兩京河陽及六軍諸衛御史臺各加鈐轄公私行李復不得帶挾家口向西其襄鄧鄜延等道並同處分

賑貸滑宋等州詔

滑宋輝亳等州水潦敗傷人戶愁歎朕爲民父母良用痛心其令本州各等級賑貸所在長吏監臨周給務令存濟

令冀王友謙將兵詔

邠岐未滅關隴多虞宜擇親賢總茲戎重應關西同雍華鄜延夏等六道兵馬並委冀王收管指揮凡有抽差先申西面都招討使仍別奏聞庶合機權以寧邊鄙

令行營招諭歸降詔

常山背義易水效尤誘其蕃戎動我邊鄙南侵相魏東出邢洺是用遣將徂征爲人除害但初須赦令不欲食言宥而伐之諒非獲已況聞謀始不自帥臣致此厲階並繇姦

佞密通人使潛結犬戎既懼罪誅乃生離叛今雖行討伐已舉師徒亦開招諭之門不阻歸降之路矧又王鎔處直未曾削爵除名若翻然改圖不遠而復必仍舊貫當保前功如有率衆向明拔州效順亦行殊賞冀徇來情免令受弊於疲民用示惟新於汚俗宜令行營都招討使及陳暉軍前準此勅文散加招諭將安衆懼特舉明恩鎮州只罪李宏規一人其餘一切不問

處置北面招討使胡規擾民詔

胡規比緣微效遂委劇權不能禁戢諸軍而敢侵淩百姓

輒生狂計欲起亂階備見包藏何堪委用從來凶逆已露鋒鋩此際侮輕足量肝膽苟無極斷慮掇後艱胡規并男義方委宗奭準軍令處置其婦女任從所適都指揮使韓勍已下一十二人罰俸有差

嚴懲注擬蠹弊詔

夫興隆邦國必本於人民惠養疲羸允資於令長苟選求之踰濫固撫理之乖違如聞吏部擬官中書除授或緣親舊所請或為勢要所干姑徇私情靡求才實念茲蠹弊宜舉條章自今以後應中書用人及吏部注擬並宜省藩身之才業驗為政之否臧必有可觀方可任用如或尚行請託猶假貨賕其所司人吏等必當推窮重加懲斷有司官長別有處分

暑月施恩詔

生育之人爰當暑月乳哺之變方及薰風儻肆意於封屠豈推恩於長養俾無殄暴以助發生宜令兩京及諸州府夏季內禁斷屠宰及採捕天民之窮諒由賦分國章所載亦務興仁所在鰥寡孤獨廢疾不濟者委長吏量加賑卹史載葬枯用彰軫惻禮稱掩骼將致和平應兵戈之地有

暴露骸骨委所在長吏差人專功收瘞國癘之文尚標七祀良藥之效亦載三醫用憐無告之人宜徵有喜之術凡有疫之處委長吏簡尋醫方於要路曉示如有家無骨肉兼困窮不濟者即仰長吏差醫給藥救療之

遣官祈雨詔

亢陽滋甚農事已傷宜令宰臣于兢赴中嶽杜曉赴西嶽精切祈禱其近京靈廟宜委河南尹五帝壇風師雨師九宮貴神委中書各差官祈之

禁長吏誅求詔

共理庶民是資牧宰克勤厥職必選端良儻徇私以滅公則興災而斂怨豈遵條教實蠹風猷其所在長吏不得因緣差役分外誅求律令所施典刑具在寧容殘忍合務哀矜宜令所在長吏不得淫刑酷法須臻有道免致無辜

求言詔

誘木求規集囊貢事將裨理道豈限側言應內外文武百官及草澤並許上封事極言得失

以潼關仍隸陝州勅

建國稱都俾新其制況山河之險表裏為防今二京俱在

關東以内仍以潼關隸陝州

禁使臣逗留敕

近年文武官諸道奉使皆於所在分外停住踰年涉歲未聞歸闕非唯勞費州郡抑且侮慢國經臣節既虧憲章安在自今後兩浙福建廣州安南邕容等道使到發許住一月湖南洪鄂黔桂許住二十日荆襄同雍鎮定青滄許住十日其餘側近不過三五日凡來往道路據遠近里數許日行兩驛如遇疾患及江河阻隔委所在長吏具事由奏聞如或有違當行朝典命御史點簡糾察以儆慢官

答錢鏐奏敕

敕鎮東軍牆隍神麗玉前朝名將劇郡良牧頃因剖竹之辰實有披榛之績剏修府署綏輯吏民豈獨遺愛在人抑亦垂名終古况錢鏐任隆三鎮功顯十臣能求福而不回致效靈而必應願加懿號以表冥符宜旌炭業之功用顯優隆之澤宜賜號崇福侯仍付所司牒至準敕者

許開坊市燃燈敕

近年以來風俗未泰兵革且繁正月燃燈廢停已久今屬創開鴻業初建洛都方在上春務達陽氣宜以正月十四十五十六日夜開坊市門一任公私燃燈祈福

改酸棗等九縣屬開封府敕

自升州作府建邑爲都未廣邦圻頗虧國體其以滑州酸棗縣長垣縣鄭州中牟縣陽武縣宋州襄邑縣曹州戴邑縣許州扶溝縣鄢陵縣陳州太康縣等九縣宜並割屬開封府仍升爲畿縣

升碭山爲赤縣敕

豐沛之基寢園所在悽愴動關於情理充奉自繫於國章宜設陵臺兼升縣望其輝州碭山縣宜爲赤縣仍以本縣令兼四陵臺令

賞張溫等敕

劉知浣逆黨之中最爲頭角龍虎軍親兵之内實冠爪牙昨者攻取潼關率先用命尋則擒獲知浣最上立功頗壯軍威將除國難所懸賞格便可支分許賜官階固須除授但昨捉獲劉知浣是張溫等二十二人一時向前共立功效其賞錢一千貫文數内一百貫文與最先打倒劉知浣衙官李稠四十三貫文與十將張溫二十人各與錢四十二貫八百五十文立功敕命便授郡府亦緣同時立功人

數不少所除剌史難議偏頗宜令逐月共支給正剌史料錢二百貫文數內十將張温一人每月與十貫文餘二十一人每月每人各分九貫文仍起七月一日以後支給人與轉官職仍勘名銜分析申奏當與施行

定門禁勅

大內皇牆使諸門素來未得嚴謹將令整肅須示條章宜令控鶴指揮應於諸門各添差控鶴官兩人守帖把門其諸司使幷諸司諸色人等並勒於左右銀臺門外下馬不得將領行官一人輒入門裏其逐日諸道奉進客省使於

千秋門外排當訖勒控鶴官舁擡至內門前準例令黃門殿直以下舁進輒不得令諸色一人到千秋門內其輿善門仍令長官闌鏁不用逐日開閉

申明門禁勅

皇牆大內本尚深嚴宮禁諸門豈宜輕易未當條制交下因循苟出入之無常且公私之不便須加鈐轄用戒門閭宜令宣徽院使等切準此處分

欽定全唐文卷一百二

梁太祖二

便殿聽政勅

朕以干戈尚熾華夏未寧宜循卑菲之言用致雍熙之化起八月一日常朝不御金鑾崇勳兩殿只於便殿聽政

禁滯留軍奏勅

建國之初用兵未罷諸道章表皆繫軍機不欲滯留用防緩急其諸道所有軍事申奏宜令至右銀臺門委客省畫時引進諸道公事即依前四方館準例收接

禁科配州縣勅

所在長吏放雜差役兩稅外不得妄有科配自今後州縣府鎮凡使命經過若不執勑文券並不得妄差人驢及取索一物已上又今歲秋田皆期大稔仰所在切加條流本分納稅及加耗外勿令更有科索切戒所繇人吏不得於鄉村乞託擾人

令當直官於中書側近宿止勅

公事難於稽遲居處悉皆遙遠其逐日當直中書舍人及吏部司封知印郎官少府監及篆印文兼書寫告身人吏

等並宜輪次於中書側近宿止

令刺史專達勅

魏博管內刺史比來州務並委督郵遂使曹官擅其威權州牧同於閒冗俾循通制宜塞異端並宜依河南諸州例刺史得以專達

令宰臣專判司門出給勅

司門過所先是司門郎中員外郎出給今以寇盜未平恐漏姦詐令宰臣趙光逢專判凡諸給過所先具狀經中書點簡判下即本判郎官據狀出給

褒韓建勅

許昌雄鎮太保韓建朕用之布政民耕盜止久居其位庶可勝殘矣宜令中書門下不計年月勿議替移

給宰臣餐錢勅

食人之食者憂人之事況丞相尊位參決大政而堂封未給且無餐錢朕甚愧之宜令日食萬錢之半

備雨潦勅

今載春寒頗甚雨澤仍愆司天監占以夏秋必多霖潦宜令所在郡縣告喻百姓備淫雨之患

修禳星災勅

近者星辰違度式在修禳宜令兩京及宋魏州取此月至五月禁斷屠宰仍各於佛寺開建道場以迎福應

勒停御史鄭觀現任勅

國之重典祀事為先監察御史本處不恪今則衆官晨興已到御史日晏方來既紊國章難虧朝典其鄭觀宜停見任

賜鄭仁誨手勅

切慮德妃以朕至兖州行營津置內人承侍緣諸軍在野

不可自安令鄭仁誨專心體候如德妃津置內人東來便須上聞約住或取索鞍馬不得供應如意堅確即以手勅示之

授錢鏐吳越國王冊文

洎者有唐告終王政日紊婦寺亂常於內蠻貊犯順於邊列鎮張膽而相攻大臣捫心而無措惟思家族遑恤朝廷朕起自兵戎歷階節度憂皇天之不弔閔黎庶之倒懸誓衆興師爲民請命東征西怨共徯我后來蘇簞食壺漿咸若厥角墜地竟以數州之力大翦諸國之鋒歷試諸艱遂

叨九錫稽舜禹之禪法隋唐之勑天步多艱人情習亂因商民之思紂嗾桀犬以吠堯職具不共何所不至咨爾上柱國吳越王錢鏐山川毓秀二五儲精以不世出之才行大有爲之主納交伯府翼戴中朝靖淮甸之邪氛不得素我王氣斬羅平之妖鳥不得鳴我王郊迨乎受禪之初首遣宣諭之使頗知天命不效狂謀匪兼二國之封曷獎尊王之義今遣使金紫光祿大夫尚書上柱國姚洎使副尚書禮部主客員外羅袞持節備禮胙土分茅冊爾爲吳越國王嗚呼車徒萬乘何戎狄之不可膺節制三方何強梁

之不可伏矧百粵夏后駐蹕之地三吳泰伯肇封之疆句踐用之以親鄖夫差因之而駕晉方賴率三軍而挺荆楚糾列國以平淮戎允爲東海屏藩永保中原重鎮毋姑息以敗事毋誇大以隳功欽哉其聽朕命

請車駕還京表

臣獨兼四鎮迨事兩朝分數千里之封疆受二十年之恩渥微同物類猶解感知忝齒人倫寧忘報效臣昨將兵士奔赴闕庭尋過京畿遠迎車駕初因幕吏面奉德音尋有宰臣頻飛密札或以京都紛擾委制置於中朝或以鑾輅播遷俾奉迎於近甸臣是以遠離藩鎮不憚疲勞昨奉詔書兼宣口勑令臣速抽兵士且歸本藩仍遣百官俾赴行在覩綸言於鳳紙若面丹墀認御札於龍衣如親翠蓋然知從來書詔出自宰臣每降宣傳皆非聖旨致臣悞將師旅遽入關畿比令迎駕之行翻挂脅君之過臣今見與茂貞要約釋兩地猜嫌早致萬乘歸京以副八紘懇望其宰臣百官已下非臣輒有阻留伏乞詔赴行朝以備還駕

諭諸鎮檄文

今月二十日得襄王僞詔及朱玫文字云田令孜脅遷鑾

駕播越梁洋行至半塗六軍變擾遂至倉皇而晏駕不知弑逆者何人永念丕基不可無主昨四鎮藩后推朕纂承已於正殿受冊畢改元大赦者李煴出自贅疣名汙藩邸智昏菽麥識昧機權李符擄之以塞辭朱玫賣之以爲利呂不韋之奇貨可見姦邪蕭世誠之土囊期於匪夕近者當道徑差健步奉表起居行朝現駐巴梁宿衛比無騷動而朱玫脅其孤騃自號台衡敢首亂階明言晏駕熒惑藩鎮陵弱廟朝闕

與蜀王建書

夫唐虞致治。遵禪讓之明文。湯武開基。允人神之至願。必有神器。是膺皇圖。況古今迭代之期。英傑興隆之數。莫不上關天命。下順人心。啟王霸之宏基。爲子孫之大計。咸遵軌轍。並載簡編。且念與皇帝八兄。頃在前朝。各封異姓。土茅分裂。皆超將相之尊。魚鴈往來。久約弟兄之契。懽盟甚固。功業相推。俄隔絕於音塵。止因緣於間諜。以至時衰土德。運應金行。雖手足胼胝。粗平多難。而星辰符瑞。謬付厥躬。當百辟之羣情。極四方之積患。爰都河洛。用答乾坤。尋聞皇帝八兄奄有西陲。盡朝三蜀。別尊位號。復統高深。一

時皆賀於推崇。兩國願通於情好。徵曹劉之往制。各有君臣。追楚漢之前蹤。嘗分疆宇。所冀同清夷夏。俱活生靈。載籍具存。恢張無爽。去歲密聞風旨。遐慰寤思。憤岐隴之猖狂。逼褒斜之封徼。欲資牽制。用速掃除。遂委永平軍節度使劉鄩。特遣行人。先道深意。旋已徑差精甲。將擊妖巢。合數鎮之驍雄。鼓六師之威勢。尋聞退遁。殆至滅亡。允諧犄角之謀。尤得輔車之利。近併覽同華奏報。皆進呈褒祥書題。具悉事機。良多歎沃。今專馳鄉列。備達衷懷。重論金石之交。別卜塤篪之分。山河共永。日月長懸。瞻佇好音。言不盡意。今遣光祿卿盧玭閤門副使少府少監李元聊馳書幣。專戒道途。兼有微禮。具在別幅。謹白。

馬一十匹。紅纓絡子鞍幞各一事。計紅耳叱撥馬一匹。金玉閙裝四垂鞍轡一副。紫叱撥馬一匹。白玉裝鞍轡一副。白驄馬一匹。金鍍閙裝鞍轡一副。烏叱撥馬一匹。金鍍龍鳳五垂銀鞍轡一副。烏叱撥馬一匹。金鍍銀閙裝鞍轡一副。白驄馬一匹。金鍍銀閙裝鞍轡一副。青叱撥馬一匹。裹花五垂銀鞍轡一副。青叱撥馬一匹。陷金玉五垂鞍轡一副。騮叱撥馬一匹。金鍍閙裝五垂銀鞍轡一副。紅耳叱撥

馬一匹。金鍍五垂閙裝銀鞍轡一副。又玉犀腰帶雜物等。計黃排方珮琳腰帶一條。頭尾順鋏十二事。通牡丹犀排方腰帶一條。頭尾順鋏十二事。金香一十斤。麝香五十臍。犀一十株。琥珀二十斤。玳瑁二百斤。金稜琉璃碗十隻。銀稜祕色鈔鑼二面。金花銀裝廚子一對。金花渾銀裹龍鳳儀注槍四條。并鞘子犛牛紅拂子全。金花銀裹龍鳳儀注槍四十條。綾袋盛金銅甲二副。并副髆兜鍪全。又藥物十三伍。計茯苓一十斤。茯神一十斤。酸棗仁五十斤。玉鹽五斤。新羅人葠一十斤。牛膝一十斤。枳殼一十斤。五味子五

斤亦箭一十斤鹿茸一十對顆棗一千枚羚羊角五對牛黃一百銖右件藥物等或來從燕市或貢自炎方或馨香能助於薰爐或華妙可資於寶翫光涵星斗藥有君臣顧伸兩國之情重固千年之約愧非縟禮粗達深衷特希檢留幸甚謹白

與契丹阿保機書

朕今天下皆平惟有太原未服卿能長驅精甲徑至新莊爲我翦彼仇讎與爾便行封冊

梁末帝

帝諱瑱初名友貞太祖第四子唐文德元年生開平元年封均王乾化三年二月即位改名鍠末年改今名在位十一年年三十六

即位改名制

朕仰膺天睠近雪家讎旋聞將相之謀請紹祖宗之業羣情見迫三讓莫從祇受推崇懼不負荷方欲烝嘗寢廟禋類郊丘聿徵定體之辭用表事神之敬其或於文尚淺在理未周亦冀隨時別圖制義雖臣子行孝重更名於已孤而君父稱尊貴難知而易避今則虔遵古典詳考前聞允諧龜筮之占庶合帝王之道載惟涼德尤愧嘉名中外羣寮當體朕意宜改名鍠

給復宋亳等三十二州制

王者愛育萬方慈養百姓恨不驅之以仁壽撫之以淳和而炎黃有戰伐之師堯舜有干戈之用諒不獲已其猶病諸然則去害除妖興兵動衆殺黑龍而濟中土刑白馬而誓諸侯終能永逸暫勞以至同文共軌古今無異方冊具存朕以眇末之身託億兆之上四海未乂八年於茲業業兢兢日愼一日雖踰山越海肅愼方來而召雨徵風蚩尤

尚在顧茲殘孽勞我大邦將士久於戰征黎庶疲於力役本年木牛暫息則師人有不爨之憂流馬盡行則丁壯有無聊之苦況青春告謝朱夏已臨妨我農時迫我戎事永言大計思致小康宜覃在宥之恩稍示殷憂之旨用兵之地賦役實煩不有蠲除何使存濟除兩京已放免外應宋亳輝潁鄆齊棣滑鄭濮沂密青登萊淄陳許均房襄鄧泌隨陝華雍晉絳懷汝商等三十二州應欠貞明四年已前夏秋兩稅并鄆齊滑濮襄晉輝等七州兼欠貞明四年已前營田課利物色等並委租庸使逐州據其名額數目矜

族所在官吏不得淹停制命徵督下民致恩澤不及於鄉閭租稅虛捐於帳籍其有私放遠年債負生利過倍自違格條所在州縣不在更與徵理之限兗州城內自張守進違背朝廷結連蕃寇久勞攻討頗困生靈言念傷殘尋加給復應天下見禁罪人犯大辟合抵極刑者宜示好生特令減死除準格律常赦不原外徒流以下遞減一等左降官未經量移者與量移已量移者更與復資

追復博王友文官爵詔

我國家賞功罰罪必叶朝章報德伸冤敢欺天道苟顯違於法制雖暫滯於歲時終振大綱須歸至理重念太祖皇帝嘗開霸府有事四方迨建皇朝載遷都邑每以主留重務居守難才愼擇親賢方膺寄任故博王友文才兼文武識達古今俾分憂於在浚之郊亦共理於興王之地一心無易二紀於茲嘗施惠於士民實有勞於家國去歲郢王友珪嘗懷逆節已露凶鋒將不利於君親欲竊窺於神器此際值先皇寢疾大漸日臻博王乃密上封章請嚴宮禁因以萊州刺史授於郢王友珪纔覩宣頭俄行大逆豈有自縱兵於內殿卻翻事於東都又矯詔書枉加刑戮仍奪

博王封爵又改姓名冤恥兩深誣欺何極伏賴上元垂祐宗社降靈俾中外以叶謀致遐邇之共怒尋平內難獲勦元凶既雪恥於同天且免譏於共國朕方期遁世敢竊臨人遽迫推崇爰膺纘嗣冤憤既伸於幽顯霈澤宜及於下泉博王宜卻復官爵仍令有司擇日歸葬

國忌輟朝詔

太祖皇帝六月二日大忌朕聞姬周已還並用通喪之禮炎漢之後方行易月之儀歷代相沿萬幾斯重遂爲故實難遽改更朕頃遘家冤近平內難倏臨祥制俯迫忌辰音容永遠而莫追號感彌深而難抑將欲表宅憂於中禁是宜輟聽政於外朝雖異常儀願申罔極宜輟五月二十二日至六月二十九日朝參軍機急切公事即不得留滯並仰畫時聞奏施行

輟朝答宰臣詔

朕聞禮非天降固可酌於人情事繫孝思諒無妨於國體今以甫臨忌日暫輟視朝冀全哀戚之情用表始終之節宰臣等累陳章表備述古今慮以萬幾之繁議以五日之請雖茲懇切難盡允俞況保身方荷於洪基敢言過毀而

權制獲申於至性必在得中宜自今月二十九日輟至六月七日無煩抑請深體朕懷

分相魏爲兩鎭詔

分疆裂土雖賞勳勞建節屯師亦從機便比者魏博一鎭巡屬六州爲河朔之大藩實國家之巨屏所分憂寄允謂重難將叶事機須期通濟但緣鎭定賊境最爲魏博親隣其次相衛兩州皆控澤潞山口兩道並連於晉土分頭常寇於魏封旣須日有枝梧未若俱分節制免勞兵力困奔命於兩途稍泰人心俾安居於終日其相州宜建節爲昭

德軍以澶衛兩州爲屬郡以張筠爲相州節度使

答賀德倫詔

魏博寇敵接連封疆懸遠凡於應赴須在師徒是以別建節旄各令捍禦并鎭則委魏博控制澤潞則遣相衛枝梧咸遂便安貴均勞逸已定不移之制宜從畫一之規至於征伐事權亦無定例且臨清王領鎭之日羅紹威守藩以來所領事銜本無招討秖自楊師厚先除陜滑二帥皆以招討兼權因茲帶過鄴中原本不曾落下苟循事體寧惬施行況今劉鄩指鎭定出征康懷英往邠岐進討秖令統率師旅亦無招討使銜切宜徧諭羣情勿興浮議倚注之意卿宜體之

賜鎭南軍節度使劉鄩詔

閫外之事全付將軍河朔諸州一旦淪沒勞師弊旅患難日滋退保河壖久無鬭志昨東面諸侯奏章來上皆言倉儲已竭飛輓不充于役之人每遭擒擄夙宵軫念惕懼盈懷將軍與國同休當思良畫如聞寇敵兵數不多宜設機權以時翦撲則予之負荷無累先人

以曹州刺史朱珪檢校太傅充平盧軍節度使詔

行營諸軍馬步都虞候匡國軍節度觀察留後朱珪昨以寇戎未滅兵革方嚴所期朝夕之間克弭烟塵之患每於將帥別注憂勞而謝彥章孟審澄侯温裕忽搆異圖將萌逆節賴朱珪挺施貞節密運沈機果致梟擒免貽讎敵特加異殊之命用旌忠孝之謀便委雄藩俾荷隆渥可檢校太傅充平盧軍節度淄青登萊等州觀察處置押新羅渤海兩蕃等使兼行營諸軍馬步軍副都指揮使仍進封沛國郡開國侯

舉廢官詔

應文武朝官或有替罷多年漂流在外者宜令中書門下量才除授勿使栖遲或有進士策名累年未釋褐者與初任一官已釋褐者依前資敘用

禁私度僧尼詔

兩都左右街賜紫衣及師號僧委功德使具名聞奏今後有闕方得奏薦仍須道行精至夏臘高深方得補塡每遇明聖節兩街各許官壇度七人諸道如要度僧亦仰就京官壇仍令祠部給牒今後只兩街置僧錄諸道僧正並廢

賞賜諸軍詔

郊禋大禮舊有渥恩御殿改元比無賞給今則不循舊例別示特恩其行營將士賞賚已給付本家宜令招討使霍彥威副招討使王彥章陳州行營都指揮使張漢傑曉示諸軍知悉

降封惠王友能爲房陵侯詔

朕君臨四海子育兆民惟持不黨之心庶叶無私之運其有齒予戚屬雖深敦敘之情干我國經難固含宏之旨須遵常憲以示至公特進檢校太傅使持節陳州刺史兼御史大夫上柱國食邑三千戶惠王友能列爵爲王須條治郡受元戎之寄任處千里之封疆就進官資已登崇貴時加錫賚以表優隆宜切知恩合思盡節撫俗當申於仁政佐時期效於忠規而狎彼小人納其邪說忽稱兵而向闕敢越境以殘民侵犯郊畿驚撓輦轂遠邇咸嫉謀畫交陳及興問罪之師旋驗知非之狀瀝懇繼陳於章表束身願赴於闕庭備述艱危覩加寬恕朕得不自爲屈已姑務安仁特施貸法之恩蓋舉議親之律詢於事體抑有朝章止行退責之文用塞衆多之論可降封房陵侯於戲君臣之體彼有不恭伯仲之恩予垂立愛顧茲輕典豈稱羣情凡

在臣寮當體朕意

獎王周詔

王周佐國賢臣殿邦良帥戰伐之功顯著葺綏之政尤彰昨者殄寇常山總戎涇水安邊靜塞克施撫馭之方察俗觀風盡去煩苛之弊備陳條件足驗公清一方既洽於詠歌百姓頓期於蘇息王周宜賜詔獎

襃安叔千詔

安叔千折獄惟良化民有術治彼無訟使之知禁鳴枹息於砥路茂草生於圜土求之古人何以臻此三載考績不

忘明允之能五刑有服無違中正之道以斯爲政良可嘉焉

貸華温琪贓罪詔

朕若不與鞫究謂予不念赤子若遂行典憲謂予不念功臣爲子若者不亦難乎其華温琪所受贓宜官給代還所訟之家

授錢鏐第三子傳瑛駙馬都尉賜鏐勅

勅吳越國王錢鏐朕念敬尊元老禮無出於父師崇樹華姻事莫先於婚媾故金張貴族方膺下嫁之榮齊宋大邦

始稱和鳴之兆恭惟先帝與卿素同盟約誓掃寇讎遠禪締構之功終集興隆之運雖崇資厚祿酬勳已極於當時而懿戚周親結分思聯於奕世尋期愛女欲配高門三邊未息於戎機百兩遂稽於宿諾今朕祇膺天眷獲嗣皇圖念三年無改之規思二姓好逑之重願遵先旨特舉令儀況傳瑛驪頷奇光鳳毛異彩不俟折笄之訓已當壓紐之祥嬀汭名門雅稱太姬之匹張敖顯族宜承元女之姻是用先降徽章特加異數擅齋壇之斧鉞兼台室之鈞衡既明必復之徵且展維私之分料卿精識體朕至懷今授傳瑛大同軍節度使檢校太傅同中書門下平章事駙馬都尉兼加食邑八百戶

以壽春公主選駙馬賜錢鏐勅

勅給事中韋彖等到鎮選尚令陳讓恩命事具悉卿六朝元老一代純臣挺金石之心功參締構識風雲之會力贊邦家歃鐘不足以宣猷簡冊尋盈於編絕所以先帝頃在潛龍之際欲敦鳴鳳之占擇彼芝蘭聘於骨肉及開張運祚巡狩寰區雖嬀汭降嬪未行嘉禮而晉原埋玉不享修齡朕去歲特輟近班俾道遺訓冀諧良匹別付至親卿又過執謙沖遠形辭避且知子莫若父知臣莫若君將相聯

榮公王疊慶豈無令器可奉明恩勿堅撝抑之儀速副選求之旨佇行制命勉沃朕懷欽重之餘延矚無已

選錢鏐十五子傳璟爲駙馬賜鏐勅

卿功高鼎鉉爵極土茅光紀年繫月之書等巢閣負圖之瑞朕自惟寡薄猥荷基扃唯於舊勳敢墜先志所以再謀選尚用洽姻親況卿男傳璟學禮聞詩資忠履孝前代則何郎風貌克著嘉名近朝則郭令功崇爰推愛子既臻具美須降明恩俾升右揆之榮兼正九卿之秩奉車增貴鳴

玉趨朝騁騏驥之修途契鳳凰之吉兆眷戀之外慰沃良深今授傳璟檢校尚書右僕射守司農卿駙馬都尉已從別勅處分想宜知悉

命錢鏐進取海南劉巖勅

勅曰朕聞越紀亂常前王無赦懲惡勸善有國不私苟罪惡以顯彰在刑名而何逭其有身當殊寵既受國恩敢行不軌之心具驗速辜之跡須行典憲仍令詰諸靖海建武等軍節度使上柱國平南王劉巖頃因乃父發跡本藩尋賴其兄致身賓席受先朝之拔擢極上將之寵權念其尊

奬之誠許繼藩宣之任乃自行軍之職繼膺推轂之恩秩進三司位同四輔自朕獲承大寶累進崇資一門無比其超榮百世豈疇其寵耀而敢飛章不絕希寵無厭始求都統四隣後請封王南越貪饕斯甚踰僭無階朕每含容再伸優渥授之東鎮加以南平比罔思止足益恣凶狂妄稱漢室遺宗欲繼尉佗醜跡結連淮海阻塞梯航徒惑遠方僭稱大號在人情而共棄豈天道以能容宜命討除用清逆亂爾天下兵馬都元帥錢鏐志扶社稷任總兵師每興憤激之辭願舉誅夷之令是用俾爾元老討彼叛臣先行

奪爵之文爰舉摧凶之典劉巖在身官爵並宜削奪於戲將相重任子孫殊榮不能常守於藩修而乃自干於國典指凶殘而必取念染污以將新非我無終始之恩實彼有滿盈之罪凡百珍重悉體朕懷

改元德音

朕聞惟辟動天惟聖時憲故君爲善則降之以福爲不善則降之以災朕以眇末之身託於王公之上不能荷先帝艱難之運所以致蒼生塗炭之危兵革薦興災害仍集內省厥咎蓋由朕躬故北有邊裔狡逞之師西有蒲同亂常

之旅連年戰伐積歲轉輸虔劉我士民侵據我郡邑師無宿飽之饋家無擔石之儲而又水潦爲災蟲蝗作沴戒譴作於上怨咨聞於下而況骨肉之內竊弄干戈畿甸之中輒爲陵暴但責躬而罪己敢怨天以尤人蓋朕無德以事上穹無功以及兆庶不便於時者未能去有益於民者未能行處事昧於酌中發令乖於至當招致災患引翼禍殃罪在朕躬不敢自赦夙夜是懼寢食靡寧將勵己以息災爰布澤而從欲今以薰風方扇旭日初昇朔既視於正陽歷宜更於嘉號庶惟新之令敷華夏以同歡期克念之心

與皇王而合道其貞明七年宜改爲龍德元年應天下見禁罪人除大辟罪外遞減一等德音到後三日內疏理訖奏應欠貞明三年四年諸色殘欠五年六年夏稅殘稅並放侍衛親軍及諸道行營將士等第頒賜優賞已從別勅處分左降官與量移已經量移者與復資長流人各移近地已經移者許歸鄉里前資朝官寄寓遠方仰長吏津置赴闕內外文武常參官節度使留後刺史父母亡歿者並與封贈公私債負納利及一倍已上者不得利上生利先經陣歿將校各與追贈

報典軍趙巖書

夷門太祖創業之地居天下之衝北拒幷汾東至淮海國家藩鎮多在厥東命將出師利於便近若都洛下非良圖也公等如堅推戴冊禮宜在東京賊平之日即謁洛陽陵廟

欽定全唐文卷一百三

後唐太祖

帝姓朱耶氏賜姓李諱克用其先隴右金城人唐大中十年生始祖拔野貞觀中從太宗討高麗有功爲沙陁都督子孫代襲帝初爲雲中牙將累官司空龍紀元年封隴西郡王乾寧二年進封晉王天祐五年正月薨年五十三同光元年追謚武皇帝廟號太祖

上昭宗自訴表

晉州長寧關使張承暉於當道錄到張濬牓幷詔曰張濬

充招討制置使令率師討臣兼削臣屬籍官爵者臣誠冤誠憤頓首頓首伏以宰臣張濬欺天蔽日廊廟不容讒臣於君奪臣之位憑燕帥妄奏與汴賊結恩矯託皇威擅宣王命徵集師旅撓亂乾坤誤陛下中興之謀資黔黎重傷之困臣實何罪而陛下伐之此則宰臣持權而欺陛下況臣父子三代受恩四朝破徐方救荆楚收鳳闕碎梟巢致陛下今日冠通天之冠佩白玉之璽臣之屬籍懿皇所賜臣之師律先帝所命臣無逆節濬討何名陛下若厭逐功臣欲用文吏自可遷臣封邑以俟就第柰何加諸其罪孰

肯無詞若以臣雲中之伐獲罪於時則拓拔思恭取鄜延朱全忠侵徐鄆陛下何不討之假令李孝德不忠於主伐之爲是則朱瑄時溥有何罪耶此乃同坐而異名賞彼而誅此使天下藩服強者扼腕弱者自動流言竊議爲臣怨嗟固非中興之術也且陛下阽危之秋則獎臣爲韓彭伊霍既安之後罵臣曰戎羯蕃夷海内握兵立事如臣者衆矣寧不懼陛下他時之罵哉臣昨遇燕軍以禮退舍匡威淺昧厚自矜誇乃言臣中矢石覆士卒致内外吠聲一發短謀競陳誤陛下君臣之分況命官選將自有典刑不必

幸臣之弱而後取之儻臣延期挺命尚固一方彼實何顏以見陛下此則姦邪朋黨輕弄邦典陛下凝旒端扆何由知之今張濬既已出軍微臣固難束手臣便欲叫閽輕騎面叩玉階訴邪佞於陛下之彤墀納詔命於先皇之宗廟然後東身司敗甘處憲章

報西川王建書

竊念本朝屯否巨業淪胥攀鼎駕以長違撫彤弓而自咎默默終古悠悠彼蒼生此厲階永爲痛毒視橫流而莫救徒誓楫以興言別奉函題過垂獎諭省覽周既駭惕異常淚下霑衿倍鬱申胥之素汗流浹背如聞蔣濟之言僕經事兩朝受恩三代位叨將相籍係宗支賜鈇鉞以專征徵包茅而問罪鏖兵接戰二十餘年竟未能斬新莽之頭顱斷蚩尤之肩髀以至廟朝顛覆豺虎縱橫且受任分憂叨榮冒寵龜玉毀櫝誰之咎歟備閱指陳不勝慚恧然則君臣無常位陵谷有變遷或箠塞長河泥封函谷時移事改理有萬殊即如周末虎爭魏初鼎據孫權父子不顯授於漢恩劉備君臣自微興於涿郡得之不謝於家世失之無損於功名適當逐鹿之秋可斬華蟲之服惟僕累朝席寵

奕世輸忠忝佩訓詞粗存家法善博奕者惟先守道治蹊田者不可奪牛誓於此生靡敢失節仰憑廟勝蚤殄寇讎如其事與願違則共臧洪遊於地下亦無恨矣唯公社稷元勳華嵩降祉鎮九州之上地負一代之宏才合於此時自求多福所承良訊非僕深心天下其謂我何有國非吾節也懔懔孤懇此不盡陳

北嶽廟題名

河東節度使檢校太保同中書門下平章事隴西郡王李克用以幽鎮侵擾中山領蕃漢步騎五十萬衆親來救援

與易定司空同申祈禱翌日過常山問罪時中和五年二月廿一日克用記

至三月十七日以幽州請就和斷遂却班師再謁睟容兼申賽謝便取飛狐路却歸河東廿一日克用重記

後唐莊宗

帝諱存勗太祖長子唐光啟元年生年十一授檢校司空隰州刺史天祐五年嗣封晉王二十年四月築壇魏州即帝位同光二年加尊號昭文睿武至德光孝皇帝在位四年年四十二謚曰光聖神閔孝皇帝廟號莊宗

親決疑獄令

議獄恤刑比求寃濫頑民下輩輕侮憲章苟非五聽之通明何辨二門之邪正自今後法司如有疑獄予自據格令以決之此法既行雖親無赦

嚴科市井凶豪令

兵亂以來生靈凋耗豈止賦租煩重加之寇盜侵漁又聞市井之中多有凶豪之輩晝則聚徒捕博夜則結黨穿窬若不示以嚴科何以懲其巨蠹仰法司顯行條令峻設隄防

徇邢洺魏博衛滑諸郡縣令

王室搆屯七廟被陵夷之酷昊天不弔萬民罹塗炭之災必有英主奮庸忠臣仗順斬長鯨而清四海廓祆祲以泰三靈予位忝維城任當分閫念茲顛覆詎可晏安仗桓文節制之規問羿浞凶狂之罪逆温碭山傭隷巢孽餘凶當僖宗奔播之初我太祖掃平之際束身泥首請命牙門包藏姦詐之心惟示婦人之態我太祖俯憐窮鳥曲爲開懷特發表章請帥梁汴纔出萑蒲之澤便居茅社之尊殊不感恩遽行猜忍我國家祚隆周漢迹盛伊唐二十聖之鎡

基三百年之文物外則五侯九伯内則百辟千官或代襲簪纓或門傳忠孝皆遭陷害永抱沈寃且鎭定兩藩國家巨鎭冀安民而保族咸屈節以稱藩逆温唯仗陰謀專行不義欲全吞噬先據屬州趙王特發使車來求援助予情惟盪寇義切親仁躬率賦輿赴茲盟約賊將王景仁將兵十萬屯據柏鄉遂驅三鎭之師授以七擒之略鸛鵝纔列梟獍大奔易如走坂之丸勢若燎原之火僵屍仆地流血成川組甲彫戈皆投草莽謀夫猛將盡作俘囚羣凶既快於天誅大憝須懸於鬼籙今則選蒐兵甲簡練車徒乘勝

長驅翦除元惡凡爾魏博邢洺之衆感恩懷義之人乃祖乃孫爲聖唐赤子豈徇虎狼之黨遂忘覆載之恩蓋以封豕長蛇憑陵薦食無方逃難遂被脅從空嘗膽以銜冤竟無門而雪憤既聞告捷想所慰懷今義旅徂征止於招撫昔耿純焚廬而向順蕭何舉族以從軍皆審料興亡能圖富貴殊勳茂業翼子貽孫轉禍見幾決在今日如能詣轅門而效順開城堡以迎降長吏則改補官資百姓則優加賞賜所經詿誤更不推窮三鎮諸軍已申嚴令不得焚燒廬舍剽掠馬牛但仰所在生靈各安耕織予恭行天伐罪

止元凶已外歸明一切不問凡爾士衆咸諒予懷

平魏博令

我國家列爵疏封皆循舊制建藩維而命宗子錫茅社以報功臣惟茲魏邦纘乃舊服自逆溫肇亂天下分離謀害忠良窺覦藩翰遂使公侯之國鞠爲蛇豕之場朱友貞纂陋餘妖人神共棄不量其力謂秦無人尚爲貽厥之謀巧設兼并之計改張節制分割山河連甍皆弊於誅求編戶不安於閭井且人爲邦本君乃民天既興虐我之謀須起徯予之嘆遂至桓桓列校擾擾齊甿奮白梃以捐生潔壺漿而望主予叨居閫政誓復聖唐永念生靈嘗生軫惻覩茲殘弊尤切疚懷昨百姓三軍請予兼領姦凶在近鎮撫尤難賴爾衆多共宣忠力切以軍府變更之後人情易動難安將務輯寧須嚴法令凡訛言謗議殘物害人結黨連朋抵刑犯禁如當糾告法固難容凡爾蒸人勉其自勵布告中外咸使聞知

諭曹濮百姓教

干紀亂常人神共怒殺君盜國天地何容激忠良仗順之心拯黎庶倒懸之急予爰從近歲親舉義師每惟艱難之

謀所切弔民之志而賊黨不分逆順憑附妖凶唯偷晷漏之生不慮覆亡之禍去秋予暫歸寧覲留侍并都賊將王瓚輒渡洪河偷營巢穴不敢前來決戰遠出交兵壁閉偷安可知羸懦予親臨賊壘率士登城賊遂出營門與吾合戰纔交鋒刃便委干戈戮甲士二萬餘人奪鐵騎三千餘匹敵千李立之輩已釁鼓於軍前拱宸侍衛之徒盡橫屍於大野所殘無幾不日翦除料彼友貞難逃鈇鉞豈能保完生聚禦捍疆陲予昨徑出偏師徇地曹濮閔其蒸庶罹此百殃空多轉餉之勞殊失保全之望予示其禍福各擇

安危勿附賊以亡家須決機而保族若能自攜老幼歸我封巡亦議撫綏俾令蘇息如懷鄉戀土苟免待時則須遠避兵鋒愼於去就佇平凶醜冀復鄉園其諸軍兵士州縣長吏等自解圍上黨對陣柏鄉莘縣交兵楊劉接戰亦合語吾機略可料興衰何必阿附元凶自貽伊戚不如嚮義自卜永圖旦旦之懷元元共悉

褒回鶻權知可汗仁美制

回鶻可汗仁美代襲驍雄生知義烈秉北方忠順之氣爲南面沙漠之君自列聖有國之初便申盟誓及肅宗中興

之運繼立勳庸邇來貢奉不違戎馬無警一心嘗保於甥舅萬里或結於姻親今則興服之初獻琛俄至仍聞撫寧七部兼且控制諸蕃終始之道無偷信言必復嗣緒之文斯在典册宜行俾紹前修且明久要宜封爲英義可汗仍令所司擇日備禮册命

伐蜀制

朕以夙荷丕基乍平僞室非不欲寵綏四海協和萬邦廣正朔以遐同俾人倫之有序其或地居阨裔位極驕奢殊乖事大之規但蘊偷安之計則必徵諸典訓振以皇威爰興伐罪之師冀遏亂常之黨蠢茲蜀主世負唐恩間者父總藩宣任居統制屬朱温東離汴水致昭皇西幸岐陽而乃不務扶持反懷顧望盜據劍南之土宇全虧閫外之忱誠先皇帝早在幷門將興霸業彼既曾馳書幣此亦復展謝儀後又特發使人專持聘禮彼則更不迴一介之使答咫尺之書星歲俄移歡盟頓沮朕頃遵崇遺訓嗣統外藩追昔日之來誠繼先皇之舊好又專持信幣皆絶酬還緬惟背恩食言可忍棄同即異今覩孽豎紹據山河委閹官以持權憑阻修而僭號早者曾上秦王緘札張皇蜀地聲

塵形侮瀆之言辭謗親賢之勳德昨朕風驅銳旅電掃凶渠復巳墜之宗祧纘中興之歷數捷音旋報復命仍稽使來而上抗書題情動而先誇險固加以宋光葆輒陳狂訐別啟奸謀將欲北顧秦州東窺荆渚人而無禮罪莫大焉昨客省使李嚴奉使銅梁近歸金闕凡於奏對備述端由其宋光嗣相見之時於坐上便有言說先問契丹強弱次數秦王是非度此包藏可見情狀加以踈遠忠直朋比姦邪内則縱恣輕華競貪寵位外則滋彰法令蠹耗生靈既德力以不量在人祇之共憤今命興聖宮使魏王繼岌充

西川四面行營都統仍命侍中樞密使郭崇韜充西川東北面行營都招討制置等使判南節度使高季興充西川東南面行營都招討使鳳翔節度使李曮充都供軍轉運應接等使同州節度使李令德充行營招討副使陝州節度使李紹琛充行營蕃漢馬步軍都排陣斬斫使兼馬步軍都指揮使西京留守張筠充西川管內安撫應接使華州節度使毛璋充行營左廂馬步都虞候邠州節度使董璋充行營右廂馬步都虞候客省使李嚴充西川管內招撫使總領闕下諸軍兼四面諸道馬步兵士取九月十八

日進發凡爾中外宜體朕意

幸洛京詔

自古聖帝明王創業垂統九州共貫五運相承未有不始於憂勤終於逸樂故苗人不作不能成舜伐之功葛伯不生無以立湯征之事理亂有常數文質爲大綱秦不道而漢室興隋無德而皇朝王運二十葉垂三百年自釁起河南災纏海內朕自提戎律切爲國讎每親統夫師徒欲早寧乎寰宇近者諸方侯伯疊貢牋章勸即位以皆堅讓體元而不獲爰新鳳歷尋揭鷄竿顯造丕圖倍慚涼德蓋自文班武列抱義懷忠共傾忻戴之心遂應紹開之運以正君臣之位以安宗社之基未偃武以修文倍宵衣而旰食不以萬乘自尊爲樂惟以八紘未靜爲憂更賴上下一心內外同力誡嚴朕軍旅撫恤朕黎甿務裨贊以爲常期清平而可待注屬繫倚不捨斯須

慮囚詔

刑以秋冬雖關惻隱罪多連累翻慮滯淹若或十人之中止爲一夫抵死豈可以輕附重禁錮逾時言念哀矜又難全廢其諸司囚徒罪無輕重委本司據罪詳斷申奏輕者

即時疏理重者候過立春至秋分然後行法如是事繫軍機須行嚴令或謀逆惡或蓄姦邪或行劫殺人難於留滯並不在此限

賜誠惠法號廣法大師詔

誠惠鷲嶺名流鷄園上哲精守護鵝之戒宏宣住鴈之談潛括三乘深明四諦忍草長新於性苑意花不染於情田自隱跡靈峯棲心勝地泛慈舟而拯溺持慧炬以引迷五百龍神皆降懿德一萬聖衆盡繼元蹤爲法雨之棟梁作空門之標表朕方興景運大闡眞風宜旌積行之名以奉

無爲之教今賜號廣法大師賜紫衣

黜鄭珏等詔

懲惡勸善務振紀綱激濁揚淸須明眞僞蓋前王之令典爲歷代之通規必按舊章以令多士而有志萌僭竊位忝崇高累世官而皆受唐恩貪爵祿而但從僞命或居台鉉或處權衡或列近職而預機謀或當峻秩而掌刑憲事分逆順理合去留僞宰相鄭珏等一十一人皆本朝簪組儒苑品流雖博識多聞備明今古而修身愼行頗負祖先昧忠貞而不度安危專利祿而全虧名節合當大辟無恕近

親朕以纘嗣丕基初平巨憝方務好生之道在行含垢之恩湯網垂仁旣矜全族舜刑投裔兼貸一身爾宜自新我全大體其爲顯列不並庶寮餘外應在周行悉仍舊貫凡居中外咸體朕懷

入汴州誅亂臣詔

朕旣殄僞庭顯平國患好生之令含宏雖切於予懷懲惡之規決斷難違於衆請況趙巖趙鵠等自朕收城數日布惠四方尚匿迹以潛形罔悛心而革面須行赤族以謝衆心其張漢傑昨於中都與王彥章同時俘獲此際未詳行止偶示哀矜今旣上將陳詞羣情激怒往日旣彰於僭濫此時難漏於網羅宜寘國刑以塞羣論除妻兒骨肉外其他疏屬僕使並從釋放敬翔李振首佐朱温共傾唐祚屠害宗屬殺戮朝臣旣寰宇以皆知在人神而共怒敬翔雖聞自盡未豁幽冤宜與李振並族於市疏屬僕使並從原宥朱圭素聞狡蠹唯務讒邪鬬惑人情枉害良善將淸內外須切去除況衆狀指陳亦宜誅戮契丹實剌鄂博旣棄其母又背其兄朕比重懷來厚加恩渥看同骨肉錫以姓名兼分符竹之榮疊被頒宣之渥而乃輒孤重惠復背明

庭罔顧欺違竄歸僞室旣同梟獍難貸刑章可并妻子同戮於市其朱氏近親趙鵠正身趙巖家屬仰嚴加擒捕其餘文武職員將校一切不問

允郭崇韜再讓節鎭優詔

朕以卿久司樞要常處重難或遲疑未決之機詢諸先見或憂撓不定之事訪自必成至於贊朕丕基登兹大寶衆興異論卿獨堅言天命不可違唐祚必須復請納家族明設誓文及其密取汶陽興師入不測之地潛通河口貢謀占必濟之津人所不知卿唯合意迨中都嘯聚羣黨窺覦

朕決議平妖兼收浚水雖云先定更審前籌果盡贊成悉諧沈算斯即何須冒刃始顯殊庸況常山陸梁正虞未復卿能撫衆共定羣心惟朕知卿他人寧表所以賞卿之寵實異等倫沃朕之心非虛渥澤今卿再三謙遜重疊退辭始納常陽請歸上將又稱梁苑不可兼權如此周身貴全名節古人操守未可比方既覽堅辭難阻來表其再讓汴州所宜依允

建長壽宮詔

皇太后母儀天下子視羣生當別建宮闈顯標名號冀因

稱謂益表尊嚴宜以長壽宮爲名

答郭崇韜陳情表手詔

卿名高鈞渭才大筴巖夙符封社於周王早契夢魂於殷主顧君臣之際會實社稷之威靈所以翊贊沖人纘承丕祚頃歲以梁城構逆唐室罹災羣凶競起於萑蒲九廟皆生於禾黍忍恥而徒思嘗膽平居而未見沃心爾能竭迺沈謀資予大計遂訓齊虎旅平殄梟巢文軌混同梯航盡入延景運於綴旒之後建殊庸於誓帶之前況今纔告類於郊壇方卜年於洛宅始欲與卿平章理道講貫化源長遵馭朽之規每聽從繩之諫雖遷廊廟尚委樞機縱領藩垣不離都輦而又別頒金篆求佐瑤圖今則忽睹表章遽辭繁總進退徒聞於知足始終寧稱於注懷是宜勵力扶持勉思翼戴既叶雲從之義更深日益之功將致君而須歷重權方爲主而難持謙柄覽卿陳乞俾我焦勞宜體朕懷即斷來表

答郭崇韜再上陳情表詔

卿忠孝有稱古今無比竭智術而扶持景運蹈謙和而統冠羣英鬱有勳庸刊於簡冊昨以翦平元惡開拓丕基權

謀雖出於朕懷叶贊全資於爾力是乃委司鈞軸任總兵符樞機兼掌於金藏盟約備頒於鐵券實諧倚注雅稱褒隆豈期忽覽封章堅辭密務在卿幽明監德內外推仁可保於千載一時何軫於前思後慮況朕綏寧寰海纔欲半年告類圓丘未踰一月耆德便歸退靜羣情莫測其緣方賴嘉謀永裨闕政卿宜勉持幹恪永惓繁難更圖遠大之功共保初終之道

慎選舉詔

近年文士輕視格條就試時疏於帖經登第後恥於赴選

宜絕躁求之路別開奬勸之門其進士科已及第者計選數年滿日許令就中書陳狀於都堂前各試本業詩賦判文其中文藝灼然可取者便與除官如或事業不甚精者自許準添選

禁鉛錫錢詔

泉布之弊雜以鉛錫惟是江湖之外盜鑄尤多市肆之間公行無畏因是綱商挾帶舟檝往來換易好錢藏貯富室實爲蠹弊須有條流宜令京城諸道於坊市行使錢內點檢雜惡鉛錫錢並宜禁斷沿江州縣每有舟船到岸嚴加

覺察不許將雜鉛錫惡錢往來換易好錢如有私載並行收納

賜功臣名號詔

朕自削平中夏掃蕩羣凶被介冑以征行歷星霜而扈從凡經百戰盡立殊功永念丹心眞同赤子若無旌賞豈表恩榮其都將官員自司空已下者並賜協謀定亂佐國功臣自僕射尚書常侍至大夫中丞宜並賜忠勇拱衛功臣其初帶憲銜宜並賜忠烈功臣已有功臣名者不在此限其節級長行軍將並宜賜扈蹕功臣

封命婦邑號詔

昨皇太后爰自北京歸於大內旋膺典冊正位宮闈載詳邦國舊規合有命婦貢表宜稽邃古以示新恩應內外文武官妻可據品秩高卑各封邑號

令諸道節度使等洛京修宅詔

朕剷盪妖氛收復京輦三靈胥悅萬國駿奔凡在照臨畢同欣戴或出司土宇入覲朝廷若無列第於神州何表愛君之誠節諸道節度觀察防禦團練刺史等並宜令洛京修宅一區既表皇都之壯麗復佳清洛之浩穰因我后之

化家覩羣居之戀闕

減東京賦稅詔

間者以皇綱中墜國步多艱率兵甲於兩河漲烟塵於千里憂勤二紀勞役萬端矧乃東京國號大名雄稱全魏昔惟廣晉今實興唐自朕南北舉兵高低叶力總六州之疆土供萬乘之征租有飛芻輓粟之勞有浚壘深溝之役賦重而民無嗟怨務繁而士竭忠勤致於掃盪氛霾平除僞逆九廟復烝嘗之薦兆人息塗炭之災靜想夤緣深所嘉歎昨者因追曩素載洽歌謠俱懸望幸之誠遂舉省方之

典爰臨管界洎至都城對父老之歡呼睠懷斯契睹井田之凋廢臨馭增慚得不特降優恩俾蘇舊地冀表寵綏之道免逾敦激之風應東京隨絲鹽錢每兩俱減放五文逐年俵賣蠶鹽食鹽大鹽甜次冷鹽每斗與減五十文糶鹽與減三十文其小菉豆稅每畝長與減放三升都城內店宅園圃比來無稅頃因偽命遂有配徵後來原將所徵物色添助軍人衣賜將令通濟宜示矜蠲今據緊慢去處於見輸稅絲上每兩作三等酌量納錢貴與充本迴圖收市軍人衣賜其絲永與除放所有六街內空閒田地並許新

歸業人戶逐便蓋舍居止與免差徭如是本主未來一任坊隣收佃庶令康泰俾表優恩

駕還洛京詔

朕以削平僭亂底定寰區爰宅洛都再踰星歲乃睠興王之地頗聆望幸之辭暫議省巡以慰羣品因茲駐蹕俄已經春優恩既洽於大名車駕宜還於中土俾宣遐邇咸暢昇平可定此月十七日發程取河陽舊路歸洛

定考試例詔

起今後宜準開成三年勅文凡有官者並詣吏曹未仕者皆歸禮部其童子則委本州府依諸色舉人例考試結解送省任稱鄉貢童子長吏不得表薦若無本處解送本司不在考試之限

求言詔

朕聞古先哲王臨御天下上則以無偏無黨為至治次則以足食足兵為遠謀緬維前修誠可師範朕纂承鳳歷嗣守鴻圖三載於茲萬幾是總非不知五兵未弭兆庶多艱蓋賴卿等寅亮居懷康濟為務冀盡賦輿之理洞詢盡徹之規今則潛按方區備聆謠俗或力役罕均其勞逸或賦

租莫辨於後先但以督促為名煩苛不已被甲冑者何嘗充給趨朝省者轉困支持州閭之貨殖全踈天地之災祥屢應以至星辰越度旱澇不時農桑失業於邱園道殣相望於郊野生靈及此寢食寧遑豈非朕德政未孚焦勞自擾者耶朕昨親援毫翰軫念瘡痍一則詢爾謀猷一則表予宵旰未披來奏轉撓於懷敢不翼翼罪躬乾乾軫慮咨爾四岳弼予一人何不舉爾賢才輔予寡昧百辟之內羣后之間莫不有盡忠者被掩其能抱器者難陳其力或草澤有遺逸之士山林多屈滯之人爾所不知吾將安訪御

等位尊調鼎名顯代天既逢不諱之朝何愜懸中之説當宜歷告中外急訪英髦應在任及前資文武官下至草澤之士有濟國治民除姦革弊者並宜各獻封章朕當選擇施行其近宣御札亦可告諭內外體朕意焉

欽定全唐文卷一百四

後唐莊宗二

許求外職勅

邇聞京百官俸錢至薄骨肉數多支贍不充朝夕難遣偽庭時刻削嚴急不敢披陳今既混同是行優恤下御史臺在班行有欲求外職或要分司各許中書門下投狀奏聞

答降龍大師讓法號紫衣勅

爰遣內臣遠頒成命師號既旌於戒行紫衣無爽於受持久屬當仁匪宜多讓

入洛招撫勅

朕親驅義旅徑下偽庭凶醜雖已翦除內外或聞騷擾貴行招諭以示綏懷應諸色官員並仍宜舊勾當當軍百姓各自安居永無勞弊之慮共睹昇平之代如無量之輩扇動人心便仰密加追捕嚴行處斷貴從寧謐當體朕懷

幸洛京祀南郊勅

朕猥以寡德謬荷丕基順天行誅因衆除亂刷宗祧之大恥快億兆之歡心車書將致於混同寰海漸從於開泰所宜樂虔清廟禮答圜丘已定良辰率遵舊典朕取今月二

十四日幸洛京十二月二十三日朝獻太微宮二十四日朝獻太廟二十五日有事於南郊經過州縣隨事供備不得妄有侵擾百姓應諸處節度防禦刺史等不得遠赴京都擅離治所務從簡儉以副朕懷

止進獻敕

朕大平國患顯紹帝圖廓天地之妖氛救生靈之塗炭方懷至理永保鴻休敦去華務實之規成革故從新之化足可塞僥倖之路絕繁費之源協我無私告爾有位應隨處官吏務局員寮諸軍將校等如聞前例各有進獻直貢奏

章不唯褻瀆於朝廷實且旁滋於誅斂速宜止絕以肅風化

許劉岳終喪敕

左降官均州司馬劉岳有母年踰八十近聞身故既鮮兄弟別無骨肉孤魂旅寄誰爲蓋棺準本朝故事許歸終三年喪服闋如未量移即赴貶所

答李德休請詳定本朝法書敕

李德休譽洽朝端任隆臺憲將舉行於舊典請刪定其法書載閱申陳備見公切

簡收德勝寨等處軍士骸骨敕

自十數年來屢經戰陣殺傷暴露有足閔嗟其德勝寨華縣楊劉鎮通津鎮胡柳陂戰陣之所宜令逐處差人簡收骸骨埋瘞取係省錢備酒紙招祭以慰亡魂

元元廟枯檜再生敕

當聖祖舊殿生枯檜新枝應皇家再造之期顯大國中興之運同上林仆柳祥既協於漢宣比南頓嘉禾瑞更超於光武宣標史冊以示寰瀛宜委本州太清宮副使常加簡察兼令功德使差道士一人往彼告謝仍付史館編錄

親至懷州奉迎太后敕

頃以未平國恥須運戎機十年親統於驍雄千里久違於定省寧辭櫛沐嘗切晨昏今已翦蕩元凶宅居中土仰稟庭闈之訓獲寧宇宙之心恨不得躬詣汾川攀迎法駕皇太后遠涉山阻將及近畿朕何以端坐闕庭爲拘常禮雖云舊制未叶斯懷朕今親至懷州奉迎

定內外官寮職事敕

朕自雀臺創業兔苑平凶救生聚之倒懸俾寰區之反正凡云機密深繫憂勤每事多委密司權令決遣貴無停滯

要速施行今則四海一家萬邦同德中土之宸居顯定圜丘之祀禮方終既整皇綱合依舊制使百官各舉其職庶事不失其宜貴合通規以成永例此後應有公事何色件合歸樞密院何色件合付京百司至於軍幕之中並在精詳分擘內外免侵其職分高低貴叶其規程其或百姓軍人事關爭訟先經州縣都將須依次第披論或致淹停可詣臺省至若懷冤抑要達禁庭即許投狀匭函別議申雪此或情非的確理涉僭踰推詰有聞必行朝典兼有衣冠士族參選官寮或獻所業文章或述從前行止因依駕幸

抵冒乘輿希望恩榮隨張物體更有軍人百姓亦敢將狀衝突須各示條章絕其容易宜令御史各下諸司河南府及諸道分明曉示詭其本朝百官有司所行公事仍令御史臺各取狀申中書門下

南郊減選勅

朕禋祀天地朝享祖宗百司各具其威儀郡吏遂蒙其置攝希因霈澤以錄微勞然而躁妄之徒經求競進參雜之道真濫莫分勘職名則半是冗員語人數則又盈千詐若無簡舉並與寵榮不惟開僥倖之門兼恐撓銓衡之務須明條例方別等差應諸司行事官並付三銓各遣取告勅考牒解縣入仕歷子等磨勘如文書盡備只欠一選者便與依資注官欠兩選者與注同類官欠三選四選者與減一選欠五選至七選者與減兩選欠八選至十一選者與減三選一奏一除未合入選門者許自同光二年數本官選數滿日赴集其太常寺先以白身差攝本寺官應奏祠祭勞考稍深者追取元額補牒簡勘不虛即與正授如因大禮差補行事有前任官及出身者即須準諸司例追告勅磨勘其諸色黃衣欠兩選者與減一選應官資已高不

合銓司注擬者亦委子細簡勘送名中書門下如全無文書稱失墜官告勅簡勅甲又無證據只有格式公驗并諸司諸州府公憑及試授官文牒兼文書過格年月深遠者並宜落下所冀官無濫受恩不虛行

禁請託勅

選舉二門仕進根本當掄擇於多士全委仗於有司苟請託是從則踰濫斯極況方行公事已集羣材須行戒勵之文俾絕倖求之路宜令吏部禮部掄材考藝必盡於精詳減私徇公無從於請託仍委三銓貢院牓示省門曉告中

外。

授獻書人官勅

史館提舉𣓁書節文，購求經史，頗爲允當，宜許施行。今宜添進納四百卷已下三百卷已上，皆成部帙，不是重疊，及紙墨書寫精細，已在選門未合格人，一百卷與減一選；無選減數者，注官日優與處分；無官者納書及三百卷，特授試官。

搜訪被害臣寮勅

朕祗膺大寶，虔奉鴻名，勉承夷夏之心，以副天人之望。雖

德音尋降，赦宥近行，猶恐恩有所未孚，德有所未洽。自朱温劫遷昭宗至洛京已來，內外臣寮有無辜妄遭刑戮者，更宜廣令搜訪，各與次第贈官。如有子孫，並委敘錄。

放免四京秋稅勅

治國之由，安民是本。如聞今歲麥田雖繁，而結實不廣。其四京諸道百姓於麥地內察種得秋苗，並不徵稅。

限決禁囚勅

應御史臺、河南府、行臺、馬步司、左右軍巡院見禁囚徒，據罪輕重，限十日內并悉決遣申奏。仍委西京諸道州府見禁囚徒，速宜疏決，不得淹停。兼恐內外刑勢官員私事寄禁，切要止絕，俾無冤滯。

葺修宮殿勅

三川奧壤，四海名區，爲帝王光宅之都，乃符瑞薦臻之地。周都始建，卜年遂啟於延洪；漢室中興，即土是圖於遠大。咸茲建極，至我本朝，壯麗可觀，浩穰爲最。千門萬戶，實爲富庶之鄉；接廡連甍，宛有升平之俗。而自僞梁僭逆，諸夏憑陵，尋干戈而虐用蒸黎，恣塗炭而毒流草木。依憑兔苑，嘯聚梟巢，遂令輦轂之間，鞠爲蕪沒之歎。朕自削平大憝，

纂嗣丕圖，重興卜洛之都，永啟朝宗之會。將資久遠，須議葺修，務令壯觀於九重，實在駢羅於萬戶。京城應有空閒地，任諸色人請射蓋造。藩方侯伯、內外臣寮於京邑之中無安居之所，亦可請射，各自修營。其空閒有主之地，仍限半年，本主須自修蓋。如過限不見屋宇，亦許他人占射。貴在成功，不得虛占。

不準權停選舉勅

舉選二門，國朝重事，俱要精確，難議權停。宜準常例處分。

允張全義請萬壽節於嵩山琉璃戒壇度僧勅

張全義首冠王臣心明佛性資善宏於淨衆增福聚於皇基將欲壇啟琉璃人銓鴛鷺實彰忠節宜示允俞

幸東京勑

大名重地全魏奧區成予定霸之基致我興王之業蓋以土田沃衍庶士忠勤載想黃緣得無睠矚近者頻令按察頗樂和平既堅望幸之誠宜舉省方之典取來年正月七日朕當巡幸東京

禁短陌勑

買賣人所使見錢舊有條流每陌八十文近訪聞在京及

諸道市肆人戶皆將短陌轉換長錢今後凡有買賣並須使八十陌錢如有輒將短錢興販仰所在收捉禁治

約勒見錢勑

諸道州府約勒見錢素有條制若全禁斷實匪通規宜令三京諸道州府城門所出見錢如五百以上不得放出

禁徵納禮錢勑

兵吏部以臺省禮錢爲名所司妄有留滯在京者遽難應付外來者固是淹延須至條流冀絕訛弊自此後特恩授官侍衛軍功改轉內廷諸司帶職外來進奉闕廷綾紙並宜官給無令收買舊例朱膠一切停廢禮錢亦不徵取又慮所司困闕人吏不辦食直糧課逐月兩司各支與錢四十貫文至於臺省禮錢宜特蠲減比舊數五分許徵一分其特恩已下並不得徵納禮錢仍令中書門下條流勑畫經過諸司無至停滯其官告如是宣旨除授及品秩合進呈者準例送回餘並送納中書門下點簡給付勑書到本司十通已上官限三月內印署了三十通已上限五日五十通已上中書門下與催促如臨時緩急宣賜不拘此限少府監鑄造印文元屬禮部兩司無有推注停滯諸道使

臣廣徵銅炭價錢納後別須邀索自此凡鑄印宜令本司限勑到五日內進呈不計諸道在京並不得徵納銅炭價錢所破料物並計數於租庸院請領仍預常給付價錢使盡計帳於租庸院更請或有故違必行憲典

遷昭帝陵勑

朕顧惟寡德獲嗣丕圖奉先之道嘗勤送往之誠靡怠爰自重興廟社載展郊禋旋蕩滌於瑕疵復涵濡於慶澤蓋憂勞靖國曠墜承祧御朽若驚涉川爲懼緜是推移歲月鬱滯情懷恭念昭宗晏駕之辰少帝登遐之日咸罹虺毒

遽殞龍髯，委冠劒於仇讎，託山陵於梟獍。靜惟規制，豈叶度程，存愴結以彌深，固寢興而增惕。虔思改卜，式慰允懷，宜令所司別選園陵，備禮遷葬，貫雪幽明之故，以申追慕之心。凡百臣寮，體朕哀感。

令李繼麟制置榷鹽勅

會計之重，鹹鹾是先，矧彼兩池，實有豐利。頃自兵戈擾攘，民庶流離，既場務以隳殘，致程課之虧失。重茲葺理，須仗規模，將立事以成功，在從長而就便。宜令李繼麟兼兗州節度度支安邑解縣兩池榷鹽使，便可制置，一一條貫，所有合置官吏等，亦委自使選差。

更定符蒙正等及第勅

禮部所放進士符蒙正等四人，既慊羣情，實干浮議。近令覆試，俾塞輿言，及再覽符蒙正並成僚等程試詩賦，果有疵瑕。若便去留，慮乖激勸；儻無升降，即昧甄明。況王徹體物可嘉，屬辭甚妙，桑維翰差無紕繆，稍有功夫。其王徹升爲第一，桑維翰第二，符蒙正第三，成僚第四。

祈雨勅

亢陽稍甚，祈禱未徵，將致感通，難避勞擾。宜令河南府於府門造五方龍，集巫禱祭，徙市。

祈雨勅

時雨少愆，恐妨農事，須命祈禱，冀遂豐登。宜令差官分道祈禱百神。

祈雨勅

時雨尚未霑足，宜令河南府徙市，閉坊門，依法畫龍置水祈請。令宰臣於諸寺燒香。

量置陵戶勅

關內諸陵，頃因喪亂，例遭穿穴，多未掩修。其下宮殿宇法

物等，各令奉陵州府據所管陵園修製，仍四時各依例薦饗。及逐陵仰差近陵百姓二十戶，放雜差遣，充陵戶，備灑掃。其壽陵等十二陵，亦一例修掩，可量置陵戶。

貶張繼孫勅

有善必賞，所以勸忠孝之方；有惡必誅，所以絕姦邪之迹。其或罪狀騰於衆口，醜行布於近親，須舉朝章，冀明國法。汝州防禦使張繼孫，本非張氏子孫，自小丐養，以至成立，備極顯榮，而不能酬撫育之恩，履謙恭之道，擅行威福，嘗恣姦凶，侵奪父權，惑亂家事，從鳥獸之行，畜梟獍之心，有

識者所不忍言無賴者實爲其黨而又橫征暴歛虐法峻刑藏兵器於私家殺平人於廣陌罔思悛改難議矜容宜竄逐於遐方仍歸還於姓氏俾我勳賢之族永除汙穢之風凡百臣寮宜體朕命可貶房州司戶參軍同正兼勒復本姓

責授李鏻李瓊勅

罰罪賞功大朝常憲掩瑕宥過前聖格言工部侍郞李鏻宗正少卿李瓊等早在公途忝居班列靡思畏懼各犯刑章因補置官吏之秋見詐僞依違之迹自招罪狀合寘嚴

科但以常預臣僚始當興復特示哀矜之旨俾寬流遣之文降秩趨朝殊爲輕典推恩念舊所宜愼思鏻可責授朝散大夫司農少卿瓊可責授朝議郞守太子中舍

諸司人吏非考滿不許奏薦勅

諸司人吏授官從來只繫勞考年滿赴選方許離司近日已來頗隳條制到司曾無考課公事尚未諳詳便求薦論深爲僥倖遂使故事都失蓋緣舊人不存豈惟勞逸之無均兼致司局之曠敗自今年除勞考滿三銓注官即許赴任非時不得奏薦如有注掌難重勞績可稱許本司奏聞當與減選或是顯然事迹在司年深齒髮衰役不任即許解職赴任餘切依格條處分

宣示朱守殷進古錢勅

凡窺奇異盡繫休明所獲錢文式昭元貺得一者佇歸於一統順天者式契於天心道煥一時事光千載殊休繼出信史必書宜付史館

以天津橋未通放朝參勅

如聞天津橋未通往來百官以舟船濟渡因玆傾覆兼踣泥途自今文武百官三日一趨朝宰臣即每日中書視事

祈晴勅

霖雨未止恐傷苗稼及妨收穫宜令差官於諸寺觀神祠虔心祈禱仍令河南府差官應有靈迹處精虔祈止

賜青州符習奏即墨縣李夢徵室內柱上生芝勅

符習累居藩翰屢顯政能靜以臨人寬而得衆撫俗已彰於惠愛輔時又致於休徵因得和氣潛蒸靈芝遽產同九莖而表瑞比三秀以呈祥載閱奏陳良深嘉歎

諭蜀勅

朕以蜀部封疆本是我唐境土爰從兵革遂阻江山當僞

梁篡弑之時致宗廟震驚之難遂滋割據益遂便安雖行建號之謀乃是從權之道況復蜀主先父素是本朝舊臣常懷忠孝之心每俟興隆之運惟期恢復却效傾輸朕以初殄寇讎重興社稷撫諭之恩既廣憂勤之意常深須務綏和貴諧混一遂令元子兼命宰臣遠安徯后之心既協來王之願遐想王師行李已及彼地城池遠降詔書明行示諭料其素志必協夙心當符魚水之歡永保山河之誓僞蜀文武官寮等或本朝舊族或當代英賢或抱節於軍戎或著名於鄉曲久從睽隔常軫情懷宜知乃睠之恩各勵輸誠之節今已降勅命誡約諸道兵帥如西川果決歸降到城不得驚擾但思效順勿致懷疑

停折納等稅勅

本朝徵科唯有兩稅至於折紐比不施爲宜依李琪所論應逐稅合納錢物斛斗及鹽錢等宜令租庸司指揮並準元徵本色輸納不得改更若合有移改須具事由聞奏請下中書門下商量別候勅旨

令京西諸道收糴不得徵納稅錢勅

今歲自春以來水潦爲患物價騰湧人戶多於西京收糴斛斗近聞京西諸道州府逐道皆有稅錢遂不通行乃同閉糴宜令宣下京西諸道州府凡收糴斛斗不得輒有稅錢及經過水陸關防鎭縣妄有邀難

量停三川涇鳳秦隴等州佐雜勅

三川涇鳳秦隴等州縣官員數目極多其上佐官自少尹已下依本朝舊制各具見任員闕申奏其州判司準近制置錄事參軍司戶司法參軍各一員縣置縣令主簿各一員餘並停其出替選任一準三銓常式

欽定全唐文卷一百五

後唐莊宗三

答諫官請不幸汴州批

朕以四海雖寧五兵不可不訓聚之王室務壯神京其如人賴餱糧馬資藁秸飛輓動勞於四遠經謀全繫於有司近以水潦爲災租賦失額欲巡方岳貴便兵民卿等細察輿情備陳忠懇慮沸騰於物議俾鎮靜於宸居載覽封章深誠嘉畫

答兩省諫官請不幸汴州批

忽披諫疏深沃朕心非因讜直以上聞豈致焦勞之外達卿以餽運不繼軍食有虧在京則廩食闕如支計則供頓莫備卿等若别陳意見動叶機宜倘得稍濟軍儲不移警蹕即當旁詢衆懇盡述良籌佇聞敷驗浣予宵盱

平汴州大赦德音

仗順討逆少康所以誅有窮纘業承基光武所以滅新莽咸以中興景命再造皇猷經綸於草昧之中式遏於亂略之際朕以欽承大寶顯荷鴻庥雖繼前修固慙涼德此以誓平元惡期復本朝屬四海之阽危允萬邦之推戴近自親提組練徑掃氛妖振已墜之皇綱殄偷安之寇孽國讎方雪帝道爰開拯編甿覆溺之艱救率土倒懸之苦粵自朱温搆逆友貞嗣凶篡殺二君隳殘九廟虺毒久傷於宇宙狼貪肆噬於華夷剥喪元良凌辱神主帝里動黍離之歎朝廷多棟橈之危棄德崇姦窮兵黷武戰士疲勞於力役蒸民耗竭其膏腴言念於斯軫傷彌切今則已梟逆豎大豁羣情覩歷數之有歸顯神靈之匪昧得不臨深表志馭朽爲懷將宏濟於艱難宜特行於眚宥應僞命流貶責授官等已經量移並可復資徒流人放歸鄉里京畿及諸道見禁囚徒大辟罪降從流流已下並赦除之其鄭珏等一十一人未在移復之限懋德賞功百王明訓疏封列爵國有通規應扈從征討將校及諸官員職掌軍將節級馬步兵士及河北諸處屯駐守戍兵士等皆情堅破敵業茂平讎副予戡定之謀顯爾忠勤之節並據等第續議奬酬其有交鋒戰陣没於王事未經追贈者各與贈官如有子孫成立堪任使者並量才甄録叛之則懲服之則捨蓋前經之奥旨爲當代之通規既屬纂承是務遵守應舊僞庭位居藩翰任處專城或掌握兵權或捍防邊鄙各爲其主

以全其名既解甲以歸明或飛章而送款變通斯覩忠節可嘉其逐處節度觀察防禦團練等使及諸州刺史監押及僞庭先差出行營將校都監等並須恩詔不議改更仍許且稱舊銜當候別加新命理國之道莫若安民勸課之規宜從薄賦庶遂息肩之願冀諧鼓腹之謠應諸道戶口宜並罷其差役各務營農所係殘欠稅賦及諸務懸欠積年課利及公私債負等其汴州城內自收復日已前並不在徵理之限應天下諸道自壬午年十二月已前並放其兵戈蹂躪之地水旱災沴之鄉苗稼不登賦徵既減應今

年霜旱所損田苗處檢覆不虛便據畝隴蠲免兼北京及河北先爲祆祲未平配買征馬如有未請却官本錢及買馬不迨者可並放免往哲宏仁有興滅繼絕之道前王惻隱垂矜孤恤寡之文應有本朝宗屬及內外文武臣寮被朱溫無辜屠害者並可追贈之如有子孫及本身逃難於諸處漂寓者並所在尋訪津送闕庭當行升陟其有義夫節婦孝子順孫並宜旌表門閭量加賑給或鰥寡孤獨無所告者仰所在各議拯救或有身過八十者免一子從征殷王以恩推解網並務好生帝堯以引過責躬乃思含垢應有先投過僞庭將校官吏等一切不問事由無令輒有恐動側席求賢將臻至理懸旌進善或賛鴻猷應名德有稱才藝可取或隱居朝市或遁迹林泉並仰逐處長吏遍加搜訪津致赴闕朕當量才任使兼僞庭僭逆以來凡有寃抑沈滯之人宜並特與申雪仍加遷陟封遺冢而葬枯骨義出周王祀名山而祭大川禮傳虞帝既立規於前古足垂訓於後昆應所在賢士邱墳並仰聞奏當議封樹或有暴露骸骨亦委逐處葬埋或有百神祠宇不得有虧時祭應德音內有節文不該者並仰所司重具起請分析聞

奏當議施行於戲患難以平咸自忠良之力瘡痍未息宜施撫育之恩更在文武元臣中外者德覩覆亡而立戒竭忠藎以爲謀無縱驕矜須知廉慎同致昇平之道永全開創之功布告遐邇當體朕懷

減膳宥罪德音

蓋聞兵者凶器戰者危事故聖王不得已而任之是以大兵之後必有凶年朕自收復汴州戡定蜀郡雖當時秋毫無犯而已前乃十載勞師每歲傷痍寧無災沴言功於己曾莫繼於百王語德於人況未洽於兆庶遂至去歲水潦

爲災自京以東幅員千里田疇悉多荒廢人戶未免流亡賦租既輸納不充軍食又轉運未及物價騰涌人心煎熬旣視人以如傷每敬天而忘戒朕近欲親幸梁宋徧恤生靈又恐大駕省方百司云從道途寧免勞擾州縣復備供承轉慮凋殘莫知攸濟朕自今月三日已後避正殿減常膳徹樂省費以答天譴應同光三年經水災處有不迨及逃移人戶差科夏秋兩稅及諸折配色委長吏切加點檢並與放免仍一年內不得雜差遣見在者加意撫恤流徙者設法招攜其田宅無任有力人戶占射及隣近毀拆務令歸復以惠傷殘且念給養兵戎撫綏疲瘵冀連營而粗

濟思比屋以乂安危困生靈倍懷憂切近者爰頒御札務切濟時有所便宜朕無不聽近歲賦稅尚恐懸闕遠年逋欠豈可督征不惟虛係於簿書兼亦轉困於生聚致其流散職此之由應壬午年已前百姓所欠秋夏殘稅及諸色課利錢物先有敕文悉已放免近聞或不遵守依前却有徵收仰下租庸司及諸道州府切準前敕處分如或更有違越任百姓詣闕論訴當議勘窮以定贓罪其同光元年當戰伐之後是平蕩之初人戶流離多未復業困於租賦須議矜蠲其諸色殘欠差稅及不迨係官課利並與放免分明曉告各遣聞知又輦轂之中郊甸之內時物涌貴人戶饑窮訪聞自陝以西迺及邠鳳積年時熟百穀價和縱未能別備於貢輸亦宜廣通於糴糶近聞輒有稅率已曾降敕指揮尚慮關鎮阻滯行人增長物價仰所在長吏切加檢勘以濟往來推救災恤患之心明奉國憂人之道又京圻之內自全義制置已數十年每聞開墾荒蕪勸課稼穡曾無歉歲甚有餘糧公私貯蓄極多收藏未肯出糶欲俟厚價頗失衆情宜令中書門下條流應在京及諸縣有

停貯斛斗並宜減價出糶以濟公私如不遵行即仰聞奏別具檢括仍委河南府切詳敕命處分伐罪弔人旣叶前王之令推恩布澤敢忘當代之憂應三川管內王衍父子僞署將相文武官及諸色職吏等除罪名顯著已從刑憲外脅從者固是無辜同惡者亦以歸命一切釋放更不勘尋仍不得將今日已前事敢有告論貴宣曠蕩之澤以安反側之心我國家奄有四海垂三百年西至日入罔不來賓凡有遐方皆我赤子久陷僭僞寧無憫嗟應三蜀管內百姓除秋夏兩稅及三司舊額錢物斛斗并繼岌崇韜申

奏減落徵收外所有無名配率急徵横斂毒害生靈者更委本道新除節度使上後於管内一一檢勘細具聞奏當與放免俾惠傷殘應在京及天下州府凡有繫囚除十惡五逆官典犯贓屠牛鑄錢光火劫舍持刃殺人準律常赦不原外合抵極刑者遞減一等並貸餘生其次罪等悉與減降疏理釋放不得久有禁繫自同光元年後或有犯罪流人情非巨蠧者並許歸還應行營及在京諸軍皆役官健偶因過犯便至奔逃懷憂懼以離家忍饑寒而在外事非在巳情亦可矜委所在如有此色人切加招撫或要却

歸都幕或願遂便營生盡捨愆尤悉皆聽許春以生而秋以殺天之道也德以教而刑以威君之政也朕惟寡薄敢忘憂勤唯將德惠以臨人庶免災害之及物既垂天戒未致時雍爰施布澤之文是表責躬之道中外臣庶遐邇生靈宜體朕懷罔有不欽

賜錢鏐吳越國王冊文

維同光三年歲次乙酉八月辛酉朔二十七日丁亥皇帝若曰王者惠濟黎元輯寧方夏重名器任股肱忠而能力則禮崇賞不失勞則人勸所以啟周公之土宇裂漢祖之膏腴錄彼茂勳寘之異數登進賢哲焜燿事功也天下兵馬都元帥尚父守尚書令吳越國王錢鏐朝海靈源承天峻岳以英風彰德望以勇氣贊忠貞往因義舉之徒盛推韜略遂著龔行之績高步藩維挺魚鯤鳥鳳之姿擁岸虎水龍之衆居方面伍將五十年宣導休聲攘除凶醜摧堅奮銳鄙許東固圉之謀阜俗頒條廣冀北安居之頌環塹浙江之要雲滋星紀之墟說禮敦詩位崇元帥前茅後勁名重中權守晝一之規奉在三之節信立靡移於風雨義行曷倦於津塗效珍則不顧險難薦幣則常歸宰府振英

謨而端右弼鍾懿號而異列藩可謂職貢不乏梯航時至翼戴天子加之以恭也載念尊獎爰示徽章今遣正議大夫守尚書吏部侍郎上柱國贊皇縣開國男食邑三百戶賜紫金魚袋李德休使副朝議郎守起居郎充史館修撰賜緋衣魚袋聶璵持節備禮胙土苴茅冊爾為吳越國王於戲地畫數圻賦過千乘墨守閭閻之境軌圍句踐之封子弟量才序進多分於棨戟土疆漸海方輸豈限於魚鹽貴盛富強雖古之封建諸侯禮優夾輔不加於此慎厥初圖厥終無以位期驕無以欲敗度欽承賜履翼予一人

改元同光赦文

法天取象令王以降衷下民秉籙承乾哲后以膺圖受命莫不運推歷數道濟艱難經綸於草昧之中式遏於亂略之始君臨兆庶子惠萬邦壽域將登眚災是宥朕顧慙涼德誠媿前修祇荷鴻休恭修清問將布維新之政是覃革故之恩遐按彝章溥須成憲爰自夙承丕構世奉本朝誓雪恥於君親欲再安於廟社所以躬提義旅力殄凶徒漸致小康永清中夏俄屬列藩羣后不謀同辭咸稱僞逆干天宗祧乏享眷命所屬主鬯攸歸以朕籍係鄭王志存唐

室合中興於景祚須再造於洪基推戴既堅讓辭靡獲既難違衆遂命有司乃擇元辰率遵前典尋外壇而奠玉仍即位以建元欽若舊章敬敷霈澤宜改天祐二十年爲同光元年可大赦天下自四月二十五日昧爽已前除大辟罪已下罪無輕重已發覺未發覺已結正未結正咸赦除之惟犯十惡五逆光火行劫持刃殺人官典犯贓屠牛鑄錢合造毒藥不在原赦之限鎮州自收復已來累行告諭或因緣危艱爲保家族久在山中寨柵懼罪遲疑或被張文禮脅從事不獲已者昧爽已前一切不問咸從赦宥宜體予懷應六軍及行營馬步蕃漢諸道將校兵士等皆以身先冒刃志切勤王或竭節於忠勞或連年而征戍須加恩獎倍撫苦辛其將校尉並賜功臣名號未有官者即超一資與檢校官已有官者亦超一資如官資已高者與加爵邑如曾封爵者即給一子六品已上正員官其長行兵士並賜功臣名號應將士等並勒逐處各定等第優賞應有大勳上將元老重臣或盤維每賴於急難或邦國早資於經濟即安義令公實昆仲之長護軍特進同骨肉之恩不可以名氏標文不可以臣下同等嘉庸如在崇德未申

其次有戰沒陣場身終王事須顯忠彝之美咸隆贈謚之榮周德威蓋寓李存璋李思恩李嗣本李存進伊廣等兼應該勅文者並委中書門下各令所司一一具奏各加追贈仍定謚號貴流王澤永飾泉扃應諸道管內有高年踰百歲者便與給優永俾除名自八十至九十者與復一子免役州縣不得差役鄉里有孝子順孫義夫節婦委所在長吏錄其節行具以聞奏盡據典章必行旌表內外文武官及諸色人任封事兼有賢良方正抱器懷能或利害可陳無所隱諱直言極諫將一一行之亦委諸道長吏具姓

名申奏或所在有義行頗高爲鄉里所推者並仰準例舉選所司量才任使澤潞封疆兄弟之國追思舊績言念疲民惠在綏懷恩加撫字各仰沿邊鎮戍布命宣陳咸令樂業營生無使侵疆爲患應有奉使危邦羅歿殊域既遭陷害深可憫傷如伊鐸蓋寓戴漢超李承勳之徒並仰所司具名録奏朝廷必議褒贈其貢舉之道誘導爲先切要便行貴申奨士委中書門下速商量聞奏其雲應邊陲北山入軍易定幽燕邊陲諸縣自鮮卑入寇仍歲纏災睠彼流人良堪興歎或乍來復業纔擬營農尚怯侵擾須加慰恤

其稅率仍委長吏量與矜減凡有逋毒孤貧惸嫠鰥寡歷代皆聞於教化自古共切於軫傷勉致噢咻遍加惠養應有欠負不繫公私若曾重出利累經徵理填還不迨者並皆釋放夫掩骼著在前經敬神垂於古典告布諸道州縣所在應有暴露骸骨並勒逐處埋瘞及山林川澤祀典神祇各隨處差官崇修祭享教之爲本禮儀是先德之所崇昭報在上其民間有曾經三世已上不分居者並與蠲免諸雜差徭倘兵銷患息何須有丹鳳白麟若歲稔人和何必有紫芝赤雁起今後諸道應有祥瑞並不要奏聞其赦文中有未該詳事節者即仰所司條件録奏如敢以赦前事相告者以其罪罪之

南郊赦文

體元立極樹司牧者大君創業開基定禍亂者眞主是以肇分正氣斷鼇足而定四維眇覿元風抗龍首而朝萬國兆人歸往率土駿奔同興牧野之師共赴塗山之會恭行甲伐廣示驅除纔應順於人心俄恢張於戎略未踰半歲悉集大功翦窮后於夏郊擒漸臺於新室配天纂祀冤恥咸申向闕來庭華夷率服再移星律得事郊禋獲申報本

之儀已展告虔之禮顧惟寡薄愧畏尤深久屬僞室凶狂彝倫失序照臨之內愁疾略同爰當改物之辰乃布惟新之慶與人更始以答天休可大赦天下應同光二年二月一日昧爽已前大辟罪已下所犯罪無輕重已發覺未發覺已結正未結正見禁囚徒常赦不原者咸赦除之十惡五逆屠牛鑄錢故意殺人合造毒藥持仗行劫官典犯贓不在此限賞不失勞百王令典人惟求舊有國通規當宜廣示優恩務酬嘉績應自來立功將校兵士等皆久經戎陣備覩辛勤並宜各轉官資仍加賞給應僞朝流人並左

降官未經量移者即與量移已量移者即與復資尚慮道路遐遥未盡知悉中書門下再舉勑文應内外文武常參官節度觀察防禦刺史主軍都指揮使等夙夜在公冰泉斯秉既著顯親之道宜嘉事主之誠父母亡殁並與追贈追封在者各與加爵增封四品已上扈從翊衛整肅威儀展我國容俾成大禮應南郊掌儀仗隨駕官員各有勞獎其扈駕樓下立仗將士及河南將校兵士等亦各賜等第優賞睠惟盡瘁言念輸忠率玉帛以來庭贊郊廟而貳事既崇丕烈特顯殊恩凡關竭力之元勳宜舉報功之茂典

應藩鎮使臣各賜一子出身仍加功臣名號諸道留後刺史官高者加爵階一級官卑者加官一資宗子維城本支百代禮既行於配祖情敢怠於睦親應本朝皇親近屬因緣僞梁亂遁遐遠並仰所在搜訪如非謬妄即與奏聞到京委宗正寺簡勘不虛並與量才敘錄網羅之中無由自奮蜂蠆之内竟至無辜既淪没於濫刑宜申明於眞節凡本朝内外臣僚枉被朱温殺害者並仰所司具銜申奏特與追贈仍搜訪子孫量加錄用事主之道以立節爲先致理之方以賞善爲本其懷才抱器不事僞朝衆所聞知顯有節行仰所在官吏將所著事狀具姓名聞奏當加甄獎兼授官秩皇王御宇禮三恪而爲賓士庶敎風賴五常而濟世當宜封崇後嗣欽若前修應前代二王三恪及文宣王之後並可各令繼襲仍加恩命所有祖宗廟宇亦宜各與增修其隨處合得俸戶并子孫戶下差稅征徭仍委中書門下較本朝格律施行堯鼓明懸責聞進諫舜旌旁建比爲來賢是宜廣納話言庶箴闕政洎僞梁人滋澆薄朝掩忠良蔑聞投水之規莫識從繩之路此後應内省文武常參官并前資草澤之士有謀分利害事合機宜並許上

表敷陳朕當選長旌錄如有性多毀譽私貯愛憎承寬偶恃於得言縱志惟專於罔善朕亦潛令伺察親要審詳狡蠹有彰罪刑無捨錢者古之泉布蓋取其流行天下布散人間無積滯則交易通多貯藏則士農困故西漢興改幣之志立告緡之條所以權蓄賈而防大姦也宜令所司散下州府常須檢較不得令富室分外貯見錢又工人銷鑄而爲銅器兼沿邊州鎮設法鈐轄勿令商人般載出境被服錦繡貴賤有倫裁製衣裳短長有度苟無彝則必害女工近年已來婦女服飾異常寬博倍費縑帛有力之家不

計甲賤悉衣錦繡念蠶織之匪易顧法制之不行須示條
流冀漸遵守委所司散下文牓曉諭御史臺及諸道觀察
糾舉違勑水旱之鄉饑寒宜恤兵戈之地勞弊堪傷鄰城
及河東久興師旅頗困生靈其近裏州縣又輦運徭役無
時暫息應北京以北諸州界及至新州幽州鎮定管界契
丹侵掠井邑凋殘兼遼州沁州南界及安義北界澤州諸
縣河陽向下至鄆濮齊棣已來邊河州縣數年兵革至甚
凋殘自此並宜倍加撫安召令復業應人戶所輸租稅特
與蠲減已從別勑處分兼諸道州縣有經霜水旱之災所

損田苗納稅不迨懸欠處仰子細簡詳如不虛妄特與蠲
免頃以未殄寇讎嘗勞戰伐況於邊鄙足見凋傷既歲月
之滋深在逋逃而可念或主持錢穀管係牛羊既已罄空
須憂徵督將叶來蘇之詠宜施在宥之恩應近邊界州縣
人戶有舊主持官錢斛斗牛羊諸雜課利送納不迨者並
令蠲放自兵屯郊境事迫機宜互有侵漁交相虜掠既變
良而爲賊實威脅以勢驅人或銜冤朕寧無慮可各下諸
處有百姓婦女俘虜他處爲婢妾者願歸即並不得占留
一任骨肉識認其丈夫曾被刺面者仰勘所在村保如委

不係食糧人數便勒本州府各與憑據放逐營生鄉村糴
貨斗斛及賣薪炭等物多被牙人於城外接賤糴買到房
店增價邀求遂使貧困之家常置貴物稱量之際又罔平
人宜令府縣及御史臺於諸門嚴切條流不得更令違犯
應天下見使斗秤並是僞朝所定宜令所司別造新朝斗
秤頒下諸道其見使者納官毀廢三館蘭臺藏書之府動
盈萬卷詳列九流爰自亂離悉多遺逸須行搜訪以備討
尋應天下有人能以經史及百家之言進納者所司立等
第酬奬喪葬之典合式具言使貧者足以備其儀富者不

得踰其制頃自淳風漸散薄俗相承不守等威競爲僭侈
生則不能盡其養沒則廣費飾其終自今後仰所司舉明
條制勿令踰越若故違犯嚴加責罰歷代以來除桑田正
稅外只有茶鹽銅鐵出山澤之利有商稅之名其餘諸司
並無稅額僞朝已來通言雜稅有形之類無稅不加爲弊
頗深興怨無已今則軍需尚重國力未充猶且權宜未能
全去且檢天下桑田正稅除三司上供既能無漏則四方
雜稅必可盡除仰所司速檢勘天下州府戶口正額墾田
實數待憑條理以息繁苛國以人爲本人困則國何所依

人以食爲天食艱則人何以濟閒僞朝已來恣爲掊斂至於雜色斛斗柴草受納倉場邀詰人戶分外誅求納一斗則二斗未充納一束則三束不了互相蒙蔽上下均分疲敝生靈莫斯爲甚自今後仰長吏選清強官吏充主納仍須嚴立條制以防姦欺兼具逐色所納加耗申奏當官者宜守於朝章力田者宜遵於王制苟容僥倖必亂規繩訪聞富戶田疇多投權勢影占州縣不敢科役貧下者更代征徭轉致凋殘最爲蠹弊將安疲瘵須擇循良應僞庭內班朝寮及諸色主掌職員等遭無辜殺害者並許昭雪歸

葬共理者太守之官親人者縣宰之任戈鋋稍弭政術爲先刺史縣令有勸課農桑招復戶甲增加稅額檢勘不虛委本道觀察使條件奏聞當加進陟如貪惰不理害及於人者速便停替務於葺養稱朕意焉況親人之官無先於令錄致理之道必擇於才能苟選任不自於朝廷則恩澤全歸於侯伯今日諸道奏請授官人數轉多闕員全占交隳體例須正條綱委中書門下舉舊例條理聞奏刺史總一州之政縣令專百里之權至於糾督之司並謂親人之任僞朝取士多不擇才蓋自藩方奏論及因權勢囑託公行賄賂蔑顧典章到官唯務於追求在任莫思於葺理或聚蓄更希後任或掊斂以報前恩上下相蒙遠邇爲害生靈困敝職此之由自此牧守令錄之官委中書門下精加選擇至於三銓注擬亦在審詳吏能如貪猥有聞不得更授令錄及到官後委本道觀察使切加鈐轄仍勒本州判官專爲訪察如掩贓罪不具聞奏豈唯獨罪本官兼亦累及長吏至於義夫節婦孝子順孫並合搜揚以行旌表德音之所未至赦文之所不該凡百有司各宜申舉於戲圜蓋方輿布陰陽而貿萬物賢臣聖主守紀綱而馭四方所

寶者黎元所重者神器久落姦凶之手每傷忠義之心朕以訓練五兵憂勤三紀收復而親經百戰輯寧而敢忽萬機得不居安慮危慎終如始內則委樞衡於元輔庶顯彌綸外則分符印於列侯務觀製錦股肱惟肅宗社是依朕有過而須言臣有善而無掩使百姓時序萬國咸寧共全可大之功式表中興之道

曉諭梁將王檀書

天維助順神亦害盈有道即興無道即滅昔漢朝中否俄成王莽之妖晉祚中微復起桓元之禍莫不因緣多難構

合異圖謂天地可以心欺謂帝王可以力取殊不知雪霜之後寒松驗貞翠之姿喪亂之期義士見忠勤之節是故南陽宗室京口英雄皆懷仗順之謀悉建平勳之策逆溫萑蒲餘孽畎畝微民因黃巢將敗之秋於白水喪師之後自知勢蹙遂乃向明聖朝以方切招懷顯行恩渥使從賊將委以齊壇錫全忠之嘉名居夷門之重地爾後連侵四鎮疊擁雙旌非聖朝恩澤不深非聖朝有負此賊而乃結連奸逆攻逼河岐謀害近臣劫遷鑾輅終成大逆遂弒昭皇殺戮宗枝逼辱妃后萬民相顧而抆淚百辟飲恨以吞

聲以致神堯萬代之基陷入碭山豎子之手人祇痛恨天地慘傷況復自僭逆以來猖狂愈甚忌勳舊則殺傷已盡貪財貨則溪壑難盈氏叔琮朱友恭之徒蔣元暉張廷範之輩罪無毫髮皆被誅夷王仲師覆族於前劉知俊脫身於後如斯統馭何以扶持稍成瓜李之嫌便中讒邪之口且鎮定兩地聖唐重藩皆世嗣山河代分旄鉞各以生靈是念封壤求安既拜表以稱臣又竭財而入貢而逆溫不察忠瘁潛肆窺圖詐稱應援之師盜取深冀兩郡見利忘義一至於斯欲令天下歸心乃至舟中敵國昨鎮定大王特差人數徑告敝藩尋遂統師徒躬來應援逆溫已令將王景仁等七八萬衆屯據柏鄉日令步騎攻圍其城終不出關遂令引退即便前來既落彀中須施毒手東西掩擊勢若山摧擒戰將二百餘員奪鐵騎五千餘匹橫屍滿野皆龍驤神捷之徒棄甲如山悉長劍銀鎗之類程思權縷陳表本張濤亦備述事機然董卓之膺何煩再舉斬桓元之首正在此時近又岐下淮南皆通間使咸期春首同起義師討柏鄉之勝捷遠聞在兩地之戈鋋轉急天時人事昭然可知伏以公緱嶺名家聖唐勳族因逢國難偶在賊

庭當華夷無事之時滿朝朱紫倘社稷中興之後足顯勳名予高曾自憲宗朝赴闕以來世荷恩寵敢因此際誓復聖唐必不與碭山田夫同戴天而履地予幕賓王緘僕射九月中鳳翔使迴劉知俊令公因遺書示兼傳密意具述足下相與之分最異他人兼憑附達絹書尋令通送又累得潞州相公家兄文字及招得魏博子將聞得逆溫於公君臣之分已有猜嫌曾於故鎮著人密欲窺算皆言紀綱不少謀害稍難頗得事機極不虛謬且公彭門侍中之後鴻勳茂業播在史書豈忍屈節賊庭點汙盛族轉禍爲福

去就奚安箕子去殷項伯歸漢棄骨肉猶稱先智全富貴固是良圖今三鎮嚴師已及城下敢假丹抱仰達英聰倘蒙俯賜忠言見機知變叶同討逆與復聖唐則身與金石齊堅名與天地同固蓋以久欽重德是敢先貢直言如明鑒未迴丹誠尚阻則長濠巨塹築室返耕使飛走以無門固展覿而有日

諭兗鄆羣盜書

夫相時達變爲智士之良圖擇福知機蓋丈夫之能事故有竄身山谷不處危邦今古攸同豪傑共貫近聞鄆州山

塞聚徒實繁並是汴雒舊人兗鄆奇士見河南之失險知僞數之必亡厭血刃於連年避淫刑於虐主必想元元失所恟恟無依莫知投足之方未有息肩之地予自去冬親提虎旅徑取楊劉既獲通津已諧大計視逆豎而便同几上算梁園而已在彀中謝彥璋營葺梟巢嘯聚河上撩虎頭而難逃碎首伸螳臂而何暇爭鋒今則虐使生民決開天塹築隄壅水自固軍營偷生取笑於庸夫作事頗同於兒戲公私塗炭內外分離既板蕩以不支固冰消而在即予俯詳人事仰察天時既畫成謀已圖大舉控新羈之鐵馬礪却日之霜戈屈指定期長驅決勝誓平國恥須復家仇廓妖祲於西郊奉中興於萬葉諸君等或中州義士或大國遺民困兵革而不保田園避殘酷而深藏溪洞聞余義舉計各歡然今既屯聚衆多已相統屬須自謀畫自立功名或則攻取城池便可跨據州縣因茲事勢以決遠圖梁寇既西有多虞固不暇分兵東去青兗則無人之境齊鄆則喪亂之州彼若圖之必定成事斯爲上策不可後時凡有兵機予能接應當俟寰區一統海內爲家可於所得封疆遂其富貴之願蒼穹白水予所不欺若守險偷生潛

身匿迹終爲亡命自棄何多時不再來機須速決長謀遠算自可擇焉

讓契丹阿保機書

晝野離疆雖有華戎之別惟忠與信不違蠻貊之邦契丹王氣稟貞剛心懷仁義爲天山之貴族據玉塞之雄藩恩加辮髮之鄉威讋控弦之俗往者降情修好款塞通盟各守封疆交陳贄幣錦車使者嘗馳問遺之書牙帳賢王頗識會同之禮關山無事風馬有歸青塚路邊罕有射雕之騎受降城北更無遺鏃之憂永保初終不渝信誓近者盧

文進潛圖凶逆苟避誅夷苞姦蘊惡之情何方可保有父有君之國皆所不容契丹王未始包藏專聽誑惑黨一夫之罪惡絕兩國之歡盟縱彼犬羊窺吾亭鄣徒封牛耳難保獸心輒將左衽之徒幸我中原之秋見蒐兵甲決戰西樓暫勞車騎之師佇見藁街之首

禡牙文

南望柏人當漢祖擒奸之地北臨鄗邑有蕭王告類之亭一則成創業之功一則纂中興之緒予遠提師旅將盪妖氛假二帝之威靈救萬邦之塗炭俯詳形勝用視郊原陣

雲不散於長空殺氣正衡於殘孽逆溫背惠奸我同盟非厚載之所容在典刑而無赦將期勦戮以慰蒸人諒我忠勤幸資神助

欽定全唐文卷一百六

後唐明宗

帝諱亶初名嗣源代北人世事太祖遂從姓李氏唐咸通八年生同光元年授蕃漢馬步總管加太尉四年四月即位改今名長興元年上尊號聖明神武文德恭孝皇帝四年再加尊號聖明神武廣道法天文德恭孝皇帝在位八年年六十七謚曰聖德和武欽孝皇帝廟號明宗

令河南府諸道津送諸王眷屬教

寡人允副羣情方監國事外安黎庶內睦宗親庶諧敦敘

之規永保隆平之運昨京師變起禍難薦臻至於戚屬之閒不測驚奔之所慮因藏竄濫被傷夷言念於茲自然流涕宜令下河南府及諸道應諸王眷屬等昨因變起出奔所至即時津送赴闕如不幸物故者即量事收瘞以聞

令人戶供田數教

今年夏苗委人戶自供通頃畝五家爲保本州具帳送省州縣不得差人簡括如人戶隱欺許人陳告其田倍徵其

百姓合散蠶鹽每年抵二月內一度俵散依夏稅限納錢

夏秋苗畝稅子除元徵石斗及地頭錢餘外不得紐配

授鄭珏任圜中書侍郎制

欲運陰陽賢者諒資於籌畫將烹鼎飪哲王取喻於鹽梅是知心恬淡則燮理無差意平正則調和靡慝王者以二儀爲法百度是貞將施理國之規必慎代天之任其有鎮時望重濟物才高或早推房杜之風或暗合孫吳之略咸膺妙選適副旁求光祿大夫太子賓客上柱國滎陽郡開國侯食邑一千戶鄭珏禮樂成家鈞台接武珪璧耀無瑕之彩咸韶奏希代之音雅度不羣貞規拔俗爲縉紳之楷範作文學之宗師歷踐華資嘗居重任舒卷罔渝於古道

坦夷不易於沖襟允謂正人實符休運正議大夫守工部尚書上柱國樂安縣開國男食邑三百戶賜紫金魚袋任圜儒元繼代簪組傳芳蘊穰苴文武之才抱季子縱橫之略早參戎幕既備展於良謀洎歷尹京復廣敷於善政掩李牧防虞之術繼蕭何饋運之勞安北邊而顯賴殊功伐西蜀而固資婉畫及康延孝忽從劍閣欲襲錦川統戎至及於三千破賊將踰於萬數姦凶盡戮邛蜀再寧靜十道之妖氛息三川之生聚遠提銳旅來赴上京適當纂紹之初尤驗忠貞之節而鬱於人望協彼僉諧宜膺並命之榮允謂當仁之選或升書殿或掌國租冀伸致主之嘉猷別展富民之茂績於戲位尊百辟職總萬機公忠則庶政惟和便辟則彝倫攸斁慎宜九德勉阜羣生珏可中書侍郎兼刑部尚書平章事集賢殿大學士圜可金紫光祿大夫中書侍郎兼工部尚書平章事判三司

復郭崇韜朱友謙官爵財產制

故西道行營都招討制置等使守侍中監修國史兼樞密使郭崇韜宜許歸葬其世業田宅並還與骨肉故萬州司戶朱友謙可復護國軍節度使守太師兼尚書令河中尹

西平王所有田宅財產並還與骨肉

貶豆盧革韋說制

革則縱田客以殺人說則侵隣家而奪井選元亨之上第改王參之本名或主掌三司委元隨之務局或陶鎔百里受長吏之桑田咸屈塞於平人互阿私於愛子任官匪當黷貨無厭謀人之國若斯致主之方安在既迷理亂又昧卷舒而府司案牘爰來諫署奏章疊至備彰醜迹深汙明庭是宜約以三章投之四裔其河南府文案及蕭希甫論疏並宜宣示百僚

責授豆盧革韋說司戶參軍制

豆盧革韋說等身爲輔相手握權衡或端坐稱臣或半笑奏事於君無禮舉世寧容革則暫委利權便私俸祿文武百辟皆從五月起支父子二人偏自初正給遣說則自居重位全紊大綱敘蔭貪榮亂兒孫於昭穆賣官潤屋換令錄之身名醜行疊彰羣情共怒雖居牧守未塞非尤革可責授費州司戶參軍說可夷州司戶參軍皆員外置同正員並所在馳驛發遣

授盧文進義成節度使制

契丹盧龍軍節度使檢校太尉盧文進遼西飛將薊北雄材頃以被讒因而避禍雖附茹毛之俗長懷向國之誠將軍寧屈於虜庭校尉終還於漢壘洎於纂紹果卜旋歸繼飛鴈足之書累殄龍庭之虜前冒白刃中推赤心擁塞垣之車帳八千復唐土之民軍十萬氣吞沙漠義貫神明爰降寵章以旌壯節可特進依前檢校太尉同中書門下平章事使持節滑州諸軍事守滑州刺史充義成軍節度滑濮管內觀察處置等使仍封范陽郡開國侯食邑一千三百戶兼賜推忠翊聖保義功臣

改名制

王者祇敬宗祧統臨寰宇必順體元之典特新制義之文朕以眇躬獲承丕構襲三百年之休運繼二十聖之耿光馭朽納隍夕惕之心罔怠法天師古日躋之道惟勤今則載戢干戈混同書軌荷元穹之睠佑契兆庶之樂推簡玉泥金非敢期於薄德耕田鑿井誠有慕於前王將陳享謁之儀即備郊丘之禮宜更稱謂永耀簡編今改名爲亶凡在中外宜體朕懷

授馮道崔協中書侍郎制

昔舜命臯夔百揆時敘湯命仲虺萬國咸寧道既合於君臣事實光於今古朕克相上帝敷佑下民惟順考於典墳俾旁求於彥傑外之廊廟付以鈞衡期共理於寰區冀永康於黎庶厥有明哲咸謂碩儒早隆佐命之功久負濟時之器必使膺茲大任弼我丕基旣詢謀以僉同固朕志而先定爰行並命是降寵靈端明殿學士朝議大夫守尚書兵部侍郎上柱國賜紫金魚袋馮道四瀆凝休五行鍾秀積善克承於家訓揚名端守於素風孔門曾顏寧同懿行漢庭嚴樂詎比宏才溫恭爲君子之儒愨厚有大臣之體

故自從龍契會倚馬摛詞首贊先朝紹隆丕業爲善不伐有能不矜守廉貧則罔恥緼袍持愼審則靡言溫樹自予纂嗣賴爾弼違爰精選於禁林乃特遷於祕殿愈陳規誡屢罄論思都正直以莫倫諒眞純而罕匹銀青光祿大夫守太常卿判吏部尚書銓事上柱國崔協星辰降彩軒冕聯榮禮樂稟於生知詩書博於時習輝華繼世可鄙荀陳清貴傳家固超王謝自登高第踐歷周行居省闥則職業備修升憲府則朝綱克振近者委司選部命典秩宗轄彼銓衡則羣才適序調其律呂則雅音克諧既揚正始之風

可驗中和之德並以功庸夙著問望彌高宜允副於具瞻俾顯當於爰立是命寵升黃閣光弼紫宸或居書殿之榮俱列戶封之貴仍加峻級以示新恩道既叶於咨詢心乃符於啟沃於戲知人則哲予竊慕於前王事君盡忠爾已聞於當代更宜夙夜愼保初終使社稷以無憂期子孫之有賴往踐厥位汝惟戒哉道可正議大夫中書侍郎平章事充集賢殿學士協可中書侍郎平章事

封王延鈞瑯琊王制

朕聞襲弓裘之美惟孝承家秉旄鉞之權惟忠報國其有顯居世祿傑出時材疾風端勁草之心積雪驗貞松之節恐毀我室非閱於墻宜遵紹續之文俾授統臨之寄爰於剛日特舉彝章威武軍節度觀察留後起復雲麾將軍檢校太傅使持節舒州諸軍事守舒州刺史兼御史大夫柱國瑯琊縣開國伯食邑七百戶王延鈞拱北華星圖南巨翼垂金精於元象刷玉宇於雄風而自阜蓋分憂清源共理五馬之聲光首出八龍之價譽相高既綰圭符俄從金革在原無惠咸推晉后之賢當壁有徵大叶楚人之望而又上欽天眷旁沮物情守祖考之貽謀却蕃宣之承制心

傾皎日義惡浮雲建溪之誓帶如河閩嶺之礪山齊嶽父風宛在臣節彌堅是命高建牙璋洞開玉帳錫以油幢瑞節廣其淥水紅蓮寵冠阿衡貴同緹騎尊以師而表敬實其戶而增封併示貞榮仍加懿號於戲象賢務德克揚嗣子之名進律推恩當顯使臣之禮勉膺殊渥永保令圖可依前授起復雲麾將軍右金吾衛大將軍外置同正員檢校太師守中書令福州大都督府長史充武威軍節度福建管內觀察處置兼三司發運節度封瑯琊王

任圜罷相制

朕恭膺大寶虔荷丕基選衆與能克保君臨之道寶賢念舊庶符帝賚之資繇是推以腹心授之衡柄冀扶持於寡昧申啟沃於始終其有樂在晏安勇於沖退宜暫均於勞逸思顯示於優隆光祿大夫門下侍郎兼工部尚書平章事監修國史上柱國樂安郡開國侯食邑一千戶任圜天授宏材波澄偉度早負公侯之器深懷將相之資智擅圓方謀惟通變先皇帝中興景運再造鴻圖夙參佐命之功迥著安時之業克平邛蜀大掃妖氛鬱有殊庸雅爲良弼朕惟薄德尋所注懷爰自六卿擢居四輔秉國鈞之重任

掌邦計之劇權內罄沃心外彰陳力方期委任遽閱封章曲徇汝懷固違朕旨既披陳而莫抑在進退之有常宜更鳳沼之尊俾踐龍樓之秩勉從頤養勿替謀猷可落平章事守太子少保

鄭珏罷相制

朕聞老氏談經無如知止素王窮易當在庶幾賢哲所以保身進退於焉合道其有位居元輔功敘彝倫節宣微爽於沖和休致屢堅於章表酌其陳力莫若從人俾迴席於三台就懸車於百揆特進行門下侍郎兼刑部尚書同中書門下平章事充太微宮使宏文館大學士上柱國滎陽郡開國公食邑一千五百戶鄭珏皇朝軒冕清廟笙鏞崇令望於縉紳節雅音於律度而自再持鈞軸益顯公忠尋更近市之居兼杜掃門之跡克己復禮爲官擇人爰屬巡幸浚郊務名賢而好善經營雒邑煩上相以卜年方賴嘉猷忽嬰美疹豆耳何妨於寂聽灰心頓悟於浮榮高慕赤松勇辭黃閣朕以方調殷鼎尚睠晉鐏欲盡慇懃具觀堅切可久之規斯在再三之請莫遠所以特許抽簪免勞借箸進崇階於開府假優秩於不朝仍益井田俾厚風俗於

戲祁奚請老不無內舉之規張禹言情亦有私恩之事唯卿奉身而退其德不回予實嘉焉美兼善也勉從頤養永保初終可開府儀同三司尚書左僕射致仕仍加食邑五百戶

襃夔州刺史西方鄴制

夫忠而能力蓋臣子之嘉猷賞不踰時乃君親之大義其有一心奉國萬里勤王宣至化於遐陬振威聲於異俗宜外寵秩式示優恩竭忠建策興復功臣東南面行營副招討使寧江軍節度觀察等使光祿大夫檢校司徒使持節

都督夔州諸軍事守夔州刺史西方鄴壯節挺生英材間出居家克孝事主能忠總銳旅以巡征飛捷書而薦至一日千里復峽內之土疆七縱七擒盪荆門之妖祲近令偏將徑取敵城運籌之智神輸破竹之威電速漸平兔穴當覆梟巢方堅倚仗之誠宜降褒崇之命俾兼爲保益重殿邦既虎踞於上流佇鯨吞於下瀨於戲功名既立節義彌高鼎鐘方示於鐫銘綸綍寧煩於訓誡唯期帶礪永協雲龍可檢校太保使持節都督夔州諸軍事守夔州刺史寧江軍節度觀察等使

討王都制

王者君臨八表子育萬民務匿瑕含垢之仁引禁暴戢兵之德每存寬恕貴就和平其有受國深恩承家舊履乖失臣節包藏禍心萌悖亂以欺天資貪殘而害物苟無征討曷示紀綱義武軍節度觀察等使檢校太尉兼中書令守定州刺史太原郡王王都猥以凡材託於盛族梟獍之凶早縱豺狼之性不移位極人臣跡無忠孝自朕纘承大業懷輯羣方山河之寄愈堅帶礪之盟益甚凡於事體每務優崇骨肉淪落者並致歸還嗣息薦論者遍加任使一門受寵九族同榮近以家艱疊煩國命行弔遠繫於卿士奪情尋復於公侯繼下絲綸薦及垣翰在予之分於爾何虧而屬者所爲頻彰逆狀徵發不從於朝命賦租罔係於省司擅致軍都遍抽編戶專修城壘潛造甲兵說誘佐命藩臣留滯歸朝刺史賴皆忠順尋各奏聞曾令近侍馳書責使深思改過載惟撫御敢怠含容近乃長惡靡悛亂常尤甚遣姦人招軍前節級出妖言惑管內生靈兼挂牒文已爲邊患闔境之蒸黎愁沮遠邇告陳鄰藩之主帥封章共期戡定其王都宜削奪在身官爵仍令馬步兵士於州側

近權置行州招誘在州軍人百姓及安撫鄉川人戶於戲不祥之器寧願舉於干戈無罪之民豈忍墜於塗炭將行弔伐倍軫情懷勉施拯救之功勿致傷夷之弊雖軍威須振在王道無虧凡百戎臣當體朕意宣布遐邇咸使聞知

誡勵長吏制

朕自承天命恭襲帝圖務令黔黎永安非止皇居獨樂當艱虞之際與良將共靜邊塵及開泰之時於諸侯並崇官爵既酬勳而示寵賴撫俗以經心託在無私期於共理有功者切於慶賞有過者非所願聞陶玘以偶違勅條無柰

何而從謫宦廷隱以全虧公道不獲已而就極刑乃朝典之須行實朕心之不樂備軫泣辜之念更嚴加禁之規況在藩方皆明理本節度使等時號山河之主縣令亦人呼父母之君並切爲時皆勤布化不獨榮於身世兼乃慶及子孫當虔夕惕之懷同廣日新之政各處有功之地永爲無過之人宜體朕懷共資王道

進封趙德鈞制

朕聞魏絳和戎始克諧於金石祭遵征虜終併息於煙塵此乃先務柔懷後申禁暴明國家之耀德表藩翰之圖功

既立丕勳宜加懋賞興邦守正翊贊功臣盧龍軍節度管內觀察處置押奚契丹兩蕃經略盧龍軍等大使特進檢校太尉同中書門下平章事幽州大都督府長史上柱國天水縣開國侯食邑一千戶趙德鈞崆峒稟氣渤澥融精傳將略於黃公受兵符於元女而自羈縻戎馬控制盧龍洞曉蕃情飽諳邊事獲其五利嘗姑息於鮮卑運以六韜果生擒於惕隱可謂坐籌帷幄能執干戈終殄寇於中山永摧凶於外域犬羊南牧賴掃蕩於尋時貔虎北征遂凱旋於此日加以民軍胥悅畏愛並行薊門之人物如初燕谷之粢盛畢備得不疇其庶績褒以徽章就加進律之文式叶陟明之典是命寵頒鳳綍榮列貂冠正爵位於三公加井田於千戶貴申殊渥仍賜眞封於戲事君之節已彰燕山紀頌教子之方大著踐土臨戎有國有家惟忠惟孝享茲具美永保令猷可依前檢校太尉兼侍中幽州大都督府長史充盧龍軍節度觀察等使進封開國公加食邑五百戶食實封一百戶

進封王晏球等制

朕嘗披國史備閱軍功裴度之破淮西無遺廟算石雄之攻山北益展皇威莫不仰遺烈於祖宗委全才於將相而

自中山逆命外域朋姦奪戎旅以鷹揚屠賊兵而魚爛夕聞告捷朝賞殊勳竭忠建策興復功臣北面行營招討歸德軍節度宋亳單潁等州觀察處置亳州太清宮等使權知定州軍州事特進檢校太傅同中書門下平章事使持節宋州諸軍事宋州刺史上柱國瑯琊郡開國侯食邑一千戶王晏球長劒倚天洪河帶地居萬夫之長擅三傑之名黃石兵書運子房之籌略清淮公族興仲爽之源流自統雄師往收逆壘摧曲陽之堅陣厭滱水之驚波爰築室

以反耕攻圍雉堞果析骸而易子傾覆鳥巢招降之士庶數千撲滅之凶狂非一王都授首悉餒生擒火焚而惡蔓皆除電掃而妖氛併息諒茲丕績宜降優恩迺眷汶陽實惟巨鎮據犬牙之內地當馬頰之要津是命疇以勳庸福其黎庶進國公之品秩崇藩后之等威俾濬鳳池仍加蟬冕帷幄共推於重席井田兼别於真封於戲解甲休兵實歸於上將安民和衆議仗於賢臣永保令猷無替朕命可依前檢校太傅兼侍中使持節鄆州諸軍事守鄆州刺史充天平軍節度齊棣等州觀察處置使仍進封開國公加

食邑一千五百戶食實封一百戶行營副招討橫海軍節度觀察等使守滄州刺史李從敏可光祿大夫檢校太保使持節定州諸軍事守定州刺史充義武軍節度觀察北平軍等使進封開國伯加食邑一千二百戶北面行營兵馬都監鄭州防禦使張虔釗可光祿大夫檢校司徒使持節滄州諸軍事守滄州刺史充橫海軍節度觀察等使仍封清河縣開國子食邑五百戶

有事南郊制

朕自嗣守丕基勤修庶政於茲四稔罔怠萬機上賴乎祖宗下必資於卿士卑躬克儉景行前王側席求賢追蹤往哲日慎一日雖休勿休幸致風雨不愆干戈載戢九穗之禾應瑞足表豐年兩階之舞咸賓無虧曠代敢萌矜伐漸喜隆平然而圓丘之禮未陳清廟之詩未著夙宵增懼寤寐興懷何以助天之高而報地之厚也且天覆予爲予民戴予爲君苟帝道未臻則人倫焉正必須燔柴瘞玉嚴六宗虞典之禋非敢刻石泥金竊萬歲嵩高之美凡在遐邇當體至懷朕取來年二月十一日有事於南郊

郊禋禮畢賜將士錢帛制

朕恭荷丕圖獲申大禮蓋股肱之叶力環衛之輸忠將士等扈從乘輿警巡晝夜咸彰勞瘁深所嘉稱各示頒宣以明酬奬宜令三司依等第勘會指實人數指揮支給其諸道州府如本處有絹帛準價折支無見在錢物即就便支遣兼差使臣各往逐處宣賜仍下六軍諸衛準此告諭

減拜郊行事官選數制

獲遇拜郊遠來行事既施微效宜被優恩欠一選者宜令待闕欠兩選者減一選欠三選四選者減兩選欠五選六選者減三選欠七選八選者減四選欠九選已上者減五

選三司勒停官顯有過愆遂當停替不逢大禮終是棄人仍令所司以罷官理選赴常調如是今年合格者許令待闕注擬仍委吏部南曹依元簡勘事節合減選數給付牒知

授李愚中書侍郎制

衡之平不欺於物水之止洞鑑於形厥有操心秤而無撓重輕掛人鏡而自分姸醜所以旁求多士果得正人符夢卜而惟吉之從舉賢良而不仁者遠命爲予弼僉曰汝諧朝議大夫守太常卿上柱國隴西縣開國男食邑三百戶

賜紫金魚袋李愚勁草淩風孤松抱雪向歷艱難之運再逢開泰之期先皇擢在禁林轂隨征旆鋒鋋翰墨經劒閣而無競刊銘冀土珠金入刀州而未嘗闚夢罔矜諭蜀素蘊致堯泊朕纘紹丕圖服勤内署慎密而不言温樹論思而守奉甘泉及掌文闈大開公道樹杏壇而重興四教歷蘭省而再陟二卿當祀周郊密承殿詔泥金而將期獻頌擊石而尋致來儀既歷試諸艱且爰立作相是命亞鳳池之貴位領虎殿之羣儒仍進崇階兼加好爵於戲久虛右席俾運前籌期偃戢於干戈致混同於書軌以毗乃辟正事惟醇則霖雨鹽梅於是乎在可正議大夫守中書侍郎平章事集賢殿大學士

授趙鳳門下侍郎制

朕聞燮理陰陽霖雨之功是託調和鼎鼐鹽梅之味攸憑蓋貞淳則克契二儀正直則允諧庶品必在懸衡秉志定鏡操心苟無爽於毫釐則潛符於造化將付代天之柄宜歸不世之才今得良臣庶臻治道端明殿學士中大夫尚書兵部侍郎上柱國賜紫金魚袋趙鳳丹山瑞彩赤堇靈鋒清明猶水鏡冰壺質厚若渾金璞玉動惟稽古靜可鎮

時夢傳五色之毫文章煥爛力就三冬之志學藝縱橫頃在禁林嘗傳職業始中原之大定屬萬國以來朝制命聯緜詔書疊委共歎立成之敏略無停綴之時洎朕承基復資演誥俄遷居於秘殿嘗密贊於鴻圖實賴謀猷每嘉經濟爰司貢部俾選儒徒果無遺逸之名足見搜羅之道昨朕將還雒邑特委浚郊一時權藉於殿邦期月尋聞於報政恩威並設賞罰皆明夷門無夜柝之喧梁苑遂春臺之樂克膺重寄允謂周才宜顯處於巖廊貴大施於陶冶黃扉峻秩粉署崇資兼煩筆削之功更代簡編之職勳階並

進爵邑惟新足爲爰立之榮在體勤求之意唯思啟沃端侯弼諧於戲應夢卜之祥當股肱之任關羣生之休戚繫萬宇之安危社稷是平寰瀛繫賴勉勤夙夜無怠初終勿令伊說臯夔咸擅美於前也可正議大夫門下侍郎兼工部尚書同平章事監修國史上柱國仍封天水縣開國男食邑三百戶

以災旱蠲貸制

朕自恭臨萬國惠撫兆民遵上古清淨之規削近代繁苛之政兩稅之外別無徵斂之名八年之間繼有豐穰之瑞覩流亡之漸復謂富庶之可期爰自今秋偶愆時雨郡縣累陳於災沴關梁亦奏於逃移良由朕刑政或差感通不至責躬罪己靡忘於懷特議優矜庶令安集據河中同華耀陝青齊淄絳萊等州各申災旱損田處已令本道判官檢行不取額定頃畝如保內人戶逃移不得均攤抵納本戶租稅其稅子如闕本色許納諸雜斛斗薥黍充每斗折粟八升今許納本色稗子特與免稅前件遭旱州府據檢到見苗仍恐輸官不迨今祇徵一半稅物仍許於便近州府送納其餘一半放至來年其逃移戶田產仰村隣看守不得殘毀必在方岳羣后州縣庶官各體憂勤共相勉勵明詳獄訟恭守詔條上答天災必思於戒懼下除民瘼必務於撫綏當共卹於疲羸勿自安於逸樂

追冊晉國夫人夏氏爲昭懿皇后制

故晉國夫人夏氏素推仁德久睦宗親嘗施內助之方不見中興之盛子當御極子並爲王有鵲巢之高無暈衣之貴貞魂永逝懿範常存攷本朝之文沿追冊之制將慰懷於九族冀叶慶於四星宜追冊爲皇后兼定懿號

後唐明宗二

恤刑詔

朕臨御寰區，當明賞罰刑既加於有罪道貴洽於無私將據親疎宜分皂白特行寬宥俾釋憂疑罪人元行欽孔謙及應犯法人田宅已從籍沒其門人使下任從穩便不詰罪尤灼然有才能者仍許所司錄任

定蕃使朝儀詔

四夷來王歷代故事前後各因強弱撫制互有典儀大蕃須示於威容即於正衙引對小蕃但推於恩澤仍於偏殿撫懷憲府奏論禮院詳酌皆徵故實咸有明文正衙威容未可全廢內殿恩澤且可常行若遇大蕃入朝即準舊儀於正殿排比鋪陳立仗百官排班於正門引入對見

定檢校官所納禮錢詔

會府華資皇朝寵秩凡霑新命各納禮錢爰自近年多隳舊制遂致紀綱之地遽成廢墜之司況累條流既從減省方當提舉宜振規繩但緣其間翊衛勳庸藩宣將佐自軍功而遷陟示恩澤以獎酬須議從權不在其例其餘自不帶平章事節度使及防禦團練刺史使府副使行軍已下三司職掌監務官州縣官凡關此例並可徵納其檢校官自員外郎至僕射祇初轉一任納錢若不改呼不在徵納仍委尚書省部司專切檢舉置歷逐月具數申中書門下

再貶豆盧革韋說詔

責授費州司戶參軍豆盧革夷州司戶參軍韋說等自居台輔累換歲華負先皇倚注之恩失大國調燮之理朕自登宸極常委鈞衡略無謙遜之辭但縱貪饕之意除官受賂樹黨徇私每虧敬於朕前徒自尊於人上道路之諠騰不已諫臣之條疏頗多罪狀顯彰典刑斯舉合從極法以塞羣情尚緣臨御之初含宏是務特軫墜泉之慮爰施解網之仁曲示優恩俯寬後命革可陵州長流百姓說可合州長流百姓仍委逐處長知所在同州長春宮判官朝請大夫檢校尚書禮部郎中賜紫金魚袋豆盧昪將仕郎守尚書屯田員外郎崇文館學士賜緋魚袋韋濤等各因權勢驟列班行無才業以可稱竊寵榮而斯久比行貶謫以塞尤違朕以纂襲之初含容是務父既寬於後命子宜示於特恩並停見任

定奏請判官條例詔

藩鎮幕職皆有舊規奏薦官寮須循前例苟或隳紊難止弊訛承前使府奏請判官率皆隨府除移停罷近年流例有異前規使府雖已除移判官原安舊職起今後若是朝廷除授者即不計使府除移如是使府奏請即皆隨府移罷舊例藩侯帶平章事者所奏請判官殿中已上許奏緋中丞已上許奏紫今不帶平章事亦許同帶平章事例處分如防禦團練使奏請判官員外郎已下不在奏緋之限其所奏判官州縣官並須將歷任告身隨奏至京如未有

官假稱試攝亦奏狀內分明署出如藩鎮留後權知軍州事並不在奏請判官之限如刺史要奏州縣官須申本道請發表章不得自奏近日州使奏請從事本無官緒妄結虛銜不計職位高卑多是請兼朱紫不惟紊亂實啟僥求宜令諸道州府切準勑命處分

賜鳳翔節度使李曮改名詔

鳳翔節度使李曮世聯宗屬任重蕃宣慶善有稱忠勤顯著既在維城之例宜新定體之文是降寵光以隆惇敘俾煥成家之美貴崇猶子之親宜於本名上加從字

整飭朝參憲臺舊例詔

御史臺是本朝執憲之司乃四海繩違之地凡居中外皆待整齊藩侯尚展於公參邸吏豈宜於抗禮遽觀論列可驗侮輕但以喪亂滋多綱紀隳紊霜威掃地風憲銷聲今則景運惟新皇圖重正宜加提舉漸止澆訛宜令御史臺凡關舊例並須舉行稍不稟承當行朝典

答盧文紀整飭辭謝朝班等例詔

盧文紀自領憲綱頗思振舉備觀條奏皆叶通規李琪以內殿起居不廢辭謝蓋慮留滯乃是權宜盧文紀以正衙

序班恐隳故事請候次日亦可允依所請三銓免朝事繫繁劇選人既少公務非多宜且依所奏鏁銓前五日免朝將來人數漸多須容點檢即許開曹後免朝永以爲例付所司

加蠻都首領官秩詔

朕中興寶祚復正皇綱萬國駢羅俱在照臨之內八紘遼夐咸居覆載之閒矧彼雲南素歸正朔洎平僞蜀思錫舊恩於乃眷以雖深欲霈覃而未暇百蠻都首領李卑晚六姓蠻都首領勿鄧標莎等天資智勇世稟忠勤梯航之道

路纔通琛賮之貢輸已至率其種落竭乃悃誠備傾向化之心深獎來庭之意今則各須國寵别進王封其嶲州刺史李及大鬼主離吠等或遥貢表函或躬趨朝闕亦宜特授官資各遷階秩勉敦信義無墜冊書示爾金石之堅保我山河之誓欽承休命永保厥終

嚴斷服飾踰品詔

亂離斯久法制多隳不有舉明從何禁止而衣服韉馬之流多踰品式今後三京及州使職員名目是押衙兵馬使指揮使已上騎馬得有暖坐諸都將衙官使下係名籍者

只得衣紫皂庶人商旅只著白衣此後不得參雜兼有富戶或投名於勢要以求影庇或希假於攝貴以免丁徭須議條流以懲踰越如有此色人仰所在禁勘追索文書申奏當行嚴斷以肅姦欺

早赴朝參詔

君使臣以禮臣事君以忠禮不可一日不修忠不可一夕不念二者全則上下順一途廢則出入差須振綱維以嚴規矩凡在策名之列皆知辨色之朝儻不夙興是虧匪懈君上思政猶自求衣未明爲下服勤固合假寐待旦宜令御史臺徧示文武兩班自此每日早赴朝參職司既得整齊公事的無壅滯如或尚兹懈怠具錄奏聞

命孔循往荆南勞問兵士詔

朕以荆門伐叛方委勳臣而閫統師繁切戎機勤劬王事致乖攝理深軫寤懷輟卿樞近之繁達我優隆之旨固於旬朔已就宣和苟或尚未全平且要暫還本道便於將息亦可允俞委卿精白凡事詳酌審於準節庶協籌謀料度攻收撫綏軍旅咸緊明略更集殊庸倚注之心再三在念

賜劉訓等詔

朕昨以妙選師臣往除凶孽自長驅於鋭旅將併擊於孤城已發使臣疊頒詔諭料龍韜之此舉顧蟻垤以即平今已漸向炎蒸不可持久切在訓齊貔虎速進梯衝必期此月之中須殄干天之逆貴令戰士免至疲勞兼冀生民早諧蘇息惟卿忠烈體朕憂勤儻能克副於指呼便見立成其功效固於酬奬予無悋焉

平朱守殷告諭天下詔

朕以名藩龍潛舊地思覃風教爰議巡遊今月九日至滎陽得朱守殷詐奏本道都指揮使馬彥超等欲謀叛逆輒

使殺害尋令宣徽使范延光徑往撫諭自後更無申奏節度使宋敬殷及使臣十餘並遭陷沒至十日探知虜掠近城居人上城閉門顯爲拒捍朕親御六軍徑臨孤壘守殷逆黨敵於鄭門百姓望風下城效順守殷一家遂自屠戮尋獲首級已復城池且朱守殷久事本朝繼膺重委洎朕纘承宗社前後累降渥恩統處尹京薦居節制位兼將相貴極人臣比謂勠力一心贊時爲國殊不知潛懷梟性暗蓄狼心全無事上之忠遽恣欺天之意遂加誣於都校兼殺戮於近臣驅脅生靈拒張車駕果貽衆怒誅厥全宗凶

狂之釁自招悖逆之辜莫逭一方既靜萬國永安凡所聞知當極慶快如有諸色人被朱守殷密行文字妄有扇搖蓋慮姦細點黷良善朕皆明察不汝疵瑕當各安懷勿爲挂慮

除放積欠詔

諸道州府自同光三年已前所欠秋夏稅租并主持務局敗闕課利并沿河舟船折欠天成元年殘欠夏稅租並特與除放

賜任圜自盡詔

太子少保致仕任圜早推勳舊曾委重難既退免於劇權俾優閒於外地而乃不遵禮分潛附守殷緘題罔避於嫌疑情旨頗彰於怨望自收汴壘備見蹤由若務含宏是孤典憲尚全大體止罪一身已令本州私第自盡其骨肉親情僕使等並皆放罪

加恩汴州詔

朕聞后來其蘇動必從於人欲天監厥德靜宜布於國恩近者優恩多因州使僥門淹留勅命或公然隱匿全不施行官吏但言幸浚郊暫離洛邑蓋逢歲稔共樂時康不謂

姦宦遽彰逆狀爲厲之階既甚覆宗之禍自貽俾我生靈遘茲紛擾永言軫惻無輟寤興宜覃雨露之恩式表雲雷之澤應汴州城內百姓既經驚劫須議優饒宜放二年屋稅兼公私債負如是在城迴圖錢物及公私質庫除點簡見在外實經兵士散失者不計年月遠近並宜蠲放兼不得輒差配管內戸有因納稅入州便值更變或散失車牛其車牛許本主識認勤王之節雖出自勳賢入貢之勞抑繇於使介其有諸道進奉使或已入汴州陷失土貢宜與收破無勞重有貢輸專人經劫奪者宜與優給不軌之徒

巳加顯戮無辜之士當慰幽冤馬彥超宋敬殷等宜與追贈逆人有子及弟姪者仰並釋放一切不問輦輅之下姦逆遽興既難戢於戈鋋因莫分於玉石昨王師攻下汴州之時翦除凶逆之際恐其士庶偶陷鋒鋩言念傷殘良多嗟憫宜令石敬瑭徧加存問兼勘在城殺傷人口奏聞量加給恤衛主亡軀摧凶效命偶徇脅從之勢終懷忠藎之誠首議向明理宜行賞昨車駕初到城下之時有將士率先開門及下城朝見宜令石敬瑭奏聞當與甄酬禁暴戢兵實由武德安民和衆乃契天心車駕自離洛京戒嚴兵

士不配一物不役一夫河流井水自此外無取尚恐州縣以迎駕爲名妄有配率如或察知必不容恕布澤之命必叶於羣心宥過之文庶臻於至理應天下諸州府見禁囚徒除十惡五逆殺人光火劫盜合造毒藥官典犯贓僞行印信屠牛外罪無輕重並宜釋放瑕疵可滌既責其自新稂莠未除必從於去害應諸道或有人先偶曾爲非及其背役銜官懼罪藏隱宜令隨處長吏設法招攜各勒歸家一切不問諸色人不得輒有搖動如或自守狂迷尚且結集當令嚴加捕捉無致遁逃貴靜封隅永安黎庶策名筮

仕誠切於進身制祿命官義從於責實既懲黷貨宜有代耕應天下州縣官員逐月俸料如聞支給多不及時縱或支遣皆是爛弱斛斗既闕供輸難責廉慎自此隨處官員所破料錢宜逐縣人戶於合送納稅物內計折充支一則免勞於人戶輸納一則便於官僚仍下三司速與計度掄選之道雖在精研調業之勞頗聞艱苦應選人內有過格年深無門參選縱有材器難遂進趨宜令三銓磨勘行止即與今年冬集判成選人例量材注官如或詐稱不在此限爲政之要切在無私聽訟之方唯期不濫天下諸州府

官員如有善推疑獄及曾雪冤濫兼有異政者當具姓名聞奏別加甄獎敬老之規前王所重養親之道爲子居先應有年八十巳上及家長有廢疾者宜免一丁差役俾遂奉養許國之心忠貞爲本承家之法孝友爲先應天下有孝子順孫義夫節婦兄弟繼世義居者隨處長吏聞奏當行旌表嫌疑之釁多起於蒼黃似是之非率難於明辨應去年四月一日諸州府軍變內有詿誤身沒者並許子孫禮葬頃以兩軍對壘仍廢交鋒亡歿甚多暴露不少宜令滑濮鄆澶衛等州各據地界內有暴露骸骨並與埋瘞仍

差官致祭其餘諸道州府有暴露者亦委長吏指揮埋瘞夫天災流行時雨愆亢既闕地分宜減國租今歲岐華登棻自夏稍旱須加軫念以示優恩四州所管百姓令長吏切加安恤其所旱損田苗宜令檢行詣實申奏與蠲減稅租仍不得有差徭科配於戲罪己責躬前王之大德滌瑕盪穢往世之深仁致逆孽之亂常蓋眇沖之寡德誠深惕厲罔敢怠荒既行逮下之恩當守不移之信更在朝廷卿士藩翰侯王同堅奉守之心共致治平之道宜布遐邇當體朕懷

議追尊名號詔

朕聞開國承家得以制禮作樂故三皇不相襲五帝不相沿隨代創規於理無爽矧或情關祖禰事繫烝嘗將崇追遠之文以示化民之道馬縞秉持古學歷覽羣書援兩漢之舊儀雖明按據考百王之立制未盡變通且議諡追尊稱皇與帝既有增減之字合陳褒貶之辭大約二名俱爲尊稱若三皇之代則不可加帝五帝之代亦不可言皇爰自秦朝便兼其號爾後纂業承基之主握乾應運之君洎至我唐不易斯議至若元元皇帝事隔千祀宗追一源猶顯冊於鴻名豈須遵於漢典況朕居九五之位爲億兆之尊不可總二名於眇躬惜一字於先代茍隨執議何表孝誠又如堯咸舜韶夏松殷柏隨時變禮厥理斯存縞則以徵事上言深觀動靜朕則以奉先爲切慮致因循須足一塗以安四廟可特委宰臣與百官詳定集兩班於中書逐班各陳所見

賜豆盧革韋說自盡詔

陵州合州長流百姓豆盧革韋說頃在先朝擢居重任欺公害物黷貨賣官靜惟肇亂之端更有難容之事且夔忠

萬三州地連巴蜀路扼荊蠻藉皇都弭難之功徇逆帥僭求之勢罔于視聽率意割移將千里之土疆開通狡穴動兩川之兵賦禦捍經年致朕莫遂偃戈猶煩運策近者西方鄴雖復要害高季興尚固窠巢增吾旰食之憂職爾朋奸之計而又自居貶所繼出流言茍刑戮之稽時處忠良於何地宜令逐處刺史監賜自盡

申定迴避廟諱詔

本朝列聖及新追四廟諱近日章奏偏傍文字皆闕點畫凡當出諱止避正呼若迴避於偏傍則虧缺於文字宜從

朴素庶便公私此後凡廟諱但避正文其偏傍文字不必減少點畫

誅溫韜等詔

德州流人溫韜生爲黔首起自綠林依憑中夏干戈刼盜本朝陵寢遼州流人段凝豺狼類性梟獍爲謀無端而幾害平人得便而常懷逆節嵐州司戶陶玘曾司藩翰恣黷貨財自處竄流彌興怨望憲州司戶石知訥比居賓佐合務參揮當守殷閑據吏門發文字扇摇戎帥原州司馬聶嶼擢從班列委出親賢不守條章强買店宅其後細詢行

止頗駭聽聞喪妻未及於半年别成婚嫌棄母動逾於千里不奉晨昏而皆自抵刑章各行竄逐都無省過但出怨詞在朕意雖欲含宏於物論固難容舍尚全大體只罪一身並令本處賜死

賜五歲童子趙贊及第詔

都尉之子太尉之孫能念儒書備彰家訓不勞就試特與成名宜賜别勅及第附今年春榜

御署官準同有出身人申送詔

凡於祿仕固有規程發身必藉於器能在任須彰於勞考否臧斯異黜陟並行朕自統寰區務均渥澤淹滯者皆期振舉勤恪者亦議旌酬既開進取之門遂有躁求之衆或不守選限捷路希恩或纔罷官資奔波取事侵有數之員闕屈無媒之選人以此比方宜各條理自今後應前資官有出身及兩除官並可依常調赴選兼有莊宗并朕御署亦可準近勅赴選其一任除官未入選緒若無定制難以進身宜約所守官資序高低許令同有出身人合格年限求官赴京日仍須本道申送則與除第二任官兩除後便準常調選人例如此則事有區分人無奔競如藉才器非

時昇擢不在此限

令保戶自供手狀詔

今年夏苗委人戶自供手狀具頃畝多少仍以五家爲保委無隱漏攢連手狀送於本州本州具帳送省州縣不得差人簡括如或人戶隱欺許令保內陳告其田並令倍徵

更定注擬詔

本朝一統之時除嶺南黔中去京地遠三年一降選補使號爲南選外其餘諸道及京有司諸色選人每年動及數千分在三銓尚爲繁重近代選人每年不過數百何必以

一司公事作三處官方況有格條各依資考兼又明行勅
命務絶阿私宜新公共之規俾慎官常之要其諸道選人
宜令三銓官員都在省署子細磨勘無違礙後即據格同
商量注擬連署申奏仍不得踵前於私第注官如此則人
吏易可整齊公事亦無遲滯

答馮道等上尊號詔

朕顧惟涼德獲紹丕基賴心膂之訏謨繫股肱之寅亮懼
難負荷嘗勵齋莊惟誠荒寧敢自滿假卿等謨猷迭著翼
亮彌勤遂以鴻名將加眇質雖驗忠貞之懇誠非謙慎之

懷往年繼上封章累增宣達近者告虔宗廟展禮郊丘皆
輔弼之盡心亦纘承之常道縱頻摧北虜烽燧猶存雖稍
靜南方車書未混至於年穀豐稔皆繇台輔燮調豈予沖
人當斯盛美爾宜明予畏相體朕師臣勉務弼諧無忘裨
補堯舜禹湯之大道足可敷陳聖明神武之虛名無煩往
復諒茲深意即斷來表

貶左散騎常侍蕭希甫詔

左散騎常侍集賢殿學士判院事蕭希甫身處班行職非
警察輒引凶狂之輩上陳誣詆之詞逼近郊禋扇搖軍衆
李筠既當誅戮希甫寧免譴遷可貶嵐州司戶參軍仍馳
驛發遣

升尚書右丞爲正四品詔

臺轄之司官資並設左右貂素來相類左右揆不至相懸
以此比方豈宜分別自此宜升尚書右丞官品與左丞並
爲正四品

賜太師尚書令馬殷謚法詔

故天策上將軍守太師尚書令楚國王馬殷品位俱高封
崇已極無官可贈宜賜謚及神道碑文仍以王禮葬

錄寫律令格式六典詔

要道纔行則千歧共貫宏綱一舉則萬目皆張前王之法
制罔殊百代之科條悉在無煩改作各有定規守度程者
心逸日休率胷臆者心勞日拙天垂萬象星辰之分野靡
差地載羣倫嶽瀆之方隅不易儻各司其局則皆盡其心
且律令格式六典凡關庶政互有區分久不舉行遂至隳
紊宜準舊制令百司各於其間錄出本局公事巨細一一
抄寫不得漏落纖毫集成卷軸兼粉壁書在公廳若未有
廨署者其文書委官司主掌仍每有新授官到令自寫錄

一本披尋或因顧問之時應對須知次第無容曠闕每在執行使庶寮則守法奉公宰臣則提綱振領必當彝倫攸敘所謂至道不繁何必期年然後報政宜令御史臺徧加告諭催促限兩月抄錄及粉壁書寫須畢其閒或有未可便行及曾釐革事件委逐司旋申中書門下當更參酌奏覆施行

省刑詔

久愆時雨深疚予心雖遍虔祈猶未溥足宜廣推恩之道更敷恤物之懷貴獲感通必彰靈應宜令諸道州府各委

長吏親問刑獄省察冤濫應見禁囚徒除死罪外餘盡及時疏放除省司主持迴圖敗闕軍將及諸色人等見別指揮三司商量或有情可矜憫或非欺罔積年致有逋懸各具分析續行敕命并公私債負放至秋熟填納今年取者不在此限

答李祥請蠲除詔

地道安靜以動爲異前文備載歷代不無因有災祥深加儆戒朕自登九五每念生靈樂聞忠正之言惡見驕奢之事歲時豐稔中外和同近聞河南數數地動駭彼羣聽深軫予衷李祥居諫諍之官抱讜直之氣懇裨正道特上封章恐朕忘刱業艱難之時有功成矜滿之意不惟舉職備見爲時況朕守聽政之勤如踐祚之始嘗持翼翼不忘兢兢今更體李祥之言以前代爲鑒理不忘亂安不忘危臣下須進思盡忠退思補過日慎一日有始有終如此則何休祥之不臻何咎徵之不泯唯并州之地乃豐沛之鄉已命親賢往分憂寄必資慎靜專務輯綏刑獄之閒不得令有冤滯凡關利濟并許奏聞事有不便於民皆須止絕其北京山川之神仍宜差官專往祭禱朝廷靜可以惠四海

侯伯靜可以福一方冀安比屋之人以鎮興王之地

賜吳越國王錢鏐不名詔

周崇呂望有尚父之榮漢重蕭何有不名之禮錢鏐冠公侯之位疏吳越之封宜示異恩俾當縟禮其錢鏐宜賜不名

誅安重誨詔

朕猥以眇躬纘承丕構欲華夷之共泰於刑賞以無私其有位極人臣寵踰涯分擅威權而積惡詢物議以難容苟緩刑章是滋凶慝安重誨始從幼稚獲備指揮既倚注以

漸深亦旌酬而益甚自朕紹興王業委掌樞機官列三公望崇四輔謂勤劬之可恃每率暴以居懷且孟知祥董璋自守藩維素堅臣節輒從間諜令負憂疑擢任姻親往分符竹潛設猜防之計擅興割據之言兩川飲恨以俱深一旦飛章而頓絶又錢鏐位冠王公嘗輸愛戴朕方禮優元老恩遇遠人而重誨探撥瑕疵遽行止絶且去年郊天禮畢率土乂康重誨既綰國權復希兵柄輒出渡淮之語貴邀統衆之名事雖不行謀實可懼其後終興戈甲遽討巴邛將士疲勞梯船阻絶又遣專臨寨所俾料軍儲恣威虐

以復多致民兵之共怨朕尚存大體特示優恩爰自禁庭委之藩翰方緊共理旋乃貢章豈謂別有動搖潛懷怨望長子崇緒親居內職次子崇贊顯列朝行遣彼元隨偷歸本道據茲悖逆須究端緒勞千里以興師致四方之駭聽果明罪釁難逭誅夷其安重誨宜削奪自身官爵仍并男崇贊崇緒及重誨妻阿張等四人宜並賜死

令有力人戶均攤貧戶稅額詔

務穡勸耕前賢之令範裒多益寡往聖之格言比者諸道賦稅一定數額廣種不編於帳案頻通恐撓於鄉村如聞不逮之家困於輸納爰議有餘之戶共與均攤貴表一時之恩不作常年之例宜委諸道觀察使於屬縣每村定有力戶一人充村長於村人議有力人戶出剩田苗補下貧不逮頃畝自肯者即具狀徵收有詞者即排段檢括便自今年起爲定額

許百姓自鑄農器詔

富民之道莫尚於務農力田之資必先於利器器苟不利民何以安近聞諸道監冶所賣農器或大小異同或形狀輕怯纔當墾闢旋致損傷近百姓秋稼雖登時物頗賤既

艱難於買置遂抵犯於條章苟利錐刀擅興鑪冶稍聞彰露須議誅夷緩之則瞻國不充急之則殘民轉盛加以巡檢節級騷擾鄉閭但益煩苛殊非通濟欲使上不奪山川之利下皆遂畎畝之宜務在從長庶能經久自今後不計農器燒器動使諸物並許百姓逐便自鑄諸道監冶除依常年定數鑄辦供軍熟鐵并器物外只管出生鐵比已前價各隨逐處見定高低每斤一例減十文貨賣雜使熟鐵亦任百姓自煉巡檢節級勾當賣鐵場官并鋪戶等一切並廢鄉村百姓只於係省秋夏田畝上每畝納農器錢一

錢五分足陌隨秋夏稅二時送納去

褒賞呂琦姚遐致等詔

國祚中興皇綱再整合頒公事徧委羣臣先勅抄錄六典法書分爲二百四十卷從朝至夕自夏徂冬御史臺官員等或同切催驅或遞專勘讀校前王之舊制布當代之明規宜有獎酬以勵勤恪御史丞劉贊近别除官今加階爵宜從别勅處分呂琦姚遐致宜加朝散大夫李凝吉朝議大夫馬義朝朝散大夫仍賜柱國勳干遼李濤並朝散大夫徐禹卿張可復王曉並賜緋魚袋

飭定廊餐詔

文武兩班每遇入閤賜食從前御史臺官及諸朝官皆在敷政門外兩廊食唯北省官於敷政門内别坐既爲隔門各不相見致行坐不齊難於肅整今後每遇入閤賜食北省官亦宜令於敷政門外東廊下設席以北爲首待班齊一時就坐

賜孟知祥詔

省洋州及興元奏探聞得董璋把截劒門關路不通利州與西川往來兼稱董璋自領徒黨侵逼西川管界西川已出兵士禦備其利州人情不安未知兩川的實音耗等事朕聞天惟福善神必禍淫元鑒昭然冥符定矣故積功累仁者無所不濟窮兵黷武者未或不亡是以齊國尊周終全霸業吳王伐越自取喪亡累驗古今足分成敗卿時推間傑世仰全才知治亂於未萌測安危於未兆首參締構再復宗祧英謀迴掩於耿吳茂業遐超於申甫論功爲最錫壤居先自居守於北門往鎮臨於西蜀安民有術撫衆多恩方靜治於龜城期永扶於鳳闕董璋比膺朝寄薦領戎旃曾無犬馬之勞但縱豺狼之性頃歲潛懷逆節密設

奸機志欲兼并懇謀間諜始奏卿之得失知朕不容後說朝廷之短長圖卿相信只憑詭詐便欲侵吞欲西犯於蜀川遂東窺於閬郡不煩覶縷可驗包藏亂常之罪惡既彰伐叛之刑書難赦朕乃睠求良帥殄滅凶渠此際尋委卿兼東川行營供饋應接使方倚仗於戚藩俄阻艱於寇境路歧雖隔情好如初中間令進奏官蘇愿及進奉軍將杜紹本等相次歸還令傳詔旨想其到彼備達予懷卿制敵多方折衝有備雖深嫉惡猶示睦隣尚抑驍雄觀其釁隙而董璋果然顛蹶盡露奸邪初控扼於劒門遂侵騷於錦

罪爲臣若此滅族非遥卿可嚴誡師徒妙抒籌畫按兹良便速殄元凶朕亦尋遣軍前徑臨境上爲卿犄角扼賊咽喉佇掃蕩於氛霾復流通於信使當覃異渥式奬殊功卿宜慎固遠圖秉扶大節保君臣之重義成家世之美名況卿骨肉至多邱園在此自來存問並得安全可表朕之倚卿所冀卿之爲朕佇觀英斷定集大勳豈惟只委於節旄長居貴盛兼俟别頒於綸綍更廣封崇奸醜自分始終可鑒其爲眷注無忘寤興今遣卿外甥李瓌齎詔慰諭想當知悉

賜孟知祥詔

省所奏東川董璋爰自爲鄰從初不睦嘗厚誣於表章每深間於朝廷欲竊兵權來併土宇忽去年四月二十八日暴興兵士至五月一日驟入漢州尋差馬步都指揮使兼知武信軍節度留後李仁罕右廂馬步都指揮使兼知寧江軍節度兵馬留後張知鄴衙内都指揮使兼知昭武軍留後李肇等各於界分警備又令副使權知武泰軍節度留後趙季良在府巡守其左廂馬步都指揮使兼知保寧軍節度留後趙廷隱先次部領兵士三萬人出次新都卿自統領衙隊二萬人騎繼進至三日交戰殺敗董璋斬首萬餘級執八千人擒賊將校八十餘員甲馬七百匹收衣甲器械十萬事其董璋與男光嗣四日巳時走入東川前陵州刺史王暉斬璋父子首級來獻軍門尋收下東川城又奏今夏方議賞功其文武將吏等衆意難違已取六月十一日權兼東川指揮公事具悉朕以董璋位列山河名兼將相全昧輸忠事主以禮睦隣輒恣凶狂擬謀吞噬譖卿則妄呈章奏誑朕則欲竊兵權奸計未成賊機尋露既無間於搆惑唯有志以攻侵卿雖認包藏久從含忍但務

戢兵而靜治只期應敵以禦衝俟落彀中即加翦撲若居度外且示協和而董璋果出妖巢暴興叛黨忽犯成都之境驟踰漢郡之疆蟻聚蜂屯鴟張豕突謂錦川而可取謂天網而可逃及卿密運戎機大張軍勢劒戟川排而亘野旌旗雲布以蔽天鵝鸛纔交豺狼已殄棄甲者追擒既盡投羅者剿戮無遺尋迫元凶遁歸孤壘不暇守陴而慟哭便當傳首以迎降惡蔓頓除禍胎全拔永肅潼江之波浪盡收郪道之封疆不有賢良誰分憂寄儻非英特孰靜方隅紀功而煥耀旂常載德而輝華簡冊捷音初至慶快良

深嘉歎之餘旌疇是切況聞衆懇已請兼權實契朕懷即加眞命其爲眷矚無忘寐興其立功將校權兼留務李仁罕張知鄴李肇趙季良已下咸著忠良亦須正授續行渥澤相次奬酬想宜知悉

賜孟知祥詔

朕猥以眇躬纘承丕構賴忠良之共理冀寰宇之永康矧念元勳早聯懿戚永保君臣之分足論終始之心卿出應貞期生符閒氣洞曉圯橋之兵略元通渭水之戎韜重整漢儀首參大計再隆周道迴立殊功實有令名載於良史

是膺朝奬繼領藩宣外則覃聲教於百蠻內則效忠勤於雙闕交修職貢備竭臣誠方表率於諸侯永維持於景運不謂董璋夙懷蠆毒潛貯狼貪擬吞并於仁封詐傾輸於直節密飛章奏累述事機或敘卿之短長或報卿之動靜無非鬬激每欲攻侵朝廷貴要協和久從隱忍表文具在事狀甚明又知不納其讒邪乃去反陳於離鬬仍於鄰道頓起釁端只憑誑惑之詞便縱窺覦之暴既干紀律須舉憲章爰命帥臣共平寇孽此際遂委卿兼東川行營供饋應接使如斯倚注豈有猜嫌渥澤方行使車將發旋屬道

塗之阻塞復當邊境之沸騰繇是去意莫通來音亦絕偶致關防之多事久閒分野之延災蓋以朕至德未孚純風未洽每自責躬罪己敢忘旰食宵衣況卿動稟箴規深懷鑒識從初料其操守豈敢徇彼狂迷只應屢中巧言偶生疑論遂且徐觀其向背終圖自別於妍媸其閒但務訓兵止期應敵遐想勤王之力詎移許國之心所以中閒先令進奏官蘇愿及進奉軍將杜紹本等相次歸還式明安慰朕又知董璋果謀鼠竊轉恣鴟張輒侵岷益之崇封俄越梓潼之末界茲察詭計究彼初心附皮毛脣齒之歡足明

矯妄竊郡邑金湯之利可驗包藏朕乃尋遣近臣徑齎明詔示其犄角表此招懷仍許優恩別傳密旨果聞卿意備體予懷即決遠圖亟回英斷驅銳旅而既殲寇黨取危城而方剿渠魁爰效至忠克全大節盡傾衷素疊貢封章併祛往日之疑襟細述此時之戎事大朝正朔奉之不渝列鎮規程守之無易仍厚支其館穀濟（闕）過之王人載認恭勤益明尊奬尚未舛誤得以平持今後協和自然悠久魚水之情宛在山河之任永居足保勳榮轉期富貴至於封賞固不食言凡在繁苑更宜宣力嘉歎之外注矚斯深

欽定全唐文卷一百八

後唐明宗三

賜吳越王錢鏐謚詔

天下兵馬大元帥尚書令吳越國王錢鏐本朝元老當代勳賢位已極於人臣名素高於簡冊贈典既無其官爵易名宜示其優崇即令所司定謚曰武肅仍以王禮葬

答孟知祥奏請發遣兵士家口來川詔

供奉官陳延矩回覽所奏遂閬黔夔等州自此差來所屯軍都將士等當府已厚給衣糧盡令優足其指揮都頭各

隨職次悉以安排雖因事以在川固係籍而爲國但念各有家口骨肉在本管軍營居此者已有生涯在彼者寧無離戀伏乞勅見在營幕放前件將士家口入川等事具悉切自釁起梓綿災延巴蜀緣茲姦賊累我藎臣阻渥澤以不通搆猜嫌而莫解果招神感自就天誅卿有勇有謀克忠克孝雖偶遭詿誤而每切推崇率師徒而繼殄隣凶貢表章而尋輸臣節兼以諸方戍卒皆厚給於衣糧數道王人亦優加於供待周勤若是嘉歎良深并奏人名已係兵籍朕既推誠而待物卿方盡瘁以事君卿安即是朕安在彼何殊在此所謂家眷東地更乞發遣西行既覽奏陳固議俞允尋命宣茲表意採彼輿言皆以久抱睽離極思團聚但以捨茲九族就彼一身雖絲蘿琴瑟之情分飛甚苦而松柏邱園之戀拋棄尤難又知已有生涯恐虞却相棄擲況聞兩川曾經戰鬭必有殺傷既難輕議於往來兼恐不實其存沒切恐去不相見住無所依轉令兩地之困空盡致一家之沈沒聞茲哀訴又可憫懷其如口數頗多地里極遠如或正身自來般取即應此輩不貯憂疑卿可體彼人情詳茲物理妙加籌度貴叶便宜故茲詔示想宜知

悉

許孟知祥權行墨制詔

據所奏以文武之將寮希尺寸之官賞請卿自稱王爵權行制書卿以未經先奏於宸聰不欲便加於衆意却緣熊羆之武旅懷鐵石之壯心或立功勞須加爵賞難以具排官氏繁奏聖聰敢希顯降明文許行墨制亦自朝廷之成命委藩翰以奉宣凡有施行後當聞奏免憂迢遞庶從便宜等事具悉卿等最親最舊不溢不驕爰自中興夙參佐命厭大權而不處守高節以自全成茲令名標於信史洎

總玆千乘鎭彼一隅不將富貴爲心惟以邦家是念盡血誠而推戴竭土產以貢輸每念忠良正深繫賴忽被董璋之逼迫遽令蜀郡以攜離卿雖外合元凶而內全大節文翰每深於恭敬使臣盡厚於接延兼聞曾興議於東川欲拜章於北闕彼旣他說此難獨行察卿此際之誠契朕從初之料今則詔書纔降章表繼來阻推勸之衆情高辭王爵執變通之獨見遠貢臣誠去假號而就眞封抑異端而全大計非卿不能斷此意非朕不能悉此心載閱敷陳備詳披瀝自然可久可大傳子傳孫長爲一面之藩維永作

四方之表式其文武將寮等或武有折衝之術文多經濟之材咸能贊佐元戎削平大憝功勳顯著酬奬必行所請權行制書貴從宜便雖隨方設教叶遠藩衆庶之情而引古證今異本朝全盛之事切念道途久絕人使纔通在朕方務於綏懷於卿固無於愛惜細思盡節必認注心自今已後劍南諸道應節度使刺史并州縣官軍府文武將吏等或陞降賢愚或黜陟功過一切委卿逐便選擇差署施行訖奏朝廷更不除人豈惟叶彼權宜抑亦表吾委任故玆詔示想宜知悉

許孟知祥奏趙季良等五人乞正授節旄詔

據所奏節度副使知武泰軍節度兵馬留後趙季良馬步諸軍都指揮使知武信軍節度兵馬留後李仁罕左廂馬步都指揮使知保寧軍節度兵馬留後趙廷隱右廂馬步都指揮使知寧江軍節度兵馬留後張知鄴衙內馬步都指揮使知昭武軍節度兵馬留後李肇等臣各以簡署列藩委之共理伏乞特頒詔令各降眞恩儻蒙委以節旄則望付臣宣賜仍希眷澤各轉官階等事具悉卿前鎭彼遠方迫於近患欲作婉成之計須爲苟合之容果中含宏自

貽誅戮趙季良等體卿忠孝感卿撫綏或獻謀於帷幄之間或效勇於鼓旗之下賴玆奮發致彼廓淸今則纔翦凶徒尋輸忠節雖知祥之通變亦季良之贊成況彼皆是重藩並難虛位言念數子參佐一心不惟功合奬酬兼亦材堪任使但能致理何爽從權所委留司悉諧朕意應希渥澤並可允俞但緣卿自建大功未加殊寵即俟相次便與施行其旌節官告等更不差使須宣亦便委卿分付所乞墨制已從別詔處分故玆詔示想宜知悉

冊命高麗國王詔

王者法天而育兆庶體地而安八紘允執大中式彰無外斗極正而衆星咸拱溟渤廣而百谷皆宗所以居戴履之倫窮照臨之境宏道修德恭己虛懷歸心者瞻爲王人嚮化者被以風教由是舉封崇之命稽旌賞之文垂於古先罔敢失墜其有地稱平壤師擅兼林統五族之強宗控三韓之奧壤務權鎮靜志奉聲明爰協彝章是加寵教咨爾權知高麗國王事建身資雄勇智達機鈐冠邊城以挺生負壯圖而間出山河有援基址克豐踵朱蒙啓土之禎爲彼君長履箕子作藩之跡宣乃惠和俗厚知書故能道之

以禮義風驍尚武故能肅之以威嚴提封於是謐寧生聚以之完輯而復行及唇齒分篤皮毛忿黠虜之挺袄恤隣邦而救患矧以披肝效順秉節納忠慕仁壽以康時識文思之撫運海航深險輸贐貢琛繼陳述職之儀茂著勤王之業夫推至誠而享豐報道之常也奠眞封而顯列國禮之大也勞有所至朕無愛焉今遣使太僕卿王瓊使副太府少卿兼通事舍人楊昭業等持節備禮册命爾爲高麗國王於戲作善天降之祥守正神祚之福干戈愼於危事文軌資於遠謀永爲唐臣世報王爵往踐厥位汝惟欽哉

又詔

卿珠樹分輝金鉤協兆領日邊之分野冠海外之英雄士心同感於撫循民意咸歌於惠養而又誠堅事大志在恤隣秣馬利兵挫甄萱之黨分衣減食濟忽汗之人繼航海以拜章每充庭而致貢金石之誠明貫日風雲之梗概凌空名播一時美流四裔志規若此賞典寧忘特議蹠封仍升峻秩翦桐圭而錫命目極蓬山瞻桃野以傾思心隨濟水勉祗異禮永保崇勛今授卿特進檢校太尉使持節元菟州都督上柱國充大義軍使仍封高麗國王今差使太

僕卿王瓊使副太府少卿楊昭業等往彼備禮册命兼賜國信銀器匹段等具如別錄至當領也

又詔

卿長淮茂族漲海雄蕃以文武之才控玆土宇以忠孝之節來稟化風貞規既篆於旗常寵數是覃於簡册如綸如綍已成虎穴之榮宜室宜家足顯鵲巢之美俾頒湯沐以慶絲蘿永光輔佐之功式協優隆之命諒卿誠素知吾渥恩卿妻柳氏今封河南郡夫人

賜高麗三軍將吏詔

朕以王建星雲稟秀金石輸誠信義著於睦隣忠孝彰於事大領三韓之樂土每奉周正越萬里之洪波常陳禹貢勳名已顯爵秩未崇宜寵錫以桐圭俾真封於桃野今封授高麗國王差使往彼備禮册命便令慰諭想宜知悉

答馮道等表請徽號加廣道法天四字詔

朕猥以眇躬虔承丕構統臨區宇緜歷星霜九有所賓萬務思理鑒往代廢興之本稟前王嗣守之規馭朽索以兢懷攬宵衣而惕慮顧惟寡昧罔敢怠荒而猶帝道未臻皇猷罕著至於五兵銷偃九穀豐穰内緜調變之功外假勳

賢之力豈茲涼德擅彼徽名今則漸冀小康將凝大化諒繄台輔俾契混同何乃遽貢飾辭爰加溢美乍披來奏深匪素懷致君不在於斯文尊主寧勞於懿號未若磬舟楫濟川之業竭股肱宣力之誠使化被八荒澤及四海武功文德感叶於休期君賢臣忠永懷於良史今茲來請具驗乃心徒切歎嘉必難依允所上尊號宜不允

却貢鷹犬敕

八表來王蓋率朝宗之義四方述職咸遵任土之宜苟獻奉之過常固煩費而滋甚將隆景運以俟雍熙但思於碎枕焚裘豈悅於珍禽異寶德宜從儉法在鼎新起今後中外臣僚藩部牧伯時節獻賀量事達情不得掊斂生靈致令愁嘆鷹犬之類勿有進獻

京城許蓋屋宇敕

京都之内古無郡城本朝多事已來諸侯握兵自保張全義土功斯設李罕之砦地猶存時已擴濠固宜除剗若特差夫役又恐擾人宜令河南府先分劈出舊日街巷其城壕許占射平填便任蓋屋宇其城基内舊有巷道處便爲巷道不得因循妄有侵射仍請射後限一月如無力平剗

許有力人戸占射平填

令閤門使宣放朝班敕

本朝舊日趨朝官置待漏院候子城門開便入立班如遇不坐前一日晚便宣來日兩衙不坐其日纔明閤門立班便宣不坐百官各退歸司近年已來雖遇不坐正殿或是延英召對宰臣或是内殿親決機務所司不循舊制往往及辰巳之時尚未放班既日色已高致人心咸倦今後若遇不坐日未御内殿前便令閤門使宣不坐放朝退班

御名二字不連稱不得迴避敕

古者酌禮以制名懼廢於物難犯而易避貴便於時況徵在二名抑有前例以太宗文皇帝自登寶位不改舊稱時即臣有世南官有民部靡聞曲避止禁連呼朕猥以眇躬託於人上止遵聖範非敢自尊應文書內所有二字但不連稱不得迴避如是臣下之名不欲與君親同字者任自改更務從私便庶體朕懷

依李琪朔望奏對敕

五日起居之意所貴數見羣臣俾陳時事憲司所奏朔望入閤等事既合往例得以允兪其五日一度起居之際班

行內有要奏事者便出行奏對仍付所司

置彰國軍敕

漢朝昇沛魏祖封譙當化家爲國之時行奉先思孝之道眷惟應郡跡乃帝鄉宜師古而建邦亦推恩而及物俾崇國本以洽人情其應州宜置彰國軍節度仍以興唐軍爲寰州隸彰國軍

嚴誡攝官敕

朕以方平區宇念切蒸黎頃當災歉之餘未絕瘡痍之苦緬惟邦本實繫官常苟未致於雍熙則莫寧於宵旰必在委於良吏付以親人儻縱因循轉成勞擾先朝以選門興訟駮放極多近年以來銓注無幾遂致諸道州縣悉是攝官既無考課之規豈守廉勤之節而況多因薦託苟徇顏情替罷不常送迎爲弊殘人害物以日繫時言念所深焦勞何已宜令三京及諸道州府據見任攝官如未有正官具差攝月日錄名申奏如已後或爲公事及月限已滿要行替換即須具因繇并選差攝官自來歷任姓名聞奏替免無得頻有替換如有內外臣寮輒行薦託並不得應副儻聞違越當舉憲章

諭三京諸州府敕

昨帝室纏災生民受弊方茲纘紹務切撫寧尋降德音復宣明敕貴先求瘼務在推恩其或長吏因循公方撓雜何繇致理徒有怨咨是宜再諭賞刑納言利病事或違於條制法必振於紀綱宜令三京諸州府並準此處分

祈晴敕

久雨不晴慮傷農稼可申命禱禜仍曉諭天下州府疏理繫囚無令寃滯

落劉瑩等進士敕

貢院擢科。考詳所業。南曹試判。激勸為官。劉瑩等既不工文。合直書其事。豈得相傳稾草。侮瀆公場。載究情繇。實為忝冒。及至定期覆試。果聞自懼私歸。宜令所司落下。其所給春關。仍各追納。兼放罪許再赴舉。兼自此南曹凡有及第人試判之時。切在精專點簡。如更有效此者。準例處分。

祈雪勅

自秋涉冬。稍愆雨雪。慮傷宿麥。宜令禱祠。分遣朝臣告祠羣望。宜付所司。

契丹國主阿保機薨逝輟朝勅

朕以近纘皇圖。恭修帝道。務安夷夏。貴洽雍熙。契丹王世預歡盟。禮交聘問。遽聞凶訃。倍軫悲懷。可輟今月十九日朝參。

赦宥繫囚勅

勅應天下州使繫囚。除大辟罪已下。委所在長吏速推勘決斷。不得旁追證對。經過宿食之地。除當死刑外。並仰釋放。兼不許徵理。天成元年四月一日已前私債。所降德音節文。仰三京諸道分明宣布於要害道路牓壁。不得漏落。今則尚聞違犯。其後來相次條理諸道事件。皆關念及生聚。布以優恩。多因州使倖門。淹留勅命。或公然隱匿。全不施行。官吏但習舊風。百姓罔知新命。宜令徧加告諭。

約勒諸城放出錢勅

諸道州府約勒見錢。素有條制。若全禁斷。實匪通規。宜令遍指揮三司及諸道州府。其諸城門所出見錢。如五百已上。不得放出。如稍違犯。即準舊條指揮。其沿淮諸州縣鎮亦準元降勅命處分。

答蕭希甫奏釋天成以前罪人勅

喪亂之際。不可以法行。致理之初。漸宜於刑措。蕭希甫官

居諫省。職本匭函。慮黎民年有讎嫌。致法寺愈煩讞議。特塞紛爭之路。請申昧爽之朝。言出忠誠。事關理本。載許論奏。合議施行。宜自天成元年四月二十八日已前罪無輕重。一切不問。其間已經勘窮推鞫者。須見罪狀。其餘即依所奏。

禁造佛寺並私剃度勅

佛氏之教。其來久矣。既為空寂之門。不無高潔之士。自淳風久散。至道莫隆。漸容游惰之徒。雜處緇黃之衆。罔遵禁戒。唯切經求。託形勢以擾人。蓄貲財而潤己。將思縱志。肯

樂聚居多於閭巷之間別搆住持之所妄陳福業潛誘聾愚或移動居人或侵并物業如斯之弊其徒日繁朕方靜寰區務康黎庶貴臻有益共洽無私宜令徧行告諭應今日已前修葢得寺院無令毀廢自此已後不得輒有建造如有願在僧門亦宜準佛法條例官壇受戒不得擅私剃度

禁淹停埋葬勅

今後文武兩班及諸司官吏諸道商旅凡有喪亡即準臺司所奏施行其坊市民庶軍士之家凡死喪及婢僕非理

物故依臺司所奏委府縣軍巡同簡舉仍不得縱其吏卒於物故之家妄有邀脅或恐暑月屍柩難停若待申聞簡舉縱無邀脅亦須經時㠯今後仰其家喚四隣簡究無他故逐便葬埋具結罪文狀報官或後別聞枉濫妄有保證官中訪知勘詰不虛本戶隣保量事科罪如聞諸道州府坊市死喪取分巡院簡舉頗致淹停人多流怨亦仰約京城事例處分所奏喪葬車輿格例今後據品秩之外如庶人喪葬宜令御史臺差御史一員點簡供任行人如有違越據所犯科罪臺司不得書罰徵擾行人交非憲綱事體

禁鐵鑞錢勅

行使銅錢之內訪聞夾帶鐵鑞若不嚴設條法轉恐私家鑄造應中外所使銅錢內鐵鑞錢即宜毀棄不得輒行如違其所使錢不計多少並納入官仍科深罪

久任刺史勅

尚書吏部侍郎裴皞所謂刺史三考方可替移免有迎送之勞若非歲月積深無以彰明臧否自此到任後政績有聞即當就加遷澤如或爲理乖謬不計月限便議替除

欽定全唐文卷一百九

後唐明宗四

禁新授官託故請假勑

設官分職有國宏圖授才任能前王重事凡繫惟行之命須遵不易之規朕以猥紹丕基務宏至理臨萬國則每勤聽政任庶官則切在得人貴內外之叶和俾華夷之帖泰頃自本朝多難雅道中微皆尚浮華罕持廉讓其有除官蘭省命秩柏臺或以人事相踈或以私讎見訴稍乖敬奉遽致棄捐蓋司長之振威處君恩於何地緬思積弊深所

疚懷方當大定之期特示維新之制今後應新授官員朝謝後可準列隨處上事司長不得輒以私事阻滯其所授官仍不得因遣抑挫託故請假庶使孤弱遂昇遷之路朝廷無滯壅之端凡爾羣官體予深旨

推恩節度使子弟勑

朕以握圖御宇應運承祧副億兆之歡心賴英雄之叶力雖疇庸之命已徧及於勲賢而延賞之恩宜更加於骨肉應諸道節度使男及親嫡骨肉未霑恩命者特許上聞

褒答任圜勑

任圜方秉國權仍專邦計公家之利知無不爲當景運之中興舉皇朝之政事不獨資其經費亦冀便於貢輸載閱敷陳允叶事體宜依所奏乃置監牧委三司使別具制置奏聞

禁屠牛勑

訪聞京城坊市軍營有故犯條流殺牛賣肉者仰府縣軍巡嚴加糾察如得所犯人準條科斷如自死牛即令貨賣其肉斤不得過五錢鄉村死牛但報本村節級然後準例納皮曉示天下州府準此處分

令諸道交聘不必奏聞勑

諸道州府所有專差人持禮往來皆具申奏況列藩交聘諸侯結歡乃自古之通規亦明朝之舊事近日皆宣章奏稟命朝廷既旌敦好之風兼表睦隣之好且道非越境何勞上聞今令偏降勑命指揮諸道州府自今後應是諸道差人持禮來去並令不要申奏

加恩臣寮父母勑

朕自恭承景運祗荷丕圖念寰海生靈録勲賢骨肉承家莫尚於孝報國莫大於忠忠孝兩全古今所重在朝文武

臣寮并諸道節度刺史等有父母者宜徧加恩澤使天下爲人父者知慼爲人子者知恩競揚家國之風顯著君臣之道

答李鏻請朝官舉賢勅

興國之方養民爲本衣不可一歲不製食不可一日不充其或桑柘少而望衣充耒耜閒而求食足雖千堯萬舜聖知神功不能致也然則樹踈禽少山廣獸多百川淺則海不深萬姓貧而國不富富庶之要根源可知故王者深居九重奄有四海不可家至而日見只在德盛而教尊千載

一時古猶今也李鏻情專奉上務在任人藉官吏當求爲國朝布化實以知人則哲惟帝其難肯舉者可嘉堪舉者可重必須愛而知其惡憎而知其美內舉不避親外舉不避讎凡事無私何憂不理李鏻所奏宜即施行其所舉人仍於官告內顯隸所舉姓名赴任之後臨事可觀或有不公當累舉主兼三品已上有舊語行止堪充節度觀察兩使判官者亦各據才業上聞即當委任庶朝廷立制長施勸善之恩臣下推公永絕蔽賢之路

高宏超減死勅

忠孝之道乃治國之大柄典刑之要在誅意之深苟差若毫釐繫之理道昔紀信替主赴難何青史之永刊今高宏超爲父報冤即丹書之不尚人倫至孝法網宜矜減死一等

申嚴覆勘獄囚勅　節文

今後指揮諸道州府凡有推鞫囚獄案成後逐處委觀察防禦團練軍事判官引所勘囚人面前錄問如有異同即移司別勘若見其本情其前推勘官吏量罪科責如無異同即於案後別連一狀云所錄問囚人無疑案同轉上本

處觀察團練使刺史有案牘未經錄問不得便令詳斷如防禦團練刺史州有合申節使公案亦仰本處錄問過即得申送

答西京請決刑覆奏勅

昨六月二十日所降勅文祇爲應在洛京有犯極刑者覆奏其諸道已降旨命準舊例施行今詳西京所奏尚未明近勅兼慮諸道有此疑惑故令曉諭

宥過勅

刑故無小義絕惠姦罪疑惟輕事全誅意聖賢明訓今古

通規非法無以振其威非恩無以流其澤故有功不獎何以激盡忠有罪不刑何以戒爲惡二者無失庶務有成朕統華夷不求奢侈臨食慮兵師之餒授衣思黎庶之寒仗中外勳賢壯國家基址熒惑應犯而自退太陽蹔蝕而復圓百果無不熟之方五穀無不豐之處顧惟寡德何稱嘉祥況保義軍節度使石敬瑭晉州留後安崇阮洺州刺史張進耀州團練使孫岳寧州刺史高允瓌等杜絕誅求尋加獎諭陶玘輒爲聚斂自掇愆尤功過既分黜陟有異在朝備見列國皆知不貪者轉更無私有過者必應自省四

方侯伯皆朕忠臣萬國人民皆朕愛子慘舒是繫賞罰齊行務德者雅合古賢效尤者自干朝典除鄧州見取責情罪諸色官員及亳州李鄴外其諸道州府如八月已前或有偶違條制干國章者諸色人並不得更有訐訴若或此後有違許人上告當勘情罪必舉刑書

藩鎮幕寮不準兼職敕

近聞藩鎮幕職內或有帶錄事參軍兼鄴都管內諸州錄事參軍從前並兼防禦判官設官分職激濁揚清若網在綱各司其局督郵從事兼處尤難沒階則賓主之道虧下榻則軍州之禮失須從改革式振紀綱宜令今後諸州府錄事參軍不得兼職如或才堪佐幕節度使須具聞奏不得兼錄事參軍鄴都管內刺史州不合有防禦判官之職令後改爲軍事判官如刺史帶防禦團練使額即得奏署防禦團練判官仍不得兼錄事參軍如此則珠履玳簪全歸客禮提綱振領不紊公途仍付所司

令選人先納三代親族狀敕

選門官吏詭濫者多自今後並令各錄三代家狀鄉里骨肉在朝親情先於南曹印署納吏部中書門下三庫各一

本候得判印狀即許所司給付新簽告兼本任官處及鄉里亦具一本納逐州縣

二月後州縣不得受狀敕

率土黎甿並輸王稅逐年生計秖在春時深虞所在之方無知之輩不自增修產業輒便攪擾鄉鄰既撓公門須嚴定制自今後凡關論認桑土二月一日後州縣不得受狀十月務開方許論對準格據理斷割

昭雪洛陽令羅貫敕

河南縣是神州赤縣縣令乃明庭籍臣未審罪名便當極

法不削不貶不案不彰困枯木於廣衢抱沈冤而至死衆人具見有耳皆聞何澤對宰洛陽委其實狀今此伸屈直貢表章請雪呑聲以旌幽壤遂其冥冥下士非元恩以不知蕩蕩無私俾輿情而共感宜加昭雪兼賜贈官其子或文行可稱便許錄用

復兩川節度使職名敕

頃因用本朝親王遙領方鎭其在鎭者遂云副大使知節度事但年代巳深相沿未改今天下侯伯並正節旄惟東西兩川未落副大使字宜令今後祗言節度使

贈臣寮父母敕

凡居臣下盡抱公忠共爲朝廷各榮家族具慶者繼頒恩澤俾耀晨昏既亡者宜澤泉扃以光封樹應中外羣臣及諸道節度防禦團練刺史等父母亡歿者並與追贈加封

起劉訓守右龍武大將軍敕

朕聞爲賢諱過含垢匿瑕而皆載在春秋顯其懲勸是以孟明不懈遂霸西戎曹沫有謀克寧東魯列國之臣尚爾爾何異焉責授檀州刺史劉訓早負變通咸推忠壯自隰川而向化繼領竹符平汝上以立功遂分茅社去春以荆門叛逆須議討除將戮賊臣俾司戎律攻城稍滯略地未前屬炎熇以班師責逗留而削爵自居遠郡俄換流年丞聞惕厲以自新宜降恩華而求舊使昇環列取象鉤陳可守右龍武大將軍

詞狀策條皆須務實敕

設官分職比委仗於公才詢事考言務恢宏於理道朕自祗膺大寶俯育羣生四門無塞其聰明百辟咸專於諫諍凡閱事務各有職司儻踰越於規繩必申明於典憲其有凶頑之輩遊惰之夫藝不度於荒唐心每懷於僥倖或妄

陳條策覽尋而多是詭言或但務訟論按驗而却招情罪不遵格令輒冒乘輿若無止絕之文何戒因循之弊今後凡有詞狀並須各於所司部據理陳論如未盡情或有阿曲即許經御史臺臺司不理則詣匭投狀若有進獻策條則須審明利害有益公私然後投匭朕當選擇施行不得容易擾駕如敢故違當行嚴典

予朝臣及諸道節度妻室封號敕

自家刑國內平外成夫子立言備有關雎之樂春秋垂訓非無石窌之封況夫尊於朝妻貴於室所宜從爵各顯家

肥朝臣及諸道節度使妻室未有稱號者宜各加恩

答王建立陳急務勅

皇王宣政侯伯分憂薄賦輕徭方為濟物迎新送故必恐擾人徵賦以不虐黎庶為先銜命以不辱朝廷為貴乃至藩方職列無非勠力奉公各有區別不令踰越朕自臨大寶每尚淳風動不疑人靜惟恭己中外無間上下相歡建立既列台司兼權邦計所述否臧之事皆窮利病之源情切參裨理當俞允宣準往例州縣官三十月為限刺史以二十五月為限仍以到任日為數其節度使以山河是託

與牧宰有殊繫自朕懷難拘常限若頻有除替何暇輯綏仍舊餘依所奏

文武官加勳依舊制勅

近代已來文武官階稍高便授柱國歲月未深便轉上柱國武資初官便授上柱國官爵非無次第階勳備有等差宜自此時重修舊制今後加勳先自武騎尉經一十二轉仍永為常式

據告赤授官勅

先準同光二年十二月勅北京及河北諸道攝官內有御署一任簡牒分明前銜先有正官告身者便與據正官資敘依資授一任官其無正官告赤者與黃衣初任官與兩任已上簡牒分明兼有正官告赤者特與超資授一任官其無正官告赤亦只有兩任三任簡牒者與據從黃衣第二任官從各領取近罷攝任處州府文解任詐非特赴選者前件攝官等當任使之際共副憂勤及開泰之期豈宜外降凡有先皇帝御署兼朕署攝簡牒每一任同一任同官赴任日依資注擬宜令諸道州府知委餘準元勅處分

禁興造寺院勅

應天下大寺及勅賜名額院宇兼有功德堂殿樓閣已成就者各勤住持其餘小小占射或施捨及置買目下屋宇雖多未有佛像者並須量事估價一時任公私收買其住持僧便委功德使及隨處長吏均配於大寺安止如院在僻靜之處舍宇無多不堪人承買者便仰毀拆其材木給付本僧田地任人請射仍限勅到後十日內並須通勘謄併了絕如敢遷延及有故違其所犯僧徒二年尼杖七十並勒還俗若有形勢借庇當移不移誑惑官中更求院額既達聽聞所知之人不係官位高低並行朝典如要增修

福利則任於合留寺院內興功

答蕭希甫請禁府州推委刑獄敕

昔虞舜以恤刑安萬國，賴十六相熙帝圖；漢高以約法定八方，致四百年享天祿。故法無常則官有倖，刑不濫則民無冤，千古同風，百王齊致。況今朝廷致理，中外同心，近者無偏，遠者不聞。慮於聽訟，或有惠姦，其頗具奏聞。所在不勤決斷，則諸道侯伯未至盡心，兩使賓寮亦非稱職。蕭希甫位兼三事，務贊萬機，更激藩方，共裨庶政。自此凡有爭訟，委隨處官吏據罪詳斷，如事有不可裁斷者，則結案聞奏。

貶成景宏綏州司戶敕

成景宏位列百城，秩膺八命，在旌旆而甚至，於委任以非輕。所宜均我詔條，副予優寄，而乃罔遵彝憲，輒至貪求，差麇吏以非公，取貨財而潤己。纔行鞫勘，果伏罪尤，宜行竄逐之文，以示澄清之道。可貶綏州司戶參軍。

貢舉人先委本道觀察使考試及不得假冒鄉貫敕

宜令今後諸色舉人，委逐道觀察使慎擇有詞藝及通經官員，各據所業考試，及格者即與給解，仍具所試詩賦經帖通粗數，一一申省。未及格者不得徇私發解。兼承前諸道舉人多於京兆府寄應，例以洪固鄉冑貴里爲戶，一時不實，久遠難明。自此各於本道請解，具言本州縣某鄉某里爲戶。如或寄應，須具本貫屬入狀，不得效洪固冑貴之例。文解到省後，據所稱貫屬州府戶籍內，如是無名，本人並給解處官吏必加罪責。京百司發解就試，準前指揮。兼下貢院，具本朝舊格諸色舉人每年各放幾人及第，到日續更詳酌處分。

策對重時務敕

應將來三傳、三禮、三史、開元禮、學究等考試本業畢後，引試對策時，宜令主司須於時務中採取要當策題，精詳考校，不必拘於對屬，須有文章，但能詞理周通，文字典切，即放及第。如不及此格，雖本業精通，亦須黜落。應九經、五經、明經帖書及格後，引試對義時，宜令主司於大經汎出問義五通，於簾下書於試紙，令隔簾逐段解說，但要不失疏注義理，通二通三，然後便令念疏。如是熟卷，並須全通，仍無失錯，始得入策。亦須於時務中選策題精當考較，如粗於筆硯留意者則任以四六對仍須理有指歸言關體要如不曾於筆硯致功則許直書其事不得錯使文字只在明於利害其問義念疏對策逐件須有去留

嚴定童子科場敕

近年諸道解送童子皆越常規或年齒漸高或精神非俊或道字頗多訛舛或念書不合格文主司若不去留貢部積成乖弊自此後應諸道州府如公然濫發文解略不考選藝能其逐處判官及試官並加責罰仍下貢院將來諸道應解送到童子委主司精專考較須是年顏不高念書

合格道字分明兼無墜失即放及第仍依天成三年例主司未出院閒便引就試與諸科舉人同日牓不得前却

褒允盧詹所奏敕

盧詹職居近侍懇述大綱案州縣之規程重國家之恩命既爲允當須示聽從

翰林學士承旨班在學士上敕

掌綸之任擢才以居或自初命而升或自顯秩而換蓋重厥職靡繫其官雖事分皆同而行綴或異誠由往日未有定規議官位則上下不常論職次則後先爲敘宜行顯命當正近班今後翰林學士入院並以先後爲定惟承旨一員出自朕意不計官資先後並在學士之上仍編入翰林志

令州府長吏每年考課縣令敕

縣令化洽一同位居百里在專勸課撫育疲羸苟或因循是孤委任宜令隨處州府長吏逐縣每年考課如增添得戶稅最多者具名申奏與加章服酬獎如稍酷虐輒恣誅求減落稅額者並具奏聞當行朝典其縣令仍勒州司批給解由歷子之時具初到任所交得戶口至得替增減數

額分時批鑿將來除官及參選委中書門下併銓曹磨勘宜令三京及諸道州府準此

嚴斷不孝敕

萬物之中人曹爲貴百行之內孝道爲先凡戴北辰並遵皇化備聞南國多爽時風皆傾事鬼之心不守敬親之道於父母如此無行披日月何以立身弊久積於鄉閭化全繇於長吏昔西門豹一縣令耳尚能投巫百姓保女子之愛絕河伯之虞斷自一時傳於千古況位居侯伯化洽封巡豈不能宣北闕之風變南方之俗宜令逐處觀察使刺

史丁寧曉告自今已後父母骨肉有疾者並須日夕專切不離左右看侍使子奉其父母婦侍其舅姑弟不慢於諸兄姪不怠於諸父如或不移故態老者臥病少者不勤事奉子女弟姪並加嚴斷出嫁女父母有疾不令知者當罪其夫及其舅姑

廢戶部鐲紙敕

日月流行之處王人億萬之家既絕煩苛無濫力役唯忠孝二柄可以旌表戶門若廣給鐲符深爲弊事昨日所爲地圖方域逐閏重疊上供州郡之中皆須厚斂而猶尋降誡敕並勒廢停今此倖端豈合更啟逐年鐲紙宜令削去

用刑日不舉樂敕

古之治民者勸賞而畏刑恤民而不倦賞以春夏刑以秋冬是以將賞爲之加膳此以知其賞勸世將刑爲之不舉此以知其刑懲世惟賞以春夏刑以秋冬見聖哲之用心合天地而行事今朕以切於禁暴樂在勸能其或秋後有功不可待冰泮而行賞春時有罪不可俟霜降而加刑漸尚太平方行古道況賞不愆典則立功者轉多刑不濫施則犯法者漸少其在京或遇行極法日宜不舉樂朕減常膳諸州使遇行極法日亦禁聲樂

賜孟昇自盡敕

朕以允從人望嗣守帝圖政必究於化源道每從於德本貴全國法以正人倫孟昇身被儒冠職居賓幕比資籌畫以贊盤維而乃都昧操修但貪榮祿匿母喪而不舉爲人子以何堪瀆污時風敗傷名教五刑是重十惡難寬雖遣投荒無如去世孟昇賜自盡觀察使觀察判官錄事參軍失其糾察各有殿罰

禁滯獄敕

朕以握圖纘位端己臨民每於刑獄之間倍軫憂勤之念慮多淹滯累降指揮儻一物以銜冤撫萬機而是愧近聆數處申奏囚人獄內身殂事既不明理難取證將絕欺罔之弊須頒條理之文宜令今後凡有刑獄切依前準敕命施行斷遣不宜淹停如有賊徒推尋反證斷遣未聞在獄疾病委隨處官吏當面錄問令醫人看候無致推司官吏別啟倖門

孔知鄴罰俸敕

大駕巡省六師屯聚覽有司所奏慮軍食稍虧須議轉移

然後供贍事非獲已理在權行而濮州地里匪遙戶民不少纔承旨命廣奏逋逃及降條流却申齊足頗驚聞聽猶涉因循蓋撫馭之無方致黎民之暫惑既乖體國何以濟時尚緣裝發已齊轉納將畢聊從薄罰以誡衆多孔知鄴罰一月俸

禁稱試銜勅

名官之榮其求甚重試攝之任所得非輕徐究根源亦關治道自亂離已來天下州府例是攝官皆給試銜或因勘窮便關詐假已前或有稱試銜者一切不問此後並宜禁

止

放免元年秋稅勅

會計之司租賦爲本州縣之職徵科是常儻不切整齊必漸滋僥倖今聆舉奏果有逋懸非朝廷之立法不嚴蓋官吏之慢公頗甚緣當獻歲未欲加刑宜顯示於新條貴永除於積弊其天成元年應欠秋稅特與據數放免

李琪上表誤用眞定罰俸勅

契丹即爲凶黨眞定不是逆城蓋闕審詳有玆差誤李琪罰一月俸

曉諭夏州將吏百姓勅

近據西北藩鎮聞奏定難軍節度使李仁福薨變朕以仁福自分戎閫遠鎮塞垣威惠俱行忠孝兼著當本朝播越之後及先皇興創之初或大剿凶徒或遥尊聖主夙夜每勤於規救始終罔怠於傾輸爰令眇躬益全大節協和羣虜惠養蒸民致朕端拱無爲修文偃武賴彼統臨有術遠肅邇安委仗方深凋殞何早忽窺所奏深愴予懷不朽之功既存於社稷有餘之慶宜及於子孫但以彼藩地處窮邊每資經略厥子年纔弱冠未歷艱難或虧御駕之方定啟姦邪之便此令嗣襲貴示優恩必若蹊彼危機不如置

之安地其李彝超已除延州節度觀察留後前延州節度使安從進却除夏州節度留後各降宣命指揮使勒赴任但夏銀綏宥等州最居邊遠久屬亂離多染夷狄之風少識朝廷之命既乍當於移易宜普示於渥恩應夏銀綏宥等州管内罪無輕重常赦所不原者並公私債負殘欠稅物一切並放兼自刺史已下指揮使押衙已下皆勒仍舊勾當及與各轉官資宜令安從進到日倍加安撫連具名銜分析聞奏朕自總萬機勤宏一德内安華夏外撫夷狄

先旣懷之以恩後必示之以信且如李從曮之守岐隴疆土極寬高允韜之鎭鄜延甲兵亦衆咸能識時知變舉族來朝從曮則見領大梁允韜則尋除鉅鹿次其昆仲並建節麾下至將寮悉分符竹又若王都之貪上谷李賓之吝朔方或則結搆契丹偷延旦夕或則依憑党項竊據山河罔稟除移唯謀依拒比及朝廷差命良將徵發銳師謀悉萬全戰皆百勝纔興討伐巳見覆亡數萬騎之契丹隻輪莫返幾千族之党項一鼓俄平尋拔孤城盡誅羣黨無遠無近悉見悉聞何必廣引古今方明利害只陳近事聊諭

將來彼或要覆族之殃則王都李賓足爲鑒戒彼或要全身之福則允韜從曮可作規繩朕設兩途爾宜自擇無貽後悔有玷前修今以天命初行人情未定或慮將校之内親要之閒幸彼幼沖恣其熒惑遂成騷動致累人靈今特差邠州節度使樂彥稠部領馬步兵士五萬人驍送安從進赴任兼以别降宣命嚴切指揮安從進等委以訓戒師徒參詳事理從命者秋毫勿犯違命者全族必誅先令後行有犯無赦更慮孤恩之輩樂禍之徒居安則廣造異端貴令擾亂臨難則却謀相害自要功勳宜令李彝超體認朕懷宣諭彼衆無聽邪説有落奸機宣布丁寧咸令知悉

放免鄴都等州諸色差配勅

王都負國命將除凶攻伐之勞朕所嘗憫般運之苦朕實備知近自收城方期罷役宜加矜恤徧示優饒其鄴都幽鎭滄邢易定等州管内百姓除正稅外免諸色差配庶令生聚並獲舒蘇

令諸道使相直省追還中書勅

諸道節度使帶平章事兼侍中中書令在京則中書差直省一員引接及赴鎭擬合追還緣使相在京百官請謁須

差直省引接兼侍衛出入或恐朝列誤衝及到本道自有客司通引官引接其從厚從榮雖爲皇子職本侯王王建立孔循曾掌樞衡見居藩鎭況諸道使相無直省者甚多其到東青許州先將去直省並宜追還中書

廨宇不得摧毁勅

大壯之觀標於易象不莊之戒著在禮經況乎地列山河貴爲侯伯至於邑宰皆肅公庭須整臣之威儀以重民之父母頃當世亂固無暇於修新今旣時安誰不思於補葺況一日必葺三年有成凡居祿位之流聞此聖賢之語今

後諸州諸吏凡於廨宇並須專切增修不得信令摧毀凡所置辦亦令勒其年月編於帳籍受代之際各明交領亦不得託於廨署接便擾人

禁諸州使論請新恩勅

自天成纘紹之初曾降勅應隨駕並內外將校職員許奏名銜當議遷陟俾行賞舊之恩以報維新之命自後累據奏薦人數極多已經數載尚有奏陳既是論乞新恩豈宜積年申奏兼恐有後來補署纔改職名更望官員妄爭爵命若無止絕慮啟倖門此後諸州諸使不得更有論請新

恩如是顯立功勞要行酬獎即委本處長吏特具奏聞酌其績效當議施行

故平盧軍節度使霍彥威以三公禮葬勅

故平盧軍節度使霍彥威勳名顯著宅兆已營爰遵定謚之規俾議送終之制宜以三公禮葬

諭諸司寺監勅

諸司寺監凡有文簿施行奏覆司長須與逐司官員同籤署申發不得司長獨有指揮其主印官或請假差使印須依輪次主掌不得踰越

宣示夏魯奇進嘉禾勅

三秀靈芝標仙籍而罔資世務九莖嘉穀按地牒而實表豐年既呈殊異之祥雅叶治平之運宜付史館編記

定將相署名勅

朝廷每有將相恩命準往例諸道節度使帶平章事兼侍中中書令並列銜於勅牒後側書使字今兩浙節度使錢鏐是元帥尚父與使相名殊承前列銜久未改正湖南節度使馬殷先兼中書令之時理宜齒於相位今守太師尚書令是南省官資不合列署勅尾今後每署將相勅牒宜

落下錢鏐馬殷官位仍永爲常式

準田敏請藏冰須冰勅

藏冰之制載在前經獻廟之儀廢於近代既朝臣之特舉按典禮之宜行田敏所奏祭司寒獻羔事宜依其桃弧棘矢已下事久不行理難備創其諸侯亦宜準往制任藏冰

升濟陰縣奉園陵勅

昭宣光烈孝皇帝曾居寶位久抱幽冤近始追崇方安寢廟宜升縣邑以奉園陵宜升曹州濟陰縣爲次赤以本縣令兼陵令

州縣告身不要進納勅

應諸道州府令錄等官告勅牒元是中書進納入內令閤門宣賜其判司主簿官告舊是所司發遣受恩命後赴本任地里遠近各有程限比倸進納恐有停滯況綾紙褾軸價錢近巳官破今後所除州縣官告身勅牒宜令中書門下指揮不要進納並委宰臣當面給付貴無留滯兼免住京破費

令造上清宮牌額勅

尊崇聖祖修飾道宮既復其名固難無額宜令所司依舊

造上清宮牌額

誅西平令李商勅

李商招慾俱在案款大理定罪備引格條然亦事有所未圓理有所未盡古之立法意在惜人況自列聖相承溥天無事人皆知禁刑遂從輕喪亂巳來廉恥者少朕一臨寰海四換星辰常宣無外之風每革從前之弊勤修一德深念五刑寬則不威暴則無惠唯期不濫皆守無私李商不務養民專謀潤巳初聞告不公之事件決彼狀頭又爲奪有主之莊田撻其本戶國家給州縣篆印只爲行遣公文而乃將印歷下鄉從人戶取物據玆行事何以當官今王饒所告李商並招實罪宜奪歷任官重杖一頓處死元論人王饒四人並宜放仍令所在長吏徧示衆多居高者不得貪以陵卑在下者不得驕而訕上體泣罪之意聽祝網之言各守公途共資王道

奬夏魯奇勅

魯奇宣力兩朝統戎三鎭居富庶之地無奢侈之心上爲國家下安生聚每行公道全塞倖門儻非大洽人情詎致遠聞余聽有玆爲作宜示褒稱仍下諸州令各知悉

給安重誨假勅

重誨位重禁庭日親機務與羣官之有異在常式以難拘宜自初聞日共給七日

欽定全唐文卷一百十

後唐明宗五

更議帖經事例勅

進士帖經本朝舊制蓋欲明先王之旨趣閱才子之文章近代以來此道稍墜今且上從元輔下及庶僚雖負藝者極多能帖經者極少恐此一節或滯羣才既求備以斯難庶觀光而是屬今年凡應進士舉所試文策及格帖經或不及通三與放及第來年秋賦詞人所習一大經許令對義義目多少次第仍委所司件奏

非時銜替官宜勒赴任考滿勅

應諸道見任州縣官司在任之時若時違犯本道非時銜替宜却勒赴任考滿即罷其本判官當行責罰

定朝見辭謝班位勅

官爵之班即分高下見謝之位豈有異同宜立通規以爲定制今後宰臣使相朝見辭謝并於崇元門外與諸官崇行異位一時列拜假滿橫行即從舊例又入閤之儀其翰林學士前任郡守等今後入閤宜依百官班例不得先出

罰京兆府官吏勅

爲官未可避事夾判不合申臺既有舉明須行責罰府司官吏巳下等第書罰

三傳三禮科準明經例逐場去留勅

傳科不精公穀虛有其名禮科未達周儀如何登第兼知前後空聞定制去留皆在終場博通者混雜以進身膚淺者僥求而望事須須明勅俾叶公途自此後貢院應試三傳三禮宜令準進士九經五經明經例逐場皆須去留不得候終場方定仍具所通否粗一一旋於牓內告示其學究不在念書可特示墨義三十道亦準上指揮如此則人

知激勸事有區分主司免致於繁怗舉子不興於僭濫

文書告勅宜粘連逐縫使印勅

凡是選人皆有資考每至赴調必驗文書或不具全多稱失墜將明本末須示規程其判成諸色選人黃甲下後將歷任文書告勅連粘宜令南曹逐縫使印都於後面粘紙具前後歷任文書都計多少紙數具年月日判成授某官

張進等勒停見任勅

張進等或位分符竹或職倅郡城殊乖警備之方致此敓攘之苦更容虛誑不戢元隨須舉憲章以爲懲戒宜勒停

見任

釐革告身文牒事例勅

凡命職官只憑告勅條流雖切謬濫不無況來自羣方固非遍識徐因章露始見罪尤先皇帝臨御之初郭崇韜制置甚切雖加峻法尚有訛風誠由本朝多事已來偽室偷安之際皆隨往制莫識嚴規秩高者以蔭緒假人廣求財貨吏狡者以貪惏得志不顧憲章遂至傳授身名分張告勅勘初任則多稱失墜論資考則只有公憑前後相蒙眞偽莫辨若不特行釐革無由永絕根源宜令自此應除授

選授州縣官引驗磨勘須召有官三人保非謬妄則奏擬仍於告身內署出保官姓名據本官所通三代名銜有出身無出身歷任告勅文書幷逐任考數若是本朝及偽朝所授者並只於將來新告身內一一收署其文書納留不再給付如自中興已來歷任待受新命後都粘連繳尾具道數委吏部使印背縫郎官於狀尾押署給付或有失墜即須於所失處州縣投狀具三代名諱及出身歷任請公憑赴京勘會甲庫同即重與出給如公然折破印縫不計與人不與人將來事發並令焚毀其人當行極典自茲凡受新命幷依此例施行其見任內外文武朝臣及諸司職掌諸道州府判官幷軍州職員有曾爲州縣官及曾改名所受本朝及偽署官告勅牒歷任文書亦並須送納入官只以中興已來文書敘理其見任州縣官及諸色前資官守選官等所歷任文書亦仰速便送納委所司點勘無違礙則準前收署給與公憑任赴將來求事參選其秦王茂貞墨制官員並須得本道識認具歷任申奏所司簡勘不虛亦給與公憑將來降資受官所貴凡是身名免有混雜仍限一周年內改正了絕其興元已西應曾受偽蜀官員

緣地里遥遠許勅到後一周年爲限仍各於本罷任處州府投狀具三代名諱出身歷任一一分析申奏到日點勘準前指揮如出限外縱有申送到文書並不敘理兼諸道亦不得以此身名奏薦如違罪在本判官其本人別行嚴斷庶得新恩迥異舊弊永除表爲君一統之基塞入仕多端之倖仍付所司

加恩官員勅

本朝列聖受册徽號多施霈澤蕩滌瑕疵今緣纔過南郊不可便行大赦其中有恩未及者宜示優矜其諸色官員

中或有經罰殿停替者宜并許以停任時官資理選數赴調其諸徵科不了勒定州縣官等除巳赴南郊行事該恩外處有在外赴行事不及者宜並準上許理選序貴普沾於恩惠免永滯其身名俾得自新皆期受任

長流盧蕳蔚州勑

盧蕳容易宰邑造次怒人不如法以行刑遂尋時而致死原情則本非故殺據律則當處極刑小不忍而難追內自訟而何及法不可墜義亦須明但究彼根繇似緣公事罪雖甚重理稍可疑峻刑則慮致民驕輕恕則恐滋吏酷永

從遠竄特貸餘生聊以慰往者之魂兼可戒爲官之屬蕳宜配蔚州長流百姓縱逢恩赦不在放歸之限其出身歷任告勑付所司焚毀

宥李範趙知遠勑

李範巳該恩赦特放罪收納文書趙知遠以兄爲父未之前聞既遇郊禋特從恩宥出身歷任文書付所司焚毀放罪勒歸鄉貫本道長吏與改昭穆奏聞其餘南郊行事合減選人數候將來選限滿日宜並不取逐處文解不更經南曹點簡赴銓注擬

封敘無得留滯勑

今年二月二十一日郊天赦書節文朝臣及藩鎮郡守亡父母祖父母及父母在並妻室未霑恩命並與追封贈及敘封者今赦書須下巳及半年所行追贈敘封所司尚未奏覆深慮留滯各速指揮朝臣限兩月內齊具錄奏外處與限一年仍並據品秩準格列指揮朝臣不得踰越

令禮葬被害諸王勑

先朝諸王頃因同光末年宮門變起諸王多奔北京沿路爲部下所害宜於北京留守尋訪各依品秩禮葬訖奏聞

禁州縣於限前徵科勑

訪聞諸道州縣官自衒虛名不惜人戶皆於省限巳前行帖催驅須令人戶貴買充納且徵科租賦乃是常規所務事集人安不必急徵暴斂況累降勑命非不丁寧只據規程勿令踰僭此後爲徵科事辦亦不酬勞本州不得申奏如違限稽慢即準條流責罰如灼然添得解署招得流民無害於公私者可具事由申奏固得特行優獎

童子科出身不得遽授親人官勑

其童子準往例委諸道表薦不得解送兼所司每年所放

不得過十人仍所念書並須是部帙正經不得以諸雜零碎文書虛成卷數兼及第後十一選集第一任未得授親人官

族誅李行德等勅

捧聖都軍使李行德十將張儉等摭求虛事誣告重臣奏陳而頗駭聽聞詰驗而乃明譏謗閒予心腹傾我棟梁爲巨蠹以異常罪一身而未塞宜誅家族懲彼姦凶仰全家處斬

授張延朗三司使勅

會計之司國朝重務總其使額以委近臣貴便一時寧循往例張延朗可充三司使班位在宣徽使之下

楊知萬準非時選人例處分勅

楊知萬實曾行事尋已注官只爲父母轉年恩命遂寢外別無違礙自後相次丁憂久住京城誠宜傷愍宜令銓司點簡歷任文書準非時選人例處分或前資官中有與楊知萬事狀相類者并準此指揮

討董璋勅

王者興師討伐若行其時雨農夫去草誅鋤務絕其本根具載格言式符戎略而況天垂弧矢盡殪狼星國舉干戈當平賊子得不朝申號令夕議削除安邦守正翊贊功臣劍南東川節度使特進檢校太尉同中書門下平章事梓州刺史董璋受國深恩殿邦重寄但恣貪殘之性莫分宵旰之憂唯務包藏顯彰侮慢朝廷每施含垢具爲掩瑕略無悛革之心轉有狂迷之狀伺便而侵漁仁境何名而點發義軍仍於關防輒修堡砦兼傳書檄招寇盜於晉州尋縱賊徒欲窺覦於遂府焚燒民舍驅虜耕牛覽奏報以實繁數愆尤而莫盡豈有武虔裕身爲刺史輒敢縻留大程

官手執宣頭略無遵稟而又淫刑害物酷法作威鐵籠之炮炙未聞金贖之科罪並發善人知懼惡貫已盈且擢髮以難窮宜燃臍而不赦今則已徵師旅將掃妖氛舉烈火以燎毛飛嚴霜而脫葉匪朝伊夕覆狡擒奸於戲無禮於君奮鷹鸇而驅鳥雀有功必賞誓帶礪而保山河殄寇則理在必然興兵則事非獲已凡在遐邇宜體朕懷其董璋在身官爵並削奪

不準奏薦著紫官爲州縣勅

諸道奏薦州縣官前銜內有賜紫金魚袋者若循常例州

縣官十六考方得敘緋若已佩金章固難爲令錄此後天下州府不得奏薦著紫官員爲州縣官

敘封外錯勅

敘封之例勅格甚明況在所司備經其事既成差誤蓋是因循顯有糾彈實爲允當欺即難恕錯即可矜然欲示戒懲須行責罰本行令史馬仁珪決臀杖七十勒停本部判郎中裴坦罰兩月俸王權等六人妻進封敘封郡縣邑號官誥宜令所司追納毀廢

未得公憑者準取本任文解赴集勅

先條流見任州縣官及前資守選官所有歷任文書委所司點勘無違礙則準前收署給與公憑任將來參選者訪聞諸色選人有今年合格者因請公憑久淹京闕若候本道請解即須來歲授官多是甚貧誠爲可憫況已及選限固取本任文解不及前件選人今年合格已請得公憑者宜令吏部南曹準今冬選人例簡勘施行如是欠選者候選數足日準格取本任文解赴集

加恩朝臣勅

朕聞君臣一也善否同之比之於人心安則體逸方之於木枝盛則葉繁朕自父天子民宗文祖武輔弼上憑於廊廟獻替次賴於搢紳四海無波敢自矜於清晏一人有慶思共樂於雍熙近又允副羣情增崇大號雖中外元輔已議序遷而文武庶僚未聞普及而況咸著恪共之績悉堅欣戴之誠將顯示於獎酬當廣頒於渥澤應在朝文武臣寮並宜加恩其有八月四日已後遷官者不在此限

定節度等使判官已下賓寮考限勅

諸道行軍節度副使兩使判官已下賓寮及防禦副使判官推官軍事判官等若詢前代固有通規從知咸自於弓

旌錄奏方須於綸綍初筵備稱確畫斯陳朝廷近以旌賞勳勞均分員闕稍或便於任使不免須議勅除既當委以裨贊所宜定其考限前件職員等宜令並以三十月爲限如是隨府不在此限

罷夜試進士勅

秋來赴舉備有常程夜後爲文曾無舊制王道以明規是設公事須白晝顯行莫盛觀光尤敦勸善每取翰林學士往例皆試五題共觀筆下摛詞不俟燭前搆思其進士並令排門齊入就試至門開時試畢內有先了者上歷畫時

旋令先出其入策亦須畫試應諸科對策並依此例餘準前後勑格處分

復錢鏐爵位勑

天下兵馬都元帥尚父尚書令吳越國王錢鏐久列王公恒輸愛戴朕方禮加元老恩遇遠方安重誨妄搆瑕疵遽行阻絕使錢傳璙拜闕上章傾懷請罪言皆激切事且憑虛情不可恕罪不可追今已誅之以雪其冤故告

禁枉濫勑

朕猥以眇躬薦承鴻業念彼疲瘵勞於寢興或慮官不得

人因成紊亂或慮刑非其罪遂致怨嗟王化所興獄訟爲本苟無訓勵必有滯淹近日諸道百姓或諸多違犯或小可鬬爭官吏曲縱吏人巧求瑕釁初則滋張節目作法拘囚終則誅剝貨賄市恩出救外憑公道內徇私情無理者轉務遷延有理者却思退縮積成譌弊漸失紀綱自今後切委逐處官吏州牧縣宰等深體予懷各舉爾職凡關推究速與剸裁如敢苟縱依違遂成枉濫或經臺訴屈或投匭申冤勘問不虛其元推官典并當責罰其逐處觀察使刺史別議朝典宜令諸道州府各依此處分所管屬郡委本道嚴切指揮

詳斷張延雍等勑

張延雍中官舊居省署蔭子合補齋郎爲優牒稽遲於本司催促苛虐縱實已該肆赦之恩引驗無聞自搆兩詞之詰致淹折獄宜示罰金宜罰一季俸餘依法寺詳斷

準失墜春闈冬集人許舉及第銓注事實勑

舉選人衆例是艱辛曾因兵火之餘多無勑甲不有特開之路皆爲永棄之人其失墜春闈冬集者宜令所司取本人狀當及第之時何人知舉同年及第人數幾何如實即

更勘本貫得同舉否授官者亦先取狀當授官之時何人判銓與何人同官上任罷任何人交代仍勘歷任處州縣如實則別取有官三人保明施行

加恤病囚勑

諸道州府各置病囚院仍委隨處長吏專切經心或有病囚當即差人診候療理候據所犯輕重決斷如敢固違致本囚負屈身死本官吏並加嚴斷兼每月自夏初至八月末已來每五日一次差人洗刷枷杻

誅張崇遠勑

設祿任能立法懲惡茍有違犯須舉憲刑崇遠流外授官監中守職雖官不請於俸祿而職見請於依糧贓罪既彰死刑難貸宜決重杖一頓處死

李雲獻時務策敕

益國利民方爲良策越常生事則亂彝章李雲粗讀儒書曾居假官所進條件既廣徵引仍繁而於職略之閒荒唐頗甚且鄉閭之內苦樂不無則可沿古制而檢繩度物宜而均濟豈得請行峻法大撓羣情詳暴斂之品題無稍通之氣味況五兵乍息兆庶小康忽有此陳未測何意便合

勘窮踈率中舉科條尚緣言路方開政刑務恤特從寬宥俾自省循

禁臣寮私行舉薦人敕

國賴賢良雖務搜揚之道官縣請託實開僥倖之門蓋任不當材則民將受弊稍乖掄擇大紊紀綱近聞百執事等或親居內職或貴列廷臣或因宣達君恩或因勾當公事經縣列鎮干擾諸侯指射職員安排親昵或潛申意旨或顯發書題茍徇私情罔循公道爭能峻阻須至強行遂使受命者負勢以臨人得替者銜冤而去職既虧慎舉漸益躁求務要肅清當行釐革自今已後應內外臣寮不計在朝出使並不得輒發書題及行所屬於諸處亂安排人宜令三司兼諸道節度防禦團練刺史等或更有人不畏新敕猶躡舊蹤者并仰密具姓名奏發薦人貶所在官求薦人配流邊遠州縣常知所在如逐處長吏自徇人情顯違敕命只仰被替本人詣闕上訴勘問不虛長吏罰俸兩月罰薦人比前條更加一等被替人不準是何職掌却令依舊勾當仍從再勾當後三年內除別顯有罪名外不得妄有替移其餘長興二年五月一日已前所犯不在上訴之

限兼敕到後但是州府並於管驛處粉壁具錄敕命曉示每令修護永使聞知況國家懸爵待人惟賢是舉稍聞俊乂必令獎昇其有端士正人雄文大學言可以經綸王道行可以規矩人倫者但當顯陳表章明具論薦名如得正上不棄材所務絕彼倖人豈可滯諸賢者

禁私賣文書敕

訪聞諸色官員之中多有此色之事須行釐革以塞弊源應諸色常調選人如有此色文書便須焚毀如是元補正身曾受中與已來官誥便許以近受文書敘理及諸色蔭

補子孫如無虛假不計庶嫡並宜敘錄如實無子孫別立人繼嗣已出補身得者只許續蔭一人凡新開資蔭皆繫恩榮將革弊訛須行憲法自本朝喪亂多士因循貪冒者敘補無常彰敗者未聞嚴斷遂成隳紊莫識規程且一人身名具三代名諱傳於同姓利以私賄上則欺罔人君下則貨鬻先祖行之不已罪莫大焉柳膺顯致訟論合當誅殛偶逢恩赦特減死刑尚念承此弊者年深同此罪者頗衆特矜已往各許自新別設嚴條免令後犯今日已前並依前項條理其不合敘使文書仍限一百日焚毀須絕如

此後更敢公然將合焚毀文書參選求仕有人糾告及所司點勘彰露所犯之人傳者受者並當極法其告事人如有官序別與超擢任使如是百姓與免戶下差徭兼自此應合得資蔭出身人並須依格令及天成三年十一月二十日禮部起進條件施行如敢故違本司官員并本行人吏別加嚴斷不計去任離司罪無寬恕事從發覺理任澄清不惟正邦國典刑抑亦保縉紳家法有犯無赦斷在必行

敘理中興以來官告勅

應見任前資守選官等所有本朝及梁朝出身歷任告身並仰送納委所在磨勘換給公憑只以中興已來官告及近授文書敘理其諸色蔭補子孫如非虛假不計庶嫡並宜銓錄如實無子孫別立人繼嗣已補得身名者只許敘蔭一人其不合敘使文書限百日內焚毀須絕此後更敢持合焚毀文書參選求仕其所犯之人并傳者並當極法應合得資蔭出身人並須依格令施行

朝臣假內仍給俸勅

有禮於君克勤於國爲臣所重自古皆然其或合朝不朝

即虧匪懈無病稱病亦屬自欺儻異下沐須資勿藥臥疾非人情所欲歸寧光孝治之朝曹琛所奏文武官請歸寧準式假及實臥病者並許支給本官料錢宜依或有託病不赴朝參故涉曠怠者慢於事君何以食祿如聞糾奏當責尤違

禁京城人戶侵越並許奏聞利便互買勅

伊洛之都皇王所宅乃夷夏歸心之地非農桑取利之田當亂離而曾是荒涼及開泰而競爲修葺從來聞疑多已駢闐永安天邑之居宜廣神州之制宜令御史臺兩街使

河南府專切依次第擘畫曉示衆多勿容侵越或有利便亦可臨時詳度奏聞

禁受理赦書前詞訟勑

諸道州府推斷刑獄或慮有司因循仍以赦令前事輒有申理紊亂刑罰宜令盡舉中興已來所降赦書德音釐革恩勑曉示王者應天順人發號施令布絲綸於遠邇示恩信於華夷儻隱而不行則主者有罪須重提舉無致因循宜令御史臺兼三京及諸道州府應受詞狀及推勘詳斷之所須具此令文牓壁各令詳審無致踰違如或公然以

赦書德音及恩勑前事輒敢受而爲理者應狀案經過之處并當勘責以故違勑命律格科罪兼自此後凡有詳斷刑獄並須依坐律令格式件條及新勑釐革次第施行

禁不務農桑勑

皇王之業寰海爲家民不擾而自安事不紊而易治皆修遠大以固雍熙朕自纂丕圖每勤庶政民有耕耘之樂時無饑饉之災然猶菲食如初宵衣若舊內則仗前後左右外則委侯伯子男共剗煩苛同除蠹弊康澄所奏機巧之事游惰之徒所在不無未能全斷令仰諸道長吏詳此曉示村巡游惰者勸以歸農機巧者戒其越樣此外或更有不利於民事並可嚴行止絶將使俗無奇技野絶閒游爲下有勤力之資在上無蕩心之事鄽肆人和之際何禁謳謡村閭桑隙之時無妨歡樂即須辨認姦惡不得分外騷擾人戸所切者當輕徭薄賦不急斂暴徵民不勸而自勤財不營而自富況諸侯勠力列辟盡忠皆是腹心總如魚水將期混一永致和平

禁侵射入官店宅莊園勑

無厭之求既虧廉恥不義而富終取悔尤應諸道係省店

宅莊園或抵犯刑章納來家業或主持敗闕收致抵當姓名纔繫簿書諸利未經收管諸色人等不度勳庸高下不量事分淺深相尚貪饕競謀侵射惟利是視以得爲期諸色人稍立微功朝廷必加懋賞通都大邑尚以委人廢宅荒田豈留潤國自有特恩須賜奚容越分希求遂使畏懼者但處棲遲僭踰者更滋積聚失懲惡勸善之道啟幸災樂禍之門頗汚教風須行止絶

王昭誨不停見任勑

王昭誨方念繼絶特授殊恩久别邱園許歸祭奠雖違假

限宜示優宏不停見任

停李炤樂鈞官勑

同官相毆據法當徒大理寺以所犯罪名合該恩勑雖備陳格律而合議矜寬但李炤樂鈞等處令佐之資縱屠沽之行既罵且毆自晝經宵加以抗拒使符執留縣印全乖事體大紊紀綱至於偶在勑前合從赦限豈可遣茲凶輩親我疲民免刑已是優宏復職實非允當其李炤樂鈞並勒停見任餘依所奏

答周知微請復議典勑

周知微官在郎曹職參邦憲慮有亂名之弊舉無破律之規法雖重於一成恩亦存於八議蓋前王之定制固當代以常行令覩敷揚可嘉勤藎

禁同表進策勑

投匭上章條流不阻合表進策理例無聞而況七件之中有長有短兩人之內孰否孰臧方當選以公才未可混其言路王鼎陳廷皝宜各試以策問兩道定其優劣兼自此應諸色人進策每五道別試策問兩道十道已下試三道十道已上約此指揮比校元進策條詞理可否當與等第處分仍令匭院分明牓示此後止絕不得有同表進策所貴人知區別事無汎行庶堅激勸之誠免誤礙倫之道

量增奏薦員數勑

諸道奏薦州縣官各定員數今宜增益以廣搜揚使相先許一年薦三人今許薦五人不帶使相先許薦二人今許薦三人直屬京防禦團練使先許薦一人今許薦二人念應舉之流甚艱難於取事當及第之後尚迢遞於授官小而得簿尉者全稀老不爲令錄者極衆即不得薦新罷任及過格之人如未曾有官即許奏初官已有官者當别比擬

帶臺省職州縣官及得十六考者並依出選門例處分勑

州縣官帶侍御史殿中侍御史內供奉監察裏行及省銜者皆非正秩尚出銓曹況曾三度昇朝豈可一例守選所宜振發以厲操修應州縣官內有曾在朝行及佐幕罷任後準前資朝官賓從例處分其帶省銜已上幷內供奉裏行及諸已出選門者或降授令錄者罷任日並依出選門例處分不在更赴常調便與除官兼州縣官其間書得十

六考者準格敍加朝散階準出選門例處分如不書得十六考雖已過朝散階不在此例

令諸道搜訪隱逸勅

朝臣相次敷陳請搜沈滯簪纓之內甚有美賢山澤之中非無俊彥若令終老乃是遺才鄭雲叟頃自亂離久從隱逸近須特勅除授拾遺不來赴京自緣抱病非朝廷之不錄在遐邇以皆知宜令諸道藩侯專切搜訪如有隱逸之士藝行可稱者當具奏聞必宜量才任使

欽定全唐文卷一百十一

後唐明宗 六

令道路置碑曉諭路人勅

朕聞教化之本禮讓爲先欲設規程在循典故蓋以中興之始兆庶初安將使知方所以漸誘準儀制令道路街巷賤避貴少避長重避輕去避來有此四事承前每於道途立碑刻字令路人皆得聞見宜令三京諸道州府各遍下管內縣鎮準舊例於道路明置碑雕刻四件事文字兼於要會坊門及諸橋柱刻碑曉諭路人委本縣所繇官司共切巡察有敢犯者科違勅之罪貴在所爲簡易所化宏多

旣禮教興行則風俗淳厚庶皆順序益致和平

許致仕太傅王建立太子少保朱漢賓還鄉勅

凡爲食祿無不盡忠旣以懸車永期樂道若妨養性豈是優賢況非繫滯之名宜遂逍遙之便宜依

武職銀靑階準文資賜紫例不得奏爲州縣官勅

諸道奏薦州縣官前銜內有賜紫金魚袋先於長興元年勅州縣官若循常例十六考方得敍緋儻或已佩金章固難却爲令錄必若藉其才器則可別任職資文資官結銜

內已有金紫尚不許薦爲州縣官其武職銀青階亦宜條理諸道詳文資賜紫例不得奏爲州縣官

增大理寺御史臺俸錢勑

刑法之司朝廷重委是以前王應運必繇獄訟所歸庶物無冤然後陰陽式序豈獨繫於彼相實亦賴於有司冀致和平共期仁壽宜示優崇之道以明奬激之方此後大理寺官員宜同臺省官吏外進其法直官比禮直官任使庶皆知勸咸切奉公如有能雪冤疑則别議超擢苟舞弄文法必舉憲章明懸黜陟之科貴益公忠之懇御史臺每月

支錢三百貫充曹司人力紙筆糧課其大理寺先支錢二十貫文與臺中比類全少刑部一司則未曾支給宜於兩班罰錢及三京諸道贓罰錢內每月支錢一百貫文賜兩司其刑部官吏人力不多兼使紙筆較少宜於所賜一貫內三分支與一分

令大理寺斷獄取最後勑定罪勑

大理寺每有詳斷刑獄案牘準律須具引律令格式正文又稱準格詳獄一切取最後勑爲定後勑合破前格今後凡有刑獄先引律令格式有無正文然後詳檢後勑須是名目條件同即以後勑定罪勑內無正條即以格文定罪格外又無正條即比附定刑先自後勑爲比事實無疑方得定罪或慮律令難明錄奏取裁仍當比事平情取法直官不隱法文狀在案本斷官祇據僣狀書法定罪不得輒使文章及有徵引刑部詳覆官法直官亦準此兼自此御史臺大理寺準推斷刑獄之際刑法官及諸朝臣不得以見所推斷人罪名合使條格奏請改易刑法中或有不便於事者任其奏聞餘依李延範所奏

禁營田聽稅戶越境耕占勑

凡置營田比召浮客若取編戶實紊常規如有係稅之人宜令却還本縣應諸州府營田務只許耕無主荒田及召浮客此後若敢違越官吏幷投名稅戶重加懲斷

放鷹隼勑

馳騁畋獵聖人每抑其心奇獸珍禽明王不畜於國朕猥將寡薄虔奉宗祧覽前代之興亡思昔人之取捨所以尋頒明詔遍諭遐方推好生惡殺之仁罷雕鶚鷹鸇之貢一則杜盤遊之漸一則遂飛走之情近日諸色人不稟詔條頻獻鷹隼既不能守兹近勑則何以示彼後人頗爲踰違

須行止絶其五坊見在鷹隼之類並宜就山林解放此後諸色人等並不得輒將進獻仰閤門使凡有此色貢奉表章不得引進

敦勸孝義勅

王者以孝理萬邦化敷兆庶每勲賢而按部專行賞以宣風其在懲勸知方統臨得術比屋有可安之俗六親無不和之人劉虔膺曾州縣爲官見鄉閭弊事宜加條理免亂彝章宜令諸道長吏嚴行誡約如有違者準法加刑

七十已上人不得概注散官勅

耄年爲政蒞事或有昏蒙老成之人安知不可師範宜令銓司此後有全不任待者即別以優散官資注擬

禁州縣交通富民勅

凡曰士流州縣盡應饒假詐稱門族長吏豈肯延容應是戸人皆編部籍如或爲其家富遨坐公廳顯從賓主之儀頗辱朝廷之任所在必無此事其中或有如斯須重衣冠以敦風俗州縣官或與富百姓同坐交通者隨處糾察使知事若不虛當行嚴斷其妄稱士族者亦議科罪

處分獻策人韓滔勅

以納言路廣進策人多別出試題蓋防假手韓滔獨凟衆例輒出己懷敢以間詞有違明勅而又情惟自衒事匪合宜朝堂干祿之時尚猶倔強州縣親人之處可任作爲便合舉違勅之科加不恭之罪緣當誕月刑法務寬宜殿一選

施行恩蔭勅

皇王御宇切在推恩臣下盡忠皆思勵節顯祖宗於奕世耀妻子以榮家位有高低事無偏黨方當景運務洽羣心將宏莫大之規宜定維新之制自此在朝臣寮及藩侯郡

守據理例合得追贈者新授命後便於所司投狀旋與施行封妻蔭子準格合得者亦施行兼自中興已來外官曾任朝班據在朝時品秩格例合得封贈敘封未霑恩命者並與施行其敘封妻室品蔭子孫等仍命所司一一具格式申奏其或應得而不與之者罪在所司官吏其餘進爲齋郎遇有員闕據資蔭合得先受官者先與收補後受官者據月日依次第施行如或徇私公然越次本人本司官吏當行責罰仍令御史臺常加訪察不得輒有違越庶激爲臣爲子盡孝盡忠各守公方共裨皇化

定外轉官年數勅

闕員有限人數常多須以高低定其等級起今後兩使判官罷任後宜一年外與比擬書記支使防禦團練判官二年外與比擬兩使推巡防禦團練推官軍事判官等三年後與比擬仍每遇除授量與改轉官資或職次其有殊常勳績者與議優升若有文學智術超邁羣倫或爲衆所稱或良知迥舉察驗的實者不拘年月之限其才器卑低階緣得事者宜量事於州縣中比擬若州縣官中有文學雄奧識量優深亦量才於班行及諸道判官比擬任使況諸

選人之內多是勤苦立身每於調集之時皆有等差選限準玆幕吏難使雷同所貴皆免湮沈遞承驅策

答禮院奏衣服制度勅

禮院所奏內外臣僚所衣朱紫服飾不越時宜將健衣裝各立軍號一切仍舊其經商百姓不得著色樣綾羅及紫皁雜色衣服金色帶等宜依

疏理選曹並免落第人來年再納文解勅

守選之輩例是艱貧合格之時漸多衰老更添雜犯轉見憂嗟方當開泰之期宜軫單寒之衆自今後合格選人歷任無違礙者並仰吏部南曹判成如文解差錯不合式樣罪在發解官吏兼貢舉之人辛勤頗甚每年隨計終日食貧須寬獎勸之門俾釋羈棲之歎今年落第舉人所司已納家狀者次年便赴所司就試並免再取文解兼下納文解之時不在拘以三旬但十月內到者並與收受

禁村店要津置關頭勅

比置關防津鋪爲要禁察奸凶如或縱捨賊徒透漏商稅旣虧職分難逭刑章若敢阻滯行人僥求潤已但有發覺並以枉法贓論宜令諸道常切指揮無使違犯

詔依石經文字刻九經印板勅

教導之本經籍爲宗兵革以來庠序多廢縱能傳授罕克精硏由是豕亥有差魯魚爲弊苟一言致誤則大義全乖儻不討詳漸當紕繆宜令國學集博士儒徒將西京石經本各以所業本經句度抄寫注出子細勘讀然後召雇能雕字匠人各隨部帙刻印板廣頒天下如諸色人要寫經書並須依所印勅本不得更使雜本交錯所貴經書廣布儒教大行

定出選門除官年限勅

前資朝官及諸道節度觀察判官近勅罷任一周年後方許求官其出選門官雖準格例送名未定除官年限自此應出選門官亦宜罷任後周年方許擬議仍本官自於所司投狀磨勘申送中書門下

論訴人不許淹滯勅

近日累據御史臺奏陳狀訴屈人據狀内皆是勘責多時却曉示陳狀人送本道依次第論對及州府追到支證本人又不到彼處恐紊規繩須行條理宜令御史臺今後諸色人論訟稱已經州府斷遣後抑屈更不再牒本道勘逐

便可據狀施行若未經州府論訴驀越陳狀即須留本人據事理詰勘如實未經本處訴論便可具事由勒本道進奏官差人齎牒監送本處就關連人勘斷後申奏仍不得虛有禁繫

定節度等使在朝班位勅

諸道節度都護防禦團練等使及刺史到朝廷未有班位定規起今後不帶使相節度使班位可取使相班爲例據檢校官高者爲上如檢校同即以先授者爲上其諸州防禦團練使刺史亦準此仍前資居見任之下

處分李咸雍勅

李咸雍既是書生合知禮範凡關事理祇可披論尚書省前豈是喧呼之所主司在内何與詬罵之言雖妄指陳實爲凶惡苟無懲誡難例輩流宜令御史臺監送本貫重處色役

委馬縞等勘諸經勅

近以遍注石經雕刻印板委國學每經差專知業博士儒徒五六人勘讀幷注今更於朝官内别差五人充詳勘官太子賓客馬縞太常丞陳觀祠部員外郎兼太常博士段

容太常博士路航屯田員外郎田敏等朕以正經事大不同諸書雖已委國學差官勘注蓋緣文字極多尚恐偶有差誤馬縞已下皆是碩儒各專經業更令詳勘貴必精研兼宜委國子監於諸色選人中召能書人謹楷寫出續付匠人雕刻每五百紙與減一選所減等第優與選轉官資

許客戶於坊市修營屋宇勅

凡與舍宇務廣人煙既聞完葺之期式叶綏安之道況京城之内已有條流縣邑之中可援事例應諸縣有臨街店舍田地宜準勅許人收買依限修蓋其佐官宅基舊屬縣

廨宇并寺院伽藍地如人戸已蓋造屋舍居止不在起移之限便任永遠爲主如更别占據空地作園圃及種蒔苗稼仍仰縣司與寺家決定辨得修蓋即許識認

每年二月初禁止弋獵敕

春夏之交長育是務眷彼含靈之類方資亭育之功先有條流解放彈鷹隼自此凡羅網射生並諸弋獵之具比至春初並宜止絶如有違犯仰隨處官吏便科違詔之罪起今後每年至於二月初便依此敕曉示中外蓋循舊制重布新規宣諭萬邦永爲常式

令諸道進州縣圖經敕

宜令諸道州府據所管州縣先各進圖經一本並須點勘文字無令差誤所有裝寫工價並以州縣雜罰錢充不得配率人戸其間或有古今事迹地里山川地土所宜風俗所尚皆須備載不得漏略限至年終進納其畫圖候紙到圖經别敕處分

減進策選數敕

朕大啟四門無遺片善冀有智能之士來陳利害之言是命擢量貴行酬奬須論條件以定等差應進策人等若是選人所進策内一件可行與減兩選兩件減四選三件已上便依資與官如無選可減及所欠選數則少可行事件則多據等級更優與處分如是諸色舉人貢院自考試本業格式不在進策之限如有智謀宏遠文藝優長或一言可以興邦一事可以濟國是爲奇傑難預品量待有獻投旋令擬議

宥龍隱等家口敕

龍隱毛璋陶玘曹廷隱成景宏等或子或弟本無相及之刑尋示寬恩各免連坐止令州府别係職官而聞收管已

來縻繫之後頗極窮困宜放營生仰逐處開落姓名仍給公憑放逐穩便

科決丁延徽等敕

國計之重軍食爲先比防主守之隱欺遂致監臨之鈐轄丁延徽選從禁職委以倉儲蓋藉忠勤特添俸給所宜廉慎以副指揮而敢與專知官田繼勲杜延德副知官趙德遵楊仁祚等相徇私情擅出官物脚夫論告贓狀分明及遣推窮即稱貸借按正律則罪加於凡盜準後敕則名犯於極刑況兩司簡詳再經議讞定法既當於不濫懲奸斷

在於必行又據宰臣所問五條康澄繼陳兩表雖爲滯獄且貴盡心但丁延徽所出軍須已離當處本無文紀豈是公官宜同入己而論難逭滅身之罪宜依兩司詳議斷遣處分其丁延徽田繼勳贓滿二十匹並決重杖一頓處死杜延德已下各依本罪決杖配流賞元告人絹二十匹

復鄉飲酒禮勅

諸科舉人常年薦送先令行鄉飲酒之禮凡預舉人列從鄉賦遂奏鹿鳴之作俾騰龍化之津雅音既動於笙簧厚禮復陳於筐篚行茲盛事克振儒風宜令復行鄉飲酒之

禮太常草定儀注頒下諸州預前肄習解送舉人之時便行此禮其儀速具聞奏

欽定全唐文卷一百十二

後唐明宗　七

不許停滯選人勅

常調之中無媒者衆省員之外有闕常多方隆遠大之規更顯激揚之理兼先赴南郊行事未授新命及一考前丁憂州縣官等起今後到闕者宜付所司旋磨勘施行不得輙有停滯大朝恩命庶事規程該定制者各委所司須特勅者不拘常例資維新之風教示無黨之寰區

放免岐延等州稅錢勅

叛黨未平難輟轉輸之役流民既復必資安集之謀朕應天順人端居靜治若涉大水如履薄冰翼翼乾乾懼不克荷所賴文武宣力天地降祥雨順風調政寬事簡雖四夷一主遠殊貞觀之朝而斗粟十錢近比開元之代無何董璋搆亂蜀郡罹災萬方共樂於太平一境獨嗟於多事遂致數年動衆千里勞民奔馳秦鳳之郊委頓岷峨之路蓋彼樂禍非我願爲今則逆順分明車書混一陸梁之黨已歸葅醢之刑渙汗之恩宜及瘡痍之俗示以歸還之路慰其懷戀之誠應秦岐延涇寧慶邠同興元京兆等州府所

欠長興元年二年夏秋稅賦諸色錢物及營田戶部莊宅務課利等物並放如聞州使廉察自前每降敕書稍關除放頗淹行遣轉急徵催物已輸官人方見勝厚利實歸於州縣鴻恩虛及於生靈而況一戶逃移一村騷擾殘欠之物蓋藏於形氣腹中披訴之詞指注於逃亡脚下朝廷比哀貧戶州縣轉啟倖門欲峻條流宜先曉諭今後敕到盡時曉諭所管仍勒要路粉壁曉示如敕未到時已徵到物色據數附帳不得隱落如有人陳告以枉法贓論敕到並須半月內施行除放訖奏聞

定贓罪敕

枉法贓十五匹絞準格加至二十匹乃自喪亂已來廉恥者少舉律行令誡人遠貽國家常切好生上下頗能知禁犯既漸寡法亦宜輕起今後犯枉法贓者宜準格文處分贓名條內有以準加減及同字者并倍累贓並宜準律令格式處分凡有告事者除鹽麴條流外宜據輕重依理施行不在格賞之限

流清水縣令呂澄嵐州敕

呂澄命爲宰字委以民人不守公廉恣行聚斂贓數甚廣情狀難矜當寘重刑仍從遠竄宜決脊杖二十配流嵐州關連人吏依法司所奏

責土貢稽遲敕

方州所尚土貢爲先苟有稽遲誠爲怠易須加懲罰俾效恭勤其錄事參軍孔霸文宜罰一季俸刺史尹暉緣元勳不該宜放本典以下宜令本道觀察使量罪科責訖以聞

相馮贇敕

馮贇有經邦之茂業宜進位於公台但緣平章事字犯其父名不欲斥其家諱可改同平章事爲同中書門下二品

賜高麗王敕

敕高麗國王省所奏進奉謝恩紅地金銀五色線織成日月龍鳳襖緞二段紅地金銀五色線織成龍牀褥二面金星皮甲二副罽錦銀皮甲二副罽錦鍊鐵兜四副罽錦紅地金銀五色線織成花鳥罽錦捍膊四副角弓四張紅地金銀五色線織成龍魚罽弓袋裁四具行簳箭二百隻貼金一百隻貼銀木簳箭二百隻紅地金銀五色線織成雲龍箭釵袋四具金銀裝欞鞘細鏤雲天玉劍一十口內二口金銀裝罽錦鞘金錦裝罽錦鞘細鏤雲天長刀一十口

金銀裹槍一十根金銀裝罽錦鞘匕首一十口金銀裝鞘匕首一十口細苧布一百匹白氎二百匹細中麻布三百匹事具悉卿世篤忠貞家傳勳閥爰屬承襲之始遠輸貢奉之儀貝錦成章橦華讓貴咸陳筐篚皆是珍奇而又兵器駢羅戎衣鮮麗莫非精妙可驗傾勤嘉獎所深再三無已

又勅

勅高麗國王省所奏進奉金銀裝所刺六根罽錦鞘金銀裝劍六口金銀裝罽錦鞘長刀一十口紅地金銀五色線

織成花鳥罽錦捍胯二腰紅地金銀五色線織成花鳥罽錦倚背二面紅地金銀五色線織成花鳥罽錦裙腰六腰紅地金銀五色線織成罽錦鞘金銀裝匕首一十口鍍金鷹鈴二十顆銀鏁鏇子五色絛銀尾銅金鍍金鷂子鈴二十顆銀鏁尾銅全細白氎布一百匹細中麻布一百匹人參五十斤頭髮一十斤金銀地鐵文剪刀一十枚金銀細鏤剪刀一十枚金銀細鏤剪髭剪刀一十枚銀花細鏤剪刀二十枚金銀重口大樣刀子三十柄銀重口大樣刀子四十柄金銀重口中樣刀子五十柄銀重口中樣刀子五十柄金銀重口小刀子五十柄銀重口小刀子一百柄金銀細鏤撤火鐮二十枚金銀細鏤鉗子二十枚香油五十斤松子五百斤事具悉卿地控東溟心馳北闕奉九邱而作貢歷萬里以來王戎器堅剛織文靡麗苧麻如雪至藥通神首飾翫具之奇香澤果實之類名器既衆羅列甚多省閱之時稱尚良切

又勅

勅高麗國王省所上表賀去年三月一日親幸澶州殺敗契丹事具悉朕以契丹顯違信義輒肆侵陵親御戎車往

平桀虜靈旗一舉狂寇四奔卿遠聽捷音頗攄憤氣載馳章表來慶闕庭嘉乃忠誠不忘於意

令諸道不得表請僧道師號勅

上國兩街僧道自前賜師號不數人而已至於賜紫並係特恩近日諸道州府因應聖節表薦僧道頗多宜令中書門下此後凡有諸處不係應聖節及橫薦僧道不得等閒申發章表請行命服師號切思正統

報鄭珏請追尊先代御札

朕猥承基構實賴祖宗將申報本之儀常切奉先之志爰

崇祀典。思固遠圖。冀上答於劬勞。度永資於孝理。卿等咸堅輔弼。共副咨詢。徵兩漢之舊規。宏三皇之故事。乃飛章而定議。請薦號以尊名。兼廣園陵。仍增兵衞。載覽矢謨之意。備觀順美之誠。感歎良深。嘉愧無已。宜依上表施行。

幸汴州御札

歷代帝王。以時巡狩。一則遵行典禮。一則按察方區。矧彼夷門。控茲東夏。當先帝戡平之始。爲眇躬殿守之邦。俗尚貞純。兵懷忠勇。自元臣鎮靖。庶事康和。兆民咸樂於有年。闔境彌堅於望幸。事難違衆。議在省方。朕取十月七日親幸汴州。其沿路一行宿食頓遞。可下三司排當。務從簡儉。不得勞擾人戶。至於扈從兵師。亦已嚴行誡約。兼告諭東北道諸侯。不得迎駕朝覲。

誤決小兒獄御札

朕聞堯舜有恤刑之典。貴務好生。禹湯申罪己之言。庶明知過。今月七日。據巡簡軍使渾公兒口奏。稱有百姓二人。以竹竿習戰鬭之事。昨朕初聞奏報。實所不容。率爾傳宣。令付石敬瑭處置。今旦安重誨敷奏。方知悉是幼童爲戲。載聆讜議。方覺失刑。循揣再三。愧惕非一。亦以渾公兒誑誣頗甚。石敬瑭詳覆稍乖。致人當枉法而殂。處朕於有過之地。今減常膳十日。以謝幽冤。其石敬瑭是朕懿親。合施規諫。既茲錯誤。宜示省循。可罰一月俸。渾公兒決脊杖二十。仍削其在身職銜。配流登州。常知所在。其小兒骨肉。各賜絹五十匹。粟麥各百石。便令如法埋葬。兼此後在朝及諸道州府。凡有極刑。並須子細裁遣。不得因循。

幸鄴都御札

王者以六合爲家。萬機是務。動必從於人欲。道貴表於君臨。矧以大業名都。先皇舊地。干戈近息。井邑初完。去春特命親賢。出分攸寄。一載之化條方闡。六州之生聚咸蘇。朕又竊念弁汾。有同豐沛。欲和鑾之親撫。慮致勞煩。移嗣子之總臨。冀諧委注。今則已令赴鎮。兼報行期。而鄴都士庶馳誠。表章繼至。思朕車御。暫到庶彼。內外永康。疊興徯后之詞。何爽省方之便。朕今月七日巡幸鄴都。踰月之內。卻駐梁苑。其沿路宿食頓遞。並仰三司預專排比。不得輒擾人戶。付中書門下準此。

罷般糧御札

朕每念眇躬。嗣承丕構。厲憂勤於庶政。持兢業於厥心。罔敢怠荒冀符裨益去歲以五兵偃息九穀豐登指内外以省方慰羣情之望幸迨於駐蹕允協來蘇迺睠鄴城匪遥梁苑復念興王之地思從後后之詞將命和鑾指期届路卿等情深許國道在弼予旋貢表章罄輸丹赤備閲傾虔之懇深詳啟沃之規已諭淹延俾從俞允其六軍經費諸道轉輸國計所先兵食斯衆將致贍豐之備難矜運輓之勞既念疲羸粗宜蠲減其百姓般糧至洛京並卻停罷只令近東州府般至汴州

停幸鄴都御札

朕聞王者握圖御宇應天順人必從億兆之心以副寰瀛之望朕恭承大寶漸致小康當時和歲豐之辰叶海晏河清之道思從望幸爰議省方昨者以全魏名邦興唐霸國當去弊除姦之後是安民撫衆之時思暫議於巡遊庶躬親於勞慰尋頒詔旨已定行期而聞衛士連營方諧聚族農功務穡始在承春雖無供億之勞寧免差徭之患而又勳賢拱北藩翰勤王儻萬乘之少留煩諸侯之入覲況復大臣抗表多士輸忠瞻懸懇以再三閲封章而數四諒為裨益深可嘆嘉宜罷鳴鑾且謀駐蹕凡在中外當體朕懷先取今月十三日巡幸鄴都權停

求言御札

朕奄有四海于今三年敬事天明敢忘日慎上憑列聖賴祖宗之垂休下設庶官思邦家之共治聞過必服見善則師靜惟省躬動懷畏相每從人欲方布時和不謂仲春已來繁陰未散雖如膏之澤可待豐年而飛霰其濛恐傷宿麥實關穡務深軫納隍卿等陳力有方直言無避共熙帝載以沃朕心更吐嘉謀庶裨闕政應文武百官奏對恐有隱密之事不敢當庭敷揚即許上章極言時政善惡貴合天道弛張

歸洛都御札

朕紹續鴻圖撫寧諸夏爰從洛邑來幸浚郊屬中山興悖逆之心外寇恣朋連之勢致煩征討方見盪除皆宗社之威靈盡忠良之裨贊自此遐邇永遠隆平蓋以久别三川嘗懷九廟既克清於氛祲宜便復於京師取今月十三日歸洛都

賑貸宋亳等州御札

朕以臨御萬邦寵綏四海務恤民以設教期化俗以成風

昨自霖雨連綿川瀆汎溢傷數州之苗稼蕩百姓之邱園遘此徵災慙虧至德致農者失力田之望念編甿有艱食之虞每自責躬更思求理欲使人獲其蘇息恨不家至而撫安憂勞所深鑒寐斯切宜布維新之澤式全可大之功今年州府遭水潦處已下三司各指揮本州府支借麥種及等第賑貸斛食仰逐處長吏切加安存不得輒有差使如戶口流移其戶下田園屋宅仰村隣節級長須主管不得信令殘毀候本戶歸日具元本桑棗根數及什物數目交付不得致有欠少本戶未歸即許隣保請佃供輸若入

務時歸業準例收秋後交付貴示招攜永期康泰速宜宣布稱朕意焉

封孟知祥爲蜀王冊文

朕祇膺天睠虔荷帝圖敷大信而仰法昊穹秉至公而俯臨億兆彰善癉惡必分涇渭之流崇德報功敢忘山河之誓其有榮聯戚里任重侯藩佐白水而中興爲皇家而盡節雖旁緣詿誤而竟保忠貞疏鑿未通朝海之波瀾暫阻氛霾既定拱辰之光耀如初表章皆驗於推誠琛賮遠修於述職得不顯其丹赤懋以旌酬益敦魚水之懽永契君臣之道爰求吉日乃降徽章具官孟某五緯佐天三山鎮地七年乃辨眞爲梁棟之材十德俱全信是琮璜之器先皇帝經綸八極濟活兆人李通首述其緯書鄧禹常參於霸業同心同德竟扶歸馬之朝不伐不矜罔恃渥龍之寵洎朕纂承鳳紀緊爾鎮守龜城鐵石彌堅菁茅不匱山川險絕每虔向日之心玉帛駿奔能助郊天之禮有臣若此當代何加董璋久作厲階終萌逆節既辜恩於覆載欲嫁禍於勳賢疊以封章疏其隣道虔劉我生聚離間我忠良爾外示叶同潛懷憤激罄衷言而誘諭彼既不迴伺良便

以誅鋤乃期自雪以至敢驅叛黨徑逼仁封吹蠆毒以傷人奮豺牙而暴物爾則妙施成算徑出全師鞞鼓纔鳴旋聞落爪窠巢自潰已致噬臍梓川之祆霧風驅涪水之狂波鏡淨解吾宵旰賴爾韜鈐固當銘在景鍾豈止光於信史況復備輸懇款益驗傾虔敘魯館之寅緣述沛中之舊事深心可見亮節斯彰不有疾風焉知勁草倘無異數曷報崇庸由是並築將壇顯昇王爵兼兩藩之奥壤啟一字之眞封仍循益地之通規別改旌功之懿號賜之旌鉞冊以輅車雖加等之寵光爾皆不忝在睦親之義分予亦無

虧於戲天鑒甚明爲善者降之福祉君恩不黨立勳者厚以獎酬惟敬愼以始終可延長於富貴勉承兌澤永鎭坤維可授依前檢校太尉兼中書令行成都尹劍南東西兩川節度使管內營田觀察處置統押近界諸蠻兼西山八國雲南安撫制置等使仍封蜀王加食邑一千五百戶實封二百戶改賜忠貞匡國保大功臣散官勳如故仍令所司擇日備禮冊命主者施行

冊高麗國王夫人柳氏文

爲人之妻能從夫以貴者是謂宜其家矣封邑之制彝典

所垂俾增伉儷之光以稱國名之爵大義軍使特進檢校太保使持節元菟州都督上柱國高麗國王妻河東柳氏內言必正同獎固多贊虎幄之嘉謀保魚軒之異數輔臣忠節諒屬柔明爰降殊榮載踰常等勉思勤王之志是謂報國之規可封河東郡夫人

即位赦文

天生蒸民樹之司牧立君臣之位定治亂之機撫之則爲后王虐之則爲讐敵以今況古何代不然先皇帝親總干戈奄宅區夏功既成而稍忘戒懼道未濟而不愼驕矜遂至貪吏藏奸羣小多辟勳舊無名而被禍忠良飲憤而見危比屋由是怨咨連營以之愁歎俄成否運遂至横流朕昔奉武皇幼承明訓早承締構備歷艱難敢忘作礪之規以奉維城之固一昨趙在禮遽從其郡徑入鄴都一則迫於饑寒從其糧穀一則痛於離析就彼妻孥朕既事於專征亦既成於靖亂豈意羣情見迫衆意相推雖於擾攘之中彌勵扶持之節無奈軍中散卒亂若棼絲闕下禁兵勢如烈火繇是指河流而南渡誓軍旅以西馳志欲救於顚危情冀申於忠赤豈謂兵搖畿甸釁結蕭墻慙赴難以無

功徒撫心而掩泣深誠未達羣議同詞以爲奉廟社之烝嘗紹宗祖之基業軍民所繫神器難虛辭避雖至於再三推戴尤形於迫切竟將寡昧獲奉宗祧御朽索而敢載馳涉大川而莫知攸徃夙夜戒懼罔敢底寧所賴中外藎臣弼予沖眇援今引古爾既以大寶尊予濟國安民予亦以忠貞賴爾庶將此道共致太平宜推更始之恩以布維新之化今改同光四年爲天成元年鄴都赴難之際定策功臣宜渥特恩以彰豐報其扈從將士及六軍諸衞諸道行營將校等委中書門下次第酬獎夫人不能自理立君以理

之豈可殫天下之賦租爲宮中之玩好後宮内職量留一百人餘任歸骨肉内官守闈掌扇量留三十人教坊音聲量留一百人鷹犬之事以備蒐狩量留二十人御廚膳夫量留五十人其餘任從所適内諸司使務有名無實者並從停廢先皇運關外之資糧供洛中之戎馬遂致百姓困弊不勝餽輓之勞今則須爲制置令度支與總管使會定在京兵數據所供饋積貯京師其近畿糧儲可令諸軍就食諸道營田租庸司先專差務無益勸農起今後並委州使管係所納農具斛斗據數申省應納夏秋稅糧先有省

耗一外起今後只納正數不得別量省耗其輸芻藁亦不得別徵加耗征賦上供國之常典别申進獻懼削生靈今後節度防禦等使除正至端午降誕四節量事達情自於州府圓融不得輒科百姓其四節刺史不在貢奉諸州使造麴如聞省數之外長吏私更加造價錢多入於私門滯麴常存於省數省司及諸府置稅茶場院自湖南至京六七處納稅以致商旅不通及州使置雜稅務交下煩碎宜定合稅物色名目商旅即許收稅不得邀難百姓諸道監務破脚價極多獲租課極少須有條流以成規制租庸司

先將係省錢與人回圖所供課利或爛茶弊物積年之後和本乾沒爲弊最深宜令盡底收納以塞倖門已上五件委三司使條理奏聞力學登第承蔭出身或欠文書便成踰濫先遭沒毀幾至調選無人州縣多是攝官爲弊滋甚宜令銓選別爲起請止除僞濫餘復舊規昨自魏汴至京大軍所歷戎馬騰踐麥苗下本州使檢量據所傷殘與蠲地稅自今年四月一日已前並與放免如已徵入州縣者即據數納省若取官中回圖錢立契取私債未曾納本利者不在限其餘並不徵理先緣漕運京師租庸司應借私

船今既分兵就食停於漕運其諸河渡私船並仰御付本主如有滯留許本主論告先朝屢降德音所司不與宣行遲留奏晚利在虐人赦書所至仰三司諸道丁寧宣布限一月内便須施行不得遺漏條件仍於要路牓壁貴示衆多嗚呼除舊布新雖更於法制承祧繼世敢怠於纂修惟上天之匪忱則下民之康定水能利物有載舟覆舟之文言可立身有興邦喪邦之喻敢不日愼一日業業兢兢庶乃三事大夫百辟卿士共修正道以啟遠圖復先皇帝已墜之基副億兆人相推之意冀上天之悔禍迴下土之沈

憂雖唐堯之茅茨土階夏禹之惡衣菲食納隍御朽不憚於憂勤履薄臨深無忘於夙夜必能自勵以慰人情惟爾尊獎之誠興復之志有始有卒是所望於羣公無怠無荒冀不移於薄德凡百有司宜體朕懷

南郊改元赦文

王者法天爲子長人爲君必在於上奉天明下從人欲奉天莫先於孝敬從欲莫先於矜寬則必上下叶和陰陽調序朕顧惟寡德猥紹丕圖祗荷景靈敢不寅畏屬以域中作梗邊上多虞繼除梟獍之妖累殄豺狼之族阻行大禮

于兹五年負芒刺以靡寧積冰湯而爲懼今幸五兵偃戢百穀豐登謁清廟以寫心陟泰壇而瀝懇孝敬之道誠益勵於夙宵寬宥之懷固難忘於頃刻上承元祐冀永無疆之休下念黔黎宜覃莫大之慶況天地交泰之始雷雨作解之初布澤益示於滂沱發號重新於渙汗滌瑕蕩穢屈法申恩宜改天成五年爲長興元年可大赦天下應諸道見禁囚徒十惡五逆光火劫舍屠牛官典犯贓僞行印信合造毒藥外罪無輕重已發覺未發覺已結正未結正咸赦除之其天成四年十二月終已前諸道州府人戶應有殘欠稅物蠶鹽食鹽乾榷濕榷既係積年之欠俄逢作解之恩並與免放諸州府營田戶部院應欠租課房店利潤逃移人戶死損牛畜或先遭剽劫及水澇處欠負斛斗無所徵填已收納到家產財物其餘所欠並與蠲除所在倉場積年損壞使臣盤覆欠折尤多其主持專知官等據通收到產業物色外亦與放免應諸道商稅課利撲斷錢額去處除納外年多虧欠枷禁徵收既無抵當並可放免諸道採造材木欠數定州材木錢及閿鄉船務遺火所司累行催促無可塡納亦與放免先南北兩軍前倉場持主損

爛欠折及江河轉運拋失舟船並斛斗茭稈錢諸鎭欠少過軍準備糧草等據主持人見在家業勒收納外餘放所欠天成元年二月諸州般納到上供庫秤盤積欠物色并遭兵火燒劫及耀州前後身死刺史界分欠省庫錢物勅勒州司官吏備塡者並特放免天成二年終諸色人於西川省庫內借過錢並省司先差人收買羊馬欠折死損無塡還及天成二年終已前諸道銅銀鐵冶銀錫水錫坑窟應欠課利兼木炭農具等場欠負亦與放免諸州府或經水旱災沴恐人戶闕欠餱糧方值春時誠宜賑恤宜令逐

處取去年納到新好屬省斛斗各加賑貸候秋收日徵納完數應天下府州合徵秋夏苗稅土地節氣各有早晚訪聞州縣官於省限前預先徵促致百姓主持送納博買供輸既不利其生民今特議其改革已令所司更展期限輔相之榮必資德望公侯之貴蓋選賢能欲展徽猷貴在彰顯内外羣臣職位帶平章事兼侍中中書令與改鄉名里號欲通和氣必在申冤將設公方實資獎善州縣官寮能雪冤獄活人性命者許非時選仍加階超資注官與轉服色已著緋者與轉兼官其朝臣及藩侯郡守等亡父母祖

父母在并妻室未霑恩命者並與追贈及敘封應有諸色私債納利已經一倍者只許徵本年外欠數並放納利已經兩倍者本利並放昭宗太祖莊宗時或有犯罪籍歿人若有子孫在者並許識認上祖墳塋主祭莊田已係官及有主承佃不在識認之限河陽管内人戶每畝上舊徵橋道錢五文今後並放不徵諸道州府人戶每畝上元徵麴錢五文今特放二文只徵三文敢以赦文前事告者以其罪罪之赦書有不該者所司各具條例聞奏夫施令覃恩比期及物苟有壅滯曷浣焦勞如聞近年赦書所在不廣宣布為人臣者豈若是乎其在輔弼公卿藩侯郡守各展忠力副朕憂勤共致治平永躋仁壽仍令御史臺嚴加訪察無縱稽留赦書日行五百里告諭天下咸使聞知

冊尊號赦文

朕聞為而不有曰天使而不知曰道下覆萬物中含兩儀難以常名加難以常德報是故賢君哲后則而象之雖有唐堯之聰明不伐其善雖有夏禹之勤苦不矜其功朕善愧唐堯功慚夏禹屬六十年亂離之後承億兆人塗炭之餘兒童悉習於戰爭耆艾罕聞於聲教強吞弱吐禮壞樂

隳涼德眇躬豈易為治所賴王公卿士勠力一心善無細而不行惡無大而不去革彼積弊成斯小康夫化自心生平其心則化洽令從身出正其身則令行朕御茲九州迨今八載常懷戒懼罔敢怠荒每務推心感人謹身率下刑必有罪豈以喜怒而死生賞必有功豈以親讎而厚薄卻雕鏤之麗巨慮淫巧以蕩心罷畋獵之游娛恐逸豫之敗度未能全臻於富庶未能盡偃於干戈誠宜業業以兢兢詎可自尊而自大中外文武不謀同辭謂朕宏清淨之風載之以廣道樹生成之德推之以法天堅讓固辭至於數

四過之不止去而復來雖義乃爾心深可嘉也而名過於實良所惕焉既大舉於徽章宜溥覃於霈澤可大赦天下應八月四日昧爽以前在京天下州府見禁囚徒已結正未結正已發覺未發覺罪無輕重常赦所不原者咸赦除之長流人幷諸色徒流人不計年月遠近已到配所並放還或有亡命山澤及爲事關連逃避人等並放歸鄉一切不問如過百日不歸首者復罪如初在京諸道將士各與等第優給應貶降官未復資者咸與復資州縣官內有先爲事勒停止者並許參選殿犯者免其所殿長興三年正

月一日已前諸道兩稅殘欠物色並宜減放或有先曾經災沴處逃戶卻歸業者除見徵正稅外不得諸雜科徭切委倍加安撫應係省司場稅倉庫今日已前諸色敗闕人等據其所有錢物家業盡底收納已上所欠並敗闕人並放其間未曾經磨勘點檢者宜令省司便與磨勘點檢準前處分將來永不得任使如是雖稱敗闕省司未見申報文狀及見今勾當人已後敗闕於中錢穀或涉降赦文年分並不得援此爲例山林草澤之人雖頻命搜羅而尚慮沈滯委所在長吏切加採訪的有才氣義行者具以名聞必議量才任使在朝文武臣寮幷諸色職員有直言極諫者如上封章盡當開納諸凡無主邱墓自兵革已來經發掘者宜令觀察使刺史差人量事掩瘞敢以赦前事相告者以罪罪之於戲滌瑕蕩穢宇宙豁是澄清布德推恩遐邇以之胥悅所望藩垣羣后社稷諸臣既尊予以莫大之名當佐予以彌高之德日慎一日雖休勿休驅彼疲民置之壽域光爾在位顯我得人

收復定州露布

蓋聞禍福兩途響應雖從於天道賞罰二柄憲章必在於

帝王所以虞殛四凶之徒周誅三監之類爲時除害令在必行顯申旌鉞之威以剿豺狼之黨逆賊王都濫承餘緒叨據邊方當朝廷念舊之時冒藩翰賞延之帥曾無績效但抱姦邪國家光有萬邦寵綏諸夏累頒殊渥官兼右相之榮疊示優恩秩冠三公之貴諒茲睠命果至滿盈況去歲駐蹕夷門弔民梁苑萬乘有省方之念諸侯專述職之勤而乃王都背惠孤恩藏姦積釁不思入覲惟自偷安以至繼歷寒暄逗留川陸朝廷務從寬恕累降詔書俟其悛心冀全理體殊不知凶頑益固抗拒彌堅信折簡以難招

非舞干而可格。而又朋連北狄，禦捍王師，擾我疆埸，負我盟誓。須茲飾怒，所冀夷凶。乃謀帥於軍中，俾恭行於天罰。繇是貔貅雲集，虎豹風馳，咸搗梟巢，誓平蟻穴。北面招討天平軍節度使王晏球等推心許國，挺志忘家，皆矜摩壘之雄，各騁寢皮之勇。遂乃交飛矢石，齊舞梯衝，指其戲鼎之魚，必取膏碪之肉。以致徵兵調食，結壘連營，踰沙軼漠之戎，全軍皆戮；同惡齊姦之虜，匹馬不回。而又舉螳臂以求生，張蝟毛而自固，計窮力盡，且無飛走之門，萬詐千妖，寧免芟夷之禍。是以致其醜類，無所逃刑。既諧飲至之期，

爰契疇庸之典。今月三日，定州指揮使馬讓能已下三人，先約歸降。是時果於賊城之上，自相殺戮，王晏球等領兵士直扣曲陽門，接勢而攻，一合收下。其逆賊王都及禿餒趁入子城，斬首生擒，不可勝計。至於徒黨骨肉，略無孑遺。今則獻俘行闕，懸首藁街，六師盡敵而凱旋，一境復安於生聚。王晏球等已下，從上行賞，表不踰時，或跨鎮分封，官居極品；或雙旌大旆，寵寄十連。著銘鐘鏤鼎之榮，顯傳子示孫之業。於戲！違天逆道，鬼瞰神誅；顧斯盪定之勳，實快華夷之意。可期康樂，以泰黎元。申號令於市朝，明征伐之

有謂布告天下，咸使聞知。

欽定全唐文卷一百十三

後唐閔帝

帝諱從厚。明宗第三子。唐天祐十一年生。長興元年封宋王。四年十一月即位。應順元年四月被廢爲鄂王。旋遇害。在位一年。年二十一。晉天福元年追諡曰閔皇帝。

準優經學出身選任詔

參選之徒。艱辛不一。發身遲滯。到老卑低。宜優未達之倫。顯示惟新之澤。其經學出身。一任兩考。元勅入中下縣令下州錄事參軍。起今後更許入中下縣令中州下州錄事

參軍。一任三考者。於人戶多處州縣注擬。如於近勅條內資敘無相當者。即準格循資考入官。其兩任四考者。準三任五考例入官。餘準格條處分。不得起折。

令三京諸道祭山川祠廟詔

朕猥以沖人。獲膺大寶。賴神祇之贊助。顯天地之休禎。夷夏駿奔。式符於睠命。聲教綿遠。虔荷於炳靈。德薄承祧。憂深馭朽。克奉治平之道。諒繇冥助之功。集是殊祥。敢不寅畏。賴陰陽行運。致時雨以應期。稼穡順成。得歲功而叶望。咸臻上瑞。普泰兆民。宜令三京諸道州府界內名山大川祠廟有益於民者。以時精虔祭祀。稱朕意焉。

立藩鎮神道碑詔

今後藩侯帶同平章事已上薨謝者。並差官撰文宣賜。未帶相印及刺史以令式合立碑者。其文任自製撰。不在奏聞。

禁滯獄詔

刑柄爲制禮之先。獄訟乃有國之重。一成共守。四海同文。咸符欽恤之言。乃致太平之道。以近及遠。列職分司。申明皆有其舊規。決斷各繇其所屬。惟理則罪疑可定。惟正則

刑措可期。諒在舉行。方無壅滯。應三京諸道州府繫囚。據罪輕重。疾速斷遣。比來停滯。須奏取裁。不便區別。故爲留滯。今後凡有刑獄。據理斷遣。如有勅推按。理合奏聞。不在此限。

定奪情限制勅

凡在苴麻。並須終制。比有金革。遂有奪情。孝以移忠。藉其陳力。其內諸司使副帶西班正官者。宜候過卒哭起復授官。不帶正官者及供奉官殿直承旨等。宜過卒哭休日赴職。其有帶東班官者。秪以檢校官充職。服闋日加授前職

後唐末帝

帝諱從珂本姓王氏鎭州人唐光啓元年生明宗養爲已子長興四年封潞王應順元年四月以兵脅廢閔帝遂自即位晉高祖入洛舉族自焚在位二年年五十二

諭在京文武令

余叨居冢嫡謬列盤維成家於十死九生立國於千征萬戰事父母敦於至孝爲臣子敢於盡忠將期夾輔之勳以廣文明之祚一昨先皇晏駕嗣聖承祧敢不遵周召以勤王相成康而在位社稷既然有奉人民於是知歸但固宗

祊敢論季孟豈意梓宮在阼靈駕未歸而朱宏昭馮贇等妄興猜忌之心驟起窺圖之計喪紀在近除書遽行津涯莫知迫促尤甚況又不宣麻制便降使臣立遣離藩俾其懼禍霆電之速軍民可知是以聊葺城池以緩碪机十鎭驅貔貅而遽至六師擁組練以齊來當此阽危如何旅拒不謂天道鑒其非罪人情愍以無辜憚以攻城自來束手數鎭憑陵之帥立自滅亡九重侍衞之師翻爲心腹以至抱義者感泣懷憤者咄嗟凡百有知皆悲無罪今則軍戎大集園寢將成羣帥獻忠迫令赴闕載念遺弓在近仙駕將歸既息憂惶又盈哀慘今則須將禁旅入赴山陵面朝太后太妃自訴爲臣爲子今月二十七日巳次陝州其在京文武兩班內諸司使務除朱宏昭馮贇家族伏法外凡百士庶並無憂疑況禁令嚴明軍都整肅必無暴犯克保平寧苟渝此言何以行令

即位赦制

王者司牧兆民寵綏四海爰屬統臨之始宜布渙汗之恩仰測天心俯從人欲所以春秋冬夏四時先布於發生草木禽魚萬彙乃期於蘇息伏念大行皇帝承天眷祐立極

艱難緊予眇躬嘗佐興運櫛風沐雨從湯征而多歷勤劬匣劒橐弓贊周道而克成底定爾後繼持玉節獲受桐珪事君必盡於忠誠爲子益堅於孝道諒穹蒼之可鑒冀宗社之永寧旋屬杞國人憂荆山鼎就痛攀髯之靡及念同軌之將臻爰自汧岐徑朝伊洛所冀宿參蠶輅親奉山陵纔覲宮闈旋承告令百辟堅陳於勸請三讓莫諧六師共切於推崇羣情益固昔夏啓以謳歌有屬能承大禹之基漢文以將相叶心克嗣高皇之業顧惟小子豈逮前王自纘鴻圖如登虎尾惟當慎終若始居安慮危保七百載之

延昌致億兆人之開泰將布改元之令爰敷在宥之文宜改應順元年爲清泰元年可大赦天下四月十六日昧爽已前內外見繫囚徒據罪已發覺未發覺已結正未結正罪無輕重常赦所不原者咸赦除之應左降官及徒流人與量移已量移者更與量移已放歸者量與敘錄應內外文武臣寮節鎭州府等使刺史文武職員將校並與加恩應自鳳翔扈駕員寮凡主兵主事者各賜功臣名見在京隨駕并諸道馬步將士並與等第優給並從別敕處分自二月十四日西來文武參佐沒於王事者各與追贈仍敘

錄子孫隨駕前資文武官寮并量才任使鳳翔民李存劉實罄出家財以助軍賞並與命官起事之初鳳翔三城民戶多遭燒爇並宜本道檢視量給瓦木工價各令修葺自岐雍華陝已來王師所經踐履去道三里內夏稅並與放免應三京諸州府長興三年十二月已前欠夏秋殘稅並與除放其鳳翔即自長興四年十二月終已前並放

令修撰實錄制

恭惟先皇帝夷凶靜亂開國承家社稷危而再安乾坤否而復泰宏宣一德寵惠兆民八年之間家給人足然而致理之績雖已播於頌聲紀事之書尚未編於史氏緬惟纘奉之道良增愧惕之懷其實錄宜令史館疾速修撰呈進惟務周詳勿令闕漏

優賜勸進人等詔

應勸進諸選人前京兆府武功令龐濤而下四百九十有四人方在京都遘茲際會既同勸進宜示獎酬其前資州縣官及黃衣進選人近日緣少闕員難於減選候合格日各超一資注擬行事官亦於注擬時優與處分長流人已歸本貫即以赦書節文處分攝試官推巡令錄宜并許比

三轉出身判司衙推主簿比明經出身各守選限自今年始合格日與初官宗子未有出身者與出身有出身者同選人例處分給與憑據

答李元龜請降優恩詔

李元龜官處法司次當候對以稍愆於時雨請特降於優恩初則以貶謫官亡歿外州乞容歸葬次則以亡歿者兒孫絕嗣請本處瘞埋宜依所陳須告諸道

誅朱宏昭等詔

樞密使朱宏昭馮贇宣徽南院使孟漢瓊西京留守王思

同前邠州節度使藥彥稠共相朋煽妄舉干戈互興離間之謀幾搆傾亡之禍宜行顯戮以快羣情仍削奪官爵

答周元樞陳十事詔

請再示賞罰提舉縣令事百里象雷之地一同製錦之人期在養民豈宜失職諸州觀察使刺史嚴切提撕請牢籠俊乂搜訪賢良況選部貢闈每年慎擇尚慮貞廉之士恥趨躁競之門諸道廉使更宜搜訪請斷無名率配委三司使省奏舉行請止急徵暴賦況秋夏徵科自有常限宜令官吏不得踰違

加吳山王號詔

吳嶽成德公昨遇亨期克申幽贊宜加王號以表神功可進封靈應王其祠享官屬仍舊同五嶽擇日冊命

速斷淹滯詔

在京諸獄及天下州府見繫罪人正當暑毒之時未免拘囚之苦誠知負罪特軫予懷恐法吏生情滯於決斷詔至所在長吏親自慮問據輕重疾速斷遣無令淹滯

停孔知鄴等官詔

改元重事告廟常規凡在班行宜思策勵孔知鄴等方當任使皆合恪恭豈可居常則各冒寵光臨事則自圖便穩苟無懲誡何肅紀綱孔知鄴華光遠並停見任其告廟官差右武衛將軍高允崇

定酬獎能理冤獄詔

義存兩造善推鞫者故合獎酬法貴一成務欽守者豈煩更改劇可久所陳章奏備驗忠勤然於取舍之閒未盡諮詢之理其軍巡使都虞候能覆推刑獄雪活人命及推按不平致人負屈者起今後宜以長興四年五月二十三日勅條施行合有獎酬亦等第比附行遣其故入人罪律有本條何煩別定

申明長興二年勅錄寫律令格式六典詔

長興二年閏五月勅律令格式六典凡關庶政盡有區分久不舉明遂致隳紊宜令京百司各於其閒錄出本司事裁成卷軸或粉壁寫在廨署本司官常宜省覽以備顧問自勅下至今累年如聞諸司或以無廨宇處並未書寫施行宜令御史臺差兩巡使分巡百司局以聞如因事未辦處與限五日須抄錄依元勅指揮其諸道州縣亦有六典內合行公事條件抄錄粉壁官吏常宜觀省其律令格式

事繁。昨以撮成四卷。州縣差人抄錄。以備檢尋。今後宜令御史臺每至正初。具錄前後勅文。告示諸司及州府。永爲常式。

免楚祚死詔

朕自中春釁生家國。長子重吉。遽陷無辜。其供奉官楚祚。乘幼主之猜嫌。徇賊臣之指使。纔聞差使。遽自請行。坐情過甚於仇讎。臨法不依於制度。恣加凌辱。隱奪資財。縱便致於族誅。亦未平於深恥。朕再惟大體。不欲極刑。抑沈痛於恩情。示好生於天道。且令遠斥。粗釋幽冤。宜配登州長

流百姓。常知所在。其父西京副指揮使處章。放令自便。縱逢恩赦。不在齒錄之限。

委三司重議稅法詔

朕嘗領藩條。屢親政事。每於求理。務在卹民。況今子育萬方。君臨四海。日慎一日。思漸致於小康。雖休勿休。冀終成於大化。得不察生靈之疾苦。知稼穡之艱難。俾蠲積弊之原。庶廣惟新之澤。省三司使奏。自長興元年至四年十二月已前。諸道及戶部營田逋租三十八萬八千六百七十二端匹束貫斤量。或頻經水旱。或併值轉輸。悉至困窮。蹙成逋欠。加以連年災沴。比戶流亡。殘租空係於簿書。計數莫資於經費。蓋州縣不公之吏。鄉閭無識之夫。乘便欺官。多端隱稅。三司使患其僥倖。便欲推尋。朕閔彼蒸黎。慮成淹滯。示體物憂民之旨。徵滌瑕盪垢之文。特議含容。且期均濟。應自長興四年已前。三京諸道及營田。委三司使各下諸州府縣。除已納外。並放。應有逃戶。除曾經釐革外。所有後來逃移者。委所在觀察司使刺史。速下本部。徧令招撫歸業。除放。八月後至五年八月。並得歸業。所有房親鄰近佃射桑田。不得輒有占據。如自越國程。故不收認。其所

徵租稅。卻從清泰元年四月後。委三司重行釐革。別議施行。舉賞罰之明條。立徵催之年限。不得更欠租稅。致啟倖門。勉懷成務之勤。以副劇繁之選。有要行事件。三司畫一奏聞。仍報中書門下。不得漏落。

賽祭得雨詔

昨以稍愆時雨。慮損嘉禾。朕親赴龍門。遍申祈禱。甘澤尋降。豐稔可期。宜令元差禱雨官。各赴祠宇昭賽。

準徽陵行事官減選詔

應徽陵行事官。各無遺闕。已議獎酬。比少闕員。難以減選

遂許合赴集。各與超資。今又懇有披論。宜特與減一選。其今年合格者。便委南曹磨勘送銓注擬。來年合選者勸赴冬集。所司磨勘無遺闕。旋送銓免取文解。其去冬判成未得官者。宜先注擬。應前任正授實從亦宜減一年。無年可減。便與擬授。

祈晴詔

苦雨連綿。已逾旬浹。差官祈禜。尚未晴明。宜令宰臣李愚劉昫盧文紀姚顗各於諸寺觀虔告。

御署官準同一任正官期限赴選詔

應自鳳翔及沿路迎接隨從到京州縣等官。或昔經患難。罄竭忠勞。或遠奉乘輿。奔馳扈從。既各憑其御署。遂溥降於優隆。爰示等差。特行釐革。所有自振武西京河中鳳翔已前御署員寮。或因無員闕權且補差。或託彼薦論。偶經任使。不可悉謀援例。便望授官。將堙僥倖之源。須立區別之限。自八月三日後。應所稱御署官員除內有處分特行恩澤外。其餘稱御署並許逐攝同一任正官。依限期赴選。不得更令進狀及與施行。

許朱宏昭等歸葬詔

朱宏昭馮贇孟漢瓊康義誠王思同藥彥稠等。朕志切行仁。情惟念舊。雖顛覆自貽其伊戚。而愍傷猶軫於予懷。宜降特恩。許其歸葬。其親屬骨肉及元隨職員並放逐便。所在不得恐動。

祈晴詔

久雨未霽。禮有祈禜。禜都城門。三日不止。乃祈山川。告宗廟社稷。宜令太子賓客李延範等禜諸城門。太常卿李懌工部尚書崔居儉告宗廟社稷。

祈晴詔

李德舟顯陳藝術。特貢封章。以霖雨之為災。恐粢盛之不稔。請修祈禳。以示消禳。恭以天地星辰宗廟社稷雨師風伯。皆遵祀典。薦告不虧。名山大川。屢行祈禱。今據德舟所陳。據祠禱不該者。所司嚴潔祠祭。以表精虔。

清理庶獄詔

霖霪稍甚。愆伏為災。朕燭理不明。慮傷和氣。都下諸獄委御史臺差官慮問。西都差留守判官。藩鎮差觀察判官。刺史州委軍事判官。諸縣委令錄。據見繫罪人。一一親自錄問。恐奸吏逗留。致其淹抑。及時疎理。如是大獄。即具奏聞

禁官吏通衢陳訴詔

官吏通衢陳訴比來時亦有之若抱屈難伸或有理未雪固難抗節須至望塵至於方潔之人猶以爲恥近則無知之輩遽相倣例寖以成風頻至於列肆長街遮闌宰臣陳訴及其處理多礙格式或勅命已行確祈追改亦於赦條之外妄有披論不惟紊亂於紀綱抑亦有同於輕侮此後州縣官或有所陳并於中書門下據事理陳訴如實有屈塞登時即與勘窮如是僭越虧公付銓量與殿選如不關銓量陳訴者即下法司推詰所冀羣官奉法勉令進取以

澆訛萬國來王復覩朝廷之整肅

準姚顗六典分銓詔

姚顗所奏銓管實合規程不唯六典昭彰抑亦三銓整肅而長定格是聖朝重定條件甚精若令千載以無驚必使萬方而有則俾其復舊深合羣情如聞依循資格行用年深事條差舛必須詳正方免弊訛其分銓事宜依循資格宜令吏部三銓尚書郎南北曹給事中參詳其間條件如其舛誤即釐革以聞

停冬至朝會儀詔

初成園陵彌軫孝思遽屬節辰尤增顧復所奏各儀宜停

祈雪詔

朕君於人上燭理不明自冬初迄今未降密雪深虞愆伏災及黎民宜令宰臣百寮分詣諸祠壇祈告

免放被兵諸州兩稅詔

朕猥將寡昧虔嗣宗祧草木蟲魚思宏於覆育蠻夷戎狄固切於綏懷睠彼契丹孤我恩信忽驅族類擾亂邊陲殺害生靈窺窬保障惟貨財是視殘疾是行逞虐肆凶莫甚於此人神之所共怒天地之所不容今則上將臨邊衆軍

大集尅日必成於盪定望風已報於奔逃雖料彼戎夷他日終期於葅醢而顧予生聚此時方抱於瘡痍或骨肉分離或邱園荒廢凝旒載想過在朕躬將卻復於阜繁宜特行於卹隱應振武新州河東西北邊經蕃戎蹂踐處百姓兩稅差配今日後並放三年宜令逐處長吏分明曉諭其人戶陷蕃者宜令設法招尋各令歸復稱朕意焉

禁約軍將詔

夫命將所以行兵聚兵所以遏亂必在上下有理進退無違入則畏法以謹身出則圖功而效命畏法必無罪戾圖

功則有寵恩以此言之不可不慎王彥塘方期任使輒敢恃憑既都將以上言在軍法而難恕況屬環衛并在藩方上至偏裨下及行伍皆是久經訓練備曉條章官爵甚高衣糧極厚必能共思整戢自務保全是宜特舉規程徧加曉諭責令遵守務肅轅營今後在京及諸道馬步將士上至都尉下及長行並須各據職資共存禮體遞相鈐轄遵稟指揮如紊亂條章下不從上指使前卻使酒訛言其長行犯者委本都副兵馬使已下節級科罰其副兵馬使節級犯者委本都頭科罰其都頭犯者若無事不出時錄罪

申奏若出軍指使之時便委隨處統將科罰其或所犯人自負罪僁不伏首領刑責便即奏聞如指揮使都頭已下但務顏情藏庇凶輩自招負累必不恕容須下內外諸軍知悉

修奉列聖陵寢詔

列聖陵寢多在關西中興已來未暇修奉宜令京兆河南鳳翔等府耀州乾州奉陵諸縣其陵園有所闕漏本處量差人工修奉仍人給日食祭告下太常宗正寺參詳奏聞

褒答杜崇龜詔

杜崇龜術精元象職在禁廷覩苦雨之霖霪視文星之變異形於章奏足驗忠勤修德省躬朕誠有愧見災而懼安敢忘懷載閱所陳深所嘉獎

施行程遜等所陳時務詔

程遜等所陳時務並關王道兼雜霸圖益國利民無所不至成仁去害悉在其間救時病以良多比忠言之更切封駁詔勅尤可施行餘據事條下所司

褒答馬勝詔

馬勝所陳理亦公當嚴刑去盜正切救時付中書門下告

諭中外於極刑之中不得因緣枉濫務在懲惡止姦審詳行遣

答盧文紀陳政事詔

盧文紀早踐班行迭更顯重動惟稽古言必爲時當朕求治之初首居輔弼之位能竭事君之節以申報國之勞引經義而究其本根合時事而先於條貫請宣學士兼召諫臣言陰陽序理之端人事調和之本又嚴修祀典精事神祇宜令有司依奏虔潔所云進忠良而退不肖除寇盜而恤惸嫠雖責在朕躬亦資於調燮刑法舒慘宜令大理寺

御史臺明慎詳讞勿至寃誣選賢退愚宜令三銓選部精覈慎選所冀得人新舊制敕宜令御史臺與三司官員詳擇以聞

答盧文紀請對便殿詔

朕聞宮鳴商應則律呂和君唱臣隨則邦家理興化之本百代同歸朕顧惟眇沖獲奉基構慮生靈之未泰憂政教之不明旰食宵衣未嘗暫暇副我焦勞之意屬於輔相之臣卿等濟代英才鎮時碩德或締構於興王之日或經綸於纘聖之時鹽梅之任俱崇藥石之言並切請復延英之

制以伸議政之規而況列聖遺芳皇朝盛事載詳徵引良切嘉歎恭惟五日起居先皇垂範俟百寮之俱退召四輔以獨昇接以溫顏詢其理道計此時作事之意亦昔日延英之流朕叨獲嗣承切思遵守將成其美不爽兼行其五日起居令仍舊尋常公事亦可便舉奏聞或事屬機宜理當密秘量事緊慢不限隔日及當日便可於閤門祇候具榜子奏聞請面敷敭即當盡屏侍臣端居便殿佇聞高議以慰虛懷朕或要見卿時亦令常侍宣召但能務致理之實何必拘延英之名有事足可以討論有言足可以陳述

宜以沃心為務勿以逆耳為虞勉罄謀猷以裨寡昧

答盧文紀請追尊宣獻太后詔

朕猥將眇質獲嗣丕圖着往寒來知昊天之罔極憂深思遠惟觸地以無容卿等學究源流文苞體要以致財成之美復陳孝理之規援引古今鋪陳茂實道朕以愛親之禮勉朕以追遠之文取則昭成明徵章薦仍加美謚益見忠誠至於權立閟宮頗亦叶於時變劬勞莫報長懸陟屺之心聖善斯崇且慰循陔之念謹依典禮景慕增深

令監祭使省視祭物詔

祠祭國家重事切在精虔若不提撕漸成踈慢今後監祭使每祭親視酒饌幣玉不得令饌料失於蠲潔如有所闕罪在監祭使其壇廟墻屋勿令疏漏本司常簡舉修葺以聞

禁盛夏滯獄詔

運當昭泰時屬樂康思欲導和氣於雍熙布休光於幽隱將期恤物必軫深仁令以甫及蕤賓適茲炎毒宜茂好生之德俾敷在宥之文足以寬肺石之冤靜叶薰風之解慍庶遵時令獲奉天心宜令御史臺河南府運巡道州府自

五月一日巳前見繫罪人。常赦不原及已見情狀之外。悉令疾速斷遣。勿至淹停。

禁進奉異物詔

朕聞奇伎淫巧。增費損功。古先哲王。嘗戒其事。朕憲章百代。臨御萬方。以其欲致延鴻。必絕驕奢之漸。將期富庶。須除蠹耗之原。每務實以去華。期化民而成俗。近者諸色進奉寶裝龍鳳雕鏤刺作組織之異。曾經釐革。尚敢踰違。宜在舉行。貴於遵守。今後此色物。諸處不得進奉。所繇司不得輒通。

量準盧損不便時宜條件詔

令錄之任。總六曹之紀綱。條百里之慘舒。惠養吾民。可以親承顧問。內殿辭謝。可如舊制。藩侯郡守薦人。或語公事或有裨益。不可全阻。許依天成敕。帶使相藩臣歲薦三人。餘二人。直屬京州羣防禦團練一人。諸色官誥舉人春闈冬集綾紙聞喜關宴所賜錢。並仍舊官給。餘從之。

答盧損陳五事詔

聽政不坐。禮儀而合使先知。牧馬趨朝。道路而宜令有異。況民家占侵於御路。固合條流。牛馬往來於天津。宜須禁止。盧損益深奉職。言切為時。詳五件之封章。俾四方之觀政。除光政門外下馬一件。續有處分。

答劉鼎請依故事薦人自代詔

設官分職。為時主之敷恩。推賢讓能。乃朝廷之盛事。是以詩稱伐木。史載彈冠。俾拔茅連茹之時。見力行修身之道。劉鼎官居雄省。立近龍墀。因貢讜言。請行故事。欲使子皮舉善。終明子產之賢。鮑叔讓能。不掩夷吾之略。兼可以致同心叶力。表後己先人。克揚文子之風。免有展禽之嘆。舉實公當。便可施行。情涉阿私。理當比驗。

答許遜請停越局言事詔

上書言事。諫署舊規。各有所司。豈宜越局。若思出於位理或侵官言。匪盡忠徒。欲沽於謇直。詞多率意。實有望於指陳。許遜所上封章。請依近敕。各司其事。允叶舊章。

飭中書舍人詔

近日告敕牒書寫生疏。裝褫鹵莽。未欲便行罰責。今後書禮裝褫。並宜如法。中書舍人辭告。亦可以其人揚歷功效。或訓或獎。並宜允當。又須體認急切。如有宣取。盡時應副。無令稽緩。

廟諱偏旁不宜全改詔

偏旁文字音韻懸殊止避正呼不宜全改楊檀宜賜名光遠其餘依奏

以安崇贊爲孟州司馬詔

安崇贊父有力皇家著之青史雖然得罪於先朝此日特行於延賞況頻逢赦宥可繼丞嘗亦欲忠義之士知朕念勳之旨擢爲上佐爾惟勉旃特授孟州司馬

量定廢秦王葬禮詔

故庶人從榮獲罪先帝貽禍厥身已歷歲時未營宅兆雖

軫在原之念宜從有國之規且令中書門下商量葬禮

選京員爲兩使判官畿赤縣令詔

近以內外臣寮出入迭處稍均勞逸免滯轉遷應兩使判官畿赤令長取郎中員外補闕拾遺三丞五博少列官寮選擇擢任一則俾藩方侯伯別耀賓階次則致朝列人臣備諳時政今後內有已滿闕月限外或偶是闕員宜便依此施行

附監舉人分別解送詔

凡布化條惟務均一苟公平之無爽即中外以適從國子監每舉舉人皆自四方來集不詢解送何辨是非其附監舉人並依去年八月一日勑須取本處文解如不及第者次年便許監司解送若初投名未嘗令本處取解者初舉落第後監司勿更收補其淮南江南黔蜀遠人即不拘此例

答石敬瑭詔

父有社稷傳之於子君有禍難倚之於親卿於鄂王故非疏遠往歲衛州之事天下皆知今朝許王之言人誰肯信英賢立事安肯如斯

以夏令赦宥御札

王者父天子民深居高視恭已以行道褒賢以勸功蓋以上承天休下除民瘼率輦下以勸天下 闕 一人而惠萬人爲子爲臣不可不察朕惟寡德獲纘丕圖奉先聖之神靈荷皇天之眷祐寅畏夕惕罔敢遑寧思與將相王公良牧賢宰共敷政教同致雍熙繇是詳酌政刑搜求利病以今觀古夜思朝行才濟於時雖蒭蕘而必采言干於道雖誹謗而必容然而近歲已來多事之後邊陲尚擾府庫未殷扞防必假於兵師供饋須資於民力既未能便停征伐固

不可頓減賦租。念乃疲羸。勞於夢寐。今歲爰自初夏。稍屬愆陽。朝昏正積於焦勞。祈請果垂於甘澤。所宜行慶。以答殊休。言念狴牢之人。屬此鬱蒸之候。苦毒之狀。所不能言。況當長養之時。特降哀矜之令。應三京諸道州府見禁囚徒。自五月十二日巳前。除五逆十惡。光火劫舍。持仗殺人。官典犯贓。僞行印信。合造毒藥外。委逐處長吏。據已發覺未發覺。已結正未結正。不在追呼支蔓。只正身招罪。便疾速斷遣。并見欠省司錢物外。諸罪無輕重。一切釋放。應天下藩侯郡守令錄等。爲我股肱。作民父母。必在精窮事理。杜塞倖門。副我憂勤。察民疾苦。刑獄不可以阿曲。法令不可以滋章。私不得害公。利不得傷義。長思砥礪。共致隆平。凡百庶官。宜體朕意。

欽定全唐文卷一百十四

晉高祖

帝姓石氏。諱敬瑭。太原人。唐景福元年生。事後唐莊宗明宗。累官侍中太原尹北京留守兼大同振武彰國威塞等軍蕃漢馬步軍總管。清泰三年五月。封趙國公。是年叛。後唐十一月。受契丹主冊即皇帝位。在位七年。年五十一。謚曰聖文章武明德孝皇帝。廟號高祖。

赦事潞王從珂諸臣罪制

朕遠提義旅。尋克皇都。六部相次以奉迎。兆庶晝時而安堵。旋茲底定。已遂廓清。應文武百官等。早列通班。各懷忠節。掩節雖淪於汚俗。推誠必候於維新。但當共罄嘉謨。副予虛佇。虞秦可鑒。在於用捨之間。堯舜爲心。方務含宏之德。勉堅臣節。深體朕懷。其兩班臣寮應事僞庭者。並宜釋罪。

授趙瑩門下侍郎平章事桑維翰集賢殿大學士制

天有寶圖。應運者文明之主。國調金鉉。入司者經緯之臣。將冀大同。須資良弼。況謂建邦之始。難虛納揆之官。其有霸府舊寮前籌上密歷歲寒而斯久宏益嘗多經艱險而不渝忠貞彌篤式旌懿德宜舉徽章乃擇吉辰爰行並命翰林學士承旨知河東軍府事正議大夫尚書戶部侍郎知制誥賜紫金魚袋趙瑩儒中端士席上正人襟靈而萬里坦夷行葉而四時繁茂洎陞簪履旦夕之贊畫過人每侍籌帷遐邇之折衝在我翰林學士權知樞密使事正議大夫尚書禮部侍郎知制誥賜紫金魚袋桑維翰文場翹楚學海波瀾撓澄不變於二風躁靜同歸於一德誠抱兼人之器諒懷經國之才十年伸揮翰之勞數鎮有從征之

役而皆功參佐命績顯坐籌蕭曹遠接於英猷房杜近齊於芳烈成予丕業職爾元勳既協良辰難稽懋賞自董戎而居廊廟繇內翰而秉鈞衡乃用器能佇觀變贊於戲優賢異典有國新恩勉伸裨救之謀共致升平之治事繁罔避言直勿辭永修魚水之歡以保雲龍之契瑩可金紫光祿大夫門下侍郎平章事維翰可集賢殿大學士依前權知樞密使事

授馮道門下侍郎平章事制

舜任五臣坐致穆清之化漢尊三傑克成王霸之基皆所以君臣義通上下情洽得以寅亮大化導揚休聲百工允釐垂衣裳而御宇萬方率服鑄劍戟以為農式繇輔弼之功兆此隆平之運朕謬膺開創初統寰瀛照臨將被於淳風宰制實憑於良輔其有功宣締構業紹經綸兩朝輸翊戴之勳萬彙仰陶鈞之力是宜重膺夢卜再踐廟堂俾光新造之邦共闡無為之化經邦致理翊戴功臣特進守司空上柱國始平郡公食邑二千五百戶食實封三百戶馮道禮天蒼璧鎮國元龜夏璜為稀世之珍軒鏡是辟邪之寶方諸才業良平有可差其肩較彼忠貞姚宋不得並其

轡可謂人臣之刀尺造化之丹青自明宗皇帝克紹基扃仰膺圖讖於草昧皇靈之際有攀鱗附翼之功密贊皇猷靜司帝誥出納奉命周旋八年持葛秤以定錙銖浮殷舟而拯沈溺四時成歲陰陽畢順於變調九德不愆朝野咸推於表式緊予薄德獲被寵靈將惕勵以為懷恐負荷之弗克宜憑勳德共濟艱難是用重啟巖廊俾持埏埴水土之崇資不晚宏文之大柄仍秉於戲造膝陳謀爾無辭於裨救開懷納諫朕不怠於聽從致社稷於昌期納生靈於壽域共臻至理勿墜前功唯於大臣不俟多訓可守司空

兼門下侍郎平章事宏文館大學士

贈王思勲左武衛大將軍制

思勲早承家廕久列内廷奉王命而不辭顧賊衆而無懼宣揚朝旨勸諭兵師遂被凶徒横加殺害而聞厥父抱疾其家甚貧不有旌酬何彰忠烈可贈左武衛大將軍仍以思勲舊請俸祿終王元正一世思勲男候有長成者量才敘録兼令所司厚給賻贈噫以子之俸終父之年足表渥恩以慰存殁布告中外咸使聞知

平張從賓赦制

雷雨作解表天道之推恩瑾瑜匿瑕顯國君之含垢顧惟師古敢怠宏仁關河既靜於昏霾綸綍宜覃於慶澤昨者張從賓輒萌逆節遠結叛臣釁起三城悲纏兩地占據我都邑虔劉我士民丸泥欲閉於虎牢祆霧幾迷於鳳闕賴乾坤垂祐將相協謀渠魁送死於網羅凶黨咸膏於原野捷音繼振惡蔓皆除宜施曠蕩之恩以撫驚騷之地仍須霈澤徧及縲囚貴感召於淳和速盪平於氛祲天福二年八月二十五日昧爽已前天下見禁囚徒除十惡五逆光火劫舍持仗殺人合造毒藥官典犯贓欠負官錢外其餘不問輕重已發覺未發覺已結正未結正並宜釋放應自張從賓作亂已來有曾被張從賓及張延播脅從染汚及符彦饒下隨身軍將等兼安州王暉徒黨除已誅戮外並從釋放一切不問尚恐無知之人暗有恐動物色委洛京留守河陽節度使明加察訪犯者重斷或無辜被害或徇節忘生既抱沈冤宜申贈典應自張從賓作亂已來諸色官寮内有殁於王事者並與追贈有子孫量才敘録或是諸軍小節級長行已下殁於王事者具給本家三年糧賜有男成長者委侍司衛典諸軍内酌量安排富父春喫須

誅元惡文王葬骼式表至仁自張從賓作亂已來所在殺傷者並委逐處差人收拾骸骨葬瘞張繼祚在喪紀之中承逆豎之意顯從叛亂難貸刑章乃睠先臣實有遺德遠兹乏祀深所軫懷其一房家業準法雖已籍没所有先臣幷祖父母墳莊祠堂並可交付親的骨肉主張應有犯事人親的骨肉除已誅戮外並放一切不問所有祖先墳塋亦仰準此交付負國者天地不容爲逆者人神共怒永惟肸蠁實有感通昨出師之時將帥虔禱頗聞陰祐成此戰功唐衛國公宜封靈顯王其餘鄭州幷汜水管内神祠宜

令長吏差官點檢如有隳損處便委量事修葺貴伸嚴飾以答陰功五嶽承天四瀆紀地自正當陽之位未伸望秩之儀宜令差官徧往告祭兼下逐州府量事修崇所有近廟山林仍宜禁斷採樵降黜之科既然不濫洗滌之道足使自新應自創業已來降黜者並可放還兵興已來邊疆多事或因虜掠或偶滯留歲序遷移家鄉迢遞魚腸雁足嘗懸骨肉之恩月夕霜天必起桑榆之思宜令收贖俾遂歸還自梁朝後唐已來前後奉使及北京沿邊管界虜掠往向北人口宜令官給錢物差使賫持往彼一一收贖放

歸本家興兵動衆蓋殄元凶伐罪弔民須安兆庶應内府管界内今年夏秋近指揮只徵五分今以方駐兵師無不勞役並宜蠲放於戲顧惟薄德屬此多艱敢忘御朽之規思廣納汚之道爰敷渙汗貴洽蒸黎更在中外輔臣文武列辟同扶寡昧以致隆平告報寰區宜體朕意

復陳保極官制

朝散大夫衛尉寺丞陳保極夙蘊才名早登科第洎居班列深顯器能近者假限既違朝章是舉自聞左降深悟前非宜推宥罪之恩俾奉自新之命勉伸傾竭繼俟陟遷可復行尚書倉部員外郎賜紫金魚袋

復范延光等官爵制 節文

頃朕始登大寶未靖中原六飛纔及於京師千里未通於懷抱楚王求舊方在遺簪曾子傳疑忽成投杼尋聞悛悔遽戢姦回干戈俄至於經時雷雨因思於作解果馳賓介疊貢表章向丹闕以傾心瀝素誠而效順而況保全黎庶完整甲兵納款斯來其功非細得不特頒鐵契重建牙璋封本郡之土茅移樂郊之旌鉞至於將吏咸降絲綸於戲上穹之運四時不忒者信大道之崇三寶所重者慈活萬

戶之傷夷息六師之勞瘁遂予仁惻旌爾變通永貽子孫長守富貴敬佩光寵可不美歟可復推誠奉義佐運致理功臣天雄軍節度管内觀察處置等使開府儀同三司守太傅兼中書令廣晉尹上柱國臨清王食邑一萬戶食實封一千戶改授鄆州刺史天平軍節度鄆齊[闕]等州觀察處置等使賜鐵券改封高平郡王仍令擇日備禮冊命以天雄軍節度副使檢校刑部尚書李式檢校尚書右僕射充亳州團練使以貝州刺史孫漢威爲檢校太保隴州防禦使以天雄軍三城都巡檢使薛霸爲檢校司空衛州刺

史以天雄軍馬步軍都指揮使王建爲檢校司空虢州刺史以天雄軍內外馬軍都指揮使藥元福爲檢校司空深州刺史以天雄軍內外步軍都指揮使安元霸爲檢校司空隨州刺史以天雄軍都監前河陽行軍司馬李彥珣爲檢校司空坊州刺史

冊于闐王李聖天制

于闐國王李聖天境控西陲心馳北闕頃屬前朝多事久阻來庭今當寶歷開基乃勤述職請備屬籍宜降冊封將宏來遠之恩俾樂無爲之化宜冊封爲大寶于闐國王仍令所司擇日備禮冊命以供奉官張光鄴充使

封王繼恭臨海郡王制

王者居域中之大以天下爲家兩曜照臨必覃聲教二儀覆載咸有寵綏矧夫地鎮南臺心傾北闕遥識興隆之運顯輸翊戴之誠得不並舉徽章式旌亮節爰當吉日遂降明恩威武軍節度福建管內觀察處置等使光祿大夫檢校太保兼御史大夫上柱國瑯琊縣開國伯食邑七百戶王繼恭淮水源長緱山系遠代襲弓裘之業家承帶礪之勳劒有龜文乃是干星之器玉稱龍輔允爲照廡之珍當年已得於佩乃繼世連持於瑞節紅蓮綠水幕中多倚馬之賓貝胄犀渠帳下悉曳牛之將號令而秋霜肅物撫綏而時雨隨車嶽鎮一方風行萬里而況誠專會禹道著尊周挂帆檣而遠涉滄波貢章表而備陳丹懇菁茅畢至無虧任土之儀玉帛咸來悉是充庭之寶爾能若此朕實嘉焉是用益以井田榮之黻冕階昇峻級爵極眞王冀旌奉上之心仍錫推忠之號於戲航深梯險爾無忘於恭虔崇德報功朕敢稽於渥澤勉承休命永保令圖可特進檢校太傅福州大都督府長史威武軍節度福建管內觀察處置兼三司發運等使封臨海郡王加食邑二千戶食實封

三百戶賜推忠奉節功臣

封迴鶻奉化可汗制

迴鶻可汗仁美雄臨朔野虔奉中朝一方之烽燧蔑聞萬里之梯航繼至自當開創益效傾輸備覩尊奬之心爰降冊封之命宜封爲奉化可汗擇日備禮冊命遣衛尉卿邢德昭持節使之

元日推恩制

朕自勉副羣心恭臨大寶承歷代荒屯之後屬前朝喪亂

之餘每務綏和漸期富庶尋以東遷梁苑北定鄴都國力既虛軍資甚廣所司以供億爲念督責是專嘗思凋獘之民倍軫焦勞之意今我事漸簡農時欲興將導達於休和用須宣於渥澤宜蠲宿負以惠黎元應天福元年終已前公私債欠一切除放

封王建高麗王制

王者法二象以覆載齊七麗以照臨既符有道之文是布無私之化其有誠懸象闕路越鯨津首傾拱極之心久勵事君之節得不示四時之信同萬國之風用顯英賢俾行

典禮大義軍使特進檢校太保使持節元菟州都督上柱國高麗王王建天資閒傑神授機謀宇量矜嚴靈襟洞達志堅金石操凜雪霜每切朝宗嘗勤事大守三韓之重地仁義兼修定百濟之彊鄰恩威並振暨朕握圖御宇膺籙開基遣猶子以朝天備彰忠節改名臣而稱賀益認深誠而又敘立國之緜述連姻之舊慕乎正朔願爾籌謀是用時舉徽章聿覃豐澤階升一品位統三師加以戶封兼其眞食勉膺寵命以保令猷可開府儀同三司檢校太師依前使持節元菟州都督充大義軍使食邑一萬戶食實封一千戶高麗國王

改唐莊宗陵名詔

唐莊宗陵名與國諱同宜改爲伊陵應京畿及諸州縣舊有唐朝諸帝陵幷眞源等縣並不爲次赤卻以畿甸緊望爲定其逐處縣令不得以陵臺結銜考滿日依出選門官例指揮隔任後準格例施行其宋州亳州節度使刺史落太清宮使副名額

遷擢中外臣寮詔

有晉開國新命臨人宜宏不二之規以廣無私之化應在

朝中外臣寮及節度團練防禦使刺史留守司及州府縣官等宜幷與加恩擢材委任不問常例

追封萬石君詔

宗正卿石光贊奏滎陽道左有萬石君石奮之廟德行懿美宜示封崇用光遠祖之徽猷益茂我朝之盛典贈奮太傅

贈李遐右諫議大夫詔

東都奏留守判官監左藏庫李遐當張從賓作亂之際遣李彥珣強取錢帛李遐稱不奉詔旨安敢從命尋遇害朕

以李遐讀古人書持君子行攻苦食淡承家不墜於素風激濁揚清歷宦咸推於貞操一昨叛臣猖獗凶黨憑陵而能守正不回臨難無懼忘身徇節雖死猶生若無優異渥恩何以光揚忠烈仍聞母老子幼鄉遠家貧宜超贈於華資兼賞延於嫡嗣是覃漏澤慰彼沈冤可贈右諫議大夫其母田氏封京兆郡太君所有子孫候服闋日量才敘錄朝廷雖已特支救接錢帛粟麥其本官賻贈物色宜依常例指揮仍長給遐在生官俸祿終母一世噫朕以薄德屬茲多難致害忠良實多軫惻以子之俸終母之年用表盡

傷俾慰存歿布告中外當體朕懷

獎張允駁赦論詔

張允位居近侍志奉遠圖屬將來之助致小康覩已往之頻行大赦若惠姦稍甚則蠹政亦多推恩務洽於華夷作解冀調於疎數所貢論宜付史館

愼刑詔

刑獄之難古今所重但關人命實動天心或有冤魂則傷和氣應諸道州府凡有囚徒據推勘到案款一一盡理子細簡律令合格勅其間或有疑者準令又讞大理寺亦宜申尚書省寺明有指歸州府然後決遣

放定州夏稅詔

朕自臨寰宇每念生民務切撫綏期於富庶屬干戈之未戢慮徭役之或煩以彼中山偶經夏旱因茲疾苦遽至流移達我聽聞深懷惻惻應定州所奏軍前夫役逃戶夏稅並放

獎王易簡進漸治論詔

王易簡手演王言心資帝業當開創之運以遠大而論天不能燮變四時地不能躁成萬物況當革夏盡已從周化

未可以驟行事只宜於漸治不疾而速其在茲乎所貢論宜付史館

升汴州爲東京詔

爲國之規在於敏政建都之法務要利民歷考前經朗然通論顧惟涼德獲啟丕基當數代戰伐之餘是兆庶傷殘之後車徒既廣帑廩咸虛經年之輓粟飛芻繼日而勞民動衆常煩漕運不給供須今汴州水陸要衝山河形勝乃萬庾千箱之地是四通八達之郊爰自按巡益觀宜便俾升都邑以利兵民汴州宜升爲東京置開封府仍升開封

府浚儀兩縣爲赤縣餘升爲畿縣應舊制開封府時所管屬縣並可仍舊割屬收管亦升爲畿縣其洛京改爲西京其雍京改爲晉昌軍

停兵部尚書王權官詔

王權昨差北朝國信使堅不肯收接勅牒兼有狀推托事故不遵朝命者王權久在班行衆推夙舊固曉爲臣之節宜遵事主之規豈得纔命乘軺遽聞托故莫有奉公之道益彰慢事之心若以道路迢遙則鸞閣之台臣亦往若以筋骸衰減即鳳山之冊禮纔迴旣黷憲綱宜從殿黜宜停

見任仍勒歸私家

許百姓鑄錢詔

國家所資泉貨爲重銷蠹則甚添鑄無聞宜令三京諸道州府無問公私應有銅者並許鑄錢仍以天福元寶爲文左環讀之每一錢重二銖四參十錢重一兩仍禁將鉛鐵雜鑄諸道應有久廢銅冶許百姓取便開鍊永遠爲主官中不取課利除鑄錢外不得接便別鑄銅器

過格選人準降資注官詔

過格選人等早列官途合依選限或值戈鋋之隔越或緣貧病以淹延旣礙舊條永爲廢物適當開創宜憫湮沈可赴吏部南曹準格召保是正身者與降資注官

禁擅加賦稅詔

朕自臨區夏每念蒸黎嘗夜思而晝行冀時康而俗阜其如干戈乍息瘡痍猶多由是疚懷不能安席復又車徒甚衆廩藏方虛雖賦租未暇於矜蠲而煩擾當行於禁止俾除暴斂式洽羣心應郡守藩侯不得擅加賦從及縣邑別立監徵所納田租委人戶自量自槩

答曹國珍請修大晉政統詔

國珍職居諫諍志在恢宏當其鼎社開基乃欲象魏懸法請詳前代之編簡別創新朝之楷模以示將來甚爲允當其詳議官宜差太子少師梁文矩左散騎常侍張允大理卿張澄國子祭酒唐汭大理少卿高鴻漸國子司業田敏禮部郎中呂咸休司勳員外郎劉濤刑部員外郎李知損監察御史郭延升等一十人

以宰臣一人知中書印詔

皇圖革故庶政惟新宜設規程以諧公共其中書印祇委上位宰臣一人知當

勅林恩鄭元弼歸國詔

朕仰承天命肇啟帝圖黃屋非尊蒼生在念旰食宵衣而修庶政推恩示信以御萬方要荒未綏責躬勤止誕慕文德不懲夙心乃睠甌閩素惟藩翰王昶昨修傾向來效貢輸朕亦釋以前非待之厚禮越羣方之常例崇列國之眞封爰及繼恭並昇方伯不謂恃其險阻肆彼僭差矯誣上天狎侮君予左散騎常侍盧損等泛舟陽海持節遐陬王昶自大自尊不迎不見寢停詔命脅辱使臣遣鄭弼再詣闕庭使林恩別陳狀訴隳君臣之事體希書札以往來悖

禮慢言長無畏忌朕顧惟寡昧虔荷景靈所慮德之不修豈患人之未服然以失道愆義引惡棄常人祇之心憤怒俱至是用懲其跋扈何須振以威刑鄭元弼等處此亂邦罹茲虐政諒非獲已良可哀矜宜令所司切加安撫所齎文字及諸貢物不任通進并諸州綱運等勒林恩鄭元弼管押遠歸

立唐五廟詔

德莫盛於繼絕禮莫大於敬先莊宗立興復之功明宗垂光大之業逮乎閔帝實纂本枝然則丕緒洪源皆尊唐氏繼周者須崇后稷嗣漢者必奉高皇將啟嚴祠當從茂典宜立高祖太宗及莊宗明宗閔帝五廟

定朝會禮節樂章詔

正冬二節朝會舊儀廢於離亂之時興自和平之代將期備物全繫用心須議擇人同爲定制其正冬朝會禮節樂章二舞行列等事宜差太常卿崔梲御史中丞竇貞固刑部侍郎呂琦禮部侍郎張允與太常寺官一一詳定禮從新意道在舊章庶知治世之和漸見移風之善

晉高祖 二

福州貢物私商準律處分詔

朕自御萬方於今五稔每推誠而待物貴舍己以從人乃有不體朕懷柔恣行凶慝顯干紀律須舉憲章福州王昶恃彼偏方亂其彝典於使臣而倨傲向朝闕以邀求深虧臣子之儀固掇神祇之怒尚全大體特示寬恩所有貢輸悉令迴復舞羽而聿思修德轉規而猶冀省愆而王建立三上奏章揚光遠繼陳表疏朝行之內邦計之司同有敷

敭謂非允當且王昶以無用之物取利中華萌不軌之心僭稱大號盜乘輿之式度竊冠冕之威儀眩誘良家招收奇貨此而可恕孰不能容或貢讜言請從籍錄鄭元弼等相次上狀不愿迴歸亦可憫傷各令存卹其福州貢物私商宜準律處分

正朝班詔

官爵之班即分高下見謝之位豈有異同宜格通規以爲定制今後宰臣使相朝見辭謝並於崇元門內與諸官重行異位一時列拜假開橫行即從舊例又入閤之儀序班爲重宣喚則齊趨正殿放仗則各出朝門何起居之禮即同而進退之規有異其翰林學士及前任郡守等今後入閤退朝宜依百官班制

諭安州節度使李金全詔

邊藩都護三載一更古之制也嗣守世及則勞役不均朕俾全節代卿將授卿以重鎮何猶豫熒惑而有異圖近覽復州上言云東陵洄口官波三戍皆稱江下鳩集水軍大發樓櫓與卿應援又賈貞蔡進等咸以蠟書章表來投闕庭故旋命六將徵兵三萬如能轉圜從順朕亦待爾如初

予之食言何以享國若其迷塗不返即讐從睞則夷宗覆族良可哀也

贈賈仁詔右衛將軍詔

故銀青光祿大夫檢校左散騎常侍兼御史大夫賈仁詔頃自內廷出爲外職李金全愚冥而猜忌胡漢筠邪佞而貪殘竟罹塗地之殃誠堪嘆息爰示漏泉之澤用表褒崇必有貞魂欽茲茂典可贈右衛將軍

贈桑千等官詔

故安州馬步軍副都指揮使桑千威和指揮使王萬金成

彥溫等皆精武畧。咸著軍功。或列偏裨。或嘗屯戍。當姦臣之叛國。或執節不從。全烈士之徇名。或銜冤而死。實興永嘆。宜示追崇。或列部符。或升環衛。賁諸幽壤。彰彼明誠。于可贈峽州刺史。萬金可贈左監門衛將軍。彥溫可贈左千牛衛將軍。

寬竊盜贓罪詔

朕自臨區夏。每念生靈。惡殺爲心。寶慈是務。凡於獄訟。常切哀矜。況時漸興文。民皆知禁。宜伸輕典。用緩峻刑。今後竊盜贓滿五疋處死。三疋以上決杖配流。以盜論者依律文處分。

封唐叔虞臺駘詔

全晉奧區。興王重鎮。唐叔之英靈未泯。臺駘之古廟猶存。朕頃在并門。長承陰助。永言正直。宜用封崇。唐叔虞宜封興安王。臺駘宜封昌寧公。

修葺嶽鎮海瀆廟宇詔

嶽鎮司方。海瀆紀地。載諸祀典。咸福蒸民。將保豐穰。宜申虔敬。俾加崇飾。以奉神明。其嶽鎮海瀆廟宇等宜令各修葺。仍禁樵蘇。

罷冬至寒食等節進奉詔

朕自御寰區。每思黎庶。貴除聚斂。以活疲羸。訪聞遐僻邊境之州。或無公廨利用之物。每因節序。亦備於貢輸。輟官吏之俸錢。率鄉國之人戶。雖云奉上。其奈害公。今後冬至寒食端午天和節及諸色謝賀。無屬州錢處。俱不得進奉。

停朝貢置宴詔

臣子之心。務申勤敬。國家之體。自有規繩。凡侯伯之來朝。或君臣之相見。豈煩貢奉。方啟宴筵。事既非宜。理當改置。臣下置宴。今後宜停。

翰林學士公事並歸中書舍人詔

六典云。中書舍人掌侍奉進奏。參議表章。凡詔旨制敕。璽書策命。皆案故事。起草進畫。既下則署而行之。其禁有四。一曰漏洩。二曰稽緩。三曰違失。四曰忘誤。所以重王命也。古昔已來。典實斯在。爰從近代。別創新名。今運屬興王。事從師古。俾仍舊貫。以耀前規。其翰林學士院公事。宜並歸中書舍人。

岳牧善政委倅貳官條奏詔

王者行考績之文。重爲政之本。若存功課。自有旌酬。或伏鉞守方著安民之術或剖符刺部彰恤物之仁凡著政聲悉聞朝聽邇者數州百姓舉留本部長官遂涉道途徑趨京闕皆陳善治並述公清或指使而方來或感激而自至勞煩行役妨廢耕耘言念苦辛倍深軫惻今後岳牧善政委倅貳官條件奏陳必當旌別勤勞審詳課最如不愆於名實固無恡於渥恩

決滯獄詔

政刑所切獄訟惟先推窮須察於事情斷遣必遵於條法用宏欽恤以致和平應三京鄴都及諸道州府縣見禁諸

色人等宜令逐處長吏常切提撕疾速決遣每務公當勿使滯淹

贈狄仁傑太師詔

唐室中圮賢臣挺生凜然英風迥冠千古不有典冊曷旌忠良唐梁國公狄仁傑稟五行正氣聳九諫直操鼎祚危而復安黔庶否而獲泰惠流河北名振寰中惟爾事君無愧臣節用光遺像式示明恩論道經邦著周官之貴位貞魂毅魄煥魏土之靈祠昭是寵嘉永光緹素可追贈太師仍令所司擇日備禮冊命

除放積欠詔

朕自臨天下每念民間御一衣思蠶績之勞對一食想耕耘之苦而況職官俸祿師旅資糧凡所贍供悉因黔庶得不救其疾苦憫彼災傷徵宿欠慮流離者不歸均殘租恐貧餓者漸困今春膏雨繼降農作方興宜示渥恩俾蘇疲瘵天福二年至四年夏秋租稅一切除放

令沿河使尹兼河隄使名詔

近年以來大河頻決漂蕩人戶妨廢農桑言念蒸黎因茲凋敝凡居牧守皆委山河既已在封巡所宜專切起今後

宜令沿河廣晉開封府尹逐處觀察防禦使刺史等並兼河隄使名額任便差選職員分擘勾當有隄堰薄怯水勢衝注處豫先計度不得臨時失於防護

削張彥澤官階詔

張彥澤剗剔賓從誅剝生聚冤聲穢跡流聞四方章表繼來指陳甚切尚以曾施微功特示寬恩深懷曲法之慙貴循議勞之典其張彥澤宜削一階仍降爵一級其張式宜贈官張式父鐸弟守貞男希範並與除官仍於涇州賜錢十萬差人津置張式靈柩並骨肉歸鄉所有先收納卻張

式家財物蓄並令卻還其涇州新歸業戶量與蠲減稅賦

諭安重榮詔

爾身爲大臣家有老母忿不思難棄君與親吾因契丹而興基業爾因吾而致富貴吾不敢忘爾可忘耶且前代和親只爲安邊今吾以天下臣之爾欲以一鎮抗之大小不等無自辱焉

朝臣除外任準同在朝例升進敕

外官內官陳力實關於共理或出或處藉才難執於常規近覩朝臣偶除外任三年替罷之後再來擬官之時不計

新職之勤勞唯循舊官之資歷比藉幹濟翻成滯淹宜別立於規繩貴各期於激勵宜令後應朝臣中有藉材特除外任者秩滿無遺闕將來擬官之時在外一任同在朝一任外進其就便自求外職及不是特達選任者不在此限

封唐後備三恪敕

周以杞宋封夏殷之後爲二王後兼封舜之後爲三恪唐以周隋之後封公又封魏之後爲三恪夫應天開國恭己臨人宜覃繼絕之恩以廣延洪之道宜於唐朝宗屬中取一人封公世襲兼隋之酅公爲二王後以周後介國公備三恪其主祀及赴大朝會委所司具典禮申奏其唐朝宗屬中舊在朝及諸道爲官者各據資歷考限滿日循品秩序遷已有出身任令參選

招撫流亡官健敕

敕聞訪諸道州府等昨以朝廷近有指揮搜羅官健震驚戶口騷動鄉原致彼編甿不思樂業結聚徒伴藏避山林其間亦有接便爲非率意行劫事不獲已想非故心今既國步晏寧春事興作宜行告諭各便歸還但務耕農況無徭役切慮有無知之輩懼罪不歸須示條流冀令安靜限

敕到後與量地里遠近與限各令復業已前爲非一切不問如限內不來者其物業許鄰近人請射承佃或有不聽招攜尚行偷劫者一聽居停及鄰人密來陳告便許占射賊人物業充賞如賊無物業即與逐處指揮每告一人即與賞錢二十貫文如至十人已上更賜銀鞍轡馬一匹此外並依所告得人數支與賞錢仍據所願穩便處與補職安排委逐處長吏遍下管內令於山谷道口津渡如法粉壁曉諭仍不任差人四向專切招攜如是不能悛改尚務結集者委逐處差兵掩殺

得替官限家居一年方得赴闕勅

應諸道前任行軍副使等例從替罷久住京師每念滯淹嘗懷惻憫極欲疾速發遣穩便安排但以擬除一人須俟一闕授命者纔去得替者便來到闕既專望渥恩在任又須終月限循環不已積滯轉多而況在京所費亦倍必想在外一年事力纔充在京數月支持比俟闕員多稱委困當別行於條貫期各守於規程起今前件官員等如得替後且就家私穩便安居限一年後方得赴闕朝廷當據職資便與比擬或非時有闕與就便安排自然公私得濟出

處合宜有員闕以安排無歲時之停滯事關悠久情在優矜各委遵承勿得踰越其先得替在京者宜令中書據見有員闕處量才安排仍降勅諸道各令知委

禁薦人藩鎮勅

州縣之官俾其戢理錢穀之職委以秉持須選廉勤豈容薦託一時苟從於私徇久遠必紊於公方頃在唐朝曾有勅命貴杜僥倖之漸明懸誡約之條時異理同再宜申舉自今後中外臣寮或因差使出入並不得薦囑人於藩鎮希求事任如有犯者並準唐朝長興二年勅條處分仍付所司

嚴約軍法勅

古之用兵必先立法等第既分於將領高卑自有於規繩或聞近年多踰此制至於行間士卒罔遵都內指揮既侮國章且乖師律適當開創要整紀綱宜示條流免干法制應在京及諸道馬步諸軍將領節級長行等今後仰並依階次第凡事制禦區分如是長行或有違犯即副將便可據罪處理如是副將十將違犯即便勒本指揮使據罪科處指揮使違犯不出軍時即委都指揮使具錄事繇騰奏

當行勘斷如是行營在外即便委行營統領依軍法施行其餘諸道軍都見在本處者或有違犯便委本處節級防禦團練使刺史據罪科處事要整齊法宜遵守分明告諭咸使聞知

奬于鵬忠諫勅

于鵬官居諫諍志在輔裨所閲貢陳咸關政化備詳端盡良切歎嘉宜陟階資以申酬奬其于鵬加朝散大夫

予文武百寮先代封贈勅

朕以爰膺寶歷方啟金行既風教之誕敷諒寰區之漸泰

而縣股肱元輔藩郡重臣咸著大功同爲至治雖列地顯爵盡布新恩而追遠奉先猶虧舊典宜示褒功之寵俾祛風樹之悲自在朝文武百寮至見任刺史先代未封贈者據品秩與封贈已封贈三代者與加封贈

予臣寮母妻敘封勅

朕以削平禍亂開創基扃漸成銷偃之期永協興隆之運亦繇左右元輔中外勳臣弼予一人宅是四海茂績雖彰於王室覃恩未及於私門德盛母儀貴而因子禮優婦道榮必從夫宜加渙汗之恩顯示封崇之典其未敘封者據

品秩與敘封已敘封國號者與進封

答杜遵請開種荒田勅

闢彼汙萊期於富庶方當開創正切施行往日雖曾指揮漸恐廢墮當再申於勸誘期共樂於豐穰宜令逐處長吏遍下管內應是荒田有主者一任本主開耕無主者一任百姓請射佃蒔三年內並不在收稅之限

幸汴州勅

王者省方設教靡憚於勤勞養士撫民必從於宜便顧惟涼德肇啟丕圖常務去乎煩苛冀漸臻於富庶而念京城俶擾之後舟船焚爇之餘饋餉有虧支費殊闕將别謀於飛輓慮轉困於生靈以此疚心未嘗安席今以夷門重地梁苑雄藩水陸交通舟車必集爰資經度須議按巡寧免暫勞所期克濟宜取今月二十七日巡幸汴州諸道州府節度防禦團練使刺史不計遠近並不得輒離州城來赴朝覲文武兩班委宰臣酌量逐司量差官員隨所應奉公事外餘並留守司所在行宮一聽仍舊不得修葺經過量事通得車馬外方當農時不得勞役人戶修治沿路食頓並委所司破省錢物預前排備所在州縣並不得輒有科斂布告中外咸使聞知凡百臣寮宜體朕旨

令法司改正法書文字勅

李遐改官鄭觀去世更候差遣轉慮稽延宜令大理寺其合改正國號廟諱等文字如是不動格條不礙理義便可集本寺官員檢尋改正如或顯繫重輕須要商議別具奏聞其御史臺刑部所有法書合改正文字者亦宜準此

答王權奏請禁貢獻奢侈勅

王權素推華族方處重官覩四海之貢輸虛陳巧麗察五兵之器用枉飾珍奇不惟耗彼生靈實且傷於淳素爰陳

章疏將召和平宜允敷數明示誡約自今後臣寮貢奉不得務其淫巧衣甲器械不得飾以金銀或委遵行勿得踰越仍付所司

令立妃及拜免三公等並降制命敕

九五之尊億兆所賴法天敷化師古宣風宜循歷代之規以補前王之闕今據翰林志言立后不言立妃言儲君不言親王公主兼三師位在三公之上亦不在其閒起今後立妃及拜免三公宰相及命將封親王公主宜令並降制命餘從令式處分

更定銓選章程敕

應諸道前資州縣令官等明庭選士歷代通規各係職司共將掄擬顯有去留之式明分眞濫之源今者州縣前資官員悉於中書陳狀來事仰慮虛陳銓管永無常調之人並在鼎司難遏躁求之習去歲以國朝創業州縣闕官思廣渥恩是從優異今則彝倫攸敘庶政咸修宜舉規程俾無侵越其今日已前在中書陳狀諸色人等見點簡引驗如不欠少出身歷任文書及無踰濫者旋具奏擬宜令今日後諸道前資州縣官等若是資考已出選門及一任除官未入選門並一考前丁憂及活得冤獄者準元敕年限滿日許經中書陳狀當與簡勘事理施行此外須令並依前後敕格程限赴吏部參選或有公材出衆政績異常者臨時超擢不在此限

聽以見居官品封贈三代敕

自家刑國歷代明規祖德宗功前王至訓在君臣之尊則異在臣下之孝皆同凡有公田並立私廟自經多難不舉舊章今以應運開基體元布化不思奉已專務安人高低推念祖之誠內外保貽孫之慶其內外官等準敕合與三

代已下封贈者並以見居官品數比擬冀使人臣之列不輕王父之尊永載簡編普示孝理

欽定全唐文卷一百十六

晉高祖三

諭鹽鐵度支戶部等勅

鹽鐵度支戶部應監臨主持場院倉庫官吏等制置場務總權課程將期共濟於軍流免使偏竭於民力嚮者所差官吏鮮有專勤省司錄任之時盡言冰蘗及郡府主持之後例縱輕肥莫濟公家但營私室所以處處多聞其逋欠年年空係其徵催固執遷延坐期蠲放每惟此輩並合嚴誅又以開創之初含宏是切既往者已闡恩制今後者别

立嚴規或蹈前非必難輕恕豈是願行峻法欲致豐財蓋帑藏猶慮師徒甚衆俟期充濟難縱隱欺宜懸畫一之文兼舉必行之令

量寬文書駁放勅

參選之日考驗之間稍容易則必長奸欺若艱難則或成淹滯今後宜令所司點簡文書如有粟錯詳酌事理非藏奸隱倖者不要駁放

流高信等勅

高信曾剖郡符繼宏方參禁職凡於語默合曉規儀豈得輒於內廷恣行私忿肆喧嘩而頗甚侮憲法以若無既駭物情尤傷事體苟無懲沮何戒踰違尚示含容止從譴逐高信宜送復州收管王繼宏勒停送義州衙門前仍常知所在

減放洛京魏府夏稅勅

朕自臨御寰瀛躬親庶政靜惟師古動欲便民雖物力方虛每牽經費而田疇微損亦欲矜蠲朕見洛京內麥苗今春稍似旱損尋覩魏府奏報境內亦有微傷須聊示於優饒冀克諧於通濟比欲差官就檢又恐生事擾人其洛京

魏府管內所有旱損夏苗縣分特於五分中減放一分苗子其餘四分仍許將諸色斛依倉式例與折納所期渥澤以及衆多報告人戶各令悉知

許罪人收葬勅

王業肇興德音屢降念茲既往屬我維新宜宏掩骼之仁以廣燭幽之德其太社內應收掌唐朝罪人首級並許骨肉或親舊寮屬收葬其喪葬儀注聊備飾終不得過制仍付所司

久任長吏勅

令後正官滿日宜令逐處長吏準元勅預前奏聞必在審擇能官不得朝差暮替如顯有過犯不在此限仍令曉示諸道

授張休官勅

進策官前攝鄭州防禦巡官前鄉貢明經張休以廉科擢第義府遊心既堅拾芥之勤果契然薪之志而能救斯時病來貢封章覽其所陳甚爲濟要旌諸憂國示以寵章王畿式解於褐衣縣簿仍超於常品可將仕郎守河南府伊陽縣主簿

贈石奮太傅勅

漢大中大夫石奮德盛軒裳道光簡素享萬石休明之祿成一門忠孝之名彰茂實於前修契興隆於景運宗正卿石光贊特上章疏欲示封崇冀表深原式昭豐祚宜贈太傅

允梁文矩致仕勅

昔魏舒人之領袖以二揆而解官劉實邦之宗模自三公而遜位所以審去就之常分保始終之令圖成功退身盡善盡美太子少保梁文矩爲仁由已以道事君烈士徇名久輸忠於象闕達人知足堅請老於菟裘東路角巾南總羽扇爾思高致朕實嘉之進登保傅之班永顯君臣之義可太子太保致仕

授李晟五代孫官勅

朕聞王者懷於有仁所以享靈長之運賞延於世所以勸忠烈之臣唐開府儀同三司守太尉兼中書令西平王上柱國岐國公食邑三千戶食實封一千五百戶贈太師謚曰忠武李晟五代孫職以爾上祖西平王昔在德宗皇帝幸梁洋之歲而有保定大功中興返正扶持社稷之力載諸史氏予嘉乃德曰篤不忘宜升五代之孫俾陟六聯之位光乃前烈煥乎後昆可將仕郎耀州司戶參軍

招撫尹暉妻繼英勅

昨者魏府帥臣忽興狂悖河陽兵士小有驚騷已各命於討除竚盡平於巢窟軍興之際賊計多姦時發細人潛賷蠟彈意在離間上下點汙忠良朕固無疑人何懷懼近聞尹暉忽然出外不赴朝參又妻繼英誤有傳聞亦兹潛匿且尹暉妻繼英位居班列事合審詳不謂此時偶乖斟酌朕情深軫惻恩在矜寬專遣招攜時議釋旋各委家人諸

處招喚出來卻令如舊一切不問此後諸處收捉到奸細文字等其捉事人依舊支給優賞其細人畫時處斬文字當處焚燒冀表推誠免令惑衆布告中外咸使聞知仍付所司

卹囚勅

方枉狴牢又縈疾疹在典刑之自別顧醫藥以何妨實可施行足彰仁惻宜下刑部大理寺御史臺及三京諸道州府或有繫囚染患者並令逐處醫博士及軍醫看候於公廨錢內量支藥價或事輕者仍許家人看候所有罪犯合

據杖責仍候痊損日科決

停差縣令檢巡河隄勅

修葺河岸深護田農每歲差隄長檢巡深爲濟要逐旬遣縣令行看稍恐煩勞隄長可差縣令宜止

禁喪葬舉樂勅

喪葬有期哀情慘極其或舉樂可謂乖儀始因伎藝苟求遂致澆訛漸起所陳章疏頗正時風宜下有司永令止絶

加恩追尊四廟行事官勅

應追尊四廟行事官等追尊四廟式展盛儀行事庶官合須溥澤貴承光寵共贊孝思宜令銓司準元勅磨勘如守選年深過格及已合格指授赴任不得弁次一選兩選者先與注官加欠三選四選月限不滿衙替下許非時注擬者即相次注官仍須各依資序如不依元勅指揮欠選數多者即仰都省奏聞

答殷鵬請加恩敘封勅

人子之道祿貴在於及親王者之恩事必從於尊本應內外文武臣寮父母在如子品秩及格與加恩在朝行者父與致仕官母與敘封郡邑號其外四品已上節度團練防

禦使刺史父與致仕官其餘與同正官母與敘封郡邑號如內外官父已有致仕及同正官母已曾敘封子品高者更與加進半俸續議指揮如父有職官不在此限餘並準格文處分仍編令式永著常規

加恩選人勅

舉選之流辛苦備歷或則躭書歲久或則守事年深小有違礙格條例是不知式樣今則方求公器宜被皇恩所有選人等宜各令所司除元駮放及落下事由外無違礙並與施行仍令所司徧下諸道起今後文解差錯過在發解

州縣官吏

答竇貞固請定舉士官賞罰勅

進賢受賞備有前文得士則昌斯爲急務竇貞固名參閨籍職在禁庭貢章疏以傾心請班行而薦士於可否之際分賞罰之科所貴當人無或曠職今後宜許文武百寮於縉紳之内草澤之中知灼然有才器者列名以奏納其章疏記彼姓名否臧盡達於予懷用捨免私於公議仍付所司

避嫌名勅

朝廷之制今古相沿道在人宏禮非天降況以方開歷數虔奉祖宗雖踰孔子之文未爽周公之訓冀崇孝行永載簡編所爲二名及嫌名事宜依唐禮施行仍付所司

聽私門立戟勅

將相之崇朝廷所重並輸忠節仰奉宗祧宜旌佐國之功顯示榮家之慶應中外臣寮帶平章事侍中中書令及諸道節度使並許私門立戟仍並官給并各賜詔書仍據官品依令式處分

襃薛融直諫勅

薛融官居諫署志奉皇圖特貢忠言備彰直道載觀臣節深契朕懷其洛京大内先令葺修今宜停罷

令銓司檢點御署官文書勅

御署官員等自前並於中書陳狀引驗文牒擬官承乏之官從權所任例逢興運咸被異恩其間慮有曾立事功或未親官業宜稍分於殿最將審驗於行藏免興濫進之譏用副當仁之選其御署官員宜令今後於銓司投狀銓司追引點簡歷任文書分明者申送中書門下以憑旋據逐人御署因由奏擬

流韓延嗣勅

韓延嗣因別喝見不避路者輒行毆擊致傷人命法寺定刑比不因鬬故毆傷人辜内死者依殺人論蓋徵相類且非本條罪有所疑法當在宥宜決脊杖十八黥面配華州發運務收管

給復同絳等州勅

朕奄有四方尊爲萬乘所務誕敷教化普濟黎元蓋全師致討於妖狂而比戶未臻於富庶仍聞關輔偏屬旱災致使鄉村多有逃竄達我聞聽深用惻傷宜加矜卹之恩俾

遂歸還之計應三處逃移人戶下所欠累年殘稅并今年夏稅差科及麥苗子沿徵諸色錢物等並放其逃戶下秋苗據見檢到數不計是元額及出剩頃畝並放一半仰觀察使散行曉諭專切招攜應歸業戶人仍指揮逐縣切加安撫勉施惠養副我憂勤

招安魏府勑

勑魏府城內馬步諸軍將校員寮節級軍將長行及參佐官員僧道百姓等朕以范延光是明宗舊臣與朕素敦分義因開懷而捨釋果瀝懇以歸明君臣之義宛然金石之

言無改亦縣諸軍將士參佐職員同輸歸向之誠共感懷柔之道備觀忠孝深所歎嘉將徧示於渥恩宜先行於慰撫表予大信安爾衆心應在城官員將校長行今日已前罪無輕重一切不問范延光已除授鄆州節度使賜鐵券封本郡王孫漢威等將校等第除授防禦團練刺史已各別行制勑命使往彼宣賜恩命仍令各取便路赴任恩命未到間仍且委薛霸充都巡檢使喬謹充副巡檢候范延光赴任後即可取便路發赴所任其餘將帥及參佐官吏隨職員並一一分析名銜奏聞當議各加渥澤其應在城馬步軍將廳子指揮散員親從左右義勇先鋒并入馬直有馬步人神勇弩手鄭韜張進手下兵士并薛霸王建遣諸色將校衙隊名額軍都並陞爲侍衛親軍排連所有今年冬衣見闕綿數已指揮楊光遠收寨內綿勘會俵散應有先被張從賓脅從符彥饒驚擾及衛州黎陽陷失因茲走入及隔過官員使臣將士等兼自興師以來前後離背軍都住彼者並不問罪其官員使臣等並與錄任其將士等各與依舊請受諸軍收管如有入城後遷轉職名者便據見守職名支給請受如有諸色人輒敢恐動並當深罪

在城將校及諸色官員應有物業爲人請射者並許給還依舊爲主先有抽入城義軍並放歸本家如是已配在諸軍者各隨本人所願如願在軍者即依舊收管願歸農者即放歸本家所有府城四面人戶三十里內與放二年秋夏租稅三十里外委逐縣令佐專切點檢如實曾經砍伐桑柘毀拆屋舍者分析申奏盡與蠲放租稅切仰招攜速令歸業應九月二十五日已前因事被殺之家不得更有論訟及相讎報妻孥家產已配沒者並給還如有自去年七月十九日後來曾經在城將校及諸色人請射舍宇等

或為配率柴薪或為自要供燒毀拆卻者只據九月二十五日後見在者舍宇交割其有已破除卻間未數日不得更有論索如內有屬官舍宇亦仰準此指揮應自去年七月十九日已前有諸色商旅或城內與城外親情相識應是寄留諸色錢物羊馬牛畜等或經括率或以沒納入官或破罄盡不計是何公私官員寄付並不許更有論索如敢以勑前事相告言及相讎報者以其罪罪之朕方啟基扃務安華夏每推誠而待物日仗信以懷來布茲誓言質諸天地天雄軍節度副使朝請大夫檢校刑部尚書賜紫

金魚袋李式可中大夫檢校尚書右僕射亳州團練使金紫光祿大夫檢校司徒貝州刺史孫漢威可檢校太保隴州防禦使天雄三城都巡檢使檢校戶部尚書薛霸可檢校司空衛州刺史天雄軍馬步都指揮使檢校工部尚書王建可檢校司空虢州刺史天雄軍內外馬軍都指揮檢校戶部尚書藥元福可檢校司空深州刺史天雄軍內外步軍都指揮使檢校兵部尚書繡州刺史安元霸可檢校司空隨州刺史

答曹國珍進實溫顏習武策勑

習戰講武歷代通規選士練兵其來舊制宜以每年農隙時講武仍準令式處分

聽公私自鑄錢勑

先許鑄錢切慮逐處缺銅難依先定銖兩宜令天下公私應有銅欲鑄錢者取便酌量輕重鑄造不得入鉛鐵及缺落不堪久遠流行

禁創造寺院勑

凡為精舍將結勝緣清虛則神亦相依混亂則人皆不重其或偶然乘興率爾棲心鄉村接漁獵之家廛里定屠沽

之戶佛雖無染僧豈不輕宜崇釋梵之因永肅人天之化所有自前院宇即且依舊住持今後城郭村坊一切不得創造

禁朝臣薦託勑

訪聞朝臣於外州侯伯求其表狀奏薦交親朕以應天順人開基創業大化方流於區宇至公必絕於澆訛私謁不容朝經具舉更茲告諭止在依行今後文武庶官不可更行薦託如有狀書便宜密具進呈觀察使散下諸州亦準此處分

權停貢舉勅

尚書禮部歷代懸科。爲時取士。任使貴期於稱職。搜羅每慮於遺才。其如銓司注官員闕有限。貢闈考第人數不常。雖大朝務廣於選求。而常調頗聞於淹滯。每候一闕。或經累年。遂令羈旅之人。多起怨咨之論。將令通濟。須識從權。庶幾進取之流。更勵專勤之業。其貢舉公事。宜權停一年。

許符彥饒等收葬勅

符彥饒張繼祚妻繼英尹暉等。皆受國恩。悉虧臣節。孽非天作。感實自貽。尋正典刑。屢遷歲月。宜示燭幽之道。用推掩骼之仁。宜令近親任便收葬。

答桑維翰請免籍沒賊人財產勅

桑維翰佐命功全。臨戎寄重。舉一方之往事。合四海之通規。況賊盜之徒。律令俱載。此爲撫萬姓而安萬國。豈忍罪一夫而破一家。聞將相之善言。成國家之美事。既資王道。實契人心。今後凡有賊人。準格律定罪。不得沒納家貲。天下諸州皆準此處分。

停寒食七夕等節進獻勅

朕恭已臨民。虛心求理。務崇儉約。以致和平。乃眷臣寮。悉懷忠義。每觀貢助。備見傾輸。雖嘉奉上之誠。宜示酌中之道。其寒食七夕重陽及十月煖帳內外羣后進獻。宜停。

封李從益爲郇公勅

周受龍圖。立夏殷之祀。唐膺鳳歷。開酅介之封。歷代相沿。百王不易。朕顯符景運。肇啟丕基。乃睠前朝。載稽舊典。宜開土宇。俾奉宗祧。用推繼絕之仁。以示惟新之德。宜以郇國三千戶封唐許王李從益爲郇公。奉唐之祀。服色旌旗。一依舊制。以西京至德宮爲廟。牲帛器服。悉從官給。

流李道牧勅

李道牧前爲陸渾縣主簿。很直求官。強詞抗勅。厚誣宰輔。累犯乘輿。措言孰顧於斥尊。構意只謀其撓政。將懲狡蠹。須舉典刑。宜令決杖。配流永不齒錄。

允成德軍請立節度使安重榮德政碑勅

安重榮功宣締構。寄重藩維。善布詔條。克除民瘼。遂致寮吏僧道詣闕上章。求勒碑銘。以揚異績。既觀勤政。宜示允俞。其碑文仍令太子賓客任贊撰進。

令修唐史勅

有唐遠自高祖。下暨明宗。紀傳未分。書志咸闕。今耳目相接尚可詢求若歲月寖深何由尋訪宜令戸部侍郎張昭起居郎賈緯祕書少監趙熙吏部郎中鄭受益左司員外郎李爲光等修撰唐史仍令宰臣趙瑩監修

令開墾曠土勅

鄧唐隨郢諸州管界多有曠土宜令逐處曉諭人戸一任開墾佃蒔仍自開耕後與免五年差徭兼仰指揮其荒閒田土本主如是無力耕佃即不得虛自占吝仍且與招攜到人戸分析以聞

停迎送使臣勅

時屬炎蒸路當衝要使命之往來甚衆州府之迎送頗多旣有煩勞所宜軫恤自鄴都至襄州沿路州府除專到使臣依尋常迎送外其餘經過幷不任迎送

欽定全唐文卷一百十七

晉高祖 四

示百寮御札

朕猥以眇沖式承眷命雖宵衣旰食不敢怠荒而一日萬幾有虞曠闕應在朝文武臣寮等早外班序並藴器能懷康濟之才展經綸之術旣逢昌運宜罄讜言須務救時各思舉職勿取容而避事勿尸祿以曠官或時經未叶於和平必思獻替或命令未諧於允當必在箴規苟有敷陳並當開納俟汝匪躬之節副予仄席之求凡在朝廷共裨寡

德咨爾卿士宜體朕懷

示百寮御札

朕自祗膺大寶虔奉丕圖每念創業之艱難未嘗終食而懈惰所冀照臨之內將臻康泰之風庶幾億兆之中漸息瘡痍之痛雖疚心罔暇而逆耳無聞豈視聽之不開致箴規之未貢應在朝文武臣寮等各懷異術早踐通班宜陳經濟之謀用賛興隆之道勿失讜直之議無拘循避之規咸罄乃誠同規不遠宜令在朝文武臣寮每人各進封事一件仍須實封通進務裨闕政用副虛懷凡百案寮宜體

朕意

令百官上封事御札

百官曾有宣示令進封事據到者未及十人朕雖無德自行勅後數月至憎人也應有一件事食祿於朝卒無一言可不知貞觀政要讜言而不用朕所甘心用而不言誰之責也

幸洛都御札

朕自承天命肇啟帝圖期四海之混同法五載之巡狩睠惟全魏實曰奥區人物殷繁山河雄壯地雖昇於都邑民

未識於乘輿皆傾望幸之情宜展省方之義取今月五日暫幸洛都沿路供頓並委所司以官物排比州縣官不得科率人戶其隨駕內外官員幷馬步兵士等不得擾人踐踏苗稼中外遐邇宜體朕心

封錢元瓘吳越國王玉冊文

唯天福三年歲次戊戌十一月甲辰朔五日戊申皇帝若曰王者握圖立極崇德報功或開國以建邦或苴茅而錫壤乃樹藩屏式獎忠勳古先哲王率由斯道惟朕薄德敢忽彝章況夫奠南服之奧區鎮東甌之重地懋績雖高於列土殊榮未繼於肯堂得不申加等之恩降非常之命用紀代天之業特頒鏤玉之文乃擇吉辰爰敷盛典咨爾興邦保運崇德志道功臣天下兵馬副元帥鎮海鎮東等軍節度浙江東西等道管內觀察處置兼兩浙鹽鐵制置發運營田等使開府儀同三司檢校太師守中書令杭州越州大都督府長史上柱國吳越王食邑一萬五千戶實封一千五百戶錢元瓘嶽靈稟粹天象儲精蘊文武之兼材受乾坤之間氣寵承吳越功邁桓文運妙略以平凶用奇兵而制變祗嗣基構表率英雄淮彝之屏氣銷聲海嶠之

波澄浪息而況與我昌運竭乃忠規懋勳庸而首列韓壇奉玉帛而誠先禹貢語尊獎則獨標大節顧封崇則未稱鴻名宜舉徽章俾奉先正矧其天文當南斗之分地志控勾踐之都眷茲舊封允屬全德是用異車服於羣后盛簡冊於列藩正二國之土疆錫九天之寶瑞表予嘉命纘乃舊邦大振家聲夾輔王室今遣使大中大夫尚書左丞上柱國賜紫金魚袋王延使副中散大夫尚書司門郎中柱國賜紫金魚袋張守素持節備禮冊爾爲吳越國王於戲服袞衣而佩元玉位壓羣侯駕戎輅而握兵符名尊九代

馭貴之重象賢之榮爾其祇荷天光勉淸國步往綏厥位永孚於休戒之愼之勿忝前烈

改元大赦文

古者君臨大寶子育黎民爰當御歷之初宜布惟新之令將冀昭蘇品物蕩滌瑕疵大推作解之恩俾樂咸亨之運恭以明宗皇帝經綸草昧統御寰瀛垂衣而八表歸心負扆而十年無事必謂盤維永固鼎社無遷立萬代之基圖爲百王之軌範洎遺弓劒遂起干戈逆豎延兇宗英失守劫奪神器侮亂天常誅戮至親虐害無告顧予何咎忽有

異謀無名而大舉甲兵不道而廣勞生聚寰中板蕩天下驚騷內外離心遐邇積怨嗷嗷士庶若無所依契丹皇帝不忘先朝特存舊好親提銳旅遠殄羣凶未整鸛鵝盡殲蛇豕而復念中原之無主憫四海之倒懸欲泰羣情特申大義猥惟涼德俾纂寶圖成命不迴固讓莫得殷湯以東征西怨乃踐帝圖夏禹以地平天成遂興王業矧予寡昧有愧推崇雖勉副羣心恭臨大位將何以祗膺眷祐統和人神以是馭朽興懷宵衣在念躋生民於富壽保社稷於延洪須歷紀年旣有遵於典冊推恩行慶將普及於幽遐宜改長興七年爲天福元年大赦天下十一月九日昧爽已前應在京及諸州郡邑罪犯及曾受僞命職掌官吏幷見禁囚徒已結正未結正已發覺未發覺罪無輕重常赦所不原者咸赦除之應曾相連賊黨軍人百姓有奔竄山谷者一切不問任歸本貫如卻願在軍者亦仰所司申送當令本軍收管易俗移風宜遵善教尊本敬始自有常規明宗朝所行敕命法制仰所在遵行不得改易悉力爲時罄財助國苟不推於恩信亦何示於賞酬自舉義已來應借率人戶及經抄括商旅貲財錢物委所司明置文籍候

平定之後當議給還京城將士降附軍戎自舉義已來悉聞忠藎宜加賞賚以勸勤勞應在京諸軍將領兵士等候並破賊寨當議各加優賞有沒於王事者各與贈官其子孫並與量才敘用文武官寮等久輸推戴之誠宜示獎酬之道應在京文武官寮及軍府將校幷勸進官等兼前資官內自五月後來未曾分掌職任並各與遷轉官資自五月後來已曾受官者不在此限其軍府諸色職掌將吏等已及押衙職者幷與加官未及押衙職者各與遞遷職次應超魏府行營及係侍衛諸軍將校等幷已加恩外所有

六軍及諸道本城弁替換在諸處將校未加恩者凡執干戈皆爲社稷雖守役或分等夊而傾心盡著勤勞且被渥恩各升官秩用奬輸忠之效俾堅禦侮之誠其六軍及諸道州府本城弁替換在諸處將校未加恩者宜令弁與依資轉官仍令六統軍及諸道州府據前項軍都自副將已上分析名銜申奏鹽麥之利軍府所須倘不便於戶人宜別從於條制所期濟衆無患妨公在京鹽貨元是官場出糶自今後並不禁斷一任人戶取便糶易仍下太原府更不得開場糶貨其麴每斤與減價錢三十文恩推掩骼義

顯燭幽允諧遐邇之心冀叶陰陽之序應自舉義已來或有因事抵法之人及九月十四日後殺戮賊寇所在暴露骸骨未有骨肉收認無主者委逐處長吏埋瘞弓旌聘士巖穴徵賢式光振鷺之班將起維駒之詠應山林草澤賢良方正隱逸之士委逐處長吏切加採訪咸以名聞當議量才敍任昨以寇戎久在郊境頗傷禾稼賦租應近畿五十里內委逐處令長檢覆當與免今秋稅租差科於戲甘澤配天萬物以之膏潤震雷出地百卉繇是發生將欲道和氣於八方示深仁於三面永康聖歷普洽民心凡百庶寮洎方伯連帥克奉明恩勉揚厥職共臻至化稱朕意焉赦書日行五百里敢以赦前事言者以罪罪之布告中外咸使聞知

御文明殿大赦文

蓋聞神無常祀惟德是歆民無常懷非賢不乂歷數有歸者人祇共贊文明懷遠者龜筮叶從所以周開七百之基夏作三王之首伏自莊宗失馭天下分離萬國懷賢三靈改卜明宗皇帝潛符景運克紹寶圖一莅寰區八周星律僞主從珂始因微績序在維城遇大國之多艱以列藩而

入統勳絕裔嗣屠害忠良臨大寶而罔以德聞御諸侯而惟將威脅朕以明宗皇帝每宏厚遇益厲微誠無纖粟而使人可疑無絲毫而事君不謹豈期深苞禍釁暗抱猜嫌欲用奸謀擬相魚肉初以北門之事委朕一生忽將汝上之田遷予十乘二三其德始終違心既欲害於無辜孰肯扶其不道而遇北朝皇帝英明鑒古威武冠今嫉彼不平閔予多難遂致累殲凶寇繼納降兵每借巨功俾成大業朕自興基構頗歷艱難冀兆億而保安敢興寐而輒怠今則重光日月再造乾坤宜覃在宥之恩以布鼎新之命可

大赦天下今月二十九日昧爽已前應在京及諸州府凡有所禁囚徒已發覺未發覺已結正未結正罪無輕重常赦所不原者咸赦除之雷雨作解瑾瑜匿瑕宜加盪滌之恩用示包容之應中外諸色職掌官吏有受僞命者一切不問既除巨蠹亦慜俱焚雖全者須正呂刑可恕者特開湯網僞庭賊臣張延朗劉延皓劉延朗等並姦邪害物貪猥弄權罪已滿盈理難容貸除此三人已行勅命外其有宰臣馬裔孫樞密使房暠宣徽使李專美河中節度韓昭裔等四人雖元事僞庭咸居重位每持忠懿不務詭隨僞

主不任才謀遂致傾覆朕昔在藩邸備所諳知今並釋放一切不問應中外官寮之外有自舉義已來歸順者委中書門下別加任使應僞庭貶降官未量移者與量移已量移者與復爵受官亦與復資應徒流收管人並放還伏以少帝地居嫡裔位纂洪圖王從珂始構異謀非理屠害一家骨肉將正承祧之典式敦敬始之名宜令中書門下追尊定謚擇日禮葬妃孔氏宜行追冊祔葬應有宿舊臣寮並與量加敍用昨者舉義之地稱師之邦必蹂踐於川原要矜蠲於輿賦其河東管内諸縣稅租今年秋及來年夏稅各與減放一半輦蹕經過之地望幸雖勞蕃漢雜處之兵禁暴難備既須渥澤須示優矜昨大軍兵士自河東以至京畿沿路擾踐之處宜委逐處長吏公當檢覆據頃畝特與蠲放今年秋稅一半朕昨於霸府創置新軍救時昔在於從權卹下今徇於所欲河東所有新招置義勝軍人並放逐便賞罰二柄激勸萬方倘稽甄奬之恩何答勤劬之效應扈駕及相次歸順軍都並與重加優賞但緣宮内庫藏虛乏宜令三司疾速抽徵諸道稅物以充賞給其指揮使等並與超轉官資五月後來已曾受恩命者亦與依

資轉官高懸朗日照臨必備於遐陬大扇仁風亭育罔遺於纖芥應天下歸順節度使刺史下賓席郡職及將校等委中書門下各與改轉官資覆車難襲弊政宜遷恤鄉邑之瘡痍救民人之疾苦其北京管内鹽當戶合納逐年鹽利昨者僞命指揮使每斗須令人戶折納白米一斗五升極知百姓艱苦自後宜令人戶以元納食鹽石斗數目每斗依時價計定錢數所取人戶便穩折納一人湯沐之奉實在王畿兆民凋弊之風宜行仁恕其洛京管内逐年所配人戶食鹽起從來年每斤特量減價錢十文應諸道州

府所徵百姓正稅斛斗錢帛等除係省司文帳外所在州府並不得衷私增添紐配稅物應有懷才抱器隱遁山林方切務於旁求宜遍行於搜訪委所在長吏備達朝旨具以名聞致仕官或筋力未衰才能可任將表乞言之敬難從歸老之心委中書門下商量奏聞當議昇擢義夫節婦孝子順孫委逐道奏聞當加旌表應自起義已來或盡節捐軀歿於王事宜加褒贈兼恤妻孥俾義激於忠貞庶恩霑於幽顯鳴諫鼓以俟讜言列柱石以申冤滯將聞善以自戒思與物以垂恩備著前規用光大業或直辭可貢或

有理可矜各務奏陳皆當鑒納明宗朝屬之內宿舊之中或功名曾著於輿情或材氣可稗於公政宜委中書門下量才敍錄關防凡有征稅省司曾降條流慮多時而或有隱藏因肆赦而再頒條貫應諸道商稅仰逐處將省司各收稅條件文牒於本院前分明張懸不得收卷牓內該名目分數者即得收稅如牓內元不該說著係稅物色即不得收稅宜令所在長吏常加覺察如敢有違條流不將文牓張懸將不合係稅物色收稅欺罔官法停滯商賈盡時具名申送奇伎淫巧往詰不容務實去華哲王所尚應有浮虛假僞之物不鬻於市肆委所在常加覺察犯者加重刑責士流之內有懷才抱器碩學殊能者委中書門下搜訪任使勿拘門地資歷於戲愛民如子王者之所以勃興損已從人眇躬而安敢自忽況朕驟主百靈之祀創開萬乘之基朽索在懷求衣益勵更賴庭中多士閫外諸侯咸罄良籌共裨不逮初寧鯨浪適啟龍圖冬陽開温照之光春雨灑涵濡之澤惟新正令不宰元功中外臣寮體予深意

幸汴州敕文

歷代省方蓋觀風而設教前王展義皆利國以便民雖今古以有殊在皇王而無異朕艱難創業宵旰臨朝每軫念於瘡痍敢自辭於癯瘠近以浚郊奥壤梁苑名區乃舟車通會之都實人物殷繁之地春秋租稅可贍給於兵師遠近蒸民免煩勞於饋運爰從清洛遂整鳴鑾六飛既議於按巡四海漸期於開泰今則已臨汴水宜順薰風思覃渙汗之恩特布如綸之命普安區宇首念狴牢況當長養之時曲示矜寬之澤應天福二年四月五日昧爽已前諸道州府見禁囚徒大辟已下罪無輕重並從釋放凡關布澤

務在及民宜加軫憫之恩俾遂蘇舒之望天福元年已前諸道州府應係殘欠租稅並特除放諸道係徵諸色人欠負省司錢宜令自偽主清泰元年終已前所欠者據所通納到物業外並與除放或水旱爲災蟲螟作沴儻無軫恤何致阜豐朕昨行至鄭州滎陽縣界路旁見有蟲食及旱損桑麥委所司差人簡覆量與蠲免租稅河陽管內酒戶百姓應欠天福元年閏十一月二十五日已前不數年額麴錢並放其諸處應經兵火者亦與指揮當罪即誅式明常典既往可憫宜示深仁偽主清泰中臣寮內有從誅戮

者並許收葬要荒之內鄉黨之中宜宏養老之規式表問年之道天下百姓有年高八十已上者與免一子差徭仍令逐處簡置上佐官過滎陽而因思紀信屆夷門而尚想侯嬴著高義者猶足歎嘉蹈忠節者固宜旌賞事資激勸恩在褒揚梁故滑州節度王彥章效命當時致身所事凜千年之生氣流百代之令名宜令超贈太師子孫量才敘錄亡命藏姦此自攙槍之際好生惡殺宜宏曠蕩之恩應諸道州府管界內有自偽命抽點鄉兵之時多是結集劫盜因此畏懼刑章藏隱山谷宜令逐處曉諭招攜各令復業自今年四月五日已前爲非一切不問如兩月後不來歸業者即令所在長吏嚴加捕逐復罪如初於戲撫俗安民御宇式明於敏政行慶施惠爲君用顯於推誠況潛躍之時開創之始外則五侯九伯協力裨助內則四輔三公同心翼戴已寧華夏實賴忠良既光帶礪之勳無忘盤盂之誡凡百有位更竭乃誠共致隆平永輔寡昧布告遐邇宜體朕懷

幸鄴都赦文

自昔聖皇明帝膺圖受命必觀風而設教或展義以省方

上則順彼天道下則從其人欲朕創開基業每遵舊章期四海之混同法五載之巡狩乃睠全魏肇啟新都頃屬經綸嘗茲潛躍宜從望幸俾慰來蘇遂整明鑾旋臨舊地雷雨作解式覃曠蕩之恩日月無私用廣照臨之道應三京新都諸道州府天福六年八月十五日昧爽已前諸色罪犯已結正未結正已發覺未發覺罪無輕重常赦所不原者咸赦除之其持仗行劫并殺人賊免罪移鄉仍配逐處軍都收管其犯枉法贓人雖免罪即不得再有任用或始因罪犯久處竄流特行洗滌之恩各遂歸還之望應配流

人并已前逢赦不在放還人等并放還徒罪年限未滿者並放偶負瑕疵爰從黜降俾量移於近地宜漸復於舊資應貶降官等未量移者與量移已量移者約資敘進用或歲因災沴民用艱辛久係逋懸宜示蠲免應欠天福五年終已前夏秋稅租并沿徵諸色及營田租課並與除放朕頃當開創爰在并汾或傾歸順之心首謀翊戴或攄驍雄之旅力效推崇洎氾水興妖鄴城待罪每令致討皆立奇功漸臻開泰之期愈念艱危之際宜頒殊渥允答茂勳應河東起義之初佐命效順收復鄴都氾水立功臣寮將校

等並與加恩其亡歿者更與追贈子孫已有官職者與遷改未有身名者與敘用經過郡縣迎奉乘輿既供億以爲勞宜旌酬而示寵自東京至鄴都沿路供頓官員職掌等並與加恩六飛行幸萬騎扈從慮旁午於路歧徼損傷於苗稼應沿路有傍道稍損卻田苗處其合納苗子及沿徵錢物等據畝數並與除放載念雀臺昔居侯服撫綏六郡臨蒞四年睠彼職員依然父老無忘推恩之典仍敦尚齒之風鄴都并相澶貝博衛等州官員職掌內有頃歲潛龍時在職者並與加恩管內耆老八十已上者並與版授上

佐官爲國之規利物爲本農器俾從於改革畊民必致於便宜諸道鐵冶三司先條疏百姓農具破者須於官場中賣鑄時卻於官場中買鐵今後并許百姓取便鑄造買賣所在場院不得輒有禁止攪擾擢文武之才今之急務旌孝義之行古有明文贊治道以克隆致人倫之式序山林草澤內有文才武藝爲衆所推者委長吏切加搜訪具以名聞當議量才敘用孝子順孫義夫節婦並與旌表門閭天覆地載無所不容改過自新於斯爲美應亡命山澤負罪潛藏者並放罪招攜各令歸業所在切加安撫如過百

日不出者復罪如初唐室忠臣鄴臺靈廟濟蒼生於一境正皇統於中區宜命褒崇用彰激勸唐梁國公狄仁傑與追贈官秩主掌曠敗錢物逋懸宜示矜容聊加蠲免應天福三年終已前諸色場院官欠負官中錢物人等累經徵理通勘實無錢物家業者並與除放其人免罪任從逐便不得再任使無黨無偏徇至公之道去泰去甚戒求利之心私下債負徵利已及一倍者並與除放如是主持者不在此限邊陲管界蕃部經蹂言念疲羸良深軫恤忻代蔚并鎮州管界內有經蕃部踐踏卻苗稼者其合納苗子沿

徵錢物等據頃畝與除放其經燒爇舍室殺傷人命者據戸下合徵苗稅並與除放於戲居域中之大爲天下之君按巡既展於盛儀渙汗宜覃於慶澤人情允洽帝道有光更期忠藎之臣永贊隆平之運布告遐邇知朕意焉

平范延光大赦文

天有四時首布和陽之命君臨萬國先宏曠蕩之恩所以垂告肆之文則周基遠大示寬仁之詔則漢業興隆朕猥以眇躬獲膺大寶顧惟涼薄每懼顛隮旰食宵衣恐一夫之失所臨深履薄憂庶政之未孚雖粗致小康而未臻大

化一昨災纏沙鹿兵駐銅臺擐甲執兵頗勞師旅飛芻輓粟重困生靈賴天地垂休將相叶力克寧邦寓永靜烟塵凱歌共樂於班還喜氣實騰於遠邇豈一人之感召蓋羣后之扶持弓矢載櫜大慶已流於中外雷雨解作普恩宜被於寰區庶使齊人咸霑霈澤可大赦天下應十月二十五日昧爽已前除犯十惡光火殺人僞行印信官典犯贓合造毒藥屠牛鑄錢外其餘罪無輕重已結正未結正已發覺未發覺咸赦除之侵官潤已爾其有誅督責暴征我所不忍應係欠省司課利場院官等宜依近行宣命期限

磨勘徵督內有送納所欠錢物得足者其違限愆罪特放如有沒納本人及保人家業盡抵外尚欠錢物更無抵當者其所欠並與蠲放其逐人罪犯特從減等其去年降宣命月日後來欠負者不在此限昨以水旱爲沴什一未均其便蒸黎因令檢覆未明公法或彰隱漏之愆爰念小民宜示矜寬之典近令檢田有隱漏合當罪犯者並放所有合罰令倍納租稅者特放並令卻依實頃畝輸納貨泉所聚徵督必行況係省之逋懸宜應期之供辦但以兵戈之後帳籍空存已行蠲放之恩尚憂未普再示優饒之命式

表推恩天福元年應經兵火處州府諸色場院因此失陷錢物等先曾指揮蠲放一半者今並全放未曾經減放者今與蠲放一半天災或降地分所招攜老幼以流離棄田園而蕪沒深懷惻惻宜示招安蒲同晉絳滑濮魏府鎮定等州人戸或經亢旱或屬兵戈逃移人戸等應移戸所欠今年已前諸雜稅物並特除放宜令州縣曉示招攜如有復業者仍放一年秋夏租稅二年諸雜差徭爰自攻圍每多徭役或因兵死尚有戸存言念傷痍屢宜優恤應差赴魏府城下人夫內有中傷身死者除已支贈外特放戸下

三年諸雜差徭勤官奉國既彰盡瘁之誠賞善酬勞爰舉必行之命應魏府側近州或曾祗應供饋或曾部領人夫當職員寮及州縣官等宜令逐處速具名銜分析申奏當與加恩區宇之表咸在照臨疆埸之間寧容隔限示王者之無外期國家之大同應淮南西川兩處邊界自今後不得阻滯商旅明堂欲搆必自羣才大道曲全俱無棄物將期多士詎可遺賢累朝廢棄官員與量才敘用頃者借率猶有逋懸方務優饒豈宜徵督先率借洛京舍錢其所欠並放七萃師徒五營吏士偶因罪負遂至逋逃念曾效於

忠勤宜顯行於招誘自用軍已來應有諸軍及諸色負罪逃背諸處人等限一百日內許所在陳首並不問罪卻與放管如限內不出復罪如舊諸州府應有見禁此色人家口骨肉並從釋放恩隆加等固有明文道在恤孤宜宏異澤自去年出師來諸軍將校有沒於王事者子孫並與量才敘錄皋陶五刑既從流放商王一德用解網羅想其憔悴之容爰示哀矜之道應貶降官與量移已量移者與復資流配人等並放還仁及枯骨澤渥重泉睠哲后之芳蹤乃有國之令典魏府管內用軍已來墳墓所毀無主者委

逐處官吏指揮隨事修整祭奠仍費官中支給賦斂未省杼軸猶空言念疲羸聊得蠲貸諸道州府營田戶部院務省莊等天福元年秋夏租課錢帛斛斗諸雜物色等除已納外應有逋欠並與蠲放於戲萬靈蠢蠢生成咸賴於上元六合茫茫舒慘悉由於元首朕每興念慮莫釋焦勞遂覃在宥之恩將合好生之德朝野士庶中外臣寮體予蕩蕩之懷贊我巍巍之治無怠於協謀勠力共期於偃革修文益厲乃誠永裨寡德布告遐邇咸使知聞

遺後蜀後主告即位書

大晉皇帝奉書大蜀皇帝伏自中原多故大憝繼興朱氏不道而皇天不親沙陀背義而蒼生失望不期景運猥屬眇躬方鼎足以分疆宜鄰好之講睦況有姻親之舊敢交玉帛之歡機務方殷保攝是望

答淮東鎮書

昨者灾生安陸釁接漢陽當三伏之炎蒸動兩朝之師旅豈期邊帥不稟上謀洎復城池備知本末尋已捨諸俘執還彼鄉閭不惟念效命之人兼亦敦善鄰之道今承來旨將正朝章希循宥罪之文用廣崇仁之美其杜光鄴等再

令歸復

欽定全唐文卷一百十八

晉少帝

帝諱重貴高祖從子唐天祐十一年生爲高祖所愛以爲子天福三年授開封尹封鄭王六年授廣晉尹封齊王七年六月即位開運三年契丹遷帝於黃龍府降封負義侯後徙建州居塞北凡十八年在位五年年五十一

答靈武節度使馮暉制

非制書忽忘實以朔方重地蕃部窺邊非卿雄名何以彈壓比欲移卿内地受代亦須奇才

親征契丹命將制

宣王講武逐獫狁於太原漢帝出師走匈奴於瀚海是知蠻夷猾夏不能絶之於古今戎狄無厭不能拘之以信義先皇帝昔當草昧方在龍潛未登鄗邑之壇始有晉陽之難契丹主徑驅蕃部直抵并郊遂解重圍助成大統我之興也彼有力焉於是邀之以鬼神申之以盟誓載諸簡冊傳厥子孫爾後常念前因每思厚報減宮闈之服玩罄府藏之珠珍供億無時道塗相望而契丹貪殘滋甚驕縱異常通使命於江淮徵貢輸於郡國包藏既久姦譎漸萌既

而興議諠譁羣情憤激軍民扼腕中外同辭請興貔虎之師以遏豺狼之患先皇帝重其信誓篤以初終降萬乘之尊禮不義之虜耗中原之力奉無巳之求迫於纘受丕圖虔承顧命每欲息民繼好敢忘屈巳從人所以厚禮甲辭以隆其意推心置腹以示其誠其如鴆毒潛深獸心難革乘我歛歲伐予大喪平視中原竊窺神器朕實不德民罹其殃愧悼增深寤寐興嘆向者躬提黃鉞親指靈旗駐於甘泉自春徂夏賴祖宗垂慶天地儲休猛將如雲謀臣若雨士百其勇人一其心寸鏃不遺狂戎自潰氛霾少息師

旅凱旋今則漸入秋深慮爲邊患朕以志平寇難不敢荒寧將期親率全師恭行天討庶幾一舉永靜三邊罔辭櫛沐之勞用拯生靈之患得不精求將帥愼柬偏裨冀成破竹之功以殄折膠之寇爰於剛日乃降命書順國軍節度鎭深趙等州觀察處置幽州道行營副招討等使特進檢校太師兼中書令行眞定尹駙馬都尉杜重威地居戚里神授戎韜久服金革之勞累濟艱難之運虎牢晝閉一麾而蟊賊自消河朔未寧再駕而氛妖繼息戡定之業溢於鼎鍾天平軍節度鄆齊棣等州觀察處置兼管內河隄等使光祿大夫檢校太尉平章事張從恩淸明可鑑忠正無邪夙懷刺虎之謀早列濯龍之籍當襄陽之役克成監護之勳及北虜之來實賴籓籬之固器業之用可謂縱橫西京留守起復檢校太尉兼侍中行河南尹景延廣文武全才雲龍際會指經綸於掌內蘊甲馬於胷中久擁七萃之師繼委十連之帥軍民畏服畿甸肅淸左右之勞書於盟府武寧軍節度徐宿等州觀察處置等使開府儀同三司檢校太師兼侍中趙在禮河嶽鍾靈松筠植性授玉鈐之秘畧得金版之沈機輔翼數朝周旋重鎭述職而必先九

牧事君而唯盡一心尊奬之功光乎史冊建雄軍節度晉慈隰等州觀察處置等使特進檢校太師平章事安叔千衆推武庫素曉陣圖疾惡如讎見義思勇觴酒豆肉無虧撫士之心尺籍伍符盡得總戎之訣軍旅之任實契僉諧前泰寧軍節度兗沂密等州觀察處置等使特進檢校太師平章事安審信久處腹心早攀鱗翼倜儻乃萬夫之長驍雄眞六郡之豪燕頷虎頭咸仰將軍之相牙璋犀節累持方伯之權英特之名播於中外河中護國軍節度管內觀察處置等使開府儀同三司檢校太師平章事安審琦

嚴明無黷寬簡自居善知奇正之謀備熟孤虛之法首赴風雲之會昔同帶礪之盟累殿藩垣常堅夾輔連帥之重倚若長城河陽三城節度孟懷等州觀察處置管內河隄等使青州行營副都部署特進檢校太師符彥卿惟爾先臣實爲名將世襲弓裘之慶門傳忠孝之規西漢三雄徒稱傑出東京七校乃爲時生竭盡之心貫於金石義成軍節度滑濮等州觀察處置管內河隄等使北面行營馬步都虞候開府儀同三司檢校太師皇甫遇劒敵萬人力摧九虎赤羽若日蒲大夫之英風快馬如龍曹景宗之意氣

繼承重寄必竭純誠義烈之稱播於寰海北面行營馬部都排陣使兼馬軍都指揮使特進檢校太保右神武統軍張彥澤猛若關張氣吞荆聶荐膺委寄每著勤勞鳴鏑離弦既得吟猿之妙青萍出匣久彰斷兕之名營陣之間皆推果毅橫海軍節度滄景德等州觀察處置管內河隄等使幽州道行營右廂排陣使特進檢校太師王延裔鬼谷傳書神龜授印委鎮臨於滄海賴控扼於邊陲繕甲治兵暗蓄摧凶之計深溝高壘不移持重之心捍禦之謀斷於胷臆保義軍節度陝虢等州觀察處置等使特進檢校太尉宋彥筠威惠兼著膽氣無儔累佐戎機善貞師律千軍萬馬憚陳慶之雄名三令五申得孫武之戰術將帥之選皆謂當仁前懷德軍節度管內觀察處置等使光祿大夫檢校太傅田武早從戎伍備歷艱難安邊展頗牧之才制勝合韓吳之法向者仗其舊德委以邊藩頗資外禦之功實有分憂之績忠貞之節雅叶柬求北面行營步軍都排陣使兼步軍都指揮使特進檢校太保左神武統軍潘環幕府書勳師干著效攻城野戰獨麾鄭國之旗陷陣先登幾獲魚門之帛洎分環衞彌見公忠兵革之時所宜登用

而皆位崇侯伯任重土茅俱爲社稷之臣悉是棟梁之具或推忠徇義或報國忘家常堅翼戴之心夙蘊澄清之志朕所以告於宗廟質以蓍龜授之以征鼙付之以蕭鈇但以狂戎侵掠生聚虔劉既貽中國之羞抑亦人臣之恥爾等上則承先皇顧託輔予沖人次則副朝廷倚畀委之重任所宜同德比義勠力齊心各竭乃誠共安國步功業可以不朽富貴可以無窮況今芻粟俱充士卒咸憤旌旗萬隊甲馬千羣呼吸則山嶽蕩搖號令則乾坤震動以此制敵何敵不摧以此攻城何城不克許期獻俘清廟懸首槀

旗同集大功永清四海於戲周王任吉甫南仲乃懾戎夷漢帝任去病衛青遂空沙漠今吾命帥皆謂得人勉立異勳速平多難無令數子獨擅前功凡我股肱當體朕意杜重威充都招討使張從恩充兵馬都監景延廣充馬步軍都排陣使趙在禮充馬步軍都虞候安叔千充馬步軍左排陣使安審信充馬步軍右排陣使安審琦充馬步軍都指揮使符彥卿充馬軍左都指揮使皇甫遇充馬軍右都指揮使張彥澤充馬軍排陣使王延裔充步軍左都指揮使宋彥筠充步軍右都指揮使田武充步軍左廂排陣使

潘環充步軍右廂排陣使

賜襄州粟詔

襄州城內百姓等久經圍閉例各饑貧宜示頒宣用明恩渥大戶各賜粟二石小戶各賜粟一石宜令襄州以見在數充

給復襄州詔

叛逆之臣必行於討伐凋傷之俗宜示於撫綏一昨逆賊安從進不戒滿盈輒謀違背占據城壘虐害人民元凶已就於嚴誅比屋宜加於霈澤俾令蘇息用示軫傷應在城人戶除已行賑貸外特放今年秋來年夏城內物業上租稅其城外下營寨處或有砍伐却桑柘及毀拆却屋舍處特與除放今年來年二月合係租稅其管內諸縣人戶等被安從進數年誅剝多是貧寒應天福七年夏稅已前諸色殘欠及沿徵錢物并公私債負等並與放除

親征詔

朕以恭承先旨尊奉北朝無事不隨有求皆應竭國家之財用務蕃漢之歡和豈謂貪殘終隳信義直驅戎虜深犯封疆如是憑陵安能俯就顧師徒之憤惋念生聚之凋傷頃議親征用平醜類蓋救驚騷之患寧辭跋涉之勞取此

月十三日躬御六師北征雜虜指期旦夕悉盪氛霾凡爾百寮當體朕意

流楊麟等詔

楊光遠隨幕賓從等久在樽罍比資參佐當光遠始謀逆節未嘗聞拯救之言及楊承勳決意歸明又不是贊成之數但思朋附悉合誅夷尚示寬恩俾從遠竄麟流威州節度掌書紀任邈流原州觀察支使徐晏流武州縱逢恩赦不在放還之限

整飭吏治詔

向者朝廷無事經費尚多今則師旅方興支贍尤廣必資國力以濟軍須近以四海災傷頻年饑饉賦租減少筦榷虧懸帑藏不充公私重困今歲三時不害百穀用成所在流民漸聞歸業商旅之人稍衆山澤之利咸通郡邑徵科自然容易務場課額必有增盈較量之間斷可知矣牧宰之任選擢非輕至於阜俗康民豐財益國乃爲本職固合用心苟能一一躬親孜孜臨蒞必絕滯凝之事兼除僥倖之門副我憂勤顯爾政績將求課最須設科條況藩侯郡

守等皆是良臣各膺重委盡傾誠款以奉國朝式當倚注之時宜示勸懲之道應天下諸州各以係省錢穀秋夏徵科爲帳籍一季一奏一年賦稅及限更委在任一年次年又不稽逋聽三周年爲滿三年皆得辦事即與別議陟遷如或纔到任所課績不前亦當即時罷替其閒災沴之地須明具敷陳審其虛眞別有處分於戲朕纘承大業于茲三年虔奉丕基不敢失墜兢兢業業若履春冰小信未孚咎徵斯降旱蝗相繼連歲爲災兵革未寧四方多事下慚黔首仰愧蒼穹所賴將相公卿元戎郡守或先朝宿舊或當代英賢送往事居始終如一分憂共治誠節彌堅倚賴既深傾輸亦至必能爲國盡忠臨事公勤不更假於指蹤固自知其陳力凡百有位宜體朕懷

復置明經童子科詔

明經童子之科前代所設蓋期取士良謂通規爰自近年暫從停廢損益之機未見牢籠之義全虧將闡斯文宜依舊貫庶臻至理用廣旁求其明經童子二科今後復置

修省詔

朕虔承顧命獲嗣丕基常懼顛危不克負荷宵分日昃罔

敢怠荒夕惕晨興每懷祗畏但以恩信未著德教未敷理道不明咎徵斯至向者頻年災沴稼穡不登萬姓饑荒道殣相望上天垂譴涼德所招仍屬干戈尚興邊陲多事倉廩不足則輟人之餱食帑庫不足則率人之資財兵士不足則取人之中丁戰騎不足則假人之乘馬雖事不獲已而理將若何訪聞差去使臣殊乖體認不能敦於勉諭而乃臨以威刑自有所聞益深愧悼旋屬守臣叛命戎虜犯邊致使甲兵不暇休息軍旅有戰征之苦人民有飛輓之勞疲瘵未蘇科徭尚急言念於此寢食何安得不省過興

懷側身罪己載深減損思召和平所宜去無用之資罷不急之務棄華取實惜費省功一則符先帝恭儉之規一則慕前王樸素之德向者造作軍器破用稍多但取堅剛不須華靡今後作坊製造器械不得更用金銀裝飾比於遊畋素非所好凡諸服御尤欲去奢應天下州府不得以珍寶玩好及鷹犬爲貢在昔聖帝明君無非惡衣菲食況予薄德所合恭行今後大官常膳減去多品衣服帷帳務去華飾在禦寒温而已峻宇雕墻昔人攸誡玉杯象箸前代所非今後凡有營繕之處丹堊雕鏤不得過度宮闈之內

有非理費用一切禁止於戲繼聖承祧握樞臨極昧於至道若履春冰屬以天災流行國步多梗因時致慢引咎推誠期於將來庶幾有補更賴王公將相貴戚豪宗各啟乃心率繇茲道共臻富庶以致康寧凡百臣寮宜體朕意

親征詔

朕以蕃寇未平邊陲多事選求將帥徵發師徒北面屯軍汾河守禦即日雖無侵軼亦須廣設隄防朕將親率虎貔躬擐甲冑倏聞南牧即便北征不須先定日辰別有曉諭所有供億支用宜令三司預自指揮令隨從諸司職員並宜照常備行諸侯不得朝覲亦不得以進獻供待借歛吏民凡百臣寮當體是意

準廣雪冤賞例詔

理冤申屈勞績可嘉內職外官課最無異苟能雪活何恡甄酬宜先錄公文直具奏聞或實官滿到闕投狀無致隔年庶絕濫訛用分眞僞宜依

賜高麗王王武詔

卿才略耀奇規模冠俗荀息之忠貞自許翁歸之文武兼全鷹睇鶚立之姿折衝萬里夏屋春臺之煦化洽一隅而

又尊奬誠深貢輸禮備是於剛日乃降明恩宜旌命世之英俾峻眞王之秩爰旌亮節仍進崇階可檢校太保持節元菟州都督上柱國充大義軍使仍封高麗國王今命使光祿卿范匡政使副太子洗馬張季凝等往彼宣賜官告勅牒國信物等具如別錄勅賜高麗國王竹冊法物等竹冊一副八十簡紫絲條聯紅錦裝背冊匣一具黑漆銀含陵金銅鏁鑰二副攀環紅錦托裹襯冊文兩幅黃綾夾帕一條蓋冊匣三副黃綾夾帕一條蓋冊匣三副黃絹油夾帕一條舉冊匣熟紫絲板二條絡冊牀熟紫絲油畫檐牀

一張銀裹脚角竿頭金柏木冊案一面紫綾案褥一領夾裙襆全行事紫綾席褥一副襯冊袱紫綾一副

量留晉陽令劉繼儒詔

興王舊地原廟所存載懷瞻奉之心允屬循良之吏以爾莅官有政晉人美之假其省御許留周歲更圖盡瘁以稱陟明可檢校工部員外郎仍量留一年

令長吏掩埋暴骸詔

自冬徂春少愆雨雪掩骼埋胔必契陰靈將召純和宜藏暴露宜令所在長吏依此掩藏仍付所司

除授留守宜降麻制勅

留守之任委寄非輕凡降絲綸宜同將相起今後除授留守宜降麻制仍付所司

禁雨稅加耗勅

朕自居藩邸每務躬親稟先帝之聖謨見萬方之庶政洎登宸極思致時康屬蝗旱爲災耕桑失業顧惟寡昧深軫焦勞舉一食思稼穡之艱難行一事期黎民之蘇息爲先清朝名士朱邸舊寮深窮盡政之源備得養民之本況藩侯郡牧察俗觀風必能副沖人委仗之心駐疲俗逋逃之足明行條制俾絕侵漁使稅額無虧戶口獲濟斯爲急務要在須行便可散下諸州嚴誡主者盡令遵守無致因循偏緊惠養之功共致昇平之運仍付所司

修製祭器勅

天地宗廟社稷及諸祠祭等訪聞所司承管多不精潔宜令三司預支一年禮料物色於太廟置庫收貯差宗正丞主掌委監察御史監當祭器祭服等未備者修製

禁盛夏滯獄勅

朕自臨寰宇思致和平以四海爲家慮一物失所每念狴

牢之內或多枉橈之人屬此炎蒸倍加軫憫冀絕滯淹之嘆用資欽恤之仁應三京鄴都及諸道州府見禁罪人等宜令逐處長吏嚴切指揮本推司及委本所判官疾速結絕斷遣不得淹延及致冤濫仍付所司

疏通吏部注擬勅

吏部已判成選人等訪聞人數絕多闕員甚少頗爲淹注例是饑貧宜推振滯之恩用廣進身之路諸州府判據見有員闕不少其見在黃衣選人等宜令注授前件官除三京鄴都據曹外其餘並許注擬候秩滿無遺闕者五選六

選減一選七選八選減兩選九選十選減三選內有超資者再入官日即依本資敘理河東管內及鄜延涇邠秦隴鳳等州管內闕員不少選人以家私不便多不服官宜令所司不拘超折注擬仍俟秩滿無遺闕者五選六選減三選七選八選減四選再入官日却依本資敘理所注前項州縣官等宜令銓司依判成次第注擬切在公當不得阿私仍不許選人通關仍付所司

貸鄧州節度宋彥筠擅殺敕

王者約法之義比在防非將致一平所期共守昨以憲司

舉職有國舊規宋彥筠尋悔愆尤理可矜恕念玆勳績深軫朕懷特開宥過之恩庶叶匿瑕之道凡百有位宜勵乃誠所犯科條並釋放

勒停李鼎現任敕

李鼎方居憲府合稟朝章豈可八月中喪妻十月後供狀欺公冒寵以死為生既彰罔上之愆難處觸邪之地止停見任尚示寬恩宜勒停見任

贈翟進宗左武衛上將軍敕

故淄州刺史翟進宗不穀不德營兵叛予陷爾厲階力屈遇害念玆忠烈實用盡傷蜀主恕其黃權魯莊誅其卜國皆非罪也吾將贈之用慰貞魂宜須漏澤可贈左武衛上將軍

復置翰林學士院敕

翰林學士與中書舍人分為兩制各置六員偶自近年權停內署況司詔命必在深嚴將使從宜却仍舊貫宜復置翰林學士院

令三銓詳看關牒敕

銓總之司提舉是務時臨注擬尤在精詳宜令三銓子細

看驗關牒或稍涉差謬即據理科條將澄刈楚之風用誡侮文之吏

疏理獄訟瘞埋病亡敕

淹延刑獄實啟倖門稽滯瘞埋尤傷和氣追呼既廣勞擾斯煩檢驗取裁停駐為弊宜令凡有禁繫不得分外追人百姓死亡亦仰及時葬送既無重擾式叶化風仍付所司

科陳延福罪敕

陳延福位居牧守首被訟論移市肆以創迴圖已彰生事假役夫而科採捕尤驗擾人但以稱贍本州云承累政雖

除姦革弊，全昧經心，而案罪計贓，未明入己，聊從懲罰，用顯含洪，宜罰征馬十匹。

流張嗣宗勑

張嗣宗已招過犯，斷處徒刑，雖定徵銅，更難居任。既聞除替，便合稟承，乃敢拒違，益彰狡惡。須加竄謫，俾省僣尤。宜配流商州。

欽定全唐文卷一百十九

晉少帝 二

收瘞骸骨勑

契丹違天背惠，猾夏渝盟，無名侵犯於封疆，縱暴殺傷於生聚，毒流數郡，怒積羣情。果敗衂於漳川，乃退歸於燕塞。今則長驅虎旅，誓滅胡塵。雪萬姓之沈冤，期四方之昭泰。每念蕃寇經過之處，邊隅陷沒之人，未掩殭尸，何安恨魄。軫傷既切，惠澤宜加。其常定邢洺管界蕃寇經過之處，枉遭殺害無主收葬者，宜令本州差大將一人，所在收瘞，量事祭奠訖，具事以聞。

祭中嶽令河南尹行禮勑

盧夐請河南尹親及廟貌，冀表精虔。在禱山川，誠爲重事，且浩穰都邑，豈可闕人。今後祭中嶽，宜令河南尹往彼行禮。

改泰州屬定州勑

睠惟泰郡，素乃漢疆，偶隸蕃戎，久罹塗炭。遇王師之進討，傾臣節以來降。況地處要衝，人推勇悍，將控臨於黠虜，宜係屬於雄藩。其泰州宜割屬定州爲屬郡，以狼山寨主孫

方簡爲泰州刺史仍簡較尚書右僕射本州守禦都指揮使充定州東西面都巡簡

答陶穀請禁伐桑棗勅

陶穀方思豐國切欲勸農以貿易於柴薪多砍伐於桑棗請行禁絶宜舉科條仍付所司

答桑簡能請斷冤獄封事勅

囹圄之中縲絏之苦奸吏苟窮於枝蔓平人用費於貨財繇茲滯淹兼致屈塞桑簡能體茲軫憫專有敷陳請長吏躬親免獄官抑逼深爲允當宜在頒行

以郎署兼侍御史勅

御史臺準前朝故事以郎中員外郎一人兼侍御史知雜事近年停罷獨委年深御史知雜振舉之間紀綱未峻宜遵舊事庶叶通規宜却於郎署中選清愼強幹者兼侍御史知雜事

賜高麗國王王武勅

省所奏以先臣遺命及官吏推請權知國事事具悉圭茅積慶忠孝因心早彰幹蠱之名顯著象賢之譽雅當嗣襲深契物情見先臣知子之明成後嗣克家之美遠陳章奏尤驗純誠欣慰之懷寤寐無已

答邊玕請五日一錄囚勅

人之命無以復生國之刑不可濫舉雖一成之典務在公平而三覆其詞所宜詳審凡居法吏合究獄情邊玕近陟周行俄陳讜議更彰欽恤宜允申明

禁橫薦官寮勅

諸道不許橫薦官寮爰自近年頗踰舊制起今後諸道藩鎭防禦團練刺史如本處幕席中有闕準元勅合奏薦當與除授不得橫薦前資賓從州縣官及諸色職員希於在

朝及外官安排不得有違

禁選人妄陳文狀勅

今年四月二十五日釐革應前資州縣官一考前丁憂一任除官雪活冤獄及在任日招添得戶口稅錢曾授御署官進策官諸州馬步判官諸色選人等今後並須準勅格參選不得直經中書陳狀近日有諸色人依前紊亂紀綱披陳文狀欲嚴行於懲戒先明示於指揮國家大啟銓曹高懸選格諸色選人宜歸常調合赴所司稍立政能足可進遏豈得罔循常制唯務僭求勅釐革而不遵帖告示而

不過向路隅而陳採隨馬後以諠譁或稱罷秩家貧或訴在京日久朝廷須存公道難徇私懷若事可施行雖朝陳狀而夕得官未足言速旣理有違礙雖歷祁寒而經暑雨不必言遲戚本自貽咎將誰執殊不知官不可乞勅不可違若無誡懲何以齊整應諸色選人等並須準近勅取解赴選其有招添得戶口增益得稅錢及雪活冤獄合該勅條酬獎者仰於所司投狀如有司不與公當區分顯有抑滯任經中書陳狀當與指揮此度分明告諭後諸色選人等如更不稟指揮依前妄陳文狀當送御史臺勘問必無

輕恕仍付所司

答竇儼請禁酷刑勅

文物方興刑罰須當有罪宜從於正法去邪漸契於古風竇儼所貢奏章實裨理道宜依所奏準律令施行

還幸東都御札

控制寰中梁苑得舟車之要撫寧河朔鄴臺有粟帛之饒先皇帝肇啟基扃咸昇都邑南北非遠來往是常今則時正晏清侯當和煦宜迴金輅往幸夷門宜取今月十一日還幸東京應沿路州府並不用修飾行宮開治道路食宿頓遞並以官物供給勿令科斂人戶側近州府長吏勿來朝覲凡在遐邇宜體朕懷

封錢宏佐吳越國王玉冊文

惟天福八年歲次癸卯十月丙午朔六日辛亥皇帝若曰在天成象拱辰分將相之星惟帝念功啟土列侯王之國朕所以法昊穹而光宅稽典禮以疏封而況世著大勳時推令器探寶符而嗣位仗金鉞以宣威羽翼天朝藩籬東夏宜列諸侯之上特隆一字之封簡自朕心叶於輿論咨爾保邦宣化忠正翊戴功臣起復鎭國大將軍右金吾衛

上將軍員外置同正員檢校太師兼中書令杭州越州大都督充鎭海鎭東等軍節度浙江東西等道管內觀察處置兼兩浙鹽鐵制置發運營田等使上柱國吳越國王食邑一萬七千戶實封四千戶錢宏佐爲時之瑞命世而生負經文緯武之才蘊開物成務之志英華發外精義入神亞夫繼社稷之勳顧榮擅東南之美眷言祖考志奉國朝淸吳越之土疆執桓文之弓矢天資厥德代有其人佇基構以克家事梯航而述職殊庸斯在信史有光是舉彝章爰行盛典土茅符節方推翼世之賢黻冕輅車更重策勳

之禮斯爲異數允屬眞王今遣使光祿大夫檢校司徒行太子賓客上柱國太原縣開國男食邑三百戶王玫使副正議大夫行尚書吏部郎中柱國賜紫金魚袋趙熙等持節備禮冊爾爲吳越國王於戲周寵元臣四履錫命漢封異姓八國始王指河岳以誓功俾子孫而襲爵爾纂服舊業朕載考前文勿忘必復之言更廣無窮之祚懋昭前烈爾惟欽哉

即位大赦文

古先哲王開創丕業未嘗不櫛風沐雨旰食宵衣安黔首

於八紘保鴻圖於萬世恭惟先皇帝艱難啟運恭儉臨朝以武功定寰區以文德安黎庶日愼一日無怠無荒載洽隆平永傳基構顧惟沖眇獲奉纂承念負荷以爲難集哀摧而罔極期終喪制旋逼羣情竭推戴以彌堅執讓辭而不獲勉臨大寶以御兆民宜頒在宥之文用布惟新之澤可大赦天下應天福七年七月十七日昧爽已前四京及諸道州府諸色罪犯除十惡五逆殺人强盜官典犯贓合造毒藥屠牛鑄錢諸色僞造外其餘罪犯已結正未結正已發覺未發覺咸赦除之已前諸色配流人等除終身不齒常知所在縱逢恩赦不放還人及曾爲强盜已配諸處收管人外其餘並放還其今日已前放還人內舊有職官者量與敘用弔民伐罪用生懲勸之恩改過自新必務含宏之道其襄州安從進如能果決推誠一稟朝旨並從捨釋各與官榮朕恭承顧命初嗣丕基而文武羣臣中外良佐肅清輦轂保佐國家備彰忠孝之心咸竭推崇之力宜覃恩渥用表旌酬在朝內外臣寮侍衞諸軍將校及諸道節度使防禦團練刺史並與加恩修奉園陵考詳故實務遵禮典副朕孝思凡曰在官悉能陳力爰逢昌運宜示溥

恩諸道賓幕將校職員見任京六品已下官州縣官三司場院監冶帶使額者普與加恩其諸道職員押衙已上與轉官兵馬使已下與轉職懸車官秩前任職資載敦尚齒之風爰示念功之典致仕官前任文武朝臣內諸使司已下前任節度使防禦團練刺史行軍賓從少尹上佐官前諸道都指揮已下前任京六品已下官及前資州縣官帶使額場院官等並與加恩京師職掌夙夜勤勞竭力有聞推恩無吝應在京諸司職掌亦量與恩澤奉守文之業敦孝治之風宜加幽顯之恩用慰哀榮之意內外臣寮內諸

司使及侍衛諸軍指揮使已上父母在者與官封已有官封别與遷改已亡歿者並與封贈已有封贈更與妻封贈其有郡邑國號者與進封未有者與敘封曾竭臣誠歿於王事良深悼往宜示賞延自天福元年後來文武臣寮中有歿於王事者與追贈已追贈者更與追贈有子孫未有職官者與錄用蝗蟲作沴苗稼重傷特示矜蠲俾令蘇息應諸道州府經蝗蟲傷食苗稼者並差官檢覆據所損頃田與蠲放稅賦仍委逐處長吏切加安撫務令存濟山林逸士草澤遺賢將裨教化之風宜廣搜羅之道應有懷才

抱器隱遁邱園者委隨處長吏切加搜訪具以名聞敦崇孝義旌顯門閭式恢王化之基用正人倫之本應有孝子順孫義夫節婦委逐處長吏具名聞奏當議旌表於戲纂繼大業司牧羣黎小心必本於舊章恭己難忘於朽索不敢逸豫以召和平更賴將相大臣文武多士遵顧託於先帝永翊戴於沖人開保延洪爰覃渥澤報告遐邇咸使聞知赦書日行五百里敢以赦前事相告言者以其罪罪之

夏令赦文

朕荷上天之睠命守先帝之丕基日午坐朝恐一物之失所夜分不寐思比屋之可封身雖安於九重心嘗懸於億兆屬飛蝗作沴膏雨久愆流民倍切於撫安征賦頻令於蠲減未能感召深軫焦勞念獄訟之繁當炎蒸之候欲臻和氣宜去深文特行寬大之恩用叶哀矜之旨應三京鄴都諸道州府見禁罪人除十惡行劫諸殺人者及僞行印信合造毒藥官典犯贓外人犯死罪者減一等餘並放內有欠官錢者宜令三司酌量與限監出徵理中外遐邇宜體朕意

改元開運大赦文

王者化家爲國既開創以維艱纂業承基亦負荷而尤重朕虔承遺命嗣守丕圖顧眇躬而懼不克堪持小心而曾無暇逸外以生靈是念內以宗社爲憂若涉大川如馭朽索然猶功非及物德不動天蟲螟爲害苗之災夷狄作亂華之患尚賴謀臣猛將義士勇夫共成戡翦之功復致澄清之運今則狂戎逃遁年穀豐登時屬小康禮當終制雖三年無改義欲化於人倫而正朔有常理宜新於鳳歷爰布改元之令仍覃在宥之恩天福九年宜改爲開運元年可大赦天下應今年七月一日昧爽已前三京鄴都諸道

州府見禁囚徒除十惡五逆光火刦殺屠牛鑄錢官典犯贓僞行印信合造毒藥外罪無輕重已發覺未發覺已結正未結正咸赦除之流竄之徒其實有咎和平之道亦許自新其流配人除終身不齒常知所在人外未經量移者與量移已經量移者與敘用蟲蝗災疾之邦流夷頗甚獫狁經過之地凋弊尤深須議優饒用明軫憫其岐雍同華蒲陝涇邠耀威管內人戶委長吏所在招攜復業之家免一年租稅魏博貝冀滄景德等州曾經虜騎剽擄特放今年秋稅其餘經過之地亦量與矜蠲乃睠親軍實推忠節

或從征醜虜顯立勳勞或出討叛臣方期平定至於邊陲守戍藩鎮分屯盡繫捍防皆施勤效雖賦稅未集帑藏猶虛宜示頒宣用明獎賞應將校兵士量與等第優給連年失稔常賦愆期國用未充軍需不足是行率借以濟贍供誠非欲爲蓋不獲已赦書到日盡行罷征出彼家財資予國力宜加甄别以示優隆出一千貫已上者特免科徭出一萬貫已上者咸授官秩無資給者與本處上佐有官名者依本品序遷竭彼臣誠沒於王事恩宜加等禮有明文當契丹侵犯之時有守城臨陣盡節亡身者宜令逐處長吏以名銜奏聞當議超加褒贈或孫或子並與旌酬含垢匿瑕捨過宥罪前王令典有國通規應有曾行刦盜之人並宜放罪願在軍者與配軍收管願歸農者委本縣安存務局因循職掌敗闕空係逋懸之數徒行徵督之文宜示哀矜並令除放於戲承祧繼統御極居尊雖旰食宵衣每勤庶政而利兵秣馬未息殷憂更賴四輔三公五侯九伯文武叶力上下同心竭彼忠貞佐予寡昧舉朝廷之急務盡軍旅之沈謀使鼓臥旗偃俾成寧謐同文共軌速洽隆平表乃有功致我無事

收復青州大赦文

高祖皇帝應天順人化家爲國勤勞庶政安輯四方御衆以寬懷遠以德高秩厚祿以獎勳勞推食解衣以重賢戚至於匹夫匹婦皆被亭毒之恩草木昆蟲悉覃忠厚之德朕恭承丕訓嗣守宗祧奉以周旋不敢失墜兢兢業業若涉大川所賴將相公卿同德比義共扶不逮庶洽於隆平而楊光遠頃以微功驟升亞將後承僞命來拒義師始則桀犬吠堯終則背楚降漢先皇帝方宏大義推以赤心忘彼仇讎歡如魚水亟承重寄久綰親軍累典大藩亦兼重

鎮邇後選男尚主待之以懿親裂地封王寵之以極致人臣之盛近代無儔至於諸子之中皆擢爲牧守家臣之內多遥領郡符此外有非理邀求違法僭濫國家務存終始悉與含宏柰何自至滿盈不勝富貴恩深致怨物盛乃衰而輒信姦邪虛有怨望聞我大喪之後乘我饑饉之年外則勾引蕃戎倚爲勢援內則竊據城壘潛肆窺覦遂使河朔數州頓成瘡痏青邱一境獨陷尉羅朕所以命將興師弔民問罪然猶堅壁拒命自夏徂冬固執其迷自稔其惡其子楊承勳見衆情之攜貳知孤壘之困窮深懷滅族之

憂遂有悛心之請解其戈甲待罪軍門梟彼凶徒傳首闕下氛霾遽息中外同懽此皆宗社降靈乾坤眷祐將帥勠力士卒齊心掃千里之封狐不爲民患除三穴之狡兔甚泰物情念彼一方未能高枕宜行在宥用拯疲羸可取閏十二月十七日昧爽已前應諸州管內州縣見禁囚徒已結正未結正已發覺未發覺罪無輕重咸赦除之捨爵策勳前王之令典錄功旌義有國之常規應收復青州將校兵士等一自征行再罹寒暑頻親矢石備歷艱辛賊壘既平秋毫不犯雖已行頒賚而更議甄酬厚秩美名我無愛

惜其將校自副兵馬使已上員寮并監押使臣並與加恩十將已上各賜功臣名號已有功臣者更宜改賜自楊承勳納款歸明楊光遠亦拜章請罪朝廷務宏恩貸特與全生既許自新終懷憂懼遂至疾作以及亡身雖悖逆之人衆所憤怒在君臣之分朕實憫憐斷棺戮屍情所不忍其楊光遠尸首許令骨肉收葬楊承勳比從頑父同作不臣志力既窮覆亡可待而能轉禍爲福全身保家果傾嚮義之心所謂見幾而作宜加恩澤以示獎酬其楊承勳宜與起復除授防禦使仍加官秩其一家骨肉並放罪其弟承

祚承信已在哀制放歸私第烈火焚山始識珪璋之性嚴霜隕夜方知松柏之心適當危亂之時乃見忠貞之節故淄州刺史翟進宗清風凜物貞骨凌秋當光遠跋扈之初被逆黨脅驅之際而仗節守義輕死徇忠終異叛徒以及遇害雖已行褒贈而未稱朕懷宜覃延賞之恩仍示殊常之禮其翟進宗靈櫬委本處類會本人骨肉加禮歸葬葬事官給其子仁欽可特授官資補充東頭供奉官去順效逆頗蠹人倫濟惡助姦難逃國典前登州刺史張萬迪恩隆郡寄顯受朝恩不能事君蓋忠輒敢從人於亂備彰逆

節須舉明章其張萬迪宜從別勅處分尚在寬宥特免族誅其骨肉並從釋放國家兵士恩澤頗隆賞賜以時衣糧甚厚其中有凶惡之輩輕狡之徒不顧妻孥輒背軍伍如期僥倖難逭嚴誅其青州城下兵士有走投入賊城者並令指揮殺戮所有逐人骨肉宜從釋放叛賊既下汚俗宜新同惡者皆就勦除詭隨者並從停廢其餘詿誤宜示矜寬其楊光遠下惡黨皆已梟首所有隨幕賓從除已殺戮外餘皆配送邊遠州府常知所在終身不齒縱逢恩赦不在放還之限其在城及管內州縣鎭員寮將校曾被楊光

遠脅從者一切放罪亡命之人比來懼罪所宜招諭却復耕農自楊光遠作叛已來或有鄉村百姓接便遞相劫殺逃竄山林者並皆釋放仍委本處官吏明宣朝旨招喚歸業如勅命到兩月不歸者復罪如初當令擒捕顯行刑戮其莊田物業亦許力役人戶請射佃蒔忠力之士稟君命而不避危難良善之人入亂邦而橫遭迫脅罹茲患難實可憫傷自楊光遠作叛之初應有差去使臣非理而死者如有子孫量才敍用攻圍之際役使實煩凡有區分皆繫急速稽緩者固當抵罪辦集者豈惜酬勞應青淄登萊兗

沂密鄆齊棣等州職員州縣等曾部署輦運者並與加階減選及轉官加職軍旅所至雖切戒嚴營寨所經寧無踐食宜寬常賦以慰編甿自王師攻討逆賊大軍下寨之處所有田苗桑棗應遭蹂踐砍伐宜委本處官吏子細通檢除今年見苗供輸外來年夏稅並與放一半其去青州三里內更免今年秋夏殘租興師動衆勞費生靈或則負畚鍤以從軍或則徵輦運而赴役疲於供命不暇息肩言念蒸黎宜加優恤應青州管內及鄆齊棣兗沂密等州諸縣人戶自攻討已來差役科配頗係其今年夏麥殘欠并沿

徵錢物並與除放所有逃移戶口宜令逐處長吏切加招攜青州城市居人等久經圍閉頗是凋殘楊光遠率彼資賕奪其糧食至此餓殍宜示憫傷其在城見在貧民委本道以食糧賑恤所有城內屋稅特放一年應洞子頭及城下夫役有遭矢石致死者宜令逐處長吏子細通勘與放二年徭役城郭之內餓殍極多墟墓之閒暴骨甚衆方隆渥澤豈限幽明其青州城內餓死百姓及城外墳墓曾遭發掘者並令本道掩藏埋瘞於戲亂常干紀天地不容負國欺君人祇共怒是知福善禍淫之道信而有徵孤恩背

義之人敗不旋踵今則干戈少息海岱已寧凡在股肱更思康濟庶臻治道同享升平布告寰區咸知朕意

征契丹還大赦文

堯仁御極尚興丹浦之師軒后承乾亦有阪泉之戰是知五材並用王者不能去兵四氣同功天道不能止殺朕自躬傳神器勉徇人謀戢干戈而寧耀武威撫夷狄而但修文德而契丹見利忘義負約渝盟大爲猾夏之灾屢肆窺邊之暴須爲民而除害遂命將以伐戎駐五輅於大河勞六師於極塞賴乾坤祐助社稷威靈將相一心貔貅勠力

致羣凶之敗衂血滿平川使元惡之奔逃魂銷廣漠今則朔陲稍靜中夏小康宜上答於穹旻俾特施於赦宥用導和平之氣適符長養之風可大赦天下開運二年五月二十一日昧爽已前應三京鄴都諸道州府見禁囚徒除十惡五逆持仗殺人強盜官典犯贓合造毒藥屠牛鑄錢僞行印信外其餘罪犯已發覺未發覺已結正未結正咸赦除之諸色配流人除終身勿齒并縱逢恩赦不在放還人及曾爲盜賊并自契丹內來諸色人已於諸處收管外其餘配流人并常知所在者並放歸其開運二年正月一日後來配流人等不在放還之限兵戈之地可料傷殘惻隱之心不舍晝夜所宜優惜用恤疲羸應常定邢貝相并鄴都已北管界自今年契丹犯境已來有人戶實經虜殺劫人者其夏稅十分已令減放二分苗子并沿徵錢物今更特減放一分其今年徵正稅錢物等亦與十分內減放二分行幸之時往來之處奉迎不闕供億實繁宜示渥恩以獎勤效應滑澶兩州迎奉車駕并沿路供頓官員職掌等仰逐處具名銜申奏當與加恩出師已來遇敵之處忠烈之士皆效命以衛鋒行陣之間遂捐身而報國宜加延賞

用慰貞魂應北面行營將士等除已與加恩及第支賜優應給外其有沒於王事者職員宜令逐處分析聞奏當議超加褒贈子孫已有官者當與敘用其節級長行等如有親男堪充征行者宜令逐處酌量配軍收管支給衣糧戎夷侵軼驅脅吏民雖陷虜庭旋歸漢境所宜慰納以示綏懷應近北沿邊州縣軍鎮官員職掌被契丹脅擁入蕃得便逃歸者並放罪仍仰切加安撫睠彼易水最處邊陲經戎虜之攻圍賴軍民之固守將校齊一生聚保全念此忠勇宜加旌賞其易州被契丹圍逼之時應在州守把城池

刺史官員職掌等仰具名銜申奏並與加恩征討之際饋運之民不唯飛輓之勞或有抄截之患宜令存恤用示優宏應鎮定邢洺先差隨軍運糧百姓偶有不迴者委逐處用勘如有此色其本戶骨肉切加安撫免三年差徭俶擾之際輕佻之徒偶聚盜於萑蒲遂亡命於山澤宜令招攜俾復農桑訪聞鄆齊棣等州管界及河北諸縣百姓內有昨因蕃賊入界接便爲非今遇安寧怕罪未來歸業者宜令逐處長吏徧行牓示告諭所有今月一日已前罪犯一切不問宜令並放歸田業各務營生仍委縣鎮鄉村切加

安撫不得恐動如告諭後過百日不來歸業仍前爲惡者復罪如初逃背軍都誠爲極罪誅夷家口乃是常刑將議寬矜并從捨釋應諸州府見禁及本營枷項并常知所在諸軍逃走兵士家口等並宜釋放場院積弊官吏承寬致課額之逋懸勞朝廷之徵督久淹刑獄深軫予懷爰示優容俾令除放其安邑解縣兩池前榷鹽使王居敏王景遇禁盤鹽欠折軍將兩界逋懸累年禁繫宜令三司各詳逐人所欠如有人家業錢填納者可與盡底據數納官餘欠並本人並放如有欠負錢物數內全無家業錢物填納者宜與免死配送邊遠諸處收管仍永不得差使所欠特放河中府雍同華陝虢等州管界內人戶有欠王居敏王景遇盤鹽腳價者並特放於戲鴈磧方秋稍息烟塵之患雖竿肆赦是覃雷雨之恩更賴文武大臣中外宿德或決策巖廊之上或提戈軍旅之間嘗瞻爲懷摧凶是念速除餘孽共集殊勳克致澄清永銷氛祲仍遣赦書日行五百里敢有以赦前事相攙告者以其罪罪之布告遐邇當體朕懷

欽定全唐文卷一百二十

漢高祖

帝姓劉氏諱暠初名知遠其先沙陁部人唐乾寧二年生初事唐明宗後事晉高祖天福六年授北京留守八年進中書令開運二年封北平王四年二月少帝北遷羣臣勸進即皇帝位改今名在位二年年五十四謚曰睿文聖武昭肅孝皇帝廟號高祖

和買戰馬詔

朕方以勤儉一身輯和庶政未嘗枉費所切安人今則重

威未賓契丹尚擾必多添於戰騎期大振於軍威言念煩勞事非獲已

諭鎭州趙贊詔

卿燕臺大族唐室懿親作鎭方隅既多善政應時制置素有嘉謀實兼文武之才比擅方圓之譽惟卿之身久從迫脅居胡土而當全骨肉還漢疆而近脫鋒鋩浮沈祗係於虜情舒卷非繇於已意想其扼腕常所呑聲朕猥以眇躬式隆丕構承皇天眷命副羣后樂推方救阽危用拯塗炭昨契丹見華人不附尋已促還今酋長爲神物所誅俄聞暴卒興亡之兆其理昭然其永康王遁入鎭州與卿顯相疑惑今月一日於待賢館内已被縶停所有寮屬將校並遭誅戮冤聲遥聽慘性可量想計聞之必多酸楚卿一門忠孝三代王公須自雪家冤當共清國難於我則既明向日於彼則無與同天自然肅土分茅長居爵位重茵列鼎永慶來雲孟津之會宜先塗山之期勿後況車駕按幸已及晉州無致他人别邀富貴臨軒睠注寤寐不忘所有諸道申奏蕃賊等逃遁事繇表章文狀等並同封往其三軍官吏僧道百姓等别降勑曉示撫問用符卿意當體朕懷

即位求賢詔

古者詢芻蕘之言採歌詩之風冀求利病以省是非況濟濟盈朝謇謇就列懷才抱器博古知今苟無宏益之辭曷表翊扶之力起今後文武百寮每遇後殿起居日仰具利濟上章以聞次第循環周而復始嘉謀嘉猷之告庶得聞知可大可久之規期於曉達亦聆此事向來已行但率皆浮言鮮克忠告良由時或拘忌人有依違遂使急務愼於指陳浪語盈於章奏有名無實阿旨取容今則不然所宜改作凡有封事並可直言無用飾詞務存確論輔此不逮

稱朕意焉

誅杜重威詔

杜重威猶貯禍心未悛逆節鴟音不改梟性難馴昨朕小有不安罷朝數日而重威父子潛肆凶言怨謗大朝扇惑小輩今則顯有陳告備驗姦欺既負深恩須置極法其杜重威父子並處斬所有晉朝公主及外親族一切如常仍與供給

答盧擢請許朝臣封贈父母勅

盧擢忠勤奉職讜直立言貢以封章舉其墜典詳觀宏益

尤切歎嘉宜下所司並令舉奏

改名勅

朕祗膺景命肇啟鴻圖適當建號之初宜舉正名之典夫名以制義義以出禮禮以體政政以養民載考格言抑有彝訓顧惟寡昧敢忘率循但君父之名貴於易避臣子之敬難以斥尊茍觸類以妨言必迂文而害理況宗廟方建禋祀非遥祝嘏將期於正辭稱謂所宜於稽古爰從改革庶叶典章凡百臣寮當體朕意今改名暠故茲札示想宜知悉

幸澶魏御札

朕自副推崇敢忘寅畏及物必加於恩信任人無間於親疎期區宇之大同俾蒸黎之小泰洎朕始臨梁苑畢會藩侯蓋當再造之期用普維新之命莫不駿奔入覲率俾爭先旌旆之寄咸遷帶礪之盟益固魏博杜重威負釁雖重在朕含垢亦深盡捨前非只期後效是以授之真秩換彼名藩而禍胎已成妖氛復作北勾賊虜南拒朝章若不加誅何以為法黷我天憲勞我兵威今則大進梯衝克收壁壘重念一夫作孽百姓何辜雖已推祝網之仁尚宜軫納

隍之慮必恐孤城既拔衆怒猶深儻驚飈更迅於雷霆即烈焰寧分於玉石朕所以軫傷在念想慮尤深將親勞於六師宜再詢於順動豈辭櫛沐須議省巡取今月二十九日車駕起離闕下暫幸澶魏已來凡百士庶宜體朕意

至東京大赦文

王者興膏雨之師所以蕩瑕穢下哀痛之詔所以弔傷夷朕頃自晉朝俾乂并土屬戎夷兆亂致干戈日尋每懷如燬之憂嘗竭扶顛之力旋以金行失馭天驕縱暴北陷河塞南踰官渡盜據宮闕淩辱衣冠蹂踐我京畿虔劉我生

聚田不易壠人不聊生犬羊布於四郊腥穢聞於千里人既思主朕實疚心遂乃建彼義旗整斯戎輅雪萬民之枉抑期九土之和平求理之端惟刑是恤況時當養物仁在好生爰覃解網之恩用廣泣辜之道應天福十二年六月十五日昧爽已前諸道州府見禁人等已結正未結正已發覺未發覺除十惡五逆外其餘罪無輕重咸赦除之三司地征六營軍費素懸數額皆有限程但以兵革屢興旱蝗相繼蓋督吏不能開許致疲民無以供輸苟不蠲除轉成困敝天福十一年已前諸道州府應係殘欠稅租並特

除放朕昨夙駕河汾薄狩陝虢洎及京邑周覽神皐禾黍廢爲閒田牆屋毀爲平地淒涼滿目指顧傷心且農夫不耕廩食何取蠶婦不織府帛何輸言念流離諒宜矜恤況朕頃在藩翰備諳稼穡自臨大寶首念蒼生常久困於蕃戎欲盡蠲其租賦又以干戈未弭士馬方繁月無見糧歲無常給特於經費須此減除其東西兩京畿道遭契丹蹂踐暴苦處人牛俱喪蠶麥不收雖近復田園固無可輸納其東西兩京一百里內今年夏稅及沿徵物色並與蠲放其一百里外曾有契丹經過劫掠之處委本處官吏躬親恤問如實被契丹蹂踐不虛其今年夏稅大小麥苗子沿徵物色等各放一半其京城內先遭張彥澤明行拷捶劫掠資財兼被契丹毀折屋舍括率緡錢久屬艱危併罹殘虐爰符望幸用慰來蘇其京城內今年屋稅與減一半兩露之恩豈宜有閒文武之吏咸與維新應內外臣寮及京百司并諸官吏將校等各具名銜申奏當與加恩應有契丹除授諸道節度觀察防禦團練使刺史及令錄賓寮將吏等並各安職任不議改更勉思共理之規更俟維新之命或曾經謫宦又念投荒苟亡惻隱之恩何示照臨之德

應已前貶降官未量移者當與量移已量移者便與敘錄應該徒流者與放還近因獫狁猖狂萑蒲充斥交相劫剽不問官私遂令王事之人空有係官之數應屬省務局錢穀曾經契丹及草寇般挈處據已勘到實數仰三司具指實條奏當議別有指揮應係欠省司錢物尚令逐處徵催全放則因便生姦加罪則困窮可憫宜下三司據見有家業抵當外如實無充折者特貸餘生更無任使亡命不逞之徒殘民蠹物之類或隱藏山谷或畏懼典刑及今日已前結集爲非者並不問罪仍令所在長吏丁寧曉諭如願

在軍都者量材安排如不願在軍都者即任歸農業與限兩月明示招攜如限滿依前結集爲非不議寛恕即嚴加捕捉復罪如初浚都重地汴水名區控襟帶於八方便梯航於萬國眷言王氣允稱皇居其汴州宜仍舊爲東京朕以肇興寶歷克嗣丕精遐追雍雒之宏規仰仗高光之盛烈其國號宜改爲大漢朕始事晉以至開國雖易服建號固有通規念舊懷恩未忍改作其年號仍舊稱天福於戲帝王之道亭毒爲先黃老之言清靜爲本用示滌瑕之典宜敷作解之恩矧惟臨馭之初方屬艱難之運當欲盡除

疾苦漸致康寧用遵置器之方庶減納隍之慮凡在遐邇宜體朕懷

北巡赦文

自古聖帝明王開基創業輯寧庶彙康濟四方行寬大之恩不遺遐邇布含宏之德無隔華夷頃屬前朝季年中原失馭蒸黎板蕩寓縣分離寰區爲戎虜之鄉宮闕作腥羶之地百萬家之生聚俱陷虎狼數千里之人烟頓成荆棘朕屬兹多難思庇生民憫晉祚之覆亡憤胡塵之紛擾繇是痛心疾首躍馬提戈慕大業於高光起義師於汾晉匈奴運盡魁首天亡殘孽遺妖奔巢走穴繼平凶醜再造乾坤盡復諸華不失舊物顧惟眇質獲荷寵靈怵惕於懷憂勤在念朝野亂離之後國家開創之初每慮德澤未優照臨尚狹懼一夫之不獲恐一物之乖宜思濟艱難靡遑宵旰大河之北易水之南久困兵戈聚成瘡痏男孤女寡十室九空念此興懷潸然出涕近者北地州府相次歸明覩千里之坦夷顯羣心之忠順今則方當展義爰用省方宜宏及物之恩用廣惟新之澤應鄴都管内及邢洺慈相衛鎮深趙貝冀博滄景德易定祁泰等州管内應見禁罪人

取十月五日昧爽已前已結正未結正已發覺未發覺常赦所不原者咸赦除之自契丹爲患已來逆虜所至之處劫掠之外殺害實多方布仁慈豈限存没應河北曾經契丹殺害處所有無主骸骨並仰所在長吏勤加指揮收斂埋葬其有官員將吏歿於王事及曾被契丹脅從指使反遭殺害者並可搜訪逐人子孫及親嫡骨肉具名聞奏當與量材任使必令存濟捨過錄功方務含垢捕亡服叛惟切推誠契丹節度使麻答見在定州自前曾輸款誠欲來歸順已降詔諭想計聞知當俟傾心別加殊渥幽燕瀛莫

舊屬蕃戎惟彼生靈久遭屈辱近知軍民憤激志願歸明苟能密設機謀審圖禍福必然成事終享功名上郡雄藩當用酬獎鎮州殺傷契丹之時軍人百姓並立勳效其軍都將校員寮已行恩澤訪知百姓鬬敵之際死傷甚重聽聞已來傷歎尤切其逐人本家宜令本道常加優卹向者有漢地諸色人員隨契丹北徙未能歸還去國離鄉益加憫念其本人骨肉仰所在存卹倍加安撫先有諸色人曾伏事著契丹官員者一切放逐穩便所在不得動搖於戲上天悔禍黔首愛生敢忘兢慎之心冀合昇平之運凡在

黎庶當體朕懷

改元乾祐大赦文

昔我藝祖神宗開基撫運以武功平禍亂以文德致昇平澤潤生民慶流長世淳耀之德不泯延洪之業無窮肆予沖人猥集大命荷上穹之眷祐揚列聖之耿光底定四方奄有萬國纘堯承緒欽若永圖嗣夏配天不失舊物乃者有晉失馭羯賊亂常蛇豕肆毒於寰區豺狼暫穴於宮闕虔劉我生聚俘掠我吏民戎馬所經人烟殆絕海內無主天下騷然朕方在躍潛遇茲屯難秉旄誓衆憤其冢國之仇冒暑出師雪彼生靈之怨皇天后土悔禍誘衷胡虜喪亡遼羯潰亂腥羶屏氣屬縣歸心按六轡而嚴屬車克寧西道走空函而飛折簡遂定中州旋以王業尚艱魏郊斯梗當思康濟爰議省巡一方既靜於烟塵九野漸期於清晏今則已旋魏闕正屬王春三陽布和四序更始宜宣德澤以順發生紀號易年式顯鼎新之祚宥過懋德載覃渙汗之恩可大赦天下改天福十三年爲乾祐元年自正月五日昧爽已前犯罪除十惡五逆外罪無輕重已發覺未發覺已結正未結正咸赦除之諸貶降官未量移者特與

量移已量移者與復資敍用諸色配流人並放還鄉里其除名不齒者量與敍錄諸處散關場院官自前有因縣欠折節目並無抵當灼然無可徵督者宜令三司勘覆聞奏豐阜之道耕種爲先宜伸勸課之條以重衣食之本應天下戶口夏稅見供輸頃畝稅賦外一任人戶開墾荒地及無主田土五年之內不議納稅亦聞自前有此指揮始即許其開耕旋乃却行簡括既非誠實顧失輯綏朕以化理域中信敷天下必無改易庶廣耕桑宜令所在長吏明行曉示自中原板蕩編戶瘡痍凶歉薦臻逋逃未復加以徵

賦煩重差配頻仍言念疲羸宜伸撫恤比聞州縣調役未甚均平秋夏供輸不依條制生靈受弊胥吏成奸宜儆尤違俾循軌度所有逐處戶口宜令觀察使刺史縣令設法招輯除宣省指揮外不得非理差配其合充色役人戶不許官吏州縣影占務均苦樂其秋夏輸納只依朝廷指揮受納不得有加耗取覓若或差人察訪不虛其主者監官必加深罪更在藩侯郡牧共理分憂嚴設科條以副委任一昨親征鄴部暫駐野營周覽鄉川備觀凋瘵所宜優恤以召和平其鄴都四面人戶去城三十里內所有天福十

二年賦稅并緣徵一物已上并可特放其無主破毀墳墓仰差官吏如法掩瘞兵荒之際寇盜連羣自朕始及京師已宣赦宥尚聞結集未復家園豈非告諭之未嚴慰撫之未至今則陽春資始東作將興雨雪及時耕桑有望所宜各歸營養自取安全式敷在宥之恩載啟自新之路應諸處有前自為非惡跡之人一切放罪不問便可安家樂業各歸營農所在不得動搖赦書到後仍與限一月若不歸本家復罪如初當令緊切擒捕必無矜恕仍別有條理指揮恭惟列祖園陵諸聖祠廟桑田變海當時之弓劍猶存精爽在天終古之威靈不泯載惟追感誠切永懷其雍州西京及諸州府應有諸帝陵廟仰所在修奉務令完葺國家大事惟祀與戎苟蘋藻之不虔則神祇之安享起今後凡有祠祭所供用之物務在豐潔宜令有司精細點檢向者桀虜亂華或有抱幽冤而沒地王師薄伐或有徇忠節以隕身念彼遺魂宜覃霈澤自國家舉義已來應有將校臣寮沒於王事及晉朝臣寮枉遭契丹屠害者並與追贈如追贈爵秩未高者更與贈官仍令搜訪子孫量材敘錄朕昨展義省方討違伐叛適當平定且錄勤勞應扈從鄴

都城下內外文武臣寮及馬步諸軍將校并在京都署巡檢官員職掌諸軍將校等并除已行恩命外所有未曾加恩者宜令中書門下條舉聞奏兼鄴都已來沿路州縣迎奉大駕供饋宿頓糧草無遺闕處其職掌及州縣官吏並可等第甄錄天下名山大川聖帝明王忠臣烈士祠廟墳墓委所在量事修葺自唐莊宗後來應有文武大臣功德昭著者其陵替子孫量與敘錄其有先曾仕契丹并有骨肉見在契丹者其本人本家所在切須安存不得妄有恐動朕昔在藩邸頗熟臣寮文武之才常備觀其梗概方員

之用宜更察於精微俾取質於衆多庶無遺於俊造應文武常參官仰準唐建中年故事上任後三月表舉一人自代軍國之費務在豐財關市之征資於行旅所宜優假俾遂通流應天下商旅往來所在並須饒借不得妄有擾勒卑宮菲食前代之令猷革舄綈衣哲后之明德至於損上益下惜力愛人冀息煩苛漸期富庶所有乘輿服御後宮費用大官常膳一切減損在京及內諸司並天下州府除應奉軍期急切外其餘不急之務非理營造並皆停罷免致勞役徵聘邱園免遺邦彥恢張名教俾厚人倫應有蘊

蓄器能精通理道文理該博武略縱橫而退遁於家高尚其事者委所在訪尋當侯徵用義夫節婦孝子順孫仰具聞奏即議旌表於戲創業惟難守成非易敢忘馭朽思致偃戈更賴文武股肱藩后同心康濟勠力弼諧永冀隆平共臻仁愛凡在戴履宜體朕懷赦書有所未該者委有司舉奏赦書日行五百里敢以赦前事言者以其罪罪之

欽定全唐文卷一百二十一

漢隱帝

帝諱承祐高祖第二子後唐長興二年生乾祐元年二月封周王即皇帝位在位三年年二十周廣順元年追謚曰隱皇帝

李濤罷相制

朕虔承遺訓嗣守鴻基嘗懼眇沖不克負荷所以師臣畏相稽衆從人採沃心造膝之謀詢繼體守成之道其或力非任重才不追時有玷天工顯貽物議宜從罷免用儆厥

愆開國佐命輔聖功臣光祿大夫行中書侍郎兼戶部尚書同中書門下平章事上柱國隴西縣開國伯食邑七百戶李濤早預朝倫素虧時望繼踐清華之列曾無倜儻之名先皇帝應運開階濟物成務未明求理虛己待賢擢自禁林升之樞路旣委宰衡之任蔑聞帷幄之謀迨及眇躬初親庶政被顧問之際屢覩醺酣當獻替之時無聞諷諫復虧嚴重但務詼諧詎爲君子之儒殊失大臣之體重以梓宮在殯國步多艱屢陳違衆之言頻建出師之議率爾獨見豈是臧謀朕方務含宏冀全終始雖包荒而在念慮

假器以興譏俾輟中樞式存大體仍令還第庶用省躬惟爾自貽無我有怨苟能思過豈吝推恩可罷免勒歸私第

誅李崧等詔

稔惡圖危難逃天網虧忠負義必速神誅李崧頃在前朝最居重位略無裨益遂致滅亡及事契丹又爲親密士民俱憤險佞可知先皇含垢掩瑕推恩念舊擢居一品俾列三師不謂潛有包藏謀危社稷散差人使潛結姦凶附近山陵擬爲叛亂按其所告咸已伏辜宜正典章用懲姦逆其李崧李嶼李義一家骨肉及同謀作亂人並從極法

誅劉景巖後放免其子行謙等詔

劉景巖年已衰暮身處退閑曾無止足之心輒肆包藏之毒結集徒黨窺伺藩垣所賴上將輸忠三軍協力盡除醜類克殄渠魁其劉景巖次男前德州刺史行琮已行極法長男渭州刺史行謙孫男邢州馬軍指揮使崇勲特放

慰諭馬希萼詔

所修職貢舊有規程念航深梯險之勞重違卿意在誘善勸忠之道本實朕心今後凡有進獻可與希廣商量庶叶雍和不爽體制

贈劉審交太尉詔

朝廷之制皆有舊章牧守卒官比無贈典其或政能殊異惠及烝黎生有令名殁留遺愛褒賢獎善豈限彝章可贈太尉吏部所請宜依

賜郭威平李守貞詔

李守貞頃在前朝驟承委遇迨事先帝復委藩垣效淺功微寵深位大而狡性難制小器易盈蔑義虧忠窮凶極逆江海不能流其惡鼎鑊不足快其誅卿憤激於心義形於色覩兹妖孽志在翦除動息之閒必思於經略寢食之際

無忘於寇讎撫士愛人分甘共苦躬臨矢石親冒梯衝揮戈而蛇豕就誅破竹而金湯失險氛霾既息宗社再安非我元臣莫隆景運朕之倚愛何止寢興言念辛勤無忘嘉愧

修飾兩漢陵園敕

我國家肇迹豐沛膺籙并汾蓋承積德之靈再享配天之業四百年之洪緒一千載之遺風乃祖陵園先時廟貌屬累朝之隔越諒如在之因循將明追孝之心當盡奉先之敬天下州府應有兩漢諸帝王陵園廟宇宜令所屬長吏

檢討量加修飾其陵園側近禁止芻牧樵採

定節度使奏薦屬官敕

設官分職朝廷自有規程薦士延才州郡合存體式應諸道節度防禦團練刺史奏薦判官書記支使推官令錄簿尉等親人之官不易入幕之賓尤難必取當仁庶閒幹事守臣奏薦朝廷選除素有明文咸拘定制近年以來除人或虧允當薦士多昧選求體制既踰紊亂滋始遐邇將期於致理奏除宜在乎擇才況有舊章足爲常式其諸道行軍副使兩使判官並不得奏薦委中書門下選除帶使相

節度使許奏節度掌書記觀察支使節度推官不帶使相節度使只許奏節度掌書記節度推官其防禦團練判官刺史判官等聽奏仍許精選才能其唐朝晉朝前項條貫並可舉行永爲規制所奏薦州縣官自有銓衡不可侵越以敕內舊人數許奏使相三人不帶使相二人防禦團練刺史一人爲定仍付所司

委長吏親慮囚敕

政貴寬易刑尚哀矜慮滋蔓之生姦實軫傷而是念今屬三元改候四序履端將冀和平無如獄訟應三京鄴都諸道州府見繫罪人委逐處長吏躬親慮問其於決斷務在公平但見其情卽爲具獄勿令牽引遂致滯淹無縱舞文有傷和氣

給復三京敕

先以兵甲至多糧儲不給權於苗畝之上遂有細配之煩雖年歲之頻登諒黎民之艱窘固非獲已深用軫懷今則雨雪及時陽春布澤宜順發生之令特覃優卹之恩冀閭里之安居俾農桑之樂業應三京鄴都諸道州府所徵乾祐元年夏秋苗稅及細徵白米稈草據今年二月一日已

前已納外見係欠數並宜特放布告遐邇體朕意焉

修高祖實錄敕

載唐虞之盛傳彼古文明得失之由存乎信史恭惟高祖皇帝受天歷數纘漢基圖戎虜蠻夷懾靈旗而內附禮樂征伐建王道於大中功格於上元化行於率土將欲示其軌範約彼春秋接高光紀聖之書續班馬記言之典廢而不舉闕孰甚焉左諫議大夫賈緯左拾遺竇儼右拾遺王伸等才學淵深論辯鋒起分職方提於直筆編年允屬於鴻儒宜令緯等同修高祖實錄呈進仍令宰臣蘇逢吉監

修。

免王松官勅

松事因有玷誡切上章述避嫌之辭形告退之意其男仁寶雖因除名曾受僞官一昨既翦兇讐合從俘執未明死所乃漏刑書路歧難限于山河情愛且關于父子便議連坐恐失寬條以爾朝列舊臣班行宿德累有退閒之請宜引軫惻之恩特俾免官用明减等宜停見任

暑月斷刑勅

月戒正陽候當小暑乃挺重出輕之日是恤刑議獄之辰

有罪者速就勘窮薄罰者晝時疏决用符時令勿縱滯淹三京鄴都諸道州府在獄見繫罪人宜令所司疾速斷遣無致淹滯枉濫

决滯獄勅

王化所先獄訟攸切不惟枉撓兼慮滯淹適當長養之時正屬熇蒸之候累行條貫俾速施行靡不丁寧未曾奏報再須告諭無或因循應三京鄴都諸道州府詔至宜具疏放巳行未行申奏無致逗留

注擬令錄限年勅

令錄之任責辦非輕用捨之間尤宜適中少小者未曾履歷則爲政必疏衰晚者巳及耄期則臨民多廢須期愼選以擢吏能起今後諸色選人年及七十者並宜注優散官年少未歷資考者不得任縣令

修晉朝實錄勅

五運相承歷代而猶傳鳳紀百王垂訓繼明而具載鴻猷況今司契御乾握圖纂極事每循於師古政必究於化源迨自金行成茲火德所請編錄庶補闕文其晉朝實錄宜令監修國史蘇逢吉與史官賈緯竇儼王伸等修撰呈進

宣示冬集人候闕除授勅

中書奏前資朝官近日併於中書陳狀稱準宣命指揮自外地發遣相次到京正當冬寒未有員闕既難淹泊須議指揮其前資文武兩班朝官等只宜於西京及闕下任便安居候闕除授宜令御史臺曉示

詳核增戶添租勅

親人之任務在安民經國之規必資徵賦至於招添戶口增長税租減選加階優有處分勸能行賞顯降勅文邇來論課績者甚多較虛實則未當外州批上歷子南曹磨勘

解縣空收招到編民莫見新添稅額蓋有析居耕種各立戶名或是避稅逃移併未歸業所以虛添農戶無益官租考課涉名未盡其善宜兼吏部南曹自今後及已前應有令佐招添點檢出戶口據數須本處戶合徵稅賦物數且於解縣歷子內一一開坐批書方得準天福八年三月十日勅條施行如不合前後勅例不在施行之限

封錢宏俶爲吳越國王玉冊文

惟乾祐二年歲次己酉十月庚午朔十九日戊子皇帝若曰我先帝順天致罰大拯黎元享萬靈於無疆解兆庶之

倒懸較定世勳以吳越居右伊朕眇末虔奉先訓嗣位之始即疇懋功前命爲元帥按地圖授武節東南之境得行征伐今冊爲眞玉駕大輅執桓圭牛斗之鄉盡荒土宇詢於有位僉曰克諧咨爾匡聖廣運同德保定功臣東南面兵馬都元帥鎮海鎮東等軍節度使浙江東西等道管內觀察處置兼兩浙鹽鐵制置發運營田等使開府儀同三司檢校太師兼中書令杭州越州大都督上柱國吳越國王食邑一萬戶實封一千戶錢宏俶象緯炳靈公王襲慶橫江負海者三千里開國承家者六十年而能望辰極以駿奔奉天朝之師律充庭納貢則外府告盈下瀨宣威則前茅獻捷忠信著於羣后禮讓行於一方故元冕九章爲王之服昭其名也朱輪駟馬爲王之馭昭其器也而又三吳百越列土分疆有民人焉有社稷焉恢祖禰之令圖實典禮之鉅著勸夫忠孝以御邦家今遣正議大夫守右散騎常侍上柱國賜紫金魚袋張煦左補闕崔頌持節備禮冊爾爲吳越國王嗚呼品秩甚尊名數尤重肅廣庭而備物練吉日以覃恩爾其正厥位事大以敬教民以順馭衆以恩神其福之禮曰惟王建國諸侯所以守舊邦書曰惟

帝念功王者於是出好爵匡我堯緒永爲漢藩浙江如帶稽山如礪福祿無窮貽厥百世汝往欽哉對揚我休命

即位大赦文

古先哲王繼天御物必有大造被於生民故能流餘慶於子孫保永圖於宗祏我國家本惟堯之洪緒襲有漢之耿光歷數有歸謳歌所屬先帝乘時出震應運開圖爰在初潛適丁難否妖孽盜居於宮闕腥膻肆毒於寰區血肉黔黎荊榛赤縣是建靈旗而指敵仗黃鉞以誓師逐逋寇於龍荒救含生於虎口遺身利物功德契於三靈以欲從

人。潤澤流於八表。大統既集。仙馭俄遷。號慕終天。殞越無地。肆予小子。獲纂丕基。上承顧命之嚴。下迫羣臣之請。遺弓如昨。仍几具存。瞻黼扆以摧心。處苫廬而瀝血。而文武庶尹。將相大臣。連上封章。請臨政事。固拒雖切。敦勸彌堅。蓋負荷於眇躬。復祇膺於永命。諒難固執。須強荒羸。恭已視朝。載惟感咽。向明而治。始聽斷於萬幾。作解之恩。宜昭宣於四海。可大赦天下。自二月十三日昧爽以前所犯罪。有已結正未結正。已發覺未發覺。罪無輕重。常赦所不原者。咸赦除之。諸左降官未量移者與量移。已量移者與復資。已復資者與敘用。應諸有盜賊處。宜準今年正月五日所降恩赦。放罪招攜。宜令所在長吏更切曉諭招喚。各令歸業安家營養。並不問以前違犯。仍倍加安撫。文武臣寮侍衛將士。赤心爲國。勠力勤王。盡節盡忠。同心同德。輔翊先帝。推戴沖人。言報忠勞。宜伸渥澤。應中外文武臣寮將吏。各加恩寵。其馬步諸軍將兵士等。各賜賞給。已從別勅處分。尚念國家多事。帑藏尚虛。賜賚未優。良深愧意。兵火之後。災沴相仍。編戶傷殘。比屋貧弊。重以科徭未息。輸斂不時。言念瘡痍。宜伸蠲復。天福十二年終已前殘欠秋夏

稅賦及和糴沿徵一物已上。並特放。所有徧經災沴處開封府滑曹鄆宋亳單潁徐宿兗沂密孟鄭懷衛澶濮等州。並濮城四面三十里內共二十處。除已放去年殘稅外。宜更加軫卹。其今年夏麥苗子。於舊額上特與放免一半。頃經戎虜所在驚騷。於場院課程州府管係。既有陷失。宜示矜蠲。應州府縣鎮遭契丹草寇及軍都更變驚劫。兼有般送綱運。已離本處。沿路遭劫奪諸色錢帛一物已上。兼天福十二年六月終已前諸州府鹽麴商稅鐵冶不敷課利。及主持錢物糧草柴蒿敗闕欠折等。一切特與除放。其主事人員亦放罪。其有契丹犯闕之時。諸州府有危疑之處。分差兵士守把城池。逐急將係省錢物充兵士優給犒設。諸道州府有去年六月終已前全分支卻將士春冬衣賜。及諸色諸受自來累行徵納者。並與檢驗除破。先是諸州府被契丹率配到錢物。逐處差人管押送納。有欠折者。勘驗指實。並與除破。天福十二年六月終已前逐處收刈到芟草。積年損爛及欠少處。並令除放。孝治之道。不獨其親。況推許國之忠。俱享承家之慶。感霜露者。宜覃漏澤。奉晨昏者。亦示寵章。立身揚名。於斯爲美。在朝文武臣僚內諸

司使及侍衛諸軍都虞候已上諸道節度防禦團練刺史並見任節度副使行軍司馬藩方馬步軍都指揮使父母祖父母見存者並與加恩亡歿者並與追贈追封已追封追贈者更封贈禮稱助祭詩美作賓誠歷代之嘉猷蓋近朝之闕典興衰繼絕宜舉舊章其唐晉兩朝可求訪子孫仍立爲二王後州縣之職朝廷命官既曠事者有懲豈奉公者無勸諸處令錄主簿在任顯有殊績善於勸課招輯徵科靜辦者委所在具以名聞當加優獎仍以時經多事民未小康每念疲羸倍懷軫惻天下州縣戶口除宣省指

揮外不得妄有科配徭役如合充色役者並須定奪允當其力及大戶並不得諸處投名影占稍違科條當舉憲典古者慮政教之紕繆詢理道於芻蕘蓋欲使外事不壅於中下情得通於上言路既廣頌聲則聞況在纘承之初實繫忠讜之說內外臣寮如有所見便於時政者可直言得失無所隱任賢勿二得士者昌仰稽聖謨敷求時彥訪諸貞遁庶無遺才天下有賢良方正文才武略不求進達處於沈滯者仰所在搜訪以聞名實相符當加擢任於戲建邦撫運念創業之惟難繼統承基知守文之不易纘紹惟重憂思匪寧所賴列辟宗臣元勳舊德股肱王室保佑朕躬共致扶持庶無失墜爰覃霈澤用洽中區凡在照臨當體予意

春令赦文

朕以眇躬獲纘洪緒念守器承祧之重懷臨深履薄之憂屬以元道猶艱王室多故天降重戾國有大喪奸臣樂禍以圖危羣寇幸災而伺隙力役未息兵革方殷朕所以嘗膽臥薪廢食輟寢雖居億兆之上不以九五爲尊漸冀承平永安遐邇內則東太后之慈訓外則仗多士之忠勳股

肱叶謀爪牙宣力西摧三叛撫其背而扼其喉北挫羣蕃斷其臂而折其脊次則巴邛嘯聚淮海猖狂纔聞矢接鋒交已見山摧岸沮寇難少息師徒無虧兼以修奉園陵崇建宗廟右賢左戚同寅協恭多事之辰大禮無闕負荷斯重哀感良深今三陽布和四序更始宜申兌澤允答天休恤獄緩刑捨過宥罪當萬物之孚甲開三面之網羅順彼發生以召和氣應乾祐二年正月一日昧爽已前天下見繫罪人除十惡五逆官典犯贓合造毒藥劫家殺人賊黨正身外其餘犯人及關連者並放如河中李守貞鳳翔王

景崇永興趙思綰等比與國家素無讎釁偶因疑懼遂致叛違所以命將陳師徵辭問罪止期旦夕必見功收然以彼之提封朕之黎庶久陷孤壘可念非辜易子析骸填溝委壑爲人父母寧不軫傷但以屈己愛人先王厚德包荒含垢列聖美談宜宏濟物之恩用廣好生之道其李守貞王景崇趙思綰等宜令逐處都部署分明曉諭若能翻然歸順朕並待之如初當保始終享其富貴明申信誓固無改移其或不認推誠堅欲拒命便可應時攻擊剋日盪平候收復城池罪止元惡其餘詿誤一切不問仍預告諸軍

破城日不可殺人放火諸處草寇等拋棄耕農聚集林藪晝伏夜動害物殘人前後累令翦除繼行招諭尚恐疑懼特示寬恩如能改過知非出來陳首者應已前所有爲非一切不問宜令逐處節度刺史及巡檢使明行曉示宜達朝廷恩旨冀其歸業常切撫安不得信任節級所繇衷私怨懟重念征討已來勞役尤甚兵猶在野民未息肩急賦繁徵財殫力匱矜恤之澤未被於疲羸愁歎之聲幾盈於道路尚以軍旅未息帑廩無餘猶稽蠲復之恩空懷愧憫之意即候邊烽少弭國患漸除當議優饒冀獲蘇息諸道藩侯郡守等咸分寄任共體憂勞更宜念彼瘡痍倍加勤卹究鄉閭之疾苦去州縣之煩苛勸課耕桑省察冤濫共恢政理用副憂勤凡百臣僚當體朕意

欽定全唐文卷一百二十二

周太祖

帝姓郭氏諱威字文仲邢州堯山人唐天祐元年生歷事後唐晉漢漢乾祐三年授鄴都留守兼樞密使監國廣順元年正月受漢太后冊即皇帝位顯德元年加尊號聖明文武仁德皇帝在位四年年五十一謚曰聖神恭肅文武孝皇帝廟號太祖

監國教

寡人出自軍戎本無德望因緣際會叨竊寵靈高祖皇帝

甫在經綸待之心腹洎登大位尋付重權當顧命之時受忍死之寄與諸勳舊輔立嗣君旋屬三叛連衡四郊多壘謬膺朝旨委以專征兼守重藩俾當勍敵敢不橫身勠力竭節盡心冀肅靜於疆埸用保安於宗社不謂奸邪搆亂將相連誅偶脫鋒鋩克平患難志安劉氏願報漢恩推擇長君以紹丕構遂奏太后請立徐州相公奉迎已在於道途行李未及於都輦尋以北面事急寇騎深侵遂領師徒徑往掩襲行次近鎮已渡洪河十二月二十日將登澶州軍情忽變旌旗倒指喊叫連天引袂牽襟迫請爲主環繞而逃避無所紛紜而逼脅愈堅頃刻之間安危莫保事不獲已須至徇從於是馬步諸軍擁至京闕今奉太后誥旨以時運艱危機務難曠俾令監國逃避無由黽俛遵承夙夜憂愧

贈趙瑩太傅制

禮云利祿先死者而後生者則民不偝先亡者而後存者則民可以託聖人垂訓與我同心因嗟既歿之賢俾舉追崇之典晉故中書令趙瑩行高言善性達心平鼎號函牛斯爲重器劒稱斬馬可謂靈鋒遺清白於子孫行忠信於

蠻貊斷魂外境歸骨中華於是盡傷載深軫悼俾贈三師之秩以伸一去之悲可贈太傅

追冊故夫人柴氏爲皇后制

義之深無先於作配禮之重莫大於追崇朕當宁載思撫存懷舊河洲令德猶傳荇菜之詩嬀汭大名不及珩璜之貴俾盛副笄之禮以申求劒之情故夫人柴氏代籍貽芳湘靈集慶體柔儀而陳闕翟芬若椒蘭持貞操以選中壼譽光圖史懿範尚留於閨閫昌言有助於箴規深惟望氣之艱彌歎藏舟之速將開寶祚俄謝璧臺宜正號於軒宮

俾耀潛於坤象可追命爲皇后仍令所司定謚備禮册命

追封乳母楚國太夫人制

敦敘九族糺綏六親生者錫其寵臨殁者優其追贈哲王茂典歷代芳規故南陽郡韓氏婉淑居身賢明垂範奉嬪率禮興家道於仁孝之基諸母推恩撫朕躬於幼沖之歲朝露溘先而奚逮慶雲華蔭以彌高宜洽明恩追崇大國式是載揚之美寧攄欲報之情庶俾後昆永覃清懿噫嘻貞魄享此儀章可追封楚國太夫人

貶寶州刺史張建武制

頃以野雞蕃族蠢賊邊陲俾爾率領兵師於彼進討殺牛族熟戶素不陸梁而無故侵驕致其闘敵彼戎既然殺戮去者寧不夷傷俾將士罹殃職爾之罪授之散秩猶爲寬恩爾當再三深自咎責可行左司禦率府副率

求言詔

朕昔在側微罔親敎學但明軍旅之事安知王化之基而天命眷求神器自至涉道斯淺何德以堪奚念得之惟艱未若守之不易況承敝之後致理尤難蒼生未得息肩賢者尚多鉗口必欲使下情上達上情下通聞所未聞見所未見莫若開其言路詢於廷臣冀時政之得失必論君道之否臧必告自然昏蒙漸滌聽覽有資致於日新其在封事如聞累朝舊制咸令轉對上書百辟相循五日爲準然或權臣惜短時主多猜不敢深切爲言恐以傷觸獲戾至有搜羅鄙事蔓延虛辭徒牽率以爲勞於裨補而何取朕猥惟涼德肇啟丕圖矻矻覽於萬機未能廣其庶績兢兢念於百姓何以致之小康寅畏以居思慮爲疾實賴黎獻誨以讜言一則究邦國之規模一則觀卿士之才器且採縉紳之議不亦愈於芻蕘之詞詢賢哲之謀不亦愈於工

瞽之諫應在朝文武百寮凡有所見益國利民之事並可實封而奏請閤門進納即不可尚習餘風更循舊轍無益於理者勿說不濟於時者勿書縱使指朕之非攻朕之短自當改過不吝豈但從諫如流如或武班中有出自戰功不親儒墨苟有殊見安得惜言固可假手直書豈在屬文麗藻至於藩侯郡牧當切務於安時盡於政者必知利於民者必曉但聞宏益悉可敷聞朕今諭此至懷固非掠其虛美志在得盡一之道成可久之規濟濟英髦無辭貢直事有短者不責理有長者必行但存輔翼之心勿以逆鱗

爲懼咸在中外宜副朕心

却諸道貢物詔

朕以眇末之身託王公之上深懼弗類撫躬靡遑豈可化未及人而過自奉養道未方古而不知節量與其耗費以勞人曷若儉約而克己昨者所頒赦令已述至懷宮闈服御之所須悉從減損珍巧纖奇之厥貢並使寢停尚有未該再宜條舉應天下州縣舊貢滋味食饌之物所宜除減其兩浙進細酒海味薑瓜湖南枕子茶乳糖白沙糖橄欖子鎮州高公米水梨易定栗子河東白杜梨米粉菉豆粉

玉屑糗子麪永興玉田紅花秔米新大麥麪與平蘇小栗子華州麝香羚羊角熊膽獺肝朱柿熊白河中樹紅棗五味子輕餳同州石鏉餅晉絳蒲萄黃消梨陝府鳳棲梨襄州紫薑新筍橘子安州折粳米糟味青州水梨河陽諸雜菓子許州御李子鄭州新筍鵞梨懷州寒食杏仁申州蘘荷亳州草蘚沿淮州郡淮白魚如聞此等之物雖皆出於土產亦有取於民家未免勞煩率多糜費至時奔迫以來䲣逐歲收斂以爲常所奉止於朕躬所損被於甿庶加之力役負荷馳驅道途積於有司之中甚爲無用之物此而不止孰曰知微其常貢上件物色今後並不許進奉諸州府更有舊例所進食味其未該者宜奏取進止此外猶有數處時新之物不敢全罷蓋或奉於太后薦於祖宗苟至悉除恐隳常敬告於中外宜副朕心

諭徐州軍民詔

朕昨迫於軍情遂臨帝位已曾示諭想備聞知汝等初得耗音爭無疑懼一則顧身擐甲閉關須至如是今覽汝等報姚武文字備悉心誠況汝等始則爲使主竭忠終則向朝廷順命秉持甚善節義可嘉佇俟旌褒何煩憂懼近者

已有勅旨汝等並授郡符只候新節度使入州即便施行恩命朕當示信於天下汝宜諭旨於城中凡在軍民各宜安堵其諸元從職員並宜安撫

賜王彥超詔

昨以鞏廷美楊溫等妄抱憂疑輒敢違拒累令招諭未體誠懷須至加兵以安民衆切慮破城之後玉石難分卿可告諭諸軍勿令殺人放火但誅惡黨宜捨脅從眷惟許國之心當體好生之意

獎隰州刺史許遷破敵詔

凶狂烏合來犯軍城醜類蜂屯罔識天命汝誓平國孽固彼人心率驍銳以前衝履鋒鏑而直進機籌神助部伍風生僞將活擒殘妖碎首心堅鐵石城固金湯蛇豕既殲梯衝並爇孽豎偷生而遁迹雄師賈勇以追奔言念忠貞寔無倫比嘉賞愧歎再三不忘

賜蘇逢吉劉銖家屬莊宅詔

故蘇逢吉劉銖頃在漢朝與朕同事朕自平禍亂不念仇讎尋示優容與全家屬尚以幼稚無託衣食是艱將行矜卹之恩俾獲生存之路報怨以德非我負人賜逢吉骨肉

洛京莊宅各一賜劉銖骨肉陝州莊宅各一

賜高保融詔

安審琦奏湖南船綱行監押節級官健四百九人在襄州朕以武陵長沙尋戈結釁既道塗而梗澀致官健以淹留卿義在卹鄰志惟體國俾歸途而無滯副軫念以在茲已降宣命下襄州取逐人便穩如願歸本道者即差人管押至荊南候到卿可差人部送至湖南

赦潞州俘馘詔

卿摧敵有方執俘甚衆據茲惡黨固有常刑但念彼之賊軍悉是朕之赤子遭罹凶暴迫脅征行以至就擒良亦可憫察其情狀爭忍加誅配於邊遐亦所不欲其賊軍並以釋罪各與衫袴巾屨遣供奉官張諲管押至河東界首放歸本家諒卿明敏當體朕懷

收復徐州詔

逆首楊温及親近徒黨並處斬其餘無名目人及本城軍都將校職掌吏民等雖被脅從本非同惡並釋放兼知自前楊温招喚草賊同力守把朕以村墅小民偶被扇誘念其庸賤特與含容其招入城草賊並放歸農仍倍加安撫

湘陰公夫人並骨肉在彼仰差人安撫守護勿令驚恐

許淮南糴易詔

淮南雖是殊邦未通中國近聞歉食深所軫懷天災流行分野代有苟或閉糴是豈愛人彼之生靈與此何異宜申惻隱用濟饑饉宜令沿淮州縣渡口鎮鋪不得止淮南人糴易

允皇子榮請放免散戶詔

卿作鎮王畿留心政道雖米鹽細務不懈於躬親而會斂無名盡思於蠲放能惠窮困深協眷懷已降宣命指揮使

並放爲散戶

賜昭義節度使常思詔

朕以君臣之道則外有朝廷之儀骨肉之親則內有少長之敬且朕與卿當夙昔之共事實敦敘於周親安可此時使渝曩分卿執恭爲行瀝懇上章雖謙謙之道可嘉而親親之義難替家人之禮朕當必行

答宰臣王峻詔

朕生長軍戎勤勞南北雖用心於鈐匱且無暇於詩書世務時艱粗經閱歷前言往行未甚討尋卿有佐命立國之

勳居代天調鼎之任恒慮眇德未及古人於是采掇箴規弼諧寡昧披文閱理懌意怡神究爲君治國之源審修己御人之要帝王之道盡在於茲辭翰俱高珠寶何貴再三省覽深用愧嘉其所進圖已令於行坐處張懸所冀出入看讀用爲鑒戒

賜慕容彥超詔

朕與卿久敘兄弟比無嫌隙自前歲奔逃之後尋時慰納如初察憂疑則推以赤心邀信誓則指之白日留男不歸大職欲已只在舊藩動必依從斷無疑阻何故執心不定率意而行聚草寇於城中修戰具於衙內發言不遜舉事無常差遣元隨主持鎮務恣令殘害任便誅求率配之名三四十件搶拾事力贍養奸凶一境生靈不勝其苦南則結連淮寇北則勾喚劉崇早者差都押牙鄭麟口奏數陳乞移藩閫朕推心嘉納回詔允俞昨上表請赴闕廷朕亦一從卿意復成欺侮翻有指名兼更僞詐鄆州書題點染齊王勳德且非奇詐何必如斯近者東面諸侯相繼奏報稱卿差點管內人戶團併義營欲議發軍攻取鄰道衆情不服闔境波逃其百姓皆併力同心殺却元隨鎮將倒各

將家迴避散投外界潛藏或則保聚山林就便構置寨柵懼卿挾讐屠害不保朝昏懸望官軍救護爲主朕爲人父母能不痛心弔伐之行蓋不獲已今差侍衛步軍都指揮使曹英等部領馬步大軍問卿情狀卿若能改心知過束身歸朝當許全生待之如舊朕或違信是謂自欺卿若拒張便令攻取今更飛此詔始末指陳冀卿靜慮深思庶幾轉禍爲福言盡於此卿其圖之

改定刑法詔

赦書節文明有釐革切慮邊城遠郡未得審詳宜更申明

免至差誤其盜賊若是強盜並準自來格條斷遣其犯竊盜者計贓絹滿三匹已上者並集衆決殺其絹以本處上估價爲定不滿三匹者等第決斷應有夫婦人被強姦者男子決殺婦人不坐其犯和姦者並準律科斷罪不至死其餘姦私罪犯準格律處分應諸色罪人除謀反大逆外其餘並不得誅殺骨肉籍沒家產

諭李穀扶疾視事詔

卿方秉國鈞實藉維持之效復兼邦計最爲繁劇之司稍失區分便成壅滯雖近有傷損未復痊平宜彊扶持且就臨涖無妨卧理仍放朝參勉卿忍苦之誠副我仰成之意

親喪未葬不準選舉詔

古者立封樹之制定喪葬之期著在典經是爲名教洎乎世俗衰薄風化陵遲親歿而多闕送終身後而便爲無主或羈束於仕宦或拘忌於陰陽旅櫬不歸遺骸何託但以先王垂訓孝子因心非以厚葬爲賢只以稱家爲禮掃地而祭尚可以告虔負土成墳所貴乎盡力宜須條令用警因循庶使九原絕抱恨之魂千古無不歸之骨應內外職官及選人等今後有父母祖父母亡歿未經遷葬其主家之長不得輒求仕進所由司亦不得申舉解送如是卑幼在下者不在此限其合赴舉選者或是葬事禮畢或是卑幼在下勒於所納家狀內具言不得罔冒宜令御史臺及逐處長吏本司長官所由司覺察申舉其中有兵戈阻滯或是朝廷特恩除拜起復追徵及內外管軍職員皆以金革從事並不拘此例

答馮道等上尊號詔

眇覿前王德之盛者或弦弧剡矢去天下之暴或手胼足胝服四載之勤德普施於民而民不知其力蓋爲而不有

建之若偷巍巍聖功曾無稱號苟異於是孰不近名朕歷數在躬艱難承統莫識三皇之道徒知萬乘之尊至於翼翼小心孜孜庶政推誠待物損己益人上帝佑予於茲三祀日慎一日無德可稱夫五禮交修四時不忒振頹綱於會府致函夏之小康斯乃公輔庶臣舉職之明效也七德訓戎四鄙不聳執干戈而衛社撫封域以安民此又勳臣將校爲時而宣力也至若蟲螟消殄風雨不愆歲被豐登民躋富壽茲乃乾坤育物宗社貽庥敢貪天功以爲己力而公卿叶議中外同詞詣闕拜章贈予美號雖爲臣之義

將順則然諒愛君之心殊不在此朕顧寡薄非所宜當卽斷來章無至固執所請宜不允

賜劉言詔

卿卓立功勳明彰臣節復馬氏所亡之地安楚人仍舊之邦一境土疆方資節制大朝藩屏殊切倚毗凡於錫賜之恩皆奬削平之效惟卿敏達知朕睠懷今賜卿舊屬湖南在京及諸處莊宅樓店邸務舍屋等

令三京及諸道勸課農桑詔

宜令三京及諸道州府委長吏指揮管內人戶勉勤耕稼

廣闢田疇勿使蒿萊有廢膏腴之地務添桑棗用資種養之方仍令常切撫綏不得輒加科役所貴野無曠土廬有環桑致穀帛以豐盈遂蒸黎之蘇息

定抽稅蕃漢糶鹽詔

青白池務素有定規祇自近年頗乖循守比來青鹽一石抽稅錢八百文足陌鹽一斗白鹽一石抽稅錢五百文鹽五升其後青鹽一石抽錢一千鹽一斗訪聞改法已來不便商販蕃人漢戶求利艱難宜與優饒庶令存濟今後每青鹽一石依舊抽稅錢八百文以八十五爲陌鹽一斗白鹽一石抽稅五百鹽五升此外更不得別有邀求蕃人入界本州務及諸巡鎭倍加安撫不得侵欺如蕃人將羊馬貨價須平和交易不得縱任牙人通同脫略故爲抑淩訪聞邊上鎭鋪於蕃漢戶人市易糶餘衷私抽稅今後一切止絕如違必加深罪各令知悉

命諸州恤刑詔

朕以敷政之勤惟刑是重旣未能化人於無罪則不可爲上而失刑況時當長嬴事貴清遹念囹圄之閉固復桎梏之拘縻處於炎蒸何異焚灼在州及所屬刑獄見繫罪人

卿可躬親錄問省略區分於入務不行者令俟務開繫有理須伸者速期疏決俾皆平允無至滯淹又以獄吏逞任情之姦囚人被非法之苦宜令加簡察勿縱侵欺當令淨掃獄房洗刷枷匣知其饑渴供與水漿有病者聽骨肉看承無主者遣醫工救療勿令非理致斃以至和氣有傷卿忠幹分憂仁明涖事必能奉詔體我用心睠委於茲興寐無巳餘從勑命處分

諭彰義軍民吏詔

朕以史懿自鎭邊藩克勤王事眷言勳舊深副倚毗爰自

近年。多嬰疾苦。邇來頻有發動。乞赴闕尋醫。既覽奏陳。須議俞允。已差客省使楊廷章往彼知軍州事。即令史懿發來京師。朕念涇州久爽疑瘡痍之地。軍人百姓。撫愛皆同。今已指揮楊廷章。候到日凡事倍加撫安。不得輒有科率。俾令衆庶。皆遂蘇舒。

命魚崇諒復位詔

卿向以母親高年。久嬰疾恙。解職歸止。徇意承顏。始於疾辭。今聞疾愈。臻此康寧之福。由其感應之誠。苟徵命以猶稽。則才能而虛滯。復乃職位。式佇論思。載覽表章。尚形眷戀。諭以前詔。俾之侍行。子道既以光揚。君恩亦須承順。速宜祗赴。無或再三。

欽定全唐文卷一百二十三

周太祖 二

爲漢隱帝發喪敕

漢高祖爲義帝發喪。魏明帝正禪陵尊號。一時達禮。千古所稱。況朕久事前朝。常參大政。雖遷虞事夏。見奪於羣情。而四海九州。咸知予夙志。宜令所司擇日。爲故主舉喪。仍備山陵葬禮。

收瘞暴骸敕

含幽育明。哲后法之而致理。掩骼埋胔。賢主著之爲令猷。今寶祚惟新。璿璣在御。踵姬周之至德。體虞舜之深仁。屬三靈改卜之秋。當五兵銷偃之際。或墳塋無主。幽穸毀發。於敓攘。或戰陣亡身。遺骸暴露於原野。旅魂無託。言念堪歎。應天下州縣管界內。有墳墓被開發者。無人爲主。本界官吏量與掩閉。勿令漏露。或戰場郊野。有暴骸露骨。亦仰收拾埋瘞以聞。

令諸道勸課耕桑敕

農桑之務。衣食所資。一夫不耕。有艱食之慮。一婦不織。有無褐之虞。今氣正陽春。候當生發。宜勤用天之業。將觀望

歲之心應諸道州府長吏宜勸課耕桑以豐儲積編民樂業仍倍撫綏

宣諭徐宿二州勅

朕猥以寡薄肇創基圖思康濟於兆民推恩信於天下庶幾致理漸至平寧楊温等比事藩維止爲小嫌妄生猜懼輒閉城門朕亦累賜勅書開懷示信諭以安危之道俾全忠孝之名亦繼有文字進呈止望朝廷恕舍朕念端倪未審之際事勢使然彼既無心豈忍加罪是以授之郡牧許以自新而不體優恩尚敢拒命執迷罔悟但作遷延今已

差兵士往彼攻取期於旦夕必易盪平汝等皆居封境之中各懷仁義之節況屬陽和之候方當農養之時暫駐兵甲固無騷擾宜思齊力安家　闕

宣諭晉絳慈隰諸州軍民勅

朕早事劉氏共立漢朝當高祖寢疾既危朕與楊州史宏肇於御牀之前同受顧託嗣君既立叛亂繼興朕討平河中克寧關內敢言勞苦貴保宗祧自鎮鄴都復當戎寄忘食廢寢夜思晝行固護邊疆訓齊師旅憂時憂國盡節盡忠不期羣小連謀蔽惑幼主忽於內殿併害大臣朕方在外藩亦遭讒構密降宣命潛遣行誅諸將知此無辜乞除君側之惡遂與將士同赴闕廷凶豎計窮迫害幼主朕遂奏太后請立劉贇比候到京方議册立便值河北告急契丹內侵遂領大軍徑赴救援自澶州起程北去輜重相次先行旗隊纔移軍情忽變喊聲動地事勢莫知攢集戈矛請朕爲主逃脫無地扶擁入京內外臣僚藩岳侯伯表章繼至推戴益堅勉副羣情尋登大位照臨之內罔不傾心不謂北京留守劉崇顯有包藏輒萌僭竊散飛文字誑惑人民騷動一方酷虐萬姓差點丁壯率掠貨財殺戮無辜

誅剝難狀況劉崇自居藩鎮唯務貪求刻削軍都增添稅賦千里之內民不聊生今則又作猖狂更加暴虐謂人情可以詐取謂天命可以僭求顛越如斯不亡何待朕方輯寧區宇拯救黔黎見舉大軍往平微孽爰念河東管界皆是朕之生靈被此凶殘深懷軫惻即候收復城壘當議減放稅租內外軍民並與洗滌更在沿邊藩鎮明宣朕懷接界戶人勿令侵擾其邊界城池已令修戢要辨奸細切須隄防安撫生民以副朕意

前資官準聽外居勅

朕祗膺景命奄有中區每思順物之情從衆之欲將使照臨之下咸遂寬舒仕官之流自安進退往者時有拘忌人或滯留所在前資並遣赴闕輦轂之下多寄食僦舍之人歲月之閒動懷土念家之志宜循大體用革前規應諸道州府有前資朝官居住如未赴京不得發遣其行軍副使巳下幕職州縣等官得替求官自有月限年月未滿一聽外居如非時詔徵不在此限但闕員有數入官者多苟無定規必生躁競凡爾進取知朕意焉

定赴任程期勅

自前朝廷除官銓司選授當其用闕皆稟舊規近聞所得官人或佗事阻留或染疾淹駐始赴任者既過月限後之官者遂失期程以至相沿漸成非次是致新官參謝欲上舊官考秩未終待滿替移動逾時日凋殘一處新舊二官在迎送以爲勞必公私之失緒今後應諸道州府錄事參軍判司縣令主簿等宜令本州府以到任月日旋具申奏及報吏部此後中書及銓司以到任月日用闕永爲定制其見任州縣官限勅到仰便具先到任月日一齊分析申奏及報吏部其有諸色事故及丁憂并請假十旬滿日亦仰旋具申奏兼報吏部其新受官准令式給程限外如不到本任參上致本處無憑申奏到任月日便仰吏部同違程不上收闕使用其諸見闕亦不得差官攝權輒便隱留如違勅條罪在本判官錄事參軍孔目官巳下

禁沿淮州縣軍鎭侵略淮南勅

沿淮州鎭朝廷比與淮南素非仇怨互分疆土各有人民商旅往來比無阻滯兵師屯戍自守關防其自近輒稍聞多事煙塵時動生聚無聊爰當開創之初每求安靜之道沿淮千里所宜禁暴戢兵比屋小民漸冀息肩樂土庶期

歲月馴致和平凡我疆埸之臣當體宵旰之念應沿淮州縣軍鎭今後自守疆土鈐轄兵士鄉軍不得縱一人一騎擅入淮南地分稍或違令不宜輕恕商旅行李經過輒不得妄致邀難如聞滯留必行勘罪更仰指揮沿邊巡檢止絕賊盜務在道途清肅人戶謐寧詔到速散行管界凡津要口鋪可丁寧曉告

定府州從事等當直人力數勅

職當參佐位列賓僚苟無職馭之人頗異築臺之禮雖事因政易而理未酌中宜降明文庶永爲制副留守節度副

使行軍兩京少尹留守判官兩使判官並許差定當直人力不得過十五人節度推官防禦團練軍事判官不得過十人諸府少尹書記支使防禦團練副使不得過七人並取本廳舊當直人力數少不及新定數目只仰依舊人數差定仍令逐處係帳收管此外如敢不遵條制多有占差額外影占人戶其本官當行朝典

放散諸州抽差勅

前朝於諸州府差散從親事官等前朝創置蓋出權宜茍便一時本非舊貫近者徧詢羣議兼採封章具言前件抽

差於理不甚允當一則礙州縣之色役一則妨春夏之耕耘貧乏者困於供須豪富者幸於影庇既爲煩擾須至改更況當東作之時宜罷不急之務其諸州所在差散從親事官並宜放散自逐田農自去年四月已前州縣元管係人數一切如舊其遞鋪如已前招到者且仰仍舊今後更不得招召其諸處場院並不得影庇兩稅人戶所有河北諸州及澤潞晉絳慈隰解等州於先差散從親事官內選到弓箭手只且留在本州管係其餘放散

均祿勅

牧守之任委遇非輕分憂之務既同制祿之數宜等自前者富庶之郡請給則優或邊遠之州俸料素薄以至遷除之際擬議亦難既論資序之高卑又患祿秩之升降所宜分多益寡均利同恩冀無黨偏以勸勳效今重定則例諸州防禦使料錢二百貫祿粟百石食鹽五石馬十匹草粟元隨三十人衣糧團練使料錢一百五十貫祿粟七十石食鹽五石馬十匹草粟元隨三十人衣糧刺史料錢一百貫祿粟五十石食鹽五石馬五匹草粟元隨二十人衣糧仍取今年五月一日後到任者依新定例支其已前在任

者所請如故

給還籍沒田產勅

朕臨御以來憂勤無怠慮庶政之尚闕恐蒸民之未安寢食不遑夙宵若厲早歲雍岐連叛兵革薦興迨至討平可知傷弊誠念負罪之黨尋以誅夷亡命之徒近皆滌蕩則被釋放者皆爲赤子經釐革者悉是平人雖性命之永全在生涯之何著興言軫惻未嘗去懷其京兆鳳翔府先因攻討之時及收復之後應有諸色犯罪人第宅莊園店舍水磑曾經籍沒及本主未歸者已宣下本道却給付罪人

骨肉爲主仍仰逐處嚴切指揮勿令所縣吏私關恤邀求資金庶令存濟用副朕懷

禁濫薦勅

朝廷設爵命官求賢取士或以資敘進或以科級升至有白首窮經方階一第半生守選始遂一官是以國無幸民士無濫進近年州郡奏薦多無出身前官或因權勢書題或是吏私請託既難阻意便授眞恩遂使躁求徼倖之徒爭遊捷徑辛苦孤寒之士盡泣窮途將期激濁揚清所宜循名責實凡百有位當體朕懷今後州府不得奏薦無前

官及無出身人如有奇才異行越衆超羣亦許具名以聞便可隨表赴闕當令有司考試朕亦自更披詳斷其否臧俾之升黜庶使人不謬舉野無遺才冀廣德人以資從政

盛夏決滯獄勅

朕肇啟丕基躬臨庶政深慕泣辜之道以宏恕物之心今則方屬炎蒸正當長養黃沙縶縶宜矜非罪之人丹筆重輕切戒舞文之吏凡有獄訟不得淹延務令囚絕拘留刑無枉濫冀叶雍熙之化用符欽恤之情應京都諸道州府見禁人等宜令逐處長吏限勅到應有獄囚當面錄問事小者便須遣決案未成者即嚴切指揮疾速勘決據罪詳斷疏放勿令停滯及致冤抑庶召和氣俾悅羣心

答竇貞固進晉朝實錄勅

貞固等羣書覩奧直筆紀言成一代之明文繼百王之盛典豈特洪纖靡漏抑亦褒貶有彰將播無窮永傳不朽歎重褒美頃刻不忘

貶監察御史劉頊復州司戶參軍勅

頊名升通籍官列憲司凡繫所爲尤宜知禁不能爲子諍父而乃離局侵官宜謫掾於方州俾省愆於終日

定催科賞罰勅

秋夏徵賦素有常規苟或催督及時官吏奉法自然辦及不至愆期前後所行條流頗甚苛細殊虧大體且類空言宜有改更以示懲勸起今後夏秋徵賦省限滿後十分係欠三分者縣令主簿罰一百直勒停錄事參軍本曹官罰七十直殿兩選孔目官罰七十直降職次本孔目勾押官典決停本判官罰七十直若係欠三分已上奏取進止係欠三分已下者等第科斷殿罰其州縣徵科節級所由委本州重行決責其本判官錄事參軍本曹官孔目勾押官

典取一州都徵上比較縣令主簿即本縣都徵上比較分數州縣官吏等各處員僚司分寄任所徵賦稅乃是職司苟或慢公何以食祿將勸能吏仍立賞科應諸州縣令錄佐官在任徵科依省限了絕者至參選日若是四選已上者減一選若不及四選者則與轉官其已前所行賞罰條流一切不行

撫恤沿邊流民敕

朕以沿邊百姓適因災沴遂至流亡拋棄鄉閭扶攜老幼未有安泊之地深懷愍念之心宜切撫綏庶令存濟其邊

界流移人戶差使臣與所在官吏撫恤安泊其滄景德管內甚有河淤退灘之土蒿萊無主之田頗是膏腴少人耕種可令新來百姓量力佃蒔只不得虛占土田有妨別戶居止如是願在別管界內居住者亦聽取便所在關津口岸不得阻滯如邊界有親識可依亦聽從便仍人給斗粟委三司支給候安泊定取便耕種放差稅

併三銓爲一敕

選部公事比置三銓所有員闕選人分在三處每至注擬之際資敘難得相當況又今年選人不多宜令三銓公事併爲一處委本司長官通判同商量可否施行所冀掄選得中銓綜有序其吏部尚書銓見闕宜差禮部尚書王易權判

禁越訴敕

致理安邦必先刑政分爭辨訟各有職司內則臺省官僚外則州縣曹局共承寄任同體憂勤苟衆務之有條則蒸民之無怨向來百姓訴訟不得越次訴論近日繼有便詣朝廷不經州縣宜再止絕免致踰違今後百姓凡有訴論及言災沴先訴於縣縣如不治即訴於州州治不平訴於

觀察使或斷遣不當即可詣臺省如或越次訴論所司不得承接如有抵犯準律科懲其訴事文狀或自手寫或是雇人並於狀後書其名姓並住止處所如無人寫狀許過白紙事條並須爲已如或容訴是挾阿私鞫得其情必議嚴斷若所經處所斷遣不平致詣朝廷長史推司當行譴罰

討慕容彥超敕

兗州節度使慕容彥超不知恩信輒恣凶狂北則勾喚劉崇南則結連淮寇劫掠鄰縣邀截路行差補元隨主持鎮

務一向殘害生聚百般誅斂貨財贍養姦凶圖謀悖亂割剝之苦所不忍聞朕每爲含容欲全終始近據東西諸處申奏慕容彥超徧於管內抽點鄉軍人戶不伏追差逐處殺劫鎭將又懼挾讐屠害悉是逃竄山林言念衆多盡能忠孝嗟我赤子遇此亂臣方當寒凍之時可想艱辛之狀須行弔伐以救孤危今差侍衞步軍都指揮使曹英等統領大軍往彼問罪已指揮告報諸軍入兗州界並不得下路村舍斫伐桑棗驅虜牛驢毀拆舍屋發掘墳墓如有犯者便行軍令候至城下委曹英散行指揮安撫人戶兼勒

諸縣令依舊勾當公事仍差使臣於兗州四面邊界招喚百姓令著營養如有惡黨接便爲非者即就彼處斷其人戶不得更於堡塞團集仍勒縣鎭官員節級明具朝廷指揮告報勸課農桑無失春計兼自前有兗州管內人戶被慕容彥超迫虜誑惑誘引見在州城內者及有元在兗州充職人等必是逐人各有骨肉房親在城今官中一切不問宜令州縣倍加安撫勿縱節級所繇吏私恐嚇若有全家並在兗州城內者或有莊田店宅及諸般物產如元有人勾當勸一切仍舊若無人主張即委鄰人簡較看守勿信任人妄有占據及毀拆斫伐候收復城池分付本主一夫作亂萬姓何辜興言疚懷傷歎無已故茲告諭各令聞知

令諸道勸課農桑敕

敕諸道府州吏六府允修無先重穀九扈分職厥惟勸農今則東作聿興西成係望我有羣后政在養民苟不懈於行春諒倍登於多稼鄉分憂事任道俗廉平樹以風聲靡如草偃必汙萊之地並作百廛游惰之民咸勤四體用洽帶牛之化更彰棲畝之謠眷倚之懷寤興斯切詔到卿可

散下管內勸課鄉縣百姓依時耕種栽接桑棗勿縱游惰務在精勤

諭金州屯戍兵士敕

昨慕容彥超結連草寇毒寇蒸民側近縣鎭鄉村無名脅從屠害人神憤怒須議討除朝廷已發大軍往彼攻取汝等屯戍邊境勞苦經時言念忠勤不忘寤寐所有汝等家口並在兗州城內屬此背違想皆憂念在朕誠意暫不弭忘已降宣命指揮曹英候收復城池日晝時選得力員寮部領兵士率先入城占據本營安撫逐人骨肉家口不

得輒有驚恐

授錢宏俶天下兵馬元帥敕

古之王者啟邦經野分職設官疇建殊庸懋昭大德我有重臣世膺王爵雖任一方之帥未超極品之榮漢法非劉不王唐制元帥爲重茲惟大任寧授非人用錫名藩永扶昌運咨爾檢校太師守尚書令上柱國吴越國王錢宏俶乾坤間氣海嶽孕靈爲民物之綱維實朝廷之藩屏承家保國奕世羨堂構之賢治亂持危四方推英豪之主梯航時登乎丹陛兵革靡及乎蒼生才足以尊主而庇民德足

以移風而易俗肆歸建極不替忱誠有齊桓尊周之心而忠義式逾乎齊有晉悼駕楚之略而功名不忝乎晉建之都督則百辟允諧使之元戎則三軍用命表海受一方之寄眞王啟萬戶之封匪爾令名曷兼衆職爾其不墜善始永圖令終承我履言毋忝厥位可特授天下兵馬都元帥餘如故

恤刑敕

朕以寡昧獲主黎元將以召天地之和每思去刑政之弊寅恭於此宵旰爲勞今以節及長嬴時臨暑熱耕農之戶蠶麥將忙宜於獄訟之間特示憂勤之旨應有刑獄切慮淹滯詔至所有重輕繫囚疾速勘鞫斷遣無令冤抑慮有淹延若輕罪畫時決遣其婚田爭訟務內勿治若事要定奪即須疾速區分若斷遣不平許人糾告官典必議徵斷

贈閻宏魯崔周度官敕

閻宏魯崔周度死義之臣禮加二等所以滲漏澤而賁黃泉也爾等貞節昭彰正容肅厲以從順爲己任以立義作身謀履此禍機併罹冤横宜伸贈典以慰貞魂宏魯贈驍衛大將軍周度贈祕書少監

禁吏民舉留守牧敕

諸州縣吏民緇黃繼來詣闕舉留刺史縣令牧宰之任委寄非輕繫蒸庶之慘舒布朝廷之條法若廉勤奉職撫字及民自有政聲達於朝聽何勞民庶遠致舉留既妨農養之時又耗路途之費所宜釐革免致勞煩今刺史縣令顯有政能觀察使審詳事狀朝廷當議獎昇百姓僧道更不舉請一切止絶

宣李穀入見敕

昨迴批答已丁寧宣諭卿所掌至重代難其人苟濟事權

何勞勤見朕於便殿待卿可暫入來與卿款敘

改定鹽麴條法勅

承前所立鹽麴條法每犯至少盡處極刑近年以來抵罪甚重兼以邑居人戶隨稅請鹽既不許將入城隍又不容向外破賣立法之弊一至於斯爰自新朝尚沿舊制昨因鄭州按獄備見百姓銜冤既詳斷之踰違亦條令之疑誤覩茲深刻須議改更庶令輕重得中兼復上下知禁國計之重立法爲先貴在必行何須過當凡鹽麴犯一斤已下至一兩杖臀十七配役一年五斤已下一斤已上杖脊二

十役三年五斤已上杖死之煎鹻鹽犯一斤已下杖脊二十役三年一斤已上杖死之若捉獲鹻土及水煎成鹽了秤之定罪顆鹽末鹽各有界分如界分相侵同犯鹽罪論鄉村所請蠶鹽只自充用不得將入城邑村坊博易貨賣如違同犯鹽論所請蠶鹽處道路津鎮須驗公憑凡賣鹽麴並須官場官務若衷私興販同犯鹽麴例論官場官務有羨餘鹽麴並盡底納官如輒將貨賣同犯鹽麴論凡鹽戶酒戶衷私與場官院官買賣同犯例論凡鹽麴同情共犯若是卑幼骨肉奴婢同犯只罪家長主者不知情只罪造意者其餘減等凡城郭人戶係屋稅鹽並於城內請給若外縣鎮郭下人戶亦許將所請鹽歸家供食即本部官據人戶合請數都計於倸場請數點檢入城不得因便帶入其郭下戶或城外有莊田合並戶稅者亦本處官預前分說勿令逐處都請凡鹽麴鹽鹻隨處地分節級專切捉搦如透漏必重科斷其告犯鹽麴人死罪者賞錢五十千文不死罪賞三十千文以本處係省錢充故斟酌輕重立此科條宜令三司施行其中有合指揮件目隨事處分以聞

令黃知筠往兗州收埋暴骨勅

兗州自逆臣盜據多有殺傷永惟葬朽之仁式示掩骼之義宜令樂院使黃知筠往兗州收暴露骸骨於高地爲壙埋葬祭奠以聞

更定招安戶口賞例勅

朝廷命官分治州縣至於招安戶口增益稅租明立賞科以勸勤吏近朝釐革雖有勅文俱未適中難仍舊貫晉代則傷於容易啟僥倖之門漢朝則過於艱難妨進趨之路既非允當須議改更宜令應州縣官所招添到戶口課績

自今日已前罷任者並準天福八年三月十一日勅施行其漢乾祐三年七月二十五日勅不行起今後應罷縣令主簿招添到戶口其一千戶已下縣每增添滿二百戶者減一選三千戶已下縣每三百戶減一選五千戶已下縣每四百戶減一選萬戶已下縣每五百戶減一選並所有增添戶及租稅並須分明於歷子解由內錄都數若是減及三選已上更有增添及戶數者縣令與改服色已賜緋者與轉官其主簿與加階轉官

定皮革稅勅

累朝已來用兵不息至於繕治甲冑未免配役生靈取乃民資助成軍器就中皮革尤峻科刑稍犯嚴條皆抵極典鄉縣以之生事奸猾得以侵漁宜立新規用革前弊應天下所納牛皮令將逐年所納數三分內減放二分其一分於人戶苗畝上配定每秋夏苗共十頃納連角牛皮一張其黃牛納乾筋四兩水牛半斤犢皮不在納限其皮人戶自詣本州送納所司不得邀難所有牛馬騾皮筋角今後官中更不禁斷並許私家供使買賣只不得將出化外敵境仍仰關津界首子細覺察捕捉所犯人必加深罪其州縣先置巡簡牛皮節級及朝廷先降條法一切停廢其合分擘納黃牛水牛皮筋處其間有未盡事件委所司取便處分庶免編民犯禁且使人戶資家既便公私用除苛弊

欽定全唐文卷一百二十四

周太祖三

賜青州勅

勅青州在城及諸縣鎮鄉村人戶等朕臨御已來安民是切務除疾苦俾遂蘇舒據知州閤門使張凝近奏陳八事於人不便積久相承宜降指揮並從改正其一屬州營田後槽兩務所管課利斛斗錢物人戶牛具屯官等宜並割屬州縣官舊額稅課其務及職員並廢其課額內有紅花紫草萊靛麻等據時估納錢折絲絹亦不得其係官桑土

牛具什物並賜見佃人為永業其城郭內宅舍房店奏取進止其秋夏納稅匹段不成端匹者許人戶合端匹不得以零尺納錢其匹並須本色不得邀納價錢改換色目如省司品配不在此限其二省司元納夏秋稅匹段每匹納十錢每貫七錢絲綿細線每十兩納耗半兩糧食每石納耗一斗八錢蒿草每十束耗一束錢五分鞋每兩一錢此外別無配率今後青州所管州縣並依省司則例供輸如違罪無輕恕其三劉銖在任時於苗畝上每畝徵車脚錢每頃配柴炭今後並止絕其四州司每年配和買稈草及苫營草今後並止絕如有關三司指揮其五所徵食鹽錢每貫別納脚錢今後止絕其六別徵進奏院糧課錢及遞鋪錢鞋分配縣鎮今後並止絕要即於州司公用錢內支遣其七州司配徵喫馬藥及汎配藥又縣鎮科配石炭紅花紫草今後並止絕不得配率又州司於夏苗上配納麥麪今後據州合用多少量於近縣配納不得遍據諸縣其八舊例州縣供納夏秋租稅皆畢須追人吏到州勘會此後止絕稅無欠少不得追集縣吏已前事件已降宣命處分其屬郡淄登萊等州如有前項舊弊亦依青州例施行

宣慰麟州刺史楊仲訓勅

麟州刺史楊仲訓及軍州將吏職員等據夏州節度使李彝殷奏得汝等狀稱劉崇拒命聖朝堅其逆黨今被部族侵迫乞垂救解兼已稱大朝正朔并門逆命邊郡無歸值妖孽之脅從致朝貢之阻絕今則蕃部兵民助我討逵汝等哀告蕃鄰欲謀歸向備覩變通之意特用宏納之仁宜示撫安用奬忠順已指揮州府及諸蕃部不令進攻汝等便宜明宣朝旨告諭軍民應是通河東道路口岸晝時遣人守禦不得通人來往凡有公事一一奏取朝廷指揮其

官員將校職掌一切依舊仍分析名銜申奏當議等第加恩兼之酬賞

慮囚勑

朕以時當化育氣屬炎蒸乃思縲絏之人是軫哀矜之念慮其非所案鞫淹延或枉濫窮屈而未得伸寃或飢渴疾病而無所控告以罪當刑者唯彼自召法不可移非理受苦者爲上不明安得無慮欽恤之道夙宵靡寧應諸道州府見繫罪人宜令官吏疾速推鞫據經遣斷不得淹滯仍令獄吏灑掃牢獄常令虛歇滌洗枷械無令蚤虱供給水

漿無令飢渴如有疾患令其家人看承囚人無主官差醫工診候勿致病亡循典法之成規順長嬴之時令俾無淹滯以致和平

令州縣軍鎮各守職分勑

賦稅婚田比來州縣之職盜賊煙火元係巡鎮之司各有區分不相踰越或侵職分是紊規繩切慮所在職員尚循舊弊須行條貫以正紀綱京兆鳳翔府同華邠鄜耀等州所管州縣軍鎮頃因唐末藩鎮殊風久歷歲時未能釐革政途不一何以教民其婚田爭訟賦稅丁徭合是令佐之職其擒奸捕盜庇護部民合是軍鎮警察之職今後各守職分專切提撕如所職疎遺各行按責其州府不得差監徵軍將下縣庶期靜辦無使煩勞

禁習天文圖緯諸書勑

辰象元遠罕克精研術數幽深驟難窮究則有閭閻之內小祝之流粗學陰陽務求衣食妄談休咎以誑民氓比設律條止兹誕妄久疎法網是啟奸訛自今後元象品物天文圖書讖記七曜歷太一雷公式法等私家不合有及衷私傳習見有者並須焚毀司天臺翰林院本司職員不得

以前件所禁文書出外借人傳寫其諸時日五行占筮之書不得禁限其年歷日須候本司算造奏定方得雕印所司不得衷私示外如違準律科斷遍下諸道州府各令告示

嚴究落第舉人騰謗並不得受薦託勑

國家開仕進之路設儒學之科較業掄才登賢舉俊其或藝能素淺履行無聞來造科場要求僥倖及當試落便起怨嗟謗議沸騰是非蜂起至有僞造制勑之語扇惑儕流巧爲誣毀之言隱藏名姓以兹取事得非薄徒宜立憲章

以示澄汰其禮部貢院條奏宜依仍於引試之時精詳考校逐場去留無藝者雖應年深不得饒借場數若有藝者雖當黜落並許訴陳祇不得於街市省門故爲喧競及投無名文字訕毁主司如有故違必行嚴斷本司鏁宿後御史臺開封府所差守當人專切覺察其有不自苦辛祇憑勢援潛求薦託俯拾科名致使孤寒滯於進取起今後主司不得受薦託書題如有書題密具姓名聞奏其舉人不得就試今後舉人須取本鄉貫文解若鄉貫阻隔祇許兩京給解

命以天下縣戶口定望緊上中下次第勑

天下縣邑素有等差歷年月以既深或增損之不一其中有戶口雖衆地望則卑地望雖高而戶口至少每至調集不便銓衡及有久歷官途却授隘狹之縣纔昇仕進便臨繁庶之民宜立成規庶叶公共應天下縣除赤縣畿縣次赤次畿外其餘三千戶已上爲望縣二千戶已上爲緊縣一千戶已上爲上縣五百戶已上爲中縣不滿五百戶爲中下縣選人資敘合入下縣者今許入中下縣宜令所司據今年天下縣戶口數定望緊上中下次第聞奏

賜趙鳳自盡勑

趙鳳驟承委寄合稟憲章臨民不力於撫綏率性但聞於凶暴沿淮巡寇當年之殘忍難名近郡須條在任之貪虐尤甚奪部民之妻女率州戶之資財招納賊徒騷擾生聚爾不奉法國有常刑其趙鳳宜削奪在身官爵賜自盡

即位赦文

自古受命之君興邦建統莫不上符天意下順人心是以夏德既衰爰啓有商之祚炎風不競肇開皇魏之基朕早事前朝久居重位受遺輔政敢忘伊霍之忠仗鉞臨戎復

委韓彭之任匪躬盡瘁焦思勞心討叛渙於河潼張聲援於岐雍竟平大憝粗立微勞纔旋旆於關西尋統兵於河北訓齊師旅固護邊陲只將身許國家不以賊遺君父外憂少息內患俄生羣小連謀大臣遇害棟梁既壞社稷將傾朕方在藩維亦遭讒搆逃一生於萬死徑赴闕庭梟四罪於九衢幸安區宇將延漢祚擇立劉宗徵命已行軍情忽變朕以衆庶所迫逃避無繇扶擁至京尊戴爲主重以中外勸進方嶽推崇黽勉雖順於羣心臨御實慚於涼德改元建號祇率於舊章革故鼎新宜覃於霈澤朕本姬室

之遠裔虢叔之後昆積慶累功格天光表盛德既延於百世大命復集於眇躬今建國宜以大周爲號改乾祐四年爲廣順元年自正月五日昧爽已前應天下見禁人等罪無輕重已發覺未發覺已結正未結正常赦所不原者咸赦除之故漢樞密使楊邠侍衛都指揮使史宏肇三司使王章等以勞定國盡節致君千載逢時一旦同命悲感行路憤結重泉雖尋雪於沈冤宜更申於渥澤並可加等追贈備禮歸葬喪事官給仍訪子孫敘用其餘同遭枉害者亦與追贈馬步諸軍將士等勠力協誠輸忠效義先則戡

平內難後乃推戴朕躬言念勳勞所宜旌賞其員僚將士等各與等第超加恩命仍賜功臣名號已有功臣名號者別與改賜應左降官量加敘錄亡官失爵之人宜與齒用配流徒役人並許放還已歿者任從歸葬所有杜仲威李守貞王景崇趙思綰賓幕元隨親戚及諸色人先因懼罪至今逃匿者並可放還任自取便昨者犯罪人蘇逢吉劉銖閻晉卿李業後贊聶文進郭允明及同時犯罪人等家族骨肉先已釋罪疏放其逐人所有親戚及門客元隨職掌在諸處者切慮尚抱憂疑今並釋放所在不得更有恐動內有手下先管莊田錢穀人等已下三司點簡磨勘了日一任逐便諸處有犯罪逃亡之人及山林草寇等咸許自新一切不問各還鄉里自務營生仍仰所在切加安卹所隸節級不得更私妄有恐動如赦到後一月不歸本業者復罪如初內外文武臣僚致仕官諸軍將校隨使職員及前任藩侯郡守文武朝列前內諸司使副使前禁軍指揮使前資行軍副使等各與等第加恩應見任文武臣僚內諸司使諸道行軍副使藩方馬步軍都指揮使如父母在未有恩澤者即與恩澤如亡歿未曾追封贈者亦與封

贈已封贈者更與封贈晉漢以來兵革屢動賦役煩佛黎庶瘡痍鰥寡孤惸不能自濟爲人父母曾不閔傷應天下州縣所欠乾祐元年二年已前夏秋殘稅及派徵物色并三年夏稅諸色殘欠並與除放所有澶州已來大軍經過之時沿路人戶恐有蹂踐兩邊共二十里并乾祐三年殘欠秋稅並放應河北沿邊州縣自去年九月後來曾經契丹蹂踐處其人戶應欠乾祐三年終已前積年殘欠諸色稅物並與除放仍委逐處長吏倍加存撫至於防守邊塞優卹疲羸利害之事各宜條奏自前或有拒扞契丹顯立

功勞及將吏之中有歿於王事者具名以聞當議酬獎應係三司主持錢穀敗闕場院官取乾祐元年終已前徵納外累經較科灼然無抵當者委三司分析聞奏別候指揮秋夏徵科舊有規制如聞諸道州府別立近限催驅或緣逼蹙過深轉致供輸不易至使蠶欲老而求絲債禾未熟而取穀錢但無逋懸何須急暴應天下百姓納稅租並取省限內納畢不任促限徵督如是軍期急速即不拘此例訪聞諸處人戶逃移在外者自前省司雖累行招攜多未歸復兼知逃戶稅賦攤配居人公私之間未甚允當念其

疾苦常軫於懷宜令所司商量別行條貫庶使逃移者即歸鄉土見居者漸遂舒蘇免困生靈以副勤恤藩侯郡守寄任非輕立政之先養民為本每及徵賦尤要徇公其逐處倉場庫務宜令節度使刺史專切鈐轄掌納官吏一依省條指揮不得別納斗餘秤耗舊來所進羨餘物色今後一切停罷朕早在藩鎮嘗戒奢華今御寰區尤思節儉況國家多事帑藏甚虛將緩憂勞所宜省約應乘輿服御之物不得過為華飾宮闈器用並從樸素太官常膳一切減損諸道所有進奉皆助軍國支費其珍巧纖華及奇禽異獸鷹犬之類不得輒有貢獻諸無用之物不急之務並宜停罷帝王之道德化為先崇飾虛名朕所不取苟致治之未洽雖多瑞以奚為今後諸道所有祥瑞不得輒有奏獻古者用刑本期止辟今茲作法義切禁非蓋承弊之時非猛則姦凶難制及知勸之後在寬則典憲得宜相時而行庶臻中道今後應犯盜贓及和姦者並依晉天福元年已前條制施行應諸犯罪人等除反逆罪外其餘罪並不得籍沒家產誅及骨肉一依格令處分天下諸侯皆有親校自可慎擇委任必當克效參裨朝廷選差理或未當宜矯

前失庶協通規其先於在京諸司差軍將充諸州郡元從都押牙孔目官內知客等並可停廢仍勒却還舊處職役設官分職具列司存離局侵權誠為撓紊今後諸司公事並須各歸局分不得越次施行朝廷之務顯有舊章職官具存安可廢墜如聞自前諸司公事多有壅滯今後並可速疾舉行國之大事在祀為先苟爽吉蠲深為瀆慢如聞自前祠祭牢饌頗虧肅敬今後委監察御史嚴加覺察必須豐潔庶達精誠稍或不恭國有常典近代帝王所在陵寢合禁樵採俾奉神靈唐莊宗晉高祖各置守陵十戶以

近陵人戶充漢高祖皇帝陵署職員及守陵宮人時月薦饗並守陵人戶等一切如故仍以晉漢之裔爲二王後委中書門下處分自古聖帝明王莫不好賢納諫是以立誹謗之木采芻蕘之言時之利病罔不知政之得失無不察達聰明目其在兹乎應內外文武臣寮有見識灼然益於治道者許非時上章閭達山林草澤之間懷才抱器之士切在搜訪免致遺賢孝子順孫義夫節婦所宜旌表以勵時風於戲致理保邦非德教無以安萬國發號施令非誠信無以示四方其或言出行違朝行暮改是爲秕政何以

子民更賴棟梁羽翼之臣左右前後之士共扶寡昧同致雍熙思寘器以永安覩覆車之可戒納隍馭朽予豈忘諸釐革有所未盡者有司具啟請以聞

平兗州大赦文

在昔哲王承天育物莫不內修庶政外撫諸侯推誠以待人人皆自信虛已以馭下下無弗從是以車書大同革兵不試動植遂和平之性蒸黎絕愁嘆之聲朕以眇躬猥承大統側微自效嘗從軍旅之中億兆所推獲託王公之上涉道斯淺於德未章致其毒螫之凶爲我生靈之患逆賊慕容彥超輿臺賤類闒茸微人歷郡牧而至藩侯扇貪風而彰惡迹洎予臨馭無間綏懷而乃顛越不恭姦邪是恣北則結連戎虜南則臣事淮夷每與劉崇潛通人使剖割萬姓傷殘乃杼軸其空盜橫一州嚴酷如爐炭之上招呼亡命剽劫隣封繕甲治兵深溝高壘既顯悖違之狀須興討伐之師朕昨暫御戎車來巡軍寨覩貔貅之賈勇憤蛇豕以爲妖咸請先登不容假息士怒未洩逆壘俄平盜泉已涸其源流惡草盡除其滋蔓班師振旅六軍方樂於凱旋盪穢滌瑕一境宜覃於霈澤可赦兗州管內取五月二

十七日見禁罪人及未發覺者大辟以下並赦除元凶流毒同黨濟姦國有常刑皆合顯戮特示好生之道猥寬連坐之誅應曾與慕容彥超同惡之人逃避潛藏者並與釋放仰於所在自出陳首百日不首者獲罪如初應已伏誅逆黨人等於諸處有骨肉者先已指揮放罪招安尚慮本身抵法之後却有驚疑宜令所在州縣明行告諭並釋放不問兗州城內幕職及州縣官吏軍府將校令並放罪其衙前州使兩院職役人本城軍都並勑仍舊自慕容彥超違背已來鄉州山寨豪強人等接便爲非劫掠擄殺今因

收復並與洗滌一切不問外諸軍將士等勇於爲主奮不顧身所有沒於王事者各等第給布絹仍以本人半分衣糧與本家一年有親子者官中並與收錄安排自軍使都頭以上皆與贈官職賊據一城民殘四境或撤毀其牆屋或蹂躪其田疇槩於徵取供軍點集應役並宜矜恤俾漸蘇舒應兗州城內所有徵取今年屋稅及蠶食鹽鐵諸雜稅物並與除放城外官軍下寨處四面去州城五里內所毀今年夏稅苗子蠶食鹽鐵並諸雜沿徵錢物並與除放五里外十里內除放今年夏苗子三分中減放一分并兗

州城內百姓被慕容彥超閉門已來無辜殺害者宜令本州存恤其家其被殺官員宜令本州官具錄奏聞當行恩澤所有被毀拆卻舍屋極多及收城之時延火燒爇官中給賜材木量令蓋造攻取城池須資力役既臨矢石或致喪亡致人歿身在朕深念諸州差別人夫內有遭矢石身死者宜令逐州縣分析姓名聞奏官中各給絹三匹以省庫物充仍放下三年諸雜差遣勒本縣給與文帖其部領人夫州縣官等到城下施功者據勞役日月等第加減遷萊蕪監所抽點到諸縣義軍已各指揮放散今後更不得管係名額其權充都將節級者亦不得此後於鄉村內更有稱呼於戲夏爲長贏勞軍民以從役聖職教化用干戈而翦凶惟予不明增愧於是尚賴穹旻之祐漸期寰海之安告爾魯人咸體茲意

策禮樂兵刑問

王者以禮御人倫以樂和天地以兵柔萬國以刑齊兆民四者何先殊途同治或因或革各適所宜故五帝殊時不相襲禮三王異世不相沿樂兵有務戰不戰之異刑有輕次重次之差歷朝張弛繁不具引自唐祖混一函夏太宗

嗣成聖功言其禮則三正有常言其樂則七宗有秩兵息而臣道咸順刑措而民心不渝五帝三王不足尚也越自天寶之後國經混然禮樂湮墜而衆不知兵刑煩擾而下不畏朱梁晉漢皆用因仍洎我朝開創以來力務興振然薰歇燼滅歷年滋多焦思勞神觀效未著予欲父慈子孝兄友弟恭君仁臣忠夫義婦聽聲明文物無其缺祝嘏辭說必有序萬儀咸秩百神受職家肥國肥知禮之尊也當用何理副茲虛懷予欲六律六呂七政九變金石絲竹之器羽旄干戚之容歌其政舞其德與夫文音武坐比崇昔

時天和地平知樂之崇也子當深辨其理爲時陳之子欲混同天下親征未服手振金鼓跋履山川如商高宗之伐鬼方若魏武帝之登柳塞則六師所至供億無窮衆興民勞自古皆愼若但任偏將屯於邊鄙縱兵時入茹食居人交尸塞路暴骨盈野終歲如是得無憫然何以令佳兵不具彼魁革面王塗無所圯隔方貢自來駿奔更思爾謀以逮明略子欲斧鉞不用刀鋸不興桎梏朽蠹無所設施無城舂鬼薪之役無三居五宅之流畫衣冠而不犯虛囹圄而不入措刑之理何以致諸子大夫博義洽聞窮微覩奧

提筆既于於奇遇撞鐘必應於嘉音抱屈將伸直言勿隱

請擒縛李業等疏

昨爲兵士擁至河上言京中誅史宏肇等盡非聖意請陛下密詔内班擒縛李業等送至澶州詔諭兵士臣即却歸鄴中一則雪將相之深寃一則安陛下之家國

澶州上漢帝疏

臣發迹寒賤遭遇聖朝既富且貴實過平生之望唯思報國敢有他圖今奉詔命忽令郭崇等殺臣即時俟死而諸軍不肯行刑逼臣赴闕令臣請罪上前仍言致有此事必是陛下左右譖臣耳今鸞脫至此天假其便得伸臣心三五日當及闕朝陛下若以臣有欺天之罪臣豈敢惜死若實有譖臣者乞陛下縛送軍前以快三軍之意則臣雖死無恨今託鸞脫附奏以聞

請冊立嗣君疏

昨者左右熒惑輿駕蒼皇歸闕師徒未免驚動帝王出令其位難虛軍國事多早宜冊立嗣君以係人望伏請太后行教令指揮

上漢太后牋

臣事先帝過承君父之恩及奉嗣君願竭腹心之效豈期禍難事與願違方擇當璧之賢又爽大横之兆永言膝下何慰慈顏望太后以宗子待微臣臣敢不奉宗廟如本朝事太后爲慈母悃款之至祈懇增深

諭徐州城内軍民書

昨以鞏廷美楊温等不認朝旨妄蓄疑心累令招攜明示誠信雖有章奏尚未開門既無果決之心必是疑君之詐今以指揮王彥超排比大軍攻討汝等若能誅斬元惡應接官軍上城者若是將校員寮只與超拜官資兼授刺史

百姓即給厚賞穩便安排但收此絹書以爲憑信

答北京留守劉崇書

朕在澶州之時軍情推戴之際先差來直省李光美備見必想具言而況遐邇所聞在後盡當知悉湘陰公比在宋州駐泊見令般取赴京但勿憂疑必令得所唯公在彼固請安心若能同力扶持別無顧慮即當便封王爵永鎮北門鐵券丹書必無愛惜其諸情素並令來人口宣

賜鄴都副留守陳光穗詔書

汝澶淵倅職之時值漢室釁生之際潛齎密旨將陷朕躬

神明不祐於包藏機事尋當於發露汝梟勳賢之指使效奔走之勤勞徑自河壖報於鄴下忠孝之規迴著旌酬之道未宏每慊朕懷仍宜公論宜膺列郡用賞前功今授汝博州刺史

幸兗州札

昨以慕容彥超違負國朝閉據城壘尚稽顯戮未快羣情方屬炎蒸正勞師旅朕恭臨萬國深居九重處宮闕之清虛雖然遂性念將士之勤苦寧免疚心暫自省巡往申慰撫況非遠路不至甚勞凡我臣寮當體茲意朕取五月五日進發離京赴兗州城下慰勞行營將士沿路側近節度防禦團練使刺史不得離本州府來赴朝覲其隨駕一行供頓並取係省錢物準備差使臣勾當仍預告報一路州縣並不得別有排比其隨從臣寮內外諸司官中已有供給州縣亦不得別有破費祗供其要載動用什物車乘亦已指揮備辦如闕少之時候見宣命即行供應只不得預前排比如衷私有人小小取索並不得應付或軍都及諸色人於路途店肆買所須什物先還價錢兩京留守百官只於遞中附表起居時熱不用差官至行在所沿路指揮

事件車駕迴日亦依此施行

令所司備南郊儀注札

王者應運開基子民育物罔不承天事地尊祖敬宗燔柴於泰壇用昭乾德瘞玉於方澤以答坤靈朕受命上元宅心下土時已歷於三載漸至小康禮未展於二儀深虧大典夙宵愧畏不敢遑寧宜叶蓍龜式陳籩豆庶展吉蠲之禮用傾昭事之誠朕以來年正月一日於東京有事於南郊宜令所司各備儀注務從省約無致勞煩凡有供需并用官物府縣不得因便差配諸道州府不得以進奉南郊

爲名。輒有率斂。庶俾嚴靜。以奉郊禋。中外臣寮。當體予意。

欽定全唐文卷一百二十五

周世宗

帝諱榮。本姓柴氏。聖穆皇后之姪。太祖養爲己子。唐天祐十八年生。廣順三年授開封尹。封晉王。顯德元年正月即位。在位六年。年三十九。諡曰睿武孝文皇帝。廟號世宗。

贈史彥超檢校太師制

故輸忠翊戴功臣鎮國軍節度華商等州觀察處置等使兼河東道行營先鋒都指揮使檢校太保史彥超。嚴能齊衆。武可摧凶。振鐸號軍。伸其膽勇。登鋒捍寇。誓以身先。

昨北戎阻兵。同惡相濟。爾乃力排羣醜。體中重創。雖虜騎已大奔。而將軍之先歿。衽金革而剛強已矣。聽鼓鼙而傷歎如何。言念純臣。宜膺褒美。俾追贈於崇秩。用報慰於重泉。可贈檢校太師。

授景範中書侍郎平章事制

朕自履宸極。思平泰階。出一令慮下民之未從。行一事懼上元之罔祐。晨興夕惕。終歲於茲。雖禮讓漸聞。興行而風雨未之咸若。豈刑政之斯闕。而德教之未敷哉。繇是進用良臣。輔宣元化。雖朕志先定。亦輿情具瞻。爰擇嘉辰。誕敷明命樞密院直學士中大夫尚書工部侍郎上柱國晉陽縣開國男食邑三百戶賜紫金魚袋景範昔佐先帝每罄嘉謨逮事眇躬愈傾忠節奉上得大臣之體檢身爲君子之儒一昨戎輅親征皇都是守贊勲賢於留府副徵發於行營軍政所資國用無闕今則靈臺偃革宣室圖功思先朝欲用之言成聖考得賢之美俾參大政仍掌利權爾其明聽朕言往敷元化予欲則垂象而清品彙爾則順天道以序彝倫予欲恤刑名而息戰爭爾則謹憲章而恢廟略天人之際懸合軍民之事罔渝則國相之尊非爾孰處邦

計之重惟才是臧勉思倜儻以致君勿效因循而保位佇聞成積用副虛懷可正議大夫中書侍郎平章事判三司

授高麗國王王昭開府儀同三司檢校太尉制

姬旦分疆肅愼列明堂之位武王尊德朝鮮受箕子之封矧乃代守東藩材稱間世襲衣冠而奉正朔瞻象魏以走梯航推誠遠慕於華風重譯來朝於興運嘉乃丕績宜覃懋恩特進檢校太尉使持節元菟州都督大義軍節度使上柱國高麗國王王昭地控辰韓風行日域命氏本神仙之族炳靈分象緯之精爲仁自契於太平旣觀繇已述職罔殊於諸夏來奉充庭朕嗣守鴻圖方崇王道禮樂征伐之柄盡出眇躬山河帶礪之盟思傳不朽但遵聲教豈限遐遙俾光壽土之封更假自天之寵於戲儀同三事無先開府之尊冠首四梁愈見上公之貴琢蒼玉爲爾珮飾豐貂爲爾冠用報好音且彰柔遠爾其仰宣朝命下慰州民泛濟水爲恩波還同在藻指家山於緱嶺免詠式微永爲屬國之賓無闕外臣之禮可授開府儀同三司檢校太尉依前使持節元菟州諸軍事行元菟州都督充大義軍使高麗國王勲如故

追封郯王侗等制

禮以緣情恩以悼往矧在友于之列尤鍾惻愴之思故皇弟贈太保侗贈司空信等玉葉聯芳金莖比瑞屬景運之初啟何大年之不登未翦桐珪連彫棣萼俾予終鮮實動永懷旣登敘以無階在疏封而豈恡贈其王爵慰我天倫侗追封郯王信追封杞王

李穀罷相制

鴻水未堙舟楫賴濟川之用密雲旣雨郊原成利物之功惟賢哲之保躬蹈初終於元吉我有良相時惟正人七年

竭力於扶持六氣遂乖於頤養踰歲伏枕九陳讓詞敦諭雖頻告請彌切暫輟秉鈞之任不移論道之資仍益戶封斯爲異數推忠協謀佐理功臣特進守司空門下侍郎同中書門下平章事監修國史上柱國隴西郡開國公食邑一千五百戶食實封二百戶李穀昔事先朝勤勞王室暨登上相佐佑朕躬疾因憂國而有加志在避權而知足煩燮調而斯久釋難重以爲宜漸俟痊平別期委任俾展輅車之禮用光水土之官惟爾誠明當體優異凡百有位知予尚賢可守司空加食邑五百戶食實封二百戶功臣散

官勳如故仍令所司擇日備禮冊命

興制舉制

制策懸科前朝盛事莫不訪賢良於側陋求讜正於箴規殿庭之間帝王親試其或大裨於國政有益於時機則必待以優恩縻之好爵拔奇取異無尚於茲得人者昌於是乎在爰從近代久廢此科懷才抱器者鬱而不伸隱耀韜光者晦而莫出遂使翹翹之楚多致於棄捐皎皎之駒莫就於縻縶遺才滯用闕孰甚焉天下諸色人中有賢良方正能直言極諫經學優深可爲師法詳閑吏理達於教化者不限前資見任職官黃衣草澤並許應詔其逐處州府依每歲貢舉人試例差官別考試解送尚書吏部仍量試策論三道共三千言以上當日內取文理俱優人物爽秀者方得解送取來年十月集上都其登朝官亦許上表自舉

加贈皇從弟守愿等官制

故皇從弟贈左領軍衛將軍守愿贈左監門衛將軍奉超贈左千牛衛將軍遜等天潢演派棣蕚騰芳咸敦孝悌之情並著謙和之譽頃因季代不享遐齡每念非辜難忘有

慟宜加贈典復賁泉扃守愿可贈左衛大將軍奉超可贈右衛大將軍遜可贈左武衛大將軍

命薦舉令錄詔

令錄之官政理之本親民總務在幹與廉雖銓衡舊規每常慎擇而縉紳多士難以具知爰開舉善之門以廣用才之道應在朝文資官翰林學士兩省官內有曾歷藩郡賓職州縣官者宜令各舉堪爲令錄者一人務在強明清愼公平勤恪其中有已曾任令錄亦許稱舉並當擢用不拘選限資敘雖姻族近親亦無妨嫌只須舉狀內具言除官

之日仍署舉主姓名若在官貪濁不公懦弱不理或職務廢闕或處斷乖違並量事狀重輕連坐舉主仍令御史臺催促本官旋具奏聞限兩月内舉狀齊足如出使在外者候回日準此指揮務在稱揚循吏激勸官途庶符用乂之方共布惟和之政

求言詔

善操理者不能有全功善處身者不能無過失雖堯舜禹湯之上聖文武成康之至明尚猶思逆耳之言求苦口之藥何況後人之不逮哉朕承先帝之靈居至尊之位涉道

猶淺經事未深嘗懼昏蒙不克負荷自臨宸極已過周星至於刑政取舍之閒國家措置之事豈能盡是須有未周朕猶自知人豈不察而在位者未有一人指朕躬之過失食祿者曾無一言論時政之是非豈朕之寡昧不足與言耶豈人之循默未肯盡心耶豈左右前後有所畏忌耶豈高卑疎近自生閒別耶古人云君子大言受大祿小言受小祿又云官箴王闕則是士大夫之有祿位無不言之人然則爲人上者不能感其心而致其言此朕之過也得不求骨鯁之辭詢正直之議共申裨益庶洽治平朕於卿大夫才不能盡知面不能盡識若不採其言而觀其行審其意而察其忠則何以見器略之淺深任用之當否若言之不入罪實在予苟求之不言將誰執咎應内外文武臣僚今後或有所見所聞並許上章論諫若朕躬之有闕失得以盡言時政之有瑕疵勿宜有隱方求名實豈尚虛華苟或素不工文但可直書其事理有謬誤者當期含短言涉傷忤者必與留中所冀盡情免至多慮諸有司局公事者各宜舉職事有不便者革之可也理有可行者舉之可也勿務因循漸成訛謬臣僚有出使在外迴者苟或知黎庶

之利病聞官吏之優劣當具敷奏以廣聽聞班行職位之中遷除改轉之際即當考陳力之輕重較言事之否臧奉公切直者當議甄外臨事蓄縮者須行抑退翰林學士兩省官職居侍從乃論思諫諍之司御史臺官任處憲司是擊搏糾彈之地論其職分尤異群官如逐任官内無所獻替啟發彈舉者三月限滿合遷轉時宜令中書門下先奏取進止凡爾有位宜悉朕懷

京城別築羅城詔

惟王建國實曰京師度地居民固有前則東京華夷臻湊

水陸會通時向隆平日增繁盛而都城因舊制度未恢諸衛軍營或多窄隘百司公署無處興修加以坊市之中邸店有限工商外至億兆無窮僦賃之資添增不定貧闕之戶供辦實艱而又屋宇交連街衢湫隘入夏有暑濕之苦居常多煙火之憂將便公私須廣都邑宜令所司於京城四面別築羅城先立標幟候將來冬末春初農務閒時即量差近甸人夫漸次修築春作纔動便令放散如或土功未畢則迤邐次年修築所冀寬容辦集今後凡有營葬及興置宅竈并草市並須去標幟七里外其標幟內候官中

劈畫定街巷軍營倉場諸司公廨院務了百姓即任營造

毀私建寺院禁私度僧尼詔

釋氏貞宗聖人妙道助世勸善其利甚優前代以來累有條貫近年已降頗紊規繩近覽諸州奏聞繼有緇徒犯法蓋無科禁遂至尤違私度僧尼日增猥雜創修寺院漸至繁多鄉村之中其弊轉甚漏網背軍之輩苟剃削以逃刑行姦為盜之徒託住持而隱惡將隆教法須辨否臧宜舉舊章用革前弊諸道府州縣鎮村坊應有勅額寺院一切仍舊其無勅額者並仰停廢所有功德佛像及僧尼並騰併於合留寺院內安置天下諸縣城郭內若無勅額寺院祇於合停廢寺院內選功德屋宇最多者或寺院僧尼各留一所若無尼住祇留僧寺院一所諸軍鎮坊郭及二百戶已上者亦依諸縣例指揮如邊遠州郡無勅額寺院處於停廢寺院內僧尼各留兩所今後並不得創造寺院蘭若王公戚里諸道節刺已下今後不得奏請創造寺院及請開置戒壇男子女子如有志願出家者並取父母祖父母處分已孤者取同居伯叔兄弟處分候聽許方得出家男年十五已上念得經文一百紙或讀得經文五百紙女

年十三已上念得經文七十紙或讀得經文三百紙者經本府陳狀乞剃頭委錄事參軍本判官試驗經文其未剃頭間須留髮髻如有私剃頭者却勒還俗其本師主決重杖勒還俗仍配役三年兩京大名府京兆府青州各處置戒壇候受戒時兩京委祠部差官引試其大名府等三處祇委本判官錄事參軍引試如有私受戒者其本人師主臨壇三綱知事僧尼並同私剃頭例科罪應合剃頭受戒人等逐處聞奏候勅下委祠部給付憑由方得剃頭受戒應男女有父母祖父母在別無兒息侍養不聽出家曾有

罪犯遭官司刑責之人。及棄背父母逃亡奴婢姦人細作。惡逆徒黨山林亡命未獲賊徒負罪潛竄人等並不得出家剃頭如有寺院輒容受者其本人及師主三綱知事僧尼鄰房同住僧尼並仰收捉禁勘申奏取裁僧尼俗士自前多有捨身燒臂鍊指釘截手足帶鈴挂燈諸般毀壞身體戲弄道具符禁左道妄稱變現還魂坐化聖水聖燈妖幻之類皆是聚衆眩惑流俗今後一切止絕如有此色人仰所在嚴斷遞配邊遠仍勒歸俗其所犯罪重者準格律處分每年造僧帳兩本其一本奏聞一本申祠部逐年四

月十五日後勒諸縣取索管界寺院僧尼數目申州州司攢帳至五月終已前文帳到京僧尼籍帳內無名者並勒還俗其巡禮行脚出入往來一切取便

令點檢祠祭詔

今後諸處祠祭應有牲牢香幣饌料供具等仰委本司官吏躬親簡較務在精至行事儀式依附禮經大祠祭合用樂者仍須祀前教習凡關祀事宜令太常博士及監察御史用心點檢稍或因循必行朝典

答張昭進兵法詔

朕昔覽兵書麤知前事將觀機要委卿撰述曾未踰時遠來呈進披尋之際備見精詳論戰法之大綱與孫吳而共貫賴卿博學副朕所懷宜示須宣用明恩寵嘉獎在念再三不忘今賜卿衣著二百匹銀器一百兩

平揚州諭諸道詔

朕自渡長淮尋清千里戎輅方期於南下金陵哀告而上章乞駐禁軍稱臣待罪念其危迫未遣攻收不謂忽逞狂謀又屯殘寇韓令坤趙韓等憤其姦詐勠力掃除銳旅纔交賊徒大敗生擒偽將盡奪樓船竚於旦夕之閒便見澄

清之運凡聞克捷諒極懽呼

愼擇諸司寺監官詔

諸司職員皆係奏補當執役之際悉藉公勤及聽選之時尤資幹敏苟非愼擇漸致因循應諸司寺監今後收補役人並須人材俊利身言可採書札堪中自前行止委無訛濫勒本司關送吏部引驗人材考校筆札其中選者連所試書跡及正身引過中書餘從前後格勅處分仍每年祗得一度奏補

許京城街道取便種樹掘井詔

輦轂之下謂之浩穰萬國駿奔四方繁會此地比爲藩翰近建都城人物諠闐閭巷隘陋雨雪則有泥濘之患風旱則有火燭之憂每遇炎蒸易生疫疾近者開廣都邑展引街坊雖然暫勞久成大利朕昨自淮上迴及京師周覽康衢更思通濟千門萬戶庶諧安逸之心盛暑隆冬倍減寒温之苦其京城内街道闊五十步者許兩邊人戶各於五步内取便種樹掘井修蓋涼棚其三十步以下至二十五步者各與三步其次有差

修梁均帝唐清泰帝實錄詔

書契已來史冊相繼明君暗主罔或遺之所以紀一時之興亡爲千古之鑒戒梁均帝唐清泰二主皆居大寶奄宅中區雖負扆當陽不享延洪之數而編年紀事宜存纂錄之規用備闕文永傳來裔其梁均帝唐清泰二主實錄宜差兵部尚書張昭修纂其同修纂官員亦委張昭定名奏請

修太祖實錄詔

伏以太祖聖神恭肅文武孝皇帝削平多難開啟洪圖用干戈而清域中修禮樂而治天下克勤克儉乃武乃文八紘方混於車書三載忽遺於弓劍英謀睿略既高冠於前王聖德神功尚未編於信史詢於典禮闕孰甚焉宜垂不朽之文以永無疆之美其太祖聖神恭肅文武孝皇帝實錄宜差兵部尚書張昭修纂其同修纂官員委張昭定名奏請

求遺書詔

史館所少書籍宜令本館諸處求訪補填如有收得書籍之家並許進納其進書人部帙多少等第各與恩澤如是卷帙少者量給資帛如館内已有之書不在進納之限

春令赦宥詔

朕自守丕圖嘗勤庶政念萬方之至廣終日勞心恐一物之未蘇通宵不寐屬乾元資始春日載陽升紫殿以發德音秉鎮圭而朝羣后順青帝發生之令體元穹亭育之仁思與羣生同慶嘉運及物之澤罔間於幽遐作解之恩宜均於雷雨應天下見禁罪人除犯大辟外一切釋放應諸色亡命之人官中自來追捕未獲者今並放罪諸道州府應欠顯德三年終已前秋夏稅物並與除放諸處敗闕場院人員自來累行徵督尚有逋欠實無抵當者宜令三司

具欠分析數目聞奏别候指揮内外文武職官自前曾有犯罪停免黜削人等宜令中書門下樞密院具罪犯因繇聞奏别候進止應淮南界内百姓宜令行營將校告報諸軍不得俘虜傷害應有文學之吏武勇之人或幕府州縣官等臨事强明在任有所振舉爲衆稱譽者宜令所在長吏具名聞奏在朝文武臣僚於知識人中有如此者亦可公舉並當擢用待之厚禄於戲帝王之於億兆也教之化之納於仁壽當五兵未戢舜干暫舞於兩階洎中夏小康湯網宜開於三面用示好生之德竚遵且格之言凡被照臨體朕至意

受壽州降諭天下詔

朕昨者再舉鋭師重清淮甸憑元穹之助順賴將相之協心盡致援軍便臨孤壘劉仁贍智勇俱竭請罪軍門相次遣男奉表輸誠乞全生聚今月十一日大陳兵衆直抵城池劉仁贍率在城兵士一萬餘衆及軍府將吏僧道百姓等出城納款尋便撫安壽春既靜於煙塵江表竚同於文軌遠聞克捷當慰衷誠

賜劉仁贍詔

朕昨者再幸淮淝盡平諸砦念一城之生靈久困重圍豁三面之疎網少寬疲瘵果聞感義累貢來章卿受任江南鎮兹淮甸踰年固守誠節不虧近代封疆之臣卿且無愧忠烈迴翔之際不失事機萬民獲保於安全一境便期於舒泰卿便可宣達恩信慰撫軍城將覿儀形良增欣沃覽奏嘉奬再三在懷

賜劉仁贍詔

朕臨御萬邦推誠克己當五兵未戢雷霆宜震耀之功暨萬旅投戈覆載示生成之德況卿等受任本國保兹列藩

勠力邦家將帥常道救援不及迴翔得宜事主盡心何罪之有已令宣諭當體優恩勉自保調無更疑慮稱奬在念寤思不忘

追封越王誼等詔

父子之道聖賢不忘再思天闕之端愈動悲傷之抱故皇子賜左驍衛大將軍誼贈左武衛大將軍誠贈左屯衛大將軍諴等鳳雛龍翰當聳其殊姿玉折蘭摧早罹於非禍載惟往事有足傷懷宜增一字之封仍贈三台之秩表吾追念慰乃英靈誼追封越王誠追封吳王諴追封韓王

求直言詔

朕暇日觀書見前代名臣議時政得失皆直指其事不尚枝詞舉一善必適其材懲一惡必當其咎故能中外無壅悔吝不生居上者聽之而不疑在下者言之而無罪噎埋輪都亭惡梁冀也陳屍下室進蘧瑗也曹參期獄市無擾充國議屯田之制李勉嫉惡謂盧杞爲姦邪詩人樂善美張仲之孝友皆明述臧否端若貫珠時主聞之可以區別施於臣僚得事君盡忠之義用之邦國有從諫如流之稱爰自近朝頗虧公道上封事者言無可採議刑罰者事不

酌中論阿黨則莫顯姓名述正直則曾無按據卒歲延納終無可觀爲臣事君不當如是今後每遇入閤其待制官候對及文武臣僚非時所上章疏並須直書其事不得隱情但云某人有文某人有武某人曉錢穀某人能理人某處所官吏因循某州縣刑獄冤濫某事利於國而未舉某事害於民而未除經營四方者術策何施裨贊萬機者闕遺何補何人讜正之士何人詐僞之端茍上下同心則綱紀有序當寡昧求理之際適賢良獻可之時當極言之朕自詳覽黜陟二柄期於必行咨爾羣僚各體深意其待制候對官今後於文班內論次充不在只取刑法官

飭州縣清釐詞狀詔

準令諸論田宅婚姻起十一月一日至三月三十日州縣爭論舊有釐革每至農月貴塞訟端近聞官吏因循縣此成弊凡有訴競故作逗遛至時而不與盡詞入務而即便停罷強猾者因此得志孤弱者無以自伸起今後應有人論訴物業婚姻取十一月一日後許陳詞狀至二月三十日權停自二月三十日已前如已有陳詞至權停日公事未了絕者仰本處州縣亦與盡理勘逐須見定奪了絕其

本處官吏如敢違慢並當重責其三月一日後至十月三十日前如有婚田詞訟者州縣不得與理若是交相侵奪情理妨害不可停滯者不拘此限

令舉軍職詔

文武之道迭用軍旅之事非輕朝廷方整車徒欲清區宇咸資戎事甚渴雄才勇鷙之人每延頸而在念照臨之內非博訪以難知應在朝上將軍統軍大將軍將軍率府率副率等宜令各舉有武勇膽力騎射趫捷堪爲軍職者三兩人仍具年歲及歷職去處奏聞如已在禁軍者不在稱

舉俟舉到日並當此職騎射看驗人材雖是姻親亦許公舉但於狀內具言如任用之後不副所舉即量事輕重連坐舉主

定考滿月限詔

職官攷課數易則弊生政理所施久行則民信前典有三載考績之義昔賢垂三年報政之規將欲化民莫如師古諸道幕職州縣官依舊制以三十箇月爲滿起今年正月一日後所授官並以三周年爲月限閏月不在其內每年常調選人及諸色求仕人取十月一日已前到京下納文

解及陳乞文狀委所司依舊例磨勘注授至十二月上旬終並須了畢便令赴官限二月終以前到任若違程仰本處不得放上且令舊官在任如是無故違程依格殿選其有故違程者須分明出給得所在憑由許至前冬赴集今年赴任者不在此例其特勅除授及隨幕判官赴任不拘時月之限應授官人至滿日替人未到閒宜令且守本官主當公事依舊請俸州府亦不得差署攝官替下如是遭喪停任身故假滿非時闕官之時只可差前資正官及有出身人承攝如逐處無正官及有出身人即選清強人承攝仍依正官例支與俸錢具名奏聞

駮落郭峻趙保雍等及第詔

比者以近年貢舉頗是因循頻詔有司精加試練所冀去留無濫優劣昭然昨據貢院奏今年新及第進士等所試文字頗有否臧爰命詞臣再令考覆庶涇渭之不雜免玉石之相參其劉垣單貽慶李頌徐緯張覲等詩賦稍優宜放及第王汾據其文字亦未精當念以頃曾駮落特與成名熊若谷陳保衡皆是遠人深可嗟念亦放及第郭峻趙保雍楊丹安元度張昉董咸則杜思道等未甚苦辛並從

退黜更宜修進以俟將來知貢院右諫議大夫劉濤選士不當有失用心可責授右贊善大夫俾令省過以戒當官

頒賜諸道元稹均田圖詔

朕以寰宇雖安蒸民未泰當乙夜觀書之際較前賢阜俗之方近覽元稹長慶集見在同州時所上均田表較當時之利病曲盡其情俾一境之生靈咸受其賜傳於方冊可得披尋因令製素成圖直書其事庶王公觀覽觸事經心利於國而便於民無亂條理背於經而合於道盡繫變通但要適宜所務濟世繫乃勳舊共庇黎元今賜元稹所奏

均田圖一面至可領也

賜諸道均田詔

朕以干戈既弭，寰海漸寧，言念黎元，務令通濟，須議普行均定，所貴求適重輕。卿受任方隅，深窮理本，必能副寡昧平分之意，察鄉閭致弊之源，明示條章，用分憂寄，竚聆集事，允屬推公。今差使臣往彼簡括，餘從別勅處分。

定學士朝請例詔

翰林學士職係禁庭，地居親近，與班行而既異，在朝請以宜殊。起今後當直下直學士，並宜令逐日起居，其當直學

士仍赴晚朝。

答竇儼詔

竇儼所上封章，備陳政要，舉當今之急務，疾近世之因循，器識可嘉，辭理甚當，故能立事無愧莅官。所請編集大周通禮、大周正樂，宜依，仍令於內外職官前資前名中選擇文學之士，同共編集，具名以聞，委儼總領其事，所須紙筆下有司供給。

賜僞泉州節度使留從效詔

黄禹錫至，省所上表，歸附大朝，兼於京都置邸務，事具悉。卿自保全土宇，惠養黎元，立功早達於機權，臨事固無於疑滯，乃能望中原而內附，陳方略以輸誠，永言恭勤，良多嘉獎。爰自江南通和之後，朝廷禮遇方深，用恩信以綏懷，俾寰區而是則。兼以卿本道地鄰江表，常奉金陵，遽有改圖，理宜盡善。如上都置邸，與彼抗衡，雖百谷朝宗，無以異也。

詳定雅樂詔

禮樂之重，國家所先。近朝已來，雅音廢墜，雖時運之多故，亦官守之因循，遂使擊拊之音，空留梗槩，旋相之法，莫究

指歸。樞密使王朴，博識古今，懸通律呂，討尋舊典，撰集新聲，定六代之正音，成一朝之盛事。其王朴所奏旋宮之法，宜依張昭等議狀行，仍令有司依調制曲，其間或有疑滯，更委王朴裁酌施行。

祭司寒勅

據月令，孟冬祭司寒於北郊，其司寒一祠，一且準月令施行。藏冰開冰，祭司寒之神，事屬別祭，後有冰室，尚取指揮。

令張昭田敏校勘經典釋文勅

經典之來，訓釋爲重，須資鴻博，共正疑訛，庶使文字精研

免至傳習眩惑其經典釋文已經本監官員校勘外宜差兵部尚書張昭太常卿田敏詳校

駮落新進士嚴説等勑

尚書禮部貢院奏今年新及第進士李覃嚴説何僎武允成王汾閻邱舜卿楊徽之任惟吉趙鄰幾周度張慎微王翥馬文劉選程浩然李震等一十六人所試詩賦文論策等國家設貢舉之司求英俊之士務詢文行方中科名比聞近年已來多有濫進或以年勞而得第或因媒勢以出身今歲所放舉人試令看詳果見紕繆須至去留其李覃

何僎楊徽之趙鄰幾等四人宜放令及第其嚴説武允成王汾閻邱舜卿任惟吉周度張慎微王翥馬文劉選程浩然李震等一十二人藝學未精並宜勾落且令苦學以俟再來禮部侍郎劉温叟失於選士頗屬因循據其過尤合行譴謫尚示寛恕特與矜容劉温叟放罪其將來貢舉公事仍令所司別具條理聞奏

令毀銅器鑄錢勑

國家之利泉貨為先近朝已來久絶鑄造至於私下不禁銷鎔歲月漸深奸弊尤甚今採銅興冶立監鑄錢冀便公私宜行條制起今後除朝廷法物軍器官物及鏡並寺觀内鐘磬鈸相輪火珠鈴鐸外其餘銅器一切禁斷應兩京諸道州府銅象器物諸色裝鉸所用銅限勑到五十日内並須毀廢送官其私下所納到銅據斤兩給付價錢如出限有隱藏及埋窖使用者一兩至一斤所犯人及知情人徒二年所由節級四鄰杖七十捉事告事人賞錢十貫一斤至五斤所犯及知情人各徒三年所由節級四鄰杖九十捉事告事人賞錢二十貫五斤已上不計多少所犯人處死知情人徒二年配役一年所由節級四鄰杖一百捉

事告事人賞錢三十貫其人戸若納到熟銅每斤官中給錢一百五十生銅每斤一百其銅鏡令官中鑄造於東京置場貨賣許人收買於諸處興販其朝廷及諸州見管法物軍器官物舊用銅製造并裝飾者候經使用破壞即時改造仍今後不得更使銅内有合使銅者奏取進止

征淮南勑

朕自纘承基構統御寰瀛方當恭已臨朝誕修文德豈欲興兵動衆專耀武功顧兹昏亂之邦須舉弔伐之義蠢爾淮甸敢拒大邦因唐室之陵遲接黄寇之喪亂飛揚跋扈

垂六十年。盜據一方。僭稱僞號。俾數朝之多事。與北境而交通。厚起戎心。誘爲邊患。晉漢之代。寰宇未寧。而乃招納叛亡。朋助凶慝。李金全之據安陸。李守貞之叛河中。大起師徒。來爲應援。攻侵高密。殺掠吏民。迫奪閩越之封疆。塗炭湘潭之士庶。以至我朝啓運。東魯不庭。發兵而應接慕容。覘釁而憑陵徐部。沭陽之役。曲直可知。尚示包荒。猶稽問罪。爾後維揚一境。連歲阻饑。我國家念彼災荒。大許糴易。前後擒獲將士。皆遣放還。自來禁戢邊兵。不令侵撓。我無所負。彼實多奸。勾誘契丹。至今未已。結連并寇。與我世

讎。罪惡難名。人神共憤。今則推輪命將。鳴鼓出師。徵浙右之樓船。下朗陵之戈甲。東西合勢。水陸齊攻。吳孫晧之計窮。自當歸命。陳叔寶之數盡。何處偷生。應淮南將士軍人百姓等。久隔朝廷。莫聞聲教。雖從僞俗。應樂華風。必須善擇安危。早圖去就。如能投戈獻款。舉郡來降。具牛酒以犒師。奉圭符而請命。車服玉帛。豈恡旌酬。土地山河。誠無愛惜。刑賞之令。信若丹青。苟或執迷。寧免後悔。王師所至。軍政甚明。不犯秋毫。有同時雨。百姓父老。各務安居。剽虜焚燒。必令禁止。自茲兩地。永爲一家。凡爾蒸黎。當體誠意。

太廟及諸祠非親祀不用犢勅

祭祀尚誠。祝史貴信。非誠與信。何以事神。禴祭重於殺牛。黍稷輕於明德。犧牲之數。具載典經。前代以來。或有增損。宜採酌中之禮。且從貴少之文。起今後祭圜丘方澤社稷。並依舊用犢。太廟及諸祠。宜準上元二年九月二十一日制。並不用犢。如朕親行事。則依常式。

減鹽稅勅

齊州管內元於秋苗上俵配蠶鹽。謂之察頭鹽。每一石徵錢三千文。苗畝雖減於舊時。鹽數不侈於往日。且聞黎庶

頗亦艱辛。其滄棣濱淄青五州管內所請蠶鹽。每一石徵絹一匹。地里相接。苦樂頓殊。輸輕者量與增添。賦重者時宜蠲減。庶無偏黨。用示均平。其齊州所納鹽價錢。特與減放一半。只徵一千五百文。其滄棣濱淄青等州每鹽一石舊徵絹一匹。起來年後加一匹。

停銅魚勅

銅魚之設。雖載前編。原其始初。蓋防僞濫。今諸道牧守。每遇除移。並特降放制書。又何假於符契。如聞請納。頗是煩勞。宜易前規。罷茲虛器。其銅魚並宜停廢。

定攝官出身勅

攝官承乏。或久罄於公勤。因時側揚。宜特行於旌錄。諸處自前應有攝官曾經五度者。與一時出身。仍先令所司磨勘。須得親任公事文書解由分明。每攝須及半年巳上。方得充爲任數。仍行所司引驗人材及考試書判。的然堪錄用者方得施行。

欽定全唐文卷一百二十六

周世宗二

親征劉崇御札

朕自遘閔凶。再經晦朔。山陵巳卜。日月有期。未忘荼蓼之情。豈願干戈之役。而河東劉崇幸災樂禍。安忍阻兵。乘我大喪。犯予邊境。勾引蕃寇。抽率鄉兵。殺害生靈。覬覦州縣。朕爲萬姓之父母。守先帝之基扃。聞此侵陵。難以啟處。所宜順天地不容之意。從驍雄共憤之心。親御甲兵。往寧邊鄙。務清患難。敢避驅馳。凡在衆多。當體玆意。取此月十一

日親率大軍。取河陽路親征。竚平妖孽。永泰寰區。應沿路排當並不得差遣百姓。科配州縣。及於人戶處借索劫掠。遠近節度刺史並不得輒離治所。求赴朝覲。應諸司各宜應奉公事者。即仰從駕。諸無事者。不在扈隨。務從省要。免至勞煩。故玆札示。想宜知悉。

南征御札

朕以中原雖靜。四表未寧。臨戎罔憚於躬親。問罪須勤於櫛沐。今訓齊驍銳。巡幸邊陲。用壯軍容。永安國步。宜取此月內車駕進發。暫幸淮上。凡關舊儀。有司準式

幸淮上御札

朕躬臨庶政志靜八方顧淮海之未賓命師徒而致討克捷相繼殺獲甚多料彼孤危安能抵拒然以將士在外攻戰踰年竭力盡忠摧凶破敵念茲辛苦常軫憂勞暫議省巡親行慰撫且地里之不遠諒回復以非遙今取二月內暫幸淮上應自來緣路供頓務從省略凡有費用並以官物供備所在不得科配其諸約束條件一如近年巡按之例

幸淮上御札

向者以淮甸未平王師致討實賴忠貞之力繼成克捷之功漸屬嚴凝念彼征役況今邊陲無事軍旅正雄須議省巡躬親撫問將布混同之化罔辭櫛沐之勞止期一月間車駕卻還京闕凡在中外當體朕懷今取此月內暫幸淮上應往來沿路供頓務從省略凡有費用並以官物供備所在不得科配

幸滄州御札

朕猥以涼德紹此丕圖既爲萬乘之君宜去兆民之患雖晨興夕惕每常思於萬機而紫塞黃河猶未親於經略秋夏則波濤罔測三冬則邊鄙警騷將期安國利人豈憚櫛風沐雨今取此月內駕幸滄州已來應沿路排頓並以官物充餘依舊例

平秦成階等州德音

朕承宗社之靈居億兆之上祗臨大寶於茲再周每念晉漢以來朝野多故疆宇日削生聚未堪常懷拯救之心冀答天人之意至於夙夜不敢荒寧求安邊拓境之謀思濟世息民之計乃眷秦鳳地接巴邛頃屬亂離因茲阻隔千里之地大朝之聲教不通十年之中百姓之艱苦難狀昨

者興發師旅經略封陲鼓鼙絕震於郊原虵豕難逃於鋒刃僵尸遍野棄甲如山秦成階等州管內將校官吏軍人百姓等喜寇孽之遁逃舉城壘而歸順飛章送款協力同謀父老相懽山河如故而僞署鳳州節度使王環等獨迷去就尚據城池朕念彼孤危繼令招諭惜一城之士庶開三面之網羅豈期拒轍之徒不體好生之德遂令攻擊立見還平渠帥就擒秦隴無梗宜降惟新之澤庶隆及物之恩應秦鳳階等州管內自顯德二年十一月巳前有罪犯者無問輕重一切釋放應馬步行營將士等各與恩澤其

有歿於王事者自副兵馬使已上並與贈官仍賜賻贈物城下攻歿百姓爲矢石所害致死者本戶除二稅外放免三年差徭仍賜本家孝服絹三匹其倍署人夫州縣官並與加階減選秦成階等州歸明將士自長行已上等第支賜優給其官吏將校職員等並與加恩其中有西川人員除恩澤賞賜外如願駐留者厚與請受如願歸去者並給盤纏用慰衆情免違物性應收捉到賊軍將校一切放罪並令押送赴闕各與恩澤自何重建等歸投西川已來訪聞管內州縣連歲饑荒百姓軍人倍加勞役科歛頻併法

令滋章既爲吾民宜革前弊今後除秋夏兩稅徵科外應僞蜀所立諸般科率名目及非理徭役一切停罷德音未該者宜令所司相次指揮

平淮南德音

王者經營四方式遏亂略懷安逸而忘戰伐則雄圖莫震有雪霜而無雨露則歲功不成日者革輅親征靈旗問罪正陽之役吳師無匹馬之歸六合之征楚甲有齊山之積今長江以北半爲我疆實賴將相協謀貔貅宣力破彼勍敵成兹茂勳宜敷曠蕩之恩用慰輕揚之俗澤既霑於動植寵豈忘於忠勤聲教惟新甄賞斯在可特赦淮南道諸州管內見禁罪人取顯德三年六月十一日已前凡有違犯不問輕重並不窮問其江北諸州縣有未收復處宜令行營大將明申招諭儻能知幾變歸順朝廷其向來名位俱一切如故仍選名藩大郡厚加旌賞其軍都自長行已上並與優給其中有願歸江南者亦聽自便應隨駕淮南行營諸軍等或破敵成功或攻城效力或收降州縣或護衛乘輿咸積忠勤宜加酬獎各與等第優給從駕職官及諸色人員等從征在外奉事有勞各與加恩以獎勤幹諸

州夫役自來有沒於矢石者其本戶放免三年差徭仍每人支賜贈孝絹三匹淮南道諸州縣先屬江南之時頗有非理科徭無名配率今後一切停罷事有不利於民無益於時者宜令長吏條奏以聞

御崇元殿德音

疆埸未寧旗鼓下出師之命氛霾既靜雲雷覃及物之恩四維張而載戢五兵武功成而必修文德朕戎衣再御三載親征令行而霆霹爭雄陣起而龍蛇合勢蓋舟車之所及諒聲教以咸臻敢言涼德之懷柔實賴忠臣之宣力積

水潦朝宗之浪事等疏川客星迴拱極之光瑞增懸象今
則斗柄建午火正司南順元穹長養之心伸有國亭毒之
令睠彼戎士咸遵武經或從我征行久服勤於甲冑或守
玆城邑能安定於封圻宜舉彝章首膺懋賞應侍衞殿前
及諸道馬步軍將士等各賜等第優給餘從宣命處分疾
風勁草既驗忠誠臨難捐軀所宜旌異應淮南行營將士
歿於王事者各與贈官逐人若有親嫡子孫並與敘錄內
有傷痍殘廢不任征行者等第各給救接錢帛排難疆場
馬革無慙於壯志遺骸暴露牛岡有軫於深仁載尋掩骼

之文俾釋窮泉之恨凡經戰陣處應有暴露骨骸仰逐處
州縣收拾埋瘞淮南界內逐處墳墓有曾遭發掘處委逐
處州縣差人掩閉用兵之際力役是供當矜貸之在展諒
優給之宜祲自去年十月後來沿淮人戶曾充夫役內有
遭傷殺不迴者本家各給絹三匹仍放免本戶下三年諸
雜差役江南疲俗克復方新特示蠲除俾令存濟揚泰通
滁和濠泗楚光壽舒廬蘄黃州連水漢陽汶川等縣自去
年終已前所欠秋夏殘稅及諸色徵科配斂博徵物色等
並與除放自東南用兵首尾三載沿淮州郡應奉軍期飛
輓頻仍力役勞倂念其艱苦深軫所懷其徐宿宋亳陳潁
許蔡等州人戶所欠去年秋夏稅並與除放於戲江表來
賓顧車書之已混寰中未乂資將相之同心所宜共率憲
章動遵王度咨爾三事達於庶官當整嘉謀弼予不逮

即位大赦文

凡神聖之功乃開基以創業惟帝皇之德遂垂制而立文
生成參天地之靈悠久鍾子孫之福寧禹湯而獨美豈堯
舜以無倫先皇帝出震安時膺乾啟運改相仍喪亂之轍
造勃興開泰之邦儉靜其身寬慈於物寒耕熱耨之苦常

念三農宵衣旰食之勤不忘萬務恩霑庶彙義結羣心周
室肇興安神器而方固軒臺遽往望仙駕以不迴肆予沖
人獲紹丕構孤藐自視寡昧何知稟治命之丁寧副衆情
之推奉中心憂塞罔有津涯易月之禮制尋終在天之感
慕無已負荷斯重恭默以居宜從作解之文以洽當陽之
澤可大赦天下應三月七日昧爽已前所犯罪人已結正
未結正已發覺未發覺常赦所不原者咸赦除之諸貶降
責授官等量與升陟敘用應配流徒役人及縱遣恩赦不
在放還並嘗知所在者並放逐便諸處有草寇團集仰所

在州府及巡簡使臣曉諭恩赦招喚各令歸農兩京及諸道州府人戶所欠去年秋夏稅租及沿徵物帛並與除放其鄉村逃移人戶並仰招喚歸業內外見在文武職官致仕官及諸軍將校並與加恩其前任京官幕職州縣官至今授官日施行諸軍將校自開紛以來有沒于戰陣及身死疆埸者並與追贈如有親嫡子孫未曾錄用者並與錄用文武外朝官及內諸司使副使禁軍都指揮使以上諸道行軍副使藩方馬步軍都指揮使父母在者並與恩澤亡歿者與封贈其妻未敘封者特與敘封應沿邊州府接

近西川河南契丹河東界處仰所在州府及巡簡使臣鈐轄兵士及邊上人戶不得侵擾外界及虜掠人畜務要靜守疆埸勿令騷動其投來人戶仍仰倍加安撫大行皇帝山陵有期準遺命不得勞擾百姓者宜令所司奉承先旨無至騷違應緣山陵公事合使工人役夫並須先給錢物雇覓諸雜費用一切取官物供給不得差遣人戶科配州縣文武班列親近臣寮愛國誠堅致君心切苟或聞朕躬之過失覩時政之否臧無惜敷陳以輔寡昧苦口良藥逆耳忠言裨益至多翹佇惟切今後內外臣寮或有所見及

有所裨益可具實封章表以聞或欲面對便仰閤門司畫時引見懷才抱器出衆超羣或養素於衡門或屈迹於末位孤寒難進志業何伸咸用搜羅待以爵秩諸隱遁不仕及卑官下位中有文武幹略灼見可稱者所在具名以聞化理之本孝弟爲先苟或虧違實亂名教其有士庶之內凶率之徒不順於父兄不恭於尊長狂悖難狀訓誨莫從親族容隱而不言里巷畏避而不告傷風敗俗莫甚於茲今後或有不孝不義之人違戾尊長喧悖毀辱及父母在異財別居略不供侍如此之輩不計官宦軍人百姓之家

宜令御史臺及本軍本使所在州縣廂界彈舉覺察如或容縱不切簡舉罪有歸處其有孝子順孫義夫節婦宜所旌表以厚人倫恭惟先皇帝推誠損己集思勞神念將士之忠勤知戰伐之辛苦餱糧祿賜無非經手經心土地官封不惜酬勳酬效生靈是念稼穡爲憂罷非理之差徭去無名之侵耗不貪遊宴盡去奢華減後宮冗食之人停諸司不急之務方嶽止甘鮮之貢殿庭絕珠玉之珍獄訟無冤刑戮不濫凡關物務盡立規繩予小子纘紹丕基恭稟遺訓仰承道法不敢踰違更賴將相公卿左右前後共遵

先旨。同守成規。庶裨沖人。不墜洪業。赦書有所未該。所司速具聞奏。

平劉崇赦文

昨者劉崇縱肆毒螫。勾引蕃戎。困我生民。深入澤潞。朕所以泣辭神御。親總甲兵。抑荼蓼之哀懷。殄豺狼之凶黨。誠賴元穹垂祐。將士輸忠。大翦寇讎。尋清原野。覽賊寇經繇之地。深切憫傷。當城池圍閉之時。良資捍禦。適因駐蹕。宜示特恩。應潞州諸縣。取今月二十七日已前見禁罪人。除死罪外。並宜與釋放。當州數縣。昨經賊軍傷殘處。人戶所徵今年夏稅斛斗錢帛。三分與放一分。內有村坊。元不遭賊寇殘傷者。不在蠲放之限。潞州昨經圍閉。將校職員同力守禦。兼以大駕駐蹕。迎奉無闕。應在城將校官吏職員。宜令本州具名銜以聞。各加恩澤。昨殺戮賊軍之處。及四面山谷間。屍首絕多。宜令逐處官吏差人收斂埋瘞。勿令暴露。逐處墳墓。曾被賊軍發掘者。指揮掩閉。河東及契丹敗散兵士。其中有潛竄山谷間者。並令招喚。不得輒有傷害。如是義軍百姓。便可放歸本家。若是軍人及諸色人。並監送至駕前。各與穩便安排。遼沁二州新屬潞州。久陷賊

境。深可憫傷。委本道節度使倍加安撫。所有劉崇煩苛事件。並與蠲放。

降壽州赦文

朕受天明命。繼統中區。寰瀛將保於大同。征伐蓋非於獲已。昨以壽春未拔。吳寇重來。內外張皇。烽火相接。罔避暫勞之役。須興再駕之師。步騎長驅。水陸齊進。戈船砦柵。一鼓盪平。劉仁贍以衆意憂危。援兵覆沒。遣子上表。瀝血求哀。矜彼含生。許其納款。兵革之後。黎庶未安。念孤壘之初開。解疎羅而示德。宜覃在宥之澤。俾安向化之心。可赦壽州管內見禁罪人。自今月二十一日昧爽已前。凡有過犯。無問輕重。並從釋放。應歸順官吏將校職員。並與等第加恩。壽州管界去城五十里內。與放今年及明年秋夏租稅。自來百姓有曾受江南文字。聚集山林者。押逐處長吏使臣招喚歸家。並不問罪。如曾有傷害者。今後不得更有相讎。及經官論訴。兼自用兵已來。被擄劫骨肉者。不計遠近。並許本家識認。官中給物收贖。所在不得藏占。曾經陣敵處。所暴露骸骨。仰差人收拾埋瘞。自前後政令有不便於民者。委本州條列聞奏。當行釐革。

賜李景璽書

頃自有唐失御天步方艱巢蔡喪亂之餘朱李戰爭之後中夏多故六紀於茲海縣瓜分英豪鼎峙自爲聲教各擅蒸黎連衡而交結四夷乘釁而憑陵上國華風不競否運所鍾凡百有心孰不興憤朕猥承先訓恭荷永圖德不迨於前王道未方於往古然而擅一百州之富庶握三十萬之甲兵農戰交修士卒樂用思欲報累朝之宿怨刷萬姓之包羞是以踐位已來懷安不暇破幽并之巨寇收秦鳳之全封兵不告疲民有餘力一昨迴軍隴上問罪江干我

實有辭咎將安執朕親提金鼓尋渡淮淝上順天心下符人欲前鋒所向彼寇無遺棄甲僵屍動盈川谷收城徇地已過滁陽豈有落其爪牙折其羽翼潰其心腹扼其吭喉而能不亡者哉早者泗州主將遞送到書一函尋又使鍾謨李德明至賫所上表及貢奉衣服腰帶金銀器幣茶藥牛酒等近差健步進到第二表今月十六日使人孫晟等至賫到第三表及進奉金銀等並到行朝觀其降身聽命引咎告窮所謂君子見幾不俟終日苟非達識孰能若斯但以奮武興戎所以討不服惇信明義所以來遠人五帝三王盛德大業常用此道以正萬邦朕今躬統戎師龔行討伐告於郊廟社稷詢於將相公卿天誘其衷國無異論苟不能恢復外地申畫邊疆便議班師眞同戲劇則何以光祖宗之烈厭士庶之心匪徒違天兼且咈衆但以淮南部內已定六州廬壽濠黃大軍悉集指期尅日拉朽焚枯其餘數城非足介意必若盡淮甸之土地爲大國之提封猶是遠圖豈同迷復如此則江南吏卒悉遣放還江北軍民並當留住免違物類之性俾安鄉土之情至於削去尊稱願輸臣禮非無故事實有前規蕭詧奉周不失附庸之

道孫權事魏自同藩國之儀古也雖然今則不取但存帝號何爽歲寒倘堅事大之心終不迫人於險事實眞懇詞匪枝游俟諸郡之悉來即大軍之立罷質於天地信若丹靑我無彼欺爾無我詐言盡於此更不繁云苟曰未然請從玆絕竊以陽春在候庶務縈思願無廢於節宣更自期於愛重音塵匪遠風壤猶殊翹想所深勞於夢寐

賜李景將佐書

朕自類禡興師麾旌問罪絕長淮而電擊指建業以鷹揚旦夕之間克捷相繼至若兵興之所自釁起之所來勝負

之端俶戎甲之次第不勞盡論必想具知近者金陵使人繼來行闕追悔前事委質大朝非無謝咎之辭亦有罷軍之請但以南邦之土地本中夏之封疆苟失克復之期大孫朝野之望已興是役固不徒還必若自淮以南畫江爲界盡歸中國猶是遠圖所云願爲外臣乞比湖浙彼旣服義朕豈忍人必當别議崇封待以殊禮凡爾將佐各盡乃心善爲國家之謀勉擇恒久之利

賜江南國主李景書

皇帝恭問江南國主劉承遇至賷到草表分割廬舒蘄黄

等州畫江爲界兼重疊見謝者頃逢多事莫通玉帛之歡適自近年遂搆干戈之役兩地之交兵未息蒸民之受弊斯多一昨再辱使人重尋前意將敦久要須盡縷陳今者承遇爰來封函復至請割州郡仍定封疆猥形信誓之辭備認始終之意既能如是又復何求邊陲頓靜於烟塵師旅便還於京闕永言欣慰深切誠懷其常潤一路及沿江兵棹今已指揮抽退兼兩浙荆南水路將士各降詔示並令罷兵其盧黄蘄三路將士亦遣抽拔近内候彼中起揭逐處將員兵士及軍都家口了畢只請差人勾喚在彼將校交割州城所有江内舟船或慮上下須有往來已指揮只令就北岸牽駕盡合披陳幸惟體認

賜江南國主李景書

皇帝恭問江南國主煮海之利在彼海濱屬疆壤之初分慮供食之有闕江左諸軍素號繁饒然於川澤之間舊無斥鹵之地曾承素旨常在所懷願均收積之餘以助軍旅之用

賜江南國主李景璽書

皇帝恭問江南國主竊以道契昌隆撫有疆宇控朱方而

定霸總澤國以稱雄五嶺三江風聲自遠重光奕世基構無窮不有奇傑之才孰副民庶之望朕猥以凉德奄宅中區接風壤以非遥幸馬牛之相及引領南望久渴徽猷果契素誠獲覩高義一昨繼勞使介頻奉好音方在行朝未遑報命近還宫闕合遣輶車俾伸玉帛之歡少答歲寒之意

賜江南國主李景璽書

朕居大寶之尊爲萬邦之主體穹昊從人之意法禹湯罪己之心豁開襟懷昭示寰海方務協和之德豈忘曠蕩之

恩載想融明諒應鑒認相次收到江南諸軍員寮兵士四千六百八十七人今並放歸

賜江南國主李景璽書

皇帝致書恭問江南國主星聚湖關挺生英哲命世既崇於基構承家撫有於江山顧寡昧之膺圖與君王之契協屬茲誕日遂舉舊章仍輟近臣往修國命導所懷於樂土期福履之無疆今差樞密承旨曹翰押生辰國信往彼到希見領

賜江南國主李景書

皇帝致書恭問江南國主茲覩來章備形縟旨敍此日傳讓之意述向來高尚之心仍以數載已來交兵不息爰陳追悔之事無非克責之詞雖古者省咎責躬因災致懼亦無以過也況君血氣方剛春秋鼎盛爲一方之英主得百姓之驩心即今南北纔通疆埸甫定是玉帛交馳之始乃干戈載戢之時豈可高謝君臨輕辭世務與其慕希夷之道孰若懷康濟之誠且天災流行國家代有昔之聖哲所不能逃苟盛德之日新斯景福之彌遠勉修政理勿倦經綸保高義於初終垂遠圖於家國流芳貽慶不亦美乎諒惟英敏必照誠懷

周恭帝

帝諱宗訓世宗子廣順三年生顯德六年六月封梁王其月即位七年正月禪位於宋降封鄭王在位一年入宋十三年薨年二十一宋謚曰恭皇帝

禪位詔

天生蒸民樹之司牧二帝推公而禪位三王乘時以革命其極一也予末小子遭家不造人心已去國命有歸咨爾歸德軍節度使前都點檢趙匡胤稟上聖之姿有神武之

略佐我高祖格於皇天逮事世宗功存納麓東征西怨厥績懋焉天地鬼神享於有德謳謠獄訟附於至仁應天順民法堯禪舜如釋重負予其作賓嗚呼欽哉祇畏天命

欽定全唐文卷一百二十七

後唐太祖曹皇后

貞簡皇后曹氏莊宗母太原人以良家子嬪於太祖爲次妃封晉國夫人莊宗即位尊爲皇太后崩謚貞簡

遺令

皇帝以萬機至重八表所尊勿衣粗衰勿居諒闇三年之制以日易月過三日便親朝政皇后諸妃及諸王公主並制齊衰本服以日易月十三日除中書門下翰林院學士在朝文武百官内諸司使及諸道節度觀察防禦使刺史

監軍及前資官並寮佐官吏士庶僧道百姓並準本朝故事降服施行勿使過制皇帝釋服後未御八音勿廢羣祀勿斷屠宰勿禁宴遊園陵喪制皆從簡省故申遺令奉而行之

後唐明宗曹皇后

明宗后曹氏初封楚國夫人天成三年正月冊爲淑妃長興元年正月冊爲皇后應順元年正月冊爲皇太后晉天福五年追冊曰和武顯皇后

以皇長子潞王監國令

先皇帝誕膺天睠光紹帝圖明誠動於三靈德澤被於四海方期偃革遽嘆遺弓自少主之承祧爲奸臣之擅命離間骨肉猜忌盤維既輒易於藩垣復驟興於兵甲遂至輕離社稷大撓軍民萬世鴻基將墜於地皇長子潞王從珂位居冢嗣德茂沖年乃武乃文惟忠惟孝前朝廓清多難有戰伐之大功纘紹丕圖有夾輔之盛業今以宗祧乏嗣園寢有期須委親賢俾居監撫免萬幾之壅滯慰兆庶之推崇可起今月四日知軍國事權以書詔印施行

以潞王從珂即皇帝位令

先皇帝櫛風沐雨平定華夷嗣洪業於艱難致蒼生於富庶鄂王嗣位奸臣弄權作福作威不誠不信離間骨肉猜忌盤維鄂王輕舍宗祧不克負荷洪基大寶危若綴旒須立長君以紹丕構皇長子潞王從珂日躋孝敬天縱聰明有神武之英姿有寬仁之偉略先朝經綸草昧廓靜寰區辛勤有百戰之勞忠貞贊一統之運臣誠子道冠古超今而又克己化民推心撫士率土之謳歌有屬上蒼之睠命攸臨一日萬幾不可以暫曠九州四海不可以無歸況因山有期同軌斯至永言嗣守屬任元良宜即皇帝位

晉高祖李皇后

高祖后李氏後唐明宗第五女天成三年四月封永寧公主長興四年九月進封魏國長公主清泰二年九月改封晉國長公主晉天福元年十一月冊爲皇后七年六月尊爲皇太后開運四年三月與少帝同遷於契丹之黃龍府

降契丹表

晉室皇太后媳婦李氏妾言張彥澤富珠哩等至伏蒙皇帝阿翁降書安撫者妾伏念先皇帝頃在并汾適逢屯難危同累卵急若倒懸智勇俱窮朝夕不保皇帝阿翁發自

冀北親抵河東跋履山川踰越險阻立平巨孽遂定中原救石氏之覆亡立晉朝之社稷不幸先帝厭代嗣子承祧不能繼好息民而反虧恩辜義兵戈屢動駟馬難追戚實自貽咎將誰執今穹旻震怒中外攜離上將牽羊六師解甲妾舉宗負釁視景偷生惶惑之中撫問斯至明宣恩旨曲賜含容慰諭丁寧神爽飛越豈謂已垂之命忽蒙更生之恩省罪責躬九死未報今遣孫男延煦延寶奉表請罪陳謝以聞

漢高祖李皇后

高祖皇后李氏晉陽人高祖領藩鎮累封魏國夫人天福十二年冊爲皇后隱帝即位尊爲皇太后周太祖入京請后權臨朝聽政及即位上尊號曰昭聖皇太后居太平宮顯德元年薨

議擇嗣君誥

高祖皇帝翦亂除凶變家爲國救生靈於塗炭創王業於艱難甫定寰區遽遺弓劍樞密使郭威楊邠侍衛使史宏肇三司使王章親承顧命輔立少君協力同心安邦定國旋屬四方多事三叛連衡吳蜀内侵契丹啟釁蒸黎恟懼

宗社阽危郭威授任專征提戈進討躬當矢石盡掃烟塵外寇盪平中原寧謐復以強敵未殄邊塞多艱允賴寶臣往臨大鎮疆場有藩籬之固朝廷寬宵旰之憂不謂凶豎連謀羣小得志密藏鋒刃竊發殿庭已殺害其忠良方奏聞於少主無辜受戮有口稱冤而又潛差使臣矯賫宣命謀害樞密使郭威宣徽使王峻侍衛步軍都指揮使王殷等人知無罪天不助姦今者郭威王峻澶州節度使李洪義前曹州防禦使何福進前復州防禦使王彥超前博州刺史李筠北面行營馬步都指揮使郭崇步軍都指揮使

曹英護聖都指揮使白重贊索萬進田景咸樊愛能李萬全史彥超奉國都指揮使張鐸王暉胡立弩手指揮使何贇等徑領兵師來安社稷逆黨皇城使李業内客省使閻晉卿樞密都承旨聶文進飛龍使後贊翰林茶酒使郭允明等脅君於大内出戰於近郊及至力窮遂行弒逆冤憤之極今古未聞今則凶黨既除羣情共悅神器不可以無主萬幾不可以久曠宜擇賢君以安天下河東節度使崇許州節度使信皆高祖之弟徐州節度使贇開封尹承勳高祖之男俱列盤維皆居屏翰宜令文武百辟議擇嗣君

以承大統

冊徐州節度使贇即帝位誥

天未悔禍喪亂孔多嗣王幼沖羣凶蔽惑搆奸謀於造次縱毒蠆於斯須將相大臣連頸受戮股肱良佐無罪見屠行路咨嗟羣心扼腕則高祖之洪烈將墜於地賴大臣郭威等激揚忠義拯濟顛危除惡蔓以無遺俾綴旒之不絕宗祧事重纘繼才難既聞將相之謀復考蓍龜之兆天人協贊社稷是依徐州節度使贇稟上聖之資抱中和之德先皇如子鍾愛特深固可以子育兆民君臨萬國宜令所司擇日備法駕奉迎即皇帝位於戲神器至重天步方艱致理保邦不可以不敬貽謀聽政不可以不勤允執厥中祗膺景命

臨朝誥

昨以姦邪搆釁亂我邦家勳德效忠翦除凶慝俯從人欲已立嗣君宗社危而再安紀綱壞而復振皇帝法駕未至庶事方殷百辟上言請予莅政宜允輿議權總萬幾止於浹旬即復明辟

命宰臣權軍國事誥

王室多故邊境未寧内難雖平外寇仍熾據北面奏報強敵奔衝繼發兵師未聞平殄須勞上將暫自臨戎宜令樞密使郭威部署大軍早謀掩擊其軍國庶事權委宰臣竇貞固蘇禹珪樞密使王峻等商量施行在京馬步兵士委王殷都大提舉

降封徐州節度使贇爲湘陰公誥

比者樞密使郭威志安社稷議立長君以徐州節度使贇高祖近親立爲漢嗣爰自藩鎮徵赴京師雖誥命尋行而軍情不附天道在北人心靡東適當改卜之初俾膺分土

之命賛可降授開府儀同三司檢校太師上柱國封湘陰公食邑三千戶食實封五百戶

答周太祖詔

侍中功烈崇高德聲昭著翦除禍亂安定乾坤謳歌有歸歷數攸屬所以羣情推戴億兆同歡老身未終殘年屬茲多難唯以衰朽託於始終載省來牋如母見待感伋深意涕泗橫流其諸誠懷難盡宣述

後唐魏王繼岌

繼岌莊宗子莊宗即位充北都留守同光三年封魏王是年伐蜀以爲都統蜀平回軍至渭南聞莊宗敗師徒潰散自縊死

喻蜀郡檄

捨過論功王者示好生之道轉禍爲福聖人垂善變之文矧彼蜀人代承唐德元宗朝以兵興河塞久駐金鑾僖宗朝以盜起中原曾停玉輅蜀之乃祖乃父或士或人而皆内稟忠貞外資驍果武負闢張之氣文傳揚馬之風迎大駕以涉岷峨合諸軍而定關輔忠氣冠乎日月勳業著乎山河凡在幽遐皆所傳達不幸龜龍忽去蛇豕尋生遇此

匪人據斯重地蜀主先父出身陳許擁衆巴庸援王室之頻遷保邊隅而自大蓋屬昭宗皇帝方茲播越正切撫綏洗彼瑕疵潤之雨露綰紅旆碧幢之貴兼鳳池雞樹之榮狂兕逢山漸展橫行之志鳴梟出穴曾無返哺之聲拔本塞源見利忘義加以結連同惡聚集羣凶當天步多艱莫展扶持之節及坤維暫絕却爲僭僞之謀烈士聞之撫膺懦夫見之攘臂洎茲餘裔益奮殘妖閹豎擅權而勳賢結舌不稼不穡奢侈者何啻千門内淫外荒塗炭者已餘萬室而更納其短見侮我大朝輒橫拒轍之臂擬舉投羅之翼我皇帝仰膺元識再造皇圖四時順而玉燭明萬彙安而金繩正惟茲蜀土敢隔朝風連營虧恤養之恩比屋困煩苛之政每聞殘酷深所憫傷是命車徒以申弔伐步卒則矗如山列騎車則迅若雷奔振雄聲而聒動乾坤騰銳氣而動搖河嶽彼若率兵赴死我則無陣不摧彼若據壘偷生我則無城不拔却慮高低士庶遠近封巡不早迴翔終同覆滅故今曉示貴在保全應三川管内有以藩鎮降者即授之節度有以州郡降者即授之刺史有以鎮縣降者即付之主守有能見機知變誅斬僞命將帥以其藩鎮

城池降者亦以其官授之如列陣交鋒之際有以萬人已上降者授之節度五千人已上授之大郡三千人已上授之次郡一千人已上授之主將有蜀城將校誅斬偽主首領降者授以方鎮如蜀主王衍首過自新以三川歸國即授方面其同謀將校當加列爵有舊在本朝文武官或負罪流落在蜀者苟能率衆歸朝一切不問大軍所行之處不得焚燒廬舍剽掠馬牛所有降人倍加安撫所罪者一人僭偽所救者萬姓瘡痍況蜀主宗族成都父老較其罪狀良可矜寬只如偽梁挾我皇威竊吾大寶爲四十年之

巨寇覆十九葉之丕基昨國家平定中原只誅元惡列藩牧伯咸不替移闔境生靈一無騷擾雖蜀中遐僻亦合傳聞各宜審計變通速謀歸向據茲事件得以旌酬勿謂無言竟貽後悔故茲示諭各宜知悉

欽定全唐文卷一百二十八

吳王楊行密

行密字化源廬州合肥人自廬州刺史累遷淮南節度使乾寧二年表請討朱全忠加檢校太傅同中書門下平章事封宏農郡王四年授江南諸道行營都統擊敗全忠於淮水遂全有江淮之地光化三年加侍中天復二年拜東面行營都統中書令進封吳王天祐二年十一月薨年五十四謚武忠子溥僭稱帝追尊爲太祖武皇帝廟號太祖

舉史實牒

勅淮南觀察使東南諸道行營都統牒左押衙充右弩隊都指揮使溧陽洛橋鎮遏使知茶鹽榷麴務銀青光祿大夫檢校刑部尚書兼御史大夫上柱國史實牒奉處分前件官譽馳鄉里才達變通禦邊徼以多能緝兵戎而有術加以洞詳稼穡善撫蒸黎賦輿深見其否臧案簿窮知其利病以久無宰字尤藉招攜俾分兼領之榮庶養新歸之俗儻聞報政別議酬勞事須差兼知溧陽縣事準狀牒舉者故牒天復三年十一月九日牒使檢校太師守中書令

吳王押

吳僞帝楊溥

溥行密幼子初封丹陽郡公後繼兄渭僭僞號晉天福二年遜位於李昇昇遷溥於潤州年餘以幽死

褒贈聶師道詔

詢諸贈典繫乃彝章敵有厥由寧何不舉故淮浙宣歙管內道門威儀逍遙大師問政先生爲國焚修大德賜紫聶師道早通元理夙契眞風野鶴不羣孤雲自在昔太祖創基之際已命焚修及元勲匡國之初早曾瞻敬眷言素業實冠元關雖升遐屢歷於光陰而遺懿益隆於寰宇況教

門上請台輔奏陳且將啟元墟即回故里是用加之峻秩錫以崇階式表休恩庶昭往行可贈銀青光祿大夫鴻臚卿問政先生

南唐先主李昇

昇字正倫本姓李徐州人幼孤養於徐溫遂冒姓徐氏名知誥吳天祐中自元從指揮使遷昇州防禦使累遷檢校太保潤州團練使朱瑾殺溫子知訓知誥以州兵入廣陵定亂遂代知訓爲淮南節度行軍副使內外馬步都軍副使武義元年拜左僕射參知政事順義元年加同平章事領江州觀察使溫死加都督中外諸軍事封潯陽公改封豫章公太和三年以太尉中書令領鎭海寧國諸軍節度使出鎭金陵天祚元年加尚父太師大丞相天下兵馬大元帥進封齊王三年受吳禪即皇帝位國號大齊尋改號唐改元昇元復姓李氏更今名七年二月殂年五十六僭謚光文肅武孝高皇帝廟號烈祖

恤農詔

比者干戈相接人無定主地易而弗藝桑隕而弗蠶衣食日耗朕甚憫之其鄕風面內者有司計口給食願耕植者授之土田仍復三歲租役於嘻仁不異遠化無泄邇其務宣流以稱朕意

享太廟詔

禮莫重於享帝孝莫大於隆親事實重大承以輕耶可謂無其德而用其事祇加畏焉於嘻爾公爾侯各揚厥職不供迺事國有常典

禁上尊號詔

朕以眇躬託於民上常懼弗類以墜高祖太宗之遺業羣公卿士顧欲舉上尊號之禮朕甚不取其勿復以聞

罷李建勳詔

右僕射兼中書侍郎同平章事監修國史李建勳幸處台司且聯戚里靡循紀律敢瀆彝章其罷歸私第

舉用儒吏詔

前朝失御強梗崛起大者帝小者王不以兵戈利勢弗成不以殺戮威武弗行民受其弊蓋有年也或有意於息民者尚以武人用事不能宣流德化其宿學巨儒察民之故者嵁巖之下往往有之彼無路光亨而進以捫傴爲嫌退以清寧爲樂則上下之情將何以通簡易之政將何所議

乎昔漢世祖數年之間被堅執銳提戈斬馘一日晏然而兵革之事雖父子之親不以一言及之則兵爲民患其來尚矣今唐祚中興與漢頗同而眇眇之身坐制元元之上思所以舉而錯之者煢煢在疚罔有所發三事大夫可不務乎自今宜舉用儒者以補不逮

旌張義方直言詔

孤始任義方以風憲乃能力振朝綱辭皆讜切可宣示朝野賜義方衣一襲以旌直言

遺詔

迺公迺侯越百執事欽承嗣命命爾保元子璟祇肅天鑒社稷宗廟永有終我不敢知曰其基永昌我亦不敢知曰墜命罔後天不爾諶祐於有德厥位艱哉

南唐嗣主李景

景本名璟字伯玉先主昪長子年十歲官駕部郎中累進諸衛將軍拜司徒平章事知中外諸軍事都統先主受禪封吳王徙封齊王爲諸道兵馬大元帥先主殂襲位改元保大十三年周世宗南侵遣使請奉正朔不許中興元年周再南侵表請獻江北郡縣避周諱更今名下令去帝號

奉正朔顯德七年宋受周禪遣使如宋賀即位建隆二年六月殂年四十六告哀於宋請追復帝號僭謚明道崇德文宣孝皇帝廟號元宗

恤民詔

春秋日食地震星孛木冰感召靡爽比災異頻仍豈人君不德以致之耶抑亦天心仁愛而譴告之也朕甚惕焉曩者兵連閩越武夫悍將不喻朕意務爲窮黷以至父征子餉上違天意下奪農時咎將誰執在予一人其大赦境內窮民無告者咸賜粟帛

賜周宗詔

嵩嶽降靈誕生良弼佐我先朝施及朕躬尚賴保釐底於成績乃遽爾請罷豈朕不能優禮勳舊而致然也昔蕭何守巴蜀高祖無西顧之患寇恂守河內光武無分民之嫌今任公以何恂之事宜強飯扶力以副朕意於嘻國之安危惟茲淮甸慎始成終非公而誰所請宜不允

上周世宗第一表

臣聞捨短從長乃推通理以小事大著在格言實徵自古之來即有爲臣之禮既逢昭代幸履良途伏惟皇帝陛下

體上聖之姿膺下武之運協一千而命世繼八百以卜年化被區中恩加海外虎步則時欽英主龍飛則圖應真人臣僻在一方謬承餘業比徇軍民之欲乃居后辟之崇雖仰慕華風而莫通上國伏自初勞將帥遠涉封疆敘寸誠則去使甚艱於間路則單函而獻載惟素願方俟睿慈遽審大駕天臨六師雷動猥以遐陬之俗親爲跋履之行循省伏深兢畏無所豈因薄質有累蒸人伏惟皇帝陛下義在寧民心惟庇物臣倘或不思信順何以上協寬仁今則仰望高明俯存億兆虔將下國永附天朝已命邊城各令固守見於諸路皆俾戢軍仰期宸旨纔頒當發專人布告伏冀詔虎賁而歸國巡雉堞以迴兵萬乘千官免驅馳於原隰地征土貢常奔走於歲時質在神明誓於天地庶使闔境荷咸寧之德大君有光被之功凡在照臨孰不歸慕謹令翰林學士戶部侍郎臣鍾謨工部侍郎文理院學士臣李德明奉表以聞仍進金器一千兩銀器五千兩錦綺綾羅二千匹及御衣犀帶茶茗藥物等又進犒軍牛五百頭酒二千石

上周世宗第二表

伏自上將遠臨六師尋至始貢書於間道旋奉表於行宮虔仰天光實祈睿旨伏聞朝陽委照爝火收光春雷發音蟄戶知令惟變通之有在則去就以斯存所以徘徊下風瞻望時雨載傾捧日輒敘攀鱗伏惟皇帝陛下受命上元門階中立仗武功而戡亂略敷文德以化遠人故得九鼎慶基復昌於實位十年嘉運允正於璿衡實帝道之昭融知真人之有立臣幸因順動敢慕文明特遣翰林學士尚書戶部侍郎臣鍾謨尚書工部侍郎文理院學士臣李德明同奉表章且申獻贄請從臣事仍備歲輸冀闔境之咸

寧識人君之廣覆不遥日下恭達御前既推向化之誠更露縣衷之願臣伏念天祐之後率土分摧或跨據江山或革遷朝代皆爲司牧各拯黎元臣緜是克嗣先基獲安江表誠以瞻烏未定附鳳何從今則青雲之候明懸白水之符斯應仰祈聲教俯被遐方豈可遠動和鑾上勞薄伐有朝具陳懇款便於水陸皆戢兵師方冀寬仁下安億兆旋拒懷來之德非誠信順之心臣自遣鍾謨李德明入奏天進歷陽之旌旆又屯隋苑之車徒緣臣既寫傾依悉曾止約令罷警嚴之備不爲捍禦之謀其或皇帝陛下未息雷

霆靡矜棻藟人當積懼衆必貪生若接前鋒偶成小競在其非敵固亦可知但以無所爲圖出於不獲必於軍庶重見傷殘豈唯瀆大君亭育之慈抑乃增下臣咎釁之責進退維谷夙夜靡遑臣復思東則會稽南惟湘楚盡承正朔俾主封疆自皇帝陛下允屬天飛方知海納雖無外之化徒仰祝於皇風而事大之儀闕畢通於疆吏惟憑元造猥念後期方今八表未同一戎茲始倘或首於下國許作外臣則柔遠之風其誰不服無戰之勝自古獨高臣幸與黎人共依聖政蚩蚩之俗期息於江淮蕩蕩之風廣流於華裔永將菲薄長奉欽明白日誓心皇天可質虔輸肺腑上祈冕旒仰俟聖言以聽朝命今遣守司空臣孫晟守禮部尚書臣王崇質部署宣給軍士物上進金一千兩銀十萬兩羅綺二千匹

謝遣王崇質等歸國表

臣叨居舊邦獲嗣先業聖人有作曾無先見之明王祭弗供果致後時之責六龍電邁萬騎雲屯舉國震驚羣臣惴慄遂馳下使徑詣行宮乞停薄伐之師請預外臣之籍天聽懸邈聖問未回通宵九驚一食三嘆緜是繼飛密表再

遣行人敘江河羡海之心指葵藿向陽之意皇帝陛下自天生德命世應期含容每法於方輿亭育不遺於下國先令副介密導宸慈綸旨優隆乾文炳煥仰認懷來之道喜則可知深惟事大之言服之無斁

進奉錢絹茶米等表

臣聞盟津初會仗黃鉞以臨戎銅馬既歸推赤心而服衆一則顯周君之雄武一則表漢后之仁慈用能定大業於一戎紹洪基於四百兼資具美允屬聖君伏惟皇帝陛下量包終古聖合上元子育黎氏風行號令以其執迷未復

則薄賜徂征以其向化知歸則俯垂信納仰荷含容之施彌堅傾附之念然以淮海遐陬東南下國親勞翠蓋久駐王師以是憂慚不遑啟處今既六師返旆萬乘還京合申解甲之儀粗表充庭之實但以自經保境今已累年供給既繁困虛頗甚曾無厚幣可達深誠然又思內附已來聖慈益厚雖在照臨之下有如骨肉之恩縱悉力以貢輸終厚顏於微鮮今有少物色以備宣給軍士謹遣左僕射平章事臣馮延巳給事中臣田霖部署上進

進買宴錢第一表

臣聞聖人制禮重尊奬之心王者會朝宗燕享之事是以此日輒厲微誠竊以臣幸能迷復方認懷來決心既嚮於皇風注目每瞻於淸蹕伏自陪臣入奏帝詰薦臨頓安下國之生靈俱荷大君之化育雖復尋令宰輔專拜冕旒少傾貢奉之儀仰答含容之德然臣靜思內附欣奉至尊既推示其赤心又迴隆於乃睠豈將常禮可表深衷是以別命使臣更伸誠懇俾展犒師之禮仍陳買宴之儀躬詣行朝聊資高會庶盡傾於臣節如得面於天顏伏惟皇帝陛下承天子民溥恩廣施四海識真人之應萬方知王澤之深固以包括古今絲綸典則盛矣美矣無得而稱凡仰照臨孰不懽悦今遣客省使臣尚全恭專詣行闕進獻犒軍買宴物色

進買宴錢第二表

臣幸將下國仰奉聖朝特沐睿慈俯垂開納已陳尠禮請展御筵因思盡竭於深衷是敢別陳於至懇伏以柏梁高會宸極居尊朝臣咸侍於冕旒天樂盛張於金石莫不競輸庭實齊獻壽盃而臣僻處遐陬迥承乃睠雖心存於魏闕奈日遠於長安無繇親咫尺之顏何以罄勤拳之意遂

令戚屬躬拜殿庭庶代外臣獲叅執事納忠則厚致禮甚微誠慙野老之芹願獻華封之祝謹差臨汝郡公臣徐遼部署宴上進獻物色詣闕

請令鍾謨歸國表

臣謬承先業僻在一隅不識天命得罪上國困而後伏何足可多許以不亡臣之幸也豈意皇帝陛下辱異常之顧垂不世之私外雖君臣內若骨肉殊恩異禮無得而言退日揣循何階及此且古人有一飯之恩必報臣竊慕之故自結髮已來未嘗敢輕受人惠雖往事君父亦嘗以退讓

自居不圖今辰頓受殊遇此臣所以朝夕慙恨恐上報之無從也然天地之功厚矣父母之恩深矣而子不謝恩於父人且何報於天以此思之則惟有赤心可酬大造况臣嘗嗟世網別貯素懷方以子孫託於陛下區區之意可勝言哉兼臣比乞鍾謨過江蓋有情事上告鍾謨又已奉聖旨許其放迴伏乞纔到京師即令單騎歸國庶於所奏早奉勅裁瞻望冕旒不勝懇禱

請改書稱詔表

臣聞天秩有禮位已定於高卑王者無私事必循於軌轍

倘臣下稍踰名分則朝廷實紊等夷情所難安理須上訴竊以臣比承舊制有昧先機勞萬乘之時巡方傾攻事慶千年之嘉會固已知歸伏惟皇帝陛下稟上聖之姿有高世之行囊括四海澤潤生民明目達聰道均有截東征西怨化被無垠已覩混一之期即仰登封之盛而臣爰從款附屢奉德音陛下煦嫗情深優容義切全𨚫藩方之禮惟須咫尺之書粤在事初便知恩遇向者未遑堅讓今茲敢瀝至誠且臣頃以德薄道乖時危事蹙獻誠以奉陛下請命以庇國人獲保先基賜之南服莫大之惠曠古未聞微臣退思所享已極豈於殊禮可以久當伏乞皇帝陛下深鑒卑衷終全舊制凡迴詔命乞降詔書庶無屈於至尊且稍安於遠服乃心懇禱無所寄言

上漢帝書

先因河府李守貞求援又聞大國沿淮屯軍當國亦於境上防備昨聞大朝收軍當國尋已徹備其商旅請依舊日通行

奉大周皇帝書

願陳兄事永奉鄰歡設或俯鑒遠圖下交小國悉班卒乘

俾乂蒼黔慶雞犬之相聞奉瓌瑤以爲好必當歲陳山澤之利少助軍旅之須虔俟報章以答高命道塗朝坦禮幣夕行

南唐後主李煜

煜字重光初名從嘉嗣主景第六子封安定郡公進封鄭王徙吳王以尚書令知政事宋建隆二年嗣主南遷立爲太子監國嗣主殂襲位更今名開寶七年宋師南征八年金陵陷肉袒降於軍門封違命侯太平興國初改封隴西郡公三年七月薨年四十二贈太師封吳王

即位上宋太祖表

臣本於諸子實愧非才自出膠庠心疎利祿被父兄之蔭育樂日月以優游思追巢許之餘塵遠慕夷齊之高義既傾懇悃上告先君固非虛詞人多知者徒以伯仲繼沒次第推遷先世謂臣克習義方既長且嫡俾司國事遽易年華及乎暫赴豫章留居建業正儲副之位分監撫之權懼弗克堪常深自勵不謂奄丁艱罰遂玷纘承因顧肯堂不敢滅性然念先世君臨江表垂二十年中間務在倦勤將思釋負臣亡兄文獻太子從冀將從內禪已決宿心而世

宗敦勸既深議言因息及陛下顯膺帝籙彌篤睿情方誓子孫仰酬臨照則臣向於脫屣亦匪邀名既嗣宗祧敢忘負荷惟堅臣節上奉天朝若曰稍易初心輒萌異志豈獨不遵於祖禰實當受譴於神明方主一國之生靈遐賴九天之覆燾況陛下懷柔義廣煦嫗仁深必假清光更逾曩日遠憑帝力下撫舊邦克獲宴安得從康泰然所慮者吳越國鄰於敝土近似深讎猶恐輒向封疆或生紛擾臣即自嚴部曲終不先有侵漁免結釁嫌撓干旒扆仍慮巧肆如簧之舌仰成投杼之疑曲搆異端潛行詭道願迴鑒燭顯論是非庶使遠臣得安危懇

乞緩師表

臣猥以幽孱曲承臨照僻在幽遠忠義自持唯將一心上結明主比蒙號召自取愆尤王師四臨無往不克窮途道迫天實爲之北望天門心懸魏闕嗟一城生聚吾君赤子也微臣薄軀吾君外臣也忍使一朝便忘覆育號咷鬱咽盡見捨乎臣性實愚昧才無異稟受皇朝獎與首冠萬方奈何一日自踵蜀漢不臣之子同羣合類而爲囚虜乎貽責天下取辱祖先臣所以不忍也豈獨臣不忍爲亦聖君

不忍令臣之爲也況乎名辱身毀古之人所嫌畏者也人所嫌畏臣不敢嫌畏也惟陛下寬之赦之臣又聞鳥獸微物也依人而猶哀之君臣大義也傾忠能無憐乎倘令臣進退之跡不至醜惡宗社之失不自臣身是臣生死之願畢矣實存沒之幸也豈惟存沒之幸也實舉國之受賜也豈惟舉國之受賜也實天下之鼓舞也皇天后土實鑒斯言

不敢再乞潘慎修掌記室手表

昨因先皇臨御問臣頗有舊人相伴否臣即乞徐元樞元

橋方在幼年於牋表素不諳習後來因出外問得劉鋹曾乞得廣南舊人洪偘今來已蒙遣到徐元橋其潘慎修更不敢陳乞所有表章臣且勉勵躬親臣亡國殘骸死亡無日豈敢別生僥覬干撓天聰只慮章奏之間有失恭慎伏望睿慈察臣素心

送鄧王二十六弟牧宣城序

秋山的翠秋江澄空揚帆迅征不遠千里之子于邁我勞如何夫樹德無窮太上之宏規也立言不朽君子之常道也今子藉父兄之資享鐘鼎之貴吳姬趙璧豈吉人之攸

寶矧子皆有之矣哀淚甘言實婦女之常調又我所不取也臨岐贈別其唯言乎在原之心於是而見噫俗無獷順愛之則歸懷吏無貞汙化之可彼此刑唯政本不可以不窮不親政乃民中不可以不清不正執至公而御下則儉佞自除察薰猶之稟心則妍媸何惑武惟時習知五材之難忘學以潤身雖三餘而忍捨無酣觴而敗度無荒樂以蕩神此言勉從庶幾寡悔苟行之而願益則有先王之明謨具在於緗帙也嗚呼老兄盛年壯思猶言不成文況歲晚心衰則詞豈迨意方今涼秋八月鳴根長川愛君此行高興可盡況彼敬亭溪山暢乎遐覽正此時也

卻登高文

玉斝澄醪金盤繡餌茱房氣烈菊蕊香豪左右進而言曰維芳時之令月可藉野以登高矧上林之伺幸而秋光之待褒乎余告之曰昔時之壯也情槃樂恣歡賞忘勞悄心志於金石泥花月於詩騷輕五陵之得侶陋三秦之選曹量珠聘伎紉綵維艘被牆宇以耗帛論邛山而委糟豈知忘長夜之靡靡累大德於滔滔愴家艱之如燬縈離緒之鬱陶陟彼岡矣企予足望復關兮睇予目原有鴒兮相從

飛嗟予季兮不來歸空蒼蒼兮風淒淒心躑躅兮淚漣洏無一歡之可作有萬緒以纏悲於戲噫嘻爾之告我曾非所宜

昭惠周后誄

天長地久嗟嗟蒸民嗜欲既勝悲歡糾紛緣情攸宅觸事來津貲盈世逸樂尠愁殷沈烏逞兔茂夏凋春年彌念曠得故忘新闕景頹岸世閱川奔外物交感猶傷昔人詭夢高唐誕誇洛浦搆屈平虛亦憫終古況我心摧興哀有地蒼蒼何辜殲予伉儷窈窕難追不祿於世玉潤珠融殞然

破碎柔儀俊德孤映鮮雙纖穠挺秀婉孌開揚豔不至冶慧或無傷盤紳奚戒慎肅惟常環珮爰節造次有章含顰發笑擢秀騰芳鬒雲留鑒眼彩飛光情瀾春媚愛語風香瓌姿稟異金冶昭祥婉容無犯均教多方茫茫獨逝捨我何鄉昔我新昏燕爾情好媒無勞辭筮無違報歸妹邀終咸爻協兆俛仰同心綢繆是道執子之手與子偕老今也如何不終往告嗚呼哀哉志心既違孝愛克全殷勤柔握力折危言遺情眄眄哀淚漣漣何爲忍心覽此哀編絕豔易凋連城易脆實曰能容壯心是醉信美堪餐朝饑是慰

如何一旦同心曠世嗚呼哀哉豐才富藝女也克肖采戲傳能奕棋逞妙媚動占相歌縈柔調茲鼗爰質奇器傳華翠虬一舉紅袖飛花情馳天際思棲雲涯發揚掩抑纖緊洪奢窮幽極致莫得微瑕審音者仰止達樂者興嗟曲演來遲破傳邀舞利撥迅手吟商逞羽制革常調法移往度翦遏繁態藹成新矩霓裳舊曲韜音淪世失味齊音猶傷孔氏故國遺聲忍乎湮墜我稽其美爾揚其祕程度餘律重新雅製非子而誰誠吾有類今也則亡永從遐逝嗚呼哀哉該茲碩美鬱此芳風事傳遐禩人難與同式瞻虛館

空尋所蹤追悼良時心存目憶景旭雕甍風和繡額燕燕交音洋洋接色蝶亂落花雨晴寒食接輦窮歡是宴是息含桃薦實畏日流空林彫晚籜蓮舞疎紅烟輕麗服雪瑩修容纖眉範月高髻淩風輯柔爾顏何樂靡從蟬響吟愁槐凋落怨四氣窮哀萃此秋宴我心無憂物莫能亂絃爾清商豔爾醉盼情如何其式歌且宴寒生蕙幄雪舞蘭堂珠籠暮捲金爐夕香麗爾渥丹婉爾清揚厭厭夜飲予何爾忘年去年來殊歡逸賞不足光陰先懷悵怏如何倏然已爲疇曩嗚呼哀哉孰謂逝者荏苒彌疎我思姝子永念

猶初愛而不見我心燬如寒暑斯疚吾寧御諸嗚呼哀哉萬物無心風烟若故惟日惟月以陰以雨事則依然人乎何所悄悄房櫳孰堪其處嗚呼哀哉佳名鎮在望月傷娥雙眸永隔見鏡無波皇皇望絕心如之何暮樹蒼蒼哀摧無際歷歷前歡多多遺致絲竹聲悄綺羅香杳想渙乎忉怛恍越乎悴憔嗚呼哀哉歲云暮兮無相見期情瞀亂兮誰將因依維昔之時兮亦如此維今之心兮不如斯嗚呼哀哉神之不仁兮斂怨爲德既取我子兮又毀我室鏡重輪兮何年蘭襲香兮何日嗚呼哀哉天漫漫兮愁雲曀空

曖曖兮愁烟起。蛾眉寂寞兮閉佳城。哀寢悲氣兮竟徒爾。嗚呼哀哉。日月有時兮龜著既許。簫笳淒咽兮旂常是舉。龍輀一駕兮無來轅。金屋千秋兮永無主。嗚呼哀哉。木交枸兮風索索。鳥相鳴兮飛翼翼。弔孤影兮孰我哀。私自憐兮痛無極。嗚呼哀哉。夜寤皆感兮何響不哀。窮求弗獲兮此心隳摧。號無聲兮何續。神永逝兮長乖。嗚呼哀哉。杳杳香魂。茫茫天步。抆血撫櫬。邀子何所。苟雲路之可窮。冀傳情於方士。嗚呼哀哉。

書評

善法書者各得右軍之一體。若虞世南得其美韻而失其俊邁。歐陽詢得其力而失其溫秀。褚遂良得其意而失其變化。薛稷得其清而失於拘窘。顏眞卿得其筋而失於粗魯。柳公權得其骨而失於生獷。徐浩得其肉而失於俗。李邕得其氣而失於體格。張旭得其法而失於狂。獻之俱得之而失於驚急。無蘊藉態度。

欽定全唐文卷一百二十九

前蜀主王建

建字光圖。許州舞陽人。初爲列校。田令孜養爲假子。拜諸衛將軍。大順中累加檢校司徒。成都尹。劒南西川節度副大使。知節度事。管內觀察處置雲南八國招撫等使。景福二年加同平章事。乾寧四年攻殺東川節度使顧彥暉。遂據有兩川之地。光化三年加中書令。命以西川節度使兼東川武信軍兩道都指揮制置等使。賜爵瑯琊王。四年改封西平王。天復三年加守司徒。進爵蜀王。七年梁受唐禪。

遣使宣諭。拒不納。遂稱帝。國號大蜀。改元武成。光天元年六月殂。年七十二。僭謚神武聖文孝德明惠皇帝。廟號高祖。

改衙廳爲宮殿詔

帝君之居。上應辰象。朝貢臻集。華夏會同。宮闕殿閣之深嚴。臺省府寺之宏壯。須分名號。以美一作正觀瞻。況我肇啓丕圖。頻有嘉瑞。允協上元之貺。式光萬世之基。至於廚廄之標題。倉庫之曹列。並宜從革。用永維新。

置東宮官屬詔

王者經世馭民以保安於烝人曷嘗不講求賢碩以輔元子故漢開博望唐重承華左右正人自躋於治其以東宮爲崇賢府凡文學道德之士得以延納訪問無或自尊以蔽爾之聰明

勸農桑詔

昔劉先主入蜀武侯勸其閉關養民十年而後舉兵震搖關内朕以猥眇託居人上爰念蒸民久罹干戈之苦而不暇力於農桑之業今國家漸寧民用休息其郡守縣令務在惠綏無侵無擾使我赤子樂於南畝而有豳風七月之

詠焉

命編開國已來實錄詔

自古王者之興善惡之迹不泯者有史臣傳之丹青載之平章事張格儒術領袖文高於世著述之體自侔班馬可專編纂開國已來實錄

郊天改元赦文

圓蓋方輿萬彙共資其覆載春生夏長四時不息於推遷所以茂成歲功寧遂物性帝王取象文質遞興遵革故之令猷敷鼎新之至理朕上膺睠命俯徇樂推宗廟告虔孝思既展郊丘備禮嚴配式遵欽承享國之符允叶奉天之道羣祀咸秩有感必通雲龍方覩於在天雷雨須聞於作解且湯開三面延景祚六百餘年漢革五刑繼丕圖二十四世皆以恤辜宥罪勸善興仁特行滌蕩之恩用致治平之化自唐朝運盹土德數終初乃召寇以纏兵竟至遷都而滅國賢良塗炭朝市邱墟生人既失其所天大事須歸於有土遂至蠻夷瀝款士庶傾心謂蜀都同章武之時兼漢嗣絕山陽之號共陳天命屬在朕躬一從踐位以來倍軫臨深之懼每念生靈塗炭刑政猶繁因告類於穹旻合

流恩於屬縣紀年定歷既正鴻名布澤行春式均和氣可大赦天下改唐天復八年爲大蜀武成元年正月十日昧爽已前大辟罪已下罪無輕重已發覺未發覺已結正未結正見繫囚徒常赦不原者咸赦除之唯十惡五逆及屠牛鑄錢故意殺人捏窠造印結聚徒黨逃走背軍合和毒藥私鹽茶麴持仗行劫官典犯枉法贓兼踰濫身名冒受官爵囹圄之内官吏用情致令冤濫不問有贓不在赦限左降官不問罪輕重并與量移其有情無狡蠱事不涉邪者委中書門下酌量矜貸便與矜復授官州縣典吏及諸

色人配流在遠已經徵斷者並宜釋罪放歸兼有軍人百姓先因公事關連逃避諸州縣鎮不敢放歸還者亦任却歸本貫所在不得勘問擾攪朕自援旗誓衆仗鉞平戎廓定封疆安保生聚克成帝業實用武功每思將帥之勞宜獎初終之效其在城及東川山南武定武信武泰等道并兩路前軍諸鎮都頭節級將士等一昨即位日雖已各有須賜既經大禮更示殊恩應都知兵馬使已下至節級官健今有優給各有等第處分稼穡雖登黎元未泰每於旦夕常所焦勞將漸致於昭蘇已累行其矜放但念方屯師

旅難闕賦征緣同切於乂安宜共資於贍給自去年八月已後十月已前繼有指揮併蠲逋欠非無惠澤下及烝人尚慮疲羸未息艱苦畿内諸州及諸州府應徵今年夏稅每貫量放二百文今年正月九日已前應在府及州縣鎮軍人百姓先因侵欠官中錢物或保累填賠官中收沒屋舍莊田除已有指揮及有人經管收買外餘無人射買者有本主及妻兒見在無處營生者並宜給還却據元額輸納本戸稅賦冬選之人例聞羈旅常思任用以救棲遲兼勸進官僚人數不少朕昨纔登寶位更布優恩或擢在班

行或委之州縣凡選用略盡搜羅其閒或有謬結前銜妄稱入仕既未辨其真僞又可哀其困窮是用銓衡冀分玉石切在精研選士摭實推公自執規繩勿隨請託但曾經赴任委不敗官不犯刑章又無贓汚告身周備考課分明便仰依資注官銓司不得稽滯如有失墜告身無以自明但有失墜時公憑及於本任官處取得文解者並準例參選然則自唐朝兵革之後踰濫尤多附勢力者未必有材抱孤直者或聞無位自今以後委有司博求幹濟慎擇端良諳熟吏途詳明法律先能潔已方可理人就中令錄之

尤難切在銓衡之精選或有節度刺史上表論薦皆須審諸行事顯著才能保無苛虐之心方允奏陳之命如聞失舉必罪所知諸州府或有賢良方正能直言極諫達於教化明於吏林政術精詳軍謀宏遠韜光待用藏器俟時或智辨過人或詞華出格或隱山林之跡或聞鄉里之稱仰所在州府奏聞當與量材敘用自唐室傾淪梁圖篡奪上國俄成於茂草中原莫有其遺民三百年之文物一空數千里之生靈無主星辰既紊運祚俄遷指王氣之東沈聽頌聲之西起率土之黔黎老幼競獻臣心滿朝之文武忠

賢皆陳天意克隆基業合重奬酬應內外文武官等或賜功臣名號或與一子出身兼進勳官爵以旌勳業並當續有處分朕頃事唐臣嘗居親衞受藩鎮封崇之貴著册書鍾鼎之勳至於朝右公卿方面侯伯皆契忘家之誓俱同許國之誠其歿身王事之中遇禍賊庭之內言念及此痛憤良深應自僖宗朝凡在有功文武大臣顯忠孝者並委中書門下追贈仍搜訪骨月量材錄用又在閬州起義之日應有隨駕大將效命功臣或遘疾以淪亡或當鋒而夭枉皆是捐軀爲主臨難喪身殊功無日而暫忘遺烈千年

而不泯並委中書門下抄錄次第各與追贈有子孫者特授官榮所冀澤被幽明仁霑存沒又自朕剖符之始分閫已來副予委用之心匡贊勳庸之士同甘共苦竭節輸誠推公不避於流言臨事唯思於盡瘁則有故武信軍節度使張琳操持勁直才術縱橫成今日之鴻基自斯人之懿績不享朝天之祿遽興失手之悲言念前功常思厚報宜追贈太尉以報幽冤其嗣子更加正官仍賜章綬故山南節度使王宗滌早膺任用累著勳勤征行不憚於風塵陳敵常先於士卒論其實效可謂勞臣無何以富貴生驕災殃自搆不守初終之節遽萌悖慢之心驗人情而共憤滿盈定國法而難私斷割遂行典憲深用矜傷當景運之初興在故臣之可念宜加洗雪用慰幽冥宗滌並却還在身官爵故茂州刺史張造故蜀州刺史李師泰故邛州刺史李簡故眉州刺史張勍故漢州刺史王宗裕都知兵馬使劉璋奉禮蓋獲張全真張行立韓在田威等並宜追贈朕自臨蜀國實庇齊民皆資先哲之威靈獲王故都之城邑方憑幽贊以永天休上答元功宜尊舊號先主昭烈皇帝宜委中書門下追崇尊號處備册儀忠武侯諸葛亮別加

美謚追贈王爵應名山大川靈祠聖跡皆豐凶所繫水旱是司並宜追贈公侯以酬元貺朕爰自統臨八國同心諸藩部落首領已下宜差使臣各賜詔勅分物宣諭其見在鴻臚禮院入朝蕃客等各賜分物續有勅旨處分刺史縣令身皆受職寵在分憂非唯效答於恩榮亦在保全於終始將申報國只計安人其有徭役不均刑法不中鄉縣凋弊稅賦逋懸必當分命使臣大明黜陟若清廉可奬課績有聞或就轉官資或超加任用並舉勸懲之命以彰悔過之名太倉及諸州縣受納斛斗並仰大府寺準舊例校勘

逐年給付所司除本分耗剩外不得加一升一合致百姓積累逋懸如有固違必行朝典其有外州遠縣官吏等輒徵估價並許百姓詣闕論訴不計官職高卑並正刑名處分在京百司禁囚徒推劾案成皆招本罪本官詳斷只據所申黨陷深文便行極法或恐推司人吏抑遏代書既不坐其本情實慮遭其枉法自今後委御史臺常加覺察若有冤濫便具奏聞必當別遣推窮重行懲斷致理之源無先養老化民之本尤在恤孤或矜黃髮之年或念白華之飾衰老者宜加矜恤孤惸者亦在撫安應國內有耆老年

八十巳上賜米二石九十巳上賜米三石一百歲巳上賜米五石兼絲絹酒肉有差並仰所在長吏切加安存其有不幸者量與津置殯送仍撫其孤弱義夫節婦孝子順孫並加旌表門閭終身優假國之教化庠序爲先民之威儀禮樂爲本廢之則道替崇之則化行其國子監正令有司約故事速具修之兼諸州應有舊文宣王廟各仰崇飾以時釋奠應是前朝舊制或有開國新規制勅之所未該教化之所未備或刑法不中或倫序有乖則諫臣不可不言宰執不可不奏且謗木之設本俟諍臣匭函所收先覽冤狀所以凡關利病悉要聞知自今已後或事有便宜理非允當並須旋具論奏共議改更必當留折檻以旌賢無或懼觸鱗而避事應南郊行事亞獻終獻攝事行禮官吏等改轉優賜並候續勅處分應飛龍閑廄內作器仗諸雜工巧黃衣三衛四色細仗掌扇黃鍾典鼓等亦各委所司分析姓名申奏當議優賞駙馬都尉普恩之後仍各賜一子八品正員官赦內有未該恩例及合條流事件各仰所司啟請施行開國之初既勤行於德惠改元之後尤企望於樂推惟是革弊從新去華務實有利於民者不得不用有

害於政者不得不除公平必致於民安富庶自成於國霸恩雖不恡法且無私赦宥者各仰自新釐革者皆宜共守俾從蕩滌永致清平敢以赦前該恩事相告者以其罪罪之挾藏軍器亡命山澤百日不首復罪如初赦書日行五百里仍付所司牒至準賜勅故牒

答梁主書

大蜀皇帝致書於大梁皇帝闕下竊念早歲與皇帝共逢昌運同事前朝俱榮倚注之恩並受安危之寄豈期王室如燬大事莫追橫流泛濫於八方衰釁淩夷於九廟此際

與皇帝同分茅土共統邦家扶危者力既不宣握兵者計無所出建忝列同盟之分幸居平蜀之功所宜治兵甲以固封疆聚征賦以修進貢望星使而經年不至指雲鄉而就日無期遠聞皇帝應天順人開基立極拯生靈於塗炭示恩信於豚魚東南之王氣咸歸河洛之殊祥畢至四門盡闢百度惟貞竟無意於興邦止施仁而濟物以此内量分限不在經綸七十州自可指揮八千里半因開拓遂至萬民叶議八國來朝爰徵史冊之文亦有變通之説且東漢亂離之後三國齊興西周微弱之時六雄競起俱非恃

強逼禪皆以行道濟時雍容於揖讓之前輕重於英雄之内況西蜀開山立國燒棧爲謀稱雄雖處於一隅避亂曾安於二帝鼎峙之規模尚在山呼之氣象猶存永言梁蜀之歡合認弟兄之國今蒙皇帝遠尋舊好專降嘉音俱無間諜之嫌再敘始終之約疑慮則春冰共泮開通則東海可歸光榮遠被於子孫暢遂咸敷於朝野今則盡焦勞而勵已用勤儉以帥賢常瞻偃草之風以繼用天之道又蒙厚加賜貺別降珍奇十驥聯鑣六龍弁駕稱德曾參於萬乘呈才皆過於千金載觀戀主之心益勵懷恩之志實帶輟異方之貢名香加遠國之琛奇鋒利逾於雪霜雅器價齊於金玉入用多慚於未識捧持方喜於初觀望恩而一日三秋仰德而跬步千里自此榮遵天路繼遣星槎緘章不假於飛鳶裂帛豈勞於繫雁忻榮慰喜併集此時敬以專使盧卿等回略陳所志幸望開覽

右件鞍馬及腰帶甲冑槍劒麝臍琥珀玳瑁金稜椀越瓷器并諸色藥物等皆大梁皇帝降使賜貺雕鞍撼玉堅甲爍金十圍希世之珍六轡絶塵之用槍森蛇槲劒耀龍鋒金稜含寶椀之光秘色抱青瓷之響上藥非蜀都所絶名

香從外國稱奇遠有珍華並由惠好顧酬謝而增媿仰渥澤以難勝捧閲品名實慚祇受

示羣臣手書

朕比遭亂離以干戈定秦蜀賴卿等忠勤夾輔遂正名號奄有神器兢兢業業懼不負荷幸賴天地之靈廟社之貺方隅底定民黎樂康二氣協和五穀豐稔然萬幾之大夙夜勤勞遘此篤疾藥石罔救太子雖幼有賢德次不當立卿等固請於外妃后篤愛朕未能違立爲儲君勉力匡襄無墜我邦家之休命

誡子元膺文

吾提三尺劒化家爲國親決庶獄人無枉濫恭儉畏愼勤勞慈惠無一事縱情無一言傷物故百官吏民愛朕如父母敬朕如天地汝襁褓富貴不知創業之艱難更汝之名上應圖讖勿驕勿矜勿盈勿忌惟敬惟誠惟謙惟和內睦九族外安百姓赤心待羣臣恩信愛士卒刑罰人之命也無徇愛憎奸邪國之賊也無信讒搆絕畋遊之娛察聲色之禍然後能保我社稷君我民臣吾蚤莫誡勗恐汝遺忘當置於几案出入觀省

前蜀後主王衍

衍字化源先主第十一子初封鄭王爲左奉鸞軍使先主殂襲位改元乾德六年後唐莊宗伐蜀明年唐師入成都帝出降唐遣使殺之於秦川年二十八天成三年追封順正公

幸秦州制

蓋聞前王巡狩觀土地之慘舒歷代省方慰黎元之徯望西秦封域遠在邊隅先皇帝畫此山河歷年征討雖歸王化未洽惠風今耕稼既屬有年軍民頗聞望幸用安疆埸聊議省巡

制科策問

炎漢致治始策賢良亘唐思皇爰求茂異講邦國治亂之體陳天人祥祲之原豈角虛文蓋先碩德朕忝守器之重識爲君之難思得奇才以凝庶績因舉故事以紹前修子大夫抱道逢時投書應詔必有長策以副虛懷何以使三農樂生五兵不試刑獄無枉賦斂無加以何策可以定中原以何道可以卜長世朕當親覽汝無面從

上魏王繼岌牋

衍叩頭言伏以五帝三王竟歸於代謝有家垂國孰免其廢興苟大命之革新願轉禍而爲福衍誠惶誠恐叩首伏以衍先人頃以受唐封冊列土坤維自霸一方於茲三紀乃者因夷門之搆逆偶中國以喪君勉副推崇遂開興業衍謬爲世子獲紹舊基而以幼沖不得負荷尋遇大唐皇帝中興聖運再造鴻圖輝赫大明照臨下土存修嘉好仰恃恩盟感覆燾於堯天將驅馳於禹貢忽審王師討伐部內震驚靡敢當鋒幸思歸命伏惟殿下位尊上嗣德實元良騰少海之波瀾動前星之秀彩親秉象輅勞履劒關已

得萬民之歡心坐恕斯人之死罪今則完全府庫守遏邑居率文武以陳誠輿棺櫬而納款伏惟殿下特宏哀鑒保證奏聞亦存諸典刑貯在肺腑庶幾先人之靈猶享血食之祀免支離於眷屬得敬養於庭闈惟聖君之明慈係殿下之元造衍無任危迫殆越戰懼激切之至謹差私署檢校司空行尚書兵部侍郎歐陽彬軍使韓知權等奉牋以聞

鏡銘

煉形神冶瑩質良工當眉寫翠對臉數紅如珠出匣似月

停空綺窗繡幌俱涵影中（據抱璞簡記作煉形神冶瑩質良工如珠出匣似月停空當眉寫翠對臉傳紅光含晉殿影照秦宮鑄書玉篆永鏤青銅）

後蜀主孟知祥

知祥字保允邢州龍岡人李克用鎮太原以爲親衛軍使後唐天成中累加太尉兼侍中封平原公長興二年擊敗董璋得梓綿龍劒普果閬蓬渠九郡遂并有兩川四年加檢校太尉兼中書令行成都尹劒南東西兩川節度使管內營田觀察處置統押近界諸蠻兼西山八國雲南安撫制置等使封蜀王明年稱帝國號蜀改元明德是年殂年六十一僭謚文武聖德英烈明孝皇帝廟號高祖

下蜀國教

取威定霸乃公侯權變之方捨爵策勳乃皇王敍酬之典其或兵屯萬旅地廣三川周環列國之山河奄有全蜀之封部儻不從權而徇衆則稽錄效以報功今稟命於中朝得專制而行賞但念承世家之餘慶受旌鉞之殊榮自領成都於茲半紀窮奢極侈固斷意而不爲講武教民在安邊而有作往歲方勤述職務保永圖不幸諸藩搆成深隙此際主兵將帥爭陳排難之功運策賓僚咸展出奇之略

因興武旅分蕩渠魁累破竹以焚枯連開疆而拓土其交諸司奉職庶吏推誠咸著勳勞豈忘獎答一昨聖上以顯分忠倚遂降冊封礪岳帶河銘大君之異寵輅車珠冕表列國之殊榮仍示優崇俾行墨制上自藩方之任下及州縣之官凡黜陟幽明許先行而後奏自可保不僭不濫之典賞立功立事之人必無患於不均庶有覬於允當布告遐邇咸使聞知

起兵西川示諸州牓

蓋聞皇王御下恩信乖而叛離臣子事君猜忌生而攜貳

固不可刮席而忍恥。膠柱而移音。開戶牖以啟戎。長根芽而稔患。以至舉戈問罪。誓衆言征。旁庇齊民。式求多福。某國朝懿戚。受命莊宗。自節制於西川。遇鼎移於東洛。且以時變則變。喪君有君。因盡節而傾誠。遂梯航而入貢。五年之內。發運無虛。積數五十萬緡。麤給朝中之費。此則勵勤蓋於天子。欲表率於諸侯。宇內皆知。人誰不見。至於屢加官秩。亦荷寵光。不幸間諜潛興。窺覦顯露。於閬中而立節。就列鎮而益兵。搖動我軍民。控扼我吭背。頻將異議。累具上聞。冀麤軫於懷柔。希稍安於方面。而朝廷不以為德。轉深其疑。竟乖魚水之歡。自絕雲龍之契。某與東川相公已聯姻好。況密封圻。朝聞雞犬之聲。暮接笳鼙之響。地里雖分於兩鎮。人心何異於一家。勢比同舟。事資共濟。今與東川點檢馬步軍十五萬人。騎分路往武信利閬路黔夔等州。問逐制置之由。與屯集之衆。其行師法令。別載條章。務期晏寧。必無侵虐。況王氏開國。久霸成都。東則鐵鎖於瞿唐。北則泥封於大散。自是子孫失守。將相離心。合在蜀之黎人。固未忘於霸主。某因衆多之感。舊奮武旅以開疆。佇遣四民。各安其業。然後花林步月。錦水行春。繁華何讓於往年。爵祿重新於此日。凡百士庶。宜體端倪。

收閬州示西川牓

昨者兩川以朝廷自生疑貳。不體忠良。信讒賊之間言。致諸侯之離德。始則閬州節度使李仁矩。兩來奉使。頻此覘窺。謂於果閬之間。便是控臨之地。妄興謀畫。濫置節旄。及奸計之遂心。猶陰邪而未已。數聞奏報。背請兵師。欲結禍階。自為戎首。所以東川相公慮其稔惡。須議摧凶。連與貔虎之師。共破豺狼之窟。自今月二十九日酉時。得東川相公來書云。二十五日夜三更三點。親領兩川大軍。四面圍裹。攻打閬州城池。至其日平明打破。斫到李仁矩首級。并捉到都指揮使姚洪。馬軍指揮使王景。步軍指揮使費暉等。訖餘城下見機來投。指揮使都頭已下。便與賞給安存。兼本城軍人百姓。並不傷動。外餘拒敵黨類。殺戮無餘。此則天贊兵威。人叶勇力。遂至元凶斬首。同惡就擒。我師四合。以環圍逆壘。一攻而瓦解。捷書雷迅。喜氣山橫。想與士民。同多慶快。見便乘勝前進。攻收利州。只期反掌之間。更俟克敵之捷。

收下夔州并黔南牓

今月二十一日據峽路行營討伐招收使狀報黔南節度使去今月二十七日將手下元戎兵士拋本州下水奔竄尋差衙隊指揮使朱偓部領左右飛棹弃諸指揮兵士乘戰船十五隻往黔南安慰至今月二日午時迴其黔南節度使今見在渠溪團點元隨兵士及旋添水軍却有五百餘人排比小戰船候寧江應接兵士到却欲歸復本州其朱偓當日辰時部領戰船往渠溪襲逐至午時與賊軍相見交戰趁下水約百餘里至酆都壩頭殺獲賊軍一百餘人斬黔南內外都指揮使郭太尉吳近思張瓌等三十餘

人奪得衣甲器械不少收獲牌印四副其黔南節度使則攜餘黨乘小船沿流直下忠州者竊以大舉舟師遠征峽路旗鼓纔聞其下瀨雲檣尋指於上游連降郡城繼收營監勢且疾於破竹聲有類於焚蓬今則更閱捷書屢聞勝策況寧江軍以黔南爲肘臂之地以渝合爲饋運之衢我已斷之彼何望矣節帥弃城而竄遁裨將兼隊而追擒數俘馘以既多收鎧甲而亦衆指期蕩定以固封寓凡曰軍民攸同快慰

討平董璋牓

蓋聞皇天無親唯德是輔明神不昧稔惡則亡逆賊東川節度使董璋包藏禍心負背盟約暴興士馬急寇封圻迎鋒而尋沒全軍單馬而竄歸本府昭武司徒統領大衆追襲餘妖則有前陵州刺史王暉覩其將亡因圖轉禍梟斬董璋父子雙獻其元克保軍城待余旌旆念其智勇足可嘉稱且謀不自於衆人罪止歸於元惡既除心腹之患永固邦國之基某見親往東川慰諭軍民

後蜀後主孟昶

昶字保元初名仁贊先主第三子起家西川節度行軍司

馬先主稱號進檢校太保東川節度使同中書門下平章事先主殂襲位仍以明德紀元五年改元廣政二十八年宋師入成都後主降授開府儀同三司檢校太師兼中書令秦國公越七日薨年四十七贈尚書令追封楚王謚恭孝

勸農桑詔

刺守縣令其務出入阡陌勞來三農望杏敦耕瞻蒲勸穡春鶊始囀便具籠筐蟋蟀載吟即鳴機杼

與周世宗書

七月一日大蜀皇帝謹致書於大周皇帝閣下竊念自承先訓恭守舊邦匪敢荒寧於茲二紀頃者晉朝覆滅何建來歸不因背水之戰爭遂有仇池之土地洎審晉君歸北中國且空暫興敝邑之師更復成都之境前時秦成階鳳實爲下國之邊陲其後漢主徑自并汾來都汴浚聞征車之未息尋神器之有歸伏審貴朝先皇帝應天順人繼統即位奉玉帛而未克承弓劍之空遺但傷嘉運之難諧適歎新歡之且隔以至前載忽勞睿德遠舉全師土疆尋隸於大朝將卒亦拘於貴國幸蒙皇帝惠其首領頒以衣裘

偏裨盡補其職員士伍偏加於糧賜則在彼無殊於在此敝都寧比於雄都方懷全活之恩非有放還之望今則指揮使蕭知遠馮從讜等押領將士子弟共計八百九十三人已到當國具審皇帝廻開仁愍深念支離厚給衣裝兼加巾屨給沿程之驛料散逐分之緡錢仍以官僚之迴還安知所報此則皇帝念疆埸則已經幾代舉干戈則不在盛朝特軫優容曲全情好永懷厚義常貯微衷載念前在鳳州支敵虎旅偶於行陣曾有拘擒其排陣使胡立已下尋在諸州安排及令軍幕收管自來各支廩食並給衣裝却緣比者不測宸襟未敢放還鄉國今既先蒙開釋已認沖融歸朝雖愧於後時報德未稽於此日其胡立已下今各給鞍馬衣裝錢帛等專差御衣庫使李彥昭部領送至貴境望垂宣旨收管剏以昶昔在齠齔即離并都亦承皇帝鳳起晉陽龍興汾水合敘鄉關之分以陳玉帛之歡儻蒙惠以嘉音即佇專馳信使謹因胡立行次聊陳感謝詞莫披述伏惟仁明洞鑒垂念不宣

結河東蠟彈書

早歲曾奉尺書尋達睿聽丹素備陳於翰墨歡盟已保於

金蘭洎傳弔罰之嘉音實動輔車之喜色

上宰臣樞密使狀

竊念頃自北京即隨先子洎臨西蜀嗣守餘基自量小國之封疆常阻大朝之正朔伏自皇帝位登宸極禮盛郊禋令預梯航願同臨照而以阻遥障險稍易歲時今則遠勞王師恭行天討有征無戰詎可抗威棄甲倒戈尋皆效順具陳降款上達冕旒所希者存濟活於蒼生報劬勞於老母忠惟奉主孝則養親固於生平無所覬望許男銜璧已蒙解釋之儀虞舜垂衣佇保安全之望丹誠備寫雪涕難

勝伏惟某官叶贊萬機懷柔八表迴敷恩信並及幽遐願垂前席之言特加敷奏冀遂保家之懇終養晨昏烏反哺以知恩竊將比喻雀銜環而報德以荷生成倚賴感銘陳詞罔盡遐瞻德宇但瀝虔誠今遣親弟仁贄詣闕上表待罪

戒石文

朕念赤子旰食宵衣託之令長撫養惠綏政存三異道在七絲驅雞爲理留犢爲規寬猛得所風俗可移無令侵削無使瘡痍下民易虐上天難欺賦輿是均軍國是資朕之

爵賞固不踰時爾俸爾祿民膏民脂爲民父母莫不仁慈勉爾爲戒體朕深思

南漢第三主劉晟

晟初名宏熙南漢先主龔第四子封晉王光天二年春弒第二主玢自立改今名乾和十六年八月殂在位十六年年三十九偕謚文武光聖明孝皇帝廟號中宗

遺馬希隱書

武穆王奄有全楚富強安靖五十餘年正由三十五舅三十舅兄弟尋戈自相魚肉舉先人基業北面仇讎今聞唐兵已據長沙竊計桂林繼爲所取當朝世爲與國重以昏姻覩兹傾危忍不赴救已發大軍水陸俱進但令相公舅永擁節旄常居方面

南漢後主劉鋹

鋹初名繼興第三主晟長子封衞王乾和十六年八月襲位改今名大寶十四年宋師至降於軍門封恩赦侯太平興國五年薨在位十四年入宋九年追封南越王

興王府千佛寶塔讚

大漢皇帝以大寶十年丁卯歲勅有司用烏金鑄造千佛

寶塔壹所七層幷相輪蓮花座高二丈二尺保龍闕有慶祈鳳歷無疆萬方咸闢於清平八表永承於交泰闕善資三有福被四恩以四月乾德節設齋慶讚謹記

楚廢王馬希廣

希廣字德丕楚文昭王希範母弟武穆王殷第三十五子文昭薨時諸弟中名希萼者最長宜襲位長直都指揮使劉彥瑫等稱遺命奉希廣權軍府事漢天福十二年以希廣爲天策上將軍武安軍節度使江南諸道都統兼中書令封楚王乾祐二年加太尉三年十一月希萼入寇陷長

沙遂自立賜王死

請發兵擊朗州奏

臣當道去九月內量發兵士往朗州招安戶民不料偶失威嚴遂中姦便須謀補卒爰議班師朗州自聞當道抽退已來狂謀益甚又探得荊南繼差人下淮南與廣州三處結搆荊南欲取澧朗州廣南攻桂州淮南欲取湖南兼即日淮南支鄂州管內租稅衷私令荊南供給朗州且如山結連可知事勢其朗州已入附於淮甸又納款於荊南與破家亡國之心作瓜剖豆分之勢兼誘草賊燒劫近封顧

基局而危若綴旒視黎庶而困於塗地弦衰柱促言發涕流伏乞聖慈念以臣四世勤王三面受敵欲興師旅動礙寇讎望特降絲綸聊差貔虎亦知朝廷北面託落分兵處多故不敢大段撓於兵力只乞差借許蔡鄉軍三五千人馬一千騎內得王師二千來人夾帶南渡只到澧州屯駐以斷淮南與荊南援助之路不勞血刃只仗朝廷則當道出兵不難克復安危繫慮翰墨難窮庶回雷電之光以收盪平之捷謹差押衙焦文諫馳奏披瀝以聞

楚後廢王馬希萼

希萼武穆王庶子希廣既襲位希萼興師爭國陷長沙遂自稱楚王南唐保大九年二月遣使入貢於唐唐以王爲天策上將軍武安武平靜江寧遠等軍節度使兼中書令封楚王九月馬步都指揮使徐威等囚王於衡山縣尋立爲衡山王十二月入唐唐主以爲江南西道觀察使守中書令鎮洪州仍賜爵楚王十年十二月復入唐唐主留之數年薨於金陵諡孝恭

上南唐元宗乞師表

昔先王早以勛業基有楚國不幸即世顧命之夕顯令兄

弟以天倫紹立庶奉宗廟獲享國祚無何嗣君不延永命奄棄社稷訃告至日臣不勝痛切膚骨血泣顋瞳即時奔走哀庭冀處苫凷用竭臣子之孝不圖天未殄禍孽豎搆隙間離我戚屬汨亂先序潛阻兵戈將謀勦絕苟不更圖殞在朝夕故臣敢遠遣行价殫布腹心惟君存先王之昔好軫大國之武威許出兵援以附不腆庶俾盜黨免弄凶器

欽定全唐文卷一百三十

吳越武肅王錢鏐

鏐字具美杭州臨安人乾符中爲董昌裨將乾寧初累授開府儀同三司同中書門下平章事封開國公二年討董昌授檢校太尉兼中書令領鎮海鎮東等軍節度使四年平田頵賜鐵券五年授檢校太師光化三年封南康王四年加守侍中改封彭城王天復二年改封越王天祐元年改封吳王梁開平二年進封吳越王兼淮南節度使揚州大都督充淮南四面招討制置使加守太保四年加守尚書令兼淮南宣歙等道四面行營都統貞明二年加諸道兵馬元帥尋進天下兵馬都元帥龍德三年冊封吳越國王後唐同光三年依梁前授官爵長興三年三月薨年八十一唐主詔以王禮葬謚武肅

賜童頵拜西扇都巖將誥

制左軍同十將充西扇都巖將頵早係轅門久居巖界星霜屢換警察無欺寡人自襲丕圖廣施慶澤睠茲勤瘁宜示陟遷克固前脩更期後獎可銀青光祿大夫檢校太子賓客兼監察御史上柱國充十將餘如故

謝鐵券表

恩旨賜臣金書鐵券一道臣恕九死子孫三死者出於睿眷形此綸言錄臣以絲髮之勞賜臣以山河之誓鐫金作字指日成文震動神祇飛揚肝膽伏念臣爰從筮仕逮及秉麾每自揣量是何叨忝行如履薄動若持盈惟憂福過禍生敢冀愼初獲末豈期此志上感宸聰憂臣以處極多虞慮臣以防閑不至遂開聖慮永保私門勗以功名申諸帶礪（以上八字一作屈以常刑宥其不死）雖君親囑念皆云必恕必容而臣子爲心豈敢傷慈傷愛謹當日謹一日戒子戒孫不敢因此而累愚不敢承此而賈禍聖主萬歲愚臣一心臣誠惶誠恐頓首頓首

鍾廷翰攝安吉主簿牒

勅淮南鎮海鎮東等軍節度使牒將仕郎試祕書省校書郎鍾廷翰牒奉處分前件官儒素修身早升官緒寓居霅水累歷星霜克循廉謹之規備顯溫恭之道今者願求錄用特議掄材安吉屬城印曹闕吏俾期差攝勉效公方倘聞佐理之能豈恡超升之獎事須差攝安吉縣主簿牒舉者故牒

授張蘊江陰令牒

前攝蘇州長洲縣令文林郎前守洪州都督府參軍張蘊牒奉處分宰千里之邑寄百里之命巽懦則絲棼繩亂用剛則土曠民離苟得適中庶幾可守前件官窮經任己明吏藩身御札承制正授常州江陰縣令表次錄奏仍牒舉者

劉仁規等攺補節度散子將牒

勅淮南鎮海鎮東等軍節度正隨身劉仁規等牒奉處分前件人久在軍門志懷忠幹或比差隨逐皆推奉上之心

或職列巡封備顯歲寒之節今者驂隨歸使合議甄升各加超擢之恩以示奬酬之寵事須攺補節度散子將仍牒知者故牒乾化四年四月日牒使尚父守尚書令吳越王

大宗譜序

若夫古先垂訓賢哲修身莫大於上承祖禰之風下廣子孫之孝是故堯舜之化理天下其先則曰敦睦九族然後平章百姓協和萬邦詩不云乎無念爾祖聿修厥德是知爲人子人臣之道無過於尊奉祖先揚名立身者也念予遠承祖派紹襲宗風爰自幼年志攻學術屬世道之屯否憤豪猾之僭昏擲筆硯於天目之山練干戈於錢塘之域推赤心而效順仗一劒以除奸勦薛朗於姑蘇累施擒縱殄漢宏於甌越粗展機謀鎮越安吳匡君輔國自兵符而陞郡印以廉車而建節旄綰三鎮之藩方受六朝之委任尊居師右位極人臣雙封兩國之榮冊掌中臺之任家藏玉冊手執瓊珪襲華袞而駕輅車錫寶券而森門戟榮光祖禰寵被親姻子孫皆忝勳華宗族盡沾爵祿長源衍慶累葉承庥考本尋根實由祖德況賜甲第於茅山之下攺鄉名於故府之前尋準勅書建制私廟昭三代追崇之盛

耀祖先贈典之榮存歿光輝雲仍浹慶但以歷世縣遠慮乖次序余總戎政之暇考閱譜圖之祥乃命區分別爲卷軸上自少典次及彭籛孚公更錢氏之文讓公爲過江之祖高曾積善德厚流光棣萼既繁蘭芽轉茂遂各堂構析以諸房切慮百代之後流派愈多難窮婚宦之由有墜祖宗之業今則先鋪血脈次列尊卑粗明纂襲之風永奉烝嘗之道傳示來葉勿墮箕裘

錢氏九州廟碑記

若夫本大枝長源深派遠哲賢之後靈慶常存我錢氏實

黃帝之苗裔彭祖之裔三季之前兩漢之際軒冕勳業暈映士林祖德家聲迄於唐史臨安縣有遺廟九所水旱祀焉俗謂錢氏九州廟年代寖遠銘記不存空仰威靈罔知官位鏐始戡越難遂忝珪符復救吳災又叨節制因歸寧故里歷覽遺蹤噫承天子之優恩亦吾祖之餘慶也因以俸錢新其廟宇式刊貞石用播清塵鏐常閱家牒至讓公未嘗不執卷移時恍若神會讓公字德高仕後漢剛毅武勇學通韓詩時太守薛固舉孝廉遷歷陵安章等郡牧後固爲廷尉所枉公朝賀之際大呼稱冤順帝令虎賁以矛楯

夾腋問所陳之事公辯舌如流神色不異百辟莫不俯伏遷征東大將軍破賊功高爲徐兗二州刺史後十四代孫逵字通甫出身入仕與讓祖相類梁大同中爲廬陵王國侍郎羽林監及陳祖龍飛遷東海太守娶瑯琊王氏生九子皆相次爲將軍郡守因移家江南子孫隆盛初立祠堂年代綿邈居人祀焉故老相傳九州廟或作洲字非也元顯聖跡出在汀河故有此誤也予鏖兵之暇與紀其事以示來者云第一造公字子榮陳蕩冦將軍遷高密二州牧第二瑋公字慧高陳太建中由句容令拜神武將軍遷都督虜山鎮使押禦北藩至唐武德中鎮唐溫滔州終於王事第三勢公字道摹陳太建中除伏波將軍又拜和戎將軍鎮威將軍鎮關山第四環公字德同太建中亦拜伏波將軍理新蔡第五瑤公字德珪太建中拜宣威將軍鄱陽王府中兵參軍至德四年除驃騎大將軍第六珍公字智武至德四年拜昭遠將軍隋大業十年授溪陽令唐武德七年與郡王平湯祐改授宜春第七瑱公字軒直太建十四年拜宣猛將軍隋大業九年平滄海道征與大將軍周法尚西討破賊楊元威加朝散大夫第八瑃公字子玉仕

陳爲親信子弟内衙直大業九年平滄海道征與瑱同破楊元威加朝散大夫第九瑜公字子橫亦爲親信子弟羽林宿衛同破賊賞功與瑱瑃並同兄弟九人顯達相次時人以爲荀龍賈虎無以相若也烈祖顯榮煥赫前史鏐忝爲後裔纔繼清風特創新祠兼刊貞石時玉輅東還新主登極兩浙渠魁已殄十州内獲安將示後代宗支知於祖禰文德元年七月七日記

羅城記

大凡藩籬之設者所以規其内溝洫之限者所以虞其外

華夏之衞其揆一焉故曾之祝邱齊之小穀猶以多事不時而城況在州郡之內乎自大寇犯闕天下兵革而江左尤所繁倂余始以郡之子城歲月滋久基址老爛狹而且卑每至點閱士馬不足迴轉遂與諸郡聚議崇建雉堞夾以南北矗然而峙帑藏得以牢固軍士得以帳幕是所謂固吾圉以是年上奏天子嘉以拙政優詔獎飾以爲牧人之道其盡此乎俄而孫儒叛蔡渡江侵我西鄙以翦以逐蹶於宛陵勁弩之灾泛舟之助我有力焉後始念子城之謀未足以爲百姓計東眄巨浸輳閩粵之舟楫北倚郭邑

通商旅之寶貨苟或侮劫之不意攘偷之無狀則向者吾皇優詔適足以自策由是復與十三都經緯羅郭上上下下如響而應爰自秋七月丁巳訖於冬十有一月某日由北郭以分其勢左右兩翼合於冷水源綿亘若干里其高若干丈其厚得之半民庶之負販童髦之緩急燕越之車蓋及吾境者俾無他慮千百年後知我者以此城罪我者亦以此城苟得之人而損之已者吾無媿與景福二年十一月日記

天柱觀記

天柱觀者因山爲名按傳記所載皆云天有八柱其三在中國一在舒州一在壽陽洎今在餘杭者皆是也又按道經云天壤之內有十大洞天三十六小洞天如國家之有藩府郡縣遞相稟屬其洞天之內自有日月分精金堂玉室仙官主領考校災祥今天柱山即真誥所謂大滌洞天者也內有隧道暗通華陽林屋皆乘風馭景倏往忽來真蹤杳冥非世俗所測而況大江之南地兼吳越其峯巒西接兩天眼之龍源次連石鏡之嵐岫東枕浙江之迢派可謂水清山秀兼通大海及諸國往還此外又有東天目西

天目及天竺之號得非抗蒼崖於穹昊聳絕壁於雲霄立天爲名以標奇特耶若乃登高望遠則千巖萬壑金碧堆疊龍蟠虎踞靈粹滋孕代生異人非山秀地靈之所鍾襲其孰能與於此乎就中天柱風清氣和土腴泉潔神蛇不螫猛獸能馴自漢武帝酷好神仙標顯靈跡乃於洞口建立宮壇歷代祈禳悉在此處東晉有郭文舉先生得飛化之道隱居此山羣虎來柔史籍具載乃於蝸廬之次手植三松虬偃鳳翹蒼翠千載今殿前者是也洎大唐創業以元元皇帝爲祖宗崇尚元風恢張道本天皇大帝握圖御

宇授籙探符則有潘先生宏演眞源搜訪神境宏道元年奉勅創置天柱觀焉仍以四維之中壁封千步禁彼樵採爲長生之林中宗皇帝玉葉繼昌元關愈闢特賜觀莊一所以給香燈於是臺殿乃似匪人工廊檻而皆疑化出星壇月砌具體而微則有被褐幽人據梧高士挹澄泉之味息青蘿之陰葉天師法善朱法師君緒吳天師筠暨天師齊物司馬天師承禎夏侯天師子雲皆繼踵雲根棲神物表骨騰金鎖名冠瑤編出爲帝王之師歸作神仙之侶金錯標字翠珉流芳昭晰具存不俟詳錄其餘三泉合派雙

石開扉藥圃新池古壇書閣各有題品足爲耿光鏐此際蒙聖朝疊委藩閫綰闔閭之封略統句踐之山河寵極蕭曹榮兼渾郭細懷斯地實邇維桑素仰眞風備詳前事但以此觀剏置之始本對南方後有朱法師相度地形改爲北向雖依山勢偏側洞門其洞首陰背陽作道宮而不可致左右崗壠與地勢以相違背洞門而不順百靈使清泉卻侵白虎致使觀中寥落難駐賢能皆爲尊殿背水激衝之所致也乾寧二年鏐因歷覽山源周遊洞府思報列聖九重之至德兼立三軍百姓之福庭於是齋醮之餘偏尋地理觀其尊殿基勢全無起發之由致道流困窮二時而不辦香燈竟歲而全無醮閱遂抗直表上聞聖聰請上清道士閭邱方遠與道衆三十餘人主張教跡每年春秋四季爲國焚修鏐特與創建殿堂兼移基址山勢有三峯兩乳兼許邁先生丹竈遺跡猶存遂乃添低作平減高爲下改爲甲向是五音第一之方而乃添培乳山卻爲主案尋即一二年內法主雨露渥恩道侶益臻常住咸備青牛白鹿堪眠琪樹之陰絳節霓幢不絕星壇之上得不因移山勢而再振元風者哉尋又續發薦章奏聞邱君道業聖上

以仙源衍慶眞派流輝方瑤水以遊神復華胥而入夢欲闡無爲之化欣聞有道之人勅賜法號爲妙有大師兼加命服雖寒棲帶索之士不尚寵榮在法橋勸善之門何妨顯赫其次畢法道士鄭茂章生自神州久棲名嶽元機契合負笈俱來鏐幸揖方瞳常留化竹副妙有大師三元八節齋醮同修福既薦於宗祧惠頗霑於軍俗尋發特表蒙鴻恩繼賜紫衣焚修於此其大殿之內塑天尊眞人龍虎二君侍衞無闕其次別敘上清精思院爲朝眞念道之方建堂廚乃陳鼎擊鐘之所門廊房砌無不更新天風每觸

於庭除地籟時聞於窗戶兼為親隸觀額以炫成功非矜八體之能貴立永年之志妙有大師閭邱君靈芝稟異皓鶴標奇誕德星躔披靈霓洞朝修虔懇科戒精嚴實紫府之表儀乃清都之輔弼加以降神之地即舒州之天柱山也遊方有志躡屩忘疲自生天柱之前駐修天柱之下祭其符契信不徒然此乃修崇實同搜抉所謂道無不在代有其人爰自開基至於功畢備仙家之勝槩暢聖祖之真風遂錄畫圖封章上進奉光化二年十一月二十七日詔旨勅錢鏐省所奏進重修建天柱觀圖一面事具悉我國

家襲慶仙源遊神道域普天之下靈跡甚多然自兵革薦興基址多毀況茲幽邃豈暇修營卿考一境圖經知列聖崇奉親臨勝槩重葺仙居仍選精慤之流虔備焚修之禮冀承元貺來祐昌期豈唯觀好事之方抑亦驗愛君之節既陳章奏披翫再三嘉歎無已想宜知悉冬寒卿比平安好遣書指不多及懿夫地出靈阜天開洞宮三皇之前真聖非一莫匪乘虛躡景出有入無雖或挂於傳聞不可知其名氏皆分洞天而理即大滌居其一焉天柱觀即漢以來迄於唐室修真之士繼躡清塵當四方俶擾之時見一境希夷之趣今也仙宮嶽立高道雲屯六時而鐘磬無虧八節之修齋罔闕有以保國家之景祚福兩府之蒸黎鏐今統吳越之山河官超極品上奉宗社次及軍民莫不虔仰神靈遵行大道時也聖明當代四海歸心忝掌委以東南封爵功臣兼須金券家山衣錦兼兩道之油幢上承一人倚注之恩次乃是正真護持之力元元至聖崇敬福生大道真科是無為化致乃及身於此合刊貞石用俟後賢時光化三年七月十五日記

鎮東軍牆隍神廟記

若夫陰陽共理之規人神相贊之道傳於史冊今昔同符切以浙東地號奧區古之越國當舟車輻湊之會是江湖衝要之津自隋末移築子牆因遷公署據卧龍之高阜雉堞穹崇對鏡水之清漪風烟爽朗缅惟深固宜叶冥扶故唐右衛將軍總管龐君諱玉頃握圭符首臨戎政披榛建府吐哺綏民仁施則冬日均和威肅則秋霜布令屬牆隍戴黔庶謳謠尋而罷市興嗟餘芳不泯衆情追仰共立嚴祠鎮都雉之岡巒宰軍民之禍福殿堂隆邃儀衛精嚴式修如在之儀仰託儲靈之廕往載釁生劉氏妖起羅平予

躬稟睿謀恭行天討數年擐甲兩復越犒皆資肸蠁之功以就戡平之業特爲重增儀像嚴潔牲牢邇來四野無塵重門罷柝丁卯歲揚旌東渡巡撫軍民躬奠椒漿目瞻靈像每暢吳風越俗共歌道泰人安昔爲兩鎮之疆今作一家之慶遂馳牋表請降崇封所冀朝恩與漢牧齊標美稱共泰巒對聳尋蒙天澤果賜允俞須崇福之嘉名升五等之尊爵其所奉勅命具列如左嗚呼人惟神祐神實人依奚自始建金湯肅陳祠宇奠茲中壘三百年來雖享非馨未登列爵今則值予佐國連統藩維啓吳越之雙封爲東

南之盟主況遇金星應籙梁德克昌道既泰於君臣澤遂加於幽顯獲申奏薦遽降徽章今則象軸煥新龍綸遠至表勲名於當代昭靈感於千秋固當永荷皇靈長垂幽贊衛我藩宣之地遐清災沴之源保泰斯民乂安吾土烜矣赫矣永作輝華今當吳越雙封一王理事亦仗土地陰隲冥力護持神既助今日之光榮予亦報幽靈之煥耀但慮爻凉改易星歲徂遷不記修崇莫原事始聊刊貞石以示後來時大梁開平二年歲在戊辰四月啓聖匡運同德功臣淮南鎮海鎮東等軍節度使檢校太師守侍中兼中書令吳越王錢鏐記

開舜井得重華石記

吳越國王寶正三年八月十九日重開舜井收得重華石一片竊恐年移代遠莫測端由特令鐫刻用記年月己丑歲林鍾之月二十九日天下兵馬都元帥吳越國王記

新建風山靈德王廟記

蓋聞天地氤氳運寒暑而滋品彙幽靈肸蠁司土地而福生民人神理在於相須顯晦期臻於感契雖先聖著難明之說而禮經垂嚴祀之文爰自五運相承百王理化或以

勞定國或盡力勤王或利濟及於蒸民或威烈光於史策並皆立嚴祠於境土享廟食於春秋而況江浙古區魚鹽奧壤歷象則區分牛斗封維乃表裏江山昔年霸越強吳今日雙封列國曠代之靈蹤不少前賢之廟貌實多寡人自定亂平袄勤王佐命五十年撫綏軍庶數千里開泰土疆四朝疊受冊封九帝拱扶宗社改家爲國興霸江南一方偃息兵戈四境粗安耕織上荷元穹眷祐次依神理護持統內凡有往帝前王忠臣義士遺祠列象古跡靈壇悉皆褒崇重峻於深嚴祀典常精於豐潔冀承靈貺同保軍

民其有風山靈德王廟本係屬城近歸畿甸考諸舊記即先是武康縣風山又按史記云汪罔氏之君守封禺之山今屬吳興武康縣稽立廟之初則年華渺邈詳圖牒之說則詞理異同唯有元和年再構簷楹見存碑記彼既已具敘述此固不復殫論聊書封置之由直述旌崇之意丙戌年春寡人以玉冊疊膺於典禮清宮未展於嚴禋遂輟萬機暫歸錦里尋屬節當炎暑猶未却迴闕刺史陸仁璋佐國精忠事君竭孝心懸扈從徧祝靈祇以風山靈德王昔年因舉兵師曾陳禱祝無虧響應顯有感通遂懇悃告虔

許崇堂殿洎清秋却歸闕披覩闕陳既忠誠感動神明行褒贈先酬靈貺次乃親分指畫委仗腹心按山川展拓基坰順岡阜增添爽塏形勝並皆換舊規模一概從新居中而殿宇崇嚴四面而軒廊顯敞周迴戶牖甃砌堦墀構之以杞梓楩柟飾之以元黃丹漆外則浚川源之瀲灔內則添竹樹之青蔥至於廣廈神儀崇軒侍衛車輿僕從帳幄簾櫳鼎飪庖廚籩簦器皿請福祈恩之所獻牲納幣之筵並極鮮華事無不備丙戌年八月二十四日起首至其年十一月畢功土木皆是精新禋祀常嚴豐潔仍展牲牢簫鼓慶樂迎神耀威靈而萬古傳芳標懿號而千秋不朽一則酬忠臣之啟願二則答陰騭之相扶唯冀明神永安締構稟元化而同垂恩福鎮土疆而廕護軍民保四時風雨順調闕永絕天災地沴常歡俗阜時康巍乎煥乎美矣盛矣今則功用既就良願已酬因勒貞珉聊書摭實所貴後來賢彥知予精敬神明不假繁文粗紀年月時寶正六年重光單閼歲爲相之月二十有三日記天下都元帥吳越國王錢鏐

眞聖觀碑

若夫眞聖之教大道爲先恍惚難名虛無罔象敘極於元黃之始施功於融結之前籠罩九闕森羅萬物可大可久元之又元豈推步之能窮非名言之可載太上老君者神凝太素氣積混茫誕形雖感於星精崇德實標於道祖當驪陸犧軒之代則同出而異名洎陶唐殷夏之年乃殊途而一貫抗世立法爲師爲臣恢張沖漠之風振蕩希夷之迹及乎姬周建國仙聖膺期託孕元姝寓形楚國指李言姓視耳傳名雙柱三門式表儀形之異厖眉鶴髮更彰耆耋之尊然而隱跡公朝韜光柱史魯宣父起猶龍之嘆尹

先生知望氣之祥莫不經演五千齡高八百唐朝將基王業遠託真源廣啟元關累崇徽號由是普天之下悉立道宮皆以紫極爲名冀以奉行齋醮當府頃嘗建置歲月已深後因大盜經過恣其煨燼緬惟道館久曠眞風因爲重興俾延多福竊詳載籍靜究源流但以老君稟虛無精應混元氣託神明之質先天地而生在三皇五帝之時則自號鬱華廣壽及殷商成周之代則官居柱史王師出入自然應期而現後以周王之世再誕於苦縣瀨鄉道寰中華化行西域然而位居太乙尊號帝君統御十方施生萬物

配三光而普照綿萬劫以長生前朝欲濬靈源仰攀仙系寧同血允聊比宗祧則老君自是大道之至真非唐家之枝派夫軒轅大聖必問道於崆峒周穆至仁亦學仙於瑤水是以追崇道教廣務勝因絳闕朱臺遠比蓬萊之境星壇月殿大新焚醮之場必冀元功克臻靈貺其餘隙地閒植松篁白鹿青羊自遨遊於春嶺清風皓月更縈帶於秋江立吳都元教之觀名千秋不朽改越國紫宮之眞聖萬載永隆足使大道常興真風不墜大顯元元之教永資邦國之休宜刻貞珉式揚光烈

建廣潤龍王廟碑

蓋聞四靈表瑞則龍神功濟於生民百穀熟成則水旱事關於陰騭而況浙陽重鎭自古吳都襟帶溪湖接連江海賦輿甚廣田畝至多須資灌溉之功用奏耕桑之業錢塘湖者西臨靈隱東枕府城澄千頃之波瀾承諸山之源派梁大同中湖干嘗置唐咸通中刺史崔彥曾重修鑿石爲門蒸沙起岸自予扶翊聖運移節建旄舊日湖隄盡爲城宇澄渟有同於鏡水濟時每及於生靈一郭軍民盡承甘潤逐年開谿淼若淙闕長居一尺之深闕不竭元陽之失

度其中菰蓮鬱茂水族繁滋蒸黎實藉以畋漁河道常資於灌注壯金城之一面不異湯池潤綠野之萬家常如甘澤固有神龍居止水府司存降景佑於生靈興旱涸之風雨原其自編祀典積有歲年雖陳奠酹之規未施展敬之所蓋爲古來藩侯牧守不能建立殿堂予統吳越山河綰天下兵柄前後累申祈禱皆致感通既荷陰功合崇祠宇昨乃特於湖際選定基址經興土木之功建立欒櫨之構至於殿庭廊廡門楹階墀悉親起規模指揮擘劃俱臻壯麗以稱精嚴然後愼選良工塑裝神像威容赫奕冠劍陰

森陳將僚侍衛之儀，列鐘鼓豆籩之位，以至車轝僕馬帳幄盤筵祭器饗廚無不臻備，馨香薦獻不闕四時。況鏡水清流，烟波浩渺，其湖周百餘里，其派數十餘川，濟物於人，功能及衆，亦無龍君之廟貌。予遂與錢塘龍君一時建立廟堂，同表奏聞，乞加懿號。果蒙天澤，並降徽章。其所奉勅旨具錄如後。勅：錢塘重地，會稽名邦，垂古今不朽之基，繫生聚無疆之福。有茲舊跡，特敘新規，豈曰神謀，實因心匠。蓋水府受天之職，庇民之功，歲時罔闕於牲牢，祈禱必觀於肸蠁。得一方之義化，致兩境之安康。錢鏐普扇仁風，久

施異政，至誠所切，遂致感通。其錢塘湖龍王廟宜賜號廣潤龍王，鏡湖龍王廟宜賜號贊禹龍王。牒至準勅旨。若夫人惟神贊，神實人依，信冥陽共理之言，乃幽顯相須之義。今者式嚴廟貌，永受烝嘗，四時之殷薦不虧，萬姓之禱祠無闕。神其受天朝之寵賚，闡千古之光輝，常鎮吳邦，豫消災沴，必使原田肥沃，克昌廣潤之名；穀稼豐登，更表土龍之德。今則嚴禋已立，邃宇咸周，聊記歲月，刻於貞珉，後來觀者其鑒之哉。

投龍文

大道弟子天下都元帥尚父守中書令吳越國王錢鏐，年七十七歲，二月十六日生。自統制山河，主臨吳越，民安俗阜，道泰時康，市物平和，遐邇清晏。仰自蒼昊降佑，大道垂恩。今則特詣洞府名山，遍投龍簡，恭陳醮謝，上答元恩。伏願合具告祈，兼乞鏐壬申行年，四時履歷，壽齡遐遠，眼目光明，家國興隆，子孫繁盛。志祈元祝，允協投誠。謹詣太湖水府金龍驛傳於吳越國蘇州府吳縣洞庭鄉東皋里太湖水府告文。寶正三年歲在戊子三月丁未朔二十六日壬申投。

吳越文穆王錢元瓘

元瓘字明寶，初名傳瓘，武肅王第七子。乾寧元年授鹽鐵發運巡官，又授金部郎中。天祐中累授檢校右僕射。梁貞明中進檢校太尉、同中書門下平章事。龍德二年加特進、檢校太尉兼侍中。後唐同光二年授開府儀同三司、檢校太師兼中書令。長興三年武肅王薨，襲位，改今名，加守中書令。四年封吳王。應順元年進封吳越王。晉天福元年授天下兵馬副元帥，五年授天下兵馬都元帥，六年加守尚書令。八月薨，年五十五，謚文穆。

乞復父舊號表

竊念臣父天下兵馬都元帥吳越國王臣鏐爰自乾符之歲便立功勞至於天復之初已封茅土兩殄稽山之僭偽頻叨鳳詔之褒崇賜鐵券而礪岳帶河藏清廟而銘鐘鏤鼎歷事列聖竭誠累朝罄臣節以無虧荷君恩而益重楚茅吳柚常居羣后之先赤豹黃羆不在諸方之後雲臺寫像盟府書勳勠力本朝一心體國常誡臣兄弟曰汝等諸子須記斯言父老起自諸都早平多難素推忠勇實效辛勤遂蒙聖主之疇庸獲忝眞王之列壤恒積滿盈之懼豫

懷燕翼之憂蓋以恩禮殊尤寵榮亢極名品既逾於五等春秋將及於八旬不諱之談爾當靜聽而況手殲妖亂親覩興亡豈宜自爲厲階更尋覆轍老身猶健且作國王之呼嗣子承家但守藩臣之分臣等鯉庭灑袂鴈序書紳中心藏之敬聞命矣頃以濟陰歸邸梁苑稱尊所在英雄遞相倣效互起投龜之詬皆興逐鹿之謀惟臣父王未嘗隨例從微至著悉蒙天子之絲綸啟土封王自守諸侯之土宇乙酉歲伏蒙莊宗皇帝遙降玉冊金印恩加曲阜營邸顯自大朝來封小國遂有強名之改補實無干紀之包藏兼使人徐筠等進貢之時禮儀有失尚蒙赦宥未寘典刑敢不投杖責躬負荆請罪且爽爲臣之禮誠乖事上之儀夙夜包羞寢食俱廢捧詔而神魂戰慄拜章而芒刺交并伏以皇帝陛下濬哲文思含宏光大智周萬物日闢四方既容能改之非許降自新之恕將功補過捨短從長矧茲近代相持豈足深機遠料且臣本道與淮南雖連疆畛久結仇讎交惡尋盟十翻九覆縱敵已逾於三紀弭兵纔僅於數年諒非脣齒之邦眞謂腹心之疾今奉詔書責問合陳本末端由布在衆多寧煩覼縷彼既人而無禮此亦和

而不同近知侵軼荆門乖張事大儻王師之問罪願率衆以齊攻必致先登庶觀後效橫秋鵰鶚祗待指呼躍匣蛟龍誓平讎隙今則訓齊樓櫓淬礪戈鋋決副天威冀明臣節伏以臣父王鏐已於汎海繼有飛章陳父子之丹誠高懸皎日展君臣之大義上指圓穹其將修貢賦於梯航混車書而表率如虧奉職自有陰誅今春已具表章未蒙便賜俞允地遠而經年方達天高而瀝懇難通伏乞聖慈曲行明命凌霜益翠始知松柏之心異日成功方顯忠臣之節臣瓘等無任感激祈恩戰懼依投之至謹遣急腳間道

奉絹表陳乞奏謝以聞

請建龍冊寺奏

襲爵四年曾無顯效受鳳池之眞命降龍冊以雙封臣特於府城外造寺一所前百步起樓號奉國其寺額乞以龍冊爲名

揚瑫等改補節度子將牒

勅淮南鎭海鎭東等軍節度散子將充上直從散員旗副將檢太子賓客楊瑫等牒奉處分前人毅勇資身忠貞秉志或屢隨征討或頻効飛馳予自紹統山河已曾遍施酬

獎昨者疊膺雙冊繼耀土茅今則特均雨露之恩溥示維持之命更聞盡節薦可甄外事須改補節度子將仍牒知者故牒清泰三年正月日牒

吴越忠懿王錢俶

俶字文德文穆王第九子晉天福四年除內牙諸軍指揮使開運四年出鎭台州是年忠獻王薨弟宏倧襲位內牙統軍使胡進思廢宏倧迎俶立之漢乾祐二年授東南面兵馬都元帥鎭海鎭東等軍節度使開府儀同三司檢校太師中書令杭州越州大都督上柱國吴越國王三年加守尚書令周顯德中加天下兵馬都元帥宋建隆元年進授天下兵馬大元帥太平興國三年再朝京師遂上表納土封淮海國王雍熙元年改封漢南國王出爲武勝軍節度使尋改封南陽國王表辭國王改封許王端拱元年徙封鄧王八月薨年六十追封秦國王謚忠懿

宗鏡錄序

詳夫域中之教者三正君臣親父子厚人倫儒吾之師也寂兮寥兮視聽無得自微妙升虛無以止乎乘風馭景君得之則善建不拔人得之則延貺無窮道儒之師也四諦

十二因緣三明八解脫時習不忘日修以得一登果地永達眞常釋道之宗也惟此三教並自心修宗鏡錄者智覺禪師所撰也總乎百卷包盡微言我佛金口所宣盈於海藏蓋亦提誘後學師之智慧辯才演暢萬法明了一心禪際河游慧聞雲布數而稱之莫能盡紀聊爲小序以頌宣行云爾

黃妃塔記

敬天修德人所當行矧俶忝嗣丕圖承平滋久雖未致全盛可不上體祖宗師仰瞿曇氏慈忍力所沾溉耶凡於萬

機之暇口不輟誦釋氏之書手不停披釋氏之典者蓋有深旨焉諸宮監尊禮佛螺髻髮猶佛生存不敢私祕宮禁中恭率瑤具創窣堵波於西湖之滸以奉安之規模宏麗極所未見極所未聞宮監宏願之始以千尺十三層爲率爰以事力未充姑從七級梯旻初志未滿爲慊計甎灰土木油錢瓦石與夫工藝像設金碧之嚴通緡錢六百萬視會稽之應天塔所謂許元度者出沒人間凡三世然後圓滿願心宮監等合力於彈指頃幻出瑤坊信多寶如來分身應現使之然耶顧元度有所不逮塔成之日又鐫華嚴

諸經圍繞八面具成不思議劫數大精進幢於是合十指爪以賛歎之塔曰黃妃云吳越國王錢俶拜手謹書於經之尾

梵天寺經幢記

竊以奉空王之大教尊阿育之靈蹤崇雁塔於九重銜鴻圖於萬祀梵剎既當於圓就寶幢是鎮於方隅遂命選以工人鑿於巨石琢鞭來之堅固狀涌出之規儀玉削霜標花雕八面勒佛頂隨求之嘉句爲塵籠沙界之良因所願家國咸康封疆永肅祖世俱乘於多福宗親常沐於慈恩職掌官僚中外寧吉仍將福祉遍及幽明凡在有情希沾妙善乾德三年乙丑歲六月庚子朔十五甲寅日立

新建佛國寶幢願文

蓋聞慧炬西然法雲東被眷言興建實煥簡編我國家列壤受封帶河礪岳既勤王而繼世諒荷寵以乘時言念眞宗聿懷多福於是旁搜勝景廣闢宏規築湖畔之山岡構城西之佛閣莫不遐森杞梓妙選楩柟營窣漢之基坰列倚天之像設釋迦化主中尊而高儼睟容慈氏彌陀分坐而淨標妙相仍於寶地對樹法幢雕築琅玕磨礱圭璧勒

隨求之梵語刋佛頂之祕文直指丹霄雙分八面伏願興隆霸祚延遠洪源受靈貺於祖先助福禧於悠久軍民輯睦疆場肅寧宗族以之咸康官僚以之共治四十八願永符法處之良因八十種好更備曇摩之圓智得大堅固不可稱量凡在含生同躋覺路天下大元帥吳越國王錢俶建時大宋開寶二年乙巳歲閏五月日

閩第六主王義

義初名延義閩太祖審知少子康宗遇弒自稱威武節度使閩國王更今名改元永隆三年僭號皇帝六年爲拱宸

都指揮使朱文進閤門使連重遇所弑僭謚睿文廣武明
聖元德隆道大孝皇帝廟號景宗

奏晉帝書

久增景慕莫會光塵但循戰國之規敢預睦鄰之道一昨
安州有故脫難相歸邊校貪功乘便據壘矧機宜之孰在
顧茫昧以難申否臧皆凶乃大易之明義進取不止亦聖
人之厚顏適屬暑雨稍頻江波甚漲指揮未到事實已違
今者猥沐睿咨曲形宸指歸其俘獲示以英仁其如軍法
朝章彼此不可揚名建德曲直相懸雖認好生匪敢聞命

其杜光鄴等五百七人已令卻過淮北

欽定全唐文卷一百三十一

李密

密字元邃一字法主其先遼東襄平人父寬隋上柱國封
蒲山郡公遂家長安大業九年楊元感舉兵黎陽以密為
謀主元感敗以策干東郡賊翟讓讓令別統所部號蒲山
公十三年二月推密為主建號魏公改元永平越王侗稱
帝遣使授密太尉尚書令東南道大行臺行軍元帥魏國
公武德元年為王世充所敗歸唐拜光祿卿封邢國公以
賞薄怨望高祖使領本兵經略東都行至桃林復徵之大

懼謀叛熊州副將盛彥師斬之

招道士徐鴻客書

齊州長史至得所上奇策一篇理智優長文采密麗覽而
味之嘉玩無已夫天地閉賢人隱少微光處士見是以崆
峒之上軒轅問於廣成汾水之陽唐帝從於齧缺是知肥
遯為美齊物攸歸雅節與蘭桂俱芬高風共雲霞競遠孤
門承世冑地藉餘緒平生大志豈圖富貴只為時逢板蕩
代屬艱虞厭海水之羣飛憫蒼生之塗炭便與二三人傑
百萬武旅欲受降於軹道將問罪於商郊未遇元女思逢

黃石詎有啟沃謀猷韜鈐者也仙師學究本原術苞奇正八風五星之候玉臺金匱之書莫不洞曉於心若指諸掌今龍戰於野鶴翔寥廓或出或處且變且更濡足援手是曰仁人除暴靜亂方稱君子贊我興運今也其時師宜躡屩擔簦用虞卿之禮披榛輓輅襲婁敬之風引領瞻望拂席相待遲聽酈生之談方聞左車之說桂樹山幽歲云暮矣桃花源穴想見其人冬首薄寒比如宜也想攝養有方當無勞慮庶不遠千里早赴六軍孤已勒彼州令以禮相送冀面非遙遣此不多及

蕭銑

銑後梁宣帝曾孫隋煬帝時以外戚擢授羅川令大業十三年岳州校尉董景珍雷世猛等同謀叛推銑為主入岳州築壇城南燔燎告天自稱梁王建元鳳鳴義寧二年僭稱皇帝武德元年遷都江陵高祖詔夔州總管趙郡王孝恭率兵討之銑降於孝恭高祖數其罪斬於都市年三十九

報董景珍書

我之本國昔在有隋以小事大朝貢無闕乃貪我土宇滅我宗祊我是以痛心疾首無忘雪恥今天啟公等協我心事若合符節豈非上元之意也吾當糾率士庶敬從來請

王績

績字無功絳州龍門人隋大業中應孝弟廉潔舉授揚州六合縣丞棄官還鄉里躬耕於東皋時人號為東皋子貞觀十八年卒

三日賦 并序

余以大業四年獲遊京邑暮春三月甫騁娛遊新停隱士之船即赴羣工之席賞閱興洽接袂方轅西望昆池東臨

灞岸帷屏竟野士女盈川寶馬香車星流雲布氣鮮風暖誠如褚爽之詞絡繹繽紛正是張衡之說不能默爾聊為賦焉同博奕之猶賢取波流之順俗終非白玉未可抱之而悲近等黃花猶當嗑然而笑云爾

年去年來已復春三月三日倚河濱正是地名為禊飲辰傾兩京之貴族聚三都之麗人自須祓穢非徒解紼潘尼已向天淵滸袁紹應過薄洛津舊嫌晦日年芳早情知上巳風光好誰家園裏泛紅花何處堤傍無綠草翠幕臨流灞池曲朱帷曜野橫橋道橋石岸而誅茅入砂場而藉稾

艷艷風光欣欣懷抱南鄰戚屬北里豪家舊來常蕩平居
自奢逢上林之卷霧直章臺之吐霞塵半濕而街靜氣全
收而野華蒲梢果下之龍驕繡軸朱輪之犢車錦則鳳凰
銜葉綾則鴛鴦戴花粉色傾新市衣香滿處斜歷鄴城而
轉蓋臨渭浦而停笳坐帷撐犀角行床鋪象牙洛都故事
陳留風俗障額鈎枝釵梁墳栗玉盤盛果金瓶泛醁案列
萬錢盃流九曲戲分羣聚人多座促爭梟帝女之壺鬥彩
曹王之局六博退而梟盡摴蒱停而馬足新投素卵始泛
元醪洞簫徐引仙瑟對揚喧趙琴而絃急促秦箏而柱高

連歌合舞節鼓鳴鐃方響銀纓架琵琶金屑槽席闌賞洽
情盤樂恣徙榻渠邊回筵水次臨石磧而爭洗倚橋欄而
半醉浪動兔移沙平鴈萃萍著浦而偏密荇連汀而漸稠
樹泊漁舟莎侵釣地沉玉轄而初設貫銀鉤而欲墜網飾
茱萸竿裝翡翠振鱗掉尾穿腮約鼻金門舊學玉署新賢
修太元於暮齒擅中黃於早年校書芸閣之上射策蘭臺
之前鳴儔北闕合集東川暫疑林竹遥真成都柳泉琴尊
促賞少長同筵九班麟角之仙筆五色魚羅之綵牋杜篤
題新賦張華撥雅篇問東皙而知博談子房而著元李膺

猶捧手王澄偃仰眠羽林名騎期門謁者勇振行閒聲高
帳下鐵骸文鏃銀鞍鏤瓦新彎柘月之弧始被蘭池之馬
既措盃而水綠亦鳴鞭而汗赭射堂高望修衢迴尋弓聲
中絕箭道平臨暈張堋滿塵驚埒深始銅穿而石漏終鴈
斷而猿吟帶周遭玉鞘縫恰金大堤諸絕艷中城之少女
總角當壚初笄弄杼臨鏡臺而憶昔出香街而嘯侶錦袖
爭垂花鈿半舉浮絳囊而相逐斬紅蘭而延佇照影窺潭
湔衫傍渚新開避忌之席更作招魂之所相呼攜手共留
連著晚風光最可憐棠梨別館祇斜日鵁鶄重樓含暮烟

樹下遺香粉砂頭送紙錢尋春須得遍但任莫言旋紫騮
停策青牛駐幰看射雉於平皋送乘羊於御坂悵望原隰
徘徊林畹詎念城遥寧知伴遠聞烏啼而訶夕憶蠶飢而
慮晚別有公子盛光儀羽蓋相將連騎馳出入芙蓉苑經
過連勺陂爭傳塞下梅花在強報閨中桑葉萎聞鷄宣曲
路泛鷁昆明池浪影文青雀泥光濺綠羆若非五陵遊俠
少定是三秦輕薄兒玉笛吹楊柳金冠飾鵕鸃念此日之
嬉戲亦無窮之賞託但是津傍悉泛舟若箇山頭不投幕
俎席交時烟霞綺錯何縣何州無林無壑俗非溱洧風成

鄴洛年年歲歲傾城傾郭祗爲春光動性靈剩使姮遊不蹩停南渡橋邊無數醉東流水上幾人醒隱士船中藥秦王劒裏銘若嫌鄭國桃花浦爲向山陰蘭葉亭

遊北山賦 并序

吾周人也本家於祁永嘉之際扈從江左地實儒素人多高烈穆公感建元之耻歸於洛陽同州悲永安之事退居河曲始則晉陽之開國終乃安康之受田墳隴寓居倏焉五葉桑榆成蔭俄將百年續南山故情老而彌篤東陂餘業悠哉自寧酒甕多於步兵黍田廣於彭澤皇甫謐之心

事隴畝終焉仲長統之規模園林幸足獨居南渚時遊北山聊度日以爲娛忽經年而忘返西窮馬谷北達牛溪邱壑依然風烟滿目孫登默坐對嵇阮而無言王霸幽居與妻孥而共去窗臨水石砌遶松篁類田園之去來亦已久矣望山林之故道何其悠哉詩者志之所之賦者詩之流也式抽短思即爲賦云

天道悠悠人生若浮古來賢聖皆成去留八眉四乳龍顏鳳頭殷憂一世零落千秋暫時南面相將北遊玉殿金輿之大業郊天祀地之洪休榮深責重樂不供愁何況數十年之將相五百里之公侯兢兢業業長思長憂昔怪燕昭與漢武今識圖仙之有由人誰不願直是難求聞鼎湖而欲信怪橋山之遽修玉臺金闕大海水之中流瑤林碧樹崑崙山之上頭不得輕飛如石燕終是徒勞秉土牛已矣哉世事自此而可見又何爲乎惘惘棄卜筮而不占余將縱心而長往任物孤遊遺情直上覺老釋之言繁恨文宣之技癢彼事業之遷斥豈明神之宰掌物無往而咸章一作物無待而成章生有資而必養嗟大道之泯浞見人情之委枉禮費日於千儀易勞心於萬象審機事之不息知澆源之寖

長鳥何事而攖羅魚何爲而在網生物詭隔精靈惚恍莊周三月而不朝瞿曇六年而遐想有是夫況吾之不如先達乎請息交而自逸聊習靜而爲娛遂披林樾進陟攲嶇連峯雜起複嶂環紆歷丹危而尋絕徑攀翠險而覓修塗聳飛情於霞道振逸想於烟衢重林合沓以齊列崩崖磊砢而相扶覩森沉於絕磵視晃朗於高嵎自謂摶風颷而出埃壒邈若朝元宮而謁紫都碧巒之下清溪之曲望隱隱而纔通聽微微而不屬眷然引領玆焉頓足步擁石而邅迴視橫烟而斷續古藤曳紫寒苔布綠洞裏窺書巖邊

對局髣髴靈蹤依稀仙躅竈何代而銷金杯何年而溜玉石室幽藹沙場照燭松落落而風迴桂蒼蒼而露漯月未側而先陰霞方昇而已旭喜方外之浩蕩歎人間之窘束況乃幽谷藏真傍無四鄰紫房半掩元壇尚新逢閬風之逸客值蓬萊之故人忽據梧而策杖亦披裘而負薪荷衣薜帶藜杖葛巾出芝田而計畝入桃源而問津昆山若礪渤澥揚塵栽碧柰而何日種瓊瓜而幾春自然詭異非徒隱淪乃有上元仙骨太清神手走電奔雷耘空蒔杇河間之業不齊貫淮南之術無虛受咒動南箕符迴北斗偓佺

贈藥麻姑送酒青龍就食於甲辰元牛自拘於乙丑永懷世事天長地久顧瞻流俗紅顏白首儻千歲之可營亦何爲而自輕昔時君子曾聞上征忽逢真客試問仙經談九華之易就敘三英之可成拭丹鑪而調石髓裛翠釜而出金精珠流玉結雪耀霜明咸謂刀圭暫進足使雲車下迎紛吾人之狹見攬羣疑而自拂使投足而咸安亦何爲乎此物彼赤城與元圃豈憑虛而搆窟但水月之非真譬聲色之無佛過矣劉向吁嗟葛洪指期繫影依方捕風誰能離世何處逃空假使遊八洞之金室坐三清之玉宮長懷

企羨豈出樊籠徒勞海上何事雲中昔日蔣元詡之三徑陶淵明之五柳君平坐卜於市門子真躬耕於谷口或託閭閈或潛山藪咸遂性而同樂豈違方而別守余亦無求斯焉獨遊屬天下之無事遇山中之可留聊將度日忽已經秋菊花兩岸松聲一邱不能役心而守道故將委運而乘流伊林磵之虛受固樵隱之俱託逢故客於中溪遇還童於絕壑雲峯龜甲而重聚霞壁龍鱗而結絡水出浦而潺潺霧含川而漠漠是忻是賞爰遊爰豫結蘿幌而迎宵敞茅軒而待曙爾其雜樹相糾長條交茹葉動猿來花驚

鳥去起公子之殊賞談王孫之遠慮山水幽尋風雲路深蘭窗左闢菌閣斜臨石當階而虎踞泉度牖而龍吟月照南浦烟生北林閱邱壑之新趣縱江湖之舊心道集吾室風吹我襟松花柏葉之醇酎鳳翮龍脣之素琴白牛溪裏峯巒四峙信茲山之奧域昔吾兄之所止許由避地張超成市察俗删詩依經正史康成負笈而相繼根矩摳衣而未已組帶青衿鏘鏘儼儼階庭禮樂生徒杞梓山似尼邱泉疑洙泗（吾兄通字仲淹生於隋末守道不仕大業中隱於此溪續孔子六經近百餘卷門人弟子相趨成市故溪今號王孔子之溪也）忽焉四散於今二紀地猶如昨人多已矣

念昔日之良遊憶當時之君子佩蘭蔭竹誅茅席芷樹即環林門成闕里姚仲由之正色薛莊周之言理此溪之集門人常以百數唯河南董恒南陽程元中山賈瓊河南薛收太山姚義太原溫彥博京兆杜淹等十餘人稱爲俊穎而姚義多慷慨同儕方之仲由薛收以理達稱方莊周薛寔妙言理也觸石橫肱逢流洗耳取樂經籍忘懷憂喜時挾策而驅羊或投竿而釣鯉何圖一旦邈成千紀木壞山頹舟移谷徙北岡之上東巖之前講堂猶在碑石宛然想問道於中室憶橫經於下筵壇場草樹院宇風煙昔文中之僻處諒遭時之喪亂局逸步而須時蓄奇聲而待旦旅人小吉明夷大難建功則鳴鳳不聞修

書則獲麟爲斷惜矣吾兄遭時不平歿身之後天下文明坐門人於廊廟瘞夫子於佳城死而可作何時復生式瞻虛館載步前楹眷眷長想悠悠我情俎豆衣冠之舊地金石絲竹之餘聲沒而不朽知何所營吾兄仲淹以大業十三年卒於鄉館時年三十三門人諡爲文中子及皇家受命門人多至公輔而文中之道不行於時余因遊此溪周覽故迹蓋傷高賢之不遇也臨故墟而掩抑指歸途而歎惜往往溪攢時時路塞忽登崇岫依然舊識地迥心遙山高視直望煙火於桑梓辨溝塍於鄉國斜臨姑射之西正是汾河之北悵矣懷抱悠哉川域憶昔過庭童顏稚齡何賞不極何遊不經弄春

風於磵戶詠秋月於山扃北窗照雪南軒聚螢綵衣扇枕緇布問經何斯樂之易失倏銜哀而茹恤天未悔禍遭家不秩子敬先亡公明早卒余自此而浩蕩又逢時之不仁天地遂閉雲雷漸屯與沮溺而同趣共夷齊而隱身幸收元吉坐偶昌辰容北海之嘉遯許南山之不臣養拙辭官含和保真豈若馮敬通之誹世趙元淑之尤人殷憂恥賤憔悴傷貧操井臼而無樂歷山河而苦辛豈如我家生事都盧棄置不念當歸寧圖遠志坐青山而非隱遊碧潭而已喜舊知山裏絕塵埃登高日暮心悠哉子平一去何時

返仲叔長遊遂不來幽蘭獨夜之琴曲桂樹淩晨之酒杯邱園散誕窟室徘徊坐等枯木心如死灰亦有山羞野饌蘭漿木麨杞葉煎羹松根溜醪既採藥而爲食諒隨情而不矯負鍤春前腰鐮歲杪草漸密而饒獸樹彌深而足鳥地寂寞而森沉路縱橫而窈窕野亭鶴唳山梁雉驚遠遊之所幽棲之穴或抱犢而新來乍聞雞而始至蘿畦一兩茅齋數四山爲險而無人嶺時平而有地石菌抽葉金芝吐穗鏡厭山精刀驅木魅泉繞砌而魚躍樹橫窗而鳥萃天網何寬人生豈難飲河知足巢林必安亦何榮於拾紫

亦何羨於還丹紅藜促節之杖綠籜斑文之冠野餐二簋園蔬一盤送阮籍而長嘯得劉伶而甚歡曉入柴戶暮歸藥欄老萊地僻鄭生谷寒楊柳則條垂鍛沼杏樹則花飛坐壇賦成鼓吹詩如彈丸攜始晬之鳴鶴對新婚之伯鸞我有懷抱蕭然自保古人則難與同歸紛吾則此焉將老澗溪沼沚之蘋苡邱陵阪隰之桑棗接果移棠栽苗散稻不藏無用之器不愛非常之寶抵玉驚禽擲金雜草接朋友於盃桉弄兒童於襁褓樂山澤之浮遊笑江潭之枯槁戒非佞佛齋非媚道無譽無功形骸自空坐成老圃居然

下農身與世而相棄賞隨山而不窮披衣竄北逐食墻東儻有白頭四皓龐眉八公小童乘日仙人馭風鄉老則杖頭安鳥邦君則車邊畫熊心期闇合道術潛同解來相訪愚公谷中

鷰賦

龍星掌歲鳳律移灰弱條垂柳殘花落梅鶯候煖而初轉鷰排寒而始來鷰玉戶之全掩喜珠簾之半開出入金龍殿瞻視銅雀臺何兹會之微薄識自然之寒暑恒連栖兮並處繞翠檻而對語還將擇木之意自覓安巢之所昔年居屋桂棟蘭芬今來舊地谷變陵分若非歷陽隨水浸定是吳宮遭火焚逢海上之新伴憶秋前之故羣頡頏鶱翥差池羽翼漢黨胡朋丹頭素臆並忘情而馴擾俱順時而動息止隩延眂依廬表德避戊巳而銜泥接雲霞而求食壁深巢闇簷高路直匪陋蓬宇詎矜杏梁網羅是避鷹鸇是防彼宗類之繁衍實軒庭之未光若乃漢家溫室秦帝阿房紫樓青觀金閨玉房何歲不集何年不翔縈趙女之歌肆狎燕姬之舞行聲喧葉序影亂花牀故能翦爪裳識風詩入喻傳石璽而無疑宿瑤筐而不懼位列司分之職

名擅高禖之賦亂曰昔窺前殿花飛絮迴今過上苑鴈度鴻來光陰遞代搖落悲哉眼看巢戶還應北開

與陳叔達重借隋紀書

久承所撰隋紀繕寫咸畢前舍弟及家人往並有書借咸不見付豈連城之珍俟楚文而乃進崩山之操待鍾期而後發應以左貂右蟬榮冠東省掌壺負璽望重南宮朝夕丹墀揖讓增價往來青瑣步頓生光豐屋華榱顧蓬蒿而徙眷鳴鐘列鼎想藜藿而移交不與驕期遂忘昔時之好耳僕遭逢明聖棲遲邱壑幸悅堯舜之風得全箕穎之操

雖心期所託吾道遥存而出處離異儀刑難接所以願憑鱗羽宛若承顏望觀述作欣然得意足下裁成國典褒貶人倫欲使明鏡一時覆車千祀故當貽諸好事豈擬唯傳子孫方復固其緘縢嚴其扃鐍天下之望豈如是乎僕亡兄芮城嘗典著局大業之末欲撰隋書俄逢喪亂未及終畢僕竊不自揆思卒餘功收撮漂零尚存數帙兆自開皇之始乞於大業之初咸亡兄點竄之遺跡也大業之後言事闕然僕雖欲繼成無可憑採以此尤思見足下之所作也還使請致無再三王績白

答刺史杜之松書

月日博士陳龕至奉處分借家禮并帙封送至請領也又承欲相招講禮聞命驚笑不能已已豈明公前眷或徒與下走相知不熟也下走意踈體旋性有由然兼棄俗遺名爲日已久淵明對酒非復禮義能拘叔夜攜琴唯以烟霞自適登山臨水邈矣忘歸談虛語玄忽焉終夜僻居南渚時來北山兄弟以俗外相期鄉閭以狂生見待歌去來之作不覺情親詠招隱之詩唯憂句盡帷天席地友月交風新年則柏葉爲樽仲秋則菊花盈把羅含宅內自有幽蘭數叢孫綽庭前空對長松一樹高吟朗嘯挈榼攜壺直與同志者爲羣不知老之將至欲令復整理簪屨修束精神揖讓邦君之門低昂刺史之坐遠談糟粕近棄醇醪必不能矣亦將恐芻狗貽夢櫟社見嘲去矣君侯無落吾事

重答杜使君書

月日佐史楊方至奉報書兼枉別帖垂問家禮喪服新義五道度情振理探幽洞微誠非野人所敢酬析但先人遺旨頗曾恭習雖困於荒晏猶憶於異聞謹因還使條申如左夫三年之喪情理之極有正有義因事之作也正服纔

三升而已至於義服加其半焉豈非義有離合之理情無遷奪之法然親尊罔極冠受可均切至或殊縗加其半微以見志有何怪焉至如父爲長子獨施斬服蓋以所承者重情寄特深非唯親親且尊尊也至於庶子已不承尊雖有長子無預祖禰不爲服斬義亦可知但古之君臣有國有家相承繼體血祀長存大宗小宗較然有別繼祖繼禰由茲可推故曰天子不絕國諸侯不絕家貴人之宗也故別子爲祖父繼之爲大宗百代不遷之宗也巳父爲禰兄繼之爲小宗此四代則遷之宗承百代之重且得不爲其

長子斬乎爲四宗之祖亦且得不爲其長子斬乎唯繼禰之弟無預祖禰庶子之義施此而已自秦漢以來家國道廢雖有其禮將安所行逮乎晉末中原大亂骨肉至親尚不相保祖禰之序知何以明故僕先君獻公因事起義欲使無逆於古且令可行於今以爲今之封爵頗存古號雖無其實而尚有其名故以始受封者猶古之諸侯諸侯之庶子即古之別子也別子之庶子即古之小宗也雖國破家亡朝遷市變譜牒存錄宗次可推咸可一依古禮行之私室至如沉沉耕者悠悠黔首族姓猶不能自辨何暇及

於宗庶之事乎此古之先王所以不下禮於庶人也有何不可而乃疑乎至若夫妻之道誠爲義合而家道之睦斯爲首焉故傳曰妻至親也一體之名均於天性故妻之於夫也其服曰斬蓋移於父母之重焉夫之於妻也朞而有杖則喻於兄弟之功焉前賢往達曾無異議故曰妻者齊也一齊而不易如至失禮而出違妻之道終喪而嫁棄婦之義也違道棄義又何述焉苟全道義則天親也天親之服有何異乎列之正服斯爲當矣此先君獻公採記傳之旨明後來之失敦人倫之源睦伉儷之道也夫何病哉明

公又云君臣夫妻俱以義合而妻爲正服臣爲義服則君臣之際不如夫婦之情乎斯不然矣何者夫禮有以情作者父子夫婦之類是也有以義作者君臣夫妾之類是也情義之極俱終於斬此其無升降明矣但禮之爲用緣情以至理因內以及外情者人之深心愚智之所共也孰有愚者而忘其妻子乎理者人之大節凡聖之所異也孰有凡生而忘其臣妾焉故情者正也此妻子所以苟深心而執夫父以正服也理者義也此臣妾所以存大節而申君主以義服也故夫正義之作殊情而共禮也孰謂君臣之

義而謝夫婦之情乎孰謂夫婦之情而厚君臣之義乎古之君子常度情以處斷義而行矣義可奪情衞石碏不能存其子情不害義宮之奇得以其族行故曰情義殊也情義均也故情義之服有正焉有義焉正義之禮無厚焉無薄焉此妻爲正服所以無害於君臣臣爲義服所以不傷於夫婦有倫有要夫何稽疑至如三殤之服禮有明文鄭與王杜各申本見由茲紛雜後莫能定然詳諸記義王杜爲長某昔在隋末又嘗見諸賢講論此矣近者家兄御史亦編諸賢之論繼諸對問今錄此篇附往幸詳之也至如

衆子服朞其妻小功兄弟之子猶子也其服亦朞先儒以爲其妻亦小功惟王肅以爲喪服之例旁尊皆執明公以爲重於子妻之服失禮之差此則袁準之義也夫禮雖緣情亦爲義屈故有從無服而有服者亦何嫌乎兄弟之子婦越巳子之妻乎故曰兄弟之子猶子也蓋引而致之故不嫌於與巳子同服矣旁尊不敢以厭降蓋避正尊而自執也故不嫌於越巳子之妻矣輕陳末學豈能詳究又於楊方秦口處分借王儉禮論門庭所蓄先無此書往於處士程融處曾見此本觀其制作動多自我周孔規模十不

存一恐不足以塵大雅君子之視聽也尋問儻獲當遣祗遜王君白

答馮子華處士書

乖別甫爾巳十餘年誦采葛之詩増其慨咏夫人生一世忽同過隙合散消息周流不居偶逢其適便可卒歲陶生云富貴非吾願帝鄉不可期又云盛夏五月跂脚北窗下有涼風暫至自謂是羲皇上人嗟乎適意爲樂雅會吾心吾河渚間有先人故田十五六頃河水四繞東西趨岸各數百步古人云河濟之濱宜黍況中州之腴乎家兄鑒裁

通照知吾縱恣散誕不閑拜揖糠粃禮義錙銖功名亦以俗外相待不拘以家務至於鄉族慶弔閨門婚冠寂然不預者巳五六歲矣親黨之際皆以山麋野鹿相畜性嗜琴酒得盡所懷幸甚幸甚近復都廬棄家獨坐河渚結構茅屋并廚廄總十餘間奴婢數人足以應役用天之道分地之利耕耘穮蓘黍秫而巳春秋歲時以酒相續兼多養鳧鴈廣牧雞豚黄精白朮枸杞薯蕷朝夕採掇以供服餌床頭素書數帙莊老及易而巳過此以往罕嘗或披忽憶弟兄則渡河歸家維舟岸側興盡便返每遇天地晴朗則於

舟中詠大謝亂流趨孤嶼之詩渺然盡陂澤山林之思覺瀛洲方丈森然在目前或時與舟人漁子分潭並釣俛仰極樂戴星而歸歌詠以會意爲巧不必與夫悠悠之閒人相唱和也孤住河渚傍無四鄰閒雞犬望烟火便知息身之有地矣近復有人見贈五加地黄酒方及種薯蕷枸杞等法用之有效力省功倍不能暇修渾沌並常行也裴孔明雖是異名教物然風月之際往往有高人體氣兼特受巧性思若有神自作素琴一張云其材是嶧陽孤桐也近攜以相過安軫立柱龍脣鳳翮實與常琴不同發音吐韻

非常和朗吾家三兄生於隋末傷世擾亂有道無位作汾亭操蓋孔子龜山之流也吾嘗親受其調頗爲曲盡近得裴生琴更習其操洋洋乎覺聲器相得今便留之恨不得使足下爲鍾期良用耿耿吾所居南渚有仲長先生結菴獨處三十載非其力不食傍無侍者雖患瘖疾不得交語風神肅肅無俗氣攜酒對飲尚有典刑先生又著獨遊頌及河渚先生傳開物寄道懸解之作也時取翫讀便復江湖相忘吾往見薛收白牛溪賦韻趣高奇詞義曠遠嵯峩蕭瑟真不可言壯哉邈乎揚班之儔也高人姚義嘗語吾

曰薛生此文不可多得登太行俯滄海高深極矣吾近作河渚獨居賦爲仲長先生所見以爲可與白牛連類今亦寫一本以相示可與清溪諸賢共詳之也亂極則治王途漸亨天災不行年穀豐熟賢人充其朝農夫滿於野吾徒江海之士擊壤鼓腹輸太平之稅耳帝何力於我哉又知房李諸賢肆力廊廟吾家魏學士亦申其才公卿勤勤有志於禮樂元首明哲股肱惟良何慶如之也夫思能獨放湖海之士才堪濟世王者所須所恨姚義不存薛生已殁使雲羅天網有所不該以爲嘆恨耳吾比風痺發動常劣

劣不能佳然烟霞山水性之所適琴歌酒賦不絕於時時遊人間出入郊郭暮春三月登於北山松柏羣吟藤蘿翳景意甚樂之箕踞散髮與鳥獸同羣醒不亂行醉不干物賞洽興窮還歸河渚蓬室甕牖彈琴誦書優哉遊哉聊以卒歲首夏漸熱足下何如也願動息多宜黃頰之聚何時暫忘偶因南風略示所懷敬願珍厚不一一王君白

答程道士書

徐道士至獲書詞義懇切具受之也吾嘗讀書觀覽數千年事久矣有以見天下之通趣識人情之大方語默紛雜

是非淆亂夸者死權烈士殉名貪夫溺財品庶每生各是其所同非其所異焉可勝校哉故吾師曰莫若俱任而兩忘仲尼所以無可否於人間莊周所以齊大小於自適是謂神而化之使人宜之百姓日用而不知也夫君子所思不出其位道有不同不相爲謀蓋爲此也足下欲使吾適人之適而吾欲自適其適非敢非足下之義也且欲明吾之心一爲足下陳之昔孔子曰無可無不可而欲居九夷老子曰同謂之元而乘關西出釋迦曰色即是空而建立諸法此皆聖人通方之元致宏濟之祕藏實寄沖鑒君子

相期於事外豈可以言行詰之哉故仲尼曰善人之道不踐迹老子曰夫無爲者無不爲也釋迦曰三災彌綸行業湛然夫一氣常凝事吹成萬萬殊雖異道通爲一故各寧其分則何異而不通苟違其適則何爲而不閡故夫聖人者非他也順適無閡之名即分皆通之謂即分皆通故能立不易方順適無閡故能遊不擇地其有越分而求皆通違適而求無閡雖有神萬將獨奈何故曰鳧脛雖短續之則悲鶴脛雖長截之則憂言分之不可越也夢爲鳥唳於天夢爲魚沒於泉言適之不可違也吾受性潦倒不經世

務屏居獨處則蕭然自得接對賓客則茶然思寢加性又嗜酒形骸所資河中黍田足供歲釀閉門獨飲不必須偶每一甚醉便覺神明安和血脈通利既無忤於物而有樂於身故常縱心以自適也而同方者不過一二人時相往來並棄禮數箕踞散髮元譚虛論兀然同醉悠然便歸都不知聚散之所由也昔者吾家三兄命世特起先宅一德續明六經吾嘗好其遺文以爲匡扶之要略盡矣然嶧陽之桐以俟伯牙烏號之弓必資由基苟非其人道不虛行吾自揆審矣必不能自致台輔恭宣大道夫不涉江漢何用方舟不思雲霄何用羽翮故頃以來都復散棄雖周孔制述未嘗復窺何況百家悠悠哉去矣程生非吾徒也若足下者可謂身處江海之上心遊魏闕之下雖欲行志不覺坐馳若以此見輕議大道將恐北轅適越所背彌遠矣吾頃者加有風疾劣劣不能佳但欲乘化獨往任所遇耳不能復使離婁役目契后勞精怵心蔽焉以物爲事也勗哉夫子勉建良圖因山僧還略此達意也王君白

王績二

醉鄉記

醉之鄉去中國不知其幾千里也其土曠然無涯無邱陵阪險其氣和平一揆無晦明寒暑其俗大同無邑居聚落其人甚精無愛憎喜怒吸風飲露不食五穀其寢于于其行徐徐與鳥獸魚鼈雜處不知有舟車器械之用昔者黃帝氏嘗獲遊其都歸而杳然喪其天下以爲結繩之政已薄矣降及堯舜作爲千鍾百壺之獻因姑射神人以假道

蓋至其邊鄙終身太平禹湯立法禮繁樂雜數十代與醉鄉隔其臣羲和棄甲子而逃冀臻其鄉失路而道夭故天下遂不寧至乎末孫桀紂怒而昇其糟邱階級千仞南向而望卒不見醉鄉武王得志於世乃命公旦立酒人氏之職典司五齊拓土七千里僅與醉鄉達焉故四十年刑措不用下逮幽厲迄乎秦漢中國喪亂遂與醉鄉絕而臣下之愛道者亦往往竊至焉阮嗣宗陶淵明等十數人並遊於醉鄉沒身不返死葬其壤中國以爲酒仙云嗟乎醉鄉氏之俗豈古華胥氏之國乎其何以淳寂也如是今予將遊焉故爲之記

子推抱樹死贊

晉侯棄舊功臣永吟情隨地遠怨逐山深追兵斷谷烈火焚林抱木而死誰明此心

荆軻刺秦王贊

銜易水報秦皇精心貫日匕首橫霜欲持兩閒生擒一王惜哉智淺琴聲不防

項羽死烏江贊

項羽慷慨臨江問津馬贈亭長侯封故臣何爲不渡自取

亡身八千子弟今無一人

藺相如奪秦王璧贊

秦人市寶厥價從名藺生詭說其心則貞清齊抱憤身睨兩楹卒全尺璧仍邀十城

陳平分社肉贊

陳公主社割肉頒生心忘厚薄信若權衡風期有素父老無驚儻安天下還如此乎

君平賣卜贊

君平不仕賣卜窮年日裁數局常收百錢道實兼濟功非

獨全用吾言者今過半焉

甯戚扣牛角歌贊

甯生不遇商歌飯牛夜長難曉人生若浮寧惟石爛觀覩金流世無堯舜誰當見求

老萊養親贊

老萊父母白首同歸欣欣愛養慊慊無違宛轉兒戲斑襴綵衣篤哉孝思心精且微

梁鴻孟光贊

孟光得擇梁鴻有妻琴書自逸邱壑同棲五噫絶賞雙眉

獨齊績匡采具相將共攜

蛇銜珠報隋侯贊

隋侯報德矜傷育鱗靈蛇感惠效力輸珍月華浮吻星光曜脣此猶知報而況吾人

嵇康坐鍛贊

嵇康自逸手鍛爲娛曲池四繞垂楊一株銅烟寒竈鐵焰分爐箕踞而坐何其傲乎

伯牙彈琴對鍾期贊

伯牙揮手奇聲絶倫鍾期妙聽是謂窮神六馬仰秣丹魚聳鱗崇山流水知音幾人

太公釣渭濱贊

棲遲養老寂寞何爲地接皇澗溪連灞池釣舟始泊漁竿半垂君王先兆還應見知

自撰墓誌銘

王績者有父母無朋友自爲之字曰無功焉人或問之箕踞不對蓋以有道於己無功於時也不讀書自達理不知榮辱不計利害起家以祿位歷數職而進一階才高位下免責而已天子不知公卿不識四十五十而無聞焉於是

退歸以酒德遊於鄉里往往賣卜時時著書行若無所之坐若無所據鄉人未有達其意也嘗耕東皐號東皐子身死之日自爲銘焉曰

有唐逸人太原王績若頑若愚似矯似激院止三逕堂唯四壁不知節制焉有親戚以生爲附贅懸疣以死爲決疣潰癰無思無慮何去何從壠頭刻石馬鬣裁封哀哀孝子空對長松

無心子傳 并序

東皐子始仕以醉懦罷鄉人或誚之東皐子不屑也退著

無心子以見趣焉

無心子寓居於越越王不知其大人也拘之仕無喜色泛若而從越國之法曰有穢行者不齒俄而無心子者以穢行聞於王王黜之無慍色退而將遊於茫蕩之野適績之邑而遇機士機士撫髀而歎者三曰嘻子賢者而以罪廢無心子不應機士曰願受教無心子曰爾聞蜚廉氏之馬説乎昔者蜚廉氏有二馬一者朱鬣白毳龍骼鳳臆驟馳如舞終日不釋鞍竟以藝死一者重脛昂尾駝頸貉膝蹎齧善蹶棄而散諸野終年肥遁是以鳳凰不憎山棲蛟龍

不羞泥蟠君子不苟潔以罹患聖人不避穢而養生東皐子聞之曰善矣盡矣不可以加之矣

負苓者傳

昔者文中子講道於白牛之溪弟子捧書北面環堂成列講罷程生薛生退省於松下語及周易薛生嘆曰不及伏羲氏乎何詞之多也俄而有負苓者皤皤然委擔而息曰吾子何嘆也薛生曰叟何爲者而徵吾嘆負苓者曰夫麗朱者丹附墨者黑蓋累漸而得之也今吾子所服者道而猶有嘆是六腑五臟不能無受也吾是以問薛生曰收聞之師易者道之蘊也伏羲氏畫八卦而文王繫之不逮省久矣以爲文王病也吾是以嘆負苓者曰文王焉病伏羲氏病甚者也昔者伏羲氏之未畫卦也三才其不立乎四序其不行乎百物其不生乎萬象其不森乎何營營乎而費畫也自伏羲氏洩道之密漏神之機分張太和磔裂元氣使天下之智者詭道迸出曰我善言象而識物情陰陽相摩遠近相取作爲剛柔異同之説以駭人志於是智者不知而太朴散矣則伏羲氏始兆亂者也安得羸嘆而嗟文王乎負其苓而行追而問之居與姓名不答而去文中

子聞之曰隱者也

仲長先生傳

先生諱子光字不曜自云洛陽人也往來河東傭力自給無室廬絶妻子開皇末始結庵河渚間以息身焉十餘年賣藥爲業人莫知之也汾陰侯生以筮蓍因游河渚一睹而伏曰東方朔管輅不如也由是顯重守令至者皆親謁先生辭以瘖疾未嘗交語著獨遊頌及河渚先生傳以自喻識者有以知其懸解也人有請道者則書老易二字示之彈琴餌藥以終其世文中子比之虞仲夷逸

五斗先生傳

有五斗先生者以酒德遊於人間有以酒請者無貴賤皆往往必醉醉則不擇地斯寢矣醒則復起飲也常一飲五斗因以爲號焉先生絶思慮寡言語不知天下之有仁義厚薄也忽焉而去倏然而來其動也天其靜也地故萬物不能縈心焉嘗言曰天下大抵可見矣生何足養而嵇康著論途何爲窮而阮籍慟哭故昏昏默默聖人之所居也遂行其志不知所如

祭處士仲長子光文

歲月日隣人王績謹以魚醴之奠敬祭仲長先生之靈曰明道若昧進道若退鳥飛知還龍亢必悔嗟嗟夫子理融其内不忮不求無憎無愛古人有言微妙元通藏用以密養正以蒙嗟嗟夫子允執其中不見其始孰知其終蕩蕩心跡悠悠默語周覽人事退居河渚何去何從誰求誰與聊同聚散亦均寒暑大矣夫子其生若浮至矣夫子其死若休鄉黨不懼朋友不憂素琴猶在黄經尚留老萊不婚梁鴻難偶筵無饋奠室無箕帚嗟嗟夫子豈圖其後金玉滿堂莫爲之守凡我故人素服臨旃葛巾從窆桐棺以遷壙不易隴坎不及泉苟無怛化於何問天道性既喪仁義鋒起祭非古也禮之爲始吾從其俗敢告夫子清尊薄奠神其歆止

祭關龍逢文

歲月日謹以清酌之奠敬祭夏忠臣關生之靈曰聖貴達節賢貴識時興亡有運用捨有期憑河暴虎前哲所嗤身滅主喪如何勿思我因行役歷子荒祠壯山河之舊壤歎墳隧之餘基松枯柏悴草密苔滋託深悲於薄酹魂有靈而饗之

登箕山祭巢許文

懷二子之高烈背嵩岳而來遊挹千載之遐軌登箕峯而少留昔時慷慨神輕九州今來寂寞魂歸一邱英蹤落落而猶在精誠冥冥而遂幽山荒廟僻地古松秋吾鄙懷之有素仰前哲之清猷同聲必感異代相求如至誠之見接庶蘋蘩之可羞伏惟尚饗

祭杜康新廟文

歲月日敢以清酌之奠敬祭先生之靈曰兩儀判闢萬象森羅都邑未建鳥獸獨多茹毛飲血巢居穴窠天地不交

人靈未和智哉先生爰作甘醴上配百牢下主五齊以晏以禱爲樽爲洗萬神以降三獻成禮法成必弊文盛則華奚仲斲輪焉知覆車桀紂亡國羲和喪家周公作誥迺防厥邪我聞古時王道正直賢人君子澡身浴德降及中世昏主作式刑罰不中讒淫罔極吁嗟世道一至於此達人大觀貴和其禮與制於物寧在於巳乘流則逝遇坎則止眷兹酒德可以全身杜明塞智蒙垢受塵阮籍遂性劉伶保眞以此避世於今幾人我瞻前說功高受賞嗟嗟先生其義可想肇基麴櫱光開祀饗大禮斯備羣賢就養敢依

河曲建爾靈祠前臨極岸卻就長磯茅茨不翦采椽不治掃地而祭神其享之

裴寂

寂字元眞蒲州桑泉人隋大業中爲晉陽宮副監高祖留守太原與寂情契最密太宗與劉文靜建大計因寂以白高祖既登極拜尚書右僕射封魏國公進司空貞觀初卒年六十贈相州刺史工部尚書河東郡公

勸進疏

臣聞天下至公非一姓之獨有聖人達節與萬物而推移故五運遞興百王更王春蘭秋菊無絕終古玉䟽石記筆舌紛綸垂統有光煥乎寶籙伏惟陛下資靈種德稟慶至眞固縱惟神生知乃聖量包乎宇宙智周乎品物羣生塗炭躋之仁壽逢百六之厄創業雲雷追三五之蹤財成天地仲夏之半龍躍晉陽孟冬伊始鳳翔灞上鴻志蝟毛之反者霧委來庭觸柱拔山之大盜風馳獻欵三晉子弟共獯獫而陪麾咸秦豪傑連巴蜀而響應英聲西被懋德東漸南諧交趾北變幽都躬未戎衣手不提劒機務成於雄斷人傑得於才子威加四海功出一門計極萬安戰窮百

勝小往大來算無遺策時未期月業倍前王今古代興膺斯撥亂若兹之舉如兹之速載籍以來未之前聞也臣等誠歡誠喜頓首頓首死罪竊以陛下承家開國積德累功世濟擬於高陽纘緒盛於周武載誕燭神光之異儀形表玉勝之奇白雀呈祥丹書授歷名合天淵姓符桃李君堯之國靡不則天星紀云周奉時圖始甲子之旦不俟而朓起兵西北勢合乘乾我來自東位當出震至八井深水之圖讖堂堂李樹之謠歌固以備在人謠無德而稱者也且夫體非常之道立非常之功實非常之人有非常之事不

時正位人神佇式天命不常惟德是與遷虞事夏抑有前規臣等敢錄舊典奉上尊號當今萬機曠主九有困窮伏願降鑒回慮憂世外已上順天心祗膺允執俯從人願屈就樂推變黎庶於時雍配上帝於宗祀勿以王者兼濟之功而爲匹夫獨美之操昔之堯佐咸代天工績尤著者允饗稷卨播穀之都餘慶商周臯陶好生洽人今興陛下盛德有後其若是乎四相三王齊名踵武千年得一相繼風聲符命所鍾有自來矣願納縉紳僂僂之情允副億兆欣欣之望率土更生含靈幸甚臣等誠惶誠恐昧死以聞頓

首頓首死罪死罪

温大雅

大雅字彦宏太原祁人仕隋爲東宮學士高祖起義引爲大將軍府記室參軍主文檄累拜陝東道大行臺工部尚書太宗立轉禮部封黎國公卒謚曰孝永徽五年贈尚書右僕射

爲高祖報李密書

頃者崑山火烈海水羣飛赤縣丘墟黔黎塗炭布衣戎卒櫌鋤棘矜爭帝圖王狐鳴蠭起翼翼京洛強弩圍城膴膴周原僵屍滿路主上南巡泛膠舟而忘返匈奴北熾將被髮於伊川輦上無虞羣下結舌大盜移國莫之敢指忽焉至此自貽伊戚七百年之基窮於二世周齊以往書契以還邦國淪胥未有如此之酷者也則我高祖之業幾墜于地吾雖庸劣幸承餘緒出爲八使入典八屯位未爲高足成非賤素飡當世僶俛叨榮從容平勃之閒誰云不可但顛而不扶通賢所責主憂臣辱無義徒然等袁公而流涕極賈生之慟哭所以仗旗投袂大會義兵綏撫河朔和親蕃塞共匡天下志在尊隋以弟相機而作一日千里雞鳴

起舞豹變先鞭御宇當塗聿來中土兵臨郟鄏將觀周鼎嘗屯敖倉酷似漢王前遣簡書屈爲脣齒今辱來旨莫我肯顧天生蒸民必有司牧當今爲牧非子而誰老夫年踰知命願不及此欣戴大弟攀鱗附翼惟冀早應圖籙以寧兆庶宗盟之長屬籍見容復封於唐斯足榮矣殪商辛於牧野所不忍言執子嬰於咸陽非敢聞命汾晉左右尚須安輯盟津之會未暇卜期今日鑾輿南幸恐同永嘉之勢顧此中原鞠爲茂草興言感歎實疚於懷脫知動靜遲數始報未面虛襟用增勞軫名利之地鋒鏑縱横深慎垂堂

勉茲鴻業

祖君彥

君彥齊僕射孝徵子隋大業中調東都書佐檢校宿城令李密逼東都君彥爲之草檄移郡縣密敗爲王世充所殺

爲李密與高祖書

與兄派流雖異根系本同自惟虛薄爲四海英雄共推盟主所望左提右挈勠力同心執子嬰於咸陽殪商辛於牧野豈不盛哉

爲李密與袁子幹書

久藉英風未由披覽其爲眷佇夢想增勞寒勢轉嚴比當清吉久事昏朝無乃勤悴夫福善禍淫實上天之常道兼弱攻昧乃往哲之成規自昏狂嗣位棄德崇姦疲苦生民塗炭天下是以暴骨滿於原野積惡比於邱山莫不奮白旄而誅獨夫仗朱旗而勦二世孤爲海內豪傑共推盟主百萬義師大會河洛因苦秦之衆乘厭紂之機共救蒼生大造區夏振茲長策濟此橫流義勇如林雲合響應東窮海岱南徹江淮三分宇宙二爲我有公早發風雲之志獨宣王佐之才理追寇鄧之名當慕韓彭之氣何乃頓爲殘賊迷復成凶竭力昏亂之朝盡節危亡之國同扶累卵如坐積薪靜言思之可爲長歎秦則楊熊李由並從顯戮晉則苟晞王浚悉見殲亡詎若微子去殷伊生歸亳擅榮寵於當年傳功名於後代知公素有赤誠思來歸義見機而作不容淹久今授公上柱國東平公告身隨送至宜檢納脫更遲疑必爲人制王世充自守西洛前後四度摧衂死在朝夕翹足可見薛雄比從涿郡欲赴黎陽竇建德逆往邀擊隻輪無返公之羸卒其數非多北顧西瞻何所憑賴然白馬之津諸軍雲合船車下粟艫艦相尋足食足兵如

貔如虎四面攻圍千里援絕地不可入天不可登兵戈一臨何處逃死吉凶二理幸自圖之故遣使指以宣往意

爲李密檄洛州文

自元氣肇闢厥初生人樹之帝王以爲司牧是以羲農軒項之后堯舜禹湯之君靡不祗畏上元愛育黔首乾乾終日翼翼小心馭朽索而同危履春冰而是懼故一物失所若納隍而愧之一夫有罪遂下車而泣之謙德軫於責躬憂勞切於罪己普天之下率土之濱蟠木距於流沙瀚海窮於丹穴莫不鼓腹擊壤鑿井耕田致之昇平驅之仁壽

是以愛之如父母敬之若神明用能享國多年祚延長世未有暴虐臨人克終天位者也隋氏往因周末預奉綴衣狐媚而圖聖寶胠篋以取神器及纘承負扆狼虎其心始曀明兩之暉終干少陽之位先皇大漸侍疾禁中遂爲梟獍便行鴆毒禍深於莒僕釁酷於商臣天地難容人神嗟憤加以州吁安忍閼伯日尋劒閣所以懷凶晉陽所以興亂甸人爲罄淫刑斯逞夫九族既睦唐帝闡其欽明百世本枝文王表其光大況復隳壞盤石勦絕維城脣亡齒寒寧止虞虢欲其長久其可得乎其罪一也禽獸之行在於

聚麀人倫之體別於內外而蘭陵公主逼幸告終誰謂敎首之賢翻見齊襄之恥逮於先皇嬪御並進銀鐶諸王子女咸貯金屋牝雞鳴於詰旦雄雉恣其羣飛祖服戲陳侯之朝穹廬同冒頓之寢爵賞之出女謁遂成公卿宣淫無復綱紀其罪二也平章百姓一日萬幾未曉求衣昃晷不食是以大禹不貴於尺璧光武不隔於支體以是憂勤深慮幽枉而荒湎于酒俾晝作夜式號且呼甘嗜聲伎常居窟室每藉糟邱朝謁罕見其身羣臣希覩其面斷決自此不行敷奏於是停壅中山千日之飲酩酊無知襄陽三雅之盃留連詎比又廣召良家充選宮掖潛爲九市親駕四驢自比商人見要逆旅殷辛之譴爲小漢靈之罪更輕內外驚心遐邇失望其罪三也上棟下宇著在易爻茅茨采椽陳諸史籍聖人本意惟避風雨詎待金玉之華寧須綈錦之麗故璿室崇構商辛以之滅亡阿房崛起二世是以傾覆而不遵古典不念前章（一作前車）廣立池臺多營宮觀金鋪玉戶青瑣丹墀蔽虧日月隔閡寒暑窮生人之筋力罄天下之資財使鬼尚難爲之勞人罔知不可其罪四也公田所徹不過十畝人力所供纔止三日是以輕徭薄賦不

奪農時寧積於人無藏於府而科稅繁猥不知紀極猛火屢燒漏巵難滿頭會箕斂逆折十年之租杼軸其空日損千金之費父母不保其赤子夫妻相棄於匡牀萬戶則城郭空虛千里則烟火斷滅西蜀王孫之室翻同原憲之貧東海糜竺之家俄成鄧通之鬼其罪五也古先哲王卜征巡狩唐虞五載周則一紀本欲親問疾苦觀省風謠乃復廣積薪芻多備饔餼年年歷覽處處登臨從臣疲弊供頓辛苦飄風凍雨聊竊比於先驅車轍馬跡遂周行於天下秦皇之心未已周穆之意難窮宴西母而歌雲浮東海而

觀日家苦納秸之勤人阻來蘇之望且夫天子有道守在海外夷不亂華在德非險長城之役戰國所爲乃是狙詐之風非關稽古之法而追蹤秦代板築更興襲其基墟延袤萬里遂使屍骸蔽野血流成河積怨滿於山川號哭動於天地其罪六也遼水之東朝鮮之地禹貢以爲荒服周王棄而不臣示以羈縻達其聲教苟欲愛人非求拓土又強弩末矢理無穿於魯縞衝風餘力詎能動於鴻毛石田得而無堪雞肋啖而何用而恃衆怙力強兵黷武惟在并吞不思長策夫兵猶火也不戢將自焚遂令億兆夷人隻

輪莫返夫差喪國實爲黃池之盟苻堅滅身良由壽春之役欲捕鳴蟬於前不知挾彈在後復矢相顧髽弔成行義夫切齒壯士扼腕其罪七也直言啟沃王臣匪躬惟木從繩若金須礪唐堯建鼓思聞獻替之言夏禹懸鞀時聽箴規之美而愎諫違卜蠹賢嫉能直士正人皆由屠害左僕射齊國公高熲上柱國宋國公賀若弼或文昌上相或細柳功臣甞吐良藥之言翻加屬鏤之賜龍逢無罪便遭夏癸之誅王子何辜濫被商辛之戮遂令君子結舌賢人緘口指白日而比盛射蒼天而敢欺不悟國之將亡不知死之將至其罪八也設官分職貴在銓衡察獄問刑無聞販鬻而錢神起論銅臭爲公梁冀受黃金之蛇孟佗薦蒲萄之酒遂使彝倫攸斁政以賄成君子在野小人在位積薪居上同汲黯之言囊錢不如傷趙壹之賦其罪九也宣尼有言無信不立用命賞祖義豈食言自昏主嗣位每歲行幸南北巡狩東西征伐至如浩亹陪蹕東都守固閭鄉野戰鴈門解圍自外征夫不可勝紀既立功勳須酬官爵而志懷翻覆言行浮詭危急則勳賞懸授克定則絲綸不行異商鞅之頒金同項王之刓印芳餌之下必有懸魚惜其

重賞求人死力走丸逆坂匹此非難凡百驍雄誰不讎怨至於匹夫蕞爾宿諾不虧況在乘輿二三其德其罪十也有一於此未或不亡況四維不張三空總瘁無小無大愚夫愚婦共識殷亡咸知夏滅罄南山之竹書罪未窮決東海之波流惡難盡是以窮奇災於上國猰貐暴於中原三河縱封豕之貪四海被長蛇之毒百姓殲亡殆無遺類十分爲計纔一而已蒼生懍懍咸憂杞國之崩赤子嗷嗷但愁歷陽之陷且國祚將改必有常期六百殷亡之年三十姬終之世故讖籙皆云隋氏三十六年而滅此則厭德之

象已彰代終之兆先見皇天無親惟德是輔況乃欃槍竟天申繻謂之除舊歲星入井甘公以爲義興兼以朱雀門燒正陽日蝕狐鳴鬼哭川竭山崩並是宗廟爲墟之妖荆棘旅庭之事夏氏則災釁非多殷人則咎徵更少牽牛入漢方知大亂之期王良策馬始驗兵車之會今者順人將革先天不違大誓孟津陳命景亳三千列國八百諸侯不謀而同辭不召而自至轟轟隱隱如霆如雷彪虎嘯而谷風生應龍驤而景雲起我魏公聰明神武齊聖廣淵備七德而在躬包九功而挺出周太保魏公之孫上柱國蒲山

公之子家傳盛德武王承季歷之基地啟元勳世祖嗣元皇之業篤生白水日角之相便彰載誕丹陵天寶之文斯著加以姓符圖緯名協歌謠六合所以歸心三靈所以改卜文王厄於羑里赤雀方來高祖隱於碭山彤雲自起兵誅不道赤伏至自長安鋒銳難當黃星出於梁宋九五龍飛之始大人豹變之初歷試諸艱大敵彌勇上柱國司徒東郡公翟讓功宣締構翼亮經綸伊尹之佐成湯蕭何之輔高帝上柱國總管齊國公孟讓柱國歷城公孟暢柱國絳郡公裴行儼大將軍左長史邴元真等並運籌千里勇冠三軍擊劍則截蛟斷鼇彎弧則吟猿落鴈韓彭絳灌成沛公之基寇賈吳馮奉蕭王之業復有蒙輪挾輈之士拔距投石之夫冀馬追風吳戈照日魏公屬當期運撫茲億兆躬擐甲冑跋涉山川櫛風沐雨豈辭勞倦遂起西伯之師將問南巢之罪百萬成旅四七爲名呼吸則河渭絕流叱咤則嵩華自拔以此攻城何城不陷以此擊陣何陣不摧譬猶決滄海而濯殘熒舉崑崙而壓小卵鼓行而進百道俱前以今月二十一日屆於東都而昏朝文武留守段達等昆吾惡稔飛廉姦佞久迷天數敢拒義兵驅率醜徒

衆有十萬迴洛倉北遂來舉斧於是熊羆角逐貔虎爭先因其倒戈之心乘我破竹之勢曾未旋踵瓦解冰消坑卒則長平未多積甲則熊耳爲少達等助桀爲虐嬰城自固梯衝亂舞徒設九拒之謀鼓角將鳴空憑百樓之險鷰巢衞幕魚遊宋池殄滅之期匪朝伊暮然興洛虎牢國家儲積我已先據爲日久矣既得迴洛又取黎陽天下倉廩盡非隋有四方起義萬里如雲足食足兵無前無敵裴光祿仁基雄才上將受命專征遐邇攸憑安危是託乃識機知變遷殷事夏袁謙擒自藍水張須陁獲在滎陽實慶戰沒

於淮南郭詢授首於河北隋之亡候斷可知也清河公房彦藻近秉戎律略地東南師之所臨風行電擊安陸汝南則隨機蕩定淮安濟陽則俄然送欵徐圓朗巳平魯郡孟海公又破濟陰於是海内英雄咸來響應封民瞻取平原之境郝孝德據黎陽之倉李士雄虎視於長平王德仁鷹揚於上黨滑公李景考功郎中房山基發自臨渝劉興祖起於北朔崔白駒在頳川起方獻伯以譙郡來各擁數萬之兵俱期牧野之會滄溟之右函谷以東牛酒獻於軍前壺漿盈於道路諸君等並衣冠世胄杞梓良木神鼎靈澤

之秋裂地封侯之始豹變鵲起今正其時鼉鳴鼈應見機而作宜各鳩率子弟共建功名耿弇之赴光武蕭何之奉高帝當以金章紫綬華蓋朱輪富貴以重當年忠貞以傳奕葉豈不盛哉若隋氏官人同夫桀犬尚荷王莽之恩仍懷蒯聵之祿審配死於袁氏不如張郃歸曹范增困於項玉未若陳平從漢魏公推以赤心當加好爵擇木而處令不自疑脫其猛虎猶與舟中敵國夙沙之人共縛其主彭寵之僕自殺其君高官上賞即以相授如闇於成事守迷不反崑岡縱火玉石俱焚爾等噬臍悔將何及黃河帶地

明余旦旦之言皎日麗天知我勤勤之意布告海內咸使聞知

欽定全唐文卷一百三十三

陳叔達

叔達字子聰陳宣帝第十六子封義陽王歷都官尚書入隋授絳州通守高祖義師至絳以郡歸款累官侍中封江國公貞觀中拜禮部尚書九年卒謚曰繆後贈戶部尚書改謚忠

答王績書

賢弟千牛及家人典琴至頻辱芳翰索下官所撰隋紀雖承厚眷灕然自失誠恐持郄克之質入邯鄲之墟奏曹鄶

之音歷莖英之肆所以遲迴簡牘伏念旬時輒撰短懷仰違前命今奉來札誨責逾深既以驕鄙相訶又以緘縢致誚欲加之罪其無辭乎正當要使必致耳了不知賢兄芮城有隋書之作足下既圖繼就須有考覈謹依高旨繕錄馳送然僕雖不佞頗聞君子之論矣嘗以謂爲國以禮君舉必書故左史記言右史記事言者申立德立功之意也事者敘立德立功之迹也所以明勸沮所以別是非自非可以關社稷之安危涉天人之興廢古之君子何嘗取諸褒貶之作有由然也自微言泯絕大義乖墜三代之教亂於甲兵六經之術滅於煨燼君人者尚空名以夸六合史官者貴虛飾以佞一時下及馬遷爰逮班固咸有述作庶幾聖賢其於斟酌典謨表章微絕曾不能觸其藩籬者也魏晉之際夫何足云中原板蕩史道息矣然國於天地有與立焉苟能宅郊禋建社稷樹師長撫黎元雖復五裂山河三分躔次規模典式豈徒然哉是賢兄文中子知其若此也恐後之筆削陷於繁碎宏綱正典暗而不宣乃興元經以定眞統蓋獲麟之事夫何足以知之叔達亡國之餘幸賴前烈有隋之末濫尸貴郡因霑善誘頗識大方至若

梁魏周齊之間耳目耆舊所接風流人物名實可知衣冠道義謳謠尚在頃者皇建其極君子道亨憑藉時來妄叨近侍廟堂多暇典墳自娛覽後魏周齊之紀傳考下官之所聞見曾不喜怒隨意曲直任情敘致浮雜褒貶阿黨述時望者以爵祿爲榮談陳國紀者以狙詬爲能事至於密會王道潛濟生人既昧於知音咸寢而不記貪敘寫其祖父冠冕子嗣婚姻以爲譜牒之證耳豈不痛哉風俗之壞一至於此雖人倫王化備列元經而恢談碩議或不可捨是以薛記室及賢兄芮城常悲魏周之史各著春秋近更

研覽真良史焉古人云過高唐者學王豹之謳遊睢渙者學藻繪之功竊惟隋氏之王三十六年成敗否泰目所親覩誠懼後之作者復習向時之弊焉故聊因掌壺之暇著隋紀二十卷騁辭流離則媿於心矣書事簡要則嘗有志焉孔子曰我欲載之空言不如附之於行事儻近是乎謹恃疇眷以塵清覽當積兼金以購黠竄耳又恐足下紀傳之作須備異聞今更附王胄大業起居注往

大唐宗聖觀銘

眇矣靈化元哉妙門飛形九府鍊氣三元黃庭秘籙金格

微言玉京留記金竈還魂揚塵東海問道西崑物色函關抒容清廟建標伊始層壇雲峭綺井虹伸風窗電笑元都正律帝臺仙召挹髓捫星餐霞引照豁虛罔象無名至要高廂久懸清泉餘療宅心勝侶游息衆妙絕壁翠微潨流丹竅鞠草如結周原甚奧聖道將宏重光顯曜明明我后積德累功陶埏寓縣叱咤雷風肅穆太室禮盛酆宮時乘正位道配元穹四維載仰百世斯隆有截於外無思自東祥符浹遠瑞采澄空百神咸秩千齡是崇宗元壯觀詔蹕康莊雲行輦道吹發山梁飛文協玉接禮神皇五旌回首六轡齊驅宸儀展敬享福無疆巍然高碣播此遺芳

薛收

收字伯褒蒲東汾陰人隋司隸大夫道衡子道衡為煬帝所殺收不仕隋高祖入關授秦府主簿遷金部郎中東都平授天策府記室參軍封汾陰男以本官兼文學館學士武德七年卒年三十三貞觀七年贈定州刺史永徽六年又贈太常卿

琵琶賦

惟茲器之為宗總羣樂而居妙應清角之高節發號鐘之

雅調處躁靜之中權執疎密之機要過浮雲而散彩揚白日以垂耀爾其狀也龜腹鳳頸熊據龍旋戴曲履直破觚成圜虛心內受勁質外宣磅礴象地穹崇法天候八風而運軸感四氣而鳴絃金華徘徊而月照玉柱的歷以星懸

上秦王書

世充據有東都府庫填積其兵皆是江淮精銳所患者在於乏食是以為我所持求戰不可建德親總軍旅來拒我師亦當盡彼驍雄期於奮決若縱其至此兩寇相連轉河北之糧以相資給則伊洛之間戰鬭不已今宜分兵守營

深其溝防即世充欲戰慎勿出兵大王親率猛鋭先據成皐之險訓兵坐甲以待其至彼以疲弊之師當我堂堂之勢一戰必克建德即破世充自下矣不過兩旬二國之君可面縛麾下若退兵自守計之下也

隋故徵君文中子碣銘

蓋聞運無常寧治窮則亂教不終廢人存則闡故曰天下有道制作歸乎帝王斯文或墜財成寄乎明哲才之不可以已其在茲乎周道竭而孔子興隋風喪而夫子出五常爲之式序三綱爲之無昧道沖而用故無德而名功足化

成故匪爵而重於稽其類其生物之匠乎夫子諱通字仲淹姓王氏太原人初高祖晉陽穆公自齊歸魏始家龍門焉若乃門風祖業之舊鴻儒積德之胄事貢家諜名昭國史今可得而略之粵若夫子洪惟命世盡象緯之秀鍾山川之靈爰在孺年素尚天質亦既從學家聲日茂偉容貌肅風神以孝悌爲心極以人倫爲己任步中規矩響諧音律術無遠而不窮理無微而不詣故夫要道之本中和之節九疇六藝之能事元亨利貞之至美悉備之矣豈惟行爲世範言成士則而已哉十八舉本州秀才射策高第十九除蜀州司戶辭不就列大業伊始君子道消達人遠觀潛機獨曉步烟嶺卧雲溪軒冕莫得而干羅網莫得而追時年二十二矣以爲卷懷不可以垂訓乃立則以開物顯言不可以避患故託古以明義懷雅頌以濡足覽繁文而援手乃續詩書正禮樂修元經讚易象道勝之韻先達所推虛往之集於斯爲盛淵源所漸著錄踰於三千堂奧所容達者幾乎七十兩加太學博士一加著作郎夫子絶宦久矣竟不起矣朝端闕聲節天下聞其風采先君內史屈父黨之尊楊公僕射忘大臣之貴漢侯三請而不覩尚書

四召而不起盛德大業至矣哉道風扇而方遠元猷陟而逾密可以比姑射於尼岫擬河汾於洙泗矣夫教思之宗聖達之節形氣之域古今同盡六經既就一德時成拂衣啟手其天意乎以大業十三年五月甲子遘疾終於萬春鄉甘澤里第春秋三十二嗚呼哀哉天不慭遺吾將安仰以其年八月遷窀穸於汾水之北原棺木衣衾以從中制不封不樹是遵上古門人考行謚曰文中子禮也收學不至穀行無異能奉高跡於絶塵期深契於終古義極師友恩兼親故遭世道之衰微屬衣冠之板蕩將以肆力王事

思存管樂不獲躬守孔堂自同游夏攀昊蒼而不逮俯元堂而已隔敢揚徽烈而作銘曰

兩儀既位三才式甄器象雖顯神機未筌匪聖孰作匪明孰傳文王逝矣孔子出焉顯允經籍作爲邦紀天之未喪載誕夫子奄有羣言遂荒精理百氏銜璧九流齊軌潛龍勿用鳴鶴在陰我有宏德人靈是欽摳衣遞進鼓篋相尋七十成列三千若林煥乎經濟沖乎典則教思風行徽猷允塞庶幾克饗匡此王國如何不祐殲我明德嗚呼喪亂胡及我長嗚呼哲人胡棄我往王室方屬帝邦無象梁木

斯壞蒼生奚仰綱練既訖披崇既張野寒川曠泉深路長盛德無沒嘉言孔彰永爲洪範於何不臧

李綱

綱字文紀觀州蓨人初名瑗字子玉讀後漢書張綱傳慕而改之初爲周齊王憲參軍入隋爲太子洗馬拜尚書右丞爲楊素蘇威所惡以屬吏會赦免賊帥何潘仁署爲長史高祖義師至京城授丞相府司錄封新昌縣公累拜禮部尚書兼太子詹事進太子少保貞觀四年拜太子少師五年卒年八十五贈開府儀同三司謚曰貞

論時事表

臣綱言臣伏見武德五年之後四海初定陛下自負太平日就驕侈傷於酒德稍怠萬機專與幸臣旦夕遊宴所重唯聲樂所愛唯鷹犬夷夏進送道路不絕又斥辱功臣多所輕侮或發其微時細過或加捶撻於殿庭德澤漸虧下將疑懼而戚藩公主皆踰憲式嬪媛之家多違法度不加禁止頗有侵漁行路之間非無喧籍又皇太子令及秦齊二教共詔勅並行唯計日之先後州郡之職無所的從授官分賞任意所欲不復論功伐簡才行矣加以每歲秋冬

田遊無度王公妃主雜糅其閒或時逢考選皆在原野至於歷時不返京邑略無居人億兆失望陰懷歎息朝之綱紀漸以弛紊而陛下不悟政教日頹在內不許論事當朝略無諫者愚臣竊懷慄畏誠有危亡之慮臣不敢不盡言伏待刑憲

諫以舞人安叱奴爲散騎常侍疏

臣謹按周禮均工樂胥不預於仕伍雖復才如子野妙等師襄皆身終子繼不易其業故魏武使禰衡擊鼓衡先解朝服露體而擊之云不敢以先王法服爲伶人之衣唯齊

高緯封曹妙達爲王授安馬駒爲開府旣招物議大斁彝倫有國有家者以爲殷鑒方今新定天下開太平之基起義功臣行賞未遍高才碩學猶滯草萊而先令舞人致位五品鳴玉曳組趨馳廊廡故非創業垂統貽則子孫之道也伏惟陛下聽察之

諫太子建成書

綱耄矣日過時流墳樹已拱幸未就土許傳聖躬無以酬恩請效愚直伏願殿下詳之竊見飲酒過多誠非養生之術且凡爲人子者務於孝友以慰君父之心不宜聽受邪

言妄生猜忌

姜謩

謩秦州上邽人隋大業末爲晉陽長高祖建義引爲司功參軍從平京城除相國兵曹參軍封長道縣公拜秦州刺史改守隴州貞觀元年卒贈岷州都督謚曰安

將赴隴右上高祖奏

天人之望誠有所歸願早膺圖籙以寧兆庶老夫犬馬暮齒恐先朝露得一覩昇紫殿死無所恨

蕭瑀

瑀字時文後梁明帝子封新安郡王入隋累官河池郡守高祖入京師遣書招之以郡歸唐封宋國公拜民部尚書進右僕射貞觀中圖形淩烟閣進太子太保同中書門下三品罷爲商州刺史二十一年卒年七十四詔贈司空荆州都督太常謚曰肅帝以其性忌改謚貞褊

臨終遺子書

生而必死理之常分氣絕後可著單服一通以充小斂棺内施單席而已冀其速朽不得別加一物無假卜日惟在速辦自古賢哲非無等例爾宜勉之

李大亮

大亮雍州涇陽人隋末署韓國公行軍兵曹與李密戰敗賊帥張弼異而釋之高祖入關自東都歸國授土門令超拜金州總管府司馬太宗立封武陽縣男復以功進爵爲公領太子右衛率兼工部尚書十八年卒年五十九贈兵部尚書秦州都督謚曰懿

昭慶令王璠清德頌碑

六義垂訓有國風之詞焉十翼發揮有震雷之體焉雷也者一同法雷而分地風也者萬井宣風以代天周列子男

之班漢號令長之任銅墨彰其美製龜蛇寵其旌旂中都之男女異途灌壇之風雨不作魯仲康之仁恕作蹤三台常伯魏之清貞終居九列雖瓊璘琬謂之不忘翼子謀孫謂之不朽傳芳播美其在茲焉公諱璠字伯玉其先瑯琊人也系文武之遥源紹靈仙之慶緒導揚前烈垂裕後昆秦則三將登壇漢則五侯通軌迪哲踵武論道槐庭邦淑國華慶興椒掖奕葉不泯非共筮蕢室家君玉無虧礪岳曾祖炎隋任北海郡長史德表題輿材稱展驥襲海沂之謙讓爲慶源之重望祖德皇朝義陽郡義陽縣令麗水生

金崑峯產玉撫桐鄉之耆老先問百年靜蒲邑之階庭已聞三善父知皇朝穎州郡襄城縣令上柱國桂林一枝鳳毛五色龍泉出匣彩發珠星鵲繞臨臺精含滿月擅子游之文學政洽絃歌伏門豹之英雄人懷畏愛公稟粹辰象降靈海嶽歲方童丱子將爲其題目未及志學士季識其非凡天與聰明帝資穎悟班孟堅之文彩黃叔度之波瀾精微之書殆將三絕溫柔之旨蔽在一言儕輩挹其多能敏悟嘉其才對洞張華之博識昇晁錯之甲科以國子監太學明經擢第輝揚授上黨郡長子縣主簿又任北京樂平縣主簿長子望邑樂平帝畿黃綬班雄朱絲抗直秩滿授此縣令河東士女不忘遺恩澧北編甿首欣來晚此土分晉餘境全趙名都覆釜前通登僧後鎮風烟臨代斜望實符郊壤連邢傍臨玉井冀州既載陶唐帝都士庶殷繁桑麻條暢公下車宰邑視俗施教先之以敬讓示之以好惡明察則俗無幽枉正誼則吏不忍欺聲調子賤之琴塵覆史雲之甑妾不衣帛有類季孫父對霜縑雅同胡質或讓魚留犢辭玉謝金不之過也公之清潔也如此建初啟運先皇陵寢聖上虔恭之所羣下肅雝之地崇奉塋域發

自宸衷褒建美名實由天旨改象城而爲昭慶貴先祖而創嘉聲郡之與縣俱同十望國資孝理寄在循良妙簡帝心授公此令至若公卿巡謁夙夜祇共物有備而無虧俗惟勤而不覺公之幹蠱也如此欲求忠臣出於孝子公仁慈惻隱累代同居幼子童孫家無異爨每志攝享竭力禋誠陵側居人數餘千戶或旁聖疑英傑或招復逃還茂陵陽陵之儔三徙七遷之邑並加撫育有同赤子公之異化也如此鴿鶵春囀勗之以耕桑鴻鴈秋飛敦之以收穫田夫執耒蠶妾承筐鳳粟徧於郊原鵷綺盈於杼柚遂得冰

絲委篋露積如山婦子饁而無辭田畯悅而相賀勵朽勉惰載酒勞勤公之勸農也如此縲索纒犯降綏誌偷伺繩而執凶徒焚飾而擒賊煞境絶探丸之客途逢守劒之夫不假埋梧無煩候稻豺狼自屛鉤距無施巳除梁上之姧詎用史瞞之棒公之明略也如此孝弟者人之本慈愛者化之先道協五常倫分十等蟹筐蠶績蟬冠范緌既革知人之非方識宰君之化人同李郭俗齊曾閔境無鹿犯塊有鳥銜感應通誠公之孝理也如此地邇幽燕境連趙魏土多剽悍人尚櫜鞬自戎馬在郊鳴鼙接響騎射馳逐罕

習詩書公撫教以仁崇文備武斌斌雜半君子道存開設學校檢閱庠塾人如顏閔俗同鄒魯公之興學也如此大君有命中使巡風激濁揚清旁求俊彥昭慶闔境以公清平感恩申狀使司覽奏尋以名聞總衆美而爲最擇其義而臨之撫字纔周芳聲滿歲昔甘棠勿翦歎羡詩人伐枳興謡見稱輿頌緇黃道路率有雅詞兒齒台背願旌其善四子講德尚著篇章百姓預謀宜刊厥績莫不他山採石異邑求文請鐫無媿之詞用紀非常之德大亮精非吐鳳思盡懷蛟過談見推辭不獲免其詞曰

偉哉聖賢生德自天山澤通氣孕育雲僊凝禎沙禁稟粹沂川英俊之地瓛冕相連王孫公子令聞不巳西北玉璽東南箭美傳家蘭桂司徒繼軌松竹堅貞霜霰難毀挺生良佐望重州端恤人以惠濟猛以寬化消蜂蠆俗比鵷鸞不異邦國齊甿共歡資父事君以配祖考忠爲令德不貪爲寶義陽襄城異邑同道上以化物猶風靡草仕爲時須天工人代下車作宰吏懷畏愛簡肅高潔庶甿仰賴正直清平百城之最虔奉陵廟惟精惟一公仰巡謁以兢以栗良宰攝享神歆元吉明德惟馨芳猷秩秩務嗇勸分不忒

穮蓘兆人勤藝惟邦之本禁令嚴刻鮮不爲則雖賞不竊罕用徽纆刑賞無差教化之柄寧僭不濫用恤人命我有箴規孝弟恭敬君子萬年室家相慶下之從政猶泥在鈞不敢暴虐不敢違仁道兮不遠德兮有鄰吾君敷化可書諸紳

請停招慰突厥疏

臣聞欲綏遠者必先安近中國百姓天下根本四夷之人猶於枝葉擾其根本以厚枝葉而求久安未之有也自古明王化中國以信馭夷狄以權故春秋云戎狄豺狼不可

厥也諸夏親暱不可棄也自陛下君臨區宇深根固本人逸兵強九州殷富四夷自服今者招致突厥雖入提封臣愚稍覺勞費未悟其有益也然河西甿庶鎮禦藩夷州縣蕭條戶口鮮少加因隋亂減耗尤多突厥未平之前尚不安業匈奴微弱以來始就農畝若更勞役恐致妨損以臣愚見請停招慰且謂之荒服者故臣而不納是以周室愛人攘狄竟延七百之齡秦王輕戰事胡故四十載而絕滅漢文養兵靜守天下安豐孝武揚威遠略海內虛耗雖悔輪臺追已不及至於隋室早得伊吾兼統鄯善且既得之

後勞費日甚虛內致外竟無所益遠尋秦漢近觀隋室動靜安危昭然備矣伊吾雖已臣附遠在蕃磧人非中夏地多沙鹵其自樹立稱藩附庸者請羈縻受之使居塞外必畏威懷德永為藩臣蓋行虛惠而收實福矣近日突厥傾國入朝既不能俘之於江淮以變其俗乃置於內地去京不遠雖則寬仁之義亦非久安之計也每見一人初降賜物五匹袍一領酋長悉授大官祿厚位尊理多靡費以中國之租賦供積惡之凶虜其衆益多非中國之利也

宇文歆

歆武德中官右衛將軍

諫齊王元吉書

王在州之日多出微行常共竇誕遊獵蹂踐穀稼放縱親暱公行攘斂境內六畜因之殆盡當衢而射觀人避箭以為笑樂分遣左右戲為攻戰至相擊刺毀傷至死夜開府門宣淫他室百姓怨毒各懷憤歎以此守城安能自保

傅仁均

仁均滑州白馬人武德時授員外散騎常侍除太史令卒官

陳修歷七事表

其一曰昔洛下閎以漢武太初元年歲在丁丑創歷起元元在丁丑今大唐以戊寅年受命甲子日登極所造之歷即上元之歲歲在戊寅命日又起甲子以三元之法一百八十去其積歲武德元年戊寅為上元之首則合璧聯珠懸合於今日其二曰堯典為日短星昴以正仲冬前代造歷莫能允合臣今創法五十餘年冬至輒差一度則卻檢周漢千載無違其三曰經書日蝕毛詩為先十月之交朔日辛卯臣今立法卻推得周幽王六年辛卯朔蝕即能明

其中間並皆符合其四曰春秋命歷序云魯僖公五年壬子朔旦冬至諸歷莫能符合臣今造歷卻推僖公五年正月壬子朔旦冬至則同自斯以降並無差爽其五曰古歷日蝕或在於晦或在二日月蝕或在望前或在望後臣今立法月有三大三小則日蝕常在於朔月蝕在望前卻驗魯史並無違爽其六曰前代造歷命辰不從子半命度不起虛中臣今造歷命辰起子半度起於虛六度命合辰得中於子符陰陽之始會歷術之宜其七曰前代諸歷月行或有晦猶東見朔以西朓臣今以遲疾定朔永無此病

對王孝通駁歷法議

宋代祖沖之久立差術至於隋代張冑元等因而修之雖差度不同各明其意今孝通不達宿度之差移未曉黃道之遷改乃執南斗為冬至之恒星東井為夏至之常宿率意生難豈為通理夫太陽行於宿度如郵傳之過逆旅宿度每歲既差黃道隨而變易豈得以膠柱之說而為斡運之難乎又案易云治歷明時禮云天子元端聽朔於南門之外尚書云正月上日受終于文祖孔氏云上日朔日也又云季秋月朔辰不集于房孔氏云集合也不合則日蝕隨可知矣又云先時不及時皆殺無赦先時為朔日不及時也若有先後之差是不知定朔之道矣詩云十月之交朔日辛卯又春秋日蝕三十有五左邱明云不書朔官失之也明聖人之教不論於晦唯取朔耳自春秋以後去聖久遠歷術差違莫能詳正故秦漢以來多非朔蝕而宋代御史中丞何承天微欲見意不能詳究乃為太史令錢樂之散騎侍郎皮延宗抑止孝通今語乃是延宗舊辭承天既非甄明故有當時之屈今略陳梗概申以明之夫理歷之本必推上元之歲日月如合璧五星如連珠夜半甲子

朔旦冬至自此以後既行度不同七曜分散不知何年更得餘分普盡還復總會之時也唯日分氣分得有可盡之理因其得盡即有三端之元故造經立法者小餘盡即為元首此乃紀其日數之元不關合璧之事矣時人相傳皆云大小餘俱盡即定夜半甲子朔旦冬至者此不達其意故也何者冬至自有常數朔名由於月起既月行遲疾無常三端豈得即合故必須日月相合與冬至同日者始可得名為合朔冬至耳故前代諸歷不明其意乃於大餘正盡之年而立其元法將以為常而不知七曜散行氣朔不

合今法唯取上元連珠合璧夜半甲子朔旦冬至合朔之始以定一九相因行至於今日常取定朔之宜不論三端之事皮延宗本來不知何承天亦自未悟何得引而相難耶。

傅奕

奕相州鄴人隋開皇中以儀曹事漢王諒高祖踐位召拜太史丞遷太史令貞觀十三年卒年八十五

請廢佛法表

臣奕言臣聞犧農軒頊治合李老之風虞夏湯姬政符周

孔之教雖可聖有先後道德不別君有沿革治術尚同竊聞八十老父擊壤而歌十五少童鼓腹爲樂耕能讓畔路不拾遺孝子承家忠臣滿國然國君有難則殉命以報讎父母有病則終身以側侍豈非曾參閔子之友庠序成林墨翟耿恭之儔相來羽翊乃有守道含德無欲無求寵辱若驚職參朝位荆山鼎上攀附昇龍緱氏壇邊相從駕鶴瑶池王母之使具禮來朝碧海無夷之神周行謁帝所以然者當此之時共遵李孔之教而無胡佛故也自漢明夜寢金人入夢傅毅對詔辨曰胡神後漢中原未之有信魏晉夷虜信者一分笮融託佛齋而起逆逃竄江東吕光假征胡而叛君時立西土降斯已後妖胡滋盛大半雜華搢紳門裏翻受秃丁邪戒儒士學中倒說妖胡浪語曲類蛙歌聽之喪本臭同鮑肆過者失香兼復廣置伽藍壯麗非一勞役工匠獨坐泥胡撞華夏之鴻鐘集蕃僧之僞衆動淳民之耳目索營私之貨賄女工羅綺翦作淫祀之旛巧匠金銀散雕舍利之塚秔粱麪米横設僧尼之會香油蠟燭枉照胡神之堂剥削民財割截國貯朝廷貴臣曾不一悟良可痛哉伏惟陛下定天門之開闔更新寶位通萬物

之迹否再育黔黎布李老無爲之風而民自化執孔子愛敬之禮而天下孝慈且佛之經教妄說罪福軍民逃役剃髪隱中不事二親專行十惡歲月不除奸僞逾甚臣閲覽書契爰自庖犧至於漢高二十九代四百餘君但聞郊祀上帝官治民察未見寺堂銅像建社寧邦請胡佛邪教退還天竺凡是沙門放歸桑梓令逃課之黨普樂輸租避役之曹恒忻效力勿度小秃長揖國家自足忠臣宿衛宗廟則大唐廓定作造化之主百姓無事爲犧皇之民臣奕誠惶誠恐謹上益國利民事十有一條如左謹言武德四年

六月二十一日上。謹按益國利民事十一條其文已佚惟釋氏書所引尚存梗概謹裒集于後一曰衆僧剃髮染衣不謁帝王違離父母非忠孝者夫父母之體不可毀傷何故沙門剃髮去鬚反先王之道失忠孝之義易曰男女構精萬物化生此則陰陽父子天地大象不可乖也今衛壯之僧婉孌之尼失禮不婚仇匹內通衣形外隔天胎殺子違禮逆天滅損戶口不亦傷乎今佛家違天地之化背陰陽之道未之有也請僧尼六十已下簡令作丁則兵強農勸尋老子至聖尚謁帝王孔某聖人猶跪宰相況道大無取德義未隆下忽公卿抗衡天子如臣愚見請同老孔弟子之例拜謁王臣編于朝典者二曰西域胡旦末國兵三百二十人小宛國兵二百人戎盧國兵三百人渠勒國兵三百人依耐國兵三百五十人郁立師國兵三百三十一人單相國兵四十五人孤胡國兵四十五人凡八國胡兵合有一千八百九十一人皆得紹其王業據其土地自相征伐屠戮人國況今大唐丁壯僧尼二十萬衆共結胡法足得人心寧可不預備之哉三曰諸州及縣減省寺塔則民安國治者蓋聞釋迦生於天竺修多

出自西蕃名號無傳於周孔功德靡稱於典謨實遠夷所尊敬非中夏之師儒廣致精舍甲第當衢虛費金帛福利焉在西域胡人因泥而生是以便事泥瓦塔像今猶毛臊人面而獸心道人土梟驢騾四色皆是貪逆之惡種佛是妖魅之氣寺是淫邪之祀由妖胡虛說造寺之福庸人信之爭營寺塔小寺百僧大寺二百以兵率之五寺強成一旅總計諸寺兵多六軍侵食生民國家大患寺饒僧衆妖孽必作如後趙沙門張光後燕沙門法長南涼道密魏孝文時法秀太和時惠仰等並皆反亂自餘凶黨至今猶在請必除蕩用消胡氣浹旬之間宇宙廓清維是寺舍請給孤老貧民無宅義士三萬戶州惟置一寺草堂土塔以安經像遣胡僧二人傳示胡法銷像而絕鐫鑄貨泉可以無損毀經以禁繕寫廢僧以從編戶竊謂益國利人興家多福也四曰僧尼衣布省齋則貧人不饑蠶無橫死者臣聞佛戒僧尼糞掃衣五綴鉢望中一食獨坐山中清居禪誦此佛之章法也若殺蠶作衣佛戒不許今則知佛理虛故生違犯五曰斷僧尼賠貯則百姓豐滿將士皆富禮佛不得尊豪設齋不得富貴六曰帝王無佛則大治年長有佛則虐政祚短者自庖犧已下爰至漢高二十九代父子君臣立忠立孝守道履德生長神州得華夏正氣人皆淳朴以世無佛故也泰起秦仲三十五世六百三十八年漢明之時佛法始來有之為損無之為益故未有佛法之前人皆淳和世無篡逆佛法來到多興悖亂天道無親頓成虛闡禍淫福善胡其爽歟因何損替者翻享遐齡崇道者無終厭壽計應蘊福延慶積惡招殃何乃進退矛盾情狀皎然去取自乖若為酬對七曰封周孔之教送與西域而胡必不肯行八曰海內勤王者少樂私者多乃外事胡佛內生邪見剪剃髮膚迴換衣服出臣子之門入僧尼之戶立謁王庭坐看膝下不忠不孝聚結連房且佛在西域言妖路遠捨親逐財畏壯慢老重富強而輕貧弱愛少美而賊耆年以幻惑而作藝能以矯誑而為宗旨然佛為一姓之家鬼也作鬼不兼他族豈可催驅生漢供給死夷此明珠貴彼魚目違離嚴父而敬他人何有跪十箇泥夷而為卿相置一盆殘飯得作帝王據佛邪說不近人情欲求忠臣孝子佐世治民惟孝經一卷老子二篇不須廣讀佛經佛滑稽大言不及蒴孟奢侈造作罪深桀紂入家破家入

國破國者九曰隱農安近市廛度中國富民饒者十曰帝王受命皆革前政者十一曰直言忠諫古來出口禍及其身者

請革隋制疏

龍紀火官。黃帝廢之。咸池六英。堯不相沿。禹弗行舜政。周弗襲湯禮。易稱巳日乃孚。革而信也。故曰革之時大矣哉。有隋之季。違天害民。專峻刑法。殺戮賢俊。天下兆庶同心叛之。陛下撥亂反正。而官名律令。一用隋舊。且懲沸羹者吹冷齏。傷弓之鳥驚曲木。況天下久苦隋暴。安得不新其耳目哉。改正朔。易服色。變律令。革官名。功極作樂。治定制

禮使民知盛德之隆此其時也然官貴簡約夏后官百不如虞五十周三百不如商之百又曰夏有亂政而作禹刑商有亂政而作湯刑周有亂政而作九刑衞鞅爲秦制法增鑿顚抽脅鑊烹等六篇始皇爲挾書律此失於煩不可不鑒

請除釋教疏

佛在西域言妖路遠漢譯胡書恣其假託故使不忠不孝削髮而揖君親遊手遊食易服以逃租賦演其妖書述其邪法僞啓三塗謬張六道恐嚇愚夫詐欺庸品凡百黎庶

通識者稀不察根源信其矯詐乃追旣往之罪虛規將來之福布施一錢希萬倍之報持齋一日冀百日之糧遂使愚迷妄求功德不憚科禁輕犯憲章其有造作惡逆身墜刑網方乃獄中禮佛口誦佛經晝夜忘疲規免其罪且生死壽夭由於自然刑德威福關之人主乃謂貧富貴賤功業所招而愚僧矯詐皆云由佛竊人主之權擅造化之力其爲害政良可悲矣案書云惟辟作福惟辟作威惟辟玉食臣無有作福作威玉食臣之有作福作威玉食其害於而家凶於而國人用側頗僻降自羲農至於漢魏皆無佛法君明臣忠祚長年久漢明帝假託夢想始立胡神西域桑門自傳其法西晉以上國有嚴科不許中國之人輒行髡髮之事洎於苻石羌胡亂華主庸臣佞政虐祚短皆由佛教致災也梁武齊襄足爲明鏡昔褒姒一女妖惑幽王尚致亡國況天下僧尼數盈十萬翦刻繒綵裝束泥人而爲厭魅迷惑萬姓者乎今之僧尼請令匹配即成十萬餘戶產育男女十年長養一紀教訓自然益國可以足兵四海免蠶食之殃百姓知威福所在則妖惑之風自革淳樸之化還興且古今忠諫鮮不及禍竊見齊朝章仇子佗上

表言僧尼徒衆糜損國家寺塔奢侈虛費金帛爲諸僧附會宰相對朝讒毀諸尼依託妃主潛行謗讟子佗竟被囚執刑於都市及周武平齊制封其墓臣雖不敏竊慕其蹤

欽定全唐文卷一百三十四

王孝通

孝通武德中官通直郎太史丞

上緝古算經表

臣孝通言臣聞九疇載敘紀法著於彝倫六藝成功數術參於造化夫爲君上者司牧黔首布神道而設教采能事而經綸盡性窮源莫重於算昔周公制禮有九數之名竊尋九數即九章是也其理幽而微其形祕而約重句聊用測海寸木可以量天非宇宙之至精其孰能與於此者漢

代張蒼刪補殘缺校其條目頗與古術不同魏朝劉徽篤好斯言博綜纖隱更爲之注徽思極毫芒觸類增長乃造重差之法列於終篇雖未即爲司南然亦一時獨步自兹厥後不繼前蹤賀循徐岳之徒王彪甄鸞之輩會通之數無聞焉耳但舊經殘駮尚有缺漏自劉已下更不足言其祖暅之綴術時人稱之精妙曾不覺方邑進行之術全錯不通芻亭方亭之問於理未盡臣今更作新術於此附伸臣長自閭閻少小學算鐫磨愚鈍迄將皓首鑽尋祕奧曲盡無遺代乏知音終成寡和伏蒙聖朝收拾用臣爲太史丞比年已來奉勑校勘傅仁均歷凡駮正術錯三十餘道即付太史施行伏尋九章商功篇有平地役功受袤之術至於上寬下狹前高後卑正經之內闕而不論致使今代之人不達深理就平正之間同欹邪之用斯乃圓孔方枘如何可安臣晝思夜想臨書浩歎恐一旦瞑目將來莫覩遂於平地之餘續狹斜之法凡二十術名曰緝古請訪能算之人考論得失如有排其一字臣欲謝以千金輕用陳聞伏深戰悚謹言

駮傅仁均戊寅歷議

案堯典云日短星昴以正仲冬孔氏云七宿畢見舉中者言耳是知中星無定故互舉一分兩至之星以爲成驗也昴西方處中之宿虛爲北方居中之星一分各舉中者即餘六星可知若乃仲春舉鳥仲夏舉火此一至一分又舉七星之體則餘二方可見今仁均專守昴中而爲定朔執文害意不亦謬乎又案月令仲冬昏在東壁明知昴中則非常準若言陶唐之代定是昴中後代漸差遂至東壁然則堯前七千餘載冬至之日即便合翼中逾遠彌卻尤成不隱且今驗東壁昏中日體在斗十有三度若昏於翼中

日應在井十有三度夫井極北去人最近而斗極南去人最遠在井則大熱在斗乃大寒然堯前冬至即應翻熱及於夏至便應反寒四時倒錯寒暑易位以理推尋必不然矣又鄭康成博達之士也對弟子孫皓云日永星火只是大火之次二十度有其中者非謂心之火星也實正中也又平朔定朔舊有二家平望定望由來兩術然三大三小是定朔定望之法一大一小是平朔平望之義且日月之行有遲有疾每月一相及謂之合會故晦朔無定由人消息若定大小合朔者合會雖定而蔀元紀首三端並失若

上合履端之始下得歸餘於終合會時有進退履端又皆允協則甲辰元歷爲通術矣

陳子良

子良吳人武德時官右衛率府長史爲隱太子學士貞觀六年卒

爲奚御史彈尚書某入朝不敬文

臣聞孝愛資於事父忠敬盡於事君淑慎爾儀不愆於位聿修厥德無忝所生苟虧格言必貽明罰竊見某甲出自庸微素無才術幸以運逢義始早預周行佐命之勞已酬爵土攀附之寵復典樞機擢自芻蕘功歸聖德昔晉榮八座蔡謨始漸斯官漢貴五曹鄭均才沾此秩況某方圓無取叨據非宜而覆餗之譏於焉已及欹器之戒如何遂盈不能翼翼在公兢兢從政及復入朝散誕無鞠躬之容陪軒慢懈乏虔恭之禮有一於此身名何寘臣雖凡品職當糾察既覩相鼠之儀敢忘逐雀之志若斯風不黜方紊大猷宜正刑書以彰朝典請以某見事付大理治罪謹言

爲王季卿與王仁壽書

大唐相國録事參軍正議大夫壽光縣開國公王季卿頓

首頓首致書隋季將軍王仁壽足下夫機者動之微吉凶之先見也君子見幾而作不俟終日故能轉禍爲福改敗成功斯乃非常之人能立非常之事信乎此說實有由焉比以隋政失馭主上昏狂或東討句麗填屍滿海或西征且末暴骨成山法令滋章賦役殷重金玉窮於玩服民力盡於池臺饑饉於是薦臻盜賊爲之蜂起四海鼎沸天下嗷然生民塗炭萬無一在此固將軍之所知也豈待繁述哉固知長惡不悛禍盈必滅否終則泰理數皎然當今相王啟聖應天順民龍飛受圖神武作宰撥亂反正大拯黎

元四海於是來蘇九服所以款附如珪如璋之士踵武雲屯如熊如羆之臣排肩霧合伊呂之儔也韓彭之徒歟莫不咸騁藝能同申智勇共爲表裏造我國家元首明哉股肱良哉濟濟巍巍無能名也將軍外氏宋國公昔在隋朝功深佐命聲侔衛霍道亞蕭曹本以無辜枉被誅戮悲感行路痛結於天而況渭陽之情切於恒品相王志存追遠愍彼冤魂乃贈光祿大夫揚州總管宋國公可謂封比干之墓式商容之閭以古謂今足爲連類其子懷廓今任光祿大夫相府禮曹參軍次子渠師相府賓曹參軍爲王爪

牙早樹勳績已雪冤恥彌暢昊天將軍甥也聞之豈不欣感但季卿之與將軍忝是宗友義同昆弟結髮投分彈冠比肩俱侍龍樓預陪鶴籥屬時君道喪天下崩淪衆叛親離莫有固志欲效嵇紹之忠殞身無益空軫袁安之歎流涕何言時事已闌智愚同見今承將軍擁兵雲夢建旆荆門水淹既多疫癘愈甚人無半菽師老則離何不以順天時早圖富貴爰率所部歸我霸朝享榮祿於子孫書功名於竹帛趨履南宮之上徐輪北闕之下鳴鐘列鼎珮玉摐金豈不懋歟豈不盛歟時者難值而易失機者在速而不遲成敗須臾實由反掌但季卿仰與疇昔交情不疎輒託雲翰遠披尺素心瞻目擊請不遲疑願保垂堂自求多福季夏炎盛體力何如願恒勝納遠總戎旅不乃勞神季卿疾弊承乏使蜀尋望入朝冀即來儀諮覯在近無任傾仰謹奉尺書投筆潸然此不多具王季卿呈

辯正論注序

蓋聞宣尼入夢十翼之理克彰伯陽出關二篇之義爰著或鉤深繫象或探賾希夷名言之所不宣陰陽之所不測猶能彌綸天地包括鬼神道無洽於大千言未超於域內

況乎法身圓寂妙出有無至理凝元迹泯眞俗體絶三相累盡七生無心即心非色爲色無心即心故能心斯心矣非色爲色故能色斯色矣藤蛇於是併空形名所以俱寂筌蹄之外豈可言乎若夫西伯拘羑遂顯精微子長蠶室卒成先志故易曰古之作易者其有憂乎論之興焉良有以矣法師俗姓陳氏漢太邱長仲弓之後也遠祖宦遊播遷江左近因江寓又處襄州隋世入關從師請業玉移荆岫皎潔之性彌彰桂徙幽林芬芳之風更遠法師應眞人之祥稟黃裳之吉內該三藏外綜九流既善緣情尤工體

物篇章婉麗理致遒華郁郁閒縟錦之文飄飄竦淩雲之氣班賈金玉未可同年潘陸江海寧堪方駕至如莊生墨生之學黃子老子之書三清三洞之文九府九仙之籙登真隱決之祕靈寶度命之儀香若胸中說猶指掌加以舊習中觀少蘊法華既有聞持比專著述運思之外汲引無疲辯中觀則龍樹可期談自然則老莊非遠於是四方雜沓如歸長者之園七貴紛綸若赴華陰之市固以學侔安遠才邁肇生實開士之棟梁法城之牆塹者也乃有道士李仲卿劉進喜等並作庸文謗毀正法在俗人士或生邪

信法師愍其盲瞽恐入泥犁爰發大悲遂致斯論可謂鼓茲法海振彼詞峯碧雞之銳競馳黃馬之駿爭騖莫不葉墜柯摧雲銷霧捲狀鴻爐之焚纖羽猶炎景之鑠輕冰負勝之儔於斯可見暫歸慈定已破魔軍聊奮慧刀即降愚賊佛日於是重暉法雲由其廣被然法師所作詩賦啟頌碑誄章表大乘教法及破邪論等三十餘卷在世久傳然此論凡八卷十二篇二百餘紙窮釋老之教源極品藻之名理修述多年仍未流布昔秦孝公聽說帝而寐聞談霸而興陽春和寡深可悲歎但法師所述內外兼該恐好事後生致有未喻弟子穎川陳子良近伸頂禮從而問津爛然溢目若明月之入懷寂乎應機譬寶珠之賜物既悟四衢之幻便息百城之遊於是啟所未聞聊為注解庶將來同好幸詳其致焉

隋新城郡東曹掾蕭平仲誄　并序

蕭平仲字某蘭陵人也梁文皇帝之元孫鄱陽王之曾孫也鄱陽嗣王之孫定襄侯之第五子也派清瀾於天漢分喬枝於若木君降生昴宿挺質珪璋孝友溫恭仁慈亮直其形曲而雅其神俊而明耽思羣書研精衆藝盡人閒之

能事極天下之奇才江淮貴遊獨稱領袖故可以坐觀羔鴈俯拾朱紫至如南山為志不能北面事人詩書自娛恥與絳灌等列洎有陳失馭西遷於隋而兄弟十人白眉斯在唐棣之詠事等姜肱君子義之高其行也屬皇期有道咸序搢紳乃拜吏部員外郎東宮學士冀州司法參軍禮部員外郎新城郡東曹掾從班列也君莅政能官咸熙庶績所在遺愛置言成範至如纓紱之士草萊之客莫不聆嘉聲而雲萃飡德音而風趨李膺曩號楷模王商昔稱賢智方之蔑如也適應入踐常伯超補台司如何靈祇殲我

明哲春秋五十有五大業九年二月十五日卒於新城郡之官舍於戲哀哉余與夫子頗有親連少敦莫逆既同羇旅彌篤綢繆非無陸機之書尚有鍾儀之操誰謂吉士奄逐隙駒嗟乎盛年何晚促之如此也於戲哀哉昔之絶絃軫歎當笛傷心余雖謝古人寧不悽慟是知身歿名存實由著述況復故人景行何能泯之敢以聞見乃作誄曰

於戲哀哉粤若高祖大造惟梁德侔五帝道冠百王赤眉作梗黄屋云亡有嬀之後應運遐昌君之顯考恥爲委質在行既高居實坦逸篤生夫子如披雲日儀形信典聲名

本實神機電舉雅調風生還同照乘有類連城學逾班固才冠劉楨金湯失險天厭有陳幸逢隋德預沐堯民青蓋西虜紫氣東淪依依去楚悽悽入秦梁亳之郊忽傾風樹結廬狎鳥穿池憑霧兄弟十人義聲咸布爰降綸綍特預銓衡龍樓振藻司寇馳名俄居郎署昇朝擅美含香趨奏事禮承祀抑抑威儀彬彬文史涪水既臨鄴城是面視民如傷事心惟戰周震善政潘岳能官企彼前哲顧已非難余之室人君之從妹加以篤款頗蒙提誨銘之在心沒齒唯佩契濶關隴連翩冀代余任主簿眉山之川亟會琴臺兼遇名賢花朝月夜置酒題篇近之新城暫申累日謂君積善永保元吉不言別後忽嬰斯疾如何清輝奄辭蘭室於戲哀哉承諱驚惶聞喪慟泣前悲未盡後哀仍集白馬不追素車安及悲人世兮太促歎死生兮異路元壤寘兮難窮黄泉寂兮易暮客位空而聚塵書臺掩而生蠹嗟古人兮神交念往哲兮虛通淚有竭兮心尚惑聲有止而哀無窮宿草衰兮凝秋露白楊慘兮生悲風痛遊魂兮安在徒醴酒兮招空於戲哀哉

平城縣正陳子幹誄　并序

昔聞子路雄烈赴難如歸先軫忠貞雖死無悔故能貽芳塵於後世徇節義於遐年況乎勇嗣前修功深曩代者豈可使身名頓滅典籍無聞悲夫余弟少府則其人也弟名子幹字元楨梁右將軍信義太守之孫陳晉安王府諮議吳平侯之第三子也惟元楨稟質純和天挺聰俊生知孝悌早擅雄才屬金陵亂離王室板蕩人倫東喪禮樂西歸洎於一門同遷灞岸是則開皇九年之四月也家君有鍾儀之操懷敬仲之心遂屏跡杜門茹憂成疾忽悲風樹痛深陟岵其時余年十九爾始八歲伶仃辛苦實迫饑寒青

門乏種瓜之田白社無容身之地一釜之米巳索一瓢之飲屢空日夕相悲分塡溝壑賴余以少遵庭訓夙稟家風曾覽五經頗窺三史追孔融之令範慕張楷之高蹤長安主人儀同郝㛹要余入室仍寄廡下遂慕西河搢紳公子負笈雲華藉此東脩方濟餬口幸以爾幼不好弄長實庶幾因玆入學以勤以苦諒非性分何能成立隋齊王暕禮賢待士沛獻非儔召入平臺悅其篆隸仍題銀牓取埒仲將足稱妙絶見美當世隴西李巨仁才華任俠與余宿素欽其俊乂因妻以女非厥人品孰能致之及爾委質周行

策名吏部公卿籍甚士類趨風俄而詔授幷州平城縣正是乃深閑簿領妙達治方藴冰蘖而不渝顧松筠而無晚屬隋運將謝盜賊公行太上皇於時留守幷州龍潛汾水所管州縣咸聽指麾專總兵機式遏寇虐元楨素便弓劒立性雄昭屢翦凶渠頻蒙榮賞凡有草竊咸資決勝以大業十二年八月有賊帥郭六郎將兵三千人來侵縣境元楨受命率徒數百獨飛輕騎手斬十人賊見威雄莫不披靡忽遭流矢斃於陣中春秋三十有一於戲哀哉嗟爾輕生奮不顧命在天胡忍殲我哲人方冀龜文以諧豹變如何馬革遂裹師元於戲哀哉爾從宦東西死生契濶與余一別已逾二紀往聞非命實用痛心媿鶺鴒之在原悲唐棣之先落惜哉同氣冥漠何之於戲哀哉余以貞觀六年二月十日夜於相如縣夢見爾靈仍於夢中共馳哀慟乃涕流於枕悲不自勝嗟乎門祚不昌鍾此衰薄旣乏子姪終鮮兄弟顧影煢獨實切肝腸是以結草酬恩魏顆之功無爽出魂屢請蔣濟之子非虛雖生死之或殊諒鬼神之有識不任感愴追誄友于式紀遺塵庶同潘岳敢詢前典而爲誄云

猗歟我祖承舜之緒爰從嬀汭下居頴汝鳳飛於齊輝映於許宛彼長陵離江而舉攀手桂林篤生翹楚淮海喪亂關河播遷忽傾庭蔭痛結旻天惟我兄弟泣血連翩余雖弱冠爾尚童年立錐無地窺竈無烟余稟家風世敦經史式崇儒教俄而成市衣食是資殷憂備履爾因修學遂能克己孝敬有裕才華難擬言行無擇自此揚名偏工篆隸獨擅嘉聲爰參選部乃任平城金科是執玉律逾明尤便弓劒本慕忠貞皇上龍潛居汾之汭兵權攸總諸侯是制郭六匈渠稱兵齊衞元楨受律奮威投袂躍馬星奔抽戈

電逝斬將搴旗罕當鋒鋭忽中飛鏃在陣而斃於戲哀哉人亡勇敵衆疾英奇況逢亂世功無所施在位非重居名極卑不登廟食虛死何爲凡百君子各慎爾儀獨埋元壤誰其賞知空令親友遥哭路岐無復蒲簡唯餘墨池露團宿草風響松枝山花開落隴月盈虧一朝非命千秋永離於戲哀哉余於縣㕓春宵獨寐忽覩爾靈夢中相值執手嗚咽共傷憔悴語未及終儵如電馳實感我心寤乃驚悸恍焉如失伏枕流涕曾聞賁父魯侯命志亦承揚贊宋策云記剡伊義勇取埒無愧非余所述誰當在意興言遠感發增情思援翰寫心式旌遺事嗟爾義夫英聲不墜於戲

哀哉

祭司馬相如文

維大唐貞觀元年歲次丁亥五月壬子朔十六日丁卯相如縣令陳子良謹遣主簿譙悦齋桂醑蘭殽之奠敬祭故文園令司馬公之靈惟君夙敏雅調雍容含章挺生慕藺斯在題橋去蜀仗策入關終倦梁園之遊還悅臨邛之客楊意爲之延譽王孫以之開筵彈琴而感文君誦賦而驚漢主金門待詔深嗟武騎之輕長門賜金方驗雕龍之重及乎茂陵謝病遊岱無歸空留封禪之書遂感宸衷之悼是知聲名籍甚絶後光前厥跡猶存餘芳無泯子忝宰茲邑似覩遺塵撫事懷賢實勞寤寐夫遊九原者慕隨會而增悲望魏都者佇侯嬴而顧步抑維往彥差擬其倫緬彼風猷載深長想至於蘋蘩可薦黍稷非馨庶降明靈幸垂嘉祐神其如在希能饗之

杜之松

之松博陵曲阿人隋起居舍人入唐爲河中刺史

答王績書

辱書知不降顧歎恨何已僕幸恃故情庶迴高躅豈意康成道重不許太守稱官老萊家居羞與諸侯爲友延佇不獲如何如何奇跡獨全幸甚幸甚敬想結廬人境植杖山阿林壑地之所豐烟霞性之所適蔭丹桂藉白茅濁酒一杯清琴數弄誠足樂也此眞高士何謂狂生僕憑藉國恩濫尸貴部官守有限就學無因延頸下風我勞何極前因行縣實欲祇尋誠恐燉煌孝廉守琴書而不出酒泉太守列鐘鼓而空還所以遲迴遂攬轡也僕雖不敏頗識前言道既知尊榮何足恃豈不能正平公之坐敬養亥唐屈文

侯之勝。恭師子夏。雖齊桓德薄。五行無疑。眭夸故人。一來何損。蒙借家禮。今見披尋。微而精簡而備。誠經傳之典略。閨庭之要訓也。其喪禮新義。頗有所疑。謹用條問。具如別帖。想荒宴之餘。爲詮釋也。遲更知闕。杜之松白。

孔德紹

德紹。越州山陰人。事竇建德爲中書侍郎。嘗草檄指斥太宗。既克建德。執德紹登氾水樓。捽殞之。

爲竇建德遺秦王書

夏王敬問唐秦王。彼朝發跡太原。奄有關內。鄭氏光啟伊

洛。崇建宗社。予則創基燕趙。包舉山東。鄭國何辜。興師致討。深懷固存。不憚濡足。方今千乘雷動。萬騎雲屯。投石拔距。蒙輪擊劒。統三燕之義勇。驅六齊之雄傑。制勍敵如拾遺。殄高墉若摧朽。鄭都鞠旅。誓衆雪讎。我師躍馬礪戈。克蕩氛祲。彼則外無救援。內絕軍糧。將聽楚歌之聲。方見崤陵之哭。若能反鄭國之侵地。守秦川之舊邦。更修前好。不乖來請。

張公謹

公謹字宏慎。魏州繁水人。初爲王世充洧州長史。武德元年以州城歸唐。授鄒州別駕。累授左武候將軍。貞觀中封鄒國公。轉襄州都督。卒官。年三十九。贈左驍衛大將軍。謚曰襄。追封郯國公。圖形凌烟閣。永徽中又贈荊州都督

條突厥可取狀

頡利縱欲肆凶。誅害善良。昵近小人。此主昏於上。可取一也。別部同羅僕骨回紇延陀之屬。皆自立君長。圖爲反噬。此衆叛於下。可取二也。突利被疑。以輕騎免。拓設出討。衆敗無餘。欲谷喪師。無託足之地。此兵挫將敗。可取三也。北方霜早。糵糧乏絶。可取四也。頡利疏突厥。親諸胡。胡性翻

覆。大軍臨之。內必生變。可取五也。華人在北者甚衆。比聞屯聚。保據山險。王師之出。當有應者。可取六也

韋雲起

雲起。京兆萬年人。隋大業中官大理司直。高祖入關。謁見長樂宮。授司農卿。封陽城縣公。官至益州行臺兵部尚書。與竇軌有隙被殺。

諫征王世充表

國家承喪亂之後。百姓流離。未蒙安養。頻年不熟。關內阻飢。京邑初平。物情未附。鼠竊狗盜。猶爲國憂。盩厔司竹餘

氛未殄藍田谷口羣盜實多朝夕伺間極爲國害雖京城之內每夜賊發北有師都連結胡寇斯乃國家腹心之疾也捨此不圖而窺兵函洛若師出之後內盜乘虛一旦有變禍將不小臣謂王世充遠隔千里山川懸絕無能爲害待有餘力方可討之今內難未弭且宜宏於度外如臣愚見請暫戢兵務穡勸農安人和衆關中小盜自然寧息秦川將卒賈勇有餘三年之後一舉便定今雖欲速臣恐未可

房彥藻

彥藻事李密爲右長史後從密歸唐

爲李密檄竇建德文

公逸氣縱橫鷹揚河朔引蘭山之驍騎驅易水之壯士跨躡燕齊牢籠趙魏好通戎夷聲振華夏昔隗囂之居隴上非不險也項籍之據彭城非不強也然而援無所恃躬違歷數遂使楚徒歔欷於垓下秦泥不封於函谷故託身得地實融保西河之功協契非人劉表喪漢南之業魏公英雄電逝類晨風之拂北林率土星奔甚涓流之赴東海今隋主拘囚於世充身制於朱粲白旗之首已懸烏江之船未艤去月二十日總管兵馬會同黎陽莫不投蓋蒙輪賈勇求龥遠懷歸義分討不庭公能觀火鹿臺枉道垂報或以冀方猶梗願協力齊盟南臨則黃河可淸北指則幽雲自捲公之遠度宏規高勳茂績必將俯盼伊呂吞併韓彭自餘碌碌復何足數烽燿尚警干戈未戢想軍旅之事各有司存指蹤之勞無疲於明鏡也內懷悃款形於翰墨情之所寄言不能過

高儉

儉字士廉以字顯渤海蓨人隋大業中爲治禮郎以事謫

朱鳶主簿交阯太守邱和署爲司法書佐後從和來降官雍州治中太宗踐位累官吏部尚書加特進同中書門下三品封申國公拜右僕射攝太子少師加開府儀同三司圖形淩烟閣貞觀二十一年卒年七十一贈司徒幷州都督謚文獻高宗朝加贈太尉

請誅元昌奏

王者以四海爲家以萬姓爲子公行天下情無獨親元昌苞藏凶惡圖謀逆亂觀其指趣察其心府罪深燕旦釁甚楚英天地之所不容人臣之所切齒五刑不足申其罰九

死無以當其愆而陛下情屈至公恩加梟獍欲開疎網漏此鯨鯢臣等有司期不奉制伏願敦師憲典誅此凶慝順羣臣之願啟鷹鸇之心則吳楚七君不幽歎於往漢管蔡二叔不沈恨於有周

文思博要序

大矣哉文籍之盛也範圍天地幽贊神明用之邦國則百官以乂用之鄉人則萬姓以察非松喬而對振古壇戶牖而覿遐方故先王以之建極聖人以之設教師範百代彌綸四海是以刊之金石與天壤而相弊書之竹素與日月

而俱懸者莫尚於此爰自卦起龍圖文成鳥策墳典開其緒邱索導其流虞夏之書猶旭日之始旦殷商之誥若覆簣之爲山及曲阜佐周攝政踐祚而又闕里自衛將聖多能損益禮樂極乎天而蟠乎地祖述堯舜繫星辰而振河海郁郁焉鼓王風於九合誾誾焉闢儒門於百代既而雅道雖廢學者未衰挾冊如林遂偶縱橫之運懷經成市俄屬坑焚之災下土怨咨上天迴眷咸洛基命懸賞而崇儒術曹馬御紀疏爵而啟膠庠人拾青紫家握鉛素求古文於孔壁專門者重闡收竹書於汲塚異說者無遺逮乎有隋失御羣凶競逐辟雍蔓於荆棘延閣殫於煨燼孟堅九流與川瀆而俱竭宏度四部隨岳牧而分崩淹中許下博古洽聞之生盡殄散矣蘭臺藏室金簡玉匱之文咸殘逸矣皇帝仰膺靈命俯叶萌心知周乾坤之表道濟宇宙之外操參伐而清天步橫崑海而紐地維櫜弓矢於靈臺執贄者萬國張禮樂於太室受職者百神蒼旻降祥黔黎褆福置成均之職劉董與馬鄭風馳開崇文之館揚班與潘江霧集搢紳先生聚蠹簡於內輶軒使者採遺篆於外刊正分其朱紫繕寫埒於邱山外史所未錄既盈太常之藏

中經所不載盛積祕室之府比夫軒皇宛委穆滿羽陵炎漢之廣內有晉之祕閣何異乎牛宮之水爭浮天於谷王蟻垤之林競拂日於若木也帝聽朝之暇屬意斯文精義窮神微言探賾紆樓船於學海獲十城之珍駐羽蓋於翰林搴三珠之寶以爲觀書貴要則十家並馳觀要貴博則七略殊致自非總質文而分其流混古今而共其轍則萬物雖衆可以同類千里雖遙可以同聲然則魏之皇覽登巨川之濫觴梁之遍略標崇山之增構歲月滋多論次逾廣類苑耕錄齊玉軑而並馳要略御覽揚金鑣而繼路雖

草創之指義在兼包而編錄之內猶多遺闕並未能絕雲而負蒼天柱罽羅之用激水而縱溟海息鈎餌之心帝乃親縈聖情曲留元覽垂權衡以正其失定準繩以矯其違頓天網於蓬萊綱目自舉馳雲車於策府轍迹可尋述作之義坦然筆削之規大備特進尚書右僕射申國公士廉特進鄭國公魏徵中書令駙馬都尉德安郡公楊師道兼中書侍郎江陵縣子岑文本中散大夫守尚書禮部侍郎顏相時中散大夫守國子司業朱子奢給事中許敬宗朝散大夫守國子博士劉伯莊朝散大夫行太常博士呂才

祕書丞房元齡朝散大夫行太學博士馬嘉運朝散大夫行起居舍人褚遂良朝議郎守晉王友姚思聰（一作廉）太子舍人司馬宅相祕書郎宋正踐籠緗素則一字必包舉殘缺則片言靡棄繁而有檢簡而不失同兹萬頃滕埒自分譬彼百川派流無壅討論歷載琢磨云畢勒成一家名文思博要一百二十帙一千二百卷并目錄一十二卷義出六經事兼百氏究帝王之則極聖賢之訓天地之道備矣人神之際在焉昭昭若日月代明於下土離離若星辰錯行於躔次斯固墳素之苑囿文章之江海也是爲國者尚其道德爲家者尚其變通緯文者尚其溥博諒足以仰觀千古同義文之爻彖俯觀百王軼姬孔之禮樂豈止刻石漢京懸金秦市比邸明之作傳侔子長之著書而已哉

欽定全唐文卷一百三十五

孫伏伽

伏伽貝州武城人隋大業末自大理寺史累補萬年縣法曹武德初上書高祖擢治書侍御史太宗即位賜爵樂安縣男轉民部侍郎拜大理卿出爲陜州刺史顯慶三年卒

諫大赦後遷配王世充竇建德黨與表

臣聞王言無戲自古格言去食存信傳諸舊典故書云爾無不信朕不食言又論語云一言出口駟不及舌以此而論言之出口不可不慎伏惟陛下光臨區宇覆育羣生率

土之濱誰非臣妾絲綸一發取信萬方使聞之者不疑見之者無惑陛下今月二日發雲雨之制光被黔黎無所間然公私蒙賴既云常赦不免者皆赦除之此非直赦其有罪亦是與天下斷當許其更新以此言之但是赦後即便無事因何王世充及建德部下赦後始欲遷之此是陛下自違本心欲遣下人若爲取則若欲子細推尋逆城之內誰無罪者故書云殲厥渠魁脅從罔治若論渠魁充等爲首渠魁尚免脅從何辜且古人云跖狗吠堯蓋非其主在東都城内及建德部下乃有與陛下積小故舊編髮友朋猶尚有人敗後始至者此等豈忘陛下皆云被壅故也以此言之自外疎者竊謂無罪又書云非知之艱行之惟艱上古以來何代無君所以祇稱堯舜之善者何也直由爲天子者實難善名難得故也往者天下未平威權須應機而作今四方既定設法須與人共之但法者陛下自作之還須自守之使天下百姓信而畏之今自爲無信欲遣兆人若爲信畏哉故書云無偏無黨王道蕩蕩無黨無偏王道平平賞罰之行達乎貴賤聖人制法無限親疎如臣愚見世充建德下僞官經赦合免責情欲遷配者請並放之

則天下幸甚

諫馬射表

臣聞千金之子坐不垂堂百金之子立不倚衡以此言之天下之主不可履險乘危明矣臣又聞天子之居也則禁衛九重其動也則出警入蹕此非極尊其居處乃爲社稷生靈之大計耳故古人云一人有慶兆人賴之臣竊聞陛下猶自走馬射帖娛樂近臣此乃無禁乘危竊爲陛下有所不取也何者一則非光史冊二則未足顯揚又非所以導養聖躬亦不可以垂範後代此祇是少年諸王之所務

豈得旣爲天子。今日猶行之乎。陛下雖欲自輕。其奈社稷天下何。如臣愚見。竊謂不可。

陳三事疏

臣聞天子有諍臣。雖無道。不失其天下。父有諍子。雖無道。不陷於不義。故云子不可以不諍於父。臣不可以不諍於君。以此言之。臣之事君。猶子之事父故也。隋後主所以失天下者何也。止爲不聞其過。當時非無直言之士。由君不受諫。自謂德盛唐堯。功高夏禹。窮侈極慾。以恣其心。天下之士。肝腦塗地。戶口減耗。盜賊日滋。而不覺知者。皆由朝

臣不敢告之也。向使修嚴父之法。開直言之路。選賢任能。賞罰得中。人人樂業。誰能搖動者乎。所以前朝好爲變更。不師古訓者。止爲天誘其咎。將以開今聖唐也。陛下龍舉晉陽。天下響應。計不旋踵。大位遂隆。陛下勿以唐得天下之易。不知隋失之不難也。陛下貴爲天子。富有天下。動則左史書之。言則右史書之。旣爲竹帛所拘。何可恣情不愼。凡有蒐狩。須順四時。旣代天理。安得非時妄動。陛下二十日龍飛。二十一日有獻鷂鶵者。此乃前朝之弊風。少年之事務。何忽今日行之。又聞相國參軍事盧牟子獻琵琶。長安縣丞張安道獻弓箭。頻蒙賞勞。但普天之下。莫非王土。率土之濱。莫非王臣。陛下必有所欲。何求而不得。陛下所少者。豈此物哉。願陛下察臣愚忠。則天下幸甚。

其二

百戲散樂。本非正聲。有隋之末。大見崇用。此謂淫風。不可不改。近者太常官司於人間借婦女裙襦五百餘具。以充散妓之服。云擬五月五日於元武門遊戲。臣竊思審。實損皇猷。亦非貽厥孫謀。爲後代法也。故書云。無以小怨爲無傷而弗去。恐從小至於大故也。論語云。放鄭聲。遠佞人。又

云樂則韶舞。以此言之。散妓定非功成之樂也。如臣愚見。請並廢之。則天下不勝幸甚。

其三

臣聞性相近而習相遠。以其所好相染也。故書云。與治同道罔弗興。與亂同事罔弗亡。以此言之。興亂斯在所與。皇太子及諸王等左右羣僚。不可不擇而任之也。如臣愚見。但是無義之人。及先來無賴。家門不能邕睦。及好奢華馳獵馭射。專作慢遊狗馬聲色歌舞之人。不得使親而近之也。此等止可悅耳目。備驅馳。至於拾遺補闕。決不能爲也。

臣歷窺往古下觀近代至於子孫不孝兄弟離閒莫不爲左右亂之也願陛下妙選賢才以爲皇太子僚友如此卽克隆磐石永固維城矣

朱子奢

子奢蘇州吳人隋大業中直秘書學士武德四年授國子助教貞觀朝官諫議大夫宏文館學士遷國子司業十五年卒

請封禪表

臣聞天地之大德曰生遂其生者元后聖人之大寶曰位

固其位者上元豈可不對越壇場欽若穹昊雖復舜格文祖周變商俗體淳德而揖讓濟澆道於干戈步驟之迹以殊損益之功斯異誠有之矣至於詔蹕梁父張樂介邱增類帝之封典射牛之禮考績禋燎繼蹤韶夏豈殊道也

諫將殺櫟陽尉魏禮臣表

臣伏見櫟陽縣尉魏禮臣爲斷河池縣令崔文康事失情奉勑解任禮臣不伏詣堂上表稱御史阿曲請更推問若一事有虛乞戮都市大理奉勑更爲勘當今大理奏禮臣枉御史不阿勑令依其折辯賜以極法伏尋禮臣斷事乖僻止合解免不知甘罪呑聲更復上聞天聽恩勑重問虛實乃確執不移論其愚蔽朝野同忿然陛下君臨萬寓子愛蒼生一無失所載懷夕惕矜愚泣罪帝王盛事至如禮臣橫訴止當上表不實律有明條今便賜以極刑恐傷過重且死者不可復生斷者不可重續縱欲思愆改謬安可得乎所以矜獄念刑歷代斯重又聞禮臣母氏年齒極高餘生垂迫前途無幾一旦逢此情何可言伏惟陛下日昃忘勞申理冤屈所以四方士庶咸湊闕庭今欲遂殺禮臣悠悠之徒惟言禮臣上表被誅不知愚昧獲死後有欲自

理者必懷此懼恐容納之道或有所虧謹以奏聞伏聽勑旨

諫欲觀起居紀錄表

臣子奢言今月十六日陛下出聖旨發德音以起居紀錄書帝王臧否前代但藏之史官人主不見今欲親自觀覽用知得失愚以爲聖德在躬舉無過事史官所述義歸盡善陛下獨覽起居於事無失若以此法傳示子孫竊有未喻大唐雖七百之祚天命無改至於曾元已後或非上智但中主庸君飾非護短見時史直辭極陳善惡未必省躬

罪已唯當致怨史官但君上尊嚴臣下卑賤有一於此何地逃刑既不能效朱雲廷折董狐無隱排霜觸電無顧死亡唯應希風順旨全身遠害悠悠千載何以聞乎所以前代不觀蓋爲此也其或有未允謹以奏聞伏待刑憲

立廟議

臣謹按漢丞相韋元成奏立五廟諸侯同五劉子駿議開七祖邦君降二鄭司農踵元成之轍王子雍揚國師之波分塗並驅各相師祖咸翫其所習好同惡異遂令歷代祧祀多少參差優劣去取曾無畫一傳稱名位不同禮亦異

數易云卑高以陳貴賤位矣豈非別嫌疑慎微遠防陵僭尊君卑佐升降無舛所貴禮者義在茲乎若使天子諸侯俱立五廟便是賤可以同貴臣可以濫主名器無準冠屨同歸禮亦異數義將安設戴記又稱禮有以多爲貴者天子七廟諸侯五廟纔與子男相埒以多爲貴何所表乎愚以爲諸侯立高祖以下并太祖五廟一國之貴也天子立高祖以上并太祖七廟四海之尊也降殺以兩禮之正焉前史所謂德厚者流光德薄者流卑此其義也伏惟聖祖在天山陵有日祔祖嚴配大事在斯宜依七廟用崇大禮若親盡之外有王業之所基者如殷之元王周之后稷尊爲始祖儻無其例請三昭三穆各置神主太祖一室考而虛位將待七百之祚遞遷方處庶上依晉宋傍愜人情

昭仁寺碑銘 并序

大哉乾元寒暑違而成歲赫矣上聖禪代乘而爲道斯則淳源既往弧矢開戡翦之利天下爲公揖讓盛皇王之業是知聖無自我不背時以成務仁惟濟物乃當流而義行豈好異哉蓋因世而已矣若乃執契提象繼天理物張八極叶五緯坐元扈遊翠嬀受昭華而錫天佩觀榮河而巡

溫洛補石於媧皇之世奠山於文命之初殊質文於車服改正朔於寅丑順天地而財成奄寓縣而光宅斯固神宗與汜水一致文祖將坶野同歸者也隋政悖道區夏殲潰星亡日鬬天瘥地灰馭朽無秋駕之術履薄罕春冰之懼竭人力於醉飽輕神器於奕棊玉杯非藜藿之用金柱乃驕淫之靡旌蹕遍天下馳道窮華裔暴師韓瀚宿兵遼碣貪石田之地忘金鏡之寶盜騄之乘驚崦山而不息黿鼉之梁泛滄波其無已五嶽維塵山川咸震大盜負其扃鐍長鯨銜其漏網介冑不能匡其禍衣冠無以靜其亂伊尹

去而夏亡平甲奔而殷滅人怨神怒衆叛親離觸瑟無漢
臣之忠夢駿成秦宮之酷於是九畿幅裂竊名假號四方
圜視蜂飛蝟結赤眉起劉樊之衆白梃奮陳吳之兵徇趙
北而圖玉反淮南而稱帝鉤爪鋸牙遞相吞滅茫茫禹迹
溝壑無歸蒼蒼彼天何其罔極若乃崇替相襲天地恒其
道靈既所歸三五更其運是以秦人弛御豐沛膺赤帝之
符夏道云衰景亳得白狼之瑞殷憂啟聖必將有主撲原
靜海上元有屬我皇帝受之皇帝兆出震之靈稟樞電之
精開日月之明審正氣之貞潛德而隱凝元姑射之側感

而遂通應迹廟堂之上乘龍之夢夙符於神道斷鼇之心
早發於靈鑒蘊風雲於藏用納宇宙於胸懷濡足受手救
焚是急於是御太一把鉤陳驅天駟迴地軸乾行岳止雷
驚麟震得兵鈐於元女呑戎韜於黃石龍飛晉水鳳翥河
卞命蒼兕以泛沸麾鳥旗以長邁以仁爲本扶義而西傳
檄百城轉闘千里戰無交兵之虜攻無湯池之固望鳳墟
而一息登灞上而迴首觀釁而動俟天休命壺漿溢陌厥
篚盈塗鬼神叶贊華夷載佇櫟秦嬰於枳道拜殷士於商
郊璇臺之珠畢散於邦國諸侯之玉不留於服御眷言兆

庶企景來蘇薛舉往因天隙偷安隴坻藉九州之險成五
幡之暴推鋒東嚮結壘西夏同惡如市轉相煽合帶州連
郡豺虺爲羣無竇融之先覺有隗囂之迷謬遊魂放命豕
突函梁雖大風之作梗青邱有苗之稱亂丹浦均強比逆
異代同年豈不以道喪鶉居讓王義隱時惟龍戰爭帝理
開者乎是以軒轅五十一伐殷后二十七征翦暴壽華之
澤戮凶絕轡之野非文德之可綏乃雄略之攸震天子躬
御武節親總元戎灑沉災而括地象正斗極而清天步倚
長劍以肅威佇中區以傍矚運投水轉規之智蓄禮樂慈

愛之兵韜百戰百勝之謀總天關天梁之險驅駕韓白鞭
擊雷電命招搖以啟行詔參伐以前掃殉義之士聽鼓鞞
而竊誓蹈恩之衆望旌笳而張膽呼吸則河海沸盪指麾
則崑岱掎拔承聖上順天道好生之德體周王掩骼之仁
將欲克亂在權善師非戰兵交使在宏其自革而茅旌不
建輿櫬莫從告捨既遠行迷遂往吠堯之犬終成桀用刺
由之客俱爲跖徒鳥啄獸窮來犯鋒刃比角爲城池之固
召雨恣屈強之力非折箠之可笞豈亭長之攸制於時攝
提在歲黃鍾紀月義勇同奮賁育爭先下神兵於九天決

叡圖於萬里逆順斯懸轟然大潰僵尸蔽莽委甲成山擁秦涇而不流投過澗而自滿焚巢掃窟野無遺寇正傾旻於西北紐關地於東南卷氛祲於辰象反光華於日月九伐已施載櫜於武庫五兵罷用偃伯於靈臺分蒨旆於應畢誓山河於將率帝圖咸舉邦正斯澄革汙俗於惟新正王風於舊物鼓之以道德懷之以仁義春雨以潤之秋陽以暴之解網深湯帝之慈焚書下漢皇之詔布以新政刑用輕典四海之內靡然嚮風八荒之表奔走無斁卻塞蹛林之北開郡銅柱之南苑蔥山而池鹽澤踰盤木而跨熱

阪鄴生環海自入提封方朔爻州同歸王會豈止菌鶴短狗西鶼東鰈之貢而已哉若夫至人忘己義期拯物黃屋非汾水之榮元珪豈具茨之貴聖道運而不積神功為而莫宰雖復大橫固祉長發啟祥猶且置璽陳謙避河為讓道外天下情遺尊極而嚴廊餘事人神之望難拒符命儻來歷數之期安避仰遵上元之心俯順域中之請然後履乘石握神珠開黃玉之圖臨紫宸之位冠百王而稱首與三代而同風巍巍乎蕩蕩乎粤不可名也於是衢室闢扉賓門啟路延攬英彥鑒寐幽仄用人不偏於世族得賢無棄於農瑣故非熊非羆致光景之佐為舟為檝獲營求之士等五臣之亮采同六相之訏謨崇臺非一木之支珍裘乃千金之麗濟濟多士皇家以寧重以制禮作樂移風也勝殘去殺刑措也藏書舜嶺菲膳堯宮雉裘非先王之服寶馬豈鸞旗之用運元覽以照物推赤心以期下萬方罪已軫推溝之慮百姓為心順天從之欲若乃上嗣重光之美元良萬國棣華璿萼之宗本枝百世咸幼陶慈訓言提自昔奉審喻於宸極得樂善於軒殿非藉保傅之勤寧因師友之力踰啟誦而高視越郇韓而上征既而休氣和年

祥風薦祉威鳳為寶麟趾遊郊若烟非烟浮曉空而下映似月非月麗宵天而成象禎不絕書靈無遁迹猗歟偉歟事高圖史至於登輿下輦省方巡岳應感必彰形言彌著道盛金奏每盈玉簡叶叡思於泉涌諧神功於日用陋栢梁之詞掩南風之曲聖作物覩永貽千載者焉抑又聞之義農遐邈軒頊悠緬絕傳信於故老非取接於聞見百世可知斯言殆息七代更立求之豈易今之視昔遥然未覩將何以分素青於三后辯天地於九皇遂能歷選列辟詳觀羣帝得茂實於千古驗英聲於萬葉斯道何哉將由孔

某登岱紀金繩者七十管仲對齊陳玉檢者十二亦有漢廓帝圖魏開王業樹豐碑於泗水謀貞石於繁昌莫不垂鴻名騰顯號播休風於六佾歌盛德於九韶與天壤而無窮懸貞明而可久刊勒之美不其懋歟然則事止寰中道流物外未辨西方之聖莫知東被之法求眞之理我則未聞雖御辨崆峒非趨涅槃之岸乘雲谷口寧遊波若之門若不同陟耶山俱沉業浪生死無際苦樂相因詎照重昏之日誰翦稠林之樹比夫眞如實相解脫妙津道正三千功彌百億何異吹劍首於雷門巢蚊睫於鵬運者哉是知

伊蘭無實有爲終假漂溺四流邅迴九結踐畏塗而卒歲趨捷徑其長往大夢無曉可爲歎息粵若能仁深宏慈獎雖寂泊爲道無來無去乘機誘發垣壍必追住一子地開方便門翔入正道示如來藏飄香風於有頂灑甘露於無邊慧炬明而幽夜朗法橋構而憑河息但爲仁由已履道自衷表立影從因果非外今我所以仰勝緣於千號紀武功於七德眞俗二諦兼而兩之皇上昔居因地早宏誓力應迹忍土荷負羣生屬憂火燎原稽天方割飈林無自靜之木震海豈澄源之水東戡西翦南征北怨旄鉞所次酣戰茲邦君輕散千金之賞士重酬九死之命莫不競淩鋒鏑爭蹈水火雖制勝之道允歸上略而兵凶戰危時或殞喪褰裳不顧結纓荒野忠爲令德沒有餘雄同艱難於昔晨異歡泰於茲日有懷亮烈用切旒扆仍於戰地爰搆神居變穢土於寶城開蓮花於火宅高烽罷照慈燈載朗載旌綴警勝幡斯立拔無明於棘林導焦熱於渴井盡諸有結永除苦際雖復去順效逆同歸各徒中涓頼從實惟義重而上忍所被旃檀與利刃兼忘大慈所覃怨賊將義夫齊指俱潤法雨同乘大轅迴向菩提無上平等爾乃仰圖

景曜東井躔其分野下料物土西河限其封域珥戈自錫尸臣啟邦之所幽館斯開公劉建都之地梁山南枕甘泉東指面雕雲之鬱𦲷想玉樹之青葱沃野千里平原超忽先王之桑梓西州之都會於是詔司空相原隰四衢如砥八道傍通考極星之曜測土圭之景選杞梓於南郢徵琬玉於西崑匠石奮斤公輸審墨高門洞啟層甍有亢藻井瞰烟霞之路步櫚拖虹蜺之色徘徊珠柱陸離琔題春牖右臨秋窗左闢月殿含影金波上而相照日宮吐曜義和沉而猶朗何止四柱成臺高多羅之樹五王立寺臨伽尸

之水信足上圖駕御傍擬醍醐望鷲山而非遠想雞林而可即法徒萃止應供來遊咸珠戒無缺威儀莫犯錫杖四禪之林攝聚三塗之路有寶所焉有名僧焉至矣哉伽藍之爲盛也雖夫高天已燼大海成田我皇基與淨剎終永永而長傳其詞曰

三界雲擾六趣波揚苦流方割憂火炎崗俱迷津濟莫導舟航長夜無曉非徒未央於昭十號四生是恐道王大千智周上忍慧刀已裂化城斯引教有殊塗乘無異軫甘露朝灑慈雲夕布品物以亨羣迷式悟捷逕坦道耶山啟路

不有善權誰澄惡趣炎行弛德廢道毀常玉弩驚皓金宿騰芒俯震瀛壑仰紊乾綱九野鯨奮八極鵾張亂離瘼矣孰濟生靈黃星表曜赤伏開禎大君應歷粵御神兵乃聖乃武如雷如霆於鑠王旅除凶靜暴關右長驅唐郊大號壤裂逋醜家離浞羿剗野屠祅空山剿盜見危殞戀懷忠死綏驚燐宵遠窮魂夜飛我有慈被深仁莫違建斯淨域永樹歸依歸依伊何俱消五縛淨域伊何同升妙覺架漢開宇憑霞竦閣木麗瓊丹地嚴金牓鷲山非遠雞林可求七寶低樹八解疏流瑞蓮開曉天花不秋戒定攸息應供來遊凡厥慈衆俱宏上善稠林以闢愛枝爰翦九結冰泮四禪自緬彼岸可歸法輪恒轉金剛不壞璿祚惟長慧識常湛皇基載昌僧祇可算恒沙易量悠哉天歷永配無疆

崔仁師

仁師定州安喜人武德初應制舉授管州錄事參軍以薦拜右武衞錄事參軍貞觀末累遷中書侍郎參知機務以罪配龔州永徽初授簡州刺史卒神龍初贈同州刺史

駁反逆兄弟從死議

自昔羲農以降爰及唐虞或設言而人不犯或畫像而下

知禁三代之盛泣辜解網父子兄弟罪不相及咸臻至理俱爲稱首及其叔代亂獄滋煩周之季年不勝其弊烈火原於子產峭澗起於安于韓季申商爭持急刻參夷相坐始於此也秦用其法遂至土崩漢高之務寬大未爲盡善文帝之存仁厚仍多凉德遂使新垣族滅信越葅醢見嗤良史謂之過刑晉魏至隋雖有損益疑脂有密秋荼尚煩皇上爰發至仁念兹刑憲酌前王之令典採往哲之嘉猷革弊蠲苛可大可久仍降綸綍頒之九區故得斷獄數簡手足有措刑清化洽未有不安忽以暴秦酷法爲隆周中

典乖惻隱之情反惟行之令進退參詳未見其可且父子天屬昆季同氣誅其父子足累其心此而不顧何愛兄弟既欲改法請更審量

崔敦禮

敦禮字安上雍州咸陽人武德中官通事舍人貞觀中累遷兵部尚書永徽時擢侍中封固安縣公進中書令顯慶元年拜太子少師同中書門下三品卒年六十一贈開府儀同三司幷州大都督謚曰昭

種松賦

崔子居山間種松於東岡之上本舒而平培土而密築其殖之也若稺秧之插其憂之也若嬰兒之育戢戢乎黃芽之底眇眇乎蒼岑之麓有客過而嘆曰勤矣子之種松也吾聞天施地生雨露則一草木之長於松爲嗇經年僅益於毫末再歲尚湮於蓬𦲶蓋屢補而莫齊或百枚而得一形如偃蓋兮待千歲之久化爲伏龜兮由百歲之積今子施種藝之功竭壅培之力以附土之寸根待干雲於異日不其迂哉余曰噫嘻客之言過矣夫植之微者本必固長之吝者末必榮木有亟茂而先顛物有速蕃而驟零栽桃李者早華種榆柳者易陰柞薪析而愈盛樗櫟翦而還生然皆摧折於飛雪之後憔悴於嚴霜之辰隨寒暑以同化與糞壤以俱淪迺若松之茂也幹排風雷根裂崖石鱗鬣百丈鬚蒼千尺其柯參天則鸞鳳棲其顛其肪入地則龍蛇伏其窟凜高節兮四時不能易其操建大厦兮萬牛不得輕其力茲豈衆木之凡姿與夫百草之弱質者所能比哉嗚呼在物固然於人亦爾殖德者不貴其苟種學者非圖其易嗇禮義之華實毓性情之根柢養其小以成大蓄諸微而至著若曰名以暴集爲榮行以速成爲貴謂片善

爲無益以寸長爲可棄是猶冀合抱之林而不養其拱把之時望十圍之木而不植於徑寸之際者也

杜淹

淹字執禮司空如晦之叔父隋大業末官御史中丞王世充僭號署爲吏部洛陽平太宗引爲天策府兵曹參軍文學館學士貞觀初拜御史大夫封安吉郡公判吏部尚書參議朝政二年卒贈尚書右僕射謚曰襄

文中子世家

文中子王氏諱通字仲淹其先漢徵君霸絜身不仕高尚

鎭天下十八代祖殷仕漢至雲中太守以賢良稱肇家於祁以春秋周易訓授鄉里爲子孫資十四代祖述克播前烈著春秋義統公府辟不就九代祖寓仕晉遭愍懷之難遂東遷焉寓生罕罕生秀皆以文學顯秀生二子長曰元謨次曰元則元謨以武略外元則以儒術進元則字彥法即文中子六代祖也仕宋歷太僕國子博士以兄用武進常歎曰先君所實者禮樂先師不學者軍旅兄何爲哉遂究心道德博考經籍以爲功業不可以小成也故卒爲洪儒卿相不可以苟處也故終爲博士曰先師之職也不可

墜故江左號爲王先生受其道者曰王先生業於是始稱儒門世濟厥美矣先生生江州府君煥煥生虬虬始北仕魏太和中至并州刺史創家臨河汾惟曰晉陽穆公穆公生同州刺史彥惟曰同州府君彥生濟州刺史傑惟曰安康獻公安康獻公生銅川府君諱隆字伯高文中子之父也幽識遠悟非禮不動傳先生之業所在教授門徒常千餘人隋開皇初以國子博士待詔雲龍門時國家新有揖讓之事方以恭儉定天下天子常從容謂府君曰朕何如主也府君曰陛下聰明神武得之於天發號施令不盡稽古雖負堯舜之姿終以不學爲累帝默然曰先生朕之陸賈也何以教朕府君承詔著興衰要論七篇每奏帝輒稱善然未甚達也府君始求出補樂昌令尋轉猗氏後遷銅川所在著稱吏人敬愛秩滿退歸遂不仕開皇四年文中子始生銅川府君筮之遇坤之師獻兆於安康獻公公愀然作色曰素王之卦也何爲而來地二化爲天一上德而居下位能以衆正可以王矣雖有君德非其時也是孫也必能通天下之志而道不行天所命也遂名之曰通開皇九年江東始平銅川府君歎曰吾視王道未有叙也天下

何爲而一乎文中子侍於側始十歲矣有憂色銅川府君曰小子汝知之乎文中子曰通嘗聞之夫子曰古之爲邦有長久之策故夏殷以下數百年四海常一統也後之爲邦行苟且之政故魏晉以下數百年九州無定主也夫上失其道民散久矣一彼一此何常之有夫子之歎蓋憂皇綱之不振生人勞於聚斂而天下將亂乎銅川府君異之曰其然乎遂告以元經之事文中子再拜受之十八年春正月銅川府君晏居歌伐木而召文中子子矍然再拜敢問夫子之志何謂也銅川府君曰爾來自天子至庶人未

有不資友而成者也在三之義師居一焉道喪已來斯廢久矣然亦何常之有小子勉旃翔而後集文中子曰請從此行於是始有四方之志矣蓋受書春秋於東海李育學詩於會稽夏琠問禮於河東關子明正樂於北平霍汲考三易之義於族父仲華不解衣者六歲其精志如此仁壽三年文中子蓋冠矣慨然有濟蒼生之心遂西遊長安見隋文帝帝坐太極殿召而見之因奏太平之策十有二焉推帝皇之道雜王霸之略稽之於今驗之於古恢恢乎若運天下於掌上矣帝大悅曰得生幾晚矣天以生賜朕也

下其議於公卿公卿不悅時文帝方有蕭牆之釁文中子知謀之不用也作東征之歌而歸歌曰我思國家兮遠遊京畿忽逢帝王兮降禮布衣遂懷古人之心兮將興太平之基時異事變兮志乖願違吁嗟道之不行兮垂翅東歸皇之不斷兮勞身西飛文帝聞而傷之再徵之不至四年文帝崩大業元年一徵又不至辭以疾謂所親曰我周人也家本於祁永嘉之亂蓋東遷焉高祖穆公始仕於魏魏周之際有大功於生人天子錫之地始家於河汾故有墳隴於茲四代矣茲土也其人憂深思遠乃有陶唐氏之遺

風焉先君之所懷也且有先人之敝廬在焉家本儉約茅簷土階蕞如也以避風雨道之不行則知之矣捨此欲安之乎不如退而志其道定居萬春鄉之甘澤里乃續詩書正禮樂修元經讚易道蓋有事於述者九年而六經大就門人自遠而至河南董恒太山姚義京兆杜淹趙郡李靖南陽程元扶風竇威河東薛收中山賈瓊清河房元齡鉅鹿魏徵太原温大雅潁川陳叔達等咸稱師北面受王佐之道焉其往來受業者不可勝數蓋將千餘人故隋道衰而文中子之教興於河汾之間雍雍如也大業十年尚書

召署蜀郡司戶不就十一年以著作佐郎國子博士徵並不至十三年江都難作而文中子有疾召薛收而謂之曰吾夢顏子稱孔子之命而登吾階坐於牖下北面援琴而歌曰禮樂既正詩書既成讚明易道聿修元經歸休乎何必永厥齡此殆夫子使回召我也吾必不起矣蓋寢疾七日而終門人薛收姚義等數百人共會議曰吾師其至人乎自仲尼以來未之有也禮云男生有字以昭德也死有諡以易名也夫子生當天下亂昭王不興莫能宗之故退而刪詩書正禮樂修元經讚易道聖人之大旨明矣天下

之能事畢矣仲尼既沒文不在茲乎易曰黃裳元吉文在中也請謚曰文中子絲麻設位哀以送之禮畢悉以文中子之書還於王氏蓋禮論二十五篇列爲十卷樂論二十篇列爲十卷續書一百五十篇列爲二十五卷續詩三百六十篇列爲十卷元經五十篇列爲十五卷贊易七十篇列爲十卷並未及行於時遭代喪亂盜賊奔突先夫人用藏其書於竹笥扶老攜幼東西南北未嘗離身爲大唐武德四年天下大定先夫人得返於故居復以書授於其弟凝文中子二子長曰福郊少曰福畤

高馮

馮字季輔以字行渤海蓨人隋末殺賊報讎率衆歸高祖授陟州總管府戸曹參軍貞觀末累遷中書令兼檢校吏部尚書賜爵蓨縣公永徽二年授光祿大夫行侍中兼太子少保卒年五十八贈開府儀同三司荆州都督謚曰憲

上太宗封事

陛下平定九州富有四海德超邃古道高前烈時已平矣功已成矣然而刑典未措者何哉良由謀猷之臣不宏簡易之政臺閣之吏昧於經遠之道執憲者以深刻爲奉公當官者以侵下爲益國未有坦平恕之懷副聖明之旨至如設官分職各有司存尚書八座責成斯在王者司契義屬於茲伏願隨方訓誘使各揚其職仍須擢溫厚之人外清潔之吏敦樸素革澆浮先之以敬讓示之以好惡使家識孝慈人知廉恥醜言過行見嗤於鄉閭忘義私昵取擯於親族杜其利欲之心載以清淨之化自然家肥國富氣和物阜禮節於是競興禍亂何由而作竊見聖躬每存節儉而凡諸營繕工徒未息正丁正匠不供驅使和雇和市非無勞費人主所欲何事不成猶願愛其財而勿殫惜其

力而勿竭今畿內數州實爲邦本地狹人稠耕植不博菽粟雖賤儲蓄未多特宜優矜令得休息強本弱枝自古常事關河之外徭役全少帝京三輔差科非一江南河北彌復優閒須爲差等均其勞逸今公主之室封邑足以給資用勳貴之家俸祿足以供器服乃戚戚於儉約汲汲於華侈放息出舉追求什一公侯尚且求利黎庶豈覺其非錐刀必競實由於此有黷朝風謂宜懲革仕以應務代耕外官卑品猶未得祿既離鄉家理必貧匱但妻子之戀賢達猶累其懷飢寒之切夷惠罕全其行爲政之道期於易從

若不恤其匱乏唯欲責其清勤凡在末品中庸者多止恐巡察歲去輶軒繼軌不能肅其侵漁何以求其政術今戶口漸殷倉廩已實斟量給祿使得養親然後督以嚴科責其報效則庶官畢力物議斯允竊見密王元曉等俱是懿親陛下友愛之懷義高古昔分以車服委以藩維須依禮儀以副瞻望比見帝子拜諸叔諸叔亦答拜王爵既同家人有禮豈合如此顛倒昭穆伏願一垂訓誡永循彝則

欽定全唐文卷一百三十六

長孫無忌

無忌字輔機河南洛陽人高祖兵渡河授渭北道行軍典籤太宗朝累官吏部尚書以功第一封齊國公授開府儀同三司冊拜司空改封趙徙拜司徒圖像凌烟閣加太子太師受遺令輔政高宗即位進拜太尉檢校中書令知門下尚書二省事顯慶四年許敬宗誣其謀反詔流黔州自縊死上元元年追復官爵

辭功臣襲封刺史表

臣等夙奉明詔授臣刺史子孫繼襲事等建侯承恩以來進退唯谷公私迫切益深危懼竊以無勞而貴自開逐禍之原仰累明時虛行變古之道形影相弔若履春冰宗戚憂危如寘湯火臣無忌等誠惶誠恐頓首頓首死罪死罪臣聞質文迭變皇王之迹有殊今古相沿致理之方乃革緬惟三代習俗靡常爰制五等隨時作教蓋由力不能制因而利之禮樂節文多非已出逮於兩漢用矯前違置守頒條蠲除曩弊爲無益之文覃及四方建不易之理有逾千載今曲爲臣等復此奄荒欲其優隆錫之茅社施於子

孫永貽宗嗣斯乃大鈞播物秋毫並施其生小人踰分後葉必嬰其禍何者違時易務曲樹私恩謀及庶僚義非僉允方招史册之誚有紊聖代之綱此其不可一也又臣等智效罕施器識庸陋或情緣后戚遂陟台階或顧想披荆便蒙夜拜直當今日猶愧非才重裂山河愈彰濫賞此其不可二也又且孩童嗣職義乖師儉之方任以褰帷寧無傷錦之弊上干天憲彝典既有常科下擾生民必致餘殃於後一挂刑網自取誅夷陛下深仁務延其嗣翻令勦絶誠有可哀此其不可三也當今聖歷休明求賢分政古稱

良守寄在共理此道之行爲日滋久因緣臣等或有攺張封植兒曹失於求瘼百姓不幸將焉用之此其不可四也在茲一舉爲損實多曉夕深思憂貫心髓所以披丹上訴指事明心不敢浮辭同於矯飾伏願天澤諒其愚款特停渙汗之旨賜其性命之恩

賀河清表

臣聞崑崙戴極道元液以周天積石疏源委滄波而括地俯作神州之紀仰膺上帝之宫水德靈長斯其謂矣故能道符千載位長百川瑞馬開圖發榮光於遠代應龍闢壤致宅土於遐年自此不追寂寥難俟天之祚聖復在於茲伏惟皇帝陛下則哲承基窮神闡化功綿寓外德耀瀛表文教蔚乎三五至道格乎地天是以禎疑藪澤慶溢風烟丹井輝奇青邱表異嘉苗合穎入豐膳以鳴鐘天駟籥雲播頌聲於綴兆西鶼南雉之貴日至月書連珠湧醴之徵雲霏霧集宜其展事巖巒仰告成功出豫介邱方騰茂實猶且宵衣旰食若有追而不逮對越嘉祉乃固辭而弗居遂使萬玉韜華三神觖望西星佇照申以德水之祥東岳希封勗以清河之貺伏見陝州刺史房仁裕狀稱所管界

内二百餘里正月元日黄河載淸謹按易乾鑿度曰聖人受命河水淸京房飛候曰河水淸天下太平繇是納渭含涇混流同潔凌門泐澤别派俱淸馬頰馳流詳觀若鏡龍門激箭迴眺飛空滔天之曲煥然氷夷之都可見千尋朗瀲俯映元珠一曲澄鮮遥觀紫貝盡河宗之奧祕洞水府之仙靈豈非天鑒詳明不愛其道神心昭著在感斯通何幽顯合符人祇交際理均形契若斯之效歟臣等沐道醉心觀洋駭目按圖逖聽曠古無聞實慶生涯親承旦暮伏願陛下上承天意下諭人心昭告寰瀛編列國史

請封禪表

臣聞陰陽不測陶冶生靈之謂神道德元通仁育黎元之謂聖聖也者自天之攸縱也神也者代天之理物也是以惟天稱辟靈心作其會昌惟辟奉天至誠表其封禪升中之道抑斯之謂歟繇是先王急焉當仁不讓景中必甍時至則行務在告於成功故無俟於終日伏見綸旨辭遠役之初寧綏此嘉期託俟人之逸豫豈容前歌拔拒戢武之後辭勞拓境開疆太平之秋有勸誠如睿慮未昭百姓之心假此空言實乖千里之應臣等伏膺麟閣縱觀太始之初沉研鳥文歷選橧巢之上悠悠栗陸未辨犧牲淼淼大庭孰知罇俎衮衣爲飾尚報大帝之功茹毛充薦輕展介邱之禮西敘窮乎積石東漸迫乎滄江化未覃於九夷貢有闕於三脊猶且範圍天地斡運羲舒揚翠旌於奉高撫朱紘於岱嶽迓百神而賓上帝契三靈而謁大壇玉牘靈文飛英華於萬古金繩祕檢騰清輝於八埏是知紀號垂名崇高莫加於肆類推功輯瑞廣厚莫大於登封若乃靈睠所集人謀允洽雖固執於撝謙諒無得而辭也伏惟皇帝陛下研精探賾神無不照唯幾所鑒洞出象帝之初先天成則超貫混元之際繇是大明揚彩麗雕軒以再中景宿騰輝藻璇題以胥映奔山車而疊軫促日馭之鳴鑾躍澤馬而相趨徵天駟之徐軔烟川清野蓄洩於奕奕之阿薰風警途扇蕩於云云之嶠其冥兆也如彼其顯應也若斯而陛下因事逡巡方稽大典使尊名顯號韜光於豐碑絕異殊尤沮絢於瓊簡孰謂畏天之命順人之欲者歟率土悽悽深所未喻臣又聞之游海若者憑夷之宮爲陋登泰山者魯侯之邦蓋小是知絳霄不極九垓網絡於胸中赤縣無涯四海囊括於度內何者升山巢睫竊比所以懸殊朝菌靈椿長短自然相度也若夫大樂云替封豨盜鍾大禮既湮長鯨裂冕酌撫石於無體均天之響鬱興採掃地於無形禋宗之道逾劭則女希懟其創制軒后歸其正名矣至若比屋見誅農夫化爲京觀梟鴟無類芻牧窮於染鍔重興粒食頌栖畝之餘糧首建驂驔詠徒行之兼乘則農皇貶於推轂羲氏退以扶輪矣既而凝旒闡化中外禔福負扆勝殘飛沉遂性亭育侔於宇宙就望體於雲日荷其德以難名用其功而無謝故乃邈高辛之順義孕顓頊之疏通矣加以刑清政肅委金科而罔施毀犴空圄設

畫衣而莫犯通關梁於夐服共苑囿於黎蒸擊壤而謡傳清音於戎狄耕田而食建可封於阜隸外戶設而不扃神獸馴而靡觸故以光融伊帝景煥虞庭至於卑宮菲膳孝享通於鬼神大路越席致敬極於嚴配黃屋建三辰之旂垂範裕於千祀元旱垂九旒之藻設法懸於萬代小正調其玉燭應祥蓂而不虧中天朗其金鏡與眞明而同晷則文命以是伏膺元王於茲負笈矣洎乎翦商除害夷項壟災戮冀野而復皇猷誅疇華而清帝道提倚天之長劒拯塗炭於游魂揮駐日之雕戈暢懷生於仁壽則駁文武之

仍代吞高光之累葉矣詮彼數君時聞一善能兼之者實歸仁聖若乃提封海外總一寰中日域窮芳華之津月窟跨濛波之表欣欣面內並爲冠帶之倫飄飄駕風總萃王庭之會賁北荒之明月牣天府以摛光筐南州之火毛躪旗亭而吐曜龍伯鈞鼇之旅成編列於武臣鳳洲君子之渠各委質於文吏斯乃書契之所未覩超古先而絶類矣竊惟域中三大義均一體感通繇乎影響彌綸切乎交際是知德逾厚者覜逾深功尤高者祥尤著當今睟穹儲祉浹天紘以宅心后土錫符總坤維而服化繇是百官累息萬國聳神僉發叩閽之請佇副上靈之望伏願時紆睿綜遠振天聲徵鴻儒聘鯢齒考逸義緝遺編摭秦煨之逸文採魯壁之餘蠹酌雲經而定議憲河圖而繕儀然後玉路乘春金鑣肅景五牛翻其析羽六龍輝其鏤鍚鼓豐隆而警蹕徵振列缺而清綠野疑笳發岫合萬歲於山言飛蓋登巒錯五松於林秀登圜壇而接武降曜魄而齊尊俾夫一代衣冠寘其名於册府四方夷狄鑿其窾於靈宮則普天欣賴懷生再造朝聞夕死抃若登仙臣等深荷玉成不勝至願重竭愚瞽昧死以聞

進五經正義表

臣無忌等言臣聞混元初闢三極之道分焉醇德既醨六籍之文著矣於是龜書浮於温洛爰演九疇龍圖出於滎河以彰八卦故能範圍天地埏埴陰陽道濟四溟知周萬物所以七教八政垂炯誡於百王五始六虛貽徽範於千古詠歌明得失之跡雅頌表興廢之由實刑政之紀綱乃人倫之隱括昔雲官司契之后火紀建極之君雖步驟不同質文有異莫不開兹膠序樂以典墳敦稽古以宏風闡儒雅以立訓啓含靈之耳目贊神化之丹青姬孔發揮於

前荀孟抑揚於後馬鄭迭進成均之望鬱興蕭戴同升石渠之業愈峻歷夷險其教不墜經隆替其道彌尊斯乃邦家之基王化之本者也伏惟皇帝陛下得一繼明通三撫運乘天地之正齊日月之暉敷四術而緯俗經邦蘊九德而辨方軌物御紫宸而訪道坐元扈以裁仁化被丹澤政洽幽陵三秀六穗之祥府無虛月集囿巢閣之瑞史不絕書照金鏡而泰階平運玉衡而景宿麗可謂鴻名軼於軒昊茂績冠於勳華而垂拱無爲游心經典以爲聖教幽賾妙理深元訓詁紛綸文疏踳駁先儒競生別見後進爭出

異端未辨三家之疑莫祛五日之惑故祭酒上護軍曲阜縣開國子孔穎達宏才碩學名振當時貞觀年中奉勅修撰雖加討覈尚有未周爰降絲綸更令刊定勅太尉揚州都督監修國史上柱國趙國公臣無忌司空上柱國英國公臣勣尚書左僕射兼太子少師監修國史上柱國燕國公臣志寧尚書右僕射兼太子少傅監修國史上護軍曲阜縣開國公臣行成光祿大夫侍中兼太子少保監修國史上護軍蓚縣開國公臣季輔光祿大夫吏部尚書監修國史上柱國河南郡開國公臣褚遂良銀青光祿大夫守中書令監修國史上騎都尉臣柳奭前諫議大夫宏文館學士臣谷那律國子博士宏文館學士臣劉伯莊朝議大夫國子博士臣王德韶朝散大夫行太學博士臣賈公彥朝散大夫行太學博士宏文館直學士臣范義頵朝散大夫行太常博士臣柳宣通直郎太學博士臣齊威宣德郎守國子助教臣史士宏宣德郎守太學博士臣孔志約右內率府長史宏文館直學士臣薛伯珍太學助教臣鄭祖元徵事郎守太學助教臣隨德素徵事郎守四門博士臣趙君贊承務郎守太學助教臣周元達承務郎守四門助

教臣李元植儒林郎守四門助教臣王眞儒等上稟宸旨傍摭羣書釋左氏之膏肓翦古文之煩亂探曲臺之奧趣索連山之元言囊括百家森羅萬有比之天象與七政而長懸方之地軸將五嶽而永久筆削已了繕寫如前臣等學謝伏恭業慙張禹雖罄庸淺懼乖典正謹以上聞伏增戰越謹言永徽四年二月二十四日太尉揚州都督上柱國公臣無忌等上

進律疏議表

臣無忌等言臣聞三才既分法星著於元象六位斯列習

坎彰於易經故知出震乘時開物成務莫不作訓以臨函夏垂教以牧黎元昔周后登極呂侯闡其茂範虞帝納麓皐陶創其彝章大夫之述三言金篆騰其高軌安衆之陳九法玉牒播其宏規前哲比之以隄防往賢譬之以銜勒輕重失序則繫之以存亡寬猛乖方則階之以得喪泣辜愼罰文命所以會昌斮脛剖心獨夫於是盪覆三族之刑設禍起於望夷五虐之制興師亡於涿鹿齊景網峻時英有踊貴之談周幽獄繁詩人致菀柳之刺所以當塗撫運樂平除慘酷之刑金行提象鎮南削煩苛之法而體國經

野御辨登樞莫不崇寬簡以宏風樹仁惠以裁化景胄以之碩茂寶祚於是克崇徽猷列於緗圖鴻名勒於青史暨炎靈委御人物道銷霧翳三光塵驚九服秋御司於邦典高下在心獄吏傳於爰書出沒由己內史溺灰然而被辱丞相見牘背而行賕戮逮棄灰誅及偶語長平痛積冤之氣司敗切痍死之魂遂使五樓之羣爭迴地軸十角之旅競入天田國步於是艱難刑政於焉弛紊殷憂俟來蘇之后多難佇撥亂之君大唐握乾符以應期得天統而御歷誅阪泉之巨猾勦丹浦之凶渠掃旬始而靜天綱廓妖氛而清地絕朱旗乃舉東城高滅楚之功黃鉞裁麾西土建翦商之業總六合而光宅包四大以凝旒異域於是來庭殊方所以受職航少海以朝絳闕梯崑山以謁紫宸椎髻之酋加之以文冕窮髮之長寵之以徽章王會之所不書塗山之所莫紀歌九功以協金奏運七政以齊玉衡律增甲乙之科以正澆俗禮崇升降之制以拯頹風蕩蕩巍巍信無德而稱也伏惟皇帝陛下體元纂業則大臨人覆載並於乾坤照臨運於日月坐青蒲而化光四表負丹扆而德被九圍日旰忘餐心存於哀矜宵分不寐志在於明威

一夫向隅而責躬萬方有犯而罪己仍慮三辟攸斁八刑尚密平反之吏從寬而失情次骨之人舞智而陷網刑靡定法律無正條徽纆妄施手足安措乃制太尉揚州都督監修國史上柱國趙國公長孫無忌司空上柱國英國公李勣尚書左僕射兼太子少師監修國史上柱國燕國公于志寧尚書右僕射監修國史上柱國開國公褚遂良銀青光祿大夫守中書令監修國史上騎都尉柳奭銀青光祿大夫守刑部尚書上輕車都尉唐臨太中大夫守大理卿輕車都尉段寶元太中大夫守黃門侍郎護軍穎川縣

開國公韓瑗太中大夫守中書侍郎監修國史驍騎尉來濟朝議大夫守中書侍郎平茂將朝議大夫守尚書右丞輕車都尉劉燕客朝請大夫使持節穎州諸軍事守穎州刺史輕車都尉裴宏獻朝議大夫守御史中丞上柱國賈敏行朝議郎守刑部郎中輕車都尉王懷恪前雍州盩厔縣令雲騎尉董雄朝議郎行大理丞護軍路立承奉郎守雍州始平縣丞驍騎尉石士逵大理評事雲騎尉曹惠果儒林郎守律學博士飛騎尉司馬銳等撫金匱之故事採石室之逸書捐彼凝脂斂茲簡要網羅訓誥研覈邱墳撰

律疏三十卷筆削已了實三典之隱括信百代之準繩銘之景鍾將二儀而並久布之象魏與七曜而長懸庶一面之祝遠超於殷簡十失之歎永彌於漢圖謹詣朝堂奉表以聞臣無忌等誠惶誠恐頓首頓首永徽四年十一月十九日進

謝勅祕書省寫新翻經論奏

臣聞佛教沖元天人莫測言本則甚深語門則難入伏惟陛下至道昭明飛光昱日澤霑遐界化溢中區擁護五乘建立三寶故得法師當叔葉而秀質間千載而挺生陟重阻以求經履危途而訪道見珍殊俗具獲真文歸國翻宣若庵園之始說精文奧義如金口之新開皆是陛下聖德所感臣等愚瞽預此見聞若海波瀾舟航有寄況天慈廣遠使布之九州蠢蠢黔黎俱飡妙法臣等億劫希逢不勝慶幸

太宗皇帝配天議

伏見祀令以高祖大武皇帝配五天帝於明堂太宗文皇帝配五人帝亦在明堂之側座臣等謹尋方冊歷考前規宗祀明堂必配上帝而伏羲五代本配五郊參之明堂自

緣從祀今以太宗作配理有未安伏見永徽二年七月制建明堂伏惟陛下天縱孝德追奉太宗已尊嚴配當時高祖先在明堂禮司致惑竟未遷祀率意定儀遂便著令乃以太宗文皇帝降配五人帝雖復亦在明堂不得對越天帝深乖明詔之意又與先典不同謹按孝經曰孝莫大於嚴父嚴父莫大於配天昔者周公宗祀文王於明堂以配上帝伏尋詔意義在於斯今所司行令殊爲失旨又尋漢魏晉宋歷代禮儀並無父子同配明堂之儀唯祭法云周人禘嚳而郊稷祖文王而宗武王鄭元注曰禘郊祖宗謂

祭祀以配食也禘謂祭昊天於圓丘郊謂祭上帝於南郊祖宗謂祭五帝五神於明堂也尋鄭此注乃以祖宗合為一祭又以文武共在明堂連祔配祀良為謬矣故王肅駮曰古者祖有功而宗有德祖宗自是不毁之名非謂配食於明堂者也審如鄭義則孝經當言祖祀文王於明堂不得言宗祀也凡宗者尊也周人既祖其廟又尊其祀孰謂祖於明堂者乎鄭引孝經以解祭法而不曉周公本意殊非仲尼之義旨也又解宗祀武王云配勾芒之類是謂五神位在堂下武王降位失君敘矣又按六韜云武王伐紂

雪深丈餘五車二馬行無轍跡詣營求謁武王怪而問焉太公對曰此必五方之神來受事耳遂以其名召入各以其職令焉既而克殷風調雨順豈有生來受職歿則配之降尊敵卑理不然矣故春秋外傳曰禘郊祖宗報五者國之典祀也傳言五者故知各是一事非謂祖宗合祀於明堂也臣謹上考殷周下洎貞觀並無一代兩帝同配於明堂唯南齊蕭氏以武明昆季並於明堂配食事乃不經不足援據又檢武德時令以元皇帝配於明堂兼配感生帝至貞觀初緣情革禮奉祀高祖配於明堂奉遷代祖專配感帝此則聖朝故事已有遞遷之典取法宗廟古之制焉伏惟太祖景皇帝締搆有周建絕代之丕業啟祚汾晉創歷聖之洪基德邁發生道符立極又代祖元皇帝潛鱗韜慶屈道事周導濬發之靈源肇光宅之垂裕稱祖清廟萬代不遷請停配祀以符古義伏惟高祖大武皇帝躬受天命奄有神州創制改物體元居正為國始祖抑有舊章昔者炎漢高帝當塗太祖皆以受命例並配天請遵故實奉祀高祖於圓丘以配昊天上帝伏惟太宗文皇帝道格上蒼功清下瀆拯率土之塗炭布大造於生靈請準詔書宗

祀於明堂以配上帝又請依武德故事並配感帝作主斯乃二祖德隆永不遷廟兩聖功大各得配天遠協孝經近申詔意臣等叨濫職定彝章敢執禮經昧死陳情謹議

冕服議

準（舊唐志通典會要有武德初撰四字）衣服令乘輿祀天地服大裘冕無旒臣無忌志寧敬宗等勘前件令是武德初撰雖憑周禮理極未安謹按郊特牲云周之始郊日南至被袞以象天戴冕藻十有二旒則天數也而此二禮俱說周郊袞與大裘事乃有異按月令孟冬天子始裘明以禦寒理非當暑若

啟蟄祈穀冬至報天行事服袞義歸通允至於季夏迎氣龍見而雩爰熾方隆如何可服謹尋歷代唯服袞章與郊特牲義旨相協按周遷輿服志云漢明帝永平二年詔採周官禮記始制祀天地服天子備十二章沈約宋書志云魏晉郊天亦皆服袞又王智深宋紀曰明帝詔云朕以大冕純玉藻元衣黃裳郊祀天地後魏周齊迄於隋氏勘其禮令祭服悉同斯則百王通典爰洎無妨復與禮經事無乖殊今請憲章故實郊祭天地皆服袞冕其大裘請停仍改禮令又準新禮皇帝祭社稷服絺冕四旒三章祭日月

服元冕三旒衣無章謹按令文是四品五品之服此即三公亞獻皆服袞衣孤卿助祭服毳及鷩斯乃乘輿章數同於大夫君少臣多殊爲不可據周禮云祀昊天上帝則服大裘而冕五帝亦如之享先王則袞冕享先公則鷩冕祀四望山川則毳冕祭社稷五祀則絺冕諸小祠則元冕又云公侯伯子男孤卿大夫之服袞冕已下皆如王之服所以三禮義宗遂有二釋一云公卿大夫助祭之日所著之服降王一等又云悉與王同求其折衷俱未通允但名位不同禮亦異數天子以十有二爲節義在法天豈有四旒三章翻爲御服若諸臣助祭冕與王同便是貴賤無分君臣不別如其降王一等則又王著元冕之時羣臣並著爵弁既屈天子又貶公卿周禮此文久不施用亦猶祭祀之立尸侑君親之拜臣子覆巢設硩蔟之官去鼃置蟈氏之職雖曰古禮事不可行是故漢魏已來下迄隋代相承舊事皆服袞冕今新禮親祭日月乃服五品之衣臨事施行實不穩便請遵歷代故實諸祭並用袞冕謹議

先代帝王及先聖先師議

謹按禮記祭法云聖王之制禮也法施於人則祀之以死

勤事則祀之以勞定國則祀之能禦大災則祀之能捍大患則祀之又云堯舜禹湯文武皆有勳烈於人及日月星辰人所瞻仰非此族也不在祀典準此帝王合與日月同例恒加祭饗義在報功爰及隋代並遵斯典其漢高祖祭法無文但以前代迄今多行秦漢故事始皇無道所以棄之漢祖典章法垂於後自隋已上亦在祀例伏惟大唐稽古垂化網羅前典唯此一祀咸秩未申今新禮及令無祭先代帝王之文今請聿遵故實修附禮令依舊三年一祭仍以仲春之月祭唐堯於平陽以契配祭虞舜於河東以

咎繇配祭夏禹於安邑以伯益配祭殷湯於偃師以伊尹配祭周文王於酆以太公配祭周武王於鎬以周公召公配祭高祖於長陵以蕭何配又按新禮孔子爲先聖顏回爲先師又準貞觀二十一年詔亦以孔子爲先聖更以左邱明等二十二人與顏回俱配尼父於太學並爲先師今據永徽令文改用周公爲先聖遂黜孔子爲先師顏回邱明並爲從祀謹按禮記云凡學春官釋奠於其先師鄭元注云官謂詩書禮樂之官也先師者若漢禮有高堂生樂有制氏詩有毛公書有伏生可以爲師者又禮記云始立

學釋奠於先聖鄭元注云若周公孔子也據禮爲定昭然自別聖則因天合德師則偏善一經漢魏已來取舍各異顏回夫子互作先師宣父周公迭爲先聖求其節文遞有得失所以貞觀之末親降綸言依禮記之明文酌康成之奧說正夫子爲先聖加衆儒爲先師永垂制於後昆革往代之紕繆而今新令不詳制旨輒事刊改遂違明詔但成王幼年周公踐極制禮作樂功比帝王所以禹湯文武成王周公爲六君子又說明王孝道乃述周公嚴配此即姬旦鴻業合同王者祀之儒官就享實貶其功仲尼生衰周之末拯文喪之弊祖述堯舜憲章文武宏聖教於六經闡儒風於千代故孟軻稱生靈已來一人而已自漢已來奕葉封侯崇奉其聖迄於今日胡可降茲上哲俯入先師又且邱明之徒見行其學貶爲從祀亦無故事今請改令從詔於義爲允其周公仍依別禮配享武王謹議

昊天上帝及五帝異同議

依祠令及新禮並用鄭元六天之議圜丘祀昊天上帝南郊祭太微感帝明堂祭太微五天帝臣等謹按鄭元此義唯據緯書所說六天皆謂星象而昊天上帝不屬穹蒼故

注月令及周官皆謂圜丘所祭昊天上帝爲北辰星曜魄寶又說孝經郊祀后稷以配天及明堂嚴父以配天皆爲太微五帝考其所說殊乖謬特深按周易云日月麗乎天百穀草木麗乎地又云在天成象在地成形足明辰象非天草木非地毛詩傳云元氣廣大則稱昊天據遠視之蒼然則稱蒼天此則天以蒼昊爲體不入星辰之例且天地各一是曰兩儀天尚無二焉得有六是以王肅羣儒咸駁此義又檢太史圓丘圖昊天上帝外別有北辰座與鄭義不同得太史令李淳風等狀稱昊天上帝圖位自在壇上

北辰自在第三等與北斗並列爲星官内座之首不同鄭元據緯書所説此乃羲和所掌觀象制圖推步有徵相沿不謬又按史記天官書等太微宫有五帝者自是五精之神五星所奉以其是人主之象故況之曰帝亦如房心爲天皇之例豈是天乎周禮云兆五帝於四郊又云祀五帝則掌百官之誓戒唯稱五帝皆不言天此自太微之神本非昊天之祭又孝經惟云郊祀后稷別無圓丘之文王肅等皆以爲郊即圓丘圓丘即郊猶王城京師異名同實符合經典其義甚明而今從鄭説分爲兩祭圓丘之外別有

南郊違棄正經理深未允且檢吏部式惟有南郊陪位更不別載圓丘式文既遵王肅祠令仍行鄭義令式相乖理宜改革又孝經云嚴父莫大於配天下文即云周公宗祀文王於明堂以配上帝則是明堂所祠正在配天而以爲但祭星官文違明義又按月令孟春之月祈穀於上帝左傳亦云凡祀啟蟄而郊郊而後耕故郊祀后稷以祈農事然則啟蟄郊天自以祈穀謂爲感帝之祭事甚不經今請憲章姬孔取王去鄭四郊迎氣存太微五帝之祀南郊明堂廢緯書六天之義其方丘祭地之外別有神州謂之北郊分地爲二既無典據理又不通亦請合爲一祀以符古義仍並請循附式令永垂後則謹議

請廢白帢從素服議

皇帝爲諸臣及五服親舉哀依禮著素服今令乃云白帢禮令乖舛須歸一途且白帢出自近代事非稽古雖著令文不可行用請改從素服以會禮文

甥舅服制議

依古喪服甥爲舅緦麻舅報甥亦同此制貞觀年中八座議奏曰舅服同姨小功五月而今律疏舅報於甥服猶三

月謹按旁尊之服禮無不報已非正尊不敢降也故甥爲從母五月從母報甥小功甥爲舅緦麻舅亦報甥三月是其義矣今甥爲舅使同從母之喪則舅宜進甥以同從母之報修律疏人不知禮意舅報甥服尚止緦麻例既不通禮須刊正今請修改律疏舅服甥亦小功

庶母服制議

庶母古禮緦麻新禮無服謹按庶母之子即是己之昆季爲之杖齊而已與之無服同氣之内吉凶頓殊求之禮情深非至理請依典故爲服緦麻

律疏議序

夫三才肇位萬象斯分稟氣含靈人爲稱首莫不憑黎元而樹司宰因政教而施刑法其有情恣庸愚識沉傲戾大則亂其區宇小則睽其品式不立制度則未之前聞故曰以刑止刑以殺止殺刑罰不可弛於國笞箠不得廢於家時遇澆淳用有衆寡於是結繩啟路盈坎疏源輕刑明威大禮崇敬易曰天垂象聖人則之觀雷電而制威刑覩秋霜而有肅殺懲其已犯而防其未然平其徽纆而存乎博愛蓋聖王不獲已而用之古者大刑用甲兵其次用斧鉞

中刑用刀鋸其次用鑽笮薄刑用鞭扑其所由來亦已尚矣昔白龍白雲則伏羲軒轅之代西火西水則炎帝共工之年鶻鳩筮賓於少皞金正策名於顓頊咸有天秩典司刑憲大道之化擊壤無違迨乎唐虞化行事簡議刑以定其罪畫象以愧其心所有條貫良多簡略年代浸遠不可得而詳焉堯舜時理官則謂之爲士而皋陶爲之其法略存而往往概見則風俗通所云皋陶謨虞造律是也律者訓銓訓法也易曰理財正辭禁人爲非曰義故銓量輕重依義制律尚書大傳曰丕天之大律注云奉天之大法法亦律也故謂之爲律昔者聖人制作謂之爲經傳師所說則謂之爲傳此則邱明子夏於春秋禮經作傳是也近代已來兼經注而明之則謂之爲義疏疏之爲字本以疏闊疏遠立名又廣雅云疏者識也案疏訓識則書疏記識之道存焉史記云後主所是疏爲令前主所是著爲律漢書云削牘爲疏故云疏也昔者三王始用肉刑赭衣難嗣皇風更遠朴散淳離傷肌犯骨尚書大傳曰夏刑三千條周禮司刑掌五刑其屬二千五百穆王度時制法五刑之屬三千周衰刑重戰國異制魏文侯師於李悝集諸國刑典

造法經六篇一盜法二賊法三囚法四捕法五雜法六具法商鞅傳授改法爲律漢相蕭何更加悝所造戶興廄三篇謂九章之律魏因漢律爲一十八篇改漢具律爲刑名第一晉命賈充等增損漢魏律爲二十篇於魏刑名律中分爲法例律宋齊梁及後魏因而不改爰至北齊併刑名法例爲名例後周復爲刑名隋因北齊更爲名例唐由於隋相承不改名者五刑之罪名例者五刑之體例名訓爲命例訓爲比命諸篇之刑名比諸篇之法例但名因罪立事由犯生命名即刑應比例即事表故以名例爲首篇第

者訓居訓次則次第之義可得言矣一者太極之氣函三爲一黃鐘之一數所生焉名例冠十二篇之首故云名例第一大唐皇帝以上聖凝圖英聲嗣武潤春雲於品物緩秋官於黎庶今之憲典前聖規模章程靡失鴻纖備舉而刑憲之司報行殊異大理當其死坐刑部處以流刑一州斷以徒年一縣將爲杖罰不有解釋觸塗睽誤皇帝彝憲在懷納隍興軫德禮爲政教之本刑罰爲政教之用猶昏曉陽秋相須而成者也是以降綸言於台鉉揮折簡於髦彥爰造律疏大明典式遠則皇王妙旨近則蕭賈遺文沿波討源自枝窮葉甄表寬大裁成簡久譬權衡之知輕重若規矩之得方圓邁彼三章同符畫一者矣

欽定全唐文卷一百三十七

房元齡

元齡字喬齊州臨淄人隋時本州舉進士授羽騎尉太宗徇地渭北元齡杖策軍門授秦王府記室封臨淄侯貞觀元年官中書令爵邢國公進尚書左僕射改封魏拜司空圖形淩烟閣加太子太傅二十三年薨年七十冊贈太尉并州都督謚曰文昭

諫伐高麗表

臣聞兵惡不戢武貴止戈當今聖化所覃無遠不屆洎上古所不臣者陛下皆能臣之所不制者皆能制之詳觀古今爲中國患害無過突厥遂能坐運神策不下殿堂大小可汗相次束手分典禁衞執戟行閒其後延陁鴟張尋就夷滅鐵勒慕義請置州縣沙漠以北萬里無塵至如高昌叛渙於流沙吐渾首鼠於積石偏師薄伐俱從平蕩如高麗者歷代逋誅莫能討伐陛下責其逆亂弒主虐人親總六軍問罪遼碣未經旬日即拔遼東前後虜獲數十萬計分配諸州無處不滿雪往代之宿恥掩崤陵之枯骨比功較德萬倍前王此聖主之所自知微臣安敢備說且陛下

仁風被於率土孝德彰乎配天覩夷狄之將亡則指期數歲授將帥之節度則決機萬里屈指而候驛視景而望書符應若神算無遺策擢將於行伍之中取士於凡庸之末遠夷單使一見不忘小臣之名未嘗再問箭穿七札弓貫六鈞加以留情墳典屬意篇什筆邁鍾張辭窮班馬文鋒既振則宮徵自諧輕翰暫飛則花蘤競發撫萬姓以慈遇羣臣以禮褒秋毫之善解吞舟之網逆耳之諫必聽膚受之愬斯絕好生之德禁障塞於江湖惡殺之仁息鼓刀於屠肆鳧鶴荷稻粱之惠犬馬蒙帷蓋之恩降乘吮思摩之

瘡登堂臨魏徵之柩哭戰亡之卒則哀動六軍負塡道之薪則精感天地重黔黎之大命特盡心於庶獄臣心識昏憒豈足論聖功之深遠談天德之高大哉陛下兼衆美而有之靡不備至微臣深爲陛下惜之重之愛之寶之周易曰知進而不知退知存而不知亡知得而不知喪又曰知進退存亡不失其正者惟聖人乎由此言之進有退之義存有亡之機得有喪之理老臣所以爲陛下惜之者蓋此謂也老子曰知足不辱知止不殆臣謂陛下威名功德亦可足矣拓地開疆亦可止矣彼高麗者邊夷賤類不足待以仁義不可責以常禮古來以魚鼈畜之宜從闊略若必欲絕其種類深恐獸窮則搏且陛下每決一死囚必令三覆五奏進素食停音樂者蓋以人命所重感動聖慈也況今兵士之徒無一罪戾無故驅之於行陣之閒委之於鋒刃之下使肝腦塗地魂魄無歸令其老父孤兒寡妻慈母望轊車而掩泣抱枯骨以摧心足以變動陰陽感傷和氣實天下之冤痛也且兵者凶器戰者危事不得已而用之向使高麗違失臣節而陛下誅之可也侵擾百姓而陛下滅之可也久長能爲中國患而陛下除之可也有一於此

雖日殺萬夫不足爲愧今無此三條坐煩中國內爲舊主雪恥外爲新羅報讎豈非所存者小所損者大願陛下遵皇祖老子止足之誡以保萬代巍巍之名發霈然之恩降寬大之詔順陽春以布澤許高麗以自新焚淩波之船罷應募之衆自然華夷慶賴遠肅邇安臣老病三公旦夕入地所恨竟無塵露微增海嶽謹罄殘魂餘息預代結草之誠儻蒙錄此哀鳴即臣死且不朽

公平正直對

臣聞理國要道實在公平正直故尚書云無偏無黨王道

蕩蕩無黨無偏王道平平又孔子稱舉直錯諸枉則民服今聖慮所尚誠足以極政教之源盡至公之要囊括區宇化成天下

緩討高麗對

臣聞古之列國無不強陵弱衆暴寡今陛下撫養蒼生將士勇銳力有餘而不取之所謂止戈爲武者也昔漢武帝屢伐匈奴隋後主三征遼左人貧國敗實此之由惟陛下詳察

請尊孔子爲先聖議

武德中詔釋奠於太學以周公爲先聖孔子配享臣以周公尼父俱稱聖人庠序置奠本緣夫子故晉宋梁陳及隋大業故事皆以孔某爲先聖顏回爲先師歷代所行古今通允伏請停祭周公升夫子爲先聖以顏回配享

山陵制度議

謹按高祖長陵高九丈光武陵高六丈漢文魏文並不封不樹因山爲陵竊以長陵制度過爲宏侈二丈立規又傷矯俗光武中興明主多依典故遵爲成式實謂攸宜伏願仰尊顧命俯順禮經

蜡祭議

按月令蜡法唯祭天宗近代蜡五天帝五人帝五地祇皆非古典今並除之季冬寅日蜡祭百神於南郊大明用犢二籩豆各四簠簋甑俎各一神農及伊耆氏各用少牢一籩豆等與大明同后稷及五方十二次五官五方田畯五嶽四鎮四海四瀆以下方別各用少牢一其日祭井泉於川澤之下用羊一卯日祭社稷於社宮二十八宿五方之山林川澤邱陵墳衍原隰鱗羽贏毛介水墉坊郵表畷貓虎及龍麟朱鳥白虎元武方別各用少牢一每座籩豆各

二簠簋甑俎各一蜡祭凡百八十七座當方年穀不登則闕其祀蜡之明日又祭社稷於社宮如春秋二仲之禮

封禪議

封禪者本以功成告於上帝天道崇質義取醇素故藉用藁秸罇以瓦甒又按梁甫是謂梁陰近代設禮壇於山上乃乖處陰之義今定壇位於山北

封禪昊天上帝壇議

將封先祭義在告神且備謁敬之儀方展慶成之禮固當於壇下陛預申齊潔贊饗已畢然後登封既表重慎之深

兼示行事有漸今請祭於泰山下設壇以祀上帝以景皇帝配享壇長一十二丈高一丈二尺

請禪社首議

梁甫去泰山七十里又在東南至於行事未為穩便社首去泰山五里是周家禪處臣等參詳請禪社首

玉牒議

金玉重寶質性貞堅宗祀郊禋皆充器幣豈嫌華美實貴精確況乎三神壯觀萬代鴻名禮極殷崇事資藻縟玉牒玉檢式韞靈奇傳之無窮永存不朽今請玉牒長一尺三

寸廣厚各五寸玉檢厚二寸長短闊狹一如玉牒其印函請隨璽大小仍纏以金繩五周

玉策議

封禪之祭嚴配作主皆奠玉策肅奉虔誠今玉策四枚各長一尺三寸廣一寸五分厚五分每策五簡俱以金編其一奠上帝一奠太祖座一奠皇地祇一奠高祖座

金匱議

登配之策盛以金匱歸格藝祖之廟室今請長短令容玉策高廣各六寸形制如今之表函纏以金繩封以金泥印以受命璽

方石再累議

舊藏玉牒止用石函亦猶盛書篋笥所以或呼石篋今請方石三枚以為再累（一作冊累）其十枚石檢刻方石四邊而立之纏以金繩封以石泥印以受命璽

泰山上圓壇議

四出開道壇場通義南面八外於事為允今請介邱上圓壇廣五丈高九尺用五色土加之四面各設一階御位在壇南外自南階而就上封玉牒

圜丘上土封議

凡言封者皆是積土之名利建分封亦以班社立號謂之封禪厥義可知今請於圓壇之上安置方石璽緘既畢加土築以為封高一丈二尺而廣二丈以五色土益封玉牒書藏於內祀禪之土其封制亦同此

玉璽議

謹詳前載方石緘封玉檢金泥必資印璽以為秘固今請依令用受命璽以封石檢其玉檢既與石檢大小不同請更造璽一枚方一寸二分文同受命璽以封玉牒石檢形

制依漢建武故事

立碑議

勒石紀號垂裔後昆美盛德之形容闡后王之休烈其義遠矣陛下聲暢九垓威橫八極靈祇不愛其寶兆庶無得而稱但當贊述希夷以攄臣下之志其登封及禪并肆覲之壇並請刻頌立碑顯揚功業

設告至壇議

既至山下禮行告至柴於東方上帝望秩遍禮羣神今請其壇方八十一尺高三尺陛仍四出其禪方壇及自餘儀

式請從今禮仍請柴祭望秩同時行事

廢石闕及大小距石議

距石之設意取牢固本資實用豈云雕飾既積土厚封足令與天長地久其大小距環壇石闕迴建事非經誥無益禮義煩而非要請從減省

兄弟緣坐配流議

案禮孫爲王父尸案令祖有廕孫之義然則祖孫親重而兄弟屬輕廕重反流合輕翻死據禮論情深爲未愜請定律祖孫與兄弟緣坐俱配流其以惡言犯法不能爲害者情狀稍輕兄弟免死配流爲允

杜如晦

如晦字克明京兆杜陵人隋大業中以常調預選補滏陽尉尋棄官歸唐初爲秦王府兵曹參軍太宗即位遷兵部尚書封蔡國公進尚書右僕射與房元齡共掌朝政談良相者稱房杜焉貞觀四年薨年四十六贈司空徙封萊國形淩烟閣謚曰成

虞世基罪當死論

天子有爭臣雖無道不失其天下仲尼稱直哉史魚邦有

道如矢邦無道如矢世基豈得以煬帝無道不納諫諍遂杜口無言偷安重位又不能解職請退則與箕子佯狂而去事理不同昔晉惠帝賈后將廢愍懷太子司空張華竟不能苦爭阿意苟免及趙王倫舉兵廢后使讓張華華曰將廢太子曰非是無言當時不被納用其使曰公爲三公太子無罪被廢言既不從何不引身而退華無詞以答遂斬之夷其三族古人有云危而不持顛而不扶則將焉用彼相故君子臨大節而不可奪也張華既抗直不能成節遜言不足全身王臣之節固已墜矣虞世基位居宰輔在

得言之地竟無一言諫爭誠亦合死

溫彥博

彥博字大臨黎國公大雅弟隋開皇末授文林郎復事羅藝贊歸唐武德中爲中書侍郎貞觀初累官中書令封虞國公遷尚書右僕射十一年薨年六十四贈特進謚曰恭

安置突厥議

請準漢建武時置降匈奴於五原塞下全其部落得爲捍蔽又不離其土俗因而撫之一則實空虛之地二則示無猜之心若遣向河南則乖物性故非含育之道也

又議

天子之於物也如天地覆載有歸我者則必養之今突厥破滅之餘歸心降附陛下不加憐愍棄而不納非天地之道阻四夷之意臣愚甚謂不可遣居河南亦無所患所謂死而生之亡而存之懷我德惠終無叛逆

又議

臣聞聖人之道無所不通古先哲王有教無類突厥餘魂以命歸降我援護之使居內地我指麾之教以禮法數載之後盡爲農人選其酋首遣居宿衛畏威懷德何患之有且光武有南單于居內郡爲漢藩翰終乎一代不有叛逆

令狐德棻

德棻宜州華原人武德中官祕書丞貞觀中封彭城子累除祕書少監高宗朝遷國子祭酒進爵爲公乾封元年卒年八十四謚曰憲

請修近史奏

竊見近代已來多無正史梁陳及齊猶有文籍至周隋遭大業離亂多有遺闕當今耳目猶接尚有可憑如更十數年後恐事跡湮沒陛下既受禪於隋復承周氏歷數國家

二祖功業並在周時如文史不存何以貽鑑千古如臣愚見並請修之

議沙門不應拜俗狀

竊以釋老二教慈敬宏深有國因循遂開崇尚既久其法須從其道竊謂拜俗理恐未通何者削髮異冠帶之儀持鉢豈樽俎之禮申恩方祈定慧無勞拜跪嚴親報德有冀眞如何必屈腰慈后山林既往非復廊廟之賓朝野裁殊理宜高尚其事今使責以名教有虧其旨臣等愚瞎請從不拜爲宜謹議 謹按此篇從藏經采出廣宏明集所載與此不同今並存之

議沙門不應拜俗狀

竊以凡百在位咸隆奉上之道當其爲師尚有不臣之義況佛之垂法事越常規剔髮同於毀傷振錫異乎簪紱出家非色養之境離塵豈榮名之地功深濟度道極崇高何必破彼元門牽斯儒轍披法服而爲俗拜踐孔門而行釋禮存其教而毀其道求其福而屈其身詳稽理要恐有未愜又道之爲範雖全髮膚出家超俗其歸一揆加以遠標天構大啟皇基義藉尊嚴式符高尚惟此二教相沿自久爰暨我唐徽風益扇雖王猷遐暢實賴天功而聖輪常轉式資冥助今儻一朝改舊無益將來於恒沙之劫起毫塵之累則普天率土灰身粉骨何以塞有隱之責蠲不忠之罪與其失於改創不若謬於修文孔子曰因人所利而利之老子曰聖人無常心以百姓心爲心二教所利宏益多矣百姓之心歸信衆矣革其所利非因利之道乖其本心非無心之謂請遵故實不拜爲允伏惟陛下德掩上皇業光下問君親崇敬雖啟神衷道法難虧還留睿想既奉詢芻之旨敢罄塵嶽之誠懼不折衷追深戰惕謹議

大唐故柱國燕國公于君碑銘 并序

上闕出闕其闕金闕避難闕慶靈闕英賢闕南闕川闕亦闕傳太宗闕二字三闕三字公贈闕三字恒等闕一字州諸闕十四字績茂闕二字功闕三字跨闕二字之十亂邁炎靈之三傑祖義隋上柱國闕三字四州刺史闕七字公闕十五字重簪纓器名瑚璉位登上列政洽藩維父宣道隋車騎將軍上闕十六字開國闕四字孫彈身浴德既揮翰於鳳沼亦拊翼於龍樓闕七字光闕十三字沙五州諸軍事闕一字州刺史闕一字日闕一字漢闕一字欽無忌之重闕三字中郎之德以今望古何以闕四字章闕三字德降生稟闕六字英靈於嶽瀆亦猶嵩華峻極杞梓之所闕一字叢踈閬仙宮瓌產於焉孕育闕九字琢闕九字媿其闕五字其該博延闕一字曲臺之闕一字金闕一字玉簡之書冊府闕二字石渠闕一字要莫闕五字探賾鉤深辯漢陵之竹簡識楚江之萍實同陳室之未掃若董園之不窺韞廊廟之宏林懷佐闕一字之闕一字略闕二字而闕一字梁闕九字之闕四字重之曰斯闕一字隋仁壽之末調爲闕二字挽郎闕一字拜朝請郎闕一字班例闕二字而隋德不競政紊朝昏公藏器待時逍遙文史恐以偃仰貽誚方就末班大業十年拜清河縣長爰屈上才闕二字下闕一字所闕二十五字宅心拯滄海之橫流撲崑峯之烈火闕四字覺闕一字

乃時闕二字弃彼離心叶茲同德若公孫之歸漢似文若之違袁闕六字賜以乘馬即拜銀青光祿大夫太宗文皇帝闕十一字率闕一字旅闕三字中幕府初開俊賢翹首辟書既下以公爲渭北道闕一字軍敦煌闕十七字軍闕三字羽闕三字公運比闕五字算闕三字之足樂異孔璋之闕一字富豈唯參預帷幄抑亦儀表人倫義寧元年代平闕一字師勳加授左光祿太宗進封趙公府寮亦並隨改及遷闕一字仕夏朝政惟新太宗胙土八川分封百二公復策名闕一字府仍司管記闕四字大闕二字討闕九字崇勳行賞闕一字授上柱國武德元年九月拜秦王

闕一字曳裾碣館躡履平臺邁闕一字輔之闕二字繼祖仁之徽烈薛舉因隋末喪亂命儔嘯侶竊據汧隴毒害黎元聖朝愍茲塗炭龔行天罰乃詔太宗爲闕一字討行軍元帥公復以闕十字皇基草創闕一字夏未賓闕三字分陝闕一字征以闕五字大行臺總維衆務公以本任兼度支郎中尋檢校行臺左丞並知膳部郎中事復奉勅爲華州團割使仍授騎官軍副公厲兵秣馬明賞慎罰闕十四字公闕十四字薛舉破劉闥擒闕三字拒闕二字賊等勳封黎陽縣開國子邑三百戶弃賚闕一字及馬又以劉闥重擾河北命公爲河南道支度軍糧使明年又從太宗討楊幹於涇州拒匈奴於北地奉教判天策府從事中郎尋進爵爲伯邑五百戶前後賞物七百段及乎闕十六字之闕三字衛尉少卿進爵爲侯邑七百戶貞觀元年拜御史府長史高視首席匡贊闕一字藩無勞露居之請自諸匡正之寄三年進中書侍郎密勿闕六字同范甯之宏益闕二字若孔演之多識闕一字意尋闕二字部侍郎闕五字左庶子加散騎常侍以闕二字宮多所闕一字益賜黃闕一字一斤賜絹百匹太子闕三字侍春坊多闕二字歲既闕一字宏益宜加優賞七年檢校蒲州刺史尋闕一字調護寄闕二字舉闕四字綸闕四字

部十年進爵爲公邑一千戶闕三字太宗璽勅答曰忽省來表讜言周備若非至誠於國誰能披露迺心如斯情常然傳闕二字鈞何以過也卿闕四字無闕二十字禮闕四字一闕一字實亦闕四字未及拜制即詔授本職公闕二字陳情勅令中書侍郎岑文本就家喻旨云忠孝不並我兒須人輔弼卿宜抑割豈可徇以私情公固陳哀苦竟被奪情以公闕三字札令闕三字公闕七字奉勅既而闕一字氏失德昵闕一字奸闕五字歸竭誠已闕七字以進闕一字規遂漸相疏斥潛謀毒害厚賂凶人密相要劫賴公積善幸免路隅及釁咎彰聞遂至廢黜春宮

官屬皆羅闕一字譏以公闕八字及闕一字華闕三字求闕三字公闕一字在帝心復拜左庶子加銀青光祿於闕四字翼鶴闕一字飛闕一字邁闕二字之清塵跨應徐之勝跡十八年拜金紫光祿大夫行衛尉卿判太常卿事五禮任隆八屯寄重兼而歸我僉論無違又以本闕四字列闕一字廿一年遷禮部尚書八闕一字清華五曹樞要官闕一字北斗名重南宮竭訏謀以佐時宏損益闕四字屬闕一字其明允闕二字稱其博聞廿三年以本官兼太子左庶子因謝上謂之曰以卿恭厚長直爲朝廷所知在府日共令田一種故重闕二字職尊奉闕二字遷闕一

字侍闕一字今上闕一字元憂勞億兆公勵誠闕一字節闕一字往闕二字庶績咸闕一字彝倫攸敘永徽元年加授光祿大夫進闕一字燕國公邑三千戶大開茅社廣列山河榮命既隆朝望斯重二年八月拜尚書左僕射闕一字本闕二字端闕一字望重自非闕三字緯闕一字經闕一字安闕十五字務復以本官兼太子少師尋而肇建中宮以公兼司徒持節闕一字命副君初臨甲館重道尊賢公既翊正春宮綱維禮閣參贊百揆陪侍兩宮朝野仰其風猷搢紳欽其雅望俄進位太子太傅餘並如前鄧闕一字華闕七字職闕三字當代名闕一字方諧僉議以今方古差可同年公闕一字以闕一字當朝政恒懼盈闕一字頻表闕一字奏請收止足皇上弗許乃令中書令來濟宣旨喻懷云公以永徽已來即當樞要藉公材用爲朕股肱耳目公以年事衰闕一字抗表辭闕四字人闕二字深可闕一字尚然朕今欲巡闕二字鎮宗廟社稷付公一闕一字亦知公闕一字人疾闕一字即遣與立闕一字一員闕一字官不須辭退也及鑾駕東巡留公居守駕還之後屢更陳聞自此踰年方蒙恩許乃高謝左執遷太子太師同中書門下參闕六字事闕三字榮州刺史公闕一字言闕二字待罪鞫躬俄有恩詔遷岐州刺史考

績入闕二字除華州闕四字爲政頻莅近畿忠信既孚鉤距勿用屢辭老病詔許懸車仍降殊恩聽朝朔望將欲參奉華蓋陪侍登封闕一字行至於洛闕二字疾闕三字屢闕四字竟無闕一字於膏肓以麟德二年十月廿日薨於東都安衆里之第春秋七十有八皇情闕一字悼頻闕一字綸言喪葬所須並蒙官給各令京官五品檢校將送並給靈轝車乘言旋京宅追贈使持節都督幽易嬀檀平燕六州諸軍事幽州刺史闕十字石闕一字以乾封元年歲次景寅十一月癸亥朔闕一字二闕一字甲申葬於雍州三原縣萬壽鄉清池里奉常考行

謚曰定公禮也惟公局量宏遠識度淹通空谷無私虛舟
不忤雖復孔墻數仞無以測其高深黃陂萬頃不足方其
涯涘闕一字喜愠於闕一字色絶闕二字於胸衿闕五字終如始加
以闕一字悅墳典崇尚闕二字備百行而無擇恥一闕四字緣情
極綺靡之能體物窮瀏亮之趣雕龍謝其輝煥吐鳳慙其
符彩所著文集勒成七十卷兼復情敦孝悌愛結州親因
心竭闕一字義之闕十二字亦闕一字依仁既隔宅以恤孤亦指囷
以周給及乎彈冠筮仕釋褐登闕一字屬隋鼎之已闕一字逢
區寓之闕一字裂公乃闕二字下邑屛跡邱園避亂政之昏以

侯眞人而闕一字用太宗闕一字居上闕十二字夙陪鳳邸君王分
庭待士築館欽賢邁稷下之清風軼平臺之勝軌鄒枚慕
義樂劇來賓闕四字八闕一字公闕三字貞觀之後名位斯隆闕二
字已來闕一字任尤重丹青帝載粉黛王猷闕一字務闕一字亨
闕三字允加以闕十三字不可闕三字在闕七字重闕一字居心數服馬
而方斟既而監修國史實錄闕一字五代史等才兼闕六字尋
即闕三字諸祕闕三字賜物二百段再加封闕五字監撰新禮類
文闕一字定闕四字五經正義復蒙厚錫車駕闕一字有行幸即
令公於宮城居守闕一字留臺事正闕一字朝賀闕一字羽儀車

服焉又於東西二京萬年宮各闕一字田宅其內闕三字寶器
服物等前後闕一字賜不可勝載委任恩遇莫之與京及易
簀之辰遺令薄葬盟器下帳一闕四字載以柳車飾之以素
其子闕一字奉不敢違越斯實人倫之師表朝廷之羽儀者
歟夫人宏農劉氏曾祖延魏太子中庶子散騎常侍周闕一
字持節左光祿大夫都闕一字驃騎大將軍闕十一字宮闕一字隋
使持節闕一字州刺史梁靈二州總管洛陽闕一字公偉之孫
隋左千牛建節尉州武之長女也珪璋比質蘭菊齊芳嬪
則聿修母儀式序從夫有秩拜宏農夫人燕國夫人積善

闕一字徵闕三字夜昔歡闕二字之榮今悲闕二字之禮闕二字尚闕二
字部郎中國子司業太子率更令使持節渠虢二州刺史
闕三字卿上護軍立政有至性善居喪感風樹而增哀攀橋
枝而殞慟但佳城之下滕公有見日之期萬山之顛元凱
懷沈江之慮敢因斯義敬託雕鐫金紫光祿大夫大司闕六
字監修國史護軍彭陽公敦煌闕三字棻藉闕一字楊之舊睦
投闕四字分爰自青襟便申莫逆契闊談宴逝將六紀分財
謀事子實我知諒直多聞余蒙其益豈謂後事之託竟屬
元常先逝之悲遂闕一字公違絶闕一字之歎已矣如何乃爲

銘曰

流分若水祚始周原洩曹仁恕廷尉平反邁種弗已靈慶斯繁望隆華轂譽重高門金行失御王事靡盬言違苛政適茲樂土運屬興王位隆台輔闕七字組堂堂闕二字是闕一字宗臣寄深闕三字署經綸剛公體道都督依仁化闕三字名高搢紳英靈允集降生王佐碩量夙成芳猷遠播言無可擇行無貳過牆仞罕窺唱高寡和資忠於孝釋褐登朝以茲上德爰膺下寮鶴志斯遠驥足方超運闕一字舟覆時逢道銷闕一字人鬱闕五字從闕一字文房參陪戎律代藩曳履梁園珥筆雅說解頤清文闕一字疾下武膺運赫赫明明首席藩邸貳職春卿鳳沼揮翰龍樓振纓忠勤表節諒直馳名既莅宮端復臨政本職惟參乘寄深補袞德重禮闕一字道光儲闕一字在闕一字思闕四字損吉凶闕一字域否泰闕一字依闕一字簪朝列闕一字晁王畿互施寬猛闕一字舉闕二字貪殘屏迹惇獨知歸遐壽未窮逝川遽閱易簀遺誡既明且哲闕三字重芻靈靡設善終令始蹈名全節將歸郭北驅車上東贈行闕二字詔闕二字隆闕八字高闕三字徽烈無窮

隋故闕八字桂州總管武康郡開國公令狐使君碑

銘并序

蓋聞濟巨川者闕二字舟檝之用闕六字梁闕三字是以闕九字所以闕十字百姓叶和萬邦闕三字象南闕三字東觀勒功闕一字樹稱闕二字楹闕一字茂實於當年播闕一字聲闕二字俗闕四字之闕四字之闕四字公諱熙字長熙燉煌闕二字人也闕一字大夫闕二字之後闕六字食邑闕八字居攝將遷闕二字遠祖邁為建威將軍與翟義連謀為莽所害子孫避闕三十字魏武威太守並闕十九字來葉祖虬魏龍驤將軍瓜鄯二州刺史燉煌太守鶉陰縣開闕三十四字二州刺史闕十四字破闕一字之庸績膺設壇之顯榮遺闕一字被於萌黎功烈書於王府公早承闕三十二字皆當代名流闕五字以闕十字明三禮工騎射解音律嘉聲闕一字譽獨步當時周武成之初始入國闕十四字刺史闕一字上士闕八字上士尋遷夏官府都上士闕十七字埋案闕三字階處斷若流神無滯用尋以內憂去任哀毀過禮闕六字大孝安親義不絕嗣吾今闕十六字公乃闕六字昏闕五字少有節闕四字哀號骨立闕二字不起雖闕二字至性無以過之周武帝將有河陰之師詔公墨縗從事闕一字還闕一字職方下大夫襲爵彭陽公邑二千一百戶建德五年六月闕二字留知夏官府事闕一字還闕一字

留守功增邑六百戶加授儀同大將軍宣政元年遷司勳闕一字大闕一字俄轉吏部公筮仕之始即在選曹其時吏部臨淄公唐闕一字雅量高林望闕一字德重欽公識度每闕一字與同席公以長幼闕一字隔辭不敢當闕一字謂公曰吾子闕七字至此坐先後之閒何足形迹闕一字此闕一字三闕二字踐其位當時談者咸所嘉尚公之弱歲本以鑒悟見稱及處銓衡大收時譽有闕三字柴燎太壇詔公行納言事開皇元年拜司徒左長史加上儀同大將軍進封河南郡開國公于時景命惟新教府初立從容處物雅允具瞻吐谷渾竊據

西陲敢窺王略朝廷出車薄伐以公爲元帥府長史公受命忘身先登斬級所乘之馬闕一字箭而斃闕一字此力戰遂闕一字破闕一字蜀王以闕一字幼之年遠鎮巴蜀弼諧之寄僉議攸歸乃以公爲益府長史屬闕一字行未反竟不述職二年敘破渾之功加上開府儀同三司俄授使持節滄州諸軍事滄州刺史州闕二字海闕二字舊稱闕八字流亡獄以賄成官由貨進公下車之始詞訟盈庭銳情案察姦無所隱未及期月化闕一字訟息闕一字造州門者闕四字脫有諍訟俗以闕二字公蒞闕一字之初戶惟四萬緌撫闕十字乃闕一字十萬闕二字洛陽公朝行所闔州士庶謂公更有外闕一字遠于將送悲不自勝及公還也老幼相攜出境迎闕十九字八年闕一字河北道行臺度支尚書百姓追思立碑頌德改行臺爲并州總管府即授并府司馬十一年轉雍州別駕尋改爲長史公勵精剖斷威惠兼施闕三字其闕四字十二闕二字鴻臚卿以本官兼吏部尚書闕十二字許以闕二字及車駕闕一字以公闕一字侍從又判禮部度支兵部刑部工部尚書及秘書監事高祖鑾觀四方求人之闕二十五字寺卿闕十六字獄輕重無冤凡在官僚莫不欽仰鑾駕旋軫行次汴州郭下有蔡汴二渠商

侶所闕一字游子闕三字所闕十五字存闕三字以闕四字朝賢闕一字公闕一字在乃授使持節汴州諸軍事汴州刺史於是下車布政闕一字帷闕一字部括遊惰抑工商斷向街門禁巷市者船客停於郭外行侶闕三字留孤材闕五字居闕一字令歸本令行禁止莫敢有闕十五字朝宗以公聽政爲天下之最賜帛三百匹仍勅諸州考使咸取則焉十六年除使持節總管桂交尹籐簡闕一字黃闕一字越愛德明利賀靜象東闕一字十七州諸軍事桂州刺史闕十五字於律令闕一字斟酌管內人皆闕一字土人闕一字授刺史有闕擬訖奏聞二佐以下即令述職賜

絹五百匹闕六字汴州軍闕一字五百人以充闕二字公以闕四字
上表聞闕十五字以文德分闕四字言喻闕二字獠感恩咸來參謁
先雖有州縣之名闕三字居之所公闕一字簡闕一字望闕一字拔
才闕二字以職闕七字生闕一字之闕一字累代不闕二字所闕十三字立
闕三字營闕三字開建庠序闕一字致文儒勸喻闕一字姓令其就
業期歲之後頓革闕二字自闕四字未之有也闕二字位闕二字以
疾固辭闕一字旨不許闕二字以藥闕七字砭石闕四字二年八月
十五日闕一字於位春秋六十有三即以其年十二月闕二字
於京城之闕一字以大唐貞觀十一年十一月五日歸葬於

闕一字州華原縣之闕十六字幽闕十八字之風臨下布仁明之德及
於入居省闥出撫藩維憓愛洽於惸闕二字擇隆於管庫去
思結戀來暮興謠望重朝闕三十七字敦士素之交忘闕二字之
貴闕一字成闕一字立光國榮家者矣夫人同郡氾氏周甘州
刺史慶之女闕二十四字之闕十五字女也初拜闕一字原郡君闕一字
遷河南闕一字夫人闕一字以淑德仁明幽閒婉順闕五十四字學
士監修國史護軍彭陽縣闕一字國公德棻陪侍膝下夙趍
教義闕十一字不闕五字承闕三字以闕十一字言闕二十字欲報厚恩昊天
罔極陟平原闕七字式敘家風雖才闕十字斯闕八十八字

闕風猷無競賢達繼蹤闕二字鼎盛龍驤體道履信居忠襄
公感會懋德闕五十四字弱冠歌纓忠能入仕斷割馳名既闕二
字要實綜銓衡銀鉛不雜闕五十二字仁闕一字既洽禮讓攸興
功成秩滿朝命斯膺莅職陝東攝官京縣政成闕五十三字蘇
闕二字三湘褰帷五嶺雜種繁熾闕一字隅荒梗我君訓俗以
寬濟猛闕五十三字長闕四字鐫勒庶垂不朽盛範鴻名不愆於
後

欽定全唐文卷一百三十八

虞世南

世南字伯施越州餘姚人歷官陳隋復事竇建德入唐爲秦府參軍累轉祕書監封永興縣子年八十一卒贈禮部尚書謚曰文懿圖像淩烟閣

白鹿賦

惟皇王之盛烈表帝德之休符有金方之瑞獸乃曜質於名都旣馴洽於郊甸亦騰倚於山隅素毳呈彩霜毫應圖宴嘉賓於雅什偶仙客於天衢故能著美祥瑞流名典謨

秋賦

覩四時之代序對三秋之爽節雲旣淨而天高潦將收而水潔凝珠露之凄冷鏡青山之滉瀁燕違幕而巢空雁驚羣而行絕於斯時也登綺閣臨飛觀開霧縠之疎幌褰輕綃之碧幔映金波之皎潔明玉繩之燦爛看夜鵲之繞枝望牽牛之隔漢蓮尚香於江浦草猶青於河畔

獅子賦

惟皇王之御歷乃承天而則大洽至道於區中被仁風於海外通鳳穴以文軌襲龍庭以冠帶舍夷言於藁街陳萬物於王會渺渺地角悠悠嶂表有絕域之神獸因重譯而來擾其所居也巖磴深阻盤紆絕峻翠嶺萬重瓊崖千仞馬頓轡而莫升車摧輪而不進聚方服之君長召積風而奉進爾乃發烏弋過白狼踰絕巘跨飛梁越流沙而遙集超積石而高驤其爲狀也則筋骨糾纆殊姿異制㵎臆修尾勁毫柔毳鉤爪鋸牙藏鋒蓄銳弭耳宛足伺間借勢暨乎奮鬣舐脣倏來忽往瞋目電曜發聲雷響拉虎吞貔裂犀分象碎遒兕於齦齶屈巴蛇於指掌踐藉則林麓摧殘哮吼則江河振蕩是以名將假其容高人圖其質鬱其威

以淩厲美其風而贊述鑒倚伏以榮身乃有識之高軌彼白猿之騁妙終取斃於弧矢雖元豹之幽棲亦捐軀於巖趾並同亡而異術豈行藏之足紀何茲獸之明智獨出處以殊倫雖奮武以馴摯乃知機而屈伸去金方之僻遠仰元風之至淳服猜心與猛氣遂感德以依仁同百獸之率舞共六擾而來馴斯則物無定性從化如神譬鱗羽變質於淮海金錫成器於陶鈞當是時也兆庶欣瞻百僚嘉歎悅聲教之遐宣屬光華之在旦臣載筆以叨幸得寓目於奇觀順文德以呈祥迺編之於東觀

琵琶賦

若夫巢木爲金門之始轉蓬乃玉輅之先斯蓋前古之樸略而後代之精研是以鼉鼓質而罕聽葦籥輕而莫傳笛不爲於商律瑟見毀於繁絃此皆白圭玷以成疵嗟近者之莫言歎知音之不述惟皇御極書軌大同鑠矣文教康哉武功既象舞之載設亦夷歌之遠通乃定八音論六樂成均弦誦之藝制氏鏗鏘之學辨新聲於變徵研奇操於清角鏞管咸奏絲桐畢陳有琵琶之妙曲乃越衆而超倫器便時而適用節每段而逾新謐四座以傾耳歎希聲之

入神爰詔百辟備序厥因於是大司樂進而稱曰臣以末學聞諸前志尋斯樂之所始乃絃鼗之遺事強秦創其濫觴盛漢盡其深致爰有達人演茲奇器參古今而定質擬神明而攄思慰遠嫁之羈情寬絕域之歸志既而班爾運能鉤繩相設求嘉木於五嶺取殊材於九折析文梓而縱分剖香檀而橫列木瓜貞柘盤根錯節或錦散而花開或絲縈而綺結徒觀其爲狀也則象形斗極殊姿巧製隨良樸之修短任規模之巨細既異材而合體亦刓方而就銳惟適道以從宜故無取乎凝滯若乃琢玉範金之巧雕文鏤采之奇上覆手以懸映下承絃而仰施帖則西域神獸南山瑞枝屈盤犀嶺迴旋鳳池開寶撥以更運帶文綬而旁垂聲備角商韻包宮羽横却月於天漢寫迴風於洛浦始聞絃之既調乃長弄而徐撫應緩步之疎節隨輕身之妙舞悲紫塞之昭君泣烏孫之公主季倫歡金谷之宴仲容暢竹林之聚至如七德昭備六軍凱旋諧戎麾而威遠合金奏而功宣詠燕山之已勒美瀚海之方鐫亦有飛梁郢游楚館聞促柱之再調聽鳴絃之疎彈叶高文而自遠飛羽觴之無算又如長河草綠高樓月下入小苑而看花

游上蘭而藉野泛澄波而轉鷁息長松而繫馬臨清流而揮絃與殊方而俱寫其奇趣則抑揚嘈囋聯緜斷續紆餘雙鶴之唫清壯三秦之曲望南山之遥翠見西江之始綠少年有長命之詞倡女有可憐之調願百齡兮眉壽重千金之巧笑逮乎嘉客既醉高宴將闌浮觴劇飲披襟極歡乃摧絃而急調交酬獻之無端若以河而注海亦極來而始彈蓋感物動神和心悅耳豈振木之爲輩奚繞梁之足擬夫道以簡易爲尊物以精微爲貴嗟四絃之已約乃包含於元氣叶笙鏞之律呂參鍾石之經緯於是鳳簫輟吹

龍笛韜吟元雲掩影白雪藏音故以暢皇風之威武悅大雅之神心者也

上山陵封事

臣聞古之聖帝明王所以薄葬者非不欲崇高光顯珍寶具物以厚其親然審而言之高墳厚隴珍物畢備此適所以為親之累非曰孝也是以深思遠慮安於菲薄以為長久萬代之計割其常情以定之耳昔漢成帝造延昌二陵制度甚厚功費甚多諫議大夫劉向上書其言深切皆合事理其略曰孝文居霸陵悽愴悲懷顧謂羣臣曰嗟乎以

北山石為槨用紵絮斮陳漆其間豈可動哉張釋之進曰使其中有可欲雖錮南山猶有隙使其中無可欲雖無石槨又何戚焉夫死者無終極而國家有廢興釋之所言為無窮計也孝文寤焉遂以薄葬又漢氏之法人君在位三分天下貢賦以一分入山陵武帝歷年長久比葬陵中不復容物霍光暗於大體奢侈過度其後至更始之敗赤眉賊入長安破茂陵取物猶不能盡無故聚斂百姓為盜之用甚無謂也魏文帝於首陽東為壽陵作終制其略曰昔堯葬壽陵因山為體無封無樹無立寢殿園邑為棺槨足以藏骨為衣衾足以朽肉吾營此不食之地欲使易代之後不知其處無藏金銀銅鐵一以瓦器自古及今未有不亡之國無有不發之墓喪亂以來漢氏諸陵無不發掘至乃燒取玉匣金鏤骸骨並盡豈不重痛哉若違詔妄有變改吾為戮屍於地下死而重死不忠不孝使魂而有知將不福汝以為永制藏之宗廟魏文此制可謂達於事矣向使陛下德止如秦漢之君臣則緘口而已不敢有言伏見聖德高遠堯舜猶所不逮而俯與秦漢之君同為奢泰捨堯舜殷周之節儉此臣所以尤戚也今為丘隴如此其內

雖不藏珍寶亦無益也萬代之後人但見高墳大塚豈謂無金玉也臣之愚計以為漢之霸陵既因山勢雖不起墳自然高顯今之所卜地勢即平不可不起宜依白武通所陳周制為三仞之墳其方中制度事事減少事竟之日刻石於陵側明丘封大小高下之式明器所須皆以瓦木合於禮文一不得用金銀銅鐵使後代子孫並皆遵奉一通藏之宗廟豈不美乎且臣下除服用三十六日已依霸陵今為墳隴又以長陵為法恐非所宜伏願深覽古今為長久之慮臣之赤心唯願萬歲之後神道常安陛下之孝名

揚於無窮耳

論山陵疏

漢家即位之初便營陵墓近者十餘歲遠者五十年方始成就今以數月之間而造數十年之事其於人力亦已勞矣又漢家大郡都五十萬戶即日人衆未及往時而工役與之一等此臣所以致疑也

諫獵疏

臣聞秋獮冬狩蓋惟恒典射隼從禽備乎前誥伏惟陛下因聽覽之餘辰順天道以殺伐將欲躬摧班掌親御皮軒

窮猛獸之窟穴盡逸材於林藪夷凶翦暴以衛黎元收革擢羽用充軍器旌旗較獵式遵古典然黄屋之尊金輿之貴八方之所仰德萬國之所繫心清道而行猶戒銜橛斯蓋慎重防微爲社稷計也是以馬卿直言於前張昭變色於後臣誠微賤敢忘斯義且天弧星罼所殪已多頒禽賜獲皇恩亦溥伏願時息獵車且韜長戟不拒芻蕘之請降納涓澮之流袒裼徒搏任之羣下則貽範百王永光萬代

破邪論序

若夫神妙無方非籌算能測至理凝邈豈繩準所知實乃常道無言有著斯絶安可憑諸天縱窺其窅冥者乎至如五門六度之源半字一乘之教九流百氏之目三洞四檢之文苟可以經緯闡其圖詎可以心力到其境者英猷茂實代有人焉法師俗姓陳穎川人晉司空羣之後也自梁及陳世傳纓冕爰祖及伯累葉儒宗法師少學三論名聞朝野長該衆典聲振殊俗威儀肅穆介節淹通留連清翰發擿微隱比地方春藏用顯仁之量如愚若訥外闇内明之功固能智周測海道亞彌天豈止擬類山濤神侔庾亮而已爾其文情乃典而不野麗而有則猶八音之並奏等

五色以相宣道行則納正見於三空拯羣迷於八苦既學博而心下亦守卑而調高實釋種之梁棟生人之羽儀者矣加以賑乏扶危先人後已重風光之拂照林牖愛山水之負帶烟霞願力是融晦迹肥遁以隋開皇之末隱於青溪山之鬼谷洞焉迴構巖崖則蔽虧日月空飛戶牖則吐納風雲其間採五芝而偃仰游八禪而寢息餌松术於溪澗披薜荔於山阿皆合掌歸依摩頂問道經行恬靜十有餘年然其疊嶂危岑長松巨壑野老之所棲盤古賢之所游踐莫不身至目覩攀穴指歸仍撰青溪山記一卷見行

於世太史令傅奕學業膚淺識慮非長乃穿鑿短篇憑陵正覺將恐震茲布鼓竊比雷門中庸之人頗成阻惑法師愍彼後昆又撰破邪論一卷雖知虞衛同奏表異者九成蝇驥並驅見奇者千里終須朱紫各色清濁分流訶以凡測聖之釁責以俗校眞之咎引文證理非道則儒曲致深情指的周密莫不轍亂旗靡瓦解冰銷入室有操矛之圖厥角無容頭之地於是傳寫不窮流布長世若披雲而見日同迷蹤而得道法師著述之性速而且理凡厥勒成多所遺逸今散採所得詩賦碑誌讚頌箴誡記傳啟論及三

教系譜釋老宗源等合成三十餘卷法師與僕情敦淡水義等金蘭雖服制異儀而風期是篤輒以簾纓聯彼珪璋編爲次第其詞云爾

書旨述

客有通元先生好求古迹爲余知書啟之發源審以臧否曰予不敏何足以知之今率以聞見隨紀年代考究興亡其可爲元龜者舉而敘之

古者畫卦立象造字設教爰寘形象肇乎倉史仰觀俯察鳥跡垂文至於唐虞煥乎文章暢於夏殷備乎秦漢洎周宣王史史籀循科斗之書採倉頡古文綜其遺美別署新意號曰籀文或謂大篆秦丞相李斯改省籀文適時簡要號曰小篆善而行之其倉頡象形傳諸典策世絕其迹無得而稱其籀文小篆自周秦以來猶或參用未之廢黜或刻於符璽或銘於鼎鐘或書之旌鉞往往人間時有見者夫言篆者傳也書者如也述事契誓者也字者孳也孳乳寖多者也而根之所由其來遠矣先生曰古文籀篆曲盡而知之愧無隱焉隸草攸止今則未聞願以發明用祛昏惑曰至若程邈隸體因之罪隸以名其書朴略微奧而歷

禩增損迄以湮淪而淳喜之流亦稱傳習首變其法巧拙相沿未之超絕史游制於急就創立草藁而不之能崔杜析理雖則豐妍潤色之中失於簡約伯英重以省繁飾之銛利加之奮逸時言草聖首出常倫鍾太傅師資德昇馳鶩曹蔡倣學而致一體眞楷獨得精妍而前輩數賢遞相矛盾事則恭守無捨儀則尚有瑕疵失之斷割逮乎王廙王洽逸少子敬剖析前古無所不工八體六文必揆其理俯拾衆美會茲簡易制成今體乃窮奧旨先生曰於戲三才審位日月燭明固資異人一敷而化不然者何以臻妙

無相奪倫父子聯鑣軌範後昆先生曰書法元微其難品繪今之優劣神用無方小學疑迷惕然將寤而旨述之義其可聞乎曰無讓繁詞敢以終序

筆髓論

原古

文字經藝之本王政之始也倉頡象山川江海之狀蟲蛇鳥獸之跡而立六書戰國政異俗殊書文各別秦患多門定爲八體後復訛謬凡五易焉然並不述用筆之妙及乎蔡邕張索之輩鍾繇王衛之流皆造意精微自悟其旨也

辨應

心爲君妙用無窮故爲君也手爲輔承命竭股肱之用故爲臣也力爲任使纖毫不撓尺丈有餘故也管爲將帥處運動之事執生死之權虛心納物守節藏鋒故也毫爲士卒隨管任使跡不拘滯故也字爲城池大不虛小不孤故也

指意

用筆須手腕輕虛虞安吉云夫未解書意者一點一畫皆求象本乃轉自取拙豈成書耶太緩而無筋太急而無骨側管則鈍慢而多肉豎管則乾枯而露骨及其悟也麤而不鈍細而能壯長而不爲有餘短而不爲不足

釋眞

筆長不過六寸捉管不過三寸眞一行二草三指實掌虛右軍云書弱紙強筆強紙弱筆強者弱之弱者強之也遲速虛實若輪扁斲輪不徐不疾得之於心而應之於手口所不能言也拂掠輕重若浮雲蔽於晴天波擊勾截如微風搖於碧海氣如奔馬亦如朶鉤變化出乎心而妙用應乎手然則體約八分勢同章草而各有趣無問巨細皆有

虛散其鋒員豪蘊按轉易也豈眞書一體篆草章行八分等當覆腕上搶掠豪下開牽擊撥趯鋒轉行草稍助指端鉤距轉腕之狀矣

釋行

行書之體略同於眞至於頓挫磅礴若猛獸之搏噬進退鉤距若秋鷹之迅擊故覆筆搶豪乃按鋒而直引其腕則內旋外拓而環轉紓結也旋豪不絕內轉鋒也加以掉筆聯豪若石璺玉瑕自然之理亦如長空游絲容曳而來往又似蟲網絡壁勁實而復虛右軍云游絲斷而能續皆契

以天真同於輪扁又云每作點畫皆懸管掉之令其鋒開自然勁健矣

釋草

草則縱心奔放覆腕轉蹙懸管聚鋒柔豪外拓左爲外右爲內起伏連卷收攬吐納內轉藏鋒既如舞袖揮拂而縈紆又若垂藤樛盤而繚繞蹙旋轉鋒亦如騰猨過樹逸虬得水（一作躍鯉透泉）輕兵追虜烈火燎原或氣雄而不可抑或勢逸而不可止縱狂逸放不違筆意也右軍云透嵩華兮不高踰懸壑兮能越或連或絕如花亂飛若强逸意而不相

副亦何益矣但先緩引興心逸自急也仍接鋒而取興興盡則已又生撇鋒仍豪端之奇象兔絲之縈結轉剔刓角多鉤篆體或如蛇形或如兵陣故兵無常陣字無常體矣謂如水火勢多不定故云字無常定也

契妙

欲書之時當收視返聽絕慮凝神心正氣和則契於妙心神不正書則欹斜志氣不和書則顛仆其道同魯廟之器虛則欹滿則覆中則正正者沖和之謂也然字雖有質跡本無爲稟陰陽而動靜體萬物以成形達性通變其常不主故知書道元妙必資於神遇不可以力求也機巧必須以心悟不可以目取也字形者如目之視也爲目有止限由執字體也既有質滯爲目所視遠近不同如水在方圓豈由乎水且筆妙喻水方圓喻字所視則同遠近則異故明執字體也字有態度心之輔也心悟非心合於妙也借如鑄銅爲鏡非匠者之明假筆傳心非毫端之妙必在澄心運思至微至妙之間神應思徹又同鼓琴輪指妙響隨意而生握管使鋒逸態逐毫而應學者心悟於至妙書契於無爲苟涉浮華終懵於斯理也

勸學篇

自古賢哲勤乎學而立其名若不學即沒世而無聞矣且會稽之竹箭湛盧之斷割不括而羽之不淬而礪之終不見利用之材耳羲之云耽翫之功積如邱山張芝學書池水盡墨當其雅趣求彼真意無圖其形容而滯於體質此貴乎志意專精必有誠應也余中宵之間遂夢吞筆既覺之後若在胸臆又因假寐見張芝指一道字用筆體法斯源也足明至誠感神信有徵矣故羲之於山陰寫黃庭經感三台神降其子獻之於會稽山見一異人披雲而下左

手持紙右手持筆以遺獻之獻之受而問之曰君何姓字復何遊處筆法奚施答曰吾象外爲宅不變爲姓常定爲字其筆迹豈殊吾體耶獻之佩服斯言退而臨寫向逾三歲竟昧其微況乃不學乎羲之云自非通靈感物不可與談斯道夫道者學以致之飽食終日而無所用心則去之逾遠矣不得其門而入雖勤苦而難成矣今立以君臣之體類以攻戰之勢將以近而喻遠必因筌而得兔務欲成其體要啟其戶牖庶將來君子思而勉之

帝基帖

世南聞大運不測天地兩平風俗相承帝基能厚道清三百鴻業六起君壽九甯命周成算元無之道自古興明世南

樂毅論帖

賢兄處見臨樂毅論便是青過於藍欣忭無已數願學耳世南近臂痈發書不堪覼縷也虞世南呈十三日遺書謹空得書爲慰可言也

東顧帖

疲朽未有東顧之期惟增慨歎今因使人指申代面必公力也鄭長官致問極眞而其三人恒不蕩蕩將如何故承後時有所異責

設齋疏

弟子早年忽遇重患當時運心差愈之日奉設千人齋今謹於道場供千僧蔬食以斯願力希生生世世常無疾惱七世久遠六道怨親並同今願

孔子廟堂碑

微臣屬書東觀預聞前史若乃知幾其神惟睿作聖元妙之境希夷不測然則三五迭興典墳斯著神功聖跡可得

言焉自肇立書契初分爻象委裘垂拱之風革夏翦商之業雖復質文殊致進讓罕同靡不拜洛觀河膺符受命名居域中之大手握天下之圖象雷電以立威刑法陽春而流惠澤然後化漸八方令行四海未有偃息鄉黨棲遲洙泗不預帝王之錄遠跡胥史之儔而德侔覆載明兼日月道藝微而復顯禮樂弛而更張窮理盡性光前絕後垂範於百王遺風於萬代猗歟偉歟若斯之盛者也夫子膺五緯之精踵千年之聖固天縱以挺質稟生德而降靈載誕空桑自標河海之狀纔勝逢掖克秀堯禹之姿知微知章

可久可大爲而不宰合天道於無言感而遂通顯至仁於藏用祖述先聖憲章往哲夫其道也固以孕育陶鈞包含造化豈直席卷八代弁吞九邱而已哉雖亞聖鄰幾之智仰之而彌遠亡吳霸越之辨談之而不及於時天歷寢微地維將絕周室大壞魯道日衰永歎時囏實思濡足遂迺降跡中都俯臨司寇道超三代止乎季孟之閒羞論五霸終從大夫之後固知棲遑弗已志在於求仁危遜從時義存於拯溺方且重反淳風一匡末運是以載贄以適諸侯懷寶而游列國元覽不極應物如響辨飛龜於石函驗集

隼於金櫝觸舟既曉專車能對識罔象之在川明商羊之興雨知來藏往一以貫之但否泰有期達人所以知命卷舒惟道明哲所以周身羑里幽憂方顯姬文之德夏臺羈紲弗累商王之武陳蔡爲幸斯之謂歟於是自衛反魯刪書定樂贊易道以測精微修春秋以正褒貶故能使紫微降光丹書表瑞濟濟焉洋洋焉充宇宙而洽幽明動風雲而潤江海斯皆紀乎竹素懸諸日月既而仁獸非時鳴鳥弗至哲人云逝峻嶽已隤尚使泗水却流波瀾不息魯堂餘響絲竹猶傳非夫體道窮神至靈知化其孰能與於斯乎自時厥後遺芳無絕法被區中道濟天下及金冊斯誤玉斝載驚孔教已焚秦宗亦墜漢之元始永言前烈褒成爰建用光祀典魏之黃初式遵古訓宗聖疏爵允緝舊章金行水德亦存斯義而晦明匪一屯亨遞有筐筥蘋蘩與時升降靈宇虛廟隨道廢興爰精失御蜂飛蝟起羽檄交馳經籍道息屋壁無藏書之所階基絕函丈之容五禮六樂翦焉煨燼重宏至教允屬聖期大唐運膺九五基超七百赫矣王猷蒸哉景命鴻名盛烈無得稱焉皇帝欽明睿哲參天兩地迺聖迺神允文允武經綸云始時維龍戰爰

整戎衣用扶興業神謀不測妙算無遺宏濟艱難平壹區宇納蒼生於仁壽致君道於堯舜職兼三相位總六戎元珪秉石之尊朱戶渠門之錫禮優往代事踰恒典於是在三睠命兆庶樂推克隆帝道丕承鴻業明玉鏡以式九圍席蘿圖而御六辯寅奉上元肅恭清廟宵衣昃食視膳之禮無方一日萬幾問安之誠彌篤孝治要道於斯爲大故能使地平天成風淳俗厚日月所照無思不服憬彼獯戎爲患自古周道再興僅得中算漢圖方遠纔聞下策徒勤六月之戰侵軼無厭空盡貳師之兵憑凌滋甚皇威所被

犁額厥角空山盡漠歸命闕廷充仞藁街填委外廄開闢以來未之有也靈臺偃伯玉關虛候江海無波熢燧息警非烟浮漢榮光莫河楛矢東歸白環西入猶且兢懷馭朽興睠納隍卑宮菲食輕徭薄賦斲琱反樸抵璧藏金革舃垂風綈衣表化歷選列辟旁求遂古克己思治曾何等級於是眇屬聖謨凝心大道以爲括羽成器必在膠庠道德潤身皆資學校矧乃入神妙義析理微言厲以四科明其七教懿德高風垂裕斯遠而棟宇弗修宗祧莫嗣用紆聽覽爰發絲綸武德九年十二月廿九日有詔立隋故紹聖

侯孔嗣哲子德倫爲褒聖侯乃命經營惟新舊址萬雉斯建百堵皆興揆日占星式規大壯鳳甍騫其特起龍桷儼以臨空霞入綺寮日暉丹檻窅窅崇邃悠悠虛白圖眞寫狀妙絶人功象設已陳肅焉如在握文履度復見儀形鳳跱龍蹲猶臨咫尺睆爾微笑若聽武城之絃怡然動色似聞簫韶之響襜襜盛服既覩仲由侃侃禮容仍觀衞賜不疾而速神其何遠至於仲春令序時和景淑皎絜璧池圓流若鏡青葱槐市總翠成帷清滌元酒致敬於兹日合舞釋菜無絶於終古皇上以幾覽餘暇遍該羣籍乃製金鏡述一篇永垂鑒戒極聖人之用心宏大訓之微旨妙道天文煥乎畢備副君膺上嗣之尊體元良之德降情儒術遊心經藝楚詩盛於六義沛易明於九師多士伏膺名儒接武四海之内靡然成俗懷經鼓篋摳齋趨奥並鏡雲披俱餐泉湧素絲既染白玉已雕資覆簣以成山導涓流而爲海大矣哉然後知達學之爲貴而宏道之由人也國子祭酒楊師道等偃元風於聖世聞至道於先師仰彼高山願宣盛德昔者楚國先賢尚傳風範荆州文學猶鐫歌頌況帝京赤縣之中天街黃道之側聿興壯觀用崇明祀宣文

教於六學闡皇風於千載安可不贊述徽猷被之雕篆迺抗表陳奏請勒貞碑爰命庸虛式揚茂實敢陳舞詠迺作銘云

景緯垂象川岳成形挺生聖德實稟英靈神凝氣秀月角珠庭探賾索隱窮幾洞冥述作爰備邱墳咸紀表正十倫章明四始繫贊羲易書因魯史懿此素王邈焉高軌三川削弱六國從衡鷄首兵利龍文鼎輕天垂伏鼈海躍長鯨解黻去佩書燼儒坑纂堯中葉追尊大聖乃建褒旟膺兹顯命當塗創業亦崇師敬胙土錫圭禮容斯盛有晉崩離

維傾柱折禮亡學廢風頹雅缺戎夏交馳星分地裂蘋藻莫奠山河已絕隋風不競龜玉淪亡樽俎弗習干戈載揚露霑闕里麥秀鄒鄉修文繼絕期之會昌大唐撫運率繇王道赫赫元功茫茫天造奄有神器光臨大寶比蹤連陸追風爰昊於鑠元后膺圖撥亂天地合德人神攸贊麟鳳為寶光華在旦繼聖崇儒載修輪奐義堂宏敞經肆紆縈重欒霧宿洞戶風凊雲開春牖日隱南榮鏘耾鐘律蠲絜齋明容範既備德音無斁肅肅升堂兟兟讓席獵纓訪道橫經請益帝德儒風永宣金石

高祖神堯皇帝哀冊文

維貞觀九年歲次癸未五月乙未朔六日庚子大行太上皇崩於大安宮殯於前殿之西階粵十月甲子朔二十七日庚寅將遷座於獻陵禮也九天落構七曜沉暉引鸞翮於雙闕駕龍轜於六飛哀子嗣皇帝諱擗踴崩心攀號泣血悲慕望其如在痛音顏之已絕去昭景而不留即幽途而永訣孝以追遠哀惟慎終爰詔史冊敘德宣風其詞曰元覽載籍逖聽皇王立德可久應運斯昌天基崇峻帝系悠長虹暉降祉真氣呈祥蔥珩朱紱熊軾龍章契叶禎符誕生睿聖形雲晝聚黃星夕映舒卷潛躍幾深道性地載天臨日暉川鏡歷試藩岳風移俗正火德云謝羣龍戰野蚩尤曜旗王良策馬拔山曀日滔天泯夏蕩析黎元阽危宗社提劍創業仗鉞專征風驅雲動海運天行伐謀上略制勝神兵尊王踐土復帝夷庚職惟上相任隆羣辟六階已平四門咸闢殊物顯命彝章典冊錫重介珪禮優乘石烟雲改色鏞筦變音觀圖受命負扆君臨仁霑動植化感飛沉殷輅周冕禹迹堯心削觚返樸抵璧藏金商俗未晈遺氛阻亂沙塞虔劉伊瀍叛渙應變雷動乘機電斷十角

雲消三川冰泮漸以文教致諸王道制禮和樂尊儒養老翠鳳栖桐丹魚在藻水浮元貝階榮朱草威加海外澤被區中要荒合軌鞮譯遐通沒羽沈浪飛輪駕風眷言釋負有懷高謝倏爾樂陽杳同姑射趣詩禮以承天稟義方以成化聿應景福方期大年玉几奄及金縢遂竄絕五日之晨省遽千齡而上仙攀幃扆以孺慕抱劍舄以纏綿嗚呼哀哉虔奉顧託式遵遺志捐珠玉而不藏即陶甄以成器貽儉德以為謨垂風聲於後嗣嗚呼哀哉永去天邑言遵地市背沃野於神皋越通川於渭涘懷岐下之前跡睠新

豐之舊里笳哀噎以留思旐聯翩而顧指悲風急而古木吟平野晦而愁雲起嗚呼哀哉惟綴衣之如昨忽馳光之不駐亟時遊而節改俄涉新而履故野蒼蒼以日衰歲凜凜而行暮感物悲於氣序銜哀踐於霜露泣川水之東流動商山之風樹蹐厚地而無感仰高天而何訴嗚呼哀哉曰聖與仁誰前誰後爰昊無金石之固勳華異松喬之壽孰歷世而長存惟令名之不朽剏元功與至德冠列辟而爲首俾軼五而登三與造化而長久嗚呼哀哉

文德皇后哀冊文

維貞觀十年歲次甲申六月巳未朔二十一日巳卯大行皇后崩於立政殿粤九月十一日丁酉將遷座於昭陵禮也殯宮夕啟靈輴曉前儼帷帟於空殿肅陛衛於靈筵皇帝親臨宵載義深追遠瞻青蒲而永絕悼玉階之莫反廼輅將引犧罇已徹爰詔記言式揚徽烈其詞曰

二儀合德兩曜齊光列聖觀象邦家克昌猗歟華族英靈降祉比齊越姜匹宋踰子育德高門騰芬素里體仁將聖披圖閱史造舟爲梁嗣徽前德履和思順自家刑國淑問不已柔風允塞紃組執勤揔珩垂則時逢昌聖運屬休徵代邸膺歷唐侯嗣興紫宮並曜黃道階外化宣風始業贊丕承比德無競凝神不測應物達理撫機先識體備賢能暉無朓側績苞九亂恩加八極性道希夷言容莊敬戒奢處約懷沖履正景曖風暄霜嚴冰淨領略三古箴規六行源濬流遠時昌祚延國貞誕睿皇支挺賢談高辨日學貫通元慈訓所及懿德光前五福云備千齡方永地紀絕維月輪韜景晨興弗豫德音彌整馬鬣無封鶴珠斯屏嗚呼哀哉異人神於倏忽變容服於平生改清蹕以哀挽易朱旗以素旐昔照朝景響環珮於增城今冥永夜吟松柏於山楹嗚呼哀哉氣變灰飛暑退寒襲烟觸樹而凝慘露分枝而泫泣聞哀雁之夕飛聽悲風之曉急仰雲霄而永慕慟陵寢其何及嗚呼哀哉背元武而北轅絕牽牛而橫度途去去而逾遠馬騤騤而不駐想渭水之貫都歎黃山而隱霧嗚呼哀哉嗟人生之浮促若飄風之過牖牖何風而蹔停人何生而能久惟承天與載物邈慈深而德厚邁任姒之高蹤播英聲而無朽嗚呼哀哉

欽定全唐文卷一百三十九

魏徵

徵字元成鉅鹿曲城人少以策干李密不用後隨密來降授祕書丞隱太子引爲洗馬太子敗太宗引爲詹事主簿及踐祚遷祕書監參預朝政進侍中封鄭國公拜太子太師薨年六十四贈司空相州都督謚曰文貞

道觀內柏樹賦并序

元壇內有柏樹焉封植營護幾乎二紀枝幹扶疏不過數尺籠於衆草之中覆乎叢棘之下雖磊落節目不改本性

然而翳薈蒙蘢莫能自申達也惜其不生高峯臨絕壑籠日月帶雲霞而與夫擁腫之徒雜糅茲地此豈所謂方以類聚物以羣分者哉有感於懷喟然而賦其詞曰

覽大鈞之播化察草木之殊類兩露清而並榮霜雪霑而俱悴唯丸丸之庭柏稟自然而醇粹涉青陽不增其華歷元英不減其翠原斯木之攸挺植新甫之高岑干霄漢以上秀絕無地而下臨籠日月以散彩俯雲霞而結陰邁千祀而逾茂秉四時而一心靈根再徙茲庭爰植高節未彰貞心誰識既雜沓乎衆草又蕪沒乎叢棘匪王孫之見知志耿介其何極若乃春風起於蘋末美景麗乎中園水含苔於曲浦草鋪露於平原成蹊花亂幽谷鶯喧徒耿然而自撫謝桃李而無言至於日窮於紀歲云暮止飄蓬亂驚愁雲疊起冰凝無際雪飛千里顧衆類之颯然鬱亭亭而孤峙貴不移於本性方有儷乎君子聊染翰以寄懷庶無虧於善始

請陪送葬建成元吉表

臣等昔受命太上委質東宮出入龍樓垂將一紀前宮結釁宗社得罪人神臣等不能死亡甘從夷戮負其罪戾置

錄周行徒竭生涯將何上報陛下德光四海道冠前王陟岡有感追懷棠棣明社稷之大義申骨肉之深恩卜葬二王遠期有日臣等永惟疇昔忝曰舊臣喪君有君雖展事君之禮宿草將列未申送往之哀瞻望九原義深凡百望於葬日送至墓所

諫格猛獸表

臣徵言臣聞書美文王不敢盤於遊田傳述虞箴稱夷羿以爲誡昔漢文臨霸坂欲馳下袁盎攬轡曰聖主不乘危不僥幸今陛下騁六飛馳不測之山如有馬驚車敗陛下

縱欲自輕其柰高廟何孝武好格猛獸相如諫曰力稱烏獲捷言慶忌人誠有之獸亦宜然卒然遇逸材之獸駭不存之地雖有烏獲之猛逢蒙之伎不可得用而枯木朽株盡爲難矣雖萬全而無患然本非天子所宜近孝元郊泰時因留射獵薛廣德奏稱竊見關東困極人民流離今日撞亡秦之鐘歌鄭衛之樂士卒暴露從官勞倦顧如宗廟社稷何憑河暴虎未之比也臣竊思此數帝之心豈同木石獨不好馳騁之樂而割情屈己從臣下之言者志存爲國不爲身也臣伏聞車駕近出親格猛獸晨往夜還以萬

乘之尊闇行荒野踐深林涉豐草甚非萬全之計願陛下割私情之娛罷格獸之樂上爲宗廟社稷下慰羣僚兆庶則天下幸甚

遺表藁

謹按魏鄭公諫錄徵亡太宗遣人至宅就求其書得遺表一紙始立藁草字皆難識惟有數行乃稍可分辨云云

天下之事有善有惡任善人則國安用惡人則國亂公卿之內情有愛憎憎者惟見其惡愛者惟見其善愛憎之間所宜詳審若愛而知其惡憎而知其善去邪勿疑任賢勿貳可以興矣

論時政疏

臣觀自古受圖膺運繼體守文控御英傑南面臨下皆欲配厚德於天地齊高明於日月本支百代傳祚無窮然而克終者鮮敗亡相繼其故何哉所以求之失其道也殷鑒不遠可得而言昔在有隋統一寰宇甲兵強盛三十餘年風行萬里威動殊俗一旦舉而棄之盡爲他人所有彼煬帝豈惡天下之治安不欲社稷之長久故行桀紂以就滅亡哉蓋恃其富強不虞後患驅天下以從欲罄萬物以自奉採域中之子女求遠方之奇異宮宇是飾臺榭是崇徭

役無時干戈不戢外示威重內多險忌讒邪者必遂其福忠正者莫保其生上下相蒙君臣道隔人不堪命率土分析遂以四海之尊殞於匹夫之手子孫殄滅爲天下之笑深可痛矣聖哲乘機拯其危溺八柱傾而復正四維絶而更張遠肅邇安不踰於朞月勝殘去殺無待於百年今宮觀臺榭盡居之矣珍奇異物盡收之矣姬姜淑媛盡侍於側矣四海九州盡爲臣妾矣若能鑒彼之所以亡念我之所以得日慎一日雖休勿休焚鹿臺之寶衣毀阿房之廣殿懼危亡於峻宇思安處於卑宮則神化潛通無爲而理

德之上也若成功不毁即仍其舊除其不急損之又損雜茅茨於桂棟參玉砌於土階悅以使人不竭其力常念居之者逸作之者勞億兆悅以子來羣生仰而遂性德之次也若惟聖罔念不愼厥終忘締構之艱難謂天命之可恃忽采椽之恭儉追雕牆之侈靡因其基以崇之增其舊而飾之觸類而長不思止足人不見德而勞役是聞斯爲下矣譬如負薪救火揚湯止沸以暴易亂與亂同道莫可則也後嗣何觀夫事無可觀則人怨神怒人怨神怒則災害必生災害既生則禍亂必作禍亂既作而能以身名令終者鮮矣順天革命之後將隆七百之祚貽厥孫謀傳之萬

世難得易失可不念哉

第二疏

臣聞求木之長者必固其根本欲流之遠者必浚其泉源思國之安者必積其德義源不深而望流之遠根不固而求木之長德不厚而望國之治雖在下愚知其不可而況於明哲乎人君當神器之重居域中之大將崇極天之峻永保無疆之休不念居安思危戒奢以儉德不處其厚情不勝其欲斯亦伐根以求木茂塞源而欲流長者也凡百元首承天景命莫不殷憂而道著功成而德衰有善始者實繁能克終者蓋寡豈其取之易而守之難乎昔取之而有餘今守之而不足何也夫在殷憂必竭誠以待下既得志則縱情以傲物竭誠則吳越爲一體傲物則骨肉爲行路雖董之以嚴刑震之以威怒終苟免而不懷仁貌恭而不心服怨不在大可畏惟人載舟覆舟所宜深愼奔車朽索其可忽乎君人者誠能見可欲則思知足以自戒將有作則思知止以安人念高危則思謙沖以自牧懼滿溢則思江海下百川樂盤遊則思三驅以爲度憂懈怠則思愼

始而敬終慮壅蔽則思虛心以納下想讒邪則思正身以黜惡恩所加則思無因喜以謬賞罰所及則思無因怒而濫刑總此十思宏兹九德簡能而任之擇善而從之則智者盡其謀勇者竭其力仁者播其惠信者效其忠文武爭馳君臣無事可以盡豫遊之樂可以養松喬之壽鳴琴垂拱不言而化何必勞神苦思代下司職役聰明之耳目虧無爲之大道哉

第三疏

臣聞書曰明德愼罰惟刑之恤哉禮云爲上易事爲下易

知則刑不煩上多疑則百姓惑下難知則君長勞夫上易事下易知君長不勞百姓不惑故君有一德臣無二心上播忠厚之誠下竭股肱之力然後太平之基不墜康哉之詠斯隆當今道被華夷功高宇宙無思不服無遠不臻然言尚於簡文志在於明察刑賞之用有所未盡矣夫刑賞之本在乎揚善而懲惡帝王之所以與天下爲畫一不以親疏貴賤而輕重者也今之刑賞未必盡然或屈伸在乎好惡輕重由乎喜怒遇喜則矜其情於法中逢怒則求其罪於事外所好則鑽皮出其毛羽所惡則洗垢求其瘢痕

瘢痕可求則刑斯濫矣羽毛可出則賞斯謬矣刑濫則小人道長賞謬則君子道消小人之惡不懲君子之善不勸而望治安刑措非所聞也且夫暇豫清談皆敦尚於孔老威怒所至則取法於申韓直道而行非無三黜危人自安蓋亦多矣故道德之旨未宏刻薄之風尚扇夫上風既扇則下生百端人競趨時憲章不一稽之王度實虧君道昔州犂上下其手楚國之法遂差張湯輕重其心漢朝之刑以弊以人臣之頗僻猶莫能申其欺罔況人君之高下將何以措其手足以叡聖之聰明無幽微而不燭豈神有所不逮智有所不通哉安其所安不以恤刑爲念樂其所樂遂忘先笑之變禍福相倚吉凶同域唯人所召安可不思頃者責罰稍多威怒微厲或以供帳不贍或以營作差違或以物不稱心或以人不從欲皆非致理之所急實乃驕奢之攸漸是知貴不與驕期而驕自致富不與奢期而奢自來非徒語也且我之所代實在有隋隋氏亂亡之源聖明之所臨照以隋氏之府藏譬今日之資儲以隋氏之甲兵況當今之士馬以隋氏之戶口校今時之百姓度長比大曾何等級然隋氏以富強而喪敗動之也我以貧寡而

安寧靜之也靜之則安動之則亂人皆知之非隱而難見也非微而難察也然鮮蹈平易之途多遵覆車之轍何哉在於安不思危治不念亂存不慮亡之所致也昔隋氏之未亂自謂必無亂隋氏之未亡自謂必不亡所以甲兵屢動徭役不息至於將加戮辱竟未悟其滅亡之所由也可不哀哉夫鑒形之美惡必就於止水鑒國之安危必取於亡國故詩曰殷鑒不遠在夏后之世又曰伐柯伐柯其則不遠臣願當今之動靜必思隋氏以爲殷鑒則存亡治亂可得而知若能思其所以危則安矣思其所以亂則治矣

思其所以亡則存矣知存亡之所在節嗜欲以從人省畋遊之娛息靡麗之作罷不急之務愼偏聽之怒近忠厚遠便佞杜悅耳之邪說甘苦口之忠言去易進之人賤難得之貨採堯舜之誹謗追禹湯之罪已惜十家之產順百姓之心近取諸身恕以待物思勞謙以受益不自滿以招損有動則庶類以和出言則千里斯應超上德於前載樹風聲於後昆聖哲之宏規帝王之盛業能事斯畢在乎愼守而已夫守之則易取之實難既能得其所以難豈不能保其所以易其或保之不固則驕奢淫泆動之也愼終如始

可不勉歟易曰君子安不忘危存不忘亡治不忘亂是以身安而國家可保誠哉斯言不可以不深察也伏惟陛下欲善之志不減於昔時聞過必改少虧於曩日若能以當今之無事行疇昔之恭儉則盡善盡美固無得而稱焉

第四疏

臣聞爲國之基必資於德禮君之所保惟在於誠信誠信立則下無二心德禮行則遠人斯格然則德禮誠信國之大綱在於父子君臣不可斯須而廢也故孔子曰君使臣以禮臣事君以忠又曰自古皆有死人無信不立文子曰同言而信信在言前同令而行誠在令外然則言而不行言不信也令而不從令無誠也不信之言無誠之令爲上則敗德爲下則危身雖在顚沛之中君子之所不爲也自王道休明十有餘載威加海外萬國來庭倉廩日積土地日廣然而道德未益厚仁義未益博者何哉由乎待下之情未盡於誠信雖有善始之勤未覩克終之美故也其所由來者漸非一朝一夕之故昔貞觀之始聞善若驚既五六年閒猶悅以從諫自茲厥後漸惡直言雖或勉強時有所容非復曩時之豁如也謇諤之士稍避龍鱗便佞之徒

肆其巧辯謂同心者爲朋黨謂告訐者爲至公謂強直者爲擅權謂忠讜者爲誹謗謂之爲朋黨雖忠信而可疑謂之爲至公雖矯僞而無咎強直者畏擅權之議忠讜者慮誹謗之尤至於竊金生疑投杼致惑正人不得盡其言大臣莫能與之爭熒惑視聽鬱閼大猷妨化損德其在茲乎故孔子之惡利口之覆邦家蓋爲此也且君子小人貌同心異君子掩人之惡揚人之善臨難不苟免殺身以成仁小人不恥不仁不畏不義惟利之所在危人以自安夫苟在危人則何所不至今將求致治必委之於君子事有得

失或訪之於小人其待君子也則敬而疏遇小人也必輕而狎狎則言無不盡疏則情不上通是則毀譽在於小人刑罰加於君子實興喪所在亦安危所繫安可以不慎哉此乃孫卿所謂使智者謀之與愚者論之使修潔之士行之與汙鄙之人疑之欲其成功可得乎哉夫中智之人豈無小慧然才非經國慮不及遠雖竭力盡誠猶未免於傾敗況內懷姦利承順顏旨其爲禍患不亦深乎故孔子曰君子或有不仁者焉未見小人而仁者然則君子不能無小惡惡不積無妨於正道小人或時有小善善不積不足

以立忠今謂之善人矣復慮其時有不信何異夫立直木而疑其影之曲乎雖竭精神勞思慮其不可得亦已明矣夫君能盡禮臣能竭忠必有在乎內外無私上下相信上不信則無以使下下不信則無以事上信之爲道大矣哉故自天祐之吉無不利昔齊桓公問於管仲曰吾欲酒腐於爵肉腐於俎得無害於霸乎管仲曰此固非其善者然亦無害於霸也公曰如何而害霸乎曰不能知人害霸也知而不能用害霸也用而不能任害霸也任而不能信害霸也既信而又使小人參之害霸也晉中行穆伯攻鼓經年而不能下魏簡倫曰鼓之嗇夫簡倫之知請無疲士大夫而鼓可得穆伯不應左右曰不折一戟不傷一卒而鼓可得君奚爲不取穆伯曰簡倫之爲人也佞而不仁若使簡倫下之吾不可以不賞若賞之是賞佞人也佞人得志是使晉國之士捨仁而爲佞雖得鼓將何用之夫穆伯列國大夫管仲霸者之佐猶能慎於信任遠避佞人也如此況乎爲四海之大君應千齡之上聖而可使巍巍之盛德復將有所閒然乎若欲令君子小人是非不雜必懷之以德待之以信勵之以義節之以禮然後善善而惡惡審罰

而明賞則小人絕其邪佞君子自強不息無爲而化何遠之有善善而不能進惡惡而不能去罰不及於有罪賞不加於有功則危亡之期或未可保永錫祚允將何望哉

韋宏質妄議宰相疏

宰相有奸謀隱慝則人人皆得上論至於制置職業固是人主之柄非小臣所得干議古者朝廷之士尚各守官業思不出位況韋宏質賤人豈得以非所宜言上黷明主此是輕宰相矣後漢太學諸生頗干時政其時謂之處士橫議望陛下知其邪計從朋黨而來每事明察遏絕將來之

漸則朝廷安靜邪黨自銷矣

論治道疏

臣聞君爲元首臣作股肱齊契同心合而成體體已成不備
爲未成人然則首雖尊高必資手足以成體君雖明哲必
資股肱以致治禮云人以君爲心君以臣爲體心莊則體
舒心肅則容敬書云元首明哉股肱良哉萬事康哉元首
叢脞哉股肱惰哉萬事墮哉然則委棄股肱獨任胸臆具
體成理非所聞也夫君臣相遇自古爲難以石投水千載
一合以水投石無時不有其能開至公之道申天下之用

內盡心膂外竭股肱和若鹽梅固同金石者非惟高位厚
秩在於禮之而已昔周文遊於鳳凰之墟襪系解顧左右
莫可使結者乃自結之豈周文之朝盡爲俊乂聖明之代
獨無君子哉但知與不知禮與不禮耳是以伊尹有莘之
媵臣韓信項氏之亡命殷湯致禮定王業於南巢漢祖登
壇成帝統於垓下若夏桀不棄於伊尹項王垂恩於韓信
豈肯敗已成之國爲滅亡之虜乎又微子骨肉也受茅土
於宋箕子良臣也陳洪範於周仲尼稱其仁莫有非之者
禮記稱魯穆公問於子思曰爲舊君反服古歟子思曰古
之君子進人以禮退人以禮故有舊君反服之禮也今之
君子進人若將加諸膝退人若將墜諸淵無爲戎首不亦
善乎又何反服之禮之有齊景公問於晏子曰忠臣之事
君如之何晏子對曰有難不死出亡不送公曰裂地以封
之疏爵而待之有難不死出亡不送何也晏子曰言而見
用終身無難臣何死焉諫而見從終身不亡臣何送焉若
言而不見用有難而死是妄死也諫而不見從出亡而送
是詐忠也春秋左氏傳曰崔杼弒齊莊公晏子立於崔氏
之門外其人曰死乎曰獨吾君也乎哉吾死也曰行乎曰

吾罪也乎哉吾亡也故君爲社稷死則死之爲社稷亡則
亡之若爲己死而爲己亡非其親暱誰敢任之門啓而入
枕尸股而哭之興三踊而出孟子曰君視臣如手足臣視
君如腹心君視臣如犬馬臣視君如國人君視臣如土芥
臣視君如寇讎雖臣之事君無有二志至於去就之節尚
緣恩施厚薄然則爲人上者安可以無禮於下哉竊觀在
朝羣臣當樞機之寄者或地隣齊晉或業預經綸並立事
立功皆一時之選處之衡軸爲任重矣任之雖重信之未
篤信之不篤則人或自疑人或自疑則心懷苟且心懷苟

且則節義不立節義不立則名教不興名教不興而可與固太平之基保七百之祚未之有也又國家重惜功臣不念舊惡方之前聖一無所間然但寬於大事急於小罪臨時責怒未免愛憎之心不可以爲政君嚴其禁臣或犯之況上啟其源下必有甚川壅而潰其傷必多欲使凡百黎元何所措其手足此則君開一源下生百端百端之變無不動亂者禮曰愛而知其惡憎而知其善若憎而不知其善則爲善者必懼愛而不知其惡則爲惡者實繁詩曰君子如怒亂庶遄沮然則古人之震怒將以懲惡當今之威

罰所以長姦此非堯舜之心非湯禹之事書云撫我則后虐我則讎孫卿子曰君舟也人水也水所以載舟亦所以覆舟孔子曰魚失水而死水失魚則猶爲水也故堯戰戰慄慄日慎一日安可不深思之乎安可不熟慮之乎夫委大臣以大體責小臣以小事爲國之常也爲理之道也今委之以職則重大臣而輕小臣至於有事則信小臣而疑大臣信其所輕疑其所重將以致理其可得乎又政貴有恆不求屢易今或責小臣以大體或責大臣以小事小臣乘非其據大臣孰得其所守大臣或以小過獲罪小臣或以大體受罰職非其位罰非其罪欲其無私求其盡力不亦難乎小臣不可委以大事大臣不可責以小罪任以大官求其細過刀筆之吏順旨承風舞文弄法曲成其罪自陳也則以爲心不伏辜不言也則以爲所犯皆實進退惟谷莫能自明則苟免其禍大臣苟免則譎詐萌生譎詐萌生則矯僞成俗矯僞成俗則不可以臻至理矣又委任大臣欲其盡力每官有所避忌不言則爲不盡力若舉得其人何嫌於故舊若舉非其任何貴於疏遠待之不盡誠信何以責其忠恕哉臣雖或有失之君亦未爲得也夫上之

不信於下必以爲下無可信若必下無可信則上亦有可疑矣禮云上人疑則百姓惑下難知則君長勞上下相疑則不可以言至理矣當今羣臣之內遠在一方流言三至而不投杼者臣竊思度未見其人夫以四海之廣士庶之衆豈無一二可信之人哉蓋信之則無不可疑之則無可信者豈獨臣之過乎夫以一介愚夫結爲交友以身相許死且不渝況君臣契合實同魚水若君爲堯舜則臣爲稷契豈有遇小事則變志見小利則易心哉此雖下之立忠未能明著亦由上懷不信待之過薄之所致也此豈君使

臣以禮臣事君以忠乎以陛下之聖明以當今之功業誠能博求時俊上下同心則三皇可追而四五帝可俯而六矣夏殷周漢夫何足數焉

論御臣之術

臣聞知臣莫若君知子莫若父父不能知其子則無以睦一家君不能知其臣則無以齊萬國萬國咸寧一人有慶必藉忠良作弼俊乂在官則庶績其凝無爲而化矣故堯舜文武見稱前載咸以知人則哲多士盈朝元凱翼巍巍之功周召光煥乎之美然則四岳九官五臣十亂豈惟生

之於曩代而獨無於當今者哉在乎求與不求好與不好耳何以言之夫美玉明珠孔翠犀象大宛之馬西旅之獒或無足也或無情也生於八荒之表途遙萬里之外重譯入貢道路不絕者何哉蓋由乎中國之所好也況從仕者懷君之榮食君之祿率之以義將何往而不至哉臣以爲與之爲忠則可使同乎龍逢比干矣與之爲孝則可使同乎曾參子騫矣與之爲信則可使同乎尾生展禽矣與之爲廉則可使同乎伯夷叔齊矣然而今之羣臣罕能貞白卓異者蓋求之不切勵之未精故也若勗之以公忠期之以遠大各有職分得行其道貴則觀其所舉富則觀其所養居則觀其所好習則觀其所言窮則觀其所不受賤則觀其所不爲因其材以取之審其能以任之用其所長揜其所短進之以六正戒之以六邪則不嚴而自勵不勸而自勉矣故說苑曰人臣之行有六正六邪行六正則榮犯六邪則辱何謂六正一曰萌芽未動形兆未見昭然獨見存亡之機得失之要預禁乎未然之前使主超然立乎榮顯之處如此者聖臣也二曰虛心盡意日進善道勉主以禮義諭主以長策將順其美匡救其惡如此者良臣也三

曰夙興夜寐進賢不懈數稱往古之行事以勵主意如此者忠臣也四曰明察成敗早防而救之塞其間絕其源轉禍以爲福使君終以無憂如此者智臣也五曰守文奉法任官職事不受贈遺辭祿讓賜飲食節儉如此者貞臣也六曰國家昏亂所爲不諛敢犯主之嚴顏面言主之過失如此者直臣也是謂六正何謂六邪一曰安官貪祿不務公事與代浮沉左右觀望如此者具臣也二曰主所言皆曰善主所爲皆曰可隱而求主之所好而進之以快主之耳目偷合苟容與主爲樂不顧後害如此者諛臣也三曰

內實險詖外貌小謹巧言令色妬賢嫉能所欲進則明其美隱其惡所欲退則明其過匿其美使主賞罰不當號令不行如此者奸臣也四曰智足以飾非辯足以行說內離骨肉之親外搆亂於朝廷如此者讒臣也五曰專權擅勢以輕爲重私門成黨以富其家擅矯主命以自顯貴如此者賊臣也六曰諂主以邪佞陷主於不義朋黨比周以蔽主明使黑白無別是非無閒使主惡布於境內聞於四鄰如此者亡國之臣也是謂六邪賢臣處六正之道不行六邪之術故上安而下理生則見樂死則見思此人臣之術

也記曰權衡誠懸不可欺以輕重繩墨誠陳不可欺以曲直規矩誠設不可欺以方圓君子審禮不可誣以奸詐然則臣之情僞知之不難矣又設禮以待之執法以御之爲善者蒙賞爲惡者受罰安敢不企及乎安敢不盡力乎國家思欲進忠良退不肖十有餘載矣徒聞其語不見其人何哉蓋言之是也行之非也言之是則出乎公道行之非則涉乎邪徑是非相亂好惡相攻所愛雖有罪不及於刑所惡雖無辜不免於罰此所謂愛之欲其生惡之欲其死者也或以小惡棄大善或以小過忘大功此所謂君之賞不可以無功求君之罰不可以有功免者也賞不以勸善罰不以懲惡而望邪正不惑其可得乎若賞不遺疏遠罰不阿親貴以公平爲規矩以仁義爲準繩考事以正其名循名以求其實則邪正莫隱善惡自分然後取其實不尚其華處其厚不居其薄則不言而化期月而可知矣若徒愛美錦而不爲人擇官有至公之言無至公之實愛而不知其惡憎而不知其善徇私情以近邪佞背公道而遠忠良則夙夜不怠勞神苦思將求至理不可得也

欽定全唐文卷一百四十

魏徵二

諫遣使市馬疏

今發使以立可汗爲名可汗未定即詣諸國市馬彼必以爲意在市馬不爲專立可汗可汗得立則不甚懷恩不得立則以爲深怨諸蕃聞之必不重中國馬市既不可得縱得馬亦還路無從但使彼國安寧則諸國之馬不求自至矣昔漢文帝有獻千里馬者曰吾吉行日三十凶行日五十鑾輿在前屬車在後吾獨乘千里馬將安之乎乃償其

道路所費而返之又光武有獻千里馬及寶劍者以馬駕鼓車劍以賜騎士今陛下凡所施爲皆邈於三王之上柰何至此欲爲孝文光武之下乎又魏文帝求市西域大珠蘇則曰若陛下惠及四海則珠不求自至求而得之不足貴也陛下縱不能慕漢文之高行可不畏蘇則之言乎

諫止聘充華疏

陛下爲人父母撫愛百姓當憂其所憂樂其所樂自古有道之主以百姓之心爲心故君處臺榭則欲民有棟宇之安食膏粱則欲民無饑寒之患顧嬪御則欲民有室家之歡此人主之常道也今鄭氏之女久已許人陛下取之不疑無所顧問播之四海豈爲人父母之義乎臣傳聞雖或未的然恐虧損聖德情不敢隱君舉必書所願特留神慮

十漸疏

臣觀自古帝王受圖定鼎皆欲傳之萬代貽厥孫謀故其垂拱巖廊布政天下其語道也必先淳樸而抑浮華其論人也必貴忠良而鄙邪佞言制度也則絶奢靡而崇儉約談物產也則重穀帛而賤珍奇然受命之初皆遵之以成治稍安之後多反之而敗俗其故何哉豈不以居萬乘之

尊有四海之富出言而莫己逆所爲而人必從公道溺於私情禮節虧於嗜欲故也語曰非知之難行之惟難非行之難終之斯難斯言信矣伏惟陛下年甫弱冠大拯橫流削平區宇肇開帝業貞觀之初時方克壯抑損嗜欲躬行節儉內外康寧遂臻至治論功則湯武不足方語德則堯舜未爲遠臣自擢居左右十有餘年每侍帷幄屢奉明旨常許仁義之道守之而不失儉約之志終始而不渝一言興邦斯之謂也德音在耳敢忘之乎而頃年已來稍乖曩志敦樸之理漸不克終謹以所聞列之如左陛下貞觀之

初無爲無欲清靜之化遠被遐荒考之於今其風漸墮聽言則遠超於上聖論事則未踰於中主何以言之漢文晉武俱非上哲漢文辭千里之馬晉武焚雉頭之裘今則求駿馬於萬里市珍奇於域外取怪於道路見輕於戎狄此其漸不克終一也昔子貢問理人於孔子孔子曰懍乎若朽索之馭六馬子貢曰何其畏哉子曰不以道導之則吾讎也若何其無畏故書曰民惟邦本本固邦寧爲人上者柰何不敬陛下貞觀之始視人如傷恤其勤勞愛民猶子每存簡約無所營爲頃年已來意在奢縱忽忘卑儉輕用

人力乃云百姓無事則驕逸勞役則易使自古已來未有由百姓逸樂而致傾敗者也何有逆畏其驕逸而故欲勞役者哉恐非興邦之至言豈安人之長算此其漸不克終二也陛下貞觀之初損己以利物至於今日縱欲以勞人卑儉之迹歲改驕奢之情日異雖憂人之言不絕於口而樂身之事實切於心或時欲有所營慮人致諫乃云若不爲此不便我身人臣之情何可復爭此直意在杜諫者之口豈曰擇善而行者乎此其漸不克終三也立身成敗在於所染蘭芷鮑魚與之俱化慎乎所習不可不思陛下貞觀之初砥礪名節不私於物唯善是與親愛君子疎斥小人今則不然輕褻小人禮重君子重君子也敬而遠之輕小人也狎而近之近之則不見其非遠之則莫知其是莫知其是則不間而自疎不見其非則有時而自昵昵近小人非致理之道疎遠君子豈興邦之義此其漸不克終四也書曰不作無益害有益功乃成不貴異物賤用物人乃足犬馬非其土性不畜珍禽奇獸弗育於國陛下貞觀之初動遵堯舜捐金抵璧反樸還淳頃年已來好尚奇異難得之貨無遠不臻珍玩之作無時能止上好奢靡而望下

敦樸未之有也末作滋興而求豐實其不可得亦已明矣此其漸不克終五也貞觀之初求賢如渴善人所舉信而任之取其所長恒恐不及近歲已來由心好惡或衆善舉而用之或一人毀而棄之或積年任而用之或一朝疑而遠之夫行有素履事有成跡所毀之人未必可信於所舉積年之行不應頓失於一朝君子之懷蹈仁義而宏大德小人之性好讒佞以爲身謀陛下不審察其根源而輕爲之臧否是使守道者日疎干求者日進所以人思苟免莫能盡力此其漸不克終六也陛下初登大位高居深視事

惟清靜心無嗜欲內除畢弋之物外絕畋獵之源數載之後不能固志雖無十旬之逸或過三驅之禮遂使盤遊之娛見譏於百姓鷹犬之貢遠及於四夷或時教習之處道路遙遠侵晨而出入夜方還以馳騁爲歡莫慮不虞之變事之不測其可救乎此其漸不克終七也孔子曰君使臣以禮臣事君以忠然則君之待臣義不可薄陛下初踐大位敬以接下君恩下流臣情上達咸思竭力心無所隱頃年已來多所忽略或外官充使奏事入朝思覩闕庭將陳所見欲言則顏色不接欲請又恩禮不加間因所短詰其

細過雖有聰辯之略莫能申其忠款而望上下同心君臣交泰不亦難乎此其漸不克終八也傲不可長欲不可縱樂不可極志不可滿四者前王所以致福通賢以爲深誡陛下貞觀之初孜孜不怠屈己從人恒若不足頃年已來微有矜放恃功業之大意蔑前王負聖智之明心輕當代此傲之長也欲有所爲皆取遂意縱或抑情從諫終是不能忘懷此欲之縱也志在嬉遊情無厭倦雖未全妨政事不復專心治道此樂將極也率土乂安四夷款服仍遠勞士馬問罪遐裔此志將滿也親狎者阿旨而不肯言疎遠者畏威而莫敢諫積而不已將虧聖德此其漸不克終九也昔陶唐成湯之時非無災患而稱其聖德者以其有始有終無爲無欲遇災則極其憂勤時安則不驕不逸故也貞觀之初頻年霜旱畿內戶口並就關外攜負老幼來往數年曾無一戶逃亡一人怨苦此誠由識陛下矜育之懷所以至死無攜貳頃年已來疲於徭役關中之人勞弊尤甚雜匠之徒下日悉留和雇正兵之輩上番多別驅使和市之物不絕於鄉閭遞送之夫相繼於道路既有所弊易爲驚擾脫因水旱穀麥不收恐百姓之心不能如前日之

寧帖此其漸不克終十也臣聞禍福無門唯人所召人無釁焉妖不妄作伏惟陛下統天御寓十有三年道洽寰中威加海外年穀豐稔禮教聿興比屋喻於可封菽粟同於水火暨乎今歲天災流行炎氣致旱乃遠被於郡國凶醜作孽忽近起於轂下夫天何言哉垂象示誡斯誠陛下驚懼之辰憂勤之日也若見誡而懼擇善而從同周文之小心追殷湯之罪己前王所以致理者勤而行之今時所以敗德者思而改之與物更新易人視聽則寶祚無疆普天幸甚何禍敗之有乎然則社稷安危國家理亂在於一人

而巳當今太平之基旣崇極天之峻九仞之積猶虧一簣之功千載休期時難再得明王可爲而不爲微臣所以鬱結而長歎者也臣誠愚鄙不達事機略舉所見十條輒以上聞聖聽伏願陛下採臣狂瞽之言參以芻蕘之議冀千慮一得袞職有補則死日生年甘從斧鉞

論君子小人疏

臣聞爲人君者在乎善善而惡惡近君子而遠小人善善明則君子進矣惡惡著則小人退矣近君子則朝無粃政遠小人則聽不私邪小人非無小善君子非無小過君子

小過則白玉之微瑕小人小善乃鉛刀之一割鉛刀一割良工之所不重小善不足以掩衆惡也白玉微瑕善賈之所不棄小疵不足以妨大美也善小人之小善謂之善善惡君子之小過謂之惡惡此則蒿蘭同臭玉石不分屈原所以沈江卞和所以泣血者也旣識玉石之分又辨蒿蘭之臭善善而不能進惡惡而不能去此郭氏所以爲墟史魚所以遺恨者也陛下聰明神武天姿英睿志存汎愛引納多途好善而不甚擇人疾惡而未能遠佞又出言無隱疾惡太深聞人之善或未全信聞人之惡以爲必然雖有獨見之明猶恐理或未盡何則君子揚人之善小人訐人之惡聞惡必信則小人之道長矣聞善或疑則君子之道消矣爲國家者急於進君子而退小人乃使君子道消小人道長則君臣失序上下否隔亂亡不卹將何以求治且世俗常人心無遠慮情在告訐好言朋黨夫以善相成謂之同德以惡相濟謂之朋黨今則淸濁並流善惡無別以告訐爲誠直以同德爲朋黨以之爲朋黨則謂事無可信以之爲誠直則謂言皆可取此君恩所以不結於下臣忠所以不達於上大臣不能辨正小臣莫之敢論遠近承風

混然成俗非國家之福非爲治之道適足以長奸邪亂視聽使人君不知所信臣下不得相安若不遠慮深絕其源則後患未之息也今之幸而未敗者由乎君有遠慮雖失之於始必得之於終故也若時逢少隳往而不返雖欲悔之必無所及旣不可以傳諸後嗣復何以垂法將來且夫進善黜惡施於人者也以古作鑒施於己者也鑒貌在乎止水鑒己在乎哲人能以古之哲王鑒於己之行事則貌之妍媸宛然在目事之善惡自得於心無勞司過之史不假芻蕘之議巍巍之功日著赫赫之名彌遠爲人君者可

不務乎。

論處突厥所宜疏

突厥自古至今未有如斯之破敗者也此是上天勦絕宗廟神武且其世寇中國百姓寃讐陛下以其爲降不能誅滅即宜遣發河北居其舊土匈奴人面獸心非我族類強必寇盜弱則卑服不顧恩義其天性也秦漢患其若是故時發猛將以擊之收以爲郡縣陛下柰何以內地居之且今降者幾至十萬數年之後滋息過倍居我肘腋甫邇王畿心腹之疾將爲後患尤不可河南處也晉代有魏時胡

部落分居近郡平吳已後郭欽江統勸武帝逐出塞外不用其言遣居河南數年之後遂傾瀍洛前代覆車殷鑒不遠陛下必用彥博言遣居河南所謂養獸自遺患也

諫詔免租賦又令輸納疏

臣伏見八月九日詔書率土皆給復一年老幼相歡式歌且舞在路又聞有敕丁已配役即令役滿折造餘物亦遣輸了待至明年總爲準折道路之人咸失所望此誠平分萬姓均同七子然下民難與圖始日用不知皆謂以國家追悔前言二三其德臣竊聞之天之所輔者仁人之所助者信今陛下初膺大寶億兆觀德始發大號便有二言生八表之疑心失四時之大信縱國家有倒懸之急猶必不可爲況以泰山之安而輒行此事爲陛下爲此計者於財利則小益於德義則大損臣誠智識淺短竊爲陛下惜之伏願少覽臣言詳擇利益冒昧之罪臣所甘心

豫章公主薨素服踰制疏

自豫章公主薨逝陛下久著素服羣情悚慄咸不自寧臣聞古之王者絕於期服此乃前書典禮列代舊章陛下發上聖之慈深下流之慟素服以來遂經旬月悼往之義足

爲加隆伏願割無已之痛從先王之禮御常服以副羣下之心臣濫蒙重任不敢寢默

辨權萬紀劾房元齡王珪考官不平疏

元齡王珪俱是國家重臣並以忠正任使其所考者既多或一兩人不當祇是見有左右終非心有阿私若即推繩不相信任此事便不可信何以堪當重委假令錯謬有實未足虧損國家窮鞫若虛失委大臣之體且萬紀每日常在考堂必有乖違足得論正當時鑒見一無陳說身不得考方始糾彈徒發上嗔怒非是誠心爲國無益於上有損

於下所惜傷於政體不敢有所阿黨

諫西行諸將不得上考疏

臣聞採尺璧者棄其微瑕錄大功者不論細過西行諸將雖無大功君集萬均克平寇亂不辱國命跋涉艱阻來往二年考其勤勞與在家者不異即使人無怨讟亦不可勸勉將來臣愚以謂西行諸將君集萬均已外五品已上有功勳無罪殿者其考請更斟酌匪惟一事得所足以勸後人也

答太宗手詔疏

帝王所重在乎定君臣明父子正夫婦三者不亂然後內外安寧比見弟子陵師奴婢忽主下多輕上皆有爲而來漸不可長又帝王大如天地信如四時諸葛亮小國之臣猶能開誠心布公道今之爲政未能平心亦虧公道心所愛則雖僻不以爲非心所嫌則雖正不以爲是今每發言常疾私相請託或至小事自所未免上爲下效理必然也

理獄聽諫疏

臣聞道德之厚莫尚於軒唐仁義之隆莫彰於舜禹欲繼軒唐之風將追舜禹之跡必鎮之以道德宏之以仁義舉

善而任之擇善而從之不擇善任能而委之俗吏既無遠度必失大體惟奉三尺之律以繩四海之人欲求垂拱無爲不可得也故聖哲君臨移風易俗不資嚴刑峻法在仁義而已故非仁無以廣施非義無以正身惠下以仁正身以義則其政不嚴而理其教不肅而成矣然則仁義理之本也刑罰理之末也爲理之有刑罰猶執御之有鞭策也人皆從化而刑罰無所施馬盡其力則有鞭策無所用由此言之刑罰不可致理亦已明矣故潛夫論曰人君之理莫大於道德教化也民有性有情有化有俗情性者心也本也俗化者行也末也是以上君撫世先其本而後其末順其心而履其行心情苟正則姦慝無所生邪意無所載矣是故上聖無不務理民心故曰聽訟吾猶人也必也使無訟乎道之以禮務厚其性而泯其情民相愛則無相傷害之意動思義則無畜姦邪之心若此非律令所理也此乃教化之所致也聖人甚尊德禮而卑刑罰故舜先勑契以敬敷五教而後任咎繇以五刑也凡立法者非以司民短而誅過誤也乃以防姦惡而救禍患檢淫邪而內正道民蒙善化則人有士君子之心被惡政則人有懷姦亂之

慮故善化之養民猶工之爲麴豉也六合之民猶一廛也黔首之屬猶荳麥也變化云爲在將者耳遭良吏則懷忠信而履仁厚遇惡吏則懷姦邪而行淺薄忠厚積則致太平淺薄積則致危亡是以聖帝明王皆敦德化而薄威刑也德者所以循已也威者所以理人也民之生也猶鑠金在爐方圓薄厚隨鎔制耳是故世之善惡俗之薄厚皆在於君世之主誠能使六合之內舉世之人感忠厚之情而無淺薄之惡各奉公正之心而無姦險之慮則醇釅之俗復見於茲矣後王雖未能遵專尚仁義當慎刑卹典哀敬

無私故管子曰聖君任法不任智任公不任私故王天下理國家貞觀之初志存公道人有所犯一一於法縱臨時處斷或有輕重但見臣下執論無不忻然受納民知罪之無私故甘心而不怨臣下見言無忤故盡力以效忠頃年已來意漸深刻雖開三面之網而察見川中之魚取捨枉於愛憎輕重由乎喜怒愛之者罪雖重而強爲之辭惡之者過雖小而深探其意法無定科任情以輕重人有執論疑之以阿僞故受罰者無所控告當官者莫敢正言不服其心但窮其口欲加之罪其無辭乎又五品已上有犯悉令曹司聞奏本欲察其情狀有所哀矜今乃曲求小節或重其罪使人攻擊惟恨不深事無重條求之法外所加十有六七故頃年犯者懼上聞得付法司以爲多幸告訐無已窮理不息君私於上吏姦於下求細過而忘大體行一罰而起衆姦此乃背公平之道乖泣辜之意欲其人和訟息不可得也故體論云夫淫泆盜竊百姓之所惡也我從而刑罰之雖過乎當百姓不以我爲暴者公也怨曠饑寒亦百姓之所惡也遁而陷之法我從而寬宥之百姓不以我爲偏者公也我之所重百姓之所憎也我之所輕百姓

之所憐也是故賞輕而勸善刑省而禁姦由此言之公之於法無不可也過輕亦可私之於法無可也過輕則縱姦過重則傷善聖人之於法也公矣然猶懼其未也而救之以化此上古所務也後之理獄者則不然未訊罪人則先爲之意及其訊之則驅而致之意謂之能不探獄之所由生爲之分而上求人主之微旨以爲制謂之忠其當官也能其事上也忠則名利隨而與之驅而陷之欲望道化之隆亦難矣凡聽訟理獄必原父子之親立君臣之義權輕重之序測淺深之量悉其聰明致其忠愛疑則與衆共之

疑則從輕者所以重之也故舜命咎繇曰汝作士惟刑之恤又復加之以三訊衆所善然後斷之是以爲法參之人情故傳曰小大之獄雖不能察必以情而世俗拘愚苛刻之吏以爲情也者取貨者也立愛憎者也右親戚者也陷怨讐者也何世俗小吏之情與夫古人之懸遠乎有司以此情疑之羣吏人主以此情疑之有司是君臣上下通相疑也欲其盡忠立節難矣凡理獄之情必本所犯之事以爲主不嚴訊不旁求不貴多端以見聰明故律正其舉劾之法參伍其辭所以求實也非所以飾實也但當參伍明

聽之耳不使獄吏鍛鍊飾理成辭於手孔子曰古之聽獄求所以生之也今之聽獄求所以殺之也故析言以破律任案以成法執左道以必加也又淮南子曰豐水之深十仞金鐵在焉則形見於外非不深且淸而魚鼈莫之歸也故爲上者以苛爲察以功爲明以刻下爲忠以訐多爲功譬猶廣革大則大矣裂之道也夫賞宜從重罰宜從輕君居其厚百王通制刑之輕重恩之厚薄見思與見疾其可同日言哉且法國之權衡也時之準繩也權衡所以定輕重準繩所以正曲直今作法貴其寬平罪人欲其嚴酷喜怒肆志高下在心是則捨準繩以正曲直棄權衡而定輕重者也不亦惑哉諸葛孔明小國之相猶曰吾心如稱不能爲人作輕重況萬乘之主當可封之日而任心棄法取怨於人乎又時有小事不欲人聞則暴作威怒以弭謗議若所爲是也聞於外其何傷若所爲非也雖揜之何益故諺曰欲人不知莫若不爲欲人不聞莫若勿言爲之而欲人不知言之而欲人不聞此猶捕雀而揜目盜鐘而揜耳者祇以取誚將何益乎臣又聞之無常亂之國無不可理之民者夫君之善惡由乎化之薄厚故禹湯以之理桀紂

以之亂文武以之安幽厲以之危是以古之哲王盡已而不以尤人求身而不以責下故曰禹湯罪已其興也勃焉桀紂罪人其亡也忽焉爲之無已深乖惻隱之情實啟姦邪之路溫舒恨於曩日臣亦欲惜所不用非所不聞也臣聞堯有敢諫之鼓舜有誹謗之木湯有司過之史武有戒愼之銘此則聽之於無形求之於未有虛心以待下庶下之情達上上下無私君臣合德者也魏武帝云有德之君樂聞逆耳之言犯顏之諍親忠臣厚諫士斥讒慝遠佞人者誠欲全身保國遠避滅亡者也凡百君子膺期統運縱

未能上下無私君臣合德可不全身保國遠避滅亡乎然自古聖哲之君功成事立未有不資同心予違汝弼者也昔在貞觀之初側身勵行謙以受物蓋聞善必改時有小過引納忠規每聽直言喜形顏色故凡在忠烈咸竭其辭自頃年海內無虞遠夷攝服志色盈滿事異厥初高談疾邪而喜聞順旨之說空論忠讜而不悅逆耳之言私嬖之徑漸開至公之道日塞往來行路咸知之矣邦之興衰實由斯道爲人上者可不勉乎臣數年已來每奉明旨深懼羣臣莫肯盡言臣切思之自比來人或上書事有得失惟

見述其所短未有稱其所長又天居自高龍鱗難犯在於造次不敢盡言時有所陳不能盡意更思忠竭其道無因且所言當理未必加於寵秩意或乖忤將有恥辱隨之莫能盡節實由於此雖左右近侍朝夕階墀事或犯顏咸懷顧望況疏遠不接將何以極其忠款哉又時或宣言云臣下見事祇可來道何因所言即望我用此乃拒諫之辭誠非納忠之意何以言之犯主嚴顏獻可替否所以成主之美匡主之過若主聽則惑事有不行使其盡忠讜之言竭股肱之力猶恐臨事恐懼莫肯效其誠款若如明詔所道便是許其面從而又責其盡言進退將何所據欲必使乎致諫在乎好之而已故齊桓好服紫而合境無異色楚王好細腰而後宮多餓死夫以耳目之玩人猶死而不違況聖明之君求忠正之士千里斯應信不爲難若徒有其言而內無其實欲其必至不可得也

諫魏王移居武德殿疏

伏見勑旨令魏王泰移居武德殿此殿在內處所寬閒參奉往來極爲便近但魏王既是愛子陛下嘗欲其安全每事抑其驕奢不處嫌疑之地今移此殿便在東宮之西海

陵昔居時人以爲不可雖時殊事異猶恐人之多言又王之本心亦不安息既能以寵爲懼伏願成人之美明早是朔日或恐未得面陳愚慮有疑不敢寧寢輕干聽覽追深戰慄

魏徵三

明堂議

明堂之作其所由來遠矣爰自軒唐逮乎秦漢有損有益或同或異記述參差莫能詳究今稽諸古訓參以舊圖其上圓下方複廟重屋百慮一致異軫齊歸暨當塗膺籙未遑斯禮典午聿興無所取則裴頠以諸儒持論異端蜂起是非舛互靡所適從遂乃以人廢言止爲一殿宋齊則仍其舊梁陳遵而不改雖嚴配有所祭饗不匱求之典則道

實未宏何者夏禹哲王致美於祭服周公大孝備物於宗祀聖人設教夫豈徒哉然則身處卑宮神居重屋斯豈苟求壯麗崇飾華侈固亦致孝尊親之道因高事天之義求其遠趣非無深旨蓋以神本虛元無聲無臭視之不見聽之不聞既杳冥而莫測故廣袤之度罔知夫孝因心生禮緣情立心不可極故備物以表其誠情無以盡故飾宮以廣其敬宣尼美歎意在茲乎自五帝迄今代有損益宮室制度每越舊章重屋規模獨虧前典文祖過土階之儉世宗踰卑宮之陋配天致極理必未安伏惟陛下以上聖之英靈承皇天之眷命一六合而光宅得萬國之懽心九譯之貢既承明堂之位仍闕永言殷薦誠感自中臣等親奉德音預參大議思竭塵露增崇山海凡聖人有作義重隨時萬物斯覩事資通變若據蔡邕之說則至理失於文繁若依裴頠所爲則大體傷於質略求之情理未臻厥中今之所議非無用捨請爲五室重屋上圓下方既體有則象又事多故實下室備布政之居上堂爲祭天之所人神不雜禮亦宜之其高下廣袤之規几筵尺丈之度則並隨時立法因事制宜自我而作不必師古圖像備陳決之聖慮

廓千載之疑議爲百王之懿範不使泰山之下惟聞黃帝之法汶水之上獨稱漢武之圖則通乎神明庶幾可俟子來經始成之不日謹議

朝臣被推劾朞以上親不宜停侍衛入内議

竊以刑辟之設世輕世重防奸慮禍異代同歸傳曰舜之誅也殛鯀其舉也興禹書云父子兄弟罪不相及此乃哲王盛德稱之自遠爰逮近古漸爲深防刑人不在君側雖著禮經子孫緣於父祖猶無定式故張湯伏辜安世爲漢朝名相嵇康就戮延祖爲晉室忠臣是知君有刑臣之道

下無讐天之義至於子孫方之昆弟愛敬不同非無等級考之刑憲參詳古今科條既殊節文又異量輕重以原情因親疎以定制疎而不漏簡而易從示無私之心坦至公之路論德則可大爲法則可久不失理不害義因循弗革切爲未允至若被推劾者期以上親不許入內此由罪狀初發君怒未息父子兄弟義不自安上展睿聖之心下申恐懼之意且不聽入未爲失理依舊不改亦非乖謬謹議

嫂叔舅服議

臣竊聞之禮所以決嫌疑定猶豫別同異明是非者也非

從天降非從地出在人情而已矣人道所先在乎敦睦九族九族敦睦由乎親親以近及遠親屬有等差故喪紀有降殺親疎有九服術有六隨恩以薄厚稱情以立文舅之與姨雖爲同氣推之於母輕重相懸何則舅爲母之本宗姨乃外戚他族求之母族姨不預焉考之經文舅誠爲重故周王念齊每稱舅甥之國秦伯懷晉實切渭陽之詩今在舅服止一時爲姨居喪五月徇名喪實逐末棄本此古人之情或有未達今之損益實在茲乎記曰兄弟之子猶子也蓋引而進之也嫂叔之無服蓋推而遠之也禮繼父同居者則爲之期未嘗同居則不爲服從母之夫舅之妻二人相爲服或曰同爨緦然則繼父之徒並非骨肉則服重由乎同爨恩輕在乎異居故知制服雖繫於名文蓋亦緣恩之厚薄者也或有長年之嫂遇孩童之叔劬勞鞠養恩若所生分饑共寒契闊偕老譬同居之繼父方他人之同爨情義之深淺寧可同日而言哉在其生也愛之同於骨肉及其死也則曰推而遠之求之本原深所未諭若推而遠之爲是則不可生而共居生而共居爲是則不可死同行路重其生而輕其死厚其始而薄其終稱情立文其

義安在且事嫂見稱載籍非一鄭仲虞則恩禮甚篤顏宏都則竭誠致感馬援則見之必冠孔伋則哭之爲位此並躬踐教義仁深孝友察其所行之旨豈非先覺者乎但於其時上無哲王禮非下之所議遂使深情鬱於千載至禮藏於萬古其來久矣豈不惜哉今屬欽明御宇光華再旦五禮詳洽一物無遺猶且永念慎終凝神遠想以爲尊卑之敘雖煥乎大備喪紀之制或情理未除爰命秩宗詳議損益臣等奉遵明旨觸類旁求採摭羣經討論傳記或損其有餘益其不足使無文之禮咸秩敦睦之情畢舉變薄

俗於旣往垂篤義於將來信六籍所不能談超百王而獨得者也其損益之事備陳如左謹按高祖父母舊服齊衰三月請加爲齊衰五月適子婦舊服大功請加爲朞衆子婦舊服小功今請與兄弟子同爲大功九月嫂叔舊無服今請服小功五月服其弟妻及夫兄亦小功五月舅舊服緦麻請與從母同服小功五月謹議

象古建侯未可議

臣聞三代之利建藩屏保乂皇家兩漢之大啟山河同獎王室故楚國不恭齊桓有召陵之師諸呂稱亂朱虛奮北

軍之誅九鼎絕而復安諸侯傲而還肅比夫秦之孤立子弟爲匹夫魏氏虛名藩捍若囹圄豈可同年而語哉至於同憂共樂之談百不一存始蒙聖帝敷至仁以流宏澤沐春風而沾夏雨一朝棄之爲諸侯之隸衆心未定或致逃亡其未可一也旣立諸侯當建社廟禮樂文物儀衞左右頓闕則理必不安粗修則事在未暇其未可二也大夫卿士咸資祿俸薄賦則官府困窮厚斂則人不堪命其未可三也王畿千里征稅不多至於貢賦所資在於侯甸之外今並分爲國邑京師府藏必虛諸侯朝宗無所取給其未可四也今燕秦趙代俱帶蕃夷黠羌旅拒匈奴未滅追兵內地遠赴邊庭不堪其勞將有他變難安易動悔或不追其未可五也原夫聖人舉事貴在相時時或未可理資通變敢進芻蕘之議惟明主擇焉謹議

賞舊左右議

昔晉文反國爰議從亡之賞漢皇定鼎先說入蜀之功太宗光協大橫未忘代邸之舊光武符膺赤伏猶念潁川之勤此一霸三王名高前代豈溺情於近習曲私於一物誠蓋理有必然義不得已也書曰人惟求舊左右等攀附鱗

翼多歷歲年入參社稷之守出爲羈紲之僕冒犯鋒鏑契闊險難或力盡鞍甲恩澤莫沾或身沒戰場子孫未錄羣議不息實由於此今時來有運天門已開故攀桂之懽未絕積薪之歎尚深若不申此大通疑考之羣望介之推高潔猶未免言臣等慮不及遠輒申狂瞽伏惟深察悚慄謹議

與徐世勣書

自隋末亂離羣雄競逐跨州連郡不可勝數魏公起自叛徒奮臂大呼四方響應萬里風馳雲合霧聚衆數十萬威

之所被將半天下破世充于洛口摧化及於黎山方欲西蹈咸陽北陵元闕揚旌瀚海飲馬渭川翻以百勝之威敗於奔亡之虜固知神器之重自有所歸不可以力爭是以魏公思皇天之乃睠入函谷而不疑公生於擾攘之時感知己之遇根本已拔確乎不動鳩合遺散據守一隅世充以乘勝餘勇息其東略建德因侮亡之勢不敢南謀公之英聲足以振於今古然誰無善始終之慮難去就之機安危大節若策名得地則九族蔭其餘輝委質非人則一身不能自保殷鑒不遠公所聞見孟賁猶豫童子先之知幾

其神不俟終日今公處必爭之地乘宜速之機更事遲疑坐觀成敗恐凶狡之輩先人生心則公之事去矣

諸王善惡錄序

觀夫膺期受命握圖御宇咸建懿親藩屏王室布在方策可得而言自軒分二十五子舜舉十六族爰歷周漢以逮陳隋分裂山河大啟磐石者眾矣保乂王家與時升降或失其土宇不祀忽諸然考其盛衰察其興滅功成名立咸資始封之君國喪身亡多因繼體之后其故何哉始封之君時逢草昧見王業之艱阻知父兄之憂勤是以在上不驕夙夜匪懈或設醴以求賢或吐飧而接士故甘忠言之逆耳得百姓之歡心樹至德於生前流遺愛於身後暨乎子孫繼體多屬隆平生自深宮之中長居婦人之手不以高危為憂懼豈知稼穡之艱難昵近小人疏遠君子綢繆哲婦傲很明德犯義悖禮淫荒無度不遵典憲僭差越等恃一顧之權寵便懷匹嫡之心矜一事之微勞遂有無厭之望棄忠貞之正路蹈奸宄之迷途愎諫違卜往而不返雖梁孝齊同之勳庸淮南河東之才俊摧摩霄之逸翮成窮轍之涸鱗棄桓文之大功就梁董之顯戮垂為明戒可

不惜乎皇帝以聖哲之姿拯傾危之運耀七德以清六合總萬國而朝百靈懷柔四荒親睦九族念華萼於棠棣寄維城於宗子心乎愛矣靡日不思爰命下臣考覽載籍博求鑒鏡貽厥孫謀臣輒竭愚淺稽諸前訓凡為藩為翰有國有家者其興也必由於積善其亡也皆在於積惡故知善不積不足以成名惡不積不足以滅身然則禍福無門吉凶由己惟人所召豈徒然哉今錄自古諸王行事得失分為善惡各為一篇名曰諸王善惡錄欲使見善思齊足以揚名不朽聞惡能改庶得免乎太過從善則有譽改過

則無咎興亡是係可不勉與

羣書治要序

竊惟載籍之興其來尚矣左史右史記事記言皆所以昭德塞違勸善懲惡故作而可紀薰風揚乎百代動而不法炯戒垂乎千祀是以歷觀前聖撫運膺期莫不懍乎御朽自強不息朝乾夕惕義在兹乎近古皇王時有撰述並皆包括天地牢籠羣有競採浮豔之詞爭馳迂誕之說騁末學之傳聞飾雕蟲之小技流蕩忘反殊塗同致雖辯周萬物愈失司契之源術總百端彌乖得一之旨皇上以天縱

之多才運生知之睿思性與道合動妙幾神元德潛通化前王之所未化損已利物行列聖所不能行瀚海龍庭之野並爲郡國扶桑若木之域咸襲纓冕天地成平外內禔福猶且爲而不恃雖休勿休俯協堯舜式遵稽古不察貌乎止水將取鑒乎哲人以爲六籍紛綸百家踳駁窮理盡性則勞而少功周覽汎觀則博而寡要故爰命臣等採摭羣書翦截淫放光昭訓典聖思所存務乎政術綴敘大略咸發神衷雅致鉤深規摹宏遠綱羅政體事非一日若乃欽明之后屈己以救時無道之君樂身以亡國或臨難而

知懼在危而獲安或得志而驕居業成以致敗者莫不備其得失以著爲君之難其委質策名立功樹惠貞心直道亡軀殉國身殞百年之中聲馳千載之後或大奸巨猾轉日迴天社鼠城狐反白作黑忠良由其放逐邦國因以危亡者咸亦述其終始以顯爲臣不易其立德立言作訓垂範爲綱爲紀經天緯地金聲玉振騰實飛英雅論徽猷嘉言美事可以宏獎名教崇太平之基者固亦片善不遺將以丕顯皇極至於母儀嬪則懿后良妃參徽猷于十亂著深誡于辭輦或傾城哲婦亡國豔妻候晨雞以先鳴待舉

烽而後笑者時有所存以備勸戒爰自六經訖乎諸子上始古帝下盡晉年凡爲五袠合五十卷本求治要故以治要爲名但皇覽遍略隨方類聚名目互顯首尾淆亂文義斷絕尋究爲難今之所撰異乎先作總立新名各全舊體欲令見本知末原始要終並棄彼春華採兹秋實一書之內牙角無遺一事之中羽毛咸盡用之當今足以殷鑒前古傳之來葉可以貽厥孫謀引而申之觸類而長蓋亦言之者無罪聞之者足以戒庶宏兹九德簡而易從觀彼百王不疾而速崇巍巍之盛業開蕩蕩之王道可久可大之

功並天地之貞觀日用日新之德將金鏡以長懸矣其目錄次第編之如左

為李密檄滎陽守郇王慶文

早抱芳餌未諧披展甚為翹佇興寢增勞寒勢轉嚴比得清吉及處危城無乃憂悴自猜狂嗣位多歷歲年剝削黔黎塗毒天下瓊室瑤臺之麗未極驕奢糟邱酒池之荒非為淫亂加以違忠臣之諫從婦人之言殺戮忠良科稅無已是以蝟毛而起豹變其文共舉義旗同翦凶虐今者屯營鞏洛開發太倉賑恤饑羸或從充健吳戈電照隸首算而無窮冀馬雲屯宏羊計而難盡是以八方並湊萬里俱來莫不期入關以亡秦爭渡河而滅紂東窮海岱南泊江淮凡厥遺黎承風慕義唐公起兵黎疑作晉陽軍臨灞岸三秦父老千里犒師協義同心共為犄角元寶藏武陽與義即取黎陽燕趙之郊來蘇成詠唯滎陽一郡仍獨守迷爰以宗盟尚疑銜璧敬陳鍼藥冀愈膏肓夫微子紂之長兄親實為重項伯籍之季父戚乃非疏然其去朝歌而處周背西楚而歸漢豈不眷戀宗祊留連骨肉但為識寶鼎之遷移知神器之先改河決不可壅樹顛不可維所謂元覽

通人明鑒君子者矣而王之先代家住山東本姓郭氏乃非楊族只為寎與隋朝頗有勳舊遂得預沾磐石名在葭莩婁敬之與漢高殊非血允呂布之於董卓良異天親芝焚蕙歎事不同此又王之昏主心若豺狼備忿同胞乃甚沈閼惟勇及諒咸罄甸師魏文之毒任城漢武之鴆河獻假使宗祧是一疏不間親況乃族類為非有何疑阻王之為臣無所獻納不能曲突徙薪除煩去惑致令四海鼎沸百姓亂麻高壘深溝自固而已藩屏之寄豈若是乎欲免大責其可得也為王計者莫若舉城從義開門送款識幾知變足為美談乃至子孫長守富貴今王世充屢被摧破偷存漏刻段達等東都窘迫自救無聊世充朝亡彼便夕死又江都荒酣酒色流湎忘歸內外崩離人情怨憤上江米船皆被抄截士卒飢餒半粟不充事切析骸義均煮弩舉烽火於驪山諸侯莫至浮膠船於漢水還日未期近得朱粲啟詞銳師百萬已破襄陽總帥熊羆沿流東下尅期指日定滅江都分項籍於五侯切王莽於千段王獨守孤城援絕千里餱糧之計僅有月餘弊卒之多才盈數百何以恃賴欲相抗拒求枯魚於市肆即事未遑因歸雁以運

糧竟知何日然城中豪傑王之腹心思殺長吏將爲内應只恐禍生匕首竇起蕭牆枉以七尺之形徒償千金之購可爲寒心可爲酸鼻者也今貔貅百萬馬首欲東惟待王世充破了鼓行東邁梯衝亂舞鼓角潛鳴笑虢叔之死焉悲襄陽之嚬類南陽守齮封侯之事杳然東門逐獵臨刑之歎何晚深相愛惜裂帛裁書幸可三思自求多福

砥柱山銘

仰臨砥柱北望龍門茫茫禹跡浩浩長春

九成宮醴泉碑銘

維貞觀六年孟夏之月皇帝避暑於九成之宮此則隋之仁壽宮也冠山抗殿絕壑爲池跨水架楹分巖竦闕高閣周建長廊四起棟宇膠葛臺榭參差仰視則迢遰百尋下臨則崢嶸千仞珠璧交映金碧相輝照灼雲霞蔽虧日月觀其移山迴澗窮泰極侈以人從欲良足深尤至於炎景流金無鬱蒸之氣微風徐動有淒清之涼信安體之佳所誠養神之勝地漢之甘泉不能尚也皇帝爰在弱冠經營四方逮乎立年撫臨億兆始以武功一海内終以文德懷遠人東越青邱南踰丹徼皆獻琛奉贄重譯來王西暨輪臺北拒元闕並地列州縣人充編戶氣淑年和邇安遠肅羣生咸遂靈貺畢臻雖藉二儀之功終資一人之慮遺身利物櫛風沐雨百姓爲心憂勞成疾同堯肌之如腊甚禹足之胼胝針石屢加腠理猶滯爰居京室每弊炎暑羣下請建離宮庶可怡神養性聖上愛一夫之力惜十家之產深閉固拒未肯俯從以爲隋氏舊宮營於曩代棄之則可惜毀之則重勞事貴因循何必改作於是斲彫爲樸損之又損去其太甚葺其頹壞雜丹墀以砂礫間粉壁以塗泥玉砌接於土階茅茨續於瓊室仰觀壯麗可作鑒於既往

俯察卑儉足垂訓於後昆此所謂至人無爲大聖不作彼竭其力我享其功者也然昔之池沼咸引谷澗宮城之内本乏水源求而無之在乎一物既非人力所致聖心懷之不忘粵以四月甲申朔旬有六日己亥上及中宮歷覽臺觀閒步西城之陰躊躇高閣之下俯察厥土微覺有潤因而以杖導之有泉隨而湧出乃承以石檻引爲一渠其清若鏡味甘如醴南注丹霄之右東流度於雙闕貫穿青瑣縈帶紫房激揚清波滌蕩瑕穢可以導養正性可以澂瑩心神鑒映羣形潤生萬物同湛恩之不竭將元澤之常流

匪惟乾象之精蓋亦坤靈之寶謹按禮緯云王者刑殺當罪賞錫當功得禮之宜則醴泉出於闕庭鶡冠子曰聖人之德上及太清下及太寧中及萬靈則醴泉出瑞應圖曰王者純和飲食不貢獻則醴泉出飲之令人壽東觀漢紀曰光武中元元年醴泉出於京師飲之者痼疾皆愈然則神物之來實扶明聖既可蠲茲沈痾又將延彼遐齡是以百辟卿士相趨動色我后固懷撝挹推而弗有雖休勿休不徒聞於往昔以祥爲懼實取驗於當今斯乃上帝元符天子令德豈臣之末學所能丕顯但職在記言屬茲書事

不可使國之盛美有遺典策敢陳實錄爰勒斯銘其詞曰

惟皇撫運奄壹寰宇千載應期萬物斯覩功高大舜勤深伯禹絕後光前登三邁五握機蹈矩乃聖乃神武克禍亂文懷遠人書契未紀開闢不臣冠冕並襲琛贄咸陳大道無名上德不德元功潛運幾深莫測鑿井而飲耕田而食靡謝天功安知帝力上天之載無臭無聲萬類資始品物流形隨感變質應德效靈介焉如響赫赫明明雜遝景福葳蕤繁祉雲氏龍官龜圖鳳紀日含五色烏呈三趾頌不輟工筆無停史上善降祥上智斯悅流謙潤下潺湲皎潔蓱旨醴甘冰凝鏡澈用之日新挹之無竭道隨時泰慶與泉流我后夕惕雖休勿休居崇茅宇樂不般遊黃屋非貴天下爲憂人玩其華我取其實還淳反本代文以質居高思墜持滿戒溢念茲在茲永保貞吉

唐故邢國公李密墓誌銘

觀乎天造草昧之初有聖經綸之始原鹿逐而猶走瞻烏飛而未定必有異人間出命世挺生負問鼎之雄圖鬱拔山之壯氣控御英傑鞭撻區寓志逸風飈勢傾海岳或一丸請封函谷或八千以割鴻溝夏殷資以興亡楚漢由其

輕重懋功隳乎既立奇策敗於垂成仰龍門以摧鱗望天池而墜翼求之前載豈代有其人者哉公諱密字元邃隴西成紀人自種德降祉宏道垂風導碧海之長瀾崍閬峯之遙構家傳餘慶明哲繼軌論文德則弼諧舜禹語武功則經綸秦漢其餘令聞令望且公且侯垂翠緌拖鳴玉者蓋亦耆舊未得盡傳良史莫能詳載矣曾祖弼周太師上柱國衛公祖曜周太保魏公父寬隋上柱國大將軍涼州總管蒲山郡公並匡周之美呂望愧其嘉謀平吳之功杜預慙其遠略公渥洼龍種丹穴鳳雛降列象之元精稟成

形之秀氣雲生五色一日千里起家左親衛府東宮千牛備身趨馳武帳暉映廊廡出入龍樓光生道路隋文帝精華已竭義不斷恩始開陵長之源將致覆宗之禍公見機而作謝病言歸優游經史晦明藏用風塵靡雜賓友簡通交必一時之儁談必霸王之畧尚書令景武公楊素崖岸峻峙天資宏亮壁立千仞直上萬尋嗣關西之孔子追陝東之姬旦深謀遠鑒獨步當時公年甫弱冠時人未許景武一見風神稱其傑出乃命諸子從而友焉並結以始終之期申以死生之分暨有隋二世肆虐黔首三象霧塞五

岳塵飛妖災所臻匪唯血落星隕怨讟所動寧止石言鬼哭轍迹遍於天下徭戍窮於海外冤魂塞宇宙白骨蔽原野墳壟發掘城郭邱墟萬里蕭條人烟斷絕公與楚公協契共拯橫流未息溟海之波幾及昆岡之火公自道中竄身草澤奮臂大呼羣雄嚮起豹變梁楚鳳翔鞏洛據敖庾而塞轘轅登太行而臨白馬九服諸侯四方豪傑或跨州連郡或稱帝圖王合從締交爭亾秦族者莫不驅茲青犢背彼黑山擊長轂以雷奔望高旗而電集不期而會者以百千數遂大開幕府肇啟霸圖敷七德以宣威掩八紘而取儁鱗羽畢萃草澤無遺於是發人文以化之播仁義以乘之應時機以鼓之總羣策以決之九野風馳六合雷駭彈壓趙燕振驚江漢世充甚昆陽之敗煬帝同望夷之禍化及師殲於黎陽建德稽顙於河朔七國之地四爲我有五都之所三在域中胡騎千羣長戟百萬餘馬則河洛可竭作氣則嵩華自飛近無不懷遠無不肅聲溢寰宇威懾華夷屬人神乏主以天下爲已任荒裔佇來蘇之望遺黎有息肩之所雖實下民伊賴然非上帝所臨壯志展於人謀雄圖屈於天命始先鳴於大樹終垂翅於羣蕚乃眷西

顧舉茲東夏載驅周道來謁承明帝曰念功降茲休命上柱國邢國公拜光祿卿公威雖未振主自爲謀蓋當世舊部先附多出其右故吏後來或居其上懷漁陽之憤憤恥從吳耿後列同淮陰之怏怏羞與絳灌爲伍負其智勇頗不自安俄屬元帥秦王經營瀍洛亦親承祕策率卒先行既出雞鳴之關方次休牛之塞詔命施號更盡嘉謀公想雲夢之僞遊慮青衣之詐反心辭魏闕之下志在江湖之上慕范蠡之高蹤追赤松之遠遊熊耳峯危羊腸路險降吳不可歸蜀無路短兵既接修途已窮陰陵失道詎展拔

山之力雖馬不逝徒切虞兮之歌臨陣喪元時年三十有七故吏上柱國黎陽總管曹國公徐世勣等表請收葬有詔許焉公體質貞明機神警悟五行一覽半面十年雅善書劍尤精文史輕一夫之勇學萬人之敵至於三令五申之法七縱七擒之功出天入地之奇拔幟擁沙之策莫不動如神化應變無窮負縱橫之才遇風雲之會望紫氣以驤首淩扶搖而振翮總不召之衆問獨夫之罪從我如流三分將二遂有囊括四海之志併吞六合之心既而神器有歸朝宗天闕率從義之旅爲勤王之師更以名重自疑

功高是懼將遠遊以避難翻途窮而及禍惜乎高鳥未盡良弓遽折敵國猶梗謀臣已喪天子過細柳以興嗟聞鼓鼙而軫慮雅重事人之節方申詔葬之禮粤以武德二年某月日葬於黎陽山西南五里之平原禮也故吏徐世勣等或同嬰世網共涉艱難感意氣於一言託風雲於千載所恨並發唐代不列元凱之功俱爲漢臣獨漏山河之誓是以慟深欒布悲甚向雄慮陵谷之推移勒斯銘於泉戶庶使神遊楚國無慙項羽之臣魂往齊都不愧田橫之客乃爲銘曰

如馬唐臣猶龍周史宏道百世邁德千祀帶地深源極天峻峙玉種逾潤蘭芳不已成形騰氣成象降精餘慶鍾美惟公挺生少表奇智早擅英聲符采發越志畧縱橫隋道方衰始開陵長覩茲兆亂緬然長想閉關晦迹招弓莫往盤桓利居不嬰世網運居道消時逢攺卜朱旗爰止素靈已哭野戰羣龍馳走原鹿競窺周鼎爭亾秦族時遭蠖屈運偶鳳翔劬勞百戰經營四方振蕩六合牢籠八荒始聞楚霸終基漢王羣雄並起莫恢王度聖人既作皇天乃顧爰自東夏言遵西路來擬賓融寵逾英布爵窮五等位登

九棘帷幄參謀高衢騁力海運方遠圖南未極縱壑摧鱗摩天墜翼熊耳失路新安殞身長男喪楚少女留秦驚魂靡託反葬何因列樹松檟唯餘故人

欽定全唐文卷一百四十二

李百藥一

百藥字重規隋内史令德林子開皇時襲爵安平公武德中授涇州司戸太宗朝累官宗正卿貞觀二十二年卒年八十四謚曰康

贊道賦

下臣側聞先聖之格言常覽載籍之遺則伊天地之元造洎皇王之建國曰人紀與人綱資立言與立德履之則率性成道違之則罔念作忒望興廢如從鈞視吉凶於糾纆

至乃受圖膺籙握鏡君臨因萬物之思化以百姓而爲心體太儀之潛運閱往古以來今盡爲善於乙夜惜勤勞於寸陰故能釋增冰於瀚海變寒谷於蹛林總人靈以胥悅極穹壤而懷音赫矣聖唐大哉靈命時維太始運鍾上聖天縱皇儲固本居正機悟宏遠神姿凝映顧三善而必宏祇四德而爲行每趨庭而爲禮常問寢而資敬奉聖訓以周旋諟天文之明命邁觀橋而望梓卽元龜與明鏡自大道云革禮教斯起以正君臣以篤父子君臣之禮父子之親盡情義以兼極諒宏道之在人豈夏啟與周誦亦丹朱與商均既琱且琢温故知新惟忠與敬曰孝與仁則可以下光四海上燭三辰昔三王之教子兼四時以齒學將交發於中外乃先之以禮樂樂以移風易俗禮以安上化人非有悅於鐘鼓將宣志以和神寧有懷於玉帛將克己而庇身生於深宮之中處於羣后之上未深思於王業不自珍於匕鬯謂富貴之自然恃崇高以矜尚必恣驕很動愆禮讓輕師傅而慢禮義狎姦諂而縱淫放前星之耀遽隱少陽之道斯失雖天下之爲家蹈夷險之非一或以才而見升或見讒而受黜足可以省厥休咎觀其得失請粗畧

而陳之覩披文而相質在宗周之積德乃執契而膺期賴昌發而作貳啟七百之鴻基逮扶蘇之副秦非有虧於聞望以長嫡之隆重監偏師於亭障始禍則金以寒離厥妖則火不炎上既樹置之違道見宗祧之遄喪伊漢氏之長世固明兩之遞作高惑戚而寵趙以天下而爲謔惠結皓而因良致羽翼於寥廓景有慚於鄧子成縱理之淫虐終生患於强吳由發怒於爭博徹居儲兩時猶幼沖防衰年之絶義識亞夫之矜功故能恢宏祖業紹三代之遺風據開博望其明未融哀時命之奇舛遇讒賊於江充雖借兵

以誅亂竟背義而亾終宣嗣好儒大猷行闡嗟被尤於德教美發言於忠謇始聞道於韋匡終獲戾於恭顯太孫雜藝雖異定陶馳道不絕抑惟小善猶見重於通人尚傳芳於前典中興上嗣明章濟濟俱達時政咸通經禮極至情於敬愛敦友于於兄弟是以固東海之遺塋因西周之繼體五官在魏無聞德音或受譏於妲己且自悅於從禽雖才高而學富竟取累於荒淫暨詒厥於明皇搆崇基於三世得秦帝之奢侈亞漢武之才藝遂驅役於羣臣亦無救於彫弊中撫寬愛相表多奇重桃符而致感納鉅鹿之明

規竟能掃江表之氛祲舉要荒而見羈惠處東朝察其遺跡在聖德其如初實御牀之可惜悼愍懷之云廢遇烈風之吹沙盡性靈之神藝亦自敗於凶邪安能奉其粢盛保此邦家惟聖上之慈愛訓義方於至道同論政於漢幄修致戒於京鄗鄗韓子之所賜重經術而為寶咨政理之美惡亦文身之黼藻庶有擇於愚夫慚乞言於遺老致庶績於咸寧先得人而為盛帝堯以前哲垂裕文王以多士興詠取之以正人鑑之於靈鏡量其器能審其檢行必宜度機而分職不可違方以從政若其惑於聽受暗於知人則有道者咸屈無用者必伸諂諛競進以求媚徵好不召而自臻直言正諫以忠信而獲罪賣官鬻獄以貨賄而見親於是虧我王度斁我彝倫九鼎遇姦回而遠逝萬姓望撫我而歸仁蓋造化之至育惟人靈之為貴獄訟不理有生死之異途冤結不伸乖陰陽之和氣士之通塞屬之以深文命之修短懸之於酷吏是故帝堯畫象陳恤隱之言夏禹泣辜盡哀矜之志因取象於大壯乃峻宇而雕牆將瑤臺以瓊室豈畫棟以虹梁或凌雲以遐觀或通天而納涼極醉飽而形人力命瘵癘而身受殃是故言惜十家之產

漢帝以昭儉而垂裕雖成百里之囿周文以子來而克昌彼嘉會而通禮重旨酒之為德至醉歸而受祉在齊聖而溫克若其酗醟以致昏沈湎而成惑痛殷受與灌夫亦亡家而喪國是故伊尹以酣歌而作戒周公以亂邦而貽則咨幽閑之令淑實好逑於君子辭玉輦而割愛固班姬之所恥脫簪珥而思愆亦宣姜之為美乃有禍晉之驪姬亡周之褒姒盡妖妍於圖畫極凶悖於人理傾城傾國思昭示於後王麗質冶容宜永監於前史復有蒐狩之禮馳射之場不節之以正義必自致於禽荒匪外形之疲極亦中

心而發狂夫高深不懼胥靡之徒耩緤爲娛小豎之事以
宗祏之崇重持先王之名器與鷹犬而並驅陵艱險而逸
轡馬有銜橛之理獸駭不存之地猶有覥於獲多獨無情
而內愧以小臣之愚鄙忝不貲之恩榮擢無庸於草澤齒
陋質於簪纓遇大道行而兩儀泰喜元良會而萬國貞以
監撫之多暇每講論而肅成仰惟神之敏速歎將聖之聰
明自禮賢於秋實足歸道於春卿芳年淑景時和氣清華
殿邃兮簾帷靜灌木森兮風雲輕花飄香兮動笑鶯嬌囀
兮相鳴以物華之繁靡尚絕思於將迎猶允蹈而不倦極

耽翫以研精命庸才以載筆謝摛藻於天庭異洞簫之娛
侍殊飛蓋之緣情闕雅言以贊德思報恩以輕生敢下拜
而稽首願永樹於風聲奉皇靈之遐壽冠振古之鴻名

鸚鵡賦

嘉靈禽之擢秀資品物以呈祥含金精於兌域體耀質於
炎方候風海而作貢備黼黻以成章繡領綺翼紅衿翠裳
飾以朱紫間以元黃碧雞仰而寢色金鵝對以韜光亘萬
里之重阻隨四夷而來王既逾嶺以自致亦凌江而遡翔
開神情之聰辨發樞機而抑揚粵惟上聖先天成命在萬
物而畢覩舉四海而咸鏡仁沾草木信暨翔泳洛此鳥之
來儀亦攝生而遂性辨方物於圖象具靈表於言詠酬對
清敏發吐祥正實靡靡而可悅雖喋喋而無競徘徊阿閣
容與堂皇背風雲之遐路承日月之休光聽簫韶之逸響
味椒掖之餘芳更無歎於羅罻終懷恩於稻粱齊鵬鷃於
一指屬鵷雛而兩忘翠融孔質鴻騫鷺跱應舞節以鸞回
慕知來而鵲起先假道於朱味方徐行於紺趾配六象以
表德參四靈而效祉庭開霧夕景淨霞空乍褰珠網始出
金籠遊萬年於木末翫四照於花叢窺仙盤而飲露登井

幹以承風懷故鄉之遠思戀羈雌之舊侶望天衢以寄聲
托歸飛而延佇不假物以自衞必任眞於出處以薄伎而
見知亦無憂於鼎俎不違道以飾智故忘情於所語豈止
往來丹陛周旋玉除悅芝英之蘼靡愛蓂莢之扶疎將以
整六翮而遐逝望一舉而沖虛希九成之兆吉覬七日以
傳書時光華而始旦歲蹉跎而遽晚彼候雁與賓鴻違風
霜而未返嗟銜蘆以避繳恨日暮而途遠羨嚶嚶之好音
獨遷喬於上苑仰上林之爽塏襲崑閬之重規實神祕之
棲息萃羣飛之羽儀翔靈囿遊天池翳叢薄汎漣漪況能

言之擅美冠同類以稱奇奉皇恩之亭育將謝生而莫施惟一人之有慶願千載其若斯

笙賦

馬南郡天才豔發含章挺生旣研精於舊史亦流悅於新聲佩銀章於東洛分竹使於南荆芬盛德於蘭茝獵香風於杜蘅縱調文於雅笛留神思於和笙客有遇於郢都者聞結風之妙曲預高堂之歡宴拂長袖而善留絕飛纓以增眄重鳳翼之次羽愛鸞音之清轉請體物而味言寄風流於藻絢君曰懸匏出自西河奇榦生於南國山川載挺

之異班倕攄思之德固常人之所知無假言於翰墨至於曲引繁會之美才人妖麗之貺實有動於余衷庶陳辭而祛惑覬傳芳於風雅將永代於刊勒客曰唯唯惟八音之遞作總六律而相旋徐疾短長之攸濟寒暑風雷之所宣清廟象功則韶武播於金石良辰歡宴則鄭衛流於管絃豈無求於變俗將區分而在焉於是元英變呂青陽戒律雲捲蕙樓風生蘭室柳佩翠而辭寒梅含香而受日始覺華樹鶯啼早不悟雕梁燕來疾縱勝氣之逍遙眷春光而怡逸命郊驛以迎賓爛華茵而促膝玉饌厲而不爽金罍湛而將溢佳麗新妝徐步長廊風搖裙佩日照釵梁慣同琱輦乍出閑房時顧步而疑進或輕臨而欲翔耀千金之重價婉二八而成行發繁絃於流徵動浮磬於清商舒披蓮於舞席散垂藻於歌牀獨仙吹之容裔將凌雲而抑揚見秦趙之音劣識巴渝之調下掩衆技而奪氣諒聲高而和寡歌狂會於楚謠詠承筐於周雅旣駭聽於吳札亦留神於晉野婉婉鴻驚喈喈鳳鳴或萬殊而競響乍孤轉而飛聲清則混之而不濁濁則澄之而不清實當無而應有固虛受而徐盈爲奕多緒紛綸難狀抑之則徘徊緜容申

之則散朗寥亮始掩斂以夷靡終優游以怊悵隨流睇而煦愉應微嚬而悽愴挫玉簫之清管息瓊簧之虛唱落遺囀於梁閒墜纖腰於掌上旣而重門半掩高宴將終飄餘音於霄漢遏嬌韻於房櫳遠而聽之若遊鸞翔鶴嘹唳飛空近而察之譬瓊枝玉樹響亮從風信絕俗之神解何變態之無窮爾乃綺帳垂妓行散巫雲斂楚妃歎獨婉孌於瑤笙尚纏綿於皓腕蘇合薰兮龍燭華連理解兮鴛枕斜旣嬉寵而橫陳恣深心之祕翫懼管聲之易歇恐君愛之難終起長歌於清夜寄微意於春風歌曰新聲雖自知舊

寵會應移無令棗下吹變作一枯枝重歌曰爲想雍門歎
當思執燭遊不惜妾身難再得方期君壽度千秋

皇德頌

臣聞聖人與天地合其德與日月合其明含吐陰陽之氣彈壓山川之精叶吹萬以亭育總得一而爲貞我所以誕膺明命大寶鴻名闕惟皇唐之獨運冠風聲之往初練五氣於圓蓋張四極於方輿定羣雄之逐鹿拯方割之爲魚在炎靈之交喪屬皇輿之敗德降薦瘥於上元忿咆哮於中國無小無大圖帝圖王匹夫匹婦爲蠭爲賊舉率土而

咸棄雖同舟而作慝彼獨夫之肆志何汨典而亂常固違道而滅德實罔念而作狂始結怨於庶黎終自絕於彼蒼八荒九有山潰川竭天軸且迴地維將絕文章咸盪風雅咸缺在忠良而必焚罄冠冕而同裂或滔天而嫁禍或觸山而作孽極殷區以陸沈盡漢塗而喋血天縱神武景屬上皇自白水而龍躍肇參墟而鳳翔在中塗而聽誦將再駕而翦商惟神機之獨運乃撫翼而高驤命蒼兕而臨河曲殺黑龍而濟冀方指牧野而大誓師鳴條而悔亡惟聖德之懷遠敷彝倫於絕漠在窮髮而畢冠伊左衽而俱削戎亭虛警守大荒之外地險悉平夷中國之軌合綦會而作貢極遐方而獻琛薦環衆而委質候風海而歸心周八荒而率俾重九譯而相尋效狻猊於昧谷維神屏於鄧林應咸池而率舞游上苑而懷音竭寶用而咸競罄虛心而畢舉乍鳴觀闕時遊林籞文表仁義聲諧律呂下神雀於帝臺道甘泉於神渚龜書龍匣河洛將遊東鰈西鶼云亭載佇其餘藏山祕澤之珍摭實排虛之侶俱叶契於圖牒差無得而稱序昔天靈之八萬千歲姬周之三十六玉蓋歷數之眇小曾不足以揄揚惟聖朝之期運符上帝之會

昌臣下拜而稽首獻福壽之無疆資卜年與卜歷共地久而天長

勸封禪表

大禮與天地同節大樂與天地同和六宗五帝禋祀惟永名山大川饗禮無輟而告成方岳獨異師古自朝及野馳心蕩慮伏願御六氣之辨順四序之和升彼岱宗具斯盛禮聽萬歲之逸響紹千載之遐蹤

請放宮人封事

自陛下受命已來詔示天下薄賦輕徭恤刑慎獄躬行節

儉減損服御雖堯舜德音無以過此然陰氣鬱積亦恐是旱之咎徵往年雖出宮人未爲盡善竊聞大安宮及掖庭內無用宮人動有數萬衣食之費固自倍多幽閉之寃足感和氣亢陽爲害亦或由茲

安置突厥議

突厥雖云一國然其種類區分各有酋帥今宜因其離散各即本部署爲君長使不相臣屬縱欲存立阿史那氏惟可使存其本族而已國分則弱而易制勢敵則難相吞滅各自保全必不能抗衡中國矣仍請於定襄置都護府爲

其節度此安邊之長策也

大乘莊嚴經論序

臣聞天帝受無上之法景福會昌輪王致正真之道神祇合德是則聖人執契元化潛通至誠所感冥功斯應皇情西顧法海東流如開洪範之圖似得圓光之夢持綫妙典發金口而祕綸言書葉舊章自龍宮而升鱗閣昔迦維馭世大啟法門懸明鏡於無象運虛舟於彼岸空有兼謝生滅俱忘絕智希夷之表遺形動寂之外然隨緣利見應跡生知震大地而萃人天放神光而掩日月百億須彌俱靄聲教三千世界盡入提封愍三毒之轖鞅矜五陰之纏蓋惜飛電於浮生歎懸籐於逝水八關云闢開慧識於幽途三乘方軌運慈心於朽宅龍興霧集神動天隨大道爲心望法雲而遐舉聞聲悟道漸初地而依仁遷柰苑之喬枝入祇園之奧室酌智水之餘潤承慧日之末光既而稅駕連河歸眞雙樹聖靈逾遠像教浸微大義或乖斯文將墜穿鑿異端分析多緒是末非古殊塗別派天親初學之輩尚致西河之疑龍樹究竟之儔彌深東魯之歎仰惟法寶盡諦無爲故經文云佛以法爲師佛從法生佛依法住豈止研幾盡性妙物窮神出入無間包含元氣而已若夫惟

天爲大寒暑運其功謂地蓋厚山澤通其氣是以姬文以大聖之姿幽贊易道邱明懷同恥之德祖述微言諸經著論俯同斯旨大乘莊嚴論者無著菩薩纂焉菩薩以如來滅度之後含章秀發三十二相具體而微八千億結承風俱解宏通正法莊飾經玉明眞如功德之宗顯大士位行之地破小乘執著成大乘綱紀其菩提一品最爲微妙轉八識以成四智束四智以具三身詳諸經論所未曾有可謂聞所未聞見所未見聖上受飛行之寶命總步驟於前

玉屈天師之尊智周萬物應人皇之運道照三明慈慧外宣神機内湛端扆而役百靈垂拱而朝萬國彌綸造化之初含吐陰陽之際功成作樂既章韶舞治定制禮言動翠華金輪所玉封疆之固惟遠芥城雖滿龜鼎之祚無窮光闡大猷開導群品凡諸内典盡令翻譯摩伽陀國三藏法師波羅頗伽羅蜜多羅唐言明友即中天竺刹利王之種姓也以得大唐貞觀元年十二月入京法師戒行精勤才識明敏至德隣於初果多能亞夫將聖繼澄什之清塵來儀上國標生遠之逸氣高步宏門帝心簡在皇儲禮敬其

博聞强記探幽洞微京城大德莫不推許粤以貞觀四年恭承明詔又勅尚書左僕射邢國公房元齡散騎常侍行太子左庶子杜正倫詮定義學法師慧乘慧朗法常智解曇藏智首道岳惠明僧辯僧珍法琳靈佳慧賾慧淨元謨僧伽等於勝光寺共成勝業又勅太府卿蘭陵男蕭璟監掌修緝三藏法師云外國凡大小乘學悉以此論為本若於此不通未可宏法是以覃思專精特加研究慧淨法師聰敏博識受旨綴元元謨法師善達方言又兼義解至心譯語一無紕繆以七年獻春之始撰定斯畢勒成十有三

卷二十四品勅太子右庶子安平男李百藥序之云爾

欽定全唐文卷一百四十三

李百藥二

封建論

臣聞經國庇民王者之常制尊主安上人情之本方思闡理定之規以宏長代之業者萬古不易百慮同歸然命歷有賒促之殊邦家有理亂之異遐觀載籍論之詳矣咸云周過其數秦不及期存亾之理在於郡國周氏以鑒夏殷之長久遵黃唐之竝建維城磐石深根固本雖王綱弛廢而枝幹相持故使逆節不生宗祀不絕秦氏背師古之訓

棄先王之道踐華恃險罷侯置守子弟無尺土之邑兆庶罕共理之憂故一夫號呼七廟隳圮臣以爲自古皇王君臨宇內莫不受命上元飛名帝籙締搆遇興王之運殷憂屬啟聖之期雖魏武攜養之資漢高徒役之賤非止意有覬覦推之亦不能去也若其獄訟不歸菁華已竭雖帝堯之光被四表大舜之上齊七政非止情存揖讓守之亦不可固焉以放勳重華之德尚不能克昌厥後是知祚之長短必在天時政或盛衰有關人事宗周卜世三十卜年七百雖淪胥之道斯極而文武之器猶存斯則龜鼎之祚已懸定於杳冥也至使南征不返東遷避逼禋祀如綫郊畿不守此乃陵夷之漸有累於封建焉暴秦運短閏餘數鍾百六受命之主德異禹湯繼世之君才非啟誦借使李斯王綰之輩咸開四履將閭子嬰之徒俱啟千乘豈能逆帝子之勃興抗龍顏之基命者也然則得失成敗各有由焉而著述之家多守常轍莫不情忩今古理蔽澆淳欲以百王之季行三代之法天下五服之內盡封諸侯王畿千乘之間俱爲采地是則以結繩之化行虞夏之朝用象刑之典治劉曹之末紀綱弛紊斷可知焉鍥船求劍未見其可

膠柱求音彌所多惑徒知問鼎請隧有懼勤王之師白馬素車無復藩籬之援不悟望夷之釁未甚羿浞之災既罹高貴之殃寧異申繒之酷此乃欽明昏亂自革安危固非守宰公侯以成興廢且數世之後王室浸微始自藩屏化爲仇敵家殊俗國異政强凌弱衆暴寡疆埸彼此干戈日尋狐駘之役女子盡髽崤陵之師隻輪不返斯蓋畧舉一隅其餘不可勝數陸士衡方規規然云嗣王委其九鼎凶族據其大邑天下晏然以治待亂何斯言之謬也而設官分職任賢使能以循良之才膺共治之寄刺郡分竹何代

無人至使地或呈祥天不愛寶民稱父母政比神明曹元首方區區然稱與人共其樂者人必憂其憂與人同其安者人必拯其危豈容委以侯伯則同其安危任之牧宰則殊其憂樂何斯言之妄也封君列國藉慶門資忘其先業之艱難輕其自然之崇貴莫不世增淫虐代益驕侈自離宮別館切漢淩雲或刑人力而將盡或召諸侯而共落陳靈則君臣悖禮共侮徵舒衞宣則父子聚麀終誅壽朔乃云爲已思治豈若是乎內外羣官選自朝廷擢士庶以任之澄水鏡以鑒之年勞優其階品考績明其黜陟進取事

切砥礪情深或俸祿不入私門妻子不之官舍頒條之貴食不舉火剖符之重衣惟補葛南郡太守敝布裹身萊蕪縣長凝塵生甑專云爲利圖物何其爽歟總而言之爵非世及用賢之路斯廣民無定主附下之情不固此乃愚智所辯安可惑哉至如滅國殺君亂常干紀春秋二百年間略無寧歲次睢咸秩遂用玉帛之君魯道有蕩每等衣裳之會縱使西漢哀平之際東洛桓靈之時下吏淫暴必不至此爲政之道可一言以蔽之伏惟陛下握紀御天膺期啟聖救億兆之焚溺掃氛祲於寰宇創業垂統配二儀以

立德發號施令妙萬物以爲言獨照宸衷永懷前古將復五等而修舊制建萬國以親諸侯竊以漢魏以還餘風之弊未盡勛華既往至公之道斯革況晉氏失馭宇縣崩離後魏乘時華夷雜處重之以關河分阻吳楚懸隔習文學者尚長短縱橫之術習武藝者盡干戈戰爭之心畢爲狙詐之階彌長澆浮之俗開皇在運因藉外家驅御羣英任雄猜之數坐移時運非克定之功年踰二紀民不見德及大業嗣文世道交喪先王人物掃地將盡雖天縱神武削平寇虐兵威不息勞止未康自陛下仰順聖慈嗣膺寶歷

情深致理綜覈前王雖至道難名言象所絕略陳梗槩實所庶幾愛敬蒸蒸勞而不倦大舜之孝也訪安內豎親嘗御膳文王之德也每憲司讞罪尚書奏獄大小必察枉直咸舉以斷趾之法易大辟之刑情必隱惻貫徹幽顯大禹之泣辜也正色直言虛心受納不簡鄙陋無棄芻蕘帝堯之求諫也宏奬名教敦勸學徒既擢明經於青紫將升碩儒於卿相聖人之善誘也羣臣以宮中暑濕寢膳或違請徙御高明營一小閣遂惜十家之產竟抑子來之願不忝陰陽之感以安卑陋之居去歲凶儉普天饑饉喪亂甫爾

倉廩虛空聖情矜憫勤加賑卹竟無一人流離道路猶且食啗蓤藿樂徹簨簴言必悽動貌成臞瘠公旦喜於重譯文命矜其卽序陛下每見四夷款附萬里歸仁必退思進省凝神動慮恐妄勞中國以求遠方不籍萬古之英聲以存一時之茂實心切憂勞跡絕遊幸每旦視朝聽受無倦智周於萬物道濟於天下罷朝之後引進名臣討論是非備盡肝膈惟及政事更無異辭纔及日昃必命才學之士賜以清閑高談典籍雜以文咏間以元言一夜忘疲中宵不寐此之四道獨邁往初斯實生民以來一人而已宏茲

風化昭示四方信可以期月之間彌綸天壤而淳樸尚阻浮詭未移此由習之已久難以卒變請待琢琱成樸以質代文刑措之教一行登封之禮云畢然後定疆理之制議山河之賞未爲晚焉易稱天地盈虛與時消息況於人乎美哉斯言也

化度寺故僧邕禪師舍利塔銘

蓋聞人靈之貴天象攸憑禀仁義之和感山川之秀窮理盡性通幽洞微研其慮者百端宗其道者三教殊源異軫類聚羣分或博而無功勞而寡要文勝則史禮煩斯黷或控鶴乘鸞有繫風之諭飡霞御氣致捕影之譏至於察報應之方窮死生之變大慈闕運宏濟羣品極衆妙而爲言冠元宗以立德其唯真如之設教焉若夫性與天道契協神交貽照靈心澄神禪觀則有化度寺僧邕禪師者矣禪師俗姓郭氏太原介休人昔有周氏積德累功慶流長世分星判野大啟藩維蔡伯喈云虢者郭也虢叔乃文王所咨郭泰則人倫攸屬聖賢遺烈奕葉其昌祖憲荆州刺史早擅風猷父韶博陵太守深明典禮禪師含靈福地擢秀華宗爰自弱齡神識沈靜率由至道冥符上德因戲成塔

發自髫年仁心救蟻始於卝歲世傳儒業門多貴仕時方小學齒胄上庠始自趨庭便觀入室精勤不倦聰敏絕倫博覽羣書尤明老易然雅有志尚高邁俗情時遊僧寺伏膺釋典風鑒疎朗豁然開悟聞法海之微妙毛髮同喜瞻滿月之圖像身心俱淨於是錙銖軒冕糟粕邱墳年十有三違親入道於鄴西雲門寺依止稠禪師稠公禪慧通闕戒行勤苦道標方外聲溢區中闕覩暗投欣然驚異卽授受禪法數日便詣幽深稠公嘗撫禪師而謂諸門徒曰五亭闕念盡在此矣頭陀蘭若畢志忘疲仍來往林慮山中

棲託遊處後屬周武平齊像往林慮入白鹿深山避時削跡藏聲戢曜枕石漱流闕巖之下葺茆成室蘿裳薜帶闕唯糞闕之衣餌朮餐松嘗無麻麥之飯三逕斯絕百闕爲羣猛鷙毒螫之徒潛形匿影白鹿青鸞之輩效祉呈祥每梵音瞻禮焚香讀闕二字奇禽異獸攢集庭宇俱絕闕倚畢來俯伏貌如恭敬心疑聽受及開皇之初宏闕釋教於時有魏州信行禪師闕明佛性大轉法輪實命世之異人爲元門之益闕以道隱之辰習當根之業知禪師遯世幽居遣人告曰修道立行宜以濟度爲先闕善其身非所聞也

宜盡宏益之方昭示流俗禪師乃出山與信行禪闕修苦行開皇九年信行禪師被勅徵召乃相隨入京京師道俗莫不遵奉信行禪闕三字之闕二字持徒衆以貞觀五年十一月十六日終於化度寺春秋八十有九聖上崇敬闕二字贈帛追福即以其月廿二日奉送靈塔於終南山下鴟鳴埠禪師之遺令也徒衆收其舍利起塔於信行禪師靈塔之左禪師風範凝正行業精勤十二部經嘗甘露而俱盡五百具戒淩嚴霜而未彫雖託跡禪林避心定水涉無爲之境絕有待之累闕寓形巖穴高步京華常卑辭屈己體道藏器未若道安之遊樊沔對鑿齒而自伐彌天慧遠之在廬山折桓元之致敬人主及遷神淨土委質陁林四部奔馳十方號慕豈止寢歌輟相捨佩捐珠而已式昭景行乃述銘云

綿邈神理希夷法性自有成空從凡入聖於昭大士遊闕二字正德潤慈雲心懸靈鏡闕蒙悟道捨俗歸眞累明成照積智爲津行識非想禪闕三字觀盡三昧情銷六塵結構窮巖留連幽谷靈應無像神行匪速敦彼開導去茲闕三字絕有憑羣生仰福風火闕妄泡電同奔達人忘己眞宅斯存

刹那闕二字淨域闕五字樂永謝重昏

唐故都督徐州五州諸軍事徐州刺史臨淄定公

房公碑

易稱易之爲書也有天道焉有人道焉故君子居則觀其象動則觀其變智以藏往感而遂通是以進退之數有方存亡之幾可闕昔賈生董相懷王佐之才闕五字命世之闕二字屯邅於世故擯闕二字當年軼風電以長鳴絕雲霓而鎩翮而樂天知命順時守道體忠信而夷險阻憑清靜以安悔吝雖闕川寂其浸遠而盛德久而愈新昔之玉質金相

求益友於千載蘭闕桂馥想同氣於九原則有闕三字懷庶
幾之道詳觀出處之跡可以追蹤勝業繼踵清塵者其惟
都督臨淄定公禹公諱彥謙字孝沖清河人也七世祖諶
燕太尉掾隨慕容氏闕度寓於齊土宋元嘉中分闕郡之
西部置東冀州東清闕二字繹幕縣仍爲此郡縣人至於蘭
侯又於東廣川郡別立武強縣令子孫居之丹陵誕聖祥
發慶靈虞舜受闕光啓侯服導原注壑若瀉河漢之流竦
構干雲如仰嵩華之峻闕三字植公之十三世祖也積德固
其宗祊純嘏貽其長世公侯之門必復繁衍之祚攸歸高

祖法壽宋大明中州主簿武賁中郎將魏郡太守立功歸
魏封莊武侯使持節龍驤將軍東冀州刺史薨贈闕三字青
州刺史謚簡侯魏書有列傳重價香名馳聲南北宏材祕
畧兼姿文武曾祖伯祖州主簿襲爵莊武侯齊郡內史幽
州長史闕行州事衣闕訓俗露冕懷戎累仁義而成基處
脂膏而不潤祖翼年十六郡辟功曹州辟主簿襲爵莊武
伯宋安太守居繼母憂廬於墓次世承冢嫡之重門貽旌
表之貺鄉閭之敬有過知恥宗族所尊不闕而肅闕伯熊
年廿辟開府行參軍仍行闕州清河廣川二郡太守闕二字

神英邁器量沈遠寢門之內捧檄以慰晨昏山澤之間單
車以清寇亂公稟元精之和氣體惇粹之淑靈心運天機
性與道合温良恭儉應言行之闕神采風尚出儀形之表
博極圖書闕綜遺逸正經義闕時所留懷絕簡研幾下帷
覃思盡探隅隩畢詣精微或致元白之譏非止春秋之僻
吉凶禮制今古異同莫不窮覈根原詳悉指要內闕親表
達之學徒負笈擁帚質疑去惑公凝神闕二字函丈無倦聲
盛未多陳完八葉鳴鳳之祥斯在兄復里稱冠蓋庭茂芝
闕三字山谷對盈自遷定齊土家已重世班懿十紀旌旗之

蘭行則結闕連騎居則撞鐘列鼎雖范蠡貨財本闕卿相
陰家僕闕舊比封君闕之闕二字公閑心閑館以風素自居
清虛味道沈冥寡欲恭敬以撙節退讓以明禮潛隱之操
始擅於州閭高亮之風日聞於海內於是羣公仰德邦君
致禮物闕斯辯旌闕盈塗郡三辟功曹州闕辟主簿其後
闕三字而從命公明天人之際述堯舜之道其處也將委質
眾妙之門棲神不死之地其出也將宏奬名教博利生民
舟楫可期英靈有屬州郡闕職闕其志焉然公以周隋禪
代之交紀綱弛紊亦既從政便以治亂爲懷眷言州壤在

情彌切乃整齊風俗申明獄訟進善黜惡導德齊禮雖在鄉國若處王朝政教嚴明吏闕悅伏見危拯難臨財潔已利物之闕不自爲德不貪之寶必畏人知開皇初頻詔搜揚人物闕王出闕京洛致書辟召州縣幷苦相敦逼公辭以痼疾且得遂情偃仰其後隋文帝忌憚英俊不許晦跡邱園公且闕維縶方應薦舉七年始入京省授吏部承奉郎是時齊朝資蔭不復稱敘鼎貴高門俱從九品釋褐朝廷以公望實之重才藝之優故別有此授以明則哲之舉俄遷監察御史每杖節巡省糾逖姦慝心存闕六字轉授秦

州總管錄事參軍事漢陽重鎭京輔戶門管轄一方允斯盛選尋以朝集入京與左僕射齊公總論考課之法黜陟之方齊公對岳牧以下大相歎服其後具以公言敷奏仍有十擢之闕二字非知闕二字主竟不能見用闕遷許州長葛縣令公鎭之以清靜文之以禮樂訟以道息災因德弭百姓感悅咸不忍欺愛之如慈親焉敬之如神明焉繼負知歸頌聲載路解代之後吏民追思惠政樹碑頌德在長葛秩未滿以考績闕異遷都州司馬此州荆鄧之郊華夷踳雜闕俗殘獷闕情儉詖公化之以仁愛敦之以淳厚期月之間咸知遷革尋以州廢解任言歸夜觀星象晝察人事知天地之將閉望箕潁以載懷乃於闕山之陰結構巖穴非唯在乎避世固亦潛以相時然大業之初始班新令妙選賢良爲司隸刺史公首膺斯舉有詔追赴京洛公以朝綱浸以頹壞此職亦是宏濟之一方便起而就徵攬轡登車卽有澂清天下之志於是激濁揚清風馳草偃行能之類望景以聽升遷苛暴之徒承風而解印綬進擢者縻爵不致謝言繩糺者受刑而無怨色自非道在至公信以被物其孰能與於此焉既而闕政陵夷小人道長忠言靡用

正士無施大業十一年出爲涇陽縣令未幾而遘疾粤以其年歲次乙亥五月壬辰朔十五日景午終於官舍春秋六十有九降生一子光輔帝唐叶贊璇璣參調玉燭皇上情深遺烈闕二字想於夷門眷言才子便有懷於袁煥貞觀三年十有二月迺下詔曰紀功褒德列代通典崇禮飾終著在方策隋故司隸刺史房彥謙世襲簪纓珪璋特秀溫恭好古明閑治術爰在隋季時屬卷懷未遂通塗奄從運往以忠訓子義闕過庭佐命朝端業隆功茂宜錫以連率光被九原可贈使持節都督徐泗仁譙沂五州諸軍事徐

州刺史四年十一月又發詔追封臨淄公食邑一千戶謚曰定公禮也粤以五年歲次辛卯三月庚申朔越二日辛酉安措於本鄉齊州亭山縣趙山之陽惟公風格凝整神理沈邃內懷溫潤外照光景追思儀範曖似文戌之圖邈想風闕懍若相如之氣時逢戰爭術從橫或恥問仁用安嘉遁收文武之將墜殊山林而忘反是故銷聲貴里隱異迷邦戢曜高門處非絕俗優柔六藝紛綸百氏采絕代之闕文總前修之博物雖昔闕三字明實識疏屬之神辯闕鼠於漢朝彰委虵於霸業無以尚也彫蟲小技曾未闕

懷時有制述將符作者致極宏遠詞窮典麗足以克諧聲律感召風雲豈唯白雪陽春郢中寡和而已永唯書契之闕六字跡草隸之妙冠絕當時闕二字幼年孝友惇至未離繈褓便遭極罰裁有所識闕訪家人發言號絕不自勝處年十有五出後傍宗深惟鞠養之慈將闕晨昏之禮辭違之辰感切行路及就養闕二字不異所生兩門喪紀並遹制度哀毀之至聲被朝野闕以期功之感甘旨未嘗朋友之喪遠近畢赴人倫之紀禮法之隆近古以來未之有也且復留連宴賞提攜與味登山臨水必動咏言清風朗月闕六字滿席且得闕二字之孫門闕二字通時許慈闕之御指囷無倦解闕未已仁義闕厚資產屢空以斯器望窮茲至道謂宜俯拾青紫增曜台階而止類太邱宏道下邑遽同子產空聞遺愛報施之理何其爽歟若夫死生者形骸之勞息殀壽者大化之自然固知命之不憂豈居常而為累也然行周於物寒暑不能易其心智周於身變通不能窮其數而靈祇多忍幽明永隔散精氣於風煙委容質於泉壤可不哀哉於是四方同志之士百里懷音之客式遵盛烈共勒豐碑百藥爰以疇昔安遊蘭茝寧謂正始之音一朝長謝

師資之德百舍無從義絕賓階哀纏宿草思效薄技覬申萬一仰惟治身之術立德之基固繫辭可以盡言豈言之而無媿也迺爲銘曰

遐觀方冊歷選人倫名固難假德必有鄰顏閔遺迹曾史芳塵同聲比義允屬通人於鑠通人闕二字膺慶司空規矩民胥攸訓地靈貽福天齊分命世祚有徵重光無競顯允君子丕承寵光靈河擢秀日觀含章元門味道幽谷迷方陸沈通德朝隱康莊儀鳳潛靈彫龍振藻宏之在人一變至道昭章闕訓寂寥元草文質彬彬波瀾浩浩齊物無待

隨時吐曜導俗激原訓民居要州將貽喜邦君長嘯乃眷
韜鈐還歸漁釣三徑雖阻八紘方密僶俛末班逶迤下秩
司憲邑宰循名責實御衆以寬在刑惟恤履斯異行乘（闕）
丕基才高位下有志無時和光偶俗誕命膺期（闕）揚投貫
唯茲在茲樹德不已蹈仁無斁遺構有憑高門以闢眷言
上壽方期永錫載佇太階翻歸厚夕義高表墓道貴揚名
式昭文物用紀哀榮抽簪故吏制服諸生一刋圓石（闕二字）
飛聲

碑陰

公之將葬恩旨重疊賵贈優渥（闕四字）公及夫人並令所司
營造馬轝各給四馬從京師洛陽殯所送至本鄉其車輅
儀仗出懷洛二州給船載運（闕）道（闕）力至於墓所儀從錢
（闕）有闕（闕）者（闕二字）又發勑令以官物修補又文官式令例
無鼓角亦特給送至於葬所又於常令給墓夫之外別加
兵千功役臨葬（闕）復降勑使馳驛祭以少牢并後爲供葬
事發勑旨行筆十有二條近代以來恩榮襃贈未有若此
者也中外姻戚海內名士幷故吏門生千里赴會（闕）及州
里道俗二千餘人

隋故益州總管府司馬裴君碑銘（幷序）

粤惟上德希世挺生存則道照於人倫沒則名飛於史策
宜其計功伐鏤鍾鼎永貽長世昭示後昆君諱鏡民字君
倩河東聞喜人也唐虞之盛伯益控其遥原殷周以還仲
衍膺其餘慶徽則擅美當塗憲則流芳中夏金張舊業遠
謝聲塵江漢英靈多慚光價祖靖虜魏銀青光祿大夫汾
州刺史銀章青綬登高能賦揚波流惡政以鎮成父（闕一字）
漢周革路大夫儀同三司晉州刺史雅道儒風聲動當世
班條布政恩結去思君上表雲氣遠膺星像虛牝與貞固

同歸愛景共嚴凝一致懸河若訥每括智囊止水澄神日
開靈鑒及擇師請益遊方問道性與稽古心照神交佩游
夏之芳塵爲潘張之益友立人之道仁義靡遺事親之德
愛敬同盡迹屈衡門聲馳上國莫府交辟公車致禮晉蕩
公受博陸之圖處阿衡之寄爲其諸子精選府寮辟爲譚
公大將軍記（闕一字）府中爲其語曰令德日新裴鏡民昔馬
越爲其世子辟王安期取其儀形之美蔣濟崇其府望辟
阮嗣宗重其文學之譽我貽羔鴈兼而（闕一字）之尋以內艱
去職旛車方駕金革在辰喪禮未宏多從權奪朝廷以君

羸瘵過甚特詔終哀感動風俗皆此類也建德初以君爲宋王侍讀尋授記室參軍遷司錄宣政一年授吏部上士攝少吏部研幾汲引之方遊刃銓衡之地能官在闕一字咸事無遺大吏部竟陵公卽有隨之滕王也亮拔不羣英姿秀發重君才行深見褒奬每闕一字裴楷清通之望復見斯人開皇受禪其日除尚書在外兵郎尋改爲兵部侍郎魏晉以還臺郎顯要官方始革揚歷是膺是非器重望闕一字無以宏斯禮秩華陽地險控御遐長蜀王秀以闕一字子之尊擁旄作鎮寮屬望重妙簡時賢以君爲西南道行臺兵

部侍郎及行臺廢除闕一字州總管府掾尋改益州總管府司馬蜀王年止勝衣童心未改文武佐吏多非正人君言必盡忠行惟直道省府之內莫不敬而憚之闕一字臺民部尚書陳茂情特惟舊志多慢下雖處行乖方莫敢違異惟君闕一字理抗直未嘗順旨兵部尚書京兆杜杲每謂人曰不值盤根錯節不表利器裴君匪躬遑盬可謂美矣開皇十六年西南夷闕二字從構亂君總率士卒應機致討後軍不繫戰危喪律以三月癸丑朔十九日辛未陷於賊庭季路結纓志無苟免溫序銜須義不生辱永懷斯道蓋君之平生風烈焉惟君靈府浚徹神闕一字開敏英畧外明沈幾內斷培風自遠背丹穴以來儀闕一字氣不羣望青霄而孤竦許劭月旦之論韞義生風黃童日下之聲乘虛效響彈冠莫府掌記文房媚韶景以闡華嘯清風而振藻珥筆南宮垂纓西蜀戎事之重必司善政蒐狩於是得時風霜以之順序比明月於東曹又典午於南正眷熊掌闕一字重義安馬革以輕生神邁闕三字峯闕一字搆農夫輟闕一字而野祭機婦捐珠而巷歌西蜀父老至于今思之君第五子太僕少卿洛州都督闕一字長充上柱國翼城縣開國公勣闕一字

雅道於闕二字構丕基於鴻緒感四序之遞變覩萬物而永言思宏遺範式昭貞石其銘曰

靈河遠派大畤流光美哉地德鬱矣闕一字芳高門鍾鼎世闕一字旗常鵷鴻接翼金玉其相惟君載挺道符人傑灼灼外明溫溫內潤瞻之忽後仰之闕一字峻抱樸澄清含風闕一字韻闕二字資闕一字公府馳名永懷喪制易俗申情爰掌書記俄屬銓衡清通之譽遠嗣家聲開皇在辰萬象咸鏡靈開尺闕一字典屬軍政列宿上膺中和俯咏永懷神道斯人斯命層梁毀構靖樹闕一字風彫戈紀闕一字鼒鼎銘功柏庭

永閟泉路斯窮九京不作萬古書忠明(闕一字)重世分茅錫
社仰嗣丕基式宏良冶絕雲使翼追風頹赭以(闕四字)胄(闕下)

太穆皇后哀冊文

維貞觀九年歲次癸未冬十月辛丑朔二日壬寅太穆皇
后梓宮啟自壽安陵將祔於獻陵其日至尊親奉奠於太
安宮乃使兼太尉某設祖於行宮禮也龍攢夙啟翟輅朝
陳方祇靖德圓魄虛神哀子嗣皇帝諱攀弓劒而長號想
褘褕之弗御痛異宮之隔禮切分心於窮慮二南風化萬
古徽音式昭史冊如玉如金其詞曰

元功肸蠁景福氤氳將開樞電且應黃雲曰惟基命於昭
德性配天不失復夏無競門德丕承華宗遞興皇家漢氏
祥發慶膺冥符世胄並會休徵帝妃北渚聖母東陵祕景
陰陵含章嬪則柔順宏範幽閑毓德率禮無違尊師罔忒
言昭圖史聲芳邦國帝籙將啟天妹言歸塗山表貺渭汭
增暉外求才淑內鑒幾微蘋蘩夕臚絲枲中闈琴瑟匪諧
冰霜慙潔道叶離明貞符兌悅潛德勿用內教爰設世罕
交泰時虧地節膺期集祉含和履正華渚降祥高禖誕聖
潛著軒象未彰靈命奄御雲衣俄飛天鏡嗚呼哀哉受終
撫運馭極乘乾物思厚德政闕承天瑤尊委奠金屋虛筵
嗟故劒之無託歎房樂之徒懸嗚呼哀哉宸駕上僊玉几
垂裕率土遏密同軌畢赴背櫟陽之神宇指原陵之封樹
悼虞妃之不從遵周典而遷祔嗚呼哀哉蒼范昭世冥漢
神心松庭幽寂隧路凝深儼龍輴而未進切鳳吹之哀吟
水滔滔而不息日黯黯而將沈百神驚而元兆邃萬國慟
而寒山陰晦重雲於畢陌結微霜於穀林嗚呼哀哉極寰
宇之儀訓播英聲於先后惟皇運之天長配靈崐而地久
流凱風於椒掖散白露於陵阜軼任姒之高蹤邁嵩華而

不朽嗚呼哀哉

于志寧一

志寧字仲謐京兆高陵人高祖入關迎謁長春宮授銀青光祿大夫太宗朝官中書侍郎加散騎常侍行太子左庶子遷侍中永徽時封燕國公拜尚書左僕射同中書門下三品顯慶四年拜太子太師麟德二年卒年七十八贈幽州都督謚曰定

讓賜地奏

臣代居關右周魏以來基跡不墜行成等新營莊宅尚少

田園於臣之餘乞申私讓

論李宏泰疏

伏惟陛下情篤功臣恩隆右戚以無忌橫遭誣告事並是虛欲戮告人以明賞罰一以絕誣謗之路二以慰勳戚之心又以所犯若是眞無忌便有破家之罪今告爲妄宏泰即宜戮不待時且眞犯之人事當罪逆誣謗之類罪惟及身以罪校量明非惡逆若欲依律合待秋分今時屬陽和萬物生育而特行刑罰此謂有傷春氣竊謂未安左傳聲子曰賞以春夏刑以秋冬順天時也又禮月令曰孟春之月無殺昆蟲省囹圄去桎梏無肆掠止獄訟又漢書董仲舒曰王者欲有所爲宜求其端於天天道之大者在陰陽陽爲德陰爲刑刑主殺而德主生陽常居大夏而以生育長養爲事陰常居大冬而積於空虛不用之處以此見天之任德不任刑也伏惟陛下纂聖昇祚繼明御極追連胥之絕軌蹈軒頊之良規欲使舉動順於天時刑罰依於律令陰陽爲之式序景宿於是無差風雨不愆雩禜輟祀今方太蔟統律青陽應期當生長之辰施肅殺之令伏願暫迴聖慮察古之言儻蒙垂納則生靈幸甚

諫衡山公主出降疏

臣聞明君馭歷當俟獻替之臣聖主握圖必資鹽梅之佐所以堯詢四岳景化洽於區中舜任五臣懿德被於無外左有記言之史右立記事之官小大咸書善惡俱載著懲勸於簡牘垂褒貶於人倫爲萬古之範圍作千齡於龜鏡伏見衡山公主出降欲就今秋成禮竊按禮記云女十五而笄二十而嫁有故二十三而嫁鄭元云有故謂遭喪也固知須終三年春秋云魯莊公如齊納幣杜預云母喪未再期而圖婚二傳不譏失禮明故也此則史策具載是非

歷然斷在聖情不待問於臣下其有議者云準制公除之後須並從吉此漢文創制其儀爲天下百姓至於公主服是斬縗縱使服隨例除無宜情隨例改心喪之內方復成婚非唯違於禮經亦是人情不可伏惟陛下嗣膺寶位臨統萬方理宜繼美羲軒齊芳湯禹宏奬仁孝之日敦崇名教之秋此事行之若難猶須抑而守禮況行之甚易何容廢而受譏此理有識之所共知非假愚臣之說也伏願遵高宗之令軌畧孝文之權制國家於法無虧公主情禮得畢則天下幸甚

諫太子承乾書

臣聞克儉節用實宏道之源崇侈恣情乃敗德之本是以淩雲槩日戎人於是致譏峻宇雕牆夏禹以之作誡昔趙盾匡晉吕望師周或勸之以節財或諫之以厚斂莫不盡忠以佐國竭誠以奉君欲使茂實播於無窮英聲被乎物聽咸著簡策以爲美談今所居東宮隋日營建覩之者尚驚其侈見之者猶嘆其華何容此中更有修造財帛日費土木不停窮斤斧之工極磨礱之妙且丁匠官奴入內比者曾無監管此等或兄犯國章或弟罹王法往來御苑出入禁闈鉗鑿緣其身槌杵在其手監門本防非慮宿衛以備不虞直長既自不知千牛又復不見爪牙在外廝役在內所司何以自安臣下豈容無懼又鄭衛之樂古謂淫聲昔朝歌之鄉迴車者墨翟夾谷之會揮劍者孔子先聖既以爲非通賢將以爲失頃聞宮內屢有鼓聲太樂伎兒入便不出聞之者股慄言之者心戰往年口勑伏請重尋聖旨懇懃明誡懇切在於殿下不可不思至於微臣不得無懼臣自驅馳宮闕已積歲年犬馬尚解識恩木石猶能知感所有管見敢不盡言如鑒以丹誠則臣有生路若責其忤旨則臣是罪人但悅意取容臧孫方之疾疢犯顏逆耳春秋比之藥石伏望停工匠之作罷久役之人絕鄭衛之音斥羣小之輩則三善允備萬國作貞矣

諫太子承乾引突厥達哥支入宮書

臣聞上天蓋高日月以光其德明君至聖輔佐以贊其功是以周誦升儲見匡毛畢漢盈居震取資黃綺周公抗法於伯禽賈生陳事於文帝莫不殷勤於端士懇切於正人昔鄧禹名臣方居審諭之任疏受宿望始除輔導之官歷代賢君莫不丁寧於太子者良以地膺上嗣位處儲君善

則率土霑其恩惡則海内罹其禍近聞僕寺司馭爰及駕士獸醫始自春初迄於夏晚恒居内役不放分番或家有尊親闕於溫凊或室有幼弱絶於撫養春則廢其耕墾夏又妨其播植事乖存愛人有怨嗟且突厥達哥支等咸是人面獸心豈得以禮義期不可以仁信待心則未識於忠孝言則莫辨其是非近之有損於英聲昵之無益於盛德引之入閤人皆驚駭豈臣庸識獨用不安臣下爲殿下之股肱殿下爲臣下之君父君父以存撫爲務股肱以匡救爲心是以苦口之藥以奉身逆耳之言以安位古人樹誹

謗之木以求己諐懸敢諫之鼓以思身過由是從諫之主鼎祚克昌愎諫之君洪業隳墜

謹按此從舊唐書采錄文苑英華貞觀政要所載與此不同附載於後文苑英華人有怨嗟下云願崇儒敬業訪道稽疑則品物增輝懷生欣忭今司經見無學士供奉未有侍讀伏望時因視膳奏請置人所冀講席談筵務盡忠規之道披文摘句方資審諭之勤臣又聞臣之事主必盡誠懇君之進賢務求忠讜伏惟殿下養德儲闈理以端靜爲務恭膺守器必以學業爲先經所以立行修身史所以諳識成敗雅誥既習忠孝乃成傳記方通安危斯辨知父子君臣之道識古今鑒戒之規經史爲先斯乃急務至於工巧造作僚吏直司實爲末事無足勞慮臣以庸賤獻替是司臣而不言負譴聖日言而獲罪是所甘心伏願留意經書簡畧細事一家採納萬殞無辭乞降儲明俯察狂瞽貞觀政要人有怨嗟下云儻聞天聽後悔何及又突厥達哥支等咸是人面獸心豈得以禮義期不可以仁信待心則未識於忠孝言則莫辨其是非近之有損於英聲昵之無益於盛德引之入閤人皆驚駭豈臣庸識獨用不安殿下必須上副至尊聖情下允黎元本望不可輕微惡而不避無容畧小善而不爲理敦杜漸之方須有防萌之術屏退不肖狎近賢良如此則善道日隆德音自遠

諫太子承乾啟

臣聞堯稱稽古功著於捜揚舜曰聰明績彰於去惡然開元立極布政辨方莫不旌賁英賢驅除不肖理亂之本咸在於茲況閹官之徒體非全氣便藩階闥左右宮闈託親近以立威權假出納以爲禍福昔易牙被任變起齊邦張讓執鈞亂生漢室伊戾爲詐宋國受其殃趙高作奸秦氏鍾其弊加以宏石用事京賈則連首受誅王曹掌權何竇

則踵武被戮遂使搢紳重足宰司屏氣然順其情者則榮逮幼沖迕其意者則災及襁褓爰曁高齊都鄴亦弊閹官鄧長禺位至侍中陳德信爵隆開府外干朝政内預宴私宗枝藉其吹噓重臣仰其鼻息罪積山岳靡挂於刑書功無涓塵已勒於鐘鼎富踰金穴財甚銅山是以家起怨嗟人懷憤歎骨鯁之士語不見聽謇諤之臣言必被斥齊都顛覆職此之由向使任諒直之臣退佞給之士據趙魏之地擁漳滏之兵修德行仁養政施化何區區周室而敢窺覦者哉然杜漸防萌古人所以遠禍以大喻小先哲於焉

取則伏惟殿下道茂重離德光守器憲章古始祖述前修欲使休譽遠聞英聲遐暢臣竊見寺人一色未識上心或輕忽高班或陵轢貴仕便是品命失序綱紀不立取笑通方之人見識有識之士然典内職掌唯在門外通傳給使主司但緣階闥供奉今乃往來閤内出入宮中行路之人咸以爲怪伏望狎近君子屏黜小人上副聖心下允衆望謹啟

隋柱國左光祿大夫宏義明公皇甫府君碑

夫素秋肅煞勁草標於疾風叔世艱虞忠臣彰於赴難銜須授命結纓殉國英聲煥乎記牒徽烈著於旂常豈若釁起蕭牆禍生蕃翰強踰七國勢重三監其有蹈水火而不辭臨鋒刃而莫顧激清風於後葉抗名節於當時眘見之宏義明公矣君諱誕字元憲安定朝那人也昔立效長邱樹績東郡太尉裂壤於槐里司徒胙土於砀門是以車服旌其器能茅社表其勳德銘功衛鼎騰美晉鐘盛族冠於國高華宗邁於欒郤備在史牒可略言焉曾祖重華使持節龍驤將軍梁州刺史潤木暉山方重價於趙璧媚川照闕曜奇彩於隋珠祖和雍州贊治贈使持節散騎常侍車騎大將軍儀同三司豳涇二州刺史高衢將騁遽反追風之足扶搖始搏早墜垂天之羽父璠使持節驃騎大將軍開府儀同三司隨州刺史長樂恭侯橫劍梐枑威重冠軍枏瑞蕃條聲高渤海公量包申伯稟嵩山之秀氣材兼蕭相絳昴緯之淑精據德依仁居貞體道含章表質詎持變於朱藍恭孝爲基寧取訓於橋梓鋒剸犀象百鍊挺於昆吾翼掩鴛鴻九萬奮於溟海搏韜骨產文贍卿雲孝窮溫清之方忠盡匡救之道同何充之器局被重晉君類荀攸之宏圖見知魏主斯故包羅衆藝囊括羣英者也起家除周畢王府長史榮名蕃牧則位重首僚袨服睢陽則譽光上客既而蒼精委馭炎運啟圖作貳邊服實資令望授廣州刺史悅近來遠變輕訬於雕題伐叛懷柔漸淳化於緩耳蜀王地處維城寄深磐石建旗玉壘作鎮銅梁妙擇奇林以爲寮佐授公益州總管府司法昔梁孝開國首辟鄒陽燕昭建邦肇徵郭隗故得馳令問於碣館播芳猷於平臺以古方今彼此一也尋除尚書比部侍郎轉刑部侍郎趨步紫庭光映朝列折旋丹地譽重周行俄遷治書侍御史彈違糺慝時絕權豪霜簡直繩俗寢貪競隨文帝求衣

待旦志在恤刑呪網泣辜情存緩獄授大理少卿公巨細必察同張季之聽理寬猛相濟比于公之無冤但禮闈務殷樞轄寄重允膺此職實難其人授尚書右丞洞明政術深曉治方臧否自分條目咸理丁母憂去職哀慟里閭隣人爲之罷社悲感衢路行客以之輟歌孝德則師範彝倫精誠則貫徹幽顯雖高曾之至性何以加焉尋詔奪情復其舊任於時山東之地俗阜民澆雖預編民未行聲教詔公持節爲河北河南道安撫大使乃賜米五百石絹五百匹公軺軒布政美冠皇華之篇擁節觀風榮甚繡衣之使

事訖反命授尚書左丞然幷州地處參墟城臨晉水作固同於西蜀設險類於東秦實山河之要衝信藩服之襟帶授公幷州總管府司馬加儀同三司公贊務大邦聲名籍甚精民感化黠吏畏威屬文帝劍璽空留鑾蹕莫反楊諒率太原之甲擁河朔之兵方叔段之作亂京城同州吁之挺禍濮上雖無當璧之兆乃懷奪宗之心公備說安危具陳逆順翻納魏勃之策反被王悍之災仁壽四年九月溘從運往春秋五十有一萬機起殲良之歎百辟興喪予之悲切孔氏之山頹痛楊君之棟折贈柱國左光祿大夫封

宏義郡公食邑五千戶諡曰明公禮也喪事所須隨由資給賜帛五千段粟三千石惟公溫潤成性夙表白虹之珍黼黻爲文幼挺雕龍之彩行已窮於六本蘊德包於四科延閣曲臺之奇書鴻都石渠之祕說莫不尋其枝葉踐其隩隅譬越箭達犀飾之以括羽楚金切玉加之以磨闕救乏同於指囷親識待其舉火進賢方於推轂知己俟以彈冠存信捨原黃金賤於然諾忘身殉難性命輕於鴻毛齊大小於沖襟混寵辱於靈府可謂闕四字冠冕時雄者也方當亮采泰階參綜機務豈謂世逢多故運屬道消未展經

邦之謀奄鍾非命之酷世子民部尚書上柱國滑國公無逸以爲邢闕一字之下闕三字仲之闕三字之東誰知子孟之墓乃雕戈勒石騰實飛聲樹之康衢永表芳烈庶葛亮之隴鍾生禁之以樵蘇賈逵之碑魏君歎之以不朽乃作銘曰

上闕九字時翼主膺期佐帝運策經綸執鈞匡濟門承積慶世挺偉人夜光愧寶朝采慙珍雲中比陸日下方荀抑揚元闕申裾朱邸名馳碣石聲高建禮珥筆憲台握蘭文陛分星裂土建侯開國轉籍正人相資懿德中臺輟務晉陽闕桐成師搆難太叔興戎建德効節夷吾盡忠命也道著身

歿名隆牛亭始卜馬鬣初封翠碑刻鳳丹旆圖龍煙（闕下）

唐故太子少保上柱國潁川定公碑

（闕三十四字）之功至如三傑贊泗水之基十臣崇鎬宮之業遂使體元垂拱成俗（闕十九字）之（闕一字）股肱屬（闕二字）之期預（闕一字）試之謀猷參隨山之經砍位隆政本榮重分符騰芳五牛之旌勤功九龍之鼎（闕二字）潁川定公矣公諱良字仲良潁川人也昔獻子輔政名重六卿師伯執鈞譽高三事實潁川之望族乃鄧邑之華宗者也代有名臣家傳懿德冠冕被乎青史功業著於丹（闕一字）茂績洪勳可畧言矣曾祖演

魏征虜將軍恒州刺史受律清廟威震細柳之軍分竹大藩聲冠雲中之守祖褒魏侍中周使持節開府儀同三司原涼二州總管（闕二字）少保（闕二字）貞公從政（闕二字）六官以宏政本贊化（闕一字）路三孤以闡皇猷父紹周昌樂郡守隨儀同三司驃騎將軍衛尉少卿金崖縣開國公職典五戎（闕九字）含英聲冠於棘（闕一字）惟公稟氣（闕一字）和降神靈嶽含章毓德敬業居（闕一字）立身極於九言追孝盡於三道稽覽握河之異說盡性知微旄頭嵩（闕十六字）濯清江辯溢談叢若長河之瀉砥柱類子將之甄（闕一字）俊造俟以彈冠方林宗之

題目通賢佇以結綬可謂衣冠之領（闕十六字）學生仁壽（闕一字）年被舉授吏部朝散郎習業璧池譽光函丈策名禮閣聲動周行大業元年除河東郡司功書佐九年（闕十四字）謁（闕一字）對揚丹陛風範映於簪纓敷奏青蒲韶音振於金玉百寮為之矚（闕一字）九流於焉傾首十二年丁父憂同高柴之泣血三年類曾參之不食（闕一字）曰對風樹而愈感踐霜露而增哀時屬金鏡潛光望夷有弒酷之禍玉繩掩曜成周致蒙塵之災於是四海混淆九圍板蕩我高祖乘時撫運出震握圖膺五運之寶符定九牧之神鼎元冠紫綬賁帛嘉

於琳瑯裂土剖符寵命屬於翹楚乃授公銀青光祿大夫馮翊郡丞京師擁叛殷之徒布（闕一字）野之衆率怨秦之卒拒霸上之師地陣箕張佳兵於是喪律天羅雲布（闕一字）池所以失險公運制勝之謀當疇庸之賞加左光祿大夫賜物七百段授大理少卿（闕一字）斯三（闕一字）罷人絕於嘉石察茲五禁寃氣散於員扉三年奉使入蜀敕便宜從事公傳檄而伏冉駹折簡而降彭濮遂使斯榆稽首庸蜀順化太宗（闕一字）膺（闕三字）敷化陝服握兵符以清國步施文德以格遠人公與行臺僕射屈突通禮部尚書溫大雅或竭忠以

匡多難或勵行以革頹風或博識該於石渠或縟藻麗於
闕二字所以特降詔旨令事府幕尋授陝東大行臺左丞五
年判天策府從事其年劉黑闥薦食三魏吞噬兩河爰詔
中權以申薄伐以公爲元帥府長史公陳擊員破方之畧
建塞井減竈之謀似白起之拔夷陵如柴闕一字之屠參合
策功行賞授上柱國賜闕一字十人物六百段復攝天策府
司馬獫狁孔熾背約違盟騎入蕭關兵屯洵邑主上情存
綏撫未動干戈令公銜命虜庭示其禍福公曉之以逆順
喻之以安危若數項王之十罪似責息侯之五犯遂使尸

逐膜拜谷蠡屈膝既立和戎之功遂降殊常之賜又攝吏
部侍郎九年復轉陝東大行臺戶部尚書其年又除安州
大都督貞觀元年詔授戶部尚書三年改除刑部尚書施
七教以闕一字人掌五刺以闕一字獄司會之職尤重常伯之
望愈隆泰川大藩天闕二字鎮首席之任本藉英才授公右
光祿大夫秦川都督府長史總撿校闕一字府事封潁川縣
開國公昔膠西爲國相之者仲舒梁孝闕一字藩輔之者長
孺闕五字之業光磐石之宗以公方之彼有慙德庶輔仁無
爽調一氣於泰階闕十字豈謂素王入夢忽悲辰巳之年豎

子爲災翻厄膏肓之疾貞觀十一年遘疾薨於安興里第
春秋五十七昔柳莊長逝衛喪闕十一字今方古異代同傷詔
贈兵部尚書餘官封並如故謚曰定公禮也其年十一月
五日遷厝於雍州三原縣宏化鄉永徽五年詔贈太子太
保闕五字公雅量汪汪澄波瀾於萬頃宏材鬱鬱挺棟闕一字
於千尋以闕一字禮爲隄防將仁信爲介胄漢考故事首問
於伯仁晉訪舊章先請於武子偶潘而稱趙璧闕二字而闕一
字仙舟牆仞難踰遠方日月芬芳可習近譬芝蘭家行著
於鄉閭美譽滿於簪紱積善餘慶人物邁於三闕一字庭訓

有方世德光於萬石闕一字行闕三字重一時闕一字天闕一字地
遊塋涇闕一字庫寒來暑往墓入齊宮所以勒徽烈於豐碑
樹華表於神道乃爲銘曰
闕一字精握圖赤闕一字表震翦商功立開闕二字盛若木分枝
闕一字原得姓獻子匡國司空輔政門挺台輔世誕英哲三
相之昆五侯之葉金聲玉振蘭芬冰潔節固捎雲闕二字員
闕一字世逢運否時遇國屯玉闕二字跡金難失晨黃道積霧
絳闕飛塵寶焚崑岫鼎沒泗濱電照興王河清啟聖下截
四海上齊七政氛靜地輿雲開闕二字業預鍊石功參佐命

擁節劍門（闕一字）官列棘位亞八柄聲高六職始司天憲爰掌邦則鳴玉趨朝析珪開國駸駸騋駒滔滔逝水寶喪珪璧梁摧杞梓（闕五字）蒿里魂掩一邱名傳千（闕二字）墳已卜滕室初開（闕一字）馬（闕一字）步廣柳徘徊舟遷巨壑水淺蓬萊勒茲琬琰長旌夜臺

欽定全唐文卷一百四十五

于志寧　二

大唐故太子右庶子銀青光祿大夫國子祭酒上護軍曲阜憲公孔公碑銘

蓋聞八卦已列書契之迹肇興六籍既陳禮樂之基斯闡是以厲鄉設敎道德垂訓於百玉涑水立言雅頌（闕一字）法于萬（闕一字）如欲化民成俗致遠鉤深非博（闕二字）以究其源非（闕三字）以宏其（闕四字）聖之幽贊爲後進之範圍軼匡莊而驤首超賈杜而矯翼見之祭酒曲阜憲公矣公諱穎達字

沖遠冀州衡水人也若夫順天開物黑帝寧區夏以干戈定樂（闕十字）霸（闕四字）令譽於鶴（闕一字）光贊（闕二字）振芳聲於龍鼎可謂長源眇眇將德水而俱遙曾構巖巖與削成而共峻其後公侯載德簪紱連暉備在縑緗可得而畧曾祖靈龜魏國子博士（闕一字）應（闕一字）之（闕一字）馳譽（闕五字）之（闕一字）識飛英庠序（闕一字）授魏治書侍御史冠錫神羊權豪爲之屛跡任司衡象風俗以之肅清父安齊青州法曹參軍輕重之典情在公平大小之獄心敦寬簡公蘊靈（闕一字）智（闕三字）和（闕二字）篤（闕一字）之（闕一字）駿（闕三字）之足庭羅俎豆幼習升降

之儀門列驂駔少懷遠大之操闕一字韜金匱覃思邁於西河學富石渠沈研冠於東閣詞光翰苑文麗綵虹思極拔天才華日闕一字蹈忠闕一字以行己踐仁信以闕一字身闕一字漢皇之名珠光映照車之珎抱金山之美玉價重連城之器聞之者未面而虛闕一字見之者忘言而傾蓋可謂儒宗之鏡闕一字學府之闕二字者焉昔大業膺圖更開橫塾賁帛而徵闕四字而辟闕八字業隆槐市大訪闕一字彥廣闕一字學徒公闕二字千闕一字苞括百氏牢籠曹許孕育毛玉足使仲遠伏膺子幹闕一字道所以闕一字天資於漸陸紀地由乎濫觴

居此高才闕五字家授闕三字博士尋除太學助教闕四字馭海縣分寓甚闕三字踰楚岳巨猾於焉鴟視大憝所以鴟張比王粲之寓蹟荊門同班彪之銷聲隴坻闕二字尚阻還蜀無由暨六合同文八紘闕二字旣闕三字之闕一字遂闕三字之遊闕二字司空闕一字國公禮部尚書黎陽公秘書監永興公爲秦府文闕一字館學士闕二字學博士東膠西序講肆於是重興碣館闕一字宮文闕一字於茲愈闕二字年遷國子博士膏梁闕二字舉闕七字揮汗闕三字攝齊問感譬洪鍾而闕一字叩負笈質疑闕一字衢尊而闕二字聲實振於關右芳風蓋於淹中其年封曲阜縣開國男食邑三百戶析圭助土望闕十字德貞觀二闕一字改闕一字給闕一字中職亞闕一字卿位闕三字丹墀近侍允屬時英四年加員外散騎常侍行太子中允入陪玉裕出侍金輿闕一字重起居寄深獻替六年除國子司業闕二字太子右庶子七年闕二字庶子兼國子司業以公闕二字可闕三字有闕一字比闕一字君仲闕二字子闕一字十年奉敕共秘書監鄭公修隨書良直著乎青史微婉表於丹書跨固超遷含劉孕謝特蒙恩闕三字增闕二字散騎常侍闕二字庶子兼國子司業闕一字如闕一字制禮作樂沿革不同於是闕一字名多問

委以刪定其大戴小戴之舛錯前鄭後鄭之危疑往哲之所不通前賢之所未釋公剖茲闕一字節鍼此膏肓足使儀刑闕三字澤王化闕一字成闕五字賞進爵爲子邑七百戶賜物二百段其年以公匡弼副主屢進讜言與左庶子黎陽公特蒙恩詔又賜黃金一斤絹一百四十二年除國子祭酒東宮侍闕一字封如故闕二字卿名闕一字齊闕一字膺茲寵命闕二字道光闕二字荷闕一字殊榮公乃再振頹風重宏絕業學徒盈於家室頌聲彰於國朝十四年車駕幸學親觀釋奠公闕一字總九流才兼六藝彝倫之所鑽仰闕一字德之所闕一字

崇詔公闕一字於講筵闕四字連闕一字暫闕一字指闕二字其談鋒英辯一擒闕二字塹其河瀉下帷博學閉戶多聞競舉雲梯爭迴雄戟公金湯易固樓雉難攻遂使輔嗣倒戈大春反旆宿疑舊惑闕一字順氷銷闕二字神衷闕四字悠悠闕三字見斯闕一字禮畢上釋奠頌一篇文豔雕龍將五色而比彩韻諧闕一字鳳與八音而同節逸思掩於子玉麗藻超於闕二字蒙闕一字勅闕三字表讚其書曰闕二字弁上釋奠闕一字殊爲闕六字清詞爛其盈闕五字逸氣闕一字已淩雲驪龍九重不足方斯綺麗威鳳五彩無以比其鮮華揚雄挨闕一字高蹤闕一字遠

黃香闕十四字昔強秦之末政教闕一字遲搢紳以闕三字墳典以爲灰燼逮炎漢握圖闕一字敷經學憲章斯敎文藝聿修及自三國迄于晉宋書記可略而言之近至隨運將終天下鼎沸闕八字鑑乎闕一字隨豈不愴恨朕少逢闕二字之闕一字長遇干戈之闕三字茲宸極執闕一字璇璣闕一字阪泉崇國之功闕一字有之矣靈臺辟雍之德則未可庶幾雖然亦嘗有意乎雕蟲存心乎儒史開獻書之路闕四字賢束帛蒲輪亦以多矣闕一字學謝闕二字文慙闕七字春三闕三字國老養於闕一字庠庶老闕一字於西庠聽廣論而無闕一字導深義而闕一字席

洪鍾待扣扣無不應幽谷發聲聲無不答闕十二字夙挺瑋早闕四字羅百氏闕三字經闕一字涌珠泉情抽蕙闕一字關西孔子更起乎方今濟南伏生重興乎茲闕一字庶令宏四科於縹帙闡闕一字遍於青衿翰苑詞林闕一字其闕十字奉勅闕一字撰五經義疏公博極羣書遊闕一字衆藝削前闕一字之紕繆闕一字往哲之闕二字誠萬古之儀刑實一代之標的蒙勅賜名五經正義付國子監施行賜物三百段公敦老氏之止足追太史之鳴謙闕一字請歸闕一字優詔不許闕二字聞奏始蒙闕三字防閤闕四字又使中書令闕二字賁手闕一字存問榮寵

之極曠古罕儔闕一字世室於國陽佇聞公玉之制告成功於日觀庭覲司馬之書闕五字光闕二字兩楹闕一字夢環海闕四字千月之闕一字以闕十字甍於萬年縣平康里第春秋七十有五哀感宸展悲動搢紳甚魏主之惜桓階若晉人之傷衞玠詔贈物闕二字段陪葬昭陵喪事所須率由官給闕七字公禮也闕二字遺老陪闕一字陵而起墳闕三字臣奉峻陽而卜兆以今訪古隔代同符惟公氣稟五常道光六行得孔甫之具體總姬旦之多才延閣策府之奇書探賾索隱東館南宮之逸闕二字隩窮源闕三字於闕二字無闕三字之闕四字於闕二

字不假張寬之闕一字道合者不以賤貧而易交行僞者無以權貴而投分志懷耿介性闕一字廣門有石奮之謙恭類宋宏之方闕一字推賢進士後已先人舉事而闕五字而成準的乃闕一字之翹楚闕二字之羽儀於時將創明闕一字令羣儒詳審互陳聞見闕一字起異端公攈摭舊事憲章故實刪裴頠之制度畧蔡雍之節文酌今古之儀得豐儉之闕一字褒衣博帶闕一字不闕三字觀之始闕一字翬闕四字樂闕五字之禮之墜典記事記言之史俱資筆削大雅之詩咸佇刊定奉勑修隋史五十卷闕禮一百卷五經正義一百七十卷邁南

董於曩策逾孟慶於闕一字書闕二字闓闕十一字論衡匹此未奇撰闕二字聞帝用嘉尚后倉制禮闕一字振曲臺孫通創闕一字榮光稷嗣以今方古彼獨何人豈謂食薪爲災夢桑成闕一字魏勇之藥無效齊鵲之言闕二字遂闕一字山陽之闕三字長闕一字之闕二字宮之闕三字金石之聲世子志元等悲深陟岵思烏闕一字而無期恩極昊天對風枝而增慟恐鍾律易改陵谷難常乃闕一字氏英猷永傳五鼎楊公闕一字軌長勒四碑敬陳伐閱樹之闕五字

赫赫華冑巖巖崇趾元鳥降神闕二字效祉德表溫室道光闕里績著太常芳流惇史誕生令悊卓犖絕羣百丈挺秀九畹騰芬迢闕一字流畧囊括邱墳淩雲縟藻闕六字羣籍網羅闕三字邁闕二字思窮五際糠粃名闕一字錙銖象繫落是潘詞巢高孫第世尚典故時敦學植賓雁成行翹車轉軾金馬待詔壁池攝職闕二字欽風闕二字詠德飛纓黃屋闕十三字闕一字獻書闕五字闡六學規模百寮冠冕星闕一字喪寶石折殲良闕一字矣武庫闕一字哉智囊瑩斷白馬墳瘞黃腸九泉雖閟千載名揚

唐太傅蓋公墓碑

竊以仰觀俯察八卦於是列焉依類屬形六籍所以生矣陳卑高之序定君臣之義建國辨方化民成俗學闕四字不大哉于是西河闡以儒風北海敷以至教四方挹其茂範百代稟其徽猷況蹈六行以揚名蘊九德以闕六字爲人師闕十四字正議大夫闕二字師矣公諱文達字藝成冀州信都人也闕五字高山以畫九州營邱佐姬平牧野以開四履鴻伐成家拖青分社人物奕業高軌銘于景鍾英傑蟬聯芳猷闕四字曾祖慶魏彭城王記室參軍樂陵郡守碣宮建肇卽預大房茅土始封遂居分竹祖延齊安平王記曹從事闕四

字超枚馬以騰芳驂駕魏國冠應劉以驤首父永隨幽州薊縣令德光馴雉化美去蝗仁聲表於絃歌政教彰於闕二字稟淳和之氣淩峻極之精雅量淹通識度開濟比子昂之德行聲動朝倫方季珪之容儀光照隣國懷清貞而闕三字重然諾而畧兼金博極石渠踰蔡雝之萬卷學該藏室邁惠施之五車縟藻麗於雕龍雄辨析于非馬入其室者如就芝蘭遊其門者若闚絲竹可謂照灼千祀籠蓋一時者焉隨煬帝以當闕一字握圖大横纂歷命軺車以闕一字英彥闕三字以召碩儒公以經明行修孤標獨秀大業三年授

同安博士九年特勅除守國子助教洎三霧改卜六樂闕四字言于瞽宗崇函丈于泮水武德九年授國子助教今上韜光藩服歷試艱難虛左用佇奇才開館以紆闕五字辟來遊府朝遂得文預題輿恩參置醴聖人嗣應寶歷君臨區宇業盛配天功齊造化循韶夏之舊規宏闕四字風以公學冠當時除國子博士雖曹志之篤行江統之高名未足連步成均比肩璧水十年詔授闕二字散闕四字諫議大夫國子博士如故懷匪躬之節抱忠公之心同少翁之善言仿紀山之鯁直十一年從駕洛陽宮闕四字補宏文館學士遊步

銅駝待詔金馬切問資以辨對近侍屬於博文十二年詔授國子司業左學右學闕四字謀闕一字上庠下庠官曹待以綱紀十三年詔授兼蜀王師匡正藩條劉實以多聞見重師範磐石孔演以行闕五字古雖殊得人是一十六年丁毋憂居喪泣血至性逾于世公負土成墳孝德甚於泰伯誠可訓時勵俗作一闕一字之闕二字立教宏風爲羣寮之隱括於是逍遥誓誥每服止足之言組織典墳恒敦滿盈之誡觀陽元謝事意在抽簪闕三字車情在解紱所以退居邱壑有終焉之心十八年詔授正議大夫兼崇賢館學士鶴闕一

字將啟闕二字矯翼之闕四字開更招託乘之容公曳裾永福躧履承華侍公宴玉輅之前陪飛蓋銀牓之右豈謂峯頹東嶽聖人起奠楹之闕三字西州智士興云亾之嘆春秋六十有七薨雍州開化坊里第哀感宸極宮懸止於咸池悲動震方肅成輟於闕二字勅令贈物絹二百匹粟三百石喪事所須率由官給即以其年十二月歸葬於舊塋禮也惟公英姿磊落闕五字竦千尋量包萬頃偶潘而稱連璧對郭而號仙舟學綜羣書能兼衆藝羽陵蠹簡魏冢逸篇揣摩縱横之辭闕四字之術囊括往哲高視前修定三豕之疑不

假卜商之辨決二負之惑詎勞劉向之言鴻都於是推高曲臺所以（闕二字）或陪黃屋或侍青宮方樗里之智囊（闕一字）鎭南之武庫故能保元吉於當世垂嘉聲於後昆世子國子主簿宏式（闕五字）追悲罔極之艱難對窮泉而長慟思陟岵而永懷恐暑往寒來（闕三字）於延閣鐘移律改（闕一字）傳墜於（闕三字）此高碑以旌懿範乃爲銘曰

（上闕二十六字）層構奕奕崇基誕此英賢是爲人秀薦紳盛族膏粱華胄珪璧方溫芝蘭比茂七步才速百家學富賁帛招賢弓旌訪士飛纓庠塾鏘金阜市析角標奇重席（闕二字）王

賈齊衡匡張隸齒平臺騁步望（闕一字）飛英譽隆徐邈文高馬鄉從政瑣闥作範維城蘭芬松茂玉振金聲忽嘆隙駒俄悲風燭未登臺（闕一字）遂編鬼籙蒿里沈珠佳城瘞玉四序難追百身何贖車轉熊軾（闕一字）列龍旂徘徊（闕一字）衞躅驂騑墳（闕二字）霧樹曲（闕一字）威銘斯爻琬播美騰輝

南安懿公碑

（上闕）刺史上柱（下闕）子黎陽公于（下闕）夫（闕三字）蒸龍與豹（闕二字）天立極夷難開（闕三字）士以經綸駕羣雄以戡亂然則輕車飛將靡刺舉之方擁（闕三字）無折衝之略其能入陪乘石（闕二字）於鉤陳出撫名藩文德被於江介總英謀以挺秀敷善政以遐征見之使君南安公矣君諱琮字文瑾武威姑臧人也夫運籌帷幄名（闕一字）三傑之先立（闕三字）功居八王之首屬金行不競寓縣分崩涼王建定亂之勳成割地之業洪源將導江而俱遠層構與干雲而共高龜組相暉青紫交映（闕一字）在簡牒可略（闕三字）祖誼魏驃騎將軍涼州刺史黃門侍郎散騎常侍武威郡公剖符作牧恩重璽書執戟從宦榮隆夕拜祖昺周驃騎將軍（闕一字）城郡太守死王事贈上柱（闕三字）總管河北壯公分竹宰民化光露冕臨難殞命

節重結纓父辯隨上柱國使持節秦州諸軍事秦州總管潭州總管左武衞大將軍（闕二字）郡開國公建（闕三字）恩結湘流橫劍禁中聲高文陛惟公總煙霞之秀氣稟川岳之淑精器寓深沉風調爽逸文（闕一字）叶上將之略大樹表將軍之威幼挺縱橫綴幡爲戲少（闕三字）聚米成圖起武安以振威邁淮陰以賈勇加以琢磨道德黼藻仁義砥名勵行聞諸鄉黨資孝爲忠形乎家國少習文史尤工騎射沉沙滅竈既練之（闕二字）持短入長亦精之於劍術公釋褐隨奮武尉于時東夷未賓阻遼水以爲固頻擾黃龍之戍亟侵元

苑之城隨煬帝親御貔貅以誅梟獍公壯踰投石闕三字旗命賞疇庸以居其最特蒙標異授朝散大夫尋除新鄭縣令公濟以寬猛施以韋弦遂使單父興謡萑蒲息盜善政既著俄遷潁川郡丞此乃魏室闕三字胡公之故國元冠成列朱輪接軫公綏之以淳化肅之以嚴威千里揚風百城仰德時屬隨人委馭海縣沸騰或裂壤而鴟張或分星而闕一字視丹野塗闕三字溺驂徒懷王允之心空軫賈生之哭既而晉野降白雲之瑞秦川開赤玉之圖稷契於是遷虞張陳所以歸漢高祖大武皇帝御紫極而統天坐元扆而

則地文爲治本資德教以化民武以除殘藉干戈以靜難擇賢分器量器授官除公驃騎將軍闕一字加上開府闕三字勲高沙塞任重中權黃君望亞鼎司寵光莫府以今方古彼何足云尋改授左衛中郎將劉武周稱兵馬邑結援龍城挻禍汾陰連橫河闕一字今上闕五字公陪從戎麾蒙授左三總管公知包三畧勇冠六軍運奇謀以抗千里舞勁劍而摧八陣兇徒既殄反旆還京除左衛長史其中郎將如故王世充闕五字以戎旃曾無勤王之心翻肆問鼎之志莽卓未足方其罪澆豷豈得比其辜遂使宗社淪胥懷生板

蕩竇建德同惡相濟共爲犄角王師運九變闕五字之士風驅電掃拉朽摧枯公預官渡之勲參崤陵之捷校功追賞超絶等倫劉黑闥建德餘孽尚蓄狼心擁兵趙魏構難漳滏騁其闕一字突未革鴞闕五字纂此一戎遂清九宇於是稽天息浸飛岳闕一字塵飲至策勲蒙授上柱國封南安縣開國侯食邑七百户又撿校參旗軍副又撿校左領左右中郎將闕五字衛率近臣侍奉委之以正人爪牙寄之以心膂貞觀元年授太子左衛率撿校右武衛將軍左領軍將軍四年蒙授雲麾將軍行左衛率如故闕五字坊恪勤晨夕標

羽儀於甲觀擅風流於望苑十年授銀青光祿大夫行睦州刺史方當班六條於勁越歌兩岐於全吳望俗變文身風移鑿齒紹闕五字追降鳳於潁川豈謂日闕一字難翻閱川不息忽感何祇之夢遂同聲伯之悲貞觀十一年十二月之任在道寢疾薨於宋州館舍春秋五十有五痛闕五字行人考行受名謚曰懿公禮也即以十三年二月十一日遷厝於始平之原公德方琮琬照荊岫而騰暉材挺棟梁茂鄧林而聳幹破楚入郢闕五字齊之謀彈壓六奇籠蓋十策陳力草昧之始立功雲雷之初功著升陑勲高戰牧執戟

武帳八舍稟其軍容受律戎軒四校佇其神算加以池居（闕五字）卿帝鄉近親莫之比盛祖母李景皇帝之女贈信都郡大長公主母竇隨文帝之甥夫人長孫文德皇后之姊尚主賓玉光華帝戚（闕五字）映濯龍未嘗富貴驕人恒以盛滿爲戒方應參八駿之駕高宴瑤池陪七佐之遊問道襄野豈謂九轉之方莫効十（闕一字）之景難留奄切頹山忽悲（闕五字）子振等恐炎涼迭代星紀循環海變三山谷遷九地所以鐫（闕）勒石播美騰芳譬東都之前永識滕公之墓潼亭之側長標太尉之墳乃爲銘曰

（上闕二字）茂緒眇眇長瀾七葉輔漢五世相韓績參經啟業預艱難代總衡轡世襲衣冠山瀆降靈煙霞誕祉比德珪璧齊芳蘭芷衡斗浮光照車蘊美縱（闕五字）圖史運屬交喪時逢屯剝爭竊寶符競窺帝籙禮廢禋祀（闕一字）毀龜玉兇甚拔山暴踰比角天地初闢光華方旦破袁奇策滅項神算受脈除殘執（闕五字）三傑績隣十亂霧撤雲銷功成治定屢典交戟頻膺寵命裂壤恩隆分麾禮盛儲坊述職江皋從政歲月易度生涯若浮夕峰隱景夜壑遷舟（闕六字）迴軸式鐫翠石永樹芳猷

太子少師中書令開府儀同三司幷州都督上柱國固安昭公崔敦禮碑

蓋聞虞后納麓五臣膺其宏圖周王定霸四友贊其英畧故能撥亂（闕一字）極類帝禋宗（闕三十六字）至若獻籌緜構之始樹績雲雷之初成配天之功建定鼎之業經文緯武尊主庇人齊德夔龍連芳風力形圖麐閣銘勒宗彝則我開府固安郡公其人也公諱敦禮字安上（闕十六字）猷大公執鈞享四履而匡王業亭伯達旨之作（闕二字）詞林子玉（闕二字）之文思窮物理絓組奕葉方十紀之羽儀紳佩蟬聯比九世之

卿（闕十九字）煨燼（闕一字）於緹紬藏（闕一字）被於簡牘曾祖宣猷周梁州總管隨大將軍通守汲郡大浸稽天預奠川之鴻（闕一字）可（闕二字）縞（闕二十四字）階大將軍代州總管太常卿禮部尚書固安縣公學窺典墳文韜雅頌言成表率行爲師範盛德光於八士芳（闕一字）冠於十臣父壽周（闕二字）縣男（闕三字）通事舍（闕十七字）蜀定州諸軍事定州刺史委質平基藻思越於牧馬陪遊河曲鴻筆麗於應劉英聲振於生前哀榮備於身後揚暉鳳策播美龍圖公昭孝懷忠（闕三十四字）曰（闕一字）之光渥水初騰騁千里以追電溟池將運摶九萬以摩霄文

極詞偨才高呑鳥學該繁露思逸夢蛟論道宰化之方體國經野之術齊暉稷契比美蕭張闕二字屬始闕十八字窮髮闕五字黃屋沒於望夷黔首墜於塗炭大唐循璣昇歷辯闕一字居元安車以禮通賢蒲輪以徵奇士公識芝碭之故聖知梁宋之興玉投刺轅門庇身有闕二十四字禮殆將闕一字主感鑽燧而增闕一字對風樹以興哀昔高柴泣血三年揚臻居喪七載校斯至性詎可相方武德二年奉勅奪情授左勲衞四年授通事舍人闕四字飛闕七字刑闕七字縉紳六年奉勅檢校右驍衞府長史闕二字右校叛換亟擾天田左賢陸梁

將迴地軸蕩滌逋寇事藉謀猷奉勅副鄖國公宇文士及往嬀州經畧事了還京公乃闕一字元闕一字奉闕一字蒙忝闕二字曠闕五字之恩闕二字易名奉闕一字王之詔比斯闕二字彼何人哉闕二字四闕一字奉勅往幽州追都督廬江王李瑗時瑗陰預庚園之謀將據河朔之地嘯命兇醜肇爲亂階公非理被囚意在嫁闕一字長闕一字不闕五字太宗嘉公乃誠闕十一字賜絹五百疋闕三字人金銀器皿十一件細馬一匹其年奉勅副御史大夫安吉郡公杜淹往武功逐簡闕一字還授中書舍人闕一字司陛闕一字申張武之茂功闕二字絲闕四字之闕二字貞觀元年封固安縣男闕一字土闕一字枋書之以山河開國成家傳之以茅賦六年授員外散秩常侍行中書舍人七年守太常少卿三雍七郊之禮則闕一字之於靈臺九成闕一字英之樂闕二字之於闕十一字山闕五字大闕二字使闕一字於漢中闕六字行旃於夏首化洽九江循吏於是彈冠貪夫爲之解印聲高八儁譽邁二星九年屬有國哀靈駕進發以公攝侍中闕一字人闕一字喪事十年授闕二字少闕十字兵部侍郎闕二字靜闕一字兵機戢武之先闕二字定功戎昭禁暴之本闕一字選列代咸寄親賢令授此官允於僉望昔炎政闕一字季

闕一字宇混淆六樂與沙鹿俱崩三禮將原火闕十三字之多闕十三字封固安縣子闕一字年加爵爲侯拜護軍延陁恃燭龍之阻深騁射雕之小伎失事大之節懷淩長之心公運婁敬之良籌擒鄭衆之雄辯呼韓以之削衽闕二字於是闕十六字使還闕一字授闕一字部侍郎加上護軍隨班列也其年又奉使往延陁論和親事蒙賜絹三百疋其年授右屯衞將軍望超二衞闕一字重三軍方信布之爪牙比良平之心腹漢朝闕一字寵極闕一字魏闕十八字授銀青光祿大夫守靈州都督方李牧作宰聲震龍庭譬魏尚剖符威慴狼望膠折息蕭關

之騎月滿絕甘泉之烽廿年授銀青光祿大夫守兵部尚書（闕十七字）七年（闕一字）駕（闕十一字）武侯大將軍（闕一字）左右相碎杖事位光七命職統五戎政典佇之以納言喉舌寄之以元凱聲馳禮閣譽滿周行尋正除兵部尚書檢校（闕十七字）之酋（闕七字）方之長浮（闕一字）海以來庭左雄之流譽東京韋賢之飛英西漢不之尚也其年副太尉趙國公檢校山陵鹵簿事畢蒙進爵爲公食邑一千戶賜物五百段（闕二十六字）以贊時雍（闕一字）侍（闕二字）中書令（闕四字）載筆西省司八柄以奉綸言負璽左曹託七車以對明詔獻替旒扆損益機斷雖渭

浦兆叶周傳陰夢感殷（闕三字）方（闕十八字）事（闕九字）纓玉裕曳（闕二字）絧樓漢室將次磚比肩晉朝與孝伯方駕心敦淡泊志尚清虛固讓機權願歸閒逸旣而承華肇建望苑初開審喻藉以正人調護資於（闕二十字）男食邑三百戶授尚舍直長賜物八百段昔桓榮碩儒離經於副主臣（闕一字）通識訓從於儲君故以德茂曩賢名高往哲者也而東流難止西景易沈未登千月之期奄切九（闕一字）之（闕一字）以顯慶元年歲次（闕三字）月癸巳朔三日乙未薨於（闕一字）陽里第春秋六十有一哀感宸極痛結儲闈閭里於是興嗟簪裾爲之揮涕輿駕於龍門舉哀詔祕書監駙馬都尉長孫沖職方郎中溫（闕六字）州都督開府儀同三司（闕十一字）陪葬昭陵鼓吹往還（闕一字）事葬事官給務從優厚仍令兼司農卿長孫知人監護太府少卿韋思齊爲副又令中書侍郎李義府持節弔祭皇太子則（闕五字）仍令（闕五字）韋（闕一字）率更令蕭鈞致祭太常考行謚曰昭公禮也以其年十月壬辰朔十八日己酉窆於昭陵之南安鄉平美里惟公降辰昴之秀氣稟嶽瀆之精靈鬱鬱材聳棟梁汪汪量澄江海（闕六字）登（闕七字）乃（闕五字）博窮開闢洙（闕一字）之教聿興藻軼翰林唯渙之文斯著

懷仁履信蘊德居貞爲衣冠之表綴實朝倫之規矩自隨風不競海縣分崩三戶興滅秦之師八百起亡殷之衆人（闕三字）之（闕一字）家（闕五字）太宗膺赤（闕一字）之符殄綠林之（闕一字）再安地紀重正天綱公（闕一字）日月之暉獻戡翦之略茂勳斯建神算遠聞吐納赤墀對揚流譽侍衛丹扆巡警有聲建節榆關塵清柳室張旃鹿塞霧布狼山（闕一字）銀（闕二字）朝（闕十四字）戶求木方令君之舉（闕一字）開門接士（闕三字）之待賢散金恤窮指囷濟物王孫慙其好施子敬愧其輕財博識古今超晉朝之武庫決勝樽俎冠秦官之智囊見（闕一字）之（闕二

字勞馬援之誡聞人之善闕二字曹邱之闕十二字多闕三字禾足儔崇荀孟儒雅之風鄙申商文峻之法可謂廊廟之瓌寶朝序之宗從者焉而眉壽莫終麥邱之祝遂爽日制未及闕二字之闕一字無闕一字便闕二十六字太子通事舍人闕一字業等哀纏罔極痛切天經至性盡追遠之心孝德究愼終之道恐桑田變海深谷爲陵懿範不傳徽猷永沒所以勒茲三闕一字繼公之遐蹤闕二十八字乃爲銘曰

儀天曾構控地長源大庭誕祉尚父開藩賦超雅頌論擬文言家傳積善世德高門其一辰象降精挺生闕二十一字畧括

囊文史其二隨政道銷運終天祿戲亭軍喪漢濱冊覆日闕一字狐鳴星亾鬼哭懷生擇主元天改卜其三聖人有作乘時定亂負鼎經啟托劍匡贊屢獻嘉謀疊闕十一字其四闕七字防闕一字光闕六字延戈玉塞杖節銅梁闕一字流典客聲高奉常其五八屯警衞六官述職龍池鼓鱗鳳條矯翼子房審喻長輿亮直儼若朝典隱如敵國其六闕一字機闕三十字其七闕二字畢陌陣列原阡闕一字窗遽闕一字金字方鑄佳城照日宰樹籠煙玉棺永閟寶劍空懸下闕

唐故太常卿上柱國汾陰獻公薛府君碑

蓋闕陟茂闕勳高方闕構而俯闕雅俗闕吏部侍闕深八闕之闕之闕舉以孝廉闕一字而不就雖翹車結軫闕一字鴈闕一字羣闕二字之闕之故事及闕一字茂陵之舊章莫不討本尋原探賾索隱闕其謀乃迎公太夫人闕一字氏置乎城內公闕一字在緣祿闕陳平餘智闕一字背項之謀許闕一字見機闕一字歸闕一字之闕之賓太沖闕一字其闕五字其多藝闕兼陝東道闕籌闕晉闕焉闕三字充功闕用闕成闕一字德祖闕五字薛氏之後代闕城飲至敘勳闕一字上柱國汾陽縣男食邑三百戶闕邪佞者多忠愕者少臣無君不立君無臣何以

得安闕恩旨特隆以旌鯁直昔皋陶之對虞舜致闕嘉賓於東閣參愛客於西園既接闕疇昔闕一字弟孫之闕太宗與公闕五字敬書闕二字與卿闕若爲存養知卿叔姪之情闕五字加安闕於記錄暨繼明闕夢君儀範傷悼特深旦敕所司賜以粟帛闕之闕一字鍵對逸簡於嵩岳多闕二字於闕戎馬交馳飛魯連之箭闕三字起草闕二字之書闕之功豈謂拂日曉枝倏墜千尋之幹闕一字天峻岳闕一字頹萬仞之峰闕昭陵儀仗送至墓所往還闕葬闕山移闕鼎闕夜闕

欽定全唐文卷一百四十六

李安期

安期宗王卿百藥子貞觀初累除主客員外郎龍朔中爲司列少常伯參知國事出爲荆州大都督府長史咸亨初卒謚曰烈

對高宗用才當忘親讐論

十室之邑且有忠信天下至廣不爲無賢比見公卿有所薦進皆劾爲朋黨滯抑者未申而主薦者已訾所以人人爭噤默以避罵謗若陛下忘其親讐曠然受之惟才是用

塞讒毁路其誰敢不竭忠以聞上乎

孔穎達

穎達字仲遠冀州衡水人太宗平洛授文學館學士貞觀中累除太子右庶子加散騎常侍封曲阜縣子拜國子祭酒圖形凌烟閣二十二年卒贈太常卿謚曰憲

明堂議

臣伏尋前勑依禮部尚書豆盧寛國子助教劉伯莊等議以爲從崑崙道上層以祭天下層以布政又尋後勑云爲左右閣道登樓設祭臣謹按六藝羣書百家諸史皆名基上曰堂樓上曰觀未聞臺觀重樓之上而有堂名孝經云宗祀文王於明堂不云明樓明觀其義一也又明堂法天聖王示儉或有翦蒿爲柱葺茅作蓋雖復古今異制不可恒然猶依大典惟在朴素是以席惟藁秸器尚陶匏用繭栗以貴誠服大裘以訓儉今若飛樓架迥綺閣凌雲考古之文實堪疑慮按郊祀志漢武明堂之制四面無壁上覆以茅祭五帝於上座祀后土於下防臣以上座正謂基上下防惟是基下既云四面無壁未審伯莊以何知上層祭神下有五室且漢武所爲多用方士之說違經背正不可

師祖又豆盧寛等議云上層祭天下層布政欲使人神位别事不相干臣以古者敬重大事與接神相似所以朝覲祭祀並皆在廟豈有樓上祭祖樓下視朝閣道昇樓路便窄隘乘輦則接神不敬步陟則勞曳聖躬侍衛在傍百司供奉求之典誥全無此理臣非敢固執愚見以求己長伏以國之大典不可不愼乞以臣愚表下羣臣詳議焉

易正義序

夫易者象也爻者效也聖人有以仰觀俯察象天地而育羣品雲行雨施效四時以生萬物若用之以順則兩儀序

而百物和若行之以逆則六位傾而五行亂故王者動必則天地之道不使一物失其性行必協陰陽之宜不使一物受其害故能彌綸宇宙酬酢神明宗社所以無窮風聲所以不朽非夫道極元妙孰能與於此乎斯乃乾坤之大造生靈之所益也若夫龍出於河則八卦宣其象麟傷於澤則十翼彰其用業資九聖時歷三古及秦亡金鏡未墜斯文漢理珠囊重興儒雅其傳易者西都則有丁孟京田東都則有荀劉馬鄭大體更相祖述非有絕倫惟魏世王輔嗣之注獨冠古今所以江左諸儒並傳其學河北學者

罕能及之其江南義疏十有餘家皆辭尚虛元義多浮誕原夫易理難窮雖復元之又元至於垂範作則便是有而教有若論住內住外之空就能就所之說斯乃義涉於釋氏非爲教於孔門既背其本又違於注至若復卦云七日來復並解云七日當爲七月謂陽氣從五月建午而消至十一月建子始復所歷七辰故云七月今按輔嗣注云陽氣始剝盡至來復時凡七日則是陽氣剝盡之後凡經七日始復但陽氣雖建午始消至建戌之時陽氣猶在何得稱七月來復故鄭康成引易緯之說建戌之月以陽氣既盡建亥之月純陰用事至建子之月陽氣始生隔此純陰一卦卦主六日七分舉其成數言之而云七日來復仲尼之緯分明輔嗣之注若此康成之說遺跡可尋輔嗣注之於前諸儒背之於後考其義理其可通乎又蠱卦云先甲三日後甲三日輔嗣注云甲者創制之令又若漢世之時甲令乙令也輔嗣又云令洽乃誅故後之三日又巽卦云先庚三日後庚三日輔嗣注云申命令謂之庚輔嗣又云甲庚皆申命之謂也諸儒同於鄭氏之說以爲甲者宣令之日先之三日而用辛也欲取改新之義後之三日而用

丁也取其丁寧之義王氏注意本不如此而又不顧其注妄作異端今既奉勅刪定考察其事必以仲尼爲宗義理可詮先以輔嗣爲本去其華而取其實欲使信而有徵其文簡其理約寡而制衆變而能通仍恐鄙才短見意未周盡謹與朝散大夫行太學博士臣馬嘉運守太學助教臣趙乾叶等對共參議詳其可否至十六年又奉勅與前修疏人及給事郎守四門博士上騎都尉臣蘇德融等對勅使趙宏智覆更詳審爲之正義凡十有四卷庶望上裨聖道下益將來故敘其大畧附之卷首爾

尚書正義序

夫書者人君辭誥之典右史記言之策古之王者事總萬機發號出令義非一揆或設教以馭下或展禮以事上或宣威以肅震曜或敷和而散風雨得之則百度惟貞失之則千里斯謬樞機之發榮辱之主絲綸之動不可不愼所以辭不苟出君舉必書欲其昭法誡愼言行也其泉源所漸基於出震之君黼藻斯彰郁乎如雲之后勳華揖讓而典謨起湯武革命而誓誥興先君宣父生於周末有至德而無至位修聖道以顯聖人芟煩亂而翦浮詞舉宏綱而

撮機要上斷唐虞下終秦魯時經五代書總百篇採翡翠之羽毛拔犀象之牙角罄荆山之石所得者連城窮漢水之濱所求者照乘巍巍蕩蕩無得而稱郁郁紛紛於斯爲盛斯乃前言往行足以垂法將來者也暨乎七雄已戰五精未聚儒雅與深穽同埋經典共積薪俱燎漢氏大濟區宇廣求遺逸採古文於金石得今書於齊魯其文則歐陽夏侯二家之所說蔡邕碑石刻之古文則兩漢亦所不行安國註之實遭巫蠱遂寢而不用歷及魏晉方始稍興故馬鄭諸儒莫覩其學所註經傳時或異同晉世皇甫謐獨得其書載於帝紀其後傳授乃可詳焉但古文經雖然早出晚始得行其辭富而備其義宏而雅故復而不厭久而愈亮江左學者咸悉祖焉近至隋初始流河朔其爲正義者蔡大寶巢猗費甝顧彪劉焯劉炫等其諸公旨趣多或因循帖釋註文義皆淺畧惟劉焯劉炫最爲詳雅然焯乃織綜經文穿鑿孔穴詭其親見異彼前儒非險而更爲險無義而更生義竊以古人言語惟在達情雖復時或取象不必辭皆有意若其言必託數經悉對文斯乃鼓怒浪於平流震驚飈於靜樹使教者煩而多惑學者勞而少功過

猶不及良爲此也炫嫌焯之煩雜就而刪焉雖復微稍省要又好改張前義義更太畧辭又過華雖爲文筆之善乃非開奬之路義既無義文又非文欲使後生若爲領袖此乃炫之所失未爲得也今奉明勅考定是非謹罄庸愚竭所聞見覽古今之傳記質近代之異同存其是而去其非削其煩而增其簡此非敢臆說必據舊聞謹與朝散大夫行太學博士臣王德韶前四門助教臣李子雲等謹共銓敘至十六年又奉勅與前修疏人及通直郎行四門博士驍騎尉臣朱長才給事郎守四門博士上騎都尉臣蘇德

融登仕郎守太學助教雲騎尉臣隨德素儒林郎守四門助教雲騎尉臣王士雄等對勑使趙宏智覆更詳審爲之正義凡二十卷庶對揚於聖範冀有益於童稚畧陳其事敘之云爾

毛詩正義序

夫詩者論功頌德之歌止僻防邪之訓雖無爲而自發乃有益於生靈六情靜於中百物盪於外情緣物動物感情遷若政遇醇和則歡娛被於朝野時當慘黷亦怨刺形於詠歌作之者所以暢懷舒憤聞之者足以塞違從正發諸

情性諧於律呂故曰感天地動鬼神莫近於詩此乃詩之爲用其利大矣若夫哀樂之起冥於自然喜怒之端非由人事故燕雀表啁噍之感鸞鳳有歌舞之容然則詩理之先同夫開闢詩迹所用隨運而移上皇道質故諷諭之情寡中古政繁亦謳謌之理切唐虞乃見其初犧軒莫測其始於後時經五代篇有三千成康沒而頌聲寢陳靈興而變風息先君宣父釐正遺文緝其精華褫其煩重上從周始下暨魯僖四百年間六詩備矣卜商闡其業雅頌與金石同和秦正燎其書簡牘與烟塵共盡漢氏之初詩分爲四申公騰芳於鄢郢毛詩光價於河間貫長卿傳之於前鄭康成箋之於後晉宋二蕭之世其道大行齊魏兩河之間玆風不墜其近代爲義疏者有全緩何允舒瑗劉軌思劉醜劉焯劉炫等然焯炫並聰穎特達文而又儒擢秀幹於一時騁絕轡於千里固諸儒之所揖讓日下之無雙於其所作疏內特爲殊絕今奉勑刪定故據以爲本然焯炫等負恃才氣輕鄙先達同其所異異其所同或應畧而反詳或宜詳而更畧準其繩墨差忒未免勘其會同時有顛躓今則削其所煩增其所簡唯意存於曲直非有心於愛

憎謹與朝散大夫行太學博士臣王德韶徵仕郎守四門博士臣齊威等對共討論辨詳得失至十六年又奉勑與前修疏人及給事郎守太學助教雲騎尉臣趙乾叶登仕郎守四門助教雲騎尉臣賈普曜等對勑使趙宏智覆更詳正凡爲四十卷庶以對揚聖範垂訓幼蒙故序其所見載之於卷首云爾

禮記正義序

夫禮者經天緯地本之則大一之初原始要終體之乃人情之欲夫人上資六氣下乘四序賦清濁以醇醨感陰陽

而遷變故曰人生而靜天之性也感物而動性之欲也喜怒哀樂之志於是乎生動靜愛惡之心於是乎在精粹者雖復凝然不動浮躁者實亦無所不爲是以古先聖王鑒其若此欲保之以正直納之於德義猶襄陵之浸修隄防以制之覂駕之馬設銜策以驅之故乃上法圓象下參方載道之以德齊之以禮然飛走之倫皆有懷於嗜慾則鴻荒之世非無心於性情燔黍則大享之濫觴土鼓乃雲門之拳石冠冕飾於軒初玉帛朝於虞始夏商革命損益可知文武重光典章斯備洎乎姬旦負扆臨朝述曲禮以節

威儀制周禮而經邦國禮者體也履也郁郁乎文哉三百三千於斯爲盛綱紀萬事彫琢六情非彼日月照大明於寰宇類此松筠負貞心於霜雪順之則宗祏固社稷寧君臣序朝廷正逆之則紀綱廢政教煩陰陽錯於上人神怨於下故曰人之所生禮爲大也非禮無以事天地之神辨君臣長幼之位是禮之時義大矣哉暨周昭王南征之後彝倫漸壞彗星東出之際憲章遂泯夫子雖定禮正樂頹綱暫理而國異家殊異端並作畫蛇之說文擅於縱橫非馬之談辯離於堅白暨乎道喪兩楹義乖四術上自游夏之初下終秦漢之際其間岐塗詭說雖紛然競起而餘風曩烈亦時或獨存於是博物通人知今溫古考前代之憲章參當時之得失是以所見各記舊聞錯總鳩聚以類相附禮記之目於是乎在去聖逾遠異端漸扇故大小二戴共氏而分門王鄭兩家同經而異注爰從晉宋逮於周隋其傳禮業者江左尤盛其爲義疏者南人有賀循賀瑒庾蔚崔靈恩沈重宣皇甫侃等北人有徐道明李業興李寶鼎侯聰熊安生等其見於世者唯皇熊二家而已熊則違背本經多引外義猶之楚而北行馬雖疾而去逾遠矣又

欲釋經文唯聚難義猶治絲而棼之手雖繁而絲益亂也皇氏雖章句詳正微稍繁廣又既遵鄭氏乃時乖鄭義此是木落不歸其本狐死不首其丘此皆二家之弊未爲得也然以熊比皇皇氏勝矣雖體例既別不可因循今奉敕刪理仍據皇氏以爲本其有不備以熊氏補焉必取文證詳悉義理精審翦其繁蕪撮其機要恐獨見膚淺不敢自專謹與中散大夫守國子司業臣朱子奢國子助教臣李善信守太學博士臣賈公彥行太常博士臣柳士宣魏王東閤祭酒臣范義頵魏王參軍事臣張權等對共量定至

十六年又奉勅與前修疏人及儒林郎守太學助教雲騎尉臣周元達儒林郎守四門助教雲騎尉臣趙君贊儒林郎守四門助教雲騎尉臣王士雄等對勅使趙宏智覆更詳審爲之正義凡成七十卷庶能光贊大猷垂法後進故敘其意義列之云爾

春秋正義序

夫春秋者記人君動作之務是左史所職之書王者統三才而宅九有順四時而理萬物四時序則玉燭調於上三才協則寶命昌於下故可以享國永年令聞長世然則有

爲之務可不愼歟國之大事在祀與戎祀則必盡其敬戎則不加無罪盟會協於禮興動愼其節失則貶其惡得則褒其善此春秋之大旨爲皇王之明鑒也若夫五始之目彰於帝軒六經之道光於禮記然則此書之發其來尚矣但年紀綿邈無得而言暨乎周室東遷王綱不振楚子北伐神器將移鄭伯敗王於郊晉侯請隧於後竊僭名號者何國不然專行征伐者諸侯皆是下陵上替内叛外侵九域騷然三綱遂絕夫子内蘊大聖逢時若此欲垂之以法則無位正之以武則無兵賞之以利則無財說之以道則不用虛嘆銜書之鳳乃似喪家之狗旣不救於已往冀垂訓於後昆因魯史之有得失據周經以正褒貶則一字所嘉有同華衮之贈一言所黜無異鈇鉞之誅所謂不怒而人威不賞而人勸實永世而作則歷百王而不朽者也至於秦滅典籍鴻猷遂寢漢德旣興儒風不絕其前漢傳左氏者有張蒼賈誼尹咸劉歆後漢有鄭衆賈逵服虔許惠卿各爲詁訓然雜取公羊穀梁以釋左氏此乃以冠雙屨將絲綜麻方鑿圓枘其可入乎晉世杜元凱又爲左氏集解傳取邱明之傳以釋孔氏之經所謂子應乎母以膠投

漆雖欲勿合其可離乎今校先儒優劣杜爲甲矣故晉宋傳授以至於今其爲義疏者則有沈文何休蘇寬劉炫然沈氏於義例粗可於經傳極踈蘇氏則全不體本文惟傍攻賈服使後進之士鑽仰無成劉炫於數君之内實爲翹楚然聰惠辯博固亦罕儔而探賾鈎深未能致遠其經注易者必具飾以文辭其理致難者乃不入其根節又意在矜伐性好非毀規杜氏之失凡一百五十餘條習杜義而攻杜氏猶蠹生於木而還食其木甚非其理也雖規杜過義又淺近所謂捕鳴蟬於前不知黃雀於其後按僖公三

十三年經云晉人敗狄於箕杜注云郤缺稱人時未爲卿劉炫規云晉侯稱人與殽戰同按殽戰在葬晉文公之前何得云背殯用師以微者告箕戰在葬晉文公之後非有背殯用師何得云與殽戰同此則一年之經數行而已曾不省覽上下妄規得失又襄公二十一年傳云邾庶其以漆閭邱來奔公以姑姊妻之杜注云蓋寡者二人劉炫規云是襄公之姑成公之姊只一人而已按成公二年成公之子公衡爲質及宋逃歸按家語本命云男子十六而化生公衡已能逃歸則十六七矣兒年如此則於時成公三

十三四矣計至襄公二十一年成公七十餘矣何得有姊而妻庶其此等皆其事歷然猶尚妄說況其餘錯亂良可悲矣然比諸義疏猶有可觀今奉敕刪定據以爲本其有疎漏以沈氏補焉若兩義俱違則特申短見雖課率庸鄙仍不敢自專謹與朝請大夫守國子博士臣谷那律故四門博士臣楊士勛四門博士臣朱長才等對共參定至十六年又奉敕與前修疏人及朝散大夫行太常博士上騎都尉臣馬嘉運朝散大夫行太學博士上騎都尉臣王德韶給事郎守四門博士上騎都尉臣蘇德融登仕郎守太學助教雲騎尉臣隨德素等對敕使趙宏智覆更詳審爲之正義凡三十六卷冀貽諸學者以裨萬一焉

對論語問

聖人設教欲人謙已已雖有能不自矜大仍就不能之人求訪能事已之才藝雖多猶以爲少仍就寡少之人更求所益已之雖有其狀若無已之雖實其容若虛非惟匹庶帝王之德亦當如此夫帝王內蘊神明外須元默使深不可知故易稱以蒙養正以明夷蒞衆若其位居尊極炫耀聰明以才陵人飾非拒諫則上下情隔君臣道乖自古滅

亡莫不由此也

歐陽詢

詢字信本潭州臨湘人武德中累擢給事中貞觀初歷太子率更令宏文館學士封渤海縣男卒年八十五

藝文類聚序

夫九流百氏爲說不同延閣石渠架藏繁積周流極源頗難尋究披條索貫日用宏多卒欲摘其菁華採其旨要事同游海義等觀天皇帝命代膺期撫茲寶運移澆風於季俗反淳化於區中戡亂靖人無思不服偃武修文興開庠

序欲使家富隋珠人懷荆玉以爲前輩綴集各抒其意流別文選專取其文皇覽徧畧直書其事文義既殊尋檢難一爰詔撰其事且文棄其浮雜刪其冗長金箱玉印比類相從號曰藝文類聚凡一百卷其有事出於文者便不破之爲事故事居其前文列於後俾夫覽者易爲功作者資其用可以折衷今古憲章墳典云爾太子率更令宏文館學士渤海男歐陽詢序

大唐宗聖觀記

夫至理虛寂道非常道妙門凝邈無名爰名爰自太始開

圖混元立極三才奠處萬品流形莫知象帝之家未覩谷神之域希夷頊閟一作闃溟涬封寄及夫鳥跡勃興隱書詮奧至化因茲而吹萬元教由是以開先聖聖襲明道德授受於是混元之教風動天下水行地中矣宗聖觀者本名樓觀周康王大夫文始先生尹君之故宅也以結草爲樓因即爲號先生稟自然之德應元運而生體性抱神韜光隱耀觀星候氣物色眞人會遇仙輈北面請道二經既演八表向化大教之興蓋起於此矣茲觀中分秦甸面距終南東眺驪峰接晴嵐之浥浥西顧太白粲積雪之皚皚授經之古殿密淸絡牛之靈木特立市朝屢易仙跡長存物老地靈每彰休應卿雲日覆壽鶴時來樹無寞宿之禽野有護持之獸文始藥井幹甃未墮老君拳車確然不朽至於穿窬盜竊進退自拘似有縶維悉皆面縛昔周穆西巡秦文東獵並枉駕回轅親承教道始皇建廟於樓南漢武立宮於觀北崇臺虛朗招徠雲水之仙閒館錯落賓友松喬之侶秦漢廟戶相繼不絕晉宋謁版於今尚存實神明之奧區列眞之會府後魏文帝變夷風於華俗立仁義之紀綱崇信教門增置徒侶有陳先生寶熾潁川人夙有幽

逸之姿幼懷林壑之趣松風入賞名嶽留連玉皇之道既宏銀榜之宮雲構續有王先生子元言窮名象思洞隱微念在元空累非外物含神自靜儀聖作師並德音孔昭鬱爲宗範周太祖定業關內躬受五符隋文帝沐芳禮謁獲聞休徵迫隋將季政教陵遲六飛失馭四維圮絕夷羊在牧蜚鴻滿野家習兵戈民墜塗炭皇帝命世應期榮鏡區宇戡難靜亂亭毒無垠廣大配乎天地光華方諸日月數階庭之蓂莢聆鳳和鳴照景星於元雲覩麟郊藪緝禮裁樂化俗移風農夫勸於時雨隴餘滯穗工女勤於蠶績杼

柚不空九服韜戈三邊靜柝西戎革面東夷獻舞朔南洎聲教漢北盡來王德化遐漸無幽不暢三善克懋非假二疏一有元良萬邦貞固照均天縱道契生知篤尚元根欽茲聖躅以武德三年詔錫嘉名改樓觀爲宗聖觀宸扆興念纂冑所先啟族成家鼻於往史得一以靈蹈五稱聖弱爲道用柔爲至堅損之又損以至於益瓜瓞緜長慶流悠寝爰初啟祚致醮靈壇自然香氣若霧霏空五色雲浮如張羽蓋七年歲惟作噩月在黃鍾六轡齊驟百辟咸從親幸觀所謁拜尊儀軒后之詣崆峒神農之上石室順法行

禮異代同規觀主岐平定精金格之書究玉笈之文知來藏往盡化窮神豫鑒天休贊宏景福法師呂道濟監齋趙道隆玉器凝潤鶴情超邈辨析連環辭同炙輠對敭天旨妙沃帝心乃謂片言小善尚題紺碣矧夫皇輿迂駕挹酌希微大道資始鑪錘萬物不有刊勒其可已乎侍中江國公陳叔達朝宗羽儀詞才冠秀奮茲洪筆爲製嘉銘

用筆論

有翰林善書大夫言於寮故無名公子曰自書契之興篆隸茲起百家千體紛雜不同至於書妙窮神作範垂代騰芳飛譽冠絕古今惟右軍王逸少一人而已然去之數百年內無人擬者蓋與天挺之性功力尚少用筆運神未通其趣可不然歟公子從容斂衽而言曰僕庸瑣愚昧稟命輕微無祿代耕留心筆硯至如天挺功力誠如大夫之說用筆之趣請聞其說大夫欣然而笑曰此難能也子欲聞乎公子曰余自少及長凝精翰墨每覽異體奇跡未嘗不循環吟玩抽其妙思終日臨倣至於皓首而無退倦也夫用筆之法急捉短搦迅牽疾掣懸針垂露蠖屈蛇伸灑落蕭條點綴閑雅行行眩目字字驚心若上苑之春花無處

不發抑亦可觀是余用筆之妙也公子曰幸甚幸甚仰承餘論善無所加僕見聞異於是輒以聞見便耽翫之奉對大賢座未敢抄說大夫曰與子同寮索居日久既有異同焉得不敘公子曰向之造次濫有斯言今切再思恐不足取大夫曰妙善異述達者共傳請不祕之粗陳梗概公子安退位逡巡緩頰而言曰夫用筆之體會須鉤黏纔把緩紲徐收梯不虛發研必有由徘徊俯仰容與風流剛則鐵畫媚若銀鉤壯則啒吻而嶱嶫麗則綺靡而清遒若枯松之臥高嶺頽巨石之偃鴻溝同鸞鳳之鼓舞等鴛鷺之沈

浮彷彿兮若神仙來往宛轉兮似獸伏龍遊其墨或灑或淡或浸或燥遂其形勢隨其變巧藏鋒靡露壓尾難討忽正忽斜半眞半草唯截紙稜擘挾窈紹務在矜實無令怯少隱隱軫軫譬河漢之出衆星崑岡之出珍寶既錯落而燦爛復趍連而埽撩方圓上下而相副終始盤桓而圍繞觀寥廓兮似察始登岸而逾好用筆之趣信然可珍竊謂合乎古道大夫應聲而起行吟而嘆曰夫遊畎澮者詎測溟海之深升培塿者寧知泰山之峻今屬公子吐論通幽洞微過鍾張之門入羲獻之室重光前哲垂裕後昆中心

藏之蓋棺乃止公子謝曰鄙說疎淺未足可珍忽枉話言不勝慚懼

傳授訣

每秉筆必在圓正氣力縱橫重輕凝神靜慮當審字勢四面停勻八邊俱備長短合度粗細折中心眼準程疎密敧正最不可忙忙則失勢次不可緩緩則骨癡又不可瘦瘦則形枯復不可肥肥則質濁詳細緩臨自然備體此字學要妙處貞觀六年七月十二日詢書付善奴

題諸家書帖

貞觀六年仲夏中旬初偶詣蘭若猥辱見示諸家書徧得看尋可以頓醒滯思各甚嘉妙今昔孰爲比肩至於興歎耳珍重珍重因書此敘於其後渤海郡率更令歐陽詢記之

靜而思之勝事莫復過此氣力弱猶未愈吾君何當至速附書必向饒定須寄信意歐陽詢呈

五月中得足下書知道體平安吾氣力尚未能平復極欲知君等闕息比憂散散不可具言不復歐陽詢頓首頓首

夢奠帖

仲尼夢奠七十有二周王九齡俱不滿百彭祖資以導養樊重任性裁過盈數終歸冥滅無有得停住者未有生而不老老而不死形歸邱墓神還所受痛毒辛酸何可熟念善惡報應如影隨形必不差二

臨川帖

年二十餘至番陽地沃土平飲食豐賤衆士往往湊聚每日賞華恣口所須其二張才華議論一時俊傑殷薛二侯故不可言戴君國士出言便是月旦蕭中郎頗縱放誕亦有雅致彭君擒藻特有自然至於閣山神詩先輩亦不能

加此數子遂無一在殊使痛心

西林寺碑

蓋聞不生不滅圓照徧知無去無來冥機虛寂言語旣窮心行跡斷利見鹿苑興捕誘之權倚迹鷲山導汲引之路一音稱物隨類得解三達教闡迷途自識慧日騫幽法雨遐濟德暢忍土是謂能仁然踰月譬鏡宜有隱顯髣髴宗極仰資圖鑄道冠域中金剛爲大故神塔湧見靈相望先有曇比邱俗姓竺氏本爲趙將知若器之難安悟浮生之易盡以榮利爲桎梏視名聞爲羈絆屛棄諠嘵專修寘寂

虛舟觸遠津度罕槩元風獨扇息心無侶匡阜北嶺地接層峰日月之所縈迴雲霧之所蒸液激白水於紫（一作青）霄照離暉於石鏡南瞻五嶺北睇九州貞遯忘歸幽棲是卜法師秉心萃止負錫來儀樹宇山間游情梵表及遷卽化藉草巖間有息慈慧永河內繁氏高足稱首人師物匹儀無虛位理必淵湮服道御身宏善備物形性兩忘寬親等觀故異香入室猛獸馴階紹修主業安禪結宇晉光祿卿潯陽陶範慕彼清馨遊茲勝地崇信正道擁篲式閭爲出俗之藩籬爲入室之栭欐興建佛寺締構伽藍指景瞻星鳩徒揆日薙草開林增卑架巘夷峻（一作峻）築臺（一作堂）疏巒抗殿長廊繞澗斜砌環池（一作流）冬燠夏涼經行畢備命曰西林是歲太和之一年永公化緣將盡曾無憂生之嗟冥照幽通豈若逆旅之舍其日山房晦寂側塞幡花洞戶疑深鏗鏘音樂歡喜合掌奄然終謝年八十三法師運載羣品舟梁大法翻羽蠢族咸知締向貫遠法師德高人師道被幽冥能屈萬乘之尊申其再三之敬相望江海獨在伊人言發響依契同符合自爾戒定接武龍象咸洎感不虛至切有歸焉但年代摧濿寺宇凋微梁天監三年有恩律

師聿來憩止掄茸道場大隋握鏡天下文明慧達禪師太原王氏廓六度以爲津構四禪以爲室世歸至德物仰高韻爲善終日匪憚劬勞自東徂西興建佛事爰自金城至於淮水亘陸遵渚莫匪教門宅古棲空因心自遠虛室生白房櫳引霧四部翹誠頭目頂禮禪師報云欲道場營建七間重閣勸募之侶咸百其誠以大業二年爰戒匠人匪日斯就透迤飛閣秀出干霄延袤層軒俯視無地爐香與峰雲共鬱鐘聲與幽谷合響有頃達公欲往長沙模寫瑞像及刻優塡王像卽輕舉扁舟俄而旋返所造法身光相

殊特勢超鎔楷功踰琢磨丹雘競姿紫銑爭耀力雖人就妙乃神輸大業七年達公寂滅次有東林道生法師樹明因於往劫襲慧果於今生忘己濟物纂修厥緒寺僧智正等以樹道風於長世詒德範於來業莫若勒茲紺碣題以元碑寓言雕篆稽首作頌乃爲銘曰

二儀肇判萬品流形闕愛煩惱繽紛靡寧三彰四倒瘝惑焦明十纏九結寵辱相驚邅迴三界輪環四生慾流長騖薪火不停誰其拯物獨有能仁紆情紆識卽果明因開方便門示彼元津雨大法雨洗滌深塵佛日雖隱宏道在人

爰有開士粵來萃止鏟跡銷聲爲法忘己置想依空求眞得理異人載挺大法舟航希蹤祇樹標建道場披蓁剪棘抗陸游梁切漢干霄含星浴日巖谷虛靜樹林閒謐宴坐經行道糧權實法門無二義揆歸一總駕大乘始終竟畢像教有形取諸相質靈宇方固金剛不遷希彝至道緬邈遐年須彌有盡法炬長燃咸慕偈讚敬勒雕鐫

陸元朗

元朗字德明以字行蘇州吳人初爲秦府文學館學士補太學博士貞觀初遷國子博士封吳縣男

經典釋文序

夫書音之作作者多矣前儒撰著光乎篇籍其來既久誠無間然但降聖已還不免偏尚質文詳畧互有不同漢魏迄今遺文可見或專出己意或祖述舊音各師成心製作如面加以楚夏聲異南北語殊是非信其所聞輕重因其所習後學鑽仰罕聞指要夫筌蹄所寄惟在文言差若毫釐謬便千里夫子有言必也正名乎名不正則言不順言不順則事不成故君子名之必可言也言之必可行也斯富哉言乎大矣盛矣無得而稱矣然人稟二儀之淳和含

五行之秀氣雖復挺生天縱必資學以知道故唐堯師於許由周文學於虢叔上聖且猶有學而況其餘乎至於處鮑居蘭翫所先入染絲斲梓功在初變器成采定難復改移一薰一蕕十年有臭豈可易哉豈可易哉予少愛墳典留意藝文雖志懷物外而情存著述粵以癸卯之歲承乏上庠循省舊音苦其太簡況微言久絕大義愈乖攻乎異端競生穿鑿不在其位不謀其政既職司其憂寧可視成而已遂因暇景救其不逮研精六籍采摭九流搜訪異同校之蒼雅輒撰集五典孝經論語及老莊爾雅等音合爲

三帙三十卷號曰經典釋文古今並錄括其樞要經注畢詳訓義兼辯質而不野繁而非蕪示傳一家之學用貽後嗣令奉以周旋不敢墜失與我同志亦無隱焉但代匠指南取笑於博識既述而不作言其所用亦何傷乎云爾

勑建廣武山觀音寺碣

王世充竇建德爲讐大邦我秦王赫然斯怒罪人乃得班師凱還駐蹕廣武値夜雨作而東南雲際光焰射天燭見觀音菩薩金身畢露王頓首拜瞻喜謂羣臣曰乃者武事告成天授神祐厥功溥哉遂勑建茲寺因名焉工訖乃樹

碣以紀其歲月云爾時武德五年也

欽定全唐文卷一百四十七

褚亮

亮字希明杭州錢塘人初授秦王文學預十八學士之列貞觀初爲宏文館學士拜通直郎散騎常侍十六年封陽翟縣侯卒年八十八贈太常卿謚曰康

聖製故司空魏徵挽歌詞表

臣亮言伏見聖製故司空鄭國公挽詞十首詞窮清曲理備哀傷漢武北管之書更慙追遠魏文南皮之歎取愧悼亾與辰緯而相暉隨鍾石而俱振魏徵早逢興運譽美當朝爲聖主之賢臣預能官於多士出納通顯憑藉寵私忠

誠所到心力同盡而逝水不追清徽永謝樹碑荒壠已叨相質之文哀歌泉路復降高堂之曲事重一時榮流千載臣趨侍學林竊觀睿藻不入玉山屢逢盈尺如遊珠水常覩照車慶抃之深唯知舞蹈不任下情

諫獵表

臣亮言臣聞堯鼓納諫舜木求箴茂克昌之風致升平之道伏惟陛下應千祀之期拯百王之弊平壹天下劬勞帝業旰食思理廢寢憂民用農隙之餘遵冬狩之禮輶車之

所遊踐虞旗之所涉歷網唯一面禽止三驅縱廣成之獵士觀上林之手搏迴玉鑾而藉豐草引金陣而滿平原盡心目之娛罻罝罘之樂發彫弓而迫狡兎飛勁矢而摧高鳥斯固畋弋之恒規而皇王之壯觀至於親逼猛獸臣竊惑之何者筋力驍悍爪牙輕捷強弩一發未必挫其凶心長戟纔撝不能當其憤氣雖復孟賁在左夏育居前卒然驚竄事生慮表如或近赴林藪未塡坑谷駭屬車之後乘犯宮騎之清塵小臣怯懦私懷戰慄陛下以至聖之姿垂將來之範降情納下無隔直言臣叨逢明代遊宦藩邸身

漸榮渥日用不知敢緣天造冒陳丹懇上觸宸嚴伏增戰越

對建國判

典同置臬晝參諸日中之景夜考之極星或告其越司視事詞云知無不爲判

定之方中作爲宮室紫微夜視考太乙之常居黃道晝參取羲和之亭午於是審曲面勢置臬懸衡各有典司乃無詢於梓匠越其樽俎翻見作於同律晉雖不競楚勿與知侵官有刑罪將安捨不司宗伯之事妄爲荀息之詞人亦有言自貽伊咎

與暹律師等書

竊伏下風久挹高義有懷靡託於邑良深春暮清和道體休納弟子植生多幸早預法緣近於華嶽創立僧宇此山蘊蓄奇祕控接烟霞削峰累仞靈泉百丈神仙以爲勝地賢哲之所同歸結構雖淹禪誦猶寡厥道興廢宏之在人且棟梁三寶必資龍象之力羽儀四衆尤待鴛鷺之羣法師等學洞經典譽宣眞俗實宜共化蒼生升於彼岸且遠人屈己存乎應物大德忘名唯在伸教理必宏濟無隔遐

邇仰願俯從微請降迹來儀則釋遠禪居遙蹤可擬王珣精舍清塵不沫是所願也是所願也

金剛般若經注序

若夫大塊均形役智從物情因習改性與慮遷然則達鑒窮覽皎乎先覺照慧炬以出重昏拔愛河而升彼岸與夫輪轉萬刼葢染六塵流遁以徇無涯蹐駮而趨捷徑豈同日而言也頴川庾初孩早宏篤信以爲般若所明歸於正道顯大乘之名相標不住之宗極出乎心慮之表絕於言象之外是以結髮受持多歷年所雖妙音演說成誦不虧

而靈源邃湛或有未悟嗟迷方之弗遠睠砥途而太息屬有慧淨法師博通奧義辯同炙輠理究連環庚生入室研幾伏膺善誘秉此誓願仍求註述法師懸鏡忘疲衡樽自滿上憑神應之道傍盡心機之用敷暢微言宣揚至理曩日舊疑渙焉冰釋今茲妙義朗若霞開爲象法之梁棟變羣生之耳目詞鋒秀上映鷲嶽而相高言泉激壯赴龍宮而競遠且夫釋教西興道源東注世閱賢智才兼優洽精該睿旨罕見其人今則沙門重闡籍甚當世想此元宗鬱爲稱首歲惟閹茂始創懷袖月躔仲呂爰茲絕筆緇俗攸

仰軒蓋成陰扣鐘隨其小大鳴劍發其光彩一時學侶專門受業同涉波瀾遞相傳授方且顧蔑琳遠俯視安生獨步高衢對揚正法遼東眞本望懸金而不刊指南所寄藏羣玉而無朽豈不盛哉豈不盛哉

十八學士讚

大行臺司勳郎中杜如晦

建平文雅休有烈光懷忠履義一作抱義身立名揚

記室考功郎中房元齡

才兼藻翰思入機神當官勵節奉上忘身

記室考功郎中于志寧

古稱益友允光斯職藴此文辭懷茲諒直

軍諮祭酒蘇世長

軍諮諧噱超然辨悟正色于庭匪躬之故

文學褚亮

道高業峻神氣清遠學總書林文兼翰苑

文學姚思廉

志古精勤紀言實錄臨名殉義餘風勵俗

太學博士陸德明

儒術爲貴元風可師傳學非遠離經在茲

太學博士孔穎達

道充列第風傳闕里精義霞開掞辭飈起

主簿李元道

李侯鑒遠雅量淹通清言析理妙藻推工

天策倉曹李守素

賢哉博識穆爾清風游情文苑高步談叢

記室參軍虞世南

篤行揚聲雕文絕世網羅百世並包六藝

參軍事蔡允恭

猗與達學蔚有斯文氷霜比映蘭桂同芬

參軍事顏相時

六文科籀三冬經史家擅學林人游書史

著作佐郎攝記室許敬宗

槐市騰聲蘭宮游道抑揚辭令縱橫才藻

著作佐郎薛元敬

薛生履操昭哉德音辭弈健筆思逸清襟

太學助教蓋文達

言超理窟辯折談風蒲輪遠聘稷契連蹤

軍諮典籤蘇勗

業敏游藝躬勤帶經書傳竹帛畫美丹青

虞州錄事參軍劉孝孫

劉君直道存交守信雅度難追清文遠振

顏師古

師古字籀雍州萬年人高祖朝授中書舍人專掌機密太宗即位拜中書侍郎封琅邪縣子遷祕書監宏文館學士貞觀十九年卒年六十五謚曰戴

幽蘭賦

惟奇卉之靈德稟國香於自然儷嘉言而擅美擬貞操以稱賢詠秀質於楚賦騰芳聲於漢篇冠庶卉而超絕歷終古而彌傳若乃浮雲卷岫明月澄天光風細轉清露微懸紫莖膏潤綠葉水鮮若翠羽之羣集譬彤霞之競然感羈旅之招悵狎寓容之流連既不遇於攀採信無憂乎翦伐魚始陟以先萌鶗雖鳴而未歇願擢穎於金陛思結蔭乎玉池泛旨酒之十醞耀華燈於百枝

聖德頌

緬尋遐代詳觀往冊五勝質文三正沿革亂多化尠明寡晦積炎精既淪大運斯數茫茫率土黯焉已夕皇矣大聖誕受天符雲飛九域電擊八區共工悉孽豕鹿妖除枝換斯殲欃槍靡餘建武戢戈偃伯衅車蠲苛削密求瘼恤隱琴瑟更張銜策俱盡滿堂已樂聲誦猶軫扇暍垂仁泣辜流惻吏勉端潔民歸愿謹肅恭禋祀祇事上天永惟孝享式備吉蠲外崇耆耋內睦親姻歲時纁纊春秋醴饘煢嫠是恤痾瘵斯痊閭閻外户馬牛內廄畎畝相移康莊交讓勿用桴鼓無虞亭障賫納鮫人朔班狼望至誠感慶休氣

致祥馴擾一角棲集五章華平挺幹朱草曜芳良耜畟畟多稌穰穰國儲億庾家登萬箱庬彼髦彥任仗忠力先被心膂列居槐棘如砥之平如矢之直淑慎微務精明品式菁菁者莪芃芃彼棫修容禮闈翺翔書圃談極五際甄慕三古杳眇義窟恢台學府儒墨兼陳申韓迭去豈資伯亮寧勞封鉅德音高朗絲言昭普黃竹麗章柏梁清引沈鬱淡雅疎通敏迅抽演闕文網羅遺韻孰登奧室罕窺牆仞妙心洞達神筆允從磥硌新勢奮發奇鋒珪稷鈎婉露散煙濃疎同企鶴蔚若據龍豈唯於趙信乃過鍾道惟天縱

藝兼人術用而不知速而不疾至德無象微言罕術玉裕桂宮金植蘭室禮極敬愛行歸忠一天下文明日月貞觀百神受職三靈叶贊泰階既平光華常煥超軒跨昊騰周軼漢萬壽無疆永延遐算

策賢良問五道

第一道

問天生蒸庶樹之司牧立化成俗闡教宏風譬璽印之抑塗若盤盂之置水汙隆各隨所𦤚方圓在其所制夏后尚忠之弊固以率服萬邦殷人先敬之道亦足儀型百姓亟從革變靡定沿襲所貴雖殊同歸於乂先聖設法將不徒然厥意如何佇問詮釋

第二道

問夫雜用霸道不純德教是非稽古何以稱強權宜一切寧可垂訓其理隱微其說安取且設官分職非賢不任知人則哲惟帝難之良由言行相違名實乖舛情態難覩蘭艾莫分藻鏡銓衡若其混糅如何審綜察茲優劣八觀之術往彥所陳七繆之郵非無前說澄汰糠粃其可必陳何謂七繆宜具條錄勿致闕遺又西京課吏其法何以鄴洛

考功眾議孰得且公卿已下員祿素定量其閒劇職務纔舉而散官一色多乏器幹縱非鄙弱則有疵瑕至於銜命諸方承旨出使按察撫勞絡繹相趨若差職事之人則於官曹闕廢如其專遣冗散又致前塗虧失彼此難周未能通允欲施何法使得兼濟又二代寮寀大數幾何用官詳備遺人可覩準望聖朝繁省何若自秦及漢掌外使者何人當塗典午出邦畿者何職書傳所說可得而言職達化方久應商畧既無礙滯悉俟敷陳

第三道

問潔已以進陳諸往冊平康正直彰乎前訓修身勵操俱曰可稱攝職當官何者尤切必能兼善其利溥哉互有所長宜甄先後今既舉茲二事欲委共康廣肅清風大矯流俗施行條教可用率下使人懷氷玉之心家有素絲之節軌物昭範佇觀表儀若在姬周號稱多士嬴氏居位亦有賢人詎修廉潔之道孰當正直之舉爰及兩漢魏晉已來歷載遐長廉直衆矣其間尤異凡有幾人必須具列姓名分條事迹無或非當意狀殊違先古有言惟德作乂既充廉潔之選又應正直之科誠宜追蹤曩人尚想同志並驅

前烈誠可比肩仰企高山誰者弗逮當仁不讓寧假撝謙近取諸身豈或涯分無而爲有是則非廉虛美雷同又乖正直兼茲學植理必該通原始要終當盡宏博

第四道

問學以從政昔賢令則博文強識君子所尚結髮升朝敷衽受職開物成務率由茲道是以登高能賦可列大夫試諷籀篇乃得爲史然而箕祀悠邈載籍實繁鑽仰雖多罕能擇練今將少論古昔庶異見聞勿用浮辭當陳指要九流七畧題目何施八體六書名義爲在三皇五帝諸說不同列次分區誰者爲允翠嬀元龜臨之而安得綠純黃玉所表其奚事陰康驪畜行序孰當封鉅大塡胡寧游處彤魚昌僕出何典誥窮蟬聲望厥類惟何管仲文錦既醜何貴子產深練實厚何俾周鼎所存識者幾物齊鐘所釁卒用何牲罷紬諸侯何名三十六都襃貶將粗何謂三十二人至如象葉之精乎棗印木難之巧乎異端著於簡牒何所沮勸學綜古今想宜究悉一二顯析無憚米鹽

第五道

問八政所先食貨居首萬商之業市井爲利菽粟稻粱饑

饉足以充口布帛絲纊寒暑足以蔽形生靈所資莫此爲急爰及室宇器械同出五材皆稟造化之功取者得供其用而龜貝之屬何故爲寶競取而多誰所創意錢幣之作本以何施億兆賴其何功政教得其何助若夫九府之法於何貿遷三官所統又何典掌未知乘時趨利濟益深淺起僞生姦有何虧敗九府之名欲知其九三官之號何等爲三宜各指陳務令可曉子紺稱貴文飾何如赤仄殊形以何間錯又賣穀極賤則農夫劬勞而不給糴價翔踴則工商窘乏而難振爲政之道患在不均設法籌算去其太

甚使夫荷鍤擁耒阡陌之用獲饒作工通賄倉廩之儲不匱又羅三舍一起自何人以母權子云誰所建各申何法厥利焉如今欲修之孰可孰不可亦宜辨說不可曖昧佐時經國此亦一隅既膺斯舉何所興讓聊動翰墨豈申餘勇

爲留守羣官謝恩詔表

臣某等言守太常少卿崔敦禮至京師俯降神筆曲垂誨奬祇奉欣戴伏深抃躍臣等詳觀史策歷選前王損益相承質文遞變遺風餘烈昭然可觀自堯舜之後殷周已降

政道踳雜淳風斯寢干戈日用喪亂宏多悠悠千載莫能澄廓況乎有隋失德區宇分離九鼎皂飛八紘魚爛圓首方足俱委骸於原野聽實排虛同取斃於兇毒亂極則治命實有歸河清啟期天祚攸底陛下獨運神武援手濡足陶甄庶類屈己忘勞日月之所照臨天地之所覆載皆受更生之賜俱荷栽成之力加以留情庶政昧旦丕顯掃滌煩苛澄清禮樂遠邁開闢之功牢籠帝王之表時和歲稔玉燭遐被嘉祉靈貺金英自臻朱明炎暑聊因多暇蹔迴鑾蹕巡幸甘泉伏承攝衞攸宜聖躬萬福下情慶幸率土咸賴臣等材質庸陋謬荷超擢俯循薄劣懼不克堪謹當夙夜戰兢自相勗勵竭心罄力以酬鴻造使百僚率職仰副天心四方祇勉俱稱慈澤臣無任

論薛子雲等表

臣師古言伏見宣勅別將薛子雲寶善衞二人釋禁引見此實陛下聖德寬仁垂恩有過固非愚慮所能測量然臣之區區竊有管見犬馬微志不敢隱默臣聞殺生威權帝王之所執而憲章法律臣下之所奉子雲等身居五品足知禁令捕獲罪人已就拘執計其本犯又非死刑遂乃違

法恣心擅行殺戮是無憚也詐云格殺表奏求賞是罔冒也陛下付法司推窮事須歸實而遞相枝蔓希冀恩澤挾偽干眞是要君也自古節義之人亦有讓死之事皆爲臨危遇厄事不獲已愛敬君親亾身棄命豈如子雲等明白故犯懷詐藏姦朋黨比周違經亂法於義無所取於禮無所勸其罪不可恕其源不可開且法司之體職當察獄義無縱濫不得阿容二人雖則讓辜王司須定實罪不言殺人之道何者合坐專述相讓之辭以爲盛美亦非守職務據正法也若使二人皆承則不知罪之所在如其二人並

諱復欲何以斷之臣聞愚者之言聖人擇焉脫有可採伏願許察輕塵聽覽伏增戰慄

論封建表

臣師古言臣伏聞前年陛下親發聖慮將降明勑博問卿士議欲封建斯誠天機獨悟妙策深遠既合事宜實惟治要然而議者不一各執異端或欲追法殷周遠遵上古天下之地盡爲封國庶姓羣官皆錫茅社或云凋弊之後人稀土曠封建之事並未可行此皆不臻至理兩失其中何者今古異俗文質不同不可空採虛名以乖實效若即廢

罷州縣分爲列國無功而受封爵庶姓而專臣吏非直於理不合亦自制度難成至於磐石之基實資藩屏皇枝帝子維城是寄伏以漢祖撥亂懲艾前失大啟九國雜行霸道規模宏遠歷祚延長近代澆浮不樹宗子雖有王侯之號了無藩輔之實故易爲傾動顛而不扶前哲往賢論之已備臣愚以爲當今之要莫如量其遠近分置王國均其戶邑強弱相濟畫野分疆不得過大間以州縣雜錯而居互相維持永無傾奪使各守其境而不能爲非協力同心則足扶京室陛下然後命分諸子各就封之爲置官僚皆

一省選用法令之外不得擅作威刑朝貢禮儀具爲條式一定此制萬世永久則狂狡絕暴慢之心本朝無怵惕之慮臣輒獻愚管伏聽採擇塵黷非宜退增戰慴惶恐謹言

議明堂制度表

明堂之制陛下已發德音久令詳議但以學者專固人人異言損益不同是非莫定臣愚以爲五帝之後兩漢以前高下方圓皆不相襲惟在陛下聖情創造即爲大唐明堂足以傳於萬代何必論戶牖之多少疑階庭之廣狹若恣儒者互說一端久無斷決徒稽盛禮昔漢武欲草封禪儀

博望諸生所說不同莫知孰是惟御史大夫倪寬勸上自定制度遂成登封之禮臣之愚誠亦望陛下斟酌繁省自爲節文不可謙讓以淹大典

請撰王會圖奏

昔周武王之時天下太平遠國歸款周史乃集其事爲王會篇今萬國來朝至如此輩章服實可圖寫今請撰爲王會圖

封禪議

將封先祭義在告神且備款謁之儀方展慶成之禮固當

爲壇下陛預申齋潔贊饗已畢然後登封既表重愼之深兼示行事有漸今請察於山下封於山上四出開道壇場通儀南面入升於事爲允今請山上圜壇廣五尺高九尺用五色土爲之四面各設一陛御位在壇前升自南陛而就行事舊藏玉牒止用石函亦用書盛篋笥所以或呼爲石篋然其形大質重轉徙非易岱宗儻無此石皆應取自他山所以不爲混成累輯而作大要在於周固藉其縝密而近代儀注更名石磩磩非稽古之文本無義訓可尋贏縮之間貴在折中不煩紛議更增疑惑今請方石三枚以

爲再累其十枚石檢刻方石四邊而立之纏以金繩用備檢約凡言封者皆是積土之名利建分封亦以班社立號謂之封禪厥義可知今若置牒壇上止因累石不加繕築卽以爲封匪唯嚴祕之道有如簡率亦乃名實不副理恐乖爽今請於圜壇之上安置方石封印既訖加五色土築以爲封高一丈二尺而廣二丈金玉重寶質性堅貞宗祀嚴禋皆充器幣豈嫌華靡實貴精確況乎三神壯觀萬代鴻名禮極殷崇事資藻縟玉牒玉檢式韞靈琦傳之無窮永存不朽至於廣袤之數足以載文辭緘束之方務在申膠固今宜立制隨時損益豐功厚德既以跨躡前蹤盛典宏規無勞一遵曩式今請玉牒長一尺八寸廣厚各五寸玉檢厚二寸其印齒疎密隨印大小距石之設意取牢固本資實用豈云巧飾今既積土厚封更無差動天長地久寧假支持斜設橫安請並弗置勒石紀號垂裕後昆美盛德之形容闡后王之休烈其義遠矣其事尚焉我皇聲暢九垓威橫八極靈祇不愛其寶兆庶無得而稱但當贊述希夷以攄臣下之至具祭壇之例登封之所肆覲萬國受記百神固宜刻頌顯揚功業至如小距環壇石闕別樹事

非經據無益禮儀煩而非要請從減省神靈璽寶而弗用由來無所施行其六璽雖以封書莫不披於羣下受命之璽登封則用昭事上元表茲介福休徵緯兆豈因常貫又封檢之璽分寸不同卽事而言請並更造既順肅虔之理永垂創制之名禪壇制度請從新禮行事儀式亦並依之自外委細不載於文者職在所司隨事量定議曰

謹率愚管具錄如前庸疑之言不足觀采但封禪大禮舊典不存秦漢以來頗有遺跡闕而不備難可甄詳昔在元封倪寬專贊其決逮乎光武梁松獨尸其事搢紳雜議不

知所裁至如流俗傳聞記注臆說未嘗從事徒有空言乖殊不一曷足云也且夫沿革不同著之前誥自君作古聞諸往冊方今台鉉佐時遠超風后秩宗典職追邁伯夷究六經之妙旨畢天下之能事納於聖德稟自宸衷果斷而行文質斯允（文苑英華載別本同異　詔旨集公卿及儒生學士議登封事謹依訪聞具件如右但封禪大禮舊典不存秦漢以來頗有遺跡闕而不備難可甄詳昔在元封時主博採羣論建武有司亦稟成規至如記注近書委巷浮說不足憑據無所取材且夫沿革不同著於往冊自君作古實惟令範聖朝丕業方貽萬載臣下庸蔽不敢專決請垂鑒察克斷宸衷謹錄奏聞伏聽裁擇謹議）

定宗廟樂議

近奉德音俾令釐革嘉名創立實宜允副伏惟聖祖宏農府君宣簡公懿王並積德累仁重光襲軌化覃行葦慶崇瓜瓞詩云濬哲維商長發其祥言殷之先祖久有深德虞夏二代發禎祥也三廟之樂請同奏長發之舞其登歌則各爲辭太祖景皇帝迹肇漆沮教新豳岐胥宇之志既勤靈臺之萌始附詩云君子萬年永錫祚允今遐遠之期惟天所命以長福祚流於子孫也廟樂請奏永錫之舞代祖元皇帝丕承鴻緒克紹宏猷實啟蕃昌用集寶命易大有象曰其德剛健而文明應乎天而時行言德應天道行不失時剛健靡滯文明不犯也廟樂請奏大有之舞高祖太武皇帝膺期馭歷揖讓受終奄有四方仰齊七政介以景福申茲多祜式崇勿替誕保無疆易曰大明終始六位時成謂其終始之道皆能大明故不失時成六位也詩有大明之篇稱文王有明德廟樂請奏大明之舞文德皇后厚德載物凝輝麗天易曰含宏光大品物咸亨言坤道至靜柔順利貞資生庶類皆暢達也廟樂請奏光大之舞謹議

太原寢廟議

伏承詔旨欲太原立高祖寢廟博達卿士詳悉以議聞伏

惟聖情感切永懷纏慕思廣蒸嘗事深追遠但究觀祭典考驗禮經宗廟皆在京師不欲下土別置至若周之豐鎬並爲遷都乃是因事便營非云一時別立其郡國造廟爰起漢初率意而行事不稽古源流漸廣大違典制是以貢禹韋元成匡衡等招聚儒學博詢廷議據禮陳奏遂從廢毀自斯以後彌歷年代輟而弗爲迄今永久按禮記曰祭不欲瀆瀆則不敬書云禮煩則亂事神則難斯並睿哲之格言皇王之通訓況復導揚素志實昭懿則俾遵儉約無取豐殷今若增立寢廟別安主祏有乖先旨靡率舊章垂

裕後昆理謂不可誠以天衷不遺至性罔極固宜勉割深衷俯從大禮則刑于四海式光萬代列採搢紳僉曰惟允謹議

明堂議

竊以明堂之制爰自古昔求諸簡牘全文莫覩起自黃帝降及唐虞彌歷夏殷迄於周代各立名號別創規模衆說舛駁互執所見鉅儒碩學莫有詳通斐然成章不知裁斷究其指要實布政之宮也徒以戰國從橫典籍廢棄暴秦酷烈經禮湮亾今之所存傳記雜說用爲準的理實蕪昧

然周書之敘明堂記其四面則有應庫雉門據此一堂固是王者之常居耳其青陽總章元堂太廟及左个右个與月令四時之次相同則路寢之義足爲櫽括又云王居明堂之篇載帶以弓韣於祠高禖下九門磔禳禦止疾疫置梁除道以利農夫令國爲酒以合三族凡此等事皆合月令之文觀其所班皆在路寢者也戴禮昔者周公朝諸侯於明堂之位天子負斧扆南鄉而立明堂也者明諸侯之尊卑也周官又云周人明堂度九尺之筵東西九筵堂一筵據其制度卽太寢也尸子亦曰黃帝曰合宮有虞氏曰總章殷曰陽館周曰明堂斯皆路寢之徵知非別處大戴所說初有近郊之言後稱文王之廟進退無據自爲矛盾原夫負扆受朝常居出令旣在皐庫之內亦何云於郊野哉孝經傳曰在國之陽又無里數漢武有懷創造廣集搢紳言論紛紛終以不定乃立於汶水之上而宗祀焉明其不拘遠近無擇方面孝成之代表行城南雖有其文厥功靡立平帝元始四年大議營起孔牢等乃以爲明堂辟雍大學其實一也而有三名金褒等又稱經傳無明文不能分別同異中興之後蔡邕作論復云明堂太廟一物二名

鄭元則曰在國之陽三里之外淳于登又云三里之外七里之內景巳之地穎容釋例亦曰明堂太廟凡有七名其體一也苟立同異競爲巧說並出自胷懷曾無師祖審夫功成作樂治定制禮草創從宜質文遞變旌旗冠冕古今不同律度權衡前後莫一隨時之義斷可知矣聖上大啟崇基光膺實運功高開闢之後德邁邃古之初鳳紀龍官譬畎澮於溟渤隨山鍊石匹培塿於方壺大樂與天地同和豈奏曩時之韶夏大禮與天地同節寧踵前代之膠庠天縱多能睿喆宏覽總五行之秀氣抱六義之菁華秩宗

茂典皆取必於宸極共工妙術咸稟訓於深衷隱顯無違洪纖必應百神受職萬物斯覩將建明堂爰降絲綸規矩之度久已蓄於聖懷遠近之宜實不惑於僉議假如姬旦舊章猶當擇其可否宣尼彝則尚或補其闕漏況乎鄭氏臆說淳于謏聞匪異守株何殊膠柱昔漢謹封禪博召諸生則乖戾多端事乃依違累載惟倪寬先覺獻奏昌言獨斷之於天子於是制詔始下決策施行紹列辟之鴻明成天下之壯觀今既時和歲稔俗阜萌安兆庶子來鈎繩庀具揆景置臬良其會也愚謂不出墉雉邇接宮闈實允事

宜諒無所惑但當上遵天時祇奉德音作皇代之典彝永貽則於來葉區區碎議皆可略而不論悠悠常談不足循其軌轍謹議

功臣配饗議

竊以肅恭禋祀經邦彝訓追遠念功歷代鴻典故當立文定制適事從宜垂裕後昆永貽憲則聖皇馭寓元化醇深錯綜遺文苞括舊藝於穆清廟備孝享於吉蠲股肱良哉豫銘常之配侑爰發明詔俾命率由秩宗致請博謀僚列淺聞寡見無足觀採但禮經殘缺年載遐深傳習各殊執見靡一爾雅說祀禘爲大祭公羊義大事爲祫何休所釋又異鄭元然皆一配之文曾無重祝之說是非眾論雖曰踳駮隆殺二端厥趣可覩謹按祫者合食禘乃禘祭禘小於祫理則非疑商書稱從與於大享周禮著祭於大烝是知小祀不及功臣其事又無可惑魏晉以降莫不通行中間雖經差失梁朝又已矯正有齊立號朝宗河朔周氏命歷卜食咸陽修定禮義皆有憑據同遵此典未嘗釐革今欲更改實謂非宜六經莫見斯文三雍不顯其跡悠悠之論蔑足云也且夫無豐於昵昔賢著誡黷則不敬祀典明

文徒見異端假從臆說煩而非當於義無取又尋古之配祭皆在於冬據其時月益明非禘況乎臣之立功各因所奉享祀之日從主升配禘之爲祭自於本室廟未毀者不至太祖之庭君既不來而臣獨當祀列對揚尊極乃非所事豈容山河之誓務乎殷重霜露之感從於簡略論情即理孰曰可安今請祫配功臣禘則不豫依經合義進退爲允謹議

嫂叔舅服議

原夫服紀之制異統同歸或本恩情或申教義所以慎終

追遠敦風厲俗輕重各順其適名實不可相違喪過乎哀承象之明訓其易寧戚聖道之遺旨所議兩條實爲舛駁特降絲綍俾革遺謬歷代之所不寤儒者於是未詳超然元覽獨照深致竊以舊館脫驂尚云出涕鄉里有殯且輟巷歌況乎昆弟之妻嚴親是奉夫之昆弟貲業本同遂乃均諸百姓絕於五服當其喪沒閨門縞素已獨晏然元黃莫改靜言至理殊非宏通無益關防實開淪薄相爲制服孰謂非宜在昔子思宣尼之胄爲位哭嫂事著禮文哭既施位明其慘怛苟避凶服豈曰稱情又外氏之親俱緣於

母母舅一列等屬齊尊姨既小功舅乃緦服曲生異議茲亦未安泰康孝思見舅如母語其崇重寧非密戚三月輕服靡副本心愚情爲昆弟之妻服當五月夫之昆弟咸亦如之爲舅小功同於姨服則親疏中節名數有倫帷薄之制更嚴內外之序增睦至如舅姑爲婦其服太輕冢婦止於大功眾婦小功而已但著代之重事義特隆饋奠之重誠愛兼極畧其恩禮有虧慈惠猶子之婦並服大功已子之妻翻其減降又是厚薄乖衷義理相形以類而言未爲允協今請冢婦朞服眾婦大功既表授室之親又荅執笲之養叔仲之後諸婦齊同則周洽平均更無窒礙矣謹議

安置突厥議

突厥鐵勒皆上古所不能臣陛下既得而臣之請皆置之河北分立酋長領其部落則永永無患矣

顏師古二

上漢書注序

儲君體上哲之姿膺守器之重俯降三善博綜九流觀炎漢之餘風究其終始懿孟堅之述作嘉其宏贍以爲服應曩說疎紊尚多蘇晉衆家剖斷蓋尠蔡氏纂集尤爲牴牾自茲以降蔑足有云悵前代之未周愍將來之多惑顧召幽仄俾竭芻蕘匡正睽違激揚鬱滯將以博喻胄齒遠覃邦國宏敷錦帶啟導青衿曲稟宏規備蒙嘉惠增榮改觀

重價流聲斗筲之林徒思罄力駑蹇之足終慙遠致歲在重光律中大呂是謂涂月其書始就不恥狂簡輒用上聞粗陳指例式存揚搉

等慈寺碑

若夫有功可大盛業光於四表有親可久厚德加於萬類救災撥亂闡宏威以則天立愛宣慈垂至仁而濟物其於司牧黎獻汲引羣生窮高極深道隆致遠伏以現神通力摧破波旬之兵開方便門消滅尼犍之罪斯蓋法王聖跡調御善權不可思議莫知邊際者矣自隨歷云季政綱不紐海岳沸騰函夏圮裂繩樞競起白梃稱兵毒痡久敷妖精晝隕五山並食九嬰爲害交相吞噬恣行剝斮仰籲蒼旻跼蹐靡依俯墜塗炭息肩無所剝極則亨否終斯泰用集明命爰啟眞人我大唐皇帝慶發靈圖祚昭寶籙撫茲歸運拯彼橫流惟神惟幾迺文迺武聰明時乂勇智自天猗歟五材聖質苞其純懿大哉七德宸鑒測其幽遠至如封胡異說力牧奇篇元女黃石之精微玉帳絳宮之祕要莫不裁成睿思總制深衷超冠情靈之表得諸耳目之外爰茲草昧自彼參墟投袂濡足東征西怨克翦方命鯨鯢

斯盡芟夷干紀邦域底平掃欃槍於天衢匪遑寧處戮猾狂於地表無思不服阪泉涿鹿之師議勤己陋共工有扈之戰固多慙色載籍所傳孰可侔其髣髴言象所寄安足紀其希夷武德之初諸華未綏穀洛之地尚阻朝風念彼王充偷安假息悼干戈之日用悵烽燧之多警於是親總元戎授茲戚鉞建瓴東下將一車書北據崇芒南屯伊闕雲羅既布指期滌蕩然而賊竇建德往因多難夙長亂階僞黨實繁凶毒孔熾妄作元圭之瑞竊號夏王驅扇黑山之旅擅強河朔破邑屠城斬祀殺厲矯誣上帝多歷年所

又以逞其狙詐乘彼阽危郎傾許之人徒收亡隨之文物遂乃憑陵濟岱薦食徐兗驟勝愈驕負力作氣惟茲勍寇同惡相求泉此役也實來赴援溯流而上奄至滎陽間使驅馳潛申約結將規合勢以抗我師首足互資實同夏屋之獸前後迭至冀效常山之虵妙算所甄洞其曲折中權所稟見可而進是以引麾北制移蹕東虞天策頻加神鋒累奮其後酋渠相命妖孽並臻鑿齒之類爲羣窫窳之徒成列發自板渚迄於茲地獷猤爭先陸梁競出比角舉尾飲竭洪流吞石噉沙聚蔽陽景皇赫斯怒爰整六軍飛廉

翊衞豐隆先路然後置天地之陣揚日月之旗震夔鼓以申嚴鏗虬鐘而大號星流電擊鳳矯龍騰垢巒爲之震跳梗林於是靡拉陷堅挫猛刮野掃地喋血僵尸塡坑滿谷禽茲元惡未及旋踵仍執醜虜曾靡孑遺渙若氷消灌同魚爛氛祲祛除風雲融朗列代神璽莫不畢收前王彝器此焉總獲既而乘轅西返蒨旆右臨奮決水之威乘破竹之勢廓清萬里大定三川散馬華陽飲至豐鎬豈如漢王力競屢見屈於城皋魏武爭雄久連兵於官渡及夫海外有截宇內無虞執玉帛以臨朝垂衣裳而班治珍符雜沓

繁祉絪緼甘雨薰風時和歲稔正簫韶之樂非止咸英定郊雍之禮豈惟俎豆跂行喙息跖實排虛邇陋游原遐澗泳末攫摰忘觜距之用夷狄齊冠帶之倫外户常開內機不作寘含靈於仁壽變品庶於陶甄思廣舟航無隔幽顯靜言官爵或握節以殉忠追悼行間有麵輪而棄野愍疏屬之罪方滯迷塗念刑天之魂久淪長夜以爲拔除苦累必藉勝因增益善根實資淨土乃命克敵之處普建道場情均彼我恩洽同異爰立此寺俾號等慈境實鄭州縣稱汜水班倕（闕一字）集矩矱斯備式搆寶坊樹茲靈塔飛梁虹

指浮柱星懸層閣崢嶸脩廊翬翥朝雲暫起華礎流津曉露微沾夕盤泫瀞茹藘在陝化爲簷蔔之林熠燿宵行翻暎摩尼之彩傍開柰苑數淨花而韡華却帶蓮池積定水而澄湛結衣萃止振錫來儀戒品齊芳禪枝並茂其地則遙瞻太室夏后之所發祥近眺襄城軒轅於是訪道舳艫控引循金隄以偪側冠蓋往來趨玉門而隱軫勢居爽塏物稱衍沃誠原陸之膏腴信康莊之都會豈惟致罰之野獲免汙豬淫慝所懲赦其京觀乃命深入緣起永脫蓋纏普賴法財同歸妙樂悠悠曠劫憑慧力而靡偏亹亹恒沙

譬福聚而無盡南山之壽旣彌茂於億年北極之尊實牢籠於萬代竊惟望雲就日博貫多能理極寰中道臻繫本考覈篆籀徧詳流畧定儒墨之短長棄刑名之苛嬈纖微必舉幽賾斯應不能遁其隱奥無所潛其肹蠁五老變爲流星懸識象緯八靈符於積雪曲盡物名昃食忘勞昧旦丕顯尚想巖穴博逮芻蕘俱幸滿堂之歡猶興納隍之慮愛踰祝網仁兼扇暍降元覽而游藝覩人文以化成賤齊梁之短篇鄙苦寒之危調轉規注河之論聽者開神芝英垂露之書觀者眩目飛蝯妙術抑咒神工制律呂之輕重

知草木之情狀郁哉煥乎弗可記巳重明養德守器光於七鬯璇枝樂善作固列於維城威儀抑抑良翰赳赳文士蘊金錫之姿武臣表熊羆之狀耕田鑿井雖受賜而無迹擊壤鼓腹諒日用而不知百年然後勝殘仲尼之言斯濶三脊之茅難致夷吾所志爲小蓋夫植操恒久莫貞乎金石盛德形容聿宣於歌頌末臣庸謏預奉鴻猷雖罄短才未揚休烈其詞曰

肇自无極初分太清二儀定位四大居貞緬求遂古逖聽遐聲質文遞變粹駮殊名其一季葉紛詭政荒道喪逐鹿爭驅乘龍有亢亟罹不造時逢无妄至治莫興嘉生靡暢其二滔德旣厭炎運將徂鴻飛野滿狼入朝無綠林叛換青犢睢盱中外板蕩億兆淪胥其三聖帝膺期愍彼顛覆始建天柱初安地軸萬難畢夷羣凶盡戮芒芒率土俱荷亭育其四壽華釁社用康國步陽紆韡曜實清王度牧野非難鳴條豈卹勢踰摧朽俯同榮汰其五魔衆旣摧勝幡斯立釋茲罪垢俾申幽執施以無畏斷其餘習卽此戎墟招提攸葺其六雲樓赫嶧月殿玲瓏冬延愛日夏納清風白蘋齊葉丹桂臨藂綺疏暾廻繡閣臨空其七金繩吐光寶鈴和響香繞梵

音花飛仙掌妙想凝寂眞容煥朗開士宅心伊蒲瞻仰其八崇巖秀峙迅流長邁石城迴矚龍池斜界左顧敖鄗右通汜鄴實爲勝境誕標靈怪其九至人惠利正覺津梁偕登萬善普照十方深慈廣博冥慶遐長式光勿替永播無疆其十

神州地祇祝文

維某年敢昭告於神州地祇惟祇包函區夏載負羣生溥彼域中賴茲厚德式遵彝典揀此元辰敬以玉帛犧牲粢盛庶品明獻厥誠備茲禋瘞

四大河祝文

維神上通雲漢光啟圖書分導九枝傍潤千里素秋式序用率典常

姚思廉

思廉本名簡以字行陳吏部尚書察子初授秦王府文學太宗即位爲著作郎宏文館學士寫形於十八學士圖拜散騎常侍賜爵豐城縣男貞觀十一年卒贈太常卿謚曰康

止足論

易曰亢之爲言也知進而不知退知存而不知亡知進退

存亡而不失其正者其惟聖人乎傳曰知足不辱知止不殆然則不知夫進退不達乎止足殆辱之累期月而至矣古人之進也以康世濟務也以宏道厲俗也然其進也光寵夷易故愚夫之所乾沒其退也苦節艱貞故庸曹之所忌憚雖禍敗危亡陳乎耳目而輕舉高蹈寡乎前史漢世張良功成身退病卧却粒比於樂毅范蠡至乎顛狽斯爲優矣其後薛廣德及二疏等去就以禮有可稱焉魚豢魏略知足傳方田徐於管胡則其道本異謝靈運晉書止足傳先論晉世文士之避亂者殆非其人唯阮思曠遺榮好遁遠殆辱矣宋書止足傳有羊欣王微咸其流亞齊時沛國劉瓛字子珪辭祿懷道棲遲養志不戚戚於貧賤不耽耽於富貴儒行之高者也梁有天下小人道消賢士大夫相招在位其量力守志則當世罔聞時或有致事告老或有寡志少欲國史書之亦以爲止足傳云

張元素

元素蒲州虞鄉人爲竇建德黄門侍郎建德平授景城都督府録事參軍太宗即位累遷右庶子銀青光祿大夫授潮州刺史徙鄧州麟德元年卒

諫修洛陽乾陽殿書

微臣竊思秦始皇之爲君也藉周室之餘因六國之盛將貽之萬葉及其子而亡諒由逞嗜奔慾逆天害人者也是知天下不可以力勝神祇不可以親恃惟當宏儉約薄賦斂慎終如始可以永固方今承百王之末屬凋弊之餘必欲節之以禮制陛下宜以身爲先東都未有幸期即令補葺諸王今並出藩又須營構興發數多豈疲人之所望其不可一也陛下初平東都之始層樓廣殿皆令撤毁天下翕然同心欣仰豈有初則惡其侈靡今乃襲其雕麗其不

可二也每承音旨未即巡幸此乃事不急之務成虛費之勞國無兼年之積何用兩都之好勞役過度怨讟將起其不可三也百姓承亂離之後財力凋盡天恩含育粗見存立饑寒猶切生計未安三五年間恐未能復奈何營未幸之都而奪疲人之力其不可四也昔漢高祖將都洛陽婁敬一言即日西駕豈不知地惟土中貢賦所均但以形勝不如關內也伏惟陛下化凋弊之人革澆漓之俗爲日尚淺未甚淳和斟酌事宜詎可東幸其不可五也臣又嘗見隋室初造此殿極棟宏壯大木非隨近所有多自豫章採

來二千人曳一柱其下施轂皆以生鐵爲之中間若用木輪動即火出鐵轂既生行一二里即有破壞仍數百人別齎鐵轂以隨之終日不過進三二十里畧計一柱已用數十萬功則餘費又過倍於此臣聞阿房成秦人散章華就楚衆離乾陽畢工隋人解體且陛下今時功力何如隋日承凋殘之後役瘡痍之人費億萬之功襲百王之弊以此言之甚於煬帝遠矣深願陛下思之無爲由余所笑則天下幸甚

上太子承乾書

臣聞皇天無親惟德是輔苟違天道人神共棄然古三驅之禮非欲教殺將爲百姓除害故湯羅一面天下歸仁今苑內娛獵雖名異遊畋若行之無恒終虧雅度且傅說曰學不師古匪說攸聞然則宏道在於學古學古必資師訓既奉恩詔令孔穎達侍講望數存問以補萬一仍博選有名行學士兼朝夕侍讀覽聖人之遺教察既行之往事日知其所不足月無忘其所能此則盡善盡美夏啟周誦焉足言哉夫爲人上者未有不求其善但以性不勝情耽惑成亂耽惑既甚忠言盡塞所以臣下苟順君道漸虧古人

有言勿以小惡而不去小善而不爲故知禍福之來皆起於漸殿下地居儲貳當須廣樹嘉猷既有好畋之淫何以主斯匕鬯慎終如始猶恐漸衰始尚不慎終將安保

重諫太子承乾書

臣聞周公以大聖之材猶握髮吐哺引納白屋而況後之聖賢敢輕斯道是以禮制皇太子入學而行齒胄欲使太子知君臣父子尊卑長幼之道然君臣之義父子之親尊卑之序長幼之節用之方寸之內宏之四海之外者皆因行以遠聞豈假言以光被伏惟殿下睿質固已崇高尚須

學文以飾其表竊見孔穎達趙宏智等非惟宿德鴻儒亦兼練達政要望令數得侍講開釋物理覽古諭今增輝睿德而雕蟲小技之流祇可時命追隨以代博奕耳若其騎射畋遊酣歌伎翫苟悅耳目終穢心神漸染既久必移情性古人有言心爲萬物主動而無節則亂臣恐殿下敗德之源在於斯矣

重諫太子承乾書

臣聞孔子云能近取譬可謂仁之方也已然書傳所載其言或遠尋覽近事得失斯存至後周武帝平定齊梁卑宮

菲食以安海內太子贇舉措無度穢德日著烏丸軌知其不可具言於武帝武帝慈仁望其漸改及其踐祚狂暴肆情區宇崩離宗祀覆滅即隋文帝所代是也文帝因周衰弱憑藉力資雖無大功於天下然布德行仁足爲萬姓所賴勇爲太子不能近遵君父之節儉而務驕侈肆情今之宮中山池遺址即殿下所親覩是也此時亦恃君親之恩自謂太山之固詎知邪臣敢進其說向使動靜有常進退合度親君子疏小人捨浮華尚恭儉雖有邪臣間之何能致慈父之隙豈不由積德未宏令聞不著讒言一至遂成其禍臣以愚蔽竊位兩宮在臣有江海之潤於國無秋毫之益是用必竭愚誠思盡臣節者也竊惟皇儲之寄荷戴至重如其積德不宏何以嗣守成業聖上以殿下親則父子事兼國家所應用物不爲節限恩旨未踰六旬用物已過七萬驕奢之極孰云過此龍樓之下唯聚工匠望苑之內不覩賢良今言孝敬則闕視膳問安之禮語恭順則違君父慈訓之方求風聲則無愛學好道之實觀舉措則有因緣誅戮之罪忠臣正士未嘗在側羣邪淫巧昵近深宮愛好者皆遊手雜色施與者並圖畫雕鏤在外瞻仰已有

此失居中隱密可勝計哉宣猷禁門不異闤闠朝入暮出穢聲已彰臣以德音日損頻上諫書自邇已來縱逸尤甚右庶子趙宏智經明行修當今善士臣每奏請望數召進與之談論庶廣徽猷令旨反有猜嫌謂臣妄相推引從善如流尚恐不逮飾非拒諫必招禍敗方崇蔽塞之源不慕欽明之術雖挹睿哲之姿終罹罔念之咎古人云苦藥利病苦言利行伏願居安思危日愼一日則天下幸甚

陳正道對

臣觀自古以來未有如隋室喪亂之甚豈非其君自專其

法日亂向使君虛受於上臣弼違於下豈至於此且萬乘之重又欲自專庶務日斷十事而五條不中中者信善其如不中者何況一日萬幾已多虧失以日繼日乃至累年乖謬既多不亡何待如其廣任賢良高居深視百司奉職誰敢犯之臣又觀隋末沸騰被於寓縣所求天下者不過十數人餘皆保邑全身思歸有道是知人欲背主爲亂者鮮矣但人君不能安之遂致於亂陛下若近覽危亡日慎一日堯舜之道何以能加

蕭鈞

鈞貞觀朝中書舍人

顏勤禮贊

依仁服義懷文守一履道自居下帷終日業彰素里行成蘭室鶴籥馳稱龍樓委質

欽定全唐文卷一百四十九

褚遂良

遂良字登善散騎常侍亮子初授秦州都督府鎧曹參軍貞觀中累拜中書令與長孫無忌同受顧命高宗立爵河南郡公拜吏部尚書同中書門下三品爲右僕射諫立武昭儀爲皇后左遷潭州都督再貶愛州刺史顯慶三年卒年六十三神龍元年武后遺詔復其爵位

請節勞表

臣遂良言伏承風氣小動正進湯藥臣荷恩光不勝愁懼

既聞御膳平和一則以喜伏惟陛下異人者神明同人者五情夫人之生以神爲主神太用則虛形太勞則倦有此而不生疾者非所聞也陛下昔年力平寇亂及臨寶位憂勞萬國龍荒沙漠何所不思情切於此無時懈怠遂令陛下鬚鬢爲之早白又數年已來耽翫書史每作文詠衆諸手筆日暮繼燭運心不停又詰朝與羣臣論政數百千語音若韶夏理同蘭玉若非辛勤何以得此且以天情愛好不能自息臣愚誠恐陛下今猶看讀夫人年踰四十筋力漸瘶篤而不休更增疹疾然君以百姓爲心百姓以君爲

命君體平康天下安寧陛下已讀得之者用之不可盡已知者當世不能踰伏願節諸言語且無披卷每減思慮微痾自遣天下蒼生之所幸賴臣不勝區區謹敢表聞伏願無覽臣之表遣傍人讀知臣章臣願足矣下愚之情伏深戰灼

請廢在官諸司捉錢表

臣遂良言古稱君爲元首臣作股肱梁棟榱桷隨能助化所謂成海取乎細流崇山由乎積壤然則爲治之本在於擇人不正其原遂差千里周禮卿大夫之職考士德行獻

之于王王拜而受之登于天府漢家以明經拜職或四科辟召必擇器任使量才命官然則市井子孫不居官吏大唐制令憲章古昔商估之人亦不居官位陛下許諸司令史捉公廨本錢諸司取此色人號爲捉錢令史不簡性識寧論書藝但令身能估販家足貲財錄牒吏部便即依補大率人捉五十貫已下四十貫已上任居市肆恣其販易每月納利四千一年凡輸五萬送利不違年滿授職然有國家者嘗笑漢世賣官今開北路頗類於此在京七十餘司相率司副九人更一二載後年別即有六百餘人輸錢授職伏惟陛下治致升平任賢爲政或太學高第或諸州進士皆策同片玉經若懸河奉先聖之格言慕昔賢之廉恥拔十取五量能授官然犯禁違公輒罹刑法況乎捉錢令史主於估販志意分毫之末耳目鄽肆之間輸錢於官以獲品秩荏苒年歲陛下能不使用之乎此人習與性成慣於求利苟得無恥豈蹈廉隅使居其職何向而可將來之弊宜絕本源臣每周遊民間爲國視聽京師僚庶爰及外官異口同辭咸言不便臣無容靜嘿輕敢表聞伏願更勅朝臣遣其詳錄輒煩聽覽伏深戰慄謹言

請千牛不簡嫡庶表

臣遂良言臣聞主祭祀之胄必資於嫡長擢文武之林無限於正庶故知求賢之務有異於承家前王制禮緣情斯極永嘉以來王塗不競在於河北風俗頓乖以嫡待庶而若奴妻遇妾而如婢廢情虧禮轉相因習搆怨於室取笑於朝莫能自悛死而無悔降及隋代斯流遂遠獨孤后罕雎鳩之德同牝雞之晨普禁庶子不得入侍自始及末怨曠未弭聖朝御治深革前弊人以才進不論嫡正自茲二紀多士如林今者簡千牛舍人方爲此制臣竊思審於理

未安何者母以子貴子不緣母也今以母非正室便言子無貴仕則趙衰孕於越婢遥集產於胡嫗田文枚皐皆妾子也文則播美於強齊皐則有聲於隆漢未聞前載有所間然此類甚多備存史冊不敢煩引輕黷宸嚴今反棄古實從近事以妬忌之政施明數之日非徒英雋交屈固亦競端斯始王者設教務慎其源源流一開爲弊必甚儻側室之子負才而不用君棄之於上家輕之於下忠孝不展友愛無施如此等人豈不怨憤雖隔千牛之選仍許三衛之宮色類乃復稍殊捍禦至竟無別若惟才是用人自甘

心一彼一此異端斯起至於昨來檢括麤人公孫武達及崔仁師等兒多是嫡子故知善惡由乎積習邪正寧限嫡庶必然之理不言可明伏願更量可否還遵昔制不使側室之胤有高才而被屈正妻之子雖至愚而獲用則嫡庶於此分鑣諍訟無因發矣前選已了不可更追乃令補闕猶得詳審臣業恩獎擢厠近司事有未安豈敢自默謹以表奏伏增惶悚

請不窮逐實智純表

臣遂良言實智純不自循名陷於險薄既是陛下近親由來之所請委然智純戚屬使任女爲王妃結髮從我實爲故舊書言昔在唐堯以親九族陛下憲章前事自須進退以禮方今刑網寬大不以疑罪與民宏基所注箭射舍中事已非實智純自藏獨樹狀又難明所以刑部大理各相得失陛下已出智純爲開州刺史便是貶責正當處分已畢今之餘事只是窮逐語言但智純戚屬貴望親姻既莅職居宫布在朝野相逢談說言議是常兼復其婦積病在牀命懸朝夕即日刑部官司及在朝士皆不欲陛下更窮此事設令實推得智純自藏獨樹誣宏基家人刑名指歸

殊非重大況又事跡曖昧猶未分明若久窮逐便成苛細生於物議虧損至德如臣愚見伏願更施天澤赦其所短情存故舊不失善聲即日在外議論如此臣猥居諫職而不敢不聞塵黷聽覽伏增戰慄

諫夜飲表

臣遂良言臣聞三爵獻酬所以成禮七升爲限謂之無度書之雅誥其慎在酒伏見去月二十七日爲太子成婚訖北門賜三品以上宴自日辰時連至三更疲勞聖躬尤非盛事有識者云云皆言非是昔孫權漢后酒敗其德昔陳

完謂齊景公曰臣卜其晝未卜其夜白日傾酌是陶神情伏願陛下更無夜飲臣以虛薄拾遺是司不辭嚴誅輒敢奏聞謹陳庸淺不勝戰越

諫五品以上妻犯姦没官表

臣遂良言臣聞大聖文明必垂憲法使聽之者知善聞之者自新謂之中刑而終久無弊糠粃古昔而樹之風聲冠蓋百王光茲至道伏惟陛下心記五車坐談千卷斷決機務必先至理臣昨日伏見勅至門下五品已上官人妻及女等有犯罪者並没爲官婢夫犯惡逆始用此刑不然歷

代雜刑曾無此準聖主可以理平臣乞以一理敢煩天聽夫禁禦防姦既張羅網生民干犯必有其事今忽有三公六尚書等官當重寄或有子數人半居文武而此三公六尚書之婦忽犯姦淫披猖衢路没爲官婢其夫既恥其子亦愧更何顏以在列亦無面以當官合門恥辱一時俱棄至於九卿之室十二衞將軍之妻没爲官婢夫豈不愧雖有文武之幹珪璋之質朝廷之所嗤笑儕流之所指點自貽伊戚理須屛跡臣恐失諸人倫有從此起是以古者存其大體而略其細微掩其家室而用其才能若没其女亦爲狼狽厥父與兄胡顏自處乞陛下審教化之本詳刑罰之要臣甘從鼎鑊更請一言忽若郡王近親縣主密屬有如此者若何處置若没爲官婢則非復國章若不爲愆則同罪異罰臣詳案前載參驗當今輕敢思量實爲不可臣荷陛下殊恩擢居近侍披跡庸流位班四品官高祿厚於臣願足俛仰而無愆過從容而悅聖顏所以敢犯雷霆獻心帷扆者夙奉深恩願罄微節昔臣有慕汲黯而願其后爲堯舜守茲愚誠欲崇主德雖則畏懼必冀陳聞伏願天明一垂矜察陛下必以爲此事難容理須懲肅可更付近

臣詳議增加其罪臣未敢出勅手執踟蹰敢冒宸嚴伏待刑憲

再諫五品以上妻犯姦没官表

臣遂良言昔人輸寫至誠必通幽顯是以落日迴光飛泉上出臣丹心不著空祈聽覽擢臣之髮不足譬愆臣今月五日詣虔化門進封表論五品以上官人妻及女等有犯罪者没爲官婢既未進旨下情惶懼臣又再三思量實爲不可唯有身犯叛逆天下不容妻奴等始合配没自茲以往曾無此例若犯姦罪身即没官不敬舅姑則依常律自

非中刑不可爲教至於一婦没官其夫及子同宗合門有大羞辱見在朝者皆不可用郡王近親縣主密戚或有如此事並具前表夫帝王作典謂之利用恐其罪而化之不因其罪而利之不驚人心不興物議教民以善不爲異罰則三皇以來二百餘帝禁止姦穢皆無此法至於明聖獨用此刑既慙古昔終塵德義然則刑爲政教之用政爲社稷之本若再三如此天下依行臣恐政道因茲漸就流壞是以不避嚴誅更敢一請若即班行四方談議臣緘口不言罪合萬死執以陳聞伏候刑憲謹言

請宫中眼花浪見不得輒奏表

臣遂良言昔者聖人之於鬼神也聞之而不獨信知之而不專恃是以顓頊依於鬼神制之以正不懼驚異增修仁德孔子不語怪力亂神伏惟陛下氣蓋區中威移海外擁百萬之陣頓九夷之顙自書史所載未之前聞夫人歡樂則意氣高悲哀則膽力少自不可信茲訛惑轉移常操而宫中嬪列謂之婦人恇弱周章眼光浪見更相恐懼動一驚百雖有孟賁壯志孔翟精誠終不免聽之心疑聞之意動變異之來具諸前志自須制之以貞正厲之以安靜謂之爲吉則變謂之爲祥則嘉如臣愚見宜勅宫中眼花浪見不得報告傍人更相恐動亦不得專輒奏聞如此而不安然臣受死罪謹錄前載所見者爲吉慶具別狀以聞

諫魏王泰物料踰東宫疏

臣遂良言昔聖人制禮尊嫡卑庶謂之儲君道亞睿極其爲崇重用物不計泉貨財帛與王者共之庶子體卑不得爲例所以塞嫌疑之漸除禍亂之源而先王必本人情然後制法知有國家必有嫡庶然庶子雖愛不得超越嫡子正體特須尊崇如不能明立定分遂使當親者疏當尊者卑則佞巧之姦乘機而動私恩害公或至亂國伏惟陛下

功超邃古道冠百王發號施令爲世作法一日萬幾未盡其美臣職在諫諍無容靜默伏見東宫料物歲得四萬段付市貨賣凡直一萬一千貫文魏王支別封及廩物一年凡直一萬六千貫文此便儲后俸料翻少於諸藩朝野聞見以爲非是陛下往年行幸自洛陽還太子於闕首獻食家令無物可用遂內出綾綵貨充鼎實預是宫臣誰不聞見陛下必以爲魏府支用見不足人多費廣此理可通然則至於儲君更宜增益臣謹按漢明帝披輿地圖等儲君

戶口諸子。租歲不過二千萬。明德馬后爲言。亦不偏得。此則防其嗜慾。節其驕恣。伏願陛下頗擇漢法。宏蕩無偏。備君之用。微附古昔。然晉王陛下親自撫養。至於成立。上聖深慈。偏所鍾愛。傳曰。臣聞愛子。教之以義方。忠孝恭儉。義方之謂。國家於東宮。畧同魏府。卽目所覩。未有殊別。語其將來。不可不慮。若多其室宇。唯欲崇高。賜以金貝。使其盈積。家人多於餘國。良馬超於列藩。王成童之年。已得如此。長世以後。嗜慾方生。歲增則欣喜。微減則失意。財多則溢罕有克全。寵祿過驕。安能自制。昔漢竇太后及景帝並不

識義方之理。遂驕恣梁孝王。封四十餘城。苑方三百里。大營宮室。複道彌望。積財鉅萬。訃入警出蹕。小不得意。發病而死。宣帝亦驕恣淮陽憲王。幾至放敗。賴其輔以退讓之臣。僅乃獲免。且魏王既新出閤。恒存禮制。言提其耳。且示節儉。自可在後月加歲增。愛子豈慮不足。微臣庸暗。不知大體。所有管見。願悉言之。特願天明曲垂省覽。卽日諸王僚佐。皆選上才。或幹職有餘。識見猶闕。莫不誘王財賄偏曲聞奏。他王皆不得。我王獨得之。以此自矜。以茲爲美。卽日僚佐。率多如此。愚臣所見。特謂不然。傳曰。上之化下如風之靡草也。則衆人萬語。不及陛下一言。能成就保全。唯在陛下留意。子弟置嚴師傅。諸王之國。帝弟歸藩。何嘗不德音懇切。示其成敗。此皆皇唐美制。以爲稱首。諸王尊奉。則無僭失。然則芻蕘之說。更有可觀。愚臣千慮。或一可採。伏願陛下廣加教諭。他王皆求請有一王獨足。陛下則崇賞之。他王皆戲。有一王獨愛學。陛下則崇賞之。他王好獵。有一王獨不遊。陛下則崇賞之。他王皆營作。有一王獨靜處。陛下則崇賞之。上好之則下爲之。上賞之則下趨之。雕琢諸玉。皆成退素。如斯陷敗。臣所不聞。薰風所扇。日馳

千里。既教之以謙儉。又勸之以文學。惟忠惟孝。因而獎之。道德齊禮。乃爲良器。此所謂聖人之教。不肅而成者也。臣以不才叨居諫職。廿從鼎鑊。輕敢以聞。煩讟之愆。伏增戰慄。

諫以皇子任刺史疏

昔兩漢以郡國理人。除郡以外。分立諸子。割土分疆。雜用周制。皇唐郡縣。粗依秦法。皇子幼年。或授刺史。陛下豈不以王之骨肉。鎮扞四方。此之造制。道高前烈。如臣愚見。有小未盡。何者。刺史郡帥。人仰以安。得一善人。部內蘇息。遇

一不善人合州勞弊是以人君愛恤百姓常爲擇賢或稱河潤九里京師蒙福或人興歌詠生爲立祠漢宣帝云與我共理者惟良二千石乎如臣愚見陛下兒子內年齒尚幼未堪臨人者請且留京師教以經學一則畏天之威不敢犯禁二則觀見朝儀自然成立因此積習自知爲人審堪臨州然後遣出臣謹按漢明章和三帝能育愛子弟自茲以降以爲準的封立諸王雖各有國土年尚幼小者各留京師訓以禮法垂以恩惠訖三帝世諸王數十百人惟二王稍惡自餘餐和染教皆爲善人此則前事已驗惟陛

下詳察焉

諫討高麗疏

陛下兵機神算人莫能知昔隋末亂離手平寇亂及北狄侵邊西蕃失禮陛下欲命將擊之羣臣莫不苦諫惟陛下明略獨斷卒並誅夷海內之人徼外之國畏威懾伏爲此舉也今聞陛下將伐高麗意皆熒惑然陛下神武英聲不比周隋之主兵若渡遼事須剋捷萬一差跌無以示威遠方必更發怒再動兵衆若至於此安危難測

諫戍高昌疏

臣聞古者哲后臨朝明王創制必先事華夏而後夷狄務廣德化不事遐荒是以周宣薄伐至境而反始皇遠塞中國分離漢武負文景之聚財玩士馬之餘力始通西域初置校尉軍旅連出將三十年復得天馬於宛城採蒲萄於安息而海內虛竭生人失所所以租及六畜算至舟車因之凶年盜賊並起搜粟都尉桑宏羊復希主意遣士卒遠田輪臺築城以威西域武帝翻然追悔情發於中棄輪臺之野下哀痛之詔以人神感悅海內乃康向使武帝復用宏羊之言天下生靈皆盡之矣是以光武中興不踰葱嶺

孝章即位都護來歸陛下誅滅高昌威加西域收其鯨鯢以爲州縣然則王師初發之歲河西供役之年飛芻輓粟十室九空數郡蕭然五年不復陛下每歲遣千餘人遠事屯戍終年離別萬里思歸去者資裝自須營辦既賣菽粟傾其機杼經途死亡復在其外兼遣罪人增其防遏彼罪人者生於販肆終朝惰業犯禁違公止能擾於邊城實無益於行陣所遣之內復有逃亡官司捕捉爲國生事高昌塗路沙磧千里冬風冰冽夏風如焚行人去來遇之多死易云安不忘危理不忘亂設令張掖塵飛酒泉烽起陛下

豈能得高昌一人斗粟而及事乎終須發隴右諸州星馳電擊由斯而言此河西者方於心腹彼高昌者他人手足豈得糜費中華以事無用書曰不作無益害有益其此之謂乎陛下道映先天威行無外平頡利於沙塞滅吐渾於西海突厥餘落爲立可汗吐渾遺萌更樹君長復立高昌非無前例此所謂有罪而誅之旣服而存之四海八蠻誰不聞見蠕動蠉生畏威慕德宜擇高昌可立者立之徵給首領遣還本國負戴洪恩長爲藩翰中國不擾旣富且寧傳之子孫以貽永世

諫寢殿側置太子院疏

臣聞周世問安三至必退漢儲視膳五日乃來前賢作法規模宏遠禮曰男子十年出就外傅出宿於外學書計也然則古之達者豈無慈心減茲私愛欲使成立凡人尚猶如此況君之世子乎自當春誦夏弦親近師傅知人間之庶事識君臣之大道使翹足延首皆聆善聲若獻歲之有陽春元天之有日月宏此懿德乃作元良伏惟陛下道育三才功包九斂新樹太子莫不欣欣旣廢昏立明須稱天下瞻望而教成之道實深乖闕不離膝下常居宮中保傅之說無暢經籍之談蔑如且朋友不可以深交深交必有怨父子不可以滯愛滯愛或生慠伏願遠鑒殷周近遵漢魏不可頓革事須階漸恒許旬日半遣還宮專學藝以潤身布芳聲於天下則微臣雖死之日猶生之年

諫親征高麗疏

臣聞有國家者譬諸身兩京等於腹心四境方乎手足他方絕域若在身外臣近於坐下伏奉口勅布誥臣下云自欲伐遼臣數夜思量不達其理高麗王爲陛下之所立莫離支輒殺其主陛下討逆收地斯實乘機關東賴陛下德

澤久無征戰但命二三勇將發四五萬人飛石輕梯取如迴掌大聖有作必履恒規貴能克平克亂駕御才傑惟陛下宏兩儀之道扇三五之風提厲人物皆思效命昔侯君集李靖所謂庸夫猶能掃萬里之高昌平千載之突厥皆是陛下發蹤指示聲歸聖明臣旁求史籍訖乎近代爲人之主無自伐遼者人臣往征則有之矣漢朝則荀彘楊僕魏代則毋邱儉王頎司馬懿猶爲人臣慕容貞僭號之子皆爲其主長驅高麗虜其人民削平城壘陛下立功同於天地美化苞於古昔自當超邁於百王豈止俯同於六予

昔蕭平寇逆大有爪牙年齒未衰猶堪任用匪惟陛下之所使亦何行而不克方今太子新立年實幼小自餘藩屏陛下所知今一旦棄金湯之全渡遼海之外臣忽三思煩愁並集大魚依於巨海神龍據於川泉此謂人君不可輕而遠也且如長遼之左或遇霖雨滂沱水潦騰波平地數尺夫元菟濱海途深難測非萬乘所宜行踐東京太原謂之中地東攜可以爲聲勢西指足以摧延陀其於西京逕路非遠爲其節度以設軍謀繫莫離支頸獻皇家之廟此實處安全之上計社稷之根本特乞天慈一垂省納

諫納莫離支貢疏

莫離支虐殺其主九夷所不容陛下以之興兵將事弔伐爲遼山之人報主辱之恥古者討殺君之賊不受其賂昔宋督遺魯君之郜鼎桓公受之於太廟臧哀伯諫曰君人者昭德塞違今滅德立違而置其賂於太廟百官象之又何誅焉武王克商遷九鼎於雒邑義士猶或非之而況將昭違亂之賂器置諸太廟其若之何夫春秋之書百王取則若受不臣之筐篚納弒君之朝貢不以爲愆何所致伐臣謂莫離支所獻自不合受

論房元齡不宜斥逐疏

君爲元首臣號股肱龍躍雲興不嘯而集苟有時來千年朝暮陛下昔在布衣心懷拯溺手提輕劒仗義而起平諸寇亂皆自神功文經之助頗由輔翼爲臣之懃元齡爲最昔呂望之扶周武伊尹之佐成湯蕭何關中王導江外方之於斯可以爲匹且武德初策名伏事忠勤恭孝衆所同歸而前宮海陵憑凶恃亂于時事主人不自安居累卵之危有倒懸之急命視一刻身縻寸景元齡之心終始無變及九年之際機臨事迫身被斥逐闕於謨謀猶服道士之衣與文德皇后同心影助其於臣節自無所負及貞觀之始萬物惟新甄吏事君物論推與而勳庸無比委質惟舊自非罪狀無赦搢紳同尤不可以一犯一愆輕示遐棄陛下必矜元齡齒髮薄其所爲古者有諷諭大臣遣其致仕自可在後式遵前事退之以禮不失善聲今數十年勳舊以一事而斥逐在外云云以爲非是夫天子重大臣則人盡其力輕去就則物不自安臣以庸薄忝預左右敢冒天威以申管見

諫與薛延陀絕婚疏

臣聞信爲國本百姓所歸是以文王許枯骨而不違仲尼寧去食而存信延陁曩歲洒一俟斤耳值神兵北指盪平沙塞狼山瀚海萬里蕭條陛下兵加諸外而恩起於內以爲餘寇奔波須立酋長璽書鼓纛立爲可汗其懷恩光仰天無極而餘方戎狄莫不聞知以共沐和風同飡恩信頃者頻年遣使請婚大國陛下復降鴻私許其姻媾於是報吐蕃告思摩示中國五尺童子人皆知之於是御幸北門受其獻食於時百寮端笏戎夷左袵虔奉歡宴皆承德音口歌手舞樂以終日百官會畢亦各有言咸以爲陛下欲

得百姓安寧不欲邊境交戰遂不惜一女而妻可汗預在舍生所以感德今一朝生進退之意有改悔之心臣爲國家惜茲聲聽君子不失色於物不失口於人晉文公圍原命三日糧原不降命去之諜出曰原將降矣軍吏請待之公曰信國之寶也民之庇也得原失信何以庇之陛下慮生意表信在言前今者臨事忽然乖殊所惜尤少所失滋多情既不通方生嫌隟一方所以相畏忌邊境不得無風塵西州朔方能無勞擾彼胡以主被欺而心怨此士以此無信而懷慚不可以訓戎兵不可以勵軍事伏惟陛下以聖德神功廓清四表自君臨天下十有七載以仁恩而結庶類以信義而撫戎夷莫不欣然負之無力其見在之人皆思報厚德其所生允嗣亦望報陛下子孫今者得一公主配之以成陛下之信有始有卒其唯聖人乎且又龍沙以北部落無筭中國擊之終不能盡亦由可北敗苪興突厥亾延陁盛時以古人虛外實內懷之以德爲惡在夷不在華失信在彼不在此伏惟陛下聖德無涯威靈遠震遂平高昌破吐渾立延陁滅頡利輕刑薄賦庶事無壅菽粟豐賤祥符累臻此則堯舜禹湯不及陛下遠矣伏願旁垂

愷悌廣茲含育而常嗔絕域有意遠藩非偃伯興文之道非止戈爲武之義臣以庸暗忝居左右敢獻瞽言不勝戰懼

諫窮問張元素出身疏

臣聞君子不失言於人聖主不戲言於臣言則史書之禮成之樂歌之居上能禮其臣臣始能盡力以奉其上近代宋孝武輕言肆口侮弄朝臣攻其門戶乃至狼狽良史書之以爲非是陛下昨見問張元素云隋任何官奏云縣尉又問未爲縣尉已前奏云流外又問在何曹司元素將出

閭門殆不能移步精爽頓盡色類死灰朝臣見之多所驚怪大唐創歷任官以才卜祝庸保量能使用陛下禮重元素頻年任使擢授三品翼贊皇儲自不可更對羣臣窮其門戶弃昔日之殊恩成一朝之愧恥人君之御臣下也禮義以導之惠澤以驅之使其負戴元天罄輸臣節猶恐德禮不加人不自勵若無故忽畧使其羞慙鬱結於懷衷心靡樂責其伏節死義其可得乎

玉璽記

秦始皇既幷天下取趙璧琢而爲之方四寸紐五盤龍面

曰受命于天既壽永昌丞相李斯之小篆也璽上隱起爲盤龍文曰受天之命皇帝壽昌歷代傳之謂曰傳國璽也秦滅傳漢歷王莽爲元后投之於地一角小缺莽滅校尉公賓龍以璽詣更始以璽上劉盆子盆子面縛入於後漢光武靈帝崩少帝失位掌璽者投於井爲孫堅所得袁術拘其妻而奪之術死荆州刺史徐璆得還許獻之漢滅傳魏魏又傳晉懷失政璽投劉聰聰死劉曜得之傳於石勒季龍冉閔季龍磨其隱起之文刻其旁曰天命石氏冉閔敗其將蔣幹以璽送建業歷東晉宋齊梁侯景陷臺城簡文以璽上景景將侯子般盜璽走至棲霞寺僧惠永得之陳永定三年僧死弟子普智奉璽獻陳陳止傳隋隋末没於宇文化及及又没於竇建德至大唐武德四年太宗文武皇帝爲天策上將軍東討擒竇建德德妻曹氏及左僕射裴矩奉璽上獻天子八寶有國之符印也一曰神璽所以承百王鎮萬國也二曰受命璽所以修封禪神祇之用三曰皇帝之璽荅疏於王公用之四曰皇帝行璽勞賚賢臣功勲用之五曰皇帝信璽徵召臣下則用之六曰天子之璽荅四夷書信用之七曰天子行璽撫四夷用之八曰

天子信璽發番國兵用之衛宏漢儀曰皇后太子以金爲之神璽受命璽皆爲傳國之璽其六璽皆六螭獸紐文曰皇帝之璽皇帝行璽皇帝信璽天子之璽天子行璽天子信璽虞喜志林曰所封事異故文字不同漢儀又云以皇帝行璽爲凡雜以皇帝之璽賜諸侯書以皇帝信璽發兵其徵大臣以天子行璽外國之事以天子之璽鬼神事以天子信璽皆以武都紫泥封青囊白素裏兩端縫尺一板中約署有事及發外國兵用天子信璽封拜外國及徵召用天子行璽賜匈奴單于外國玉用皇帝信璽諸下銅獸

符發郡國兵用皇帝之璽封王公以下遣使皆用皇帝信璽若駕行幸次直侍信璽以從天子之璽合璽其用以玉其封以泥皇后及太子之信曰凡大朝會則捧璽以進其用以金於御座車駕行幸則奉璽從於黃鉞之內令元正朝會則進神璽及受命璽爲五轝若行幸則合六璽爲五轝函篋封盛以從符璽郎四人從六品掌天子六璽及傳國之璽其所用有事則於內行事畢則奉而藏之

搨本樂毅論記

貞觀十三年四月九日奉勅內出樂毅論是王右軍眞跡

令將仕郎直宏文館馮承素模寫賜司空趙國公長孫無忌開府儀同三司尚書左僕射梁國公房元齡特進尚書左僕射申國公高士廉吏部尚書陳國公侯君集特進鄭國公魏徵侍中護軍安德郡開國公楊師道等六人於是在外乃有六本並筆勢精妙備盡楷則褚遂良記

潭府帖

潭府下濕不可多時深益憒頼況兼年暮諸何足言疾患有增醫療無損朽草枯木安可嗟乎自離王畿親故阻越每思宿曩寧喻于心承汝立行可嘉出言成軌遷居要職擢任雄臺聞之嘉聲增以美慕更得汝狀深美吾誠因奏事間方便在意徙居此土深成要佳汝悉也五月八日舅遂良報薛八侍中前

山河帖

山河阻絕星霜變移傷搖落之飄零感依依之柳塞烟霞桂月獨旅無歸折木葉以安心採薇蕪而長性魚龍起浞人何異知者哉褚遂良述

與法師帖

家姪至承法師道體安居深以爲慰耳復聞久棄塵滓與

彌勒同龕一食清齋六時禪誦得果以來將無退轉也奉別倏爾踰卅載卽日遂良鬚鬢盡白兼復近歲之間嬰茲草土鷦雀之志觸緒生悲且以卽日蒙恩驅使盡生報國塗路近止無由東帶西眺于邑悲罔更深因姪還州慘塞不次孤子褚遂良頓首和南

唐太宗文皇帝哀册文

維貞觀二十三年歲次己酉五月甲辰朔二十六日己巳大行皇帝崩於翠微宮之含風殿旋殯於太極殿之西階粤八月庚寅將遷座於昭陵禮也鳳紀凝秋龍帷曙溘

化同軫綿區縞素哀子嗣皇帝諱覽風樹而增感攀銅池而拊膺逼宗祧之是寄傷往駕之無憑奠樽盈而悲序促靈景翳而愁雲興去劒滋遠情徽方闕爰詔司存傳芳瓊宇其詞曰

三微闕祉五耀垂文光昭司牧對越唐勛族著元牝家傳縉雲高祖配天一人有慶大行神武維幾作聖良書自得高文成性夙表餘雄先懷反正蒼兕爰發朱旗首令寰瀛昏墊關洛荒蕪妖傾地軸盜弄乾樞戎衣光啟霸政宏謨天兵電照月陣風驅蚩尤遞翦猰窳咸誅閏位不虞餘分

興戾先收秦組次焚商袂轉圜上畧容光下濟從邑垂仁賓門灑惠修風順軌凝圖奉曆青戾同規元殊叶契發揮三五聲名遐裔泛野休兵靈臺偃革升巖藏銑遵河奉璧學肆徐輪邱園散帛就日攸宜如天在斯形哀動植化美塤篪樂華曾舉禮葉旁垂沙場罄翦斗極咸羈狼山入圉潮渚歸池東旌若木西旆條支龍鄉委質烏服來儀大矣乘時悠哉利見文龜浮沼應龍在淀濔露飛甘卿雲呈絢松黃望幸瑤華方薦仙丹劒術星飛告變凝沴氛於千年掩瘠暉於離殿嗚呼哀哉宏璧陳階鈞天罷舞蓂齡遐想

宮車晏出大隧弗營元龜獻吉展軨効駕羲和司日迫靈心於將餞痛皇情其如失凝清秋於廣陌遡悲風於長術經栢梁而徐轉邁蘭池而從蹕聳輕旆之逶迤動邊笳之蕭瑟嗚呼哀哉周營甫竁漢啟泉闈轂林搖落喬巖變哀平原淒兮白日遠深渚澹兮秋雲飛覽銅雀而興慕傷鼎湖之不歸嗚呼哀哉崤陵元壤隅山窮路肅衞翻英輕池委素羲庭易晚松陰難曙萬方悲而兩泣三靈慘而雲沍嗟厚德之長違仰高天而攀慕嗚呼哀哉崇基永煥置業方昭遺風餘烈天長地遥想神襟而騰茂縱史筆而揚懿

籠嘉聲於日月終有裕於唐堯嗚呼哀哉

故漢太史司馬公侍妾隨清娛墓誌銘

永徽二年九月余判同州夜靜坐於西廳若有若無猶夢猶醒見一女子高髻盛妝泣謂余曰妾漢太史司馬遷之侍妾也趙之平原人姓隨名清娛年十七事遷因遷周遊名山攜妾於此會遷有事去京妾僑居於同後遷故妾亦憂傷尋故瘞於長樂亭之西天帝閔妾未盡天年遂司此土代異時移誰爲我知血食何所君亦將主其地不揣人神之隔乞一言銘墓以垂不朽余感寤銘之銘曰

嗟爾淑女不世之姿事彼君子弗終厥志百千億年血食於斯

大唐故左僕射上柱國太尉梁文昭公碑

蓋聞翊亮天儀處師臣者參聖丹青景化應圖緯者鄰幾若乃闕一字靈闕之表經綸帝績仰代元造之功論道太階獨見於文昭公矣公諱元齡字闕五字人也闕一字河闕一字繼響承家鎮聞韶之雅俗曾祖闕一字後魏闕一字安太守襲闕二字武闕三字歷清闕皇朝贈徐州都督臨淄定公政以禮成教由言滿通德之門早聞闕精通未兆同后郤之克嶷良由

自然體曲昇之多才非闕年十有八俯從賓貢濬乎藏器世莫能知吏部侍郎闕二字基闕二字之闕之闕十字成闕一字簡詔徵碩老典校秩文自非學擬更生方膺妙選闕五字得闕二字公以闕外闕一字歲序纏懷終身永切至哉天性獨越人靈於時道闕以闕四字之鑒方深在慇憂而未晞隱如之寄斯重太宗時稱元帥乃命公爲記室於是臨戎習禮奉闕一字司闕一字之闕敵飛箭下億丈之城故以數暢軍謀弼舞干而制勝宏宣廟略闕公爲冠首累加上柱國封臨淄侯俄而釁闕三字禍胎滋蔓闕一字叔闕一字兵闕而闕一字主約沈族以酬恩俄然內闕三字英威纂統引以爲右庶子闕十二字太宗御歷遷中書令封邢國公邑三千戶實食闕一字州賦一千三百戶闕高祖太宗二實錄合冊歲賚闕一字周闕四字代史合三百闕一字七闕二字復闕獨闕五字矣俄遷尚書左僕射當朝作紀巨闕二字分闕一字國闕二字鴻闕一字必舉闕一字衡闕高祖升遐帝不言政吉凶機務大小責成園寢規闕二字副闕喻奄宅於龜蒙公固辭裂土詔從其義尋加太子少師闕二字二闕一字並闕土斯平致河圖於東序洎乎今上升儲道光守器長春闕二字方嗣虞風仙闕一字流聲闕一字揚闕一字

化闕風闕七字寓故藉羲馭之功少海浮霄尚假朝宗之助增天益峻意在茲乎尋而闕撥亂飲雪披榛晚贊天成憂深責厚罄其心力遘此沈闕一字古人有言曰形大勞闕太宗驚其色憂親加察問方依實奏帝用憮然馳遣良醫幷賚御藥闕殊不闕一字身惕視光陰益深憂國高陽公主爲其子妻附闕一字諫闕二字逾闕將第三子遺則爲朝散大夫使及目前見其通顯恩波闕四字無闕太宗俯閱巨川悼藏舟之夜失今上緬惟過隙闕三字之闕三字紹闕陽闕十一字鼓闕一字班劍卌人葬事所須並令優給仍特降旨許闕一字墓碑

闕二字遂闕二字臣之闕並闕三字神契德洞天經體孝闕四字形闕一字少闕一字徒識闕一字瑶光而識闕二字歲踰闕山不復逝水無追家闕四字與而謀曰昔闕一字國懷闕三字音闕辰精降誕華靈誕震台嶽資神齊光含峻闕一字我闕一字綱闕二字掩闕一字道契文闕一字聲闕聖賢同德君臣協志穹壤闕一字平幽遐必闕一字革闕一字從闕一字羈闕鬱掞詞雕煥始發如綸俄成壯觀闕二字總務王鉉調闕一字儀形濟濟闕門當魯館邸照姬車卜居昭儉闕二字防奢禮崇身約闕一字邇情遐闕易闕二字道難明德暉不昧環景齊明

欽定全唐文卷一百五十

杜正倫

正倫相州洹水人高祖朝歷齊州總管府錄事參軍貞觀中累遷中書侍郎賜爵南陽縣侯顯慶初累授黃門侍郎兼崇賢館學士進同中書門下三品遷中書令兼太子賓客宏文館學士封襄陽縣公三年出爲橫州刺史卒於貶所

彈將軍張瑾等文

臣聞陳力就列不能者止鐘鳴漏盡夜行宜息故張良多病辭少傅而專道養韋賢告老謝丞相而乞骸骨豈惟體非筋力不可疲殆從政抑亦情重謙退欲以廉讓宏道自時積亂離久習澆弊仁義之化忽之其若遺名利所存苟得而無恥今四海乂安羣生樂業陛下思治之情勞於寤寐臣謂欲防其末先正其本若廉恥之教不行則昇平之化無自謹按瑾等理治之教義多罕稱出身事主行能兼闕年方壯也尚不如人耄又及之無能爲矣張瑾拔跡行陣素無才畧自歸聖朝總兵過任子玉之戰頻有喪師須賈之髮未足論罪朝廷假以餘年不寘於法陛下再造天

地更施雲雨瑾等並以髮齒流恩遂使名器踰量特進之號擬迹實周公冠軍之名連衡霍去病旣年在遲暮智乏老成宜思靜退自安止足而外托闕庭之戀內希筐篚之恩牽力衰朽強顏預朝陛下仁愛之心形容於萬物以其不堪侍立特於廊下賜坐仍禁自若聞寵不驚貪競之志更深靦目之顏愈厚臣聞設法訓人在宏其教引年敬老終取於賢寧有庸庸之流諄諄若是而可均彼上庠忝茲厚秩且名曰人臣事乖朝列養非貴德坐異論道縱慶雲之惠不別荆棘闕恩傷教其如禮何臣以庸才謬當朝寄

風俗未淸實任其咎瑾等爵秩旣隆虧損尤大釋此不問安事狐貍激貪止競宜從愧始儻天地含容未至屛黜請斥放之罷歸里第且七十致仕古今通規近代以來貪競不息臣隨卽舉劾恐陷罪者多內外諸司有如此比散下知之使遵節制四維以張彝倫式敘

彈將軍李子和文

臣某言臣聞同陰以息分路尚有悽然向隅成悲滿堂猶且不樂況天倫長逝伉儷不終共被同車之歡遂隔今古撫存悼亡之痛有傷心目而可譬孔懷於行路忽齊體於泉壤對凶筵而奏豔妓悅新寵而忘舊哀此實名教所不容人倫之尤蠹者也謹按子和一介庸流百行兼闕階緣際會仍濫恩榮乃分建茅社參掌禁衞厠跡周行有年歲矣縱前賢之行未識思齊而先王之禮宜其企及寧有弟喪妻殞纔逾十旬子哭父歌遂同一日身被子高之縗室對安仁之簟隣春不相而家妓畢陳節物共時而悲忻相對傷風損教莫之爲甚何可視息人間參預朝列雖自鄶以下無足致譏而告朔餼羊實愛其禮陛下勤求治理崇獎教義欲使習弊之人變於其道但子和器識庸下所傷

尤大若準常科則免而無恥請特加貶以敦禮教謹奏

請愼言疏

君舉必書言存左史臣職當兼修起居注不敢不盡愚直若陛下一言乖於道理則千載累於聖德非止當今損於百姓也

岑文本

文本字景仁鄧州棘陽人高祖朝署行臺考功郎中貞觀時累授中書侍郎專典機密封江陵縣子拜中書令從太宗伐遼至幽州暴疾卒年五十一贈侍中廣州都督謚曰

憲

三元頌

攝提改度孟陬順紀歸餘既終獻歲方始乃詔司存命掌故考憲章修法度三朝之禮畢陳九賓之儀咸具庭燎晃以飈舉明燈煜以星布爾乃月正元日節應勾芒浮祥煙而泛佳氣闢閶闔而敞德陽虞賓光於列位呼韓廁於班行百寮濟濟萬國皇皇腰金鳴玉執贄奉璋內自畿甸外被要荒輸賝王會納貢職方司儀之職無替臚人之列有章既伸睇於宸極亦矯首於巖廊猶川流之歸海若湛露之晞陽張崇牙設柷敔陳鼎實列樽俎梐枑肅而爲衞戈鋋森以齊舉五輅接軫九旗揚旆羽蓋葳蕤雲車晻藹發聲名於文物備威儀於冠帶

藉田頌

正位恭己體元得一望之如雲就之如日郊廟致敬山川咸秩敎先大道學敦儒術憲章載記殷鑒周宣迴輿南畝駐蹕東壥親耕帝藉躬稼大田方期多稼介此豐年富實敎資農惟政本上敦播植下勸蕉蓑榮辱既著淳朴可反禮節既興登封何遠式敷帝典載穆王度元良育德維城作固股肱周召爪牙信布比漢之兆方周之祚

冊漢王元昌文

維貞觀十二年四月巳卯皇帝使某副使某持節冊命曰於戲夫易陳利建道貫三才傳稱夾輔業隆百代是以周之魯衞式固維城漢之梁趙克隆磐石惟爾使持節都督梁洋集畢四州諸軍事梁州刺史漢王元昌幼聞敎義器識聰敏早開土宇禮數優隆逷矣南鄭襟帶西蜀按部之重茂親是寄持民之譽期月有聞是用錫以茅賦備茲典冊爰誓山河永作藩屏朕聞曰事君盡禮資於孝敬爲政以德始於仁厚故士無貴賤由之者揚名時無古今背之者殄行往欽哉爾其執心於忠孝踐行於儉約無好逸豫以犯非禮無縱嗜欲以邇宵人明率舊章永保疆土可不愼歟

冊韓王元嘉文

維貞觀十二年四月巳卯皇帝使某官某持節冊命曰於戲肇自黃唐洎乎漢晉莫不敦睦親戚任用賢能咸作疆土世爲藩翰惟爾使持節潞沁韓澤四州諸軍事潞州刺史韓王元嘉識量沈厚業尚修整夙稟趨庭之訓早膺析

珪之寵上黨奥壤地連秦晉開國之典攸歸按部之謇允穆是用率由故實光備寵章式固維城傳之永世朕聞以詩書禮樂仁義之府也孝友忠信人倫之基也是以河間之賢在於修學東平之譽成於爲善往欽哉爾其覽載籍之旨求聖賢之訓戒兹邪僻以仁厚爲心勗彼怠荒以重愼爲德乃服明命勿替敬典可不愼歟

冊彭王元則文

於戲蓋五等肇於帝軒殷周不改其制六條創於有漢魏晉必修其道是知選賢建戚莫先於藩衞經邦致治允資

於刺舉惟爾使持節都督遂普果合四州諸軍事遂州刺史彭王元則幼稱岐嶷夙稟義方褰帷汝潁之地聲績可紀建旟巴蜀之境風俗以康是用率由令典錫兹寵命傳爾子孫長爲唐輔朕聞爲臣子者踐行莫於忠孝處富貴者貽戚在於驕奢故能播美當時垂芳後裔往欽哉爾其監于經籍詢于著龜見善如不及見惡如探湯無違禮以害身無縱欲以敗俗夙夜匪懈罔有後羞可不愼歟

冊越王泰改封魏王文

維貞觀某年某月某日甲子皇帝若曰於戲昔在哲后受命君臨並建茂親以爲藩衞然則古之列國今之按部循名或異立政實同皆所以共治黎元俱奬王室克隆鼎祚咸悉由之惟爾雍州牧左武侯大將軍越王泰生而韶敏幼而好學樂善不倦才德日新地則維城禮優分器惟彼三魏實號五都非親勿居夾輔攸屬是用命爾爲使持節都督相衞黎魏洺邢貝七州諸軍事相州刺史改封魏王傳之子孫長爲藩翰古人有言皇天無親惟德是輔民心無常惟惠之懷往欽哉爾其監此格言無自驕奢無邇邪佞兢兢業業以保爾茅土可不愼歟

冊鄭王惲改封蔣王文

於戲朕光膺寶圖欽若前典崇睦親之義固惟城之業並錫之以土地授之以刺舉爰誓山河永作藩翰惟爾洺州刺史鄭王惲幼稱岐嶷早聞詩禮式開土宇允備車服惟彼漢池地兼舊楚作鎭之重僉議攸歸是用命爾爲使持節襄州諸軍事襄州刺史改封蔣王傳之子孫長爲唐輔朕聞立身之基曰忠與孝爲政之本曰禮與德行之則成名違之則喪道詳求大訓莫此爲先往欽哉爾其祇服朕詔敦演經典無耆侈以乖節儉無逸豫以虧謹肅聿修厥

德垂徽於永世可不愼歟

冊許王元祥改封江王文

於戲蓋王者受命聖人作則垂法度以經邦選賢戚以布政作屛王室莫先於胙土共治天下實寄於頒條惟爾岐州刺史許王元祥幼禀義方早有志尚地惟邢晉禮優河裴姑蘇奥壤舊吳是宅旣建作牧必俟懿親是用命爾爲使持節蘇州諸軍事蘇州刺史改封江王傳之子孫世爲唐輔朕聞曰孝敬忠貞人之美行也禮讓仁恕政之善經也是以奉上者戒於邪僻御下者儆於驕傲然後能保其

彊土和其人民往欽哉爾其鑒持身之規求爲邦之道尊五美而屛四惡近君子而遠小人祇畏兢兢無替朕訓可不愼歟

冊趙王孝恭改封河間郡王文

維貞觀某年月日甲子皇帝若曰於戲肇有君長司牧黎元雖步驟殊時損益異術至於建親勳而作屛陳龜鼎於無窮其揆一也惟爾光祿大夫行晉州刺史趙郡王孝恭器識宏通風畧宏贍親猶凡蔣佐比燕荊王運權輿寰區未乂擁節西驁靖巴漢之妖氛受鉞南伐戮荊吳之虵豕

誠著經綸功宣方面及入侍禮闈出總藩麾令聞光於搢紳惠化洽於謠俗析珪之重允屬勳庸按部之榮義存帶礪是用命爾爲使持節觀州諸軍事觀州刺史改封河間郡王傳之子孫永爲唐輔往欽哉爾其勉茲忠孝鑒于典禮勤恤民隱無棄朕命可不愼歟

論攝養表

臣某言臣聞生者天地之大德人者有生之最靈是以物無大小咸愛其命人無貴賤咸惜其生故聖人宏全身之道而能免於憂患賢者著養生之術而能終其壽考嵇康

有云導養得理以盡性命上獲千餘歲下可數百年而皆不精故罕能得之又云夫爲稼於湯代偏有一漑之功雖同焦爛必漑者後枯然則一漑之益不可誣矣誠哉斯言實爲篤論但養生之術故非一途詳求至理語其大畧莫若順陰陽之序節寒温之中何則人資陰陽以育俟寒温以成雖禀於五常而連類於萬物在春夏也萬物因而生長人亦宜微受温暖以豐其肌膚在秋冬也萬物因而收成人亦宜微受寒涼以堅其筋骨是以貧賤之人皆順其性而疾病者少富貴之人多違其眞而疾病者多是知春

生夏長秋收冬藏此天道之大經也不順則無以爲天下紀綱故日月四時之順不可失也仲長統曰百年者人之常壽之上者也順四時節飲食適衣服遠聲色避災患者躋上壽之常道至於吐故納新熊經鴟顧此乃山林之術非廟堂所行養生之要唯斯而已竊惟皇帝之位尊貴斯極夏則複殿清暑長廡生寒金壘浮蟻無赫曦之色玉饌含氷有淒涼之氣冬則温室墐户曲房掩軒前盈獸炭輕扇可以在握躬御狐白微汗可以沾襟斯皆陰陽交易寒温過度雖適一時之性實乖四序之宜故荀卿曰喜怒哀

樂好惡必得其中所以養神也寒温盈虛消息必得其中所以養氣也寢興動靜屈伸必得其中所以養體也是知攝生之道必在得宜况陛下憂勤之心勞於内豈可使冬夏之節候虧於外哉伏願降日月之明覽聖賢之旨順陰陽之序節寒温之中則南山之壽更增於億年北極之尊永固於萬國

勸封禪表

伏願順萬國之歡心膺三靈之睠命備天官以周衞盛輿服以巡遊五輅齊列六龍按轡瞻岱郊而啟軔指嬴里爲一息詔卿士延禮官設壇場陳玉帛禋六宗而報上帝班五瑞而朝諸侯成天下之壯觀紹帝王之盛節俾夫山稱萬歲壇燭神光播厚福於無窮揚鴻徽於來裔

理侯君集等疏

臣伏以君集等或位居輔佐或職分牙爪並蒙拔擢授將帥之任不能正身奉法以報陛下之恩舉措肆情罪負盈積實宜繩之刑典以肅朝綱但高昌昏迷人神共棄在朝議者以其地在遐荒或欲置之度外惟陛下運獨見之明授決勝之畧君集等奉行聖筭遂得指期平殄若論事實並是陛下之功君集等止有道路之勞未足以稱其勳力

而陛下天德弗宰乃推功於將帥露布初至便降大恩從征之人皆沾滌蕩及其凱旋特蒙曲宴又封屬國加之重賞内外文武咸欣陛下賞不踰時而未經旬日並付大理雖乃君集等自掛網羅而在朝之人未知所犯恐海内又疑陛下惟錄其過似遺其功臣以下才謬參近職既有所見不敢默然臣聞古之人君出師命將克敵則受重賞不克則受嚴刑是以當其有功也雖貪殘淫縱必蒙青紫之寵當其有罪也雖勤躬潔已不免斧鉞之誅故書曰記人

之功忘人之過宜爲君者也昔漢貳師將軍李廣利損五萬之師靡億萬之費經四年之勞唯獲駿馬三十匹雖斬宛王之首而貪不愛卒罪惡甚多武帝以爲萬里征伐不錄其過遂封廣利海西侯食邑八千戶又校尉陳湯矯詔興師雖斬郅支單于而湯素貪盜所收康居財物事多不法爲司隸所繫湯乃上疏曰臣與吏士共誅郅支幸得擒滅今司隸乃收繫案驗是爲郅支報讎也元帝赦其罪封湯關內侯賜黃金百斤又晉龍驤將軍王濬有平吳之功而王渾等論濬違詔不受節度軍令得孫皓寶物幷燒皓

宮及船濬上表曰今年平吳實爲大慶於臣之身更爲咎累武帝赦而不推拜輔國大將軍封襄陽侯賜帛萬匹近隋新義郡公韓擒虎平陳之日縱士卒暴亂叔寶宮內文帝亦不問罪雖不加爵拜擒虎上柱國賜物八千段由斯觀之將帥之臣廉慎者少貪求者衆是以黃石公軍勢曰使智使勇使貪使愚故智者樂立其功勇者好行其志貪者邀趨其利愚者不避其死是知前聖莫不收人之長棄人之短良爲此也臣又聞之天地之道以覆載爲先帝王之德以含宏爲美夫以區區漢武及歷代諸帝猶能宥廣利等況陛下天縱神武振宏圖以定六合豈獨正茲刑網不行古人之事哉伏惟聖懷當自已有斟酌臣今所以陳聞非敢私君集等是以螢爝末光增輝日月陛下若降雨露之澤收雷電之威錄其微勞忘其大過使君集等重升朝列復預驅馳雖非清貞之臣猶是貪愚之將斯則陛下聖德雖屈法而德彌顯君集等愆過雖蒙宥而過更彰足使立功之士因茲皆勸負罪之將由斯而改節矣

大水上封事極言得失

臣聞開撥亂之業者其功既難守已成之基者其道不易

故居安思危所以定其業也有始有卒所以崇其基也今雖億兆乂安邊隅寧謐既承喪亂之後又接凋弊之餘戶口減損尚多田疇開闢猶少覆燾之恩著矣而瘡痍未復德教之風被矣而資產屢空是以古人譬之種樹年紀綿遠則枝葉扶疏若種之日淺根本未固雖壅之以黑壤暖之以春日一人搖之必至枯槁今之百姓頗類於此常加含養則日就滋息暫有征役則隨之凋耗凋耗既甚則人不聊生人不聊生則怨氣充塞怨氣充塞則離叛之心生矣故帝舜曰可愛非君可畏非民孔安國曰人以君爲命

故可愛君失道則人叛之故可畏仲尼曰君猶舟也人猶水也水所以載舟亦所以覆舟是以古之哲王雖休勿休日愼一日者良爲此也伏惟陛下覽古今之事察安危之機上以社稷爲重下以億兆爲念明選舉愼賞罰進賢才退不肖聞過即改從諫如流爲善在於不疑出令期於必信頤神養性省畋獵之娛去奢從儉減工役之費務靜方內而不求闢土載櫜弓矢而無忘武備凡此數者雖爲國之常道陛下之所常行臣之愚心唯願陛下思之而不倦行之而不怠則至道之美與三王比隆億載之祚隨天地

長久雖使桑穀爲妖龍蛇作孽雉雊於鼎耳石言於晉地猶當轉禍爲福變災爲祥況雨水之患陰陽常理豈可謂天譴之而繫聖心哉臣聞古人有言農夫勞而君子養焉愚者言而智者擇焉輒陳狂瞽伏待斧鉞

定宗廟議

臣聞揖讓受終之后革命創制之君莫不崇親親之義篤尊尊之道虔奉祖宗致敬郊廟自義乖闕里學滅秦庭儒雅既喪經籍湮殄兩漢纂修絕業魏晉敦尚斯文而宗廟制度典章散逸習所傳而競偏說是所見而起異端自昔迄茲多歷年代語其大略兩家而已祖鄭元者則陳四廟之制述王肅者則引七廟之文貴賤混而莫辯是非紛而不定陛下至德自然孝思罔極孺慕踰匹夫之志制作窮聖人之道誠宜定一代之宏規爲萬世之彝典臣等奉述睿旨討論往載紀七廟者實多稱四廟者蓋寡校其得失昭然可見春秋穀梁傳及禮記王制祭法禮器孔子家語並云天子七廟諸侯五廟大夫三廟士二廟尚書咸有一德曰七世之廟可以觀德至於孫卿孔安國劉歆班彪父子孔晁虞喜干寶之徒或學推碩儒或才稱博物商較古

今咸以爲然故其文曰天子三昭三穆與太祖之廟而七是以晉宋齊梁皆依斯義立親廟六豈非有國之茂典不刊之休烈乎若使違羣經之正說從累代之疑議背子雍之篤論遵康成之舊學則天子之禮下偪於人臣諸侯之制上僭於王者非所謂尊卑有序名位不同者焉況復禮由人情非自天墮大孝莫重於尊親厚本莫先於嚴配數盡四廟非貴多之道祀建七世得加隆之心是知德厚者流光乃經世之高義德薄者流卑實不易之令範臣等參議請依晉宋舊典立親廟五其祖宗之典不在此數庶承

天之道典於治定之辰尊祖之義成於孝治之日謹議

七廟議

昔孫卿子云有天下者事七代有一國者事五代則天子七廟古今達禮故商書稱七代之廟可以觀德祭法稱王立七廟一壇二墠王制云天子七廟三昭三穆與太祖之廟而七莫不尊始封之君謂之太祖太祖之廟百代不遷祫祭之禮毀廟之主陳於太祖未毀之廟主皆升合食於太祖之室太祖東向昭南向穆北向太祖者商之元王周之后稷是也太祖之外更無始祖但商自元王以後十有

四代至湯而有天下周自后稷已後十有七代至武王而有天下其間代數既遠遷廟親廟皆出太祖之後故得合食有序尊卑不差其後漢高受命無始封祖即以高皇帝爲太祖太上皇高帝之父立廟饗祀不在昭穆合食之列爲尊於太祖故也魏武創業文帝受命亦即以武帝爲太祖其高祖太皇處士君等並爲屬尊不在昭穆合食之列晉宣創業武帝受命亦即以宣帝爲太祖其征西豫章潁川京兆府君等並爲屬尊不在昭穆合食之列歷兹已降至于有隋宗廟之制斯禮不易故宇文氏以文皇帝爲太祖隋室以武元皇帝爲太祖國家誕受天命累洽重光景皇帝始封唐公實爲太祖中間代數既近列在三昭三穆之內故皇帝太廟惟有六室其宏農府君宣光二帝尊於太祖親盡則遷不在昭穆合食之數今皇極再造孝思匪寧奉二月二十九日勑宣光以下依舊號令尊崇續又奉三月一日勑既立七廟須尊崇始祖速令詳定者伏尋禮經始祖即是太祖太祖之外更無始祖周廟太祖之外以周文王爲始祖不合禮經或有引白虎通義云后稷爲始祖文王爲太祖武王爲太宗及鄭元注詩雝序太廟爲文

王以爲說者其義不然何者彼以禮王者祖有功而宗有德周人祖文王而宗武王故謂文王爲太祖耳非祫羣主合食之太祖今之議者或有欲立涼武昭王爲始者殊爲不可何者昔在商周稷卨始封湯武受命湯武之興祚由稷卨故以稷卨爲太祖即皇家之景皇帝是也涼武昭王勳業未廣後主失守國土不傳景皇帝始封實基明命今乃捨封唐之盛烈崇西涼之遠構考之前古實乖典禮魏氏不以曹參爲太祖齊梁不以蕭何爲太祖晉氏不以胡公殷王卬爲太祖宋氏不以楚元王爲太祖陳隋不以胡

公楊震爲太祖則皇家安可以涼武昭王爲太祖乎漢之東京大議郊祀多以周郊后稷漢當郊堯制下公卿議議者僉同帝亦然之唯杜林正議獨以爲周室之興祚由后稷漢業特起功不緣堯祖宗故事所宜因循竟從林議又傳稱欲知天上事問長人以其近之武德貞觀之時主聖臣賢其去涼武昭王蓋亦近於今矣當時不立者以必不可立故也今既年代深遠方復立之豈是三祖二宗之意實恐景皇失職而震怒武昭虛位而不答非社稷之福也宗廟事重禘祫禮崇先王以之觀德或者不知其說既灌

而往孔子不欲觀之今朝命惟新宜應慎禮祭神如在理不可誣請準勑加太廟爲七室享宣皇帝以備七代其始祖不合別有尊崇之義謹議

錢不行對

對去智絕巧聖人之至德斲彫爲樸先王之令圖是以賈多端則貧士多技則匱未有崇茲剞劂競彼奢淫而能匡國安家宣風致化者矣自文明御宇大拯黔黎繼禮樂於將絕反淳風於已瀉庶績伊凝彝倫攸序雖復工商異類四民之禁惟宜而錐刀必爭三農之務或失誠宜絕其麗美敦茲質朴刻玉雕金棄之如芥草揮鋤執耒紀之以賢良則稼穡惟興勤體之夫知勤怠惰方革遊手之人自除謹對

龍門山三龕記

夫藏室延閣之舊典蓬萊宛委之遺文其源始於六經其流分於百氏莫不美天地爲廣大嘉富貴爲崇高備物致用則上聖存其發育御氣乘雲則列仙體其變化茲乃盡域中之事業殫方外之天府踰繫表而稱篤論闕帝先而謂窮神豈非徇淼漫於陷井者未從海若而泳天池也矜

峻極於塊阜者未託山祇而窺地軸也烏識夫無邊慧日垂鴻輝於四衢無相法寶蘊善價於三藏洎乎出闕器之外寂焉超筌蹄之表三界方於禹跡也猶大林之匹豪端四天視於侯服也若龍宮之方蝸舍升彼岸而捨六度則周孔尚溺於沈淪證常樂而捐一乘則松喬莫追其軌轍由是見眞如之寂滅悟俗諦之幻化八儒三墨之所稱其人塡邱壠矣柱史園吏之所述其旨猶糠粃矣若夫七覺開闕八正分塗離生滅而降靈排色空而現相惟妙也掩室以標其實惟神也降魔以顯其權故登十號而御六天

絕智於無形之地遺三明而冥五道應物於有爲之域是
以慈悲所及跨恒沙而同跬步業緣既啟積僧祇而比崇
朝故能使百億日月蕩無明於大夜三千世界隮法雲於
下土然則功成道樹非鍊金之初跡滅堅林豈斷籌之末
功既成俟輿典而垂範跡既滅假靈儀而圖妙是以載雕
金玉闡其化於迦維載飾丹青發其善於震旦繩繩乎方
便之力至矣巍巍乎饒益之義大矣文德皇后道高軒曜
德配坤儀淑聖表於無疆柔明極於光大沙麓蕃祉塗山
發祥來翼家邦嗣徽而贊王業聿修陰教正位而叶帝圖

求賢顯重輪之明逮下彰厚載之德忠謀著於房闥孝敬
申於宗祀至誠所感清蚓魄於上至柔所被蕩震騰於下
心繫憂勤行歸儉約胎教克明本枝冠於三代閫政攸敘
宮掖光於二南陋錦繪之華身安大帛賤珠玉之寶志絕
名璫九族所以增睦萬邦所以至道宏覽圖籍雅好藝文
酌黃老之清靜窮詩書之溥博立德之茂合大兩儀立言
之美齊明五緯加以宿殖遠因早成妙果降神渭涘明四
諦以契無生應績昭陽馳三車以濟有結故緜區表刹布
金猶須達之園排空散花踊現同多寶之塔諒以高視四

禪俯輕末利深入八藏顧蔑勝鬘豈止釐降揚嬀軼有嬀
之二女載祀騰實越高辛之四妃而已哉左武候大將軍
相州都督雍州牧魏王體明德以居宗膺茂親而作屏發
揮才藝兼苞禮樂朝讀百篇總九流於學海日摛三賦備
萬物於詞林臨魯衛以驂鑣馭梁楚使扶轂長人稱善應
乎千里之外通神曰孝橫乎四海之濱結巨痛於風枝纏
深哀於霜露陽陵永翳懷鏡匳而不追閟宮如在蹈堦除
而增慕思欲弭節鷲岳申陟岵之悲鼓栧龍池寄寒泉之
思方願捨白亭而遐舉瑩明珠於兜率度黃陵而撫運蔭

寶樹於安養博求報恩之律歷選集靈之域以爲百王建
國圖大必揆於中州千尊託生成道不闕一字於邊地惟此
三州實總六合王城設險曲阜營定鼎之基伊闕帶坰文
命闢襄陵之闕一字穹隆極天崢嶸無景幽林招隱洞穴藏
金雲生翠谷橫石室而成蓋霞舒丹巘臨松門而建標宝
基拒於嵩山依希雪嶺闕一字流注於德水倆佛連河斯固
眞俗之名區人祇之絕境也王乃罄心而宏喜捨開藏而
散龜貝楚般竭其思宋墨騁其奇疏絕壁於玉繩之表而
靈龕星列雕闕一字石於金波之外而尊容月舉或仍舊而

增嚴或維新而極妙白豪流照掩蓮花之質紺髮揚暉分檀林之侶是故近瞻寶相儼若全身遠（闕一字）神光湛如留影嵯鏤玉之爲劣鄙刻檀之未工杲杲焉踰日輪之麗長漢峨峨焉邁金山之映巨壑者閟在邑邦竭可想寶花降祥薇五雲之色天樂振響奪萬籟之音是以覩法身之妙而八難自殄聞大覺之風而六天可陟非正眞者其孰能與於此也善建佛事以報鞠養之慈廣修福田以資菩提之業非純孝者其孰能與於此也昔簡狄生商既輪迴於名相公亶胙魯亦流遁於國城猶且雅頌美其功同和於

天地管弦詠其德（闕二字）於鬼神況乎慧燈普照甘露徧灑任姒尊名具之以妙覺閻平茂實成之以種智是用勒紺碣於不朽譬彼法幢陳讚述於無窮同（闕二字）偈俾夫衣銷刧石與金剛而比堅芥納須彌隨鐵圍而齊固感（闕二字）詞迺作頌曰

十號開緒二諦分源有爲非貴無相稱尊光宅沙界（闕一字）居給園仁舟戢溺智炬排昏緣發現跡化終還淨色身暫掩靈照遠鏡布金降眞攻玉圖聖五道有截三（闕一字）無競帝唐（闕一字）紀太姒定祥功濟赤縣德穆紫房十品散馥三慧騰光廣闡香地載紐元綱卓爾英玉至哉茂則丹青神甸鹽梅王國擲地（闕一字）文橫海邁德孝思不匱報恩罔忒聿修淨業于茲勝境梯危紫（闕三字）翠嶺勒石表相因山墓（闕一字）希聖雖遙求心寧永豪光（闕八字）祇樹樓似增城飛泉灑漢危石臨星巖垂日近松（闕十三字）來遊（闕四字）垂極川（闕十三字）純孝克宣勝業載圓邪山滅地顧（闕十二字）皇祚於下闕

擬劇秦美新

伊太極草昧元氣氤氳二儀肇闢三才乃分火化之風既往結繩之政無聞遐哉邈矣故靡得而云也逮乎書契興

爻象辨皇王著謚號闡歷選列聖遜聽遺篆犧農崇行道之化堯舜宏揖讓之風湯武以干戈而稱盡美成康以刑厝而表成功雖步驟殊時澆淳異世道有文質政有隆替不在天文因人垂制規模煥其有章聲實渺其難繼異哉秦氏之爲政也恃崤函之作固因襄文之餘烈窮起翦之暴兵納鞅斯之邪說兼兩州之地削六雄之轍先生之道廢曩聖之德滅利觜長距殫蒼生之命刮語焚書愚黔首之性海內嗸其凶滅天下苦其苛政於是懷道挾術之士背三秦而遠跡抱樸養素之夫竄九夷而自適趙高閻樂

啟其亂陳勝吳廣伺其隙喪六璽於二代隳七廟於一擲永鑒其弊吁其劇歟粵若漢祖之龍飛踐宸極居大寶感素靈之符行元聖之道靖大亂以永寧濟斯人於難老洎文景之纂歷乃守文之有聲逮武宣之繼統亦王功之有成然而闕皇王之要道蔑天地之至精仍踵秦之制度尚沿秦之章程既無關於政化孰與發其聲名雖時乘於六位實貽誚於三靈者矣我有新之創業也累功而據帝圖積德而膺寶命政化洽於巖廊惠澤溢於號令四表荷其亭毒萬物遂其正性帝典闕者既補王綱弛者咸正其德

也彌厚其道也彌盛若夫文軌大同東狄嚮風武功也制禮裁樂遷風變俗文教也肇改正朔爰變服色至聖也盡禮郊禋致敬鬼神大孝也幽人咸洎奇士畢至濬哲也既厝刑書亦廢囹圄鴻德也是以天不愛其道地不愛其寶龜威浮洛飛黃服皁一角九尾之瑞朝夕坰牧幷柯共穗之祥日月織服超邃古之芳英邁前王之簡牘其天意也如此其人事也如彼諒可以披緑圖詔青史降齊郊下嬴里登介邱以昭德同梁甫以播美摛記牒於無窮播歌誦而盈耳俾夫千載之上往聖愳其鴻名百代之後下王奉其英聲固皇極於造化合至道於神明豈不美哉豈不美哉

唐故特進尚書右僕射上柱國虞恭公溫公碑

昔者帝嬀升歷九官奮其庸有周誕命六卿揚其職國鈞總於公相闕一字乎二闕三字歸於臺成乎闕一字晉雖淳闕二十五字帝載闕一字盛德建闕五字也若夫昴宿麗天感其靈者人傑嵩嶽鎮地降其神者國楨叶闕一字夢於龍闕四字於舟楫其闕一字也闕一字庸器闕四字其闕一字也闕八字豈闕九字復闕二字矣公太原闕一字人諱闕四字臨糸姬文之遠胄派唐叔之遙

源食邑河內世功開其緒著姓晉陽闕一字德派其闕一字雖闕十四字義闕三字於闕一字下晉之勳烈闕一字眞闕一字於闕二字猶培塿之望闕四字之闕四字祖裕魏太中大夫言爲准的行成表綴廊廟翹首搢紳結轍闕一字公叔而比德闕一字思闕一字而闕十二字司馬皇朝贈魏州刺史闕三字學夢鳥闕一字文名冠海中闕三字下孔門客子闕二字不顯於當時頴川陳君哀榮無間於異代能兼之者不亦優乎公闕一字兩儀之闕三字百闕一字之懿闕三字義以闕五字以闕八字所以闕八字所以知闕一字洋洋焉若洪河之東注巖巖焉猶華岳之西峙若乃三德

六行列聖之所闕一字也舉唐闕三字域闕十一字息闕十三字雲蜺以闕二字淪闕四字與然則闕一字臺闕二字始於覆闕三字維地肇自涓流是以平津筮仕由賓王而佩印文終創業階闕一字吏而命闕四字範同符闕一字烈闕十八字內史闕一字子時隆闕十一字薛道衡闕一字宗闕一字肆牢籠多士太子洗馬李綱直道正辭羽儀海內並下堂見禮倒屣定闕四字稱闕六字趙闕十六字衡岳則夫闕七字宣室而闕二字誼乃授通事舍人斂笏鳳池垂紳鸞闕環姿月舉韶音玉振每至文武在列華裔闕一字庭對越闕十六字漢苑闕三字其闕二字洪闕五字以闕一字其闕一字斯乃闕一

字賢闕一字餘闕五字隅闕一字敷雅度在乎經國大業之始以親喪去官孺慕之感哀毀之極與夫長孫闕三字龍闕十七字煬帝闕二十六字斯政出奔高麗既而乘輶南反詔公銜命蕃境申明臣節陳之以逆順闕一字暢闕三字之以禍福闕二十八字豈如闕八字海張騫擁節無功於月氏又以公爲東北道招慰大使屬天地橫潰華戎版蕩闕三十五字而闕一字天憑闕一字握闕二字之符授越遷夏商之鼎艾綬銀章弓旌先於髦俊建社班瑞光寵屬於勳庸庶績所以咸凝闕三十七字雖闕二字總其方闕三字毗其政刑而滅沒不羣豈蹉跎於吳阪清越振響終特達於章臺徵爲中書舍人遷中書侍郎闕二十九字其歷闕一字則闕三字美於闕三字其得人則孝若飛聲於洛下云誰嗣響復在茲焉屬獫狁縱慝疆場受駭甘泉闕三字之火雲闕四字之闕十三字鞠闕五字懷闕三字之將琴闕一字在闕一字佇甘闕一字之闕一字乃以闕三字軍長史十萬之師方絕大漠五餌之術必繫單于而南風褰律闕一字之闕一字北闕一字肆豺狼之毒闕二十八字皇闕一字嗣堯闕二字繼文治闕五字澆俗侔於結繩叶和萬邦遠夷同於編戶威慴龍瀚澤流龜闕二字寶無侯於闕三十字拜闕二字治中撿校吏部郎闕一字尋闕六字公望爲

時宗才稱王佐鴻翼所漸自回溪而薄九霄驥足既馳遊閶闔而闕一字千里雖闕二十六字閣糾繆闕三字選闕一字議武闕一字渥洽闕六字爵命日隆寵祿歲厚猶司馬之四至慈明之十旬乃以闕一字官拜太子右庶子遷御史大夫仍闕二字中書侍郎遷中書令闕十一字於廊廟闕七字位闕二字獨闕四字職司行奉絲綸以光帝闕二十四字其猶闕二字俄闕三字衛闕三字餘如故闕二字虞闕二字食邑三千戶德優爵重鎬京之舊制非功不侯中陽之令典踰七命而兼二善闕一字下以闕六字佩闕十

（闕……五字）矣（闕八字）之職（闕三字）踰於副（闕五字）天道（闕一字）斗極之運四時下料人事邁元愷之贊百揆聖朝欽若前典憲章往代懷皤溪（闕三字）想（闕三字）而（闕四字）公（闕十七字）臨（闕一字）而（闕三字）觀（闕四字）南宮之故（闕二字）求（闕一字）道勤行而不倦歷選前哲仰止而無怠是以忠（闕一字）寬裕（闕一字）內恭之（闕二字）虛（闕三十七字）以事一人獻（闕一字）之規不（闕一字）於忠恕損益之義皆出於仁厚違規矩枉尋尺光其家而弗爲利社稷安億兆（闕一字）其身而無悔肅肅焉濟濟焉（闕十九字）之毀（闕三字）言（闕十字）心之所同必擇善以利物意之所異不是已而違人闕德義爲宮

牆包禮（闕五字）人之善（闕三字）之清（闕十三字）令而（闕一字）毀譽（闕三字）而篤（闕二字）位高矣（闕二字）茲（闕一字）祿厚矣治（闕二字）約以孝敬之道移於哲兄行慈惠之心洽於猶子允所謂朝廷之棟幹（闕五字）焉以貞觀十一年（闕八字）洛陽（闕四字）疾（闕一字）動（闕一字）寄深（闕二字）恩息股肱（闕四字）於道路名（闕三字）陳其方技遂輔德愆報彌留曠旬兩楹之奠既兆二豎之災乃（闕二字）遣銀青光祿大夫行中書（闕二十五字）之（闕二字）盡（闕二字）之德（闕五字）大漸（闕一字）恧於舉能子顏啟足情存於慎赦眇焉千載於斯一揆六月（闕一字）日薨於（闕四字）春秋（闕一字）十有（闕十六字）類齊后（闕三字）卽以其日（闕五字）百僚（闕一字）列莫不流涕乃詔民部尚書莒國公唐儉工部侍郎盧義恭護喪行中書侍郎（闕六字）禮部侍郎令狐德（闕二十字）謚曰恭公（闕五字）碑（闕三字）塋地於昭陵之側幷給東園秘器賻贈二千段喪葬所須並令官給（闕一字）祖送之典墳塋之制咸（闕一字）禮（闕十八字）篆籀（闕十六字）獻之（闕一字）漢室之（闕一字）佐也密陵當陽晉朝之賢輔也雖復鄉雲搞思班爾運奇勒銘由其（闕一字）孫表墓（闕一字）於（闕二十四字）詔（闕二字）往載不其偉與武湯一德垂之百代其詞曰

藹藹高門世膺顯命堂堂盛德家襲餘慶抗節飛英扶危

流詠軒蓋接（闕一字）珪璋（闕一字）映（闕三十七字）藝（闕一字）德財成（闕二字）範圍儒墨非馬擅奇雕龍貽則發跡素里馳聲上國仲舒揚庭吾邱待（闕一字）數（闕四十四字）釋鈞滋泉陳謨德顯定策功宣縱壑纔騖搏風初矯密勿鑾閨便繁鳳沼仲舉性（闕六字）我（闕四字）儀表（闕三十二字）鑄丹（闕三字）薪理一水逝黃陂光沈趙印稅駕天府夷體泉室麟閣圖形鳥（闕一字）騰賓悲纏（闕十字）恩（闕九字）羅（闕三字）懿範（闕六字）

京師至德觀法王孟法師碑銘（幷序）

觀夫太陽始旦指崦嵫其若馳巨川分流趨渤澥而不息

是以至人無已先天地而御六氣列仙神化臨宇宙而遺萬物與大齊魯搢紳束名教於俄景漢魏豪傑徇榮利於窮途何異於蜉蝣生於崇朝爭長於龜鶴秋毫出於未兆計大於崐閬者哉若迺岱山龍駕傳神丹之秘訣秦都鳳祠流洞簫之妙響用能延頹年於昧谷振朽骨於元盧白玉之簡祈西王而可迎青雲之衣師東陵而易襲豈非度世之寶術登遐之妙道焉法師俗姓孟氏諱靜素江夏安陸人也其先徙里成仁繼跡於孔墨冬筝表德齊聲於曾閔是以貽則當世錫類後昆軒冕之盛既富於天爵賢明

之質獨表於仙才固以軼仲弓之奕葉邁陽元之餘慶者矣法師稟兩儀之靈和體五常之休德崇蘭散馥掩蕭艾於芳春朗月揚輝蕩雲霧於清夜盈尺之寶出鄢郢而連城徑寸之珍入大梁而照乘豈惟揚號異才馳聲益部曹稱孝行播美上虞而已哉幼而慕道超然拔俗志在芝桂譬芻豢於糠粃心繫烟霞方綺羅於桎梏既而初笄云畢迨吉有興懿戚託繼世之援慈親割相離之情千金甫陳百兩將戒法師凌霜之操必守節於元冬匪石之誠誓捐生於白刃素概難奪嘉禮遽寢乃脫屣通德之門絕景焦

靈之館虔修經戒長甘蔬菲潄元氣於亭午思輕舉於中夜若夫金簡玉字之餘論元化道樞之妙旨三皇內文九鼎丹法莫不究其條貫猶登山而小魯踐其戶庭若披雲而見日允所謂天挺才名人宗模楷者已隋高祖文皇帝聞風而悅徵赴京師亦既來儀居於至德之觀公卿虛已士女翹心於是高視神州廣開眾妙懸明鏡於講肆陳鴻鐘於靈壇著籙之侶升堂者比迹問道之客及門者成羣雖列星之仰天津眾山之宗地軸未足以喻也我高祖以大聖締基功踰覆載皇上以欽明纂緒道冠義農崇三清

以緯民懷九仙而濟俗天地交泰中外和平法師維持科戒宏宣經典時歷夷險懷趙璧而無玷年殊盛衰鼓吳濤而不竭跡均有待心叶無為循大小於天倪既齊椿菌忘壽夭於物化寧辨彭殤而靈氣有感仙骨夙著金液方授駕白龍而不反玉棺遽掩望青鳥之來翔以貞觀十二年七月十二日遺形而化春秋九十有七顏色如生舉體柔弱斯蓋仙經所謂尸解者也冕旒惜道門之梁壞搢紳悼人師之云亡固以恩侔撤樂悲踰輟相有勅賜以賻禮資給葬事並加隆焉弟子陳光等義結在三名高入室對衣

履而增絕瞻風雲而永慕思欲寄銘讚以敘思勒琬壁以紀德俾夫成銀之室神變久而若在遺履之地靈跡垂於不朽其詞曰

西秦簫響東陵聖迹霞舉玉京雲開金液飛廉先路勾芒奉璧形表丹青聲流金石元風誰纂允屬賢明翟衣絕志鶴御依情棲心大道投蹟長生三山可陟九轉方成靈化人間高翔羽服白蜺擁蓋青虬夾轂丹竈留烟仙壇餘竹貽則終古永播蘭菊

劉洎

洎字思道荆州江陵人仕蕭銑爲黃門侍郎銑敗歸國授南康州都督府長史貞觀七年累拜給事中封清苑縣男累遷侍中太宗征遼兼太子左庶子檢校民部尚書留輔太子監國十九年爲褚遂良所誣賜死文明初詔復爵

論左右丞須得人表

臣某言臣聞尚書萬機實爲政本伏尋此選授受誠難是以八座比於文昌二丞方於管轄爰至曹郎上應列宿苟非稱職竊位興譏伏見比來尚書省詔勅稽停文案壅滯臣誠雖庸劣請述其源貞觀之初未有令僕於時省務繁雜倍多於今而左丞戴冑右丞魏徵並曉達吏方質性平直事應彈舉無所迴避陛下又假以恩慈自然肅物百司匪懈抑此之由及杜正倫續任右丞頗亦厲下比者綱維不舉並爲勳親在位器非其任功勢相傾凡在官寮未循公道雖欲自強先懼囂謗所以郎中與奪唯事諮稟尚書依違不得斷決或憚聞奏故事稽延案雖理窮仍更盤下去無程限來不責遲一經出手便涉年歲或希旨失情或

避嫌抑理勾司以案成爲事了。不究是非尚書用便僻爲奉公莫論當否遞相姑息唯務彌縫且選賢授能非才莫舉天工人代焉可妄加至於懿戚元勳但宜優其禮秩或年高耄及或積病智昏既無益於時宜當致之以閑逸久妨賢路殊爲不可將救茲宿弊且宜精簡尚書左右丞左右司郎中如並得人自然綱維備舉亦當矯正趨競豈唯息其稽滯而已

論太子初立請尊賢講學表

臣聞郊迎四方孟侯所以成德齒學三讓元良由是作貞

斯皆屈主祀之尊申下交之義故得芻言咸薦嗇問旁通不出軒庭坐知天壤率由茲道永固鴻基者焉至若生乎深宮之中長乎婦人之手曾未識憂懼無由曉風雅雖復神機不測天縱生知而開物成務終由外獎匪夫崇彼干籥聽茲謠頌何以辨章庶類甄覈彝倫歷考賢聖咸資琢玉是故周儲上哲師望爽而加裕漢嗣深仁引園綺而昭德原夫太子宗祧是繫善惡之際興亡斯在不勤於始將悔於終是以晁錯上書令先通政術賈誼獻策務前知禮教竊惟皇太子玉裕挺生金聲夙振明允篤誠之美孝友仁義之方皆挺自天資非勞審諭固以華夷仰德翔泳希風矣然則寢門視膳已表於三朝藝宮論道宜宏於四術雖春秋鼎盛飭躬有漸實恐歲月易往墮業興譏取適宴安言從此始以臣愚短幸參侍從思廣離明輕願聞徹不敢曲陳故事請以聖德言之伏惟陛下誕睿膺圖登庸歷試多才多藝道著於匡時允文允武功成於纂祀萬方即敘九圍清宴尚且雖休勿休日愼一日求異聞於振古勞睿思於當年乙夜觀書事高漢帝馬上披卷勤過魏后陛下自勵如此而令太子優游棄日不習圖書臣所未諭一

也加以暫屏機務卽寓雕蟲紆實思於天文則長河韜映摛玉華於光札則流霞成彩固已錙銖萬代冠冕百王屈宋不足以升堂鍾張何階於入室陛下自好如此而太子悠然靜處不尋篇翰臣所未諭二也陛下備該衆妙獨秀寰中猶晦天聰俯詢凡識聽朝之隙引見羣官降以溫顏詢以今古故得朝廷是非里閭好惡凡有巨細必關聽覽陛下自行如此而令太子久入趨侍不接正人臣所未諭三也陛下若謂無益則何事勞神若謂有成則宜申貽厥後蔑而不急未見其可伏願俯推睿範訓及儲君授以良

書娛之嘉客。朝披經史。觀成敗於前蹤。晚接賓遊。訪得失於當代。間以書札。繼以篇章。則日聞所未聞。日見所未見。副德逾光。羣生之福也。竊以良娣之選。遍於中國。佇惟聖旨本求典內。防微慎遠之慮。固非羣下所測。暨乎徽簡人物。則與聘納相違。監撫二周。未延一士。愚謂內既如彼。外亦宜然。若恐招物議。將謂陛下重內而輕外也。古之太子。問安而退。所以廣敬於君父。異宮而處。所以分別於嫌疑。今太子一侍天闈。動移旬朔。師傅以下。無由接見。假令供奉有隙。暫還東朝。拜謁既疏。且事俯仰。規諫之道。固所未

暇。陛下不可以親教。宮寀無因以進言。雖有具寮。竟將何補。伏願俯循前躅。稍抑下流。宏遠大之規。展師友之義。則離徽克茂。帝圖斯廣。凡在黎元。孰不慶賴。太子溫良恭儉。聰明睿哲。含靈所悉。臣豈不知。而淺識勤勤。思効愚忠者。願滄溟益潤。日月增華也。

諫詰難臣寮上言書

臣聞帝王之與臣庶。聖哲之與庸愚。上下相懸。擬倫斯絕。若乃以至愚而對至聖。以極卑而對極尊。徒思自強。不可得也。陛下降恩旨。假慈顏。凝旒以聽其言。虛襟以納其說。猶恐羣下未敢對揚。況動神機。縱天辯。飾辭以折其理。援古以排其議。欲令凡庶何階應答。臣聞皇天以無言爲貴。聖人以不言爲德。老君稱大辯若訥。莊生稱至道無文。此皆不欲煩也。是以齊侯讀書。輪扁竊議。漢皇慕古。長孺陳譏。此亦不欲勞也。且多記損心。多語耗氣。心氣內損。形神外勞。初雖不覺。後必爲累。須爲社稷自愛。豈爲性好自傷乎。竊以今日昇平。皆陛下力行所致。欲令長久。匪由辯博。但當忘彼愛憎。慎茲取舍。每事敦朴。無非至公。若貞觀之初則可矣。至如秦政強辯。失人心於自矜。魏文宏才。虧衆

望於虛說。此才辯之累。皎然可知。伏願畧茲雄辯。浩然養氣。簡彼緗圖。淡焉怡目。固萬壽於南岳。齊百姓於東戶。則皇恩斯畢。天下幸甚。

許敬宗　一

敬宗字延族。杭州新城人。武德初補秦府學士。貞觀時累除著作郎。封高陽縣男。高宗朝爲禮部尚書。册拜侍中。進封郡公。拜中書令太子少師同東西臺三品。咸亨元年致仕。仍加特進。三年薨。年八十一。册贈開府儀同三司揚州大都督。初謚謬。改字恭。

小池賦應詔

臣忝班下列胥宇上京欣託巢之有庇體堇户之全生爰鑿小池依於勝地引八川之餘滴通三涇之洋泌纂鑒止而端形乃游智而清志爾其潺湲繞砌潋灩縈除擬高陽而不足比蹄涔而有餘游瑩叼之微鳥躍露鼎之纖魚乃若椅井傍通桃蹊俯映仰天津兮共澹潔秋景兮俱淨倒列宿以疑珠含望舒而似鏡覩江使之潛處翫波臣之沈泳於是翻光甕牖漾影蓬門溜激石兮長嘯鼂鼓浪兮相喧竹凝露而全弱荷因風而半翻足以澡瑩心神澄清耳

目對昆明而取況喻春蘭與秋菊不羨寶於河宗豈希光於暘谷彼瑶池之高讌固幽遠而空傳此坳堂之信遠遂騰譽而聞天降臨渭之睿藻連橫汾之鬱篇何微生之一日荷大賚於千年

欹器賦應詔

臣聞人靈貴損天道忌盈朱火中而炎景謝金波滿而哉魄生察遞來於四序揆迭運於三精淺智昧於成象通識詳於未萌務循虛而守約處崇高而慎傾爰製宥卮飭玆居位藏丹楹之峻宇偶清廟之彝器禮虛舟之淺空鑒撲滿之延祟彼游鱗之盤樂咸見亡於芳餌此貪夫之死權誠要駕於名利唯達人兮服道執溫恭兮靜志居泰山以思危騁高衢而不躓在大明之元覽猶垂旒以蔽聽履克讓之貞吉尚養正以希蒙刻羣材之小器忘戒溢而虧沖悟負乘之必躓敬循崖而飭躬由是鳴謙君子卑以自牧如彼景山猶藏疾於林麓譬諸巨海亦素王於百谷庶辭滿而常正固懷空而靡覆若乃求中軌範流慶資源峰潤由於韜玉葉茂本於根深草卷葹而不死木交讓以俱存梅飛英而斂笑桃絢采而無言燕迎秋兮遁跡鶯移春兮

息喧皆順序而行止得妙物之元門道雅合於斯器故保精而養魂

掖庭山賦應詔

覽先哲之英華遊舊典之場圃善逾遠而斯應德既昭而必溥見漢屏於雎陽驗周藩於有魯表商邱而作鎮規楚室而興宇亦何代其無人諒吾王之邁古於是命世作弼含章挺英允文允武惟誠惟明聽甘棠之暇隙想叢桂之幽情瞰浮雲而志遠瑩寒井而神清乃命僕夫整駕山隅騰鳴笳於通谷擁飛蓋於高衢逍遙仁智之境放曠道德

之區造中天而式宴陵倒景而爲娛星懸珠網日對金鋪雲承綺棟霓縈繡櫨既而近矚玲瓏遠眺溟濛隔翠微而半顯歷丹穴而纔通等玉京之仙化侔銀闕之神功於時百丹敷榮六合清朗霞淡水而川媚風飄林而澗響聳絕壁之千尋挂懸流之萬丈蔽日月而孤峙吐雲霓而秀上循折坂而邅迴躡危嶠而來往鑿離暉於石鏡挹瑞露於雲掌爾其花藥芬披蹊徑參差舒英冒渚擢榦臨崖乍莽蒼而横植忽葑茸而倒垂扇晨飈而裊裊含宿霧而猗猗蔭町疃之毛羣哢間關之羽族或相賀於甍棟或競馳於

原陸駒食藿而馴場鶯舍桃而出谷德澤加於飛走榮光周於草木日云暮時稍闌暢神襟而體物紀盛跡以濡翰發詞林之華藻瀉筆海之波瀾命小臣而並作賦大雅而承歡辭曰芳園兮鬱鬱高岫兮峩峩君王兮遊豫軒葢兮經過花同林兮異彩鳥各囀兮相和野獸鳴兮應鍾石山英開兮閒綺羅侍判臺之入夢舞洛汭之凌波懸清暉於日月同眉壽於山河

麥秋賦應詔

臣聞五土異宜四氣分序考宿麥於生類起嚴秋於溽暑扇漸秀於梅風潤岐苗於穀雨於時陽翹總暢陰呂潛生當隆曦之首節韞秋令之初萌雜芸黃於綠野參肅殺於朱明始自天而下降終因地而斯成疇中氣爽壟際風清引神飈於綺殿指明月於紈扇砌積玉兮疑冰庭飛花兮似霰矯微陽於修景溽寒露於方甸棟刻桂兮含英井雕蓮兮發絢雲標峰而勢詭氣登商而節變若乃葉幄垂秀條帷汎光鶯傳枝而㛹娟蜂散蕊而芬芳對銀縚而偶穟並金縷而分芒如炎炎之鑠石若懍懍之懷霜資高明以納豫順中和以自芳非甘泉而滌景異寒氣而浮涼却冰

紈於寶筍屏珍簟於披香命載筆於蓬渚贊天文於柏梁幸千齡兮此遇奉萬壽兮稱觴

竹賦

惟脩竹之勁節偉聖賢之留賞覽山經而遂聽詠周詩而遐想掩寰中而獨秀非庶物之所仰若夫嶰谷著美稽山見知衛國之稱淇澳梁園之賦夾池山陽之翻密葉江潭之竦喬枝雖有聞於在昔諒無得而標奇乃徙植於廣庭爰移根於禁苑亘蓂草而界列繞醴泉而右轉脩幹横於松徑低枝拂於蘭畹對紫殿之初旭臨丹樓而向晚望威

鳳而來儀佇化龍之爲遠爾乃春光變色夏景開松枝藏戲鳥葉間殘虹上便娟而妨露下檀欒而來風散歸雲之掩翳引落日之玲瓏雖復嚴霜曉結驚飈夕扇雪覆層臺寒生複殿惟貞心與勁節隨春冬而不變考衆卉而爲言常最高於歷選

曲赦幷州管內詔

門下上蒼育物大德基於施生前哲至仁大造源於去殺是以矜慎庶獄得其情而泣辜兼濟含靈窮其巢而解網朕懷此道邈切古人彼蒼垂鑒使膺司牧爰自幼齒乃屬

時屯五岳爲封豕之墟四海被長鯨之毒茫茫區夏並懸命於焚原蠢蠢窮黎咸轉骨於冰谷是用仁心內發龔討外申吟嘯風雲揭日月而清大祲簸跳山河補乾坤以正封域拯其垂餌之厄惠其壽考之安煦以陽和同被發生之眖溽以膏潤申玆凱澤之錫粤自斯壤首建鴻名資此義徒遂登大寶夫小物不忘稟靈周於兆庶惟朕懷舊植性同其五情語地雖異中陽論心不殊代邸今玆黃髮已留連於廣宴在彼赭衣宜霑恩於宥罪可曲赦幷州管內貞觀二十年正月十六日申時以前大辟罪已下已發覺未發覺已結正未結正繫囚見徒皆赦除之其犯十惡故殺人劫賊傷人謀殺人已傷官人枉法受財監治主守自盜所監治幷常赦不免者不在赦例其有挾藏軍器亡命山澤百日不首復罪如初敢以赦前事相告言者以其罪罪之

舉賢良詔

門下高明之天資星辰以麗象博厚之地藉川岳而成形況於帝王體元立極臨馭萬物字養生民者乎所以致治之君遠讒佞近忠良屈己以伸人故能成其治爲亂之主親不肖疎賢臣虐下以恣情用能成其亂明君遵彼而興

國暗主行此而亡身是以朽壤毀於蓮峯巨蠹傷於翠葉蓮峯墜潤竟無反嶺之期翠葉隨風終無歸林之望故知亡者難以復生敗者不可重全所以御朽臨冰銘心自戒宵興旰食側席思賢庶欲博訪邱園搜探英俊弼我王道臻於太平可令天下諸州明揚側陋所部之內不限吏民其有服道栖仁澄心礪操出片言而標物範備百行以綜人師質高視於琳琅人不間於曾閔潔志邱園揚名里閈或甄明政術曉達公方稟木鐸於孔門受金科於鄭相奇

謨開發明畧可以佐時識鑒清通偉才堪於幹國或含章傑出命世挺生麗藻遒文馳楚澤而方駕鉤深覩奧振梁苑以先鳴業擅專門詞高載筆或辯調春圃談瑩秋天發研機於一言起飛電於三寸蓋期奔箭未遂揚廷並宜推擇咸同舉薦以禮將送具狀奏聞限以今冬並與考使同赴庶擬焚林之舉咸矯翼於巖廊尺木之堦方振鱗於遊霧翹心俊乂稱朕意焉主者施行

勸封禪表

臣某等言臣緬尋三古縱觀百王栽玉牒之靈文酌金繩

之雅誥稽諸列辟用考當今徵天意於機祥昭昭乎溢目察人心於謠詠洋洋乎盈耳參三才之奧賾驗百神之感通諒可出震登封申明聖政乘春告禪仰答元功而睿旨謙沖固違僉願徇茲小讓淹斯大典臣等愚思竊所未喻臣某等誠惶誠恐頓首頓首死罪死罪臣聞崇高不極至哉乾象之尊博厚無涯大矣坤靈之德若乃代兩儀以亭育體覆燾之無私法四序以平分運陰陽而不測者非聖人孰能與於此乎是以天道運昌靈命係於元后帝圖昭格禋禮歸於昊穹鴻名列乎三大廣運由乎一體齊明合德抑斯之謂歟粵自生民肇興司牧朱襄皓英之日黃軒葛天之世莫不雷鼗振響節萬舞於雲門大路脂輪籍千藁於嬴里使夫空桑孤竹仰鈞天而合奏十碑再累齊厚地以相終斯道既行常爲稱首奉天之務義極於茲伏惟皇帝陛下陶冶生靈雕鎪品彙立四維於草昧再造寰區射九日之流金鬱與精耀德淪垓表功疑帝先於是户牖三光提封六合不言而化搴炎燧之菁華無爲可則軼堯舜之文軌故已道光紫極慶溢乾元豈與夫七十二君可齊年而語矣是以圓精朗鑒睠欽明之同德方祇効祉祚

至仁之比義馳薰風而驛膏露靈心急於置郵驟澤馬而騖山車神物切於推轂上帝之情已見天人之際乃交推之不居疇克與讓臣等中謝臣又聞之太岳臨雲登其峰而小天下岱宗零雨不崇朝而彌海內信天地之關鍵爲人祇之會同雖復稽社分區云亭允峙陰崖俯禪猶或多途陽嶠乾封必歸斯境自九皇而發迹歷萬代而無差曩者帝道浸微淳風不競南茅北秬綿百世而寂寥升中告成歷千祀而湮墜使太山靡紀梁甫曠巡復盛禮於休明企來蘇於肆覲大夫之樹傾柔荑以望塵仙人之閭聳危

峰而佇晛中外褆福幽明會徵敬候翠華之旗紀號青陽之日實望夙恭儲祉仰副元符召圖冠徵博帶緝無懷之逸憲採夷吾之舊文式道揚鑾錯事介邱之表飛英騰茂展采日觀之前闡絕代之丕業盡天子之能事榮晛融於往初尊號洽乎區有則懷生之類冠帶之倫甘夕死於朝聞傾朝野而相賀接萬齡於旦暮亦何樂以如之臣等預在普天咸蒙大造叫帝閽而引領佇神儀之改容昧死干陳期於獲命不任悃欵之至謹詣闕奉表以聞

賀洪州慶雲見表

臣某等言臣聞靈心不測叶至道以升聞上帝無聲候休明而降祉同夫影響在感斯通相彼天心實交其際伏惟皇帝陛下垂光御極體睿凝圖始自憂勤寧羣飛於海外賜之仁壽拯塗地於寰中總絕代之英聲實無爲之美政三秦咸泰六府斯歌首冠往初功無取譬德澤共二儀潛運清明與七曜齊光是以邇無不安遠無不屆雕題鏤齒之類欵郊甸以相趨氊裘板屋之酋入提封而請吏上騰下漏天平地成嘉氣內充卿雲以之舒彩盛德外發非煙由其散色竊見守洪州長史張惟善等稱以六月二十六日於城內見慶雲自旦及申然後方散謹按瑞應圖曰慶雲者太平之應孝經援神契曰德至山林則景雲出又曰天子孝則慶雲見金枝玉葉若臨軒帝之營蕭索氤氳復入唐臣之詠自非工侔造化道格上蒼光含六幽恩流四海安能致茲神感式彰靈貺元黃間起朱紫相輝千載合符如斯之盛也雖復駢枝合穎匹此爲輕絳雪元霜曾何足喻凡諸率土預在肖形沐浴皇風用伸鳧藻況以臣等謬忝衣簪旦夕嚴廊親聞錫瑞相呼抃躍實百常情不勝悅豫之至

賀杭州等龍見并慶雲朱草表

臣某言臣聞休氣降祥與聖人而合契明靈之貺候昌辰而咸通自五帝寂寥九皇悠緬神龍逃夏中之世一去莫追景靈歇伊帝之朝千齡不嗣遠乎茲日翔驟來儀天道去人何其交際伏惟皇帝陛下化隆乾棟施厚大鑪馭三光以照臨總萬寓而光宅雖復荒陬之遠億兆之多一物不安則宵衣載惕四夷有罪則納隍興歎日者東師作梗類農皇之夙沙交河阻兵等軒后之獯獫元戎所勦大漢申湧醴之奇齊斧載加昌海致靜波之慶旣而西師獻捷

東岱希封日告禎禨歲登靈稼表裏禔福彰外平而內成幽顯合符叶天意於人事伏見杭州刺史潘求仁表稱於錢唐縣界見青龍一又江州刺史左難當稱尋陽縣界見青龍二又得汝州及沂州狀稱所部各有慶雲見又延州刺史席辯稱臨貞縣界有朱草生臣等以管窺天之意若曰青者方色宜順動以東巡龍者帝閑可騑驂於大輅非煙五色雜雲旗於翠華朱草三英代靈芽於芳籍豈非以茲幽旨警悟皇情促升中以奉高輿臣等自慶一生預逢千載雖復仲尼將聖恨出圖之未期夷吾大賢嗟比翼之

難致羣臣庸昧竊譬古人幸遇休明勝之多矣披祥溢目觀祕驚心庇大厦以相歡荷施生而罔謝無任鳧藻之至

賀隰州等龍見表

臣某等言臣聞徇齊御極元扈表其麐鳳文思則天黃河貺其龍馬是知利充於物乾坤應而合符行出於身明靈感而幽贊伏惟皇帝陛下道登邃古功濟懷生發軫升陑墾災除害坐玉帳振金鼓運天機掩區縣然後散服林塞偃伯靈臺羈左衽以長纓同文軌於遐裔禮高年以執酒酳闕通孝敬於神明猶且昧旦丕顯凝旒庶政臨草纓而

罪已削金牒以勝殘化洽風移禮循樂備是以百靈効職四海夷波物不疵厲人無呰窳煙雲動色星辰叶契儀雙觡之駿奔莫飛甘之清醴黃金挨彩紫玉摛英粵自驪陸之前其事無得而聞羲軒之降書契可畧而詳焉未有茂實鴻名若斯光大休徵美瑞如此感通伏見隰州刺史表裏疑異度表稱某日月青龍見隰州城北大四五圍長八九丈謹按瑞應圖云青龍水之精乘雨而下不處深泉王者有仁則出竊惟升雲騰霧孔氏論而不知凌江負舟大禹對而猶懼豈如丹文綠錯驟簡皇情或躍日飛極遊明

世蒸哉懿已絕名闕考歷觀圖將何取譬臣等撫躬私抃鼓腹相歡忽以微生同沾大賚逢物覩之昌運覽天祚之禎符開闢以來未聞斯遇千齡一會猶謂比肩何幸之深親承旦暮鷲雀相慶實百常情不勝悅豫之至

賀常州龍見表

臣某言臣聞聖人作而萬物覩神靈滋而百寶用是以飛龍御天五雲勝彩潛龍涵池四海夷波軒帝由其受圖太昊以之爲紀莫不游泳宮沼騑服輿鑾玉牘丹文與會昌而契合金繩綠錯候休明而降祥伏惟皇帝陛下道極上

蒼。功成下武。重光煥籙。體睿凝圖。至德充於兩儀。大孝刑於四表。綱地張天之謂武。制禮裁樂之謂文。惟幾惟深運神樞而不測。無爲無事。致寶歷於平分。故能網絡九重。琢磨三代。溥天之下。用至道而不知。懷生之倫。荷大造而無謝。於是湛恩洋溢。休氣氤氳。上格天。下漏泉。不私其照。日月爲之揚彩。不愛其道。鱗介所以騰文。神物有徵。於斯不忒。伏見常州別駕終文英表稱所部晉陵縣尉信都叔卿等七人。以六月十三日於縣城南雲雨之際。見有青龍長數十丈。大八九圍。久之乃没。謹按熊氏瑞應圖曰。有仁聖

君子在外不肖斥退則見。惟皇作極。感而遂通。惟德動天。無遠不應。是使四靈嘉瑞。叶千祀之登期。五色榮光。高萬古之靈貺。方且以兹嘉祉。造類云亭。頌其徽猷。歸功清廟。豈與夫魚生露鼎。蔡上荷心。竹葦凝珠。晨昏合璧。校其優劣。何可同年而語哉。臣等運偶明時。預聞靈慶。不任凫藻之至。

賀富平縣龍見表

臣某等言。臣等歷選前辟。皇王之道。詳焉。遐觀曩載。致治之方備矣。竊聞垂衣垂裳之世。追獯鬻而匪寧。乘舟乘橇之期。卽析支而僅敘。堯民有竄。徒謂可封。湯禱無徵。非能具美。道光史冊。幽贊禎符。各擅鴻名。俱爲稱首。況以括地成象。中天作鏡。代元功而造物。叶神化以開祥。取譬前修。豈同年而語矣。伏惟皇帝陛下受初或躍。嘯命風雲。廓彼重昏。裁成法晷。張維立極。不盈少選之間。邁五登三。度越千齡之表。施生靈於動植。日用者不知。混覆燾於華戎。航深者忘遠。巍巍乎。赫赫乎。書契已來。未聞之也。猶且留神昧旦。克念終朝。去歲以膏澤遲時。撤八珍而罷已。今春以濯枝未降。輟萬騎於甘泉。徇物爲心。憂勤至矣。於是天先

致感。祇積餘糧。聖敬日躋。虛心效祉。近得富平縣令獨孤仁宗奏云。十二月一日白龍見。又得沂州刺史李道遷狀云。去年二月內景雲出。又臣聞之。天飛水游。洞陰陽而不測。雲行雨施。混神妙而無端。龍之謂靈。義彰於此。至乃千年韓疑慶。四和克瑞。名叶堯歌。色符軒紀。卿雲所貺。復在於斯。陛下挺睿哲之資。納明靈之祐。是以沖天宛宛。貫六位以呈祥。祕景紛紛。亂五章而發彩。故能遠安邇肅。理定功成。動而弗違。告禪展禮。禋祀報功。使夫同和之樂。與鈞天而並奏。無體之禮。對上蒼而比隆。超出萬古之前。獨立

九皇之上道格區宇何其盛歟臣等屬會昌辰曲成惠日倏聞嘉瑞再佇升中慶賴之深實兼懽忭不任凫藻之至

百官賀朔旦冬至表

臣聞乾坤資始上元開歷象之端日月還流朔旦正璇衡之本事韞有形之表理遂無物之先故能運彼神樞材成庶類麗茲黃道孕育羣生惟聖則天允執在躬之歷惟皇作極必叶履端之契所以書稱敬授易曰明時克正隆平無非此道伏惟皇帝陛下聲凝祕籙功宏造化縱如神之宏覽體不言於四海發就日之光華同無私於七曜階蓂

循晷阿鳳吟辰元精究開闢之初握先窮名數之始裁炎涼於玉管節雨露於金渾道格彼蒼仁霑無外八紘受朔盡入封疆九譯承風遠遵文軌昆蟲涵於凱澤草木汎於榮光由是上感天而下漏泉不愛道而效其寶肇一元於甲子致希世之貞符挾五始於長至播光前之茂禮伏見宣義郎李淳風表稱竊見古歷分日起於子半勘得今歲十一月甲子朔旦冬至而故太史令傅仁均欲苟異張曹元法減餘稍多子初爲朔遂差三刻用乖天正然自初及半日月全未相離算與太初事皆符合奉勑付有司及經術者詳加考定以議奏聞於是鴻生碩儒咸稽茂典研精覃思俱考舊文國子祭酒臣孔穎達十有一人與尚書八座參議得失咸以爲仁均定朔事有微差淳風推校理尤精密謹按漢書云古者黃帝合而不死應劭云歷合天心而得僊也又按益部耆舊傳云洛下閎改顓頊法更作太初歷自云後八百歲此歷差一日有聖人出定之斯乃差日濫觴久著之於冥兆聖出之驗叶當今之有徵俯會八百之期遠叶九僊之道臣等緬惟邃古歷考前王若乃萌氣黃鍾兆根元牝闡其幽而藏其用窺其奧而開其文列

聖存而不論故無得而稱也自圖書爰始三統騰鑣皇王以來六家分軫帝軒垂憲大撓汨其洪源伯禹嗣興小正窮其至賾命羲叔於唐歷考箕子於周年以或元乙司分翠虬定箭登清臺而索隱揆圭表以知微事緒多途無聞感應猶且各稱書契並擅鴻名改年號以應元符禮日觀而爲稱首豈與夫兩儀同德五緯齊明景延南正星躔北陸聯珠候朔的皪清漢之閒合璧覘天徘徊紫霄之上校先代之優劣豈同年而語哉庶當玉輅徐輪金泥祕檢塗山之下會百神而合符介邱之側朝萬玉而光輝天人交

際不亦休歟臣等生屬壽昌累逢社福至於今慶曠古無儔何幸如之親承旦暮不任欣躍之至

謝勑書表

臣某言奉今月十一日勑伏閱瑤檢等鑿竅而覩虹霓載荷絲言似假翼而騰雲漢臣以愚劣本乏詞情比加衰耄更增才盡年踰郭北滯守周南引領天庭望丹霄而結戀馳魂魏闕懼黃落而長違忽預聞韶方深擊壤之懽詞均鄭璞匪無遼豕之慚精衛銜芻豈究靈鼇之境秋螢繼日安測陽羽之昇天澤滂霈恩光曲照翦拂錫其容彩吹噓

飾其羽毛雕朽爲妍竊比鏗金之響涸鱗霑潤縱游陸海之深不勝抃躍之至謹附右崇衛副率賀拔儼奉表陳謝以聞謹言

爲工部尚書段綸請致仕表

臣綸言臣質輕散木運忝連姻濫叨右戚之榮曲荷睦親之禮攀鱗切漢顧毛羽而多慙雕朽成妾撫簪纓而自失在梁之誚甲子徒深大造之恩涓塵靡報常懷戰灼夙夜無忘况以蒲柳易衰犬馬將暮沈疴歲積惛耄日侵雖復年未杖鄉而疾乖陳力惕陰理務沈迷簿領之書伏枕當官敢斁彝倫之序久尸寵祿事等曠官內省慙尤何顏在職冒乞骸骨退就廬田庶得休閑微加攝餌則皇天有施生之惠庸臣免偷安之責倘蒙恩許負岳爲輕但頓憊在躬方違旦夕仰軒檻而增戀望霄極以長懷伏紙陳誠心靈戰越不任悲愴之至

請收敘廢黜官僚表

臣聞先王愼罰務在恤刑往哲寬仁義在宥過聖人之道莫尚乎茲竊見廢宮官僚五品以上除名棄斥頗歷溫寒但庶人疇昔之年身處不疑之地包藏悖逆陰結宰臣所

預姦謀多連宗戚禍生慮表非可防萌宮內官僚逈無關預今乃投鼠及器孰謂無冤焚山燬玉稍同遷怒伏惟陛下至德欽明哀矜庶類聖情冥感昭格上蒼是天監孔明重申靈命神襟喜悆恩加率土爰詔寬鞫覃被普天惟此數人未沾洪造伏尋先典例有可原昔吳國陪臣則爰絲不坐於劉濞昌邑中尉則王吉免緣於海昏譬諸欒布乃策名於彭越比乎田叔亦委質於張敖主以兇逆陷其誅夷臣以賢良荷彼收擢歷觀往代此類尤多近者有隋又遵斯義楊勇之廢罪止加於佞人李綱之徒旨不預於刑

綱古今裁其折衷史籍稱爲美談而今張元素令孤德棻趙宏智裴宣機蕭鈞等並砥節礪操有雅望於當朝經明行修播令名於天下或以直言而遭篳朴或以忤意而見猜嫌一槩雷同並罹天憲恐於王道傷在未宏臣早預藩寮深蒙錄舊趨馳左右二十餘年伏見絲言每求輿誦所懷狂狷輕敢以聞

請定釋奠主祭奏

按禮記文王世子凡學官春釋奠於其先師鄭元注云官謂詩書禮樂之官也彼謂四時之學將習其道故儒官釋

奠各於其師既非國學行禮所以不及先聖至於春秋二時合樂之日則天子視學命有司典秩卽總祭先聖先師爲秦漢釋奠無文可檢至於魏武則使太常行事自晉宋以降時有親行而學官主祭全無典實且名稱國學樂用軒懸罇俎威儀蓋皆官備在於臣下理不合專况凡在小神猶皆遣使行禮釋奠既準中祀據理必須稟命今請國學釋奠令國子祭酒爲初獻祝辭稱皇帝謹遣仍令司業爲亞獻國子博士爲終獻其州學刺史爲初獻上佐爲亞獻博士爲終獻縣學縣令爲初獻縣丞爲亞獻博士既無品秩請主簿及尉通爲終獻若有闕並以次差攝州縣釋奠既請遣刺史縣令親爲獻主祭望準祭社同給明衣修附禮令爲永式

封禪用玉牒奏

謹按司馬彪續漢書建武三十二年封太山求元封故事所施用者有司奏用玉牒書藏方石中厚五寸長尺三寸廣五寸有玉檢厚二寸長短濶狹一如玉牒又按說文云簡牒也則知牒是簡之別名且牒是片竹故其字從片封禪牒雖用玉其制宜與竹同廣厚五寸何名簡牒又按孝

經鉤命決云六經冊長尺四寸孝經冊長尺二寸遍檢古之簡牒無尺三寸之制臣等參詳典故務取折衷其玉牒請同玉簡冊長尺二寸廣寸二分厚三分以金繩連編固簡之數隨文多少盛之玉匱封牒石内則合古文於事爲允

欽定全唐文卷一百五十二

許敬宗二

代御史王師旦彈莒國公唐儉文

臣聞古人莅職不膳池魚前良罷官尚留家犢拔園葵而自潔垂往哲之通規飲吳水而齊清標曩代之遺則若乃營求不已貪猥無厭徇私利而黷官方挾朝權而侮天憲有一於此必寘明科風聞唐儉往任尚書之日付託前鹽州刺史張臣合遣錄事參軍張正表元大節等專令檢校牧放私羊所判文書自云檢示約束剪毛之貨易州僚判

署潛立公文市司勘伯一同官案幷有放羊人康莫賀咄所署文牒共稱牧長依問巡察使楊纂狀與所聲稱同謹按前兵部尚書光祿大夫莒國公唐儉門資斗食器劣餅筲在勢爲優唯聞酒德席賓常滿無匪博徒以逐兎之微庸屬鳳翔之興運功未參於執帛賞已茂於桓圭效無補於經綸位乃隆於常伯由是越自泥滓超驤雲漢甲第高門與絳灌而並列朱輪翠蓋共吳鄧以齊驅寵出勳爵化家開國任超才表揮翼在梁遞膺褒貶未答謬官之刺驛魂飛魄豈謝匪服之榮反復乘此恩波肆其谿壑之性憑茲惠渥縱其姦慝之心敢以私產託於州將芻豢交易並立案於曹司牧圉家童咸假署於名級情包僭擬家有擅除以此論愆深驚視聽稽諸往冊國有常科其鹽州刺史張臣合昔在部符寵膺繁露趨其勢位擅役官僚資給貪夫成其敗類順行私令汩亂天綱請皆付法以清攸斁無任嫉惡之至謹奉白簡以聞

請立皇太子疏

臣聞元儲以貴立嫡之義尤彰罔敢同名正本之文逾顯所以內崇宗廟外重郊社取鑒前王行之自久陛下憲章

千古含育萬邦爰立聖慈母儀天下繼而皇后生子合處少陽出自塗山是謂吾君之允夙嫺胎教宜展問豎之心乃復爲孽奪宗降居藩邸縱然養德猶韜甲館之符未纂承華尚阻商山之道是使前星匿彩瑤岳韜峯臣以愚誠竊所未喻且今之守器素非皇嫡永徽爰始國本未生權引彗星越升明兩近者元妃載誕正允降神重光有融嫡暉宜息安可以濫茲皇統叨據溫文國有諍臣孰逃其責謹按春秋左氏傳云隱公元年春不書卽位攝也昔宋武公生仲子有文在其手曰爲魯夫人故仲子歸於我生桓

公是以隱公立而奉之。自營菟裘。遜而歸老。孔子褒其讓嫡。旌於比事之書。又東觀漢史云。光武皇帝子彊。居長。建武之初。爲皇太子。及皇后陰氏有子曰莊。彊不自寧。固求遜位。帝乃從之。封彊爲東海王。竟以莊爲太子。是爲孝明皇帝。竊惟息姑克讓。可以思齊。劉彊守藩。宜遵往軌。追蹤太伯。不亦休乎。踵武延陵。固當安矣。寧可反植枝幹。久易位於天庭。倒襲裳衣。使違方於震位。蠢爾黎庶。云誰係心。垂裕後昆。將何播美。又且父子之際。人所難言。事或批鱗。必嬰嚴憲。臣竊爲身計。茍且隨流。尸祿偷榮。故知無

咎。伏自思忖。荷眄先朝。引於陋巷之中。申以後車之禮。雲臺畫象。十有八人。三紀於茲。唯臣僅在。趨事陛下。綿歷二坊。叨處調護之流。濫齒正人之伍。蔭璇華於望苑。雕朽木以爲容。推鑾轂於天衢。偶雞樹而徒老。常思勉力。少報洪恩。既屬天步康寧。效沈族而無所。太階平晏。須焚宗而靡由。今茲冢嗣執珪。下枝當璧。孟侯淪屈。大典未申。臣既分職文昌。典司嘉禮。位陪宗伯。弗敢曠官。效命之秋。宜在茲日。所以思不出位。輒叫帝閽。冒嚴威。干斧鉞。忘忌諱。竭精誠。天或弗違。從其至理。朝聞夕殞。忭若登仙。如塞讜言。譴其務讐。煎膏染鼎。亦所甘心。仍望奉見指陳彝典。

籩豆數議

按今光祿式。祭天地日月嶽鎮海瀆先蠶等。籩豆各四。祭宗廟。籩豆各十二。祭社稷先農等。籩豆各九。祭風師雨師等。籩豆各二。尋此式文。事深乖謬。社稷多於天地。似不貴多。風雨少於日月。又不貴少。且先農先蠶。俱爲中祭。或六或四。理不可通。先農之神。尊於釋奠。籩豆之數。先農乃少。理實差舛。難以因循。謹按禮記郊特牲云。籩豆之薦。水土之品。不敢用褻味而貴多品。所以交於神明之義也。此即

祭祀籩豆。以多爲貴。宗廟之數。不可踰郊。今請大祀同爲十二。中祀同爲十。小祀同爲八。釋奠準中祀。自餘從座。並請依舊式。

郊祀燔柴先焚後祭議

簡新禮。祭畢。收玉帛牲醴。置於柴上。然後燔柴。燎壇之左。

臣敬宗謹按祭祀之禮。必先降神。周人尚臭。祭天則燔柴。祭地則瘞血。祭宗廟則焫蕭灌鬯。皆貴氣臭。用以降神。禮經明白。義釋甚詳。委柴在祭神之初。理無所惑。是以三禮義宗等並云。祭天以燔柴爲始。然後行正祭。祭地以瘞血

爲先然後行正祭又禮論說太常賀循上言積柴舊在壇南燎祭天之牲用犢左胖漢儀用頭今郊用脅之九个太宰令奉牲脅太祝令奉圭璧俱奠燎薪之上此卽晉氏故事亦無祭末之文既云漢儀用牲頭頭非神俎之物且祭末俎皆升右胖之脅唯有三禮賀循既云用祭天之牲左胖復云今儀用脅九个足明燔柴所用與升俎不同是知自在祭初別燔牲體非於祭末燒神餘饌此則晉氏以前仍遵古禮唯周魏以降妄爲損益納告廟之幣事畢瘞埋因改燔柴將爲祭末事無典實禮闕降神又燔柴正祭牲

玉皆別蒼璧蒼犢之流柴之所用四圭騂犢之屬祀之所須故郊天之有四圭猶祀廟之有圭瓚是以周官典瑞文勢相因並事畢收藏不在燔例而今新禮引用蒼璧不顧圭瓚遂亦俱燔義既有乖理難因襲又燔柴作樂俱以降神則處置之宜須相依準柴燎在左作樂在南求之禮情實爲不類且禮論說積柴之處在神壇之南新禮以爲壇左文無典故請改燔柴爲祭始位樂懸之南外壝之內其陰祀瘞埋亦請準此

定宗廟樂議

臣聞七廟觀德義冠於宗祀三祖在天式彰於嚴祀致敬之情允洽大孝之道克宣是以八佾具陳肅儀形於綴兆四懸備展被鴻徽於雅音著作樂之明義擇皇王之令典前聖所履莫大於茲伏惟皇帝陛下天縱咸通率由冥極孝治昭懿光被於八埏愛敬純深追崇於百世（一作葉）永言錫祚思宏頌聲鍾律革音播鏗鏘於享薦羽籥成列申蹈厲於蒸嘗爰制典司加隆（一作加崇）稱號循聲覈實敬闡尊名竊以皇靈滋慶濬源長委邁吞鷰之生商軼擾龍之肇漢咸韶光於九二漸發迹於三分高祖紐地補天重張區宇

返魂肉骨再造生靈恢恢帝圖與二儀而合大赫赫皇道共七曜以齊明雖復聖迹神功不可得而窺測經文緯武敢有寄於名言敬備樂章式昭彝範具列如左皇祖宏農府君宣簡公懿王三廟樂請同奏長發之舞太祖景皇帝廟樂請奏大基之舞世祖元皇帝廟樂請奏大成之舞高祖大武皇帝廟樂請奏大明之舞文德皇后廟樂請奏光大之舞七廟登歌請每室列奏謹議

藏宏農府君神主於夾室議

謹按舊儀漢丞相韋元成以爲毀主瘞埋但萬國宗饗有

所從來一旦瘞埋事不允愜晉博士范宣意欲別立廟宇奉征西等三主安置其中方之瘞埋頗叶情理事無典故亦未足依又議者或言毀主藏於天府祥瑞所藏本非斯意今謹準量去祧之外猶有壇墠祈禱所及竊謂合宜今時廟制與古不同共基別室西方爲首若在西夾之中仍處尊位祈禱則祭未絕祈享方諸舊儀情實可安宏農府君廟遠親殺詳據舊章禮合迭毀臣等參議遷奉神主藏於夾室本情篤教在理爲宜

為司徒趙國公謝皇太子寄詩牋

無忌惶恐白內使滎陽夫人至蒙寄歎別五韻弁垂示擬古一首蹤開玉札炫目澄心行諷金聲式歌且抃竊惟化成天下資繫象以導洪源體物緣情自風騷而綿列代莫不咸相祖述罕見生知伏惟殿下摛絢紹天含章挺睿溫文表裕藻清漢於離暉麗則凝華縟春秋於博望乃以監守餘暇俯貺清篇覽夜月之流光降無私於遠客想懸旌之未卷察翹心於征旆加又作依依垂柳益愴邊城鬱鬱中園偏傷遠塞殊私所被文旨兼深詞運理而參神氣凌雲而含粹五章間發若啟榮光之圖六律相宣如覯奏金之字無忌幸從神武愧乏王粲之才忝降斯文益深吳質之戀無任感荷慶躍之至於是叩寂求音繼震方之逸響披肝見意吐爝火之微光某頓首頓首謹言

謝皇太子玉華山宮銘賦啟

臣敬宗行成季輔等啟昨晚內坊丞王君德奉宣令賚臣等玉華山宮銘賦二本拜承恩貺駭抃交懷跪玩清辭江河溢目伏惟殿下天資學府道貫生知絢發詞林若春華之麗韶景漪清碧海譬秋水之澹晨霞仙鶴和吟慭八音於雅韻神龍縟彩謝五色於雕文綺布天庭雲生石砌理

含貞邃雅達谷處之端趣極幽閑妙盡嵓居之體烟松合翠露桂分紅察彼殊形翻然共色究寫真之奧旨擅體物之窮神若乃漢月鉤空乍臨珠箔石苔垂髮式映莊帷莫不理超辭表意生文外自餘清拔觸類奇新成若神化之工光乎性道之製蓋由基天挺裕纂聖凝離故能邁古超前納卿雲於度內逾儔絕侶括啟誦於胸中臣等忝荷殊私曲蒙垂示見所未見情百恒品無任鳧藻之懷謹上啟陳謝謹啟

上恩光曲歌詞啟

某啟。少傅元齡奉宣令旨。垂使撰恩光曲詞六言四章。章八韻。謹率愚管。宣述睿懷。自惟淺陋。深懼不允。竊尋樂府雅歌。多皆不用六字。近代有三臺傾盃樂等豔曲之例。始用六言。今故雜以兮字。稍欲存於古體。起草適畢。未敢為定。蒙假不獲面啟。對封藁本上呈。可不之宜。伏聽後命。謹啟。

瑜伽師地論新譯序

原夫三才成位。爰彰開闢之端。六羽為居。猶昧尊卑之序。訊餘軌於襄陸。淪胥靡徵。考陳跡於懷英。寂寥無紀。暨乎

黃軒振武。元頊疏功。帝道盛於唐虞。王業著於殷夏。葳蕤玉冊。照耀金圖。茂範曾芬。詳諸歷選。然則基神襲聖。衍慶摛和。軼三代而孤標。掩百王而迴秀。我大唐皇帝無得而稱矣。斷鼇初載。萬有於是宅心。飛龍在辰。六幽於是仰德。偃洪流而恢地絡。練清氣而輯天維。散服韜戈。扇無為之道。移澆反樸。宏不言之化。悠悠庶類。叶夢於華胥。蠢蠢懷生。遂性於仁壽。大禮大樂。包曲臺而掩宣榭。宏謨宏典。澄璧水而藻環林。瑞露禎雲。翊紫空而表貺。祥鱗慶翼。擾丹禁而呈符。歲精所記之洲。咸為疆埸。暄谷所談之縣。並入提封。廣闢韓宮。被文軌於殊俗。還開姬奕。均正朔於王會。大業成矣。大化清矣。於是遊於羽陵。寓情延閣。總萬籤於天縱。表一貫於生知。洞照神襟。深窮性道。俯同小技。則絢發三辰。降習微毫。則妙逾八體。居域中之大寶。畢天下之能事。雖則甲夜觀書。見稱優洽。華旦成曲。獨擅風猷。仰校鴻徽。豈可同年而語矣。有元奘法師者。昭彰辯慧。躡身毒之高蹤。生稟神奇。嗣摩騰之芳軌。爰初束髮。即事抽簪。迴出蓋纏。深悟空假。研求四諦。嗟謬旨於真宗。鑽仰一乘。鑒訛文於實相。遂乃發宏誓願。起大悲心。思拯迷途。親尋正

教。幸屬時康道泰。遠安邇肅。裂裳裹足。直趣迦維。闢皇澤於遐方。徵釋教於前域。越葱嶺之外。猶跬步而忘遠。遵竹園之左。譬親受而何殊。訪道周遊。十有七載。經途所亙。百有餘國。異方之語。資一音而並貫。未譯之經。罄五財而畢寫。若誦若閱。喻青蓮之受持。半句半頌。隨白馬而俱反。以貞觀十九年。持如來肉舍利一百五十粒。佛像七軀。三藏聖教要文凡六百五十七部。還至長安。奉敕於宏福寺安置。令所司供給。召諸名僧二十一人。學通內外者。共譯持來三藏梵本。至二十一年五月十五日。肇譯瑜伽師地論。

論梵本四萬頌頌三十二言凡有五分宗明十七地義三藏法師元奘敬執梵文譯爲唐語宏福寺沙門靈會靈雋智開和仁會昌寺沙門宏度瑤臺寺沙門道卓大總持寺沙門道觀清禪寺沙門明覺承義筆受宏福寺沙門宏蕚證梵語大總持寺沙門宏應正字大總持寺沙門道宏實際寺沙門明玉寶昌寺沙門法祥羅漢寺沙門慧貴宏福寺沙門文備蒲州栖巖寺沙門神泰廓州法講寺沙門道深詳證大義本地分中五識身相應地意地有尋有伺地無尋唯伺地無尋無伺地凡十卷普光寺沙門道智受旨

綴文三摩呬多地非三摩呬多地有心地無心地聞所成地思所成地修所成地凡十卷蒲州普救寺沙門行友受旨綴文聲聞地初瑜伽種性地盡第二瑜伽處凡九卷元法寺沙門元賾受旨綴文聲聞地第三瑜伽處盡獨覺地凡五卷汴州真諦寺沙門元忠受旨綴文菩薩地有餘依地無餘依地凡十六卷簡州福衆寺沙門靖邁受旨綴文攝決擇分凡三十卷大總持寺沙門辯機受旨綴文攝異門分攝擇分凡四卷普光寺沙門處衡受旨證文攝事分十六卷宏福寺沙門明濬受旨綴文銀青光祿大夫行太子左庶子高陽縣開國男臣許敬宗奉詔監閱二十二年五月十五日絕筆總成一百卷佛滅度後彌勒菩薩自覩史多天宮降於中印度阿瑜陀國爲無著菩薩之所說也斯固法門極地該三藏之遺文如來後心暢五乘之奧旨元宗微妙不可思議僧徒並戒行圓深道業貞固欣承嘉召得奉高人各罄幽心共稟新義功畢奏上有感宸衷曲降殊恩親裁鴻序情超繫象理絕名言皇太子分耀黃離纘基青陸北搖傳樂仰金聲而竊媿東明御辯瞻玉裕而多慙九載勤經漢儲斯陋一朝成賦魏兩韜英旣覩天文

頂戴無已爰抽祕藻讚歎功德行二聖之僊詞闡三藏之幽鍵載揚佛日永導元津開夏景於蓮華法流逾潔泛春光於貝葉道樹增榮俾夫聖藻長懸與天地而無極真如廣被隨塵沙而不窮凡厥含靈知所歸矣

大唐故尚書右僕射特進開府儀同三司上柱國

贈司徒幷州都督衛景武公碑 幷序

有唐建極將事補天物色異人營求國器採六奇於楚將而疆宇廓清探九賾於商賢而彝倫式敘若乃西戡建一闕宇東闕公諱靖字藥師隴西成紀人也源夫龍德在躬法

混成而謂道獲靈象臂縱飲羽以窮神譬諸吞乙皇靈由
其闕梓靈源所漸美地冠於神洲國諜攸章茂緒光於列
代蓋以被於金石無侯一二詳焉曾祖懽後魏河秦闕一字
州刺史闕一字縣開國公闕和復硤殷五州刺史永康縣公
中南降靈材高文梓關西出將氣蓋削成遊刃六條理劵
絲而有緒擁旄千里譬闕軍事荊州刺史綺歲權奇慕成
慶之高義弱齡耿介服子路之嘉言竟能縶馬埋輪自立
闕二字之譽走魂闕一字骨以闕五公心闕以納方邵於胸中
輔趙辛於跨下豈非帝錫賢弼以胙聖人比夫闕一字成作

師用康漢道滋泉入谿實沃闕一字心生闕八之闕行事咸
施可久謀而後動智越老成寬而納衆量含多士數召與
語嘉其志氣每商榷通變靡究闕一字涯闕之可畏矣年十
有六長安令調爲功曹蓋以望表黃圖光膺禮貢英標赤
縣不謝弓招俄而雍州引闕一字賓闕二策闕崩次骨嚴科
濫加端士天倫之長竟被凝脂由是除公爲汲縣令歷安
陽三原考績連最於時寰中萬宇並闕設地險而分疆公
乃以德安邊長城弛柝運奇料敵合境無塵於時鼃鼉爲
梁久盤澤國盜驪窮轍留滯闕一字鄉公闕而渙汗流湯之

旅猶未倒戈漸臺之衆尚嬰窮壘故知元天覆構非斷鼇
之所持巨壑騰波豈精衛闕一字能闕一公闕引居周衛申
之以心膂太宗地居帝子冥應寶圖則哲欽明內韞知臣
之鑒推心通夢預投闕二字之闕溪赤堇守江塹以誰訶由
是命公撫寧荒憬建旟直指進次蔓州招集遺黎將申問
罪銑徒再肇跨有羣闕一字利闕一沈闕止授以兵權慰勉
痍傷人皆拔距奮揚衰怠髮並衝冠孤城掩扉已經二載
能勝兵者裁八百人夜赴賊闕一字乘其闕一字意闕揚塵翳
景我師既尠人皆色變公徐撝馬策而謂衆云賊擾且囂

是其怯也及未成列可以薄之闕一字二百人蔽山闕是清
定因請孝恭進圖蕭銑詔授行軍總管便事首途於時八
月涼秋稻水湊荊門之阨二江行潦闕四字嶺之闕其巢勢
若疾雷敵必無備遠徵不可以應速近召未足以成軍計
日就擒此兵家之上策也由是闕一字計闕一字爲先鋒闕之
爭搏救其懸命處死地以圖山先犯後軍闕一字師遂悉賊
爭虜掠散地交馳公親率前茅射虛而進擒其僞帥由是
闕江撫循嶺外承制選補百越率從敕授嶺南道安撫大
使檢校桂州總管東漸閩區南踰象浦雕題鑿齒弁闕烈

闕一字寬分精投醪惠深時雨玉桴括野候玉弩以馳威金鐲乘飆指金陵而振旅僵短狐於洞澤則淑浦闕一字流漸長闕太宗統極寵渥增隆徵拜刑部尚書參圖國政別食邑四百戶仍以本官行太子左衛率未幾轉兵部尚書再闕俱遠若乃旄頭上列星野於是分區大沙下布地脉因而致絕謂天驕子代蹙中原隨氏季年長圍扆闕一字自茲闕引弓超忽白登不聞吟鏑公乃輕齎畢景隨飛雪而長驅勒騎通霄篇遺風而遠襲奄逾高闕勢若飆馳潛闕二字庭闕一字如闕之功是稱緊賴進封代國公增邑三千戶加

位左光祿大夫餘官如故曩代和戎賞褒舞佾昔人出塞闕一字號冠軍以闕尚書右僕射當權執憲象雨露之無私緯俗經邦法岳瀆之爲紀遠清邇晏晝一之道無闕一字翊政還醇闕一字三闕上不能抑下詔從之加授特進許其閑逸散金之賞擬迹疏公松子之懽比肩張傳安車宏大隱之義闕二字協闕太宗憫茲視宍瘧彼遊魂乃詔徵公爲西海道行軍總管於是撝羽申令立表卽戎懸旌鄯善之阿酣戰崑崙闕彼有慙德改封衛國公授濮州刺史疇其爵邑子孫承嗣太山如礪信誓之文不渝鏤鼎傳銘世祿之闕一字方闕詔曰儀比台階允歸時望位參袞職必俟茂勳是以漢之鄧騭垂芳於往載晉之鄭袤著美於當時特進衛國公靖闕居端副志在奉上知無不爲叶贊之道旣彰止足之風彌遠自違朝寵仍屬沈痾攝養私第炎涼亟改言念闕職事望重台槐職雕神化追蹤昭伯勝映前猷繼美叔林儀形當代庶將乞言膠序相禮云亭天下慭留俄從化闕一字以闕詔贈司徒使持節都督并汾箕嵐四州諸軍事并州刺史給東園祕器班劍卌人羽葆鼓吹凶事所須幷命優闕景武公禮也惟公才膺衡石契合休明受律

九天之上收功四維之表洞庭狼顧薊不崇朝帷揚闕三字如闕始濟東流遽閱揭日未淹西嵫已晦將軍從驃之客望祁山而慟懷丞相開閤之賓對佳城而掩泣乃與家闕一字室闕

猗歟茂族同源帝先鬱雲標隴切漢分川闕一字朏攸出金輿在旃洪基誕聖末派生賢秦州忠烈執羈從闕顧盼揚采鼓動生風惟皇作極求賢委政軒后順風有虞申命在我明辟道包前聖擬漢藩荊如周引鄭闕一字宮南紀闕智繳大風威殲鑿齒東波海溢廓氛江汜昏昏鹿塞淼淼雞

田編穹泱野，蘊沴蒸天，受律横奮，雷掃雲褰。闕著績溢宇，騰聲鑾舟，潛徙國棟，俄傾託辰，沈曜愛景，韜精朝念，明蓍哀深，詔葬士思，令範緬懷，宗（闕一字）晉原不（闕二字）山闕

唐并州都督鄂國公尉遲恭碑

蓋聞嶽靈昭貺，協其神者申甫；緯象騰斌，含其精者伊傅。用調芳玉鉉，增耀金符，譬八柱之承天，猶四溟之載地。是以邠郊創業，冥契非彪（一作熊）之兆；沛野開基，鬱會攀鱗之傑。莫不凝巖簡策，篆勳戈鼎，此裂河西而濟美，期礪嶽以疇庸。若乃經啟睿圖，彌綸聖業，扈兵師於丹水，夷餌石之

祅渠；振文策於烏江，掃拔山之巨祲。抑揚七佐，鎔鑄五臣，致我后於勛華，軼前修於樊灌，名高絕代，其在忠武公乎。公諱恭，字敬德，河南洛人也。（一作朔州善陽人）原夫玉派靈長，控昌源於弱水；瓊基峻遠，峙層構於軒臺。叶粹氣以擒賊，威横朔野，奄崆峒而擅武，跡跨中原，亦猶江馬南浮，圖基巨麗；溟鯤北運，激勢扶搖。是故軒冕傳華，半神州而交蔚；忠良秀美，煜帝里而馳芬。與夫由余去危，斥翦鶉而作霸；口磾受顧，光珥貂而累華。考諸聲實，固不同年而語也。曾祖本貞，後魏中郎將、冠軍將軍、漁陽郡開國公，贈中外六州

諸軍事，謚曰懋。道粹黃中，寄侔丹化，襲巖章於珪瑞，飛茂績於鍾鏞。大父益都，北齊左兵郎中，遷金紫光祿大夫，入周濟州諸軍事、濟州刺史。雕鏤杞梓，黼藻人倫，用匪齊鉤，丞深微管之寄；價符趙璧，愈擅入秦之美。考伽，隋授儀同三司、衛王記室，皇朝追封常寧安公，贈汾州刺史、幽州都督。材緯三端，揚鑣武庫，位階一命，頓轡文房。下調悲於季葉，飾壤昭於昌運。故知壯氣猶生，貫千秋其尚想；名臣不作，贈九原而增悼。再縟部符之賵，式冠封墳之典。公鄧林抽穎，崑嶠疏源，非假七齡，早鬱凌霜之榦；爰滋九潤，先孕

聯雲之寶。瞻言廣術，企列戟於髫初；屬想傾義，俯迴戈於度內。雄姿岐嶷，覆簣裁規，沈勇潛貞，涌泉韞量。飾躬由禮，檢性依仁，匪衛拔於齊桃，丞翹誠於孟節。言泉河瀉，應手里而無違；俠氣飈騰，輕百金而有裕。加以鈐符元祕，劍術精微，偃月疏營，右澤左陵之勢；浮雲寫陣，飛張鶴列之奇。莫不夙契靈臺，暗窮神奧。由是譽光日下，聲蓋秦中，而翠虬驤霧，必先階於尺木；紫鸞追風，初發蹤於步武。爰膺執戟之選，以效棄觚之節。蒙授元帥都督，拜朝散大夫，轉正議大夫，加銀青光祿大夫，大業十二年也。未展雄飛，載羈

下列何意乎九苞呈瑞儷彩司晨一角效祥儔蹤警夜俄而運鍾旒冕疑政弛永疑衣大浸襄陵長虹貫日公迺行吟梁父希管晏以思齊屈跡淮陰侯蕭張而佐命皇家補傾極振頽綱提劍風驅援旗電掃劉武周不稽天氣實晤人謀怒窮轍以抗威臨焦原而自逸公見縻昏僞迫以驅馳取譬辛毗甫依袁而兔戾同夫馬援聊寄隗以偷全尚鞠醜徒據其危堞太宗俯離鳳邸親御龍韜軍次介休將屠僞邑早欽英略深嘉義勇飛箭以述皇威投金以申同德公鑒窮無象識照先機虛一作雪西楚之如狼陋張角之

吠犬遽歸真主期乎定人擢授秦府統軍於時帝道維新王塗多故瑞雞之野式靜雲雷獻蠶之川來均霜露蕞爾凶狡久肆回邪載動神兵龔行天罰救楚妙算雖獨運於沖襟授律宏規固思憑於猛將乃以公爲行軍總管遵彼前茅一作旌旄追奔若順海乘茲破竹潰敵如決河積甲齊山中嶽由其咸定封屍築觀王城於是乂安飲至鎬京策勳居最所賜金帛蓋以千箱其後六統偏師五爲總管北殲猾夏南廓滔天戮鯨鯢於洙泗弱驂驔於漳滏所向風靡賞錢粲珈時外難初康內釁方兆春坊階亂構禍深於戾

園季屛窮凶爲蠹尤於傲象公早參帷幕思固宗祧驟起聖懷累明大義九年六月二凶伏辜雖天道禍淫蓋賴君之算也擢拜左衛大將軍兼太子左衛率貞觀元年授右武大將軍屯兵數萬咸令統領職歷二宮兼司七校龍飛靜柝總禁旅於瑤山馬珥臨戎肅嚴兵於綺禁於是威馳銀牓寵峻金吾拜上柱國吳國公食邑三千戶實封一千三百戶若遷疑嶰曰疑疏峰奄衡巫而廓鎮雷導風一作服驅瀉江漢以咸池餘礫涵輝明珠韜媚是稱奧壤獨擅雄州佇寄惟良以敷景化連帥之重僉曰爾諧貞觀四年授

襄都鄧浙唐五州都督襄州刺史班朝警俗載屛丹帷虛犴遷澆寧因豬服布中和而驛化浹旁潤以馳威惠澤潛通吐浪由其絕滯仁風普暢肅谷所以浮江弛風牘於東皐歲儲京庾契成麟於西序家知禮讓道彼湘沅俗均鄒魯里稱冠蓋旣洽甿謠地接股肱佇求人瘼八年授光祿大夫行同州刺史封建功臣改封鄂國公冊拜宣州刺史昔炎周裂壤滎陽茂十邑之庸有晉疇勞壯武峻重封之典校其優劣詎可扶輪累遷靈鄜夏三州都督懋茲宏德亟牧大藩控十角於星街信覃元塞總百城於天塹義偃

朱方端委之風褫危冠而變俗氊裘之長棄鳴鏑以歸仁及乎紫封流渥朱輪徙傳莫不情深借寇戀切留黃可謂柔遠以德人稱遺愛者矣既而俯鑒忘筌景文成之茂躅深惟滿器躡大傅之高蹤漏促銅儀循良夜之不息體安玉杖諒坦路之難追奏歘青規辭榮絳闕特迴天聽賜一作肆其誠請於是冊拜開府儀同三司禮秩加等已而從容廊廟怡暢邱園架巘圖蓮疏池瀉箭後堂歌吹通逸響於南鄰別業林泉接芳陰於西第加以陶風元穆動胄兼資里邃高陽門承通德故能聯姻瑤牖結慶璿枝榮亞元吉

寵班右戚清樓聳構遙通婺女之津黃閣凝扉近接天孫之館長筵綺合韋珠與謝玉交輝廣廡雲開浮籥共撚金遞奏庭烏効祉燮曜槐端隟駛流年俄潛柳次嗟乎巨川既濟奄遷舟於夜壑高臺遽傾倏摧梁於夢奠粤以顯慶三年十一月二十六日遘疾薨於長安之私第春秋七十有四皇上情切宗臣痛深國老舉哀別次罷朝者累辰昔平仲云亡趨輪軫慟宣尼告逝述誄申哀未足方此撤縣喻斯輟祭追贈司徒詞曰飾終之典實屬於勳賢追遠之恩光歸於令望故開府儀同三司上柱國鄂國公敬德志局標舉基宇沈奧忠義之節歷夷險而不渝仁勇之風雖造次而必踐款誠申於伯府茂績展於行陣西漢元勳韓彭非重東京名將吳鄧爲輕著恭肅於軒陛馳聲猷於藩岳方隆朝寄之榮便追止足之分闢雄林而兼濟植高操而孤往道映千古舉光百辟興善俄奪殲良奄洎永言遺烈震動於心宜崇禮命式旌幽壤可賜司徒使持節都督幷蔚嵐代等四州諸軍事幷州刺史餘官封並如故所司備禮冊命給班劍四十人及羽葆鼓吹贈絹一千五百段米粟一千五百石陪葬昭陵葬事所須並宜官給幷賜東

園祕器儀仗鼓吹送至墓所仍送還宅幷爲立碑仍令鴻臚卿瑯琊郡開國公蕭嗣業監護光祿少卿殷令名爲副使務從優厚稱朕意焉又下謚詔曰名以實稱事光於前典謚爲表禮縟厚於尊言故博閑強立少傳擅文成之美行剛服遠冠軍膺景桓之賜故開府儀同三司上柱國鄂國公贈司徒幷州都督敬德襟宇宏邵機神祕遠氣茂英果情馳義烈闢雄圖而贊業標峻節以凝功道叶宗臣望隆時宰爰升九命之寵宜享三尊之位福謙從說悼往增酸奉上危身誠許國之貞操安人和衆亦經邦之懿範式

詳玆典錫以大名可謚忠武仍遣使持節備禮告柩以顯慶四年歲次已未四月丁未朔十四日庚申陪葬於昭陵禮也惟公資和清粹稟銳雷霆勇冠六軍不失獨夫之色志澄四海期於萬里之外登范車而繹慮撫陳室以栖情蒼璧內融負青冥其非遠白珪外審體黃裳而愈固藝或微而咸綜技雖末而旁該象珥初彎先穿卧石魚文且擊遂引飛泉擅扛鼎而推雄掩蒙輪而効捷觀其事親孝事君忠居身節與士信識通其變遠鑒窮於未形智括其神臨事期乎不測非外物之攸奬咸宜體以自然運屬艱虞

披荆而扶帝業功宣草昧借箸以沃神襟載扈升陑爰參誓牧掩孫吳而高視轢韓白以長驅是以捨代偃齊似青邱之吞夢澤推堅峧銳猶黃間之穿魯縞祥符捧日亮克景而增輝道契從風變虞薰而演化故能丹書誓策青社疏榮位兆銜珠資五申而統律寄深錫壤按十部以宣風年暨抽簪禮優執醼懋興勝躅昭茂寵於安車納駟高門峻朝章於行馬斯所謂道烈可紀令終有俶者歟有子右領軍將軍寶琳鳳羽摛姿龍媒騁逸丞相之子道懋傳經王公之孫望高倒屣掩八屯而効職副九列以騰芳履孝揚名克隆華閥顯親穆譽爰樹豐碑紀德盧山載表茂陵之域題貞畢陌式分京兆之阡庶令過客披文立名可則故懷斯惠望拜知歸其銘曰

商周龍躍尹望鷹揚風雲宜感鱗翮曾驤於赫皇祚禔禎會昌錫玆元弼勳烈推光茂德初誕英嶽早暢狼宿摛精龜文協貺棄繻關下受符圯上祕策金韜騰猷玉帳貞心孤邵猛氣橫飛長戈參捷雄戟雙揮蛟分承影鴈落忘歸韜奇佇睿屈跡乘機鸞起射天妖凝鬬日明一光欣半千秀出道契披圖功宣授律冀北先馳圖南載逸受脤揚威

專征耀武馬陵剸樹蔦方鑄柱雲卷鳴祠風謳嘯雨靜祲破竹銷氛玉弩戎衣式定河帶同盟望高四履寵峻千兵裂壤剖邑分麾建營網羅方邵躡跡良平出建隼旟入參鳳輦名班贊玉貰光儀鉉朱戶吟笳青門樹冕金裝甫散璇霜遽踐昔恭丹扆載奉薰琴今陪元襚空悲穀林紛紛禮緌杳杳先沈閣桐永閟宰樹方深瞻言史策遠振徽音

大唐故中書令高唐馬公碑

蓋聞闕而不闕四字之闕之闕二字同闕神凝物表久抗梁甫之吟運柜輗而思效扶搖之舉方闕三字域闕下省修起居

法超綜國言虔司帝舉良直之道驟簡宸心貞觀六年闕無競惟人八年擢授承議郎行侍御史頃之加位員外散騎侍郎仍行本闕二年轉守中書舍人久之遷持書侍御史彯纓西掖潤元紱以申闕三字南闕淳贊端拱之元猷將致五刑之厝彌綸昌運實允具瞻闕而飛文揮翰鴻洩入紫宸而衍誥任遇斯極時論榮之及大闕五字一而闕二十八年闕一字正議大夫守中書令仍兼左庶子闕一字兼朝闕而順動洒闕二字隨駕闕一規中山軍國務殷總歸闕二字后闕青闕七字金闕一字黃闕一字靜闕一字趨闕五字闕建禮之闕

銀青光祿大夫闕二字飛闕三字於是闕一字其闕七字無所闕幽往莫不闕二字聖闕二字發神衷褒善之義以彰闕一字人之舉闕一字盛闕臣特超於終古俄嬰沈瘵攝餌私庭分玉饌於仙厨驛珍羞於御府綸闕二字發闕正月九日薨於萬年縣之隆慶里第春秋卌八太宗撤懸闕一字悼慟結闕一字殲闕詔以其年歲次戊申三月辛巳朔四日甲申陪葬於昭陵賻闕五字葬事所須闕一字令官闕茅社而旌德永徽二年詔贈高唐縣開國公食邑一千户恩兼闕二字禮闕書贈幽州都督高唐縣開國公馬周宇量沖深思用韻舉昔佐藩邸

闕二字兼隆逮闕宜申旌褱之義兼如延賞之恩可贈尚書右僕射餘官封如故其子闕二字朝散郎闕二之恩闕夷簡神情朗晤天經地義基百行以立身覩奧升堂包四科而敬業蕪闕二字量闕高步文昌之右體無私於雨露隨方被霑沐之歡燮大造於陰陽稱物闕一字平公之施闕明故得任切近機榮躋上秩附蟬留影用表高潔之姿行馬闕知至是焚之式符藏用危纊遄迫無忘致美之心隅燭旣陳猶闕三字之節闕陰德無爽緝丕構以增遙契奪金蘭幾凝悽於宿草芳留玉樹足慰闕一字於闕

姬御疇庸趙城開國望高秦右聲馳魏北奕葉提休蟬聯種德靈慶斯遠芳闕滄茶思越純慮冥感至情天發芟除纖縞乃綜緹緗弋獵闕二字隱闕一字文闕雲幄累綜霜臺清襟月湛朗議霞開黃扉夕拜紫禁朝陪簪纓闕三字廟登材闕塤篪歲寒增勵夙夜無虧望竦鶴關榮昭螭冕推轂謀暢持衡譽闕贈闕一字陵歸闕一字畢闕一字式陳容衛載光窀穸捨玦哀盈投闕一字慕積鈞臺闕貞石永闕三字

大唐尚書右僕射司徒申文獻公塋兆記

蓋聞高陽洪胄響振虞庭高闕一字餘闕一字光闕九字粵闕二字

獻公闕一字公諱儉字士廉闕十一字璽命闕一字河闕一字壞咸樹
懿闕二字玉闕一字金寵隆磐石酆郇魯衛並闕四字風闕六字濟
於皇謀亦既昭於史冊此可略闕一字言馬曾祖翻闕五字尉
闕一字黃鉞闕一字尚書事闕一字清河闕五字武闕九字躬闕一字擁
樹闕四字窋闕一字英雄道濟闕二字實闕一字宣力祖闕一字尚書
令太尉闕四字鐵大都督太宰假黃鉞清河昭武王闕三十四字
搢紳闕一字義闕二字長闕三字封域是以闕二字懋績遺響被於
雲闕一字史書休範闕一字烈闕一字於典冊父勣襲爵清河王
改封樂安闕一字州闕三十字歸於闕一字禽喻炎漢闕一字宗闕三

興於郢客既而闕一字臺覆構紫闕一字生闕一字八闕三字一門
養素闕一字嘉懿德禮越箕微帝念惟良闕四字公闕一字厥闕五
字之闕八字液之闕十五字問學靡常師馳騁闕一字流因心而闕一
字合翱翔六藝寓目以研幾闕六字溪而闕一字解精通廟略
望鬼谷以心期辨激簫闕十九字公闕十三字素里闕三字人闕一字祖
闕五字中書侍郎薛道衡闕二字張左莫不聞風扼腕申以志
闕一字之交承閑載酒服其闕二字之義雖復闕二字之闕二字石
闕二十六字敬從闕一字貢闕七字郎奏太子舍人事若夫闕一字雲
遊霧闕一字漸陸以高驤拂日摩霄闕一字尺木而爲本聊闕一

字璞闕一字心闕二十三字公闕十三字生闕一字服闕四字馬氏闕十二字於
公雅量闕六字於時闕一字庭遐阻鯨鯢孔熾瀟湘闕二字梟獍
闕十一字公闕十九字大唐握符創歷革命受昌來蘇之闕三十三字度
闕七字陽之闕四字少芒闕一字之闕一字尚闕一字桴鼓以公爲闕二
字司馬闕一字大將軍闕一字奉之牧卽文皇帝也神武開基
風雲感闕一字庶闕一字人闕十六字哲之闕十二字得闕五字襟若闕五字
如投水故以潤色闕一字造發潛機闕二字橫闕二字光贊闕三字
德暉於樂善若斯而已闕二字會闕一字伊始闕六字太宗入備
前星引爲右庶子俄而紫宸闕十四字射之清貫闕六字明儲舊

邦之命惟闕七字卽以其闕一字進拜闕二字封義闕一字郡公邑
闕二字户真闕三字賦闕一字百户豐貂縟禮發天樞之榮曜桓
珪分器闕三字之闕四字勳闕六字皋薄俗解珮闕二字章華闕二字
剽闕四字通夷闕二字帶闕二字之闕一字地接蠻陬闕四字之闕一字
變其流蕩必闕一字仁闕一字是闕二字公闕一字安闕一字廣高循
五督府四十八州諸軍事闕一字州大都督闕十八字以闕六字華
陽又命公闕二字州大都督府長史進位左光祿闕四字帝闕一
字居闕二字陽爲闕四字華錫趙闕一字憲總其藩條闕一字之闕一
字寄允闕二字舉既而闕四字公闕九字馳於劍棧開蠶設闕二

化闕一字於闕一字謳闕三字國鳴絃闕一字絶闕一字心之闕三字險闕二字復發闕一字之闕一字尋進封許國闕三字尚書激濁揚清別闕一字流之涇渭昇真黜僞區三端之闕二字遂使朝闕二字服野闕七字由茲盡闕一字多士闕五字詠又以闕二字之道義在澄源收實闕一字宜闕四字請闕四字詔從焉於是闕四字發明優劣闕一字量世系考正高卑不失錙銖等闕一字衡於闕十三字定嘉闕一字稱爲大唐闕六字卷詔須四海帝疇乃膺加闕一字特進上柱國俄改封申國公闕三字州刺史闕三字如故闕四字繼世闕五字體國闕一字義闕二字遵闕二字師闕一字之闕十一字邱闕四字

之闕十一字帝高其志竟不違之俄昇爲尚書右僕射闕十字耀闕一字流空闕九字之闕一字極宸闕一字於是曾闕一字進闕一字開府儀闕十字絲闕三字論闕一字甲第黃闕九字賜机禮及闕一字車闕一字止之儀撫落闕一字而闕一字感闕二十九字情頻抗廣德之闕五字之闕四字停闕一字務依舊猶總闕七字著文思博要於是包含七略闕四字弟闕十一字懷闕二字就望海闕一字測其闕八字詳其際合闕一字二百卷上闕一字延闕三字幸闕一字陽闕三字太傅公闕一字令上闕八字之道内盡家人之闕一字每旦闕一字朝必闕一字優禮凡闕一字斷闕一字咸事闕五字案闕三字机及闕四字儲

闕三字公闕二字幷州闕二字勞發闕二字降闕三字疾私庭闕二字京師闕一字留闕二字中使絡繹相望道路手詔紛綸慇懃旦夕從幸靈武益增闕十字帝闕十五字天慈臨訣闕一字死對闕四字懷闕三字欻還宮輟膳悲不自勝闕一字以貞觀廿一年正闕一字五日薨於正寢中使還闕一字清闕一字出宮闕十四字不念闕四字司徒闕三字勞聖體馳謁道次闕三字事闕三字之方闕三字望廬闕六字乃命闕一字進太子詹事英國公勣持節闕一字贈司徒使持節闕十七字獻公闕四字有闕二字及夫人鮮于闕二字陪葬於闕三字班劍闕四字鼓吹凶事所須闕一字令官給卽以其年二

月廿闕四字於九嵕山之南趾墓而不墳闕二十字之路闕五字太宗親御城樓俯臨闕二字靈闕一字滅影闕十六字勝闕一字敕闕四字許敬宗闕二字慰問喻闕一字節闕六字手敕公闕一字司徒闕三字卿闕一字風闕四字情闕一字觀闕一字行何可堪處恩深闕二字潤闕四字緒闕十六字命闕二字配享太宗廟庭洎於允子紹封闕三字戶闕十七字秀闕一字容可法貞闕一字若神下筆敷闕一字皆爲警策與闕二字論盡闕一字精微闕一字以闕四字理闕三字蘭薰玉潤天義闕一字於闕一字賢推信敷仁闕一字道浹於闕一字子知少之闕二字靈闕二十字輻湊闕八字第如芝室望仙舟而不闕二字彼

闕一字胥闕七字其朱紫洎闕三字在運物闕一字相求闕四字鬱闕一字時棟闕一字鈞始播闕一字爲闕二十一字於闕二字檢身能闕一利物斯闕一字在闕三字推恩乃闕四字之化闕二字露之闕一字沾通夷夏之情若條風闕一字必闕一字、加以義方闕五字之觀喬宅相外融追何闕一字之酷似於是闕十一字公闕一字私闕二字酌闕一字模楷可謂闕三字德國闕一字人闕一字者焉及稅駕東川撤懸西闕一字太宗顧瞻台耀想託闕一字而究闕一字流闕一雲臺闕十四字豐碑闕二字之闕一字將闕四字窓之痛爻象之闕二煥遽迫晏駕之闕一字小闕一字履闕一字面承恩旨刻肌刻骨悲闕二字之闕五字心闕一字家聲之莫絕竊惟闕一字陽沈彩闕四字繼闕十三字斯義弗闕二字碑是用闕一字琬闕四字瑩兆而已

欽定全唐文卷一百五十三

李義府

義府瀛州饒陽人。貞觀八年擢第。補門下省典儀。累除舍人。加崇賢館直學士。高宗立。叩閣上表請立武昭儀爲后。擢拜中書侍郎同中書門下三品。賜爵廣平縣男。尋進爵爲侯。拜中書令。封河間郡公。龍朔三年遷右相。坐贓除名。流巂州。乾封元年卒。年五十三。如意元年武后以其有翊贊功。追贈揚州大都督。

承華箴

邃初冥昧。元氣氤氳。二儀始闢。三才既分。司乾立宰。出震爲君。化昭淳朴。道映典墳。功成揖讓。事極華勛。肇興夏啟。降及姬文。咸資繼德。永樹高芬。百代沿襲。千齡奉聖。粵若我后。丕承寶命。允穆三階。爰齊七政。時雍化洽。風移俗盛。載崇國本。式延家慶。震維標德。離警體正。寄切宗祧。事隆監撫。思皇茂則。敬詢端輔。業光啟誦。藝優干羽。九載崇儒。三朝問豎。歷選儲儀。遺文在斯。望試登俎。高喻喬梓。俯容思順。非禮無施。前修盛業。來哲通規。飭躬是蹈。則叡問風馳。立志或爽。則元猷日虧。無恃尊極。修途難測。無恃親賢。

失德靡全。勿輕小善。積小而名自聞。勿輕微行。累微而身自正。佞諛有類。邪巧多方。其萌不絕。其害必彰。監言斯屛。儲業攸昌。竊惟令嗣。有殊前事。雖以貴以賢。而非長非次。皇明聰德。超倫作貳。匪懋聲華。莫酬恩異。匪崇徽烈。莫符天志。勉之又勉。光茲守器。下臣司箴。敢告近侍。

大唐故禮部尚書張府君碑

闕燕於闕一字下闕緒紀雲凝闕一字鬱闕馬之闕之闕爰彰於必復積慶成闕大闕逸闕二字道高衡泌。垂董帷而勖志。掩孫戶而闕三字前賢之闕二字先聖之旨於闕標遠概漢東

籍其英烈。江北仰其嘉猷。俗推獨步。時稱闕二字屬炎靈版蕩闕一字縣崩離。闕且闕六字之陰謀。辟左邱之微婉。引公爲師友。特蒙優遇。公歷闕一字圖讖。備詳興滅。昔黃闕二字彩驗闕一字苗之必闕屢申借箸之謀。逮高祖九五飛天。一六光宅。思闕一字西之績。想中涓之從。武德元年。授齊闕一字府文學。闕誠闕改闕一字齊闕一字文學。九闕一字又轉行酆闕一字府文學。公曾徽彌劭。累職英藩。置醴援恩。踰闕一字穆闕二字莬苑闕燕闕行闕參軍輕闕二字飛闕一字西園之良宴。長裾晨曳。叶東平之樂善。至如梁臺逸藻。賦來水之檀欒。楚澤奇

林闕一字倚天之闕二字以闕月命公闕共難經闕二字雅闕二字揚高情傲儻。飛談鋒起。騁論濤驚。百辟於是解頤。一人由其拭目。獨闕一字四座之闕一字孤闕二字席之闕吏猾闕一字澆公克奉朝章。以毗藩化。務崇清簡。政闡廉平。惠澤旁流。嘉謠遠洽。尋以東陽富域。闕露輕浮。載革敬讓。爰興聊遵置雄之言。俄喧伐枳之詠。既而景催奔箭。禮就懸車。闕三字於闕學闕除國闕祭酒。詞條縱辯。闕一字五闕一字於環林。言泉騁義。降三鱣於壁沼。教興青領。術究丹碑。纔闕一字風行之化。闕一字致月闕一字之益。闕一字宏闕一字禮闕三字所以闕彼闕十

三字之闕四字難闕一字望闕二字方闕一字斯授廿三年除散騎常侍。出陪鑾輅。承密勿之榮。入暎貂璫。闕三字之重闕三字達闕公累登闕娛黃髮。庶穢青緗。屢申祈請。久而方遂。永徽五年下詔曰。褒賢之義。列代彝章。尚齒之風。闕四字散騎常侍闕歸闕一字嘉聲於瑣闥。懸車禮及。抗表祈閑。宜錫崇班。式旌高志。可金紫光祿大夫。闕川閱蒼漩。風驅白日。方邑云亭之禮。奄纏穸室之悲。以顯慶三年正月七日。遘疾薨於長安縣之闕下闕七字禮窮寵秩。桓榮侍講。恩加詔葬。故金紫光祿大夫張允識量寬厚。體業淳粹。依仁遊藝。經明行

修早蒙（闕）德（闕十七字）之（闕一字）以（闕一字）安斯鐘漏懸車邑里方養德於東序奄移舟於夜壑永言懿範實愴於懷（闕一字）遠（闕四字）彝典（闕）葬昭陵賜（闕）人監護粤以其年月日陪窆於昭陵所禮也惟公靈臺祕遠神府沖深（闕一字）身以恭儉之（闕二字）德以忠（闕）河之疑（闕一字）邁（闕二字）之（闕五字）之（闕二字）帝（闕一字）之（闕一字）綜微言於繫表授雅訓於宸衷覽稷起而知眞聽社鳴而（闕一字）聖策名睿主委（闕）德（闕）表其芳（闕一字）謠（闕三字）美化恭勤處事平允居心激撓不移始終無爽暨乎清輝已謝縟禮猶加（闕一字）八座之榮（闕一字）九（闕一字）之（闕）公（闕二字）零池（闕四字）尉第二子濟子謙第四子巽第六子小師並早亡第五子律師泗州司馬第七子統師太常丞第八子豊（闕）之（闕）徵（闕一字）載（闕一字）刋鐘鏤鼎功伐攸傳思撰芳猷樹之神道俾清埃之不絶與皎日而長懸其詞曰

（闕）九輔祥鈞叶贊互顯題楨各隆棟幹璧來耀廡珠生滋岸其散（闕一字）宏道華禁飛名零陵導德雅俗（闕一字）聲帝師（闕二字）學（闕）杏壇業優槐市其四野瓜分三方鼎立察景遙鶩瞻星迴集師傅攸（闕一字）恩緻備及禮光錫（闕一字）寵（闕）爰（闕五字）年登扶麻日就素範攸簡青規式揆望表時髦德華

朝秀（闕）芝（闕二字）赤松馳（闕一字）方（闕）切三友哀纏九族（其九）恩隆詔葬澤被幽埏兆培畢（闕三字）原阡（闕）

大唐故蘭陵長公主碑

（闕十一字）之（闕五十四字）覆餗緬懷千（闕四字）乎若乃潤柔範於椒庭（闕六字）包四德而由己總六行以立身騰潤質於方流耀清輝於（闕一字）魏（闕二十字）則蘭陵長公主兼之矣公主諱淑字麗貞隴西狄道人也高祖武皇帝之孫太宗文皇帝之第十九女也原夫電影流樞瑤華襲月十枝分葉五潢疏派帝子光於（闕一字）葉（闕二字）降於（闕一字）陵（闕一字）亦煥彼緹油懸諸日月公主稟中和之正氣陶上質之粹靈履冰泉以表潔踐霜柏以含貞首無金翠之飾耳絶絲桐之聲共梁妻而比行與萊婦而齊名況乃婉順幽閑端凝淑美擢春葩於蘭籍皎秋月於芝田神鑒詳明風緻韶美仁爲性道豈資冥助孝實天經因心必極雖左姬之含華挺秀謝媛之毓德揚芬式鏡前芳流風詎遠九齡讀易窮謙損之微言（闕一字）歲學書盡鍾張之妙迹文皇帝愛旣纏心特流（闕二字）貞觀十年乃下詔曰第十九女理識幽閑質性柔順幼嫻禮訓夙鏡詩文湯沐之典抑有恒規可封蘭陵郡公主食邑

三千戶榮寵之錫雖冠公宮撝挹之情常懷（闕二字）而形（闕一字）未降紫罽（闕一字）停妙選高門方從下嫁天子永言舅氏情深渭陽載穆彝章用崇姻戚駙馬都尉慶州諸軍事使持節慶州刺史扶風竇懷悊即太穆皇后之孫銀青光祿大夫少府監上柱國德素之子潔澄瀾之萬頃飛辯箭以浮（闕一字）擢貞（闕一字）於千尋聳（闕二字）以拂日譬良金之百鍊喻華燈之九光踐孝資忠履仁基信泛虛舟而獨往鑒止水而忘歸出總褰帷政均黃趙入司交戟任切鉤陳業峻竄金（闕一字）班家之十紀勳（闕五字）宗之五碑射枝逸抜貫七

札而稱妙揮毫雅製標六義而含章搏勁翮於南溟騁逸足於西海自中陽纂歷春陵應圖或慶發黃雲祥浮紫氣或家藏金穴瑞表（闕二字）皆聲塵（闕四字）荒（闕一字）我有餘慶奕代椒房嬰則望重西京融乃名高東漢克復其始遠屬華宗故知德祖太尉之孫旣傳芳於楊敞元成丞相之子亦絢美於韋賢（闕一字）地清華僉論（闕二字）竇（闕一字）之（闕一字）屬（闕五字）比夫遠（闕一字）獨映前修公主義叶三從情歸百兩賓敬之禮必表於閨庭喜愠之容不形於造次敦睦親於娣姒竭蒸孝於舅姑言應禮經動合規矩皇明嗣極載篤周親

永徽元年別拜長公主仍加封五十戶恩崇湯沐寵茂輜軿公主深誠驕侈常安儉薄前後錫賚莫不固辭皆理爲情申文非貌請誠宜憑斯積慶享彼遐齡而與善徒欺輔仁多爽春秋卅二以顯慶三年八月（闕一字）八日（闕一字）疾薨於雍州萬年縣之平樂里第反魂之香空留（闕一字）被（闕一字）簫之（闕一字）終辭鳳臺奉詔竇氏旣是大外家情禮稍異特宜陪葬昭陵即以其年歲次巳未十月甲辰朔廿九日（闕二字）遷窆於（闕一字）陵（闕二字）十里安樂原禮也聖上哀深同氣特降殊私賵襚所須務存優厚弔祭之禮有異常倫仍勑

衛尉卿閻立行光祿卿殷令名爲副監護喪事特給鼓吹送葬往還惟公主妙質柔明雅識詳潤芝蘭成性琬璧爲心莊敬自持溫謙逮下聿修蘋藻（闕一字）奉宗祧有（闕二字）之（闕一字）懷（闕二字）之操信可以流芳鼎室垂訓合庭茂麟趾於黃圖敞龍門於赤縣而星沈寶婺月掩金娥寂寂荒階唯瞻茂草亭亭虛帳空見遊塵豈直痛結晁旒悲深儲貳而已駙馬軼安仁之永歎邁奉倩之傷神悼奔駟之難留泣藏舟之易（闕三字）相費（闕三字）以（闕二字）幼婦外孫（闕二字）碑而見託輒韋拙思乃作銘云其詞曰

赫赫皇猷。昭昭帝族。導源姜水。分枝若木。月浦資粹。星津誕淑。秀發雲翹。祥摛日谷。其一 兩儀演慶。四像闕一字 輝承闕一字 丹掖。闕二字 黃扉。闕一字 愼無忿秖。敬弗違。禮崇舉案。慈流斷機。其二 秋窗望月。春樹臨風。裁箴作範。草賦開蒙。詞溫華瑾。文艷雕蟲。鉛芳罷飾。紃組爲闕一字 其三 桂棟晨開。梅梁晝斂。光闕三字 香飄翠幌。鳳簫凝吹。魚軒疊響。虹玉輝庭。驪珠耀掌。其四 粵有道人。標暎搢紳。日下馳譽。席上稱珍。孔合成偶。輔德爲鄰。一調琴瑟。載叶松筠。其五 皎皎令姿。盈盈淑哲。匪唯侍君。所期同穴。闕一字 劍光沈。闕一字 鸞闕一字 絕。蘭儀方秀。蕙芳遽折。其六 女樓西顧。娥臺北臨。山煙漠漠。隴日沈沈。白楊行拱。翠櫝方深。式刊貞節。永播徽音。其七

劉思立

思立。宋州寧陵人。高宗時爲侍御史。遷考功員外郎。

諫農時出使表

臣思立言。臣伏見河南河北旱儉。敕遣御史中丞崔謐給事中劉景先分道存問。兼量事賑貸。竊以水旱流行。古今代有。不專示眚。亦以戒盈。伏維天皇德越堯湯。恩隆父母。纔逢殊侯。即軫沖襟。但謂聖人隔於九重。不知皇心遍於四海。所以分道出使。量使優矜。曲成賙給。特加存問。誠非愚闇所合名言。然芻蕘之情。尚有未達。敢獻狂直。乞垂省覽。何者。麥序方秋。蠶功未畢。三時之務。萬姓所先。敕使巡撫。人皆悚怡。忘其家業。冀此天恩。踴躍來迎。必難抑止。集衆既廣。妨廢亦多。加以途程往還。兼之晨夕停止。設遣物去。決不盡還。況宣問須見衆人。賑給須作文簿。少處猶經兩月。多處必更淹延。都計所歷州縣。煩擾不可勝紀。又一使之下。凡有一十六人。幷馱所須。總來一馬。無驛之處。須動公私。簡弱取強。非五十匹不可。禁馬之所。求覓甚難。使人欲求。必須預追。簡擇雨後。農務特切。常情暫廢。須臾即虧歲計。每爲一馬。遂勞數家。從此相乘。恐更滋甚。又刺史縣令。委任不輕。准敕即成。合稱明旨。用倉給戶。不足爲難。且令賑貸。庶免饑乏。若須出使褒貶。請待秋後閑時。臣備位憲司。不敢不奏。

爲河南王武懿宗論功表

臣懿宗言。伏奉某月日制書。錄臣等在軍微功。將加勳封。嘉命聿至。寵靈載優。伏對慙惶。魂守顛越。臣某中謝。臣聞古者名將。先士卒而後身。故其功勳。末世庸將。窮人力以

寵已故其政乖然則簞醪投河三軍告醉刓印在手萬夫以失與衆共功專以獨利成敗之紀興亡繼焉賞者國之大柄不可忽焉日者林胡構孽敢亂邊陲陛下徵義兵誅不道天下士衆猋集星馳皆忘身憂國紆禍却難至於躬矢石血草莽冒難險歷寒溫氣騰青雲精貫白日誠亦勤矣雖則聖靈威遠逆虜自滅然士卒戮力亦盡其勞今大功未酬衆議猶在而臣等駑怯猥加先封臣不能折衝虜庭還師衽席今坐加茅土之賜以先將士之勳使鶡冠虎臣將何以勸今戰夫留滯於外府軍吏咨嗟於下寮臣等胡顏敢冒天造夫賞一勸百猶恐未孚利一沮萬其弊誰救爵命不可以招謗國章不可以假人伏願俯迴天光照詧軍禮請以臣前件勳封迴授征戰之人及立功將士等上以明國之大賞下以知臣等謬功使人悅忘勞士感知死然後兵可訓勵士可誅屠此誠國之元經不可苟而利者臣等不勝區區悚迫之至

劾韋萬石奏

移風易俗莫善於樂睦親化人莫善於孝所以三年之禮天下通喪今遣音聲人釋服爲樂帶絰治音豈以小人不能執禮遂欲約爲非法萬石官太常首紊風化請付吏論罪

尉遲敬德

敬德名恭以字行朔州善陽人爲劉武周將軍敗降秦王爲右一府統軍除右武侯大將軍封鄂國公授開府儀同三司圖形淩煙閣太宗征高麗詔以本官行太常卿爲左一馬軍總管顯慶三年卒年七十四冊贈司徒并州都督謚曰忠烈

諫親征高麗疏

車駕若自往遼左皇太子又監國定州東西二京府庫所在雖有鎭守終自空虛遼東路遙恐有元感之變且邊隅小國不足親勞萬乘若剋勝不足爲武儻或不勝恐爲所笑伏請委之良將自可應時摧滅

李靖

靖字藥師雍州三原人仕隋爲馬邑郡丞太宗召入幕府從平王世充蕭銑授上柱國封永康縣公貞觀中拜刑部尚書以本官兼檢校中書令封代國公加左光祿大夫拜右僕射圖形淩煙閣進位衛國公開府儀同三司二十三

年薨年七十九贈司徒幷州都督謚曰景武

天老神光經表

臣聞人不見形憑諸水鑑事不可預明其箝兆著灼是虛尚假精意水鑑雖徹資其目成故形以目窺而見微兆以識察而觀妙斯事畢舉孰可倣之如有一闕則難依據臣性識愚劣藝術淺薄覽於異書頗知至要只如目前者定近遠察是非辯青黃知善惡上觀乾象中測人情下鑒坤維斯等莫不皆由目中光也若能見之戰鬭出軍涉水陸卽目下炁黑若光去目患難立至則上不能見輔星中不

能辯親疎下不能觀萬物此神光去矣其不覩斯妙臨患之時夫何誤哉頗有云爲兼以昏晦若能存神光於目眥察輔星於武曲則不勞著灼休咎預分未接兵戈前知勝負其文省而易教其理精而易通固可以去危就安轉禍爲福是知高祖心動卒免迫人之謀趙襄馬驚懸知刺客之狀古來賢哲皆宗師曠晉平張良受黃石之要此乃傳行世代歷載既深文字或謬語有其繁臣竊不自揆輒次之以此成一軸號曰天老神光謹進於闕庭臣熟知陛下聖慮明暢妙理精通然臣今敢聞以繁聽覽臣恐陛下以此微細不納宸衷臣之愚直實以爲保護聖躬莫不至斯道危難之代實以保身臨事便知吉凶固詳察不鄙芻蕘無任忠懇之誠謹冒死奉表謹獻以聞臣誠惶誠恐死罪死罪謹言貞觀七年月日右僕射衞國公臣李靖上表

乞解職表

臣聞宰臣程林樗散無棟梁之用陶冶成器滿盈有傾覆之憂是以量力著於魯史招損陳於夏載臣固庸流無階貴仕短翮慕侶顧榆枋而自得駘足追羣瞻燕越而絕思幸屬光華啟旦管庫無遺錄其丹赤棄其瑕滓假宮商於

庸音披丹漆於朽質雖復南臨徼外北踐沙場敵必倒戈人懷尚義以此爲效實貪天功而上賞亟行鴻恩罔已錫爵胙土連衡寇鄧腰金鳴玉方軌崔盧木石有心豈不增愧自濫端副待罪文昌靦顏疚心屢移星琯晝一之譽無紀明時維鵜之譏日聞朝聽遂使化洽陰陽或虧於玉燭德動辰緯時爽於珠聯求其所繇並臣之咎加以年事西夕疴疾日侵腰脚疼痹筋力衰竭雖欲勉勵非復全人臣猶知之況於他人臣之所祈本陳情實非敢追蹤疏傳繼跡留侯妄自矯飾求茲虛譽若使尸素重任無損國猷亦

當黽俛匪服，甘受身累，撫事論心，無一而可。乞解所職，養病私門，伏願暫屏冕旒，曲鑒丹懇，轂天威於雨露，迴陽光於葵藿，則彝章載穆，品物咸亨，臣未申投報，方違軒陛，伏紙慙戀，預懷罔極。

上西嶽書

布衣李靖不揆狂簡，獻書西嶽大王閤下：靖聞上清下濁，爰分天地之儀；晝明夜昏，乃著神人之道。又聞聰明正直，依人而行；至誠感人，信不虛矣。伏惟大王嵯峨擅德，肅爽凝威，爲靈術制百神，配位名雄四嶽，是以歷像清廟，作鎮

金方。遐觀歷代哲王，莫不順時禋祀，興雲致雨，天實肯從，轉孽爲祥，何有不賴。嗚呼！靖者一丈夫爾，何得進不偶用，退不獲安，呼吸若窮池之魚，進退似失林之鳥，憂傷之心，不能已已。社稷陵遲，宇宙傾覆，奸雄競逐，郡縣土崩，遂欲建義橫行，雲飛電掃，斬鯨鯢而清海嶽，卷氛祲以闢山河，使萬姓昭蘇，庶物昌運，卽應天順時之作也。又大寶不可以妄據，欲伏劍竭節，未有飛龍在天。捧忠義之心，身傾濟世；志吐肝膽於階下，惟神鑒之。願告進退之機，得遂平生之志，有賽得之時，終陳擊鼓。若三問不對，亦何神之有靈？然後卽靖斬大王頭，焚其廟，建縱橫之略，亦未晚也。惟神裁之。謹按是書詞氣過激，故廣川書跋、弇州山人稿、石墨鐫華皆謂出自後人依託，以李肇國史補嘗徵引其事，仍載入存考。

李勣

勣字懋功，曹州離狐人，本姓徐。初從李密守黎陽，武德二年隨密歸朝，授黎州總管，封萊國公，賜姓，附宗正屬籍，徙封曹。累遷左監門大將軍。太宗朝拜并州都督，徙封英。召爲兵部尚書，授詹事，同中書門下三品，畫像凌煙閣。出爲疊州都督。高宗立，授開府儀同三司，同中書門下，參掌機

密，冊拜司空，加太子太師。總章二年卒，年八十六，贈太尉、揚州大都督，謚貞武。勣本名世勣，避太宗偏諱，改名勣。

請高祖太宗俱配昊天上帝表

臣聞殷薦上帝，事有明文；祖宗並列，抑惟通軌。雖三五以降，損益不同；漢魏以還，沿革殊致。至於帝郊嚴配之儀，尊祖敬宗之典，固以因心宏範，緣情作則，孝思聖敬，迥冠往初，茂實宏規，遂高終古。伏惟高祖太祖皇帝改物創業，撥亂反正，受終明三統之歷，執競隆七百之基，御極垂衣，稱物平施，隨山靜稽天之浸，授首撲燎原之災，元功暢於六

虛聖績覃於四海巍巍蕩蕩無得而稱太宗文皇帝鑿乾履厚括地提衡翦修蛇於洞庭戮蚩尤於中冀戡召兩追風之孽軼斷鼇煉石之勤微禹之功用軫宣尼之歎曰文之德實符姬旦之時叡智神武含宏光大深居高視懷日月以炤臨剛健柔明體乾坤之博厚求賢勞於宵夢拜善急於朝飡總宇宙以彌綸運陰陽而陶鑄變澆僞於華胥之俗還淳朴於大庭之辰九譯同文八荒順軌人神以合祥瑞畢臻巢鳳下窺遊麟易擾山車澤馬遠服瑤池之駕醴泉甘露近充上壽之尊優遊垂拱制禮作樂遠鏡百王

獨爲稱首再造區夏重安宸極昊天成命二帝受之升降節文不宜差別而肅恭禋祀綴兆分位升中告禪天地別饗乖嚴父配天之文失尊親加隆之數今歸功中嶽請以二帝並配竊以太穆皇后造舟備禮爰定厥祥處人倫之經居風化之始追蹤文母播美周姬文德皇后俔天作合曾沙表慶功侔十亂化被二南兩聖既已配封則二后應須配禪申宸思淳深之極宏聖朝敬愛之旨自我作古闡之往策周制所定夫何足云斯乃振揚休烈昭宣懿範請存乎不刊永貽來葉

諫留神主於內寢表

竊以祖功宗德飾終之祠典武穆文昭嚴配之洪訓愛敬之至率由茲道禮有節文事經列聖苟違斯義國家貽恥況逾月之外須伸大祫下管登歌發暢雅頌郊天配帝光華動烈如停祔禮諸美咸棄伏願取法前王垂訓翼子

請遷主祔廟表

竊謂合宜今時廟制與古不同共堂別室西方爲首若在西夾之中仍處尊位祈禱則祭未絕祈享方諸舊儀情實可安宏農府君廟遠親殺詳據舊章禮合迭毀臣等參議

遷奉神主於夾室本情篤敬在理爲允

閻立本

立本大安公贈吏部尚書立德弟顯慶中累官工部尚書總章元年以司平太常伯拜右相封博陵縣男咸亨元年官復舊名改中書令卒謚曰文貞

僧道拜君親議

竊以寂滅垂範猶宏孝敬之義無爲闡化終叶虔恭之禮雖道超可道尚繫於三尊法空諸法猶包於四大況皇猷遠暢衍地義以宣風聖澤遐霑浹天經而灑潤至德所被

理不隔於幽明大道旁通故無分於真俗而違方之士空迷相物之心淪俗之徒尚嬰自我之累莫識九重之貴不知得一之尊絕忠孝於君親棄親愛於母后求諸至理竊謂不通俱拜君親未乖舊典謹議

戴胄

胄字元允相州安陽人隋大業末爲鄭州長史鎮武牢太宗尅武牢得之引爲秦府士曹參軍及卽位除兵部郎中封武昌縣男貞觀四年以太子左庶子參預朝政進爵郡公七年卒贈右僕射追封道國公謚曰忠

諫修洛陽宮表

陛下當百王之弊屬暴隋之後拯餘燼於塗炭救遺黎於倒懸遠至邇安率土清謐大功大德豈臣之所稱贊臣誠小人才識非遠唯知耳目之近不達長久之策敢竭區區之誠論臣職司之事比見關中河外盡置軍團富室強丁並從戎旅重以九成作役餘丁向盡去京二千里內先配司農將作假有遺餘勢何足紀亂離甫爾戶口單弱一人就役舉家便廢入軍者督其戎仗從役者責其糇糧盡室經營多不能濟以臣愚慮恐致怨嗟七月已來霖潦過度河南河北厥田洿下時豐歲稔猶未可量加以軍國所須皆資府庫布絹所出歲過百萬丁既役盡賦調不減費用不止帑藏其虛且洛陽宮殿足蔽風雨數年功畢亦謂非晚若頓修營恐傷勞擾

請建義倉疏

水旱凶災前聖之所不免國無九年儲畜禮經之所明誡今喪亂之後戶口凋殘每歲納租未實倉廩隨卽出給纔供當年若有凶災將何賑卹故隋開皇立制天下之人節級輸粟名爲社倉終於文皇得無饑饉及大業中年國用

不足並貸社倉之物以充官費故至末塗無以支給今請自王公以下爰及眾庶計所墾田稼穡頃畝至秋熟準其見在苗以理勸課盡令出粟稻麥之鄉亦同此稅各納所在爲立義倉若年穀不登百姓饑饉當所州縣隨便取給

戚彥師

彥師武德時官宋州總管

與弟書

吾奉使無狀被賊所擒爲臣不忠誓之以死汝宜善侍老母勿以吾爲念

欽定全唐文卷一百五十四

楊譽

譽贈華州刺史志誠父官右衛副帥慈汾二州刺史謚曰静

紙鳶賦

相彼鳶矣亦飛戾天問何能爾風之力焉余因稽於造物知不得於自然原其始也謀及小童徵諸哲匠蔡倫造紙公輸獻狀理纖篾以體成刷丹青而神王殷然而髡彼羽翼邈然而引夫圓吭膺繫纖縷趾續長繩俯劇驂之七達

挂高臺之九層形全而和似鬪雞之養紀渻目大不覩若異鵲之在雕陵因所好而毛羽思有遇而騫騰鄙宋都之退鷁慕溟海之摶鵬於是扇以扶搖縱諸寥廓絢練倏閃翕赫忽霍瞬息而上千尋咄嗟而遊大漠翔鶤仰而不逮況青鳥之與黃雀彼都人士瞻竚城隅初指冲天之鶴遠言拂日之烏望有塵埃謂翻形而載旆聽無音響疑避影以銜蘆始迴翔於元氣終出入於高衢所以羽翮既成雲霄自致期上騰以奮激何中路之顛墜力不培風勢將控地感魚龍之失水冀蚊蝱之附驥比畫虎之非眞與芻狗之同棄寧待時而蓄力信因人以成事吁嗟鳶兮適時與我兮相期知我者使我飛浮不知我者謂我拘留嚇腐鼠兮非所好嘯茅棟兮增至愁才與不才且異能鳴之雁適人之適將同可狎之鷗我於風兮有待風於我兮焉求幸接飛廉之便因從汗漫之遊當一舉而萬里焉比夫榆枋之鷽鳩者哉

李延壽

延壽世居相州貞觀中累補太子典膳丞崇賢館學士轉御史臺主簿兼直國史遷符璽郎卒

上南北史表

臣聞史官之立其來已舊執簡記言必資良直是以典謨載述唐虞之風尤著誥誓斯陳殷周之烈彌顯魯書有作鹿門貽鑒於臧孫晉乘無隱桃園取譏於趙孟斯蓋哲王經國通賢垂範懲誡之方率由兹義逮秦書既煬周籍俱泯子長創制五三畢紀條流且異綱目咸張自斯新以後皆所取則雖左史筆削無乏於時微婉所傳唯稱班范次有陳壽國志亦曰名家並已見重前修無俟揚榷洎紫氣南浮黃旗東徙時更五代年且三百元熙以前則總歸晉

著述之士家數雖多多泛而商畧未聞盡善太宗文皇帝神資睿聖天縱英靈爰動沖襟用紆元覽深嗟蕪穢大存刊勒既懸諸日星方傳不朽然北朝自魏以還南朝從宋以降運行迭變時俗汚隆代有載筆人多好事考之篇目史牒不少互陳聞見同異甚多而小說短書易爲湮落脫或殘滅求勘無所一則王道得喪朝市貿遷日失其眞晦明安取二則至人高跡達士宏規因此無聞可爲傷歎三則敗俗巨蠹滔天桀惡書法不記孰爲勸獎臣輕生多幸運奉千齡從貞觀以來屢叨史局不揆愚固私爲修撰起

登魏國元年盡隋義寧三年凡三代二百四十四年兼自東魏天平元年盡齊隆化二年又四十四年行事編爲本紀十二卷列傳八十八卷謂之北史又起宋永初元年盡陳眞明三年四代一百七十年爲本紀十卷列傳七十卷謂之南史凡八代合爲二書一百八十卷以擬司馬遷史記就此八代而梁陳齊周隋五書是貞觀中勅撰以十志未奏本猶未出然其書及志始末是臣所修臣既夙懷慕尚又備得尋聞私爲抄錄一十六年凡所獵畧千有餘卷連綴改定止資一手故淹時序迄今方就唯鳩聚遺逸以廣異聞編次別代共爲部秩除其冗長捃其菁華若文之所安則因而不改不敢苟以下愚自申管見雖則疏野遠慙先哲於披求所得竊謂詳盡其南史刊勘已定北史勘校粗了既撰自私門不敢寢嘿又未經聞奏亦不敢流傳輕用陳聞伏深戰越謹言

關朗傳

府君曰先生說卦皆持二端朗曰何謂也府君曰先生每及興亡之際必曰用之以道輔之以賢未可量也是非二端乎朗曰夫象生有定數吉凶有前期變而能通故治亂

有可易之理是以君子之於易動則觀其變而玩其占問之而後行考之而後舉欲令天下順時而進知難而退此筭所以見重於先王也故曰危者使平易者使傾善人少惡人多暗主眾明君寡堯舜繼禪歷代不逢伊周復辟近古亦絕非運之可變也化之不可行也道悠世促求才實難或有臣而無君或有君而無臣故全之者鮮矣仲尼曰如有用我者吾其爲東周乎此有臣而無君也章帝曰堯作大章一夔足矣此有君而無臣也是以文武之業遂淪於仲尼禮樂之美不行於章帝治亂之漸必有厥由而興

廢之成終嘆所遇易曰功業見乎變此之謂也何謂無二端府君曰周公定鼎於郟鄏卜世三十卜年八百豈亦二端乎朗曰聖人輔相天地準繩陰陽恢皇綱立人極修策整馭長羅遠羈昭治亂於未然算成敗於無兆固有不易之數不定之期假使庸主守之賊臣犯之終不促已成之期於未衰之運乎故曰周德雖衰天命未改聖人知明王賢相不可必遇聖謀睿策有時而弊故考之典禮稽之龜策即人事以申天命懸歷數以示將來或已盛而更衰或過算而不足是故聖人之法可貴也向使明王繼及良佐

踵武則當億萬斯年與天無極豈止三十世八百年而已哉過算餘年者非先王之功即桓文之力也天意人事豈徒然哉府君曰龜筴不出聖謀乎朗曰聖謀定將來之基龜筴告未來之事遞相表裏安有異同府君曰大哉人謀朗曰人謀所以安天下也夫天下大器也置之安地則安置之危地則危是以平路安車狂夫審乎難覆乘奔馭朽童子知其必危豈有周禮既行歷數不延秦法既立宗祧能踰乎噫天命人事其同歸矣

劉孝孫

孝孫荊州人隋大業末爲王世充弟杞王辯行臺郎中辯降歸國貞觀六年遷著作佐郎吳王友歷諮議參軍遷太子洗馬未拜卒

沙門慧淨詩英華序

釋教之爲義也大矣哉智識所不能名言視聽所不得聞見馬鳴龍樹宏聖旨於前慧遠道安闡微言於後至於紹高蹤而孤引踵逸軌以遐征誰之謂歟慧淨法師即其人矣法師淳和稟氣川嶽降精神解內融心機外朗髫年對日丱歲參元擢本森梢干雲階乎尺木回瀾淼漫浴日導

乎蒙泉而慧炬夙明禪枝早茂臨閱川而軫慮睠定水以怡神旣彼勞生悟茲常樂三乘奧義渙矣冰消二諦法門怡然理順俄而發軔東夏杖錫西秦至於講肆法筵聆嘉聲而嚮赴剖疑析滯服高義而景從明鏡屢照而不疲洪鐘待叩而斯應窮涯盈量虛往實歸誠佛法之棟梁僧徒之領袖者也予昔遊京輦得伸景慕寥寥淨域披雲而見光景落落閑居入室而生虛白法師導予以實際誘予以眞如挹海不知其淺深學山徒仰其峻極嘗以法師敷演之暇商榷翰林若乃園柳天榆之篇阿閣綺牕之詠魏王

北上陳思南國嗣宗之賦明月彭澤之摛微雨逮乎顏謝摛藻任沈遒文足以理會八音言諧四始咸遞相祖述鬱爲龜鏡豈獨光於曩代而無繼軌者乎近世文人才華間出周武帝震彼雄圖削平漳滏隋高祖韞兹英畧龕定江淮混一車書大開學校溫邢譽高於東夏徐庾價重於南荊王司空孤秀一時沈恭子標奇絕代凡此英彥安可闕如自參墟啟祚重光景曜大宏文德道冠前王遒軸之士風趨林壑之賓雲集故能抑揚漢徹孕育曹丕文雅鬱興於兹爲盛余雖不敏竊有志焉旣而舟壑潛移悼陵谷而

遷貿居諸易晚惻人世之難常固請法師暫迴清鑒採摭詞實耘剪繁蕪盍君子不常矜莊刪詩未爲斯玷自劉廷尉所撰詩苑之後纂而續焉頴川庾幼孫學該墳索行齊顏閔京兆韋山甫耿介有奇節弋獵綜羣言與法師周旋情逾膠漆覩斯盛事咸共贊成生也有涯庚侯長逝永言怛化不覺流襟頃覩其遺文久爲陳迹今亦次乎汗簡貽諸後昆法師式遵舊章纂斯鴻烈予聊因暇日敬述芳猷俾郢唱楚謠同管絃而播響春華秋實與天地而長存遂使七貴揖其嘉猷五衆欣其慧識凡預能流家藏一本

張蘊古

蘊古相州洹水人自幽州總管府記室直中書省上大寶箴以諷擢大理丞以治李孝德獄爲權萬紀所劾誅

大寶箴

今來古往俯察仰觀惟辟作福爲君實難主普天之下處王公之上任土貢其所求具寮陳其所倡是故恐懼之心日弛邪僻之情轉放豈知事起乎所忽禍生乎无妄固以聖人受命拯溺亨屯歸罪於己因心於民大明無私照至公無私親故以一人治天下不以天下奉一人禮以禁其

奢樂以防其佚左言而右事出警而入蹕四時調其慘舒三光同其得失故身爲之度而聲爲之律勿謂無知居高聽卑勿謂何害積小就大樂不可極樂極生哀欲不可縱縱欲成災壯九重於內所居不過容膝彼昏不知瑤其臺而瓊其室羅八珍於前所食不過適口惟狂罔念丘其糟而池其酒勿內荒於色勿外荒於禽勿貴難得貨勿聽亡國音內荒伐人性外荒蕩人心難得之貨侈亡國之音淫勿謂我尊而傲賢慢士勿謂我智而拒諫矜己聞之夏后據饋頻起亦有魏帝牽裾不止安彼反側如春陽秋露巍

巍蕩蕩恢漢高大度撫茲庶事如履薄臨深戰戰慄慄用周文小心詩之不識不知書之無偏無黨一彼此於胸臆捐好惡於心想眾棄而後加刑眾悅而後行賞弱其強而治其亂伸其屈而直其枉故曰如衡如石不定物以限物之懸者輕重自見如水如鏡不示物以情物之鑒者妍蚩自生勿渾渾而濁勿皎皎而清勿汶汶而闇勿察察而明雖冕旒蔽目而視於未形雖黈纊塞耳而聽於無聲縱心乎湛然之域游神於至道之精扣之者應洪纖而效響酌之者隨深淺而皆盈故曰天之清地之寧王之貞四時不

言而代序萬物無爲而受成豈知帝力而天下和平吾王撥亂戡以智力民懼其威未懷其德我皇輔運扇以淳風民懷其始未保其終爰述金鏡窮神盡聖使人以心應言以行包括治體抑揚詞令天下爲公一人有慶開羅起祝援琴命詩一日二日念茲在茲惟人所召自天祐之諍臣司直敢告前疑

韋挺

挺雍州萬年人高祖平京師署隴西公府祭酒貞觀朝歷吏部黃門侍郎拜御史大夫封扶風縣男貶象州刺史卒年五十八

論風俗失禮表

臣聞父母之恩昊天罔極創巨之痛終身何已今衣冠上族辰日不哭謂爲重喪親賓來弔輒不臨舉又閭里細人每有重喪不即發問先造邑社待營辦具乃始發哀至假車乘雇棺槨以榮送葬既葬鄰伍會集相與酣醉名曰出孝夫婦之道王化所基故有三日不息燭不舉樂之感今昏嫁之初雜奏絲竹以窮宴歡官司習俗弗爲條禁望一切懲革申明禮憲

祫禘功臣配享議

古之王者富有四海而不朝夕上膳於宗廟者患其禮過也故曰春秋祭祀以時思之至於臣有大功享祿其後子孫率禮潔粢豐盛禴祀烝嘗四時不輟國家大祫又得配焉所以昭明其勳尊顯其德以勸嗣臣也其禘及時享功臣皆不應預故周禮六功之官皆配大烝而已先儒皆以大烝爲祫祭高堂隆庾蔚之等多遵鄭學未有將爲時享又漢魏祫祀皆在十月晉朝禮官欲用孟秋殷祭左僕射孔安國啟彈坐免者不一梁初誤禘功臣左丞何佟之駁

議武帝允而依行降洎周齊俱遵此禮竊以五年再殷合諸天道一大一小通人雅論小則人臣不預大則兼及有功今禮禘無功臣誠謂禮不可易

涇水讚

決渠濁流屬渭清津流亦毒晉靈嘗祟秦

敬播

播蒲州河東人貞觀初進士授太子校書再遷太子司議郎永徽初拜諫議大夫給事中出爲越州都督府長史龍朔三年卒

駁刑部謀反大逆兄弟改從重法議

昆季孔懷天倫雖重比於父子性理已殊生有異室之文死有别宗之義今有高官重爵本蔭唯迨子孫祚土錫圭餘光不及昆季豈有不沾其蔭輒受其辜背禮違情殊爲太甚必期反茲春令踵彼秋荼創次骨於道德之辰違深文於措刑之日臣將以爲不可

上官儀

儀字游韶陝州陜人幼度爲沙門貞觀初舉進士授宏文館直學士累遷起居郎高宗朝遷祕書少監加銀青光祿大夫西臺侍郎同東西臺三品許敬宗誣與梁王忠謀逆下獄死中宗時追贈中書令秦州都督楚國公

黜梁王忠爲庶人詔

東臺朕儲祉上元嗣膺景祚獵先聖之闕踐至公之道底罰行賞御物同歸房州刺史梁王忠居庶孽之地在髫丱之辰柳奭遂良闕結無忌頻煩進説勸立東朝朕以副宮之位宜遵周道苟非其人不可虛立正以宗臣之寄佇在諸公旦夕勤懇難違其意及正嫡升儲退居列屏樂善之事紊於賓僚寃怨之詞日盈牀第婦女阿劉遠有陳告迹

其罪狀蓋非一塗乃僞作過所入關云欲出家逃隱又令急使數詣京師覘候兩宮潛問消息自説妖夢戴通天冠喜形於色以邀非望每召經師祀龍作福畫千菩薩願升本位每於晨夕著婦人衣妄有猜疑云防細作又嗟嘆柳奭稱其爲悼傷韓瑗情發於詞朕初見此言疑生怨謗故遣御史大夫闕理及中書官屬相監推鞫證見非虛然其地則人臣親則人子懷姦匿怨一至於斯擢髮論罪良非所喻考之大義應從極罰皇后情在哀矜興言垂涕再三陳請特希全宥朕戚屬之中頻虧國典緬維前載匪往茲

予屬懷於此猶深愧歎特宜屈法降爲庶人主者施行

冊紀王慎爲荊州都督文

維顯慶五年歲次庚申某月某朔某日甲子皇帝若曰於戲南紀之津上躔翼軫西浮之路旁帶巴巫信形勝之大澤是英靈之奧府恤隱之寄懿親攸屬須條之美良翰爰歸左衛大將軍澤州刺史上柱國紀王愼漸天漢而含潤資日觀以摛文藝重三雍道優二陝梁池挺秀燕館趨賢位表銜珠入光蘭錡職華分竹出美棠陰簡惠以孚聲績斯郘是用命爾爲使持節都督荊峽岳朗等四州諸軍事

荊州刺史大將軍上柱國紀王勳封並如故往欽哉夫道德齊禮允布政之化踐孝依仁誠立身之本必宜周旋勿墜雅譽彌高勉修迺職對揚休命可不愼歟

冊周王顯爲并州都督文

維龍朔元年歲次辛酉十月癸亥朔十七日己卯皇帝若曰夫騰華星苑崇名器於藩維憑暉日御峻寵章於侯服故本枝增蔚鴻緒滋繁而汾陽奧區鎭龍山而控遠冀方腴壤接雁塞而疏疆連率之寄親賢攸屬咨爾洛州牧上柱國周王顯風則開秀器彩靈明識表魏舟之象詞掩漢臺之駕西園孤月委心鏡而齊明小山叢桂偃情田而並烈溫恭夙郘業尚日新棣萼交芬珪璋具美是用命爾爲使持節都督并汾箕嵐等四州諸軍事并州刺史牧及勳封並如故爾其克修天爵聿苞地義方資化敷大夏惠漸京陵必宜缺社鳴桴褰帷廣聽懋宣聲績克壯其猷長綏福履光膺顯命可不愼歟

冊殷王旭輪文

維龍朔二年歲次壬戌十二月景戌朔六日辛卯皇帝若曰於戲夫握鏡黃道經邦盛於建侯司契紫宸體國昭於

宗翰故迺祚延郟鼎之業歷峻豐社之基惟爾第四子旭輪流景星躔導源天漢亞重離而接耀承少海而分瀾秀質挺華芳聲金潤天人之望夙彰髫綺大雅之規遽形襁絡幼智該於元表濳識冠於黃中舟象垂風方懃性與封蟻宣譽終謝生知是用命爾爲殷王上柱國往欽哉將用齊衡兩獻比迹二南彫藻珪璋粉澤仁義竹池逾溪棣屏增輝受茲茅土可不祇愼

冊虢王鳳爲青州刺史文

維麟德元年歲次甲子正月己酉朔二十一日己巳皇帝

若曰於戲剪商胙邑寵秩盛於隆周懲秦錫社徽名崇於有漢況乎爵窮五等榮總六條乃茂德之攸升固非賢之罕擇沁州刺史上柱國虢王鳳履局端嚴襟神秀整道光懿戚望重宗維恭愼之心符小言而緝譽虛凝之度包大雅而揚聲體備剛柔藝殫文武騰芳桂巘動貞韻而鏘金寫照荷池響清文而振玉若迺淄源迴跨岱址斜臨人被萊風俗兼齊舊布中和之化申簡惠之風觀政所先建邦斯在是用命王爲使持節青州諸軍事青州刺史勳封如故往欽哉王其克邁十倫稽往賢之峻躅勗宣九德蹈前哲之英規絕浮競之津廣眞淳之路光昭淑問可不愼歟

冊江王元祥爲鄜州刺史文

維麟德元年歲次甲子正月巳酉朔二十二日庚午皇帝若曰於戲列爵開基資連屬而敷化班條馭宇藉蕃衛而裁風是以光闡帝猷發揮人極固宗庶而兼列必親賢而並建鄧州刺史上柱國江王元祥識尚閑偉體局貞凝履順而居貞沖撝而持物梁臺既啟背淮之裾爰萃燕館載闢發洧之駕相趨甄綜掩於河書精通符於沛易道無糾察政叶寬平包吐茹之奇遞弦韋之用至乃地鄰宗娜俗備於五方壤密洄封潤沾於九里是用命王爲使持節鄜州諸軍事鄜州刺史勳封並如故往欽哉懋德惟忠持盈在約思勤躬而景問無弛度以虧名宗簡正之規邁安常之節祇膺寵命可不愼歟

冊殷王旭輪爲單于大都督文

維麟德元年歲次甲子二月巳卯朔九日丁亥皇帝若曰於戲帝子之星憑紫渟而啟耀天孫之嶽峙青路而摛光故慶表栽梧德成覲梓皇附啟屏聲孚地軸之西儲秀英藩颺偃宸街之北冀州大都督上柱國殷王旭輪金楨挺秀玉穎層敷姿表淹凝符彩閑雅淮南之鏡混沖照於髫辰睢陽之藻齊洪輝於綺日緣車就駕朱邸洞開牓道昭英賜田期彥蕙獵清風宣芳於大雅蓋承流日澄華於高義固以聯崇躅於河楚疊茂軌於酆郇是用命爾爲單于大都護大都督勳封並如故往欽哉爾其緘訓趨庭兢懷履薄方資威橫雁塞惠漸龍沙光膺朝獎可不愼歟

冊許圉師左相文

於戲王官用乂弼化佇於丹青宅揆代工成材資於新樵軼紀龍而邈爵排命扈而增官奉玉劍於副車儼金璫於

重席使繁斯在問望攸歸咨爾左常侍檢校左相兼行太子右中護上柱國平息縣開國公許圉師箕峯構勢橫諸派源幹業峻其家風象賢益其門慶神機朗照靈府洞開識宗三篋敏該韋編列幹雲數升漢臺而協彩揮毫波偃懸魏帳而均輝習武經文綢繆於丹扆履忠蹈義悱惻於元墀石室蘭房影華纓而振迹通闈綸閣飛若綬而盱衡揚歷羣能執鈞伊寄是用命爾爲左相勳封如故往欽哉爾其燮諧帝載用著克固之蹤恢融王道式茂如仁之規削荼止奬茹茅期於上賞纂先烈而騰懿裕後昆而垂則祗膺朝奬可不慎歟

冊薛孤吳仁右金吾衛大將軍文

皇帝若曰於戲望重韜鈐藉董戎之戒志齊金石膺禦武之求用闕闡聲之慮式著銜珠之象惟爾右金吾將軍朔方郡開國公薛孤吳仁志局開爽貞規久濟曰契絳官之術宜符玉帳之機賈勇三軍闕折關之効誠輸八陣標斬將之奇功樹績方隅書勳王府出茂於分閫入隆於文戰騰此師訓既穆朝經錫以徽章久疇僉議是用命爾爲金吾衛大將軍封如故往欽哉其勵乃忠貞恭茲奬飾祗承寵命可不慎歟

冊竇元德司元太常伯文

皇帝若曰於戲總務文昌司會之名尤重升榮建禮內史之任彌隆自非才氣兼洽聲望允成何自式管榮辱對揚綸爵惟爾大司憲護軍竇元德門烈克彰地華合緒踐中和而立性資文德以含章禮固騰芳儒彌擅寶寵謀動於簪紱令範光於廊廟攝官憲府勵俗而挺嘉猷受委王京匪躬而輸懿績効宣朝任誠著周行申其寬直之規三攝捐益之任是用命爾爲兼司元太常伯勳官如故往欽哉爾其供奉彝倫式昭王度勉爾忠正之誠無忝恪共之表納吉之寄可不慎歟

欽定全唐文卷一百五十五

上官儀二

勸封禪表

臣某等言臣聞乾元惟大播四序而無言坤儀蓋厚寧萬象而復一至於號均三大體覆載以曲成聖表千齡順剛柔以藏用是以可久可大永固皇王之緒貞觀貞明獨照陶鈞之上故可登封泰嶽類帝以尊天降禪肅然禋宗以厚地伏惟陛下膺圖紹籙儀天纂鏡受昭華而光寶位正璣衡而握金符銷伏鼇而綴上蒼剪應龍而清下瀆於是

靈臺偃伯暢轂埋輪刑政肅清削秋荼之繁蕪雅頌先烈激圓海之漪瀾就月幽覃則燭龍開景薰風遠暢則蟠木增華沒羽浮金之章昭載筆於仙室韋韝卉衹之首襲長纓於蘭錡九疇式序七德攸宣發神化之丹青敷禮義之粉澤既而睿德潛通至誠冥召禎圖載啟神物發揮雙觡呈班馴擾於君圃九芝獻彩燭耀於帝池太史標祥鏡流千里卿雲表貺凝華五色江茅鄗黍歲時鱗萃東鰈西鶼日月波屬鴻符巨慶疇可詳言誠迺岱郊佇遂云埛望蹕臣某等誠惶誠恐死罪死罪永言遐載緬鏡前徽王迹之所厳蓺帝圖之所凝遠龍官結繩之后鳥紀垂衣之君治定功成俱備升中之禮塵清海晏咸申謁欵之誠異世同符千載一揆諒以增高益厚式酬靈貺陛下德光宙始文煥震初蕭蘿而因萬物典襄而濟下元鎔範生靈張四維於地絡締構函夏建八柱於神樞宏規絕跡功無與二駕三五而遥集超八九而騰驤加以璇歷啟徵躔南至於朔旦金鼓問罪削左袵於交河固可恭柴燎之展采穆靈壇之禋敬焉得徇小節於沖挹忘至公之鴻典絕三神之歡拒萬方之志雖復翹心天路未留三舍之感延佇帝閽逾

邈九霄之望伏惟陛下紆瑤池之渺轡屈姑射之凝神酌命典於中樽遵時邁於瀛里採公卿之嘉議覽搢紳之讜辭逸記重甄類章再紐詔雨師以先路命風伯以清塵六飛案軌九族齊列榮光承幰非煙翼衡輯瑞而嘉肆覲瘞玉而恭儲祉方使日觀增華仙閣改飾神光霄映若流照於春陵雲色晝開似凝暉於豐谷表咸池於翠岳萬歲叶其殷薦席藁秸於紫壇八神歆其明祀籠千古之偉觀孕七百之丕業臣等命與時偕濯景昌運優游渠閣之內怊帳南風之弦棲息蓬山之阿弋釣先皇之道至於朝猷國

紀頗踐奧隅陛下推而不居竊所未喻鬱云梁之典缺懷庭之儀沮神主之欲漏貪天之議伏願杲其日出照其傾陽之心油然作雲降其離畢之澤庶使飛英騰茂祕玉檢而遐傳手舞足蹈扈翠華於喬嶽

爲朝臣賀涼州瑞石表

臣元嘉等言臣聞太陽含字天之命也德水呈文地之符也是知光膺寶籙非幽贊無以享鴻名對越兩儀非神物何以昌丕緒故有元龜負卦緜表軒功朱鳥銜書兆彰姬籙非聖人之撫運孰能與於此乎伏惟皇帝陛下慶鍾上

元與天皇而合德祥凝太始體耀魄以齊明作周錫允王業本於冰翼生商降祉寶祚基於玉筐然後樞電効神皇虹授彩彤雲澹景標映龍顏瑞火流光呈發烏跡由是凝圖作極握紀中天化洽九垓恩綿八表功成戢武散騑服於桃園業定宏文覃正朔於昌海輯五玉而彰禮備陳萬舞而表樂成至德至仁垂拱巖廊之上乃聖乃神遠筭廟堂之下憲文王而授立招天奬於夢齡象漢帝以登賢選仁明於副貳國重曜而臨照家萬宇而永貞是以淹歲亢陽離㸑昇而元澤降春疇罕闢震方建而年稼登受冊之辰隨輕輪而翊佳氣夏弦之月接飛蓋而吐芝英郡國陳孝德之符煙浮霧集縣道奏明靈之貺電擊雷奔豈與夫日至月書可同年而語矣伏見涼州都督李襲譽表奏昌松瑞石合百一十字文曰高皇海出多子李久王八千年太平天子李世民王千年太子李治書燕山人樂大國主尚注諤奬文仁邁千古大王五王六王七王十王鳳尾才子七佛八菩薩及上果佛田天子文武貞觀昌大聖延四方上下萬治忠孝爲善其文不次者畧而不載勑遣禮部郎中柳逞馳驛檢覆並同所奏皆素文玉潔若瓊樹之華

滋元質碧鮮擬翠微之遠色雖復霞標冠岳暉鏤采於介邱海鏡浮山昭列名於稽岳方茲秀麗曾何足云臣等歷選皇猷稽河圖於東序詳觀帝籙披冊府於西崑媯燧以前不可得而知矣羲農以降考載籍而言焉若乃馬灋堯壇鳳銜虞冊麟遊吐字頗涉劉邪葉蠹爲文纔稱病巳元石降徵於典午赤伏錫命於炎精皆髣髴如神徵文見意或傍通以取譣或索隱以求端猶且動色當年光華曩志矧茲天冊顯發靈瑞頌聖德之欽明通史筆之揚堯典述國祚之悠永倍龜策之卜周年追美先朝衍軒邱之德姓

式昭儲后邁鈞臺之有光豈非天鑒孔明聖猶大者祥彌著靈心至察德加厚者祚逾長是用越契超繩光前振古績無與二慶溢登千臣等自省微生幸霑鴻造荷重光之煦育覩三才之宅心雀躍無以表其誠鳧趨不足勝其喜臣無任悅豫之至

爲于侍中請赴山陵表

臣某言伏以塗宮方撤祖載有期蹐厚地而靡容踊高穹而標絕臣昔逢開運委質藩朝荏苒迄茲年將一紀位非德漸榮以恩滋顧視涯分何階致此而今谷林啟隧宸衞

將移祧席遺簪纏哀罔極方願整素翮而攀慕奉劒舄而崩號送往以竆事居方永時希宸鑒曲遂荒襟伏紙失圖罔知攸措

爲太僕卿劉基請致仕表

臣某言臣輕生多幸早逢昌運締構之初得効駑蹇誠款雖竭功績靡伸沐浴恩光謬叨榮級歷居近要出納隆顯顧循庸菲踰溢涯分思展塵露以酬洪造鏤骨銘肌無忘夙夜但犬馬之齒甲子已多風雨之疾惛眊日甚雖年非致仕而力不當官簿領沈迷端緒紕繆久尸厚祿靦懼在躬內省愆尤外慙物議乞解見職退就衡門朽質餘生獲從藥療冀蒙渥澤未歸泉壤難預朝請瞻望闕庭葵藿微心方希臨照不任悃款之至伏願天慈特垂矜許輕塵聽覽愈增震越

爲盧岐州請致仕表

臣某言竊以日月迅驅歎留侯之過隙桑榆易晏嗟趙孟之惕陰是以杖國之儀曩籍之通訓夜行之誡先達之明範臣三河素品一藝罕稱斂袵衡泌之閒優游農仕之際特以雲雷肇構龍德在田遂得混吹齊庭薄遊梁苑昧昔

賢之先覺慶生涯之嘉會屬大橫固祉樊澤荐臻同菅蒯之靡遺喻祧席而無昄叨竊非據綿歷歲時智能之効寂寥何紀伐檀以茲興刺濡翼由是致譏況乎時迫耄期識用衰耗仲宣體弱遽與年並修齡疾甚亦隨衰及范綏在飾深驚蒲柳之秋蔡鬢承冠逾慙仁壽之鏡空貽謗毀坐紊官曹虛受之來履薄未均危懼知止之分餘生實所庶幾披瀝丹愚諒非矯飾伏願大明委照曲遂今請退影閑扉待終初服倘弊帷未掩岱宗少駐擊壤歌其自逸高枕歡其有餘望瑤池之還駕候仙閭之歸蹕臣筮仕聖朝位

非才授曾微涓滴少答鴻私敢請骸骨心顏靦怍微臣限
茲外任不獲拜奉闕庭犬馬之戀徘徊何已

爲殿中監趙元楷請致仕表

臣某言臣聞高年致政前徽之彝準仲秋授杖綿載之通
規正以制逮乎桑榆惕陰於鍾漏臣顧惟菲陋輪轅無所
瞻言賓實高謝等夷筮仕之初不期通顯干祿所望抑在
代耕初以生涯多幸屬奉昌數仁被草木德洎昆蚑獎飾
曲流豐恩傍洽言揚德舉內視缺然比彥參賢載離滋永
至於姬駿長驅奉元池之廣晏姒龍遙鶩陪樂野之宣遊

塵露罕稱榮異空甚捫躬靦怍罔歷心顏旣而二膳在辰
懸輿甫及光華云旦聖造方深蒲柳行秋朽材知止勝西
羌而側勇惟東都而自牧伏請褫帶彤門歸骸故里挹清
風於國讓追盛範於陽元劾釣璜於渭濱類飛星於河渚
是知疲駿解馭辭金根而不歸衽席帷幄去青蒲而方遠
望軒屏而徘徊仰煙霄而眷戀無任感愧之至

爲房州刺史請朝覲表

臣某言臣一介薄才不周時務命隨事偶超竊宦途歷職
文武榮兼內外年餘三紀受恩兩朝循涯省分實優常品
自違丹陛寒暑亟移限以大藩久絕朝覲頃以年頹疹追
風眩日增懷闕庭而載佇仰雲霄而聳望陛下昔居春禁
臣預應朝集披膽祈恩特蒙鑒許尋奉明詔入衛鈞陳惠
澤曲流其來自遠誓生沈族未識所酬今以衰疾之年久
違趨拜望充計吏一奉宸闈頃者希天聽卑期照心靈振
蕩冰谷非危干黷旒纊伏知待罪謹言

爲李祕書上祖集表

臣某言臣聞漢朝中葉陳農求訪於圖書魏歷初基袁渙
請收於篇籍遂使容臺增飾冊府載輝雅道照於前古風

流被於末裔伏惟陛下睿德緯天神功光表截海班朔益
地延圖垂衣視典探羣玉之幽賾虛已緣情動兼金之歌
詠由是芸香祕室青簡具陳璧水上庠漆書咸集臣大父
隋荆州刺史元操筮仕登朝官成三代學綜書部思洽詞
源雖歲序寂寥微塵無弭河東薛道衡人推才傑范陽盧
思道時號文宗並叶契相忘齊聲比價競炫梁車之寶爭
摛鄴騎之珍而二家文集久蒙宸照獨於臣門未汙天燭
貽厥之訓在臣宜守獻書之典有國通規今繕寫已訖合
若干卷謹詣闕奉進

對求賢策

問棘津登輔不因階於尺木莘郊作相豈憑資於累遷蓋道有攸存時無可廢爰曁澆訛必修班序先容乃器因地拔萃共相沿襲遂成標準今聖上務切懸旌心搖啟繇雖衣冠華裔已喬遷於周列而衡泌幽人罕遙集於魏鼎豈英靈不孕於山澤將物理自係於古今無蔽爾辭切陳其致

對鳳德方亨必資英輔龍光未騁實俟明君既藏器以須時亦虛襟而待物莫不理符靈應道叶冥通類霜降而鐘

鳴同雲蒸而礎潤泌策赴之如投水神心應之若轉規用能感會一時抑揚千古是以沈鱗暫躍遂游泳於天漢墜羽纔遷乃騰驤於日陸宏心體之妙旨播舟水之嘉謨義列丹青德融金璧迨乎時鍾季叔化漸澆訛拔萃之惠罕流因地之階愈篤使西都金子奕葉稱榮東國袁生八公爲貴廷尉之明窮識理十載無知黃門之妙極摛文八遷寧進徒使干星秀氣永翳窮塵照廡奇光長湮幽石自可循風市馬襲軌畫龍三反不虧七年無廢戔戔束帛指邱園而畢陳翹翹車乘望林泉而載轄則材標海若霧集丹墀德表星精雲飛紫闕豈直高尚之士遙集於台司衡泌之儔喬遷於鼎識謹對

對用刑寬猛策

問獄市之寄自昔爲難寬猛之宜當今不易緩則物情恣其詐急則姦人無所容曹相國所以殷勤路廷尉於焉太息韋弦折衷歷代未聞輕重淺深佇承嘉議

對攘袂九流披懷萬古覽七書之奧義覿金簡之遺文覩皇王臨御之迹詳政術樞機之旨莫不則乾綱而張禮樂法霆震而置威刑縱使軒去鼎湖非無涿鹿之戮舜辭雷

澤遂有崇山之誅自臯繇不嗣忿生長往甫侯設法徒有說於輕重子產鑄書竟無救於衰敗是知風淳俗厚草艾而可懲主僻時昏黥鑿而猶犯我君出震繼天承國宰化孕十堯而遐舉吞九舜而上征猶以爲周書三典旣疏遠而難從漢律九章已偏雜而無準方當採韋弦於往古施折衷於當今若能詔彼刑章定金科之取捨徵其張趙平丹書之去留必使楚國受金不爲莊生所責長陵盜土必用張子之言謹對

馬周

周字賓王博州茌平人武德中補州助教太宗朝累官至中書侍郎兼太子右庶子遷中書令以本官攝吏部尚書貞觀二十二年卒年四十八贈幽州都督高宗立追贈右僕射高唐縣公

上太宗疏

微臣每讀經史見前賢忠孝之事臣雖小人竊希大道未嘗不廢卷長想思履其跡臣以不天早失父母犬馬之養已無所施顧來事之可爲者唯忠義而已是以徒步二千里而自歸於陛下陛下不以臣愚瞽過垂齒錄竊自顧瞻

無階答謝輒以微軀丹款惟陛下所擇臣伏見大安宮在宮城之西其牆宇門闕之制方之紫極尚爲卑小臣伏以東宮皇太子之宅猶處城中大安乃至尊所居反在城外雖太上皇遊心道素志在清儉陛下重違慈旨愛惜人力而蕃夷朝見及四方觀聽有不足者臣願營築雉堞修起門觀務從高顯以稱萬國之望則大孝昭乎天下矣臣又伏見明勑以二月二日幸九成宮臣竊惟太上皇春秋已高陛下宜朝夕視膳而晨昏起居今所幸宮去京三百餘里鑾輿動軔嚴蹕經旬日非可以旦暮至也儻太上皇情或思感而欲即見陛下者將何以赴之且車駕今行本爲避暑然則太上皇尚留熱所而陛下自逐涼處溫凊之道臣竊未安然勑書既出業已成就願示速反之期以開衆惑臣又見詔書令宗室功臣悉就蕃國貽厥子孫嗣守其政非有大故無或黜免臣竊惟陛下封植之者誠愛之重之欲其繼嗣承守而與國無疆也臣以爲必如詔旨者陛下宜思所以安存之富貴之何必使代官也何則以堯舜之父猶有朱均之子儻在孩童嗣職萬一驕愚則兆庶被其殃而家國蒙其患正欲絕之也則子文之治猶在正欲

存之也則欒黶之惡已彰與其毒害於見存之百姓則寧使割恩於已亡之一臣明矣然則向所謂愛之者乃適所以傷之也臣謂宜賦以茅土疇其戶邑必有才行隨器方授則雖其翰翮非強亦可以獲免尤累昔漢光武不任功臣以吏事所以終全其代者良得其術也願陛下深思其宜使得奉大恩而子孫終其福祿也臣又聞聖人之化天下莫不以孝爲本故曰孝莫大於嚴父嚴父莫大於配天又曰國之大事在祀與戎孔子亦云吾不與祭如不祭是聖人之重祭祀也如此伏惟陛下踐祚以來宗廟之享未

曾親事伏緣聖情獨以鑾輿一出勞費必多所以忍其孝思以便百姓遂使一代之史不書皇帝入廟之事將何以貽厥孫謀垂則來葉臣知大孝誠不在俎豆之間然則聖人之訓人固有屈己以從時特願聖恩顧省愚款臣又聞致化之道在於求賢審官爲政之基必自揚清激濁故孔子曰惟名與器不可以假人是言愼舉之爲重也臣伏見王長通白明達本自樂工輿皁雜類韋槃提斛斯正則更無他材獨解調馬縱使術踰儕輩能有可取止賜金帛以富其家豈宜列預士流超受高爵遂使朝會之位萬國來

庭騶子倡人鳴玉曳組與夫朝賢君子比肩而立同坐而食臣竊恥之然成命既往縱不可追謂宜不使在朝班預於仕伍也

陳時政疏

臣歷觀前代自夏殷周及漢氏之有天下傳祚相繼多者八百餘年少者猶四五百年皆爲積德累業恩結於人心豈無僻王賴前哲以免爾自魏晉以還降及周隋多者不過五六十年少者纔二三十年而亡良由創業之君不務廣恩化當時僅能自守後無遺德可思故傳嗣之主政教少衰一夫大呼而天下土崩矣今陛下雖以大功定天下而積德日淺固當思隆禹湯文武之道廣施德化使恩有餘地爲子孫立萬代之基豈欲但令政教無失以持當年而已且自古明王聖主雖因人設教寬猛隨時而大要惟以節儉於身恩加於人二者是務故其下愛之如父母仰之如日月敬之如神明畏之如雷霆此其所以卜祚遐長而禍亂不作也今百姓承喪亂之後比於隋時纔十分之一而供官徭役道路相繼兄去弟還首尾不絕遠者往來五六千里春秋冬夏略無休時陛下雖每有恩詔令其減

省而有司作既不廢自然須人徒行文書役之如故臣每訪問四五年來百姓頗有嗟怨之言以爲陛下不存養之昔唐堯茅茨土階夏禹惡衣菲食如此之事臣知不可復行於今漢文帝惜百金之費輟露臺之役集上書囊以爲殿帷所幸愼夫人衣不曳地至景帝以錦繡纂組妨害女工特詔除之所以百姓安樂後至孝武帝雖窮奢極侈而承文景遺德故人心不動向使高祖之後即有武帝天下必不能全此於時代差近事迹可見今京師及益州諸處營造供奉器物幷諸王妃公主服飾議者皆不以爲儉臣

闇昧旦丕顯後世猶怠作法於理其弊猶亂陛下少處人間知百姓辛苦前代成敗目所親見尚猶如此而況皇太子生長深宮不更外事卽萬歲之後固聖慮所當憂也臣竊尋往代以來成敗之事但有黎庶怨叛聚爲盜賊其國無不卽滅人主雖欲改悔未有重能安全者凡修政教當修之於可修之時若事變一起而後悔之則無益也故人主每見前代之亡則知其政教之所由喪而皆不知其身之有失是以殷紂笑夏桀之亡而幽厲亦笑殷紂之滅隋煬帝大業之初又笑齊魏之失國今之視煬帝亦猶煬帝

之視齊魏也故京房謂漢元帝云臣恐後之視今亦猶今之視古此言不可不誡也往者貞觀之初率土荒儉一匹絹纔得一斗米而天下帖然百姓知陛下甚憂憐之故人人自安曾無謗讟自五六年來頻歲豐稔一匹絹得粟十餘石而百姓皆以陛下不憂憐之咸有怨言又今所營爲者頗多不急之務故也自古以來國之興亡不由積聚多少唯在百姓苦樂且以近事驗之隋家貯洛口倉而李密因之東都積布帛而王世充據之西京府庫亦爲國家之用至今未盡向使洛口東都無粟帛則世充李密未必能

聚大衆但貯積者固是有國之常事要當人有餘力而後收之若人勞而彊斂之更以資寇積之無益也然儉以息人貞觀之初陛下已躬爲之故今行之不難也爲之一日則天下知之式歌且舞矣若人既勞矣而用之不息儻中國被水旱之災邊方有風塵之警狂狡因之以竊發則有不可測之事非徒聖躬旰食晏寢而已古語云動人以行不以言應天以實不以文以陛下之明誠欲勵精爲政不煩遠采上古之術但及貞觀之初則天下幸甚昔賈誼謂漢文帝云可慟哭及長太息者言當韓信王楚彭越王梁

英布王淮南之時使文帝卽天子位必不能安又言賴諸王年少傅相制之長大之後必生禍亂歷代以來皆以誼言爲是臣竊觀今諸將功臣陛下所與定天下者皆仰稟成規備鷹犬之用無威略振主如韓彭之徒難駕馭者而諸王年並幼少縱其長大當陛下之日必無他心然卽萬代之後不可不慮自漢晉以來亂天下者何嘗不是諸王皆爲樹置失宜不預爲節制以至於滅亡人主豈不知其然但溺於私愛故使前車既覆而後車不改轍也今天下百姓極少諸王甚多寵遇之恩有過厚者臣之愚慮不唯

慮其恃恩驕矜也昔魏武帝寵樹陳思王及文帝卽位防守禁閉有同獄囚以先帝加恩太多故嗣主疑而畏之也此則武帝寵陳思適所以苦之也且帝子何患不富貴身食大國封戶不少好衣美食衣食之外更何所須而每年別加優賜曾無紀極俚語曰貧不學儉富不學奢言自然也今陛下以大聖創業豈惟處置見在子弟而已當須制長久之法使萬世遵行之

請勸賞疏

臣竊見流內九品已上令有等第而自比年入多者不過

中上未有得上下以上考者臣謂令設九等正考當今之官必不施之於異代也縱朝廷實無好人猶應於見任之內比較其尤善者以爲上第豈容朝廷之士遂無堪上下之考者朝廷獨知貶一惡人可以懲惡不知褒一善人足以勸善臣謂宜每年選天下政術尤最者一二人爲上上其次爲上中次爲中上其次爲上下則中人以上可以自勸

諫公主晝婚疏

臣聞朝謁以朝思相見也講習以晝思相成也燕飲以昃

思相歡也婚合以夜思相親也是以上下有威內外有規動息有時吉凶有儀先王之教不可黷也今陛下欲謀其始而亂其紀不可爲也夫卜筮者所以定猶豫決嫌疑若黷禮慢經先王所不用也

請簡擇縣令疏

理天下者以人爲本欲令百姓安樂惟在刺史縣令縣令旣衆不可皆賢若每州得良刺史則合境蘇息天下刺史悉稱聖意則陛下可端拱巖廊之上百姓不慮不安自古郡守縣令皆妙選賢德欲有遷擢爲將相必先試以臨人

或從二千石入爲丞相及司徒太尉者今朝廷獨重內官縣令刺史頗輕其選刺史多是武夫勳人或京官不稱職方始外出而折衝果毅之內身材強者先入爲中郎將其次始補州任邊遠之處用人更輕其材堪宰莅以德行見稱擢者十不能一所以百姓未安殆由於此

謝偃

偃衛州衛人。本姓直勒氏。貞觀初應詔對策高第。歷高陵主簿。十一年穀洛溢。詔求直言。偃上封事。擢宏文館直學士。拜魏王府功曹。府廢。出爲湘潭令。

述聖賦

臣聞立極著紀之初。闢乾開歷之始。上所以分垂象曜。下所以疆括地里。惟大人之有作。越百代而孤峙。飛五位以龍奮。騰九萬而鵬起。曩者炎運將終。鼎命云絶。四溟波駭

八維幅裂。羽檄交馳。邊烽並爇。長星夜掃。陣雲朝結。莫不望壁壘以靡旗。對轅門而亂轍。故得百城冰潰。千里煙滅。固靈命之有在。乃慷慨而投袂。驅八駿以雷擊。馭六飛而電逝。騰星劍以外倚。振雲鋒而高彗。既後事而先謀。亦先勝而後制。兵有臨而必剋。功無往而不濟。龜策叶以符兆。人神應而合契。諒包頊以駕軒。實孕皇而育帝。足以光燭千祀。足以祚隆萬世。於是戢兵偃武。銘功紀勳。採三代之逸經。刊八方之遺籍。搜隱遁於林藪。訪棲遲於巖石。然後調玉律以定時。測金儀而考歷。符洛下之前驗。嗣容成之絶迹。若夫流惠澤於瀛表。被仁風於區外。窮八際以來庭。踰九譯而浹會。莫不削衽而崇禮樂。解辮而襲冠帶。參兩曜以齊明。混二儀以稱大。信一人之致感。實萬方之攸賴。聖皇以令叶先甲。時惟仲春。乃整法駕。馭華輪。六軍雷動。萬乘星陳。臨濁河以北眺。指清洛而東巡。乃升雲闕。俯天津。朝萬國。禮百神。琛賮咸集。要荒畢臻。夫其地也。據三川以設險。憑四關而作固。總奔湊於八方。測圭影於中度。既定鼎於周業。亦克昌於漢祚。望嵩巒之邐迤。臨崤坂之迴互。所以仰叶辰象。所以俯清天步。若夫削靈巖以表闕。疏

清派而爲池。極皇居之壯麗。窮大廈之宏規。抗修廊之窈窕。屬輦道而逶迤。夕霞臨而錯落。晨光照而陸離。至如雲觀晨開。風亭夜敞。迴長飆於輕翼。凝濃露於仙掌。沈落月於璧臺。挂奔星於珠網。羅紈飄而散馥。環珮動而流響。垂密葉於綺窗。散飛花於翠幌。復有天池濛氾。以嬉以遊。鼓輕櫂。漾仙舟。蔭喬木。鏡清流。魚鳥陵亂。蘋藻沈浮。控飛梁以架迥。列層閣以環洲。漬檀欒之修竹。映迢遞之危樓。風未生而葉動。景將昃而光收。若夫瑞草奇色。祥樹嘉名。霏紅曜紫。垂緗拖青。或玲瓏於玉砌。或點綴於金楹。交九衢

而結影分四照以開榮浥朝露而逾馥帶晨風而更輕於是登崇觀以周覽闢層軒而遐矚樹含嶺而共青草帶原而同綠俯八紘而非遠顧千里而爲局飛霞斂而復舒輕烟斷而還續既神怡以情暢乃遣累而思足聆天籟之晨響想鳳簫之夜聲窺蘘雲之朝散思鶴蓋之後淸挹大位而不寶脫萬乘而爲輕訪眞人於姑射問至理於廣成志眇眇以遐顧心遥遥而上征踐太微之崇閣闢閶闔之天扃拖紅旗於絳闕翼芝蓋於紫庭咀靈一作沖氣而還壽吸元液以駐齡若夫北瞰太行南臨少室積峯遠而逾翠重

巖隱而復出乍鬱律以干霄又岧嶤而槩日松翳空而難辨鳥翔高而易失屬天下之無事聊逍遥以自逸方欲登日觀以摐金覽云亭而竚蹕於是凝聖情以遠慮思成敗於終古美揖讓於有虞壯成功於大禹恥用兵於中冀鄙窮戰於丹浦每有違於汝弼恒知失而思補乃命促苑囿散積聚改制度易規矩削侈麗於樓臺崇質素於階宇仁好生而必遂德無貰而不輔習嘉禮於玉帛和大樂於鐘鼓上可以降集羣瑞下可以安懷率土惟聖作之可觀實萬物而斯覩顧微臣之庸朽濫叨選於詞林恒戒盈以獻賦每規過而進箴幸天地之覆載欣日月之照臨豈窺入而識象寧測海而知深徒望雲以考澤空就日而傾心漸九皋而戢翰望天路以揚音美皇運之方永嗟頹齡之遽侵顧鴻恩之未答徒頌德以長吟

惟皇誡德賦并序

臣聞理忘亂安忘危逸忘勞得忘失此四者莫不皆然是以夏桀以瑶臺瓊室爲麗而不悟鳴條南巢之禍殷辛以象箸玉杯爲華而不知牧野白旗之敗故當其盛也謂四海爲己力及其衰焉乃匹夫之不制當其信也謂天下爲

一心及其疑焉則顧盼皆爲讎敵是知必有其德則誠結戎夷化行荒裔苟失其度則變生骨肉釁起腹心矣是以爲人主者不可忘初處殿堂則思前主之所以失朝萬國則思今己之所以貴巡府庫則思今日之所以得視功臣則思其爲己之始見名將則思其用力之初苟弗忘舊則人無易心則何患乎天下之不化故朝行之則爲堯舜暮失之則爲桀紂豈異人哉其辭曰

周墳籍以遐觀總宇宙而一窺結繩往而莫紀書契來而可知惟皇王之迭代信步驟之恒規莫不慮失者常得懷

安者必危是以戰戰慄慄日慎一日守勤守儉去奢去逸外無荒禽內無荒色唯賢是授唯人斯恤則四王不足五六帝不足七（一作三皇不足六五帝不足十）若夫恃聖驕力狠戾倔彊忠良是棄諂佞斯獎構崇臺以造天穿深池以絕壤厚賦重斂積寶藏鏹無罪加刑有功不賞則夏桀可二殷辛易兩在危所恃居勿忘想功臣無逐故人無放放故者亡逐功者喪四海岌岌九土漫漫覆之甚易存之實難是以一人有悅萬國同歡一人失所兆庶俱殘喜則嚴寒為熱怒則盛夏成寒一動而八方亂一言而天下安舉君過者為忠

述主美者為佞苟承顏以順旨必蔽視而掩聽動雖非而謂神言縱失而稱聖故曲者亂直邪者醜正改華服以就紫變雅音而入鄭雖往古之軌躅亦當今之龜鏡崔巍龍殿赫奕鳳門包四海以稱主冠天下而獨尊既兄日而姊月亦父乾而母坤視則金翠溢目聽則絲竹盈耳信賞罰之在躬實榮辱之由己謂羲皇而易匹言堯舜之可擬驕志自此而生侈心因茲而起常懼顛而懼覆必思足而思止勿忘潛龍之初常懷布衣之始在位稱寶居器曰神鼓鐘庭設玉帛階陳得必有兆失必有因一替一立或周或

秦既承前代當思後人唯德可以久天道無常親

觀舞賦

惟欽明之昌運應靈圖而嗣籙紐三代之離術正千齡之差踳可以治定制禮可以功成變樂實磐石之攸寄固維城之斯屬欣微生之多幸濫高選於名藩列通籍之渥惠承置醴之殊恩晨曳裾於東閣夕侍宴於西園於時霜氣斂露夜景澄廓雲撤層臺煙銷連閣流月華以昭燿間星文而灼爍巖桂偃而未彫宮梧紛而就落於是羅薦周設黼帳高舒露凝珠網風清玉除烟浮輝於緹幕燭籠光於

綺疏爾乃咀清哇揚激徵金石奏絲桐理奇調間發新聲互起促宴洽而忘疲歡情暢而未已於是燕餘齊列絳樹分行曳綃裾兮拖瑤珮簪羽釵兮珥明璫擢纖腰之孤立若卷旌之未揚紆脩袂而將舉似驚鴻之欲翔退不失倫進不踰曲流而不滯急而不促絃無差袖聲必應足香散飛巾光流轉玉若乃巴姬並進鄭媛俱前對席齊舉分庭共旋乍差池以燕接又颯沓而鳧連止有餘態動無遺妍似兩豔之同發類雙花之偶然進止合度俯仰若一節緩則顧遲唱速則迴疾殊姿異制不可殫悉若夫金翠的皪

緗綺參差方趨應矩圓步中規飛鈿雪落頹鬟雲垂舒類飛霞曳清漢屈若垂柳縈華池旣而曲變終雅奏闋清角止流商絕頓華履以自持整文袿而竚節始綽約而迴步乃遷延而就列於是君王悠然懷古怡然自適遷思迴慮弛縣改夕揖摛藻之賓引良談之客然後討覈八索詆訶六籍語妙則衆絕希夷論遠則覦窮開闢議先哲之往軌考前王之餘迹方欲革登封之頌勒云亭之石與日月而齊明同天地之不易

聽歌賦

君王以政隙務閑披翫餘日闢華軒以遐想臨風庭而自逸於是屏青編收縹帙息柔翰韜雅瑟情廓志遠慮靜神謐於時日下梧宮陰清竹殿鮮雲始發光風初扇餘霞未斂殘虹猶見玉笋旣陳蘭肴乃薦登龍閣而騁目臨曲池而遊眄於是徵趙女命齊倡動瓊珮出蘭房橫寶釵而耀首靚鉛華而飾粧低翠蛾而斂色睇橫波而流光聲欲伸而含態氣未理而騰芳乍連延以爛熳時頓挫而抑揚始折宮以合徵終分角而扣商掩餘韻於雕扇散輕塵於畫梁若夫振幽蘭飛激楚俯仰豔逸顧盼容與其繁會也類春禽振響而流變其微引也若秋蟬輕吟而曳緒似將絕而更連疑欲止而復舉短不可續長不可去延促合度舒縱有所聽之者慮蕩而憂忘聞之者意悅而情抒歌未終君王乃喟然歎曰夫樂者所以通神明節情欲和天地調風俗觀往代之遺風覽前賢之軌躅莫不治亂斯在興亾攸屬是故聖人以爲深誡君子以之自勗於是放鄭衞引鄒枚臨廣苑陟崇臺肆東平之樂包天下之大盛矣美矣優哉游哉

明河賦

月初迴於夕陽日夜沒於天綱步庭砌以游衍覺雲霄之杳茫氣象萬殊緬星河而盡列光輝一道羅銀漢之靈長徒觀其粲兮如磋潔兮如磨明月照而不失其素飄風驚而匪揚其波莫測其深含天際之四氣莫度其遠掩人間之衆河及夫歲入三秋勢直千里度龍駕而容曳構鵲橋而迤邐霞妝星靨知婺女之不如雜珮明璫必姮娥之相似七夕作之以良會羣方於是而仰止固能流不可準涯不可度旣莫見乎端倪亦焉知其厚薄夫其爲謙也太陽曜而不爭其光夫其爲德也巨海枯而莫之能涸奪凝霜

之漫漫方白石之鑿鑿居崇高而不危體虛無而自若名連地脉影雜天文當齊夕而逾曉凝微雨以暫曛明白可稱則皓如曳練正平可繩亦矗似長雲亘紫極以斜轉橫碧空而中分吐霄光而澹灩含曙色而氤氳將欲問之於槎客如何欲決於嚴君

高松賦

登靈岳以遊目極千里兮周睇盡山川之重沓容雲物之詭怪何兹松之挺茂擢脩幹於孤林映丹霄而有葉淩青霞而矯心前絕萬仞却倚千尋俯崢嶸之深谷仰迢遞之

層岑霏夕煙而曖景度神飈而流音若乃月起陽交歲窮陰律冱地冰厚周空霧密雪積巖而逾峻風乘林而轉疾結晻靄之愁雲黯蒼茫之寒日於是衆草零羣木墜千巖槁萬嶺悴獨潔固而不渝常猗猗而結翠始見貞而表潔乃以叢而辨類夫其深山遂性委液流津感天地之粹質稟陰陽之精純根含冰而彌固枝負雪而更新旣無懼於元月寧有悅乎芳春含奇文而養勁收高節而自珍恥取婉於嵇子嗤受封於亾秦本絕希於雕刻詎有憂於斧斤若乃流膏可咀嘉賓可薦香有四飛味逾九轉延促齡於度隙駐生涯於流電故餌之者目改服之者容變紛羽翼而上騰排紫虛而高廓起九垓而憩息周四海而顧盼信神經而最品實秘錄而精選嗟美材之無用悲側路之嶮巇動跬步而致阻投一足而必危傷拙目之衆毀慨名工之獨知仰徑寸而靡及屈百尺而自卑縈白雲以舒蓋接丹桂而交枝凝暉遠而澹景纖羅挂而輕颸窮萬祀而不異歷千秋而不萎豈兹木之足歎亦前賢之所規何吾生之命舛懷丹誠而莫披心炳朗而無報情蕩滌而不羈任儻來之否泰委元運之遭隨戢輕翮而未舉踠逸足而莫

馳實未榮而先息寧泛駕而致疲誠責躬而咎已豈藏瑕而掩疵恒怯進而勇退每知雄而守雌庶比兹以自勖履貞固而不虧

影賦

何物類之實繁各異形而辨色惟兹影之靈化獨元姸而莫測若乃體無定質應變隨方因物成象不拘厥常苟圭表之有度信天地之可量同寒暑之延促故夏短而冬長在清明而必朗若晦濁而斯亾同至人之隱顯類君子之行藏若夫長短侔形曲直應質細故則一毫必具大物則

萬象無失並片魚而爲比偶孤鳥而成匹帶秋林而暫疎含春樹而還密將度雲而俱遠與奔駟而同疾至如景霽氛收波清風止平湖數百澄江千里有象必圖無物不擬羣木懸植叢山倒峙崖底天迴浪中霞起咸巨細其若一各委曲而相似窺之者莫測其淺深尋之者罔知其終始苟煙霞之可乘何神丹之足鍊流金液以命酌指玉京而高宴含虛無以成體故日中而不見同希夷以寂寞何罔兩之能瞻若夫往來絕跡出入無間走不可避速不可捐非可以智察難可以理詮向夜月而處後背朝日而居前

何變化之無定同瞻之而忽焉安仁覽以生悲士龍觀而興笑孫惠顧以致悚田巴臨而獨照想古人之遺烈一作形哀吾生之不劭守愚直以固窮無明晷以求効歲月忽其代序斑鬢倏而改貌誠既往而莫追徒鑒流以自弔若夫色動秋水光澄鍊金翠羽朝映珠星夜臨近看若淺遠矚如深信不入而疑入實非沈而似沈既寄形於流豔又匿跡於凝陰類聖人之無已以萬物而爲心福應善而斯臻禍緣惡而必至念全德以守一思改過而無二寧受屈以懷道不求伸以邀利庶履危以自勗終餘年而不墜苟刑綱之所加雖在親而無肆誠言行之可錄縱居嫌而勿棄必取舍而無私故捫心而不愧獨水鏡之鑑物窮妍媸而莫祕誠斯道之可寶請貽戒乎在位

塵賦并序　應魏王教

余執性介直動多違忤茲讀老子至和光同塵竊有慕焉因而賦之

伊大噫之煽物氣無擊而不揚惟茲塵之宜昧何動息之順常若乃寄形大颷託質厚地倏爾而往忽焉而至乍徘徊以上騰或飄颻而下墜起彼集此不失厥位居無不安

涉無不利似達人之推理任逍遙以自肆若夫陰風發陣雲屯鼉鼓震紅旗翻千乘動萬騎奔中原以之黷色白日爲之晝昏其興也勃其息也漸或聚或散乍舒乍斂細不可捨輕不可掩蒙籠篋笥冪歷茵簟隨時無競應物不違值細雨而暫息逢輕風而復飛靃靃靡靡雰雰霏霏將晨軒而並出與暮蓋而同歸任動靜而無累似識變而知機若夫拂珠履生羅襪積菱鏡而鸞沈下雕梁而歌發散瓊臺而類粉布玉階而似雪掌鳳輦於銅衢翳龍媒於金埒有動必隨一作發無空不遍出入青瑣遊揚紫殿流細影於

迴裾亂浮香於舉扇隱洞房而難覩因隙光而可見旣洋溢若浮煙又散漫如流霰至如化衣京洛鍊石仙家色侔雨壤影若飄沙逐奔蹄而起亂隨驚輪而飛斜近則昏阡蔽陌遠則晦景韜霞疑竊食於顏子先甘餌於元蚍惟紛吾之孤介驟萍流而蓬徙旣守愚以周直每受訕而招毀屢空范丹之甑時臥李恂之被未齊物於莊生庶同塵於老氏

玉牒眞記

粤一氣未分之前二儀肇闢之始綿哉邈矣固無得而稱

焉洎乎立極斷鼇補天煉石三光抱石之帝九色乘雲之皇龜文發而八封成鳥跡命而六體備於是書契著焉文籍興焉是以褒貶定於一言美惡在乎千里或揖讓以崇文德或干戈而擅武功雖五運代昌三正更襲質文殊軌馳驟異規莫不詳諸典策可備而言矣爰自近代迄乎周秦兵革迭興英雄互起假名竊號者三分有二干紀亂常者十居其九是以八維幅裂四海瓜分玉璽稱王金陵謀帝重以中原塗炭戎羯憑陵衣冠禮樂掃地將盡數百年間未聞正朔我聖王之受命也則九服翹心三靈竚睠振乾維以綴象舉地絡以籠人曩者炎運將終九域淪陷於是披丹霄而軒鵬翼駕元海而截鯨鱗俯拔嵩華仰迴星漢納風雲於懷抱鼓雷電於胸臆流雕矢於日谷橫大劍於天外所以八狄乘風九夷請朔固可以包鎮虞夏跨躡殷周於是體天制作順時立極進力牧於沮澤求風后於海隅所以三傑並臻十亂咸集故能佐命垂統飾化開業也所以神功茂績通幽洞冥反無爲於上皇復淳朴於太素是以歌五英則八風順奏六德則百獸舞至於素毳丹羽極飛走之祥赬莖華叢窮草木之瑞天無所秘地無所

隱圖史所莫紀篆諜所未詳莫不昭晰相暉紛綸交映充庭滿囿盈郊洽野豈止二氣運而景星出三文著而神鳳儀而已哉於皇上帝於始月首日乃負斧扆御華軒駐金根陳玉輦千門旣啟萬國咸萃金石備列琛贐畢陳於是九司三事羣公百辟相與端紱理纓趨而進曰臣聞惟天爲大聖人所以取則謂地蓋厚皇王所以受圖是知仰觀俯察明靈斯在上戴下履福應攸歸莫不順之者獲昌違之者致咎臣竊聽邃古遐觀往諜睿君哲主無易茲道雖復七十二代書契莫可至於登介邱基厚地建顯號施尊

名展禮告成其義一也此乃百王之壯觀萬古之丕業昔齊桓以三代之功處諸侯之位尚睥睨梁甫睠顧太山況乎扼四海吞萬國寵九域括八荒如何湮沒而無聞哉夫登封者所以易姓奉繼興絕崇功不可闕也是可闕也則神可誣而天可欺矣今陛下乃欲貶惡百靈拒絕羣議虧歟眞紀昧茲懿德使泰山指望梁甫失幸金繩脫檢玉牒收文瑞日潛暉德星晦色此非所以發榮舒德應天順時垂裕百代激流千祀者也臣等盡慮悉心不敢奉詔胸計腹議切欲獻忠往者九章淪次五緯失方遂令歸餘爽終

履端乖始陛下既考之以玉律又則之以金儀定千載之差辰正百王之廢朔符落下之明驗復容成之妙旨此又聖德之盛也伏願陛下上祗天庥下順坤德叶羣神之望從億兆之心清蹕云亭鳴鑾岱岳肆射牛之禮展大澤之詩垂紺幄而佇羣神謁紫壇而陳衆瑞使白雲朝起靈光夜燭應千齡之期流萬歲之響則四溟受福天下稱泰臣等敢資靈貺合符瑞之至極願以固請於是乃凜然動色曰過乎何辭之飾也朕聞惟德弗逮罔有克惟言弗審罔有徵觀乎周漢之苟進良足惡矣縱天命有在予將崇讓焉於是搢紳之徒俯而謝仰而頌德曰

明明聖範巍巍至德元化難名神功靡測上包乾象下括坤域五岳塵消四溟波息仁風綿泱惠澤下霈船海極琛梯山窮貝九譯同德萬里齊信宿彗收芒朝雲解陳階蓂晦落庭軼晨鮮氤氳和氣蕭索非煙輪重璧合星次珠聯鴻名始茂景祚方延霧闢雲岸霞褰日觀山川致祇人神叶贊靈貺凝祥光華啟旦播美貞石馳芳柔翰德盈彌損道積逾沖禮成思大樂變推功讓爲政始益寡謙終千齡展美萬古承風

正名論

有宏文先生稟氣沖和資靈傑秀理在微而必察言無賾而不探加以體局凝沈風骨峻遠縱班馬而高出嗣顏冉而委蛇於時日暖朱墀風清紫陌長廊赫奕高閣陰岑先生方該祕紀於千載釋疑滯於萬古於是席長筵列髦俊散縹帙布青編簪纓畢萃綺紈咸集乃有以司鎧丈人戎服而至蓬首垢面頰削背傴左挈戟右提鞬頳汗蒙塵不讓而坐先生逆而目之顧而誚曰夫杖者位之基器者名之實苟有叨竊咎悔必臻當今天下文明會昌御運舉宇

宙以籠物馳日月而燭幽居槪盈朝鵷鷺成列是以鳴玉曜輝者恥方於周召披堅執銳者羞比於韓彭至於採擇人倫捃摭要言有美斯遠在器無假文武異容正位辨方朱紫無雜任能授用咸得其所是以山無逋客野絕遺賢方欲闡文儒銷鋒刃陳俎豆散牛馬肆志於禮場遊心乎文囿大啟石渠之署廣開天祿之門搜寰內之琳球擢天下之杞梓旅之於東觀會之於北闕考往聖之遺逸正先賢之紕紊欲令微言隱而更顯至德晦而復明然後草封岱之儀備射牛之庭今子齒既盡矣形又槁焉上不敢貢

策獻奇析珪分祿下不能收視反聽養眞存神以螢燭之末光而方增耀於日月涓滴之微潤而欲擬浸於江湖其於餘生固亦勞矣猶不免佩弦荷箙坐甲操鋒見長劍而折腰對危冠而屏氣以茲疲朽預此戎班點汚我文門虧辱我宰塾顧瞻傳素能不恧乎丈人於是俯而慙仰而謝逡巡避席斂衽而對曰僕聞用舍時也窮達命也物固有欲而不可棄此蓋有力者走之豈在吾之所筭也且夫苟非其用則周孔無以措其心當其所能則犬馬猶足効其力今請正名改服從子而遊可乎先生曰噫子其不言幾失子矣苟能易位余何簡焉

愚夫哲婦論

昔有愚夫者家本大賈積貲巨萬既生豪門長乃潤屋所以衣必極麗食必窮珍而稟性頑嚚不閑貨殖既而父終兄喪生計歸之每有貨易動多遺利其妻敏而有識常思歎曰若此子家貧無日矣夫常市珠及玉所費萬計唯獲燕石魚目而還妻覩而誚之曰此非眞也何失鑒其若是乎於是愚夫乃作色虬鬚攘袂瞋目顧而呵其妻曰吾訪肆人皆云美玉也問諸闤吏咸云美珠也吾固先訪而後

市先問而後買豈吾不擇而擅取哉其妻怒而復曰夫玉石異體珠目殊狀雖色類相似而明潤懸絕但子愚昧未詳耳若使人言是而隨是之人言非而隨非之此卽取捨在彼子何預焉故有離珠之目者不可惑之以色有師曠之耳者不可惑之以音今若問人而後識者此乃聾瞽之事也豈有耳目者所爲哉於是夫妻怨競累日不息時隣家有寓居遊士聞而歎曰誠哉哲婦之言可謂信而有徵

可汗山銘

維貞觀十三年歲在己亥二月甲戌朔八日辛巳聖唐大

使右武衛大將軍慕容寶節度副使朝散大夫任雅相等肅奉明詔冊授大單于眞珠毗伽可汗嫡嗣爲肆葉護可汗安懷率土。廓裁宇外。曩者隋歷旣終。九域淪覆。天資聖明。光啓有唐。而頡利背恩。虐我邊域。是以輕賫電發。直掩虜庭。驅縱驍雄。奔放忠烈。百弩俱彀。萬鋒齊舉。鞭雷鼓霆。動天維於上。拔山蹴岳。移地軸於下。雲騎騰盪。則川野晝昏。風旗揚曳。則辰離黷色。擒谷蠡於谷口。曾未崇朝。斬日逐於轅門。景不移晷。龍庭柳塞之外。煙滅雲銷。瀚海天山之前。波澄霧卷。上以震皇威於萬葉。下以安億兆於千齡。

雖有靈祇贊我有唐。亦所以恢崇令單于地一作也。是以萬里齊契。四海同規。始驗秦防徒營。漢城虛築。在德非險。皇哉唐哉。勒石紀功。騰聲不朽。詞曰。

振天威兮橫朔方。星劍騰兮虹旗揚。窮絕漢兮越幽荒。拜單于兮冊名王。歷千載兮聲彌光。

竇靜

靜字元休。贈司空抗子。武德初累轉幷州大總管府長史。檢校幷州大總管。太宗朝授司農卿。封信都縣男。改夏州都督。再遷民部尚書。卒諡曰肅。

論頡利部衆不便處南河封事

臣聞夷狄者同夫禽獸。窮則搏噬。羣則聚麀。不可以刑法繩。不可以仁義教。衣食仰給。不務耕桑。徒損有爲之甿。以資無知之虜。得之則無益於化。失之則無損於時。然彼首邱之情。未易忘也。誠恐一旦變生。犯我王畧。愚臣之所深慮。如臣計者。莫若因其敗亾之後。加其無妄之福。假以賢王之號。妻以宗室之女。分其土地。析其部落。使其權弱勢分。易爲羈制。自可永保邊塞。代爲藩臣。此實長轡遠御之道。

盧士牟

士牟貞觀初官河南府伊陽縣主簿

段干木廟記

陝之芮東有祠署於道曰魏文侯師段干木廟。謹按史傳語。文侯過其廬必式。呂覽云。秦攻芮。司馬康以先生深諫其君。又按圖經云。先生以原上草廬中高枕而臥。秦遂解兵。昔子貢救魯。挾辯詐。扶危主。然後僅而獲免。豈若先生靡勞師徒。曠然晏息。而國不加害。民受其賜。誠以德充氣融。道義純備者矣。貞觀元年秋八月七日。將仕郎前守河南府伊陽縣主簿范陽盧士牟載想遐蹤願誌遺廟銘曰鼎河在南中條在北洪河橫流以紀魏國天地淑靈山澤粹精惟公克生爲魏之楨鄰不加兵民用舒寧秦號虎狼役厲重傷毒螫斷斷侵軼西強瞻我仁人沛然知方以義以暴以柔以剛善師不陣古稱至德先生晏然婆娑偃息蓬居草廬是敬是式比彼干戈俄成禮則士之生世人爵爲貴功成不居惟德之懿士之避土或蹈遐裔公則靖民以義爲利我行其野祠宇巋然播詠仁風精誠若傳條山如礪河水如帶先生之德永永不昧

張神安

神安貞觀中上大將軍

唐貞觀銅鐘銘 幷序

蓋如如實際性相平等念念虛假緣業萬殊是以導之以解脫禮樂未之泯誨之以究竟象繫所不言鄜州寶室寺上座羅漢等漏茲獨善府宏六度不捨羣生服膺四攝以大唐貞觀三年攝提在歲蕤賓御律景丁統日已巳司辰用銅三千斤鑄鐘一口法天地以爲鑪假飛廉而扇炭尅飾牟造化巧麗若神工感蜀山而自響擬漢厝而遠聞挺弗能發理切含宏扣而斯應義均虛受聿警四部式遵六時未假于箭漏靡資於雞鶴懺誦顧而有節精進因而無怠方諸几杖小大之用既殊譬以盤盂洪纖之理多裕輒緣斯義乃爲銘曰

眇眇三界悠悠四生愛染有著沈沒無明法輪覺夢慧炬照冥大空罔得微妙焉名無爲不住有爲不盡去彼常樂來深慈愍然頭拯救靡足汲引且戒且禪或檀或忍爰造洪鐘晨昏取則和會攸仰禮懺無忒並航欲海俱遊西國開物成務是鑴是勒

張行成

行成字德立定州義豐人隋大業末察孝廉爲謁者臺散從員外郎後爲王世充度支尚書世充平以隋資補宋州穀熟尉應制舉乙科授雍州富平縣主簿補殿中侍御史累遷侍中兼刑部尚書高宗朝封北平縣公拜左僕射太子少傅永徽四年卒贈開府儀同三司幷州都督謚曰定

諫太宗書

有隋失道天下沸騰陛下撥亂反正拯生人于塗炭何周漢君臣之所能比擬陛下聖德含光規模宏遠雖文武之

烈實兼將相何用臨朝對衆與之較量以萬乘之尊與羣下爭功哉臣聞天何言哉四時行焉又聞汝惟不矜天下莫與汝爭能臣備員樞近非敢知獻替之事輒陳狂直伏待葅醢

請太子監國疏

伏承皇太子從幸靈州臣愚以爲皇太子養德春宮日月未幾華夷遠邇佇聽嘉音如因以監國接對百寮決斷庶務明習政理既爲京師重鎮且示四方盛德與其出陪私愛曷若俯從公道

高若思

若思太宗時人

勸封禪表

伏願褰旒寫照洽羣請於帝俞闡纘垂矜遂微懇於人欲騰茲璽誥激彼天波徵萬玉以警途詔八神而弭節藉江茅而陳鄗黍飾蒼璧而奠黃琮馳萬歲以飛聲接九重而娩美使編珠毓晛開麗邑於金泥觸石凝禎蕩浮華於石礒式昭昌祚永播鴻名凡在生靈義深聳踴

楊師道

師道字景猷宏農華陰人隋末自洛陽歸高祖授上儀同爲備身左右尚桂陽公主累轉太常卿封安德郡公貞觀朝遷侍中轉中書令二十一年卒贈吏部尚書幷州都督謚曰懿

聽歌管賦

爾乃闢飛閣之臨空望雕梁之架虹奏東城之妙曲命南荆之結風莊華豔於朝日長袖曳於芳叢度參差以儀鳳響嘹亮之驚鴻伊小臣之庸瑣預恩私之嘉宴聞仙管於帝臺聽鈞天於蘭殿悵崦嵫之易晚惜宮羽之難遍撫長笛而多慼覽洞簫而興怨徒隸齒於羣龍信庸音其已薦

李君政

君政貞觀七年行宋州參軍武縣尉

宣霧山鐫經像碑

高士李惠寬趙郡象城人也皐陶之後左車之允盤石之宗連華帝籍生而達理長而悟元齠齔之年蔡伯喈聞而趨步猗嗟之歲王平子見而絕倒洞徹若空之理偏知物我之義爲半句而燔兩臂爲一偈而燒七指尸毗割肉噬捶捨身方之厲行畧無差等加以飡松却粒卧石漱流夏

則編草爲衣冬則引茅自覆形體雖殘不以爲苦謗訕雖至不以爲失猛獸去骨未足稱奇野鳥來巢詎將爲異屬有隋失馭區宇分崩百郡則杼軸皆空千城則骸骨俱滿龍驚鵠退豕突鯨吞蕞爾灌然聲噭蕩蕩惠寬及於華巔早遇太平不恡身形共崇福業洎粵若稽古大唐仰握天鏡俯案地圖應期接統濡足授首據八十一萬之分承七十五代之君類大庭華胥之時同尊盧祝融之日惠寬荷皇穹與善素樂獲從值聖人既作萬物咸覩以武德六年四月八日乃於此山報國修立龕巖爲室鐫石造賢刼千

佛法華經一部營搆浩大神靈護持就使百億須彌未有若斯修福者也其南則臨柏縣龍興避地之所北帶茅山鶴駕遊天之處東則神泉洶湧遠遶滄波西則低水漲瀑近連翠鎮彌亘千里控帶百川邐迤河南之垂徘徊冀北之際下籠金闕上跨玉京既達退食之墟又接還簪之境如來眞範徧滿巖崖修多妙旨週迴嶺岫長松映彤庭之彩文石晃紫金之像因竹林而起精舍爲檜樹而製香爐雲物浮沈恒過鹿野烏兔來往直指鷲山窻戶平接星宮梁棟斜通月殿既類從天化成又若因地湧出名僧搖錫遠邑爭來德士褰衣他方並至於是使持節上柱國本州諸軍事定州刺史定州都督相州總管杭州刺史光祿大夫呂國公士洛佐命心膂幹國爪牙王白廉李之流絳灌樊滕之轟飛旌河朔疊鼓恒陽發摘既類秋霜仁明復同春日六條布德志洽弟兄十部垂恩情深岵屺魚懸積在百姓興五袴之歌鴈至鹿駢四民發兩岐之詠恭敬三寶回向十方脫捨財帛減徹車馬遂與惠寬共營此福大宏妙規深啟檀度伯仁縣令嚴雄撫宰百里清肅一圻迹同遷蝗治侔馴雉精誠信向經始伽藍勸課丹青修飾經像

雖目連之神通敏給文殊之智慧莊嚴嬔此尊崇實爲儔類有宿士李長欽李士羅李希哲李明朗牛孝祖等並鄉社髦乂里閈清修愛法念道奉善樂施惟昔微功少效尚載景鍾細事磨言猶書甫鼎況布金重意剖骨殷心用樹高碑期傳來業

欽定全唐文卷一百五十七

李師政

師政上黨人貞觀朝爲門下典儀

内德論

若夫十力調御運法舟於苦海三乘汲引坦夷途於火宅勸善進德之廣七經所不逮戒惡防患之深九流莫之比但窮神知化其言宏大而可警去惑絕塵厥軌清邈而難逃華夷士庶朝野文儒各附所安鮮味斯道自非研精以考眞妄沈思而察苦空所以立匪石之信根去若網之疑

蓋遠則淨名妙德宏道勝而服勤近則天親龍樹悟理眞而敦悅羅什道安之篤學究元宗而益敬僧叡慧遠之歸信迄皓首而彌堅邁士安之淫書甚宣尼之翫易千金未足驚其視八音不能改其聽聞之博而樂愈深思之深而信彌篤皆欲罷而不能則其非妄也必矣哉我皇誕膺天命宏濟區宇覆等蒼旻載均厚地掃氛祲清八表救塗炭寧兆民五教敬敷九功惟敘總萬古之徽猷改百王之餘弊搜羅庶善崇三寶以津梁芟夷羣惡屏四部之稊莠遵付囑之遺旨宏紹隆之要術功德崇高昊天罔喻但搢紳之士祖述多途各師所學異論鋒起或謂三王無佛而年永二石有僧而政虐損化由於奉佛益國在於廢僧苟明偏見未申通理博考興亡足證浮僞何則亡秦者胡亥時無佛而土崩興佛者漢明世有僧而國治周除佛寺而天元之祚未永隋宏釋教而開皇之令無虐盛衰由布政治亂在庶官歸咎佛僧實非通論且佛唯宏善不長惡於臣民戒本防非何損害於家國若人人守善家家奉戒則刑罰何得而廣禍亂無由而作騏驥雖駿不乘無以致遠藥石徒豐未餌焉能愈疾項籍喪師非范增之無筭石氏興

虐豈浮圖之不仁但爲違之而暴亂未有遵之而兇虐由此觀之亦足明矣復有謂正覺爲妖神比淨施於淫祀訾而謗之無所不至聖朝勸善立伽藍以崇福迷民起謗反功德以爲疵此深訕上非徒毀佛愚竊撫心而太息所以發憤而舍毫者也忝賴皇恩預霑法雨切磋所感積稔於茲信隨聞起疑因解滅昔嘗苟訾而不信今則篤信而無毀近推諸己廣以量人凡百輕毀而弗欽皆爲討論之未究若令探賾索隱功齊於澄什必皆深信篤敬志均於名僧矣師政學匪鉤深識不臻妙少有所聞微去其惑謹課

庸短著論三篇辯惑第一明邪正之通弊通命第二辯殃慶之倚伏空有第三破斷常之執見數之以羣言考之以衆善上顯聖朝之淨福下折淫祀之虛誹徒有斯意實乏其才屬詞鄙陋援證庸淺雖竭愚勤何宣聖德庶同病而未愈者聞淺譬而深悟也如藩籬之卉或蠲疾於腹心藜藿之餐儻救餒于溝壑若金丹在目玉饌盈案顧瞻菲薄良足陋矣

辨惑一

有辨聰書生謂忠正君子曰蓋聞釋迦生於天竺修多出

自西胡名號無傳於周孔功德靡稱於典謨實遠夷所尊敬非中夏之師儒逮攝摩騰之入漢及康僧會之遊吳顯舍利於南國起招提於東都自茲厥後乃尚浮圖沙門盛洙泗之衆精舍麗王侯之居既營之于爽塏又資之以膏腴擢修幢而曜日擬甲第而當衢王公大人助之以金帛農商富族施之以田廬其福利之焉在何尊崇之有餘也未若銷像而絕鐫鑄貨泉可以無費毀經以禁繕寫筆紙不爲之貴廢僧以從編戶益黍稷之餘税壞塔以補不足廣賑恤之仁惠欲詣闕而効愚忠上書而獻斯計竊謂可以益國而利民矣吾子以爲何如乎忠正君子曰是何言之過歟非忠孝之道也夫忠臣奉國願受福之無疆孝子安親務防災於未兆聞多福之因緣求之如不及覩速禍之萌柢避之若探湯國重天地之祈祈於福也家避陰陽之忌忌於禍也福疑從取禍疑從去人之情也忠之道焉子乃去人之所謂福取人之所謂殃豈忠臣奉國之計非孝子安親之方觀匹夫之自愛尚不反醫而違卜況忠臣之愛君如何勸殃而阻福乎何異採藥物以薦君而取農岐之所忌求醫術以奉親而反和鵲之深致彼勸取忌而

用毒良非慎重之至意施諸已而猶懼矣矧敢安於所天乎若夫廢宗廟之粢盛供子孫之魚肉毀蒸嘗之黻冕充僕妾之衣服苟求惠下之恩不崇安上之福恨養親之費饍思廢養以潤屋如此者可謂忠乎可謂孝乎且夫周棄宏播殖之效遂配稷以長尊勾龍立水土之功亦爲社而恒敬坊墉小益尚參八蜡之祭林澤微靈猶闕一獻之祀況夫三達無礙之智百神無以儔十方無等之尊千聖莫能匹萬惑盡矣萬德備矣梵天仰爲帝釋師爲道濟四生化通三界拔生死於輪迴示涅槃之常樂身光赫奕奪朗

日之流暉形相端嚴具聖人之奇表微妙元通周孔未足擬議博施兼濟堯舜其猶病諸等慈而無棄物可不謂之仁乎具智而有妙覺可不謂之聖乎夫體仁聖之德者豈為譎誑之說哉靜而思之蔑不信矣至如立寺功深於巨海度僧福重於高嶽法王之所明言開士之所篤信若興之者增慶益國不亦大乎敬之者生善利民不亦廣乎或小損而大益豈非國之所宜崇乎或小益而大損豈非民之所當避乎法眼明了觀福報之無量金口信實說咎因之不朽凡百士民皆非目見縱未能信其必爾亦何以知

其不然哉冥昧不可以意決深遠唯當以聖證豈不冀崇之福資於君父畏毀之累及於家國乎臣無斯慎於其君非忠臣也子無此慮於其親非孝子也子欲苟遂媢嫉之褊心不宏忠慎之深慮阻祈福之大緣毀安上之善業乃取咎之道也豈盡忠之義哉余昔篤志於儒林又措心于文苑頗同吾子之言論良由聞法之遲晚賴指南以去惑幸失途之未遠每省過而責躬則臨餐而忘飯子若博考而深計亦將悔迷而知返矣竊聞有太史令傅君者又甚余曩日之惑焉內自省於昔迷則十同其五矣請辨傅君之惑言以釋吾子之邪執傳謂佛法本出於西胡不應奉之於中國余昔同此惑焉今則悟其不然矣夫由余出自西戎輔秦穆以開霸業日磾生於北狄侍漢武而除危害臣既有之師亦宜爾何必取其同俗而捨於異方乎師以道大為尊無論於彼此法以善高為勝不計於遐邇若夫尚仁為美去欲稱高戒積惡之餘殃勸為善以邀福百家之所同七經無以易但褊淺而未深至齟齬而不周廣其恕己及物孰與佛之宏乎其覩末知本孰與佛之遠乎其勸善懲惡孰與佛之廣乎其明空析有孰與佛之深乎由

此觀之其道妙矣聖人之德何以加焉豈得以生於異域而賤其道出於遠方而棄其寶夫絕群之駿非唯中邑之產曠世之珍不必諸華之物漢求西域之名馬魏收南海之明珠貢犀象之牙角採翡翠之毛羽物生遠域尚於此而為珍道出遐方獨奈何而可棄若藥物出於戎夷禁呪起於胡越苟可以蠲邪而去疾豈以遠來而不用之哉夫滅三毒以證無為其蠲邪也大矣除八苦而致常樂其去疾也深矣何得拘夷夏而計親疏乎況百億日月之下三千世界之內則中在於彼域不在於此方矣　右辨佛出西胡

傅謂詩書所未言以爲修多不足尚余昔同此惑焉今又悟其不然矣夫天文歷象之祕奥地理山川之卓詭經脈孔穴之診候鍼藥符呪之方術詩書有所不載周孔未之明言然考之吉凶而有徵矣察其行用而多效矣且又周孔未言之物蠢蠢無窮詩書不載之法茫茫何限信乎書不盡言言不盡意何得拘六經之局教而背三昧之通旨哉夫能事必興於上古聖人開務於後世故棟宇易層巢之居文字代結繩之制飲血茹毛之饌則先用而未珍火化粒食之功雖後作而非弊彼用捨之先後非理教之敝

通豈得以詩書早播而特隆修多晚至而當替人有幼噉藜藿長飫粱肉少爲布衣老遇侯服豈得以藜藿先獲謂勝粱肉之味侯服晚遇不如布衣之貴乎萬物有遷三寶常住寂然不動感而皆遇化身示隱顯之迹法體絕興亾之數非初誕於王宮不長逝於雙樹何得論生滅于赴感計修促于來去乎　右辨周孔不言

傅氏謷老子而毁釋迦讚道書而非佛教余昔同此惑焉今又悟其不然也夫釋老之爲教體一而不二矣同蠲有欲之累俱顯無爲之宗老氏明而未融釋典言臻其極道若果是佛固同是而無非佛若果非道亦可非而無是理非矛盾之異人懷向背之殊既同衆狙之喜怒又似葉公之愛畏至如柱下道德之旨漆園內外之篇雅奥而難加清高而可尚竊常讀之無間然矣豈以信奉釋典而苟訾之哉抑又論之夫生死無窮之緣報應不朽之旨釋氏之所創明黃老未之言及不知今之道書何因類於佛典論三世以勸戒出九流之軌躅若目覩而言之則同佛而等其照若耳聞而放之則師佛而遵其說同照則同不當非於師則師不可毁謷道而非佛何謬之甚哉　右辨毁佛謷道

傅云佛是妖魅之氣寺爲淫邪之祀此其未思之言也妖唯作孽豈宏十善之化魅必憑邪寧興八正之道妖猶畏狗魅亦懼貓何以降帝釋之高心摧天魔之巨力又如圖澄羅什之侶道安慧遠之儔高德高名非狂非醉豈容捨愛辭榮求魑魅之邪道勤身苦節事魍魎之妖神又自昔東漢至我大唐代代而榮妖言處處而斷淫祀豈容捨其財力放其士民營魑魅之堂塔入魍魎之徒衆又有宰輔冠蓋人倫羽儀王導庾亮之徒戴逵許詢之輩置情天人之際抗迹煙霞之表並稟教而歸依皆厝心以崇信豈容

尊妖奉魅以自屈乎良由觀妙知眞使之然耳又傅氏之先毅字武仲高才碩學世號通人辯顯宗之祥夢證金人之冥感釋道東被毅有功焉竊揆傅令之才識未可齊於武仲也何爲毀佛謗法與其先之反乎吳尚書令闞澤對吳主孫權曰孔老二家比方佛法優劣遠矣何以言之孔老設教法天以制不敢違天諸佛說教諸天奉而行不敢違佛以此言之實非比對愚謂闞子斯論知優劣之一隅矣凡百君子可不思其言乎夫大士高僧觀於理也深矣明主賢臣謀於國也忠矣而歷代寶之以爲大訓何哉知

其窮理盡性道莫之加故也傅氏觀不深於名僧思未精於前哲獨師心而背法輕絕福而興咎何其爲國謀而不忠乎爲身慮而不遠乎大覺窮神而知化深勸思患而預防唯百齡之易盡嗟五福其難常命川流而電逝業地久而天長三塗極迥而杳杳四流無際而茫茫憑法舟而利濟藉信翮以高翔宜轉咎而爲福何罔念而作狂也右辨比佛妖魅

傅云趙時梁時皆有僧反况今天下僧尼二十萬衆此又不思之言也若以昔有反僧而廢今之法衆豈得以古有叛臣而棄今之多士隣有逆兒而逐已之順子昔有亂民而不養今之黎庶乎夫普天之下出家之衆非雲集於一邑實星分於九土攝之以州縣限之以關河無徵發之威權有憲章之禁約縱令五三凶險一二闡提旣無緣以烏合亦何憂於蟻聚且又沙門入道豈懷亡命之謀女子出家寧求帶鉀之用何乃混計僧尼之數雷同梟獍之黨構虛以亂眞蔽善而稱惡君子有三畏豈當如是乎夫青衿有罪非關尼父之失阜服爲非豈是釋尊之咎僧干朝憲尼犯俗刑譬誦律而穿窬如讀禮而驕倨但以人稟頑嚚

之性而不遷於善非是經開逆亂之源而令染於惡人不皆賢法實盡善何得因怒惡而及善以咎人而棄法夫口談夷惠而身行桀跖耳聽詩禮而心存邪僻夏殷已降何代無之豈得怒跖而尤夷惠疾邪而廢詩禮然則人有可誅之罪法無可廢之過但應禁非以宏法不可以人而賤道竊篤信于妙法不苟黨於沙門至於耘稊稗以殖嘉苗肅姦回以淸大教所深願矣右辨昔有反僧

傅云道人土梟驢騾四色皆是貪逆之惡種此又不思之言也夫以捨俗修道故稱道人學道離貪何名貪逆若云

貪善提道逆生死流則傅子興言未達斯旨觀沙門之律行也行人所不能行止人所不能止具諸釋典可得而究蠕動之物猶不加害況爲梟獍之事乎嫁娶之禮尚捨不爲況爲禽獸之行乎何乃引離欲之上人匹聚麀之下物校有道之賢俊比無知之驢騾毀大慈之善衆媲不祥之惡鳥謂道人爲逆種以梵行比獸心害善一何甚乎反白爲黑類如此乎右辨比僧土梟

余昔每引孝經之不毀傷以譏沙門之去鬚髮謂其反先王之道失忠孝之義今則悟其不然矣若夫事君親而盡

節雖殺身而稱仁虧忠孝而偷存徒全膚而非義論美見危而致命禮防臨難而苟免何得一槩而訶毀傷雷同而顧膚髮割股納肝傷則甚矣剃鬚落髮毀乃微焉立忠不顧其命論者莫之咎求道不愛其毛何獨以爲過湯恤蒸民尚焚軀以祈澤墨敦兼愛欲摩足而至頂況夫上爲君父深求福利鬚髮之毀何足顧哉且夫聖人之教有殊途而同歸君子之道或反經而合義則泰伯其人也廢在家之就養託採藥而不歸棄中國之服章依翦髮以爲飾反經悖禮莫甚於斯然而仲尼稱之曰泰伯其謂至德矣其故何也雖迹背君親而心忠於家國形虧百越而德全乎三讓故泰伯棄衣冠之制而無損於至德則沙門捨搢紳之容亦何傷乎妙道雖易服改貌違臣子之常儀而信道歸心願君親之多福苦其身意修出家之衆善遺其君父以歷劫之深慶其爲忠孝不亦多乎謂善沙門爲不忠未之信矣右辨譏毀鬚髮

傅又云西域胡人因泥而生是以便事泥丸此又未思之言也夫崇立靈像模寫尊形所用多塗非獨泥丸或雕或鑄則以鐵木金銅圖之繡之亦在丹青縑素復謂西域士

女遍從此物而生乎且又中國之廟以木爲主則爲制禮君子皆從木而育邪親不可忘故爲之宗廟佛不可忘故立其形像以表罔極之心用伸如在之敬欽聖仰德何失之有哉夫以善爲過者故亦以惡爲功矣右辨泥種事泥

傅又云帝王無佛則國治年長有佛則政虐祚短此又未思之言也則謂能仁設教皆闡淫虐之風菩薩立言專宏桀紂之事以實論之殊不然矣夫殷喪大寶災興妲己之言周失諸侯禍由褒姒之笑三代之亡皆此物也三乘之教豈斯尚乎佛之爲道慈悲喜護齊物我而等怨親與安

樂而救危苦古之所以得其民者佛旣宏之矣民之所以逃其上者經甚戒之矣羲軒舜禹之德在六度而包籠羿浞癸辛之咎總十惡以防禁向使桀宏少欲之教紂順大慈之道伊呂無以用其謀湯武焉得行其誅可使鳴條免去國之禍牧野息倒戈之亂夏后從洛汭之歌楚子違乾谿之難然則釋氏之化爲益非小延福祚於無窮遏危亡於未兆傅謂有之爲損無之爲益是何言歟是何言歟佛何讐而誣之至此佛何所負而疾之若讐乎右辨有佛政虐

傅又云未有佛法之前人皆淳和世無篡逆此又未思之

言也夫九黎亂德豈非無佛之年三苗逆命非當有法之後夏殷之季何有淳和春秋之時寧無篡逆寇賊姦宄作士命於皋繇玁狁孔熾薄伐勞於吉甫而傅謂佛興篡逆法敗淳和專構虛言皆違實錄一縷之盜佛猶戒之豈長篡逆之亂乎一言之虧佛亦防之何敗淳和之道乎惟佛之爲教也勸臣以忠勸子以孝勸國以治勸家以和宏善示天堂之樂懲非顯地獄之苦不唯一字以爲褒貶豈止五刑而作戒乃謂傷和而長亂不亦誣謗之甚哉亦何傷於佛日乎但自淪於苦海矣輕而不避良可悲夫於是書生心伏而色愧避席而謝曰僕以習俗生常違道自佚忽於所未究翫其所先迷背正法而異論受邪言以同失今聞佛智之元遠乃知釋教之忠實豁然神悟而理據足以蕩逆而祛疾雖從邪於昔歲請歸正於茲日謹誦來誡以爲口實矣右辨無佛民和

通命二

或曰聖人陳福以勸善示禍以戒惡小人謂善無益而不爲謂惡無傷而不悔然有殃有福之言乃華而不實無益無傷之論則信而有徵何以言之也伯夷餒矣啟期貧矣

顏回夭矣冉耕疾矣或侈侈隆富言罕及於義方或皤皤壽考名不稱而沒世仁而不壽富而未仁書契已陳不可勝紀故知仲尼殃慶之言徒欺人耳文命影響之辭殆難信乎有教善行而不怠者嗟斯言之長惑焉乃論而釋之曰夫殃福蓋有其根不可無因而妄致善惡當收其報必非失應而徒已但根深而報遠耳目之所不該原始而究終儒墨之所莫逮故隤遭之命度於天而難詳夭壽之年考於人而易惑人之爲賞罰也尚能明察而不濫天之降殃福也豈反淆亂而無倫哉故知有理存焉不可誣矣非

夫大覺而遍知者孰能窮理而除惑哉卜商賈誼之爲言班彪李康之著論但知混而謂之命莫辨命之所以然何異見黍稷於倉廩而不知得之由稼穡覩羅紈於篋笥而未識成之以機杼馬遷嗟報施之爽積疑而莫之通范滂惑善惡之宜舍憤而無以釋皆覩流而弗尋源見一而不知二唯觀釋氏之經論可以究其始終乎爲善爲惡之報窮枝派於千葉一厚一薄之命照根源於萬古辨六趣之往來示三世之殃福乃知形役而業無朽焉人死而神又生焉或賢聖而受宿殃六通乏適口之饍或禽獸而荷餘

福四足懷如意之寶爲業既非一緒感報實亦千變業各異而隨心報不同如其面也原其心也或先迷而後復或有初而無終或惡恒而罔悔或善悴而常崇或爲功而兼咎或福微而慧隆或罪均而情異或功殊而志同故其報也有先號而後笑有既得而患失有少賤而卒凶有始榮而終吉有操潔而年殀有行鄙而財溢有同罪而殊刑有齊德而異秩業多端而交加果遍酬而縷悉譬如畫工布丹青之彩鏡像應妍媸之質命招六印達李子之遊談業引萬金果朱公之計術取青紫如俯拾有昔因之助焉達禮樂而固窮無宿福之資也讀論者繼踵而張文獨享其榮說詩者比肩而匡衡偏高其位或功勤可記而祿不及於介推或咎隙當陳而爵先加於雍齒韋賢經術遠勝黃金之匱趙壹文籍不如盈囊之錢此豈功業之異哉故由宿命之殊耳或材小而任大宰衡無赫赫之功或道著而身微孔墨有棲棲之辱亦有德位俱顯元愷列唐虞之朝才命並隆傅呂受鹽梅之寄二因雙殖則兼之也如此一業孤修則其偏也若彼管仲釋囚而登相李斯爲相而被刑范睢先辱而後榮鄧通始富而終餒非初訥而末辯豈

昔愚而今智由果熟而泰來以福盡而迍及若言敗伍胥者宰嚭也非由昔殃濟張蒼者王陵也何關往福此爲見緣而不知因有斷見之咎矣若言業縻好爵不念同昇之恩命偶仁風無愧來穌之澤此爲知因而不識緣有背恩之罪矣若兼達其旨兩遣其累進德修業豈有閡乎春種嘉穀方賴夏雨以繁滋宿值良因乃藉今緣而起發受膏澤而荒蕪不墾之地也遇明時而貧賤無因之士也因緣之旨具諸經論觸途而長皆此類焉若唯見其一不會其二咎累之萌傷其德矣觀釋典之所明也白黑之業有必

定之與不定禍福之報有可轉及於無轉爲德爲咎唯禳
可轉之業若賢若愚無移必定之命夫大善積而災銷衆
惡盈而福滅理之必然信而不惑譬如藥石勝而疾除水
雨注而焚息巨隄之堰涓流蕭斧之伐朝菌但疾處膏肓
良藥有所不救火炎原隰滴水固其無解鄧林之木非隻
斤而可盡長江之流豈一塊之能塞大德可以掩微瑕微
功不足補大咎鑠金石者難爲功摧枯朽者易爲力其業
微者報不堅其行堅者果必定不堅故可轉必定則難移
可轉之難故三唱息巨海之波難移之厄則四果遇凶人

之害劉昆小賢致反風而滅火唐堯大聖遭洪水之襄陵
准此而論未足惑矣晉文增德殄長蛇於路隅宋景興言
退妖星於天際此不定之業也邾文輕已而利民有德而
無應楚昭引災而讓禍言善而身凶乃必定之命也或同
惡而殊感或善均而報異皆昔因之所致也何足怪之於
一生哉孔子曰小人不知天命而不畏又曰不知命無以
爲君子佛之所云業也儒之所謂命也蓋言殊而理會可
得而同論焉命繫於業業起於人人禀命以窮通命隨業
而厚薄厚薄之命莫非由己怨天尤人不亦謬乎詩云下

民之孽匪降自天傳曰禍福無門唯人所召此云天之不
可推而責之於人矣孟軻于魯不憾臧倉之毀仲由仕季
無恚伯寮之讒則謂人之不可責而推之於天矣其言若
反其致匪殊要而論之同歸進德克已戒人以勗乾乾之
志樂天知命獨其慼慼之尤夫然故內勤克念之功外宏
不諍之德上無怨天之咎下絕尤人之累行之中和於是
乎在古之善爲道者其從事於斯乎昔者初聞釋典信之
不篤拘其耳目之間疑於視聽之外謂前因後果之說等
莊周之寓言天上地下之談類相如之烏有覩裴回之漏

網則爲非而不懲聞忠直之逢尤則輕善而無勸甚哉此
惑也知業則不然夫達業之君子無私而委命仰聖賢之
清德敦金玉之高行無悶于陋巷之居忘懷於名利之兢
所以畢既往之餘業啟將來之長慶不顧流俗之嗤毀豈
求鄉曲之稱詠哉夫種植不見其長有時而大砥礪莫覩
其虧終損厥厚今形善惡之報爲時近而未熟昔世吉凶
之果須數終而乃謝譬如稼穡作甘不朝種而夕稔蒺藜
爲刺亦春生而秋實不耕而飽飫者因昔歲之餘穀不賢
而富壽者荷前身之舊福天道無親疏人業有盈縮由斯

以推天命可得除疑惑矣若夫虞夏商周之典黃老孔墨之言道唯施於一生言罔及於三世則可惑者有六焉無辭以通之矣示爲善之利謂爵賞及名譽陳爲惡之害明恥辱與刑罰然逃賞晦名之士以何爲利乎苟免無恥之夫不受其害矣何足以爲懲勸哉可惑者一也云天與善降之以百祥謂神糺淫加之以六極然伯牛德行而有疾天豈惡其爲善乎盜跖凶暴而無殃神豈善其爲惡乎何禍福之濫及哉可惑者二也若云罪隨形而並滅功與身而共朽善何慶之可論惡何殃而當戒若善惡之報信有

而非無也食山薇以餓死何處而加之福膾人肝而壽終何時而受其禍何善惡之無報哉可惑者三也若云禍福由其祖禰殃慶延於子孫考之於前載不必皆然矣伯宗羊肸之嗣絕滅於晉朝慶父叔牙之後繁昌於魯國豈祖禰之由乎可惑者四也若云觀善察惡時有謬於上天故使降福流災遂無均於下土然天之明命寧當闇於賞罰乎曾謂天道不如王者之制乎可惑者五也若云禍福非人所召善惡無報於後而百王賞善而刑惡六經褒德而貶過則爲虛勸於不益妄戒於無損何貴孔子之宏教何咎嬴政之焚書乎可惑者六也然則善惡之所感致禍福之所倚伏唯限之於一生不通之以三世其理局而不宏矣何以辨人之惑乎防於惡也未盡導於善也多闕其取義也尚淺其利民也猶微比夫十力深言三乘妙法濟四生於火宅運六舟於苦海高下之相懸也若培塿之與崑崙淺深之不類也匹潢汙之與江漢何可同年而語哉昔維摩詰之明達及舍利弗之聰辯經論詳之可得而校足以逾項橐超孔某邁李老越許由伏墨翟摧莊周吞百氏該九流書籍所載莫之與儔然受諸異道不毀正信雖明

世典常樂佛法師事釋迦伏膺善誘豈不識其道勝而鑽仰之乎

空有三

或有惡取於空以生斷見無所慙懼自謂大乘此正法所深戒也其斷見者曰經以法喻泡影生同幻化又云罪福不二業報非有故知殖因收果之談天堂地獄之說無異相如述上林之橘樹孟德指前路之梅園權誘愚蒙假稱珍怪有其語焉無有實矣至如冉疾顏夭以攝養之乖宜彭壽聃存由將衞之有術貴賤自然而殊苦樂偶其所遇

譬諸草木區以別矣若蓂莢之表祥瑞連理之應休明名載於竹帛狀圖於丹青此則草木之貴者也若被三徑而易蔓亘七澤而難薅充僕妾之薪蒸被牛羊之履踐此則草木之賤者也若列挺干雲之峯羅生絕跡之地斤斧莫之及樵蘇所不至此則草木之全壽者也若匠石之所數顧農夫之所務去遭荷蓧之奮鋤值工輸之揮斧此則草木之夭命者也若篠簜比質於松柏蕙若同氣於蘭茝翠陵寒而未渝芳在幽而不已草木之賢俊者也若蒺藜生而見惡枳棘多而莫美在詩騷之比興以匹姦而喻鄙草

木之庸猥者也若乃異臭殊味千品萬形壤之所殖胡可勝名何業而見重何因而被輕何尤而速斃何功而久生何咎而枯槁何福而華榮何習而含毒何修而播馨此豈宿業之所致乎乃自然而萬差耳人之殊命蓋亦如是豈由前業使之然哉然則無是無非大乘之深理明善明惡小乘之淺教愚騃者合真謹慎者乖道何爲捨惡趣善而起分別之心乎又嫌佛之說法端緒太多論空說有自相乖背此是物鬬衆生耳何不唯明一種之法乎邪空之說云爾正空則不然矣苟識空有之理者豈發如是之言乎此既喻非而博言爲而辨懼其迷誤後人增長邪見聊率所聞試論之曰

若夫如夢如幻如響如泡無一法而不爾總萬象而俱包上士觀之以至聖至聖體之而獨超大浸稽天而不溺大風偃岳而無飄具六通而自在越三界而逍遙然理不自了正觀以照心不自寂靜攝斯調障不自遣對治方銷德不自備勤修乃饒六蔽既除則真如可顯三障未滅則菩提極遙故真諦離垢淨之相俗諦立是非之條指事必假於分別論法豈宜於混淆六度不可爲墜苦之業三毒不

可爲出世之橋投谷難以無墜赴火何由不燒堯舜不可比之於昏桀幽厲不可同之於聖堯忠賢不可斥之於荒野邪佞不可昇之於明朝不可反白而作黑不可俾晝而爲宵不可以邪害於正不可持鳳比於梟何得同因果於兔角匹罪福於龜毛乎雖引大乘之妙言不得妙之真致說之於口若同用之於心則異異者何也正法以空去其貪邪說以空資其愛智者觀空以除惑惑者論空而肆害達者行空而慧解迷者取空以狂悖大士體空而進德小人說空而善退其殊若此豈同致乎良由反用正言以生

邪執矣騏驥浮水勤而無功舟檝登山勞而不進豈騏驥舟檝之不善哉但浮水登山用之反也讀淨名離相之典而廢進修誦莊周齊物之言以縱情欲無異策駟馬而泝流櫂方舟以登坂望追造父之長驅欲比越人之利涉不亦難乎夫淨名有清高之德莊周無嗜欲之累故知斷見之論空與無爲之道反矣夫妙道之元致卽羣有以明空旣觸實而知假亦就殊而照同其何類也譬如對廣鏡而傍觀臨碧池而俯映衆像㨿而在目可見而無實性緣生有而成形有離緣而喪質水過寒而冰壯冰涉溫而堅失

凡從緣而爲有雖大有其何實故天與我皆虛我與萬物爲一菩提不得謂爲有何況羣生與衆術故察於物而非物取諸身而匪身麗天著而皆妄鎭地崇而莫眞言論窮理而無說賓客盈堂而無人豔色絕世而無美瓌寶溢目而無珍善惡殊途而不二聖凡異等而常均尋夫經論之大旨也從緣以明非有緣起以辨非無事有而無妙實異空而匪太虛無人非闃户之闃無見非面牆之愚無說非金人之口無體非棘猴之軀無動非山立之貌無別非雷同之謏無眞非魚目之寶無實非鴈足之書財比夢財而莫異色與幻色而何殊猶頻等原憲之產宋里匹平城之姝道智了空而絕縛俗情滯有以常拘人與業報而非有業報隨人而不無天堂類天而匪安地獄等地而焉處非同揚雄之假稱玉樹曼都之矯見神居何乃取空言而背旨援卉木而比諸夫夜光結綠之寶南威毛嬙之色人皆見其有而興愛孰能體其空而不染睚眦蔕芥之隙青蠅貝錦之讒莫不著其相而興憤尠能比於空而不憾獨謂鄙行空而不戒善法空而不遵三惑應捨而未悛五德應修而反棄不觀空以遣累但取空而廢善此豈淨名不二

之深致莊周齊物之元旨乎大矣哉至人之體空也證萬物之本寂知四大之爲假視西施如行廁比南金於碎瓦五欲不能亂其心四魔無以變其雅智日明而德富惑日除而過寡截手足而無憾乞頭目而能捨八法不生二相萬物觀如一馬故能證無上智爲薩婆若（如者反）得其理也解脫如此失其旨者過患如彼何得爲非而不懼崇邪以爲是夫見舟見水皆非眞諦而將涉大川非舟不濟病體藥性均是空虛而人由病殞病因藥除犀甲鴆毛等類泡沫而飲鴆者死服犀者活淡水醇醪並非眞有而漿不亂

人酒能生咎忠順叛逆皆如⿰山間嚮而叛逆受誅忠順獲賞罪福之性平等不二而福以善臻禍因惡致善惡諸法等空無相而善法助道惡法生障故知萬法眞性同一如矣無妨因緣法中有萬殊矣空有二門不相違矣眞俗二諦同所歸矣若謂小乘有罪福之言大乘無是非之語似胡越之殊趣若矛盾之相拒童子尚羞翻覆聖人豈爲首鼠良以道聽而途說遂使謬量而惡取若博考而深思必疑釋而迷愈矣敬惟十力世雄無上慈父言無不實慈無不普相無不離視無不覩德無不周過無不去善無不勸惡

無不沮香塗不欣刀割無怒不愛從順不憎違拒福慧圓滿而靡餘煩惱罄竭而無緒拔三界之沈溺啟四生之聾瞽空有俱照以相濟眞俗會通而雙舉務在量病而施藥不可違中而偏處若夫方等一乘波若八部聖慧之極大乘之首莫不廣述受持之利深陳毀謗之咎經又云深信因果不謗大乘何謂大乘之理都無因果乎夫取相而爲善則善而未精見相而斷惡則斷已復生若悟善性寂而無作了惡體空而何斷乃令三障氷銷而寂滅萬德雲集以彌滿智慧如海不可酌之以一蠡道邁人天豈得闚之

以寸管而喻之於檮杌測之以愚短不亦謬哉夫說空而恣情者不能無所苦也疾痛惱之則寢不安矣刀鋸傷之則體不完矣終日不食則受其饑矣無裘禦冬則苦寒矣然則致苦之業豈可輕而不避乎夫五福之與六極人情所不能齊也故居窮而思達處危而求安嬰疾而願愈在慼而羡歡愛壽考而忌短折榮世祿而恥形殘樂加之而欣笑苦及之而憂歎何得雷同於善惡而不修於福因乎觀萬姓之異稟實千種而殊級或比上壽而有餘或匹下殤而不及或衣單布而無恙或服重襦而寒入或藉草土

而安和或處牀褥而風濕或不治而自愈或雖治而不立或無術而體康或善攝而痾集其形之表也均有髮膚膚之內也府藏奚殊皆含血而包肉並筋連而骨扶何一壽而一夭何一充而一瘺稟何靈而獨實受何氣而偏虛虛者不獨埃塵而作體實者豈偏金石以爲軀未必壽長者有醫術齡促者無道書何謂專由攝養不在業乎亦有夭命胞胎受疾嬰孩喜怒未競嗜欲未開未觸冒於寒暑未毀悴於悲哀壽欲何而夭疾何從而來則其所以然者豈非前業之由哉至如漢昭哀之二主魏文明之兩帝或未

三九而登遐或僅五八而捐世術人雲集但致李氏之靈方士如林不救倉舒之逝君王不乏於藥巫醫豈秘其藝何寢疾而弗瘳何促齡而莫繼豈非隨業而感報非道術之所濟乎然經稱施藥之功佛歎醫王之德孔公明慎疾之軌老子有攝生之則不信業者旣迷不順醫者亦惑能詳因果之深淺乃辨藥石之通塞可究之以智慧難具之於翰墨至如公明辨祟扁鵲除病河東郭璞譙郡華佗廣陵吳普彭城樊阿或禳凶而作吉或止疾以爲和何得不信醫術之有益乎然景純識加刑之日而不能使刑之不

加公明知壽盡之年不能令年之不盡扁鵲元化不能使其親不歿吳普樊阿不能令其躬不殞何得不信長短之業乎醫由業會藥依緣聚醫實有功藥非無取必死之病雖聖莫之蠲可療之疾待醫而方愈魂由業反則僵尸遇再生之藥命以業徂則聖醫爲一棺之土壽之修促體之安苦隨遭否泰妍媸伸偃千品萬端皆業爲主三界六趣隨業而處百卉無情故美惡非關於業報四生有命則因緣不同於草莽斤斧伐木不驚刀杖加人則懼匏瓜繫而不食羽毛食而馳騖比有情於無知何非倫而引喻夫空

有罣談則率由心業前且詠其生常今則示其正法小乘以依報爲業有大乘以萬境爲識造隨幻業而施之天地逐妄心而現之識草若翳目覩乎空華比睡夢現其生老若悟之於心業則唯聞乎佛道原夫小乘之與大乘如小學之與大學幼唯教之以書計長乃博之以禮樂始蒙然而類牛毛終卓爾而同麟角此乃爲訓之次序何有異同而可剝良以衆生之根有利有鈍是故聖人之教或漸或頓或致之於深遠或進之以分寸雖百慮而一致非異道而乖論乃有執空門以反教論大乘而謗小佛不闕衆生

衆生自不了譬闇室之無燭如夜遊而未曉故相剝奪而諠諠競是非而擾擾何異採芙蓉於木末尋吳楚於燕趙不亦謬乎夫一味無以和羹一木無以構室一衣不稱衆體一藥不療殊疾一彩無以爲文繡一聲無以諧琴瑟一言無以勸衆善一戒無以防多失何得怪漸頓之殊異令法門之專一夫法門之多品如藥石之殊功救冷以溫物爲用去熱則寒藥宜豐或特宜於禦濕或偏須於止風不可同病而殊藥不可病殊而藥同若守株而必礙能達變而後通何得拘一途而相剝起戰爭於其中乎三世因果

佛不誑欺十力勸戒聞當不疑勸之者應修戒之者宜遠抑凡情之所耽行聖智之所願何得違經論之所明以胷臆而爲斷而謂善惡都空無損益乎夫法眼明了無法不悉舌相廣長言無不實其析有也則一毫爲萬其等空也則萬象皆一防斷常之生尤兼空有以除疾彼菩提之妙理實甚深而微密厭塵勞而求解慧當謹愼而無放佚非聖者必凶順道者終吉勿謂不信有如皎日

欽定全唐文卷一百五十八

孫思邈

思邈京兆華原人周宣帝時隱居太白山隋文帝輔政徵爲國子博士稱疾不起太宗登極召詣京師授以爵位固辭高宗立名拜諫議大夫又辭以疾請還永淳元年卒

千金要方序

夫清濁剖判上下攸分三才肇基五行俶落萬物淳朴無得而稱燧人氏出觀斗極以定方名始有火化伏羲氏作因之而畫八卦立庖廚滋味既興痾瘵萌起大聖神農氏

愍黎元之多疾遂嘗百藥以救療之猶未盡善黃帝受命創制九鍼與方士岐伯雷公之倫備論經脈旁通問難詳究義理以爲經論故後世可得依而暢焉春秋之際良醫和緩六國之時則有扁鵲漢有仲景倉公魏有華陀並皆探賾索隱窮幽洞微用藥不過二三灸炷不逾七八而疾無不愈者晉宋以來雖復名醫間出然治十不能愈五六良由今人嗜欲太甚立心不常淫放縱逸有闕攝養所致耳余緬尋聖人設教欲使家家自學人人自曉君親有疾不能療之者非忠孝也末俗小人多行詭詐倚傍聖教而爲

欺紿遂令朝野士庶咸恥醫術之名多教子弟誦短文構小策以求出身之道醫治之術闕而弗論吁可怪也嗟乎深乖聖賢之本意吾幼遭風冷屢造醫門湯藥之資罄盡家產所以青衿之歲高尚茲典白首之年未嘗釋卷至於切脈診候採藥合和服餌節度將息避慎一事長於已者不遠千里服膺取決至於弱冠頗覺有悟是以親隣中外有疾厄者多所濟益在身之患斷絕醫門故知方藥本草不可不學吾見諸方部帙浩博忽遇倉卒求檢至難比得方訖疾厄不救矣嗚呼痛夭枉之幽厄惜墮學之昏愚乃

博採羣經刪裁繁重務在簡易以爲備急千金要方一部凡三十卷雖不能究盡病源但使留意於斯者亦思過半矣以爲人命至重有貴千金一方濟之德踰於此故以爲名也未可傳於士族庶以貽厥私門張仲景曰當今居世之士曾不留神醫藥精究方術上以療君親之疾下以救貧賤之厄中以保身長年以養其生而但競逐榮勢企踵權豪孜孜汲汲惟名利是務崇飾其末而忽棄其本欲華其表而悴其內皮之不存毛將安傅進不能愛人知物退不能愛躬知己卒遇風邪之氣嬰非常之疾患及禍至而後震慄身居死地蒙蒙昧昧戇若遊魂降志屈節欽望巫祝告窮歸天束手受敗賫百年之壽命將至貴之重器委付庸醫恣其所措咄嗟暗悔歎身已斃神明消滅變爲異物幽潛重泉徒爲一悲痛夫舉世昏迷莫能覺悟自育若是夫何榮勢之云哉此之謂也

千金翼方序

原夫神醫祕術至賾參於道樞寶餌凝靈宏功浹於真畛是知關籥元牝駐歷之効已深轡策天機全生之德爲大稽炎農於紀籙資太一而反營魂鏡軒后於遺編事岐伯

而宣藥力故能嘗味之績鬱騰天壤診體之教播在神寰醫道由是濫觴時義肇基於此亦有志其大者高密問紫文之術先其遠者伯陽流玉冊之經擬斯壽於乾坤豈伊難老儔厥齡於龜鶴詎可觸痾茲乃大道之真以持身抑斯之謂也若其業濟含靈命懸茲手則有越人徹視於府藏秦和洞達於膏肓仲景候色而驗眉元化刳腸而湔胃斯皆方軌疊跡思韞入神之妙極變探幽精超絕代之巧晉宋方技既其無繼齊梁醫術曾何足云若夫醫道之爲言實惟意也固以神存心手之際意析毫芒之裏當其情

之所得口不能言數之所在言不能喻然則三部九候乃經絡之樞機氣少神餘亦鍼刺之鈞軸況乎良醫則貴察聲色神工則深究萌芽心考錙銖安假懸衡之驗敏同機駭曾無挂髮之淪非天下之精其孰能與於此是故先王鏤之於玉板往聖藏之以金匱豈不以營壘至道括囊眞賾者歟余幼穉蔑聞老成無見才非公幹夙嬰沈疾德異士安早纏尫瘵所以志學之歲馳百金而購經方耄及之年竟三餘而勤藥餌酌華公之錄帙異術同窺採葛生之玉函奇方畢綜每以爲生者兩儀之大德人者五行之秀

氣氣化則人育伊人稟氣而存德合則生成是生由德而立既知生不再於我而處物爲靈可幸蘊靈心顧我性源者哉由是檢閱祕幽搜求今古撰方一部號曰千金可以濟物攝生可以窮微盡性猶恐岱山臨目必昧秋毫之端雷霆在耳或遺玉石之響所以更撰方翼三十卷共成一家之學譬輗軏之相濟運轉無涯等羽翼之交飛摶搖不測矧夫易道深矣孔宣繫十翼之辭元文奧矣陸績增元翼之說或沿斯義述此方名矣貽厥子孫永爲家訓雖未能譬言中庶比潤上池亦足以慕遠測深稽門扣鍵者哉儻經目於君子庶知予之所志焉

太清丹經要訣序

余歷觀遠古方書僉云身生羽翼飛行輕舉者莫不皆因服丹每詠言斯事未嘗不切慕於心但恨神通懸邈雲跡疎絕徒望青天莫知昇舉始驗還丹伏火之術玉醴金液之方淡乎難窺杳焉靡測自非陰德何能感之是以五靈三使之藥九光七曜之丹如此之方其道差近比來握翫久而彌篤雖艱遠而必造縱小道而亦求不憚始終之勞詎辭朝夕之倦研窮不已冀有異聞良以天道無私視聽

因之而啟不違其願不奪其志報施功效其何速歟豈自衒其所能趨利世間之意意在救疾濟危也所以撰二三丹訣親經試鍊毫末之間一無差失並具言述按而行之悉皆成就然人之志所重者性命其危春露其脆秋霜俯仰之間相顧如失榮華貧賤誠爲不住之客憂悲娛樂並是難留之事以此而言深可歎矣余比讀諸方故亦不少觀其梗概例多隱祕味之者翻增其惑說之者返益其迷遂使修鍊之流不見成功之處豈其古人妄說耶抑由學道之輩自不能考其旨趣也余所陳方意於文記間如視

掌中一試披尋莫不洞照相知之士通鑒名人有所不同心之取證故列爲三篇耳

養性延命錄序

夫稟氣含靈惟人爲貴人所貴者蓋貴爲生生者神之本形者神之具神大用則竭形大勞則斃若能遊心虛靜息慮無爲服元氣於子後時導引於閑室攝養無虧兼餌良藥則百年耆壽是常分也如恣意以耽聲色役智而圖富貴得喪恒切于懷躁撓未能自遣不拘禮度飲食無節如斯之流寧免夭傷之患也余因止觀微暇聊復披覽養生

要集其集乃錢彥張湛道林之徒翟平黃山之輩咸是好事英奇志在寶育或鳩集仙經眞人壽考之規或得採彭鏗老君長齡之術上自農黃以來下及魏晉之際但有益於養生及招損於後患諸本先記錄今略取要法删棄繁蕪類聚篇題分爲上下兩卷卷有三篇號爲養性延命錄擬補助於有緣冀憑緣以濟物耳

攝養枕中方序

夫養生繕性其方存於卷者甚衆其或幽微祕密疑未悟之心至於澄神內觀遊元採眞故非小智所及常思所尋設能及之而志不能守之事不從心術即不驗誠由前之誤交切而難遣攝衞之道賒遠而易違是以混然同域絕而不思者也嵇叔夜悟之大得論之未備所以將來志士覽而懼焉今所撰錄並在要典事雖隱祕皆易知易爲以補斯闕其學者不違情欲之性而俯仰可從不棄耳目之翫而顧盼可法旨約而用廣業少而功多余研覈方書蓋亦久矣搜求祕道略無遺餘自非至妙至神不入茲錄誠信效始冠於篇取其宏益以貽後代苟非其道愼勿虛傳傳非其人殃及三世凡著五章爲一卷與我同志者寶而

行之云爾

福壽論

聖人體其道而不爲也賢人知其禍而不欺也達人斷其命而不求也信人保其信而靜守也仁者守其仁而廉謹也士人謹其士而謙敬也凡人昧其理而苟非爲也愚人執其愚而不憚也小人反其道而終日爲也福者造善之積也禍者造不善之積也鬼神蓋不能爲人之禍亦不能致人之福但人積不善之多而煞其命也富貴者以輕勢取爲非分也貧賤者以妄盜取爲非分也神而記之人不

知也亦不可一二咎而奪其人命也亦有爵被人輕謗及暴見貶黜削其名籍遭其橫病者多理輔不法所致也理輔不正不死者其壽餘祿未盡也正理輔而死者筭盡也貧者多壽富者多促貧者多壽以貧窮自困而常不足不可罰壽富者多促而奢侈有餘所以折其命也乃天損有餘而輔不足亦有貧賤饑凍曝露其屍不葬者心不吉之人也德不足是以貧焉心不足是以死焉天雖然不煞自取其斃也不合居人間承天地之覆載戴日月之照臨此非人者也故有官爵之非分車馬之非分妻妾之非分已上

謂之不仁者非分也有屋宇之非分粟帛之非分衣食之非分貨易之非分已上謂之不儉者非分也則神而記之三年五年十年二十年不過此過此神而追之則死矣官爵之非分者崎嶇而居之賄賂而得之德薄而執其位躁求而竊其祿求其躁取而必強強而取之非分也卽有災焉病焉死焉神已記之人不知也車馬之非分市馬恡其價而馬欲其良水草而不時鞭勒過度奔走而不節不知驅馳之疲不知遠近之之不護嶮阻之路畜不能言天哀力竭此非分也神已記之人不知也妻妾之非分者所愛既多費用必廣淫泆之道必在驕奢金翠之有餘蘭膏之有棄惡賤其文綵厭飫其珍羞人爲之難余爲之易人爲之苦余爲之樂此非分也神又記之人不知也童僕之非分者以良爲賤以是爲非苦不憫之樂不容之寒暑不念其勤勞老病不矜其困憊鞭打不問其屈伏陵辱不聞其親疏此非分也神又記之人不知也屋宇之非分者人不多而搆其廣廈價不厚而罰其工人以不義之財葺其無端之舍功必至闕必明斤斧血力木石勞闕神不知環堵之貧蓬戶之陋此非分也神已記之人不知也粟帛之非分者其植也廣其穫也

勞其農也負其利也倍畜乎巨廩動餘歲年盜賊之羇縻雀鼠之巢穴及乎困農負債利陷深冤此非分也神已記之人不知也衣服之非分者紋綵有餘餘而更製箱篋之無限貧寒之不施不念倮露之淩寒布素之不足以致蠹魚鼠口香黦腐爛此非分也神已記之人不知也飲食之非分者一食而須其水陸一飲而聚其絃歌其食也寡其費也多民之糠糲不充此以膻膩有棄縱其僕妾委擲泥塗此非分也神已記之人不知也貨易之利厚不爲非分利外尅人此爲非分接得非常之利者祥也小人不可以

輕而受之其所觸者賤所慣者貴彼之餘而我之賊賊而得之者禍也倖而得之者災也分而得之者吉也屈而得之者福也夫人之死非因依也非病瘵也蓋以積之不仁之多造不善之廣神而追之則闕矣人若能補其過悔其咎布仁惠之恩垂憫恤之念德達幽冥可以存矣尚不能逃其往負之災不然者其禍而多其壽而促金之得盈禍之已竭且無義之富血屬共之上之困焉下之喪焉如此者於我如浮雲不足以爲富也人若奉陰德而不欺者聖人知之賢人護之天乃授之人以悅之鬼神敬之居其富

而不失其富居其貴而不失其貴禍不及矣壽不折矣攻劫之患去矣水火之災除矣必可保生全天壽也

存神鍊氣銘

夫身爲神氣之窟宅神氣若存身康力健神氣若散身乃死焉若欲存身先安神氣卽氣爲神母神爲氣子神氣若俱長生不死若欲安神須鍊元氣氣在身內神安氣海氣海充盈心神安定定若不散身心凝靜靜至定俱身存年永常住道源自然成聖氣通神境神通慧命命住身存合於眞性日月齊齡道成究竟依銘鍊氣欲學此術先須絕粒安心氣海存神丹田攝心靜慮氣海若具自然飽矣專心修者百日小成三年大成初入五時後通七候神靈變化出没自在峭壁千里去住無礙氣若不散氣海充盈神靜丹田身心永固自然迴顏駐色變體成仙隱顯自由通靈百變名曰度世號曰眞人天地齊年日月同壽此法不服氣不嚥津不辛苦要喫但喫須休卽休自在自由無阻無礙五時七候入胎定觀夫學道之人入有五時第一時心動多靜少思緣萬境取舍無常忌慮度量猶如野馬常人心也第二時心靜少動多攝動入靜心多散逸難可制

伏攝之勤策追道之始第三時心動靜相半心靜似攝心常靜散相半用心勤策漸見調熟

保生銘

人若勞於形百病不能成飲酒忌大醉諸疾自不生食了行百步數將手摩肚睡不苦高枕唾涕不遠顧寅丑日剪甲理髮須百度飽則立小便飢乃坐漩溺行坐莫當風居處無小隙向北大小便一生昏冪冪日月固然忌水火仍畏避每夜洗脚卧飽食終無益忍辱爲上乘讒言斷親戚思慮最傷神喜怒傷和息每去鼻中毛常習不唾地平明

欲起時下牀先左脚一日免災咎去邪兼辟惡但能七星步令人常壽樂酸味傷於筋辛味損正氣苦則損於心甘則傷其志鹹多促人壽不得偏耽嗜春夏任宣通秋冬固陽事獨臥是守眞愼靜最爲貴財帛生有分知足將爲利強知是大患少欲終無累神氣自然存學道須終始書於壁户間將用傳君子

韋安仁

安仁太宗時禮官

駮封禪舊儀降神樂歌並用郊祀之辭議

夫祭天作樂本謂神聽高遠聲臭難接所以歌詠文辭依倚絃管滌蕩宣暢冀其來格今瘞玉燔柴於岱宗之下播聲昭告請降圜丘之上夫神聽聰明不可濫假如依樂聲應臨國內而泰山之下其神可得祀乎又毛詩周頌郊祀歌昊天封禪歌時邁二篇各別足是証明謂宜採周頌創新篇告精誠於上天請皇陵於東岳於事合古

劉仁軌

仁軌字正則汴州尉氏人武德初補息州參軍貞觀時累遷青州刺史百濟歸順留仁軌勒兵鎮守超加六階正授帶方州刺史乾封元年遷右相封樂城縣男咸亨元年拜太子左庶子同中書門下三品拜左僕射兼太子太傅武后臨朝加特進進封郡公垂拱元年從新令改文昌左相同鳳閣鸞臺三品薨年八十四册贈開府儀同三司并州大都督謚曰文獻

陳破百濟軍事表

臣蒙陛下曲垂天獎棄瑕錄用授之刺舉又加連帥材輕職重憂責更深嘗思報效冀酬萬一智力淺短淹滯無成久在海外每從征役軍旅之事實有所聞輒具狀封奏伏

乞詳察臣今覩見在兵士手脚沈重者多勇健奮發者少兼有老弱衣服單寒唯望西歸無心展效臣因往問海西見百姓人人投募爭欲征行乃有不用官物請自辦衣糧投名義征何因今日兵士如此儜弱皆報臣云今日官府與往日不同人心亦別貞觀永徽年中東西征役身死王事並蒙勑使弔祭追贈官職亦有迴亡者官爵與其子弟從顯慶五年以後征役身死更不惜問往前度遼海者即得一轉勳官從顯慶五年以後頻經渡海不被紀錄州縣發遣百姓充兵者其身少壯家有錢財賂與官府任自東

西藏避卽並得脫無錢用者雖是老弱推皆令來顯慶五年破百濟勳及向平壤北口戰勳當時將士號令並與高官重賞百方購募無種不道洎到西岸唯聞枷鎖推禁奪賜破勳州縣追呼求住不得公私困弊不可言盡發海西之日已有自害逃走非獨海外始逃又本爲征役蒙授勳級將爲榮寵頻年征役唯取勳官牽挽辛苦與白丁無別百姓不願征行特繇於此陛下再興兵馬平定百濟留兵海外經畧高麗百姓有此議論難爲成就功業臣聞琴瑟不調改而更張布政施化隨時取適自非重賞明罰何以

成功臣又問見在兵士舊留鎭五年尚得支濟爾等始經一年何因如此單露並報臣道發家來日唯遣作一年裝束自從離家已經二年在朝陽甕津又遣來去運糧涉海遭風多有漂失臣勘責見在兵士衣裳單露不堪度冬者大軍還日所留衣裳且得一冬充事來年秋後並無準擬陛下若欲殄滅高麗不可棄百濟土地餘豐在北餘勇在南百濟高麗舊相黨援倭人雖遠亦相影響若無兵馬還成一國旣須鎭壓又置屯田事藉兵士同心同德兵士旣有此議不可膠柱因循須還其渡海官勛及平百濟向平壤功効除此之外更須褒賞明勑慰勞以起兵士之心若依今日已前處置臣恐師老且疲無所成就臣又見晉代平吳史籍具載内有武帝張華外有羊祜杜預籌謀策畫經緯諮詢王濬之徒折衝萬里樓船戰艦已到石頭賈充王渾之輩猶欲斬張華以謝天下武帝報云平吳之計出自朕意張華同朕見耳非其本心是非不同乖背如此平吳之後猶欲苦繩王濬賴武帝擁護始得保全不逢武帝聖明王濬不存首領臣每讀其書未嘗不撫心長歎伏惟陛下旣得百濟欲取高麗須内外同心上下齊奮舉無遺

策始可成功百姓旣有此議更宜改調臣恐是逆耳之事無人爲陛下進言自顧老病日侵殘生能幾奄忽長逝銜恨九泉所以披露肝膽昧死奏陳

諫幸同州校獵表

臣聞屋漏在上知之者在下愚夫之計擇之者聖人是以周王詢於芻蕘殷后謀於版築故得享國彌久傳祚無疆功宣清廟慶流後葉伏惟陛下天性仁愛躬親節儉朝夕克念百姓爲心一物失所納隍軫慮臣伏聞大駕欲幸同州教習臣伏知四時蒐狩前王恒典事有沿革未必因循

今年甘雨應時秋稼極盛元黃亘野十分纔收一二盡力刈穫月半猶未訖功貧家無力禾下始擬種麥直據尋常科喚田家已有所妨今既供承獵事兼之修理橋道縱大簡略動費一二萬工百姓收斂實爲狼狽臣願陛下少留萬乘之恩垂聽一介之言退近旬日收刈總了則人盡暇豫家得康寧輿輪徐動公私交泰

吏兵部選人議

謹詳衆議條目雖廣其大略不越數途多欲使嘗選之流及負譴之類遞立年限如不令赴集便是擁自新之路塞

取俊之門或請增置具僚廣授官之數加習藝業峻入仕之科亦恐非宏奬之通規乖省員之茂躅徒云變更實恐紛擾但昇平日久人物滋植解巾從事抑有多人頃歲以來據員多闕臨時雖有權攝終是不能總備望請尚書侍郎依員補足高班卑品准試分銓則留放速了限速則公私無滯應選者暫集遠近無聚糧之勞合退者早歸京師無索米之弊既循舊軌且順人情如更有不便隨事釐革其殿負及初選其選踐自知未合得官等色情願不集即同選勞曹司商量久長安穩

盟新羅百濟文

往者百濟先王迷於順逆不敦鄰好不睦親姻結託高麗交通倭國共爲殘暴侵削新羅剽邑屠城略無寧歲天子憫一物之失所憐百姓之無辜頻命行人遣其和好負險恃遠侮慢天經皇赫斯怒恭行弔伐旌旗所指一戎大定固可瀦宮汚宅作誡來裔塞源拔本垂訓後昆然懷柔伐叛前王之令典興亡繼絶往哲之通規事必師古傳諸曩冊故立前百濟太子司稼正卿扶餘隆爲熊津都督守其祭祀保其桑梓依倚新羅長爲與國各除宿憾結好和親

恭承詔命永爲藩服仍遣使人右威衛將軍魯城縣公劉仁願親臨勸諭具宣成旨約之以婚姻申之以盟誓刑牲歃血共敦終始分災恤患恩若兄弟祇奉綸言不敢失墜既盟之後共保歲寒若有背盟二三其德興兵動衆侵犯邊陲明神鑒之百殃是降子孫不育社稷無守禋祀磨滅罔有遺餘故作金書鐵券藏之宗廟子孫萬代無敢違犯神之聽之是享是福

李君球

君球齊州平陵人貞觀中擢游擊將軍累授興州刺史遷揚州大都督府長史轉靈州都督卒官

諫高宗將伐高麗疏

臣聞心之痛者不能緩聲事之急者不能安言性之忠者不能隱情且食君之祿者死君之事今臣食陛下之祿矣其敢愛身乎臣聞司馬法曰國雖大好戰必亡天下雖平忘戰必危兵者凶器戰者危事故聖主明王重行之也憂人力之盡恐府庫之殫懼社稷之危生中國之患故古人云務廣德者昌務廣地者亡昔秦始皇好戰不已至於失國是不愛其內而務其外故也漢武遠討朔方殆乎萬里廣拓南海分爲八郡終於戶口減半國用空虛至於末年方垂哀痛之詔自悔其失彼高麗者遐荒小醜潛藏山海之間得其人不足以彰聖化棄其地不足以損天威何至乎疲中國之人傾府庫之實使男子不得耕耘女子不得蠶織陛下爲人父母不垂惻隱之心傾府庫有限之貲貪其無用之地設令高麗既滅卽不得不發兵鎮守少發則兵威不足多發則人心不安是乃疲於轉戍萬姓無聊生也萬姓怨則天下敗矣天下既敗陛下何以自安故臣以爲征之不如不征滅之不如不滅

薛元超

元超贈太常卿收子九歲襲爵尚巢刺王女和靜縣主授太子舍人高宗朝累遷中書侍郎同中書門下三品拜中書令兼太子左庶子帝疾劇政出武后陽瘖乞骸骨加金紫光祿大夫卒年六十二贈光祿大夫秦州都督

請停春殺高敦禮表

臣某言臣蒙非分恩澤一朝拔擢至此跼影兢魂惟思報效伏惟天皇開直言之路不棄芻蕘臣之區區敢陳微款伏見近日奏揚州人高敦禮詐宣勅乘驛馬採藥其日奉進去不得至秋卽決敦禮犯狀實當萬死但以罪非惡逆據法合至秋分臣聞聖人者德配二儀則天之爲政今既勾芒戒序時屬發生禮稱仲春之月無焚山林言順陽而養物也仲秋之月申嚴百刑亦順陰而肅殺也古人有云姦僞者與造化俱生自然之氣也是知掩義隱賊出自帝鴻毀信廢忠生於少昊以今海內之廣何得全無姦僞天

皇踐極以來恒已寬仁被物故中外禔福區宇乂安以太平之時闡和平之化若其政察非所謂上遵元老之風伏請稽諸彝典暫迴聖慮臣識不及遠輒申愚見懼不瓦合伏增戰慄

諫蕃官仗內射生疏

臣元超言臣聞春蒐夏苗前王之令典教兵訓卒有國之宏規伏維天皇以欽明馭寓中外禔福暫因農隙駐蹕近郊一物一事並從減省在公在私莫不幸賴時惟令月景淑風和宸襟有豫百靈胥悅臣曲荷恩徽重得奉陪鑾駕

下情欣躍實倍恒品但以馳原赴草親行聖躬飛蒼走黃頗留神矚控權奇之馬逸影雲趨矯徬徨之箭雄飛星落上截飛鳥下斃狡兔唯恐朽株蟻垤不宜輕之千金之子猶有垂堂之誡萬乘之尊豈忘銜橛之慮又諸蕃首領參豫羽獵天皇以德綏懷遂以操弓持矢既非族類深用爲虞臣雖庸劣嘗聞前古今冒死以爲言者非謂出之敢諫惟望經川谷不測之地入蓁林可畏之途緣龍駟以揚鑣儼風輿而按節三韓雜種十角渠魁勿使咫尺天顏處於交戟之外虔思宗廟之重允副黎元之心凡在懷生幸甚幸甚臣之性命惟天皇宥之臣之冠冕惟天皇賜之謹冒死以聞

諫皇太子牋

臣元超啟臣聞位隆載鼎居之者匪易業峻承祧守之者爲重何則天下之本屬在元良歷選前修藹尋往傳伏惟殿下畫堂凝祉幼彰岐嶷雕宮誕睿夙擅溫文大孝因心不由於外獎深仁植學惟稟於自然故能聿膺景福式光正緒皇基永固宸構克昌加以識贍機物天姿獨秀生知之量振古莫儔比者監守務殷親覽政事所關視聽決斷

如流凡在朝野僉論歸美況臣委質階陛齒跡宮闈恭聞喜躍實百恒品區區所望惟願盛德日新勵茲三善無忘四術率土蒼生幸甚見去年之內數召學士等入討論經籍亹亹不倦此之令問播於遐邇在外聞者誰不欣然今夏已來接對遂簡講藝之道有謝曩時臣之事君在於無隱敢緣茲義輒獻愚忠但臣知識庸淺未足以發明雅訓求之史傳請揚推而言焉昔漢苑招賢高軒洞敞曹園愛客飛蓋連陰此乃副君之待士也亦有推心鄭衆每佇於諮詢降禮桓榮用承於誨命此則副君之尊師也魏太祖

征并州留太子在鄴頗出畋獵崔季珪進而諫曰盤于遊田書之所誡魯侯觀魚春秋譏之周孔之格言二經之明義也深惟儲副以身爲寶今忽馳騖陵險誠有識者所以惻心惟太子燔翳捐畢以塞衆望太子報曰昨奉嘉命賡開正路翳已壞矣畢亦去焉師傅之言實獲我心晉明帝之在東宮中庶子溫嶠中舍人阮放諫馬射曰臣聞千金之子猶不垂堂以萬乘之貳若有駭駟之艱豈可不熟念殿下縱一日之娛忘萬代之基凡人猶知其不可況在聖明太子答云省所陳明卿等動靜數示此則副君之納諫

不以爲嫌者也非獨一時之美事固亦千載之芳猷且思患預防著於易象樂不可極陳之禮經列聖典謨可爲龜鏡殿下昔在藩邸時以打毬爲戲當此之日已經墜馬近取諸身足爲深鑑又陛下仁孝之德聞於四海自車駕發後天慈許入苑內臣竊惟殿下之意既承恩旨始復出遊適以上副聖懷非徇盤遊之樂固以苑囿之地草樹極深絕磴危嶠往往而有控纖離之馬影踰流電擁太阿之劍氣駭奔星截輕禽逐狡兔倘有衡動之變雖悔何追如戶奴等色非是一種或反逆之裔或破亡之餘夷狄遺醜兼在其數窃計兇謀理難懸測忽有潛心翳薈伺衛不虞白龍魚服事出慮表臣每一思至此魂爽飛越夫爲人子者不登高不臨深恐近於危辱也故樂正子春下堂傷足數月不出猶有憂色弟子問之子春曰君子跬步不敢忘孝之道是以有憂色也子春匹夫尚知愛其身體儲后之尊何可以不慎焉儻馬逢驚佚徵致毀傷豈不上貽二聖之憂下乖兆人之望伏謂打毬馳射深是危機天后所賜誡書殷勤至切網羅今古罕得名言竊循旨要在於披懷虛已書云山林隱逸草澤高人總萃春坊冀朝夕設對採其

匡贊廣納忠規機務之餘遊心墳籍瑩襟靈於藝圃散耳目於書林披帙橫經克勤無怠此之至戒亦何不思殿下敦崇儒術闡揚文藝爰置學士獎拔人物應斯舉者若登龍津莫不延頸企踵恩承顧盼皆願墮肝膽露款誠布衣之交一言相託尚有懷知己之遇銜國士之恩殿下數存接引與其切磋道義竭忠進善必日有異聞則玉裕彌光金聲自遠頃日時景炎爀不敢望以引召今高秋戒序景物漸涼伏乞聽政餘閒留情墳典所讀班史請畢殘功前者別勑賜物本錄殿下書進時請臨池染翰使筆力轉遒

仍請逐月一兩度總喚學士因爲設食文學張君相素明莊老命之談說能暢元風殿下假以溫顏人各申其藝業鈎深理窟者思憤懷蛟撫實詞條者文成吐鳳此亦一時之奇觀可以澡慮怡神預在宮僚人知自劾便僻取容者疎之正直不撓者親之棄不急之務而省遊娛絕無益之慾而敦節儉以儒墨爲城池翱翔其際以禮義爲干櫓棲息其間一則遵天后誡書不敢失墜二則挹古人遺範有所發揮豈不美歟豈不盛歟殿下居養德之辰天下屬望聰明睿智何所不察若稍加引納實廣德音臣曲荷財成

濫蒙委任雲雨之施預霑於品物邱山之恩久越於涯涘懼速官謗罔寘心靈不揆謏聞輒陳短見庶同纖壒敢類涓埃所冀增山之高裨海之潤臣元超頓首頓首死罪死罪謹言

孝敬皇帝哀冊文

維上元二年夏四月己亥皇太子宏薨於合璧宮之綺雲殿年二十四五月戊申詔追號諡爲孝敬皇帝八月庚寅轉遷葬於恭陵有司奏哀冊文曰赫矣皇統昭哉帝讚光膺寶歷大啟瑤圖昌原緬鏡隤阯不渝欽惟妙質誕靈居震若木資芳咸池毓潤韶襟日湛英姿岳峻裕玉摛華鏞金協韻肇外作翰爰歸養德衢室成規軒庭稟則聖敬斯踐溫文匪忒傍照四方下貞四國虔誠問寢鳴謙齒胄洞掩儒城橫披禮圃璧流揚彩環林搴秀飛遁來儀鴻生入授卒性謂道攸縱自天明踰視牘文冠題鞭裁山聳伋綈席開延絕館時繹精義咸甄豪飛紫露言控瀧泉務殷監撫寄深社稷飽俎不陳龍隽在側聽達有裕闕一字婉秉極瑜佩增輝金華動色乾慈衍渥迺眷儲皇惟天下之重器將釋負於巖廊竭因心之孝辭受終之禮蹐厚載以兢魂

跼層穹而孽涕沖旨逾懇神鑒不留少微告闕大漸無瘳方劭尊師之業奄從賓帝之遊嗚呼哀哉大象潛運灰飛緹幕輕霜霣兮文梓寒高飇起兮仙桂落未戢歸闕一字之驚空對棲關之鶴鳴呼哀哉玉露獻兆蜃隧合陰拖儀旌之委鬱翊羽騎之森沈轢湯渠而迴蹕指亳轅以遙臨楚挽驚而疑斷悲笳咽而復尋蕭索動風雲之氣蒼茫感天地之心嗚呼哀哉流日黯以西傾奔川淼而東度地擬橋山之曲闕一字如闕一字陌之路攀宇宙而無追仰音顏以纏慕嗚呼哀哉瀛區有變天柱終飛懷蒼梧而日遠望白雲

而不歸沈沈隴樹漠漠泉闕竭字闕一音而載筆謌千祀而騰徽嗚呼哀哉

薛仁貴

仁貴絳州龍門人貞觀末太宗親征遼東仁貴應募從軍累擢右領軍中郎將顯慶中以功封河東縣男乾封初進平陽郡公開耀中拜瓜州長史右領軍衞將軍檢校代州都督永淳二年卒年七十贈左驍衞大將軍幽州都督

請釋泥熟家口疏

臣聞兵出無名事故不成明其爲賊敵乃可服今泥熟仗

素幹不伏賀魯爲賊所破虜其妻子漢兵有於賀魯諸部落得泥熟等家口將充羨者宜括取送還仍加賜賚即是矜其枉破使百姓知賀魯是賊知陛下德澤廣及也

裴孝源

孝源官中書舍人

貞觀公私畫史序

慮犧氏受龍圖之後史爲掌圖之官有體物之作蓋以照遠顯幽侔列羣象自元黃萌始方圖辨正有形可明之事前賢成建之跡遂追而寫之至虞夏殷周及秦漢之代皆有史掌雖遭罹播散而終有所歸及吳魏晉宋世多奇人皆心目相授斯道始興其於忠臣孝子賢愚美惡莫不圖之屋壁以訓將來或想功烈於千年聆英威於百代乃心存懿跡默匠儀形其餘風化幽微感而遂至飛沈騰竄驗之目前皆可圖畫且夫藝有精深學有踈密前賢品錄益多其流大唐漢王元昌天植其林心專物表含運覃思六法俱全隨物成形萬類無失每燕時暇日多與其流商榷精奧以余耿尙存賜討論遂命魏晉以來前賢遺跡所存及品格高下列爲先後起於高貴鄉公終於大唐貞觀十

三年祕府及佛寺并私家所蓄共二百九十八卷屋壁四十七所目爲貞觀公私畫錄又集新錄官庫畫總二百九十八卷三百三十卷是隋室官十三卷是左僕射蕭瑀進二十卷楊素家得三卷許善心進十卷高平縣行書佐張氏所獻四卷褚安福進近十八卷先在祕府亦無所得人名並有天和年月其間有二十三卷恐非晉宋人眞跡多當時工人所作後人彊題名氏時貞觀十三年八月望日序

韓瑗

瑗字伯玉雍州三原人貞觀中累官兵部侍郎襲爵潁川公永徽中遷黃門侍郎同中書門下三品拜侍中兼太子賓客爲許敬宗李義府所譖左授振州刺史顯慶四年卒年五十四神龍元年武后遺制復其官爵

理褚遂良疏

古之聖主立諫鼓設謗木冀欲聞逆耳之言甘苦口之義發揚大化裨益洪猷垂令譽於將來揚休聲於不朽者也伏以褚遂良運偶昇平道昭前烈束髮從官方淹累稔趨侍階陛多歷歲年不聞涓滴之愆嘗覩勤勞之效加以竭

忠誠於早歲罄直道於茲年體國忘家捐身狥物風霜其操鐵石其心誠可重於皇朝豈專方於曩昔且先帝納之於帷幄寄之以心膂德逾水石義冠舟車公家之利言無不可及纏悲四海遏密八音竭忠國家親承顧託一德無二千古凜然此不待臣言陛下備知之矣臣嘗懷此心未敢聞奏且萬姓失業旰食忘勞一物不安納隍軫慮在於微細寧得過差况社稷之舊臣陛下之賢佐無聞罪狀斥去朝廷內外甿黎咸嗟舉措觀其近日言事披誠懇惻蓋欲推陛下之德先於堯舜懼陛下之過塵於史冊而乃深遭厚謗重負醜言可以痛志士之心損陛下之明也臣聞晉武宏裕不貽劉毅之誅漢祖深仁無恚周昌之直而遂良被遷已經寒暑違忤陛下其罰塞焉伏願緬鑒無辜稍寬非罪俯矜微款以順人情

韋悰

悰貞觀中官御史遷右丞

彈奏秦英文

竊以大道鬱興沖虛之迹斯闡元風旣播無爲之教實隆未有身預黃冠志同凡素者也道士秦英頗解醫方薄閑

祝禁親戚寄命羸疾投身姦婬其妻禽獸不若情違正教心類豺狼逞貪競之懷恣邪穢之行家藏妻子門有姬童乘肥衣輕出入衢路揚眉奮袂無憚憲章健羨未忘觀徼在慮斯原不殄至教或虧請置嚴科以懲婬侈

李淳風

淳風岐州雍人明步天歷算貞觀初授將仕郎直太史局累遷太史令高宗朝封昌樂縣男改祕閣郎中咸亨初官名復舊仍爲太史令卒年六十九

上靈臺候儀奏

今靈臺候儀是魏代遺範觀其制度疎漏實多臣案虞書稱舜在璿璣玉衡以齊七政則是古以混天儀考七曜之盈縮也周官大司徒職以土圭正日景以定地中此亦據混天儀日行黃道之明證也暨於周末此器乃亡漢孝武時洛下閎復造渾天儀事多疎闕故賈逵張衡各有營鑄陸績王蕃遞加修補或綴附經星機應漏水或孤張規郭不依日行推驗七曜並循赤道今驗冬至極南夏至極北而赤道當定於中全無南北之異以測七曜豈得其眞黃道渾儀之闕至今千餘載矣

議僧道不應拜俗狀

竊以三辟之重要君者爲上彈曰沙門承恩入道非曰要君五刑之極非孝者無親彈曰親放出家詎爲非孝耶是以悖德悖禮爲大亂之本源彈曰僧等動依經教非悖德禮也唯敬唯忠乃經邦之正軌彈曰僧等雖形闕奉親而內懷其孝敬也禮乖事主而心戢其恩忠也至於老教虛靜資柔弱之曲全釋典冲和常不輕爲普敬彈曰事如左威衛議中彈未聞慠慢君親矜夸衆庶彈曰沙門身具佛戒形具佛儀人天自仰寧是矜傲可以敦風勵俗安國寧家者也今令道士女冠僧尼恭拜君親於佛道無虧彈曰經云拜君揖君拜親揖親行敬違教孰曰無虧復從國王正法大革前弊深䆷澆訛彈曰以順法爲訛弊用違教爲廢革可謂首燕適越背道逾多也使其永識隨順之方更知天性之重謹議

太元金籙金鎖流珠引序

太上三五太元金籙者即元始天尊傳太上大道君也號高聖太上玉晨元皇大道君道君傳紫清太素高虛洞曜三元上道君君傳紫晨太微天帝道君君傳紫明太微九道高元玉晨道君又傳太上老君太微天帝君之下玉晨道君傳紫元太微八素三元元晨元君君傳紫微元靈龜臺九靈太眞元君君傳太靈上霄飛晨中央黃老君君傳

太元東霞搏桑丹林大帝上道君君住搏桑傳二十眞人中土絕傳紫晨太微天帝道君傳上清太平金闕帝晨後聖元元玉皇上道君前聖太上道君稱萬道之主號曰虛皇後聖太上老君稱萬道之君號曰玉皇自有金闕帝君官臣具足亦如世人君人臣之任各有主掌天宮九野皆周也君姓李名聃字伯陽改金籙名之曰太元三五金鎖流珠經籙正論履斗步綱之要籙有八十六篇四十三卷上詣太上老君號高聖太上玉晨元皇大道君請此四十三卷下傳世人係代爲眞君眞君願度十天世界爲上天

神仙都玉京稱玉皇上帝也以自撰略爲一十五卷正經及掌訣圖書論步綱躡紀之事總號之金鎖大名次流珠次飛步天綱次卽禹步地紀傳二十卷與尹君君號後聖大法師左上卿卿傳方諸大真人皆佐後聖聖又傳後聖太師太微左真保皇道君後聖又傳九微太真玉闕上相大司命高晨師東海玉明青華小童道君後聖君又傳後聖上保司南極大丹元君紫元夫人夫人有二人一紫微夫人姓李後聖君第三女曾事清河王君小子也子爲周穆王上宰相年百年而已性不於道著功夫人勸行履斗

之法不行也君又傳白山太素真君後聖君又傳後聖上宰西極總真王君總真傳南極南嶽真人左仙公太虛上真赤君又傳侍帝晨領五嶽司右弼王桐栢真人王君佐後聖君後聖君再授元洲二十九真人各主諸方界闕奏合有仙功著仙聞於太平金闕後聖君便令教試依功給道可仙給仙可真與真其中除仙真外亦有三等上等著功者第一等者修身慎行謹言無妄修煉真心好樂經典讀誦立功香火連宵與人治患更遇六甲神符服而年深且得不死人中之仙矣再修得遇仙師授此圖經方以履步綱斗亦得爲真人神仙第二等者好煉金石以爲真至之藥效人疾病堅身理藏服餌於山間林藪亦遠萬壽百年不死死後亦不爲下鬼便得託生受其本福第三等志心好道隨從明師不遠萬里捨心供力不憚勞苦年月深遠師自與言功記德卽教此經傳授之後志心修行卻獲功德於師先得關奏後聖當與給道補爲真人者多矣此三等說後聖告正一真人及總真王君金闕聖君又授紫微左夫人又下教授二十四真人昇天爲二十四玉京左右金闕上真宮御史臣又使王君總真下校授茆盈李仲

甫等爲司命君令教合道之志者當以教之盈以訓二弟及二許楊左六人盡以授修行此經也後以諸方仙真得者皆因此經或以天尊上真前聖虛皇上帝大道君授仲或以前聖太上大宰道君所傳後聖元元玉皇帝大道君或分身再傳或以後聖大宰天師總真係代相授賜拔宅妻子俱昇如此得仙真之衆或隱去或見白日上昇者人數蓋多不可一一而書記也今以略舉相繼以爲引首之目敘其前聖後聖金口所傳金籙玉圖流珠示引次用前後合行用依科排比篇名一一圖分折其秘要內訣引入

其大道之門修行得者繼代付授後學高賢心命合仙之士即不得妄傳非人此引黑書者老君所授赤書者後聖君再言天師受告及王君傳錄具一一注於書後篇目一一隨卷題配之

乙巳占序

夫神功造化大易無以測其源元運自然陰陽不可推其末故乾元資始通變之理不窮坤元資生利用之途無盡無源無末衆妙之門大矣無窮無盡聖人之道備矣昔者伏犧氏之王天下也仰則觀象於天俯則觀法於地觀鳥

獸之文與天地之宜近取諸身遠取諸物於是始畫八卦以通神明之德以類萬物之情故可以探賾索隱鉤深致遠幽潛之狀不藏鬼神之情可見允符至理盡性窮源斷天下之疑通天下之志定天下之業冒天下之道可久可大逾遠逾深明本其宗致在於玆矣故曰天垂象見吉凶聖人則之天生變化聖人效之法象莫大乎天地變通莫大於四時懸象著明莫大乎日月是知天地符觀日月耀明聖人備法致用遠矣昔在唐堯則歷象日月敬授人時爰及虞舜在璿璣玉衡以齊七政暨乎三王五霸克念在玆先後從順則鼎祚永隆悖逆庸違乃社稷顛覆是非利害豈不然矣斯是實天地之宏綱帝王之壯事也至於天道神教福善禍淫譴告多方鑒戒非一故列三光以垂照布六氣以效祥候鳥獸以通靈因謠歌而表異同聲相應鳴鶴聞於九皋同氣相求飛龍吟乎千里兼復日虧麟鬭月減珠消暈逐灰移彗因魚出門之所召隨類畢臻應之所授待感斯發無情尚爾況在人乎余幼纂斯文頗經研習古書遺記近數十家而遭大業昏凶多致殘缺泛觀歸止請略言焉夫神妙無方義該萬品陰陽不測事同百慮

故景星夜煥慶雲朝集二明合於北陸五緯聚於東井此乃表帝星之聖德順天下之嘉瑞也孛氣見於夏終彗星著於泰末或狗象而東墜或蛇行而西流此則呈執政之酷暴逆生民之禍應也殷帝翦髮沃澤千里宋公請殃熒惑退舍此則修善之慶至德可以禳災也劉裕作逆以長星爲已瑞毋邱起亂以蚩尤爲我祥此則覆災之咎逆招天殃者也唐堯欽明懷山襄陵殷湯聖政焦金流石此猶日在北陸而沍寒日行南陸而炎暑月麗箕而多風月從畢而多雨此運數之大期非關於治亂者也荆軻謀秦白

虹貫日衛生設策長庚食昴魯陽麾指而曜靈迴駕荀子道高而德星爰聚此則精誠所感而上靈懸著也黃星出漢表當塗揖讓之符紫氣見秦呈典午南遷之應妖象著而殃鍾齊晉蛇乘龍而禍連周楚熒惑守心始皇以終流光墜地公孫遂隙此則先形以設兆也使流入蜀李郃辨其象客氣逼座嚴陵當其占芒碭之異氣常存春陵之火光不絕或祲星楚幕氣兆晉軍此則當時旌象也周衰夜明常星不見漢失其德日暈晝昏女主攝政遂使紀綱分析權臣擅威乃令至柔震動景藏飛鷰地裂鳴雉此則後

事而星驗也是乃或前事以告寧或後政而示罰莫不若影隨形如聲召響凶謫時至譴過無差休應若臻福善非謬居遠察邇天高聽卑聖人之言信其然矣是故聖人實之君子勤之將有興也咨焉而已從事受命莫之違然垂景之象所由非一占人管見異矩別規至如開基闡業以濟民俗因河洛而表法擇賢達以授官則軒轅唐虞重黎羲和其上也疇人習業世傳常數不足其所守妙賾可稱巫咸石氏公唐昧梓愼裨竈其隆也博物達理通於爕訓綜覈根源明其大體萇子子產其高也抽祕思述軌模探幽冥改絃調張平子王興元其枝也沈思通幽曲窮情狀緣枝反幹尋源達流譙周管輅吳範崔浩其最也託神設教因變通獎亾身達節書理輔諫谷永劉向京房郎顗之其盛也短書小記偏執一途多說遊言獲其半體王朔東方朔焦貢唐都陳卓劉表郗萌其次也委巷長情人間小惠意唯財穀志在米鹽韓楊錢樂其末也參同異會殊途觸類而長拾遺補闕蔡邕祖暅孫僧化庾季才其博也竊人之才掩蔽勝己諂諛先意讒害忠良袁充其酷也妙賾幽微反招嫌忌忠告善道致被傷殘郭璞其命也自古及

今異人代有精窮數象咸司厥職或取驗一時或傳書千載或竭誠奉國或嘉遯相時隱顯之迹既殊詳略之差不等余不揆末學集其所記以類聚編而次之採摭英華刪除繁僞小大之間折衷而已始自天象終於風氣凡爲十卷賜名乙巳每於篇首各陳體例書不盡意豈及多陳文外幽情寄於輪廓後之同好幸悉予心

大怪書序

夫天災時多示有國之大端鵩弔用言爲士民之妖怪一則作興衰之先兆一則垂警戒之別途陰陽有蹇驗之時

人倫犯淫邪之蠹今古常事不必無之竊慮元蟲難究厭謝無方遂乃採風俗之見聞證先賢之事實并諸符籙目曰怪書恐寖淩於萬古故招撫爲一家宣尼有不語之文民難登其壽域譙子造五行之諜事多中於國家覽之者無貽亂神之譏謹序

玉曆通政經序

夫天地昭然略無差忒思測不至占乃無驗苟能窮神知化視象玩占何所不驗歟立占之法本非襲休徵以塞咎故世治國安指象爲災爲君所戒以保邦於未危世變國

亂推象探意詧數究機以處身於無禍乃安中間危凶中閒吉之謂也通政經數陳占條列例衆論非無指歸蓋以天象垂變察乎時政與上象意相符者爲陳則占無不驗也又豈特拘指豈云虛言爲一時之應歟故明列二十八舍列星三垣天地所主之事所司之分陳其休咎以五緯二曜變犯入守五相加臨以取專應故不書往者之占亦同爲比類矣

欽定全唐文卷一百六十

呂才

才博州清平人貞觀時召直宏文館累遷太常博士擢太常丞龍朔中爲太子司更大夫麟德二年卒

進大義婚書表

朝請大夫權知司天少監事兼提點曆書上柱國開國伯食邑九百戶賜紫金魚袋臣呂才奉勅修臣聞婚者是興萬世之始也合二姓之好繼先聖之後爲天地宗廟社稷之主寧不重哉夫天地判然後有男女男女生然後有夫

婦夫婦合然後有父子父子親然後有德義德義立然後有禮法禮法作然後萬物安故先王所以得天下者貴乎生育之本重乎萬世之嗣言夫婦之道乃天地之大義風化之本源蓋取於異姓者所以附遠厚別幣必誠辭無不腆矣偶配生成必致昌益之道故孔子曰天地不合萬物不生夫婦不順有失萬世之嗣焉昔三代明王必敬其妻子妻也者乃立親之主生養之宗繼先聖之後爲大禮之本歟固不可不敬也臣謹所言或有可采擇善而從以平不拔之基永建久興之業功掩前朝道隆往代豈不爲立

萬世至治之美也臣才誠惶誠懼頓首頓首謹言時大唐貞觀歲次柔兆執徐仲秋望日上表

進白雪歌奏

臣按禮記及家語云舜彈五弦之琴歌南風之詩是知琴操曲弄皆合於歌又張華博物志云白雪是天帝使素女鼓五十弦瑟曲名又楚大夫宋玉對襄王云有客於郢中歌陽春白雪國中和者數十人是知白雪琴曲本宜合歌以其調高人和遂寡自宋玉以來迄今千祀未有能歌白雪曲者臣今準敕依琴中舊曲定其宮商然後教習並合

於歌輒以御製雪詩為白雪歌詞又案古今樂府奏正曲之後皆別有送聲君唱臣和事彰前史今取太尉長孫無忌僕射于志寧侍中許敬宗等奉和雪詩以為送聲合十六節今悉教訖並皆合韻

議僧道不應拜俗狀

一謹案老子道德經云域中四大王居一焉又案仁王般若經云地前三賢菩薩位當四天下主內經又云假令比邱得須陀洹果經八萬劫始見於地前今令道士女冠拜敬域中之大僧之及尼拜敬地前菩薩此乃不乖本教正合其宜彈曰佛經所以不令僧敬俗者良以出處不同故也縱使三賢菩薩為四天下主而猶現有妻子相不捨家位厚信曰如然致敬則無誠說故涅槃經云諸出家人從諸白衣諸受未聞不應禮拜據此則殊乖本教何謂正合其宜耶　皇后皇太子尊同於君理合敬拜彈曰仁王經云出家人法不拜國王國王尚不許拜自下斷焉可知矣　一又案道經云道士一人得道乃追榮七葉父母此則立身成道貴於追顯前葉今時未得道者見生父母理合拜敬又案內經云西方妙樂國土本為法藏比邱願力所成是知妙樂之所乃是比邱願往生處也又案無量壽觀經云願生妙樂國土者先須孝養父母後云具足戒行然經宿不見即須跪問孝之儀也不拜父

母何成孝義今令僧尼道士女冠拜敬父母亦是不違本教彈曰如經所云生西方者該通道俗言孝養父母者此明處俗往生因也言具足戒行者此明出家往生因也此則道路懸隔修行兩殊安得混彼二因俱言釋侶且孝養異儀寧唯跪禮揚名後世亦其至也故五分律云若諸沙門左右二肩荷擔父母親於身上便利不淨縱使一劫猶不能報須臾之恩若教父母識三寶四諦受持五戒行十善道於一念頃即為以報父母之恩何以故荷擔等事是人中善不能令彼生天證聖若教父母識諦實因果受齋持戒由此因緣即能證聖又四分律云佛言比邱不應禮敬一切白衣父母雖曰居尊終同白衣之例佛教不令禮拜若拜乃陷於親雖生有致敬之容死招無量重罪不孝之極寧越是乎　一謹案周禮有九拜之儀一曰稽首注云首至地也又案尚書言於禹益等拜皆言稽首此為拜君之敬通於古今也然今之僧尼禮

拜正當稽首之法是以維摩經云導衆以寂故稽首然今若令尼作婦女跪拜但爲衣服不稱恐爽於常情聖人無心以百姓心爲心俗行已久不求改變今令尼等拜敬望請許其稽首此則不乖古今之儀順於輿人之頌彈曰夫希顏之士亦顏之儔慕驥之乘亦驥之類今尼等辭榮是一入道不殊何獨處爽之常情卽欲令其稽首若也不求改變稽首未是循常情旣也不循豈順輿人之頌謹議

因明註解立破義圖序

蓋聞一消一息範圍天地之儀大哉至哉變通爻畫之紀理則未宏於方外事乃猶拘於域中推渾元而莫知窮陰

陽而不測豈聞象繫之表猶開八正之門形器之先更宏二智之教者也故能運空有而雙照冥眞俗而兩夷泛六度於愛河駕三車於大宅是知法王法力超羣生而自在自覺覺人摧衆魔而獨悟業運將啟乃雷震而電耀化緣斯極亦火滅而薪盡觀其應跡若有去來察此眞常本無生住但以宏濟之道有緣斯應天祚明德無遠不臻是以萌蒂疇昔神光聊見於曩時祥瑞有歸淨土咸歎於茲日伏惟皇唐之有天下也運金輪而臨四有握璿極而撫萬方耀慧日於六天蒸法雲於十地西越流沙遂荒妙樂之地東漸於海奄有歡喜之都振聲教於無邊通車書於有頂遂使百億須彌旣咸頒於望秩三千法界亦共沐於皇風故令五印度國改荒服於稾街十八韋陀譯梵文於祕府乃有三藏元奘法師者所謂當今之能仁也聰慧夙成該覽宏贍德業純粹律禁翹勤實三寶之棟梁四衆之綱紀者也每以釋教東遷爲日已久或恐邪正雜擾水乳不分若不稽實相於迦維驗眞交於摩竭何以成決定之藏爲畢竟之宗者乎幸逢二儀交泰四海無塵遂得拂衣元漠振錫葱嶺不由味於蒟醬直路夷通豈藉佩於杜衡遙

途近易於是窮源河於西域涉河水於東維採貝葉於鷲山窺金文於鶴樹所歷諸國百有餘都所獲經論向七百部並傳以藩驛聿歸上京因得面奉聖顏對揚宗極此因明論者卽是三藏所獲梵本之內之一部也理則包括於三乘事乃牢籠於百法研機空有之際發揮內外之宗雖詞約而理宏實文微而義顯學之者當生不能窺其奧游之者數載不足測其源以其衆妙之門是以先事翻譯其有神泰法師靖邁法師明覺法師等並以神機昭晰志業兼該精習羣經多所通悟皆蒙別勑追赴法筵遂得函丈

請益執卷承旨三藏既善宣法要妙盡幽深泰法師等是以各錄所聞爲之義疏詮表既定方擬流通無緣之徒多未聞見復有栖元法師者乃是才之幼少之舊也昔栖遁於嵩岳嘗枉步於山門既筮仕於上京猶曲睠於窮巷自蒙修攝三十餘年忉怛之誠二難具盡然法師節操精潔戒行冰霜學既昭達於一乘身乃（闕一字）局於十誦才既覩其清苦時以開遮折之但以內外不同行已各異言戲之間是非鋒起師乃從容謂才曰檀越復研味於六經探賾於百氏推陰陽之愆伏察律呂之忽微又聞生平未見太

元詔問須臾卽解由來不窺象戲試造旬日復成以此有限之心逢事卽欲穿鑿但以佛法元妙量謂未與彼同雖復强學推尋恐非措心之所何因今將內論翻用見譏者乎法師後逢因明創行義趣幽隱是以先寫一通故將見遺仍附書云此論極難深究元妙比有聰明博識聽之多不能解今若復能通之可謂內外俱悉矣其論既近至中夏才實未之前聞恥於被試不知爲復强加披閱於是依極成而探義深憑比量而求微旨反覆再三薄識宗趣後復借得諸法師等三家義疏更加究習然以諸法師等雖復序致衆富文理會通既以執見參差所說自相矛盾義既同稟三藏豈合更開二門但由釁發蕭牆故容外侮鬩測然佛以一音演說亦許隨類各解何必獨簡白衣不爲衆生之例才以公務之餘輒爲斯注至於三法師等所說善者因而成之其有疑者立而破之分爲上中下卷號曰破注解其間墨書者卽是論之本文朱書者以存師等舊說其下墨書注者是才今之新撰用決師等前義凡有四十餘條自鄶已下猶未具錄至於文理隱伏稍難見者乃畫爲義圖共相比較仍更別撰一方丈大圖獨存才之近

注論既外無人解無處道聽途說若言生而知之固非才之望也然以學無再請尚曰傳燈聞一知十方稱殆庶況乎生平不見率爾輒事含毫今既不由師資注解能無紕紊竊聞雪山夜义說生滅法邱井野獸歎未曾有苟令所言合理尚得天仙歸敬才之所注庶幾於茲法師等若能忘狐鬼之微陋思句味之可尊擇善而從不簡眞俗此則如來之道不墜於地宏之者衆何常之有必以心未忘於人我義不察於是非才亦扣其兩端猶擬質之三藏

東皐子後序

君姓王氏諱勣字無功太原祁人也高祖晉穆公自南歸北始家河汾焉歷宋魏迄於周隋六世冠冕國史家牒詳焉君性好學博聞強記與李播陳永呂才爲莫逆之交陰陽歷數之術無不洞曉大業末應孝弟廉潔舉射高第除祕書正字君性簡放飲酒至數斗不醉常云恨不逢劉伶與閉戶轟飲因著醉鄉記及五斗先生傳以類酒德頌云雅善鼓琴加減舊弄作山水操爲知音者所賞高情勝氣獨步當時及爲正字端簪理笏非其好也以疾罷乞署外職除揚州六合縣丞君篤於酒德頗妨職務時天下亂藩

部法嚴屢被勘劾君歎曰羅網高懸去將安所遂出所受俸錢積於縣城門前託以風疾輕舟夜遁隨季版蕩客遊河北去還龍門武德中詔徵以前揚州六合縣丞待詔門下省時省官例日給良醖三升君第七弟靜爲武皇千牛謂曰待詔可樂否君曰吾待詔祿俸殊爲蕭瑟但良醖三升差可戀爾待詔江國公君之故人也聞之曰三升良醖未足以絆王先生判日給王待詔一斗時人號爲斗酒學士貞觀初以足疾罷歸欲定長往之計而困於貧貞觀中以家貧赴選時太學有府史焦革家善醖酒冠絕當時君苦求爲太樂丞選司以非士職不授君再三請曰此中有深意且士庶清濁天下所安不聞莊周避漆園老聃恥柱下卒授焉數月而焦革死妻袁氏時送美酒歲餘袁又死君歎曰天迺不令吾飽美酒遂掛冠歸田自是太樂丞爲清流君後追述焦革酒經一卷其術精悉兼採杜康儀狄已來善爲酒人爲酒譜一卷太史令李淳風見而悅之曰王君可爲酒家之南董君歷職皆以好酒鄉里或哈之因著無心子以喻志河汾中先有渚田十數頃稱良沃鄰渚又有隱士仲長子光服食養性君重其貞素顧與相近遂

結廬河渚縱意琴酒慶弔禮絕十有餘年河渚東南隅有連沙盤石地頗顯敞君於其側遂爲杜康立廟歲時致祭以焦革配焉貞觀中京兆杜松之清河崔公善繼爲本州刺史皆請與君相見君曰奈何悉欲坐召嚴君平竟不見崔杜高君調趣卒不敢屈但歲時贈以美酒鹿脯詩書往來不絕君又葛巾聯牛躬耕東皋每著書自稱東皋子晚歲醉飲無節鄉人或諫止之則笑曰汝輩不解理正當然或乘牛駕驢出入郊郭止宿酒店動經歲月往往題咏作詩好事者錄之諷咏並傳於代貞觀十八年終於家時年

若干臨終自尅死日遺命薄葬兼預自爲墓誌所著詩賦並多散逸鳩訪未畢且緝成五卷又著會心高士傳五卷酒譜二卷及註莊子並别成一家不列於集云

敘宅經

易曰上古穴居而野處後代聖人易之以宮室蓋取諸大壯逮乎殷周之際乃有卜宅之文故詩稱相其陰陽書云卜惟洛食此則卜宅吉凶其來尚矣至於近代師巫更加五姓之說言五姓者謂宮商角徵羽等天下萬物悉配屬之行事吉凶依此爲法至如張王等爲商武庾等爲羽欲

似同韻相求及其以柳姓爲宮以趙姓爲角又非四聲相管其間亦有同是一姓分屬宮商復有複姓數字徵羽不別驗於經典本無斯說諸陰陽書亦無此語直是野俗口傳竟無所出之處唯按堪輿經云黃帝對於天老乃有五姓之言且黃帝之時不過姬姜數姓暨於後代賜族者多至如管蔡郕霍魯衛毛聃郜雍曹滕畢原酆郇並是姬姓子孫孔殷宋華向蕭亳皇甫並是子姓苗裔自餘諸國準例皆然因邑因官分枝布葉未知此等諸姓是誰配屬宮商又檢春秋以陳衛及秦並同水姓齊鄭及宋皆爲火姓或承所出之祖或繫所屬之星或取所居之地亦非宮商角徵羽共相管攝此則事不稽古義理乖僻者也

敘祿命

謹按史記宋忠賈誼誚司馬季主云夫卜筮者高談祿命以悅人心矯言禍福以盡人財又按王充論衡云見骨體而知命祿覩命祿而知骨體此卽命祿之書行之久矣多言或中人乃信之今更研尋本非實錄但以積善餘慶不假建祿之吉積惡餘殃豈由劫殺之災皇天無親常與善人禍福之應其猶響影故有夏多罪天命勦絕宋景修德

妖孛夜移學也祿在豈待生當建學文王憂勤損壽不關月值空亡長平坑卒未聞共犯三刑南陽貴士何必俱當六合歷陽成湖非獨河魁之上蜀郡炎燎豈由災厄之下今時亦有同建同祿而貴賤懸殊共命共胎而夭壽更異按春秋魯桓公六年七月魯莊公生今檢長歷莊公生當乙亥之歲建申之月以此推之莊公乃當祿之空亡依祿命書法合貧賤又犯句絞六害背驛馬生身剋驛馬驛馬三刑當此生者並無官爵火命七月生當病鄉爲人尫弱身合蹉陋今按齊詩譏莊公猗嗟昌兮頎而長兮美目揚

兮巧趨蹌兮唯有向命一條法當長命依檢春秋莊公薨時計年四十五矣此則祿命不驗一也又按史記秦莊襄王四十八年始皇帝生宋忠注云因正月生爲此名政依檢襄王四十八年歲在壬寅此年正月生者命當背祿法無官爵假得祿合奴婢尚少始皇又當破驛馬生驛馬三刑身尅驛馬法當望官不到金命正月生當絶下爲人無始有終老而彌吉今檢史記始皇乃是有始無終老更彌凶唯建命生法合長壽計其崩時不過五十祿命不驗二也又檢漢武故事武帝以乙酉之歲七月七日平旦時生亦當祿空亡下依祿命書法無官爵唯向驛馬尚隔四辰依祿命法少無官榮老而方盛今檢漢書武帝即位年始十六末年巳後戶口減半祿命不驗三也又按後魏書云孝文皇帝皇興元年八月生今按長歷其年歲在丁未以此推之孝文皇帝背祿背命並驛馬三刑身尅驛馬依祿命書法無官爵命當父死中生法當生不見父今檢魏書孝文皇帝身受其父顯祖之禪禮云嗣子位定在於初喪踰年之後方始正號是以天子無父事三老也孝文皇帝受禪異於常禮躬爲天子以事其親而祿命例云不合識父祿命不驗四也又按沈約宋書云宋高祖癸亥歲三月生依此而推祿之與命並當空亡依祿命書法無官爵又當子墓中生唯宜嫡子假有次子法當早死今檢宋書高祖長子先被篡殺次子義隆享國多年高祖又當祖祿下生法得嫡孫財祿今檢宋書其孫劉劭劉濬並爲篡逆幾失宗祧祿命不驗五也

敘葬書

易曰古之葬者衣之以薪不封不樹喪期無數後代聖人易之以棺槨蓋取諸大過禮云葬者藏也欲人之不得見也然孝經云卜其宅兆而安厝之以其顧復事畢長爲感慕之所窀穸禮終永作鬼神之宅朝市變遷豈得豫測於將來泉石交侵不可逆知於地下是以謀及龜筮庶無後艱斯乃備於慎終之禮曾無吉凶之義暨近代以來加之陰陽葬法或選年月便利或量墓田遠近一事失所禍及生人巫者利其貨賄莫不擅加妨害遂使葬書一術乃有百二十家各說吉凶拘而多忌且天覆地載乾坤之理備焉一剛一柔消息之義詳矣或成於晝夜之道感於男女之化三光運於上四時通於下斯乃陰陽之大經不可失

之於斯須也至於喪葬之吉凶乃附此爲妖妄傳曰王者七日而殯七月而葬諸侯五日而殯五月而葬大夫經時而葬士及庶人逾月而已此則貴賤不同禮亦異數欲使同盟同軌赴弔有期量事制宜遂爲常式法旣一定不得違之故先期而葬謂之不懷後期而不葬譏之怠禮此則葬有定期不擇年月其義一也春秋又云丁巳葬定公雨不克葬至於戊午襄事禮經善之禮記云卜葬先遠日者蓋選月終之日所以避不懷也今檢葬書以己亥之日用葬最凶謹桉春秋之際此日葬者凡有二十餘件此則葬

不擇日其義二也禮記又云周尚赤大事用日出殷尚白大事用日中夏尚黑大事用昏時鄭元注云大事者何謂喪葬也此則直取當代所尚不擇時之早晚春秋又云鄭卿子產及子太叔葬鄭簡公於時司墓大夫室當葬路若壞其室卽日出而堋不壞其室卽日中而堋子產不欲壞室欲待日中子太叔云若至日中而堋恐久勞諸侯大夫來會葬者然子產旣云博物君子太叔乃爲諸侯之選國之大事無過喪葬必是義有吉凶斯等豈得不用今乃不問時之得失唯論人事可否曾子問云葬逢日蝕舍於路

左待明而行所以備非常也若依葬書多用乾艮二時並是近夜半此則交與禮違今檢禮傳葬不擇時其義三也葬書云富貴官品皆由安葬所致年壽延促亦由墳隴所招今按孝經云立身行道則揚名於後世以顯父母易曰聖人之大寶曰位何以守位曰仁是以日愼一日則澤及於無窮苟德不建而人而無後此則非論安葬吉凶而論福祚延促臧孫有後於魯不關葬得吉日若敖絕祀於荊不由遷厝失所此則安葬吉凶不可信用其義四也今之喪葬吉凶皆依五姓便利古之葬者並在國都之北兆域

旣有常所何取姓墓之義趙氏之葬並在九原漢之山陵散在諸處上利下利蔑爾不論大墓小墓其義安在及其子孫富貴不絕或與三代同風或分六國而王此則五姓之義大無稽古吉凶之理何從而生其義五也且人臣名位進退何常亦有初賤而後貴亦有始泰而終否是以子文三已令尹展禽三黜士師卜葬一定更不回改冢墓旣成曾不革易則何因名位無時暫安故知官爵宏之在人不由安葬所致其義六也野俗無識皆信葬書巫者詐其吉凶愚人因而徼倖遂使擗踊之際擇葬地而希官品荼

毒之秋。選葬時以規財祿。或云辰日不宜哭泣。遂莞爾而受弔問。或云同屬忌於臨壙。乃吉服而不送其親。聖人設教。豈其然也。葬書敗俗一至於斯。其義七也。

王宏直

宏直雍州咸陽人。爲漢王元昌友。徙判王友。龍朔中卒。

諫漢王元昌畋獵書

夫宗子維城之託者。所以固邦家之業也。大王功無任城戰尅之效。行無河間樂善之譽。爵高五等。邑富千室。當思答極施之洪慈。保無疆之永祚。其爲計者。在乎修德。冠屨詩禮。畋獵史傳。覽古人成敗之所由。鑒既往存亡之異跡。覆前戒後。居安慮危。奈何列騎齊驅。交橫壟畝。野有遊客。巷無居人。貽眾庶之憂。逞一情之樂。從禽不息。實用寒心。

蔣儼

儼常州義興人。擢明經第。爲左屯衛兵曹參軍。太宗朝再遷殿中少監。蒲州刺史。永徽二年爲右衛大將軍。文明中封義興縣子。以太子詹事致仕。垂拱三年卒。年七十八。中宗立。以舊恩贈禮部尚書。

責田游巖書

足下負巢由之峻節。傲唐虞之聖主。養煙霞之逸氣。守林壑之遐情。有年載矣。故能聲出區宇。名流四海。主上屈萬乘之重。申三顧之榮。遇子以商山之客。待子以不臣之禮。將以輔導儲貳。漸染芝蘭耳。皇太子春秋鼎盛。聖道未周。拾遺補闕。臣子恒務。僕以不才。猶參庭諍。誠以素非德望。位班卒伍。言以人廢。不蒙採擬。足下受調護之寄。是可言之秋。唯唯而無一談。悠悠以卒年歲。向使不飡周粟。僕何敢言。祿及親矣。以何酬塞。想爲不達。謹書起予。

李乾祐

乾祐雍州長安人。貞觀初爲殿中侍御史。歷治書侍御史。永徽初擢御史大夫。出爲邢魏滄三州刺史。入爲司刑太常伯。坐漏禁中語免官。

外屬不得通婚奏

鄭州人鄭宣道先聘少府監主簿李元義妹爲婦。即宣道堂姨。元義先雖執迷。許其婚媾。後以情禮不合。請與罷婚。宣道經省陳訴。以法無此禁。判許成親。何則。同堂姨舅雖則無服。既稱從母。何得爲婚。又母與堂姨本是大功之服。大功之上。禮實同重。況九月爲服。親亦至矣。子而不子。辱以爲妻名教所悲人倫是棄且堂姑堂姨内外之族雖别而父黨母黨骨肉之恩是同愛敬本自天性禽獸亦猶知母豈可令母之堂姊降以爲妻從母之名將何所寄古人正名遠别後代違道任意恐寖以成俗然本屬無服而尊卑不可爲婚者非止一條請付羣官詳議永爲後法

欽定全唐文卷一百六十一

朱桃椎

桃椎益州成都人澹泊絶俗結廬山中嘗織十屨置道上見者曰居士屨也爲鬻米茗易之置其處輒去終不與人接高士廉爲長史遣人存問見輒走林草自匿云

茅茨賦

若夫虛寂之士不以世務爲榮隱遁之流乃以閑居爲樂故孔子達士仍遭桀溺之譏叔夜高人迺被孫登之笑況復尋山翫水散志娛神隱卧茅茨之間志想青雲之外逸

世上之無爲亦處物之高致若乃覩余庵室終諸陋質野外孤標山旁迴出壁則崩剝而通風檐則摧頹而寫日是時閒居晚思景媚青春逃斯澗谷委此心神削野藜而作杖卷竹葉而爲巾不以聲名爲貴不以珠玉爲珍風前引嘯月下高眠庭惟三徑琴置一絃散誕池臺之上逍遥巖谷之間逍遥兮無所拓志意兮還自樂枕明月而彈琴對清風而緩酌望嶺上之青松聽雲間之白鶴用山水而爲心翫琴書而取樂谷裏偏覺鳥聲高鳥聲高韻盡相調見許毛衣眞亂錦聽渠聲韻宛如歌調絃乍緩急向我茅茨

集時逢雙燕來屢値遊蜂入冰開綠水更應流草長階前還復濕吾意不欲世人交我意不欲功名立功名立也不須高總知世事盡徒勞未會昔時三箇士無故將身殞二桃

王福時

福時高宗時雍州司功參軍坐子勃殺官奴曹達左遷交阯令

許敬宗諡議

諡者飾終之稱也得失一朝榮辱千載若使嫌隙是實卽

合據法推繩如其不虧直道義不可奪官不可侵二三其德何以言禮福時忝當官守匪躬之故若順風阿意背直從曲更是甲令虛設將謂禮院無人何以激揚雅道顧視同列請依思古諡議爲定

錄東皐子答陳尚書書略

東皐先生諱績字無功文中子之季弟也棄官不仕耕於東皐自號東皐子貞觀初仲父太原府君爲監察御史彈侯君集事連長孫太尉由是獲罪時杜淹爲御史大夫密奏仲父直言非辜於是太尉與杜公有隙而王氏兄弟皆抑而不用矣季父與陳尚書叔達相善陳公方撰隋史季父持文中子世家與陳公編之陳公亦避太尉之權藏而未出重重作書遺季父深言懃懇季父答書其略曰亾兄昔與諸公遊其言皇王之道至矣僕與仲兄侍側頗聞大義亾兄曰吾周之後也世習禮樂子孫當遇王者得申其道則儒業不墜其天乎其天乎時魏文公對曰夫子有後矣天將啟之徵也儻逢明王願翼其道無敢忘之及仲兄出胡蘇令杜大夫嘗於上前言其樸忠太尉聞之怒而魏公適入奏事見太尉魏公曰君集之事果虛耶御史當反

其坐果實耶太尉何疑焉於是意稍解然杜與仲父抗志不屈魏公亦退朝默然其後君集果誅且吾家豈不幸而多言見窮乎抑天實未啓其道乎僕今耕於野有年矣無一言以裨於時無一勢以託其迹沒齒東皐醉醒自適而已然念先文中之述作門人傳受升堂者半在廊廟續經及中說未及講求而行嗟乎足下知心者顧僕何爲哉願記亾兄之言庶幾不墜足矣謹錄世家寄去餘在福郊面悉其意幸甚幸甚

王氏家書雜錄

太原府君諱凝字叔恬文中子亞弟也貞觀初君子道亨我先君門人布在廊廟將播厥師訓施於王道遂求其書於仲父仲父以編未就不之出故六經之義代莫得聞仲父釋褐爲監察御史時御史大夫杜淹謂仲父曰子聖賢之弟也有異聞乎仲父曰凝忝同氣昔二兄講道河汾亦嘗預於斯然六經之外無所聞也淹曰昔門人咸有記焉蓋薛收姚義綴而名之曰中說茲書天下之昌言也微而顯曲而當旁貫大義宏闡教源門人請問之端文中行事之迹則備矣子盍求諸家仲父曰凝以喪亂已來未遑及

也退而求之得中說一百餘紙大抵雜記不著篇目首卷及序則蠹絕磨滅未能詮次會仲父出爲胡蘇令歎曰文中子之教不可不宣也日月逝矣歲不我與乃解印而歸大考六經之目而繕錄焉禮論樂論各亡其五篇續詩續書各亡小序惟元經讚易具存焉得六百六十五篇勒成七十五卷分爲六部號曰王氏六經仲父謂諸子曰大哉兄之述也以言乎皇綱帝道則大明矣以言乎天地之間則無不至焉自春秋以來未有若斯之述也又謂門人曰不可使文中之後不達於茲也乃召諸子而授焉貞觀十六年余二十一歲受六經之義三年頗通大略嗚乎小子何足以知之而有志焉十九年仲父被起爲洛州錄事又以中說授余曰先兄之緒言也余再拜曰中說之爲教也務約致深言寡理大其比方論語之記乎孺子奉之無使失墜余因而辨類分宗編爲十篇勒成十卷其門人弟子姓氏本末訪諸紀牒列於外傳以備宗本焉且六經中說于以觀先君之事業建義明道垂則立訓知文中之所爲者其天乎年序寖遠朝廷事異同志淪殂帝閽攸邈文中子之教抑而未行吁可悲哉空傳子孫以爲素業云爾時

貞觀二十三年正月序

錄唐太宗與房魏論禮樂事

太宗龍飛宇內樂業文中子之教未行於時後進君子鮮克知之貞觀中魏文公有疾仲父太原府君問候焉留宿宴語中夜而歎太原府君曰何歎也魏公曰大業之際徵也嘗與諸賢侍文中子謂徵及杜房等曰先輩雖聰明特達然非董薛程仇之比雖逢明王必愧禮樂徵於時有不平之色文中子笑曰久久臨事當自知之及貞觀之始諸賢皆亡而徵也房李溫杜獲攀龍鱗朝廷大議未嘗不參

預焉上臨軒謂羣臣曰朕自處藩邸及當宸極卿等每進諫正色咸云嘉言良策患人主不行若行之則三皇不足四五帝不足六朕誠虛薄然獨斷亦審矣雖德非徇齊明謝濬哲至於聞義則服庶幾乎古人矣諸公若有長久之策一一陳之無有所隱房杜等奉詔舞蹈讚揚帝德上曰止引羣公內宴酒方行上曰設法施化貴在經久秦漢已下不足襲也三代損益何者爲當卿等悉心以對不患不行是時羣公無敢對者徵在下坐爲房杜所目因越席而對曰夏殷之禮既不可詳忠敬之化空聞其說孔子曰周

監於二代郁郁乎文哉吾從周周禮公旦所裁詩書仲尼所述雖綱紀頹缺而節制具焉荀孟陳之於前董賈伸之於後遺談餘義可舉而行若陛下重張皇墳更造帝典則非駑劣所能議及也若擇前代憲章發明王道則臣請以周典唯所施行上大悅翌日又召杜房及徵俱入上曰朕昨夜讀周禮眞聖作也首篇云惟王建國辨方正位體國經野設官分職以爲人極誠哉深乎良久謂徵曰朕思之不井田不封建不肉刑而欲行周公之道不可得也大易之義隨時順人周任有言陳力就列若能一一行之誠朕所願如或不及强希大道畫虎不成爲將來所笑公等可盡慮之因詔宿中書省會議數日卒不能定而徵尋請退上雖不復揚言而閑宴之次謂徵曰禮壞樂崩朕甚憫之昔漢章帝眷眷於張純今朕急急於卿等有志不就古人攸悲徵跪奏曰非陛下不能行蓋臣等無素業爾何愧如之然漢文以清靜富邦家孝宣以章程練名實光武責成委吏功臣獲全肅宗重學尊師儒風大舉陛下明德獨茂兼而有焉雖未冠三代亦千載一時惟陛下雖休勿休則禮樂度數徐思其宜教化之行何慮晚也上曰時難得而

易失朕所以遑遑也卿退無有後言徵與房杜等並慙慄再拜而出房謂徵曰元齡與公竭力輔國然言及禮樂則非命世大才不足以望陛下清光矣昔文中子不以禮樂賜予良有以也向使董薛在適不至此噫有元首無股肱不無可歎也十七年魏公薨太原府君哭之慟十九年授余以中說又以魏公之言告予因敘其事時貞觀二十年九月記

錄關子明事

關朗字子明河東解人也有經濟大器妙極占筭浮沈鄉

里不求官達太和末余五代祖穆公封晉陽尚書署朗爲公府記室穆公與談易各相歎服穆公謂曰足下奇才也不可使天子不識入言於孝文帝帝曰張彝郭祚嘗言之朕以卜筭小道不之見爾穆公曰此人道微言深殆非彝祚能盡識也詔見之帝問老易朗寄發明元宗實陳王道諷帝慈儉爲本飾之以刑政禮樂帝嘉歎謂穆公曰先生知人矣昨見子明管樂之器豈占筭而已穆公再拜對曰昔伊尹負鼎於成湯今子明假占筭以謁陛下臣主感遇自有所因後宜任之帝曰且與卿就成筮論既而頻日引

見際暮而出會帝有烏丸之役勑子明隨穆公出鎮幷州軍國大議馳驛而聞故穆公易筮往往如神先是穆公之在江左也不平袁粲之死恥食齊粟故蕭氏受禪而穆公北奔卽齊建元元年魏太和三年也時穆公春秋五十二矣奏事曰大安四載微臣始生茲宋大明二年也旣北遊河東人莫之知惟盧陽烏深奇之曰王佐才也太和八年徵爲秘書郎遷給事黃門侍郞以謂孝文有康世之意而經制不立從容閒宴多所奏議帝虛心納之遷都洛邑進用王肅由穆公之潛策也又薦關子明帝亦敬服謂穆公曰嘉謀長策勿慮不行朕南征還日當共論道以究治體穆公與朗欣然相賀曰千載一時也俄帝崩穆公歸洛踰年而薨朗遂不仕同州府君師之受春秋及易共隱臨汾山景明四年同州府君服闋援琴切切然有憂時之思子明聞之曰何聲之悲乎府君曰彥誠悲先君與先生有志不就也子明曰樂則行之憂則違之府君曰彥聞治亂損益各以數至苟推其運百世可知願先生以筮一爲決之何如子明曰占筭幽微多則有惑請命蓍卦以百年爲斷府君曰諾於是揲蓍布卦遇夬之革捨蓍而歎曰當今大

運不過一再傳爾從今甲申二十四歲戊申大亂而禍始宮掖有蕃臣秉政世伏其强若用之以道則桓文之舉也如其不道臣主俱屠地府君曰其人安出朗曰參代之墟有異氣焉若出其在幷之郊乎府君曰此人不振蒼生何屬子曰當有二雄舉而中原分府君曰各能成乎朗曰我隙彼動能無成乎若無賢人扶之恐不能成府君曰請刻其歲朗曰始於甲寅卒於庚子天之數也府君曰何國先亾朗曰不載德而用詐權則舊者先亾也府君曰其後如何朗曰辛丑之歲有恭儉之主起布衣而幷六合府君曰

其東南乎朗曰必在西北平大亂者未可以文治必須武定且西北用武之國也東南之俗其弊也剽西北之俗其興也勃又況東南中國之舊主也中國之廢久矣天之所廢誰能興之府君曰東南之歲可刻乎朗曰東南運歷不出三百大聖大賢不可卒遇能終其運所幸多矣且辛丑明王當興定天下者不出九載己酉江東其危乎府君曰明王既興其道若何朗曰設有始有卒五帝三皇之化復矣若非其道則終驕冗而晚節末路有桀紂之主出焉先王之道墜地久矣苛化虐政其窮必酷故曰大軍之後必

有凶年大亂之後必有凶主理當然也府君曰先王之道竟亾乎朗曰何謂亾也夫明王久曠必有達者生焉行其典禮此三才五常之所繫也孔子曰文王既沒文不在茲乎故王道不能亾也府君曰請推其數朗曰乾坤之策陰陽之數推而行之不過三百六十六引而伸之不過三百八十四天之道也噫朗聞之先聖與卦象相契自魏已降天下無真主故黃初元年庚子至今八十四年更八十二年丙午百六十六年矣達者當生更十八年甲子其與王者合乎用之則王道振不用洙泗之教修矣府君曰其人安出朗曰其唐晉之郊乎昔殷後不王而仲尼生周周後不王則斯人生晉夫生於周者周公之餘烈也生於晉者陶唐之遺風也天地冥契其數自然府君曰厥後何如朗曰自甲申至甲子正百年矣過此未或知也府君曰先生說卦皆持二端朗曰何謂也府君曰先生每及興亾之際必曰用之以道輔之以賢未可量也是非二端乎朗曰夫象生有定數吉凶有前期變而能通故治亂有可易之理是以君子之於易動則觀其變而玩其占問之而後行考之而後舉欲令天下順時而進知難而退此占筭所以見

重於先王也故曰危者使平易者使傾善人少惡人多暗主衆明君寡堯舜繼禪歷代不逢伊周復辟近古亦絕非運之不可變也化之不可行也道悠世促求才實難或有臣而無君或有君而無臣故全之者鮮矣仲尼曰如有用我者吾其爲東周乎此有臣而無君也章帝曰堯作大章一夔足矣此有君而無臣也是以文武之業遂淪於仲尼禮樂之美不行於章帝治亂之漸必有厥由而興廢之成終罕所遇易曰功業見乎變此之謂也何謂無二端府君曰周公定鼎於郟鄏卜世三十卜年八百豈亦二端乎朗

曰聖人輔相天地準繩陰陽恢皇綱立人極脩策迥馭長羅遠羈昭治亂於未然筭成敗於無兆固有不易之數不定之期假使庸主守之賊臣犯之終不促已成之期於未衰之運故曰周德雖衰天命未改聖人知明王賢相不可必遇聖謀睿策有時而弊故考之典禮稽之龜策即人事以申天命懸歷數以示將來或有已盛而更衰或有過筭而不及是故聖人之法所可貴也向使明王繼及良佐踵武則當億萬斯年與天無極豈止三十世八百年而已哉過筭餘年者非先王之功即桓文之力也天意人事豈徒

然哉府君曰龜策不出聖謀乎朗曰聖謀定將來之基龜策告未來之事遞相表裏安有異同府君曰大哉人謀朗曰人謀所以安天下也夫天下大器也置之安地則安置之危地則危是以路平安車狂夫審乎難覆乘奔馭朽童子知其必危豈有周禮既行歷數不延乎八百秦法既立宗祧能踰乎二世噫天命人事其同歸乎府君曰先生所刻治亂興廢果何道也朗曰文質遞用勢運相乘稽損益以驗其時百代無隱考龜策而研其慮千載可知未之思歟夫何遠之有府君蹶然驚起因書策而藏之退而學易蓋王氏易道宗於朗焉其後宣武正始元年歲次甲申至孝文永安元年二十四歲戊申而胡后作亂爾朱榮起并州君臣相殘繼踵屠地及周齊分霸卒併於西始於甲寅終於庚子皆如其言明年辛丑歲隋高祖受禪果以恭儉定天下開皇元年安康獻公老於家謂銅川府君曰關生殆聖矣其言未來若合符契開皇四年銅川夫人經山梁履巨石而有娠既而生文中子先丙午之期者二載爾獻公筮之曰此子當之矣開皇六年丙午文中子知書矣厥聲載路九年己酉江東平高祖之政始怠仁壽四年甲子

文中子謁見高祖而道不行大業之政甚於桀紂於是文中子曰不可以有為矣遂居汾陽續詩書論禮樂江都失守文中子寢疾歎曰天將啟堯舜之運而吾不遇焉嗚呼此關先生所言皆驗也

張昌齡

昌齡冀州南宮人第進士貞觀中補長安尉出為襄州司戶後爲北門修撰乾封元年卒

對刑獄用捨策

問元默垂拱理歸上德法令滋彰事鍾澆季是以唐虞晝

象四罪而咸服姬夏訓刑三千而愈擾故知勝殘去殺必在於宏仁反樸還淳不務於多辟方知削茲三尺專循五禮幸陳用捨之宜以適當時之要

對兩儀亭育聚嚴刑於積陰四氣平分降明罰於秋序是知觀象設教聖人所以勝殘因物造端懿后由其立辟故嬀川受命士師陳九德之歌瑤山載刑呂侯訓百鍰之典然則激揚神化鼓舞皇階資粉澤而宏風俟德刑而振俗是故六轡在御飛龍之駕可期九罭不施奔鯨之害斯兆縱使業優卷領道邁會巢齊飲冢於鶉居絕往來於犬吠

猶未可長懸三禮永擯五刑削茲噬嗑之科專行忠信之薄況今時推纂聖運屬升皇猶勞丹浦之誅尚漏青邱之罪伯夷典禮與猾夏而同科司寇詳刑共春官而聯事自可遠稽九伐近命三驅釋刀鋸於凶魁休甲兵於原野然後施威象闕展事天宗繼美媯黃追風火燧渠魁未滅豈得輒議寢刑中獄既封自可專循大禮謹對

對高潔之士策

問惟堯則天全穎陽之節惟禹奠川遂滄州之美然則高潔之士出於盛明廉恥之賓不生澆季自皇唐受命驅駕前古貞遁不闡風軌莫繼豈端操之範獨祕於往辰將奔競之徒頓騁於茲日緬懷長往有懵深衷佇聽離賢以祛心疚

對則天分命箕山多長往之賓濬畝劬勞滄州有肥遁之客是以北荒孤竹甘草澤而輕周南岳紫芝翫林泉而恥漢此蓋爲匹夫小節未達汾陽之旨獨行幽姿寧動少微之宿豈若大風在夢飛熊入兆下箕尾而稱師委旄頭而作傅自大君有命遠頓天紘盡岩穴之英奇總濠梁之邁軸脫荷裳而襲朱紱解薜蘿而綰青綬五尺童子羞稱荷

蓧三事大夫恥觀瓢飲將使鄭君谷口擅不言之謠曹相府門多清淨之化方知聖人在上真隱不獲全其高淳風所偃幽貞不能固其節麛卵時性麟鳳所以呈姿山林不天風雲以之通氣物既稟和而適變士亦感類而相從調飪自可怡神烹鮮足堪養性猶謂寒泉獨善未臻援手之仁薪槱兼濟有助興王之道謹對

崔知悌

知悌許州鄢陵人貞觀朝官中書侍郎遷尚書左丞佐裴行儉平突厥有功終戶部尚書

灸骨蒸方圖序

夫含靈受氣稟之於五行攝生乖理降之以六疾至若岐黃廣記蔚有舊經攻灸兼行顯著斯術骨蒸病者亦名傳屍亦謂殗殜亦稱復連亦曰無辜丈夫以癖氣爲根婦人以血氣爲本無問少長多染此疾嬰孺之流傳注更苦其爲狀也髮乾而聳或聚或分或腹中有塊或腦後近下兩邊有小核多者乃至五六或夜臥盜汗夢與鬼交雖目視分明而四肢無力或上氣食少漸就沉羸縱延時日終於殞盡予昔忝洛州司馬嘗三十日灸活一十三人前後差

者數踰二百至於狸骨獺肝徒聞曩說金牙銅鼻罕見其能未若此方扶危拯急非止單攻骨蒸又別療氣療風或瘴或勞或邪或癖患狀既廣救愈亦多不可具錄略陳梗槩又恐傳授訛謬以誤將來今故具圖形狀庶令覽者易悉使所在流布頗用家藏未暇外請名醫傍求上藥還魂返魄何難之有遇斯疾者可不務乎

賈敦頤

敦頤曹州寃句人貞觀中爲滄州瀛州刺史永徽五年轉洛州卒

謝參法師戒法書

竊聞身非欲食如來受純陀之供法無所求淨名遂善德之請皆爲顯至理之常恒示凡聖之無二又是因機以接物假相而宏道爲之者表重法之誠受之者爲行檀之福豈曰心緣於彼此情染於名利者哉仰惟宿植德本非於三四五佛深達法相善識十二部經獨悟眞宗遠尋聖迹遊崛山之淨土浴恒水之清流入深法界求善知識收至文於百代之後探元旨於千載之前津梁庶品不皦不昧等施一切無先無後頤等識蔽二空業淪三界猶蠶絲之

自纏如井輪之不息雖復順教生信隨緣悟解頂禮歸依受持四句隱身而爲宴坐厭苦而求常樂而遠滯無明近昏至理未能悟佛性之在身知境界之唯識心非去取義涉有無不能卽八邪而入八正行非道而通佛道譬涉海而無津猶面牆而靡見昨因事隙遂得參奉曲蒙接引授菩薩戒施以未曾有法發其無上道心一念破於無邊四心盡於來際菩提之種起自塵勞火中生蓮曷作爲喻始知如來之性卽是世間涅槃之際不殊生死行於般若便是不行得彼菩提翻爲無得忽以小機預聞大教頂受尋

恩無量歡喜然夫檀義攝六法施爲優尊位有三師居其一宏慈利物雖類日月之無心仰照懷恩竊同葵藿之知感大士聞法捐軀非所企及童子見佛奉土輒敢庶幾謹送片物表心具如别疏所願照其誠懇生其福田受兹微施隨意所在使夫墜露添海將渤澥而俱深飛塵集岳與須彌而永固可久可大幸甚幸甚春寒尚重願重止休宜謹遣白書諸無所具賈敦頤等和南

王義方

義方泗州漣水人舉明經貞觀時授晉王府參軍直宏文

館累擢著作佐郎顯慶時遷侍御史坐劾李義府左遷萊州司戶參軍秩滿家於昌樂遂不復仕進總章二年卒年五十五

劾李義府疏

臣聞附下罔上聖主之所宜誅心狠貌恭明君之所必罰是以隱賊掩義不容唐帝之朝竊幸秉權終齒漢皇之劍中書侍郎參知政事李義府善柔成性佞媚爲姿昔事馬周分桃見寵後交劉洎割袖承恩生其羽翼長其光價因緣際會遂階通顯不能盡忠端節對揚王休策蹇勵駑祇

奉皇眷而反憑附城社蔽虧日月請託公行交游群下貪冶容之好原有罪之淳于恐漏洩其謀殞無辜之正義雖挾山超海之力望此猶輕迴天轉日之威方斯更劣此而可恕孰不可容金風戒節玉露啟途霜簡與秋典共清忠臣將鷹鸇並擊請除君側少答鴻私碎首玉階庶明臣節伏請付法推斷以申典憲

請重勘李義府致死畢正義奏

臣聞春鶯鳴於獻歲蟋蟀鳴於始秋物有微而應時人有賤而言忠臣今年歲首自雲陽縣丞蒙擢授著作佐郎極

文學之清選未幾又拜侍御史濫膺憲臺之雄職顧視踰涯殞首非報雅欲有犯無隱以廣天聽今李義府擅殺寺丞陛下雖已釋放臣不應更有鞫問然天子置三公九卿二十七大夫八十一元士本欲水火相繼鹽梅相成然後庶績咸熙風雨交泰則知人主不得獨是獨非皆由聖旨昔唐堯至聖失之於四凶漢祖深仁失之於逢萌魏武勇略英雄失之於張邈此並英傑之主莫不失之於前得之於後陛下繼聖撫有萬邦蠻陬夷落猶懼刑網況輦轂咫尺姦臣肆虐殺一六品寺臣足使忠臣抗憤義士扼腕縱

令正義自取絞縊此事彌不可容便是畏義府之權勢能殺身以滅口此則生殺之威上非主出賞罰之柄下移姦佞臣恐履霜堅冰積小成大請乞重勘審正義致死之由雪冤氣於幽泉誅姦臣於白日

祭海文

思帝鄉而北顧望海浦而南浮必也行邇諸已義負前修長鯨擊水天吳覆舟如因忠獲戾以孝見尤四維霧廓千里安流靈應如響無作神羞

欽定全唐文卷一百六十二

劉祥道

祥道字同壽魏州觀城人少襲爵樂平縣男累遷黃門侍郎進封陽城縣侯刑部尚書龍朔三年拜右相轉司禮太常伯進爵廣平郡公乾封元年致仕卒年七十一贈幽州都督謚曰宣

請以三公備亞獻奏

准禮封壇舊儀當以奉常卿為亞獻昔三代六卿位重故得佐祠爰至兩漢尚書秩卑亦以九卿行事自魏晉以降事歸臺省九卿皆為常伯屬官今登封大禮不以三公八座行事而用九卿無乃徇虛言而忘故事也

陳銓選六事疏

今之選司取士傷多且濫每年入流數過一千四百傷多也雜色入流不加銓簡是傷濫也經明行修之士猶或罕有正人多取胥徒之流豈能皆有德行即知共釐務者善人少而惡人多有國以來已四十載尚未刑措豈不由此乎且官人非材者本因用人之源濫濫源之所起復由入流人失簡擇今行署等勞滿唯曹司試判不簡善惡雷同

注官。但服膺先王之道者。奏第然始付選。趨走几案之閒者。不簡便加祿秩。稽古之業。雖則難知。斗筲之材。何其易進。其雜色應入流人。望令曹司試判訖。簡爲四等奏聞。第一等付吏部。第二等付兵部。次付主爵。次付司勳。其行署等私犯公坐。情狀可責者。雖經赦降。亦量配三司。不經赦降者。放還本貫。冀入流不濫。官無冗雜。但令胥徒之輩。漸知勸勉。其一古之選者。爲官擇人。不聞取人多而官員少。今官員有數。入流無限。以有數供無限。遂令九流繁總。人隨歲積。謹約準所須人。量支年別入流者。今內外文武官一品已下。九品已上。一萬三千四百六十五員。略舉大數。當一萬四千人。壯室而仕。耳順而退。取其中數。不過支三十年。此則一萬四千人。三十年而略盡。若年別入流者五百人。經三十年。便得一萬五千人。定須者一萬三千四百六十五人。足充所須之數。況三十年之外。在官者猶多。此便有餘。不慮其少。今年常入流者。遂踰一千四百。計應須數外。其餘兩倍。又常選放還者。仍停六七千人。更復年別新加。實非處置之法。其二儒爲教化之本。學者之宗。儒教不興。風俗將替。今庠序偏於四海。儒生濫於三學。誘掖之方理

實爲備。而獎進之道。事或未周。但永徽已來。於今八載。在官者以善政粗聞。論事者以一言可採。莫不光被綸音。超升不次。而儒生未聞恩及。臣故以爲獎進之道未周。其三國家富有四海。已四十年。百姓官寮。未有秀才之舉。豈今人之不如昔人。將薦賢之道。未至寧可。方稱多士。遂闕斯人。望六品已下。爰及山谷。特降綸言。更審搜訪。仍量爲條例。稍加優獎。不然。赫赫之辰。斯舉遂絕。一代盛事。實爲朝廷惜之。其四唐虞三載考績。黜陟幽明。兩漢用人。亦久居其職。所以因官命氏。有倉庾之姓。魏晉以來。事無可紀。今之在任。四考卽遷。官人知將秩滿。必懷去就。百姓見有遷代。能無苟且。以去就之人。臨苟且之輩。責以移風易俗。其可得乎。望經四考就任加階。至八考滿。然後聽選。還淳反樸。雖未敢必期。送故迎新。實稍減勞弊。其五尚書省二十四司及門下省中書都事主書主事等。比來選補。皆取舊任流外有刀筆之人。縱欲參用士流。皆以儔類爲恥。前後相承。遂成故事。且掖省崇峻。王言秘密。尚書政本。人物攸歸。而多用胥徒。恐未盡銓衡之理。望有釐革。稍清其選。其六

僧道拜君親議狀

竊以朝廷之欽肅敬爲先生育之恩色養爲重釋老二教今悉反之抗禮於帝王受敬於父母而優容自昔迄乎今代原其深致蓋有以然諒由剔髮有異於冠冕袈裟無取於章服出家之人敬法捨俗豈拘朝廷之禮至於元教清虛道風遐曠高尚其事不屈王侯帝王有所不臣蓋此之謂國家既存其道所以不屈其身望准前章無違舊貫謹議

郝處俊

處俊安州安陸人貞觀中進士累官吏部侍郎總章中拜東臺侍郎同東西臺三品拜中書令兼太子賓客儀鳳四年拜侍中遷太子少保開曜元年薨年七十五贈開府儀同三司荊州大都督

郊祀議

顯慶新禮廢感帝爲祀祈穀昊天以高祖配舊禮祀感帝以代祖元皇帝配今既依舊復祈穀爲感帝以高祖配者何升降紛紛焉虞氏禘黃帝郊嚳夏禘黃帝郊鯀殷禘嚳郊冥周禘嚳郊稷鄭元注云帝者祭天圜丘郊者祭上帝南郊崔靈恩說夏正郊天王者各祭所出帝所謂王者禘祖之所自出以其祖配之則禘須遠祖郊須始祖也今禘郊同祖禮無所歸神州本祭十月以方陰用事也元說三王之郊一用夏正靈恩謂祭神州北郊以正月諸儒所言猥互不明臣願會奉常司成博士普議

僧道拜君親議狀

竊聞道迹希微立言資於黼帝釋教虛寂垂法依於國王 事如左春坊議中彈 是以紫氣眞容元猷西被黃金圖相妙旨東流仙侶莘莘藉天基而遂重法徒濟濟憑聖政而彌隆況今德貫陰陽道包眞俗恩霑動植尚荷亭育之慈澤被生靈猶懷仁壽之施唯釋老二門由來迂誕 事如右金吾衛議中彈 既捐眞典便虧四大徧信化人不遵三有主上崇孝敬之儀敦跪拜之禮爰發綸誥令拜君皇后太子及父母者非直庶寮允愜 彈曰議不拜人殆將大半今云庶寮允愜何其謬歟 抑亦垂範將來謹議

裴行儉

行儉字子約絳州聞喜人幼以蔭補宏文生貞觀中舉明經調左屯衛倉曹參軍儀鳳中以才備文武拜禮部尚書兼檢校右衛大將軍調露元年爲定襄行軍大總管討伏念以功封聞喜縣公永淳元年卒年六十四贈幽州都督

諡曰獻中宗立再贈揚州大都督

討西突厥兵事疏

吐蕃叛擾干戈未息敬元審理失律喪師安可更爲西方生事今波斯王身沒其子泥涅師師充質在此差使往波斯冊立即路餘二蕃部落便宜從事必可有功

張文琮

文琮貝州武城人貞觀中爲持書侍御史三遷亳州刺史永徽初徵拜戶部侍郎出爲建州刺史

太宗文皇帝頌

赫矣神武繼期作聖下括九圍上齊七政業統文武勳邁高光何險不濟何患不攘士女胥悅篚厥元黃斯物之至昭於我皇我皇覆育資生懷造配堯登唐攘周在鎬翕受敷施明徵定保允神厥德方清帝道帝道欽明天下和平三時不害百穀以成我庾斯積如坻如京既富而教訟息刑清

下建州教書

春秋二社蓋本爲農惟獨此州廢而不立禮典既闕風俗何觀近年以來田多不熟抑不祭先農所致乎神在於敬可以邀福

張文瓘

文瓘貝州武城人貞觀初舉明經累遷水部員外郎出爲雲陽令龍朔中累授東西臺舍人參知政事拜東臺侍郎同東西臺三品遷大理卿上元二年拜侍中兼太子賓客儀鳳二年卒年七十三贈幽州都督諡曰懿

諫造蓬萊上陽宮疏

竊惟人力不可不惜百姓不可不養養之逸則富以康使之勞則怨以叛秦皇漢武廣事四夷多造宮室使土崩瓦

解戶口減半臣聞制理於未亂保邦於未危人罔常懷懷於有仁陛下不制之於未亂之前安能救之於既危之後百姓不堪其弊必搆禍難殷鑒不遠近在隋朝臣願稍安撫之無使生怨

唐臨

臨字本德京兆長安人貞觀中累轉黃門侍郎高宗立爲御史大夫遷刑部尚書加金紫光祿大夫歷兵部度支吏部三尚書顯慶四年坐事貶潮州刺史卒年六十

劾封德彝奏

臣聞事君之義盡命弗渝爲臣之節歲寒不貳苟虧其道罪不容誅德彝操履無聞輕險有素往在隋代恩遇已深苞藏姦宄密懷梟獍叶同大憝傾覆國經論其悖迹合從退棄幸逢寬政復蒙收錄策名藩邸陳力周行位至鼎司恩隆胙土無心報効乃肆姦謀熒惑儲藩獎成元惡寘於常典理合誅夷但包藏之狀死而後發猥加贈謚未正嚴科罪既彰露宜加貶黜豈可仍疇爵邑尚列台槐此而不懲將何勸沮

劾杜如晦奏

臣聞樹德立功允應高秩之賞干紀逆節必加夷滅之誅苟違斯道實虧政理如晦昔陪藩邸頗効微庸出震惟新參謀帷幄遂得爵分茅社位踐台衡然而機鑒未充周慎多爽昧貽厥之嘉猷闕義方之明訓其子逆賊構荷等並稟氣凶悖早挾邪謀深禹山之同惡甚獯狁之連禍徙邊棄市既伏其辜食采疇邑猶均雨露昔石碏純臣早爲子厚之所日殫忠謹先加弄兒之罰皆所以防萌杜漸安國全家如晦識滯生前徵遺身後舊榮昔寵已忝冒於曩日削土除國宜申法於今辰

議蕭齡之罪狀奏

臣聞國家大典在於賞刑古先聖王惟刑是卹虞書曰罪疑惟輕功疑惟重與其殺弗辜寧失弗經周禮刑平國用中典刑亂國用重典天下太平應用堯舜之典比來有司多行重法敘勳必須刻削論罪務從重科非是憎惡前人止欲自爲身計今議蕭齡之事有輕有重重者流死輕者請除名以齡之受委大藩贓罪狼籍原情取事死有餘辜然既遣詳議終須近法竊惟議事羣官未盡識議刑本意律有八議並依周禮舊文矜其異於衆臣所以特制議法

禮王族刑於隱者所以議親刑不上大夫所以議貴明知重其親貴議欲緩刑非爲嫉其賢能謀致深法今議官多於刑法之外議令入重正與堯舜相反不可爲萬代法臣既處法官敢不以聞

李義表

義表貞觀十七年官朝散大夫行衛尉寺丞上護軍

登耆闍崛山銘

大唐出震膺圖龍飛光宅率土恩覃四夷化高三五德邁軒羲高懸玉鏡垂拱無爲其道法自然儒宗隨世安上作

禮移風樂制發於中土不同葉裔釋教降此運於無際其二神力自在應化無邊或涌於地或降於天百億日月三千大千法雲共扇妙理俱宣其三鬱乎此山奇狀增多上飛香雲下臨澄波靈聖之所降集賢懿之所經過存聖迹於危峯岈遺趾於巖阿其四參差嶺嶂重疊巖廊鏗鏘寶鐸氛氳異香覽華山之神蹤勒貞碑於崇岡馳大唐之淳化齊天地之久長其五

司馬太貞

太貞河內人貞觀十四年官瓜州司法參軍

紀功碑

昔匈奴殄滅竇將軍勒燕山之功闔越泯靖馬伏波樹銅柱之迹然則振英風於絕域申壯節於殊方莫不騰茂實於千載播芳猷於萬古者矣闕大唐德合二儀道高五帝握金鏡以朝萬國調玉燭以馭兆民濟濟衣冠煌煌禮樂車書順軌扶桑之表俱同治化所沾濛汜之鄉咸暨苑天山而池瀚海內比戶以靜幽都莫不解辮髮於槀街改左衽於夷陋高昌國者乃是西漢屯田之壁遺兵之所居麴文泰即其苗裔也往因晉室多難羣雄競馳中原乏主邊隅遂隔問屆我於窮多拔王磨局至吟靡遺啟政自皇威遠被稽顙來庭雖沐仁風情懷首鼠杜遠方之職貢阻重譯之往來肆豺狼之心起蜂蠆之毒若德聚庶賊盛無已聖上愍彼蒼生申茲弔伐乃詔使持節光祿大夫吏部尚書上柱國陳國公侯君集交河道行軍大總管副總管左屯衛大將軍上柱國永安郡開國公薛萬均副總管左屯衛將軍上柱國通川縣開國男姜行本等爰整三軍張行天罰但妖氛未殄將軍逞七縱之威百雉作固英奇申九攻之略以通川公深謀間出妙思縱橫命前軍營造攻具

乃統沙州刺史上柱國望都縣開國侯劉德敏右監門中郎將上柱國淮安縣開國公衡智錫左屯衛中郎將上柱國富陽縣開國伯屈昉左武候郎將李海崖前開州刺史時德衡右監門府長史王進威等並率驍雄鼓行而進以貞觀十四年五月十日師次伊吾時羅漫山北登里紺所未盡旬月尅成奇功伐木則山林殫盡叱咤則川谷蕩薄衝梯蹔整百櫓冰碎機檜一發千石雲飛墨翟之拒無施公輸之妙詎比大總管運籌帷幄繼以中軍鐵騎亘原野金鼓動天地高旗蔽日月長戟彗雲霓自秦漢出師未有

如斯之盛也班定遠之通西域故跡罕存鄭都護之滅車師空聞前史雄圖世著彼獨何人乃勒石紀功傳諸不朽其詞曰

於赫大唐受天明命化濟得成功寧山境荒服猶阻夷居不定乃拜將軍殄茲梟獍謀六奇動思羣雄逞力陣開龍勝營闕庶星光旗明日色揚旌塞表振威西極巖巖峻嶺眇眇平原塞雲暝結朝風晝昏長紀洛雪高樹闕令據銘功讚德

裴宏獻

宏獻貞觀朝官蜀王司法參軍

除斷趾法議

古者五刑刖居其一及肉刑廢制爲死流徒杖笞凡五等以備五刑今復設刖足是爲六刑減罪在於寛宏加刑又如繁峻

陳宗裕

宗裕貞觀時人

勑建烏石觀碑記

烏石峯丹泉觀乃何太守諱志遠祖宅故基距宅後數百步來脉山腰右峽處古仙客結有廬菴一所方士之耽幽攬勝者往往棲踪其間名曰黃蜂山居晉永嘉中旌陽令許遜字敬之者去職歸眞亦自廬菴居止日遊於何遠公故宅處攬其勝境左有藥水靈泉右有丹崖翠壁前有幽竹森羅後有蒼松挺秀且輕煙散彩薄霧呈祥山鳥朝歌漁燈夜燦詩曰偶來奇絕處倏忽悟元關藥水龍沙近丹崖咫尺間圖分八卦定鑪成九轉還遠翁相慨賜逍遙非等閒不數日許君拜候遠翁欲募其故居山圃遠翁慨然允曰僕亦乏嗣日後可付棲神許君遂改遷茨廬於其處

燒丹煉汞至寧康二年八月十五日午時許公舉家拔宅仙去南宋永初中徒裔萬太元號石泉者分寧人也復尋故居結廬居之遂開緣募化十方始搆巍殿三重塑繪許公聖像尸位其中首枕岐峯之巔簾捲西山之雨獅沙左抱象曜右纏元徽中石泉年九十零日治其殿廡遺址合其生旺歸垣語人曰吾法嗣後代必有大興於此者翁年百有三歲復隱匡廬傳弟子許上期號中山中山弟子張開先奇才茂著穎悟不凡文生五臟錦鋪六腑纘述許祖遺傳操煉金丹符秘上能轟雷致雨下能治病驅邪於我

朝貞觀中咸夏之時洪州數月不雨高阜者有力無施魃鬼肆殃低窪者掘井莫救蝗蟲損耗當事徬徨人民憔悴各憲臺焦勞無計出示曉諭徧請元流法士期求未效一日張開先嗥誦皇經頓然神倦隱几而臥見一道者元冠羽服揮麈而言曰開先開先豫章人民難星將滿爾道當興速宜出救謹聽吾言醒覺是夢曰此許祖指示吾當出救次早負劍往省潔齋登壇書符咒水不三日轟雷掣電驟雨傾盆蝗蝻盡殞苗乃浡興屬官申帝召入對從容便殿語及前事聖皇大喜敕賜紫垣洞天仙侶掌陰陽法教

都紀之職敕建許祖旌陽寶殿崇高三丈六尺廣六丈深四丈其後三清殿高四丈廣深俱同前殿規模於貞觀己丑四月己巳落成是歲八月庚午塑像閱三載黝堊繪飾咸備題其額曰旌陽寶殿洞青天宮余奉詔督造工成開先請余文以記之彼樸記之也余觀其地奇絕勝幽叢翠羅列巋然偉拔仙蹟非虛太元啟之於前開先繼之於後若非仙蹟綿衍神靈協相其何能復振之於今日以植元教於萬年闡宗風於奕世乎庸書以為記

史仲謨

仲謨貞觀十四年官越王府東閤祭酒常州長史

後漢溧陽侯史崇墓碑頌

隋末大亂避地閩越碑壞再立其頌曰

山嶽降精川瀆耀靈猗歟史氏世濟其英忠言允塞嘉猷有聲從容燮理散誕飛纓含香青瑣敷奏丹庭有犯無隱唯言是聽王室斯賴諸侯以寧內侍帷幄外典專城為政以德察獄以情化俗草偃溪谷風清金相玉質不隕厥名處溢不驕居勞不憚視險如夷忘身逐叛駉頌美魯青蒲安漢執簡書愆姦邪逃竄匪君之忠孰能戡亂在昔隆漢

姻婭皇家惟帝念功爵命屢加三台五鼎駙馬奉車腰佩兩印綬帶雙綸何彼穠矣常棣之華如珪不玷似玉無瑕節之以禮儉而不奢篤生我侯英略備舉有藝有才能文能武孝以奉親忠惟衛主赤眉始結白波猶侮執銳破堅斬馘滅虜截彼長虵殲斯猾豎策賞廟堂書勳王府功成弗居名立不恥簡在帝心酬封祚土厥土惟何在溧之滸初食三千卒封萬戶葭菼揭揭麀鹿麌麌禾稼旆旆原田膴膴俯營川陸魚鹽所聚蝗飛火滅還珠去虎子民輯悅建茲城宇大廈耽耽聽政之所祠堂石殿生靈攸處凡春

秋令祭祀不阻

閭邱允

允貞觀時官台州刺史

寒山子詩集序

詳夫寒山子者不知何許人也自古老見之皆謂貧人風狂之士隱居天台唐興縣西七十里號為寒巖每於茲地時還國清寺寺有拾得知食堂尋常收貯餘殘菜滓於竹筒內寒山若來即負而去或長廊徐行叫喚快活獨言獨笑時僧遂促罵打趁乃駐立撫掌呵呵大笑良久而去且

狀如貧子形貌枯悴一言一氣理合其意沈而思之隱況道情凡所啟言洞該元默乃以樺皮為冠布裘破弊木屐履地是故至人遯迹同類化物或長廊唱詠唯言咄哉咄哉三界輪迴或於郊墅與牧牛子而歌笑或逆或順自樂其性非哲者安可識之矣允頃受丹邱薄宦臨途之日乃縈頭痛遂召日者醫治轉重乃遇一禪師名豐干言從天台山國清寺來特此相訪乃命救疾師乃舒容而笑曰身居四大病從幻生若欲除之應須淨水時乃持淨水上師師乃噀之須臾祛殄乃謂允曰台州海島嵐毒到日必須保護允乃問曰未審彼地當有何賢堪為師仰師曰見之不識識之不見若欲見之不得取相乃可見之寒山文殊遯跡國清拾得普賢狀如貧子又似風狂或去或來在國清寺庫院走使廚中著火言訖辭去允乃進途到任台州不忘其事到任三日後親往寺院躬問禪宿果合師言乃令勘唐興縣有寒山拾得是否時縣申稱當縣界西七十里內有一巖巖中古老見有貧士頻往國清寺止宿寺庫中有一行者名曰拾得允乃特往禮拜到國清寺乃問寺衆此寺先有豐干禪師院在何處并拾得寒山子見在何

處時僧道翹答曰豐干禪師院在經藏後即今無人住得每有一虎時來此吼寒山拾得二人見在廚中僧引允至豐干禪師院乃開房唯見虎迹乃問僧寶德道翹禪師在日有何行業僧曰豐干在日唯攻舂米供養夜乃唱歌自樂遂至廚中竈前見二人向火大笑允便禮拜二人連聲喝允自相把手呵呵大笑叫喚乃云豐干饒舌饒舌彌陀不識禮我何為僧徒奔集遞相驚訝何故尊官禮二貧士時二人乃把手走出寺乃令逐之急走而去即歸寒巖允乃重問僧曰此二人肯止此寺否乃令覓房喚歸寺安置

允乃歸郡遂製淨衣二對香藥等特送供養時二人更不返寺使乃就巖送上而見寒山子乃高聲唱曰賊賊退入巖穴乃云報汝諸人各各努力入穴而去其穴自合莫可追之其拾得迹沈無所乃令僧道翹尋其往日行狀唯於竹木石壁書詩并邨墅人家廳壁上所書文句三百餘首及拾得於土地堂壁上書言偈並纂集成卷但允棲心佛理幸逢道人乃爲讚曰菩薩遁跡示同貧士獨居寒山自樂其志貌悴形枯布裘弊止出言成章諦實至理凡人不測謂風狂子時來天台入國清寺徐步長廊呵呵撫指或

走或立喃喃獨語所食廚中殘飯菜滓吟偈悲哀僧俗咄捶都不動搖時人自恥作用自在凡愚難値即出一言頓祛塵累是故國淸圖寫儀軌永劫供養長爲弟子昔居寒山時來兹地稽首文殊寒山之士南無普賢拾得定是聊申讚歎願超生死

尹伊

伊一作若太宗朝官坊州司戶

勘坊市諸胡盡禁推問判

賊出萬端詐僞非一亦有胡著漢帽漢著胡帽亦須漢裏兼求不得胡中直覔請追禁西市胡餘請不問

尚藥局牒省索杜若省符下坊州供送判

坊州本無杜若天下共知此符忽有此科應由謝朓詩誤華省曹郎如此判豈不畏二十八宿向下笑人

邢文偉

文偉滁州全椒人咸亨中歷太子典膳丞以直諫授右史武后時累遷鳳閣侍郎兼宏文館學士載初元年爲內史坐善宗秦客貶珍州刺史會他使者至文偉內悸自經死

減膳上書

竊見禮大戴記曰太子既冠成人免於保傅之嚴則有司過之史虧膳之宰史之義不得不司過宰之義不得不徹膳皇帝式稽前典妙簡英俊自庶子以下至司議舍人及學士侍讀等使翼佐殿下以成聖德近者以來未甚延納談議不狎謁見尚稀參朝之後但與內人獨居何以發揮聖智使濬哲文明者乎今史雖闕官宰當奉職忝備所司不敢逃死謹守禮經徵申減膳

欽定全唐文卷一百六十三

徐有功

有功名宏敏避諱以字行國子博士文遠孫舉明經補蒲州司法參軍襲封東莞縣男武后朝累轉司刑少卿改司僕長安二年卒年六十二贈司刑卿中宗立加贈越州都督

論天官秋官及理匭愆失表

臣有功言自陛下即位已來海內官員一定而天下選人漸多掌選之曹用舍不平補擬乖次應留即放應放翻留囑請公行顏面罔懼遂使嚚謗滿路怨讟盈朝浸以爲常殊無媿憚又往屬揚豫搆禍時多逆節鞫訊結斷刑獄至嚴革命以來載祀遽積餘風未殄用法猶深今推鞫者猶行酷法不依律文妄稱異端建立證據構爲罪狀捨法用情格律昭然無心遵奉斷事則不依款占不據條章狀表生情法外構理率心任意輕重自由天下稱冤莫不緣此陛下九重嚴祕萬機事總何能一一躬覽事事親詳近臣畏罪而不言大臣重祿而不奏遂令刻薄之吏弊法未悛士子朝臣屏氣累息皆不自保恐墜網羅又陛下所令朝堂受表設匭投狀空有其名竟無其實並不能正直各自防閑延引歲時拖曳來去叫閽不達撾鼓不聞抱恨銜恩吁嗟而已至誠所感和氣必傷豈不由受委任者不副天心是陛下務欲使申其冤是有司務在增重其枉塵垢聖德隱蔽宸聰者是臣等不勝死罪死罪臣今請考選官銓注不平致令在外怨讟者臣即察訪糾而彈之獲其曲狀望貶考奪祿以媿其心罪仍依法其刑獄推斷之官有行酷法妄加詰斷臣即按驗奏而劾之獲其枉狀請即付法斷罪亦準前條奪祿貶考以懲其德其三司受表及理匭申冤使不速與奪致令擁滯有理不爲申者亦望準前彈奏貶考奪祿凡在百僚咸蒙委任君臣之際義在無猜寄託之隆無過考選令人監視全無付信徒爲證見翻使有詞不知每事委之使臣得搖霜筆其監考選御史望請總停然臣昔處法司緣蒙獨用臣愚無以上答至造顧以執法酬恩無縱詭隨不避強禦猛噬鷙擊是臣之分如天恩允臣所奏請降敕施行庶不越旬時亦可以除殘革弊刑措不用天下幸甚

駁郭奉一論蘇踐言等處絞奏

踐言踐忠良嗣之子緣其父逆並合絞刑但爲敕稱屈法申恩特降非常之霈又言念勞志切惟舊情深特免斲棺之刑寬其籍沒之典兩節皆具特字信知恩是非常父免斲棺之刑子無緣坐之死既寬籍沒之典理絕收錄其家按名例律云因罪人以致罪若罪人遇恩原減亦推罪人原減法又云即緣坐家口雖以配沒罪人得免者亦免斲棺爲其父逆因父致其絞刑父既特遇殊恩子便不拘常律踐言等並即不合緣坐處盡錄奏言

駁論徐餘慶處斬奏

謀反大逆罪極誅夷殄其族未足以謝慾污其宮寧可以塞責今據餘慶罪狀頗共虺沖交涉爲沖理債違敕是情於沖致書在反爲驗既屬永昌恩赦在慶罪即合原狀據永昌元年赦曰其與虺貞等同惡徒黨魁首既並伏誅其支黨事未發者特從赦原謹詳魁首兩文在制非無所屬尚書曰殲厥渠魁名例律曰造意爲魁首即其帥首乃元謀魁帥首謀已露者既並伏法支派黨與未發者特從原宥有伏誅既標並字足明魁首無遺餘慶赦後被言發覺即爲支黨必其慶是魁首當時尋已伏誅若從魁首逃亡亦應登時追捕進則不入伏誅之例退則又異追捕之流將同魁首結刑何人更爲支黨況非常之恩千載空遇莫大之罪萬死蒙生豈令支黨之人翻同魁首應坐之伍更入死條嫉惡雖臣子之心好生乃聖人之德今赦而復罪即不如無赦生而又殺則不如無生竊惟聖朝伏當不爾餘慶請依後斷爲支黨處流

駁論邱神鼎處斬議

邱勣之弟兄反弟合沒官憑狀以推事迹可驗在於繼結理固難逾羊羔稱投荆河并作兩箇皁襖假令事實終在

赦前況乃涉虛何以爲據往時縱犯今日方告准赦據敕不合更推使人爲鼎著皁衣將爲叛逆曹司以燒卻文狀處以叛謀竊尋此塗頗傷苛酷且衣之五彩隨人好尚武夫一著豈限元黃燒書雖匪赦前推勘須窮窟穴或言周易作道卜書既元拋諸廁中又云鼎自裂破書既著標便非反書必是反書論何事爲是簿帳爲是職識圖竟不甄明遂無承疑即處以斬乃沒其家請更審詳務令允當者

再駁論邱神鼎罪議

赦前縱實合免恩後謀狀未誠不反何爲燒書法家無文

臆度使人的知是反鞫案何不具言當時撫狀朦朧奏後方便勦略人命至重一死不可再生王法須平居輕無宜入重恐乖泣辜之惠方虧祝網之慈在愚所竊請更商度者

論李思順罪議

謀危社稷罪人反係自述休徵坐當妖例反依斬法妖從絞論言著成文犯標定狀狀在事難越狀文存理無棄文若違狀以結刑捨文而斷獄則乘馬何俟銜勒過流豈用隄防今判官處以反謀句司批從妖說不恥下問竊欲當

仁李思順解大雲經韋秀稱共竊語私解明非衆說竊語不合人知處實惟出秀辭是非更無佗証縱解三五年少只是自述休徵既異結謀之蹤元非背叛之事即從叛逆籍沒其家便是狀外棄文豈曰文中據狀請依程仁正批妖不衆處流三千里者

駁皇甫懷節李思徵處斬議

思徵芳部宣條懷節宕州分竹爰因羌叛奉使討除暫見思徵屏人共語即疑懷節與徵同謀同謀須述謀由共語當論語狀語既無狀謀反無由思徵伏誅一無牽引薛璟陷辟方始告言璟元共徵同情節復與徵連結節當共徵私語語狀在璟合知徵在不知語由徵死誰明反狀寧有比州刺史奉勑討羌白日入州官人參謁暫與思徵相見遂即平章反謀察獄以情未聞此理羌走出界無賊可擊所領之兵更留何用爲此放散例將爲反節實擬反更須發兵成集之兵何須卻放非謀之狀於此更明懷節據狀無反請差使推鞫無反爲發兵遲斷爲官當赦總免

駁推之唐子產誣告長孫仲宣議

推之所告反由元於子產處得奉敕勘當且狀是誣付法

科繩已斷處斬奏盡臨決恩旨遣停聖上爲子產引虛則將奏之枉死但令教告事律者正文告者爲首教者爲從若其事虛受責推之合當重科如其反實論功子產纔霑薄賞律開此制本防避罪爭功在於憲司固當守文奉法

駁韓純孝家口籍沒議

案律謀反者斬處斬本爲身存身亡即無斬法緣坐元因處斬無斬豈合相緣緣者是緣罪人因者爲因佗犯法已法例是因所緣之人先亡所因之罪合滅合滅止於徒坐徒坐頻會鴻恩今日卻斷沒官未知據何條例若情狀難

捨赦遺戮屍除非此途理絕言象伏准逆人獨孤敬同柳明肅之輩身先殞殁不許推尋未敢比附赦文但欲見其成例勘當尚猶不許家口寧容沒官

駁李仁里等處斬議

元淑里正無得人戶緣祖紛爭因相言告或以反逆相喚或將奔叛相牽反逆須有同謀奔叛寧無叶契無謀天契口語口陳卽以實論頗亦以苛酷搶攘元無影響星文李自參差縱使實有反言只恨換其宗姓因恨稱有正是口陳徒侶絕無明非實反賊盜律云口陳欲反之言心無眞

實之計流三千里疏云口陳欲叛者杖八十准依告狀並是口陳之言原究犯情皆非心實之計忝居商庾用此當宜如是使推請從鄙見如將未允終須重推

逢行珪

行珪永徽中官華州鄭縣尉

進鬻子表

臣行珪言臣聞結繩以往書疏蔑然文字之初教義斯起記言之史設褒貶之迹事興書事之官置勸誡之門由啟於是圖版稠疊謨訓昭彰唱讚之道以宏闡揚之理玆暢德業彌縟英華日新雕琢性情振其徽烈逮乎周文作聖鬻子稱賢意合道同實申師傅鬻子以文王降已大啟心期明宣布政之方廣立輔成之策足使萬機留想一代咸休稽古有宗發明耳目尋其著述之旨採其匡救之辭莫不原道心以裁章研神理而啟沃彌綸彝訓經緯區中不徒讚說微言務於遺翰而已鬻熊爲諸子之首文王則聖德之宗熊旣文王之師書乃政教之體雖篇軸殘缺提舉猶備紀綱譬彼盤盂發揚有愈臣家傳儒素積習忠良覩明主奉師之蹤覽賢者盡義之道循環徵究妙極機神敢

率至愚爲之注解研覃析理以敘私情翦截浮辭用申狂瞽伏惟陛下則天垂訓越極宣風稽太上之至和興帝王之炯誡股肱諒直獻替無疑大舉賢良寧濟區宇四海革面八表宅心務本修文垂拱無事臣以草萊卑賤識度庸淺荷堯沐舜擊壤謳歌周施政教之端屬聽太平之詠志存綴輯以述矢言簡牘難周辭意斯拙謹以繕寫奉獻闕庭庶日月照明布餘暉於漏隙時雨咸洎灑餘潤於纖枯望希塵露之資豈議沈舟之楫天威咫尺神魄震驚謹上表以聞伏聽慈旨謹言

鬻子序

鬻子名熊楚人周文王之師也年九十見文王王曰老矣鬻子曰使臣捕獸逐麋已老矣使臣坐策國事尚少也文王師之著書二十二篇名曰鬻子子者男子之美稱賢不逮聖不以爲經用題紀標子因據劉氏九流即道流也遭秦暴亂書記略盡鬻子雖不預焚燒編秩由此殘缺依漢書藝文志雖有六篇今此本乃有十四篇未詳孰是篇或錯亂文多遺闕至敷演大道銓撰明文闡域中之教化論刑德之是非雖卷軸不全而其門可見然鄧林之枝荊山

之玉君子餘文可得觀矣鬻子博懷道德善謀政事故使周文屈節大聖諮詢情存帝王之道辭多斥救之要理致通遠旨趣恢宏實先達之奥言爲諸子之首唱織組仁義經緯家邦垂勸誡之風陳宏濟之術王者覽之可以理國吏者遵之可以從政足使賢者勵志不肖者滌心語曰詩三百一言以蔽之曰思無邪言而不朽可爲龜鏡鬻子論道無邪之謂歟幸以休務之隙披閱子史而書籍實繁不能精備至於此子頗復留心尋其立迹之端探其闡教之旨豈如寓言迂恢馳術飛辯者矣亦乃字重千金辭高萬歲聊爲注解略起指歸心馳於萬古之上寄懷於千載之下庶垂道見志懸諸日月將來君子幸無忽焉

劉藏器

藏器徐州彭城人高宗時爲侍御史稍遷比部員外郎監察御史出爲宋州司馬卒

對恤刑策

問易稱議獄書載恤刑人命所繫於茲爲重然姬旦制三典之宜蕭何定九章之律漢文除肉刑之科孝景減笞箠之令互相沿革雖復不同志在明威終資慎罰今既道符

太古德侔往初化越可封時當刑措專欲道德齊禮纔畫衣冠反樸還淳肌膚不慘復恐隨時之義草艾不足懲其僥擽事立方赭墨無以防其僞歷代輕重捨用之規幸爲陳之何者便俗

對結繩以往關文字而不傳觀跡以來煥圖書而可矚日溫月冷既暢之以陰陽左春右秋亦效之以生殺方之四序取則二儀震雷霆以曜威象天討而明罰至如赭衣艾筆之制用於唐虞之朝劓刵宮割之刑施於夏殷之日既申之以三刺亦放之以五流鄭產鑄書呂侯訓贖秦炊鼎

鑊漢調葅醢變三章而制九章減五百而笞二百歷當途而且用涉典午而兼行今德冠往初功高遂古既反直淳之俗還歸仁義之衢解網泣辜惟刑是恤斷而難續夙采緹縈之言議獄緩刑久納溫舒之奏不輕不重非省非繁既合時宜無勞橫議謹對

對刑法得失策

問象五星七宿法壅水勝金是何刑焉深惑其義賣爵緡錢之令越官朝會之律見知腹誹之法直指夏蘭之使不知誰制莫委所由因戲加杖其人絕命解鬬觸刃從子殞躬有若此流將欲何斷夫杖妻面致大辟之科婦搏姑耳

從減死之論斯之所決於禮安乎鮑昱泣東海之殺人陳忠縱潁川之請代如其得失亦可聞諸

對某聞弧矢以威用刑之迹遂兆雷電皆至折獄之義仍明乃有金朴異儔行乎舜日劓刖殊類施於姬年莫不疏密隨時輕重沿事語其數各有像焉土壅水而不流宮條斯準火勝金而逾墨黥法是依放七宿異節之精實惟贖罰則五星應改之變爰在劓科上郡罹旱孝景復循賣爵南畝不出武帝遂下緡錢越官起自張湯朝會興於趙禹公孫生見知之漸顏異爲腹誹之初直指夏蘭之輩出於慘刻之日斯並虐主所行佞臣攸致至若因戲杖而絕命觸鬬刃以亡身既有誤致之由斷取罰金之議妻則爲室夫亦稱天雖云杖面詎容大辟良爲情疑後主肆其不敬由斯之故方致極刑婦之承姑嚴於子道豈此陵辱以從減論然則鮑昱之科於義失矣仲遠之駁與禮符焉赦子母之情非無高趣縱昆季之代已在前譏謹對

對往代爲刑是非策

問乾靈著象聖人仰則左生右殺天之道也先寬後猛王

之度焉何則反魯刪詩下車而誅少正入關約法締構而封雍齒爲往迹之浮言爲後塗之令則若云刑法不施於淳朴殺戮必用於凋訛則感雷前皇不應染刃望雲後帝方示草纓沈吟久之未知孰是至於宜獄宜犴五刑九刑清室黃沙之肇基執秩僕區之創迹墨幪抵罪點服記刑誤法理而揮刃謬刑名而伏劍咸晦胎祖側佇根由方聽安于之言復迂溫舒之奏景慕埋桐之術欣聞觀壁之規欲揆何人得階斯理鍾繇王朗尚且相持叔向鄭僑猶疑競爽度長絜大誰最指南勝躅高蹤何代爲是

對天道未酬混彼我於非馬上德云失迫聚散於驅雞所以聖照幾先賢圖事始創禮崇敬攸開揖讓之端設法明威用度姦邪之路然則昌戶受歷斬凶殘於鳳墟壽邱馭圖翦姦回於鹿野將銜勒以控奔馬與隄防以給羣流既繫事以慘舒亦隨時而賞戮遂使仲尼反魯先誅少正高祖入秦遽封雍齒上如黃神攝運丹陵纂歷步驟之軌髣髴殊途亭毒之規依稀一致況乎時屯競逐理便於干戈道泰讓夷義歸於玉帛斯則銅兵玉玦固可舉於軒皇艾服草纓豈謬施於唐帝至於宜獄宜犴詩人因賦以譏時

五刑九刑晉臣貽書以訓俗卯金啟漢詔請室以懲姦典午承曹建黃沙而肅物晉疏執秋楚設僕區令尹之調馭長安點服化探丸之子唐侯之光宅天下墨幪致鑿頂之夫法或謬加李離伏劍刑疑濫及勾踐揮刀屬以安于絕簡之詞溫舒緩刑之奏候埋桐以察理擬觀壁以照姦擅彼高蹤雖云可尚自我作古夫復何遠且魏朝御史議駁鍾繇之疏晉室大夫書譏鄭產之醜荷校滅耳迷悔吝於六爻騁轄荒心垂欽恤於三鍰欲允時須議將安屬未若踐咎陶之勝躅詔于公以度長詳彼刑書無溺情於愛惡揣茲心稱不撓法於重輕自然束影還淳並三皇以比迹削彫歸朴並五帝而遐蹤謹對

欽定全唐文卷一百六十四

賈公彥

公彥洺州永平人永徽中官太學博士

周禮正義序

夫天育蒸民無主則亂立君治亂事資賢輔但天皇地皇之日無事安民降自燧皇方有臣矣是以易通卦驗云天地成位君臣道生君有五期輔有三名註云三名公卿大夫又云燧皇始出握機矩表計寘其刻日蒼牙通靈昌之成孔演命明道經註云拒燧皇謂人皇在伏羲前風姓始王天下者斗機云所謂人皇九頭兄弟九人別長九州者也是政教君臣起自人皇之世至伏羲因之故文耀鉤云伏羲作易名官者也又案論語撰考云黃帝受地形象天文以制官伏羲以前雖有三名未必具立官位至黃帝名位乃具是以春秋緯命歷序云有九頭紀時有臣無官位尊卑之別燧皇伏羲既有官則其間九皇六十四民有官明矣但無文字以知其官號也按左傳昭十七年云秋郯子來朝公與之宴昭子問焉曰少皞氏以鳥名官何故也杜氏註云少皞金天氏黃帝之子己姓之祖也郯子曰吾

祖也我知之昔者黃帝氏以雲紀故爲雲師而雲名註云黃帝軒轅氏姬姓之祖也黃帝受命有雲瑞故以雲紀事百官師長皆以雲爲名號縉雲氏蓋其一官也炎帝氏以火紀故爲火師而火名註云炎帝神農氏姜姓之祖也亦有火瑞以火紀事名百官也共工氏以水紀故爲水師而水名註云共工以諸侯霸有九州者在神農前太皞後亦受水瑞以水名官也太皞氏以龍紀故爲龍師而龍名註云太皞伏羲氏風姓之祖也有龍瑞故以龍命官也我高祖少皞摯之立也鳳鳥適至故紀於鳥故爲鳥師而鳥名又云鳳鳥氏歷正之類又以五鳥五鳩九扈五雉並爲官長亦皆有屬官但無文以言之若然則自上以來所云官者皆是官長故皆云師以目之又云自顓頊以來不能紀遠乃紀於近是以少皞以前天下之號象其德百官之號象其徵顓頊以來天下之號因其地百官之號因其事事即司徒司馬之類是也若然前少皞氏言祝鳩氏爲司徒者本名祝鳩言司徒者以後代官況之自少皞以上官數畧如上說顓頊及堯官數雖無明說可略而言之矣按昭二十九年魏獻子曰社稷五祀誰氏之五官蔡墨對曰少

皡氏有四叔曰重曰該曰修曰熙實能金木及水使重爲勾芒該爲蓐收修及熙爲元冥世不失職遂濟窮桑此其三祀也註云窮桑帝少皡之號也顓頊氏有子曰犂爲祝融共工氏有子曰勾龍爲后土此其二祀也后土爲社稷田正也有烈山氏之子曰柱爲稷自夏以上祀之周棄亦爲稷自商以來祀之故外傳犂爲高辛氏之火正此旨顓頊時之官也按鄭語云重犂爲高辛氏火正故堯典註高辛氏之世命重爲南正司天犂爲火正司地以高辛與顓頊相繼無隔故重犂事顓頊又事高辛若稷契與禹事堯又事舜是以昭十七年服註顓頊之下云春官爲木正夏官爲火正秋官爲金正冬官爲水正中官爲土正高辛氏因之故傳云遂濟窮桑窮桑顓頊所居是度顓頊至高辛也若然高辛氏之官唯有重犂及春之木正之等不見更有餘官也至於堯舜官號稍改楚語云堯復育重犂之後重犂之後卽羲和也是以堯典云乃命羲和註云高辛之世命重爲南正司天犂爲火正司地堯育重犂之後羲氏和氏之子賢者使掌舊職天地之官亦紀於近命以民事其時官名蓋曰稷司徒是天官稷也地官司徒也又云分

命羲仲申命羲叔分命和仲申命和叔使分主四方註仲叔亦羲和之子堯旣分陰陽四時又命四子爲之官掌四時者字曰仲叔則掌天地者其曰伯乎是有六官案下驩兜曰共工註共工水官也至下舜求百揆禹讓稷契暨咎繇帝曰棄黎民阻饑汝后稷播時百穀註稷棄也初堯天官爲稷又云帝曰契百姓不親汝作司徒又云帝曰咎繇汝作士此三官是堯時事舜因禹讓述其前功下文云舜命伯夷爲秩宗舜時官也以先後參之唯無夏官之名以餘官約之夏傳云司馬在前又後代况之則羲叔爲夏官是司馬也故分命仲叔註云官名蓋春爲秩宗夏爲司馬秋爲士冬爲共工通稷與司徒是六官之名見也鄭元分陰陽爲四時者非謂時無四時官始分陰陽爲四時但分高辛時重犂之天地官使兼主四時耳而云仲叔故云掌天地者其曰伯乎若然堯典云伯禹作司空四時官不數之者鄭云初堯冬官爲共工舜舉禹治水堯知其有聖德必成功故改命司空以官名寵異之非常官也至禹登百揆之任捨司空之職爲共工與虞故曰垂作共工益作朕虞是也按堯典又云帝曰疇咨若時登庸鄭註云堯末時

羲和之子皆死庶績多闕而官廢當此之時驩兜共工更相薦舉下又云帝曰四岳湯湯洪水有能俾乂鄭云四岳四時之官主四岳之事始羲和之時主四岳者謂之四伯至其死分岳事置八伯皆王官其八伯唯驩兜共工放齊鯀四人而已其餘四人無文可知按周官云唐虞稽古建官惟百内有百揆四岳則四岳之外更有百揆之官者但堯初天官爲稷至堯試舜天官之任謂之百揆舜即眞之後命禹爲之即天官也按尚書傳云惟元祀巡狩四岳八伯註云舜格文祖之年堯始以羲和爲六卿春夏秋冬者

并掌方岳之事是爲四岳出則爲伯其後稍死驩兜共工求代乃置八伯元祀者除堯喪舜即眞之年九州言八伯者據畿外八州鄭云畿内不置伯鄉遂之吏主之按明堂位云有虞氏官五十夏后氏官百殷二百周三百鄭註云有虞氏官蓋六十夏百二十殷二百四十周三百六十不得如此記也昏義云三公九卿二十七大夫八十一元士鄭云蓋夏制依此差限故不從記文但虞官六十唐則未聞堯舜道同或皆六十并屬官言之則皆有百故成王周官云唐虞建官惟百也若然自高陽以前官名略言於上至於帝嚳官號略依高陽不可具悉其唐虞之官惟四岳百揆與六卿又堯典有典樂納言之職至於餘官未聞其號夏官百有二十公卿大夫元士具列其數殷官二百四十雖未具顯案下曲禮云六大五官六府六工之等鄭皆云殷法至於屬官之號亦蔑云焉案昏義云三公九卿者六卿并三孤而言九其三公又下兼六卿故書傳云司徒公司馬公司空公各兼二卿按顧命太保領冢宰畢公領司馬毛公領司空别有芮伯爲司徒丹伯爲宗伯衛侯爲司寇則周時三公各兼一卿之職與古異矣但周監二代

郁郁乎文所以象天立官而官益備此則官號沿革粗而言也

儀禮註疏序

竊聞道本沖虛非言無以表其疏言有微妙非釋無以悟其理是知聖人言曲事資註釋而成至於周禮儀禮發源是一理有終始分爲二部並是周公攝政太平之書周禮爲末儀禮爲本本則難明末便易曉是以周禮註者則有多門儀禮所註後鄭而已其爲章疏則有二家信都黃慶者齊之盛德李孟悊者隋曰碩儒慶則舉大略小經註稍

周猶登山遠望而近不知悊則舉小略大經註稍周似入室近觀而遠不察二家之疏互有修短時之所尚李則爲先案士冠三家有緇布冠皮弁爵弁既冠又著元冠見於君有此四種之冠故記人下陳緇布冠委貌周弁以釋經之四種經之與記都無天子冠法而李云委貌與弁皆天子始冠之冠李之謬也喪服一篇凶禮之要是以南北二家章疏甚多時之所以皆資黃氏按鄭註喪服引禮記檀弓云經之言實也明孝子有忠實之心故爲制此服焉則經之所作表心明矣而黃氏妄云衰以表心經以表首以

黃氏公違鄭註黃之謬也黃李之訓略言其一餘足見矣今以先儒失路後宜易塗故悉鄙情聊裁此疏未敢專欲以諸家爲本擇善而從兼增已義仍取四門助教李元植詳論可否僉謀已定庶可施矣函丈之儒青衿之俊幸以去瑕取玖得無譏焉

陳元光

元光字廷炬光州人高宗朝以左玉鈐衛翊府左郎將戍閩遷嶺南行軍總管

請建州縣表

泉潮守戍左玉鈐衛翊府左郎將臣陳元光言伏承永淳二年八月一日制臣進階正議大夫嶺南行軍總管者受命戰兢抵官彌懼臣以沖幼出自書生迨及童年濫膺首選未及干戈守至懦至弱之質惟知飽暖無日區日處之能幸賴先臣緒業叨蒙今日國恩寄身都閫任事專征爰從視職以來不敢少有寧處況茲鎮地極七閩境連百粵左衽居椎髻之半可耕乃火田之餘原始要終流移本出於二州窮兇極暴積弊遂踰於十稔元惡既誅餘兇復起法隨出而奸隨生功愈勞而效愈寡撫綏未易子育誠難

竊惟兵革徒威於外禮讓乃格其心揆諸陋俗良由職方久廢學校不興所事者蒐狩爲生所習者暴橫爲尚誅之則不可勝誅徙之則難以屢徙倘欲生全幾致刑措其本則在創州縣其要則在興庠序蓋倫理謹則風俗自爾漸孚治理彰則民心自知感激竊以臣鎮地曰安仁誠爲治教之邦江臨漳水實乃建名之本如蒙乞敕定名號而復入職方建治所而注須官吏治循往古之良規誠爲救時之急務秦越百家愈無鏬隙譏荒一德更有何殊臣謬居外鎮忝在封疆所得事宜合奏謹具厥由伏候敕旨

漳州刺史謝表

左玉鈐衛翊府左郎將進階前正議大夫嶺南行軍總管臣陳元光言伏奉垂拱四年六月二十九日勑除臣中郎將右鷹揚衛率府懷化大將軍輕車大都尉兼朝散大夫持節漳州諸軍事守漳州刺史贊治尹營田長春宮使者伏以社稷初開首有官僚之建皇天眷命重茲樗櫟之林山川頓改人物更生竊念臣州背山面海舊有蛇豕之區椎髻卉裳盡是妖氛之黨治理誠難撫綏未易恭惟陛下威振百靈氣消六沴自東自西不違於指顧我疆我理咸

得其區分民心有繫土俗轉淳覺昨非而今是必舊去而新更竊惟治臣室者不用乎條枚蓋明堂者不參於瓦礫茲遇陛下日月其明乾坤其量知臣樸忠有素寒松不改乎凋年膂力猶剛老馬或諳於故道申命曲加因郵傳賜寵之以二政之隆界之以一州之重雖則殊鄉還同晝錦光華奚止於一身爵祿許推於後裔人皆爲榮臣獨知懼粉身未足報深恩萬死實難酬厚德已從此日望闕謝恩繼當恪守詔條徵庸俊乂平均徭賦示以義方持清淨以臨民重修前志守無私以奉國再礪於衷展駑駘之力申鷹犬之勞庶荒陬蠻獠盡沐皇風率土生靈備聞斯慶臣無任感恩隕越之至

李嗣真

嗣真字承胄趙州柏人人中明經累調許州司功參軍直宏文館永昌初以御史中丞出爲潞州刺史來俊臣誣以謀反流藤州卒贈濟州刺史謚曰昭神龍初追贈御史大夫

上武后疏

古者獄成公卿參聽王必三宥然後行刑比日獄官單車

奉使臨時專決不復聞奏倘有冤濫何由可知況以九品之官專命推覆操殺生之柄竊人主之威案覆既不在秋官省審復不由門下國之利器輕以假人恐爲社稷之禍

上諫來俊臣構陷無罪書

臣聞陳平事漢祖謀疎楚君臣乃用黃金五萬斤行反間之術項王果疑臣下陳平反間果行今告事紛紜虛多實少如當有凶慝焉知必無陳平先謀疎陛下君臣後謀除國家良善恐爲社稷之禍伏乞陛下特迴天慮察臣狂瞽然後退就鼎鑊實無所恨臣得歿爲忠鬼孰與存爲諂人

如羅織之徒即是疎間之漸陳平反間其遠乎哉

書品序

昔蒼頡造書天雨粟鬼夜哭亦有感矣蓋德成而上謂仁義禮智信也藝成而下謂禮樂射御書數也吾作詩品猶希聞偶合神交自然冥契者是才難也及其作書評而登逸品數者四人故知藝之爲末信也雖然若超吾逸品之才者亦當夐絕終古無復繼作也故斐然有感而作書評雖不足以對揚王休宏闡神化亦名流之美事耳與夫飽食終日博奕猶賢不其遠乎項籍云書足以記姓名此狂

夫之言也嗟爾後生既乏經國之才又無干城之畧庶幾勉夫斯道近代虞祕監歐陽銀青房褚二僕射陸學士王家令高司衛等亦並由此術無所間然其中亦有更無他技而俯拾朱紱如此則雖慙君子之盛烈苟非莘野之器箕山之英亦何能作誡凌雲之臺拂衣碑石之際耶今之馳騖去聖愈遠徒識方圓而迷點畫亦猶莊生之歎盲者易象之談日中終不見矣太宗與漢王元昌褚僕射遂良等皆授之於史陵褚首師虞後又學史乃謂陵曰此法更不可教人是其妙處也陸學士柬之受於虞祕監虞祕監受於永禪師皆有體法今人都不聞師範又自無鑒局雖古跡昭然永不覺悟而執燕緹以爲寶玩楚鳳而稱珍不亦謬哉其議論品藻自王愔以下王僧虔袁庾諸公皆已言之矣而或理有未周今采諸家之善聊指同異以貽諸好事其前品已定則不復銓列素未曾入有可措者亦復云爾太宗高宗皆稱神札吾所伏事何敢寓言今始於秦氏終於唐世凡八十一人分爲十等

書後品贊

逸品贊

蒼頡造書鬼哭天廩史籀湮滅陳倉藉甚秦相刻銘爛若舒錦鍾張羲獻超然逸品

上品贊

程邈隸體崔公篆勢梁李蔡索郗皇韋衛羊習獻規褚傳羲制邈乎天壤光厥來裔

中品贊

西嶽張昶江東阮研銀鷹貞白鐵馬桓元衛杜花散安康綺鮮元昌陸柬名後身先

下品贊

蚌質懷珠銀瓌藴礫陸謝參蹤蕭王繼跡思話仙才張融賞擊如彼枯秀衆多羣石

袁利貞

利貞雍州長安人高宗朝爲太常博士周王侍讀遷祠部員外郎卒中宗立以侍讀舊恩追贈祕書少監

諫於宣政殿會百官命婦疏

臣以爲前殿正寢非命婦宴會之地象闕路門非倡優進御之所望詔命婦會於别殿九部伎自東西門入散樂一色伏望停省若於三殿别所自可備極恩和微臣庸蔽不

閑典則參預禮司輙陳狂瞽

劉允濟

允濟洛州鞏人弱冠舉本州進士累除著作佐郎遷左史兼直宏文館長安中拜鳳閣舍人中興初坐與張易之款狎左授青州刺史

明堂賦

大哉乾象紫微疏上帝之宫邈矣坤輿丹闕披聖人之宇聿觀文而聽政宜配天而宗祖體神化以成規應靈圖而立矩度七筵以垂憲分四室而通輔合宫之典鬱乎軒邱重屋之儀崇於夏禹因殷成於五帝繼周道於千古統正朔之相循起皇王之踵武大禮興而三靈洽至道融而萬物覩其在國乎惟聖踐極配永登樞浹生成於大冶銷品彙於洪鑪貫星象而調七政列山川而宅五都開洛陽之寶籍受河闕之禎圖總夔龍於國序集鵷鷺於天衢包壯業於元頊籠景化於黄虞功既成矣道既貞矣荅后土之嘉祥藹上元之殊祉望仙閣之秀出瞻月觀之宏峙鏤紅玉以圖芳肅龜壇而薦祀道不言而有洽物無爲而自致嚮明南面高居北辰屬天下之同軌率海内以嚴禋想雲

臺以應物考明堂以臨人協和萬寓懷柔百神降虞心啟靈術采舊典詢故實表至德於吹萬起宏規於太一欣作之於有範佇成之於不日工以奔競人皆樂康訪子輿於前跡揆公玉之遺芳順春秋之左右法天地之圓方成八風而統刑德觀四序而候炎涼跨東西而作甸掩二七以疏疆下臨星雨傍控烟霜翔鶤墜於層極宛虹拖於遊梁崑山之玉樓偃蹇曾何髣髴滄海之銀宫焕爛安足翺翔於是覽時則徵月令觀百王綏萬姓肆類之典攸集郊禋之禮爰盛衣冠肅於虞誠禮樂崇於景令三陽再啟百辟

來朝元纁霧集旌旆雲搖湛恩畢被元氣斯調羅九賓之玉帛舞六代之咸韶澤被翔泳慶溢烟霄穆穆焉皇皇焉粤自開闢未有若斯之壯觀者矣煥乎王道昭貫三才遠乎聖懷周流九垓鴻名齊於太昊茂實光乎帝魁浹羣山於雨露通庶品以風雷盛矣美矣皇哉唐哉

天賦

臣聞混成發粹大道含元興於物祖首自胚渾分泰階而立極光耀魄以司尊懸兩明而必照列五緯而無言驅馭陰陽裁成風雨叶乾位而凝化建坤儀而作輔錯落九垓

岧嶤八柱爍黃道而開域闢紫宮而爲宇橫斗樞以旋運廓星漢之昭回總三統之遷易乘五運之遞來察文明而降祥瑞觀草昧而動雲雷託璇樞之妙術應玉管之浮灰柔克斯高聽卑逾廣覆燾千容包含萬象載光道德聿符刑賞既霆震而霜威亦春生而夏長其功不測其變惟神大哉其施曠乎其仁周八紘而化育籠四海而陶鈞雖感通而下濟終輔翼而無親登大寶於上皇發神圖於下帝憑理亂而倚伏候昏明而開閉遘堯舜以降禎休遇辛癸而呈祲沴歷成敗而無爽在興亡而必契深機不測神化靈長雖覃恩於列聖必歸功於有唐發星辰而效祉雜烟雲以降祥大猷載洽景貺斯彰浹庶品以光被樂羣生於會昌軼大庭而包太昊孕元頊而掩朱襄見乾心之祚聖仰靈運之無方造化惟遠生成不極沾廣惠於禽魚預湛恩於動植非測管以能喻豈戴盆之可識欣大賚於天成激長歌於帝力

地賦

元氣攸分太極斯判建三才以可久開二儀以貞觀偉坤德之無疆恢地道之幽贊叶高明而資始孕沈潛而剛斷

空徵王母之圖竟勞豎亥之算用能載九嶽振百川蕩雲霧洩風烟羣物畢發衆象森然飛沈咸遂動植斯甄五億十選二萬八千含靈應節蓄聖懷仙元命之所包矣彝倫之所繫焉周易以爲理契於牝墨翟以爲仁深於天由是開階立隧提衡建極置羲和之官列司徒之職審其遠近辨其紆直廣輪之數不愆夷險之精不匿用能峻市朝明甸侯既布井而陳邑亦列郡而分州窪盈沃瘠之品原野墳衍之流斂跨萬俗兼該六幽隔蠻壤限夷陬珍卉奇木之他族鱗介羽毛之異儔詭怪畢備璀璨咸周銀臺瑤檻

元闕丹邱鄒衍之所不議方朔之所難紬禎符應於河象災異紀於春秋爾乃禮備玉衣葉隆金屋彌北渚而應慶邁東陵而誕福辯珠璫屏綃縠配飛龍以凝順詠關雎以薦淑契明理於東南想賢才於薖軸化漸蘋藻教敷穜稑詠麟趾而合符比螽斯而繁育功宜右轉道叶上升遵四時以生殺順六氣以陶蒸珍符顯見寶歷相仍我疆我理如坻如陵徽猷潛暢禮節鬱興大鑪交泰庶績其凝用能祀列黃琮禮配蒼璧揚義聲於農步飛仁風於禹跡服耒耜於田疇偃戈矛於邊場諒實則之廣被信輿圖之遠闢

萬象明堂賦

濬哲惟唐受天之明究皇王之鴻休包宇宙之純精恢天祿以作乂據元命之振英鼓黔黎以播氣運蒼昊而時成括闓陽於泰階襲三聖以光亨禮樂交通典謨洋溢天以洛視而龜書至地以河觀而馬圖出擁神庥尊明號激清流揚茂實將大報於元天享神祇以稱秩顧卑宮而自處惟禋宗而是恤思致美於總章覽娵訾而法營室訪夏后之軌儀云廣四而修一彼宗周之有制聞或九而或七錯綜乎舊典經始乎丕律紹先志以高興匪務功而首出乃延公侯卿士藝人表臣而審其議焉咸以爲明堂者明乎天道者也所以明有功褒有德崇大教發大政登假嚴禋敘修宗祀非夫爲已者也安可已乎粵正月庚午始創明堂之制焉考經緯之長策應黃鍾之旋宮穆穆四門坐納四氣明明八牕均調八風靡金靡玉匪磨匪礱卻隋侯之夜光明素質以爲工思承天以接神故峻極乎皇穹飈乎懿濞繶乎豐融雷承乾以震耀靈大壯乎其中非至聖之精誠孰能克勤乎此功

天行健賦（以天德以陽故能行健爲韻）

大哉乾元神不可測其內也剛其外也直直所以保合太和剛所以運行不息故王者奉之而垂化君子體之而進德者也原夫天者乾之形乾者天之名用九以則得一而清名也者純陽之經形也者大無之精語其動兮孰知其動語其行兮孰見其行得不詳所由稽所以歷土圭以窮妙因渾儀而探理左出右沒不行則何以變三辰之度上騰下降不動則何以爲萬物之始履柔兮居常配坤兮秉陽笠也誰覆弓也誰張四德雖具未足以擬議十翼雖廣未足以披攘微乎哉得於幽者道盛乎哉得於道者玉緜

緜若存戶樞不蠹較之則火井易滅當之則金柅難固持剛靡失既兼柔克之資用壯罔虧亦取易知之故是以爲君爲首爲金爲冰杳冥兮不慮乎盈縮寂寥兮何有於騫崩諭彼成形是顯飛龍之象旌其致遠因推良馬之能且夫天也者陽乾也者健窺之於裏則其象歷歷瞻之於表則其容悤悤不言非涉於可名不拔方知乎善建大道非物豈容媧后之功小說惑人豈容秦宓之論皇家恩流品物禮達上元垂文明畫一之令秉神武不殺之權推之蕩蕩守之虔虔信所謂神道設教剛健而法天者歟

欽定全唐文卷一百六十五

顏揚庭

揚庭祕書監師古子官符璽郎

上匡謬正俗表

臣揚庭言臣聞纖埃不讓嵩華所以極天涓流必納溟渤所以紀地況乎業隆學海義切爲山庶進簣於崇高思委輸於潤澤恭惟皇帝陛下誕膺睿圖光臨大寶隆周比及遠邁成康炎漢儔功近超文景時和玉燭龍圖薦於長河道包金鏡龜書浮於清洛收羽陵之蠹簡俾備蓬山采汲

冢之舊文咸歸延閣一言可善屢動宸衷九術不遺每回天睠臣亡父先臣師古嘗撰匡謬正俗草藁纔半部帙未終以臣蚩犯幽靈奄垂捐棄攀風罔及陟岵增哀臣敬奉遺文謹遵先範分爲八卷勒成一部百氏紕繆雖未可窮六典迂訛於斯矯革謹齋詣闕奉表以聞輕觸威嚴伏深震悚永徽二年十二月八日符璽郎臣顏揚庭上

吳揚吳

揚吳成均監太學博士

不毀化胡經議

史記云老子楚人也生於商時爲守藏史孔子適周問禮於老子老子曰子之所言者其人骨已朽矣獨其言在耳吾聞之良賈深藏若虛君子盛德容貌若愚去子之驕氣與淫欲皆無益於子之身吾所以告子者若是也孔子歸謂弟子曰吾今日見老君其猶龍耶老子出關尹喜曰子將隱矣願爲我著書於是作道德經五千餘言莫知所終或言老子一百六十歲或言一千二百歲罔知其然又劉向列仙傳云老子好養氣重無名久而入大秦乃知其聖人也

張思道

思道宣德郎行右補闕宏文館學士

不毀化胡經議

老君現形東土演教西方事著前書蹟彰往牒化胡是實爲經不虛言包天地之先理起文範之表或則恂恂接物爰開柔弱之宗或則察察繩非乃挫剛强之力隨機設教妙旨難量應病施方聖功莫測

劉如璿

如璿武后朝太中大夫秋官侍郎爲來俊臣所誣流漢州

不毀化胡經議

李釋元同未始有異法身道體應現無方降迹誕靈各行其志且老子發自東方遠之西域雖莫知其終而事見之前史謹按後漢書云老子入夷狄爲浮屠之化高士傳曰老子化戎俗爲浮屠皇朝實錄云于闐國四五百里有毗摩伽藍是老子化胡之所建老子至是白日昇天與羣胡辭決曰我昔遊天上簡定人鬼之錄尋當下降因立此祠焉然則歷考經典焕乎可矚則知化胡是實爲經不虛浮屠卽佛陀也化俗豈無經乎但聖人設教應物施行況復

中人上士性分有殊道佛二門隨性開化洪通兩教不亦宜乎

員半千

半千字榮期齊州全節人本名餘慶少師事王義方義方謂曰五百年一賢足下當之矣因改名半千上元初舉八科皆中授武陟尉又應岳牧舉對策擢上第垂拱中累補左衛冑曹入閣供奉長安中五遷正諫大夫除棣州刺史中宗時爲濠蘄二州刺史睿宗立徵拜太子右諭德兼崇文館學士加銀青光祿大夫封平原郡公開元九年卒年

九十四

陳情表

臣某言臣貧窮孤露家資不滿千錢乳杖藜糗朝夕纔充一飯有田三十畝有粟五十石聞陛下封神嶽舉英才貨賣以充糧食奔走而歸帝里京官九品無瓜葛之親立身三十有餘志懷松柏之操不能羅賤販貴取利於錐刀斗酒隻雞求舉將何以辦投匭進款奉勅送天官捧以當心似懸龍鏡家乏以守若戴鼇山於今立身未蒙一任臣恨不能益國死將以遺地不賜臣一職剖判疑滯移風易俗

以報陛下深恩若使臣平章軍國燮理陰陽臣不如稷契若使臣十載成賦一代稱美臣不如左太沖若使臣荷戈出戰除兇去逆臣不如李廣若使臣七步成文一定無改臣不媿子建若使臣飛書走檄援筆立成臣不媿枚臯陛下何惜玉階前方寸地不使臣披露肝膽抑揚辭翰請陛下召天下才子三五千人與臣同試詩策判牋表論勒字數定一人在臣先者陛下斬臣頭粉臣骨懸於都市以謝天下才子望陛下收臣才與臣官如用臣芻蕘之言一辭一句敢陳於玉階之前如棄臣微見即燒詩書焚筆硯獨坐幽巖看陛下召得何人舉得何士無任鬱結之至

蜀州青城縣令達奚君神道碑

粵以煌煌丹草非濟物之用而冊府書之粲粲白石豈益國之器而史官紀之況乃六義基身四維成性風調百里雨潤一方動植俟之以滋榮人倫資之以和樂使仰之者若日月敬之者若神明畏之者若雷霆愛之者若父母而可闕一字盛德湮滅無聞於後哉君諱思敬字安儼河南洛陽人也若乃二星分北掩龍沙以居宗六月圖南擅鵬溟以爲大實天命昌意啟我幽都帝封始均天雄弱水積六

十七葉凡九十九姓豫鄰之代分爲諸國兄弟七人各統一部天倫之盛達奚居上高祖遷洛有志諸華思變其風多改舊俗故達奚於後使姓奚焉周氏沿革復姓達奚氏矣自茲厥後可略而言曾祖諱武字文朝爲玉璧大將軍東道大行臺十二將軍同華二州刺史雍州牧太師太傅太保鄭國公謚曰桓於時齊氏跋扈於并鄴有遷鼎之宏志周人經綸於關輔當運斗之有功兩界交爭三運遞及攻守之術應變若神戰勝之方倉卒得妙由是天臺八柱分作宰牧之尊帝座三台合爲師保之貴大父歡太子左

千牛尚輦直長時高臺漸傾曲池向平金玉滿堂化爲道德瑚璉入廟直接明神早露先霜不登爵秩昭考諱孝茂皇朝滑州司兵參軍易州易縣令卻負盧龍之塞漢陽之突騎成風前款飛狐之門邯鄲之俠客交亂君水火相濟文武兼施巨闕之前訟端自喪常山之下符采生輝君則驪泉夜光虹巖朝彩籠雲罩月之穎必由於尺蘖遵江及海之浪亦經於寸源敘用有階莫或不踐總章中以仁勇校尉守左衛率府翊衛秩滿以文藝優長簡入吏部後解褐承奉郎行幽州新平縣尉雖時以爲美心非所好故咫

步之間無因騁迹也秩滿停家積年授徵展驥足未超前路辭滿之後遂以邱壑爲心垂拱之初天命已改則天皇帝攝行君政心偏區中採芳草於蘭澤省山苗於松澗迺留神陸沈隨方擢善二年授高陵縣主簿以舊德起也屬西方不靜北方多難被奏充金牙道行軍司兵事不獲以遂即戎焉君設策請拔碎葉疎勒于闐安西四鎮皆如所計謀存於我功在諸人授之加朝議郎行蒲州司法參軍事既表裏山河股肱要壤用之惟器選擬爲難君盤根錯節等庖人之遊刃發伏摘姦同郢匠之揮斵紫宸迴顧赤縣瞻風長安二年調補乾封丞矣蜀岷山井絡之分帝以會昌梁州輿鬼之躔人爲繁雜相如之宅無復德音文翁之堂空餘陳跡人不見德年代以深舊稱難理斯焉是賴四年授蜀州青城縣令以人望遷之君下車布政推誠待物舉義壯忠貶惡除盜或謂曰不迺闊乎君謂之曰前史有之舉有義者所以救貪汚無恥也舉有行者所以救廢亂失道也舉廉讓者所以救分爭也舉遜順者所以救橫逆也舉質朴者所以救離弊也舉惇厚者所以救殘賊也今若此皆有吾何已焉吾薄劣實荷榮獎既承澆競之餘

復當巧詐之盛若不憲章古道祖述前修貞彼傾轍不遷其軌必也政成何望朞月遂爲明科例自形諸已以上善而包荒用中而禁暴會不晦朔闔境肅清剽狡潛散謠頌攸遠聲震錦城雙流爲之變色德充錦里八郡以之易心屬七廟靈長三光復道則天推位應天嚮明以加朝散大夫承國慶也將謂魯恭才識坐入司空卓茂賢明行昇大傅豈馳波易遠過隙難留遽沈連石之暉遂往懸碑之路神龍二年八月二十七日終於長安之義寧坊私第也惟春秋五十有九惟君少懷忠義以信分爲冠冕長好急難

以然諾爲爵邑天姿孝友率性沖和虞仲寧學高德博而蒸嘗無主劉休涓帝室王門而禋祀不繼太夫人隴西李氏將軍該之女有行業每以此歎之君夫人義興縣君蔣氏則尚藥奉御豈之曾孫太子門郎義安之女琴瑟友之同詠河洲之什蛟龍合矣共赴延平之津景龍二年十月十六日終於義寧里春秋五十有一以景龍三年三月十日合葬於咸陽之畢陌原禮也有第二女道光柔順德備幽閑雖裁柳絮之篇未獻椒花之頌適太原郭氏左衛武亭府別將長上如玉之妻牆宇端肅風神爽邁溫良日用

忠孝生知束髮祈榮彈冠入仕敢當仁於潘掾荷昔眷於戴侯爰託青烏方祭白鶴南瞻渭水庶見儀天之橋北望荆山長標鎮地之固其詞曰

龍司北溟鵬翻南海地鬱靈氣天降神宰奄有諸華遂荒章亥抑推高祖正朔斯在兄弟之國七族攸昌親賢胙土四姓斯光奚于陸穆衣冠紀綱西魏將末北齊竊號太祖經綸玉璧是觴匪禁小賊用虞大盜累加重秩每贈優勞守禦功多鄭國是報昏明遞運陵谷成災直長垂翼有美且偲青松藹藹白雲皚皚施於易縣尉有楚才欽若惟君歷游華渚盤翮理翰嘯儔命侶風光融融零露湑湑道以濟俗德以禦侮龍飛中興明鸞上騰五方星聚六合雲蒸朝興斯炳大夫如陵翼搏風而上征倚天衢而元亨風叩京兆之郡日薄長安之城白鶴崇隴青烏相塋琬壁斯勒存沒爲榮

大唐宗聖觀主銀青光祿大夫天水尹尊師碑

聞夫眞人者出巨殼歷倚杵騎蜚廉從敦圉臣雷公妾宓妃朝濯髮於湯泉夕晞首於暘谷仍丹邱以長嘯戴翠華以高遊自非殖因曠劫肅恭大浩從事於金房之前鏤心

於玉晨之上攜青童而應黃籙者奚以成後來之妙相乎繼絕景而允希聲則尊師其人矣尊師諱文操字景先隴西天水人也後秦尚書僕射緯之後緯仕長安故爲扈人焉若乃鬱爲帝師降迹於唐勛之代光乎王佐應命於周武之朝家籍代資可略言矣曾祖洪宇文朝商州長史大父舒隋文州別駕昭考珍皇朝散大夫以先知授尊師特稟異氣垂實冥華始降迹也其母袁氏夜夢元妙玉女授九老丈人之符寤而記之每存思也數月而聞腹中誦經聲且時時有異光繞身矣及載弄之始目光炯然眸子轉

眇若有所見矣袁氏以其所夢有徵心誌而不言也及勝衣之日自識文字惟誦老子及孝經乃曰此兩經者天地之心也此後見好殺之字若蹈水火視無禮之文如墜泉谷稍長聞有尹眞廟乃精心事之不近俗事因讀西昇靈寶等經漸達眞教既得元味便契黃中聞師者傳道之父母行道之神明無數刼來妙經是出不因師學謂之長昏遂章惶無巳求師不暇時有周法者内音之先鳴上皇之高足乃願參軒效駕陪景嘯空奔走禮謁以申宿志周法見之乃謂尊師曰汝於刼會之中已受龜山之籙也便訓

以紫雲之妙旨授以青羽之隱法一入其心謂赤松王子喬可與撫煙月矣年十五道行已周有名於遠近矣屬文德皇后遵上景而委中宮於時搜訪道林博採眞迹尊師即應元景行預綠雲奉勅出家配住宗聖觀雖翦芝瓊圃採琳元隴意每遠出未近謝也將欲沐浴東井棲遲南昌保護崑崙窺窬渾沌矣故屬想丹煙游心紫度徧尋五嶽備涉九元尋三君之祖氣成七晨之慧眼旋謁周法便居終南寂處於溫泉冥精於寒谷有年日矣既通八景又達九天知來藏往多所曉悟若有神曰周法上遷及省所居

巳去順也貞觀末年行喪既畢永徽三年乃遊太白入重元也見所未見聞所未聞此後丹字紫書三五順行之法扶晨接晝九六逆取之方咸得其要尊師所有遊山異迹祈醮靈應並有別錄此不載之至於顯慶以來國家所賴出入供奉詢德諮量救世度人轉經行道元壇黃屋帝座天言東都西京少陽太乙九城二華展敬推誠三十餘年以日繫月始終不絕有感必通凡是效驗君臣同悉勅書往復日月更回神道昭彰歲時交積者不可具載並傳於帝居一二要者略舉其目初尊師遊太白高頂雲霧四周

聲振萬壑（闕六字）千仞復有象充九色其高十仞欣然長往者意已篤焉高宗之在九成宮有孛彗經天長數丈以問尊師尊師對曰此天誡子也子能敬父君能順天納諫徵賢斥邪遠佞罷役休征責躬勵行以合天心當不日而滅上依而行之應時消矣是故高宗以晉府舊宅爲太宗造昊天觀以尊師爲觀主兼知本觀事儀鳳四年上在東都先請尊師於老君廟修功德及上親謁百官咸從上及皇后諸王公主等同見老君乘白馬左右神物莫得名言騰空而來隆於壇所内外號叫舞躍再拜親承聖音得非尊

師之誠感也由是奉勅修元元皇帝聖紀一部凡十卷總百十篇篇別有贊時半千爲尊師作也紀贊異秩繕寫進之高宗大悅終日觀省不離於玉案乃授尊師銀青光祿大夫行太常少卿尊師固讓不得已辭官而受散職焉永淳二年天中有望告成有日萬乘雷動千騎風馳天子乘閣道而御帝車羣官陪六儀而承七曜將禮於天樞幸中嶽也金繩未舉玉檢猶潛而六龍頓轡三光斂色聖體不安旋於皇極屬紫微虛位白雲上征萬國號訴四方遏密太后諮訪尊師尊師曰眞坊仙境亦著代謝物有榮悴氣

有初終大道之常幸康神器陛下宜存思諒闇極想欽明密理百神潛茈萬姓文操人間地上物裏天中所有靈明倍百祈請亦望二十四結火燒而憂盡七十二教水鍊而法成皆見先徵以明後事乃著袪惑論四卷消魔論三十卷先師傳一卷垂拱四年將賓玉帝也上足時道成咸願奏章以延福蔭尊師止之曰有順宜遵不可犯禁言訖委化顏色如常粵以長壽四年四月十四日遷兆於終南文仙谷弟子侯少微等追思龍漢遠慕龜巖冀德音與天地同久神道共陰陽齊化昭茈鬱林冥滋柏樹俾斯貞石文若三光其詞曰

去矣大仙悠哉上元玉谷白芝之座金闕紫蘭之前旣嘯景於瓊札固交歡於碧泉出三萬六千之厚地入三萬六千之遠天咀九華之翠蕊坐五色之紅蓮常吟外景每握內篇春霞飛乎絳雪秋風生乎紫煙裴回高黃嶺顧步太白巔三秦四塞帝王國京兆長安龍鳳川煌煌兮四明路浩浩兮八景年今以向上襲前果何時來下降宿緣當乘道之氣應傳道之味必使氤氳六合中自然昌揚萬刧通稽首寧歌步願得乘九素天下同此心非獨鸞之林

張太元

太元武后朝中散大夫典膳郎

不毁化胡經議

道本中華釋垂西域隨方設教同體異名且老君變化無方易形改號或在天爲帝或在世爲師隨物見形靈應難測縱使史籍無據釋教不異老君

欽定全唐文卷一百六十六

盧照鄰一

照鄰字昇之幽州范陽人初授鄧王府典籤調新都尉因風疾去官沈痼攣廢不堪其苦投潁水死年四十

同崔少監作雙槿樹賦并序

日昨於著作局見諸著作競寫雙槿樹賦蓬萊山上即對神仙芸香閣前仍觀祕寶金懸秦市楊子見而無言紙貴洛城陸生聞而罷笑故知柔條朽榦吹噓變其死生落葉凋花剪拂成其光價方且傳石渠之故事得槿樹之新名

足以脂粉仙臺丹青祕府者也若布衣藜杖巖棲藿食當堯時而非吏處漢代而無田學涉蕪淺文多瞽陋宜其屏竄用其靜默蓋窮而思達人之情也卑而應高物之理也故疾雷作而蟄蟲飛浮雲興而石礀潤不可廢也雖云聖朝多士而公實居之草澤有人亦國家之美事也故復奬刷芻鄙作雙槿樹賦辭義猥薄退增慚靦賦曰

方丈蓬萊邈矣悠哉芸扃石室圖天揆日若乃羲和掌日太史觀星銅渾玉策寶笥金銘地則圖書之府人則神仙之靈中有芳蕣鬱鬱亭亭觀其兩砌分植雙階並耀葉鏤五衢榮分四照紛廣庭之靃靡隱重廊之窈窱青陸至而鶯啼朱陽升而花笑紫蔕紅蘂玉蕊蒼枝露華的皪風色徘徊采粲照灼婀娜隈緌迫而視之鳴環動佩歌扇開遠而望之連珠合璧星漢迴狀仙人之羽葢疑佚女之瑤臺寂寞攸秭棲閒此地委命卷舒隨時榮顇外無嬰夭之禍內有逍遙之致朝朝暮暮落復開歲歲年年紅以翠若夫遊蜂戲蝶封其萼輕烟弱霧絡其條去不謂之損來不謂之饒故能出君子之殊俗入詩人之舊謠齊顯晦於兩曜效生死於一朝同喪我之非我固雖凋而不凋別有亭伯

儒門令思詩友翰苑曠其吞夢文鋒高而照斗詠蕪滋之朝夕悲積薪之先後縟繡起於緹紡煙霞生於灌莽豈與巖幽弱篠澗底枯松徒冒霜而停雪空集鳳而吟龍詎得奉仙閨之廣價連筆匠之爲容已矣哉東方生聞而歎曰故年花落不留人今年花發非故春倏兮夕隕忽兮朝新侏儒何功兮短飽曼倩何負兮長貧聊寄辭於庭樹儻有感於平津

馴鳶賦

孕天然之靈質稟大塊之奇工觜距足以自衛毛羽足以

淩風懷九圍之遠志託萬里之長空陰雲低而含紫陽星升而帶紅經過巫峽之下惆悵彭門之東旣而摧頹短翮寥落長想忌蒙莊之見欺哀武溪之莫往進謝扶搖之力退慚歸昌之響腐食多懼層巢無像屈猛性以自馴抱愁容而就養於是傍眺德門言棲仁路不踐高梁之屋翔止吾人之樹聽鳴雞於月曉侶羣鵲於星暮狎蘭砌之高低玩荆扉之新故循廣庭之一息歷長檐而徑度若乃風去雨還河移月落徘徊亂於雙燕鳴舞均乎獨鶴乍嘯聚於霞莊時追飛於雲閣荷大德之純粹將輕姿之陋薄思一

報之無階欣百齡之有託

窮魚賦 有序

余曾有橫事被拘爲羣小所使將致之深議友人救護得免竊感趙壹窮鳥之事遂作窮魚賦常思報德故冠之篇首云

有一巨鱗東海波臣洗淨月浦涵丹錦津映紅蓮而得性戲碧浪以全身宕而失水屆於陽瀕漁者觀焉乃具竿索集朋黨鳧趨雀躍風馳電往競下任公之鈎爭陳豫且之網螻蟻見而甘心獱獺聞而抵掌於是長舌利嘴曳綸垂鈎拖鬐挫鬣撫背扼喉動搖不可騰躍無由有懷纖潤寧望洪流大鵬過而哀之曰昔予爲鯤也與是遊乎自予羽化之子其孤俄撫翼而下負之而趨南浮七澤東汎五湖是魚也已相忘於江海而漁者猶悵望於泥塗

病梨樹賦 并序

癸酉之歲余臥病於長安光德坊之官舍父老云是鄱陽公主之邑司昔公主未嫁而卒故其邑廢時有處士孫君思邈居之君道洽今古學有數術高談正一則古之蒙莊子深入不二則今之維摩詰及其推步甲子度量乾坤飛

煉石之奇洗胃腸之妙則甘公洛下閎安期先生扁鵲之儔也自云開皇辛丑歲生今年九十二矣詢之鄉里咸云數百歲人矣共語周齊間事歷歷如眼見以此參之不啻百歲人也然猶視聽不衰神形甚茂可謂聰明博達不死者矣余年垂强仕則有幽憂之疾椿菌之性何其遼哉於時天子避暑甘泉邈亦徵詣行在余獨臥病茲邑閴寂無人伏枕十旬閉門三月庭無衆木惟有病梨一樹圍纔數握高僅盈丈花實顦顇似不任乎歲寒枝葉零丁纔有意乎朝暮嗟乎同託根於膏壤俱稟氣於太和而修短不均

榮枯殊質豈賦命之理得之自然將資生之化有所偏及樹猶如此人何以堪有感於懷賦之云爾

天象平運方祇廣植挺芳桂於月輪橫扶桑於日域建木聳靈邱之上蟠桃生巨海之側細葉枝連洪柯條直齊天地之一指任烏兎之棲息或垂陰萬畝或結子千年何偏施之雨露何獨厚之風烟愍茲珍木離離幽獨飛茂實於河陽傳芳名於金谷紫澗稱其殊旨元光表其仙族爾生何為零丁若斯無輪桷之可用無棟梁之可施進無違於斤斧退無競於班倕無庭槐之生意有巖桐之死枝爾其

高巒數仞圍僅盈尺修幹罕雙枯條每隻葉病多紫花凋少白夕烏怨其巢危秋蟬悲其翳窄怯衝飆之搖落忌炎景之臨迫既而地歇蒸霧天收耀靈西秦明月東井流星顱頞孤影徘徊直形狀金莖之的的疑石柱之亭亭若夫西海夸父之林南海蚩尤之樹莫不摩霄拂日藏雲吐霧別有橋邊朽柱天上靈楂年年歲歲無葉無花榮辱兩齊吉凶同軌寧守雌以外喪不修褓而內否亦猶縱酒高賢佯狂君子為其胞合置其憂喜生非我生物謂之生死非我死谷神不死混彭殤於一觀庶筌蹄於茲理

秋霖賦

覽萬物兮竊獨悲此秋霖風橫天而瑟瑟雲覆海而沈沈居人對之憂不解行客見之思已深若乃千井埋烟百廛涵潦青苔被壁綠萍生道於是巷無馬跡林無鳥聲野陰霾而自晦山幽曖而不明長塗未半茫茫漫漫莫不埋輪據鞍銜悽茹歎借如尼父去魯圍陳畏匡將饑不爨欲濟無粱問長沮與桀溺逢漢陰與楚狂長檐風而沐雨永棲棲以遑遑及夫屈平既放登高一望湛湛江水悠悠千里泣故國之長楸見元雲之四起嗟乎子卿北海伏波南川

金河別鴈銅柱辭鳶關山天骨霜露凋年眺窮陰兮斷地看積水兮連天別有東國儒生西都才客屋滿鉛槧家虛儋石茅棟淋淋蓬門寂寂蕪碧草於園徑聚綠塵於庖甓玉為粒兮桂為薪堂有琴兮室無人抗高情以出俗馳精義以入神論有能鳴之鴈書成已泣之麟覩皇天之淫溢孰不隅坐而含顰已矣哉若夫繡轂銀鞍金杯玉盤坐卧珠璧左右羅紈流酒為海積肉為巒視襄陵與昏墊曾不輟乎此歡豈知乎堯舜之臞瘠而孔墨之艱難

與洛陽名流朝士乞藥直書

幽憂子學道於東龍門山精舍，布衣藜羹，堅臥於一巖之曲。客有過而哀之者，青囊中出金花子丹方相遺，之服之病愈。視其方，丹砂二斤，穀楮子則山中可有，丹砂則渺然難致。昔在關西太白山下，一隱士多元明膏，中有丹砂八兩。予時居貧，不得好上砂，但取馬牙顏色微光淨者充用。自爾丁府君憂，每一慟哭，涕泗中皆藥氣流出。三四年羸臥，苦嗽，幾至於不免。復偶於他方中見一說，云丹砂之不精者，服之令人多嗽。訪知一處有此物甚佳，兩必須錢二千文，則三十二兩，當取六十四千也。空山卧疾，家業先貧，

老母年尊，兄弟祿薄，若待家辦，則委骨於巉嵒之峰矣。意者欲以開歲五月穀子熟時試合此藥，非天下名流貴族、王公卿士以仁惻之心達枯骨朽株者，孰能濟之哉？今力疾賦詩一篇，遍呈當代博雅君子，雖文不動俗，事或傷心。儻遇晏嬰脫左驂而見贖，如逢孔子分秉粟以相憂，則越石原憲，不幸苦於當年矣。惟當坐禪念室，以答深仁。若諸君子家有好妙砂，能以見及，最爲第一；無者各乞一二兩藥直，是庶幾也。仲尼曰：有能一日用其力於仁者乎？未有力不足者。又曰：君子無終食之間違仁，在坐則參於前，在輿則倚於衡。古人心可見矣。又曰：仁遠乎哉？我欲仁，斯仁至矣。言能苟行之，仁道不遠也。朝英貴士，博濟而好仁者，何必相識，故知與不知，咸送詩告請，無案劍同掩體骸云爾。

寄裴舍人遺衣藥直書

山僕至自都，太子舍人裴瑾之、太子舍人韋方賢、左史范履冰、水部員外郎獨孤思莊、少府丞舍人內供奉閻知微、符璽郎喬侶，並有書問余疾，兼致束帛之禮，以供東山衣藥之費。嗟乎！代與道交喪，其來尚矣。殷揚州與外甥韓康

伯別，慨然而詠富貴他人合，貧賤親戚離，因泣下交頤，不能自已。余以其爲人也名過其實，然窮達之際，則西狩獲麟所不能免，斯亦古君子之大悲也，自鄶而下，曷足譏焉。余家咸亨中良賤百口，自丁家難，私門弟妹凋喪，七八年間，貨用都盡。余不幸遇斯疾，母兄哀憐，破產以供醫藥。屬歲穀不登，家道屢困，兄弟薄遊近縣，創鉅未平，雖每分多見憂，然亦莫能取給。海內相識，亦時致湯藥，恩亦多矣。晚更篤信佛法，於山間營建，所費尤廣。本欲息貪寡慾，緣此更使貪心萌生，每得一物，輒喜歡，更恨不足。嗚乎！道惡在

而奔競之苦茲雖觀若空無常而此業已就不可中廢祈獲福澤思與士君子共之

與在朝諸賢書

昔張子房處太傅之尊自疏於南山隱公孫宏居丞相之位亦伏於東方生伯喈已亡孔文舉將老兵而造膝方回尚在王羲之就傖奴而共談良史書之高賢不以爲累自古朝野曷常以人廢言況下官抱疹東山不干時事借人唱和何損於朋黨延州子期聞音竊抃猶冀身膏丹壑脫寶劍於山阿骨掩黃壚罷瑤琴於天下則捐金抵玉於山谷者非太平之美事乎幽憂子白

駙馬都尉喬君集序

昔文王既沒道不在於茲乎尼父克生禮盡歸於是矣其後荀卿孟子服儒者之褒衣屈平宋玉弄詞人之柔翰禮樂之道已顛墜於斯文雅頌之風猶綿連於季葉痛乎王澤既竭諸侯爲麋鹿之場帝圖伊梗天下作豺狼之國秦人一滅舊章大愚黔首羣書赴火化崑岳之高烟儒士投坑變蓬萊之巨壑樂沈於海河間王初睠睠於古篇禮失諸夷叔孫通乃區區於綿蕝安國討論科斗五典叶從史

遷祖述獲麟八書爰創衣冠禮樂重聞三代之風玉帛謳歌無墜六經之業鬱其興詠大雅於是爲羣自此迄今年逾千祀聖門論賦相如爲入室之雄闕里裁詩公幹卽升堂之客陸平原龍驚學海浮天泉以安流鮑參軍鶴翥文場代黃金之平埒臨曲臺之上路面通衢之小苑蓮紅水碧堪釣叟之淹留桂白山青宜王孫之攀折香車貴士不掩龍關縫掖書生時通驛騎坐蘭徑敞松扉北牖動而清風來南軒幽而白雲起欣然命駕弔曲江之隑淵興盡而歸聆伊川之笙吹三朝慶謁趨劍履於南宮五日歸休聞歌鐘於北里雍容車騎屢動雕章嘯傲煙霞仍含寶思奢不敗德笑金谷之羅紈儉不邀名悲蘭陵之芻布榮期三樂君寔四之平子四愁我無一矣君教訓子弟不讀非聖之書撫愛家僮常恐名奴之辱婚嫁已畢欲就金丹輪蓋非榮猶思道樹明霞曉挹終登不死之庭甘露秋團儻踐無生之岸凡所著述多以適意爲宗雅愛清虛不以繁詞爲貴足以傳諸好事貽厥孫謀故撰而存之凡爲若干卷云爾

南陽公集序

昔者龍躍東魯陳禮樂而救蒼生虎據西秦焚詩書以愚黔首通其變參天二地謂之神合其機一陰一陽謂之聖是以楚漢方鬬蕭曹絳灌負長劒於此時袁曹已平徐陳應劉弄柔翰於當代聖人方士之行亦各異時而並宜謳歌玉帛之書何必同條而共貫文質再而復殷周之損益足徵驪翰三而改虞夏之興亾可及美哉煥乎斯文之功大矣自獲麟絶筆一千三四百年游夏之門時有荀卿孟子屈宋之後直至賈誼相如兩班敘事得邱明之風骨二陸裁詩含公幹之奇偉鄴中新體共許音韻天成江左諸

人咸好瓌姿艷發精博爽麗顔延之急病於江鮑之間疎散風流謝宣城緩步於向劉之上北方重濁獨盧黄門往往高飛南國輕淸惟庾中丞時時不墜嗟乎古今之士遞相毁譽至有操我戈矛啟其墨守三都既麗徵夏熟於上林九辯已高責春歌於下里踳駁之論紛然遂多近日劉勰文心鍾嶸詩評異議蜂起高談不息人慚西氏空論拾翠之容質謝南金徒辯荆蓬之妙拔十得五雖曰肩隨聞一知二猶爲臆說僉曰未可人稱屢中化魯成魚曷云其遠非夫妙諧鍾律體會風騷筆有餘妍思無停趣作龜作鏡聽歌曲而知亾爲龍爲光觀禮容而識大齊魯一變之道唐虞百代之文懸日月於胸懷挫風雲於毫翰舍今古之制扣宫徵之聲細則出入無間麤則彌綸區宇逶迤綽約如玉女之千嬌突兀崢嶸似靈龜之孤摽乘槎上漢誰問坳堂之淺深荷戟入秦寧議長安之遠近是非未定曹子建皓首爲期離合俱傷陸平叔終身流恨超然若此適可操刀自兹已降徒勞舉斧八病爰起沈隱侯永作拘囚四聲未分梁武帝長爲聾俗後生莫曉更恨文律煩苛知音者稀常恐詞林交喪雅頌不作則後死者焉得而聞乎

貞觀年中太宗外厭兵革垂衣裳於萬國舞干戚於兩階留思政塗内興文事虞李岑許之儔以文章進王魏來褚之輩以材術顯咸能起自布衣蔚爲卿相雍容侍從朝夕獻納我之得人於斯爲盛虞博通萬句對問不休李長於五言下筆無滯岑君論詰亹亹聽者忘疲許生章奏翩翩談之未易王侍中政事精密明達舊章魏太師直氣鯁辭兼包古義來闕十二字褚河南風標特峻早鏘聲於冊府變風變雅立體不拘於一塗既博既精爲學遍游於百氏自豸冠指佞雞樹登賢内掌機密外修國史晨趨有暇持綵筆

於瑤軒夕拜多閒弄雕章於琴席含毫顧盼漢家之城闕風煙逸韻縱橫秦地之林泉魚鳥黃山羽獵幾奏瓊篇汾水樓船參聞寶思南津弔屈去逐蒼梧之雲西路悲昂來挽葱巖之雪江湖廊廟造次不忒其儀沙塞朝廷顛沛必歸於漢是使名流俱至兎翰闐門愛客相尋雞談滿席嚶嚶好鳥花欲白兮柳將菲瀲瀲遊魚蓮欲紅兮蘋可望綠樽恒湛齋閣臨霞綺札逾新園亭坐月凡所著述千有餘篇今之刋寫成三十卷早遊西鎬及周史之闕文晚卧東山憶漢庭之遺事平津侯之賓館馬廄蕭條李司隸之仙

舟龍門荒毀交交黃鳥集於栩兮集於桑營營蒼蠅止於藩兮止於棘九原可作松有隧兮兎有埏三湘不追川無梁兮鳥無徑輟斤之慟何獨莊周聞笛而悲寧惟向秀徒勤觀海未知渤澥之倪永好談天莫究氤氲之數遂抽短翰爲之序云

樂府雜詩序

聞夫歌以永言庭堅有歌虞之曲頌以紀德奚斯有頌魯之篇四始六義存亾播矣八音九闋哀樂生焉是以叔譽聞詩驗同盟之成敗延陵聽樂知列國之典彜王澤竭而頌聲寢伯功衰而詩道缺秦皇滅學星琯千年漢武崇文市朝八變通儒作相徵博士於諸侯中使驅車訪遺編於四海發詔東觀縫掖成陰獻書南宫丹鉛踵武王風國詠共驪翰而升沈里頌途歌隨質文而沿革以少卿長别起高唱於河梁平子多愁寄遥情於壠坂南浦動關山之役作者悲離東京興黨錮之詠詞人哀怨後人鼓吹樂府新聲起於鄴中山水風雲逸韻生於江左言古興者多以西漢爲宗議今文者或用東朝爲美落梅芳樹共體千篇隴水巫山殊名一意亦猶負日於珍狐之下沈螢於燭龍之

前辛勤逐影更似悲狂罕見鑿空曾未先覺潘陸顔謝蹈迷津而不歸任沈江劉來亂轍而彌遠其有發揮新體孤飛百代之前開鑿古人獨步九流之上自我作古粤在兹乎樂府者侍御史賈君之所作也君升堂入室踐龜字以長驅藏翼蓄鱗展龍圖以高視林宗一見許以王佐之才士季相看知有公卿之量南國蛟龍之燿下觸詞鋒東家科斗之書來游筆海朝陽弄翮卽踐中京太行垂耳先鳴上路當赤縣之樞鑰作高臺之羽儀動息無隔於溫仁顛沛安由乎正義王階覆奏依然汲直之聞銅街埋輪先定

雍門之罷霜臺有暇文律動於京師繡服無私錦字飛於天下九成宮者信天子之殊庭羣山之一都也五城旣遠得崑閬於神京三山已沈見蓬萊於古輔紫樓金闕雕石壁而鏤羣峰碧甃銅池俯銀津而橫衆壑離宮地險丹硐四周徼道天迴翠屏千仞衞尉寢蒙茸之署將軍無刁斗之警中巖罷燠飛霜爲之夏凝太谷生寒層淮以之秋冱天子萬乘驅鳳輦於西郊羣公百僚扈龍軒而北轄春秋絡繹冠蓋滿於青山寒暑推移旌節喧於黃道夕宿雞神之野朝登鳳女之臺青鳥時飛白雲無極千年啟聖邈同

汾水之陽七日期仙頗類緱山之曲經過者徒知其美揄揚者未歌其事恭聞首唱遂屬洛陽之才俯視前修將麗長安之道平恩公當朝舊相一顧增榮親行翰墨之林先標唱和之雅於是懷文之士莫不響風靡然動麟閣之雕章發鴻都之寶思雲飛綺札代郡接於蒼梧泉湧華篇岷波連於碣石萬殊斯應千里不違同晨風之鳩北林似秋水之歸東壑洋洋盈耳豈徒懸會之音郁郁文哉非復從周之說故可論諸典故被以笙鏞爰有中山郎徐令雅好著書時稱博物探亡篇於古壁徵逸簡於道人撰而集之命余爲序時褫巾三蜀歸卧一邱散髮書林狂歌學市雖江湖廊廟賓庶蕭條綺季留侯神交髣髴遂復驅侶幽憂之疾經緯朝廷之言凡一百一篇分爲上下兩卷俾夫舞雩周道知小雅之歡娛擊壤堯年識太平之歌詠云爾

宴梓州南亭詩序

梓州城池亭者長史張公聽訟之別所也徒觀其巖嶂重復川流灌注雲窗綺閣負繡堞之逶迤澗户山樓帶金隍之繚繞信巴蜀之奇制也時鳳扆多閒上得和平之政鯤瀛有截下無交爭之人以公寄切上僚故久無州將連四

千石之重任總十萬井之雄班職適劇而道彌高位逾崇而德彌廣市獄無事時狎鳥於城隅邦國不空且觀魚於濠上賓階月上橫聯蜷之桂枝野院風歸動葳蕤之萱草則有明珠愛客置芳酒於十旬羽服神交契仙遊於五日圓潭瀉鏡光浮落日之津雜樹開幃彩綴飛煙之路藤蘿杳藹挂疎陰以送秋鳧雁參差結流音而將夕百年之歡不再千里之會何常下客悽惶暫停歸轡高人賞玩豈輟斯文咸請賦詩以紀盛集

七日綿州泛舟詩序

諸公迹寓市朝心游江海訪奇交於千里惜良辰於寸陰常恐辜負琴書荒凉山水於是脫屣人事鳴棹川隅言追挂犢之才用卜牽牛之賞邊生經笥送炎氣以濯纓郝氏書囊臨秋光而曝背似遇緱山之客還疑星漢之游願駐景於高天想乘霓於縮地繁絲亂響凉酎時斟戲翔羽於平沙釣潛鱗於曲浦乘流則逝不覺忘歸咸可賦詩採韻成作

楊明府過訪詩序

夫清風動駕謁阮籍於山陽素雪乘舟訪戴逵於江路猶

名高好事迹標良史未有鶯臨綺月筵開許郭之談花聚繁星門枉荀陳之駁泛煙光於紫漵翻露色於丹滋亭臯一望平蕪千里萋萋芳草童兒牧馬之場疊疊朝川野老休牛之塔釣臺隱隱先生之桑梓可知茨嶺巖巖隱士之風流尚在豈使臨卭樽酒歌賦無聲彭澤琴書田園寢詠

宴鳳泉石翁神祠詩序

夫圮上黃公靈期已遠湘中元乙化跡難徵況乎神理歸然近帶青溪之路瓌姿可望俯控丹巖之下予以歸骸空谷言隔市朝濯髮長川載離寒暑心灰兩寂長無具爾之歡形木雙枯將有終焉之志不悟喬鶯始囀喈喈於鶴鴿野萼初開韡韡於棠棣命壺觴而引宴即沐新蘭尋磵戶以安歌仍攀野桂萋萋春草王孫游兮不歸秩秩斯干幽人去而忘返鼓我舞我修袖滿於中巖神之聽之多祜與於觸石爰有嘉命咸遣賦詩請題四韻列之如右

相樂夫人檀龕讚 并序

相樂夫人韋氏者益州都督長史胡公之繼親也夫人寓跡蘭閨栖情香岫琢磨六行與三明而並驅馳騖四禪將十訓而齊駕粵以乾封紀歲流火司晨敬遣靈龕奉圖眞

相青蓮皓月爭華蚊睫之端寶樹天花競爽鴻毛之際納須彌於纖芥嘗謂徒言置由旬於方丈今過其實重宣此義敢爲讚云

猗歟寶相顯允神功規模鹿苑圖寫龍宮分身諦聽列坐談空羣天颯纚眾寶玲瓏雕窗引月鏤網搖風一窺妙境高謝塵蒙

益州長史胡樹禮爲亡女造畫讚

夫鎔金逞妙徒馨中人之產架寶崇奢未階大乘之化豈若圖繳紈素卷舒方丈之筵表裏丹青藻繪多林之色獨

爲先覺其在茲乎益州長史公道洽中孚履黃裳以貞吉寄隆分陝茸白茅而涉川猶爲龜組相輝不離泡幻之域能車結轍尚迷苦愛之津爰捨淨財幸求多福爲亡女宇文氏敬造像等徵奇綃於水府採妙色於霞莊月面澄華疑金雲之夜歛蓮毫吐照狀珠浦之晨開花寶參差眺鶴林其非遠仙雲肸蠁登鷲嶺其可望窮形盡相陋燕壁之含丹寫妙分容嗤吳屏之墜筆式揚顯福俾讚幽魂其詞曰

正教東漸遺像西至化格三天功超十地偉歟大士宏茲

遠致追慟幽途載營檀施皎潔霜紈照影丹素果發金口蓮生玉步地寶天花星羅雲布慧炬長設迷津永度

五悲文 并序

自古爲文者多以九七爲題目乃有九歌九辨九章七發七啟其流不一余以爲天有五星地有五嶽人有五常禮有五禮樂有五聲五者亦在天地之數今造五悲以伸萬物之情傳之好事耳

悲才難

一悲曰恭聞古之君子兮將遠適乎百蠻何故違父母之宗國從禽獸於末班將矯詞兮不往將背俗兮不還寧曲成而薄喪不直敗以厚顏彼聖人兮猶若此況不肖於中間古往今來邈矣悠哉嵇生玉折顏子蘭摧人兮代兮俱盡代兮人兮共哀至如左邱失明冉耕有疾兵法作而斷足史記修而下室高明者鬼瞰其門正直者人怨其筆雖爲鏡於前代終抱痛於今日別有漢陽許掾邠國臺鄉抗希代之奇節負超時之令名坎壈九死離披再生伊才智之爲患故賢哲之所嬰若乃賈長沙之數奇崔亭伯之不偶思欲削魯史之高行鉗楊墨之辯口爲書爲禮驅季俗

於三古之前垂謦垂聲正頹綱於百王之後天子聞之而欲用羣公畏之而莫敢徒窘蠢於泥沙竟龍鍾於塵垢異乎稽之古人則如彼考之今代又如此近有魏郡王公曰方華陰楊氏曰亨咸能博達奇偉覃思研精探孔門之禮樂吞鬼谷之縱橫嶽秀泉澄如川如陵高談則龍騰豹變下筆則煙飛霧凝王則官終於郡吏楊則官止於邑丞何異夫操太阿以烹小鮮飛夜光而彈伏翼灼金龜兮訪兆邀玉騏兮騁力雖勞形而竭思吾固知其不得子之昆兮曰杲之余之季兮曰昂之杲也杲兮如三足之烏昂也

昂昂焉如千里之駒杲之爲人也風流儒雅爲一代之和玉昂之爲人也文章卓犖爲四海之隋珠並蘭馨兮桂郁俱龍駒兮鳳雛生於戰國則管樂之器長於闕里則游夏之徒以方圓異用遭遇殊時故才高而位下咸默默以遲遲青青子衿兮時向晚黃黃我綬兮鬢如絲昆兮何責坐乾封兮老矣季兮何負橫武陵而棄之舉天下兮稱屈何暗室之足欺爲小人之所笑爲通賢之所悲童子尚知其不可矧衡鏡與蓍龜故曰至道之精窅窅冥冥至道之極昏昏默默焚符破璽而人朴鄙剖斗折衡而人不爭掞工

倕之指而天下始巧膠離婁之目而天下始明然後除其矯黠之患安其性命之精太平之代萬物肫肫凡聖脗合賢愚淆昏公卿不接友長吏不迎尊當成康勿用何暇談其兵甲典謨既作焉得耀其書論雖有晏嬰子產將頓伏於閭巷雖有冉求季路且耕牧於田園彼尋常之才子又焉可以勝言命鸞鳳兮逐雀驅龍驥兮捕鼠使掌事者校其功兮孰能與隼狸而齊舉金爲舟兮瑇瑁楫不可以陟卭陵此珠爲衣兮翡翠裳不可以混樵蒸此何器用之乖剌悼斯人之勤麥倚長巖以爲枕兮吸流光以高卧見城市以盈虛若蚊虻之相過當其時也巢由滿野不知稷契之尊周召盈朝莫救夷齊之餓若夫管仲不遇齊桓則城陽之贅壻太公不遭姬伯亦棘津之漁夫一仁一義柴也來兮由也臨一忠一孝微子去兮箕子奴聖人百慮而一致君子同歸而殊塗推既焚兮胥既溺桀亦放兮文亦拘笙簧六籍則秦谷有坑儒之痛黼藻百行則漢家有黨錮之誅鄴都傾覆飛禍纏於高鼻洛陽板蕩橫死坐其無鬚喔咿嚶嚅口含天憲睚眦蠆芥屍僵路隅變化與屈伸交逐窮達與存亡並驅因其所有而有之則萬物無不有就

其所無而無之則萬物無不無有竅而生寧惟混沌無用而飽何獨侏儒是以蘧伯玉卷兮長卷甯武子愚兮更愚庭有樹兮樹有荊園有鳥兮鳥有鴒鴒其鳴矣思諸兄矣荊其穎矣思諸季矣巖有芳桂隰有棠棣枝蘢蓯兮相樛葉翩翻兮相翳天之生我胡寧不惠何始吉兮初征悲終凶於未濟

悲窮道

二悲曰流淚公子傷心久之歷萬古以抽恨橫八荒而選悲有幽巖之卧客兀中林而坐思形枯槁以崎嶬足聯蹉

以緇蘉悄悄兮忽愴眇眇兮惆悵迢遥兮獨蹇淹留兮空谷天片片而雲愁山幽幽而谷哭露垂泣於幽草風含悲於拱木徒觀其頂集飛塵尻埋積雪骸骨半死血氣中絶四支萎隨五官欹缺皮襞積而千皺衣聯褰而百結毛落鬚禿無叔子之明眉脣亡齒寒有張儀之羞舌仰而視睛翳其若瞢俯而動身羸而欲折神若存而若亡心不生而不滅其所居也不變其所狎也非人古樹爲伴朝霞作隣下陰森以多晦傍怳惚兮無垠松門草合石路苔新公子方撫其背兮曳其裾曰子非有唐之文士歟燕地之高門

歟昔也子之少則玉樹金枝及其長則龍章鳳姿立身則淹中不足言其禮揮翰則江左莫敢論其詩每兢兢於暗室恒詡詡於明時常謂五府交辟三臺共推朝紆會稽之綬夕獻長楊之辭痛私門之禍速惜公車之詔遲豈期晦明乖序寒燠愆度鱗傷羽折筋攣肉蠹離披於丹澗之隅觳觫於藪山之路已焉哉已焉哉崑山玉石忽摧頹事去矣事去矣古今聖賢悲何已天道如何自古相嗟項羽帳中之飲荆卿易水之歌何壯夫之懦抑伊兒女之情多借如蘇武生還溫序死節王陵之母伏劍杞梁之妻泣血事蓋迫於功名情有兼於貞烈若關羽漢陰田橫海島孤城已迫疲兵尚老離離碣石之鴻冪冪江潭之草迴首永訣吞聲何道及夫獻帝偷生懷王客死哀西都之城闕憶南荆之朝市鳳凰樓上隴山雲鸚鵡洲前吳江水一離一別兮漢家宮掖似神仙獨坐獨愁兮楚國容華競桃李別有士安多疾顏奇不起馬援困於壺頭冉耕悲於牖裏平生書劍宿昔琴樽研精殫於玉冊博思浹於銅渾思欲爲龜爲鏡立德立言成天下之亹亹定古今之諄諄一朝溘臥萬事寧論君徒見邱中之饒朽骨豈知陌上之有遊魂假

使百年兮上壽又何足以存存

悲昔遊

三悲曰奇峰合沓半隱天綠蘿蒙籠水潺湲因嵌巖以爲室就芬芳以列筵川谷縈迴兮迷徑路山嶂重複兮無人煙當谽谺之洞壑臨決咽之奔泉中有幽憂之子長寂寞以思禪暮色躋躋朝思綿綿形半生而半死氣一絶而一連自言少年遊宦來從北燕淮南芳桂之嶺峴北明珠之川東魯則過仲尼之故宅西蜀則耕武侯之薄田舊鄉舊國白雲邊飛雪飛蓬暗遠天塹辭薊門千萬里少別昭邱

三十年昔時人物都應謝閒道城隍今可憐忽憶揚州揚子津遙思蜀道蜀橋人鴛鴦渚兮羅綺月茱萸灣兮楊柳春煙波淼淼帶平沙閣棧連延狹復斜山頭交讓之木浦口同心之華嚴君平之卜肆戴安道之貧家月犯少微弔吳中之隱士星干織女乘海上之仙槎長安綺城十二重金作鳳凰銅作龍蕩蕩千門如錦繡巖巖雙闕似芙蓉題字於扶風之柱繫馬於驪山之松灞池則金人列岸太華則玉女臨峰平明共戲東陵陌薄暮遙聞北闕鐘洛陽大道何紛紛榮光休氣曉氤氳交衢近接東西署複道遙通

南北軍漢帝能拜嵩邱石陳王巧賦洛川雲河水河橋木蘭枻金闉金谷石榴裙曾入西城看歌舞也出東郊送使君一朝顑頷無氣力暴骸委骨龍門側當時相重若鴻鐘今日相輕比蟬翼驅代情兮共此何余哀之能得使我孤猿哀怨獨鶴驚鳴蘿月寡色風泉罷聲嗟昊天之不弔悲后土之無情松架森沈兮戶內掩石樓摧折兮柱將傾竊不敢當雨露之恩惠長痛恨於此生

悲今日

四悲曰傾蓋若舊白頭如新嘗謂談過其實辨而非眞自高枕箕潁長揖交親以蕙蘭爲九族以風煙爲四鄰朝朝獨坐惟見羣峰合沓年年孤臥常對古樹輪囷相弔相哭則有饑鼯啼夜相慶相賀則有好鳥歌春林麌麌兮多鹿山蒼蒼兮少人時向西溪汲水或就東巖負薪百年之中皆爲白骨千里之外時見黃塵平生連袂宿昔銜杯談風雲於城闕弄花竹於池臺皆是西園上客東觀高才超班匹賈含鄒吐枚一琴一書校奇蹤於既往一歌一詠垂妙製於將來絃將調而雪舞筆屢走而雲迴自謂蘭交永合松契長并通宵抵腕終日盱衡罵蕭朱爲賈豎目張陳爲

老兵悲蒼黃兮驟變恨消長之相傾貴而不驕人皆共推晏平仲死且不朽吾每獨稱范巨卿及其蹇產摧聯支離括撮已濡首兮將死尚搖尾兮求活莊西貸而魚窮姬東徂而狼跋今皆慶弔都斷存亡永濶覺駟馬而不追寄雙魚而莫達向時之清談尚存今日之相知已沒則有河濱漂母隴上樵夫盤飧帶粟粥麵兼麩藜羹一甌濁酒一壺夫負妻戴男歡女娛攀重巒之岧嶤歷飛澗之崎嶇哀王孫而進饋問公子之所須因謂予曰哀哉可憐聖人之過久矣君子之罪多焉詩書禮樂適足衰人之神用宗族朋

灰不足駐人之頽年削跡伐樹孔席由來不暖摩頂至踵墨突何時有烟一朝至此萬事徒然自昔相逢把臂談无横雕龍於翠瓦飛縞鳳於瓊筵各自雲騰羽化谷變鶯遷鳴香車於闕下曳珠履於君前豈憶荒山之幽絶寧知枯骨之可憐傳語千秋萬古寄言白日黄泉雖有羣書萬卷不及囊中一錢

悲人生

五悲曰禮樂既作仁義不惚死生有命富貴在天一變一化一虧一全去其外物歸於内篇儒與道兮方計於前其

書萬卷其學千年鐘皷玉帛蹩躠蹁躚金木水火混合推遷六合之内慕其風兮如市百代之後隨其流兮若川三界九地往返周旋四生六道出沒牽聯硍硍磕磕蠢蠢翾翾受苦受樂可悲可憐有超然之大聖歷曠劫以爲期戒定慧解非因人慈悲喜捨非見思聞儒道之高論乃撞鐘而應之曰止止善男子觀向時之華說乃天下之辯士請弄宜僚之丸以合兩家之美若夫正君臣定名色威儀俎豆郊廟社稷適足誇耀時俗奔競功名使六藝相亂四海相爭我者遺其無我生者哀其無生孰與乎身肉手足齊生人之塗炭國城府庫恤貧者之經營捨其有愛以至於無愛捨其有行以至於無行若夫呼吸吐納全身養精反於太素飛騰上淸與乾坤合其壽與日月齊其明適足增長諸見未能永證無生孰與夫離常離斷不始不終恒在三昧常遊六通不生不住無所處不去不滅無所窮放毫光而普照盡法界與虛空苦者代其勞苦蒙者導其愚蒙施語行事未嘗稱倦根力覺道不以爲功所言未畢儒道二客離席再拜稽首而言曰大聖哉孔晚聞道聃今已老徒知其一未究其術何異夫戴盆望天倚杖逐日蒼蒼之

氣未辨昭昭之光已失嗚乎優優羣品遑遑衆人雖鑿其竅未知其身來從何道去止何津誰爲其業誰作其因一翻一覆兮如掌一生一死兮若輪不有大聖誰起大悲請北面趨伏願終身而教之

盧照鄰二

釋疾文并序

余羸臥不起行已十年宛轉匡牀婆娑小室未攀偃蹇桂一臂連蜷不學邯鄲步兩足匍匐寸步千里咫尺山河每至冬謝春歸暑闌秋至雲壑改色煙郊變容輒輿出户庭悠然一望覆燾雖廣嗟不容乎此生亭育雖繁恩已絶乎斯代賦命如此幾何可憑今爲釋疾文三篇以貽諸好事蓋作易者其有憂患乎刪書者其有棲遑乎國語之作非瞽叟之事乎騷文之興非懷沙之痛乎吾非斯人之徒歟

安可默而無述故作頌曰

粵若

粵若稽古帝烈山兮遠矣大矣臣太岳兮欽哉良哉有太公兮卷舒龍豹奄經營乎四履有先生兮乘騎日月期汗漫乎九垓尚書抗節兮屬炎靈之道喪中郎含章兮遇金行之綱頽彼聖賢之相續信古往而今來人何代而不帝代何人而不才鬱律崛岉兮似崑陵之玉石泮渙粲爛兮象星漢之昭回爾其爲廣也碧海雲蒸而地合爾其爲峻也赤城霞起而天關暨中朝之顛覆家不墜乎良箕紹金柯而玉秀穆蘭馨而菊滋彌九葉而逮余兮代增麗以光熙清風振乎終古妙譽薰乎當時皇考慶予以弄璋兮肇錫予以嘉詞名余以照鄰兮字余以昇之余幼服此殊惠兮遂聞禮而聞詩於是裹糧尋師褰裳訪古探舊篆於南越得遺書於東魯意有缺而必刊簡無文而咸補入陳適衞百舍不厭其棲遑累蠒重胝千里不辭於勞苦旣而屠龍適就刻鵠初成下筆則煙飛雲動落紙則鸞迴鳳驚通李膺而竊價造張華而假名郭林宗聞而心服王夷甫見

而神傾俯仰談笑顧盼縱横自謂明主以今僕相待朝廷以黄散爲輕及觀國之光利用賓王謁龍旗於武帳揮鳳藻於文昌先朝好史予方學於孔墨今上好法予晚受乎老莊彼圓鑿而方枘吾知齟齬而不當是時也天子案劍方有事於八荒駕風輪而梁弱水飛日馭而苑扶桑戈船萬計兮連屬鐵騎千羣兮啟行文臣鼠竄猛士鷹揚故吾甘栖栖以赴蜀分默默以從梁其後雄圖甫畢登封禮日方欲訪高議於雲臺考奇文於石室銷兵車兮爲農器休牛馬兮崇儒術屢下蒲帛之書值余有幽憂之疾蓋有才

無時亦命也有時無命亦命也時也命也自前代而痛諸道之乖也則賢人君子伏斧鑕而不暇時之來也則屠夫餓隸作王侯而有餘三仁猖狂兮爲奴爲戮八子狼狽兮爲醢爲葅長劒以攜尚想華亭之鶴孤舟欲近遥憶閶門之魚史遷下於蠶室鄧艾徵於檻車康既幽而媿孫登宣屢困而嘶窮蘧固其閉門少事蹈滄海而辭組開卷獨得歸茂陵而著書起清流之浩漫長顧嗟乎靈胥重曰積怨兮累息茹恨兮吞悲怨復怨兮坎壈乎今之代愁莫愁兮侘傺乎斯之時皇穹何親兮誕而生之后土何私兮鞠而

育之何故邀余以好學何故假余以多辭何余慶之不終兮當中路而廢之彼有初而鮮克兮賢者其猶不欺況陶鈞之象物胡不貞而諒之豈其始終爽德蒼黄變色無心意乎簪履有悲哀乎楊墨已焉哉天蓋高兮不可問地蓋廣兮不容人鐘鼓玉帛兮非吾事池臺花鳥兮非我春寂兮寞歲歲年年長少樂慌兮惚朝朝暮暮生白髮愴悦懭恨兮無所見宛轉聯踡兮獨向隅狀若重狴圓扉之受縲又似乾池涸井之相濡鸞鳳之翮已鎩兮徒奮迅於籠檻騏驥之足已蹇兮空悵望於廷衢龍門之桐半死鄧林之木全枯苟含情而稟氣兮孰能不傷心而疾首乎歌曰歲將晏兮歡不再時已晚兮憂來多東郊絶此麒麟筆西山秘此鳳凰柯死去死去今如此生兮生兮柰汝何

悲夫

悲夫事有不可得而已矣是以古之聽天命者飲淚含聲而就死推不言兮焚於介山妃不偶兮歧於嶷水仰天而歎員憤骨於吳江下淚交頤卿悲歌於燕市天無雷兮聞蟻聚於牀下家非牧兮見牂生於奥裏支離疏之五官已敗哀駘它之六骸不美求時夜兮求鴞炙何逼迫之如此

爲鼠肝兮爲蟲臂何煅煉之如彼鬱拂沕滑兮中瞀亂蟠薄煩冤兮長恨惋出户庭兮遊息千萬里兮無極杳兮靄川綿曠兮水如帶峁兮巘山嵔㠑兮雲似蓋萋兮綠春草生兮長河曲試一望兮心斷續晚兮晼夕鳥没兮平郊遠試一望兮魂不返蘼蕪葉兮紫蘭香欲往從之川無梁日云暮兮涕沾裳松有蘿兮桂有枝有美一人兮君不知氣欲絶而何爲孟夏兮恢台楊柳散兮芙蓉開葉初成兮蠶宛轉花落盡兮燕徘徊望夫君兮不來形枯槁兮意摧頹天何爲兮愁苦麥將秀兮多風梅將黄兮屢雨日色旰爛

兮流金而爍石地氣燠煜兮滿室而充戶神翳翳兮似灰命綿綿兮若縷一伸一曲兮比艱難乎尺蠖九生九死兮同變化乎盤古萬物繁茂兮此時余獨何爲兮腸邅迴而屢腐圍棋廢兮時不可兮再來鳴琴停兮人何時以重撫秋風起兮野蒼蒼蒹葭變兮露爲霜蟬悲翳兮聲斷雁迷雲兮路長摧折蕭條兮林寡色顑頷芸黃兮草不芳停斂兮懷舊友天外兮思故鄉願一見兮終不得側身長望兮淚浪浪遙兮遠山谷縈迴兮屢轉狀若登薊門兮望胡苑斷兮連井邑邱墟兮知幾年又似登隴首兮見秦川木葉

落兮長年悲紅顏謝兮鬢如絲王孫來兮何遲遲思公子兮涕漣洏風蝺蝺兮雨淒淒螢火飛兮烏夜啼牽牛西北兮星已轉織女縱橫兮河欲低秋夜迢迢兮秋未極愁人耿耿兮愁不息有所思兮在天漢欲往從之兮無羽翼鬱金梘兮木蘭舟青莎裳兮白羽裘戲綠波兮坐芳洲歡不停兮人不留悵容與兮徒離憂元冬慘兮陰氣凝沸泉結兮炎洲冰郊野昏兮寒沙漲河海暗兮繁雲興嚴風急兮密雪下墐戶閉兮無留者盼城郭兮瓊爲樹兮玉爲樓瞻通路兮駕素車兮乘白馬時眇眇兮歲冥冥晝杳杳兮夜丁丁庭有霜兮月華白室無人兮燈影青披重衾兮魂悄悄臥空牀兮目熒熒御燻鑪兮長不暖對卮酒兮憂恒滿悲繚繞兮從中來愁纏綿兮何時斷重曰四時兮代謝萬物兮遷化聽春鳥於春朝聞秋蟲於秋夜花覆地兮無待河傾天兮不借無靈草兮駐朽質乎千年無雕戈兮迴蹉烏乎三舍夏日長兮繩繩炎風暑雨兮相蒸草木扶疏兮如此余獨蘭單兮不自勝元月兮祁寒窮急景兮摧殘霰雪雰雰兮長委積人事寥寥兮悵漫漫春秋冬夏兮四序寒暑榮悴兮萬端春也萬物熙熙焉感其生而悼其死夏

也百草榛榛焉見其盛而知其闕秋也嚴霜降兮殷憂者爲之不樂冬也陰氣積兮愁顏者爲之鮮歡聖人知性情之紛糾故歎之曰子欲無言吾將焉往而適耶箕有峯兮潁有瀨歌曰歲去憂來兮東流水地久天長兮人共死明鏡羞窺兮向十年駿馬停驅兮幾千里麟兮鳳兮自古吞恨無已

命曰

命曰昊天不傭兮降此鞠凶昊天不惠兮降此大戾不先不後兮爲瘥爲瘵痛之撫兮孰知其屬木之柔兮緡之絲

之人之溫兮黼之藻之自天佑之兮無不利一者之來兮云何二野有鹿兮其角蜣蜣林有鳥兮其羽習習余獨何爲兮悲攢欒兮憂戢晉南山龍從兮樹輪囷北津清泚兮石嶙嶙天之生我兮胡寧不辰少克已而復禮無終日兮違仁既好之以正直兮諒無負於神明何彼天之不弔兮哀此命之長勤百罹兮六極橫集兮我身長攣圈以偃蹇永伊鬱以呻嚬天道何從自古多卬爲藏兮匪祐匪仁兮覆膺蹻狠戾兮南氾跖扳渙兮東峯並强大兮薰赫咸壽考以從容勛則天兮朱巳矣韶盡美矣均忽焉公侯之系

兮必復堯舜之後兮何傲干執諫兮辛載蕃抗議兮靈年忠於貞兮何仇俱不得其死焉牛一變而爲虎鼈三化而作鵩觸氏居蝸而爭地龍伯釣鼇而訴天何變化之殊俗而大小之相懸長無述焉將不死而爲賊賢哉回也今不幸而早亾明夷何辜兮姜里洪範何恃兮佯狂我視於天兮亦孔之將孔與溺兮殊貫單與張兮相詭紛紜總總兮若玆羌未得其元巳感之孝兮姚何感而遂闢合之恭兮昆何嫌兮不起聖人不議姬旦憤於鵾鴞君子無憂周南歌於茉苡五鹿云折退守平陵之田三都巳成歸入宜春之里乾不穆兮一爲戊一爲辰坤不恒兮三成田三成水何斯柱之危脆一夫觸之而云折東西眇其既傾西北豁其中裂有杞者國竟未掬其烏蟾有歷其都奄以成其魚鼈共何壯兮而損其盈媧何神歟而補其闕天且不能自固地且不能自持安得而育萬物安得而運四時彼山川與象緯其孰爲之主司生也既無其主死也云其告誰何必拘拘而踽踽固可浩然而順之吾知惡之不能爲惡故去之曰羣生之所蠢吾知善之不能爲善故就之曰有生之大路雖粉骨而糜軀終不改乎此度重曰子既昧此杳

冥兮迷之不知其所屆將寄命於六師訪真訣乎遐外建流星以爲期邀白雲而爲蓋玉虬紛其旖旎青鸞儼其容裔霓爲裳兮羽爲旗雷爲車兮電爲旆嘽嘽兮上馳遙遙兮橫厲忽若夢兮有覺與巫陽兮相會巫陽爲予兮潔龜龜告予以雙支朱雀搖而金躍青龍發而火馳蚰登樓兮雞入穴雲北走兮水西垂巫陽曰反兮覆兆不告靈蔡誠不能知造化之心數朽骨焉足以定古今之倚伏請導列缺之前旌陪豐隆之後轂披上帝之元鍵考中皇之秘籙於是排雲旌兮叫諸闕登紫翠兮伏瑤壇靈鳥杲其將駕

東皇鸞其既覲余敷袵而未決兮東皇頷而不言玉女申之以瓊蘂靈妃貺之以琅玕悵容與而不駐肅雲軿於南軒窈窕徘徊邈矣悠哉下臨兮星雨上絕兮氛埃彷徨兮三清之館縹緲兮八風之臺俯觀兮故國洞崢嶸兮無極長懷兮故人涕潺湲兮霑軾橫天葩歷北辰經瑤樓兮一息停余車之轔轔涉明河之清淺過織女而問津巫陽曰左招搖兮右天駟太一之居兮無不利其道也楓爲天兮棗爲地盡往從之兮導君意太乙方握髯低眉右手拄頤或以日臨命以歲加時再轉兮再考三命兮三推華蓋微

明兮君子居貞之位太陽陰主兮天人厄運之期若夫一氣鴻濛萬化緇鸞此星精與木局又何足以知之巫陽曰太上有老君焉其名曰伯陽遊閬風之瓊圃處倒景之琳堂披拂日月咀嚼烟霜撫千載兮爲朝爲暮濟萬物兮若存若亡古之聰明博達而不死者將與君子造崑崙之大荒迨而容與弭節翱翔俄參元而下降濟弱水之湯湯驎軒臺而右轉對玉檻之鏘鏘伯陽欣然見予曰昇之來何遲何故疲憊之如是何故枯槁之若茲吾適以爾小別今將千二百朞昔者爾爲翟吾固知爾潔潔焉無益其後爾

爲舟吾欲告爾休休焉不留名已登乎仙格爾身倘蹇乎中州噫哉甚可痛甚可哭多智也命之斧斤多才也身之桎梏爾形體之在地也每矍矍然求媒精魂之於天也又遑遑焉訪卜何異儀丹鳳於膠柱飼元魚於森木何晚悟之透迤何早計之觳觫嗚呼何異喪其親也揭竿而求諸海失其子也擊鼓而訪諸道途之遠矣曷其云蘇與影捕逐可不謂悲乎夫道之動也豩豩猴猴靜也若喪若失蠛兮不以死生爲二塊兮若以天地爲一生於萬物之後不爲綴死於太古之前不爲疾弊萬類也不謂之凶利四海

也不謂之吉夫如是則巨浸稽天而不溺鴻災冶地而不然生死不能爲其壽夭變化適足寄其騰遷化而爲魚也則躍龍門而橫碣石化而爲鳥也則培羊角而負青天爲社也則長無斤斧之患爲瓠也則汜乎泱漭之川物無可而不可何必守固以拳拳余於是乎嗒然而喪其偶儵爾而失其知思故池之滦水憶中園之桂枝栩栩然若有得茲茲然若有亡歎彷彿兮覺悟魂已歸乎北鄉其往也人皆爲之避席其返也鳥不爲之亂行歌曰茨山有薇兮穎水有潚夷爲柏兮秋有實叔爲柳兮春雨飛儵爾而笑汎

浪兮不歸

對蜀父老問

龍集荒落，律紀蕤賓，余自豐鎬歸於五津，從王事也。丁丑届於昇仙橋上送客亭，即相如所謂不乘高車駟馬不出汝下者也。遇蜀父老皤然龐眉華髮者休於斯，謂余曰：子非衣冕之族歟？文章之徒歟？飾仁義以干時乎？懷詩書以邀名乎？吾聞諸夫子曰：邦有道，貧且賤焉，恥也。當今萬方日照，九有風靡，主上垂衣裳，正南面而已矣。庸非有道乎？而子爵不登上造，位不至中涓，藜羹不厭，裋褐不全，庸非

貧賤乎？吾視子形容憔悴，顏色疲怠，心若涉六經，眼若營四海，何其無恥也！何其不一干聖主，効智出奇，何栖栖默默，自苦若斯？吾聞克爲卿，失則烹，何故區區宂宂，無所成名？余笑而應之曰：井魚不可以語於海者，拘於墟也；夏蟲不可以語於冰者，篤於時也。蓋聞智者不背時而徼幸，明者不違道以干非。是以聖賢馳騖，莫救三家之轍；匹夫高抗，不屈萬乘之威。道在則箪瓢匪陋，義存則珪組斯違。或立談以邀鼎食，或白首而甘布衣；或委輅而事屬論都之會，或射鉤以相遇匡霸之機。亦有朝爲伊周，暮爲桀跖。當其時也，襲珩珮之鏘鏘；失其時也，委溝渠而喀喀。故使龍邱先生羞聞擁篲，雁門太守不知縫掖，孟軻偃蹇爲王者師，范雎匍匐爲諸侯客。富貴者君子之餘事，仁義者賢達之常迹。來不可違，類鴻雁之隨陽；去不可留，同白駒之過隙。行蘇張之辯於嬀嬴之年則迂矣，用彭韓之術於堯舜之朝則舛矣，守夷齊之節於湯武之時則孤矣，抱申商之法於成康之日則愚矣。彼一時也，此一時也，易時而處，失其所矣。大唐之有天下也，出入三代，五十餘載，月竁來庭，風邱款塞，華旌已偃，羽檄已平，雖有廉白之將，孫吳之兵，

百勝無遺策，千里不留行，無所用也。社首既禪，介邱既封，創明堂，立辟雍，雖有闕里之聖，淹中之儒，叔孫通之蕝，公玉帶之圖，將焉設也？咸英韶武，畢用奏之，方澤而地祇登，昇之圜丘而天神降，雖有伶倫伯夔，延陵子期，操雅曲則風雲動，激悽音則草木悲，又何施也？畫衣莫犯，囹圄不修，雖有咎繇仲甫之器，釋之定國之儔，金科在握，丹筆如流，非急務也。人歸東戶，家沐南薰，山澤無蹊隧，雞犬不相聞，雖有文翁黃霸之述職，子游子賤之絃歌，政成禮讓，俗被雍和，固無取也。干戈已戢，禮樂已興，刑罰已措，梁父

已昇。公卿常伯。庶政其凝。雖有鴻才大略。麗句豐詞。發言盈乎百代。濡翰周乎四時。略無益於今日。而適足以怫之。是故天子恭己。羣臣演成。攘袂而陵稷契。撫掌而笑阿衡。無爲而萬物皆遂。不言而品彙咸亨。莫不稱贊鴻烈。揄揚頌聲。言殊者招累。行危者相傾。効智者輟談於草澤。出奇者裹足於山楹。許由去而堯臣不少。善卷逃而舜德不輕。夫周冕雖華。猨猴不之好也。夏屋雖崇。騏驥不之處也。載鶢以車馬。不如放之於藪穴也。樂鶢以鐘鼓。不如棲之以深林也。此數物者。豈惡榮而好辱哉。蓋不失其天眞也。若余者十五而志於學。四十而無聞焉。詠羲農之化。翫姬孔之篇。周游幾萬里。馳騁數十年。時復陵霞泛月。摛札彈絃。隨時上下。與俗推遷。門有張公之霧。突無墨子之煙。雖吾道之窮矣。夫何妨乎浩然。今將授子以中和之樂。申子以封禪之篇。終眇慚乎指地。竊所慕乎談天。於是蜀父老再拜而謝曰。鄙夫瞽陋。長自愚惑。習俗遐陬。不遊上國。聞王人之休旨。聽皇猷之允塞。亦猶獻雉而遇司南。御龍而光有北。請終餘論。永告卬夔。

益州至眞觀主黎君碑

若夫三清上列。瑤關控日月之圖。八洞深居。貝闕吐山河之鎮。雖復扶桑大帝。傳赤字於東華。安寶神君。受青符於南極。猶未能發揮不宰。復歸無物之功。開鑿妙門。言謝有爲之業。其馮馮翼翼。百姓存焉而不知。杳杳冥冥。萬族死之而無慍。獨爲衆化之宗者。其惟元始天尊乎。暨乎蹩躠爲仁。跛跛爲義。鴻臚傳小儒之具。緘縢爲大盜之術。堯禹生而天下火馳。姬孔出而羣方鼎沸。則有氤氳帝祖。發皓鬢於東周。兆朕皇輿。飛紫雲於西道。鳳交開景。返徐甲之營魂。龍光照天。杜宣尼之神氣。得一吹萬。有大造於蒼生。把十蹈五。樹靈基於寶祚。能使秦皇東指。見赤舄而長懷。漢帝北游。望青煙而下拜。於是靈山水府。俱爲鍊玉之場。甲第離宮。多入空歌之地。青牛道士。按錦節於中都。白鹿仙人。列瑤壇於八表。乃劒門西拒。卬關南望。星橋對斗。像牛漢之秋橫。月硤縈城。疑兔輪之曉落。武騎遷昇之路。冠蓋雲飛。文翁講肆之堂。英靈霧聚。巖開菌桂。蘊金碧之祥光。磵吐夭桃。積神仙之粹氣。至眞觀者。隋開皇二年之所立也。尋屬煬帝驕淫。蜀王奢僭。冕旒多事。有懃七聖之遊。几杖不朝。未遑八仙之術。紫臺初構。霜露霑衣。碧洞新開。

蓬萊變海仙居制度與雲雷而共屯象帝威儀將市朝而猶梗皇家纘戎牝谷乘大道而驅除盤根瀨鄉擁眞人之閥閱高祖以汾陽如雪當金闕之上仙太宗以峒山順風屬瑤京之下視武皇帝凝旒紫闥懸鏡丹臺運璇極而正乾坤坐閶陽而調風雨變銅渾於九洛鱗羽登歌鳴玉鑾於四清烟霞變色焚符破璽更聞繩燧之初剖斗折衡重覩人倫之制銀書紀岱登日觀以論功玉牒封梁下雲邱而校美千齡胎化申以駕羽之期萬歲巖音獻以華封之壽耕田鑿井者不知自然鼓腹擊壤者不知帝力嗚呼豈

非道風幽贊之效歟乃迴輿詔蹕親幸樵谷奉策老君爲太上皇帝仍令天下諸州各立觀一所於是碧樓三襲上接虹蜺絳闕九成下交星雨乘雲御氣日夕於關山薦璧投金歲時於岳瀆此觀地當極要任切會昌南鄰覆錦之城西逼吞珠之界使星連注皇華結轍旣而綠地榛蕪朱宮板蕩非夫位膺金策名載瓊軒爲紫帝之羣賓列黃庭之上格孰能居此棟梁平圖丹雘長樓大開流電之庭廣制明霞之宇觀主三洞法師姓黎諱某廣漢雒人也金天命秩卽有天地之官火正分司實掌羲和之任夏殷之際代爲伯相或食邑於魯或書社於衞故魯之黎城衞之黎陽卽其地也魏晉之交或立功於吳剖符於蜀在吳者其後封於壽春黎將故城有黎氏之墓石文石闕之字在焉在蜀符堅時奉爲蜀郡太守北齊時練山爲益州刺史故子孫因家於蜀法師練山之六代孫也祖宗父泉並爲州郡都主簿平正七職之任蜀文公之好智固讓朝恩秦子整之多才終從郡辟禮儀體制鄉校取式於公曹獄訟章程府主責成於平正時無留事復聞坐嘯之談野有讓耕重聽行歌之樂元珠結慶剖江漢之圓流紫胞貽祉動岷

精之垂曜豫章七歲非復常材朝陽五色豈云凡鳥初登小學笑孔墨之神勞一見元書以彭聃爲己任玉笈雲囊之術龍緘鳳蘊之圖莫不吞楚夢於胸中指魯城於掌上臨長水而飲犢不就堯徵臥巨澤而牧羊徒勞漢使冥邱聳駕左肘符觀化之辰諄壑停飈橫目傳栖眞之地貞觀之末有昭慶大法師魁岸堂堂威儀肅肅裂圓冠而焚俗制橫大帳而抗山谷聲若坻頹辯均濤發仲尼河目飛電驚人子貢斗脣連環動坐昂昂不雜如獨鶴之映羣雞矯矯無雙狀眞龍之對芻狗於時三蜀耆老咸相謂曰輿大

道者其在茲乎初襲羽裳且莅眞陽小觀纔麾玉柄已馳天下大名尋而廣漢士人固請法師爲靈集觀主去長桑之故苑臨隱弁之新邱經之營之既雕既斲銀臺中天而孤出珠樹匝地而叢生同赤城之建標有黃房之貞構觀中先有天尊眞人石像大小萬餘區年代寖深儀範凋缺沈沈寶座積萬古之埃塵邈邈瓊顏被千齡之苔蘚法師睹斯而流涕曰不圖先聖尊容零落至此乃重跰卽路無胈永哀櫛沐幾於四時栖遑周於百舍誓將崇輯事畢然後寢食爲期鄉曲爭持錢物競施珍寶費餘巨萬役不崇

朝還開紫翠之容更表圓明之色行益州刺史駙馬都尉喬君主壻懿親勳門盛族任高方面寄切西南法師道叶半千神疑正一而至眞福地荒涼日久不有上德其誰振之又表請師爲至眞觀主法師升堂慷慨吐納元科攝齊嘹喨分明紫訣詞峯雲鬱觸劒石以飛揚義壑泉奔橫玉輪而浩蕩入其門者披煙霧於九天聞其音者聽咸韶於三月由是户外之屨魚貫江水堂下之賓鴻行關塞黃老之學復於今矣則有王孫之黨都公之倫名亞春陵氣高韓魏鷸裘玉劒散圓庭以陸離驥子銀鞍委山衢而沛艾

法師以茲衆施卽於天宮後起大講堂并造長廊二十餘丈琳堂鬱其峙起星闈忽以環周仰窅窱以嶙峋下崢嶸以廣朗陰娥假道窺玉女於南軒陽烏迴轡炤青禽於北閣又於觀內鑄銅鐘一口重七十斤立石壇三級週迴一百步懸黍璣於碧落明月流光建瓊乳於元都飛霜蓄韻壇開錦砌類江浦之澄霞庭列瑤階疑崑邱之積雪每至三辰法會八景眞遊霓裳蕩耀魄之華羽葢轉風雲之路通天亘景兼造化之全模帶鳥銜虹連飛動之奇勢可謂德先而功濟道勝而名揚者也前長史范陽公一代羽儀

門傾四海前長史譙國公兩朝肺腑威動百城並屈銀黃俱伸元素法師雍容坐鎭嘯傲行藏雖郭先生之禮峻晉侯蒙莊子之身輕梁相不能尚也若夫言出於口龍驥所不能追行成於心王公所不能及悲懷徇物風雨晦而逾勤苦節橫秋冰霜急而逾固户居環堵而歲計有餘道周稊稗而日用無竭又於學射靈山別立仙居一所卽至眞之珠庭也栽松蒔柏與月樹而交輪刻角雕甍共星樓而接翼蒼郊卻倚猶太行之北登錦肆前通似灞陵之南望華表千年之鶴未見成都津亭八月之龍時歸鄉里法師

出家入道三十餘年弟子所得儭施不可稱量盡入修營咸供衆用見諸疾苦便開五色之囊遇彼饑寒輒有千金之費巾拂之外餘無所留凡所經過洪濟多矣法師又於咸亨二年正月十八日寢疾之際聞空中有聲曰天上今欲相煩爲玉京觀主法師辭以至眞功德未就固請不得行少選之間所疾便愈左右侍者無不同聞自是遠近道俗咸共驚嗟曰天上知余不肖將棄余矣上座監齋其等並迴流左映策地景於丹田浩氣中升養天倪於紫室雖復同班玉籍並列仙宮每屈宗師之道仍修弟子之敬亦

猶披衣齧缺同德而相尊雲將鴻濛比肩而相下大弟子並仙庭十哲道家童師閉門鍊火陪嘯父之高煙卜肆驅筇記壺公之遠御咸用輯瓊臺之墜典正搴樹之頹風散在人間敷揚道教可謂庚桑畏壘致大壤以匡時范相鴟夷行計然而濟俗僉曰吾師也整萬物而不以爲義利萬代而不以爲仁逍遥乎有無之表仿偟乎塵垢之外東郭順子無擇存而不論伯昏瞀人禦寇論而不議豈使爲山九仞道不列於珠庭築館三休功未書於瑶版下官迷方看博邀赤斧於禺山失路乘槎問君平於蜀郡汾陽處子

目擊而言忘漢陰丈人德全而機謝是用搜奇井絡題片石於靈邱觀藝協晨見乘雲之飛將蒼蒼中野同銷地媼之魂眇眇太初獨昧天師之化其詞曰

象帝之先其誰之子徒觀其妙莫究其始果而勿代爲而不恃强爲之名謂之道紀其一太朴云季孝慈巳彰邈邈帝祖繩繩帝鄉曰神曰聖爲龍爲光千年受籙萬古稱王其二於鑠帝唐丕承天秩道風吹萬元猷配一五載乘雲三山禮日薦璧延士投金訪術其三地分輿井城連劍閣錦瀨開霞峨峰吐月白雲舒卷青山迴汲菌閣香飛桃源花發其四

紫宸高映丹宮洞開巖舒金碧地起樓臺鶴飛龍度鸞歌鳳迴星雨交接風煙去來其五寶龜涵影玉顏乃睠神劍九光華冠萬變日軒朝散雲歌夕轉紫樹瓊鐘元壇竹院其六偉與上士昭哉至人笙簧道德粉澤人倫汾陽處子箕山外臣遂荒白屋奄有元津其七玉扃將墜金堦無主草滋紅壁苔凝繡柱式佇賢才崇其護矩福庭霞煥仙徒霧聚其八縹緲四眞雍容十哲俱升紫宇並邀清節松子排烟焦君臥雪辨雲懸寓神遊朗徹其九玉壘庭紳珠鄉勝踐鍾鼎紛譪江山悠緬薛縣池平萊州水淺懸日月於鼇極播天人

於鳳椽其十

鄭太子碑銘

若夫蒼精授邑載杓西鄰之際赤烏告祥方崇北面之尊海內奔波三分與二分交競寰中同會七百與八百相符故能安地軸之傾輪補乾紘之落紊如砥平道諸侯遵卜洛之郊似石磐基宗子紹維城之固大矣哉周之有天下也年將慶遠葉帶枝繁鄭國桓公宣王母弟水雙河濟洩雲雨以開封皐二成平連古今而錫類犬牙晉楚鼎定齊秦時遇鬭蛇之餘乍進牽羊之弊雖地承負黍國祚彌而

無窮天錫香蘭家風邵爲逾遠太子壽者康公之子桓公之二十代孫也聰明神智暉映當時涯涘清深指黴川而激量珪璋特達與龍輅而齊光因以運逢陽城敗我鄭次辛亥之歲崩山蕩岸餒銳氣於韓兵降志辱身欽盟符於晉血邑封千戶官具百僚今之壽城斯其地也享年七十八薨於晉葬於天陵南靈原超忽永深埋玉之悲荒隴淒其誰識生金之字玉京觀道士鄭大量家長鄭君則合宗並太子之後勝業孤揚清暉競遠逍遥林外放曠煙霞凝皓素於黃庭養神氣於元宇以爲霓旌揚漢猶尋朽骨之靈鶴駕停空尚謁先人之墓於是芟荒薙蔓徙植延陰豐碑下鹿盧高墳疏馬鬣得青烏之舊地臨絳邑之新田於是大唐總章元年歲次戊辰五月甲申之一日也爾其表裏山河極目原野九京以送其往二水以流其惡山巖霜雪邈處子以同嬉奮岳衣冠侶羣仙而共遠窺晉臣於泉路依希夏日之光思漢帝於雲衢髣髴秋風之咏雖復相望絕代固可氣類同年豈使素烈景風清猷澹味金石之美堙滅而無聞乎故式紹前範傳之永代將日月以居諸邈宇宙而長久詞曰

周封懿族鄭國開疆始連高華終帶崇茁東西橋徙人物絳鄉蕭條河曲凭軨滎陽戎馬生郊兵車亂轍衆雄相競郡公未絕煙塵四起縱橫四結園寢成泣偪陽成血家聲已潰出質而來西光未謝東府行開鄉關寂寞城邑徘徊三鄉二鄙風月池臺廣陽已失年其不朽魄散東山魂歸北郊披榛卜葬分晉獻絳露泣仍泣雲屯即愁川源遽徙居處不留源既號靈城猶名壽摧殘剪樹零落爲邱碑失黃龜銘摧白楸猗歟積善克昌後予丹竈九飛清溪千仞春茲幽隴清風丕振勒石揚聲聞之陳信左右原野表裏

山河析城王屋汾川帝歌新城樹少故絳人多悠悠萬代
見此如何

欽定全唐文卷一百六十八

裴炎

炎字子隆絳州聞喜人第明經累遷黃門侍郎調露二年同中書門下三品進侍中中書令封永清縣男進爵河東縣侯徐敬業興兵后議討之炎請太后歸政后捕炎送獄斬於都亭驛睿宗立贈太尉益州大都督謚曰忠

猩猩銘 并序

酈元長水經注云武平封谿縣有獸曰猩猩猨形人面顏容端正學人語若與交言聞者無不歔欷其肉食之窮年

無厭可以辟穀淮南子曰猩猩知往而不知來謂知人家往事及祖父名位阮汧云曾使封谿見邑人云猩猩在山谷行常有數百爲羣里人以酒并糟設於路側又愛著屐里人織草爲屐更相連結猩猩見酒及屐知里人設張則知張者祖先姓字及呼名駡云奴欲張我捨爾而去復自再三相謂曰試共嘗酒及飲其味逮乎醉因取屐而著之乃爲人之所擒皆獲輒無遺者遂置檻中隨其所欲而飲之將烹里人索其肥者乃自推託泣而遣之左太沖吳都賦曰猩猩啼而就烹里人以餉封谿令曰何物曰猩猩惟

與酒兼之以展可以就擒爾西國胡人取其血染毳罽色鮮不黯或曰若刺其血問之爾與我幾許猩猩曰二升果足其數若加之鞭捶而問之則隨所加而得至於一斗弗如此未肯頓輸張薦孝廉好古之士於筍中出此圖相示賓客客覽之曰悲哉此獸何其愚也有僧去塵在座謂諸賓客曰彼獸獸也夫何足云竊見人而似之曾無悟矣四座引而問之曰夫財色名利溺人也曷若猩猩好酒乎爵賞祿位羈人也曷若猩猩愛屐乎饕餮致禍飾辭覬免者曷若猩猩推肥乎蘊利生孽死而無悔者曷若猩猩含血

乎子奚獨悲此諸賓矍然改容而歎曰大哉高人之言也豈趣世利汨沒名務者之所聞乎敬篆斯言以爲座右銘其銘曰

爾形惟猴爾面惟人言不忝面智不踰身淮陰佐漢李斯相秦曷若箕山以全吾眞

魏元同

元同字和初定州鼓城人第進士上元初累拜吏部侍郎永淳元年詔與中書門下同承受進止平章事封鉅鹿男宏道初拜文昌左丞鸞臺侍郎同鳳閣鸞臺三品遷地官尚書檢校納言河陽令周興誣元同言太后老宜復皇嗣后怒賜死於家年七十三

請吏部各擇寮屬疏

臣聞制器者必擇匠以簡材爲國者必求賢以蒞官匠之不良無以成其工官之非賢無以致其理君者所以牧人也臣者所以佐君也君不養人失君道矣臣不輔君失臣任矣任人者誠國家之基本百姓之安危也方今人不加富盜賊不衰訟獄未清禮義猶闕者何也下吏不稱職庶官非其才也官之不得其材者取人之道有所未盡也臣

又聞傳說曰明王奉若天道建邦設都樹后王君公承以大夫師長不惟逸豫惟以理人昔之都國今之州縣土有常君人有定主自求臣佐各選英賢其大臣乃命於王朝自秦并天下罷侯置守漢氏因之有沿有革諸侯得自置吏四百石以下其傅相大官則漢爲置之州郡掾吏督郵從事悉任之於牧守爰自魏晉始歸吏部遞相祖襲以迄於今用刀筆以量才案簿書而察行命官之弊其來日久蓋君子重因循而憚改作其有不得已者亦當運獨見之明定卓然之議如今選司所行者非上皇之令典乃近代

之權邇所宜遷革實爲至要何以言之夫尺寸之量所及者蓋㮣鍾庾之器所積者寧多非其所及焉能度之非其所受何以容之況天下之大士人之衆而可委之數人之手乎假使平如權衡明如水鏡力有所極照有所窮銓綜既多紊失斯廣又以比居此任時有非人豈直媿彼清通昧於甄察亦將竭其庸妄粿彼棼絲情故既行何所不至贓私一啟以及萬端至乃爲人擇官爲身擇利顧親疎而下筆看勢要以措情悠悠風塵此焉奔競擾擾宦遊同乎市井加以厚貌深衷險如谿壑擇言觀行猶懼不周今使

百行九能折之於一面具寮庶品專斷於一司不亦難矣且魏人應選所據者乃三分晉氏播遷所臨者非一統逮乎齊宋以及周隋戰爭之日多安泰之時少瓜分瓦裂各在一方隋氏平陳十餘年耳接以兵禍繼以饑饉旣德業之不逮或時事所未遑非謂是今而非古也武德貞觀與今亦異皇運之初庶事草創豈惟日不暇給亦乃人物尚稀天祚大聖享國永年比屋可封異人間出咸以爲有道恥賤得時無怠諸色入流歲以千計羣司列位無復新加官有常員人無定限選集之始霧積雲屯擢敘於終十不

收一淄澠混雜玉石難分用捨去留得失相半撫卽事之爲弊知及後之滋甚夫夏殷以前制度多闕周監二代煥乎可觀蓋諸侯之臣不皆命於天子王朝庶官亦不專於一職故周穆王以伯冏爲太僕正命之曰愼簡乃僚無以巧言令色便辟側媚其惟吉士此則令其自擇下吏之文也太僕正中大夫耳尚以僚屬委之則三公九卿亦必然矣周禮太宰內史並掌爵祿廢置司徒司馬別掌興賢詔事當時分任於羣司而統之以數職各自求其小者而王命其大者焉夫委命責成君之體也所委者當所用者精

故能得濟濟之多士盛芃芃之棫樸裴子野有言曰官人之難先正言之尚矣居家觀其孝友鄉黨服其誠信出入觀其志義憂難取其智謀煩之以事以觀其能臨之以利以察其廉周禮始於學校論之州里告諸六事而後貢之王庭其在漢家尚猶然矣州郡積其功能然後爲五府所辟五府舉其掾屬而昇於朝三公參得除署尚書奏之天子一人之身所關者衆一士之進所課也詳故能官得其人鮮有敗事魏晉反是所失宏多子野所論蓋區區之宋朝耳猶謂不勝其弊而況於當今乎又夫從政莅官不可

以無學故書曰學古入官議事以制傳曰我聞學以從政不聞以政入學故貴戚子弟例早取官或齠齔之年已腰銀艾或童丱之歲已襲朱紫宏文崇賢之生羽林期門之類課試既淺藝能亦薄而門閥有素資望自高夫象賢繼父古之道也所謂胄子必裁諸學修六禮以節其性明七教以興其德齊八政以防其淫舉上賢以崇其德簡不肖以黜其惡少則受業長而出仕並由德進必以才昇然後可以利用賓王移家事國少仕則廢學輕試則無才於此一流良足惜也又勳官三衛流外之徒不待州縣之舉直

取之於書判恐非先德而後言才之義也臣又以爲國之用人有似人之用財貧者厭糟糠思短褐富者餘粱肉衣輕裘然則當衰弊乏賢之時則可磨策朽鈍而乘馭之在太平多士之日亦宜妙選髦俊而任使之詩云翹翹錯薪言刈其楚楚荊也在薪之翹翹者方之用才禮亦當爾選人幸多尤宜簡練臣竊見制書每令三品五品薦士下至九品亦令舉人此聖朝側席旁求之意也但以褒貶不甚明得失無大隔故人上不憂黜責下不盡搜揚苟以應命莫慎所舉且惟賢知賢聖人篤論伊皋既舉不仁咸遠復患階秩雖同人才異等身且濫進鑒豈知人今欲務得實才兼宜擇其舉主清流以源潔影端由表正不詳舉主之行能而責舉人之庸濫不可得已漢書云張耳陳餘之賓客厮役皆天下俊傑彼之蕞爾猶能若斯況以神皇之聖明國家之德業而不建長久之策爲無窮之基盡得賢取士之術而但顧望魏晉之遺風留意周隋之末事臣竊惑之伏願稍迴聖慮特採芻言略依周漢之規以分吏部之選郎望所用精詳鮮有差失

元萬頃

萬頃洛陽人起家通事舍人拜著作郎武后諷高宗召諸儒論撰萬頃與其選朝廷疑議及百司表疏皆密令參決以分宰相之權時人謂之北門學士武后臨朝遷鳳閣舍人尋擢侍郎永昌元年爲酷吏所陷流嶺南死

郊丘明堂等嚴配議

伏惟高祖神堯皇帝鑿乾構象闢宇開基太宗文武聖皇帝紹統披元循機闡極高宗天皇大帝宏祖宗之大業廓文武之宏規三聖重光千年接旦神功叡德罄圖牒而難稱盛烈鴻猷超古今而莫擬豈徒錙銖堯舜糠粃殷周而

已哉謹按見行禮昊天上帝等祠五所咸奉高祖神堯皇帝太宗文武聖皇帝兼配今議者引祭法周易孝經之文雖近稽古之辭殊失因心之旨但子之事父臣之事君孝以承志忠而順美竊惟兼配之禮特稟先聖之懷爰取訓於通規遂申情於大孝詩云昊天有成命二后受之易曰殷薦之上帝以配祖考敬尋厥旨本合斯義今若遠摭遺文近乖成典拘常不變守滯莫通便是臣黜於君遽易郊丘之位下非於上靡遵弓劒之心豈所以申太后哀感之誠徇皇帝孝思之德愼終追遠良謂非宜嚴父配天寔當

若是伏據見行禮高祖神堯皇帝太宗文武聖皇帝今既先配五祠理當依舊無改高宗天皇大帝齊尊耀魄等邃含樞闡三葉之宏謨開萬代之鴻業重規疊矩在功烈而無差享地郊天豈祀配之有別請奉高宗天皇大帝歷配五祠以申典禮謹議

明堂大饗議

謹按明堂大饗惟祀五方帝故月令季秋令云是月也大饗帝則典禮所云大饗不問卜鄭元注云謂徧祭五帝於明堂莫適卜是也又按祭法云祖文王而宗武王鄭元注云祭五帝五神於明堂曰祖宗故孝經曰宗祀文王於明堂以配上帝據此諸文明堂正禮唯祀五帝配以祖宗及五帝五官神等自外餘神並不合預伏惟陛下追遠情深崇禋志切故於明堂饗祀加昊天上帝皇地祇重之以先帝先后配饗此乃補前王之闕典宏嚴配之虔誠往以神都郊壇未建乃於明堂之下廣祭衆神蓋義出權時非不刊之禮也謹按禮經其內官中官等五嶽四瀆諸神並合從祀於二至明堂總奠事乃不經然則宗祀配天之親雜與小神同薦於嚴配之壇理有不安望請每歲元旦唯祀

天地大神配以帝后其五嶽以下請依禮於冬夏二至從祀方丘圜丘庶不煩黷謹議

郭正一

正一定州彭城人貞觀中進士累轉中書舍人宏文館學士永隆二年遷祕書少監中書侍郎同中書門下平章事武后臨朝轉國子祭酒罷知政事歷麟臺監永昌元年爲酷吏所陷流死嶺南

對鄽肆策

對鄽肆之興用存交易山澤之利事屬貿遷是以先王因

井而制居往聖觀爻而立義將以致茲百族通彼萬商羅肆巨千廣充上積之貨旗亭五里俯映星繁之珍是使蹀馬迴轅歷闤闠而流溢往商來賈候朝夕以盈途豈唯灼著蔡以觀貞旁臨季主之肆泛蓱蟻而開宴近對文君之壚詎比夫齊宮七市女閭連闢殷室九君姬屋成列但負販之徒異業趣競刺繡謝其倚門多財歸其善賈由此聶政屠養無辭屈辱平仲有求終甘湫隘故知析毫之子不可責以亾機狗利之夫難以徵其重義况墆鬻之侶本異夷齊貨殖之徒率同猗白若通其小利諒無擁於四人限

以淳心恐有乖於一物誠可除茲濫賄禁彼邪贏則姦黨自銷不待曹參之令市無二價詎止黃軒之風謹對

裴守眞

守眞絳州稷山人舉進士應八科舉永淳初授太常博士天授中爲司府丞武后令推詔獄以仁恕不合旨出爲汴州司錄（新書作司馬）累轉成州刺史徙寧州長安中卒贈戶部尚書

請重耕織表

夫穀帛者非造化不育非人力不成一夫之耕纔兼數口一婦之織不贍一家賦調所資軍國之急煩徭細役並出其中黠吏因公以貪求豪強恃私而逼掠以此取濟民無以堪又以征戍闊遠土木興作丁匠疲於往來餉饋勞於轉運微有水旱道路遑遑豈不以課稅殷繁素無儲積故也夫太府積天下之財而國用有缺少府聚天下之伎而造作不息司農治天下之粟而倉庾不充太僕掌天下之馬而中廄不足此數司者役人有萬數費損無限極調廣人竭用多獻少奸僞由此而生黎庶緣斯而苦此有國之大患也

封禪射牲議

據周禮及國語郊祀天地天子自射其牲漢武惟封泰山令侍中謁者射牛行事至於餘祀亦無射牲之文但親春射牲雖是古禮久從廢省難以施行據封禪禮祀日未明十五刻宰人以鑾刀割牲質明而行事比鑾駕至祠所牢牲總畢天皇（一作陛下）惟奠玉獻酌而已若今祀前一日射牲事即傷早祀日方始射牲事又傷晚若依漢武故事即非親射之儀事貴隨時不可行用請從減罷謹議

論立對破陣善慶二舞議

竊惟二舞肇興謳吟攸屬贊九功之茂烈叶萬國之歡心義均韶夏用兼賓祭皆祖宗盛德而子孫享之詳覽傳記未有皇王立觀之禮況升中大事華夷畢集九服仰垂拱之安百蠻懷率舞之慶甄陶化育莫匪神功豈於樂舞別申嚴敬臣等詳議每奏二舞時天皇不合起立謹議

徐齊聃

齊聃湖州長城人高宗時累遷蘭臺舍人以漏言左授蘇州司馬又坐事流欽州咸亨中卒睿宗立追錄舊恩累贈禮部尚書

請修齊獻公廟奏

齊獻公即陛下外氏雖子孫有犯不合上延於祖今周忠孝公廟甚修崇而齊獻公廟毀壞不審陛下將何以垂示海內以彰孝理之風

諫突厥酋長子弟給事東宮疏

昔姬誦與伯禽同業晉儲以師曠爲友匪唯專賴師資固亦詳觀近習皇太子自可招集園綺寤寐應劉階闥小臣必採於端士驅馳所任並歸於正人方流好善之風永播崇賢之美今乃使氈裘之子解辮而侍春闈冒頓之苗削衽而陪望苑在於道義臣竊有疑詩云敬慎威儀以近有德書曰任官惟賢才左右惟其人蓋殷勤於此防微之至也

柳宣

宣永徽時太常博士

檄譯經僧衆書

昔能仁示現王宮假歿雙樹微言既暢至理亦宏刹土蒙攝受之恩懷生霑昭蘇之惠自佛樹西蔭塔影東臨漢魏實爲濫觴符姚盛其風采自是名僧間出賢達連鑣慧日

長懸法輪恒馭開鑿之功始自騰顯宏闡之力仍資什安別有單開遠適羅浮圖澄近視趙魏粗言圭角未可縷陳莫不談空有於一乘論苦集於四諦假銓明有終未離於有爲息言明道方契證於凝寂猶執元以求元是元非元理因元以忘元或是元義雖冥會幽途事理絕於言象然攝生歸寂終藉筌蹄亦既立言是非鋒起如彼戰爭干戈競發負者屏氣勝者先鳴故尚降魔制諸外道自非辯才無畏答難有方則物輩喧張我等恥辱是故專心適道一意總持建立法幢祇植法鼓旗鼓既正則敵者殘摧法輪

既轉能威不伏若使望風旗靡對難含膠而能闡宏三寶無有是處尚藥呂奉御入空有之門馳正見之路聞持擬於昔賢洞微侔於往哲其辭辯其義明其德眞其行著已沐八解之流又悟七覺之分影響成教若淨名之詣菴園聞道必求猶波崙之歸無竭意在宏宣佛教立破因明之疏若其是也必須然其所長如其非也理合指其所短今見僧徒雲集並是採石他山朝野俱聞呂君請益莫不測聽瀉水皆望蕩滌悼悔之源銷屏疑忿之聚有太史令李淳風者聞而進曰僕心懷正路行屬歸依以實慧爲大覺

元軀無爲是調御法體然皎日麗天實助上元運用賢僧闡法實禪天師妙道是所信受是所安心但不敢以黃葉爲金山雞成鳳南郭濫吹淄澠混流耳或有異議豈僕心哉豈僕心哉然鶴林已後歲將二千正法既萎末法初踐元理鬱而不彰覺道浸將湮落元奘法師頭陀法界遠達迦維目擊道樹金流仍覩七處八會毗城鷲嶺身入彼邦娑羅寶階仍驗虛實至於歷覽王舍檀特恒河如斯等輩未易具言也加之西域名僧莫不面論波若東國疑義悉皆質之彼師毗尼之藏既奉持而不捨毗曇明義亦洞觀而爲常蘇枯路既得之於聲明耨多羅亦剖斷於疑滯法無大小莫不韞之胷懷理無深淺悉能決之敏慮故三藏之名在震旦之所推定摩訶之號乃羅衛之所共稱名實之際何可稱道然呂君學識該博義理精通言行樞機是所詳悉至於陀羅佛法稟自生知無礙辯才寧由伏習但以因明義隱所說不同觸象各得其形共器飯有異色呂君既已執情道俗企望指定秋霜已降側聽鍾鳴法雲既敷雷震希發但龍象蹴蹋非驢所堪猶緇服壼奧白衣不踐脫如龍種抗說無垢釋疑則苾芻悉曇亦優婆能盡輒

附微志請不爲煩若有滯疑望諮三藏裁決以所承稟傳示四衆則正道克昌覆障永絕紹隆三寶其在茲乎過此已往非復所悉弟子柳宣白

薛景宣

景宣永徽時雍州參軍

上修築羅郭及楊正道詐死封事

漢惠帝城長安後尋即殂落今者營築必有災咎又楊正道有隋之孽流竄北蕃隨突屈歸化便即詐死今日猶存有人隱藏猶未彰露

上官靈芝

靈芝顯慶時人。

王居士塼塔銘

居士諱公字孝寬。太原晉陽人也。英宗穎邁。遠胄隆周。茂緒遐昌。蠻冠後魏。樂府歌其載德。天下挹其家聲。具詳圖牒。豈煩覼縷。居士早標先覺。本遺名利。徧覽典墳。備窮義窟。觀老莊如糟粕。視孔墨猶灰塵。得給園之說。罄求彼岸之路。勵精七覺。仰十地而克勤。旰食一麻。欣六年之顯頓。方期拔除煩惱。永離蓋纏。何悟積善始基。處悲生滅。以顯

慶元年十一月廿九日寢疾。終於京第。春秋七十有三。即以三年十月十二日收骸起靈塔於終南山楩梓谷。風吟邃澗。寶鐸和鳴。雲散危峯。金盤吐曜。道長運短。迹往名留。不刊介石。孰播徽猷。吁其嗟焉。乃爲銘曰。

懿矣居士。明哉悟眞。幽鑒彼岸。妙道問津。苦節無撓。貞心剋勤。顧邈三有。超修十輪。俄隨怛化。遽此遷神。巋然靈塔。長欽後人。

孫處約

處約始名道茂。汝州郟城人。貞觀朝爲齊王祐記室。祐多過失。上書切諫。帝嘉之。擢中書舍人。高宗立。遷司禮少常伯。麟德元年以西臺侍郎同東西臺三品。爲少司成。致仕卒。

請改服制奏

准令。諸臣九章服。君臣冕服章數雖殊。飾龍名袞。尊卑相亂。望請諸臣九章衣以雲及麟代龍。升山爲上。改名爲冕。又依舊令。六品七品著綠。八品九品著青。青深亂紫。非卑品所服。望請依舊六品七品著綠。八品九品著碧。朝參之處。並依此制。非常朝參處聽兼服黃。

楊德裔

德裔龍朔時司憲大夫。

劾奏鄭仁泰薛仁貴逗留失機狀

臣聞師出以律。煥乎青史。殺降不祥。紀諸彝訓。是以分閫作將。杖鉞專征。苟或乖違明法。斯在謹按。鐵勒道大總管右武衛大將軍鄭仁泰等。猥以非才。謬荷拔擢。或名參列位。或職典禁戎。屬北狄孤恩。皇威遠振。遂得擁旄瀚海。問罪天山。理應虔奉廟筭。恭行天罰。而褊心無謀。短懷愎諫。不肅將帥。靡愛戎士。無心體國。有意徇私。鐵勒思結多臘

葛等雖鹿走趨險蓋緣懼死鳥窮思入虛懷可張仁泰等情冀勳庸志希貨賄不聞存慰必眞誅夷乃肆凶殘恣行殺戮向若大軍初到明喻天旨撫納前降招來後伏則鐵勒反善不日斯平仁泰素闕遠圖莫曉機事師徒無紀軍令不明遂使稽顙屈膝者先被塗原之誅懼死懷生者因成絕漠之計鐵勒逃散猶未梟懸屢擾干戈實由於此加以沙塞綿邈風霜嚴凝不量士馬疲痾不計糧食多少乃令班師凍餒征夫殞斃骼胔委積刳剔縱橫暴骨交衢下實泉壤可悼成規不守乃明典刑所誅況且士卒殲亡戈

甲拋棄彌山徧野並資戎狄自聖朝削平天下廓清寓縣東征西怨後舞前歌未有如仁泰此行損威挫銳之甚又仁貴動戎遠征不捷貪殘有素平允乖方旣曰監臨豈宜交涉存沒枉濫從此而生娶妾雖作逗留准法便須離正雖或事有從赦然而敗累過多縱矜所得不補所喪豈可並恣誣罔不寘準繩撫悼存亡理宜懲肅其仁泰等及諸軍故殺降人飢殺兵士並軍中罪大失應須勘當及改正者並請付法推科以申典憲

鄭惟忠

惟忠宋州宋城人第進士補井陘尉轉湯陰尉天授中以制舉召見擢左司禦胄曹參軍累遷水部員外郎武后還長安召爲待制遷鳳閣舍人中宗立擢黃門侍郎進大理卿拜御史大夫加銀青光祿大夫封滎陽縣男開元初爲禮部尚書轉太子賓客十年卒贈太子少保

古石賦

博望侯周流天下歷覽山川尋長河於異域得美石而獻焉漢武帝未之奇也東方朔見而喟然曰此石英輝潤容秀色明爛舊枕昆吾之谿曾臨歸美之岸玉雉飛而激矢

金雞鳴而縱彈至如天台始裂地乳初分丹青孕彩隱起成文盈尺則內含明月膚寸則外吐浮雲別有兩楹分埭雙闕相向依依識啟母之形亭亭表望夫之狀鼓迎桴而若動帆映舟而似颺此並流膏曲澗滴髓危峯據谷成虎臨池作龍鋪英九節連葉千重若乃泗水之上岐山之側撫之則磬動奇音被之則錦開新色匠石見而驚駭師涓聞而歎息於是琢磨成狀雕瑩生輝似龜則負圖盤峙如鵲則緘印騫飛在地者佳人擣練登天者織女支機及其火烈崑墟星流宋國被隕形碎遭焚影黑碑沈郢路之東

柱折陽關之北昔之開壇竹聳抱劔松抽礎應山雲之潤橋通海水之流柳谷岸崩之馬鬱林泥落之牛莫不歲月彫訛邱陵蕪沒顛墜坑穽枕倚巖嵒據洞口而嵯峨出泉心而硉矹徒見新排理坼舊蹙文迴圓分者雹散方裂者冰開既藏瑕而被蘚又抱穴以侵苔豈如寫鏡能明磨鋒可利擊拊充帝庭之樂關和覲王府之器總五色而補天含九光而鎮地者矣辭未畢帝乃顧而言曰楚王見璞棄之山阿不有卞氏其如玉何抽琴命操爲古石之歌歌曰江東藏瑞簡濟北蘊兵書若非平固湖中雁定是昆明池

裏魚歌響既終神儀有懌左右驚視符彩傍射使玉人而攻之果得連城之璧

泥賦 并序

語曰等級懸隔有似雲泥然雲高則高矣如其不義猶爲夫子所輕故曰於我如浮雲泥卑則卑矣苟不可棄且見莊生所重故曰曳尾於塗中吾少也嘗覽左太沖詩云賤者雖自賤重之若千鈞感斯言之有徵故爲泥賦

嘉洪鑪之造化物無象而不甄惟玆泥之爲質諒稟之於自然雖體潤性柔而名卑質賤不同塵以苟出必感澤而斯見信厚地之所生匪膏雨而不變同賢良之韞匵候聖明而方薦若乃花水行落英雨將餘交衢蓄潦曲浦含淤望之疑實即之也虛動而爲有靜而爲無苟具形之所踐必觸類而圖諸託龜文而成印寫鳥跡以爲書蹤發追風之馬轍閑流水之車於是陶鈞賦象刻削成器因應用之無方任良工之所肄順規矩而畫一循制度而無二裁無不成擬無不類以土爲質以水爲位位去質沈復歸乎地彼木偶之漂泊萍流之自恣推移兮莫識其始終汎濫兮莫知其所至若乃蘊彫草於閒館含芳樹於禁闈不緇白

玉之彩徒混明珠之輝帶晴牛而暫落逐春燕而還飛何玆物之無識亦應命以知機本乎形而入用乃委質以合所塗城則踈勒解圍封關則崤函致阻及其見棄形晦跡淪無勞切玉之劔自落成風之斤體伊泥之應變時可同乎人志類明鏡之受物若洪鐘之虛己既懸絕於白雲徒隱淪於綠水伊吾人之菲賤竊亦有感於斯矣

蘇瓌

瓌字昌容京兆武功人弱冠舉進士補恒州參軍累遷揚州大都督府長史徙同州刺史神龍初入爲尚書右丞再

遷戶部尚書加侍中充西京留守遷吏部尚書景龍三年拜右僕射同中書門下三品進封許國公監修國史景雲元年轉太子少傅卒年七十二贈司空荆州大都督謚曰文貞開元四年加贈司徒

與宋璟同諫元宗疏

陛下頻降德音勤恤人影令徒以下刑盡責保准放流死等色則情不可寬此古人所以愼赦也恐言事者直以月蝕修刑日蝕修德或云分野應災祥冀合上旨臣以爲君子道長小人道消女謁不行讒夫漸遠此所謂修德圖

不擾甲兵不黷理官不以深苛將軍不以輕進此所謂修刑也若陛下常以此留念縱日月盈虧將因此而致福又何患乎且君子恥言浮於行故曰予欲無言又曰天何言哉四時行焉百物生焉要以至誠動天不在制書頻下

中樞龜鏡

宰相者上佐天子下理陰陽萬物之司命也居司命之位苟不以道應命翱翔自處上則阻天地之交泰中則絕性命之至理下則阻生物之阜植苟安一日是稽陰誅況久之乎臨大事斷大議正道以當之若不能卽速退中樞之地非偷安之所平心以應物無生妄慮似覺非正則速回之使久而不失正也敷奏宜直勿婉應對無常速機可以回小事沈機可以成大計同列之間隨器以應之則彼自容矣容則自峻其道以示之無令膚者其來浼我也賢者親而狎之無過狎而失敬則事無不擧矣擧一官一職一將一帥須其材德者聽衆議以命之公是非卽無爽矣人不可盡賢盡愚汝惟器之與正人言則其道堅實而不渝材人可以責成辦事辦事不可與議與之議則失根本歸權道也常貢外妄進獻者小人也抑之審姦吏辭煩而怠

親者去之崇儒則篤敬侈靡之風不作不作則平和平和則自臻理道矣刺史縣令久次以居之不能者立除之無奸柄施恩交馳道路旣失爲官之意受弊者隨之矣欲庶而富在乎久安不教而戰是謂棄之佐理在乎謹守制度俾邊將嚴兵修斥堠使封疆不侵不必務廣徒費中國事無益也古者用刑輕中重之三典各有攸處方今爲政之道在乎中典謹而守之無爲人之所貳無請數赦以開倖門勿畏强禦而損制度教令少而確守之則民情膠固矣勿大剛以臨人事慮不盡臣不密則失身非所議者勿與

之言勤思慮不以小事而忽機管財無多蓄計有三年之用外散之親族多蓄甚害義令人心不寧不寧則理事不當矣清身檢下無使邪隙微開而貨流於外矣遠妻族無使揚私於外仍須先自戒謹檢子弟無令開户牖毋以親屬撓有司一挾私則無以提綱在上矣子弟壻居官隨器自任調之勿過其器而居人之右子弟車馬服用無令越衆則保家則能治國居第在乎潔不在華無令稍過以荒厥心

李寬

寬京兆萬年人高宗朝爲太常卿封隴西公

僧道拜君親議狀

夫出家之徒名曰離俗教戒之法謙下是先旣達苦空理捐人我（彈曰不敬之來自持眞教豈緣在我而不拜乎）況君父尊重敬比於天拜伏之儀事無疑惑但以因循往代敬其衣戒使然（事同司宰寺議中彈）止可君父不受其拜何得自爲尊重且像法末教委以國王（事如內府監議中彈）國王示以尊卑未爽一乘之道謹議

欽定全唐文卷一百六十九

張延師

延師高宗朝左衞大將軍

議不廢二氏狀

竊以老氏元奧發揮衆妙之門釋教凝寂瀟灑出塵之境自夫金容東度眞氣西遊挹道希風緜區浹域聖朝撫運玆道彌隆仁祠法宇麗充都邑寶幢金剎彩絢路衢凡此憑奉庶爲資益兼存其教竊謂可通謹議

狄仁傑

仁傑字懷英并州太原人舉明經授汴州判佐天授二年累遷至地官侍郎判尚書同鳳閣鸞臺平章事爲來俊臣誣搆下獄免死貶彭澤令神功元年擢鸞臺侍郎復同鳳閣鸞臺平章事加銀青光祿大夫武后欲以武三思爲太子仁傑切諫請立廬陵王后感悟卒復唐嗣尋拜納言兼右肅政臺御史大夫聖歷三年卒贈文昌右相謚曰文惠中宗反正追贈司空睿宗朝追封梁國公

奏從越王舉兵詿誤免死表

臣欲聞奏似爲逆人論理知而不言恐乖陛下存恤之意

奏成復毀意不能定此輩非其本心願矜其詿誤

請拔安東表

臣聞先王疆理天下皆是封域之內制井田出兵賦其有逆命者因而誅焉罪其君弔其人存其社稷不奪其財非欲土地之廣非貪玉帛之貨人有四支者所以扞頭目也君有四方者所以衛中國也然而蝮虵在手既以斷節全身狼戾一隅亦宜棄之存國漢元帝罷珠厓之郡宣帝棄車師之田非惡多而好少也知難即止是爲愛人今以海中分爲兩運風波飄蕩没溺至多準兵計糧猶苦不足且

得其地不足以耕織得其人不足以賦稅臣請罷薛訥廢安東鎭三韓君長高氏爲其主誠願陛下存亡繼絕之義復其故地此之美名高於堯舜遠矣

請罷百姓西戍疏勒等四鎭疏

臣聞天生四夷皆在先王封域之外故東距滄海西隔流沙北横大漠南阻五嶺此天所以限夷狄而隔中外也自典籍所紀聲教所及三代不能至者國家盡兼之矣此則今日之四境已逾於夏殷者也詩人矜薄伐於太原美化行乎江漢是則前代之遠裔而國家之域中至前漢時匈奴無歲不犯邊殺略吏人後漢則西羌侵軼漢中東寇三輔入河東上黨幾至洛陽由此言之則陛下今日之土宇過於漢朝遠矣若其用武荒外邀功絕域竭府庫之實以爭磽确不毛之地得其人不足以增賦獲其土不足以耕織苟求冠帶遠夷之稱不務固本安人之術此秦皇漢武之所行非二帝三王之事業也若使越荒外以爲限窮絕域以騁欲非但不愛人力亦所以失天下之心也昔始皇窮兵極武以求廣地男子不得耕於野女子不得蠶於室長城之下死者如亂麻於是天下潰叛漢武追高皇之宿

憤藉四帝之儲實於是定朝鮮討西域平南越擊匈奴府庫空虛盜賊蜂起百姓嫁妻賣子流離於道路者萬計末年覺悟息兵罷役封丞相爲富民侯故能爲天所佑也昔人有言曰與覆車同軌者未嘗安此言雖小可以喻大近者國家頻歲出師所費滋廣西戍四鎭東戍安東調發日加百姓虛弊開守西域事等石田費用不支有損無益轉輸靡絕杼軸殆空越磧踰海分兵防守行役既久怨曠益多昔詩人云王事靡盬不能藝稷黍豈不懷歸畏此罪罟念彼共人涕零如雨此則前代怨思之詞也上不是恤則

政不行而邪氣作邪氣作則蟲螟生而水旱起若此雖禱祀百神不能調陰陽矣方今關東饑饉蜀漢逃亡江淮已南徵求不息人不復業則相率爲盜本根一搖憂患不淺其所以然者皆爲遠戍方外以竭中國爭蠻貊不毛之地乖子育蒼生之道也昔漢元納賈捐之謀而罷朱崖郡宣帝用魏相之策而棄車師之田豈不欲慕尚虛名蓋憚勞人力也近貞觀年中剋平九姓冊李思摩爲可汗使統諸部者蓋以夷狄叛則伐之降則撫之得推亡固存之義無遠戍勞人之役此則近日之令典實綏邊之故事竊見阿

史那斛瑟羅陰山貴種代雄沙漠若委之四鎮使統諸蕃封爲可汗遣禦寇患則國家有繼絕之美荒外無轉輸之勞如臣所見請捐四鎮以肥中國罷安東以實遼西省軍費於遠方并甲兵於塞上則恒代之鎮重而邊州之備實矣況撫綏夷狄蓋防其越逸苟無侵侮之患則已矣何必窮其窟穴與螻蟻計較長短哉且王者外寧必有內憂蓋爲不勤修政故也伏惟陛下棄之度外無以絕域未平爲念但當勑邊兵謹守備蓄銳以待敵待其自至然後擊之此李牧所以制匈奴也當今所要者莫若令邊城警守備遠斥堠聚軍實蓄威武以逸待勞則戰士力倍以主禦客則我得其便堅壁清野則寇無所得自然賊深入必有顛躓之慮淺入必無虜獲之益如此數年可使二虜不擊而服矣

請曲赦河北諸州疏

臣聞朝廷議者以爲契丹作梗始明人之逆順或因迫脅或有願從或受僞官或爲招慰或兼外賊或是土人跡雖不同心則無別誠以山東雄猛由來重氣一顧之勢至死不回近緣軍機調發傷重家道悉破或至逃亡拆屋賣田

人不爲售內顧生計四壁皆空重以官典侵漁因事而起取其髓腦曾無媿心修築城池繕造兵甲州縣役使十倍軍機官司不矜期之必取枷杖之下痛切肌膚事迫情危不修禮義愁苦之地不樂其生有利則歸且圖賒死乃君子之媿辱小人之常行人猶水也壅之則爲泉疏之則爲川通塞隨流豈有常性昔以唐朝爲喻殷監不遙河北河南時有恭陵之役主司逼迫切不准程瓦石亂投一時逃散豈不以力窮則怨不畏刑書之至愚皆如此類幸蒙唐朝見捨今爲大周淳人向無矜恕之恩安有自新之路昔

董卓之亂神器播遷及卓被誅部曲無赦事窮變起毒害生人京室丘墟化爲禾黍此由恩不普洽失在機先臣一讀此書未嘗不掩卷歎息今以負罪之人必不在家露宿草行潛竄山澤赦之則出不赦則狂山東羣盜緣茲聚結臣以邊塵暫起不足爲憂中土不安以此爲事臣聞持大國者不可以小理事廣澤者不可以細分人主恢宏不拘常法罪之則衆情恐懼恕之則反側自安伏願曲赦河北諸州一無所問自然人神通暢率土歡心諸軍凱旋得無侵擾

諫造大像疏

臣聞爲政之本必先人事陛下矜羣生迷謬溺喪無歸欲令像教兼行覩相生善非爲塔廟必欲崇奢豈令僧尼皆須檀施得栰尚捨而況其餘今之伽藍制過宮闕窮奢極壯畫繢盡工寶珠殫於綴飾瓌材竭於輪奐工不使鬼必在役人物不天來終須地出不損百姓將何以求生之有時用之無度編戶所奉恒苦不充痛切肌膚不辭箠楚遊僧一說矯陳禍福翦髮解衣仍慙其少亦有離間骨肉事均路人身自納妻謂無彼我皆託佛法詿誤生人里陌動有經坊閭閻亦立精舍化誘所急切於官徵法事所須嚴於制勑膏腴美業倍取其多水碓莊園數亦非少逃丁避罪併集法門無名之僧凡有幾萬都下檢括已得數千且一夫不耕猶受其弊浮食者衆又劫人財臣每思維實所悲痛往在江表像法盛興梁武簡文捨施無限及其三淮浪沸五嶺烟騰列刹盈衢無救危亡之禍緇衣蔽路豈有勤王之師比年以來風塵屢擾水旱不節征役稍繁家業先空瘡痍未復時興工役力所未堪伏惟聖朝功德無量何必要營大像而以勞費爲名雖斂僧錢百未支一尊容

旣廣不可露居覆以百層尚憂未徧自餘廊廡不得全無又云不損國財不傷百姓以此事主何謂盡忠臣今思維兼採衆議咸以爲如來說法以慈悲爲主下濟羣品應是本心豈欲勞人以存虛飾當今有事邊境未寧宜寬征鎮之徭省不急之費設令雇作皆以利趨旣失田時自然棄本今不樹稼來歲必饑役在其中何以取給況無官助義無得成若費官財又盡人力一隅有難將何救之

諫殺誤斫昭陵柏者疏

犯顏直諫自古以爲難臣以爲遇桀紂則難遇堯舜則易

夫法不至死而陛下特殺之是法不信於人也人何所措其手足且張釋之有言設有盜長陵一抔土陛下何以處之今以一柏殺二將軍後代謂陛下爲何如主矣臣不敢奉詔者恐陷陛下於不道且羞見釋之於地下矣

乞免民租疏

彭澤九縣百姓齊營水田臣方到縣已是秋月百姓嚻嚻羣然若歉詢其所自皆云春夏以來並無霖雨救死不蘇營佃失時今已不可改種見在黃老草萊度日旦暮之間全無米粒竊見彭澤地狹山峻無田百姓所營之田一戶

不過十畝五畝準例常年縱得全熟納官之外半載無糧今總不收將何活路自春徂夏多莩亡者檢有籍歷大半除名里里鄉鄉班班戶絕如此深弊官吏不敢自裁謹以奏聞伏候勑旨

檄告西楚霸王文

垂拱四年安撫大使狄仁傑檄告西楚霸王項君將校等曰鴻名不可以謬假神器不可以力爭應天者膺樂推之名背時者非見幾之主自祖龍御宇橫噬諸侯任趙高以當軸棄蒙恬而齒劍沙邱作禍於前望夷覆滅於後七廟墮圮萬姓屠原鳥思靜於飛塵魚豈安於沸水赫矣皇漢受命元穹膺赤帝之貞符當四靈之欽運俯張地紐彰鳳紀之祥仰緝天綱鬱龍興之兆而君潛遊澤國嘯聚水鄉矜扛鼎之雄逞拔山之力莫測天符所會不知曆數有歸遂奮關中之翼竟垂垓下之翅蓋實由於人事焉有屬於天亡雖驅百萬之兵終棄八千之子以爲殷監豈不惜哉固當匿魄東峯收魂北極豈合虛承廟食廣費牲牢仁傑受命方隅循革攸寄今遣焚燎祠宇削平臺室使蕙幃銷盡羽帳隨烟君宜速遷勿爲人患檄到如律令

籲神文

幽司於神明隸於令盍相儆懼曰其何政之疵而戾法典違天休將奚施而塞此咎惟神赫靈殫惡擊獸麗罪不然令拜章引咎即解印綬去

王綝

綝字方慶雍州咸陽人以字顯起家越王府參軍武后臨朝拜廣州都督轉洛州長史遷鸞臺侍郎同鳳閣鸞臺平章事轉鳳閣侍郎神功元年封石泉縣子以老疾乞從閒逸授麟臺監修國史聖歷二年授左庶子進封公長安二

年卒贈兗州都督謚曰貞中宗即位追贈吏部尚書

獻俘用軍樂奏

臣謹按禮經但有忌日而無忌月晉穆帝納后用九月九日是康帝忌月於時持疑不定下太常禮官荀訥議稱禮祗有忌日無忌月若有忌月即有忌時忌歲益無理據當時從訥所議軍樂是軍容與常不等臣謂振作於事無嫌

有喪不得朝會燕樂奏

准令式齊縗大功未葬並不得朝會仍終喪不得參燕樂比來朝官不依禮法身有哀慘陪廟朝賀手舞足蹈公違

憲章名教既虧實玷皇化請申明程式更令禁止

請改東宮門殿名疏

謹按史籍所載人臣與人主言及上表未有稱皇太子名者當爲太子皇儲其名尊重不敢指斥所以不言西晉僕射山濤啟事稱皇太子而不言名濤中朝名士必詳典籍故不稱名應有憑準朝官尚猶如此宮臣諱則不疑今東宮殿及門名皆有觸犯臨事論啟迴避甚難孝敬皇帝爲太子時改宏教門爲崇教門沛王爲皇太子時改崇賢館爲崇文館皆避名諱以尊禮典此則成例足爲規模伏請改換

諫孟春講武疏

謹按禮記月令孟冬之月天子命將帥講武習射御角力此乃三時務農一時講武以習射御角校材力蓋王者常事安不忘危之道也孟春之月不可稱兵兵者甲冑干戈之總名兵金也金性剋木春盛德在木而舉金以害盛德逆生氣孟春行冬令則水潦爲敗雪霜大摯首種不入蔡邕月令章句云太陰新休少陽尚微而行冬令以導水氣故水潦至而敗生物也雪霜大摯摧傷物也太陰干時雨雪而霜故大傷首種首種謂宿麥以秋種故謂之首種入

收也春爲沍寒所傷故至夏麥不成長也今孟春講武是行冬令以陰政犯陽氣害發生之德臣恐水潦敗物霜雪損稼夏麥不登無所收入也伏望天恩不違時令至冬教習以順天道

明堂告朔議

謹按明堂天子布政之宮也蓋所以順天氣統萬物動法於兩儀德被於四海者也夏曰世室殷曰重屋姬曰明堂此三代之名也明堂天子太廟所以宗祀其祖以配上帝

東曰青陽南曰明堂西曰總章北曰元堂中曰太室雖曰五名而以明堂爲主漢代達學通儒咸以明堂太廟爲一漢左中郎將蔡邕立議亦以爲然取其宗祀則謂之清廟取其正室則謂之太室取其向陽則謂之明堂取其建學則謂之太學取其圜水則謂之辟廱異名而同事古之制也天子以孟春正月上辛日於南郊總受十二月之政還藏於祖廟月取一政班於明堂諸侯以孟春之月朝於天子受十二月之政藏於祖廟月取一政而行之蓋所以和陰陽順天道也如此則禍亂不作災害不生矣故仲尼美

而稱之曰明王之以孝理天下也人君以其禮告廟則謂之告朔聽視此月之政則謂之視朔亦曰聽朔雖有三名其實一也今禮官議稱按經史正文無天子每月告朔之事者臣議按春秋文公六年閏十月不告朔穀梁傳云閏附月餘日天子不以告朔左氏傳曰閏月不告朔非禮也閏以正時時以作事事以厚生生人之道於是乎在矣不告閏朔棄時政也臣據此文則天子閏月亦告朔矣寧有他月而廢其禮者乎博考經籍其文甚著何以明之周禮太史職云頒告朔於邦國閏月告王居門終月又禮記玉藻云閏月則闔門左扉立於其中並是天子閏月而行告朔之事也禮官又稱玉藻天子聽朔於南門之外周禮天官太宰正月之吉布政於邦國都鄙干寶注云周正建子之月告朔日也此即玉藻之聽朔矣今每歲首元日通天宮受朝讀時令布政事京官九品以上諸州朝集使等咸列於庭此聽朔之禮畢而合於周禮玉藻之文矣禮論及三禮義宗江都集禮貞觀禮顯慶禮及祠令並無王者告朔之事者臣謹案玉藻云元冕而朝日於東門之外聽朔於南門之外鄭元注云朝日春分之時也東門皆謂國門

也明堂皆在國之陽每月就其時之堂而聽朔焉卒事反宿於路寢凡聽朔必以特牲告其時帝及其神配以文王武王臣謂今歲元日通天宮受朝讀時令及布政自是古禮孟春上辛受十二月之政藏於祖廟之禮耳而月取一政須於明堂其義昭然猶未行也即如禮官所言遂闕其事臣又按禮記月令天子每月居青陽明堂總章元堂即是每月告朔之事先儒舊說天子行事一年十八度入明堂大饗不問卜一入也每月告朔十二入也四時迎氣四入也巡狩之年一入也今禮官立議惟歲首一入耳與先

儒既異在臣不敢同鄭元云凡聽朔告其帝臣愚以爲告朔之日則五方上帝之一帝也春則靈威仰夏則赤熛怒秋則白招矩冬則叶光紀季月則含樞紐也並以始祖而配之焉人帝及神列在祀典亦於其月而饗祭之魯自文公始不視朔子貢見其禮廢欲去其羊孔子以羊存猶可識其禮羊亡其禮遂廢故云爾愛其羊我愛其禮也漢承秦滅學庶事草創明堂辟雍其制遂闕漢武帝封禪始建明堂於太山既不立於京師所以無告朔之事至漢平帝元始中王莽輔政庶幾復古乃建明堂辟雍焉帝祫祭於

明堂諸侯王列侯宗室子弟九百餘人助祭畢皆益户賜爵及金帛增秩補吏各有差漢末喪亂尚傳其禮爰至後漢祀典仍存明帝永平二年郊祀五帝於明堂以光武配祭牲各一犢奏樂如南郊董卓西移記載湮滅告朔之禮於此而墜暨於晉末戎馬生郊禮樂衣冠掃地總盡元帝過江是稱狼狽禮樂制度南遷蓋寡彝典殘缺無復舊章軍國所資臨事議定既闕明堂寧論告朔宋朝何承天纂集其文以爲禮論雖加編次事則闕如梁代崔靈恩撰三禮義宗但捃摭前儒因循故事而已隋大業中煬帝命學士撰江都集禮只抄撮禮論更無異文貞觀顯慶禮及祠令不言告朔者蓋爲歷代不傳所以其文遂闕各有由緒不足依據今禮官引爲明證在臣誠實有疑陛下肇建明堂聿遵古典告朔之禮猶闕舊章欽若稽古應須補葺若每月聽政於明堂事亦煩數孟月視朔恐不可廢謹議

與徐堅問服制書

女子年幼而早孤其母貧窶不能守志攜以適人爲後夫之鞠養及長出嫁不復同居今母後夫亡欲制繼父服不知可否人間此例甚衆至於服紀有何等差前代通儒若

爲議論

唐魏鄭公諫錄序

蓋聞主聖於上臣忠於下非聖無以納忠非忠無以感聖逖觀前載罔弗由茲太子太師鄭國文貞魏公運屬昌期時逢叡后迺神迺武亟虛襟以待諫將之明之遂竭誠而薦讜事有必犯知無不爲故能契叶雲龍義均魚水成百代之模楷固一時之準的茂躅宏規已備於青史片言餘論或漏於緗圖雖貞質自然無假於飾而高山仰止有欲增峻於是採聽人謠參詳國典撰成諫錄凡爲五卷亦猶

平仲春秋不遺其實錄宣尼家語兼敘其對問各爲題目。列之如左。唐尚書吏部郎中琅琊王綝撰。

姚璹

璹字令璋，贈太常卿思廉孫。永徽中明經擢第，累補太子宮門郎。調露中累遷至中書舍人，封吳興縣男。武后臨朝，歷夏官天官侍郎，遷文昌左丞，同鳳閣鸞臺平章事。坐事轉司賓少卿。證聖初加秋官尚書，復知政事，以冬官尚書留守西京。長安中聽致仕，進爵爲伯。官名復舊，爲工部尚書。神龍元年卒，贈越州都督，諡曰成。

請卻大石國獻獅子疏

獅子猛獸，唯止食肉，遠從碎葉以至神都，肉既難得，極爲勞費。陛下以百姓爲心，慮一物有失，鷹犬不蓄，漁獵總停。運不殺以闡大慈，垂好生以敷至德。凡在翾飛蠢動，莫不感荷仁恩，豈容自菲薄於身，而厚資給於獸？求之至理，必不然乎。

姚班

班贈太常卿思廉孫。舉明經，累除定汴滄虢幽等五州刺史，加銀青光祿大夫，轉秦州刺史。神龍元年累封宣城郡公，三遷太子詹事。以諫節愍太子擢拜右散騎常侍，遷祕書監。先天二年拜戶部尚書，加金紫光祿大夫。開元二年卒，年七十四。

諫節愍太子書

臣聞賈誼曰：選天下之端士，孝悌博聞有道術者，使與太子居處出入。故太子見正事，聞正言，行正道，左右前後皆正人也。夫習與正人居之，不能無正；習與不正人居之，不能無不正。太子既冠成人，免於保傅之嚴，則有記過之史，徹膳之宰，進善之旌，誹謗之木，敢諫之鼓，瞽史誦箴，大夫

進謀。故習與智長，化與心成。夫教得而左右正，則太子正矣；太子正而天下定矣。臣又聞之：木從繩則正，后從諫則聖。善言古者，所以驗於今。伏惟殿下睿德洪深，天姿聰敏，近代成敗，前古安危，莫不懸鑒在心，動合典禮。臣以庸朽，濫居輔弼，虛備耳目，叨預股肱，輒薦塵露，庶裨山海。伏以內置作坊，工巧得入宮闈之內，禁衛之所，或言語內出，或事狀外通。小人無知，不識輕重，因爲詐僞，有玷徽猷。臣望並付所司，以停宮內造作。如或要須役造，猶望宮外安置，庶得工匠不於宮禁出入。

再上節愍太子書

臣聞漢文帝身衣弋綈足履革舄齊高帝欄檻用銅者皆易以鐵經侯帶王具劒環佩以過魏太子不視經侯曰魏國亦有寶乎太子曰主信臣忠魏之寶也經侯委劒佩而去太子使追還之謂曰珠玉珍玩寒不可衣飢不可食無遺我賊經侯杜門不出臣觀聖賢經籍務以簡素爲貴皇王政化皆以菲薄爲德伏惟殿下留心恭儉靡尚浮奢臣愚猶望損之又損之居簡以行簡減省造作節量用度

三上節愍太子書

臣聞銀牓銅樓宮闈嚴祕門閤來往皆有簿歷殿下時有所須唯門司宣令或恐姦僞之輩因此妄爲增減脫有文狀舛錯事理便卽差違且近日呂昇之便乃代署宣勑伏賴陛下睿鑒當卽覺其姦僞自餘臣下庸淺豈能深辨眞虛望墨令及覆事行下並用內印印畫署之後冀得免有詐假乃是長久規模臣又聞之忠臣事君有犯而無隱明主馭下納諫以進德故書云有言逆於志必求諸道有言順於心必求諸非道伏惟殿下仁明昭著聖敬日躋探幽洞微窮神索隱事之善惡毫釐靡差理有危疑錙銖無爽臣以庸謬叨侍春闈職居獻替豈敢緘默

四上節愍太子書

臣聞聖人不專其德賢智必有所師故曰與善人言如入芝蘭之室久自芬芳與不善人言如火銷膏不覺而盡今司經見無學士供奉未有侍讀伏望時因視膳奏請置人所冀講席談筵務盡忠規之道披文摘句方資審諭之勤臣又聞臣之事主必盡乃誠君之進賢務求忠讜伏惟殿下養德儲闈以端靜爲務恭膺守器以學業爲先經所以立行修身史所以諳識成敗雅誥旣習忠孝乃成傳記方

通安危斯辨知父子君臣之道識古今鑒戒之規經史爲先斯乃急務至於工巧造作寮吏直司實爲末事無足勞慮臣以庸淺獻替是司臣而不言負譴聖日言而獲罪是所甘心伏願留意經書簡略細事一蒙採納萬殞無辭尤降儲明俯矜狂瞽

豆盧欽望

欽望雍州萬年人累官越州都督司賓卿長壽二年拜內史封芮國公坐阿附李昭德貶趙州刺史入爲司府卿遷秋官尚書中宗還東宮拜太子宮尹進文昌右相同鳳閣

鸞臺三品罷爲太子賓客中宗復位擢尚書左僕射平章軍國重事進開府儀同三司檢校安國相王府長史卒年八十贈司空并州大都督謚曰元

請諒闇進膳表

臣聞孝子居喪朝一溢米暮一溢米食之無算或粥或飯不能食粥者飯羹以菜可也又曰五十不致毀又曰喪有疾食肉飲酒加以薑桂又曰若不勝喪乃比於不慈不孝孝經曰毀不滅性此聖人之教也竊以兩溢之米欲滿大升或爲飯粥隨性所嗜羹以助食年至五十不合致毀素

有疾又加酒肉食味不美調以薑桂此乃聖人制禮原父母之情不欲令孝子病毀不勝哀痛也自古聖人制禮如此殷勤大行則天遺制如此懇至今陛下三日視事聽覽萬機羣臣性命仰陛下存活三聖基業待陛下興隆伏惟聖年已登五十陛下緣在房州先患腳氣今在哀苦舊患更發又自今月二日已來唯令進倉米薄粥臣下驚恐不勝惶懼但倉米陳臭天下共知食即動氣奈何陛下以五十之年抱積久之患奉累聖之緒承遺制之託上事宗廟社稷下養赤子蒼生故食動病之倉米不遵遺令之教訓陛下縱自輕性命其奈七廟何其奈萬姓何臣等痛切之至謹述先聖制禮大行遺制伏乞少進美膳加以薑桂即望聖體稍和舊患漸損

欽定全唐文卷一百七十

朱敬則

敬則字少連，亳州永城人。咸亨中授洹水尉，長安三年累遷正諫大夫兼修國史，尋同鳳閣鸞臺平章事，以老疾請罷知政事，改祭酒，轉冬官侍郎。神龍元年出爲鄭州刺史，尋以老致事。冉祖雍誣奏與王同皎善，貶涪州刺史，改廬州。景龍三年卒，年七十五。睿宗立，贈祕書監，謚曰元。

請擇史官表

國之要者，在乎記事之官。是以五帝元風，資其筆削；三王盛事，藉以垂名。此才之難，其難甚矣。何以知其然？昔平王東遷，歷年數百，齊桓之九合天下，晉文之一戰諸侯，秦穆遠霸西戎，楚莊利盡南海，禮樂人物，闐爾無聞。今之所存，獨載魯史。向者魯無君子，記傳則遺，雄霸遠圖，必墜於地，可不惜哉！只如齊周小國之主，尚能留意於史冊。齊神武嘗謂著作郎魏收曰：卿勿見陳元康、楊遵彥等在吾目前趨走，謂吾以爲勤勞，我後代聲名在於卿手，最是要事，勿謂我不知。及文宣即位，又嘗勅收曰：好直筆，勿謂懼我，終不作魏太武誅史官。又周文帝之爲相也，納柳虬之說，特

命書法不隱，其志在懲勸如此。伏以陛下聖德鴻業，誠可垂範將來，儻不遇良史之才，則大典無由而就也。且董狐、南史，豈知生於往代，而獨無於此時？在乎求與不求，好與不好爾。今若訪得其善者，伏願勗之以公忠，期之以遠大，更超加美職，使得行其道，則天下幸甚。

請除濫刑疏

臣聞李斯之相秦也，行申商之法，重刑名之家，杜私門，彊公室，棄無用之費，捐不急之官，惜日愛功，疾耕急戰，人繁國富，遂屠諸侯。此救弊之術也。故曰：刻薄可行於進趨，變詐可陳於攻戰。兵猶火也，弗戢將自焚。既而鋒鏑已銷，石城又毀，諒可易之以寬大，潤之以淳和，八風之樂以柔之，三代之禮以導之。秦則不然，淫虐滋甚，往而不返，卒至土崩，此不知變之禍也。陸賈、叔孫通之事漢王也，當滎陽成皐之間，糧饋已窮，智勇俱困，不敢開一說，効一奇，惟進豪猾之材，薦貪暴之客。及區宇適平，干戈甫戢，金鼓之聲未息，傷痍之痛尚聞，二子顧盼雍容，綽有餘裕，乃陳詩書，說禮樂，開王道，謀帝圖。高皇帝忿然曰：吾以馬上得之，安事詩書？對曰：陛下馬上得之，可馬上治之乎？高皇默然。是時

陸賈著新語叔孫通定禮儀始知天子之尊方覺帝王之貴此知變之善也向使高皇排二子而不收置詩書而不顧重攻戰之吏尊首級之材複道爭功張良已知其變拔劍擊柱吾屬不得無謀卽晷漏難踰何十二帝乎亾秦是續何二百年乎故曰仁義者聖人之蘧廬禮經者先王之陳迹然則祝辭向畢芻狗須投淳化已流糟粕可棄仁義尚捨況輕於此者乎自文明草昧天地屯蒙三叔流言四凶構難不設鉤距無以應天順人不峻刑名不能摧姦禁暴故置神匭以開告端曲直之影必呈包藏之心盡露神

道助順無罪不除人心保寧無妖不戮以玆妙算窮造化之幽深用此神謀盡天人之秘術故能計不下席聽不出闈蒼生晏然紫宸易主偉哉無得而稱也豈比造攻鳴條大戰牧野血變草木頭折不周可同年而語乎然而急趨無善迹促柱少和聲拯溺不規行療饑非鼎食卽向時之妙策乃當今之芻狗也伏願鑒秦漢之得失考時事之合宜審糟粕之可遺覺蘧廬之須毀見幾而作豈勞於終日乎陛下必不可偃蹇太平徘徊中路伏願改法制立章程下恬愉之詞流曠蕩之澤去萋斐之牙角頓姦險之鋒鋩杜告密之源絕羅織之跡使天下黎民坦然大悅豈不樂哉

魏武帝論

皇漢失圖綱漏讒慝賊臣承閒搖蕩宸居宗廟焚燒天子播越於是九州幅裂四海橫流釋位勤王天下雲集初平元年後將軍袁術冀州牧韓馥豫州刺史孔伷兗州刺史劉岱河內太守王匡渤海太守袁紹陳留太守張邈東郡太守喬瑁山陽太守袁遺濟北相鮑信長沙太守孫堅等同時俱起以討董卓爲名然包藏禍心以暴易亂竊命矯

制結黨樹朋覬釁待時莫敢先犯唯魏太祖有汴水之戰孫討虜有陽人之師矣觀曹公明銳權略神變不窮兵折而意不衰在危而聽不惑臨事決機舉無遺悔近古以來未之有也故梁國橋元南陽何禺皆云天下將亂非命世之才不能濟也能安之者其在君乎雖復名微衆寡地小力窮官渡受圍濮陽戰屈然天下精明之士拓落之材趨若百川之崇巨海遊塵之集高嶽故有荀彧郭嘉邢禺程昱賈詡朱雲等或斂風長感或一見盡懷然後覽英雄之心騁熊羆之勇挾天子以崇大順扶幼主而顯至公旌賁

忠良芟夷叛逆神道輔德百姓與能武功赫然霸業成矣若乃獲魏种而有之高祖之封雍齒也降張繡而不怨光武之全朱鮪也感臧霸之言以成其氣重關羽之義抑而不追王霸之術也然後法令嚴峻賞罰必行惟材是求惟力是視縱夷齊滿路顏閔並居未暇存也救弊卽可仁則未知且以術臨人力無餘地用智濟物迹若容身欲使蕩蕩元涘涯而不竭飂飂薫風周徧草木元雲蔭而方雨黃葉衰而木落不可得也荀文若首豫經綸提挈草昧清神昭乎物表妙識出乎機先造我魏邦緊其是賴一言不合

五毒將施無詞寄文空器見志可不劇哉加以孔文舉與道翺翔盡忠漢室崔季珪天骨高爽志在扶傾豈大盜之所安也嗚乎欲盜之子見錦而不見人弭謗之君尤人而不尤己豈知鷙鷗不下衆雀遙驚者乎故陰謀未洩天下已知毒志潛行忠良前懼何夔所以帶藥楊彪由是不出雲長受恩而不謝元德失箸而思奔席上無懷疑之人閫外少自信之士良可恥也固知曹公不能用天下之材成天下之務也昔周武之澤及昆蟲不能感食薇之士漢高之功濟草木未能屈歌芝之賢猶且遂其孤身容其怨讟況功未半古德異樂推遭神器之流離問寶鼎之輕重欲使庶人不議寧可得乎翻乃疾走惡迹掩耳畏聲譬匹夫念平素殺桓邵斃婁珪道路以目天下鉗口豈不惜哉楊德祖才雖清秀志非遠圖託事行誅死非其罪司馬懿雄材大度勇而有謀審其狼顧知而不翦若言天意也則吾未知若言人事也其智安在故知忌小怨而忘遠圖料目前而忽身後豈所謂旁求哲人俾輔後嗣者哉或問曰天厭漢德海內分崩三雄鼎立俱受眷命乃至控御豪傑削平區宇英圖遠算何者爲先君子曰孫仲謀藉父兄之資

負江海之固未敢爭盟上國競鹿中原自守未餘何足言也蜀先主抱英濟之器無角逐之材遠竄荆蠻畏曹公之神武奄有庸蜀乘劉璋之政衰國小人夷風頹俗陋山川險澁異崤函之奧區江漢通流殊河洛之朝市豈得抗衡中夏齊足當塗乎前賢易地之談全是不關胸臆且夫度德而處量力而行劉備豈薄先王之舊居輕齊魯之故俗若泰伯之適吳越孔子之入九夷哉蓋不得已也是知才雄者地廣國大者兵强地旣由才才寧可易也

晉高祖論

王業不同其來尚矣若乃待辛癸之禪湯武不得稱仁要西伯之資高光無由濟世或寧亂以得志或興禍以取威遭遇雖殊天命一也宣帝聰豪明允博學洽聞敏而好謀寬而能斷其未得志也服勤王事夙夜在公知無不爲匑牧必展取信嚴主所謂能臣也及勳德日隆雄材漸著權略不世合變如神受命崇華竭股肱於明帝忍死嘉福遂無君於沖人所謂姦臣也及内難既平外寇斯殄威力翕赫指麾風飛遂乃臨神器以徘徊戮公族以顧望雖大業初構人望斯存若格以名神請罪不暇歸諸天命則前代

有斷美哉未盡善也且成湯之在夏世行仁以動諸侯文王之處殷朝好讓以懷鄰國高祖以豁達容物光武以長者得人未有專仗陰謀每行詭計寄何晏以鞫獄示李勝以謬言請戰以見威指水以表信乞襦不與懼有陳恒之譏封墓釋囚不嫌武王之事媿情負理掩耳避聲狼顧以噬魏人狐媚以取天下亦前史所醜也

宋武帝論

蓋聖人不能爲時亦不能失時歷觀帝王之祚未有不因人墜塗炭而得志或天下嗷嗷新主之資也是知秦有閻趙之隙漢罹莽卓之災晉由曹氏之專宋實桓元之篡始得奮其智力救此倒懸陳浞羿之辜問滔天之罪况劉裕天錫神勇雄略命世不待借思漢之謳未暇假從周之會同盟二十七願從一百人雷動朱方風發竹里龍驤虎步獨決神襟長劍一呼義聲四合蕩亾楚巳成之業復遺晉久絶之基祀夏配天不失舊物雖古人用兵不足加也至乃網羅俊異待物知人動必應時役無再舉西盡庸蜀北劃大河自漢末三分東晉拓境未能至也或問前史云克敵得雋奇迹多於魏武此確論乎君子曰得雋雖多前非

大敵若乃黃帝斬蚩尤高祖制項籍光武抗尋邑曹公挫本初此是奇迹也至若慕容超政不在躬奴僕下品姚泓宗枝猜貳借手於人盧循袄寇之餘譙縱新造之國因釁取亂何足可稱至乃潛算樽俎之閒明見千里之外揣機料日不爽錙銖亦古之志士何以加焉但禮樂文明日不暇給垂風邁德盛所未能人望不逮於建安天命乃光於魏武又問曰棄德非道捨舊無親有宋功臣多不及嗣豈理須然乎請聞其要君子曰且夫奸雄者非淳德之稱謀勇者乃果決之辭故昔之同盟擬覆前敝故無材不露無

心不拔譬若同舟遇風寧有隱哉及高鳥盡狡兔死其材能我之儔也我非積行累能彼之知也思己之所行恐彼之已叛是以雄猜內發釁兆易萌韓彭以之葅醢劉葛由之覆亡然則高談堯舜之道不忍論桀紂之行思燕齊之血食見漢宋之不仁故尉繚畏秦王之屈節范蠡識勾踐之忍人綺季不出於商山嫌漢王之侮慢嚴光潛形於草澤知劉秀之未宏有旨哉又問曰宋祖入關老相駕馬赫連畏逼姚氏淫昏中原士庶恥爲臣妾王師衆整頗有禮焉所以扣馬攀車請住關右宮室陵寢是大漢之遺蹤關

山重復乃有周之長世人與不取違衆獨歸昔項籍見哂於韓生宋高又失於父老其旨可得聞乎君子曰論項即非在劉爲是以項王之林天下可以力制人心可以勢奪因宮室之嚴守山河之固此九州之上腴何彭城之足算劉裕家本江南全軍遠克未能制命夏魏施號秦涼雖曰關中實是邊地鞭長不及馬腹風末不闕二十六字王買德曰貪歸受禪所留不過愛子待歸一舉而可取卒如其策智士哉

北齊高祖論

昔張讓段珪濁亂天下漢召董卓將顯其誅竟有小平之奔曹氏因之乃創霸業鄭儼徐紇點辱皇猷魏收爾朱榮欲洗濯宮掖遂至河陰之禍齊人藉此用承明命故曰亂者理之源機者命之兆不可失也神武崖岸高竦器宇深沈望之儼然風塵自遠聽之逾厲雷霆或聞至乃足踐列星聲振原地赤色映團焦之外青闕一字立旅宿之門漢高由之自負徒屬以之增畏此所謂歷數在躬推之不可去也於時魏德已衰羣胡得志孝莊殞於虜手節閔繫於凶徒義士痛心壯夫瀝血結黨求同盟之會仗劍想勤王之

師者往往而聚焉所以因天下之心覽英雄之議以普泰元年六月建旗於信都以討爾朱兆爲名當時趙魏之豪有高虔邕高敖曹封隆之李元誠盧文偉崔祖螭等盡其死力蓋代之傑有尉景段榮彭樂竇泰匹婁昭薛孫延等共其奔走然後數亂常之罪顯安忍之辜發義帝之喪三軍縞素承催氾之逼萬里同心莫不精勇感人神雄略出天地檄詞未草聲已馳於賊庭王誅欲加命乃懸於鬼籙但犬羊四合觜距千羣大戰韓陵然始得志既而龍驤虎步高下在心開幕府以臨外藩分腹心而統京邑雖生我

者父母立我者高王既懷震逼之威易爲苾刺之說周鄭交惡衍殖構兵趙鞅畏讒遂起晉陽之甲襄王失據乃有居氾之悲雖表數相仍公怒未息紫宸不可久曠丹穴難以更燻遂應飛來之謠乃議遷都之便關西河北翦爲寇讎天平永熙便成敵國於是疆場大駭鉦鼓相聞邙山之師杖馬捶而自免沙苑之役跨驝駞以遁歸勝負相參波瀾不定豐功厚利各有可觀者焉昔魏祖西征中道不豫晉景南伐迴兵乃殂此並業未半而意窮功垂成而景促是以留連末命委曲臨終不可盡也尋高祖其辭魏帝之表可謂其言也哀顧太子之言可謂其事也盡方諸前代各一時也若乃推誠與人懷舊不捨擇子如之蝨看尉景之膝喻高昂於肝膽委侯景於半體此明達也牽馬麥田不飲社酒此嚴斷也放李穆之歸使其富貴感虎兕之對以勤事君此宏量也故能廢立雖多不失臣節兵鋒屢折人望猶存卽與夫嬖賈充忌荀彧不同時也

北齊文襄論

神武云日爲我蝕今死亦掩觀其和勑勒之歌哀來何極覽太子之色仍有别憂此豈悲促齡而怨昊蒼哉但强寇在鄴奸臣不附以此爲恨也文襄克纂丕基堪負大業追成纂志不忝遠圖故能委任紹宗外平侯景借假貞節內察權豪沙汰衆流釐正羣務紀綱具舉朝野肅然況乃嘉思政之忠遥接其手寵陸生之直更賞其能此亦可稱也且夫爲人上者當不忝威儀慎惜名器先王以之革弊達人因此垂風是故立其章程明其限節水火可蹈禮教難逾今天蔭甫傾洪基靡構國有大難未可三年不言高宴後園豈得一朝盤舞此不愼爾儀也若乃命天子爲癡人比尊名於狗腳恨崔㥄之語不念元勳忿孫騰之儀寧思佐命此不惜名器也加以任情蕩思率意以之紅綺如花妖顏若玉決池而弄淫女下獄而罪貞姬叛高慎於洛陽幾傾其父蒸鄭妃於內寢乃繫乎親詩曰人而無儀胡不遄死此之謂也嗟乎楚莊絕纓不顯婦人之節鄭人獻捷尚禮南冠之賢所以盡俘囚之林得醉者之力今者陷孝騫之罪賞王儀之心拒蘭欽之慈專諸之劒非不幸也

北齊文宣論

文宣承父兄之資據已成之業屈奇不測內剛外柔屬變起不圖禍機竊發臨事而懼謀而後行故使逆黨無遺凶

徒必盡自得政二世樹恩百寮司馬公之養汝只在今日陳桓子之好施惟取一時由是腹心不散勳貴自隨大會晉陽共敘哀酷神彩英颺風調清閒既而人固難知始推天授故曰今日左僕射不減大將軍由是感光祿之言不俟終日聽倉丞之諫理故無歸然遠邇之心赫虎之變爪牙夙將帷幄舊臣足使鄰國寢謀殊邦側席況屬梁運道銷江淮家無 闕 周室厭關函谷封泥故得北柔沙漠之陲東懷遼海之際政尚明直時實豐盈膏澤始流菁英已竭中山迫於漢獻高洋劣於魏文但禮樂未施冠履不假高

論王道此實多慚或問曰夏桀無道殷辛虐政舉烽而求一笑擊鼓而飲三千雖曰荒淫未窮鄙穢猶稱有夏多罪天命殛之皇天震怒命我文考今者顯祖狂昏中酒而作莫不手自支解躬行刺斫大集婬嫗爲笑目前廣命宗親聚麀座上鄴城無自保之客當軒有供御之囚或翳行以罵衆寮或擘尻以示羣下加以土木不息金鳳臨雲徵斂日增長城千里仍得快樂世以保乂豈天地不仁降災萬姓民之多僻適與相逢岐路無歸我心如醉此卽甘酒嗜音之談蓋成虛論三風十愆之説併是高談君子曰源深者流長德盛者祚遠靡之汰雖著書之德在人齊神武伐暴勝殘有大功於天地其嗣雖復失道仍未殛於神明故書曰天惟五年須暇湯之子孫是也問曰神武之初基實多佐命文宣應籙共匡霸圖其間文武高林略不世出風流名士拔萃逸羣屬主暴政荒時艱路澁未有裂裳遠竄行從近關聞者尚足動心遇者曾不驚慮此復何哉君子曰達人之道布在方冊顯晦之迹理同可尋若乃色斯舉矣翔而後集者則仲尼去衞夷齊讓國清風長流高節遠列固絕倫矣其次則南山之叟東門之賢范蠡泛江湖尉

繚去城市此又見幾而作也亦有貞不絕俗隱不違親冥默園林卷舒人事八月羊酒聘之而不來四時束帛徵之而不屈亦可與語上矣過此以往何足言哉良爲道喪已久廉恥不追崩騰闇主之朝淪沒驕君之世何足怪乎悲夫嚴尚既殁誰與爲言俗物滿塗彼衆我寡俾將來之不昧知其意焉

朱敬則二

梁武帝論

梁高祖聰明文思寬厚通博生而神異動多奇怪此天表也永元之初羣賢受命竭懷輔正盡力康衢細隟未開纖塵不動而雄圖英算孤識獨見審長河之將決知崑山之必焚理欲先天未違後舉叫嘯龍虎合集風雲馳兩函以取荆州連五都以震都邑長流遠邁獨決方寸霜風飛掃雲雨霑沐白旄一麾頑童授首乃弔冤魂而謝牛酒昭筐

篚而軾善人師不疲勞人無怨讟謳歌是逼獄訟攸歸代易德成眷命斯在然躬覽載籍備睹興亡留心求瘼勵精納善雖化未大道時亦小康也若尋其德音討其風俗尚根淺易拔源涸難流禍亂相仍蓋其宜矣且兵號義旗戰稱伐罪勝非已利功豈私成湯有慚德去道近也武無媿容其私厚也昔魏太祖兵鋒無敵神機獨行大戰五十六九州靜七八百姓與能天下慕德猶且翼戴弱主尊奬漢室降及宋高翦平僞孽安復王家義聲薄天高誠動日然更懸兵四嶽決勝五湖北靜燕塵西清秦霧宏勳不讓盛德見推備物滿庭猶存非望故晉帝今日之事本所甘心義士猶或非之通人尚爲薄德況梁取天下又甚於斯南康主盟實稱齊帝奉之以成大順承之而動義兵國步既寧家怨又雪君稱主祭臣復何猜借人之名而不復命者也尋其錫文考其謙讓事同對面理非飾詞寧知悠悠江山相去千里矯情僞迹頓至於斯示人此心豈躬行事欲令節義行於比屋其可得乎夫君人者日月齊其明陰陽質其信江海同其量天地偕其容未有飾智驚愚衒材惑衆較武力於羊侃示腰腹於賀琛商略儒宗取異於章句

變置官品無求於典實每事皆欲先人所唱復須稱贊父作子注君制臣歌受佞無厭進諂不倦浮華道長輕薄路開以天譴爲嘉祥用妖怪爲休祉聚斂俱極賞罰無章有識爲之寒心羣僚會不先覺若言位是神物何須下殿走乎若言負重願休何勞受贖歸乎若言息人是務何須納叛臣乎若言吞伐有時何須中許和乎利器不藏奸夫得志然則侯景之兵我人也仗我器也驅我人揭我器而取雋者豈異術哉由上人之失教也君父幽辱宗廟傾危帝子王孫跨州連郡未有晉鄭齊心牟盧合契五侯九伯列

海分山罕聞申包胥之頓哭秦庭茅夷鴻之幣謁吳國户口徒衆不覩死戰之人寵遇雖多寧有報恩之士江淮無波瀾之阻城關絕藩籬之固長州杜若一旦凋零稽山竹箭忽然摧折可不甚歟或問曰梁主不以黃屋爲尊紫宸爲貴離欲絕愛遺色歸空有湯武之憂勞若堯舜之臞腊享國五十若登春臺忽爲羈旅叛臣鳴吠逋醜長戟指闕强弩臨城兵折意窮忿毒而没善不可恃岐路何歸君子曰梁主之美誠如子言神無與善未敢聞命何者武帝暮年荒誕實甚殫守縣之力不充自縱之資盡丁口之租纔

足緇衣之費昔夏桀以九州之富秦皇以六合之尊造瓊室而天下土崩作阿房而寰中瓦解况地比一郡國乃三分外有征戍之勤內有雕靡之弊加以金刹寶柱焕爛雲霞至於銀榜珠簾的皪星月神怒人怨禍積患生過往必來何足疑也且夫惡於齊而保於我何補也得一夫而亾一國非智也昔趙納馮亭有長平之禍梁受侯景成永福之災金甌忽傷悔之何及

陳武帝論

孔子曰夏道不亾商德不作商道不亾周德不作梁自侯景入寇蕭詧外奔西鄰責言南風不競篡殺三帝覆没兩都可謂亾矣但人痛既深天道亦悔是以大命集於有陳也武帝身長七尺垂手過膝蓋姚襄劉備之儔也惟寬以容物明以知人曠蕩不羈雄勇蓋世聲振嶺表功濟日南屬王室不綱大難未巳江湖羣盜日尋戈戟是以投袂而呼夕不待旦以梁大寶三年二月會王僧辯於白茅灣齊小白之合諸侯以謀王室臧子源之要天地惟討賊臣故戮力盡心有死無二義聲一發其從如雲端居不言神光滿室建牙將指飛龍在天其所志也叛而伐之伏而舍之

伐叛刑也柔伏德也德刑既舉人知其心旦爲仇讐暮爲賓友文公指白水蕭王推赤心不足加也若乃侯瑱賊將也降無季布之疑安都敗帥也歸受孟明之任重孝穆之義待之如賓釋歐陽之囚惟賢是用故得羣材畢用衆勇合威盪徧地之橫流廓溥天之巨祲斃侯景於竹町執王偉於草間爰其息歸瞻烏遂止仍以新不問舊踈不間親高讓近臣方求別統昔魏推袁紹漢謝項王道貴能伸理不嫌屈及江陵不守喪君有君疆埸無虞羣臣輯睦足以攄三疑之遺憤歇萬國之風悲既上宰變圖假立非次

晉出子圉秦納貞陽陵谷遷移對之長歎君臣易位但覺悲哉況乃居氾不歸焉用方伯在鄭未納誰曰勤王於是潛謀腹心陰召武旅囚杜陵於別室告文帝於臨時舟乘旦濟旗寢夜月掃重氛於絳闕反宸極於紫微役不浹辰區宇大定加以北控蕭軌西拒王琳聖德日新元勳漸茂然後繼宋齊之丕業承舜禹之大名昇壇而告上元分珪以揖羣后大哉美哉人無間焉但雲雷尚屯邊塵未弭翌日告漸綴衣在庭楚之王孫歎布衣之未返燕之太子踐機橋而不歸悲夫

陳後主論

長城公器識古人承平嗣主觀其求忠讜之士禁左道之人淫祀妖書鏤薄假物卽古明哲何以加焉但強寇臨邊南國斯蹙禮義不舉苛刻日滋鄰好不敦驕傲是務嬖妾五十盡有珥貂之容麗服一千咸取夭桃之色加以貴妃夾坐狎客承筵玉貌絳脣咀嚼宮徵花牋綵筆吟詠烟霞長夜不疲略無醒日於時也隋德甫隆南被江漢厚待間諜羊叔子之傾敵人不伐有喪楚恭王之結鄰好加以賀若謀勇應變如神擒虎雄風臨機若電莫不迎刄自裂聽鼓爭奔斬張悌之守迷降薛瑩之知命紫殿正色不用袁憲之言白刄交前但爲無社之計嗟乎龍盤虎踞之地露草霑衣千門雙闕之間風烟歇絕臨江離別之感赴洛嗚咽之悲五百里之俘囚纍纍不絕三百年之王氣寂寂長空一國爲一人興前賢以後愚滅其來尚矣或問曰安樂公劉禪歸命侯孫皓溫國公高緯長城公陳叔寶並稱域中之大據天下之尊或銜璧送降或逃竄就繫必不得已何者爲先君子曰客所問者具在方冊請爲吾子陳之任自擇焉若乃投井求生橫奔畏死面縛請罪膝行待刑是

其謀也馬上唱無愁之歌侍宴索達摩之曲劉禪不思隴蜀叔寶絕無心肝對賈充以不忠之詞和晉帝以鄰國之詠是其才也縱黃皓嬖岑昏寵高壤狎江總是其任也剝面鑿眼孫皓之刑棄親卽讎高緯之志其餘細故不可殫論聽吾子之懸衡任夫人之明鏡客曰入井下策也

隋高祖論

昔孫資陰謀晉宣入輔鄭譯矯制隋文受遺自此而有魏人從斯以遷周鼎蓋天厭亂德神誘其衷若妄指河冰遂成王業誤擊金鼓仍啟霸國也況體貌奇特儀表絕人周

太祖之欽明異其風骨齊憲王之聰察憚以非常葦鼎一見以委誠趙公聞名而進女是以稱劉季之靈怪者不謀同詞說中興之應讖者往往偶語屬周多世故禍難荐臻始以后父之尊遂受託孤之寄騎虎不下掎角是因不利孺子非唯管叔之言社稷輸人寧止休公之對所以尉遲舉魏從亂如雲王謙據蜀其徒若市遂能驅駕豪傑委任忠良不下廟堂天下大定然後謳歌允集文物滿庭卿雲曉聚長星夜掃拱揖而朝羣后昇壇而類上帝紹舜禹之遺躅光漢魏之大名於是流曠蕩之元風浸淳古之膏澤

削秋荼之繁令革亾國之哀聲加之以恪勤廣之以質素太陽滿昆蟲之穴湛露垂行葦之萏教人七年亦可以卽戎矣俄屬陳朝喪德江海揚波自絕于天結怨于下乃以開皇八年十月承少昊之秋氣動文昌之將星下蜀漢之舟翩翩龍躍集幽并之驕蕭蕭馬鳴一葦而可以横大江三令而可以陵湯火蔣山苦戰子文之魂魄飛揚建業大崩叔寶之金湯不守既遭岸上之虎非復水中之龍斬伯嚭以謝陳人禮陸機而慰吳士春波暫洗汙俗咸新秋露一零弊化斯改乃下制曰令率土大同含生遂性内外職位退適黎人家家自脩人人克念使不軌不物蕩然俱盡此乃憂勤之心見於動靜故使六合之中觀如曉日八紘之内若遇新晴況復盡力於人勵精爲政躬親以率下因心以感物烟火萬里風雨四時野有擊壤之歌天無垂象之誡元闕一字丹徼烟燧不驚玉檻金河波瀾久息天子登雲臺而訪道實垂拱而無爲公卿指日觀以推誠願升中而每竭可謂盡美矣未盡善也然天性既猜素無學術意不及遠政惟目前是以牝雞司晨讒人罔極剖符至山河之固同盟多翦黜之悲恩不終於有功罰每深於無罪故

閱牆之兆借實沈之兵揚素決其波張衡注其隟柳遠草制房陵尚遙穆子授戈豎牛仍在禍非天降釁是人謀是以知隋運之不永矣君子曰昔陸孟知中興之徵宣帝始重儒術李通稱漢家之命世祖專信讖文時好既行其流遂廣故子雲符命尹敏僞言卽其類也高祖少愛不經之談遂好迂誕之說所以王劭順旨袁充取容賞溢邱山恩深江海豈不弊乎又祥瑞者聖人之應也至若八百集於孟津六王至於陔下周人岐山之北晉衆江漢之南負樂就陳攜手適宋牛馬內向羣盗外奔宗社乂安黎民不散

此瑞之上也若乃連珠共軫的皪清漢之涯合璧齊輝光芒黃道之上四時不爽百穀用成家有孝慈人懷禮義此善之應也至如白鹿朱鴈璚露卿雲鳩雀異毛草木殊狀此並沐我皇澤煦我帝春聖人圜城之中天子生成之物豈足表太平之日顯休明之辰而隋主好之意不能盡遂令巧僞相半何其薄哉近石虎之有中原也鞬胡皃羯牧馬驅羊子女殁於淫昏文物盡於鋒鏑猶得厭六馬駕四麟燃連理之林煮白雉之肉若天道不惑應降以災由斯而談斷可知矣隋之眷眷復何爲哉問曰晉克金陵功多

者屬吏隋平建業德俊者尤闕一字豈爭名於朝事必須此將廉恥道盡莫畏簡書乎君子曰曉兵之家因敵變化故有功成請罪之義君命不受之談今者王濬乘風賀若先戰苟有大利何簡細瑕方知責兵士之汙宮闈徵軍司之隱玉帛豈不陋乎始知范蠡後入孟側不爭郤克有詞馮異不語時無君子斯焉取斯豈與夫自伐無慚奮髯直出而相類乎又問曰王者初興必有佐命莫不同聲相應同氣相求白雲之鬱應龍清風之集雕虎不以夷險易志不以遠近隔心千載一時其來尚矣三代以前緬邈無際兩漢之後聲名可尋若乃庇俗匡時體國經野謀出心膂政待股肱但清濟之入濁河波瀾莫辨蚊虻之附驥尾遲速罔知既因論討之餘願示懸衡之末君子曰神人無功達人無迹張子房元機孤映清識獨流踐若發機應同急箭優游澹泊神交太虛非諸人所及也至若陳平荀彧賈詡荀攸劉煜郭嘉田豐沮授崔浩張賓等可謂天下之菁英帷幄之至妙中權合變因敗爲功爰自秦漢訖於周隋蘭菊相薰惟有此矣如蕭何之鎮靜關中寇恂之安輯河內葛亮相蜀張昭輔吳茂宏之經理瑯琊景略之弼諧永固

劉穆之衆務必舉揚遵彥百度惟貞蘇綽共濟艱難高熲同經草昧雖功有大小運或長短咸推股肱之林悉爲忠烈之士若乃威以靜國謀以動鄰提鼓出師三軍賈勇置兵境上千里無塵內外兼材惟孔明景略也故崔浩云王猛是苻堅之管仲劉裕是德宗之曹瞞孫盛云孔明善輔小國子產之流也斯言中矣

隋煬帝論

煬帝美姿儀性聰慧少好學善屬文故高祖獻后特所鍾愛矯情飾迹有曹丕之釣名傾承中使若子楚之仁孝況

南平江左北靖塞垣楊素譽其賢柔和詭其貌屬青宮失愛子挾流恩遂映前星乃升明兩衣冠雖偉入朝少四皓之賓公宴雖多言譚止七子之客但奸心未露僞迹斯窮沐猴而冠輕薄之材不久祝虎爲善爪牙之毒會施故無道於大漸之晨烝淫於易簀之夕罕高宗之諒闇有丹朱之慢遊於時隋德在人羣生樂業二十年之訓聚百萬衆之精彊乘天下之有盈驕海內之無事乃自以土廣三代威振百蠻恃才矜己傲狠明德內懷險躁外示寬平盛衣服以掩姦飾詞令以拒諫更乃荒淫無度法令滋章人力

盡於穿築杼軸空於聚斂十室之內思亂者一二焉方始馭八駿建五牛穆天子之白雲更遠瑤池之外秦始皇之觀日方踐石梁之前或以衢路受刑或以滋味被戮死不可無罪而免賞不可有功而要相顧凜然莫知攸止十室之內思亂者五六焉於是斛斯外奔元感內逆兵陷遼水糧斷河黎月暈七重知髦頭之犯畢日光四散覺兆庶之分崩且選妖麗恣朋淫嘉羣嫗之慢言樂少年之醜穢不軌不物無威無儀關梁不通賦役斷絕更乃逆取五年之課以充長夜之娛十室之內思亂者八九焉當此時也小人方興羣盜孔熾大者剽州邑小者劫郵閭擾擾四人俱靡息肩之處喧喧九土俱爲鬭戰之場天子乃幸維揚泛舳艫驅虎賁之騎唱龍舟之歌以大江爲天塹以長淮爲地險周章至於戲下猶自未知閻樂入於廡前何不告我昔爲天下之重今乃一夫所輕豈不惜哉彼煬帝者聰明多智廣學博聞豈不知蛟龍失雲漁父足得爲害鯨鯢出水螻蟻可以爲災忽乃棄崤函之奧區違河洛之重阻言賊者獲罪敢諫者受刑豈不是色醉其心天奪其鑒竄吳夷以避其地虛宮闕以候聖人蓋爲大唐之驅除也君子

曰小人之心猶火也火之性必須有所燒小人之心必須有所害當其受寵遇也排忠良庇道德辨足以移視聽辭足以結主心導之以淫奢引之以苛刻人用而不卹政荒而不修如螻蟻潰隄防不覺其敗如春風養草木但見其盛事至而未知禍搆而方懼素無材略不能以敗求全本自少恩豈能得衆成事進退唯谷無處容身或出奔以圖生或殺主而自解眇觀史策徧採興亾開役者多是愛臣害上者無非近習然庸君闇主莫肯遠之復何言哉

五等論

昔秦廢五等，崔實、仲長統、王朗、曹冏等皆以爲秦之失。余竊異之，試通其志云：蓋明王之理天下也，先之以博愛，本之以仁義，張四維，尊五美，懸禮樂於庭宇，置軌範於中衢，然後決元波使橫流，揚薰風以高扇，流愷悌之甘澤，浸曠蕩之膏腴，正理革其淫邪，淳風柔其骨髓，使天下之人心醉而神足。其於忠義也，立則見其參於前；其於進趨也，皎若章程之在目。禮經所及，等日月之難踰；聲教所行，雖風雨之不輟。聖人知俗之漸化也，王道之已行也，於是體國經野，庸功勳親，分山裂河，設磐石之固，內守外禦，有維城

之基，連結徧於域中，膠葛盡於封內。雖道昏時喪，澤竭政塞，鄭伯逐王，申侯弒主，魯不供物，宋不城周，吳徵百牢，楚問九鼎，小白之一匡天下，重耳之一戰諸侯，無君之迹顯然，篡奪之謀中寢者，直以周禮尚存，簡書不隕，故曰不敢失墜，天威在顏。自春秋之後，禮義漸頹，風俗塵昏，愧恥心盡，疾走先得者爲上，奪攘投會者爲能。加以八世專齊，三家分晉，子貢之亂五國，蘇秦之鬬七雄，苛刻繁興，經籍道息，莫不長詐術，貴攻戰，萬姓皆藏爪牙，無人不屬觜距。所以商鞅欺故友，李斯囚舊交，孫臏喪足於龐涓，張儀得志於陳軫。一旅之衆，便欲稱王；再戰之雄，爭來奉帝。先王會盟之禮，昔時樽俎之容，三代元風，掃地盡矣。況始皇削平區宇，殊非至公；李斯之作股肱，罕循大道。人無見德，唯虐是聞。當此時也，主猜於上，人駭於下，父不能保之於子，君不能得之於臣。欲使始皇分土，姦雄建侯，薄俗若喻晉鄭之可依，便借賊兵而資盜糧，寄魚龍而助風雨，不可行也。是以秦鑒周德之緜深，懼巳圖之不遠，罷侯置守，高下在心，天下制在一人，百姓不聞二主，直是不得行其世封，非薄功臣而賤骨肉也。高皇帝揭日月之明，懷天地之量，筭

材不足以分賞，論功不足以受封，邑皆百城，土有千里，人殷國富，地廣兵强，五十年閒，七國同反。賈誼憂失其國，鼂錯請削其地。若言由大而反也，不若召陵之師、踐土之衆也；若言有材而起也，劉濞非王霸之林，田祿無先管之略也。且齊晉以逆禮爲慙，吳楚以犯上非媿，釁由教起，其所由來遠矣。自此之後，雜霸又衰，中興不能改物，創圖黃初不能深謀遠慮。緬乎漢魏之際，尋其經緯之初，未有積德重光，澤及萬物。觀其教偷薄於秦風，察其人豺狼於漢日，故魏太祖曰：若使無孤，天下幾人稱帝，幾人稱王。明竊號

謚者觸目皆是欲以此時開賜履之祚埀萬代之封必有通車三川以闚周室介馬汾隰而逐翼侯王司徒屢請於當時曹元首又勤於宗室皆不知時也

欽定全唐文卷一百七十二

張鷟一

鷟字文成深州陸澤人兒時夢紫文大鳥其大父曰紫文鸑鷟也壯殆以文章瑞朝廷乎因以爲名調露初登進士第授岐王府參軍凡八應舉皆甲科再授長安尉遷鴻臚丞四參選判策爲銓府最開元初爲御史李全交所劾貶嶺南刑部尚書李日知訟斥太重得内徙終司門員外郎

陳情表

萬死糞土臣鷟言臣忝朝班幸蒙驅策不了一使罪應至

死自可鉗口吞聲伏待刑書灰身粉骨甘從斧鉞豈可昆蟲惜命雀鼠貪生區區微心有所未盡臣平生好學頗愛文章雖不逮於詞人濫流傳於視草近來撰集詩賦表記等若干卷編集擬進繕寫未周負譴明時方從極典恐士衡止息華亭之唳不聞嵇康顧影廣陵之音永絶缺簡零落抱痛幽泉昔司馬遷請就腐刑以終史記漢武帝愍其至懇矜而許之伏願陛下遂臣萬請之心寬臣百日之命集錄繕寫奉進闕庭微願獲申就死無恨然則歸罪廷尉肆諸市朝腰領橫分有同仙化肝腦塗地百代如生骸骨

埋塵千載不朽無任迫切之至

中書舍人王秀漏洩機密斷絞秀不伏款於掌事張會處傳得語秀合是從會款所傳是實亦非大事不伏科 中書省二條

鳳池清切雞樹深嚴敷奏帝俞對揚休命召爲內史流雅譽於周年荀作令君振芳塵於魏闕張會掌機右掖務在便蕃王秀負版中書情惟密勿理須克清克慎慕金人以緘口一德一心仰星街而卷舌溫樹之號問且無言惡木之陰過而不息豈得漏秦相之騎乘故犯疏羅盜魏將之

兵符自輕刑典張會過言出口駟馬無追王秀轉洩於人三章莫捨若潛謀討襲理實不容漏彼諸蕃情更難恕非密既非大事法許准法勿論待得指歸方可裁決

通事舍人崔暹奏事口誤御史彈付法大理斷笞三十徵銅四斤暹款奏事雖誤不失事意不伏徵銅

崔暹風神爽俊詞采抑揚雅調疏通清音朗徹裴楷之英姿肅肅朝野羽儀魏舒之容止堂堂羣寮領袖自可曳裾紫禁伏奏青規助朝廷之光輝贊明時之喉舌芝泥發彩宣鳳藻而騰文蘭檢浮香潤龍縑而動色豈容金馬之對未被譽稱神羊之威俄聞奏劾罰金既罹於疏網辨璧無舍於明珠過誤被彈止當笞罪不失事意自合無辜雖觸疑霜理宜清雪

給事中楊珍奏狀錯以崔午爲崔牛斷笞三十徵銅四斤不伏 門下省二條

沈沈青瑣肅肅黃樞望重鸞司任光龍作掌壺負璽步頓於是生光左貂右蟬揖讓由其動價楊珍門承積閥榮重搢紳趨左掖之嚴凝奏上臺之清切出納王命職當喉舌

之官光闡帝猷佐處腹心之地恪勤之譽未出於丹闈舛繆之愆巳塵於清憲馬字點少尚懼亾身人名不同難爲逃責准犯既非切害原情理或可容何者寧失不經宥過無大崔牛崔午卽欲論辜甲申甲由如何定罪

左補闕陳邃司制勑知勑書有誤不奏輒改所改之次與元勑同付法不伏

陳邃繆司綸綍忝掌樞機參詳蘭葉之文宣越芝英之字拾遺補闕躡山甫之清塵獻可替否尋晏嬰之勝迹設令魚魯絕繆理合上聞豕亥參差無疑下斷豈容斟酌聖意

加減綸言用寸管以窺天持小觚而測海未經上白輒敢雌黃定字雖復無差據罪終須結正八十之杖自作難逃三千之條理宜明罰

永安公主出降有司奏禮錢加長公主二十萬造第宅所費亦如之羣下有疑（公主二條）

金機札札靈婺皎潔於雲開銀漢亭亭少女逶遲於巽位故瀟湘帝子乘洞浦而揚波巫峽仙妃映高堂而散雨公主穠華發彩蕣萼延祥六珈玉步之辰百兩香飛之日三公主婚鵷鸞接羽百枝燈燭光沁水之田園萬轉笙竽雜平陽之歌舞玲瓏玉佩振霞錦於仙衣熠燿花冠點星珠於寶勝飛鸞鏡匣向滿月以開輪仙鳳樓臺映浮雲而寫蕊弄珠分態江姊爲之含嚬飛箭成婚天公爲之感笑肅雝之制蓋異常倫築館之規特優恒典小不加大必上下和平卑不淩尊則親疏順序先帝女之儀法舊有章程長公主之禮容豈容逾越

山陽公主爲子求內官親得侍衛

山陽分輝若木派演咸池七襄之駕既嚴萬金之禮斯盛張敖勳舊竊湯沐之微滋竇固名宗霑脂粉之餘潤但任人以器有國之大經官不私親前王之令範拜官牀下時聞丞相之男乞衛宮中惟允左師之息燕王之請身入侍竟不從依館陶之爲子求郎終無允許若有言有行胡越可以正除無德無功昆弟豈容濫及宜銓其器識察其廉能待得實才方可詳擇

御史王銓奉勅權衡州司馬鍾建未返制命輒干他事解耒陽縣令張泰泰不伏（御史臺二條）

棲烏之府地凜冽而風生避馬之臺氣威稜而霜動懲奸疾惡實藉嚴明肅政彈非誠宜允列王銓位參持斧職在埋輪履暴勝之清徽乘葛豐之雅烈冠施鐵柱貴戚傷心花發繡衣姦豪斂手近辭端右遠屆衡陽聯翩紫蓋之峯迢遞蒼梧之野但御史推覈受委非輕有罪必繩無幽不察神羊竦角必觸邪人隼鷙鷹飛先驅惡鳥推鍾建之罪特奉絲言舉張泰之辜無虧格式正當直指豈是輒干准犯量科宜從解退

御史嚴宣前任洪洞縣尉日被長史田順鞭之宣爲御史彈順受贓二百貫勘當是實順訴宣挾私彈事勘問宣挾私有實順受贓不虛

田順題輿晉望讓佩汾陽作貳分城參榮半刺性非卓茂酷甚常林鞭甯越以振威辱何夔而逞志嚴宣昔爲縣尉雌伏喬元之班今踐憲司雄飛杜林之位祁奚舉薦不避親讐鮑永繩愆寧論貴賤許揚大辟詎顧微嫌振白鷺之清塵糺黃魚之濁政貪殘有核贓狀非虛此乃爲國鋤凶豈是挾私彈事二百鏹坐法有常科三千獄條刑茲罔捨

左司郎中許鑑飲酒停制勅依問款稱遇霍亂不

得判署遂失機 尚書省二條

鏘鏘會府掌北斗之機衡肅肅禮闈握南宮之樞奧是稱

仙宇實號文昌虞書典百揆之宗周禮統六卿之職許鑑位膺列宿職綰通班總八座之繁司承萬機之要務端標指影檢局虧違置治和鈞糺繩稽失舉宏綱於烏網則萬目皆張振修領於狐裘則千毛自整兢兢戒慎尚有差違翼翼小心仍憂失墜豈得不存恭肅自縱荒淫放曠鸚鵡之盃淹停鳳凰之制恪居官次異文惠之勤公職務不修同景山之中聖紿云霍亂未可依憑滯失機宜理從明憲

令史王隆每受路州文書皆納賄錢被御史彈付法計贓十五匹斷絞不伏

王隆忝沾趨吏幸列胥徒祿雖給於斗儲官未階於尺木雞卵之餽雖避嫌疑鵝目之錢若爲窺覘每受一狀皆取百文未申疵面之功翻起黑頭之患獵青蚨之小利觸驄馬之嚴威因事受財實非通理枉法科罪頗涉深文宜據六贓式明三典

吏部侍郎山巨源奏稱選人極多缺員全少等邑之色書判不公詞學優長選號復少望請判事鑑鏤詞理酸寒者雖有等級十選並放 吏部二條

六卿分職百官總已周開冢宰之司漢列尚書之位銓衡

萬國不易其人藻鑑九流古難斯任在魏則荀攸鑑識毛玠公方居晉則裴楷清通王戎簡要故能轅輪莫棄玉石咸收不求備於寰中無滯才於天下宏詞碩學不積功勞淺見狹聞多求等級秖如視肉之輩篌瑟莫分走骨之徒狐狸詎辨食梅衣葛無以暴其寒酸咀蘖餐荼不足方其辛苦鷙鳥累百不如一鶚之雄羊皮數千不如一狐之腋鏤冰之子萬衆不可濫收畫餅之夫百選猶其堪總自然私謁之門塞公平之路開長聞振鷺之飛無復促牛之謗

王晛山有策略解行兵選司補擬神武軍御史彈

不應置而置選部爲首峴山爲從並仰處分

峴山素閑武略早習戎昭張良千里之謀陳平六出之術觀丁父鄀俘也楚王以爲軍帥李左車趙囚也韓信收其兵詐求賢爲國進善無私壓長敵而振威容安國家而利社稷徵雖要籍准法勿論量事應機據條尤坐更宜審覈方可裁科

考功郎中呂訥奏比年奏考不求才行貪猥輩好行賄賂請託多有使勤勞清慎之徒不事行賕例應排擯若據部當考便成失鑑若不收勞效

又是棄功請爲安穩法 考功二條

同力度德爲政之大經明試以功經邦之上策三載考績芳塵振於有虞六府孔修懿範光於大禹故知激揚清濁才行爲先黜陟幽明勤勞是務呂訥含香禮闥染翰仙臺覺朱邑之廉明知黃霸之尤異恐貪猥之吏政以賄成黷貨之夫情隨利動贈金蛇於梁冀奔競無厭獻璧馬於虞公驕淫不息遂令濁濫之士御在上流清慎之徒翻居下等蒼蠅迷其黑白素匠枉其丹青有蠹朝章深驚物聽試可詢其政術察以廉能考殿最於錙銖燭妍媸於冰鏡自然陳羣考課深明九品之宜嚴助恭勤尤奉三年之最

諸州貢舉悉有保明及其簡試蕪濫極多若不量殿舉主或恐奸源漸盛並仰折中處分

進賢匡國先典攸高求賢審官前王所重或學兼馬鄭蘊萬卷於胸中或業亞班楊包九流於掌內總斯羣藝乃應賓庭豈得舉不求才惟力是薦貢不求器惟賕是聞徒招畫餅之譏終致舉肥之謗兔絲燕麥竟是虛名草狗泥龍終非實用雞冠比玉乍可依稀魚目參珠曾何髣髴貢人不充分數舉目自合徵科法有常刑理難逃責

洛陽人祁元泰賄司勳令徐整作僞勳插入甲奏大理斷泰爲首整爲從泰不伏 司勳二條

止戈爲武靖亂之嘉謀致果爲毅安邊之茂軌疇庸命賞將酬犬馬之功書勞策勳用荅鷹揚之效祁元泰奸回是務逞狙詐於千端徐整乾沒爲懷縱狼心於百變勳隨筆注官逐賄成將此白丁插名黃綬雖復龍蛇共澤善惡斯殊終是雞鶴同羣是非交錯整行詐業泰授僞勳兩並日拙爲非一種雷同獲罪執行故造造者自合流刑囑請貨求求者元無首從

前屯營將軍游最犯贓解官乃於懷遠軍敘勳至上柱國司勳郎中崔仵奏最犯名教不合加勳

左丞批士有百行可以功過相掩

游最素閑武略。早習戎昭。輕述爪牙之功。忝當心膂之寄。不能恪勤在職。處慎當懷。俄擔張武之贓。遽罷絳侯之職。退從里閈。屏迹邱園。卻掃長門。開閑無事。舊時廷尉。徒有箴於故人。昔日將軍。終見訶於醉尉。因茲結憤。展效邊荒。申勁節於龍城。蕩妖氛於鴈塞。蒙輪競進。拔距爭先。將宣百戰之勳。以贖九章之罪。郎中以往愆名教。功未可收。左

丞以今振其威。勞堪補過。曩雖貪財好色。未虧吳起之名。盜嫂受金。不掩陳平之智。海浮小芥。詎玷洪波。玉隱微瑕。何妨美寶。如愚淺見。敘錄爲宜。

主爵員外郎梁瓚龍筋鳳髓作璨奏左僕射魏宰無汗馬勞。御史大夫李嘉爲佐命功並妄爵也請皆追奪主爵二條

疏茅建社。翦桐開國。隆定鼎於昌基。茂勤王之令典。公侯珪組。百代相仍。帶礪山河。千秋不絕。秪如吳鄧四縣。東漢之功臣。蕭曹萬家。西京之佐命。莫不甘棠敷化。光宣召伯之風。大樹辭榮。獨擅將軍之氣。魏宰智不動俗。曾無汗馬之勳。李嘉謀不出凡。詎展飢鷹之效。無功而祿。不可勵勳臣。無德而官。如何獎朝士。昔豕突命賞。僞新於是覆亡。羊爛封侯。更始由其喪敗。並爲爵人失敘。錫土無綱。宜遵操斧之柯。豈踵覆車之轍。

羽林將軍王暢薨無嫡子取姪男襲爵庶子告不合承

父昭子穆。千齡不易之儀。繼祖承祧。萬代相承之道。若骨肉無爽。鴟鳩之美克昌。血屬不同。螟蛉之子何寄。王暢名

參驍衛。職綰羽林。俄纏風燭之災。近絕烝嘗之嗣。棄其庶子。收彼姪男。意既不保其家。神必不歆其祀。故荀顗令君之子。珠玉相輝。韋元成丞相之苗。芝蘭遞茂。枚皋孽子。不廢光門。裴秀旁生。無妨貴族。三鱣之寶。銀黃所以挺生。七貂之門。金紫於焉間出。側男自須紹允。猶子不合承宗。詐襲者處以徒刑。應續者宜從改正。

戶部侍郎韋珍奏稱諸州造籍脫落丁口租調破除倍多常歲請取由付法依問諸使皆言春疾疫死實多非故爲疎漏戶部一條

虞書五教實委司徒之官周禮六卿爰開地官之位莫不織成都邑編緝甿黎設九土之綱紲成四方之管轄班固申犬牙之制疆場綺分應璩論馬齒之規井田鱗次户標九等俱陳萬國之圖人有十倫並掛三年之籍豈容丁口脫漏任意疎遺租調破除恣情抽減遂使厥庚頓乏帑藏皆空軍興於是缺支國用由其不足付法科罪仍敢薄言依問款辭咸推遘厲否終則泰造化之常圖福謙害盈幽明之極數魏文帝修書永歎念親故之凋亡劉孔才矯制徵兵促黎元之殘喪薦臻不息僵斃相仍遽利人符多編

鬼錄生者固宜存卹死者難以執留災異不拘案宜從記

工部員外郎趙務支蒲陝布供漁陽軍幽易絹入京百姓訴不便務款布是粗物將以供軍絹是細物宜貯官庫　工部一條

趙務鳴鶴登朝舍雞伏奏轉箸之敏未見稱奇聚米之能無聞播美張蒼之善算國用詎肯留情馮勤之巧計軍儲曾何介意迴長作短趙達之精心變近成遙殊顧潭之屈指蒲陝之布卻入漁陽幽易之縑反歸關隴同北轅之適越類東走之望秦人之情乎緊獨無也細絹稱以納庫粗布貯以充軍非直運者苦勞抑亦兵家買怨宜從削黜以肅愚頑

倉部郎中胡敬稱內外官祿准令據階級有費倉儲望請准見任官品級極爲裨益未知可否　倉部二條

冰霜凜冽白璧不可以禦形水旱災危黄金不可以適口故饑者忘食不從抵雀之珍寒者思衣不貴靈蛇之寶珍臺門館不可以無膳而存金城湯池不可以無粟而守秖如給祿給俸具在朝章准階准官俱編甲令豈容諂佞之

輩曲路邀名趨競之徒僻塗生巧窺測人主汲黯由其面折割剝黎元桑宏以之腰斬我國家咸有一德法無二門動必依繩言不逾矩比成王之制度令出惟行則大舜之溫恭朕言不再胡敬識非稽古學未知今作聰明而亂舊章持薄才而隳正法南山之峻寧資覆簣之饒東海之津何藉操觚之潤請仍舊貫無替前規

滄瀛等州申稱神龍元年百姓遭水奉旨貸半租供漁陽軍許折明年又遭澇免無租可折至三年百姓訴州以去年合折不許百姓不伏

滄瀛等州頻遭水潦泥牛轉感滂沛成河石燕爭飛霖霪變浦當時奉旨令貸半租此日蠲科仍聞款訴准旨有明年之語據條無三年之文以此狐疑莫能讞決明年復潦乃是折空後歲總徵元無折處菖蒲去蚤蝨而蚰蜒竟來礬石止齲痛而牙根遽折所益全少所損愈多徵一丁之半租招百姓之深怨是則國家之信不及於豚魚王者之仁不流於行葦得原失信文公之所不爲獻鼎棄言展季由其未許有家有國乍可去食而去兵大車小車不可無輗而無軏譬如洞庭之嶼彭蠡之湖添隻鴈不爲之多去

雙鳬不爲之少貨藏天下何必前徵而後徵物寄人間終是楚弓而楚得元貸未折許折還徵渙汗發而却收絲綸抽而復返四方取則百姓何憑政在養民理從矜折

禮部奏海州朱雁集岐州奏白麟見及薦郊廟二項俱無空信州申未知合附以否　禮部二條

典朕三禮大舜委於姜夷分勑六卿成王任於宗伯建茲歲首實曰春官敦敘九族之親欽若五常之教祀地郊天之典舉其宏綱朝日夕月之儀撮其機要岐州俯鄰八水斜瞻鸑鷟之峯海部近控三山迴瞰鯨鯢之穴陳敬所奏瑞雁翻朱薛泰申文祥麟孕素艳丹霞於日羽晃若朝輪晶白雪於霜毛皎同秋練既無狀驗空有奏章尋鳥跡於雲空察人形於冰鏡刻猿猴於棘刺尚切見欺說蠶繭於天公誰堪輒信語同捕影不可誣神狀等繫風如何薦廟管窺其事案記爲宜

于旦奏孝門舊多僞作祥瑞並請破孝門勒從課

天地所生人爲萬物之貴人倫所重孝爲百行之原昔傳曾閔之名今有荀何之譽孝通厚載則白兔呈休孝感圓穹則丹烏結慶于旦巡省風俗敷暢皇猷未聞沮勸之方

遽表澆浮之迹舊蒙旌表今請剔除詐濫不逮於詐濤慕善猶愈於慕惡豈可以已無仁不信仁者之行仁以已無孝即疑孝者之非孝蠻貊之國尚或難容父母之邦如何自處靡閑大體好訐微疵事既不然若爲通允

祠部郎中孫佺狀稱往年度人多用財賄遞相囑請元無經業望更銓試不任者退還本邑　祠部二條

國之大事在祀與戎人之所崇惟仙與佛伏自恒星夜隕吉夢宵傳既脫酣象之蹤爰開白馬之寺明須慈悲結慮忍辱凝懷坐鴿珍以勤誡護鵝珠而守戒指法場之門戶

豁爾天開導智海之波瀾渙然冰釋如此之行業乃出乎塵囂豈容闡提末品沙彌淺學不精不進會無羅漢之因行囑行賕翻習檀施之業四分十誦本自面牆六度三明舊來膠柱爲難爲鶩玷鶴樹之清風如虺如蛇穢龍宮之妙法銓擇爲濫解退爲宜

大雲寺僧曇暢奏率僧尼錢造大像高千尺助國爲福諸州僧尼訴云像無大小惟在至誠聚斂貧僧人多嗟怨既違佛教請爲處分

泥洹歸靜涅槃入寂法初不滅故現滅以歸空道本無生

故因生而不用十大弟子憶妙覺之微言八部龍王禮如來之雙足象牙塔廟刻畫眞容牛頭旃檀雕鐫寶相祇如垂儀設敎豈以廣大自矜抽道俗之筋髓暗凡庸之耳目論其壯也釋迦文之淸淶納海吞江語其高也盧舍那之形象包天括地乃法身之自在匪人力之堪爲赤熛似彈能燒萬頃之波白日如盤獨耀四天之下大鐘千石藉小木而方鳴高屋萬間待微燈而破暗心方一寸經營宇宙之先目澗數分歷覽虛空之外何必大者則聖小者不神此頑僧之褊情非達士之深見佛在虛廓之上不居空木之中何用聚怨爲形斂悲成像大推初意實是不然小人之言宜從寢記

鴻臚寺中土蕃使人素知物情慕此處綾錦及弓箭等物請市未知可否　主客二條

一人有慶四海無虞萬國於是星馳八方由其霧湊烏孫合種咸雁集於鴻臚犬族振羣並蜂歸於蠻邸眷彼茅宇開此藁街卽崇三揖之儀爰設九賓之禮祇如土蕃使者實曰酋豪沮渠蒙遜之苗禿髮烏孤之族占風入謁越駝嶺而輸誠就日來朝隔驢山而納款觀鶴綾之絢爛彩映冰霜靚鳳錦之紛葩光含日月彎弧六合犀角麋筋勁箭

三同星流電激聽其市取實可威於遠夷任以私收不足損於中國宜其順性勿阻蕃情

波斯崑崙等舶到擬給食料已前隱沒不付有名無料虛破官物請停

扶南雜種安西諸國跨險憑危梯山航海飛艎走浪望鼠島而三休大舶參雲指麟洲而一息鳶波象郡萬艫爭先烏滸狼牏千艘競進游賊滿山刑人半市督郵從事猶竊興於私門賢者聖人尚潛行於暗室飲德何負徒發孔融

之譏淫具未除終獲簡雍之誚利存禁酒之法害遠釀酤之家楚國之猿禍連林木吳宮之燕殃及樓臺所喪全多所存詎幾理貴崇乎梗槩政無伺於禁虛位人之方居斯而已。謹按此判自督郵從事以下與前文氣不類疑是錯簡

欽定全唐文卷一百七十三

張鷟二

兵部奏默啜賊入趙定卻取幽州居庸程出都督梁亶牢城自守不敢遮截請付法依問得款古之用兵全軍爲上亶既全幽州城不合有罪兵部

一條

兼弱攻昧武之善經在祀與戎國之大事皇天震怒發雷電以申威王者矜殘用干戈而肅令蠢茲日逐蕞爾天驕苞玉塞以疏江控金微而作鎮韋韝毳幕射多食鼠之夫氈肉酪漿俗負乘羊之化鵶鶚萬路憑陵燕趙之郊狐兔千羣撓亂幷幽之地梁亶忝司金鼓謬掌銅符既典軍容兼知州務理須擊蛇作陣列鸛爲軍驅貔貅而掃蚩尤縱熊羆而撲獯狁山陵向背握元女之靈符日月虛空操黃公之秘術豈得拙於對寇怯於用兵擁堅甲以自防坐重城而固守不存邀截故縱奔馳脫翔鳥於高林送遊魚於深水無心捉搦鴟掛網而還飛有意寬疏鼠入橐而重出空執全城之語慮貽縱敵之辜宜據刑書准條科結

監尹勤奏學生多無經業舉送至省落第並請退

還本邑以激勵庶望生徒進益 國子監二條

大學小學尊師而敬道上庠下庠欽賢而貴德稽山之竹資括羽以宣功崑岫之珍待琢磨而爲器東序西序離經辨志之原小成大成溫故知新之學積川爲海蛟龍魚鼈處其中積土爲山鸞鷟鵷鶵翔其上學而從政罔不由茲學古入官其來尚矣秪如每年貢舉先有成規登上科者高步於龍門落下第者退飛於鷁路蹶足之馬尚想造途失晨之雞猶思改旦庶使鴻飛海浦仍懷漸陸之期鶴唳霜皋尚有聞天之望豈得一回試落便棄前功善誘生徒

卻將未可昔蘇秦十上豈曰無才主父八條何妨有用尹勤西塘教首北海儒宗應知三絕之勞頗識百篇之誹隨藍改質實藉招攜題竹書名良資教授寧有棄古人之糟粕頓被疎遺受新生之束脩頻爲改換所請無理狀涉有情未可舉科且宜從記

太學生劉仁範等省試落第撾鼓申訴准式卯時付問頭酉時收策試日晚付問頭不盡經業更請重試臺付法不伏

劉仁範青衿冑子黃卷書生非應奉之五行異王充之一覽天下第一希聞胡廣之才日下無雙罕見黃童之譽春秋一月徒棄光陰文史三冬虛淹歲月有司試策無鼂錯之中科主者銓量落公孫之下第理合逡巡斂分退坐受銓豈得俛仰自強肆情撾鼓伏稱問頭付晚策自難周銓退者卽恨獨遲簡得者不應偏早訴人之口皆有愛憎試官之情終無向背傲不可長驕不可盈若引窺覘之門恐開僥倖之路豸冠奏劾自合甘從馬喙無冤何煩苦訴宜從明典勿信游辭

監賀敬盜御茵席三十事大理斷流二千五百里敬不伏云其物雖部分未進不得爲御物 少府監二條

沈沈少府掌其山海之資隱隱內藏職在瓌奇之貨瑇瑁象牙之寶萬里雲奔珊瑚瑪瑙之珍三邦輻輳百萬錢之重寶實表貞廉二千石之崇班方求清素薛宣之才茂行潔乃應斯榮王觀之守法不移方堪斯任賀敬挈瓶小智荷蕢庸才謝楊阜之公清非孔融之明悟秪如桃笙象簟擬進乘輿翠被鴛裯咸供御用豈得外爲鼠盜內縱狼貪未聞匡鼎之賢已蹈敬聲之譏赤衿之席輒入私家文袷

之矜擬移公室盜物數逾三十斷流遂越二千理合甘從
仍懷苦訴款稱物雖部分未進御前執此曲途深乖直道
但供玩好奏進奇珍監當各有司存擬進便爲御物何必
要須入內方可爲偷法有正條理須明典

府史杜元掌造金璽遂盜一枚鑄改爲酒器斷絞
不伏云璽未進合準常盜不合死

傳國之寶有道必資式開瑞象之文秖啟象麟之享白玉
爲檢映犀鈕以分輝黃金爲繩瑩龍緘而動色既施寶玉
復假金銀封以青布之囊帶以采組之綬杜元一介庸瑣

千載寒微馳策十年之門始豫九流之選理須恪勤匪懈
守孫賀之曹夙夜在公奉常林之教豈得小心之譽未出
於街庭大慾之蹤已流於臺寺創此六璽輒盜一枚遽殘
螭角之輝翻作裹蹄之用方寸妙篆奄就鑪銷五字靈文
俄從灰壞量其犯狀罪不容誅語其刑名死有餘責既投
無赦之律合處不敬之倫禹泣既不原辜湯祝如何免罪
宜從絞坐以肅朝章

大匠吳淳掌造東都羅城牆高九仞隍深五丈正
屬春時妨農作百姓訴至秋收後淳自求功抑
而不許御史彈非時興造付法不伏將作監二條

九卿分統漢朝開土木之官百工惟時周禮置梓材之職
斧斤動役測之以寒暑版築興功揆之以日星以人從欲
傾宮就而紂亾以欲從人露臺休而漢盛吳淳任居大匠
職重繕工踐李固之前規躡曹褒之舊跡建都河洛起役
伊瀍百堵所以雲興九仭由其岳立畚簣魚貫強脊者使
之負持鍬杵雁行長脛者令其踏鍤優旃欲漆之郭雖復
難同張儀覆錦之城於焉易就九重之邑無勞走馬之形
萬家之都自有臥龍之異理須候隙啟閑務在從時下不

奪於三農上不虧於八部倉庚遷木殊非濬洫之辰戴勝
降桑豈是營都之日寧有自求微效廣棄人功既廢春疇
宜從霜典

少匠柳佺掌造三陽宮臺觀壯麗三月而成夫匠
疲勞死者十五六掌作官等加兩階被選擿鼓
訴屈

千八百國王者以列郡分州三十六所聖人有離宮別館
鵲宇銜月共五柞而連陰龍臺造天將九華而接影三陽
地鄰崿坂境帶嵩邱斜瞻玉女之祠近瞰傅公之井爰茲

勝壤聿啟深宮取酸棗之前基探棠梨之舊制柳佺職惟經構位掌欂櫨拱木僝於林衡全模授於梓匠鳳池青瑣參差雁齒之階鸞庭綺窗錯落魚鱗之屋璿題耀日聳瑇瑁之金椽珠網懸星洞琉璃之寶閣似王彬之勤苦自覓封侯匪魏霸之憂人怡然受樂仲華省費之譽未展其能伯直士卒之先罕聞其效壯麗則論功極大勞役則死者還多勤勞補拙而有餘功過相除而不足人未疲而事就乍可論優人半斃而功成若爲徵賞加階放選已自偏矜揭鼓自強何爲淺見輒驚聖聽不得無辜法有正條理宜科結

五月五日洛水競渡船十隻請差使於揚州修造須錢五千貫請速分付 水衡監二條

水衡列職池苑分曹既知遊觀之娛兼總鑄錢之府河堤謁者服彼賢冠都水使司佩其蒼玉允釐舟楫肅掌陂池陳勰之績既深王延之效斯重斗柄停午律中蕤賓葛亮涉瀘之時田文始生之日續命之縷漸染成風辟兵之繒因循不絕朱絲約粽變成南楚之宜紫艾禳災大啟中州之俗翦鸜鵒之舌必是能言收烏鵲之腦自然懷戀爰因此日競渡爲歡蘭橈鳴鶴之舟桂棹晨鳬之舸鴨頭泛灔與青雀而爭飛鷁首參差共飛龍而競逐黃頭執櫂疑素鯉之凌波白衣揚櫓類蒼烏之拂浪競渡所用輕利爲工創修十隻之舟費直五千餘貫金舟不可以泛水玉楫不可以乘湍造數計則無多用錢如何太廣玩物喪志所寶惟賢豈將有限之財以供無益之費所請非急未可輒依

水工鄭國狀請決漢水直山鑿山通道至伊水入洛須夫五百乃運江淮租極便

水曰潤下火曰炎上順性則易從違方則難理祇如漢江

已北伊瀍之南巖嶂嵷崒以造天岡嶝崢嶸而括地層峯切漢飛鳥迷林絕壑窮山奔豹失路探深泉之月兔罕有其功捉高標之日烏未聞其可后稷之播殖九穀不能使苗稼冬生夏禹之引決百川不能使江河西注鄭國才非識古智未趨今乏袁敏之多能謝酈長之博覽進不量力退不省躬逆地勢而開山絕天眞以決水區區淺見輒與造化爭功瑣瑣庸情擬共陰陽競氣銜枚塞海爲惷已深捧土塡河在愚彌甚妄爲勞役虛費人功既貪罔上之條合處欺天之罪審問情狀方可論科

鴻臚寺狀稱默啜使人朝宴設番客沙苑監李秀供羊瘦小邊使咸怨御史彈付法 沙苑監二條

滔滔碧海萬穴於是朝宗隱隱黃樞百靈由其納款長城絕地高闕凌空包玉塞而爲險控金微而作鎮龍荒景促則飛雪千里龜林沍寒則木皮三寸韋鞲毳幕人傳食鼠之風氊肉酪漿俗染乘羊之化處狼居而跋扈臺號單于阻馬坂以挺袄地名光祿千里辮髮望夷邸而爭趨五月披裘瞻洛橋而下拜聖朝仁以接物德以和人矜其屬國之情待以蕃臣之禮李秀職編沙苑位綰牧司輒隱肥羊

翻將瘦羜一羊供國罕見滋繁三百維羣如何檢察羸肌薄毳供旦饌而難充瘠骨穿皮濟晨炊而無用主簿之號空覩其髯大夫之家獨留其舌遂使賢王結恨恥大國之風輕驕子相嫌鄙中州之禮薄憲司彈劾允合公條大理糾繩固難私縱

正月朔旦祭南郊沙苑副監劉璥狀云方今尊崇釋教其羊料請減庶望國家有福慶祚綿長太常執奏祭天事大不宜降禮

銅澤應序玉律調年暢彼三微均茲四氣中和之職節初元於鳳笙司歷之班分上序於虬箭獻鳩發歲放雀名晨盤薦五辛家承百福磔雞牖上迎媚景以禳災懸羊戶間應和風而助氣椒花起頌餞故迎新柏葉傳杯迎暄送冷受茲勝景方申藉稽之儀敬以吉辰允迪燔柴之典劉璥識非經遠智謝鉤深蘊薤草之庸才懷守株之小見請禁屠於齋月望省料於郊天欲崇釋典希延慶祚但五帝三王之代內教猶潛二莊兩明以來眞如始泛已前無佛不廢禋宗今日祭神如何減省重人賤畜先哲之格言敬地尊天明王之令典棄而用犬尚有前譏爾愛其羊能無後

誚邪情既虧正道小惠終亂大謀並付所司各依前式

秦新安穀水社舊是苑內地近被百姓併吞將作數請收入苑百姓不伏 苑總監二條

伊洛瀍澗八谿九谷之津少室嵩高五岳三塗之險召公相宅灼龜墨以定王畿光武建都因鳳集而成帝業濯龍芳苑寶蓋成陰走馬交衢金錢滿埒謻門曲榭從來別館之基壽安永寧舊是離宮之地眷茲穀水俯瞰神州斜連四會之郊迴控兩京之路都人接畛桑棗成林逆旅分區閭閻撲地雖其原是苑內不合輒許人居四邊皆有業恒

百姓苦爲吞併天田大小先有規模御圃短長非無制度文王百里之囿不以爲多齊宣四十之園猶嫌太廣利民之於利國相去幾何施人之於奪人失之彌遠何惜數頃之地頓傷百姓之情如愚所裁宜依舊定

上林監楊嗣請增置宮館於上林中御幸遊戲田獵所詣郎上下輦咸宴暫勞永逸永久安穩

八州浩蕩控丹水以疏津九嶺參差繞黃山而作固相如健筆高談上苑之芳子雲清詞盛述長楊之麗露寒鳷鵲之觀古跡似存宜春屬玉之軒餘基尚在儲胥枍詣便開

御幸之塗清暑甘泉實曰微行之處探封巒於漢制侈未及奢獲林光於秦餘儉而不陋何必廣開禁籞虛費人功優旃發使鹿之譏張昭有射彪之諫大誇宮館外取笑於由余廣設綠垣內興嗟於貢禹楊嗣謟諛佞士輕薄邪人矜奔競之褊懷昧公方之大體奉聖君於堯舜善跡無聞陷人主於桓靈醜聲先著鎮之以靜則俗阜財殷撓之以煩則政荒人散不應言而上言法有正條不應爲而有爲刑茲罔赦宜從貶論以肅朝章

本省狀稱寺伯蒙天建植性謹厚薦達賢良處事清勤惟知內外糾察必望百司清肅（內侍省二條）

在天懸象天垂宦者之星在地標儀地有閹人之職莫不謹房室審宮闈旣隆內宰之班實掌中門之禁以其體非全氣性實專良中常侍啟之於前大長秋建之於後金璫銀璫之貴光輝紫庭左貂右貂之榮寵盈黃闥蒙天建職參永巷位典長門出入後庭馳驅臥內專謀靜愼比鄭衆之元勳勤心納忠方史游之補益舉能不倦繆賢之績尤彰進善無私曹騰之譽斯足省司稽其楨幹兼以行能久參內侍之雄清肅外曹之職但逐鹿之犬必無捕豹之材

擊雁之鷹豈有追鵬之力巷伯興刺周道所以淪胥閹豎弄權漢風由其大壞景監見任趙良寒心同子參車袁絲變色骨鯁之士足以糾正朝儀刑餘之人豈可參謀國事其言不次無理告知

內侍元淹心狠貌恭善柔成性兩京來往威福甚高金帛祇承則安于延譽迎候失行輒加鞭撻

元淹佞幸居懷謟諛成性同豎刁之狡獪翻覆邦家類伊戾之猖狂動搖州郡回天轉日之勢況此猶輕城狐社鼠之威方斯未甚有恭石之巨蠹濫奉前規無管勃之奇功

叨居近習，往還三輔，威福甚高；去來兩京，風霜極烈。苞苴未入，墜以黃泉之深；賄賂潛通，招以青雲之上。鞭笞士子，恥辱官寮。犬羊披虎豹之毛，燕雀假鳳凰之翼。豈可濫班九棘，點穢巖廊。宜可投諸四荒，以禦魑魅。馳驛速發，無俾少留。各下所司，即宜催遣。

監修國史劉濟狀稱：修史學士李吉甫多行虛飾，不據實狀，有善不勸，有惡不懲，得財者入史，無財者刪削，褒貶不實，非良史之體。修史館二條

觀龍演卦，未聞記事之書；學鳥爲文，始立載言之典。平林鬼哭，經籍所以鬱興；中山兔悲，翰墨由其駿發。紀功紀過，沮誦肇之於前；繫月繫時，遷任蹤之於後。莫不懲惡勸善，激濁揚清。千載覩其昏明，一字成其褒貶。吉甫緹緗藏室，握槧詞林，遵直筆於南史，跨高蹤於東觀。理須抑揚訓誥，斟酌典謨，辨而不華，質而不俚，退而隱惡，慕周舍之堅貞；進不虛美，追揚雄之故事。何得文隨意曲，筆逐情偏，非左氏之三家，有劉公之一弊。密會王道之轟，聞而不言；潛濟生人之徒，捨而不錄。阿附宰相，貴虛飾以佞一時；詔事明君，尚虛名而誇六國。貪述冠冕，遺衞霍之元勳；競敘婚姻，忘良平之上策。有青蚨之錙，則倍事抑揚；乏黃鳥之金，則輒加刪削。就腐刑於漢室，便作謗書；求斛米於梁州，輒成佳傳。毀譽在巳，高下由心。異班彪之正色，乖董狐之直道。有奸雄之性，無良史之才。徒紊國經，宜從屏退。

著作郎楊安期學藝淺鈍，文詞疎野，凡修書不堪行用。御史彈才不稱職，官失其人。掌選侍郎崔彥既虧清鑑，並請貶退。

著作之司，藝文之府，既藉賢良，實資英俊。自非干寶贍學，無以措其鋒穎；孫盛宏詞，詎可塵其簡牘。安期才無半古，學未全今，性無異於朽林，文有同於敝帚。畫虎爲犬，疎拙有餘；刻鳳爲鴟，庸才何甚。文詞蹇鈍，理路乖疎，終取笑於牛毛，徒自矜於雞口。崔彥位參藻鏡，職掌權衡，未分麟鹿之殊，莫辨梟鸞之異。投鼠尸於玉府，有穢奇珍；擲魚目於珠叢，深輕寶物。躄士之追蹇兔，罕見成功；盲人之配瞎驢，自然俱敗。選曹簡要，秘局清高，理須放還，以俟來哲。

右金吾衞將軍趙宜檢校街時，大理丞徐逖鼓絕後於街中行，宜決二十，奏付法，逖有故不伏科罪。金吾衞二條

中尉掌徼起自秦朝郎將司階行於漢制御曹執革雕輪光紫陌之前武庫禁兵緹騎拂紅塵之外彎弧狀月肅肅盈衢挺劍含霜輝輝滿路辛慶忌之威重乃應斯榮漢光武之微時猶欽此職趙宜名參列校務總戎昭躡賈復之前規追寇恂之舊軌乳虎之號響溢於京畿蒼鷹之名聲充於輦轂既而鯨鐘隱隱路絕行人鶴鼓鼕鼕街收馬跡徐遜躬沾士職名屬法官應知玉律之嚴頗識鉤陳之禁豈有更深夜靜仍縱轡於三條月暗星繁故揚鞭於五劇前途尚遠歸望猶賒未侵豹衛之司忽犯獸冠之吏既缺

瓜田之慎便招楚撻之羞付法將推狀稱有故但犯夜之罪惟坐兩條被捉之時曾鞭二十元犯已從決訖無故亦合停科罪既總除固宜從釋

右金吾郎將韋謙於清化坊屠兒劉忽索肉不得決四十禁經一月忽男於右臺咆哮無上下禮

韋謙五陵貴緒三輔名豪忝司陰識之班謬總朱浮之任不能恪勤守職廉慎當官未懸主簿之魚頻窺亭長之肉貪婪之性無媿於維鵜饕餮之情有同於相鼠庖丁之室屢被侵欺朱亥之門恒遭刻削徐秀才之耿直詎肯庶幾韓安國之流通會何仰止馬防名德雖未可追崔炎芳聲去之匪遠天津橋內實歸左衛之麾清化坊中豈是西曹之管越司侵職自有正條不合箠拷非無舊式依檢騰凌無厭未可全科設令咆哮不虛止從凡鬭宜從犯狀據法論刑

本衛狀頃者內有警急羽林將軍敬偉不避危險斫門斬關誅鋤逆賊肅清宮禁元功盛勳合加旌賞左右羽林衛二條

期門騎士五營驍健之夫羽林孤兒六郡良家之子既兼

都尉實號嚴郎甘延壽之武勇傳介子之趫捷如貔貅烈莫與之爭如鶻衝飛死而無退自非鄧彪貴冑竇固名家豈可濫廁戎麾叨居武禁頃者鴟梟反噬蜂蠆成妖釁發林蓐之間災生肘腋之下虹穿白日星孛紫微時驚觸瑟之虞遽有獻圖之變敬偉不承制勑輒入宮闈騎列青規兵交黃屋犯龍苑之禁尚供嚴刑斬鹿門之關猶思干紀豈有白鷴飛閣列闔長驅元武仙樓衝扉直進侮弄兵器震動乘輿論功雖則可嘉議罪便當不敬以勤補拙終過重而勞輕以力酬愆卽罪大而功小何者經綸秘筭不忤

於密圖君臣恒規理存乎大體故勃覲斬袂晉主納其忠管仲射鉤齊桓任爲相怒封雍齒勸一志於人臣泣斬下公懲兩端於軍將鄖陵述命竟守前榮里克施恩便招後譴春秋之明誠今古之崇規勞不足稱罪宜先結

又田達當討救之際索馬不與拒門不開覆奏往來宜失機速合處極法不伏

田達襟神勁烈志節堅貞天子之腹心皇朝之牙爪雞鳴高樹風雨不易其音麈尾長松冰霜不改其操一兵一馬咸待竹符門閉門開皆憑木契循環復奏務在從眞倉卒

輒來焉知非詐薛廣斷鞅情發於衷郅惲拒門意無非惡一心可以事百主百心不可事一君苟不踐於邪途固無虧於正道衛綰敦實謹厚見稱王陵樸沈眞專可尚宜除舊過不奪前班則勸沮有歸政刑無失

右衛狀稱駕幸西京訴事人梁璥衝三衛仗遂被翊衛張忠以刀斫折右臂斷璥徒不伏 左右衛一條

肆覲羣后列聖所以乘時五載一巡明王以之順動周穆八駿車轍市於寰區夏啓二龍騎跡光於寓縣漢家簫鼓屢向汾河魏帝鳴鑾式臨譙郡皇上俯從中路幸望西畿萬騎皎而星羅六軍發而雷動江騰海運擁列缺以前驅霧集雲屯命蒙公而啟路張忠家承積閥業盛良弓非無大樹之榮實有小棠之蔭公侯圭璧百代相仍帶礪山河千秋不絕腰鞭紫闥方申禦海之勞荷戟丹闈式展干城之效

杜俊對仗遺箭於仗內御史彈付法 左右千牛衛一條

杜俊幼乏過庭少虧函丈濫荷苴茅之蔭叨居蘭桂之叢故得佩韘龍軒腰韔鳳闕不能翕肩斂氣對黼帳以兢魂俛首曲躬臨玉階而側足豈得欽承聖旨曾無戰灼之心

侍奉天威敢縱盧胡之笑石慶謹厚未著於朝儀鄧通驕淫已塵於國典不恭之罪付石碏以懲科無禮之徒從日磾而訓戒雖仗內落箭未見遺弓律有正條相須乃坐二罪俱發自合從重而論一狀既輕不可累成其過

衛狀稱揚州貢大人魯敬身長九尺力敵十夫配上押門兇粗酗酒不堪宿衛請退還本邑 左右監門衛二條

銅街八會開十二之通門金城九重列三條之廣路嚴扃設禁隨日月之昏明秘鍵凝規順陰陽以開闔龜鋪掩映

對金馬以翻光鶴鈕參差間銅人而亂色押門守當必藉身林擊柝防閑良資壯健魯敬家臨海曲稟大海之精靈地邇江濱得長江之粹氣容儀絕大骨節非常扺熊拉虎之威扛鼎翹關之力馮勤八尺象貌過人虞延十圍英資出衆置之階陛可以啟發朝端列於宮闈可以光輝廊廟昔季布使酒譽振於河東樊噲飲巵功高於霸上典韋長啜身爲時傾蔡裔雄聲才堪國用兇粗小失可峻之以刑書沈酗微愆可懲之以清憲宜漸戒厲未可退還

將軍魯慶諸州租調多被欺賄賂入已始給門牒

船車壅滯進退無由

魯慶位在監門職惟防禦理須孜孜匪懈恭慎小心耿耿恪勤方崇大略察奸非無隱伏知左道有孤虛上思郅惲之心下戒田仁之失但任土作貢玉帛星繁稅孰貢新糧儲嶽積赤馬之舸萬里連檣青牛之車千輛接軸豈得不遵公法直縱私求故作躊躕專爲頡頏鶴綾未入遂高臥而閒閒蚨鏹忽來即傾身而急急贓賄溢室謗訟盈庭外不懼於乘驄內無慙於相鼠待知贓估方可論刑宜更推窮以實裁斷

都留守左右屯衛將軍王林狀稱駕在西京恐有警急請屯兵於宣仁門外以備非常左右屯衛二條

皇天震怒發雷霆以申威聖帝除殘用干戈而肅殺莫不先聲後實轉敗爲功就逆命以迎師因不庭而動將五十二戰非黷武而窮兵二十七征蓋除兇而翦暴期門七萃列刃以攢鍭衛尉八屯警夜而巡晝王林位參八校職列五營朝檢察於周廬夕嚴更於徼道請於都郭列置屯兵思患預防不虞先備但王者之貨藏之於天下王者之師守之於海外以騎數十振彼威容臥鼓歇鞍示其閒暇豈

有制兵城內列騎街中百賊叩門萬夫何用掩扉拒寇終爲自死之人入井逃災乃是成埋之鬼虎豹在檻無復施其爪牙鷹鸇處籠何以張其羽翼繫猿廡下求其趫捷之功絆驥庭中責以超驤之用五尺童子尚以爲愚三事大夫若爲通計所請非理告記爲宜

飛騎將軍劉恭膂力軼羣弓馬超衆眇其一目恐不堪侍奉欲放歸鄉里又惜其身材

主上股肱是爲心膂漢高之得樊噲廓去妖氛曹公之有典韋克寧寰宇劉恭力齊烏獲勇若專諸非無孟悅之才

實兼任鄙之狀登城斷布所向無前荷石投人誰當餘勇越稷門之宇俊健有聞舉大國之關驍雄可尚昔子夏喪目猶授講於河西左邱失明亦修書於東魯殷堪雖耿作牧於江濱丁儀止婚興嗟於魏帝用大捨小棄短從長川澤納汙山藪藏疾蛇銜輝乘不以細纇爲嫌虹氣連城不以微瑕致損大材可錄小疹何傷既要所須宜依舊定

將軍任季狀稱於蔚州飛狐口累石牆灌以鐵汁一勞永逸無北狄之憂 左右武衛二條

地稱窮髮星應髦頭既號匈奴實爲驕子國宜羊馬逐水

草以遷居境帶風塵抗沙場而雜處霜寒弓勁虜騎擾於邊庭月滿兵強胡笳市於荒徼五千深入李陵於是失機十萬橫行季布猶其未許任季忝司武衛謬典戎昭既沾蘭錡之班須委韜鈐之略昔漢屯上谷未遑中權秦築長城惟聞下策乃欲出塞杜賊閉磵防胡累之以石牆灌之以鐵汁長茲賊氣沮我軍容生敵國之兇頑示中州之怯懦但飛狐險徑與天地而同開度雁危峯共山河而並立咽喉塞絕血脈無以通流谿谷橫汙川澤如何引氣上虧天道下費人功無益皇威有同兒戲

又請削橛於塞上數千里釘以刺突厥馬蹄斷賊北道

窮沙邐迤南北千重絕漠蕭條東西萬里豈有釘橛徧地斷十角之人蹤鐵樁插荒刺三邊之馬跡未逾數月朽木先摧不及周年危根遽爛費功庸於北塞人力已殫防寇賊於南庭馬蹄無損此愚夫之淺計非達士之宏圖未陳英將之規御被夷人之笑不如命李廣選郅都斷匈奴之咽喉裁賢王之右臂元甲鏡野朱旗絳天掃雞鹿之妖廓鯨鯢之祲去而勿逐來而必擒織絲網以障魚張布囊而待鼠兔遊犬室詎有還期雀入狙叢終無去處上智之筭

此謂攸宜下愚所裁斯爲長策

將軍宋敬狀被差防河恐冰合賊過請差州兵上下數千里榷冰庶存通鎮 左右領軍衛二條

蠻夷猾夏肇自遐年獯鬻不臣匪惟今日玁狁孔熾太原稱六月之兵冒頓不恭平城有七朝之弊儒學之士守玉帛以和親介冑之夫勵金旌而薄伐宋敬身參八校名班五戎分銅獸以握兵佩銀龜而按節長驅塵塞須崇衛霍之勳直邁龍沙宜建班張之效祇如千尋紫塞遠接天山

萬里黃河遙通瀚海雁飛霜早擁積雪而埋雲狐聽冰初跱層冰而裂地浮澌嶽聳詎煩王霸之機累凍天平無勞宋玉之誦斯顯河宗肅令風伯申威旣夕破而晨凝亦朝開而暮合

中郎將田海請於舊長城塹東至遼海西至臨洮各闊十步深三丈並仰審利害

區區病卒遂與造化爭衡瑣瑣平人擬共陰陽角戾下泣添浪爲拙已深低身負天在愚何甚匈奴獷俗戎狄獸心爲惡比於豺狼作逆愈於梟獍同夫猛虎飢則食人類彼

蒼鷹飽則高颺漢施亭堠三邊於是不虞秦築長城四海由其大亂東漸亘海西至流沙路阻三十六蕃途經八千餘里掘三丈之塹下徹九泉闊十步之壕傍通萬嶺鬼兵是役尚自難全人力所營如何克濟邊夷未損中國已空非直頓失天心亦復徒傷地脈所請非計無理在知

欽定全唐文卷一百七十四

張鷟三

疏勒鎮軍大使左驍衛將田愼狀稱安西路遠沙磧極深國家鎭遏甚爲勞弊一住十年死亾殆盡欲益反損請停四鎭　左右驍衛二條

狼望蕭條龍堆莽蕩迤邐白蘭之表迢遞蒼松之外傍通鬼域遠絕人區綿亘三十六蕃經過數萬餘里公主遠嫁徒聞黃鵠之歌高昌入朝卽動金驢之唱陳湯斬首之烈遙靖郅支班超定遠之蹤俯臨蒲海戊巳校尉鎭靖遐荒

都護羌夷招攜異域田愼名參越騎位典戎韜仗節烏壘之前揚旆絳賓之右不能因利乘便躡充國之英規矯制申功展陳湯之盛績羸師遠入追廣利以長驅煮弩充飢慕耿恭之無退豈得暫辭艱弊不顧宏圖纔住十年卽停四鎭功無縮地阻境界於邊庭虛奏聞天失威嚴於大國遂使皇威曠蕩莫漸於流沙聖澤滂沱不行於近磧區區炎漢猶拓土以開疆赫赫隆唐擬抽邊而削地誠合解退以肅朝章所請無端告記爲允

郎將侯珪使西域市馬屬磧石乏食遂將齎馬價

糴食以救之並免飢餓御史彈不承制命擅用
官物
大宛之國舊出名駒小月氏郊素宜良馬出陽關而直望但見平沙歷險固以遐征惟多積雪秋風旦慘白日黯而將昏寒雲夕愁黃塵暗而無色斜衝烏弋直指龜茲踐無雷之舊墟馳不霜之故地東道之驗仍未交關西迴之兵輒爲賙賑但重人賤畜往哲之嘉謨救死扶危明王之盛事若逢兵餓汲黯之擅無傷矯費齋資敬聲之狀無捨柏臺奏効合寘嚴科棘署論刑更宜推鞫待知的狀方可量

裁

御史彈東宮每乘牛車微行遊諸寺觀左右清道元不設儀仗殊失禮容所由率丁讓等並請付
法 左右衛率府二條

天孫東岳有國之元儲帝子前星通邦之上嗣河海重潤控玉檻以疏源日月重輪順珠囊而叶度位隆銀牓青方列長子之宮望重銅樓紫極纂承祧之業濟南鳳集天骨已彰清河蛇盤靈資早應丁讓職惟清道務掌干城列羽衛於瑤山典戎旗於望苑自可晝堂之側肅肅霜戈甲觀之前森森電戟何得安細針於座上竟未匡毗帶長劍於街中曾無覺察遂使盤遊無度玩好非宜日遠之對蔑聞星流之瑞徒應昔乘小馬尚致譏嫌今駕牛車深乖典則所由既不匡正羣下竟未上聞虧失朝章理須明法

東宮無事輒發四府兵獵未經奏許所司不言有
虧國法

重離明兩允屬利貞一日三朝實歸仁厚府官等肅承蘭殿虔奉桂宮識金玦之無歸知玉牀之可惜春誦夏絃之訓先有常儀冬書秋禮之規非無永範何得不遵彝教專

事荒淫逐迅羽於長林接輕肥於淺草南皮射雉好樂無厭東門逐兔長驅不已籠山絡野恣盧犬於平原冒雨侵風縱蒼鷹於廣澤一兵一馬皆奉嚴符乍出乍歸皆憑獻表進不能諫退不能言虛曠國班謬尸天祿並宜削黜審擇賢才自然鶴禁長清龍居永肅

太廟令朱景方行大祀乃於散齋而弔喪御史彈
付法大理斷官減一等徵銅五斤 太廟郊社二條

大祫之禮列聖之攸先吉禘之儀明王之令典莫不尊崇祖考敬事神明既申如在之誠聿起不欽之罰若嚴禋有

馹赤雁降於祠宮祭謁無虧白鶴翔於清廟則有輕饗薦黷齋明肅承顧廟虔奉閟宮方行盥滌之規有事宗禋之典龍旗是禱儵革鶬鶬信馬來朝威儀肅肅理須恭敬乃志靜慎其心玉瓚之獻克修金罍之壽斯薦何得散齋之日迓祉之辰周澤之潔無聞荀彧之容先發長驅馬足便過元伯之家頓作驢鳴乃向仲宣之室不恭之罪法有常科失禮之愆宜從明憲官減一等銅坐四斤數外更求未爲通允

二月有事於太社太常博士馮敬有大功喪隱而

不論遂以行事付法科罪

社爲土主稷是穀神侑以姬周之祖配以烈山之子納籙受圖之哲乘乾執契之君莫不崇尚其道肅恭其事夏殷履運仍開松柏之禋漢祖登朝復設枌榆之祭分其玉帛建五色之靈壇薦以牲牢具三重之芳酎八音間發六舞交馳社主享而成休明靈歆而降福命三老率百神應瑞雀於青疇掃飛蝗於翠畝則千倉歲積三農之聚有餘萬庾年登九載之儲斯溢馮敬身居典禮職在秩宗應知六祝之詞頗達六祈之訓帶斯凶服輒入禮宮御史奏彈雖言奉法詳刑結罪須按科條廟享誠則有違社稷元來不禁彈無反坐律須執文枉被凝霜理須清雪

太樂令盧慶狀稱五帝殊時不相沿樂三王異代不相襲禮請改聖朝樂名大象天下往極爲號又應國姓 太樂一條

古之天子制禮以安人昔者明王作樂以崇德移風易俗成孝敬而厚人倫快耳娛心感鬼神而通教化調茲六氣徵主夏而角主春導彼五音宮動脾而商動肺天則不言而信故奏雲門以祭天地則不動而生故奏咸池以祀地

道則無象而化神則不怒而威故暢之以鐘鼓娛之以絲竹廉直正誠之響發而人肅恭粗厲猛毅之音生而人剛健哀思爲亡國之典其政陵遲怨怒爲亂世之音其風轉替故詳其律呂師曠知其盛衰察彼軒懸延陵識其興廢自王澤旣竭風雅莫流文侯聽鄭而不寢孔子聞韶而忘味桑間濮上流宕忘歸下里巴人奔波逐遠聖朝均四暢調八風聽鳴鳳以和音命飛龍而度曲上通咸夏式隆殷薦之儀俯定莖英允叶昭容之典歌九敘諷六詩聞其聲而德和省其文而心正盧慶職參樂令匠典倡優履師摯

之前軌躡曹褒之舊躅以爲質文遞變禮樂殊塗輒進嘉名深陳雅稱執大象而天下往其德彌長行大道而海內和其風載遠命伶倫而討韻雅合夔鐘召荀勗以調聲自諧牛鐸千童萬舞共朱雁以齊行八佾九歌將赤蛟而合節尤裨聖化甚益皇明宜下太常先宣美號

鼓吹令王乾狀稱鼓吹鹵簿國家儀注器具濫惡請更改脩制禮部員外崔嵩以府庫尚虛以非急務判停 鼓吹一條

梟鐘隱隱隨九變以交馳疊鼓逢逢和八音而間作或短

簫橫引朱鷺鏗鏘或長笛手吹紫騮淒切東宮所設殊非列代之規平闕爰施亦匪先王之制然國家儀注須應禮經既崇鹵簿之班又惠功臣之錫有家有國朝章不可暫虧去食去兵禮樂如何輒廢王乾狀請崔嵩判停爾愛其羊我愛其禮速令鳩集請勿狐疑

太卜袁綱善卜所言立驗有術士崇儼夜無故被殺不知頭首使綱筮之竟不知賊處御史彈綱情有向背而不言付法 太卜一條

楓天棗地觀倚伏於無形方智圓神察幽明於未兆百年鼠卜尚辨吉凶五德雞占猶知禍福長安季主不以榮辱存心蜀郡嚴平不以衣冠介慮袁綱雅望四兆妙達二臣榮參九筮之班藝審千蓍之訣東方朔之暗射指掌可知淳于智之精通毫釐無失均趙達之回筯要妙如神比吳泰之求棋縱橫必中有蛇銜筆立定徵祥有蟻開封行看潤澤遺豹冠於獵所逆見繇辭懸馬鞭於樹間預知貧富如斯術數實繁有徒崇儼薄解醫方微知小伎遭費禕之刺客遂隕輕姿遇袁盎之讐人俄頃重至莫知賊首須察眞蹤綱爲研尋竟無的狀將爲隱避爰被奏彈理須直守

正途不可偏居小節何也龜稱聖智不能免宋元之鑽龍號神明不能脫夏豢之網郭璞洞林之妙竟被嚴誅京房易傳之微終從大戮知有所不察神有所不通旣處重刑恐虧平典

大醫令張仲善處方進藥加三味與古方不同斷絞不伏云病狀合加此味仰正處分 太醫一條

五情失候多生心腹之災六氣乖宜必動肌膚之疾絕更生之藥必藉良醫乏返魂之香誠資善療張仲業優三世方極四難非無九折之能實掌萬人之苦郭玉診脈妙識

陰陽文摯觀心巧知方寸仙人董奉之靈杏足愈沈痾羽客安期之神棗攻茲美疢華陀削胃妙達古今仲景觀腸譽聞寰宇聖躬述譴謹按名方肅奉龍顏須窮鵲術豈得不遵古法獨任新情棄俞跗之前規失倉公之舊軌若君臣相使情理或通若畏惡相刑科條無捨進劾斷綂亦合甘從處方卽依誠爲若屈刑獄之重人命所懸宜更裁決毋失權衡

太史令杜淹教男私習天文兼有元象器物被劉建告勘當並實 太史一條

粵若顓頊命南正以司天昔在帝堯列東官以賓日履端於始序則不愆舉正於中時乃不惑自秦稱金贊叨五勝之宏綱漢起玉雞叶三微之遠度徵洛下命唐都攷大衍之始終心伏義夢周旦步太初之盈縮四營因之式序八變所以無差五星叶度於上萬物和平於下杜淹位參義仲聲振子韋覽沮誦之前規遵史談之舊典星聚東井逆辨休徵月犯少微懸知應變使星已發無違寸景之期劍氣莫關不爽分毫之信宮居太后夙已上聞宋起真人豫爲先覺譙周之論蜀滅杜瓊之說曹興此歷代之攸欽邦家之要籍淹之少子雅愛其書習張衡之渾儀討陸績之元象父爲太史子學天文堂構無墮家風不墜私家不容輒聚史局何廢流行准法無辜按宜從記

漏生夜睡不覺失明天曉已後仍少六刻不盡鐘鼓既晚官司失朝 刻漏一條

挈壺所掌司刻成班銅史分曹金徒啟位陰蟲成魄恍惚如神靈蛇吐津希夷若鬼日不藏往晦明之所莫違月不爽來寒暑由其順序自三苗亂政五霸任權史官喪紀疇人廢業孟陬於焉舛候攝提所以乖方五夜不分六日無

辨聖朝修百王之弊政舉千載之頹綱龍首應時雞人合節大小之候共砌蓂以凋榮昏旦之期逐宮槐而舒卷二分二至無虧余遂之蹤大餘小餘允叶容成之度何得漏生弛慢吐號乖宜朝官顛倒於衣裳街吏失期於鐘鼓齊君望曉莫聽鐘聲京尹失時空奔馬足漏司乖錯准法論刑

會期日酒酸良醞署令杜綱添之以灰御史彈綱款好酒例安灰其味加美不伏科 良醞一條

上稽乾象列酒旗之星下鑒坤儀制酒泉之郡杜康至妙

肇發馨香儀狄精徵奚施麴蘗用之於宗廟可以歆享百神用之於冠婚可以諧和百姓杜綱名班醲署官列醞司須明五齊之規頗解三酒之術十釀之法竟未留心九醞之方曾無介意雞鳴下釀取蘭香而桂辛鳩集爲徵遂貴酸而梅酢懼貽災譴密縱奸訛頓下生蠅之灰用添浮蟻之味遂使聖人賢者變易常滋從事督郵乖違舊性事窮理盡方啟遁詞觸綱掛羅妄稱前例豈得索郎清德橫被侵誣巴鄉實功枉遭塵點既虧竹葉之術宜從棘木之科

太官丞李休供祭餘胙肉少依問款稱太常博士王筠每分肉取常多郎中吳爽拔劍割肉而去 太官一條

在祀與戎國之大事祭公不徇人之常禮班賜神惠多少先有成規輕媟鬼餘賢聖非無舊識明眡疏趾具在常經剛鬛柔毛備諸彝典李休位霑主守職綰太官雖無負鼎之功實委操刀之任餘胙肉欠頗有指歸依問款詞具陳萌緒爲郎中吳爽强割逾豐博士王筠叨分太廣拔劍割肉媿方朔之能仁詣府退魚謝公休之貞潔匪張華之職分數粒仍多同廉頗之無厭百斤不足非慙非恥與草狗而不殊惟暴惟貪共茅鴟而莫別深虧雅躅實蠹名流宜竄遐荒式清朝列

光祿寺卿楊裕狀稱掌醢署令呂建居官清整不邀名譽忠肅奉公未蒙進考 掌醢一條

籩豆之事各有司存罇俎之間非無主守陳之郊祀可以接神明用之禮儀可以寧邦國蚳醢雁醢之類百代相因龍醬蟹醬之流千齡不易呂建策名膳府委質庖官既掌兔鶉實司蛟鮓鶬寒四獸之腊罔不留心羊餡五侯之鯖

會無注意鹿牙之糝馬齒之鹽點以鳳林之酢飲以烏程之茗孟宗遺母猶避嫌疑杜豫餉人惟求免罪忠以奉上酌貪泉而彌清廉以當官置脂膏而不潤朱文季執心强直榮位騰遷黃叔度獨守恬虛聲名籍甚不求於物遂被疾於孤醒不屈於人終見排於衆醜楊回三逐盛德宜收張既十年公平可錄理宜甄拔以勗朝班

珍羞令趙慶諸州所進口味割截餉送權門每得好官衆共談薦名實相反深虧國章 珍羞一條

趙慶佞媚爲姿謟諛成性貪殘不軌獸中之有餓狼輕薄無儀人間之有猰鬼江淮果物荔枝龍眼之珍河濟飴糖

米蘖馬鞍之妙石蜜百花之藥味是蜂調甘瓜五色之香美疑鶴集豹胎龍胁鳳腊猩脣越俗鳴蟬之稻安定噎鳩之麥趦趄雉伏謁宰輔之車前踧踖蛇行拜公卿之馬首諂事賈謐阿附董賢徒有事於苞苴不自親於機杼盜家財而餉家長人路難通偷社酒而勸社神冥途未許鼠竄求道小人引之以爲能狐媚取容君子得之而不貴宜從斥逐以率羣僚

廩犧令王堯上封事佳禮諸侯九推今之刺史古之諸侯今刺史無藉田處不可以訓農（藉田一條）

漢書十志農爲有國之基洪範九疇食是生人之命由是古之聖帝躬事三推昔者明王親行萬乘鼉鼓震地鑾輿動天聳鳳蓋以來雲建龍旂而拂日青壇岳立翠幙煙平百司於是駿奔三公以之肅事紺轅黛耜克遵應劭之儀綠耦朱紘允備曹褒之禮周宣王之寢廢自有前譏漢文帝之遵崇斯爲后則王堯職參廩署位掌甸師欽承北極之尊祇奉東郊之典欲使載芟之詠無替於前修保介之容有崇於古訓潘岳創賦備陳執耒之端曹植爲文具述勤耘之美以今之刺史古之諸侯既稱字養之官實曰教人之首若令沮勸必在躬親此雖識於朝三猶未聞於暮四祇若壇飛羽爵便爲勸稼之方門列春牛卽是趨農之候更施別法於是爲煩

皇后親蠶諸侯之小君古者亦有蠶室今廢其事不可以率下（親蠶一條）

平土就蠶彰乎曩烈亘山成繭著自前書爰崇繖冕之宜遂展鞠衣之範暨乎姑洗應律甲乙司辰鳴鳩醉椹之朝戴勝降桑之日駕帷就列一十四位導其前鷩服斯臨百二十官隨其後鑾鑣順動翠蓋鬱其參差鳳轄徐飛翟羽

紛其容裔懿筐是執柔桑是攀勸以女兒之蠶收其園客之繭三盆事畢可獻之於王公六服功成可陳之於宗廟昔三王季末五霸淩遲禮樂自出於諸侯征伐不由於天子遂令列國命婦竊三宮之禮容連伯嬪嬙僭九重之祕式聖朝八紘同貫四海爲家芟往帝之澆風削前王之弊政自我作古何禮之拘化俗調吪斯爲折中王堯所請理未通方如愚所裁告記爲允

䆃官署令姚泰盜用進米二十石上米倍四十五價次絹估三十價斷絞不伏（䆃官一條）

務農重穀曠代之彝典稅熟貢新經邦之雅訓金不可食輕瑞銑以投黿玉不可衣棄和珍而抵鵲一日不作天下受其飢三載斯盈海內霑其潤磨蜃而耨百谷所以繁滋驅象而耕三農以之告稔彩雞屢見非無白壤之儀春鳥不鳴自有黃雲之應姚泰策名列署受委䆃官專司瑞鵲之禾實主鳴蟬之稻赤烏積耨冰粟千倉黃雀隨犁秋苗萬畝五種燕頷之粲粒若流珠六月翟白之租精如散玉豈得安定之麥不進中宮長安之米竊留私室刑名極峻法焉可逃情狀難容死有餘譴但平贓定律必依高估供

進所須宜從極價論次縑則狀當絞坐准

滄州弓高縣實性寺釋迦像碑

詳夫元天北列運斗極於璇樞大地東傾鎮江河於玉岊晝夜則晦明無定義舒爲朝夕之資動靜則虧缺有時乾坤非長久之器豈湛然常住大雄包混沌之源寂爾無生正覺出氤氳之表故能使九十六道紀菩提之一門三十三天貫須彌之四頂振嵐飈而吹大塊運僧祇於埏埴之前揚智炬而爍洪鑪置賢刧於陶鈞之上其去也後天而滅故現滅而歸無其來也先地而生故因生而示有青霄帝座降靈氣於中胎白淨王宮孕神姿於右脇蓮乘七步樹下六年薦玉象於祥符啟金人之瑞夢影流中國大地由其震動光入太微星垣爲之不見法王之應跡也妙覺常身本無顏色至人垂教遂有形儀開滿月之奇姿韞中天之異相髻銜龍髮頂秀螺文萬印生於瑞手千花發於神足蓮開青目毫光照於四天花豔丹脣頂彩周於十地法王之寶相也具一切智號悉達多通萬物心名希有相往來不窮之謂聖陰陽不測之謂神不化而行不言而信持慧燈而耀長夜揚法舸而救迷津爲塵品之醫王作羣

生之慈父法王之至仁也法忍智忍率難忍以皆空無心即心總羣心而俱攝珊瑚江海一指測於波瀾琉璃日月二手分其晝夜目連持線天地爲之頹綱舍利投針山石由其絕紐法王之神力也儒童毓慶闕里生歎鳳之聲摩訶降跡苦縣誕猶龍之彥仲尼禮樂之標首仰至聖於迦維伯陽道德之眞宗訪古皇於天竺故知一乘妙旨超然居十翼之先二諦微言邈矣出三清之表法王之威德也率陀天上飛閣神功舍衛城中香臺造化百千妙界生於鳥翅之間十二音聲出於象牙之表金繩百丈下照日宮

珠網七重傍臨月殿萍流地上化爲池沼之形花散空中變作樓臺之影法王之壯觀也佛中佛曰天上天人金口振於西方銀函洎於東夏無能間細寫鼇激於波流有外談空運迦維於宇宙合掌腹內思聞十善之音聲舒翼殼中遙相四天之說法法王之仁化也高梯直上包括太虛抽針旁綴區分小有貫花之句光如水上之蓮說偈之音皎若星中之月非有相而非無相凡聖莫測其幽微空是色而色是空聖愚不知其要妙法王之教化也法身無像故因像以宣功道本無言亦因言而示教塵俗不可以久

處故厭世而歸空眞如不可以道標故凝神而降跡吾之去也因辯無常吾之來也因談緣起情有所至河海爲之編龍神有所歸叢林爲之變鶴從滅至滅能通寂滅之因無生示生永入長生之地法王之變化也由是八方迴向萬國歸依慧日被於三千法雨流於百億周穆王之代聖教方融漢明帝之時慈風漸扇年移晉宋運屬周隋蒼鷟出而天地屯赤龍發而干戈起秦川涌血羅什不歸趙郡僵屍圖澄永去西域馱經之路荊棘參天東郡畫像之郊風塵撲地我高祖神堯皇帝傍迴地軸蹴崑崙以西傾太宗文武聖皇帝仰握乾符掃欃槍而南滅削平嶽瀆舒卷風雲芟毒樹而建祇園拔邪山而開福地實性寺則貞觀三年奉敕之所建也平原控趙渤海臨齊上衡畢昴之星下瞰衡漳之地浦稱駿瀆馬頰太史之遺蹤地號弓高龍頟將軍之舊業爰於此地迴構乾堂興八會之香臺闢三休之妙觀龔遂解繩之邑寶線爭施曹丕沈李之郊天花競落螺宮映水枕藕關於黃河魚梵吟風接蜃樓於滄海實栖神之祕宅毓慶之神區者哉寺主久依定水早庇禪休功濟有緣業優無學意花不染宏上善於慈心勝果爭

攀察中乘於慧眼非色非相凝神究竟之端無我無人高蹈苦空之外上座都維那等並尋鷲嶺訪道雞園歸誠甘露之門自得醍醐之性鶖珠護戒標苦節於堅林龍鏡澄空照眞規於靜域以爲修身者福福遂則殃銷堅善者功功施則緣發旁求大匠廣召山虞粵以儀鳳二年移寶堂於寺內去舊處三百餘步設奇功於地道神妙無方窮逸思於天關靈機不測魚鱗翠瓦逐層閣而舟移雁齒青階帶崇基而轂轉虹梁曜日煥若神行鯨棟凝煙故非人力寶階星動似忉利之飛來紺殿雲浮同化城之涌出豈非

威神自在不可思議者哉於寶堂内敬畫釋迦尊像一鋪鎔金範素寫朡圖青斵象浦之靈珠琢龍泉之羽璧鮫人水織競送霜縑蛾客抽絲爭投雪線七重交映百寶莊嚴實相端凝粹容圓備蜂王獻蜜紛飛紫紺之樓龍女持花出入珊瑚之殿諸天獻果芙蓉生寶座之前居士焚香柏葉起金鑪之上千軀聖像據六地而揚音八部龍神下三天而奏樂斯乃元功幽贊故無德而稱焉調露之初邊烽屢警七重黑暈萬里黄沙旄頭干太白之精素髮挹中台之翠鄉人等九州令族四海良家提龍劍而星馳撮犀渠

而電激爲鵬爲鶚輕飛雁塞之前如虎如貔迴嘯狼居之表陰山霧廓瀚海波清憑慧力而服魔軍持廟算而摧獯子共申宏願植此豐碑記歴代而長存惟令名之不朽奉爲高宗大帝星珠斂耀斗電潛輝御鸞鳳於金輿邀攀龍於鼎嶠媧皇誕裔姬姒降生斷鼇立極之神功乘龍御天之大業凝情三昧早慧六通坐蘭掖而虔誠仰茨山而展慶使持節滄州諸軍事滄州刺史李公闕庭堅之雅操列馬喙之殊姿漢太尉之名家履龜文之異相賈琮出刺下車而肅百城延壽開居閉閤而綏千里長史北平公晉太尉之寵首有虞陶唐左相之榮實兼平景寵士元之展足終非百里之材王休徵之佩刀實有三台之望朝散大夫行弓高縣令晉君嘉禾獻瑞門傳翠葉之風鬯草襲勳業踐形弓之錫横綺琴於膝上翠翟朝馴攬明鏡於懷中青鸞曉集丞太原王愿主簿隴西李灌尉河東衛神暹常山張行昇等並周靈王之太史仙人白鶴之苗裔帝顓頊之儒宗柱史青牛之葉冑羊車映玉煥昇氣於淮川鵲印流金鬱靈符於寶軸驥從東道方申逐日之功鵬舉北溟皆戢摩霄之翼鄉望某等並地鄰鄒魯境接燕齊俗富詩書

家豐禮樂海隅鷗狎猶存射雉之規河朔鷹揚仍帶爽鳩之氣雋不疑之故里氣調魁梧石仲容之舊墟英靈俊傑德由名顯功以頌宜非筆無以申其功非言無以敘其德旁求翠玉遠播鴻徽刻龍首於銀鉤鏨龜文於玉版蓬萊之水三尺孤標碣館之前扶桑之日再中獨立金臺之上俾夫天銷劫石瓊文寫而無窮地入微塵寶字書而不滅重宣此意而爲頌曰

太虛混沌寂寥沈默二儀既判三才允殖地缺東南天傾西北陵遷谷轉山開水塞月滿則虧日盈則昃大哉正覺

竟元不測。先地而極。後天而益。不滅不生。無聲無色。曜魄指掌。乾坤胷臆。聖人立教。用形表則。實相端嚴。粹容岐嶷。銷滅五苦。削平六賊。水號連河。山名檀特。六度斯闡。三明在郎。牛口西來。馬明東陟。玉偈光啟。金言允克。碣石燕郊。平原趙國。雀臺西指。蜃樓東偪。建此神區。爰崇淨域。龍圖合兆。龜書應墨。綺綴星浮。金鋪電爍。地神獻果。天廚送食。八會雲平。三門箭直。寶堂移轉。神通智力。飛檐振羽。虹梁動翼。閣似雲行。樓如鶴息。日逐階旋。天從橋匿。野外塵黃。星間暈黑。爰憑淨居。翦除荆棘。雁塞消氛。龍樓受職。銀書

玉版。鐫名記德。臨雁塔之階基。對蜂臺之閫域。窮逸思於圖篆。放神功於翦刻。孤標九流之間。獨立金臺之側。惟令名之不朽。或馳芳於百億。

欽定全唐文卷一百七十五

崔行功

行功。恒州井陘人。高宗時累轉吏部郎中。以善占奏。常兼通事舍人內供奉。又召為司文郎中。主朝廷大典冊。後遷蘭臺侍郎。卒。

贈太師魯國孔宣公碑

臣聞形氣肇分。宗匠之塗遂廣。性情已著。名教之理攸興。是故雕刻為妙物之先。粉澤成真宰之用。若其朋語棄智。則聖非攘臂之端。莊寄齊諧。則禮必因心之範。雖九流爭

長。百家競逐。而宗旨所歸。典墳攸係。夫軒羲已謝。子姒迭微。步驟殊方。質文異轍。及流豢起謠。箕服傳訞。憲章板蕩。風雅淪喪。然而千齡接聖。崇朝可期。五百見賢。伐柯未遠。粵惟上哲。降生圮運。理接化先。德充造物。財成教義。彌綸之跡已周。組織心靈。範圍之功且峻。利仁以濟。幽顯垂訓以霑動植。自嘆起臨川。道窮反袂。西峯琬玉。幾燼蒼山。東野柔桑。多塵碧海。屬混元再造。休明一期。雅頌之音復闡。郊禋之禮還緝。跨巢胥之逸軌。邁龍鳥之遐風。瞻白雲而升介邱。翼蒼螭而過沂上。而令千祀之外。典冊遂隆。九泉

之下哀榮方縟斯乃命爲罕説道不預謀豈如箕山之魂空成寂寞信陵之墓徒復經過將知龍蛇之蟄潛契於天壤聖智所遊高懸於日月言之不可極其惟孔太師乎太師諱某字仲尼魯國鄒人有殷之苗裔也分於宋則孔父嘉爲大司馬弗父何以國讓其弟厲公正考父佐戴武宣而受三命居於魯則有防叔伯夏叔梁紇紇生太師若夫天命元鳥玉筴隆其濬哲瑞啟白狼瑶臺繁其錫類武王覆夏仍遷象物之金有客在周復奏桑林之樂滋恭喻尸臣之鼎高讓挹延吳之風令緒昌源煥乎已遠至如象緯

凝質則傅説巫咸嵩華降神則申伯吉甫在於郊臨巨跡鬱符中野之祥水帶邱阿遙均反宇之慶韞乾坤之精粹陶陰陽之淑靈度九圍十河目海口放勳文命有喻於儀形子産皋繇微詳於具體孟孫言其將聖太宰辨其多能神關繫表性與道合時初撰屨已訓魯鄉年未裘裳先窺周室猶且學期上達業遵下問龍如藏史或訪禮經碧准萇宏言詢易象曲臺相圃廣陳揖讓之容師摯師襄屢辨興亡之極網羅六藝經緯十倫加以思入無方情該至賾陳庭矢集懸驗遠飛季井泉開冥占幽怪新萍泛日能對

於楚賓舊骨淪風旋訓於越使藏往知來之際微妙元通之旨不可以龜策求不可以筌蹄得及其譽聞曲阜南宮展師資之敬應務中都西鄰化諸侯之法冬官效職五土得其攸宜秋令克宣兩觀展其刑政溝疏墓道且抑季桓田歸汶陽遂陵齊景尊君卑臣之訓自家刑國之術每悵於興周亦流連於韶管然而高旻不惠彼日寖微起哀怨於王風絕歸飛於鳴鳥是邦可化斯道欲行暖席興憂問津匪倦俎豆嘗説空及三軍之容季孟有言不接雙雞之膳晏平推士尚或相排子西讓王終成見拒亦有宋朝

司馬喬木難休衛國匡人逆旅焚次荷蕢微者翻嗟擊磬之心儀封細人潛明木鐸之意既而在斯興感用輟栖遑狂簡斐然彌嗟穿鑿旋驂舊館掃篋闕里杏壇居寂緇林地幽知十稽微得二承妙科斗所載方閱舊文雎鳩在篇遍詳雅什河漢鞉鼓鏗鏘之響復傳宗廟衣裳升降之儀還序博約無倦誘喻多方后稷躬耕近闕勵物伯夷餒死猶可激貪周公其人則神交於夢想管仲小器則歎微於征伐立德立言太上謂之不朽曰仁曰義前哲以之周旋覆簣爲山喻天階而不陟讀易無過假日蝕以鳴謙茨嶺

峒山寄言於獨善岐情風御未陟於通莊妙臻數極作倅易簡是知縫掖乃兼濟之途華袞非爲政之要及其愚智齊派椿菌如一南楚狂狷舊辨鳳衰東魯陪臣奄成麟斃晨興負杖知命發於話言夕寐奠楹將萎傷其溘慮崇山化谷小天下而無由殞石沈星架大梁而何有門人議服俱纏至極之哀國史制詞永錫憖遺之誄及埏深夏屋樹列遠方五勝迭遷六籍無準席間初闋已舛微言入室且分遄乖大義秦人蛙沸遺燼翳然漢代龍驤挾書未翦元封有述殘闕載陳甘露嗣蹤按揚復起春陵受命先訪於

膠庠譙郡膺符多招於文學逮江馬南度泉鵝北飛鴉入環林鯨衝聖海有隨交喪中原翦覆東序南雍鞠爲茂草六樂五禮皆從燬室欽若皇唐肇膺明命祖武宗文之業天成地平之勲圖書因樂推垂干戈由寧亂集刳舟創浮芹藻之詩先遠戎衣初卷羽籥之節旋興皇上以聖敬而撫璇圖以文明而膺寶歷夏啟挹其光兆姬誦讓其惟清化入龍沙風移鯷海金邱展賮瓊田薦賝潛馬飾黃芝之封浮龜吐綠文之籀虞庠殷塾廣賓麗奧蓬嶺石渠朋延敦誨垂衣裳而凝想虛旒纊以永懷至於大道寖微小康

遂往嬴識紫色謬踐元阿劉風白金徒遵高里黃初正始時多間然建武永平業非盡善而迺作樂崇德殷薦之禮畢陳有孚載容觀下之訓齊設肆類羣望孝享之義益隆歸功三后尊祖之誠愈切詔睘中而徵萬玉譯荒外以召百靈一茅分茹雙鶼共羽翠華遠昇秸席虛位上帝儲祉泰壹有輝山祇傳聲海神會氣九皇之況榮可嗣三代之闕典還屬迺使朱鳥翔日蒼威戒路七萃騰景八鸞鏘風過大庭以省方掩洙上而觀藝晏居莫辨祠堂巋然見馬鬣於荒墳識欃檀於古燧歎重泉之可作聞盛德而必祀

言敷典訓廣命杍林贈以太師式旌幽壤改制神宇是光令德於時皇唐之御天下四十有九載卽乾封之元年也攝提貞歲勾芒獻節兗州都督霍王元軌大啟藩維肅承綸誥庀徒揆日疏閑薙遠接泮林之舊壝削靈光之前殿徂徠新甫伐喬木而韻流嚶岱畎泗濱採怪石而喧浮磬赬紫施絢黝黛飛文杳栱重櫨春窗秋幌陰櫊積霧複閣懷煙几仍度室席遵函丈壽宮煥然睟容有穆至如襄城有訪七聖接其騑驂汾水言遊四子冥其衡軛將謂布衣黃屋名器則殊卷領素玉感召宜一顏子侍側似發農山

之談季路承聞如興浮海之說西華東帶尚以要賓言偃裼裘猶爲得禮避席延其不敏舍瑟聘其幽情共列升堂齊參覩奥歲時蘋藻復雜昌蒲平日絃歌還聞絲竹皇儲一德聿隆三善博望邀裙肅成講義發揮鎔造幽贊事業而以周穆之觴王母尚勤西弇漢帝之展稷邱因書東嶽遂迺思建隆碣上聞天宸言由國本理會沖情副震宮之德聲命芸閣以紬繹元堂闢兮神靈僾揚教思兮兩儀配煽皇綱兮融帝載堯可履兮舜爲佩晝而明兮夜而晦于嗟業兮麗萬代其詞曰

赫赫上帝悠悠天造神集鴻名聖居大寶循性稱教率性爲道政若鎔金化侔偃草爻畫先起律呂創陳禮節天地樂和人神成期用簡業尚日新緯無聲臭隱有彝倫水火朝變憲章時革周廟傷禾殷墟悲麥褒豔紕雅嬴荷淪瀆散亂紀言支離方冊自天生德由縱成能賓筵恪嗣銘鼎家承蹲龍運舛振鐸冥膺闕典攸緝斯文載興廣訓三千偏於七十歷階東會藏書西入楚將分社齊聞與邑接輿自狂長沮空執在智伊妙惟神乃幾羊因魯觸鳥向陳飛那傳頌管編照書章卜商承絢顏子參微堯則不追昌亦遂往名教潛發心靈泛奬德配乾坤業暉辰象麟悴遥泣山隤夢仰三統昌日千齡聖期禋宗有昊展禮崇基覲宣時邁神緘孝思緣螭承軛翠鳳翻旗上浮龜蒙遥集鄒魯翹勤眞跡惆悵今古舊壁迷字荒墳翳斧綸貢宗師詔緝靈宇虹梁野構翬翼林舒雕櫳繡桷圓井方疏沂童浴早泮鳥鳴初俎豆蠲潔丹青藹如墨檢前蹤莊放遺轍於昭遐訓允歸聖烈肅穆仁祠陰沈像設隨四序以潛運懸三光而不缺

桓彦範

彦範字士則潤州丹陽人少以門蔭調補右翊衛累轉司刑少卿中宗卽位以誅張易之昌宗功加銀青光祿大夫拜納言賜勳上柱國封譙郡公改侍中用武三思譖進封扶陽郡王加特進令罷知政事又因三思誣構貶瀧州司馬長流瀼州三思令周利貞矯制杖殺之年五十四睿宗立追復官爵謚曰忠烈建中元年重贈司徒

論時政表

昔孔子論詩以關雎爲始言后妃者人倫之本理亂之端也故皇英降而虞道興任姒歸而姬宗盛桀奔南巢禍階

妹喜魯桓滅國惑以齊媛伏見陛下每臨朝聽政皇后必施帷幔坐於殿上預聞政事臣愚歷選列辟詳求往代帝王有與婦人謀及政者莫不破國亡身傾輈繼路且以陰乘陽違天也以婦淩夫違人也違天不祥違人不義由是古人譬以牝雞司晨惟家之索易曰无攸遂在中饋言婦人不得預於國政也伏願陛下鑒古人之言察古人之意上以社稷爲重下以蒼生在念宜令皇后無往正殿干預外朝專在中宮聿修陰教則坤儀式固鼎命惟永又臣聞京師喧喧道路籍籍皆云胡僧慧範矯託佛教詭惑后妃

故得出入禁闈撓亂時政陛下又輕騎微行數幸其室上下媟黷有虧尊嚴臣嘗聞興化致理必由進善康國寧人莫大棄惡故孔子曰執左道以亂政者殺假鬼神以危人者殺今慧範之罪不殊於此也若不急誅必生變亂除惡務本去邪勿疑實願天聽早加裁貶

請窮治張昌宗疏

微臣竊見宋璟奏張昌宗令李宏泰占有天分及有天子氣請禁身勘當恩勅不允者但昌宗無德無才謬承恩寵自宜粉骨碎肌以答殊造豈得包藏禍心有此占相陛下以簪履恩久不忍加刑昌宗以逆亂罪多自招其咎此是皇天降怒非唯陛下故誅違天不祥乞陛下裁擇原其本奏以防事敗事敗即言奏訖不敗則候時爲逆此乃姦臣詭計疑惑聖心今果遂其所謀陛下何忍不察若昌宗無此占相奏後不合更與宏泰往還尚令修福復擬禳厄此則期於必遂元無悔心縱雖奏聞情實難恕此而可捨誰其可刑陛下黨而不誅養成其惡臣恐更有爲逆者無人敢言縱使昌宗元無此心今見頻遭事迫亦當不日爲亂況復先有包藏又昌宗經勘當已萌其心或防後則雖有

此懼勢仍傾朝況經兩度事彰天恩並垂捨宥昌宗自爲得計人亦以爲應運即不勞兵甲天下皆從萬方識之以爲陛下縱成其亂也臣聞父在子稱尊者尚爲逆子君在臣圖天分是爲逆臣臣逆不誅社稷其亡矣伏請付鸞臺鳳閣三司考竟其罪

張東之

東之字孟將襄州襄陽人少補太學生第進士累補青城丞永昌元年以賢良徵時年七十餘矣試策第一擢拜監察御史神功初累拜荊州大都督府長史長安中召還狄

仁傑薦爲司刑少卿遷秋官侍郎尋同鳳閣鸞臺平章事
遷鳳閣侍郎中宗即位以誅張易之昌宗功擢拜天官尚
書鳳閣鸞臺三品封漢陽郡公遷中書令監修國史進封
漢陽郡王加特進令罷知政事授襄州刺史尋爲武三思
所搆貶新州司馬憤恚卒年八十二景雲元年贈中書令
謚曰文貞建中初又贈司徒

請罷姚州屯戍表

臣某言臣伏聞姚州者古哀牢之舊國絕域荒外山高水
深自生人以來洎於後漢不與中國交通前漢唐蒙開夜

郎塡筰而哀牢不附至光武末年始請內屬漢置永昌郡
以統理之乃收其鹽布氊罽之稅以利中土其國西通大
秦南通交趾奇珍異寶進貢歲時不闕劉備據有巴蜀常
以甲兵不充及備死諸葛亮五月渡瀘收其金銀鹽布以
益軍儲使張伯岐選其勁卒利兵以增武備故蜀志稱自
亮南征之後國以富饒甲兵充足由此言之則前代置郡
其利頗深今鹽布之稅不供珍奇之貢不入戈戟之用不
實於戎行實貨之資不輸於大國而空竭府庫驅率平人
受役蠻夷肝腦塗地臣竊爲國家惜之昔漢以得利既多
歷博南山涉蘭倉水更置博南哀牢二縣蜀人愁怨行者
作歌曰歷博南越蘭津渡蘭倉爲他人蓋譏漢貪珍奇鹽
布之利而爲蠻夷之所驅役也漢獲其利人且怨歌今減
耗國儲費用日廣而使陛下之赤子身膏野草骸骨不歸
老母幼子哀號望祭於千里之外於國家無絲髮之利在
百姓受終身之酷臣竊爲國家痛之往者諸葛亮破南中
使其渠率自相統領不置漢官亦不留兵鎮守人問其故
亮言置官留兵有三不易大率以置官夷漢雜居猜嫌必
起留兵運糧爲患更重忽若反叛勞費更多但粗設紀綱

自然安定臣竊以亮之此策妙得羈縻蠻夷之術今姚府
所置之官既無安邊靖寇之心又無葛亮且縱且擒之技
惟知詭謀狡算恣情割剝貪叨刦畧積以爲常扇動酋渠
遣成朋黨折支諂笑取媚蠻夷拜跪趨伏無復慙恥提挈
子弟嘯引兇愚聚會蒲博一擲累萬劍南逋逃中原亡命
有二千餘戶見散在彼專以掠奪爲業姚州本龍朔中武
陵縣主簿石子仁奏置之後長史李孝讓辛文協並爲羣
蠻所殺前朝遣郎將趙武貴討擊貴及蜀兵應時破敗噍
類無遺又使將軍李義總等往征郎將劉惠基在陣戰死

其州遂廢臣竊以諸葛亮稱置官留兵有三不易其言乃驗至垂拱四年蠻郎將王善寶昆州刺史爨乾福又請置州奏言所有課稅自出姚府管內更不勞擾蜀中及置州後錄事參軍李稜爲蠻所殺延載中司馬成琛奏請於瀘南置鎮七所遣蜀兵防守自此蜀中騷擾於今不息且姚府總管五十七州巨猾遊客不可勝數國家設官分職以化俗防姦無恥無厭狼籍至此今不問夷夏負罪並深見道路刦殺不能禁止臣恐一朝驚擾爲禍轉大伏乞省罷姚州使隸嶲府歲時朝覲同之蕃國瀘南諸鎮亦皆廢於

瀘北置關百姓自非奉使入蕃不許交通來往增嶲府兵選擇清良宰牧以統理之臣愚將爲穩便

對賢良方正策

問朕聞體國經野取則於天文設官分職用立於人紀名實相副自古稱難則哲之方深所不易朕以薄德謬荷昌圖思欲追逸軌於上皇拯羣生於季俗澄源正本式啟維新俾用才委能靡失其序以事効職各得其長至於考課之方猶迷於去取黜陟之義尚惑於古今未知何帝之法制可遵何代之沿革斯衷此雖戔戔束帛每賁於邱園翹翹錯薪未獲於英楚並何方啟塞以致於茲佇爾深謀朕將親覽

對臣聞仲尼之作春秋也法五始之要正王道之端微顯闡幽昭隆大業灃洛之功既備範圍之理益深伏惟陛下受天明命統輯黎元載黃屋負黼扆居紫宮之邃坐明堂之上順陽和以布政攝三吏而論道雍容高拱金聲玉振徵求無厭誤及厮賤微臣材朽學淺誠不足以膺嚴旨揚天庥雖然敢不盡芻蕘罄狂瞽悉心竭節昧死上對臣聞天者羣物之祖王者受命於天故則天而布列職天生蒸

民樹之君長以司牧之自非聰明睿哲齊聖廣淵不能使人樂其生家安其業陛下德自天縱慈惻元元既樂其生且安其業臣聞瑞者上天所以申命人主也故使麒麟遊於囿鳳凰集於庭慶雲出神龍見其餘草木煙露之祥不可勝紀陛下日愼一日雖休勿休故天申之以禎石告之以神文大矣哉聖人之鴻業也臣聞河圖洛書之不至也久矣孔子曰鳳鳥不至河不出圖吾已矣夫師說曰聖人自傷已有能致之資而天不致也陛下有能致之資而天蘊者所以扶助聖德撫寧兆人也臣觀今朝廷含章贍博

之士，鯁言正議之臣，陛下誘而進之，並踐丹地，伏青規，雍雍昂昂，雲屬霧委，鸞騫鳳振，佩金鳴玉，曳朱紱，揚翠綬，充物於階庭者矣。昔舜舉十六相，去四凶，人有大功二十，而爲天子，前史美之，稱曰盡善盡美，雖甚盛德，無以加此。陛下彰善去惡，昭德塞違，萬萬於虞舜。自託薄德，愚臣何足以望清光，而敢有議哉。制策曰：思欲追逸軌於上皇，拯羣生於季俗，澄源正本，式啟維新。臣聞善言古者，必考之於今；善談今者，必求之於古。臣竊以當今之務，而稽之往古，以往古之跡，而比之當今，以爲三皇神聖，其臣不能及，故

於　疑親之。陛下刋列格，正爰書，修本業，著新誡，建總章，以申嚴配，置法匭，以濟窮冤，此前聖所不能爲，非羣臣之所能及也。今朝廷之政，上令下行，如身之使臂，臂之使指，百僚師師，罔不咸乂，此羣臣之能奉職也。書曰：元首明哉，股肱良哉，庶事康哉。故臣以爲陛下有三皇之位，而能隆三皇之業也。臣以今之刺史，古之十二牧也；今之縣令，古之百里君也。有官聯焉，有社稷焉，可謂重矣，任非其材，其害亦重矣。昔周宣王欲訓其人，問於樊仲，曰：吾欲訓人，諸侯誰可者？仲曰：魯侯肅共明神，敬事耆老，必咨於故實，問於遺訓，乃立之。晉之名臣，亦言舍人洗馬，一時之高選；臺郎御史，萬邦之俊哲；若出於宰牧，頌聲興矣。由此言之，則古牧州宰縣者，不易其人也。自非惠訓不倦，動簡天心者，未可委以五符之重，百里之寄。今則不然，多由門資擢授，或以勳階莅職，莫計清濁，無選藝能，負違聖誡，安肯肅恭明神，輕理慢法，安肯敬事耆老，取舍自便，安能求之故實，舉措縱欲，安能問之遺訓。選異一時之高林，非萬邦之俊傑，於是多其僕妾，廣其資產，齒角兩兼，足翼雙備，蹈瑕履穢，不顧廉恥，抵網觸羅，覆車相次。孔子曰：既得之，患失之，苟

患失之，無所不至矣。故臣以爲陛下有三皇之人，無三皇之吏也。制策曰：俾用才委能，靡失其序，以事効力，各得其長，至於考課之方，猶迷於去取，黜陟之義，尚惑於古今。未知何帝之法制可遵，何代之沿革斯衷。臣聞皇王之制，殊條共貫，雖有改制之名，無不相因而立事。孔子曰：殷因於夏禮，所損益可知；周因於殷禮，所損益可知；其或繼周者，雖百代可知也。然則虞帝之三考黜陟，周王之六廉察士，雖有沿革，所取不殊，期於不濫而已。陛下取人之法甚明，考績之規甚著。臣以爲猶舟浮於水，車轉於陸，雖百王無

易也今邱園已賁英楚雲集啟塞之路豈愚臣所能輕云也謹對

對賢良方正策第二道

問朕聞軌物垂訓必隨正於因生開國承家理崇先於敦本故七葉貂珥表金室之榮十紀羽儀峻班門之躅保姓受氏義先於睦親翼子謀孫事隆於長發朕以寡昧叨奉先靈墜典咸興遺章畢覩思欲甄明譜系澄汰簪裾派別淄澠區分士庶至如陳田互出虢郭俱開東晳改漢傳之宗輔果易晉卿之號巨君之姓曾非馭鶴之苗元海之家諒非擾龍之族永言紕繆良用憮然子大夫十室推英三冬富學允迪褎然之學宜揚鏘爾之詞至若北郭南宮本因何義三烏五鹿起自何人公孫之由司馬之姓咸加辨析且顯指歸式副對揚朕將親覽

對臣聞保姓受氏明乎典訓或因地以賜姓或因官而命氏或官以代功亦以官族或所居之地因以爲氏諸侯之子稱爲公子公子之子稱爲公孫公孫之子乃以其王父字爲氏後代因之亦以爲姓田陳號郭以聲近而遂分輔果東晳以避難而更改王莽以田王爲氏元海因漢甥立族騷括分南北之號充宗爲五鹿之先應氏著書具表三烏之始司馬司徒是曰因官公孫叔孫春秋備載陛下盡六藝之英窮百代之要淑問揚天地元情貫幽顯黃竹清歌詞窮五際白雲高唱文包萬象昔曹門二祖道媿由庚劉氏四葉仁非解慍豈若睿思瓊敷同雨露之霑漬神機喆發登義望之照臨起帝典而孤立孕皇墳而獨秀臣沐浴淳和叨承至訓名聞於聖聽言奏於闕前謹對

駮王元感喪服論

夫三年之喪二十五月不刊之典也謹按春秋魯僖公三十三年十二月乙巳公薨文公二年冬公子遂如齊納幣左傳曰禮也杜預注云僖公喪終此年十一月納幣在十二月士婚禮納采納徵皆有元纁束帛諸侯則謂之納幣蓋公爲太子已行婚禮故傳稱禮也公羊傳曰納幣不書此何以書譏喪娶在三年之內何以譏三年之內不圖婚何休注云僖公以十二月薨至此冬未滿二十五月納采問名納吉皆在三年之內故譏何休以公十二月薨至此冬十二月纔二十四月非二十五月是未滿三年而圖婚也按經書十二月乙巳公薨杜以長歷推乙巳是十一月

十二日非十二月經書十二月是經誤文公元年四月葬我君僖公傳曰緩也諸侯五月而葬若是十二月薨即是五月不得言緩明知是十一月薨故注僖公喪終此年至十二月而滿二十五月故邱明傳曰禮也據此推步杜之考校豈公羊之所能逮況邱明親受經於仲尼乎且二傳何杜所爭惟爭一月不爭一年其二十五月除喪由來無別此則春秋三年之喪二十五月之明驗也尚書伊訓云成湯既歿太甲元年惟元祀十有二月伊尹祀於先王奉嗣王祗見厥祖孔安國注云湯以元年十一月崩據此則

二年十一月小祥三年十一月大祥故太甲篇中云惟元祀十有二月朔伊尹以冕服奉嗣王歸於亳是十一月大祥訖十二月朔日加王冕服服吉而歸亳也是孔言湯元年十一月之明驗顧命云四月哉生魄王不懌是四月十六日也翌日乙丑王崩是十七日也丁卯命作冊度是十九日也越七日癸酉伯相命士須林是四月二十五日也則成王崩至康王麻冕黼裳中間有十月康王方始見廟則知湯崩在十一月淹停至殯訖方始十二月祗見其祖顧命見廟記諸侯出廟門俟伊訓云祗見厥祖侯甸羣后咸在則崩及見廟殷周之禮並同此周因於殷禮損益可知也不得元年以前別有一年此尚書三年之喪二十五月之明驗也禮記三年問云三年之喪二十五月而畢哀痛未盡思慕未忘然而服以是斷之者豈不送死有已復生有節又喪服四制云變而從宜故大祥鼓素琴告人以終又間傳云期而小祥食菜果又期而大祥有醯醬中月而禫食酒肉又喪服小記云再期之喪三年也朞之喪二年也九月七月之喪三時也五月之喪二時也三月之喪一時也此禮記三年之喪二十五月之明驗也儀禮士虞

禮云期而小祥又期而大祥中月而禫是月也吉祭此禮周公所制則儀禮三年之喪二十五月之明驗也此四驗者並禮經正文或周公所制或仲尼所述吾子豈得以禮記戴聖所修輒欲排毀漢初高堂生溥禮既未周備宣帝時少傅后倉因淹中孔壁所得五十六篇著曲臺記以授弟子戴德戴聖慶傅三人合以正經及孫卿所述並相符會列於學官年代已久今無端搆造異論既無依據深可歎息其二十五月先儒考校惟鄭康成注儀禮中月而禫以中月間一月自死至禫凡二十七月又解禫云禫言澹

澹然平安之意今皆二十七月復常從鄭儀也踰月入禫禫既復常則二十五月爲免喪矣二十五月二十七月其議本同竊以子之於父母喪也有終身之痛創巨者日久痛深者愈遲豈徒歲月而已乎故練而慨然者蓋悲慕之懷未盡而擗踊之情已歇祥而廓然者蓋哀傷之痛已除而孤藐之念更起此皆情之所致豈外飾哉故記曰三年之喪義同過隙先王立其中制以成文理是以祥則縞帶素紕禫則無所不佩今我子將徇情棄禮實爲乖僻夫去縗麻之服襲錦縠之衣行道之人皆不忍也直爲節之以

禮無可奈何故由也不能過制爲姊服鯉也不得過期哭其母夫豈不懷懼名教逼已也至若孔鄭何杜之徒並命代挺生模範來裔宮牆積仞未易可窺但鑽仰不休必當漸入勝境詎勞終年矻矻虛肆荂言所有掎摭先儒願且以時消息

欽定全唐文卷一百七十六

魏元忠

元忠宋州宋城人本名眞宰以避則天母諱改高宗時爲太學生上封事授秘書省正字令直中書省內供奉再遷殿中侍御史監李孝逸軍事以討平徐敬業功擢司刑正稍遷洛陽令再陷罪流嶺表還授御史聖歷二年擢拜鳳閣侍郎同鳳閣鸞臺平章事遷左肅政臺御史大夫長安中副相王爲并州元帥突厥吐蕃犯塞加爲大總管以張易之昌宗譖下獄貶高要尉中宗卽位驛召授衞尉卿同

中書門下三品遷兵部尚書進拜侍中中書令封齊國公神龍四年拜左僕射武三思之黨宗楚客紀處訥證元忠及子昇與節愍太子同謀構逆請夷三族中宗不許元忠懼上表固請致仕手制聽解左僕射以特進齊國公致仕仍朝朔望又以姚庭筠劾貶渠州員外司馬又左遷思州務川尉行至涪陵卒年七十餘景龍四年追贈尚書左僕射齊國公本州刺史開元六年謚曰貞

請解職表

臣本書生藝業無取徒以服膺儒教頗踐禮經忠義所奬

思固名節每見危臨難輒卽忘死昔事大帝以謹密見稱名位雖微預參顧問中事則天皇后緣委質先朝以屢屢之末特存恩盼往事陛下又預官寮攀附之情無忘造次遇讒邪興謗欺罔天聰暫生投杼之疑遠放不毛之地屬龍興啟運寶命惟新以臣再沐先慈遽令追入一承恩幸百日屢遷無翼而飛坐昇霄漢濫承茅土之賜猥登衡石之司而名忝大臣不能緝諧中外致使禍生輦轂釁起儲闈空懷報國之誠而無死節之效又誠慙知子禮失義方男昇踐蹈凶邪莫分逆順因招流議歸責於臣賴陛下保明獲存今日若非天地覆育臣已久從灰粉所以偷生偃俛感德躊躕犬馬戀恩未遑辭退頃因自思念舉措無顏豈可更踐樞機苟貪祿位請解尚書右僕射中書令知兵部事及監修國史并除齊國公封爵如蒙聖恩憫察矜兹微款乞一散秩罷還私第得參朔望之謁時拜闕庭卽進退有歸生死知足

上高宗封事

臣聞理天下之柄有二事焉文與武也然則文武之道雖有二門至於制勝御人其歸一揆方今王略遐宣皇威遠振建禮樂而陶士庶訓軍旅而懾生靈然論武者以弓馬爲先而不稽之以權略談文者以篇章爲首而不問之以經綸而奔競相因遂成浮俗臣嘗讀魏晉史每鄙何晏王衍終日談空近觀齊梁書才士亦復不少並何益於理亂哉從此而言則陸士衡著辯亾論而不救河橋之敗養由基射能穿札而不止鄢陵之奔斷可知矣昔趙岐撰禦寇之論山濤陳用兵之本皆坐運帷幄暗合孫吳宣尼稱有德者必有言仁者必有勇則何平叔王夷甫豈得同日而言哉臣聞才生於代代實須才何代而不生才何才而不生代故物有不求未有無物之歲士有不用未有無士之時夫有志之士在富貴之與貧賤皆思立於功名冀傳芳於竹帛故班超投筆而歎祖逖擊楫而誓此皆有其才而申其用矣且知已難逢英哲罕遇士之懷琬璧以就埃塵抱棟梁而困溝壑者則悠悠之流直觀此士之貧賤安知此士之方略哉故漢拜韓信舉軍驚笑蜀用魏延羣臣觖望嗟乎富貴者易爲善貧賤者難爲功至於此也亦有位處立功之際而不展其志略身爲時主所知竟不能盡其才用則貧賤之士焉足道哉漢文帝時魏尚李廣並身任

邊將位爲郡守文帝不知魏尚之賢而囚之不知李廣之才而不能用之常歎李廣恨生不逢時令當高祖日萬戶侯豈足道哉夫以李廣才氣天下無雙匈奴畏之號爲飛將爾時胡騎憑陵足伸其用文帝不能大任反歎其生不逢時近不知魏尚李廣之賢而乃遠想廉頗李牧故馮唐曰雖有頗牧而不能用近之矣從此言之疎斥賈誼復何怪哉此則身爲時主所知竟不能盡其才用晉羊祜獻計平吳賈充荀勗沮其策祜歎曰天下不如意恒十居八九緣荀賈不同竟不大舉此則位處立功之際而不得展其

志略而布衣韋帶之人懷一奇抱一策上書闕下朝進而望夕召何可得哉臣請歷訪內外文武職事五品已上得不有智計如羊祜武藝如李廣在用與不用之間不得騁其才略伏願降寬大之詔使各言其志無令汲黯直氣臥死於淮陽仲舒大才位屈於諸侯相

臣聞帝王之道務崇經略經略之術必伏英奇自國家良將可得言矣李靖破突厥侯君集滅高昌蘇定方開西域李勣平遼東雖奉國威靈亦其才力所致古語有之人無常俗政有理亂兵無彊弱將有能否由此觀之安邊境立功名在於良將也故趙充國征先零馮子明討南羌皆計不空施機不虛發則良將立功之驗也然兵革之用王者大事存亡所繫若任得其才則摧凶而拒暴苟非其任則敗國而殄人北齊段孝元云持大兵者如擎盤水傾在俯仰間一致蹉跌求止豈得哉從此而言周亞夫堅壁以挫吳楚司馬懿閉營而困諸葛亮俱爲上策此皆不戰而卻敵全軍以制勝是知大將臨戎以智爲本漢高之英雄大度尚曰吾寧鬬智魏武之機神冠絕猶依法孫吳假有項籍之氣袁紹之基而皆泯智任情終以破滅何況復出其

下哉且上智下愚明暗異等多算少謀衆寡殊科故魏用柏直以拒漢韓信輕爲豎子燕任慕容評以抗秦王猛謂之奴才即柏直慕容評智勇俱亡者也夫中材之人素無智略一旦居元帥之任而意氣軒昂自謂當其鋒者無不摧碎豈知戎昭果毅敦詩說禮之事乎故李信求以二十萬衆獨舉鄢郢其後果辱秦軍樊噲願得十萬衆橫行匈奴登時見折季布皆其事也當今朝廷用人類取將門子弟亦有死事之家而蒙抽擢者此等本非幹略見知雖竭力盡誠亦不免於傾敗若之何使當閫外之任哉後漢馬

賢討西羌，皇甫規陳其必敗；宋文帝使王元謨收復河南，沈慶之懸知不尅；謝元以書生之姿，拒苻堅天下之衆，郗超明其必勝；桓溫提數萬之兵，萬里而襲成都，劉眞長期於決取。雖時有今古，人事皆可推之。取驗大體，觀其銳志與識略耳。明者隨分而察，成敗之形，昭然自露。京房有言：後之視今，亦猶今之視古。則昔賢之與今哲，意況何殊？當事機之際也，皆隨時而立功，豈復取賢於往代，待才於未來也。即論知與不知，用與不用，夫建功者言其所濟，不言所起；言其所能，不言所籍。若陳湯、呂蒙、馬隆、孟觀，並出自

貧賤，勳濟甚高，未聞其家代爲將帥。董仲舒曰：爲政之用，譬之琴瑟，不調甚者，必解絃而更張之，乃可鼓也。故陰陽不和，擢士爲相；蠻夷不龔，拔卒爲將，即更張之義也。以四海之廣，億兆之衆，其中豈無卓越奇絕之士？臣恐未之思也，夫何遠之有。

臣聞賞者禮之基，罰者刑之本。故禮崇則謀夫竭其能，賞厚則義士輕其死，刑正則君子勗其心，罰重則小人懲其過。然則賞罰者，軍國之綱紀，政教之藥石。綱紀舉而衆務自理，藥石行而文武用命。彼吐蕃蟻結蜂聚，本非勍敵。薛仁貴、郭待封受閫外之寄，奉命專征，不能激勵熊羆，乘機掃撲。敗軍之後，又不能轉禍爲福，因事立功，遂乃棄甲喪師，脫身而走。幸逢寬政，罪止削除，國家網漏吞舟，何以過此。天皇遲念舊恩，收其後效，當今朝廷所少，豈此一二人乎？且賞不勸，謂之止善；罰不懲，謂之縱惡。仁貴自宣力海東，功無尺寸，坐玩金帛，瀆貨無厭。今又不誅，縱惡更甚。臣以疎賤，干非其事，豈欲間天皇之君臣，生厚薄於仁貴？直以刑賞一虧，百年不復，區區所懷，實在於此。古人云：國無賞罰，雖堯舜不能爲化。今罰不能行，賞亦能信，故人間議

者皆言近日征行，虛有賞格，而無其事。良由中才之人，不識大體，恐賞賜勳庸，傾竭倉庫，留意錐刀，將此益國，狥目前之近利，忘經久之遠圖，所謂錯之毫釐，失之千里者也。且黔首雖微，不可以欺，得志瞻望恩澤，必因事而生心，既有所因，須應之以實，豈得懸不信之令，設虛賞之科？比者師出無功，未必不由於此。文子曰：同言而信，信在言前；同令而行，誠在令外。故商君移木以表信，曹公割髮以明法，豈禮也哉，有由然也。自蘇定方定遼東，李勣破平壤，賞絕不行，勳仍淹滯，數年紛紜，眞僞相雜，縱加沙汰，未至澄清。

臣以吏不奉法慢自京師僞勳所由主司之過其則不遠近在尚書省中不聞斬一臺郎戮一令史使天下知聞天皇何能照遠而不照近哉神州化首萬國共尊文昌政本四方是則軌物宣風理亂攸在臣是以披露不巳冒死盡言且明鏡所以照形往事所以知今臣職不稽古請以近事言之貞觀年中萬年縣尉司馬元景舞文飾智以邀乾沒太宗審其姦詐棄之都市及征高麗也總管張君乂擊賊不進斬之旗下臣以爲僞勳之罪多於元景仁貴等敗重於君乂向使早誅薛仁貴郭待封則自餘諸將豈敢失

利於後哉韓子云慈父多敗子嚴家無格虜此言雖小可以喻大公孫宏有言人主病不廣大人臣病不節儉臣恐天皇病之於不廣大過在於慈父斯亦日月之一蝕也又今之將吏率多貪暴所務唯狗馬所求唯財物無趙奢吳起散金養士之風縱使行軍悉是此屬臣恐吐蕃之平未可旦夕望也凡人識不經遠皆言吐蕃戰前隊盡後隊進甲堅騎多而山有氛瘴官軍遠入前無所獲不積穀數百萬無大舉之資臣以爲吐蕃之望中國猶孤星之對太陽有自然之大小不疑之明闇夷狄雖禽獸亦知愛其性命豈肯盡死而後進哉由殘迫其人非下所願也必其戰不顧死則其兵法許敵能鬬當以智算取之何憂不克哉向使將能殺敵橫屍蔽野斂其頭顱以爲京觀則此虜聞官軍鐘鼓望塵卻走何暇前隊皆死哉自仁貴等覆師喪氣故虜得跳梁山谷又師行必藉馬力不數十萬不足與虜爭臣請天下自王公及齊人挂籍之口人稅百錢又弛天下馬禁使民得乘一大馬不爲數限官籍其凡勿使得隱不三年人間畜馬可五十萬卽詔州縣以所稅口錢市之若王師大舉一朝可用且虜以騎爲彊若一切使人乘之

則市取其良以益中國使得漸耗虜兵之盛國家之利也

袁楚客

楚客陳郡人神龍中官酸棗縣尉

規魏元忠書

今皇帝新服厥德任官惟賢才左右惟其人君爲元首臣作股肱可布大化以利朝廷存古道以正天下去邪佞使小人之道消進忠良使君子之道長豈得安其榮寵守其循默者哉若以此爲常非所以愛人治國矣傳曰苟利社稷專之可也君侯念之哉昔漢成帝時王氏擅權劉向諫

曰臣聞公族者國之枝葉枝葉落本根無所庇蔭方今同姓疎遠母黨專政排擯宗枝孤弱公族非所以保守社稷安固國嗣也其言甚切多所稱引成帝雖悲傷歎息而不能用此非帝不知之而不贊者臣之罪也其後王氏竟假周公之事而起田常之亂此乃大臣循默之失也惟君侯戒之哉夫利萬物者道也惟君子能行之害萬物者邪也惟小人固爲之以道心濟物則上天祐之雖履危而必安矣以邪心害物則明神殛之雖居安而必危矣何則勢使之然也故濟物者其心廣矣害物者其心褊矣心廣者所

務不專於身心褊者所利不及於物哲人知其若此必守道以廣其心屈己以利其物行道於身而必全其身行道於國而必全其國帝王失道之正大臣必以道化之昔伊尹有言曰予弗克俾厥后爲堯舜其心媿恥若撻於市獲覽伊尹之說非堯舜之君但以道佐之亦可致之堯舜也既食人主之祿而憂人主之事光贊其美規救其惡建功於當年可謂無負於天下惟君侯志之哉夫欲安天下者先正其本本正則天下必固不正其本則天下必危國之興亾實在此矣師丹曰太子者天下之本也譬之大樹無本則枝葉零瘁國無太子則朝野不安先王必立之者以儲君有次立之勢故令師保教以君人之道用蘊崇其德所以重宗社而安天下也今皇子既長而未定嗣是天下無本可謂危矣猶大樹無枝葉何以存乎願君侯以清宴之間而盡言於上擇其賢者而立之此乃安天下之道也書曰一人元良萬邦以貞斯之謂也而使春宮久曠豈謂宜乎此則朝廷之失君侯不正誰正之哉又聞古之封子弟建侯伯者將以籓屏王室安固邦基垂永代之業爲磐石之宗也又聞女有內則男有外傳男女有別剛柔分矣

內外斯隔陰陽著矣豈可濫哉然而幕府者丈夫之職非婦人之事今諸公主並開建府僚崇置法官秩若親王以女處男職所謂長陰而抑陽也而望陰陽不愆風雨無爽其可得乎竊謂非致遠之計垂久長之策書曰事不師古以克永代匪說攸聞此之謂也此則朝廷之二失君侯不正誰正之哉又聞人之生也有禍有福有貴有賤此並稟之於前業當受之於此身然崇佛教者特以資彼來生鮮有益於見報若求之理國恐不在此矣然三教俱設各有所務而行之者不可過也行釋教者修身之本行儒教者

理國之源修身是來生之資理國乃卽代之務然則卽代至近來生至遠捨近求遠不亦乖乎存彼棄此不亦謬乎今度人旣多緇衣滿路率無戒行寧有經業空齋重寶專附權門取錢奏名皆有定價昔之賣官也錢入公府今賣度也錢入私家以茲入道實非履正詭情不變徒爲遊食使法侶有失而流俗生厭名曰度人其實穨矣今主上雖希心聖教專想泯空柰社稷何柰蒼生何君侯不以中庸之義悟大聖之志但能致一代於仁壽之域斯亦至尊之道也此則朝廷之三失君侯不正誰正之哉又聞古人有

言曰唯名與器不可以假人書曰天工人其代之故知代天工非才不可若有所濫必失天意而無患禍者未之有也今不專精庶政而留心於奇伎至於倡優之輩因其耳目之好遂升之以位授之以官豈非輕朝廷而亂正法邪然人君無私賞此上天之化人私怒者害物私賞者恐費財古人此之尤愼豈得私人以官乎若以此爲政何以答皇天之命也此則朝廷之四失君侯不正誰正之哉又聞賢者邦家之光也任之可以致理棄之足能生亂三仁去而殷亾百里入而秦霸有國家者固須擇也昔者戰國之代得士者昌失士者亾莫不以求賢爲急務霸者仗之以命諸侯況巍巍唐國明天子茍存斯道則三皇五帝可綴步而越也近者有制搜揚廣求賢俊戔戔束帛賁於邱園翹翹車乘訪及山谷此我皇勤之之至也雖有好賢之名竟無得賢之譽非皇情之不眷諒有司之過也何則聖主求賢訪諸草澤及有司選士多是親黨若非有賄必以勢求上失天心下違人望旣非爲官擇吏所謂爲人擇官蠹政之源敗國之甚書曰治亂在庶官孔安國曰得人則理失人則亂葛洪曰舉秀才不知書察孝廉濁如泥高第賢

良怯如蠅古人規職勤誦經今人圖家勉營生此之謂也此則朝廷之五失君侯不正誰正之哉又聞豎者給宮掖之事供掃除之役上古皆備此職但以奴隸畜之豈及於官次中古以來大道乖喪不重賢哲唯親近習或委以事或授以權遂使豎刁亂齊伊戾敗宋君側之人衆所畏懼葛洪所謂鷹頭之蠅廟垣之鼠無拳無勇職爲亂階者也洎乎後漢用事尤甚時君乃不知其失大臣又畏罪不言所以害及生靈毒流天下至於晚節竟亂中朝各相黨餘屠害良善此時也忠臣義士覩斯慷慨不得不權行殺戮

至於無黷而橫死者不可勝言豈非結禍之深自危之速易曰小人用壯斯之謂也自大君受命中興成務獨有閹豎坐昇班秩旣無正闕多授員外舉其全數向滿千人苟綰青紫蠶食府庫旣非致理之道實爲長亂之階書曰人無於水鑒當於人鑒觀往古之成敗亦可見今之得喪故曰前事之驗後事之師此則朝廷之六失君侯不匡誰正之哉又聞自古聖帝卑宮菲食茅茨不翦采椽不斲將以儉約遺子孫亦所以愛惜人力也書曰酣酒嗜音峻宇彫牆有一於此未或不亡況於臣下安得以肆居爲務乎若

有僭濫必生患禍患禍之來可翹足而待也今之公主凡有所營將以傾府庫所造私宅皆是官供觀其疏鑿池亭崇峻廊宇山無木石必他山以致之木無因近必窮遠以採之珍館出雲畫堂赫日造之竟歲功用不絕自開泰以來未之有也而行者見之僉曰非國威不得如此非貴人不得若斯僕每聞斯言將有以識於君矣何者爲君所以養人非所以害人今外戚不助養人反害於人豈有益於吾君乎然堂上遠於百里君門隔於九重人主旣不知之君侯又不言之豈使人主虛受謗於天下也此則朝廷之

七失君侯不匡誰正之哉又聞官者將以理人將以安人非以亂人非以害人故先王欲人理必選材以理之欲人安必省事以安之不欲人於亂必撥亂以整之不欲人有害必去害以全之若此誠欲於天下同憂矣人有樂君共之君有樂人慶之可謂同樂矣如此則上下無閒君臣合德同於一體也若下有懷憂之人上無同憂之主欲求人理不可得也今天下窮困海內虛耗復以州牧縣宰選授多不得人自餘僚佐鮮有稱職不務公謹專於剸剝人不聊生安肯懼死旣不懼死是能生變下有憂而上不知也

比之馬也必除其害牧狀之羊也必去其亂羣此道尚有所闕而反更員外置官所謂助桀爲虐足以速禍也夫人之情自知員外恐人不畏必峻法以懼之恐財之不足必枉道以奪之以有限之物供無厭之用欲其不亂豈可得哉古人有言十羊九牧羊旣不得食人亦不得息唐虞之代建官惟百夏商官倍亦克用乂書曰官不必備惟其人孔子譏管仲曰官事不攝焉得儉據此雖正員之官猶不欲其備況其員之外更置員外乎此則朝廷之八失君侯不匡誰正之哉又聞英主開基以定天下者將以傳之於

萬代也繼明之帝豈得懸之哉有所下廢則政出多門政出多門大亂之漸也近封數夫人者皆先朝之宮女賞其勤勞加之邑號若備内職則不當知外不備内職自可居外安得出入内外往來宮掖者哉若下創革内言必出外言必入内外互言禁衛何施必弄君之法縱而不禁非所以重宗廟固國家也孔子曰彼婦之口可以出走彼婦之謁可以死敗戒之哉戒之哉此則朝廷之九失君侯不正誰正之哉又聞以正道事君者將以安天下也以非道事君者所以危天下也臣不可不任之正道者行仁義以補

君之過非道者行蠱媚以成君之惡補過者國之幹也成惡者國之賊也今代或有不修忠正以事君引鬼神而惑主然則鬼神之事冥寞難知故非道之人因此自致其詐售其路遂必據非材之位必食非德之祿此國賊也書曰官不及私昵惟其能爵罔及惡德惟其賢又曰與治同道罔不興與亂同事罔不亡傳曰國之將興聽於人將亡聽於神豈近是乎此則朝廷之十失君侯不正誰正之乎此十失者誠國之巨蠹粗而言之以有言於君侯者將以扶危去蠹救蒼生之命願君侯稍垂意微有所採此亦君侯自安之道也庶幾無忽

王勔

勔勃兄武后朝官涇州刺史

百合花賦

上闕似風竿而揭起荷春光之餘煦託陽山之峻趾比萱荾之能連引芝芳而自擬固其布葉相從潛根必重示不孤於日用欣有叶於時雍嗤五葉之非偶陋三花之未濃亦藐兮不可長辰兮不可逢恐鶗鴂吟兮衆芳晚幸左右之先容

欽定全唐文卷一百七十七

王勃一

勃字子安絳州龍門人未冠應幽素舉及第授朝散郎沛王賢聞其名召爲沛府修撰是時諸王鬬雞戲爲文檄英王雞高宗覽之怒斥出府久之補虢州參軍官奴曹達犯罪勃匿之既懼事洩殺達滅口事覺當誅會赦除名上元二年渡南海墮水卒年二十八謹按新書作二十九

九成宮東臺山池賦幷序

九成宮東臺地接閒曠面山臨水爾其松峯桂壑紅泉碧

磴金石千聲雲霞萬色侍郎張公雅思沈鬱永懷梓匠式俾仙造聿構靈壓纖波成止水之源拳石儼干霄之狀雖流波覆簣俯藉人機而布葉攢花妙同天繪僕因夏日濫奉清埃敢抽南畝之才聊敘東山之事云爾辭曰

若夫金臺妙境玉署仙居酌丹墀之曉暇候青禁之宵餘驟沖情於月道飛峻賞於煙墟指山楹而思逸懷水鏡而神虛既而仰瞻頳嶠傍窺黛壑複嶂煙迴攢溪霧錯偉沈用之兼濟想神功之可作規疊巘於盤龍憲飛泉於桂鶴覆簣而營巖磴浮芥而環洲埒采峯石於溪濱搴纖珠於綺瀨萍徙楚江之蒂花轉崑墟之萼岫蘊玉而虹驚浦涵珠而星落美仁智之同歸信高深之縱托爾其危岑漏影曲渚留寒高松偃鶴清篠吟鸞被蘭邱而結佩照蓮服而披冠激坳堂於別溆引膚寸於危巒若乃嶺橫雞秀波連鳳液花鳥縈紅蘋魚漾碧綠衣元袿頳鱗翠額在林藪而同驩望江湖而齊適每至景沈西巒月下東濱峯深夜久潭靜秋新荷抽水蕊蘚引山茵雪芝獻液露菊傾津嗣南商之逸興有東海之遐賓保林泉而肆賞混簪紱而同塵何濯纓之有地如攀桂之無因

春思賦幷序

咸亨二年余春秋二十有二旅寓巴蜀浮遊歲序殷憂明時坎壈聖代九隴縣令河東柳太易英達君子也僕從遊焉高談胸懷頗洩憤懣於時春也風光依然古人云風景不殊舉目有山河之異不其悲乎僕不才耿介之士也竊稟宇宙獨用之心受天地不平之氣雖弱植一介窮途千里未嘗下情於公侯屈色於流俗凜然以金石自匹猶不能忘情於春則知春之所及遠矣春之所感深矣此僕所以撫窮賤而惜光陰懷功名而悲歲月也豈徒幽宮狹路

陌上桑間而已哉屈平有言目極千里傷春心因作春思賦庶幾乎以極春之所至析心之去就云爾

若夫年臨九域韶光四極解宇宙之嚴氣起亭皋之春色況風景兮同序復江山之異國感大運之盈虛見長河之紆直蜀川風候隔秦川今年節物異常年霜前柳葉銜霜翠雪裏梅花犯雪妍霜前雪裏知春早看柳看梅覺春好思萬里之佳期憶三秦之遠道澹蕩春色一作風悠揚懷抱野何樹而無花水何堤而無草於是僕本浪人平生自淪懷書去洛抱劍辭秦惜良會之道邁厭他鄉之苦辛忽逢

邊候央遥憶帝鄉春帝鄉迢遞關河裏神皋欲暮風煙起黃山半入上林園元灞斜分曲江水玉臺金闕紛相望千門萬户遥相似昭陽殿裏報春歸未央臺上看春暉水精却掛鴛鴦幔雲母斜開翡翠幃競道西園梅色淺爭知北闕柳陰稀斂態調歌扇迴一作端身整舞衣銀蠶吐絲猶未暖金燕銜泥試學飛妾本幽閨學歌舞寧知漢代多巡撫前年齋祭謁甘泉今歲笙簫祠后土桃花萬騎喧長薄蘭葉千旗照平浦見原野之秀芳憶山河之邃古長安路狹遠長安公子春來不厭看杏葉裝金轡蒲萄鏤玉鞍聳蓋臨平樂迴笳出上蘭上蘭經鄠杜揮鞭日將暮白馬新臨御溝道青牛近出章臺路章臺接建章垂柳復垂楊草開馳馬埒花滿鬭雞場南鄰少婦多妖婉一作婉娩北里王孫駐行幰乍怪前春節候遲預道今年寒食晚傷紫陌之春度惜青樓之望遠紫陌青樓照月華珠帷黼帳七香車蛾眉畫來應幾樣蟬鬢梳時半欲斜恨雕鞍之屆曉痛銀箭之更賒行行避葉步步看花因狂夫之蕩子成賤妾之倡家狂夫去去無窮已賤妾春眠春未起自有蘭閨數十重安知榆塞三千里榆塞連延玉關側雲間沈沈不可識葱山

隱隱金河北霧裏蒼蒼幾重黜忽有驛騎出幽并傳道春衣萬里程龍沙春草遍瀚海春雲生疎勒井泉寒尚竭燕山烽火夜應明聞道河源路遠遠誰教夫壻苦行行君行塞外多霜露爲想春臺一作園起煙霧遊絲空罥合歡枝落花自遶相思樹春望年年絕幽閨離緒切春色朝朝異邊庭羽書至都護新封萬里侯將軍稍定三邊地長旆猶銜掃雲色寶刀尚擁千星氣昨夜祁連驛使還征夫猶在鴈門關君度山川成白首應知歲序歇紅顏紅顏一別成胡越夫壻連延限城闕羌笛橫吹隴路風戎衣直照關山月

春色徒盈望春悲殊未歇復聞天子幸關東馳道煙塵萬里紅析羽搖初日繁笳思曉風後騎猶分長樂館前旌已映洛陽宮洛陽宮城紛合沓離房別殿花周匝河陽別舍抵長河丹輪紺幰相經過戚里繁珠翠中闈盛綺羅鳳移金谷舞鶯引石城歌向夕天津洛橋暮爭驅紫燕黃牛庾閒居伊水園舊宅邙山路武子新布金錢埒季倫欲碎珊瑚樹復道西墉春霧寡更值南津春望寫入金市而乘羊出銅街而試馬葉抱露（一作草犯春）而爭密花牽風而亂下錦障縈山羅幃照野司空令尹之博物二陸三張之文雅新

年柏葉之樽上巳蘭英之節春來併是春何啻兩違秦忽逢江外客復憶江南春羅衣乘北渚錦袖出東鄰江邊小婦無形迹特怨狂夫事行役鳳凰山上花無數鸚鵡洲中草如積春江澹容與春期無處所春水春魚樂春汀春鴈舉君道玉門關何如金陵渚爲問逐春人年光幾處新何年春不至何地不宜春亦有當春逢遠客亦有當春別故人風物雖同候悲歡各異倫歸去春山逈閒放蕙畹蘭臯行可望何爲悠悠坐惆悵比來作客住臨邛春風春日自相逢石鏡巖前花屢密玉輪江上葉頻濃高平灞岸三千里少道梁山一萬重自有春光煎別思無勞春鏡照愁容盛年耿耿辭鄉國長路遙遙不可極形隨朗月驟東西思逐浮雲幾南北春蝶參差命儔侶春鶯綿蠻思羽翼余復何爲此方春長歎息會當一舉絕風塵翠蓋珠軒臨上春朝昇玉署調天綍夕憩金閨奉帝綸長卿未達終希達曲逆長貧豈剩貧年年送春應未盡一旦逢春自有人

釋迦佛賦

原夫佛者覺也神而化之修六年而得道統三界以稱師帝釋梵王尚猶皈（一作關字）老聃宣父寧不參隨昔如來下兜

率天生中印土降神而大地搖動應跡而諸天擁護九龍吐水滿身而花落紛紛七寶祥雲舉足而蓮生步步蓋以玉輦呈瑞金輪啓圖恩霑九有行洽三無寶殿之龍顏大悅春闈之鳳德何虞方知灌頂之靈心興王後嗣必爲萬類之化主作帝中樞豈不知海量無邊天情極廣厭六宮珠翠之色惡千妃絲竹之響雪山深處全拋有漏之身心海月圓時頓悟無爲之法相莫不魔軍振動法界奔驚覺閻浮之日出覩優鉢之華生十方調御皆來圓光自在六趣含靈盡喜金色分明暨乎萬法歸空雙林告滅演摩訶

般若之教示阿耨多羅之訣普光殿裏會十地之華嚴耆闍山中投三乘之記別是知靈覺無盡神理莫闕芥子納三千之國藕絲藏百萬之兵目容修廣於青蓮寒生定水毫相分明於皓月照破迷雲羣機而不覩靈蹤萬世而空留聖迹嗟釋迦之永法將盡仰慈氏之何日調伏我今回向菩提一心歸命圓寂

寒梧棲鳳賦 以孤清夜月爲韻

鳳兮鳳兮來何所圖出應明主言棲高梧梧則嶧陽之珍木鳳則丹穴之靈雛理符有契誰言則孤遊必有方哂南

飛之驚鵲音能中呂嗟入夜之啼烏况其靈光蕭散節物淒清疎葉半殞高歌和鳴之鳥也將托其宿止之人也焉知乎此情月照孤影風傳暮聲將振耀其五色似簫韶之九成九成則那率舞而下懷彼衆會罔知淳化雖璧沼可飲更能適於醴泉雖瓊林可棲復相巡於竹榭念是欲往敢忘晝夜苟安安而能遷我則思其不暇故當披拂寒梧翩然一發自此西序言投北闕若用之銜詔冀宣命於軒階若使之遊池庶承恩於歲月可謂擇木而俟處卜居而後歇豈徒比跡於四靈常栖栖而汲汲

七夕賦

若夫乾靈鵲識之端地輔龍驂之始憑紫都而授歷按元邱而命紀鳳毛鍾桂闈之祥麟角燦椒庭之祉馳朱軒於九域振黃麾於萬里抗芝館而星羅擢蘭宮而霞起則有皇慈霧洽聖握天浮庭分玉禁邸敞金樓蔚鬼洲於細柳披鶴籞於長楸啓魚鈐而分帝術授虹璧而控神州擁黃山於石磴洩元灞於銅溝列瑤窗而送燠闢銀牓而迎秋君王乃排青幌搖朱扇戒鵷輿靜鸞掖繞霞廊而轉步儻雲阡而縱跡嘯陳客於金牀命淮仙於桂席翔翠罕於雲

命迎簫吹於鳳驛佇靈匹於星期眷神姿於月夕於時玉繩湛色金漢餘光煙凄碧樹露濕銀塘視蓮潭之變彩睨松院之生涼引驚蟬於寶瑟宿嬌燕於瑤篋綠臺兮千仞艷樓兮百常拂花筵而慘惻披葉序而徜徉結遥情於漢陌飛永睇於霞莊想佳人兮如在怨靈歡兮不揚促遥悲於四運詠遺歌於七襄於是虯檐晚靜魚扃夜飭忘帝子之光華下君王之顏色握犀管展魚牋顧執事招仲宣仲宣跪而稱曰臣聞九變無津三靈有作布元氣於浩蕩運太虛於寥廓辨河鼓於西壖降天孫於東堮循五緯而清

黃道正三衡而澄紫落海人支石之機江女穿鍼之閣鄙塵情於春念擬仙契於秋諾於是光清地岊氣斂天標霜凝碧宙水瑩丹霄躍麟軒於霧術褰羽旆於星橋徵赤螭而架渚漾青翰而乘湖停翠梭兮卷霜縠引鸞杼兮割冰綃舉黃花而乘月豔寵黛葉而卷雲嬌撫今情而恨促指來緒而傷遥旣而丹軒萬栱紫房千籥仙御逶遲靈徒擾弱風驚雨驟煙迴電爍嫋皇召巨野之龍莊叟命雕陵之鵲駐麟駕披鸞幕奏雲和汎霞酌碧蚪玉室之饌白兔銀臺之藥荷葉赬鮫芙蓉青雀上元錦書傳寶字王母瓊箱

薦金約綵襻魚頭比目縫香鍼燕尾同心縛羅帳五花懸珉砌百枝然下芸幬而匿枕弛蘭服而交筵託新歡而密勿懷往眷而潺湲於是羈鸞切鏡旅鶴驚弦悲侵玉履念起金鈿儼歸裝而容曳整還蓋而遷延洞庭波兮秋水急關山晦兮夕霧連謂河漢之無浪似參商之永年君王乃背彤砌陟元室沖想自閑神情如逸痛靈妃之稀偶嘉沈思之可畢荆豔齊升燕佳並出金聲玉韻蕙心蘭質珠櫳綺檻北風臺繡户雕窗南向開響曳紅雲歌面近香隨白雪舞腰來掩清琴而獨進凌絳樹而輕迴盧女黃金之盌張家碧玉之杯奉君王於終夕夫何怨於良媒俄而月還西漢霞臨東沼梟氏鳴秋雞人唱曉玉關控鶴瓊林飛烏君王迺馭風殿而長懷俯雲臺而自矯矜雅範而霜厲穆沖衿而煙渺迎十客召三英香涵蔗酎吹肅蘭旌娃館疎兮綠草積歡房寂兮紫苔生聳詞峯於月殿披翰藪於雲扃方絕元凱而高視應與梁楚而騈聲

遊廟山賦并序

元武山西有廟山東有道君廟蓋幽人之别府也長蘿巨樹梢翳雲日王子御風而遊泠然而善蓋懷霄漢之舉而

忘城闕之戀矣思欲攀洪崖於煙道邀羨門於天路仙師不存壯志徒爾俄而泉石移景秋陰方積松柏群吟背聲四起背鄉關者無復向時之榮焉嗚乎有其志無其時則知林泉有窮路之嗟煙霞多後時之歎不其悲乎遂作賦曰

陟彼山阿積石峩峩亭皋千里傷如之何啓松崖之密陰攀桂岊之崇柯隔浮埃於地絡披顥氣於天羅爾其綠巖分徑蒼岑對室菌軒丹綺蕙埸翠密俯泉石之清泠臨風飈之颸瑟仰紺臺而攜手望元都而容膝於是躡霞岡於

玉砌步雲岊於金壇懷妙童與眞女想青螭及碧鸞情恍恍而將逸心迴迴而未安見丹房之晚晦忌紫洞之宵寒旣而霧昏千嶂煙浮四野恨流俗以情多痛飛仙之術寡驅逸思於方外蹋高情於天下使蓬瀛可得而宅焉何必懷於此山也亂曰巳矣哉吾誰欺林壑逢地煙霞失時訖宇宙兮無日俟虬鸞兮未期他鄉山水祇令人悲

馴鳶賦

海上兮雲中青城兮絳宮金山之斷鶴玉色之驚鴻謂江湖之漲不足憩謂宇宙之路不足窮終銜石矢坐觸金籠

聲酸夕露影怨秋風巳矣哉何氣高而望闊卒神頹而智瘵徒驚迹於仙遊竟纏機於俗網未若茲禽猶融泛想斷丹邱之麗質謝青田之逸響與道浮沈因時俯仰去非內懼馴非外獎夫勁翮揮風雄姿觸霧力制煙道神周天步鬱霄漢之宏圖受園亭之近顧質雖滯於城闕策已成於雲路陳平負郭之居韓信昌圖之寓似達人之用晦混塵濛而自託類君子之含道處蓬蒿而不怍悲授餌之徒懸痛聞弦之自落故爾放懷於誕暢此寄心於寥廓

採蓮賦　幷序

昔之賦芙蓉者多矣雖復曹王潘令之逸曲孫鮑江蕭之妙韻莫不雜陳麗美粗舉採擷豈所謂究厥豔態窮其風謠哉頃乘暇景歷睹衆製伏翫累日有不滿焉遂作賦曰非登高可以賦者惟採蓮而巳矣况洞庭兮紫波復瀟湘兮綠水或暑雨兮朝霽作涼飈兮暮起黛葉青跗煙周五湖紅葩絳萼電爍千里尤見重於幽客信作謠於君子爾其珍族廣茂淑類博傳藻河渭之空曲被沮漳之淪漣燭澄灣而爛爛亘修漲之田田豈直水區澤國江潯海壖是以吳娃越豔鄭婉秦妍感靈翹於上節悅瑞色於中年錦

帆映浦羅衣塞川飛木蘭之畫楫駕芙蓉之綺船問子何去幽潭採蓮巳矣哉誠不知其所以然賞由物召興以情遷故其游泳一致悲欣萬緒至若金屋麗妃璇宮佚女傷鳳臺之寂寞厭鸞扃之閒處侍飲南津陪歡北渚見磯岸之紆直覩旌旄之低舉上苑神池芳林御陂樓陰架汕殿彩乘漪張燕洛之容衞備橫汾之羽儀簫鼓發兮龍文動鱗羽喧兮鷁首移咸靚妝而麗服各分鶩而並馳蘋縈槳礙荇觸船危視雲霞之沃蕩望林泉之蔽虧洪川泱泱兮菡萏積綠水湛湛兮芙蕖披惜時歲兮易暮傷君王兮未

知折紺房與緗葯攬紅葩及碧枝迴綃裙兮竊獨歎步羅韈兮私自奇莫不驚香悼色畏別傷離復有澤宮年少期門公子翠髮蛾眉頳脣皓齒傳粉蘭堂之上偷香椒屋之裏亦復銜恩激誓佩寵緘愁承好賜之珍席奉嬉游之彩斿繡棟曛兮翠羽帳瑶塘曙兮青翰舟搴條拾蕊沿波泝流池心寬而藻薄浦口窄而萍稠和橈姬之衛吹接榜女之齊謳去復去兮水色夕採復採兮荷華秋願承歡而卒歲長接席而寡仇於時薊北無事關西始樂霧靜江垠氣恬海漠寢怪氣於沅湘照榮光於河洛殊方異類舞詠相錯王公卿士歌吹並作則有侯家瑣第戚里芳園穿池灞岸之曲蓄水河陽之源隄防谷口島嶼轘轅嘉木畢植靈草具繁沈桂北之丹藕播荊南之紫根鬱蔓蔓而霧合爍煜煜而霞翻泊乎氣徹都鄙景華川陸麥雨微涼梅飈淺煥命妖侶於石城嘯娛朋於金谷乃使綠珠捧棹青琴理舳樽芳醪藉珍餗汎玉潭之瀾漫遶金渠之隈隩石近水而苔濃岸連山而樹複排芰末而爭遠託蘆間而競逐赴汨淩波飛袿振羅風低綠幹水濺黃螺上客喧兮樂未已美人醉兮頹將酡畏蓮色之如臉願衣香兮勝荷徘徊郢

調悽慘燕歌忿窮歡於水涘誓畢賞於川阿結漢女邀湘娥北溪蕊尚密南汀花更多恨光景兮不駐指芳馨兮謂何若乃南鄙義妻東吳信婦結褵整佩承筐奉帚忽君子兮有行復良人兮遠征南討九眞百越北戍雞田鴈城念去魂駭相視骨驚臨春渚兮一送見秋潭兮四平與子之別煙波望絕念子之寒江山路難水淡淡兮蓮葉紫風颯颯兮荷華丹蘅瑶帶而猶歎折瓊英而不歡旣而緣隈逗浦返棹歸櫓瞻芳草兮已殘憶離居兮方苦延素頸於極漲攘皓腕於神滸惜佳期兮未由徒增思兮何補又若倡姬蕩媵命侶招羣淇上洛表湘皋汝墳望洲草兮翡翠色動浦水兮驪龍文願解珮以邀子思褰裳而從君悲時暮愁日曛鳴鐶釧兮響窈窕豔珠翠兮光繽紛憐曙野之絳氣愛晴天之碧雲櫂巡汀而柳拂船向渚而菱分掇翠莖以翳景襲朱萼以爲裙艇楫凌亂雲流雨散鳴榔絡繹霧罷煙釋狀飛虯之蜿蜿若驚鴻之奕奕艇怯奔潮篙憎淺石緣著手而偏遶刺牽衣而屢擘迺有貴子王孫乘閒縱覿何平叔之符彩潘安仁之藻翰稅龍馬於金隄命鳧舟於石岸錦纜翻灑銀檣照爛日側光沈風驚浪深紆北渚

之新贍恣東溪之密尋鴛鴦繡彩之文履瑇瑁瓊華之寶琴扣舷擊榜吳歈越吟溱與洧兮葉覆水淮與濟兮花冒潯值明月之夕出逢丹霞之夜臨茱萸歌兮軫妾思芍藥曲兮傷人心伊採蓮之賤事信忘情之益寡雖迹光於水鄉遂風行於天下感極哀樂聲參鄭雅是以緬察谷底窮覽地維北盡豐鎬勞潘南究巴沱越泝莫不候期應節沿濤汎湄薄言采之興言服之發文扃之麗什動幽幌之情詩使人結眷令人相思宜其色震百草香奪九芝棲碧羽之神雀負青驪之寶龜紫帙流記丹經祕詞豈徒加繡柱

之光彩煜文井之華滋巳焉哉向使時無其族代乏厥類獨秀上清之境不受中國之地學鸞舞而時來與鵷鷟而間至必能使衆瑞彩沒羣貺色沮湯武齋戒伊臯延佇豈俾夫楚童趙僕倡姬豔女狎而翫之擷而採之乎時有東鄙幽人西園舊客常陪帝子之輿經侍天人之籍詠綠竹於風曉賦彤管於日夕暑往寒來忽矣悠哉蓬飄梗逝天涯海際似還卬之寥廓同適越之淫滯蕭索窮途飄飖一隅昔聞七澤今過五湖聽菱歌兮幾曲視蓮房兮幾珠非鄴池之宴語異雎苑之歡娛況復殊方別域重瀛複嶂虞翻則故鄉寥落許靖則生涯惆悵感芳草之及時懼修名之或喪誓將劃跡潁上棲影渭陽枕箕岫之孤石汎磻溪之小塘餐素實兮吸絳房荷爲衣兮芰爲裳永潔已於邱壑長寄心於君王且爲歌曰芳華兮修名奇秀兮異植紅光兮碧色稟天地之淑麗承雨露之霑飾蓮有藕兮藕有枝才有用兮用有時含香婀娜華實移爲君何當藻鳳池

江曲孤鳬賦 并序

梓州之東南涪江之所合有潭焉周數十步青壁絕地綠波澄天常有孤鳬棲蕩其側飛沈翻啄而天性不違嗟乎

宇宙之容我多矣造化之資我厚矣何必處華池之內而求稻粱之恩哉遂作賦曰

靈鳳翔兮千仞大鵬飛兮六月雖憑力而易舉終候時而難發不如深澤之鳥焉順歸潮而出沒迹已存於江漢心非繫於城闕吮紅藻翻碧蓮刷霧露棲雲煙迫之則隱馴之則前去就無失浮沈自然爾乃忘機絕慮懷聲弄影乘駭浪而神驚漾澄瀾而趣靜恥園雞之戀促悲塞鴻之赴永知動息而多方屢沿洄而自省故其獨泛單宿全真遠致反復幽溪淹留勝地傷雲鴈之嬰繳懼泉魚之受餌甘

辭稻粱之惠焉而全飲啄之志也

澗底寒松賦 并序

歲八月壬子旅遊於蜀尋茅谿之澗深溪絕磴人跡罕到爰有松焉冒霜停雪蒼然百丈雖崇柯峻穎不能踰其岸嗚呼斯松託非其所出羣之器何以別乎蓋物有類而合情士因感而成興遂作賦曰

惟松之植於澗之幽盤柯跨崄沓柢憑流寓天地兮何日霑雨露兮幾秋見時華之屢變知態俗之多浮故其磊落殊狀森梢峻節紫葉吟風蒼條振雪嗟英鑒之希遇保貞

容之未缺攀翠崿而形疲指丹霄而望絕已矣哉蓋用輕則資衆器宏則施寡信棟梁之已成非榱桷之相假徒志遠而心屈遂才高而位下斯在物而有焉余何爲而悲者

青苔賦 并序

吾之旅遊數月矣憩乎荒澗覩青苔焉緣崖而上迺喟然而歎曰嗟乎苔之生於林塘也爲幽客之賞苔之生於軒庭也爲居人之怨斯擇地而處無累於物也愛憎從而生遂作賦曰

若夫桂洲含潤松崖秘液繞江曲之寒沙抱巖幽之古石汎迴塘而積翠縈修樹而凝碧契山客之奇情諧野人之妙適及其瑶房有寂瓊室無光霏微君子之砌蔓延君侯之堂引浮青而泛露散輕綠而承霜起金鈿之舊感驚玉筯之新行若夫弱質緜羃纖滋布蒦措形不用之境託跡無人之路望夷險而齊歸在高深而委遇惟愛憎之未染何悲歡之詭赴宜其背陽就陰違喧處靜不根不蔕無華無影恥桃李之暫芳笑蘭桂之非永故順時而不競每乘幽而自整

慈竹賦 并序

廣漢山谷有竹名慈生必向內示不離本修莖巨葉攢根沓柢叢之大者或至百千株焉而縈結踰乎咫步好事君子徙爲堦庭之翫焉吁嗟非此土所有乃有厭流俗之識動鄉關之思者蓋撫高節而興歎覽嘉名而思歸遂爲賦曰

有竹猗猗生於高陂左連瑶帶右雜瓊枝恨幽客之方賞嗟君侯之不知徙蔚丹谷遷縈綠池氣凜凜而猶在色蒼蒼而未離屈巖壑之容貌充堦庭之羽儀爾其畫疆分域駢陰抗趾疊幹龍迴攢根鳳峙防碧露於霄末翳紅光於

臺始崇柯振而雲蠶生繁葉動而風飈起擁涼砌之晨蕭屏炎扃之晝滓至若白藏載謝元英肇切塞北河堅關南地裂觀衆茂之咸悴驗貞輝之獨潔抽勁綠以垂霜總嚴青而負雪蓋同類之常稟非殊方之異節若乃宗生族茂天長地久萬柢爭盤千株競糾如母子之鉤帶似閨門之悌友恐孤秀而成危每羣居而自守何美名之天屬而和氣之冥受嗟乎道之存矣物亦有之不背仁以貪地不藏節以遁時故其貞不自炫用不見疑保夷險之無易哂榮枯之有期俄蓬轉於岷徼遂萍流於江汜分兄弟於兩鄉隔晨昏於萬里撫貞容而骨愧伏嘉號而心死庶因感而長懷將策情而勵己

王勃二

乾元殿頌并序

臣聞鵬霄上廓瓊都開紫帝之庭鼇紀下凊珍野闢黃靈之館兼山配極照鸞闕於霞標薦水涵元湛驪宮於霧壑斯則神徵語怪功潛鳥跡之初理涉非經道昧鶉居之始授鳳書而稽碧落仙構罕存按龜籙而質黃圖金模間起粤若風移處闢層巢恢火運之機業洎嚮明上棟括河圖之奧三堦布政詠匪日於靈臺百堵陳詩頌斯干於考室亦有黃軒瞰月譙門頹九洛之功瑤闕排煙牧野構三河之酷御燕臺而臨北極缺王度於祈招列雲閣而拒南山隕皇謨於軹道然則卑宮喪禮采椽輕四海之尊豐屋延災柏梁非萬乘之有雖因時立事奢儉殊流而宏道在人興亡迭運靈光末造不窺九室之榮景福宏規猶擁三方之釁瞻風舊史逮曹馬而無譏觀跡故墟歷周隋而未得自我唐太陵遷構均五方於鶴几之前中野凝圖調六氣於虬牀之下坐圭臺而清俯仰晷緯齊明臨鼎邑而重威靈風雷合響得元功於大壯其在茲乎我大唐雞渾指極

樹神宰而制山河鶴識裁儀闢太虛而有天地黃精吐瑞潛龍苞象帝之基紫氣徵祥鳴鳳呈眞王之表高祖太武皇帝虹星湛色開寶胄於金壺蛟電凝陰發皇明於石紐白蛇宵斷行移海岳之符蒼兕晨驅坐遘雲雷之業屬東隣委馭扇虐政於叢祠北拱虛尊紊皇圖於寶極蜚鴻集野瞻烏鮮投足之因青犢嘯風羣鹿無擇音之所天街五裂載鯨浦而飛芒地紐三分觸鼇山而按節元虬在御掃圻甸而廓星都黃鳥分麾動扶搖而駭雲陣鏕宫仗鉞跨高陌而登元巒野韜戈陟圯壇而摛號皇圖不恃聖人追

卷領之風神器無私才子奉褰裳之運太宗皇帝雲房揖契壓麟璽於庭軒雷渚翔英擾龍鈐於周鎬八能亨運抗鷄邸而仗朱鼇十亂恢基臨鶴州而擁黃鉞唐雲祕族潛開白水之徵代景迴輪光踐丹邱之運權輿象緯削茅社而建瓊祧草昧風雲席蘿圖而創璿曆紫庭合粹括宇宙於宸襟丹扆凝尊運陶鈞於寶思擒碧霄而鍊石上清耀魄之宫詔寰海而揖珠俯睇暘侯之室功驅偃伯頓鶉視於華封道被來王靜龍吟於武庫元樞上運卜年開累聖之符丹竈昇遐遺範敞謀孫之晝皇帝陛下椒庭襲慶曜璿霄於霞莊蘭殿分休湛珠衡於月館道凝瓊鎮下蒼被而照重熙業峻銅樓憑紫軒而揖羣后環四瀛於舜抱漏蟻覃津棲十景於堯衿巢蝘荷照上元開籙寶龜定皇邑之模下武崇基飛龍錫帝臺之構貞明啓運齊王鏡於鸞門易簡成功偃銅符於鶴仗懷降尊於襄野太階忘七起之勞念負重於焦原中席託三危之險臨翠嬀而則道天孕時成坐元扈而被圖神超物外皇后星潯縱淑曳珠紱於銅臬雲野疏祥抗瓊枝於桂浦素蟾登慶六虛充牝馬之貞丹雀銜休三雅合關雎之好璿宫夜靜居龍幰而調

元金屋晨開御鸞階而緝化芝庭揖訓遠清和鳳之儀蘭佩承風競峻當熊之節皇太子承雲紫座翊八柱於乾維湛粹青衢揖三樞於地户黃離踵曜太陽分銑樹之輝蒼震薦音少海控銀河之色鶴笙飛奏想丹駕於瓊山鮑俎捐芳齒元冠於寶序彤闈問豎禮崇監撫之威黼席與賢義極君親之愛若乃東門邮允疊仙構於熊山西苑承家導靈波於鳫沼桐珪作瑞鳳毛曜丹穴之英茅壤分維麟距冠元邱之俊蕊宫延粹闢朱柱於娥臺兌野流芬疏紫蘭於別館頻隈毓範雲扃分戚里之驩覃嶼凝規星閣絕

郎官之講雕龍命職縱跳澤而驤鱗翠鶚調司順義颷而撫翼月軒宵佇虞谿降璿緯之精震帳晨披姜水洞金韜之賾飛鶴書而抽海狀桂壑於是投綸轉麟旆而揖山容松澗由其削祗軒圖瑞喬泛花綬於雞林農紀祥炎濯蘭纓於鳳水仙臺倣務三珪銓棘序之風天秩調邦六府爕槐衢之典金門獻納縱麟筆於苔牋石館論思覈龜章於竹槧淹中訪禮蹲龍搖壁水之波稷下談經飛兔躍環林之秀詞庭吐鳳翫鳥跡於春黌書帳翻螢閱蟲文於夏閣杏花千亩紺轅照磨蜃之功桑柘三宮元紱降親蠶之禮

圓丘上闢奉蒼璧於靈壇方澤下凝列黃琮於寶墠朱絃翠瓚履霜懷四饗之尊複霤重檐涓日正三綱之節五靈奔慶冠虵澤於黃樞六祀銜欣颺麟烟於紺席遺弓積慕虔深太廟之儀執豆推恩道振明堂之禮瑶山廣樂備逸調於宮懸洞庭仙奏納遺歌於帝府九韶分唱后夔清桂序之音六變同和飛鳳掌梧軒之律樽俎折旋之數苞畢陰陽堂庭節奏之規彌綸宇宙靈襟索隱控風伯於詞林睿想鈎深詔天吳於筆海神窮獨照傍探赤水之珍思洽幾深迴寫丹谿之韻金壇紫露映銀籀而翻華瑶林白雪藻瓊章而吐絢蟬機撮化銅渾將九聖齊懸虬箭司更銀漏與三辰合運爽鳩分職素雲頽馬喙之祥神獬關司元水照龍顏之則黃沙鞠草刻叢棘而遷訛丹石滋苔仰甘棠而息訟融皋再稔方聞外户之謡昧谷千箱坐溢康衢之奏百城煙峙望秋露而乘風千室雲開合宵霆而組化形幃獨遐熊轓下蘆鴈之祥墨綬分賢犀檢降槐鸞之祉筠驂佇信髦士剖竹而相尋葦杖霑仁鮐叟攀輪而不暇龍蛇可踐野人豐荷杖之驩雞犬相聞城尉輟鳴桴之響五雲抽潤湛芳氣於璿臺六府咸殷唱豐歌於銅闕不戒

而界東户恩周動植之津博施而舉南風化偃胎萌之寓神謀備預嚴七萃於丹樞邃晷防微肅千廬於紫衞元戎握節黃公授犀闕之圖帝座聞鼙元女薦龍庭之策禎柯摶刃中權決勝於兩階白羽俄麾善陣推亾於四表朱匡反景之域削虵弭於文櫳黑山明月之鄉委龍琛於武帳錦軒星鶩控乾絡而觀風繡服霞鶩浹坤紘而問俗川浮沒羽鯨谿靜丹浦之虞陸薦飛毛熊巘動青雲之偵銀闕驟雨望紫陌而趨恩鐵幌馳風討彤闈而瀝懇赤馬文猴之寶叢積乎郊虞紈牛露犬之貢滿盈乎儲邸青邱畫野

不踰征賦之鄉蒼水奉圖未盡隄封之貫且夫緯武經文宏業也含幽育明至誠也混齊六合大功也規模百代昌數也故能囊九空而寧庶物劃千里而統諸侯休徵象德而動嘉符觸類而至風揚晷洽藻乾慶於芳年司節河清藹坤禎於明滸瑤枝結慶泉埃蕩玉荔之文瓊液浮甘天酒綴金莖之色黃龍紫脆湊仙穎於中畿翠笈丹蓂疊靈株於上序騈眸候日藻影蒙池比翰翻風棲光理木祥飛井絡震鱗題瑞朔之元祉絢新郊楞獸紀和年之序具靈篇之絕貺究仙牒之殊休天人之際交矣皇帝之道備矣

由是三靈物覩扣蘭禁而棲誠九服子來詠蒿宮而騁力去奢去甚不矜黃屋之隆匪樸匪雕方順丹墀之請宸規相宅考周舊於靈都睿覽思和獲秦餘於正殿羣臣列陛奏蕭相之遺模天子臨軒採荀卿之故事炎洲八桂莛仙栱於林衡岱畎五松委靈材於梓匠衢宮記範萬機抗九戶之尊海孽移琛千樂省十家之費飛廉卷霧徵煙極而浮甍屏翳收津劃星墟而置蹔瑤階百雉光懸寶露之壇瓊壁萬尋影綷崇霞之閣拖虹梁而四注星漢虧於上榮疊雲棟而三休寒暑隔於中霤雕楣鶴企沓勢分規繡桷

虬奔殊形別起圖瑞布藻磬羽璧於狼泉方鏡披蓮孕花機於蜃浦芝樓對幄薰傳五日之風芸閣列錢彩鍜三旬之霧文疏罩迥陰兎息肩於綺寮翠幌籠霄陽烏鎩翼於珠網豐隆按節下複橑而司階列缺施鞭低叢楹而假道溫房佇幸煦芳景於佳辰凉室乘閒凜徂颷於火序金鋪夕照若帝圃之耀瓊英寶綴晨懸類阿房之聚銀燭烟邱碧桂翊珉陛而披香雨岫赬篘夾瑢流而颺影九衢翻翠雜仙卉於中逵四照霏紅間靈葩於右城神禽率舞光浮肆夏之軒瑞鳥相鳴響叶鈞天之樂鉤陳宿列儼雙碣於

丹霄綺徼霞周闢千門於紫靈爾其左扃嵩鎮申侯降太室之禎前枕莘郊伊尹發空桑之秀揭熊山而北眺貝闕猶存覩龜溜而西分瓊臺易接總交中宇廓川陸而疏畿竟想善鄰揆風霜而建野然則因秦構極祖宗耀金策之符作洛恢基我后創璿居之始援天引聖隔代重暉橫紫都而可襲配元宮而非遠故能使神光夜燭鏡麟趾於文除仙滐晨華委鸞章於繡礎靈文密發八方昭大有之和寶篆潛開六合啟同人之會兩儀交慶虛碧墀而翹旌萬宇披歡指蒼車而候蹕雖青蒲頌德東朝獻龍鳳之圖而

丹極鳴謙南面動貂羊之詔百神推策望璆徑而虔誠三讓奉符顧瑤壇而肅事龜書吐瑞按五校而分營鳳策揚輝翔八鸞而節步帷宮霧轉列芝蓋於中天帳殿星離軔蒲輪於大野紫鱗充饋若大帝之共臨素鶴翔華類羣仙之廣宴花開瑞雪委瓊饌而調芳綵絢祥雲夾珠旗而曳影功推三祖銀繩勒東岱之威業峻一人金筴奉南山之壽道既成矣元符集矣代既貞矣元勳緝矣運三辰而虛玉柄風兌渙其中孚懸五禮而偃金科雷坎光其作解奔烽舉爵溢仙酒於中衢疊鼓分鐃浹宸輝於下里吞九皇

而上運控八聖而遐征翔赤驥而睎風區吟翠虯而掩霄甸隱隱轟轟雷動天驚回輿斜盼而降乎乾元之殿司宮尨職肅柢堮而神行掌舍巡方煥巖廊而洞啟赫若朱螭負漢而輝橫海之鱗黕若蒼鵬架壑而振垂天之翮千官曉次儀銀牓而端簪萬户宵披候瓊膏而肅帶靈戈列陛天官具三揖之儀雲輅充庭宗伯演九賓之禮瑤鯨戒響懸猛簴於端闈銅狄分形肅嚴扃於左序排紫微而立極宸儀冠明后之三俯黃道而披軒仙歷用乾元之九蕩蕩乎何聖人之無外巍巍乎而神功之不窮也臣勃席芳十步企景三冬雖承宣室之談猶窘靈臺之影仙壇遠祕已多謝於祥鵷大廈初成復攀榮於賀雀慨深梁甫終乖棒日之歡恩極甘泉未動凌雲之價神圖不測固流絢於丹縢微志可存庶鐫芳於翠琬敢獻頌曰

紫扃垂耀黃樞鎮野銀樹霜披珠臺月寫爝明立極橫神廓祉大壯摛爻斯干韻雅其一鵷居化沒狙訛道長瓊構霞明璜軒露厰棄人崇欲達天蠶象南巢不救東鄰長往其二瑤緘考懿金板藏功道凝茅屋業盛蒿宮龍階察祲鶴閣調風推訪華禮酌儉思沖其三懸蔡結蕢傳翼生災千甍嶺

接萬栱星開爭圖絢侈福極凶來風寒碣館露慘蘇臺其四十館營秦金房砥室千閒架漢韜雲闕日濟惡承危同亾異術傾輈未遠遺墟繼出其五龍川結禍鶴塞稱符塵驚八際霧慘三都穹廬寶極罽幕璿樞司宮墜典掌舍淪圖其六蒼衢毓祉丹邱表聖鳳蹻仙樞龍迴寶命道凝金冊功馳玉鏡紫氣抽華黃輝疊映其七神稽鶴識迹播雞渾重光累極翼子謀孫經天緯象就日提元鸞軒湛粹鳳几裁尊其八祥抽紫歷業昭彤管珍雀朝翻仙蟾夜滿丹墟獻跡青臺墜卵椒闈儀鳳芝閨奉欵其九登三建緒明兩開儀龍譙霧

鬱鴐禁霞披波分璿渚景峻瑶枝黄扉曉列丹轂宵移（其十）

龜文獵彥麟旗收逸桂客攀榮松賓改律紫鴐開紀丹虬聳秩縱轡搏飈登山捧日（其十一）

功融棘序道備槐庭不仁者遠惟道斯行煙摇墨綬電轉朱軿境懷春翟野散秋螟（其十二）

鄭竹分科燕棠輟諷銅機化極珠囊業洞禮貴丹虬樂調朱鳳珠垌獻寶綿鄉委貢（其十三）

龍闕静柝鶴塞投弦歌呈豹尾舞進鳶肩銅鐃月斥鐵輞星懸繩幽架險驛霧馳煙（其十四）

霧壇凝紫河宮湛碧翠箓翻飈丹蓂候魄霜均雹散連珠契璧藹蓋籠霏花衢墜液（其十五）

年和政美化極風調靈臺軫詠考室興謡循圖訪典去泰捐雕道存南面讓屈東朝（其十六）

望雲裁構籠霄建宇方鏡星離圖瑠月聚梓匠傾思林衡授矩畫栱棲煙文軒架雨（其十七）

芝房疊翠桂廡流丹霞張萬户霧葺千欒重扃駐煥洞牖棲寒神加有敘既入無端（其十八）

帝圖臨御皇僚萃止電戟揮霜雲旌拒晷紫宮可遏黄街易履鳳碶騰文麟庭抗禮（其十九）

珠泥暢績銀繩鬱契鶴嶺雲明龍壇景惠道超中古功推下濟惟帝惟天惟天惟帝（其二十）

拜南郊頌（并序）

微臣上稽龍籙下閲龜謀觀天地之至道考皇上之大節武宣七德未嘗踰息亂之鄉文招大功未嘗出昇平之域竝能懸日月而高視駕雷雨而先鳴或皮幣而踐大階或干戈而躡乾步至於理定創禮功成作樂振長策以敘諸侯設靈機而制羣動猶虞階已泰不能息洞庭之誅夏載克寧不能罷會稽之戮故將體剛柔而立本法震曜而崇威一戎而寓縣平四罪而華夷服然後皇旗大輅詔殊號於圜邱電轉星迴奏元符於孝理天下黎人知四海之安樂寰中殊域奉三靈之康泰德兼祥風灑道與和氣游不

言而大寶用貞無事而元功有立捨彼代也其誰與哉若夫應運而生繼天而作鼓動千載之下超騰百王之上遂能發軒庭之景曜躡隋運之頹風揖讓而取文明指麾而清函夏則我皇唐得之矣高祖以黄旗錫瑞静雲火之横氛太宗以赤羽登期補星辰之絶纏授瑶圖於新邑付璿歷於鈞臺人更三聖道昭千古於是俛臨睿極趨四荒於鳳闕之前端委廟堂調萬國於龍軒之下八鸞徐動頓湯文於後塵九駿長驅佇堯舜於中路邦家之具得矣易簡之業存矣猶有朱冢戾俗違光蓬艾之間青徼遺甿假氣

陶鈞之內。背熊山而構虐。擁狼潭而稽誅。竊瀛海之風波。弄乾坤之綱紀。漢圖西返。惟收五都之名。魏律東窮。未出三韓之險。姦謀蓄於有漸。逆節成於不悔。長蚊蚋之雷霆。附豺狼之羽翼。豈知夫至人無外。撫天下以爲家。眞數有歸。弔羣方而罪己。三門遁甲。黃公成不戰之師。五壘神兵。元女下先登之策。肅牙璋而按律。耀旄節而分麾。降南宮之元老。裂西營之毅卒。良將首路。偏戎竟野。軸轤萬里。旌旗四合。金箱玉匱。司空憑百勝之威。鶚視龍趨。將軍仗萬全之畧。負鼇邱而峻壁。據黿壑而深溝。一鼓而亭塞無塵。

七縱而江山失險。伐罪以明而不以衆。懷遠人於絕境。均惠化於殊鄰。登若木以照臨。折紅桃以延佇。然後分州列鎭。對明月以收營。返旆旋戈。部元雲而振旅。望神都而獻捷。仰靈社以書功。辛亥謁於昭陵。癸丑告於太廟。時乘黑帝。月旅元枵。大唐有國之五十一年。皇帝有天下之一十九載也。元惡既殄。萬宇清矣。元勳既輯。萬寶成矣。以爲周郊上帝。裁延肅愼之賓。漢禮甘泉。未拯朝鮮之亂。想元功而反側。奉先旨以遲迴。思答上靈之心。以洽庶黎之望。爰考吉日。遂淨行宮。有司具典。乘輿乃出。撫元虯。戴翠鳳。鼉鼓按節。鯨鐘疏響。千乘獄動。萬騎林迴。星陳而天行。雷震而霧合。是時未登夫泰壇也。迺齋帷宮。宿帳殿。華蓋移影。鉤陳從蹕。千營夕布。亘蒼野而烟凝。萬幕宵懸。背黃闉而霧列。既而屛翳清曉。飛廉警旦。孫叔奉轡。王良縱策。雲藏星謐。宇曠山明。旌軒具照。簫笳互凝。陟名嶽以告成。歷神邱而展事。國容象物而動。朝章視令而肅。宸儀有晬。虛徐大帝之庭。列侍無譁。髣髴華胥之國。於是襲衮服。戒俎豆。端瑞班。儼華旄。樂懸六代。禮備三古。奠惟蒼璧。藉用白茅。鳴孤竹之簫管。奏空桑之琴瑟。感格以誠。不以事動。植咸

驪敬神以道。不以華。天人合應。然後駐聲名於上邑。反文物於仙宮。因雷雨而作施。法雲天而用饗。風行電舉。未寸景而浹九埏。野抃途歌。不崇朝而晏六合。我之元極建矣。我之能事異矣。超帝寰而振足。越皇衢以驤首。不其休乎。雖睿化無方。比神圖而絕唱。而小臣不佞。撫洪筆而當仁。敢作頌曰。

遼河巨浸。碣石危峯。城分元菟。塞接黃龍。憑遐作梗。恃險忘恭。人殘鬼哭。主闇臣凶。有晉不綱。戎麾內逐。帝隋失御。皇輿外鶩。九縣塵征。三靈霧黷。長茲下慢。遒我天戮。五材

無隕千齡有聖武創元基文清寶命波恬四海明宣七政息眾以寧綏荒以令飛龍繼跡鳴鳳重光遂均夷夏迭用柔剛戈船泛月劍騎橫霜風驅海石電埽辰陽帝師無戰神兵有伐丞相陪麾司空仗鉞危雲旦起長星夜發萬壘爭屠千城自墜功超薄伐義極兼該殊方底定善陣徐迴歸俘獻捷課績分林建侯清廟偃伯靈臺考事龜謨凝清鳳扆仰觀俯察享神作祀道則推天功非在己豐隆旦出招搖夕指神壇嶽立齋館雲深鑾旗曉引葆吹晨吟山明野澈日降天臨鏘鏘盛服肅肅珪簪俎豆畢陳笙鏞間撫玉觴分獻金錞暢秬青帝鳴琴朱靈會舞上和下悅神歆福聚收驩巨野反旆靈壇恩周宇宙樂極寰埏德因時立頌以詞宣帝之功也臣何飾焉

九成宮頌 并序

臣聞在天垂曜璿宮列乾象之墟在地班形珠闕鎮坤靈之野洎夫三精斡運卽寥廓而爲宮九聖旋游遍洪荒而可宅則有瑤房玉室崑山分大帝之庭金屋銀臺滄海濯元元之宇豈非神明其道騁仙蹕於無垠浩蕩其居示清都於不宰若夫扃牖六合奔走八神占日月而揆山川駕陰陽而法天地非聖人其孰能與於此乎至若文開道甲仇峯城蒼后之躔樂奏鈞天峒嶺駐黃軒之駕業融環堵下姑射而尋眞道濟巖廊望衡山而展覲斯則三階遍下唯臨布政之宮六位時乘未覩巡方之館其後兩龍齊驚抗瓊闈而同嬉八駿高驤指瑤池而結興殿風不競砂邱雄別館之娛秦道無章雲閣絢殊庭之賞於是功虧大壯頌闕祈招豐屋同亾危斬繼及遂使來年侯跡名山爲縱觀之場並海遵河沃野盡行宮之地皇天震怒於上蒼黎吒慟哭於下土其有斟酌千古文明一代萬宮不陋茨山

可仰祈誠東岳唐帝復衢室之尊用饗西岐天子合鈞臺之運得其道也蓋有存焉國家梯霄架極罄域裁基纂高邱白雲之裔鬱函都紫氣之兆宸扉既闢一宇宙而來王聖籙潛躋貳乾坤而作帝高祖天旗夜立制黃馬而先驅太宗日馭晨飛驂綠螭而首出雖立極承祧之業進燭前文而重光累洽之符歸功下武陛下承靈太乙踵曆登三星虹沓祉電虬發慶丹書碧篆神符煥河洛之文玉斗珠衡天骨挺皇王之表用能拾桐珪而宣匕鬯肅玉籍而揖宗祧寫鸞九天騰景萬里御風雷七曜於上博臨之功顯

用山川六府而下輔相之宜得元宮密運數造化於靈襟黃屋神凝創經綸於寶思鳳闈宵靜陰靈宣玉閫之華鶴禁朝趨離象峻銅樓之景川分帝子控鯤壑而疏源岳動天孫擁熊山而列鎮其化成也如彼其強幹也如此猶乃停旒正室儼纊中軒玉階匪泰金門爲險停虹旃於月潤岳瀆生光飛鶴蓋於煙皋江湖動色桃溪逸彥塞丹井而歸風松磴遺英斬元關而奉制位兼河海九卿參巨濟之功道合星辰三事鬱經天之象朱轓緝化泣故老於中溪墨綬宣風繞春童於上陌王化之基已洽天工之代有序

建銅儀而測曜象緯齊懸按璿璣而書雲禎氛疊舉祥嘂十二紫鶴調夏谷之音大禮三千頳虵應黃鍾之曲蠶功順令業著於青裳蜃磨迎春恩周於黛耜黃砂靜讞爽鳩興頓足之悲丹石銷寃神獬輟摧鋒之訐詠時和於帝壤動植咸驩歌道泰於華封昆蟲自樂星墟列將輝玉節而長驅天策神兵下金壇而決勝橫麾赤坂蔥山成不戰之郊命徼青邱桃野見其亾之兆煙馳火徼勵珠崖而移琛雪鶩氷洲駕瑤谿而納責乾坤徑復載遵赤縣之封曦望環周未出黃圖之域故夫含吐萬物至功也制乎八表大

業也一陰一陽神道也乃文乃武聖圖也用能使天不愛寶地不藏珍日月五行風雲四序龍章鳳彩烏奕於郊墟黃鉉紫玉磊砢於垌圃集靈風於翠筵浴甘露於朱英澤馬飛鑣山輿結轍殊徽狎至祥書揭東郭之毫累譯同歸朝冊盡南山之竹然後瑤壇備物陳帝服而展皇儀后室疇庸登太山而小天下功宏事畢狹廣宙而三遷風舉雲搖歷神都而一憩考遺基於汶上稽故典於渰中光總章之瑞紀嗣乾封之寶歷大矣哉昇中作睿握四海而爲尊則大斯模肇三宮而配永憑太室而高視靈壇八百坐明

堂而恭已諸侯一萬時既貞矣襄城辭訪道之遊功既成矣元圃頓尋仙之駕由是南宮奏議和元禁而成章西土謳謌指皇輿而佇眷咸以珍臺靚穆陽靈開避暑之宮清序鈞調景福制追涼之殿然則高棟深宇威神之大節也順氣發生巡遊之大功也況乎石城金室偏與井鬼之區珠藪瑤池宛在秦蝨之境應雷輀而出豫蒼帝其時面炎馭而思和朱明不遠雖塗吟野忭黎元忻望幸之符而屈已從人天子下勞謙之詔候離宮而從宴尚惕三危清近縣而移鑾猶詳再駕以爲三十六所帝劉非舜禹之心四

十二宮全趙異成康之歷詠荊臺而夕厲思蒲坂而晨凝方奉後天之期俯順觀風之請萬靈禔祉三辰合慶姬文考簉容成奏日千旌鳳轉儼鏤象而星陳萬騎龍嘶伐靈鼉而曉徹靜帷宮於綠野肅帳殿於黃衢奔欃槍而走陸梁陳浮靈而俟明月前驅電竦下列鈌於騰鞭後乘雷驚起豐隆於驟轂瓊戈晝灑太陽疲轉日之鋒玉劍宵翻懸象暗衡星之氣天旋霧散岳運川迴林兵護野方神啟路黃麾紫蓋雜真氣而西浮雲動神行背封巒而右指吐霧馳風以臻夫九成宮禮也爾時峯橫地乳景戴天槃分閭

井而圖基蔭秦星而耀阯靈墟寶藏代興汧雍之間峻阜長岑疊鎮岐梁之域丹溪碧洞吐納虹霓灌柏叢篁騰遷雨露獲秦餘於故兆地擬林光訪周舊於遺風山連水御前趨劍棧玉壘千尋傍望斗城金墉萬仞架陰邱而北走境瞰鄜畤分沓嶂而西馳塗交隴坂仙都密邇猶連上苑之扃靈宮巋然直透崇岡之曲即喬基於磵道利在斯干固拱木於虞衡規同匪日彌峯跨谷層城萬轉庇險乘危迴廊四注山祇盡石出徼道而終年風伯贏糧半長途而中宿架千樓而致極爛若神扶羅萬戶而窺天巍如化立

離堂早照皦日籠光於綺寮合殿宵深歸雲納影於重廡珉房砥室畫栱相望綠岫紅巖雕櫳間出元熊蚺蛟俯棟宇而危心青鳥歸飛仰櫺軒而墜翼轉飛檐於秀崿上出重宵蔭反宇於迴谿下臨無地紅葩紫的垂倒井而披文金鎖銀鋪接重扃而炫色儼鉤陳於漢陌泰階非遠設陛戟於煙莊仙梯可陟華璫璧散掛明月於崇朝密網珠連落奔星於已曙丹梁發秀彩沓虹文皓壁凝鮮光涵蜃氣銅龍對霤接飛泉而瀑流鐵鳳連甍遡還飆而佇立雖南纏統序北室開榮禀勁氣於叢楹起淒風於洞穴踆烏失

轡出澗戶而無光金兎低輪下山扉而變色陰庭阻夏祝融無竊據之因邃屋乘春顓頊定忘歸之策飛廉扣響超北闕而神寒屏翳收津蹈南端而股戰蒼蒼八桂白露為霜落落千松元陰昧景金人列陛來危砌而思裘玉女窺窗伏曾巒而請纊陽秋代駕不凋仙囿之華天地為鑪未解幽陵之凍至若氣清乾步景霽山維棲翠靄於崇榮列朱霞於複榭瓊枝累道移綴文櫳碧樹周阿光瑤鏤檻靜簾帷而洞啟穆羽相和肅坻堮而天臨纖塵不動宸儀有晬蓬萊與城闕俱禁羣后多歡蘿薜共簪裾合賞巖花落

砌綴龍宸而成文嶂葉交軒拂鸞旗而追影鑪峯轉霧香傳玉几之風石瀨鳴湍響入銅壺之水乃有陵陽駕鶴奉丹舉而稱臣子晉吟鸞下青蒲而謁帝箕精失曜傅說恭命於東廂昴宿低芒庭堅奉職於西序三臺九署雲端極目霓裳鳳髻闕下相尋張良卧疾攀赤松而有地綺季來朝歌紫芝而忘返若夫功成旰食道濟宵衣漢宮追聽覽之餘堯殿得巡來之隙霞登月憩光睿幸於彤闈玉振金聲藻宸章於翠掖洛陽才子承閒盡宣室之談蜀郡詞人還奏動甘泉之賦復有軒庭十四出桂闥而乘茵永巷三

千望椒塗而奉幣翊鸞臺之廣晏邕鴛砌之仙遊羅綺芳兮四面春環珮鳴兮九重暮風闈夕敞攜少女於歌筵月幌宵朧下姮娥於舞席元房娭宴雲姬辭豹尾之歡紺幄承顏星媛入魚鱗之戲若乃屯營擁比對閣道而斜趨廨寺棋分混文昌而外屬周朝瑞鸞聲參叶律之宮陳寶鳴雞響雜司晨之序名都廣會閭閻萬室帝籞仙垣亭皋千里山村野塾家連菌草之園谷飲川居户有桃符之水故夫恩加草樹囿原澤而無私道被翔行苑山川而不禁每至旻天戒序高風嘯律虞官獻秋獮之儀司馬奉梁騶之典將軍布卒署元霸而東馳都尉闢營繞黃山而北睇於是逢蒙列陛蚩尤並轂材官發射期門走仞杖元麾而直指鶡視千羣奮朱鬣而橫行龍驤萬計層旗廣旆出宇宙而三驅疊鼓鳴鐘運雷霆而一呼前旌逐日夸父斷洪河之流後騎超山共伯挾崑崙之柱近陵吐燄縛奔電於長鋒灌莽生塵隕飛霜於勁鏃合戈鋋而照地猛兕知窮振罟網而籠天騰龍失據崩林礫石毛羣無挺險之資蔭澤風山羽族落垂雲之影長圍蹀躞得駿馬於秦坰大輅徜徉載飛熊於渭滸然後還師振旅考事陳功皮軒按節牙

璋復路祝餘生於大野誓廣校於長陬班腥於截嶭之墟省蜡於長楊之館命奔烽而舉燧火照甘泉總輕騎而行危雲驚上路聲兼萬籥歌鐘空廣樂之庭禮被三雍玉帛盡塗山之會龍胎鳳卵入禹膳而調芳石乳瓊漿委堯樽而湛色恩霑下帛宴洽仙宮雖大夫思濯鵠之歡而天子可迴鸞之奏然後拜蘦清廟考德齋宮用元功而不有宅太虛而無迹動崇易簡規萬祀而化黃金道貫幽明徵百靈而饗丹甑得元珠於舜海尚警氷危朗天鏡於堯儀猶勤日旻虔恭上帝東朝懸待諫之旌清問下人南面聽登

聞之鼓則有郊童候蹕敢讓天師野老排閽推歌帝力風行比屋忠臣收折檻之謀化溢康衢良使息埋輪之請設神規而動俗庶績其凝握元符而發祉殊方合應華胥已泰濟羣生於不死之庭閶闔可觀致仙歷於無窮之境蕩蕩乎發育萬物而顯諸仁洋洋乎包舉六氣而藏諸用均兩儀而得一恥三皇而不四者矣臣勃東皋賤節北阜幽姿常叨名見之恩驟玷明敭之列書生謁相望闕推輪下客遊梁榮參賜帛終童立志空投函谷之繻馬令同時未給尚書之筆雖元機妙鍵已寂兆於忘言而詠德陳功請

追聲於匪頌其詞曰

九門浩蕩三山超忽帝坐金房仙成玉闕浮丹麗紫棲霞冠月眞匠難徵虛談易越（其一）旋窺鳳紀極睇龍墳曾巢化沒上棟爻分茅宮蔽雨松殿來雲猶迷匪陋尚闕斯文（其二）道倫明一風遷繼五禮讚三宮詩歌百堵黃圖未洽紫庭無輔局促墉垣逡巡度矩（其三）盛衰環襲沖盈舛舊璿宇夏闕瑤扃殷榭奢窮地絡毒流天步相日遄奔尋雲速仆（其四）災延六國運逼三川分雄競侈禮僭圖全飛甍月徑列廡霞阡乾谿敗楚碣石亾燕（其五）阿房秦構文軒五里建章漢立仙闈萬戺詭代齊徑違天縱已望夷有釁甘泉不祀（其六）宛郊嗣籙譙鄉警衆蜀跨梁岷吳吞楚夢相宜裁軌崇楹累棟雲閣同華泉臺罕共（其七）晉圖終否胡風肆極霧黷丹圍塵埋紫域皇階不守帝庭無色帳殿相臨氈牆間飾（其八）南承有宋北泊亾隋功慙戶牖守在城池樓船水覘車陣山窺吳庭再毀代鼎三移（其九）火德初融江陽喪旅奄收淮船遂朝吳渚象錯驕秦龍舟壞楚雄圖乃溢傾宮不處（其十）海岳呈華風雷寫慶翦諸戎首光我靈命紫氣雲蒸黃星月映輔商爲業遵唐啟聖（其十一）景閟丹繩祥抽翠籙格天

垂範模神鶩蹕朱極重光黃離繼旭道清金鏡時和玉燭（其十二）徵規鳳闈毓訓鸞闈桐宮宿列桂邸霞飛台精變道岳耀裁幾朝盈振鷺境比馴翬（其十三）武韜弓矢文經步驟爽鳩議獄龍夔掌奏玉帛華夷提封宇宙譯書歲欵祥圖月湊（其十四）帝功得一乾元用九鏤玉天齊塗金社首神京四邑明堂八牖變而可大爲而不有（其十五）層宮望幸堯封佇悅伺隟披圖乘時徙轍赤騶俟駕蒼虬按節月車宵移星闈曉列（其十六）方神護野岳將清塗迴麾嶠路逗蹕山樞千靈電騖萬辟風趨鈞臺有問峒岫無虞（其十七）五城分秀

雙巒抗影畫栱彌峯雕甍亘嶺煙閨夜謐雲房晝靜竹殿棲寒松軒祕景其十八紫庭晨御彤闈早闢天子疑旒辟公奉蹕薛蘿齊致簪裾混迹仙鶴隨輪靈梟墜舄其十九風扃濬敞霞廊藻邃玉網星開金鋪月墜山樓獸矯雲臺鳥次複嶂披丹迴流轉翠其二十仇夷聖宅姑射神心樂翔丹鳳使引青禽羲壇葉暗禹洞花深沿分瑤水苑跨珠林其二十一順時宣節分戎講將星騎朝飛雲羅夕張寶雞獲祉非熊入眺駕掩岐蒐禮高秦望其二十二酆庭未遠塗山有戮襄野迷軒清都宥穆罕夷乾步徒豐帝屋光總大猷允歸天祿其二十三合宮垂訓靈臺韻雅功映寰中頌流天下皇圖已泰鴻筆難假帝有力焉惡非能者其二十四

欽定全唐文卷一百七十九

王勃　三

上拜南郊頌表

臣伏見總章元年十二月四日詔既清東寇將覲南岳甫資元勳旋窺大典伏惟皇帝陛下黼藻神器銜策睿圖用天老之前機戮防風之後至爲而不恃懸寶位於中宸卑以自居託靈符於上帝禮凝蒼璧瑞溢元珪紫旻降祜黃祇叶矩微臣學不照古才不曠時竊宇宙之神功覩郊禋之盛節時非苟遇懷雅頌而知歸道不虛行想謳歌而有志豈與夫周傳考室裁稱棟宇之規漢奏甘泉未息嬉遊之諷比興衰於前代較馳驟於同衢而已謹憑天則輒貢拜南郊頌十章文不足奇意有遺美臣誠惶誠恐謹言

上九成宮頌表

臣某言臣聞帝機無朕道洽則時邕靈化不言功成則頌顯伏惟陛下體元纂極模神建隧棟梁三氣庭階六合松軒夜警杳冥姑射之心茅殿晨凝寥廓峒山之駕臣霑風太上庇影華胥仰衢室而無階候襄城而有地雖望卑平叔空勤景福之詞而文謝子雲願竭甘泉之思謹憑天造

輒貢九成宮頌二十四章攀紫墀而絕望叫丹闕而累息臣誠惶誠恐死罪死罪謹言

爲原州趙長史請爲亡父度人表

臣某言臣聞奉忠履義帝業所資昭德報功王風是切臣亡父故臣使持節都督豐州諸軍事豐州刺史上柱國南康郡王士達往因隋季預奉皇初于時九洛未清雙崤尚梗江淮海岳王公數十亡父身羈僞鄭寵極戎庭掃千載之風雲擁三河之士馬情思奉順義不圖生綿越寇場密歸誠欵登太行而擢甲則建德離心出函谷而揚麾則王

充破膽天書屢降手勅仍存洎乎九服乂安四方無事謀臣出鎭猛將臨邊西窮赤水之源東究青邱之境橫戈北塞盡沙漠之風塵授鉞南荒被牂牁之矢石義形夷險迹遍疆場分閫淹榮懸車遂禮雖死於牖下實懷天子之恩力盡方隅無愧忠臣之節今者歸藏有日先遠戒期陛下德被遊魂惠流枯骨高班厚祿已極於生前列鼓鳴簫復光於身後誠非毀滅所能投報但臣霜露之感瞻彼岸而神銷烏鳥之誠俯寒泉而思咽希開淨福庶補窮埏伏惟陛下恢不次之恩錄無涯之請使獲從朝例賜許度人濟沈識於昏塗拯亡靈於燬宅則陛下乾坤之施旣不隔於幽明微臣螻蟻之心豈忘情於家國是所圖也非敢望也輕黷冕旒若墜氷谷

上百里昌言疏

勃言鄉人奉五月一日誨子弟各陳百里之術宣於政者承命惶灼伏增悲悚勃聞古人有言明君不能畜無用之臣慈父不能愛無用之子何則以其無益於國而累於家也嗚呼如勃尚何言哉辱親可謂深矣誠宜灰身粉骨以謝君父復何面目以談天下之事哉所以遲迴忍恥而已

者徒以虛死不如立節苟殞不如成名悔過儻存於已爲仁不假於物是以孟明不屑三奔之誚而罷匡秦之心馮異不恥一敗之失而摧輔漢之氣故其志卒行也其功卒就也此言雖小可以喻大此勃所以懷旣往而不咎指將來而駿奔割萬恨於生涯進一簣於平地者今大人上延國譴遠宰邊邑出三江而浮五湖越東甌而度南海嗟乎此皆勃之罪也無所逃於天地之間矣然勃嘗聞之大易曰人之所助者信也天之所助者順也是以君子不以否屈而易方故屈而終泰忠臣不以困窮而喪志故窮而必

亭今交趾雖遠還珠者嘗用之矣書不云乎弗慮胡獲弗爲胡成不勝憤激之至謹上百里昌言一部列爲十八篇分爲上下卷庶竭私款少裨公政追思罪戾若投氷谷謹奉言疏不備勃再拜

上劉右相書

蓋聞聖人以四海爲家英宰與千齡合契用能不行而至春霆仗天地之威以息相吹時雨鬱山川之兆故有元蛟晩集憑鶴鼎而先鳴蒼兕晨驚運龍韜而首出並能風騰霧躍指麾成烈士之功蠖屈虬奔談笑坐羣卿之右未如

越蒼海棄行閭排紫微謁天子於是遭不諱之主擁非常之位龍章鳳黻照其前鏘金鳴玉疊其後三靈叶贊超然奉天下之圖四海承平高步取寰中之託君侯之富貴足矣聖朝之付遇深矣故知陽侯息浪長鯨卧横海之鱗風伯停機大鵬鎩垂天之翼及其投形巨壑觸丹浦而雷奔假勢靈飈指青霄而電擊神氣洋洋謂鱗翮使之然也殊不知兩儀超忽動止繫於無垠萬化糾紛舒卷存乎非我是以陳平昔之智士也俯同降卒百里奚曩之達人也親爲僕隸當其背強敵轉康衢雄處耿於風雲危途迫於朝夕豈自期榮稱相府西藩開虎據之圖寵冠齋壇東向舉熊飛之策顧盼可以蕩川岳咄嗟可以降雷雨遂令用與不用是非於楚漢之間知與不知得失於虞秦之際故曰死生有數審窮達者繫於天材運相符決行藏者定於已君侯足下可不謂然乎借如勃者眇小之一書生耳曾無擊鍾鼎食之榮非有南鄰北閣之援山野悖其心跡煙霧養其神爽未嘗降身摧氣逡巡於列相之門竊譽干時匍匐於羣公之室所以慷慨於君侯者有氣存乎心耳實以四海兄弟齊遠契於蕭韓千載風雲託神知於管鮑不然

則荷裳桂檝拂衣於東海之東菌閣松楹高枕於北山之北焉復區區屑屑踐名利之門哉至尊以搖河徙岳之威當立地開天之運聖人有作羣材畢舉星辰入仕揖讓朱鳥之門風雨稱臣奔走蒼龍之闕方欲停旒金室引成康於已往闢繢瑶林復堯舜於兹日可謂明明穆穆盡天子之容貌矣抑嘗聞之丹山九仭煙峰非數簣之功紫極千門雲臺俟萬楹之力故天下至曠神器不可獨專天道無私元勳有待而立書曰元首明哉股肱良哉好問則裕自用則小況掌萬國之權受一人之寵動見臧否言知利害

君侯足下何時易耶。雖國有大命。不資童子之言。而恭此小心。敢進狂夫之說。伏見遼陽未靖。大軍頻進。有識寒心。羣黎破膽。昔明王之制國也。自近而及遠。先仁而後罰。徵實則效存。徇名則功淺。是以農疏十野。僅踰重石之鄉。禹截九州。不敍流沙之境。豈才不及而智有遺哉。將以辨離方而存正功也。雖至人無外。甲兵曜天子之威。王事有征。金鼓發將軍之氣。而長城在界。秦漢所以失全。昌巨海橫流。天地所以限殊俗。闢土數千里。無益神封。勒兵十八萬。空疲帝卒。驚烽走傳。駭秦洛之甿。飛芻輓粟。竭淮海之費。

於是乘奸放命者。出繩纆以生威。因公挾私者。入閭閻而競法。雖一物失所。太階延旰食之憂。而百戰方雄。中國鮮終年之樂。圖得而不圖失。知利而不知害。移手足之病。成心腹之疾。征稅屈於東西。威信蹇於表裏。語曰。勝之不武。不勝為辱。天下之責。四面至矣。誠可遠凝高策。上薦忠言。決人事於去就。合天情於終始。遂令回麾轉檄。背青邱而鶩。列障分亭。巡蒼波而守。昔者齊侯以力。方城為楚國之辭。虞帝崇文。苗人失洞庭之險。況乎仗德綏亂。以直乘邪。明逆順之端。聳華夷之望。雖復舳艫沸海。旌旗觸天。鐵山四面。金城千里。亦不能為敵人計矣。此君侯之未諭一也。

蓋聞星迴日運。御洪荒者貞夫一。雷照風行。制寥廓者歸乎靜。易曰。復其見天地之心乎。語曰。動之斯和。綏之斯來。是知源潔則流清。形端則影直。大道起而仁義息。神化周而市獄定。雖復體元立教。眚災耀知遠之書。順時宰物。宥罪發精微之典。而況澆風易漸。淳化難歸。孔明耿介於當朝。子輿殷勤於易簀。蓋有由也。伏見邊亾尚梗。殊恩屢發。亾命山澤者。日月相趨。朝脫桎梏。夕還囹圄。姦徒抱袂。因時立僥倖之謀。碩夫頓足。中路紆吁嗟之慘。皆由寬勝於

猛。人迷所習。勸沮不彰。廉恥相冒。亦有公卿失職。恥受珪符之任。郎官有釁。俯捨銅墨之榮。又焉可以宏長風流。抑揚眾務者也。且夫朽索充羈。不收奔馬之逸。輕緡振網。或墮吞舟之勢。況非常之化。方洽於齊人。無妄之恩。乃及於羣小。將恐匡衡管仲。復靈詔於下泉矣。古之善為國者。不然。信賞而必罰。道德而齊禮。澤配風雨。而無曲惠。威振雷霆。而絕私戮。交書聳幣。伏慈厚之師。投金散璧。樹仁明之長。故雖開衢室。蓋明堂。亦將四三皇而六五帝矣。此君侯之未諭二也。蓋易曰。天地之大德曰生。聖人之大寶曰位。

何以守位曰仁何以聚人曰財是知發揮地利農桑啟其業振蕩天功泉貝流其用伏覩前制屢擾事非畫一廛市蕭然人情恠動夫煩簡並用未盡交易之宜輕重齊行適啟兼幷之路於是連闤掩闠者閉肆而乘其屈布衣韋帶者闔門而受其困五方競爽務淺術以相雄百郡爭勝驅末技而成弊田夫織婦衣食鮮終朝之給巨駔洪商興馬挾封君之勢蓋有由來矣故曰國儲闕於九載則公上無所給家廩乏於三年則妻子非其有夫陰陽覆逆天地之常數百六運窮湯堯所不免一旦洪泉決地大旱焦山風

雨於一歲之間霜雹於數州之境繁運廣役首尾於中外沓稅增徭日夕於都鄙變陰陽者將何以處之一夫竊議公之盛德虧矣愚謂嚴程峻法絕輕陋之貨則奸鎔之源塞矣沿風正典重耕耘之務則邪贏之計沮矣然後遠宏教旨大變流俗法立有犯而必施令出唯行而不返違公竊鑄者具五刑之戮因時力田者懸一命之賞不然則賈生晁錯復流涕而言矣此君侯之未諭三也嵩衡不拒細壤故能崇其峻江海不讓纖流所以存其廣是以星臺曉闢上台忘吐握之勞月殿宵興中宇軫山林之慕知夫御天下者必待人也詩曰濟濟多士文王以寧未見君子憂心如醉伏見皇明遠燭帝采遐宣張樂岱郊騰勳社首徵廉察孝瑤壇虛不次之階署行議年瑣檢動非常之詔天下可謂幸甚矣於是友月朋霞之客背青皐而至馮唐顏駟之才排紫閣而集夫豈知終始異數涇渭同流蘿薜失圖簪纓解體惜哉羣英霧散名侯招蔽善之嫌天下雷同君子鮮長鳴之地而欲招絕足致真龍難矣此君侯之未諭四也易曰拔茅連茹以其彙征吉豈非順物不若招類報國不如進賢陽事昇而雨露歸陰駕凝而風霜厲莫不

覩時有託撫氣相求窮則獨善其私達則兼善天下而利已疵物者以自任為身謀知進忘退者謂專榮而得計豈知夫尺波易謝寸晷難留陵谷好遷乾坤忌滿君侯足下出納王命升降天衢激揚鳳扆之前趨步麟臺之上亦復知天下有遺俊乎夫心之精微口不能言也言之微妙書不能文也伏願闢東閤開北堂待之以上賓期之以國士使得披肝膽布腹心大論古今之利害高談帝王之綱紀然後鷹揚豹變出蓬户而拜青墀附景摶風捨藁衣而見絳闕幸甚斯不為難矣庶幾乎麑卵不棄終感元枵之精

駿骨時收或致飛黃之錫書生王勃死罪死罪再拜

上絳州上官司馬書

月日龍門百姓某謹再拜奉書於司馬上官公足下蓋聞靈化出於窈冥帝圖寄於寥廓聖人生而萬物覩太階平而四國會故曰有非常之后者必有非常之臣有非常之臣者必有非常之績至今雷奔雨嘯風旋電轉拾青紫於俯仰取公卿於朝夕雲臺迫漢南宮列元宰之圖霜戟羅門北闕據名臣之第嘗見之矣至若時非我與雄畧頓於窮途道不吾行高材屈於卑勢孔宣父之英達位未列於

陪臣管公明之傑秀名僅終於郡屬有時無主賈生慟流涕之書有志無時孟子養浩然之氣則亦有焉豈非妙造無端盛衰止乎其域神期有待動靜牽乎所遇向使太公失於周伯則旗亭之屠父韓信屈於蕭何則轅門之餓隸又焉得鷹揚豹變吐納風雲者哉故曰知與不知用與不用觀夫得失之際亦窮達之有數乎其有邀時譽忘廉恥徇苟得設向背於朝廷立縱横於勢利舉三寸之舌屈辱豪門奉咫尺之書逡巡下席皆自謂材足以動俗智足以濟時鐘鼎輝其顧盼冠蓋生其藉甚豈知夫四海君子攘袂而恥之乎五尺微童所以固窮而不爲也此蓋莊周有言所以得意而忘象得象而忘言語曰談何容易易稱書不盡言知談之不易而欲言之盡以是思之良可知矣下官者康衢之賤甿嘗聞闕里之言頗挂平輿之目豈不知塵形俗狀游水鏡而多慙抱鼓援鼙過雷門而自失而欲刻鵠飾㒵唐突扁鑰者耶徒以登山泛海庶測高深執炬傳螢希增日月三奔九合下官聞管仲之風千載一時君侯受鮑卿之託是以敢陳其逕庭不然則秋風明月西江留獨往之因桂嶠松巖南山有不羣之地矧區區者而重

高明之閭閾哉君侯極天分構振瓊樹而韜霞帶地疏源握珠胎而冠月鱗軒羽殿瑤臺降卿相之榮鶚印蟬簪金社發公侯之始青皋獨唳望鴻漸而翻霞丹穴高鳴對鵷池而矯霧嚴助以賢良待詔未厭承明汲黯以方正拾遺終榮卧理藩維克振既參來暮之歌邦國不空自有康沂之栢加以雄材廣度散琬玉於胷懷逸氣遒文運風霜於掌握迫青霄而構舍煙霞之涯渙莫尋振滄渤以流謙江漢之波瀾未測耀靈珪於趙席垂棘知歸辯羣籟於莊軒懸匏自託賓階夕敞清河銷驥縶之虞虛榻晨披元禮得

龍驅之地方當翊贊宸極羽儀台舜豈徒偃仰州縣勞事藩庭而已哉借如僕者言不滿於鄉黨聲不出於堂闕東海取樂於箪瓢南山異志於文史餐花佩蕙入蘭室而談元挹露攀霞坐松扃而嘯逸揚子雲之澹泊心竊慕之嵇叔夜之逍遥眞其好也未嘗露才揚己飾小智以驚愚假勢憑時託中人而樹迹遍遊天下寒心於將相之門獨守太元側身於名利之境嘗謂奉琴巵於北牖詠詩禮於南陔坐商洛而折雲英臨江湖而採煙液生願畢矣而屬鑾扃停逸頻虛不次之階鶴板徵賢累發非常之詔天下有

道吾豈匏瓜承達人一顧之榮辱公車再辟之禮平津侯之博物終屈奉常賈大夫之才名猶逢絳灌況庸者而可免於此乎君侯要津先據圖海盛於當時下官覆簣方勤爲山始於今日雖陵深谷變終非入室之賓而晝詠宵吟敢預升堂之列夫以幽明不測尺標見天下之心巨細相傾寸管合義舒之度豈非道存斯貴理在必亨霸略近發於輿歌皇圖不隔於芻議故有榮枯絕等奉推轂而欣然年勢不侔受分庭而罔愧風規可接惟君侯體之今古未殊則下官願矣常恨霜松列澗萬尋無罩月之期露草滋山寸莖有梢雲之望斯則聲實困於兼濟才位難於俱立況乎地勢不足以誇俗容貌不足以動人遑遑數澤安足以奉高明之咳唾也所冀蠅階賤質附雲足而追飆蚋序輕姿託霜毛而絕海委名勵己蛟鐔申獨斷之能偶跡當仁驪珠鮮闇投之懼天衢可望指鵬程而三休巨壑難遊伏龍門而一息勃死罪死罪

與契苾將軍書

昊天不弔哲人終否畢公逝矣傷如之何敬想情則懿親義惟良執非夫人之爲慟其誰爲慟乎僕與此公早投交

契夷險之際終始如一常思並建忠孝之績共申家國之讐壯志不就古人所悲何圖一旦長訣嗚乎哀哉管仲不存叔牙空在子皮已喪子產何依興言追昔良增痛悼適得韋四郎書具承大郎雅意知欲以此公碑誌託之下走夫撫今懷昔理寄斯文旌德敘功事屬知己是以子期幽思感叔夜之形言伯喈雄藻待林宗而無愧下走雖不敏幸託深期此而不爲誰當爲者但恐位卑先達才非拔萃虛承厚睠不副高聞謹遣舍弟勛往面取進止臨書嗚泣慘惶不次

為人與蜀城父老書

蓋聞天地作極不能遷否泰之期川岳薦靈不能改窮通之數豈非聖賢同業存乎我者所謂才榮辱異流牽乎彼者所謂命是以龍驤鳳峙伊周成翊贊之功含糗羹藜顏冉困棲遲之病或先號而後笑或始吉而終凶事不可量功未必定則知洪濤未接長鯨多陸死之憂層風未翔大鵬有雲傾之勢池鯆井鮒亦將鼓鱗而輕之田鳩野鷃亦將騫翮而侮之及其衡濱渤接扶搖吹波則江漢倒流騰氣則虹霓掩彩摩赤岸負蒼天然後知其力焉吁韓信之

無津也呂亭之一餓夫耳馬卿之失路也臨卭之一食客耳武不足以服衆文不足以動時長劍屈於無知洪筆淪於不用洎乎雄圖蹔運至尊納背水之謀麗藻昇朝天子賞淩雲之作威加海岳聲振廊廟彼淮陰之俠少成都之遺老也又焉能知遠近哉是以鑒物於肇不於成賞士於窮不於達是知卞和之得玉也精存於岸谷之間張華之得劍也氣發於星辰之際夫豈琢磨成器然後知其寶剸斷爲能然後知其用哉仰惟鄉耆等並玉山高族金隄勝侶列子弟於千城耀衣冠於百代或以風雲去國公孫躍馬之年鐘鼎從王諸葛攀龍之日門庭相接雕甍將綺棟連陳機杼相和鳳鏘將虬梭交響金縈玉饌食客三千緣幘青裳家僮數百沖襟渺識人多江漢之靈麗藻華文代有雲淵之氣北齋開敞南館虛閒詩酒同歸琴書合契忘機得意恥嵇阮之交疎虛席延賓恨原嘗之客少實煙霞之藪澤風月之津梁者乎劉仲文之遠識不以乾沒詣梁城閔仲叔之高風不以口腹累安邑雖其已沒生氣猶存況乎屬宇宙之明當天下之泰不能俯拾青紫高視搢紳攀北極而謁帝王入南宮而取卿相脅肩側足求哀鍾釜

之間低首俯眉取濟斗升之未嗟乎誠下官所以仰天漢而鬱拂臨江山而慷慨者也但時可以未遇道可以未行志願可以未成功業可以未就古之才足以輔王業躡跡屠釣之門功可以濟巨川藏身版築之下百里奚之負販陳湯之丐貸而況於庸者哉此僕所以駿奔於顧盼之餘自致於恩光之末也且夫精誠所感尚動神明意氣相交豈憊車馬倘能投心季子遥存素紵之恩援手應侯先立綈袍之贈豈人之情也能無報乎方今白藏紹序朱律謝期天高而林野疎候肅而江山靜輕蟬送夏驚晚吹於風

園旅鴈乘秋動宵吟於露渚絲纊成於南畝秔黍被於東阡時討有儲願履多福下官薄游綿載飄寓淹時歡蹟相仍憂虞自積陟梁鴻之峻岳何暇長謠臨阮籍之長途惟知慟哭庶憑賙給以濟飄危輕訴短懷佇流嘉耗

爲人與蜀城父老第二書

蜀都廣鎭岷墟奥壤山分玉宇水向金陵景既有期英靈間出榮問休暢幸甚幸甚夫神有可追淥波驚七柱之音道有可符元霜扣九鐘之節豈道窮精祕妙聽察於無聲理實杳冥元應通於不測波流柱響波無入柱之因霜落

鐘鳴霜非扣鐘之具矣況乎言忘意得臭味相求目擊道在神明已接鄭僑之逢吳札無謂殊方阮籍之對嵇康自然同氣僕雖不敏嘗從事於斯矣嘗謂薰猶不共器梟鸞不比翼是以類乎方者接風雲於千里乖乎類者起山川於一面柳嘗聞之士之生也其跡可擯而道不可藏其身可辱而志不可奪其有拂衣投臂遁形滄海之隅裂裳裹足獨立高山之頂量腹而食度身而衣以鐘鼎爲芻豢以衣冠爲縲絏方欲策鸞鳳而撫雲英鞭虹霓而採煙液其次排玉闕指金門成賈誼之謀樹終軍之策因機入務懷素將相之門沐露沾霜擁篲公侯之室然則拾青紫於旦暮取功名於俄頃演文物而動寰中騰聲名而振天下若下官者可謂慙二途矣而斂手長揖強顏高視低心於蹇蹟之辰忍耻於恓惶之日者哉渭濱留釣鷹揚之業未萌淄源滯牧鴻漸之資蓋寡及其攀穹運接靈期乘雲雷而清八極和陰陽而調萬品則知冥機所運吉凶於倏忽之間元命所移飛伏於斯須之際以日月自至聊復爾耳方今炎飈謝節爽候開辰風高而宇宙清霜下而亭郊肅歸雲止鴈流曙響於東津落照閑鴻寫晴規於北岸螢疎夕

砌蟬促朝林感序緣情登高寄賞僕一違秦隴再革炎涼戒征軸而無因指歸途而有倦故鄉超曠層山重複吳宮尚遠頻驚去燕之心楚峽猶賒已下聞猿之淚徒以風猷未隔道義相存幸承知已之心稍緩他鄉之思昔者虞公再見懸光白璧之前季布一言猶定黃金之諾況乎交已成於杵臼道已茂於金蘭希照窮途遠流嘉貺若使恩裁口腹空留安邑之賓惠闕始終取恨昌亭之客

欽定全唐文卷一百八十

王勃四

上從舅侍郎啟

某啟一昨弟勛至奉命以憲臺詩十首垂示氣橫霜署彩洞雲扃繡衣兼藻肆之華白簡控元機之奧仙驄在馭踐文路而驅神冠獬下臨望詞林而直指某質惟茅艾名隔搢紳虛霑自出之榮每愧諸甥之列恩華曲被誨誘傍臨識謝知音榮深覩奧虞韶忽奏聽律呂而忘疲楚匣遙開仰光芒而不暇昔孔融之逢元禮罕覩高文王粲之謁伯

喈終慚懿戚援今企古議德疇恩荷慄兼儲悲欣兩集但才非酷似攀宅相而多慙慕切如存臨渭陽而增感不勝荷戴屏營之至

上武侍極啟

某啟某聞元螭掩耀光銷赤堇之芒白鶴摧輝影滅青胡之寶由是紫氣霄耿指牛漢而忘歸丹水神迷道驪泉而罔悔其有龍文已遠輕圖剸兕之功魚目濫持自擬靈虵之色循榮覽分朝聞夕可君侯締華椒閣席寵芝扃粲貂冕於金軒藻龜章於玉署月開鸞鏡懷精鑒以分形霜湛虬鐘蘊希聲而待物吞九溟於筆海若控牛涔抗五岳於詞峯如臨蟻垤馳魂霧谷忻逢紫岫之英驛思霞邱佇接青田之響某北巖曲藝東皐下節攀翰苑而思齊傃文風而立志迹疲千里未陪丹轂之遊葉契三英尚隔黃衣之夢謹憑洪貸輒錄舊文輕敢上呈列之如右涓波有託望日谷以馳誠鐘鼓無施伏雷門而假息謹啟

再上武侍極啟

某啟一昨不緣媒紹輕承盼飾祇寵相驚俯仰無地何則循方極弊尚虧風雨之間撫翼濡鱗猶失江湖之上況乎

九天鵬術一代龍門榮枯舛致山川在目而可以追騰白日忘言於咫尺之書干突青雲投跡於尋常之境徒以北林增秀弱翰知歸東壑流謙纖鰭未已神交道合君侯昭片善之榮千載一時下走得長鳴之所是用謬憑高奬曲撰蕪音游海無際過雷自讋雖黃金激憤指秦路而方窮蒼璧慙恩伏焦原而未遠謹啟

上李常伯啟

某啟某聞杞林騰秀羽族知歸暘谷流謙波臣有託然則朝光八聖尚欣牧豎之詞道濟五殘未隔輿人之誦謹憑

斯義輒呈宸遊東岳頌一首當仁不讓下走無慙於自媒聞善若驚明公豈難於知我龍門高遠眇黄道而無階爵里既投叫丹闇而有地伏願蹔停左右曲流國士之恩廣進芻蕘俯息樵夫之議輕陳徑捷退用彷徨

上皇甫常伯啟

某啟一昨奉命令寫新對臺策及前後舊文謹憑國士之恩敢進輿人之頌竊以龍鏕就路駑駿相懸鵲鏡臨春妍媸自遠亦有飛霜匝地蘭蕭銜共盡之悲烈火埋岡玉石抱俱焚之慘然則知音罕嗣流水空存至寶不同荆山有

淚君侯飾揚芻議提獎蕪詞白圭成再見之榮黄金定一言之重鵬飇既接仰雲逕而將趨龍阪可登指星臺而有望循襟佩德撫事知恩山岳有輕河漢無極謹啟

再上皇甫常伯啟

某啟自恭陳薄伎祇奉話言咳唾成恩盼睞爲飾征夫擊節方思孤竹之風壯士寒心實有長楊之作謹憑嚴命輒呈乾元殿頌一首將冀導江至海常以筆札見知南館西園遂與簪纓爲伍德雖無盡攀驥尾而方遥生也有涯比鴻毛而非重謹啟

上吏部裴侍郎啟

某啟猥承衡鏡驟照堦墀本慙刀筆之工虚荷雕蟲之賤殊恩屢及嚴命頻加責光耀於昏冥課宫商於寂寞進退惟谷憂喜聚門誠恐下官冒輕進之譏使君侯招過聽之議貴賤交失恩愛兩虧所以戰懼盈旬遲迴改朔懷鄭璞而增愧捧燕珉而自恥某性惟懵昧識謝沈冥蒙父兄訓導之恩藉朋友琢磨之義好學近乎智力行近乎仁知忠孝爲九德之源故造次必於是審名利爲五常之賊故顛沛而思遠雖未之逮也亦有其志焉孔子曰言及之而不

言謂之隱今者接君侯者三矣承招延者再矣抑亦可以言乎夫文章之道自古稱難聖人以開物成務君子以立言見志遺雅背訓孟子不爲勸百諷一揚雄所恥苟非可以甄明大義矯正末流俗化資以興衰國家由其輕重古人未嘗留心也自微言既絶斯文不振屈宋導澆源於前枚馬張淫風於後談人主者以宫室苑囿爲雄敘名流者以沈酗驕奢爲達故魏文用之而中國衰宋武貴之而江東亂雖沈謝爭騖適足兆齊梁之危徐庾並馳不能止周陳之禍於是識其道者卷舌而不言明其弊者拂衣而徑

逝潛夫昌言之論作之而有逆於時周公孔氏之教存之而不行於代天下之文靡不壞矣國家應千載之期恢百王之業天地靜默陰陽順序方欲激揚正道大庇生人黜非聖之書除不稽之論牧童頓顙思進皇謨樵夫拭目願談王道崇大廈者非一木之材匡弊俗者非一日之衛衆持則力盡眞長則僞銷自然之數也君侯受朝廷之寄掌鎔範之權至於舞詠澆淳好尚邪正宜深以爲念者也伏見銓擢之次每以詩賦爲先誠恐君侯器人於翰墨之間求材於簡牘之際果未足以採取英秀斟酌高賢者也徒

使駿骨長朽眞龍不降衒才飾智者奔馳於末流懷眞蘊璞者棲遑於下列易不云乎言行君子之所以動天地失之毫釐差以千里書不云乎儆化奢麗萬世同流餘風未殄公其念哉嗟乎蓋有識天人之幽致明國家之大體辨焉而不窮酌焉而不竭拖膝無閡盱衡自得彼悠悠小技焉足爲君侯道矣自非奉閑宴接清談未可一二言也然竊不自揆嘗著文章非敢自媒聊以恭命謹錄古君臣讚十篇幷序雖不足塵高識之門亦可以見小人之志也伏願暫停左右少察胷襟觀述作之所存知用心之有地謹啟

上明員外啟

某啟側聞金烏聳轡俯圓燧而抽光瑤兔浮輪候方諸而吐液斯則洪纖異數冥符造化之津高下相懸精契陶鈞之表故知聲同義合存長幼於三州理隔氣殊置山川於一面神交可託風雲於杵臼之間道不虛行涇渭於簪裾之列某有跡申知己投爵里於思齋事迫當仁抱龍泉而願割雖荆山已峻多輕抵鵲之珍而渤澥方春敢進歸鳧之影伏惟丈人珠躔降德銑社抽英河岳縱其神器煙霞

發其符采江東第一家傳正始之音日下無雙譽重名流之首三冬文史先兆跡於青衿百里絃歌郎馳芳於墨綬彭澤陶潛之菊勝氣仍存河陽潘岳之花芳風遂遠榮加徙秩上膺蘭府之遊寵奪攀輪更掌蓬山之務麟圖緝論定榮辱於三泉鵷閣裁書考薰猶於四部旣鶴鳴雲路望偃朝端鴻漸星臺俯諧僉議廉平譽號李宣伯之當官雅操繩時山巨源之稱職加以文場武庫發揮廊廟之師瓊樹瑤林寥廓風塵之表一邱一壑同阮籍於西山一嘯一歌列嵇康於北面詞條鬱霧遙騰駕日之陰辨鍔橫霜直

上衡星之氣冕鍾蓄韻聞片言而指掌鸞鏡懸心見一善而明目情源九派士流欣滿腹之期德宇千門詞人有庇身之望方當坐談帝席雄視羣公豈徒比跡天府雌伏郎官而已哉某崇徽啟緒盛德傳家承太子之仙宗析將軍之遠系朱輪在漢列高士於三台青蓋浮江扈平王於七姓遺風舊烈尚存清白之基祖德家聲代有縱橫之目及金陵東覆玉馬西奔髦頭傑起文儒繼出鳳鳴朝日森梢煙雨之標龍躍雲津盤礴江山之氣雖雄名雅譽隨朔野而揚聲而華冕雕軒比南風而不競陳太邱之積善羔鴈

成羣謝車騎之餘芳蘭蓀不替趨庭洽訓共歌朱萼之篇避席成歡猶守青箱之業嘗謂酣神北阜藉春渚而忘歸動影南櫺坐秋山而長往不意蘭臯獨嘯輕交委鶴之書芝澗行謠坐辱飛龍之使年殊賈誼仰宣室而方同業謝劉谿俯長途而遂惡塞上浮雲之跡空倦吳山隋侯明月之珠終悲暗室豈不知拂衣長謝林泉多倦俗之因安枕有餘廟堂非養高之所松楹坐月臨黛壑而遐征桂席攀風俯青岩而自足而欲俯首屈膝逡巡多士之林弔影懸魂骫骳文昌之府徒以牛蹄已倦臨大壑而驤鱗羊角可逢想高衢而撫翼參名國士方叨智伯之恩揮迹奉常冀雪公孫之恥識正平於處士雖在孔融期仲容於望外終資許允猶恐先馳折翮頻驚鵷路之風再舉枯鱗空擊龍門之水文人借以顏色貧以恩波垂雅契於長年敘情交於累代情加倒屣知頃步之生光禮極升堂覺聲名之有地是用俯抽丹思上瀆清顏鏤殊獎於肝膽銜德音於咳唾懦夫增氣先歌易水之風壯士投心思赴吳門之火思崇命淺瞻呂梁而可從山高海深陟孟門而何險謹啟

上許左丞啟

某啟自違隔恩華嬰纏風恙守愚空谷斂跡仙臺同衛玠之虛羸談非正始愧劉楨之逸氣卧似漳濱朝野既殊風猷遂隔望芝蘭之漸遠覺鄙恡之都生所以暫下松邱言遊洛邑永懷前睠逡巡元禮之門延首下風匍匐文章之府實願稍捐人事少奉清言質儒釋之幽疑訪空元之極境願聞者道敢披江海之心祈進者榮非慕軒裳之重雖齒絕位殊空塵左右而道存目擊豈隔形骸輕陟階堂伏深悸越謹啟

上郎都督啟

某啟某聞古之君子重神交而貴道合者以其得披心胷而盡志義也是以叔牙苟在管仲分多而不貪無知尚存陳平受謗而非罪何則達其趣者能申其迹收其大者能讓其細也今某東鄙之一書生耳少懷耿亮頗慕高烈俯仰相得則屠博可遊造次不諧則軒冕異路蒙君侯國士之遇受君侯長者之禮繾綣談讌殷勤誨誘今有情而不告是不盡也有窘而不訖是有疑也將恐季布無佀於後葉孫臏獨稱於前古嗟乎可以竭誠矣敢不盡言乎勃家大人天下獨行者也性惡儲斂家無儋石自延國譴遠牢

邊隅常願全雅志於暮齒揚素風於下邑而道里夐遥資糧窘鮮秩寡鍾釜債盈數萬此勃所以側目扼腕臨深履薄庶逢知己之厚以成大人之峻節也古人有言富觀其所與貧觀其所取又曰損有餘補不足於君侯何如哉然則定其交而後求敢無愧已易其心而後語夫何飾焉賑給之義既惟其常厚薄之差伏希俯訪輕塵視聽伏增兢惕

黃帝八十一難經序

黃帝八十一難經是醫經之祕録也昔者岐伯以授黃帝黃帝歷九師以授伊尹伊尹以授湯湯歷六師以授太公太公授文王文王歷九師以授醫和醫和歷六師以授秦越人秦越人始定立章句歷九師以授華佗華佗歷六師以授黃公黃公以授曹夫子曹夫子諱元字眞道自云京兆人也蓋授黃公之術洞明醫道至能遥望氣色徹視腑臟洗腸刳胷之術往往行焉浮沈人間莫有知者勃養於慈父之手每承過庭之訓曰人子不知醫古人以爲不孝因竊求良師陰訪其道以大唐龍朔元年歲次庚申冬至後甲子予遇夫子於長安撫勃曰無欲也勃再拜稽首遂

歸心焉雖父伯兄弟不能知也蓋授周易章句及黃帝素問難經乃知三才六甲之事明堂玉匱之數十五月而畢將别謂勃曰陰陽之道不可妄宣也針石之道不可妄傳也無猖狂以自彰當陰沈以自深也勃受命伏習五年於兹矣有升堂覩奥之心焉近復鑽仰太虛導引元氣覺滓穢都絶精明相保方欲坐守神仙棄置流俗噫蒼生可以救耶斯文可以存耶昔太上有立德其次有立功其次有言言非以徇名也將以濟人也謹錄師訓編附聖經庶將來君子有以得其用心也

入蜀紀行詩序

總章二年五月癸卯余自長安觀景物於蜀遂出褒斜之隘道抵岷峨之絕徑超元谿歷翠阜迨彌月而臻焉若乃採江山之俊勢觀天下之奇作丹壑爭流青峯雜起陵濤鼓怒以伏注天壁嵯峨而橫立亦宇宙之絕觀者也雖莊周誇呂梁之險韓侯怯孟門之峻曾何足云蓋登培塿者起衡霍之心游涓澮者發江湖之思況乎躬覽勝事足踐靈區煙霞爲朝夕之資風月得林泉之助嗟乎山川之感召多矣余能無情哉爰成文律用宣行唱編爲三十首投

諸好事焉

續書序

敘曰書以記言其來尚矣越在三代左史職之百官以理萬人以察揚於王庭用實大焉苟非可以燮理情性平章邦國敷彝倫而敘要道察時變而經王猷樹皇極之綱維資生靈之視聽皆可畧也昔者仲尼之述書也將以究事業之通而正性命之理故曰吾欲托之空言不如附之行事道德仁義於是乎明刑政禮樂於是乎出非先王之德行不敢傳非先王之法言不敢道紀千數百歲斷自唐虞迄於商周風流所存百篇而已以此見聖人言約理舉神明不勞而體時務之撰矣故能法象天地同符易簡借前箸於筌蹄驅後生於軌物密而顯宏而奧久而彌新用而不竭非古之聰明聖智元覽博達孰能爲此哉孔安國曰帝王之制坦然明白可舉而行嗟乎其言甚大可使南面稱聖人之後矣自時以降史述陵遲人自爲家標指失中陳事亂而無當制理參而不一由是大典散而人文乖是非繁而取舍謬與夫古先哲人制述之意不其疎乎我先君文中子實秉睿懿生於隋末覩後作之違方憂異端之

害正乃喟然曰宣尼既沒文不在茲乎遂約大義刪舊章續詩爲三百六十篇考僞亂而修元經正禮樂以旌後王之失述易讚以申先師之旨經始漢魏迄於有晉擇其典物宜於教者續書爲百二十篇而廣大悉備嗟乎賢聖之述豈多爲哉噫亦足垂訓作則冒天下之道如斯而已矣當時門人百千數董薛之徒並受其義遭代喪亂未行於時歷年永久稍見殘缺貞觀中太原府君考諸六經之目則忘其小序其有錄而無篇者又十六焉嗚乎茲不可復見矣家君欽若丕烈圖終休緒迺例六經次禮樂敘中說

明易讚永惟保守前訓大克敷遺後人勃兄弟五六冠者童子六七祇祇怡怡講問伏漸之日久矣躬奉成訓家傳異聞猶恐不得門而入才之不逮至遠也是用勵精激憤宵吟晝詠庶幾乎學而知之者其修身慎行恐辱先也豈聲祿是殉前人之不繼是懼間者承命爲百二十篇作序而兼當補修其闕爰考衆籍共參奥旨泉源浩然罔識攸濟嗚乎小子何敢以當之也其盡心力乎始自總章二年洎乎咸亨五年刊寫文就定成百二十篇勒成二十五卷昔者文中子曰漢魏之禮樂未足稱其書不可廢也尚有

近古之對議存焉制詔冊則幾乎典誥矣後之達悟者將有得於斯文乎於時龍集閹茂勉踵前修在大唐御天下之五十七祀也

梓潼南江泛舟序

咸亨二年六月癸巳梓潼縣令韋君以清湛幽凝鎭流靖俗境内無事艤舟於江潭縱觀於邱壑渺然有山林陂澤之思遂長懷悠想周覽極睇思其人則呂望藉茅於磻溪之陰屈平製芰於涔陽之浦覺瀛洲方丈森然在目於是間以投壺酬以妙論亦有嘉餚旨酒鳴絃朗笛以補尋幽之致焉預於斯者若干人爾

四分律宗記序

昔在調御利見迦維光宅淨都撫臨法界抑揚垢路之業以疆理情田闡導毘尼之藏以隄防性海二邊雲徹方知實相之尊十利風行乃識眞如之貴將使龍象緇服維明克允鴛鷺元盟有恥且格五篇垂範豈同訓夏之科七聚分宗寧比歌虞之制功存離欲道在降魔仙苑創基因善果以調物提河滅跡憑淨戒以爲師誠拯溺之舟航而禦黠之銜策者矣故能莊嚴百福粉繪三身摧憍慢山拔生

死樹覆簣菩薩之道濫觴正覺之源除惑箭而斷愛枝鎖恚刀而解疑網自銀棺掩耀金杖殊珍五師煙騰四分雲誦波離奥旨明而更明飲光妙跡盛而愈盛其後卑摩尊思猶沈赤水之璣惠遠研精尚玷元巖之彩遂使瓊編浩汗利涉迷於要津瑶軸紛綸登高暗於飛陛孰習者博而寡用志學者勞而少功七衆所以遲迴八部由其太息丕應冥發睿感潛融爰挺異才式扶象訓有西京太原寺索律師俗姓范氏其先南陽人也殷霸洪允周藩茂族八鑾與四牡競馳棨繪與青緺疊照六軍卿胄績著於鍾彝三

傳儒門業流於訓詁律師沖襟霞映峻局霜淒筠抱顯於髫齡蘭芬凝於丱歲由是糠粃禮樂錙銖名教以堯舜爲塵勢以周孔爲桎梏爰依白法遂托元徒探鷲嶺之微言得龍宮之祕藏咸亨之祀椒房諒陰捨槐里而構菴園因金穴而開銀地伽藍肇建號曰太原明陽所及咸收時望自價隆康會譽重摩騰竺法猷之苦節支道林之遠致將何以發明禪宇光應綸言律師乃以道眾羽儀釋門棟幹粵自宏濟來遊太原經行德人於茲爲盛既而懼六和之紊緒悼三聚之乖宗稽法令之遺文討惠猷之舊業網羅

近護吞含覺明原始要終探賾索隱芟夷疣贅剪截駢枝收絕代之精微詰往聖之紕繆葭灰屢變槐燧驟遷開遮持犯之異同廢立止作之輕重故以該象牙之扃窮貝葉之圖鑽研刊削五載而就名曰開四分律宗記凡十卷三十七萬六百三十言律師又以爲仲尼述易申妙典於繫辭元凱談經託餘文於釋例爰因多暇更輯舊章牢籠秘察之宗發揮沈鬱之旨名曰開四分律宗拾遺鈔凡十卷四十萬餘言所以裨助三明抑揚四諦宏八正之道成一家之言庶使眾善雷奔羣疑霧歛照歡戚之兩鏡蕩欣憂之二瓶憑此戒田方蹐定境豈直功周沙句道制鐵圍而已哉弟子才非元度識劣眞長本乏淩雲之詞虛荷彌天之眷揄揚盛烈顧孫綽而多慚歸依勝侶仰郗愔而自勵輒牽庸陋輕序德音豈比夫公理昌言貧繆襲之引太沖作賦假士安之談蓋所謂觀豹而識班聞樂而竊朴者矣故曰四分律宗記序

遊冀州韓家園序

銅溝水北石鼓山東星辰當畢昴之墟風俗是唐虞之國雖接燕分晉稱天子之舊都而向術當衢有高人之甲第

祥風塞戶瑞氣沖庭芳酒滿而綠水春朗月閑而素琴薦家童掃地蕭條仲舉之園長者盈門廓落東平之室梧桐生霧楊柳搖風眺望而林泉有餘奔走而煙霞足用神龍起伏俱調鼎鑊之滋鳴鳳雌雄並入笙竽之奏高情壯思有抑揚天地之心雄筆奇才有鼓怒風雲之氣南庭與晚東徑陰生石髓拆而隱士歸玉山崩而野人醉僉爲文在我卜翰苑當仁王羲之之蘭亭五百餘年直至今人之賞石季倫之梓澤二十四友始得吾徒之遊陶陶然落落然則大唐調露之元年獻歲正月也

鞶鑑圖銘序

上元二年歲次乙亥十有一月庚午朔七日丙子子將之交阯旅次南海有好事者以轉輪鉤枝八花鑑銘示予云當今之才婦人作也觀其藻麗反覆文字縈迴句讀曲屈韻調高雅有陳規起諷之意可以作鑑前烈輝映將來者也昔孔詩十興不遺衛姜江篇擬古無隔班媛蓋以超俊穎拔同符君子者矣嗚乎何勤非戒何述非才風律句存士女何筭聊撫鏡以長想遂援筆而作敘

山亭興序

仁者樂山智者樂水即云深山大澤龍蛇爲得性之場廣漢巨川珠貝是有殊之地豈徒茂林修竹王右軍山陰之蘭亭流水長隄石季倫河陽之梓澤下官天性任眞直言淳朴拙容陋質眇小之丈夫蹇步窮途坎壈之君子文史足用不讀非道之書氣調不羈未被可人之目頳川人物有荀家兄弟之風漢代英奇守陳氏門宗之德樂天知命一十九年負笈從師二千餘里有宏農公者日下無雙風流第一仁崖知宇照臨明日月之輝廣度沖襟磊落壓乾坤之氣王夷甫之瑤林瓊樹直出風塵嵇叔夜之龍章鳳姿混同人野雄談逸辯吐滿腹之精神達學奇才抱填胷之文籍簪裾見屈輕脫履於西陽山水來遊重橫琴於南澗百年奇表開壯志於高明千里心期得神交於下走山人對興即是桃花之源隱士相逢不異菖蒲之澗黃精野饌赤石神脂玉案金盤徵石髓於蛟龍之窟山樽野酌求玉液於蓬萊之峯溪橫燕尾巖豎龍頭鍛野老之眞珠掛幽人之明鏡山腰半拆溜王烈之香膏洞口橫開滴嚴遵之芳乳藤牽赤絮南方之物產可知粉漬青田外域之謠風在即人高調遠地爽氣清抱玉策而登高出瓊林而更

遠漢家二百所之都郭宮殿平看秦樹四十郡之封畿山河坐見班孟堅騁兩京雄筆以爲天地之奧區張平子奮一代宏才以爲帝王之神麗珠城隱隱闌干象北斗之宮清渭澄澄滉瀁即天河之水長松茂柏鑽宇宙而頓風雲大壑橫溪吐江河而懸日月鳳凰神岳起煙霧而當軒鸚鵡春泉雜風花而滿谷望平原蔭蓁薄山情放曠即滄浪之水清野氣蕭條即崆峒之人智搖頭坐唱頓足起舞風塵灑落直上天池九萬里邱墟雄壯傍吞少華五千仞裁二儀爲輿蓋倚八荒爲戶牖榮者吾不知其榮美者吾不

知其美下官以詞峯直上振筆札而前驅高明以翰苑橫開列文章於後殿情興未已卽令樽中酒空彩筆未窮須使山中兎盡

山亭思友人序

高興之後中宵起觀舉目四望風寒月淸鄰人張氏有山亭焉洞壑橫分奇峯直上鬱然有造化之功矣嗟乎大丈夫苟帝王之雨露對淸平之日月文章可以經緯天地器局可以畜洩江河七星可以氣衝八風可以調合獨行萬里覺天地之崆峒高枕百年見生靈之齷齪雖俗人不識

下士徒輕顧視天下亦可以蔽寰中之一半矣惜乎此山有月此地無人淸風入琴黃雲對酒雖形骸眞性得禮樂於身中而宇宙神交卷煙霞於物表至若開闢翰苑掃蕩文場得宮商之正律受山川之傑氣雖陸平原曹子建足可以車載斗量謝靈運潘安仁足可以膝行肘步思飛情逸風雲坐宅於筆端興洽神淸日月自安於調下云爾

欽定全唐文卷一百八十一

王勃 五

別盧主簿序

林慮主簿淸靈士也達於藝明乎道詮柱下之理駁河上之義撮其綱統成其卷軸吾儕服其精博時議稱其典要可謂賢人師古老氏不死矣夫靈芝既秀蘭蕙同薰仙鳳于飛鵷鸞舞翼何則物類之相感也況乎同得此義目擊道存此僕所以望風投款披襟請益展轉於寤寐殷勤於左右詩不云乎中心藏之何日忘之然變動之不居乃聚

散之恒理琴樽暫離山川有別惟高明之捧檄屬吾人之解帶王事靡盬良時易失盍陳雅志各敘幽懷人賦一言同疏四韻云爾

送劼赴太學序

今之游太學者多矣咸一切欲速百端進取故夫膚受末學者因利乘便經明行修者華存實爽至於振骨鯁之風標服賢聖之言懷遠大之舉蓋有之矣未之見也可以深慕哉且吾家以儒輔仁述作存者八代矣未有不久於其道而求苟出者也故能立經陳訓刪書定禮揚魁梧之風

樹清白之業使吾徒子孫有所取也大雅不云無念爾祖易不云幹父之蠱書不云惟孝友于詩不云不如友生四者備矣加之執德宏信道篤心則口誦廢食忘寢渙然有所成望然有所伏然後可以託教義編人倫彰風聲議出處若意不感慨行不卓絕輕進苟動見利忘義雖上一階履半級何足恃哉終見棄於高人但自溺於下流矣吾被服家業霑濡庭訓切磋琢磨戰兢惕厲者二十餘載矣幸以薄伎獲竊戎役嘗恥道未成而受祿恨不得如古君子四十強而仕也而房族多孤飦粥不繼逼父兄之命覩饑

寒之切解巾捧檄扶老攜幼今既至於斯矣不蠶而衣不耕而食吾何德以當哉至於竭小人之心申猶子之道飲食衣服晨昏左右庶幾乎令汝無反顧憂也行矣自愛游必有方離別咫尺未足耿耿嗟乎不有居者誰展色養之心不有行者孰就揚名之業籩豆有踐菽水盡心盍各賦詩敘離道意云爾

感興奉送王少府序

八十有遇共太公晚宦未遲七歲神童與顏回早死何益僕一代丈夫四海男子衫襟緩帶擬貯鳴琴衣袖闊裁用安書卷貧窮無有種富貴不選人高樹易來風幽松難見日羽翼未備獨居草澤之間翅翮若齊即在雲霄之上烏衆多而無辨鳳馬羣雜而不分龍荊山看刖足之夫湘水聞離騷之客人貧材富罔窺卿相之門貌弱骨剛豈入王侯之宅王少府北辭伊闕南登洫山過我貧居飲我清酒一談經史亞比孔先生再讀詞章何如曹子建山岳藏其跡川澤隱其形一旦覩風雲千年想光景孔夫子何須頻刪其詩書焉知來者不如今鄭康成何須浪注其經史豈覺今之不如古王少府乃可畏後生學問人也各爲四韻

共寫別懷

越州永興李明府宅送蕭三還齊州序

嗟乎不游天下者安知四海之交不涉河梁者豈識別離之恨薜衣松枝琴樽爲得意之親臨遠登高煙霞是賞心之事有梁孝王之下客僕是河南之南孟嘗君之上賓子在北山之北幸屬一人作寰中之主翛然四皓爲方外之臣俱游萬物之間相遇三江之表許元度之清風朗月時慰相思王逸少之修竹茂林屢陪歡宴加以惠而好我攜手同行或登吳會而聽越吟或下宛委而觀禹穴良談落

落金石絲竹之音輝雅致飄飄松柏風雲之氣狀當此時也嘗謂連璧無異鄉之別斷金有好親之契生平於張范之年齊物於惠莊之歲三光迴薄未殫投分之情四序循環詎盡忘言之道豈期我留子往樂去悲來橫咽水而東西緒愁雲於南北況乎泣窮途於白首白首非臨別之秋嗟歧路於他鄉他鄉豈送歸之地暮收飛序少昊司辰清風起而城闕寒白露下而江山遠徘徊去鶴將別蓋而同飛斷續來鴻共離舟而俱泛古人道別動便經年今我言離會當何日山巨源之風猷令望善佐朝廷嵇叔夜之潦

倒粗疏甘從草澤行當山中攀桂往往思仁野外紉蘭時時佩德人非桃李豈得無言子是簫韶當思振響勉酌傷離之酒具陳感別之詞各賦一言俱題六韻

三月上巳祓禊序

觀夫天下四方以宇宙爲城池人生百年用林泉爲窟宅雖朝野殊致出處異途莫不擁冠蓋於烟霞披薜蘿於山水況乎山陰舊地王逸少之池亭永興新交許元度之風月琴臺寥落猶停隱遁之賓釀渚荒涼尚有過逢之客仙舟溶裔若海上之槎來羽蓋參差似遼東之鶴舉或昂昂騏驥或泛泛飛鳧俱安名利之場各得逍遙之地而上屬無爲之道下棲元邈之風永淳二年暮春三月修祓禊於獻之山亭也遲遲風景出沒媚於郊原片片仙雲遠近生於林薄雜花爭發非止桃蹊羣鳥亂飛有踰鸚谷王孫春草處處爭鮮仲統芳園家家並翠於是攜旨酒列芳筵先祓禊於長洲却申交於促席良談吐玉長江與斜漢爭流清歌遶梁白雲將紅塵並落他鄉易感增悽愴於茲辰羈客何情更歡娛於此日加以今之視昔已非昔日之歡後之視今豈復今時之會人之情也能不悲乎且題姓字以

表襟懷使夫會稽竹箭則推我於東南崐阜琳琅亦歸予於西北

上巳浮江宴序

吾之生也有極時之過也多緒若夫遭主后之聖明屬天地之貞觀得畎畝之相保以農桑爲業而託形宇宙者幸矣況乃偃泊山水遨遊風月樽酒於其外文墨於其間則造化之於我得矣太平之縱我多矣茲以上巳芳節雲開勝地大江浩曠羣山紛糾出重城而振策下長浦而方舟林壑清其顧盼風雲蕩其懷抱於時序躔清律運啟朱明

輕黄秀而郊戍青落花盡而亭皐晚丹鷰紫蝶候芳晷而騰姿早鷰歸鴻俟迅風而弄影巖暄蕙密野淑蘭滋弱荷抽紫踈萍泛綠於是儼松舲於石嶼停桂檝於璇潭指林岸而長懷出河州而極睇妍妝袨服香驚北渚之風翠幙元帷彩綴南津之霧若乃尋曲渚歷迴溪榜謳齊引漁歌互起飛沙濺石湍流百勢翠巘丹崖岡巒萬色亦有銀鉤犯浪掛頳翼於文竿瓊舸乘波耀錦鱗於畫網鍾期在聽元雲白雪之琴阮籍同歸紫桂蒼梧之醴旣而遊盤興遠景促時淹野日照晴山烟送晚方披襟朗詠餞斜光於碧岫之前散髮高吟對明月於青溪之下客懷旣暢遊思遄

征視泉石而如歸佇雲霞而有自昔周川故事初傳曲路之悲江甸名流始命山陰之筆盍遵清轍共抒幽襟俾後之視今亦猶今之視昔一言均賦六韻齊疏誰知後來者難輒以先成爲次

春日孫學士宅宴序

若夫懷放曠寥廓之心非江山不能宣其氣負鬱怏不平之思非琴酒不能洩其情則林泉爲進退之場樽罍是言談之地白衣送酒青陽在節鳧雁亂而江湖春梅柳開而庭院晚楚屈平之瞻望放於何之王仲宣之登臨魂兮往矣俠客時有且傾鸚鵡之杯文人代興聊舉麒麟之筆人采一字四韻成篇

春日桑泉別王少府序

下官以窮途萬里動脂轄以長驅王公以傾餞百壺別芳筵而促興是以青陽半序明月中宵離亭擁花草之芳別館積琴歌之思去留歡盡動息悲來惜投分之幾何恨知音之忽間他鄉握手自傷關塞之春異縣分襟意切悽惶之路旣而星河漸落烟霧仍開高林靜而霜鳥飛長路曉而征驂動含情不拜空佇聽於南昌揮涕無言請投文於

西候因探一字四韻成篇

與員四等宴序

自嵇阮寂寥尹班超忽高筵不嗣中宵誰賞古今惜芳辰者停鶴軫於風衢懷幽契者佇鸞觴於月徑已矣哉林壑遂喪煙霞少對良會不恒神交復幾請沃非常之思但宣絕代之遊託同志於百齡求知已於千載道之存矣無乃然乎人賦一言俱裁四韻

送李十五序

夫人生百齡促膝是忘言之契丈夫四海交頤非贈別之資然乃想山川之遽遠送歸將遠惜歲年之不待行樂無時於是輟征驂以少留敞幽亭之多暇山芳襲吹坐疑蘭室之中水樹含香宛似楓江之上加以御溝新溜近入離絃賓館餘花遙催別酒既而榮波東注灞岸南登浮蟻傾而高宴終跋鳥落而離言促雖相思有贈終結想於華滋而素賞無睽盍申情於麗藻人爲四韻各賦一篇

夏日宴宋五官宅觀畫障序

宋五官芝庭襲譽盛文史於三冬桂幄凝歡照綺羅於九夏樽浮綠蟻每披仙霧之文障列青牛更寫行雲之態爾其龍編繡質貝錦分花隱映樓臺比窗簾之在目參差花葉若桃李之恒春楚媛調絃韓娥對酒虹橋度幔鵲鏡臨妝佩引琅玕詎動懷風之韻鞍迴玳瑁唯奔逐日之姿魚鳥冷而相親泉石紛而在覩宋家斯近難別謝於登垣秦氏未遙自堪留於駐馬驚鴻擅美丹青貴近質之奇吐鳳標華宮徵得緣情之趣遞揚筆妙式暢辭端

夏日登韓城門樓寓望序

下官狂走不調東西南北之人也流離歲月羇旅山川輟

仙駕於殊鄉遇良朋於異縣面勝地陟危樓放曠懷抱驅馳耳目韓原奥壤昔時開戰鬬之場秦塞雄都今日列山河之郡池臺左右覺風雲之助人林麓周迴觀巖泉之入興則有驚花亂下戲鳥平飛荷葉滋而曉霧繁竹院靜而炎氣息賞歡文酒思挽雲霄人賦一言庶旌六韻云爾

夏日登龍門樓寓望序

夫益者三友則道術可存同心三人則金蘭可裕況乎詩書舊好披樂廣之高天鄉黨新知掃顔回之陋巷尋勝地敍清蕪脫野客之荷衣入幽人之桂座榴花浮酌對文舉而無憂葛蔓調絃撫鍾期而有遇既而南方夏晚北牖晴開中園之弱柳含煙曠野之陰雲蔽日低虹飲水向溪谷而全斜戲鳥凌空狎林亭而半度興酣情逸共敦行役之期搦管含毫獨對當仁之序

夏日宴張二林亭序

張二官松駕乘閑桂筵追賞引簪裾之勝侶狎邱壑之神交辯縱於解頤道深於喻指香杯濁醴是河朔之平生雄筆清詞得高陽之意氣林亭曠望季倫調伎之園泉石周遊子晉登仙之浦舟浮葉影簟積花文黃鵠度而飇驚丹

烏傾而日晚出處之情一致筌蹄之義兩忘沈轄留驩眺乘羊於衛玉揮毫可作明擲地於孫金共題橫吹之篇用記茲辰之樂人探一字四韻成篇

夏日諸公見尋訪詩序

天地不仁造化無力授僕以幽憂孤憤之性稟僕以耿介不平之氣頓忘山岳坎坷於唐堯之朝傲想烟霞顦顇於聖明之代情可知矣賴乎神交勝友得山澤之虬龍隱路幽居降雲霄之鸞鳳楊公沈公行之者仁義禮智用之也乾元亨利元經苦而白鳳翔素牒開而紫鱗降金門待詔謁天子於朝廷石室尋眞訪下走於邱壑幽人待士非無北壁之書隱士迎賓自有西山之饌席門蓬巷佇高士之來游叢桂幽蘭喜王孫之相對山南花圃澗北松林黃雀至而清風生白鶴飛而蒼雲起停琴綠水仲長統之歡娛置酒青山郭子期之賓客人探一字四韻成篇

仲氏宅宴序

僕不幸在流俗而嗜烟霞恨林泉不比德而嵇阮不同時處良辰而鬱怏仰高風而杼柚者多矣豈夫司馬卿之車騎上客盈門仲長統之園林羣英在席坐臥南郭蕭條東野江波浩曠晴山紛積嘉鴛鸞之接翼曜江漢之多才顧斜景而危心瞻火雲而變色思傳勝餞敢振文鋒蓋同席者高人薛曜等耳盍各賦詩放懷敘志俾山川獲申於知己烟霞受制於吾徒也

餞宇文明府序

昔者王烈登山林泉動色嵇康入座左右生光豈非仙表足以感神眞姿可以錯物況我巨山之稟孤出昇華之麗清峙羣公之好善下官之惡俗接霓裳於勝席陪鶴轡於中軒俱持拔塵之標各仗專門之氣烟霞用足江海情多言泉共秋水同流詞峯與夏雲爭長雖揚亭載酒方趨好事之游而樂肆含毫請命昇僊之筆同抽藻思共寫離懷

越州秋日宴山亭序

昔王子敬瑯琊之名士常懷習氏之園阮嗣宗陳留之俊人直至山陽之坐豈非琴樽遠契必兆朕於佳辰風月高情每留連於勝地是以東山可望林泉生謝客之文南國多才江山助屈平之氣況乎揚子雲之故地巖壑依然宓子賤之芳猷絃歌在屬紅蘭翠菊俯映砂亭黛柏蒼松深環玉砌參差夕樹烟侵橘柚之園的歷秋荷月照芙蓉之

水既而星迴漢轉露下風高銀燭摛華瑤觴抒興一時仙馭方深擯俗之懷五際飛文時動緣情之作人分一字四韻成篇

秋日宴季處士宅序

若夫爭名於朝廷者則冠蓋相趨遯迹於邱園者則林泉見託雖語默非一物我不同而逍遙皆得性之場動息匪自然之地故有季處士者遠辭濠上來遊境中披白雲以開筵俯青溪而命酌昔時西北則我地之琳琅今日東南乃他鄉之竹箭又此夜乘槎之客猶對仙家坐菊之賓尚

臨清賞既而依稀舊識歎吳鄭之班荊樂莫新交申孔程之傾蓋向時朱夏俄涉素秋金風生而景物清白露下而光陰晚庭前柳葉纔聽蟬鳴野外蘆花行看鷗上數人之內幾度琴樽百年之中少時風月蘭亭有昔時之會竹林無今日之歡丈夫不縱志於生平何屈節於名利人之情矣豈曰不然人賦一言各申其志使夫千載之下四海之中後之視今知我咏懷抱於茲日

秋日遊蓮池序

人間齷齪抱風雲者幾人庶俗紛紜得英奇者何有烟霞召我相望道術之門文酒起予放浪沈潛之地少留逸客塞雁飛鳴北斗橫而天地秋西金用而風露降幽居少事野性多閑登石岸而鋪筵坐沙場而列席琳瑯觸目朗月清風之俊人珠玉在傍鸞鳳虬龍之君子汀洲地遠波濤濺日月之輝人野路殊原隰擁神仙之氣平郊樹直曲浦蓮肥隱士泥清仙人水綠越林亭而極望生死都捐出宇宙以長懷心靈若喪悲夫秋者愁也酌濁酒以蕩幽襟志之所之用清文而銷積恨我之懷矣能無情乎

秋日宴洛陽序

夫以東京勝地南呂高秋三塗鎮而九派分白露下而清風肅或出或處人多朝野之歡以嬉以遊時極登臨之所征衣流寓切下走之蓬襟解榻邀期屬上賓之桂席於是齊道實款琴樽倜儻論心留連促膝但有潘楊之密戚得無管鮑之深知簪組盛而車馬喧庭宇虛而管絃亮近臨銅陌斜控銀墟菊照新花泛輕香於遠次荷凋晚葉翻翠影於長波聽矚方窮獻酬適洽年忘小大傲天地於平生志混榮枯得林泉之意氣願長繩以繫日幾近光陰思短札以淩雲或陳歌咏人採古韻成者先呈

綿州北亭羣公宴序

下官人間獨傲海內少徒志不屈於王侯身不絕於塵俗孤吟五嶽長嘯三山昔往東吳已有梁鴻之志今來西蜀非無張載之懷况乎踐名場攜勝友風月無幾琴酒俄乖半面十年一別千里何少府故人攀桂撫金石而論心韓法曹新識班荆臨江湖而執手離亭北望烟霞生故國之悲別館南開風雨積他鄉之思於時蒼雲寡色白日無光沙塵起而桂浦昏梟雁下而蘆洲晚傍鄰蒼野霜風橘柚之園斜枕碧潭夜月芙蓉之水既而登臨惜別驂駕少留

季札何人親逢贈縞子荆不敏思掛傾城惆悵北梁揖琴臺而漸聞徘徊東道思錦署以行遙嗟乎人事乖矣江山遠矣請命離前之筆爲題別後之資五際飛文想羣公之不讓一言有贈知下筆之有神

宇文德陽宅秋夜山亭宴序

若夫龍津宴喜地切登仙鳳閣元虛門稱好事亦有登山臨水長想巨源明月清風每思元度未有能星馳一介留美跡於芳亭雲委八行抒勞思於彩筆遂令啟瑤緘者攀勝集而長懷披瓊翰者仰高筵而不暇王子猷之獨興不覺浮舟嵇叔夜之相知欣然命駕琴樽佳賞始詣臨邛口腹良遊未辭安邑乃知兩鄉投分林泉可攘袂而遊千里同心煙霞可傳檄而定友人河南宇文嶠清虛君子中山郎餘令風流名士或三秋意契闢林院而開襟或一面新交敘風雲而倒屣彭澤陶潛之菊影泛仙樽河陽潘岳之花光懸妙理巖巖思壁家藏虹岫之珍淼淼言河各探驪泉之寶偶同金碧暫照詞場巴漢英靈潛光翰院亹亹焉蕭蕭焉信天下之奇託也於時白藏開序青女御律金風高而林野動玉露下而江山清琴亭酒榭磊落乘烟竹徑

松扉參差向月魚鱗積磴還昇蘭桂之峯鴛翼分橋卽映芙蓉之水亦有紅蘋綠荇亘渚連翹玉帶瑤華分楹間植池簾夕敞香牽十步之風岫幌宵褰氣襲三危之露縱沖衿於俗表留逸契於人間東山之賞在焉南澗之情不遠夫以中牟馴雉猶嬰觸網之悲單父歌魚罕繼鳴琴之趣俾夫一同詩酒不撓於牽絲千載巖溪無慚於景燭云爾

晚秋遊武擔山寺序

若夫武邱仙鎮吳王殉歿之墟驪嶠崇基秦帝升遐之宅雖珠衣玉匣下賁窮泉而廣岫長林終成勝境亦有霍將

軍之大隧迴寫祁連檟里子之孤墳竟開長樂豈如武擔靈嶽開明故地蜀夫人之葬迹任文公之死所岡巒隱隱化爲闍崛之峯松柏蒼蒼即入祇園之樹引星垣於沓障下布金沙棲日觀於長崖傍臨石鏡瑤臺玉甃尚控霞宮寶刹香壇猶芬仙闕瑚櫳接映臺凝夢渚之雲壁題相暉殿寫長門之月美人虹影下綴虬幡少女風吟遙喧鳳鐸羣公以玉律豐暇儀林壑而延情錦署多閑想巖泉而結興於是披桂幌歷松扉梵筵霞屬禪扃煙敞雞林俊賞蕭蕭鷲嶺之居鹿苑仙談亹亹龍宮之偈於時金方啓序玉

律驚秋朔風四面寒雲千里層軒迴霧齊萬物於三休綺席乘雲窮九垓於一息碧雞靈宇山川極望石兕長江汀洲在目龍鑣翠轄駢闐上路之遊列榭崇闉磊落名都之氣渺渺焉洋洋焉信三蜀之奇觀也昔者升高能賦勝事仍存登嶽長謠清標未遠敢攀盛烈下揆幽襟庶旌西土之遊遠嗣東平之唱云爾

守歲序

歲月易盡光陰難駐春秋冬夏錯四序之涼炎甲乙丙丁紀三朝之歷數十二月之陰氣玉律窮年一萬歲之休禎金觴獻壽鼗鼓雷動烟火星流侲子黃童統鉤陳而驅赤疫諸王等集陳玉帛而朝諸侯京兆天中竦樓臺而徹漢長安路上亂車馬而飛塵王丞相之登臨行將在目戴侍中之重席忽爾明朝槐火滅而寒氣消蘆灰用而春風起魚鱗布葉爛五色而翻光鳳腦吐花燦百枝而引照悲夫年華將晚志事寥落公孫宏之甲第天子未知王仲宣之文章公卿不識對他鄉之風景憶故里之琴歌柏葉爲銘未泛新年之酒椒花入頌先開獻歲之詞作者七人同爲六韻

遊山廟序

吾之有生二十載矣雅厭城闕酷嗜江海常學仙經博涉道記知軒冕可以理隔鸞鳳可以術待而事親多衣食之虞登朝有聲利之迫清識滯於煩城仙骨摧於俗境嗚呼阮籍意疎嵇康體放有自來矣常恐運促風火身非金石遂令林壑交喪烟霞板蕩此僕所以懷泉塗而惴恐臨山河而歎息者也粵以勝友良暇相與遊於元武西山廟蓋蜀郡三靈峯也山東有道君廟古者相傳以名焉爾其丹壑蘘倚元崖糾合俯臨萬仞平視重元乘杳冥之絕境屬

芬華之暮節玉房跨霄而懸居瓊臺出雲而高峙亦有野獸羣狎山鶯互囀崇松埒巨柏爭陰積瀨與幽湍合響眇眇焉逌逌焉王孫何以不歸羽人何以長往其元都紫微之事耶方欲手鍾鼎息肩巖石絶視聽於寰中置形骸於度外不其然乎時預乎斯者濟陰鹿宏允安陽邵令遠耳蓋詩以言志不以韻數裁焉

秋日登洪府滕王閣餞別序

南昌故郡洪都新府星分翼軫地接衡廬襟三江而帶五湖控蠻荆而引甌越物華天寶龍光射牛斗之墟人傑地

靈徐孺下陳蕃之榻雄州霧列俊彩星馳臺隍枕夷夏之交賓主盡東南之美都督閻公之雅望棨戟遙臨宇文新州之懿範襜帷暫駐十旬休暇勝友如雲千里逢迎高朋滿座騰蛟起鳳孟學士之詞宗紫電青霜王將軍之武庫家君作宰路出名區童子何知躬逢勝餞時維九月序屬三秋潦水盡而寒潭清烟光凝而暮山紫儼驂騑於上路訪風景於崇阿臨帝子之長洲得仙人之舊館層臺聳翠上出重霄飛閣流丹下臨無地鶴汀鳧渚窮島嶼之縈迴桂殿蘭宮列岡巒之體勢披繡闥俯雕甍山原曠其盈視川澤紆其駭矚閭閻撲地鐘鳴鼎食之家舸艦彌津青雀黃龍之舳虹消雨霽彩徹雲衢落霞與孤鶩齊飛秋水共長天一色漁舟唱晚響窮彭蠡之濱雁陣驚寒聲斷衡陽之浦遙吟俯暢逸興遄飛爽籟發而清風生纖歌凝而白雲遏睢園綠竹氣凌彭澤之罇鄴水朱華光照臨川之筆四美具二難并窮睇眄於中天極娛遊於暇日天高地迥覺宇宙之無窮興盡悲來識盈虛之有數望長安於日下指吳會於雲間地勢極而南溟深天柱高而北辰遠關山難越誰悲失路之人萍水相逢盡是他鄉之客懷帝閽而不見奉宣室以何年嗟乎時運不齊命途多舛馮唐易老

李廣難封屈賈誼於長沙非無聖主竄梁鴻於海曲豈乏明時所賴君子安貧達人知命老當益壯寧知白首之心窮且益堅不墜青雲之志酌貪泉而覺爽處涸轍而猶懽北海雖賒扶搖可接東隅已逝桑榆非晚孟嘗高潔空懷報國之情阮籍猖狂豈效窮途之哭勃三尺微命一介書生無路請纓等終軍之弱冠有懷投筆慕宗慤之長風捨簪笏於百齡奉晨昏於萬里非謝家之寶樹接孟氏之芳鄰他日趨庭叨陪鯉對今辰捧袂喜托龍門楊意不逢撫

淩雲而自惜。鍾期既遇。奏流水以何慚。嗚呼。勝地不常。盛筵難再。蘭亭已矣。梓澤邱墟。臨別贈言。幸承恩於偉餞。登高作賦。是所望於羣公。敢竭鄙懷。恭疏短引。一言均賦。四韻俱成。請灑潘江。各傾陸海云爾。

秋日楚州郝司户宅餞崔使君序

上元二載。高秋八月。人多汴北。地實淮南。海氣近而蒼山陰。天光秋而白雲晚。川塗所亘。郢路極於崤潼。風壤所交。荆門洎於吳越。憑勝地。列雄州。城池當要害之衝。寮寀盡鵷鸞之選。昌亭旅食。悲下走之窮愁。山曲淹留。屬羣公之

宴喜。披鶴霧。陟龍門。故人握手。新知滿目。欽崔公之盛德。果遇攀輪。慕郝氏之高風。還逢解榻。接衣簪於坐右。駐旌棨於城隅。臨風雲而解帶。盼江山以揮涕。巖楹左峙。俯映元潭。野徑斜開。傍連翠渚。青蘋布葉。亂荷芰而動秋風。朱草垂榮。雜芝蘭而涵晚液。檥仙舟於石岸。薦綺席於沙場。賓友盛而芳罇滿。林塘清而上筵肅。琴歌迭起。俎豆駢羅。烟霞充耳目之翫。魚鳥盡江湖之賞。情盤樂極。日暮途遙。思染翰以淩雲。願摩戈以留景。嗟乎。素交爲重。覺老幼之同歸。朱紱儻來。豈榮枯之足道。且欣風物。共悅濠梁。齊天

地於一指。混飛沈於一貫。嗟乎。此歡難再。慇懃北海之筵。相見何時。惆悵南溟之路。請揚文筆。共記良遊。人賦一言。俱成四韻云爾。

秋日餞別序

黯然別之銷魂。悲哉秋之爲氣。人之情也。傷如之何。極野蒼茫。白露涼風之八月。窮途蕭瑟。青山白雲之萬里。奏鳴琴則離鵾別鶴。驚歧路之悲心。來勝地則時雨涼風。助他鄉之旅思。琴書人物。冀北關西。去馬歸軒。雲間日下。楊學士天璞自然。地靈無對。二十八宿。稟太微之一星。六十四

爻。受乾坤之兩卦。論其器宇。滄海添江漢之波。序其文章。元圃積烟霞之氣。幾神之外。猶是卿雲。陶鑄之餘。尚同嵇阮。接光儀於促席。直觀明月生天。響詞辯於中筵。但覺清風滿室。悠哉天地。含靈有喜慍之容。邱也東西。悵望積別離之恨。煙霞直視。蛇龍去而泉石空。文酒求朋。賢俊散而琴歌斷。門生餞別。如北海之郡。前高士將歸。似東都之門外。研精麝墨。運思龍章。希存宿昔之資。共啟相思之詠。

欽定全唐文卷一百八十二

王勃六

秋夜於綿州羣官席別薛昇華序

夫神明所貴者道也天地所寶者才也故雖陰陽同功宇宙戮力山川崩騰以作氣星象磊落以降精終不能五百年而生兩賢也故曰才難不其然乎今之羣公並受奇彩各仗異氣或江海其量或林泉其識或簪裾其跡或雲漢其志不可雙得也今並集此矣豈英靈之道長而造化之功倍乎然僕之區區常以爲人之百年猶如一瞬非不知

風月不足懷也琴樽不足戀也事有切而未能忘情有深而未能遣故僕射羣公相知非不深也相期非不厚也然義有四海之重而無同方之感分有一面之深而非累葉之契故與夫昇華者其異乎嗟乎積潘楊之遠好同河汾之靈液目置良友相依窮路是月秋也於時夕也他鄉怨而白露寒故人去而青山迥不其悲乎盍各賦詩云爾

秋晚入洛於畢公宅別道王宴序

下官才不曠俗寵不動時充帝王之萬姓預乾坤之一物早師周禮偶愛儒宗晚讀老莊動諧眞性進非干物自踈朝市之機退不邀榮誰識王侯之貴散琴樽於北阜喜耕鑿於東陂野老披荷暫辭幽澗山人賣藥忽至神州驚帝室之威靈偉皇居之壯麗朝遊魏闕見軒冕於南宮暮宿靈臺聞絃歌於北里交情獨放已厭人間野性時違少留都下道王以天孫之重分曲阜之新基畢公以帝室之華擁平陽之舊館迹塵鐘鼎思在江湖居榮命於中朝接風期於下士綠縢朱紱且混以蘿裳列榭崇軒坐均於蓬户賓主由其莫辨語默於是同歸終大王之樂善備將軍之揖客是日也雲繁雨驟氣爽風馳高秋九月王畿千里高

扃向術似元禮之龍門甲第臨衢有當時之驛騎英王入座牢醴還陳高士臨筵樵蘇不爨是非雙遣自然天地之間榮賤兩忘何必山林之下元談清論泉石縱横雄筆壯詞烟霞照灼既而神馳象外宴洽寰中白露下而南亭虛蒼烟生而北林晚鶢鶋始望不及牲牢麋鹿長懷非忘林藪先生負局倦城市之塵埃遊子横琴憶汀洲之杜若况乎迹不皆遂時不再來屬宸駕之方旋值羣公之畢從洛城風景此會無期戚里笙竽浮驩易盡仰雲霞而道意捨塵事而論心夏仲御之浮舟願乘春水張季鷹之命駕思

動秋風策藜杖而非遙整柴車之有日青溪數曲幽人長往白雲萬里帝鄉難見安貞抱朴已甘心於下走全忠履道是所望於羣公倘心迹克諧去留咸遂廟堂多暇返身滄海之隅軒冕所辭迴首箕山之路尋赤松而見及泛黄菊以相從雖源水桃花時時失路而幽山桂樹往往逢人庶公子之來遊幸王孫之畢至茅君待客自有金壇王烈迎賓還開石架維恐一邱風月侶山水而忘年三徑蓬蒿待公卿之來日對光陰之易晚惜雲霧之難披羣公葉縣鳧飛入朝廷而不出下走遼州鶴去謝城闕而依然敢抒

重襟爰疏短引式命離前之筆希存別後之資凡我故人其辭云爾

送白七序

天地所以間南北山川所以別風雲陽舒陰慘覺造化之爲勞日運星迴恨良辰之不定白七官天台傑氣地乳奇精當益友之龍頭處通侯之燕頷靈珠耀掌是琴酒之文人長劍横腰即風雲之烈士屬天象掩峻帝道徵奇吐詞場之珠玉作朝廷之鸞鳳寰中握手得希代之英靈天下傾心盡當年之意氣整秋駕駐春裝背横溪之七曲對長亭之十里中情易感下調多愁送君當東陸之前逢我在北風之別嗟乎良友不追神交已遠同人者少方見阮籍之眼青知我者稀不學馮唐之首白唯當遯遊絶壑旅思空山幽桂一叢賞古人之明月長松百尺對君子之清風既而花鳥爭飛烟霞競集青山高而望遠白雲深而路遥貴余以道誰能著後五千言贈子以言空有離前四十韻

還冀州別洛下知己序

東西南北某也何從寒暑陰陽時哉不與河陽古樹無復殘花合浦寒烟空驚墜葉王生賣藥入天子之中都夏統

乘舟屬羣公之大會風烟匝地車馬如龍鐘鼓沸天美人似玉芳筵交映旁徵豹象之胎華饌重開直挾蛟龍之髓季鷹之思吳命駕果爲秋風伯鸞之適越登山以求深水辭故友謝時人登鄂坂而迂迴入邱山而北走何年風月三山滄海之春何處風花一曲青溪之路賓鴻逐暖孤飛萬里之中仙鶴隨雲直去千年之後悲夫光陰難再子卿殷勤於少卿風景不殊趙北相望於洛北鴛鴦雅什俱爲贈別之資鸚鵡奇杯共盡忘憂之酒

冬日羈游汾陰送韋少府入洛序

游汾勝壤樓船高漢帝之詞卜洛名都城邑辨周公之跡仰天文而窺日月雖共光華憑地理而考山川即殊南北章少府玉山四照珠胎一色縱橫振鋒穎之才吐納積江湖之量子雲筆札擁鸞鳳於行間孫楚文詞列宮商於調下牽絲一命披林野而隨班考績三年指蘭臺而赴選移征駕背長亭地隔風烟人離歲月寒原冠蓋既同斟桂之歡歧路風塵即斷驚蓬之思下官詩書拓落羽翮摧頹朝廷無立錐之處邱園有括囊之所山中事業暫到漁樵天下棲遲少留城闕忽逢萍水對雲雨以無聊倍切窮途撫

形骸而何託於時水霜裂地星象迴天朔風動而關塞寒明月下而樓臺曙各題一字傳之兩鄉云爾

江寧吳少府宅餞宴序

蔣山南望長江北流伍胥用而三吳盛孫權困而九州裂遺墟舊壤數萬里之皇城虎踞龍盤三百年之帝國關連石塞地實金陵霸氣盡而江山空皇風清而市朝改昔時地險實爲建業之雄都今日太平即是江寧之小邑吳生俊宷輔佐烹鮮我輩良遊方馳去鷁梁伯鸞之遠逝自有長謠閔仲叔之遐征仍逢厚禮臨別浦枕離亭陣雲四面洪濤千里簾帷後闢竹樹映而秋烟生棟宇前臨波潮驚而朔風動嗣宗高嘯綠軫方調文舉清談芳罇自滿想衣冠於舊國便值三秋憶風景於新亭俄傷萬古情窮與洽樂極悲來愴零雨於中軒動流波於下席嗟乎九江爲別帝里隔於雲端五嶺方踰交州在於天際方嚴去舳且對窮途玉露下而蒼山空他鄉悲而故人別請開文囿共瀉詞源人賦一言俱題四韻

釋迦如來成道記

觀夫釋迦如來之垂迹也淨法界身本無出沒大悲願力

示現受生洎兜率陀天爲護明菩薩降迦毘羅國號一切義成金團天子選其家白淨飯王爲其父玉象乘日示來於大術胎中金輪作王創誕於無憂村下八十種隨形之妙好槃若芬花三十二大士之相儀皎如圓月四方而各行七步九水而共沐一身現優曇花作獅子吼言胎分之已盡早證常身爲度生以還來今垂化迹於是還羈襁褓示貌嬰兒爲占相也悲悵於阿私陀仙往郊祀也驚起於大自在廟或爲童子或學聲名爲講武也箭塔箭井猶存爲角力也象迹象坑仍在受欲樂於十歲現遊觀於四門

樂沙門身厭老病死於是作瓶天子以警覺彰伎女之醜
容淨居天王以捧持躍車匿而嚴駕逾春城於八夜栖雪
嶺於六年人辭愴戀主之心馬舐落連珠之淚揮寶刀而
落紺髮塔起天宮將袞服以貿皮衣形參山鹿叩林仙之
所得了世定之非眞食麥食酥降苦降樂且瑤琴奏曲必
自中而曲成佛果圓因亦假中而果滿由是擇其處也過
龍窟浴其身也入連河示其食也受難陀之乳糜示其座
也受吉祥之茅草以最後之勝體詣菩提之道場圓解脫
之深因登金剛之寶座一百四十功德不共二乘八萬四

千法門高超十地由是魔軍威懾於慈力愁怖旋歸媚女
敗毒於定心婬羸變質於是堅牢地神踴躍而作證虛空
天子展轉而報知類蓮花而出水赫煥無方若桂月以懸
空光明洞徹經七日受提謂之蜜麨警以少小之言垂一
音授賈客之代歸賜與人天之福既成佛已觀所化緣悲
二仙而不遇雷音喜五人而堪從法化然以塵根昧劣聖
智淵深順其法則法不應根順其根則根不達法莫不爲
愛河之長溺緣癡樂之所昏苟不利於當聞仍假言於入
滅於是忉利帝釋雲驅於三十三天堪忍界王霧擁於一

十八梵頭面作禮致敬專精請轉法輪勸隨宜說如來尋
念善逝通規順古佛之嘉謨應羣機之鄙欲於是十方佛
現同興讚美之辭一法乘分共創塵勞之域由是起道樹
詣鹿園三月調根五人得度憍陳如悟慈尊之首唱翗解
標名舍利弗逢馬勝以傳言於途見諦探菽氏繼踵以師
事率門屬以同歸迦葉氏棄迹以降心領火徒而迴席莫
不甘露洪澍摩泥普應天界人界鷄林尸林或鷲池或鷲
嶺或海殿或菴園或獼猴池或火龍窟或住波羅奈或居
摩竭提或依堅固林或止音樂樹或海濱楞伽頂或山際

補陀巖或迦蘭陁竹園或舍衞國金地或應念而空現或
沒山而出宮或說法假於六方或化身變爲三尺或掌覆
而指變或光流而佛來或一身普集於衆身或此界便明
於他界或變淨而以淨覆穢或隨俗而即俗明眞若空谷
之荅響洪鐘之待扣矣其間所說阿含四有般若八空密
嚴華嚴佛藏地藏思益天之請問楞伽山之語心萬行首
楞嚴一乘無量義大悲芬陁利法炬陁羅尼無垢稱之說
經須達拏之瑞應本事本生之別諷頌重頌之殊象馬兎
之三獸渡河羊鹿牛之三車出宅或謂之有空守中也或

謂之無轉照持也或謂之頓也漸也或謂之半也滿也或無說而常說或不聞而恒聞或保任而可憑或加被而不思無小而不大無邊而不中三乘同入一佛乘三性同歸一法性眞可謂父母孩孺導師險夷懸日月於幽宵布舟航於幻海爲雲爲雨使枯槁以還滋爲救爲歸指窮途於壽域豈乎所作已辦功成不居將返本以還源類薪盡而火滅由是指力地詣金河光流面門相驚塵剎山摇地動俱興苦痛之聲異類變容同現奢花之血受純陀之後供納昆夜之密言唱四德以顯三伊指萬有而歸一性酬多

羅迦葉四十二請問已周度須跋陁羅八十一化緣將畢破十仙之橫計使獲朝聞建四塔之崇規遐滋末葉將欲明有爲之有滅表無相以無生上升金剛身往復虛空界日月其猶墜落螢光如何久留誠有常身使無放逸於是還登玉座首卧鶴林遍遊三昧之門將復一眞之性逆入順入全超半超依四禪之等持湛三點之圓寂是時也人天叫躃鳥獸哀號飄風驟雲山吼波逆索輪王之古式方俟葬儀命力士以捧持竟無能動由是金棺自舉遶拘尸之大城寶炬不然駐闍維之盛禮莫不生怨在於王舍創結夢於十號慈尊大迦葉遠下雞峯獲瞻禮於千輻輪足畢以兜羅緻氎聖火自焚爇王衆旃檀之薪注帝釋金瓶之水彼願力猶在悲心尚熏碎金剛之勝身爲舍利之遺骨於是八國嚴衛四岳肅容各自持於金壜競歸輿於寶塔於是若牙若髮迦葉娑禮於忉利天宮或炭或灰無憂王建於贍部洲界若乃金言道在塵劫法存象王去而象子隨一燈滅而一燈續莫不大迦葉雲迎千衆阿難陀雷吼三輪商那表定於未來鞠多化籌而盈室始自壞梁之感終乎流乳之徵缾器異而水必同燈點殊而光終一是

以大乘之眞空妙有文殊彌勒異其宗小乘而分氎枒金上座大衆元其部或十支宏闡或千部鬱興馬鳴龍樹繼其宗無著天親播其美或提婆鑿眸而作器陳那吼石以飛聲或百偈齊祛於外宗或十師翊贊於遺頌或聞經而夜升兜率或待佛而窟寄修羅或劍誓首以要期或象馱金而請釋或賞能而食邑或得勝而建幢或論般若之理也名燈或究俱舍之非也名雹莫不殊途異轍終會一源自有及空咸歸萬流自商周見虹貫炎漢夢金人教及神州聲流華夏勃叨生季世獲奉眞譚維陸續而以敍金言

在飄零而不逢玉相見聞盡爾宗致昭然蓋委遺文不復備而言也乃爲銘曰

化起從本源功成應賢刦萬行顯眞宗三祇積鴻業爲法出於世也降靈示分脇眉橫天帝弓目帶青蓮葉仙師相垂淚天神爭捧接灌頂當在宮飛輪化彌帖宗承天日貴象貫師子類善教誰與傳抨彈獨豪俠遊觀驚老死逾城棄臣妾落髮覩寶乃貿衣遇羣獵寄跡狎麋鹿苦身示羸怯食糜人盡知坐草魔方慴潔若蓮出水明逾鏡開匣山海類高深雲雷等辭捷三時教彌闡萬類根自愜四問聊欲

酬十仙度相躡補處記慈氏遺文囑迦葉卧樹徒再春香薪已焚氈悲心及綿遠舍利光郁烈獨我生後時餘渡幸霑涉

八卦大演論

昔者聖人之作易也始畫八卦以通神明之德以類萬物之情以爲分太極者兩儀也分四象者八卦也成八卦者十六將也司八卦者十二月也分十六將者三十二候也分十二月者二十四氣也分三十二候者六十四卦也司二十四氣者三十六旬也進退於三百六十六日屈伸於三百八十四爻往來飛伏之理盡矣孤虛消息之端極矣三才之道不可不及也五行之義不能復過也翕之以幽明張之以寒暑會之以生死申之以去就禍福生焉吉凶著焉成敗行焉逆順興焉賢者識其大者遠者不賢者識其小者近者奉之者則順背之者則憢圓立者稱聖偏據者號賢嘗試論之曰三才者易之門戶也八卦者易之徑路也引而伸之終於六十四卦天下之能事畢矣陳而別之極於三百八十四爻天下之微理罄矣夫陰陽之道一向一背天地之道一升一降故明暗相隨寒暑相因剛柔

相形高下相傾動靜相乘出入相藉泯之者神也形之者道也可以一理徵也可以一端驗也故天尊則地卑矣水濕則火燥矣山盈則澤虛矣雷動則風適矣是以天下有風可以姤矣則地中有雷可以復矣天下有山可以遯矣則地上於澤可以臨矣天地不交可以否矣則天地既交可以泰矣風行地上可以觀矣則雷行天上可以大壯矣山附地上可以剝矣則火附天上可以大有矣風行水上可謂渙矣則水在地上可以比矣雷出地奮可以豫矣則風行天上可以小畜矣雷之與水可作解矣則風之與火

可以家人矣雷在風上可以恒矣則風在雷上可以益矣風在地下可以升矣則雷在天下可以无妄矣風在水下可以井矣則雷在火下可以噬嗑矣風在澤下可謂大過矣則雷在山下可爲頤矣雷在澤下可以隨矣則風在山下可爲蠱矣澤上有水可爲節矣則山上有火可爲旅矣雷在水下可爲屯矣則風在火下可爲鼎矣水在火上可爲旣濟矣則火在水上可爲未濟矣澤中有火可以革矣則山下有水可爲蒙矣火在地下可以明夷矣則水在天下可爲訟矣地下有水可爲師矣則山下有火可爲賁矣

澤上於天可爲夬矣則澤下有水可爲困矣山下有天可以爲大畜矣則澤下有地可以爲萃矣山在澤上可爲損矣則澤在山上可爲咸矣澤上有火可爲睽矣則山上有水可爲蹇矣上天下澤可爲履矣則地下有山可爲謙矣澤上有風可爲中孚矣則山上有雷可爲小過矣山上有風可爲漸矣則澤上有雷可以歸妹矣此天地以對成之義陰陽反合之理故卦相次則反爻以成義易之八卦是也八八相生則錯卦以興理因而重之是也故聖人之道可縱焉可橫焉可合焉可離焉逆而陳之未嘗逆焉順而列之未嘗順焉三畫以變雖天地之數可無韜也九六相推雖萬二千五百之浩蕩不能踰於三百八十四三百八十四之糾紛不能踰於六十四重之以六十四不能過於八卦張之於八卦不能過四象紀之兩儀兩儀之理達而太極得矣故古往今來寒進暑退死生亂動是非縢結未嘗非兩儀也而未嘗離太極也故曰有寒有暑則兩儀不廢也無思無爲則太極未嘗遠也見之則兩儀念之則太極夫然故不捨二求一未嘗離動以求靜未嘗離動以達靜也有可有不可非聖人之謂也無可無不可是夫子之

心也然天下之理不可窮也天下之性不可盡也有窮盡之地者其唯聖心乎有窮盡之路者其唯聖言乎故據滄海而觀衆水則江河之會歸可見也登泰山而覽羣嶽則岡巒之本末可知也是以貞一德之極權六爻之變振三才之柄尋萬方之動又何往而不通乎又何疑而不釋乎故孔子曰必也正名乎名者義之本也非聖人孰能正之哉若抑末執本研精覃思非聖人之書則不讀也非聖人之言則不取也庶幾乎神明之德可通乎萬物之情可類乎未之思也夫何遠之有君子可不務乎哉

平臺祕略論十首

孝行一

論曰昔之列桐珪建茅土者非一君焉至於孝思可稱仁風茂著存乎緗牒十一而已豈非生於深宮之中長於婦人之手膏肓積乎驕慢情奔淪乎嗜慾嗚呼有國有家者可不誡乎

貞修二

論曰美哉貞修之至也或抗情激操枕清剛而勵俗或理韻和神抱直方而守道或旌奇表善擢才於不次之階或

剖滯申嫌措辭於難犯之地並能以禮升降與時舒卷既明且哲以保其身盛矣哉原夫御俗裁風變彝倫者寄乎直全身遠害得隨時者存乎變夫然故進不違義退不傷生清貞靜一保其道委迤屈伸合其度易曰君子或出或處或默或語天下何思何慮同歸而殊途百慮而一致此之謂也

文藝三

論曰易稱觀乎天文以察時變傳稱言而無文行之不遠故文章經國之大業不朽之能事而君子所役心勞神宜於大者遠者非緣情體物雕蟲小技而已是故思王抗言詞訟恥爲君子武皇裁出篇章僅稱往事不其然乎至若身處魏闕之下心存江湖之上詩以見志文宣王有焉

忠武四

論曰陰陽代興剛柔合運威恩參用以成化文武相資以定業況乎康侯自我宗子維城者乎城陽之權略明決卒摧呂氏之變任城之志意剛斷實啟有魏之業蓋有助焉陳思雅懷忠勇義形家國表奏永昌洞曉兵數績著疆埸長沙武陵亦足云也

善政五

論曰東平以盛德匡時大興禮樂齊獻以至親統物光濟中外淮陽安定峻必行之典安陸扶風深受遺之泣能義形家國理極忠貞使黃河如帶垂芳不朽盛矣乎守方雅以調蕃政用公直而掌朝論昂然直上凜有生氣衡陽太原亦足云也

尊師六

論曰前史稱良藥苦口而利於病忠言逆耳而利於行豈非士情竭於不顧主色期於難犯中人以下罕免斯累其

有抗辭必盡忠烈橫匪石之心聞善若驚君王動順風之請相須之際良可詠也清河之恭愼貞懇雅爲辭益上引聖朝下託師傅和矣哉

褒客七

論曰原夫重藝尊師登奇佇逸道存萬里神交一面故有推輪擁篲寡人忘千乘之榮越席分庭上才當四海之禮斯實蕃邸之盛事閒平之用心也而有矯情役智蕩逸名利之間室隙蹈瑕乾沒英翹之地便僻脂韋飾其迹甘言巧辭運其辯假君王之顧盼用君王之威福傳曰好善而

不擇人則前代有以之傾矣至於輿諸文雅賞盡烟霞月庭廣闢風閨洞敞西園故事下蘭坂而宵歌東苑遺塵坐槐庭而曉賦折旋書藝之圃翱翔儛詠之際洋洋乎亦爲樂之一方也

幼俊八

論曰夫濫觴懸水翻浮天動地之源寸株尺蘖擢捎雲蔽景之幹豈非積微成大陟遐自邇易曰山下有泉蒙君子以果行育德故考其前事備之於篇

規諷九

論曰夫陵谷好遷乾坤忌滿哀樂不同而不遠吉凶相反而相襲故有全中卒行用心於不爭之場杜漸防微投迹於知幾之地昔之善持滿者用此者也諺曰禍不入愼家之門前代有以之興矣至若中山激難重存親禮武陵變色復延情愛子建之陳辭貢憤長沙之發對因機雖亦各達其心未若洪慶之希聲也

愼終十

論曰詩云靡不有初鮮克有終若夫東平之奉憲遵約耿介原陵之奏中山之見賢思齊愍懃濮陽之託庶幾乎可

謂愼終矣至子廛之奉行文處疑中尉之遠迹河間陳思克己並未易誣也

三國論

論曰漢自順桓之間國統屢絕奸回竊位閹宦滿朝士之蹈忠義履冰霜者居顯列則陷犯忤之誅伏閭巷則嬰黨錮之戮當是時也天下之君子掃地將盡雖九伊周十稷契不能振已絕之綱舉土崩之勢明矣熹平中大黃星見楚宋之分遼東殷馗曰其有眞人起於譙沛之間以知曹孟德不爲人下事之明驗也先時秦帝東遊亦云金陵當

有王者興董扶求出又曰益州有天子氣從茲而言則長江劍閣作吳蜀之限天道人謀有三分之兆其來尚矣然廢興有際崇替迭來每覽其書曷能不臨卷而永懷撫事而伊鬱也嘗試論之曰向使何進納公業之言而不追董卓傕汜棄文和之策而不報王允則東京焚如之禍關右亂麻之屍何由而興哉至使乘輿蒙塵於河上天子露宿於曹陽百官饑死於牆壁六宮流離於道路蓋由何公之不明賈詡之言過也於是劉岱喬瑁張超孔伷之徒舉義兵而天下響應英雄者騁其驍悍運其謀能海內囂然於

茲大亂矣袁本初據四州之地南向爭衡劉景升擁十萬之師坐觀成敗區區公路欲居列郡之尊瑣瑣伯珪謂保易京之業瓚既窘斃術亦憂終譚尚離心琮琦失守其故何哉有大賢而不能用覩長策而不能施使謂力濟九區智周萬物天下可指麾而定宇宙可大呼而致也嗚呼悲夫余觀三國之君咸能推誠樂士忍垢藏疾從善如不及聞諫如轉規其割裂山河鼎足而王宜哉孫仲謀承父兄之餘事委瑜肅之良圖泣周泰之痍請呂蒙之命惜休穆之才不加其罪賢子布之諫而造其門用能南開交趾驅

五嶺之卒東界海隅兼百越之衆地方五千里帶甲數十萬若令登不早卒休以永年神器不移於暴酷則彭蠡衡陽未可圖也以先主之寬仁得衆張飛關羽萬人之敵諸葛孔明管樂之儔左提右挈以取天下庶幾有濟矣然而喪師失律敗不旋踵奔波謙瓚之間羈旅袁曹之手豈拙於用武將遇非常敵乎初備之南也樊鄧之士其從如雲比到當陽衆十萬餘操以五千之卒及長坂縱兵大擊廓然霧散脫身奔走方欲遠竄用魯肅之謀然投身夏口於時諸葛適在軍中向令帷幄有謀軍容宿練包左車之計

運田單之奇操懸軍數千夜行三百輜重不相繼聲援不相聞可不一戰而擒也坐以十萬之衆而無一矢之備何異驅犬羊之羣餌豺虎之口固知應變將略非武侯所長斯言近矣周瑜方嚴兵取蜀會物故於巴邱若其人尚存恐玉壘銅梁非劉氏有也然備數困敗而意不折終能大啟西土者其惟雅度最優乎武侯既沒劉禪舉而棄之覩譙周之懦詞則忿憤而忘食聞姜維之立事又慷慨而言憙惜其功垂成而智不濟豈伊時喪抑亦人亡乃知德之不修棧道靈關不足恃也魏武用兵髣髴孫吳臨敵制奇

鮮有喪敗故能東擒狡布北走強袁破黃巾於壽張斬眭固於射犬援戈北指蹋頓懸顱摧旆南臨劉琮束手振威烈而清中夏挾天子以令諸侯信超然之雄傑矣而弊於褊刻失於猜詐孔融荀彧終罹其災孝先季珪卒不能免愚知操之不懷柔巴蜀砥定東南必然之理也文帝富於春秋光膺禪讓臨朝恭儉博覽墳籍文質彬彬庶幾君子者矣不能恢崇萬代之業利建七百之基骨肉齊於匹夫衡樞委乎他姓遠求珠翠廢禮諒闇之中近抱辛毗取笑婦人之口明帝嗣位繼以奢淫征夫困於兵革人力殫於

臺榭高貴鄉公明決有餘而深沈不足其雄才大略經緯遠圖求之數君並無取焉山陽公之墳土未乾陳留王之賓館已啟天之報施何其速哉故粗而論之式備勸戒俾夫來者有以監諸焉

欽定全唐文卷一百八十三

王勃七

平臺祕略讚十首

孝行第一

受訓椒殿承輝桂闈資父事君自家刑國孝惟忠本忠隨孝得履薄臨深惟王之則

貞修第二

列藩好德清修互起峻局剛情中孚素履道契元極芳圖青史爲善不同同歸於美

藝文第三

榮分上邸業盛文場爭開寶札競聳雕章氣淩雲漢字挾風霜後之來者其在君王

忠武第四 原闕

善政第五

榮開社稷業照旂常是恢藩化或固朝章功成道洽身沒名揚唯忠與孝千載生光

尊師第六

奔霆易駭巨壑難遊主明臣直撫類相求道行言用性逸

神休。吁嗟盛軌。從善如流。

褒客第七

功惟應物。業貴逢時。君王樂道。上客含詞。情起月肆。興入煙遠。文林辯囿。何代無之。

幼俊第八

列后雲騰。英童霧躍。年妙識遠。理豐詞約。寵照玉旗。文先銅爵。勿疎小善。方恢大略。

規諷第九

寵榮有極。恭沖是守。軸碎羣毛。金銷衆口。全忠衛國。順時

藏垢。周之宗盟。異姓爲後。

慎終第十

具覽藩猷。遐窺國筴。罕兼百行。多褒一善。履忠存性。慎終思遠。生榮死哀。身沒名顯。

益州夫子廟碑

述夫帝車南指。遁七曜於中階。華蓋西臨。藏五雲於太甲。雖復星辰蕩越。三元之軌躅可尋。雷雨沸騰。六氣之經綸有序。然則撫銅渾而觀變化。則萬象之動不足多也。握瑤鏡而臨事業。則萬機之湊不足大也。故知功有所服。龜龍不能謝鱗介之尊。器有所歸。江漢不能竊朝宗之柄。是以朱陽登而九有照。紫泉清而萬物覩。粵若皇靈草昧。風驪受河洛之圖。帝象權輿。雲鳳錫乾坤之瑞。高辛堯舜氏沒。大夏殷周氏作。達其變。遂成天下之文。極其數。遂定天下之象。衣冠度律。隨鼎器而重光。玉帛謳歌。反宗禋而大備。洎乎三川失御。九服蒙塵。俎豆喪而王澤竭。鐘鼓衰而頌聲寢。召陵高會。諸侯輕漢水之威。踐土同盟。天子窘河陽之召。三微制度。乘戰道而橫流。千載英華。與王風而掃地。大業不可以終喪。彝倫不可以遂絕。由是山河眹兆。素王

開受命之符。天地氤氳。元聖舉乘時之策。與九圍之廢典。振六合之頹綱。有道存焉。斯文備矣。夫子姓孔氏。諱丘。字仲尼。魯國鄒人也。帝天乙之靈苗。宋微子之洪緒。自元禽翦夏。俘寶玉於南巢。白馬朝周。載旌旗於北面。五遷神器。琮璜高列帝之榮。三命雄圖。鍾鼎冠承家之禮。商邱誕睿。下屬於防山。泗水載靈。遙馳於汶上。禮樂由其委輸。人儀所以來蘇。排禍亂而構乾元。掃荒屯而樹真宰。聖人之大業也。若乃承百王之丕運。總千聖之殊姿。人靈昭有作之期。嶽瀆降非常之表。珠衡玉斗。徵象緯於天經。虎踞龍蹲

集風雲於地紀亦猶三階瞰月恒星知太紫之宫八柱衝霄羣嶺辨中黃之宅聖人之至象也若乃順時而動用晦而明紆聖哲於常師混波流於下問太陽亭午收爝火於丹衢滄浪浮天控涓涔於翠渚西周捧袂仙公留紫氣之書東海摳衣郯子敘青雲之秩接輿非聖詢去就於狂歌童子何知屈炎涼於詭問聖人之降跡也若乃參神揆訓錄道和倪辱太白於中都絆乘黃於下邑湛無爲之跡而衆務同歸馳不言之化而羣方取則雖復霓旌羽旆齊人張夾谷之威八佾三雍桓氏逼公宮之制洎乎歷階而進

宣武備而斬俳優推義而行肅刑書而誅正卯用能使四方知罪爭歸舊好之田三家變色願執陪臣之禮聖人之成務也若乃乘機動用歷聘棲遑神經幽顯志大宇宙東西南北推心於暴亂之朝恭儉溫良授手於危亾之國道之將行也命道之將廢也命歸齊去魯發浩歎於衰周厄宋圍陳奏悲歌於下蔡聖人之救時也若乃筐篚六藝筌簣五典折旋洙泗之間探賾唐虞之際三千弟子攀睿化而升堂七十門人奉洪規而入室從周定禮憲章知損益之源反魯裁詩雅頌得絃歌之旨備物而存道下學而上

達援神敘教降赤製於南宮運斗陳經動元符於北洛聖人之立教也若乃觀象設教法三百八十四爻四十有九窮神知化應萬一千二百五十策五十有五成變化而行鬼神觀陰陽而倚天地以鼓天下之動以定天下之疑索衆妙於重元纂羣微於太素聖人之贊易也若乃靈襟不測睿視無涯石砮昭集隼之庭土缶驗羵羊之井稽山南望識皓骨於封禺蠡澤東浮考丹萍於夢渚麟圖鑒遠金編題佐漢之符鳳德鉤深玉策筮亾秦之兆聖人之觀化也時義遠矣能事畢矣然後拂衣方外脫屣人間奠楹輿

夕夢之災負杖起晨歌之跡撓虹梁於大廈物莫能宗摧日觀於魯邱吾將安仰明均兩曜不能遷代謝之期序合四時不能革盈虛之數適來夫子時也適去夫子順也爲而不有用九五而長驅成而勿居撫雲霓而高視聖人之應化也自四教遠而微言絕十哲喪而大義乖九師爭大易之門五傳列春秋之轄六體分於楚晉四始派於齊韓淹中之妙鍵不追稷下之高風代起百家騰躍攀户牖而同歸萬匹驅馳仰陶鈞而共貫猶使絲簧金石長懸闕里之堂荆棘蓬蒿不入昌平之墓聖人之遺風也導揚十聖

光被六虛乘素履而保安貞垂黃裳而獲元吉故能貴而無位履端於太極之初高而無名布政於皇王之首千秋所不能易百代所不能移萬乘資以興衰四海由其輕重雖復質文交映瞻禴祀而長存金火遞遷奉琴書而罔絕蓋易曰觀乎人文以化成天下又云聖人以神道設教而萬物服焉豈古之聰明睿智神武而不殺者夫國家襲宇宙之淳精據明靈之寶位高祖武皇帝以黃旗問罪杖金策以勞華夷太宗文皇帝以朱翟承天穆玉衡而正區宇皇上宣祖宗之累洽奉文武之重光稽歷數而坐明堂陳禮容而謁太廟八神齊饗停旒太史之宮六辯同和駐蹕華胥之野文物隱地聲名動天樂繁九俗禮盛三古冠帶混幷之所書軌八紘間闔兼匝之鄉煙火四極竭河追日夸父力盡於樞間越海陵山豎亥塗窮於廡下薰腴廣被景貺潛周乾象著而常文清坤靈滋而眾寶用溢金膏於紫洞雨露均華棲玉燭於元都風雷順軌丹蓂翠菌藻繪軒庭鳳彩龍姿激揚池籞殊徵肸蠁不召而自至茂祉昭彰無幽而不洽雖復帝臣南面降衢室而無爲岱畎東臨陟名山而有事靈命不可以辭也大典不可以推也由是

六戎宵警摐紫殿而摐金五校晨驅蹴元雲而噴玉星羅海運嶽鎮川渟登碧墠而會神祇御元壇而禮天地金箱玉冊益睿算於無疆玳檢銀繩著靈機於不竭功既成矣道既貞矣歷先王之舊國懷列聖之遺塵翔赤驥而下云亭吟翠虯而望鄒魯泗濱休駕杳疑汾水之陽尼岫凝鑾暫似峒山之典迺下詔曰可追贈太師託鹽梅於異代鼎路生光寄舟楫於同時泉塗改照咸亨元年又下詔曰宣尼有縱自天體膺上哲合兩儀之簡易爲億載之師表顧唯寢廟義在欽崇如聞諸州縣孔子廟堂及學館有破壞幷向來未造生徒無肄業之所先師闕奠祭之儀久致飄零深非敬本宜令諸州縣官司速加營葺成都縣學廟堂者大唐龍朔三年鄉人之所建也爾其州分化鳥境屬蹲鴟縈錦室於中區託銅梁於古地玉輪斜界神龍蟠沮澤之雲石鏡遙臨寶馬蹀禺山之影天帝會昌之國上照乾維英靈秀出之鄉傍清地絡庠序由其糾合纓弁所以會同文翁之景化不渝智士之風猷自遠於是雙川舊老攀帝獎而翹心三蜀名儒想成均而變色採周規於舊宅詢漢制於新都開基於四會之壥授矩於三農之隙土階無

級就擊壤於新懽茅茨不翦易層巢於故事莊壇文杏郎架椽欒夾谷幽蘭爰疏户牖儀形莞爾似聞沂水之歌列侍誾如若奉農山之對緇帷曉闢橫紺帶於西河絳帳宵懸聚青衿於北海雖秋禮冬詩之化已洽於齊人而宣風觀俗之規實歸於上宰銀青光祿大夫譙國公諱崇義大武皇帝之支孫河間大王之長子高秋九月振玉贊於唐邱寶算千齡躍璇蚪於太渚我國家靈命東朝抗裘冕之尊宗子維城南面襲軒裳之重析元元之允緒擁朱虛之祿位拜玉節於秦京輝金章於蜀郡元機應物潛消水怪

之災丹筆申冤俯絕山精之訟魏文侯之擁篲道在而謙尊董相國之垂帷風行而俗易司馬宇文公諱純河南洛陽人也皇根帝緒列五鼎於三朝青瑣丹梯跨千尋於十絕仲舉澄清之轡未極夷塗士元卿相之林先登上佐冰壺精鑒遙清玉壘之郊霜鏡懸明下映金城之域縣令柳公諱明字太易河東人也梁岳之英長河之靈沐雲漢之精粹荷天衢之元亨旌旗赫奕於中古珪組陸離於下葉鳳巖抽律擢層秀於龍門驪穴騰姿吐榮光於貝闕自朱絲就列光膺令宰之榮墨綬馳芬高踐郎官之右仙鳧旦舉影入銅章乳翟朝飛聲含玉軫臨邛客位自高文雅之庭彭澤賓門猶主壺觴之境曠懷足以御物長策足以服人重泉之惠訓大行單父之謳謠遂遠猶爲夏絃春誦俗化之樞機西序東膠政刑之根本上祇朝憲下奉藩維爰搜複廟之儀載闡重櫩之制三門四表煥矣惟新上哲師宗肅焉如在將使圓冠方領再行鄒魯之風鋭氣英聲一變賨渝之俗於是侍郎幽思摛鳳藻於瓌林丞相高林排龍姿於璧沼遺榮處士開簾詮孝悌之機頌德賢臣持節聽中和之樂其爲政也可久其爲志也可大方當變化台

極儀刑萬宇豈徒偃仰聽事風教一同而已哉勃幼乏逸才少有奇志虛舟獨泛乘學海之波瀾直轡高驅踐詞場之閫閾觀質文之否泰衆矣考聖賢之去就多矣自生人以來未有如夫子者也嗟乎今古代絕江湖路遠恨不親承妙旨攝齊於游夏之間躬奉德音攘袂於天人之際撫聲名而永悼瞻棟宇而長懷嗚呼哀哉敢爲銘曰

五帝既沒三王不歸天地震動陰陽亂飛山崩海竭月缺星圍禮樂無主宗禋遂微其一大哉神聖與時迴薄應運而生繼天而作龍躍浩蕩鵬飛寥廓奄有人宗遂荒天爵其二

尼山降彩泗濱騰氣志匡六合神經萬類夾谷登庸中都歷試睿情貫一元猷絕四其三栖遑教跡寂寞河圖違齊出宋歷楚辭吳風衰俗壞禮去朝蕪麟書已卷鳳德終孤其四杳杳靈命茲茲天秩吾道難行斯文易失式宣六藝裁成四術虛往實歸外堂內室其五邈矣能仁悠哉化主力制羣辟權傾終古陸離彩粲蟬聯茅土涉海輕河登山小魯其六皇家載造神風四極檢玉題祥繩金署德聿懷聖跡同享天貺迺眷台庭爰升袞職其七玉津同派金堤茂族智士高風文翁澤遠毗淳壤沃聲和俗愿載啟仁祠遂光儒苑其八

沈沈壹奧肅肅高除靈儀若在列配如初槐新市容杏古壇疎楹疑置奠壁似藏書其九泛泛寰中悠悠天下徇名則衆知音蓋寡碔石參瓊迷風亂雅仲尼既沒夫何爲者其十

益州緜竹縣武都山淨慧寺碑

原夫帝機寥廓雲雷驅妙有之功正氣洪荒清濁構乾元之象融而爲川瀆結而爲山岳五城韜海接崑閬於大都八洞藏雲冠瀛洲於巨闕造化之所偃薄靈谷之所啟處極緹油而縱觀詠頌寧殫出宇宙而高尋風烟罕測是知玉巵無當遐荒非視聽之津金牓所存城闕盡江湖之致何必九蚪齊鶩直訪銀宮八駿長驅遙臨石室武都山淨慧寺者梁太清年中之所建也名山列岳之舊仙都福地之湊黃龍負匣著寶籍於山經紫鳳銜書蔭榮光於井絡須彌峯頂仍開梵帝之宮如意山中卽有經行之地爾其盤基跨險列嶂憑霄日月之所竄伏烟霞之所枕倚飛泉瀑溜蕩滌峯崖綠樹元藤網羅邱壑飛廉作氣被萬吹於中巖帝頊司寒宅千霜於北谷丹梯碧洞杳冥林岫之間桂廡松楹寂寞風塵之表是稱英鎮實瞰崇岡閶闔當四會之衢城邑辨三分之地緜溪錦瀆下浸重巒玉阜銅陵

旁分絕磴山川絡繹崩騰宇宙之心原隰縱橫隱軫亭皋之勢頃以黃旗夜徙紫蓋晨傾九服失圖三靈在疚姦臣躍馬據折坂而吟雲壯士聞雞擁陽關而嘯雨岷峨失險化爲鋒鏑之場江漢橫流非復朝宗之國禪宇由其覆沒法衆是以凋淪國家奄有帝圖削平天釁紫宸反照皇階卽敍萬國順百靈朝幽顯再立華戎一揆燭龍韜景避堯日於幽都雲鵬斂翼候虞風於晏海以爲軒階具美功窮望祲之臺漢道兼宏力盡祈年之觀爰經寶地大啟祥宮撫香象而高視鳴法螺而再唱龍垣淨土連帝道而重光

鶴苑崇基脫皇居而首出況乎山精舊壤下鎮偏隅天帝遺墟上干躔次王舍城之宮闕白玉猶存給孤獨之園林黃金尚在法物由其大備盛德所以相尋株兵奉天藏之圖泉女獻山祇之籍離亭合榭因岸谷之高低疊觀連房就岡巒之曲直丹崖反照畫栱相臨綠嶂斜烟雕簷間出豐隆曉震次複霤而悽皇列鈇晨奔望崇軒而貽愕千香寶樹自起風烟九乳仙鐘獨鳴霜雪銀龕佛影遙承雁塔之花石壁經文下映龍宮之葉虹生北澗即掛新幡鳳下東岑還栖舊刹若乃尋曲岫歷崇隈周行數里直上千仞

蒼松萬吹臨絕迥而疏寒黛篠防烟繞迴疆而結陰春巖橘柚影入山堂秋壑芙蓉光浮水殿亦有山童採葛入丹竇而忘歸野老紉花向青溪而不返山神獻果送出菴園天女持花來遊淨國實杳冥之祕訣託幽深之逸境豈直淮南桂樹暫得仙家江左桃源終迷故老而已爰有寬闍黎者俗姓楊氏其先華陰人也因官徙地家於緜竹山分太華水帶長汾川岳會同風雲感召元經素論侍郎居八俊之英綠綬黃軒太尉列三台之首法師玉函降彩金瓶探色振八解之遙源踐三明之廣路靈機入證窮象載於初髫妙諦因心釋羊車於弱冠三千法界由廣位而出無明十二因緣自普濟而登彼岸宏宣誓願大振沈黎揮覺劍而破邪山揚智燈而照昏室彌綸所被白馬盡於禺同權漸所開黃牛至於嶓冢虔誠樂土憩影茲峯迺以貞觀九年於寺西院立七佛堂一僧舍星毫動牖月面分階彩鳳銜旒神龍負塔飛烟湧座龕龕恢利之天香霧成臺樹樹菩提之果朝散大夫行縣令清河張楚親承妙業俯列貞珉林宗有道伯喈無愧法師夙機少晤應變多奇玉山中斷瓊林下雜支道林之好事語默方融釋慧遠之高居

風埃遂隔洎乎坐忘遺照返寂歸眞城肆颯然若遺空山黯而無色豈直巖枝泣血磵户摧梁而已哉縣令劉照彭城人也自碭山仗劍綰鳳歷於雲臺春郊授鉞嗣龍圖於白水玉壘三分之鼻下雜公門金陵一霸之基旁參帝緒翠綏丹紱歷今古而先鳴人傑地靈冠山川而得雋君膺岳瀆之秀挺風雲之會昆溪劍鍔直照胸襟楚澤珪璋潛周履行魯恭明德方昇漢輔之階潘岳能文且職河陽之縣仁嶽可被闔境仰其風猷威德所加百城疊其霜彩尚迺康莊妙域光開不捨之壇舟檝愛河照暢無生之業痛

鷲林之殄瘁悲象教之榛蕪爰命緝興式光泉藪虎蹊龍澗近分廬岳之圖金闕瑤臺更討瀛洲之記銘曰

武都仙鎮龍墟奧域邑動香城山開淨國澗流百道峯雲五色谷暗藤斜山高樹逼千楣鶴列萬栱星懸分林構址接磴開塵臨階竹樹遶棟風烟龕前怪石塔下秋泉綠崖疏逕青岑拒室霧道相縈烟房互出葉濃碍淨花深嶂密鳥度難尋猨驚易失簷分石竇地絡金沙丹邱抗月碧洞棲霞松開野路桂列仙家仙鑪柏葉寶座蓮花砌因巖曲橋隨峯返果出天廚香來仙苑玉鑰啟曙金鐘照晚谷思

鍾張山悲鐸遠閭閻踐勝銅墨高情聲飛別邑望動專城懸金道肆刻石山楹千載之後吁嗟令名

益州德陽縣善寂寺碑

若夫玉繩高曜分寶歷於皇階金榜洞開導瓊暉於帝幄雖復蒼梧北望湖湘盈舜后之歌綠枿西浮江漢積文妃之頌未有激揚煩蔭栖妙果於香城揮發蓋纏樹冥基於淨域則紫房丹室猶居爨室之閒朱紱瑤篚未出塵籠之際我國家鳳翔元氣駕黃幄而層飛龍躍太虛絕蒼根而止儀文皇帝以八才御宇光昇岱野之榮文德后以十亂乘時恭贊塗山之業握仁王之寶鏡日月重光驅梵帝之金輪雷霆靜禝涅槃甘露承眷而宵流般若靈音雜祥以晝引蛟臺蜃閣俄交震旦之墟月面星毫坐照毘耶之國善寂者蓋舊寺之餘趾梁武帝之所建也爾其碧雞仙宇分絕障於金堤石兔遥源控長江於玉峽封畿四會龍垌舍衛之壇里閈三分鹿野經行之地洎蒼鵝上擊銅馬交馳祇園與板蕩之悲沙界積淪胥之痛火炎崑岳高臺與雁塔同平水浸天街曲岸與猴池共盡山川隱蟀空傳鷲嶺之基灌莽蕭條非復鶩林之樹武德伊始君子道亨正

皇極而撫寰中登太階而臨天下函關雲物更逢眞聖之期井絡星辰重集會昌之運雖開基撥亂獄訟知歸而繼絕興亡經綸未暇先皇統業貞觀御宸奉文物於三天布聲名於十地參羅上下充橐籥於襟懷八部神祇薦圖書於掌握皇寶降地符昇含生無昏墊之虞法眾有來蘇之望俄而後庭搆厲椒房穆卜六宮震恐三靈愕眙馳瑤展幣有事於羣宗碧劑元針無徵於衆術帝迺降監迴慮屏璧輿珪追勝迹於靈關事良緣於福地爰紆聖綍重啟禪宮峙璇剎於將傾鎮銀繩於已絕絲綸旣洽棟宇行周坤

德用寧陰儀載朗於是林衡授矩周官詮揆日之工梓匠揮斤荆客鍊成風之巧重楹畫栱坐出天霄複樹文闥俛臨霓宇顯慶中縣令蕭君道宏理鉤繩於日用憑藻績於天成仙宮之妙匠可尋廬舍之神模不墜琱甍鶴翥曳珠網於星津繡桷虬伸吐璿瑠於月徑綠房丹鎖彩綴晴霞紫閣青疏光含薄霧春風瓊樹香飄席上之蘭秋水銀塘影數軒中之菊晨光轉而翻寶宇之龍花溽露低枝蕩眞文於貝葉天童潤色黃琨碧玉之壇海聖彌縫師子龍王之會建靈幢於厚夜珠飾年深懸法鼓於迷津規模歲遠

時又於佛堂東壁畫二聖像丹青未畢大啟神光鄰玉壓之崇輝發金龕之實相朱軒夕朗似遊明月之宮紺宇晨融若對流霞之闕由是岷英蜀秀摯講序以雲趨帶燕裙鸞仰齊庭而霧合貪機大阻淨施旁流綺羅分解佩之田軒蓋得捐金之所靈妃翳日捨翠幄於香筵仙客停雲落霓裳於寶地自非沖姿密契景應潛周豈能昭義祉於氤氳動元機於肸蠁者也爰有上座宏一等節並沈研性符隱括凝妙律於神珠肅靈椒於寶印大昊奉檝截苦海而橫流風伯扶輪歷耶山而効駕騰燭龍於慧炬俯鏡重昏

奏鳴鳳於天歌下清羣籟摩珍在握遙臨七寶之宮正覺爲心俯闢三乘之路湛衢鐏於忍地品藻雞園推水砥於言河扶持象化縣令宇文某河南人也帝隋尚書之元孫皇唐侍中之令子爾其虹旗萬里御六氣而鵬飛霜戟千羣擁三州而鶚視帝葉皇枝之重對越乾坤金縢石匱之功光華宇宙公上流提慶中和毓祉見鍾鼎於南鄰奉軒裳於北闕雲姿月步下瑶澤而追風雪羽霞翎麗珠田而矯霧芳蘭公子卽以地業高人幽桂王孫卽以琴樽待物敘繖猷於禮樂則俎豆縱橫談賞契於林泉則烟霞咫尺

自裁聲百里揆化雙川收武城之故事擇中牟之令典仁風易狎候丹翟於春垌惠化難經佇青鸞於曉隊山巨源之遠量嘯傲行藏謝太傅之高風從容語默縣丞王猷衣簪舊族孝友名家白虹緘抵鵲之光紫電蓄衝牛之氣七年高秀拂層漢以非遙六月雄圖擊長波而未遠鄉望等少承策緒中區勝族門稱東別之標地接西隅之鄉嚴君平之履道盛德家傳秦子整之談天風流代襲咸以爲妙圖眞諦事出於無名翠玉元碑道凝於不朽并州北跨猶疏騄驥之名文石東區尚勒元龜之頌況乎玉衣流慶事

屬於仙幃金屋延祥福纏於梵宇爰求勝筆載記芳謠下官弱植少徒薄遊多暇辟蘿人事空餘江海之心筆札神交尚有淵雲之氣相如謝病訪詩酒於臨邛邛也棲遲聽絃歌於單父羣公以道之存矣思傳記德之書下官以文在茲乎願展當仁之筆其詞曰

蜀嶺東漸岷山西積月峽星橋騰金孕碧肸蠁靈兆邱墟梵迹雁塔推基鹿苑遺蹤肅肅黃運英英文母配乾垂慶儀坤握矩寵照香城仁沾淨土爰光大壯聿求多祚青牛福地白鶴禪林重扃霧敞複殿雲深龕雕翠玉刹樹黃金

龜鏡夕照鳳鐸晨吟慧樓彌望化臺出沒棟列長虹窗虛明月果脣周暎蓮眸間發雨霽猴池烟生龍窟肅穆禪扃優游今宰方駕康衢連舟性海鶩嶺增飾雞林潤彩藻繪相尋丹青盡在我今懷矣窮路何歧承風詠德展義陳詞百年心事千載風期東西南北栖遑幾時

欽定全唐文卷一百八十四

王勃八

梓州郪縣兜率寺浮圖碑

若夫仙樓白玉窈冥崑閬之墟神闕黃金寂寞蓬瀛之浦斯則岡巒髣髴稽鳳冊而空存島嶼憑陵犧龍舟而罕迨至若按皇軒於夏籙考瓊構於殷圖周王北洛之宮秦帝南山之闕西京故事下聽雷霆東國餘基俛臨風雨莫不陵遷谷變共榛灌而邱墟火絕烟沈與風雲而坱莽其有據坤靈之寶位借神道之冥扶占象緯而圖基揆川原而宅址蜂臺映月還臨舍衛之城雁塔尋雲卽對耆闍之嶺

成而不毀者將斯之謂歟兜率寺者隋開皇中之所建也爾其林泉糺合之勢山川表裏之制抽紫巖而四絕疊丹峯而萬變連溪拒壑所以控引太虛蒸雲駕雨所以盪洩元氣涪江千仞波潮將旭日爭光都城百雉甍棟與晴霞共色信造化之奇模盡登臨之妙境元房霧轉抗金樞於桂岊之前紺殿星開栖玉刹於梅林之下巖花落沼近拂天衣澗葉低陰斜籠寶座宵汀鶴警乘鼓吹而齊鳴曉峽猿清挾霜鐘而赴節若乃巡碧磴歷元階瑣窗澄彩瓊鋪

洞照神姿滿月疑臨石鏡之峯衆馥揚烟似對香爐之岳信可下清人境上配天都爲勝地之先鳴執名山之右契者也爰有信弟子某乙等夙袪塵網早植慈根悲梵室之未宏悼禪居之猶褊以爲上棟下宇河圖避風雨之災廣榭崇臺時令著高明之宅是以菩提長者競潔舍衞之壇天帝人皇爭闢仙宮之塔則知威容下麗羣生解瞻仰之因材樸重珮黎人有子來之地乃於寺內建浮圖一所某年月日鄉望等兆基宏願繼發淨因陵轢中天規模大壯高列砌架迴浮輕軒直上千尋周迴百步占氛候景神祇

叶幽贊之功揆墨端行班倕逞絕羣之思收岱宗之杞梓聚崑山之玉石土兼五色金逾百鍊龍蟠萬栱策屏翳而高驤鶴矯千楣冠扶搖而獨運重簷靄靄雲將反覆於檽軒洞宇寥寥風伯栖遑於户牖仙娥去月旅方鏡而忿歸寶婺辭星攀圓璫而未返元甍湛霤若鵬飛之戾九天丹楹聯騫如鳳翔之據九仞每至韶光照野爽靄晴遙列郊墟於四野開雲氣於千里風恬雨霽烟霧藻天地之容野曠川明風景挾江山之助則有瑱簾繡軸排淨域而停輪寶騎銀鞍指珍臺而聳轡於是披岫幌抵巖扃攀翠複而三休步元梁而十憩廊軒外敞淑氣長延陰室中開鮮飈自激俯環瀛而極望積蘚非遙出雲漢而高蹤靈槎可託眞福地之殊觀香城之巨麗者乎寺主等沈研二諦振耀三明抵蒼璧於邪山攬元珠於定水挹其流者曲成般若之緣承其風者濬發菩提之願長史河東裴某風神朗潤操履貞勤蕭條江海之心磊砢冰霜之節下岷關而叱馭寄切全都臨蜀野而宣條功深半刺縣令衞元海內高流河東望族榮高銅墨任屈絃歌浹辰而風化大行踰月而姦豪屏氣陶潛彭澤自得高人王吉臨邛仍延重客縣丞

胡敬仁三河舊族一代良材提鎮鄧而顧割踴驊騮而待步江湖秋至方懷縱壑之圖海浪風高未接垂天之翼鄉望等並中和受氣孝友承家才稱江漢之靈地實岷峨之秀或以時良入選擢迹鄉鄰或以朝望來儀升名郡縣並沐康衢之化俱承比屋之封瞻彼岸而同歸登春臺而共樂咸以垣墉遽覆猶傳路寢之歌銀鼎俄窮尚勒靈臺之頌況乎崇基奕奕與天地而爭工層構峩峩配山川而永固豈可使宏規在我空存蔽日之基雄筆同時不借凌雲之氣謹聞命矣乃作銘云

二象成紀三才定位開剖太虛導引元氣紛紛化迹颺颺聖致行傑趣約歸同棄異法王西眷教迹東遊功超道茂義冠儒流丹青旣備棟宇旋周梵宮霞積香閣星浮緬想蓬瀛金臺迴起曠瞻崑閬瑤房峻峙壯矣名都神居攸止大哉英賑茲峯誕絕金繩對嶺玉牓分岑松扃委鬱桂幌深沈雲龕樹晦烟洞花深重巒霧結複磵泉吟肅肅禪扉遙遙淨鏡鹿野經文龍宮佛影梵臻金室光來石井峽曉猨清池嘹鶴警岷峨舊族江漢英姿爭開法願重峻崇基占雲接廡揆景分壖天人合應幽顯呈期靈思孤出神模

獨涌霧積千楹霞張萬栱玉牖星羅璿璫月擁複榭龍蟠重甍鳳聳我峩峻岊奕奕崇標琱簷切漢寶綴淩霄深窗閟景洞戶流飇銀缸夕映珠鐸晨搖我辭秦隴來遊巴蜀勝地歸心名都憩足甫建鄉縣頻移灰燭聿從良時仍尋妙躅曠望原陸周流江汜桃李春風芙蓉秋水烟霞四面關山千里他鄉寓目茲焉復幾

廣州寶莊嚴寺舍利塔碑

昔者萬人疾疫神農鞭草而救之四維凋瘵夏禹刊木以除之豈非物外其性則道功出事億其和則任跡著傍稽素篆仰叩元扃卽時義而規大覺因彝倫而佇眞諦向使三災克殄八正咸修人握戒珠家藏寶印則三十二相不可得而視也八萬四千法不可得而聞也然則聖人以運否而生神機以道喪而顯況迦維授手摩竭推心高張妙用之功自拯橫流之弊蓋不獲已豈徒然哉故能業擁大千化形眞一由樂推而起七覺因來蘇而坐三昧發揮五演以寂滅爲身常提挈四流用慈悲爲化迹累風宵遁波旬忘反噬之心綠沼晨開天常識問津之所括夷塗於九相褰步其安納慧晷於重昏迷方自曉大矣哉應物而起

興運而終至自於崑冥復歸於無物雖金沙宴駕雙林無可作之期而玉牒遺文六塵有經行之俗象法不可以無主微言不可以遂喪六千羅漢競結香緣五百仙人分開講肆星龕月殿俄盈震旦之墟鳳刹蜺旌坐遍閻浮之域屈伸闔闢其道矣哉夫寶莊嚴寺舍利塔者梁大同三年內道場沙門曇俗法師所立也其琅邪貴族則漢庭峻節祖德猶傳梁甫高吟嘉聲未遠法師夙登眞地深入慧門照果業於三明拂塵勞於八解羊車綺歲懸欣半月之詞鳳闕髫年已振彌天之響道惟堅固行乃頭陀百結斯安

斥羅綃而不御十珍雖貴對藜藿而甘心於時以丕應天人大宏緇侶法師至誠幽感獨步元宗豈直王公欽振錫之風固亦天子降同輿之禮寶瓶宵注則雨露隨軒玉柄朝揮則風霜滿席既而素懷有在潛營擯俗之圖爰定我居首托棲霞之寺爾乃巖開石窗邑跨金陵魚峯多讚唄之懽虎溪有送迎之限紫蘿山徑居藏勝緣青松礀户坐諧幽致枕石漱流者久之原夫見化有緣應身欲謝昊天罔極追懷自遠故有諸天會聚共位神光列國交兵（闕三字）譯求其致豈不深哉然則麟鳳下靈猶稱瑞貺玉石微瓻

尚騰精彩亦有楚鐸淪照擢紫靄以衡星周鼎沈華吐黃雲而噴景誠浩作者之迹足稱希代之貴況乎釋迦妙相如來眞骨雖八萬四千之寶塔散在羣方而九十二道之靈虹終閒閒出立誠斯應瞻庭廡而時逢非德不鄰歷山川而罕致是以憂塡頓顙思存電下之光波匿投身願奉巖間之影粤在梁武精求不暇以爲秦登碣石而事止尋仙漢索瀛洲而心非好善於是齋筵鳳設上祈忉利之宮講帳星蓮下請龍王之藏輕齎棹海重賞梯山庶玉匣之全移幸金棺之半啟以法師智遺人我識洞幽明思假妙因冀通靈感爰承綸綍載踐滄溟過石門而右指歷銅標而左顧乘桴月泝戒楫星沼相彼遐陬實維荒裔一音演說本承聽受之鄉五目繼明素隔照臨之域珍奇乃萃聖德攸傳則知有感必臻信覃幽境不行而至豈隔殊方法師既達國城式敷朝命受銑筐而頂禮撫瑤緘而跪發盡收其寶重載而歸亦猶珠匿弊衣須馬鳴而後用金藏陋宇待龍樹而方開梁氏之都妙算而仰神光家之蹤也（十四字疑有脫誤）炎涼可質往返九十旬楫梳不輟風潮八千里以大同三歲届於茲邑法師性豐幽濬質固虛羸綿歷是淹

疲痾屢積維摩見病益伸方便之門道安謝歸思速朝廷之事願居此刹有詔許焉仍分舍利俾宏眞福國惟甌絡郡實番禺爾其封疆跨躡之壯海陸會同之衝上當星紀下裂坤維階百越而鄰三吳軼雕題而陬交趾神仙氣色汀洲建不死之鄉舜禹精靈原隰現行宮之地閭閻霧撲士女雲流謳歌有霸道之餘眦俗得華風之雜蜃樓高峙猶埋夕帳螺臺峻積尚識朝基信夷夏之奧區而仙靈之窟宅也此寺乃曩在宋朝早延題目法師聿提神足願啟規模爰於殿前更須彌之塔因緣盛力人以子來徵日官

而正壘集風師而舉草育王奔命掃地户而獻神兵梵事馳心感天官而下靈匠崇階遽積寶樹俄周不殊仙造還如湧出故其粉畫之妙丹青之要璿基岌其六峙琱關紛其四照仙楹架雨若披雲翳之宮綵檻臨風似過扶搖之路散華瑞於月徑璧合非遥撥罥網於星潯珠連可驗玉虬承霤儼雲竇而將騫金爵提甍拂烟衢而待翥瑶窗繡户洞達交輝方井圓泉參差倒景雕鐫備勒飛禽走獸之奇藻繪爭開複地重天之變懸梁九息良馬踆走而未窮疊磴三休的盧騁犍而知倦是栖銀槨用府瓊函採舍衛

之遺模得浮圖之故事爰自梁末以迄皇初城邑屢新軒墀若舊雖復百魔蜩沸聽鼓鞞而懷音六賊蜂屯仰椽欒而革面多迴淨施罕犯仁宮則知遐吹所會斯同偃草慈雲所潤豈直流根故能比蜀守之祠堂長爲典制均魯王之祕殿若有明徵宜其作鎮一隅俯炎荒而獨秀盤基有地冠終古而長存者乎國家業擁太初事用皇極高祖以援危撥亂伏紫氣以登三太宗以端拱繼明自黃離而用九皇上纘乾坤之令業振文武之英風太階平而百度理中國定而兆人樂時和歲阜邑頌塗歌以五刑不用六械

徒設舟車四達難論貢賦之差襟帶八荒非復華夷之隔天寶降地符昇木石甄祉飛沈効慶雖叶和制變實賴文思之功而持盈守成亦資連帥之助大中大夫使持節廣韶等州都督李某早登清貫夙踐崇軒嘉猷迴發於天朝善政果行於朞月越谿仙鍔吐光芒而駭人岱嶺寒松排風飈以成性美哉稱由功著鶴響徹於雲霄方爲時須熊軾疲於道路廣陵單轂如送張綱渟海亂繩復思龔遂王尊阜蓋欣臨折坂之前吴隱朱軿更集貪泉之右高名夙著佛化橫飛羣盜屏跡而歸農姦吏聞風而去職京坻坐

積圄犴潛迴汲黯之卧淮揚直聞清淨王堂之居汝郡但舉賢良用能使檻穽不施猛獸巡江而遠竄市廛無擾商旅倍道而相歡颶風寢毒炎埃罷厲人稱有道家實無爲加以援翰寫心自契眞廉之旨高談見意不踰元默之津學究儒林眞窮釋部知通人事且味禪宗道可以知歸物縣其顯會是歲也忽於此塔重覩神光玉林照灼金山具足倏來忽往類奔電之含雲吐燄流精若繁星之轉漢傾都其仰溢郭周窺士女幾乎數里光景動乎七重實孟冬之日也觀夫至道不私瑞生必由乎樂國慶基有會福至

必依於善人自非化足動微教非飾迹何以發眞如之盛契壯實相之輝華在昔鳳集潁川宣后歸功於良守龍游湘浦章帝布德於賢臣歷選前猷茲爲故實然後上和下睦主聖臣良滅火返風雖有辭於進壤母修子應亦何愧於當仁至於百越衣纓三關耆老或代傳篁竹氣推丹桂之城家擅芝蘭名動蒼梧之野出平原而祛甲擁崇闉以鳴鐘並爲蕃部之恩親覩招提之瑞同祈介福共潔齋壇磬龍象於南州盡衣鉢於西竺會吞方伎供備盂蘭法鼓振而沙界肅洪鐘鏘而鐵圍淨妙財爰捨法施爭流華轂

物於香城文駟塡於寶廄鏹藏巨億更入僧田價直百千還登佛座豈徒照車十乘列隋氏之明珠盈篚萬金積大顛之寶具而已朝散大夫守長史某地乘華緒價偃名流豫章擢而成幹騏驥生而躡影山濤天骨無情吏隱之間王衍風神自出塵埃之表自忝榮嶺海作式瀛幽略其小術包其大體振溫良之逸步得毘贊之宏綱布道移風善寵邦政歸休置驛獨守家聲然則野老行歌雖致功於露冕藩君坐嘯固藉美於題輿化成異壤抑由同德故能道揚法教揮斥蓋纏家懷方廣之恩人慕韋陀之學傳燈繼熾曳組成陰下逮府寮旁周縣寀並志薰修同希福慧時有明威將軍行禺府折衝都尉李公天子之舊屬朝廷之夙將也靈根自遠聖族多奇受睇盼於甘泉奉衣纓於平樂青龍帶劍先超殿閣之榮白虎銜珠早陟齋壇之寵自招皇誕作鎮邊城湟水樓船遂勞都尉灞陵車馬尚識將軍魂驚斷雁之峯恩盡沈鳶之浦濡鱗涸轍處定水而彌勤撫翼香林在窮途而更切頻光法會薦委殊珍護持攸仰招提是屬其兆基也如此經綸黼藻其大矣哉爰有上座寶輪等並妙根宿植勝果將圓翰飛般若之林高步檀

那之舍慈衿密洞散明月於談筵智鍔相輝化繁霜於寶刃思琱瓏璧式播徽猷弟子家嗣太邱忝闈門之薄宦地連睢渙竊藻繪之餘工爰託下才用旌高躅豈知仲宣旅泊方銜深井之悲長卿罷歸空負淩雲之氣我之懷矣乃作銘曰

太息頹運嗟乎失道德弊爲仁物壯則老蟄猿情瘖求鴞計早赤水沈珠元邱墜寶皇矣妙覺蒸然應期宗深微妙業奧慈悲燃燈匡俗捨栰濟時涅槃不住般若無思俯迹見生和光不滅色音雖昧規模尚切猗歟上人穆彼惟新

智傾八藏心超六塵淒涼燬宅解脫迷津鴻冥佇想龍蟄存身青葢遺邦黃旗故服原隰形勢江山重複磵户秋明巖盤夜燭鼓鐘於宮聲聞於外聿求紫闥言尋丹瀨絕域棲遑驚濤顛沛至誠冥感神珍顯會甄陶設險翼軫疏源尉陀餘國盧循舊邊邑居雄盛人物殷全是維樂土實曰龍川護持靈刹莊嚴寶塔基構鼎新亭欒櫨業奔日宵排歸雲曉納架壁三休連甍四合分惟星紀境控天池棟宇緜邈衡津推移神機丕應瑞景潛儀光合玉㡑彩動金枝

凡我寮庶同嗟權實周顗情勤王濛思逸咫尺幽鑣往來靈室共蔭法堂俱歸慧日四維信受三明宏益貝葉紛綸龍華昜奕講肆宏敞齊筵巨翼供引純陁飯迴香積天人合契幽顯同心傾家奉賄破產移琛軒裳曼鶩纓珮交臨蘭薰習遠檀那意深偉哉連率沖乎德化職重隼旟秩導熊軾酌貪貽則還淳息詐道濟香城禎凝寶舍琳琅什種杞梓緇徒調輕僧會辨析文殊奔螭易失令鼠難拘願刊貞珉永冠康衢伊我窮途欣兹勝謁文休泛海仲翔遊越倘想知音有懷明發謬惟雅顧叨陪天骨爰抽弱翰式敘高蹤孤音易竭獨賞難逢思起王粲悲生蔡邕豈無章甫誰適爲容

梓州慧義寺碑銘 幷序

粵若三靈混極惟神藏妙物之機六氣潛周惟聖握財成之柄考龜龍於百代覺路先迷徵象馬於三川元津晚闢豈非君臣朴靜則上皇扶失道之危仁義沸騰則大雄拯橫流之弊然後階四禪而縱觀再造淳風生三昧而端求一匡澆俗詳窮祕躅迴測冥機觀俗化之浮沈考經綸之去就則知理非徒寢勛華粃天下之功教不虛行周孔雪寰中之詬遂能往來眞極表裏層圖談慧日於昏衢廕慈

雲於燬宅由是妙音鴻漸化迹龍飛爲法棟梯作人父母諸天競寫金仙滿目之容異事爭傳貝葉瓊花之偈慧義寺則安昌寺之遺基周使持節車騎大將軍儀同三司大都督新州刺史安昌公之所建也公諱則字孝規後魏景穆皇帝之元孫司空安昌王之元子雄才廣度身膺海岳之靈華冕珊軒地積王侯之氣晚參周運位列虞賓爰撫新州來光舊蜀江分石犀猶連赤岸之山路對金牛尚疑青泥之磴禁高牧剌養隔晨昏披厚褥以驚心撫長筵而下泣以爲臨川積慕尚踈鍾阜之巖康樂追懷竟鑿廬峯

之壁傍稽勝託俯植靈因窮廣漢之名山得長平之絕岫憑危列戶亘險乘虛龕臨明月之宮塔對浮雲之徑青蓮湛目下映香泉賴果含唇斜交寶樹重扃寫翠攀疊磴而烟周複樹迴丹委連岡而電屬真童入衞山前桂樹之壇神客來遊水上芙蓉之殿千楣鳳矯橫鳥道而斜飛萬栱虬蟠俯虹庄而沓起霞明春牖即對談雞露下秋亭仍傳唳鶴松門不雜禪清避俗之心竹院長開響合遊仙之梵若夫招提淨域棟宇長存精舍祇洹規摹可襲亦猶林光舊址遂起甘泉之宮露寢餘基因立靈光之殿自先后膺

歷今聖乘時堯曦將佛鏡俱懸軒車與法輪同轉眷香城而側席懷妙葉而旁施爰加慧義之名用徙安昌之號鐫鎔間起締飾爭飛前司馬蘇良乂首引甄操前長史唐秀卿繼敦崇拓迺立彌勒下生像一鋪諸佛新變相一龕並對巘呈規分崖合勢容華秀絕相好端明盡雕刻之奇摹執丹青之有契隨峯寫狀旌旗舍衞之兵因石生姿花葉祇園之樹山靡進晚麗飾晨巖磵戶迎宵神光夜燭如來應化上辭兜率之天菩薩分身下入須彌之座時有就禪師者俗姓馮氏行遺生滅思出塵勞修定水之隄防擢禪林之棟幹法忍以精求解脫俯會無生慧嚴以身證涅槃坐觀眞諦受蹤故事隔代同符形骨猶存英靈可視豈若武擔山下惟傳智士之名蜀郡江前別畫文翁之像而已哉又有慶法師者俗姓王氏貞機苦節以般若爲心謀輔弼匡迷以菩提爲己任遂使邑南偃化爭傳廉恕之風濮右馳情競起松篁之節爰有庾子山者文場之俊客也自黃旗東掃青蓋西還承有晉之衣纓作大周之杞梓嘉聲內振健筆傍流翠碣高懸丹書未缺瓊鐘俯徹猶參吐鳳之音石鏡傍臨尚寫回鸞之跡朝請大夫長史河東裴爽

公侯映代貞白承家臨九折以長驅下雙流而作鎮清通舊德王休徵之不虛領袖耆年麗士元之獲展縣令衞元冰霜用足江漢情多傳衞玠之清談兼衞恒之博識牛刀屈銳陵劍壁而栽風鳳軫鳴嶽望琴臺而助化寺主大明法師俗姓淳于氏蓋齊上客之遺苗漢廷尉之洪允避地岷濮代爲豪酋法師住持眞教棲息妙塗臨雁塔而虔誠仰龍宮而繹思禪居邇蹟嚴君平之出塵梵肆延賓楊季卿之好事上沐皇王之澤下承連宰之功收里巷之謳謠覽江山之體勢咸以爲安昌故跡雖纂德於前聞新野殘

書未兼芳於後葉爰求勝律重勒奇蹤託勃以知己之賓校勃以當仁之分文通景純之筆何後何先襄川峴嶺之碑爲陵爲谷敢憑貞脊俯竭虛懷披翰苑而長鳴下辭庭而濶步揚子雲之繼馬人遠乎哉蔡伯喈之嗣張吾知之矣敢作頌曰

三千淨土八萬名山銀臺海上金闕雲間禪居不雜覺路長閑鸞鶴棲舉風烟往還蜀門南望岷波東瀉川路黃牛關城白馬寶光僊鎮來清鉅野紫磴三危丹峯四下顯元安昌俾侯江漢英威外發妙謀內斷慧則心機孝爲身幹

聿求勝蹟爰疏壯觀跨嶮垂甍緣崖構極玉座交映珍龕間飾磴道魚鱗山形鳳翼露清軒晃霞明篆刻重巒架嶮曲岫迴廊岩扉側啟澗戶斜張松門石塔竹院沙場齋庭合梵講肆浮香鬱紆甍棟參差林沼葉障奔龕花岩度鳥地逸心曠塵疎俗少鶴唳更秋猿吟漏曉法門幽寂禪宮寥夐樹杳煙深泉飛虹映實爲妙域傍滋道性屢延銘表頻流藻詠銅梁上德玉壘名師飾傳覺照顛闡文思千齡道術萬古風期重規疊矩何代無之

梓州飛烏縣白鶴寺碑

原夫玉都瓊室紫垣光大帝之庭金闕銀臺元壁壯羣仙之域故能使神明有宅駕日月以長驅鸞鳳知歸撫雲霓而上出斯則層巢壝穴上皇迷棟宇之尊考室靈臺中古識巖廊之貴然後冕旒前序提四海以爲家登步太階列千門而有閈況乎耆山形見旁行草昧之先闕光宅乾坤之右雖鶴臨西闕龍宮與正法同亾而象化東流雁塔與遺儀繼起白鶴寺者蓋菩提寺之餘址梁武皇之所建也香城福地之舊三巴五蜀之湊裂岷山之奥域分井絡之榮光西包玉壘之墟北瞰銅陵之野南局列第門庭萬家

東戶連峯岡巒千里實伽藍之勝迹得迦衛之英模憑絕磴以圖規俯長溪而作固自金陵不競玉鏡無章城池與南路之悲亭障切北風之候崩山闕水觸地綱而三分墜月奔星劃乾綱而五裂中原錯戾慈門爲虎豹之墟滄海橫流定水穴鯨鯢之浦懷山既蕩法衆咸淪林院榛蕪軒堂委寂遂使悲生棄井壇玉甃於三泉歎積爲山移瓊峯於九仞皇上攝千秋之寶運縮三聖之宏機抉宇宙而先神御雷風而首出靈功不宰華夷沾共貫之恩至道無私霜露得平分之序考禎圖於日慎寤寐同符稽妙冊於年

乃幽明合貺然後東巡巨鎭追六聖而撫寰中南面太壇朝萬方而小天下皇威旣暢寶應齊歸川岳薦靈風烟動慶丹烏抱日疑增帝閣之華素鶴低雲若赴仙庭之會昔白魚黃衸業未峻於崇封赤雁芝房名不登於梵宇爰徵瑞典肇錫嘉名重興般若之臺更起招提之院金繩夕布緜秀嶺以開壇玉牓晨舒擁回峯而闢户爰有宏演上人者法門之秀士也行超常凍思越恒饑悲淨域之爲墟喜皇波之普浹縱還舟於苦海驚浪旋夷叱歸馭於邪山靈關非險於是淨財雲委眞衆烟馳如趨摩竭之宮似向毗

邪之國縣令梁宏悅首加甄緝縣丞梁敬一親昭施典上憑天旨爭開舍利之壇俯會衆心競起須彌之座禺同故嶺石鮮堅華廣漢餘垧地多疎斥事關經始人懷祇懼重階不就空思太室之岷寶像無資未獲黎陽之土豈非冥期肹蠁功參造化之外故能果脣間發蓮眸周映貝齒含滋璿毫起照三十二相臨玉座以相輝八十四儀擁金山而圓立層甍四合爍奔電於丹楹複殿三休絡浮烟於翠幌因高積磴疑還倒景之臺架險連榮似立迎風之觀琱簷競注縈霧道以龍回繡桷爭飛傃雲衢而鳳矯寫歸禽於寶鏡誤接朝鸞圖走獸於文璫疑栖夕兔雷霆蓄洩裁臨承霤之閈烟雨飛浮未出層欒之下輝丹青於菌壁妙跡疑存炳銑鋈於蓮龕神輝自爥鏘鏘櫩鐸聲傳桂葉之風熠熠山爐氣結松陰之靄仰眞容於始日滿月晨昭窺列棟於方霄長虹夜發香泉激溜有符溫淨之池珍木成行無忝祇園之樹信煦尼之別府實兜率之殊庭者乎愛友上座法師等情機藻瑩戒律圓明披玉笥以研芳候瓊鐘而肅慮禪姿曉映依稀同雞岫之前梵唄晨臨髣髴像魚山之曲縣令獨孤儉等或鵬垂待運終燮道於中台或

蠖屈求伸且毗風於下邑鄉望儀曹等或鹽泉錦室家稱三蜀之豪或抱樸懷仁譽擁雙流之美或以爲山川肆踐猶紀石於弇州陵谷生哀尚沈碑於峴首況乎德因時盛慶流封拜之辰名爲功登事屬文明之運豈可使璿猷被物終昧燮於元機金字韜華不題勲於翠炎敢作頌曰

睿塗菌藹靈機翕忽玉架天都金裁地闕法王利見香城繼發雁塔齊雲龍宮瘞月長江近域廣漢遺居禪扃共往梵宇全疎迹均梁後義切秦餘山川牢落榛莽邱墟有聖聿興惟皇降撫因天因地爲雲爲雨日觀龍驤烟壇鶴舉

肇開嘉號重光淨土猗歟上士道場眞政物觀成章子來興詠土石呈彩人靈合慶寶座晨嚴金山夕映紫微分殿青岑曜郭複袖縈樓攢峯跨閣月低璿鏡星連寶鐸彩鳳將飛蟠虹未落森沈桂宇肅穆筠壇花明柳砌葉暗朱欄溪留夏雪澗咽秋湍山虛梵冷谷靜鐘寒法衆爰依禪徒戾止望風三蜀征塵千里頓首元墀歸心翠扆業超有色功齊無始偉哉冥化妙矣能仁去來均迹前後俱身寂滅爲樂般若爲因題芳翠琰敢詣靈津

欽定全唐文卷一百八十五

王勃九

梓州通泉縣惠普寺碑

若夫元機默運披睿烈於三精素鍵潛融肇神功於萬彙則有靈期肸蠁龜龍負河洛之圖帝緒氤氳賢哲舉乾坤之策雖功懸日月終植軌於寰中業靜雲雷未逃規於象外爾其譯雉林之寶偈詮鷲嶺之眞圖抽紫玉於禪山朗元珠於智水不生不滅光臨妙物之津無去無來璿發乘時之契仗三明而獨運施洽平分據二諦而同歸功超遼

古故能使三千法界向風知祗席之師百億天王聞道失嚴廊之貴非釋迦之神化其孰能與於此乎既而正法將隱微言不嗣應身既沒遺儀間起恒星夜掩西天銜風霧之悲夢日宵成東漢肅壇場之禮由是鹿園層敞象教旁流宣妙獎於希夷範靈蹤於顯晦瑤龕寶座光華震旦之墟鳳刹蜺裳斧藻閻浮之域其寺蓋梁大同中年所建地分彭蜀嶺對岷峨憑廣漢之遺墟藉犍爲之舊壤西馳峭崿山連白雉之郊東赴長川江走黃牛之峽崇墉郤峙之勢庭衢四會勝里九曲之分閭閻萬積危冠袪服參差軒

葢之前露渚風畦隱軫亭皋之望是惟仙境實啓香城煥
若神明怳同化出紺壇烟屬疏絕閣而三休紫殿雲深徹
迴廊而四注重欒複棟霧緝霞張繡桷琱楣鸞伸鶴跂珍
臺控景羲和獲練轡之因綺榭裁氛屏翳得停鑣之所連
甍積翠交玉瑣於星衢洞户流丹綴金鋪於月竇垂珠網
露傍傾漢浦之琛列鐸吟飈上合鈞天之樂固以輪奐之
美冠眞宰以先鳴雕範之奇告靈基而得雋乃造彌勒下
生像一座相好端足華姿朗備貞觀末年靈暉繼發房櫳
匝曜疑連不夜之城户牖皆明似出重昏之境自非理參

幽贊道叶冥機宣佛鏡於無方演慈燈於巳絕豈能寫丹
青於實相妙色長存圖銑鋈於眞容神光不昧若乃時暄
福地低落照於晴暉候肅禪房汎初華於霽景千千寶樹
若在雙林一一妙香仍清八味山翬儀晚跂葉嶼而相鳴
野燕迎晨拂花簾而自樂松楹秀蔓曲成蘿薜之衣砌石
生蓮直起芙蓉之座則有施身童子奐止巖扃忍辱仙人
來儀磵户都人野彥希梵席而扱裾趙美燕姝望齋庭而
繼履莫不青凫委貫俱欣不捨之壇紫貝兼明共化無緣
之力故能使琱形畫塔象設年滋彩帙瑶籍龍編月久豈
西周之道備南國之風成者乎爰有寺主等覃機色外練
迹塵閒浴甘露於身田集祥風於性宇栖情不二忽起初
地之權援手大千猶擁彌天之具縣令等或公侯百代元
貂列駟之門或文史三冬吐鳳迴鸞之客銅章墨綬任切
臨人鐵印黃簪功宣漸陸局牛烹而待價肆蠖屈以求伸
揮鋒九仞之隅作鏡雙流之外錄事柳元等丹軒紫綫家
傳方面之勳驥子魚文地列膏腴之右昔承隋運屢委天
書爰自皇初穎流帝禮等賨渝之奉漢類微濮之臣周咸
申白馬之盟並受飛龍之託故能遺風罔墜代濟其美望

重西南功宣法俗咸以爲絃歌小政猶篆德而垂芳鍾鼎
微榮尚銘勳而作鑒況乎神威自在方傳宰匠之功豈可
棟宇常存不勒山河之贊爰託幽鄙奉揚徽猷敢宣此義
而爲頌曰
天地定位君臣作極道在巖廊功霑寰域尚清皇盻猶歌
帝力況我能仁惟神不測誕生迦室利見王城機覃有應
業會無生長驅定境振旅魔營恩兼動植勢絕隨迎燕山
傾仞鶴林埋景慧日西沈慈波東騁競窺靈相爭參佛影
月殿分城雲龕動嶺長江舊域廣漢遺區川分潼峽塞接

岷渝閭閻四會亭障威紆爰開寶地實控名都霞牆百雉雲甍四注紫闥尋烟頼樓結霧波流虹起雷奔蒦步網罩星鶉瑠栖月兎靈機藻綷禪室安閑琱金範玉舉翠浮丹神宮不夜虛室長寒光超有色既出無端清露花徑飛泉業户磵綠苔秋山蒼樹古苾苾庶類巍巍淨土鷲鷺同歸華夷共聚第一義諦寥廓法門迹離生滅思舉乾坤情迷則復道在爲尊惟名與器萬古長存

梓州郪縣靈瑞寺浮圖碑

辨夫神州括地寰中分五嶽之圖巨壑浮天海上擢三山

之秀造化之所樞紐靈仙之所窟宅故得昭灼天漢發揮雲氣牛頭山者卽廣漢之名峯也圓竒幾乎數里直上踰乎百仞若乃巖泉銑石之什風烟草木之狀傾九圍而得雋環四時而競爽蒼岑隱嶙旁分玉砌之階碧洞逶迤下掬金陵之苑實羣聖之所託也隋開皇中王秀作牧益州來窺勝地首旌嘉號仍疏淨域因危裂户就嶺磴之成規跨險分縈借岡巒之迴勢工窮雕鏤妙出丹青飛棟神行迴甍靈構又於山頂別建浮圖隋運告遷明皇首出軒疏凋昧基址堙蕪奄興宣榭之災施及柏梁之燼鄉望等馳心妙律夙翠禪居悲梵宇之摧梁痛珍臺之絕構思宏法願重緝奇功黨集且千家惟巨萬以爲玉樓星峙稽閬苑之全模金闕霞飛得瀛洲之故事指香城而聳睇臨火宅而危魂參妙範於神明騁良工於宇宙飛廉按轡定樞臬於風衢羲和頓策揆鉤繩於日路雕簷畫栱龍迴紫漢之間複霤重欒鳳舉丹霄之外瓊扉暮啟推明月於金鋪繡桷晨開落繁星於玉砌每至兩江春返四野晴初山川霽而風景涼林甸清而雲霧絕沙汀送暖落花與新燕爭飛城邑迎寒涼葉共初鴻競起則有都人襲賞憑紫極而延

衿野客含情俯丹樞而極睇窮百年之後樂寫千里之長懷信可以澡雪神襟清疏視聽忘機境於紛擾置懷抱於眞寂者矣且勃旅遊岷徼漂舉涪鄉年晷一窮時灰七變王陽西上方驚欽轡之心王粲南征實動登樓之思我之懷矣乃作頌曰

大塊甄質名山作紀登地龍盤干霄鳳峙風雪萬邑岡巒千里絕域天成珍臺地起揆剎元嶺圖基丹嶠層棟崢嶸重簷窣寮有隋紊曆重明改照事與時遷迹從原燎義均除舊事切爲新如或繼者代有其人聲飛隴蜀望動州鄰

爭開禪施競植靈因控險裁標循危列搆巖烟接廡風雲對霤鐸運星衢瑠懸月竇紫軒霧合丹梁露透暮春疏節新秋戒序照滿暄郊氣銷寒渚樹濃鶯亂川長雁舉流涕寫懷魂馳意與偉哉靈宇壯矣全模窮高極麗遠覽長圖賞因時合筆爲神驅有情君子誰爲捨乎

梓州元武縣福會寺碑

若夫考龍圖而括運撫麟筆以傷時天地閉而賢人隱周孔逝而微言絕豈非太階無象三辰鮮迪敘之因滄海爲陵百川有橫流之勢況乎法身長往顧糟粕以空存化迹

繁流仰舟航而遂遠雖復功推八正猶迷鶴樹之談道亞三明未覩龍宮之籍則有妙音難遇瞻雪嶺而投軀眞諦希聲仰雲山而破骨優曇企景新雕白玉之龕般若尋風舊化黃金之像三千寶座迴出天宮八萬珍臺遙臨淨域非慧圖之冥感孰能臻於茲乎福慧寺者隋開皇中之所建也爾其峯巒霧外東分井絡之光樓雉雲橫西覩禺同之奧北彌豐邑里開千甍南控平江波潮萬里擁亭皋之絕勢昇林野之殊形肇開修竹之園式揆旃壇之剎法川高闢慈宮峻敞文瑠寶綴環日月於重廊翠栱丹楹起虹蜺於複殿眞容俯映福衆爰依梵筵交燭禪房互啟山神獻果還棲承露之臺天女持香卽遶飛花之閣輪輝夜滿抽紫焰於金山毫相晨臨發珠華於玉地爰有縣令柳遵河東令族大業之年來光上邑高人捧檄功爲銅墨之先令宰鳴琴課稱絃歌之最眷香城而惻念披道肆而驚魂示懷延獎思宏末教迺於寺內起重閣一所乘煙置臬揆日端繩層榭三休珮簷四注奔星掛廡混珠綱而同歸明月窺軒雜璿瑠而共貫仍抽麗筆俯刊貞爻詞源迅委振法海之波瀾義宇宏深接禪宮之閫奧昔者陶潛彭澤因

聞仁慈之風潘岳河陽未入菩提之域兼其美者蓋在我柳君乎俄而帝隋方否三官失龍鳳之圖皇業未昌九野被豺狼之毒雖復餐砂茹石窺劍道而迴心蜂聚梟騰指銅梁而革面自非法雲西聳潛消火宅之氛慧日東來迴朗昏衢之景則安能冥資福地顯阻魔軍波清於振壑之隅燎息於炎崑之曲洎乎大鈞無事神器有歸清玉户而帝寰中轉金輪而王天下元埸佛境與天下而惟新鶯樹雞林共風雲而改旦功既成矣時既貞矣紫宸有裕蒼毗胥悅都人狎至瞻雁塔而懽心野老相趨尋鹿園而頓顙

或至誠冥發爭知不盡之處或道思旁流竟委總緣之施
乃於寺內造菩提塑像一座實彭氏絕羣之迹洞參瑤銑
體備丹青得埏範之奇橫盡陶甄之能事功分實相變入
冥機丹果長春青蓮不染靈儀若動似臨王舍城中神足
疑行即坐菩提樹下銀牀地湧寶帳猶懸珍木天成金花
不落總章元年又奉爲皇帝更造八菩薩像成於淨境別
峻崇堂而力寄羣緣功難獨舉遂令衆情馳騖空懷更始
之圖靈座端嚴未得安居之地時有宏演上人自丹鳥下
日昌帝籙於明堂青鶴乘霄降仙苗於太室軒冕將風雲

交映鐘鼎與山河共遠法師夙成眞諦幼挺殊姿拔五翳
於長驅登四禪於迴觀以爲德因時建澄什繼踵於西都
道冀人宏林遠隨肩於南國痛迷生之詭矯悲正覺之陵
夷思欲樹眞氣於未萌緒崇因於已往遍遊淨境歷騁遐
方至總章二年憩於茲刹身持寶印口出神珠心動巴南
化行蜀右法羅潛舉馴鳥性於慈林慧鏡旁開息猿心於
定水亦有情鉤五縛遙騰解脫之川想瘞六塵迥拔沈迷
之域名臣長者捐玉珮於銀庭善女靈姬落金環於寶地
貪機霧滌法施泉流林衡掄杞梓之材班匠獻鉤繩之巧

千欒電糾萬桷霞張飛陛緣甍層構架景瓊釭杳照乘紺
壁而宵分珠箔重華掩青疏而曉亂紅葩植井彩綴河宮
丹桂承梁香交列肆天倡梵樂肅然忉利之天藻蓋珊瑠
煥若摩伽之殿其精力之元感而神化之曲成乎直歲寺
主等州閭盛族鵷鷺榮因昇慧圃而功成踐魔庭而戰勝
排四門而獨往共極羣緣攀十地而遐征同趨覺路縣令
虞洽旌旗百代劍履三朝匡帝座而南征擁台庭而北面
星象垂祉川岳載靈豫章七歲麒麟千里雄情負俗鬱王
佐之宏圖英識邁時得公門之逸氣既而拂衣華族入天

邑而觀光列板仙臺出靈關而作宰泉魚狎夜多單父之
深恩隴翟遊春嗣中牟之善政有條不紊施緩政於繁繩
斷訟有神下高鋒於錯節因以激揚大化潛滋比屋之封
光啟令圖預積攀輪之慕縣丞裴休家接朱欄譽流丹闕
軒裳照緒忠孝榮門鳥鳴有伐木之歌龍文非刈蓬之具
高材列務盛德分司翰墨不足留神琴罇申其獨性十旬
休沐奄有泉林千里邀迎乃瘦風月青驪躞蹀終噴玉而
懸雲素鶴徘徊且銜珠而犯露加以沈研有地題橋八解
之津誘勸無方叱馭三乘之路故能使幽明仰德法俗依

仁攀海祇而如歸挹衢罇而下賑鄉望等龜靈高族騏子名家闢錦室於中堂分綺疏於甲第或望雄都鄙代列歌鐘或業預雲霄門藏璽詔文場促席有江漢之英靈武觀連衡得岷峨之銳氣並能馳心彼岸欲臨海而褰裳投足化城下悲思而反袂下官薄遊江右旅寄城隅懷道術於百齡接風期於四海依然梵宇欣象教之將行莞爾公庭惜牛刀之遂屈雖文殊辨論妙懸解而忘言而伯喈雄筆敘眞宗而罔愧敢巡此義乃作頌云

金堤迴邑玉峽長灟城闕紛亂江山聳盤雲屯勝邑霧啟

禪逕右縈層雉左接崇巒竹園精舍檀山香閣萬栱騰虬千楣跂鶴曉星疏翠朝霞泛艭鼓奏泉流鐘鳴霜落時經失道代歷交呈神宮不撓法衆無驚金輪遂曉玉鏡施明功照佛剎化被王城帝圖冥運眞儀濬發貝齒含星流毫耀月鳥離山扃龍還海闕寶樹形留天宮匠設爰有眞人式宣慈主發迹江甸馳聲蜀宇望遠連規攀澄襲矩力窮興道功周廊廡羣緣肸蠁衆福氤氳叢楹列電高棟銜雲銀龕曙撫玉座宵分瓊璣有爛藻繪多文鬱彼巖邑猗歟上宇松桂連華鷲鸞集彩禪津有裕至公無待火宅可辭舟航斯在我之飄寓邈矣來遊山川俯仰道義淹留承風郭外撰綴江幽元機勝筆天地相周

彭州九隴縣龍懷寺碑

粵若眞元混沌抱一氣於天門象化童蒙構三靈於地户由是金城逆順山河假成器之因玉燭沈浮風火兆流形之彙懸大明於日月適滯泉宮設巨浸於雲雷終迷燧宅太極所以散而爲兩洪飈所以吹而爲萬雖復卑高異列俱沈方内之遊坌集横流共失環中之契豈夫涅槃深視不背色以求眞般若長驅每乘空而得靜則知一名同出

陰陽爲破道之墟萬象皆空天地卽降魔之境莫見其俯仰不知其去就至自於太虛復歸於無物其建言立德開業成務握大柄而推造化執洪鑪而詰元始西門幽闢顧非相而遲迴三駕晨嚴臨有爲而出頓豈不知羈孤長路終嬰旅泊之虞舟楫中流未釋風濤之苦將以宅心者寂虛室所以合符應物者神明鏡由其不倦故能商攉宇宙指麾權實演羣生而非其力存庶品而非其有千巒閉景似居蓬艾之間雙闕臨空若在江湖之上其釋迦之沖用乎龍懷山者井絡之所交會岷隅之所控帶攢峯北走吐

沓嶂於元霄巨壑南馳歎洪濤於赤岸香城寶地左右林泉碧岫丹岑往來煙雨時有法會禪師者俗姓褚氏吳郡錢塘人也金章錫美河陰傳九命之尊玉鉉乘榮江左受三台之貴地靈人傑自朔野而重光學府文宗冠南都而獨秀法師紫星降彩紅雲受氣應積善於高門契冥緣於累世果浮觴引潛圖彼岸之功聚礫延砂即掞爲山之業靈樞密運闢仁路而長鳴慧刃高揮斬邪關而洞照以爲冥機體化毫髮莫滯其眞執數逐微乾坤不容其算於是四禪幽覿破銅堞而出無明三昧雄圖排鐵圍而泯非相

法雲自在吐納龍宮賢聖不仁奔馳象域將使三千塔廟知眞實之元津萬億幡幢入空虛之秘藏安心樂土遁影靈闕以開皇元年憩於茲巖靈墟福地已被神功玉牓金繩未光朝命蜀王秀以文昭建國帝子專征仗巴服之尊名裂邛荒之寶命彤騑僭帝蹕萬騎於銅梁阜蓋圖玉罍千乘於玉宇鏡山南望志狹彭渝錦水西浮恥朝江漢開實沈之壁壘嘯京叔之風塵擁龜堞而託殊方憑爵堂而傲天子威權所制勝兵數十州雄視所臨經塗五千里三英賦雪騁秋月於梁臺八叟吟風傳朝雲於楚館思宏正

法廣召名僧振錫雲趨乘杯霧合禪師括囊杲石韜跡煙霞攀紫桂而同塵守青蓮而向晦衡飈蕩岳寧移忍地之靈烈火焚山不撓堅林之色王心有悟時加優禮順風拜道封山謝失發淨財於廣內揆仙室於重幽因嶂爲壁憑崖列戶以開皇五年始賜額爲龍懷寺地鄰縣左遂均縣上之恩山似龍盤即建龍懷之剎爾其崇巒經復複磵縈迴高邱洩雲長林翳日增瓊垣於下麓揆瑤構於中巖香闕神行珍臺妙立玉虬銜霧絕游氣而負蒼天金鳳連雲排烈風而瞰元圃延綠房於疊巘上拂霞莊蔓丹闕於重

磴下披泉戶陽開陰闔變霜露於旋迴蟻動螟飛起雷霆於指顧玉堂朝亙影襲長虹珠殿宵浮光含列宿禪師歿後爰有孝恭法師智開法師宏嚮法師寶積闍黎四上人者並禪師之上足而法門之領袖也五明衢路控引情宮八解源流朝宗性海其深爲寶拔白玉於嶄巖無礙居眞得元珠於象罔住持眞界棲息妙塗俱深寂滅之源各證菩提之域雖業定人境照已極於無方而道寄生成功遂覃於有相演中乘之奧義增上棟之宏規萬栱不騫千門有鬧俄而帝隋大去皇家小往天地閉而賢人隱雲雷屯

而巨寶衰毒龍橫霧四天沈暗逆之悲醉象驅風三界溺崩離之酷上人慧機幽晤定識潛融知佛日之恒明審王風之尚靜芝歌商岳揆離嶺而同歸茅藉磻溪與猴江而共致遁俗無悶因時有待泊丹陵啟秩赤縣居尊迦維授手波旬革面十千天子新朝帝釋之宮八萬仙人始向毗耶之國一音演而荒景服三聖澄而禮樂備由是巴方舊彥蜀城遺老仰慈門而知户牖升福田而喜耕鑿雕鞍繡轄瞻燕粤而馳魂黼帶綖裾指鷲林而騖款寶瓶宵注潤浹堯甸玉塵晨麾風調舜歷咸以爲假況其性迷生安視

聽之功動亂其心窮子失肌膚之戀江連巫峽始絆心猿山對禺同終維意馬貞觀年中積闍黎等適宜昭遺址發揮精舍容成校歷揆日用於天經隸首陳章算神功於地緯迴廊穿窱自吐風颸列樹崢嶸坐含雲雨圖竭官之妙質儼盧舍之真容寶珠周映銀龕備邑逸多垂足似臨兜率之天師利分身若赴維摩之境靈仙可接藻繪無施眞應難儀雕鐫有寄若乃巡積岨歷森沈天花照而高月落地籟驚而幽泉湧紫蘭花徑香侵柏葉之罏綠草文茵影入芙蓉之座眞童鳳策即踐金沙仙女鸞衣還窺石鏡巖莊轉梵杳冥松桂之墟彌户栖棖寂寞藤蘿之院法鼓奏而寒山曠洪鐘鳴而曉壑靜賴苦翠薛具不盡之靈衣石乳瓊漿入無生之妙饌肅肅焉遙遙焉信調御之珠庭而列眞之甲第也爰有上座元鑒法師等並六塵無我四諦非他奉乾越之微言守楞伽之奧府法雷潛吼鼓動風煙慧日揚明照臨邱壑青溪坐定見心宅之恒靈丹洞行忘覺身城之每化須彌不動迴鎮閻浮闍崛安居下觀忉利開四生之廣路敘六趣之彝倫足以導揚眞績恭宣來命者矣縣令柳公諱明戲字太初河東人也太元降氣中黃

授彩襲周會之榮基吐河汾之靈液四科高第振風翮於三冬萬室崇班蹋雲驂於百里既而政成黎頌道洽毗謳假無上之幽筌毗不言之景化絃歌在韻將寶偈而齊歸銅墨成章與梵天而共貫瓊波湛淡沃蕩雲雷珠灌蕭條蔽虧烟雨貞機罕應良談放好事之遊朗調多奇高賞盡名山之曲下走東皋事失南州塗窮歎孔席之栖遑笑陽岐之浩蕩薄遊茲邑喜見高人三接而定琴罇七縱而擒風月林宗有道相期清濁之閒平叔能言見許天人之際從容宴語契潤胸懷欣性情之同冥感形骸之共遣雖元

都妙域已挂於忘言而義塈文場竊申於知已敢作頌曰
妙象無倪神功有涉湛泼名器奔騰事業慧路翹車禪河
艤檝控引羣品輪迴庶劫縱橫宇宙反覆山川言因境立
道寄形詮爰稽福地式揆珍田丹溪漏日碧洞棲煙閣都
玉檻須彌石室榛灌溟濛風雲蕭瑟睟容迺眷禪徒有謚
業磴三休花巖四密崇巒架殿疊嶂營樓千楣鳳起萬栱
鸞浮星開紺髮月湛青睟神宮不夜邃閣長秋户臨重嶨
窗分絕嶺半漢香浮中天梵警鶴林聖迹龍泉佛影鳥思
山空猿悲峽靜森森巨柏落落長松月出東岫霞生北峯

山人自狎野老相逢白雲屢斷青溪幾重彭澤之令臨卭
之客比德山藪重規泉石法宇成言慈門致役糠粃吏隱
薜蘿心迹吾生擾擾與道遑遑殷勤頌詠惆悵津梁投功
翠碣助化元場百年之後苔蘚蒼蒼

常州刺史平原郡開國公行狀

某州縣洪飈未翔靈鳳垂翼景雲不燭神龍宛頸豈非時
不可以苟遇道不可以虛行聖人作而萬物覩神功資而
百寶用是非山川倒徙太階懷息亂之臣天地乖離元首
佇康時之具則有得其數者於平原公見之矣自星虹沓
氾開寶籙於軒圖雷電窈冥載休徵於會識龍驤鳳起霸
圖存玉壘之雲紫蓋黃旗王迹著金陵之野故得卿才表
秀疊彩駢蹤畢盖朱幡連州比郡公侯必復子孫承百代
之基餘慶不忘仁義應千齡之運公鼎門疏照穴岫翔輝
分嶽秀於樊侯稟辰精於傅說折旋儒館以六藝為笙簧
軒翥翰林用兩京為鼓吹經邦化俗涉游夏之門庭滅竈
麾兵得孫吳之閫奧皇天眷命聖武膺圖覩物懷人思功
去罪褒中有事曹參希執帛之榮閫外多虞周緤企中軍
之寵見危授命藏器及時攀鳳羽於九霄候龍顏於千里

蕭王內寢頻獻雅誠韓信齋壇屢遷優秩武德三年授中
郎將俄遷大將軍秦王統軍皇基肇闢天步猶難宸扆應
上相之榮仙夢受中權之寄被廬講將實賴宏圖今日僉
謀先應時望於是弄兵竊舉猶勤甲冑吞沙餌石尚阻河
梁公制變以奇盪除以殺七擒三捷之略緒著轅門拔旗
穿札之能勳在盟府五年六月加上柱國隨班列也翦桐
疏爵分茅建社下斷物土上格星躔唐虞著其升降周漢
明其損益所以羽儀帝室蕃衛王畿懲惡勸善庸賢敘德
高祖勳逾黜夏業檀戡黎置酒醴於南宮揚旌旆於東府

建皇帝之號安不忘危覽徹侯之籍榮而思報以公乃誠匪懈原始要終望嚴雪而識寒松觀疾風而知勁草九年封望都縣男貞觀元年改封縣侯文貔禁旅實著趫雄清道啟行允茲多士自非譽高朝諷價重人謠仍窺博望之儀必亂鉤陳之選公早陪戎律夙簡帝心歘歷二宮當仁不讓授左衛中郎俄遷右虞候率葱山狄壤蒲海蠻陬信要服之外區乃匈奴之右地境鄰蛇澤乘勁敵而鵰騰郡邇酒泉候宵塵而鶚視天子乃停旒側聽負扆晨驚振洪策於古今溢嚴勲於覆載將使八紘昭泰銀臺應益地之

圖九縣平夷瑤水流尋仙之駕貞觀某年授高昌道行營總管公道凝三略功標五才逸氣縱橫雄精貫月象物而動鼓鼙肅戰士之容推信而行歌舞表將軍之德裹糧坐甲輕死等於鴻毛投袂銜冠重義均於熊掌鑒空歸惠荒度來賓收鄭吉之前蹤復張騫之故事廟堂頌德魏闕疇庸光贊六條非公莫可某年授某州刺史尋以江淹奧域衡霍名區楚情剽狡吳風澆薄火耕水耨郡闕婺女之精竦劍危冠人尋鱄諸之弊分宣演化卧理切於宸襟易俗遷訛行吟佇於人望貞觀某年遷睦州刺史政刑不愿考績連最俄授使持節松州都督今上鈞臺嗣歷鼎邑凝圖百城勞晉武之心千里揚漢宣之詔璽書加秩禮縟諸藩綸煥層班事高恒典永徽中改沙州刺史屬鼇山亂德鴻水稽誅扶桑落日之濱妖朋蟻結孤竹尋雲之際孽黨蜂騰百濟遺黎託懸巢而斬氣三韓別種附危幕而遊魂玉帳蒐兵佇責苞茅之貢金壇令律將收楛矢之琛龍朔年中授公熊津道總管公昔從幕府早厠戎行覽兵法於軒轅受陰陽於呂望三門五壘得破敵之奇謀火艦雲梯總行軍之妙法故得戰無全陣野靡堅城擬金將躍馬暫臨

銜璧與牽羊相繼豈惟秋方息亂遙聞定遠之名春谷投心遐想度遼之策若斯而已矣及三軍獻捷諸將論功帝嘉乃勲作鎮交野授公廣州都督改封平原公以途鄰北戶地接南池珠崖魑魅之鄉銅柱貪殘之境累藩斯寄歷任稱難於是受以春風臨以夏日明冠婚於縣邑布庠塾於閭閻薙本誅強姦豪屏氣棠陰察獄惸獨申冤理蘖遂之亂繩解虞卿之錯節黃霸得循良之譽績未銜於邊城陳湯有方面之勲位不登於刺舉兼方具美其式茲乎朝廷以公屢參伯牧駿歷班條吏不忍欺人無胥怨伏情馭

極留連稷野之童託義訓昆倜悵耶溪之老雖有黃槐紫棘無以易堯盛嶽名都猶聞借寇麟德元年改授金紫光祿大夫常州刺史既而天機忽爽大漸彌留白玉徒煎黃金難化台階側席方膺雉冕之尊玉女停機俄逢鵲衣之變以某年某月日春秋若干薨於公舍嗚呼哀哉惟公間氣呈姿靈和叶慶鳳鳴千仞鵬搏萬里情關峻遠得意於衆妙之門性宇沈凝忘筌於毀譽之境因心以至孝悌表於鄉閭臨義而行祿賜均於宗族故得虬騾蠖屈服冕乘軒歸漢於締構之辰遊梁於駭亂之際章溝霧闢曳鷁尾

而晨趨甲館煙開奉旄頭而夜警鳴鞞出塞進李牧之奇誠露冕巡方受蘇章之直筆方當獻納黃屋揖拜青墀入東寺而掌壺處南臺而曳履不謂藏舟夜涉負杖朝興丹邱之化未尋元扃之痛俄及故怨深撤樂悲纏罷市者乎謹狀

欽定全唐文卷一百八十六

杜君綽

君綽高宗朝官左戎衛大將軍封懷寧縣公

議沙門不應拜俗狀

竊以至道沖虛釋教凝寂津梁庶品導引羣生銷鄙行於未萌發慈心於已悟然而後身濟物雖假於名言勸善懲非無資於賞罰信乃善開方便冥助政道伏維皇帝陛下德合乾坤恩霑動植含靈稟氣俱荷曲成僧尼之俗誠宜拜跪但不拜君父著在經文臣以爲道或可存則言不可

廢且君父尊極事絕擬倫在於臣子敬非緣拜既殊道俗無嫌傲誕以臣愚見不拜爲宜謹議

權善才

善才上元中左金吾衛大將軍上柱國開國侯

議釋道不應拜俗狀

竊以釋道二門津流自遠求諸典實崇敬斯宏至若皇繇所宗實光華於萬祀漢室惟欽亦紛郁於千載且君親在三儒有不臣之禮元寂居二致無一拜之儀義不師古請循惟舊謹議

孔志約

志約高宗朝官太常博士禮部郎中

議釋道不應拜俗狀

竊以凡百在位雖存敬上之道當其爲師尚有不臣之敬
況佛之垂法事超俗表剔髮同於毀傷擁錫異乎簪紱出
家非色養之境離塵豈榮名之地功深濟度道極崇高何
必破彼元門牽斯儒轍披釋服而爲孔拜處俗塗而當法
禮存其教而毀其道求其福而屈其身再三研覈謂乖通
理又道之爲教雖全髮膚出家超俗其歸一揆加以遠標

天構大啓皇基義籍尊嚴式符高尚並仍舊貫無黜彝章
如必改作恐非稽古雖君親崇敬用軫神衷道法雖虧還
留睿想既奉詢芻之詔敢罄塵嶽之誠懼不惬允追深戰
惕謹議

本草序

蓋聞天地之大德曰生運陰陽以播物含靈之所保曰命
資亭育以盡年蟄穴棲巢感物之情蓋寡范金揉木逐欲
之道方滋而五味或爽時昧甘辛之節六氣斯沴易愆寒
燠之宜中外交侵形神分戰飲食伺釁成腸胃之眚風濕
候隙遘手足之災幾纏膚腠莫知救止漸固膏肓期於夭
折暨炎暉紀物識藥石之功雲瑞名官窮診候之術草木
咸得其性鬼神無所遁情刳麝剸犀驅洩邪惡飛丹鍊石
引納清和大庇蒼生普濟黔首功侔造化恩邁財成日用
不知於今是賴岐和彭緩騰絶軌於前李華張吳振英聲
於後昔秦政煨燔茲經不預永嘉喪亂斯道尚存梁陶宏
景雅好攝生研精藥術以爲本草經者神農之所作不刊
之書也惜其年代浸遠簡編殘蠹與桐雷衆記頗或踳駮
興言撰緝勒成一家亦以琱琢經方潤色醫業然而時鍾

鼎峙聞見闕於殊方事非僉議詮釋拘於獨學至如重建
平之防已棄槐里之半夏秋採榆人冬收雲實謬粱米之
黃白混荆子之牡蔓異蘩蔞於雞腸合由跋於鳶尾防葵
狼毒妄曰同根鉤吻黃精引爲連類鈆錫莫辨橙柚不分
凡此比例蓋亦多矣自時厥後以迄於今雖方技分鑣名
醫繼軌更相祖述罕能釐正乃復採杜衡於及己求忍冬
於絡石捨陟釐而取莂藤退飛廉而用馬薊承疑行妄曾
無有覺疾瘵多殆良深慨歎既而朝議郎行右監門府長
史騎都尉臣蘇恭摭陶氏之乖違辨俗用之紕紊遂表請

修定深副聖懷乃詔太尉揚州都督監修國史上柱國趙國公臣無忌大中大夫行尚藥奉御臣許孝崇等二十二人與蘇恭詳撰竊以動植形生因方舛性春秋節變感氣殊功離其本土則質同而效異乖於採摘乃物是而時非名實既爽寒溫多謬用之凡庶其欺已甚施之君父逆莫大焉於是上稟神規下詢衆議普頒天下營求藥物羽毛鱗介無遠不臻根莖花實有名咸萃遂乃詳探祕要博綜方術本經雖闕有驗必書別錄雖存無稽必正考其同異擇其去取鉛翰昭章定羣言之得失丹青綺煥備庶物之

形容撰本草幷圖經目錄等凡成五十四卷庶以網羅今古開滌耳目盡醫方之妙極拯生靈之性命傳萬祀而無昧懸百王而不朽

韋仁約

仁約字思謙以近武后父嫌名遂以字行鄭州陽武人第進士累調應城令擢監察御史高宗朝累遷尚書左丞進御史大夫轉司屬卿右肅政大夫封博昌縣男同鳳閣鸞臺三品轉納言以太中大夫致仕卒贈幽州都督

劾張叡冊迴護褚遂良斷判不當奏

遂良賤買地宅叡冊准估斷爲無罪然估價之設屬國家所須非關臣下之事私自交易豈得准估爲定叡冊舞弄文法附下罔上罪在當誅

駱宏義

宏義高宗朝庭州刺史賀魯寇庭州詔使宏義佐弓月道行軍總管梁建方經略之

請急攻金嶺城疏

臣聞安中國以信馭夷狄以權理有變通事無常準今有降胡來言賀魯獨據一城深溝高壘用以自固云今正祁

寒積雪漢兵必不遠來誠宜乘其此便一舉可以除勦若遷延待春恐事久生變縱不能結援諸國必應遠迹遁逃且兵馬此行不誅賀魯處密已許款誠處木昆等各思免禍皆知大兵欲至庶望安全淹留不至慮更烏合然嚴冬風勁馬瘦兵寒瘃墮之憂難量進退又不可久停兵馬虛費邊糧見我不前成其黨附伏望且寬處月處密之罪以誅賀魯爲名除禍務絕其原未可先取其枝葉但此兩姓見其坐奪不示招攜必自深據如棄而西過則近有後憂先事誅夷未可卽克捨而勿問則感義前驅事定從宜除

申弔伐此乃威恩兼舉遠懾邇安向使兵馬早來賀魯久已懸首前機雖失須爲別圖望請於射脾部落及發處月處密契苾等兵六千人各齎三十日糧往掩襲大軍頓於憑水秣馬畜兵以爲聲勢此則驅率戎狄攻彼豺狼失則無損國家利則功歸社稷且番人行動須約漢兵東西犄角又資翅翼簡胡騎以率其前率漢兵以躡其後賀魯進退無路理卽可擒百勝之謀在斯一舉臣恐建方至日爲計不同軍謀乖舛後悔無及

竇德元

德元岐州平陵人始爲高祖丞相府千牛高宗以舊臣自殿中少監爲御史大夫遷司元太常伯麟德初進檢校左丞封鉅鹿男卒年六十九贈光祿大夫幽州都督謚曰恭

議釋道不應拜俗狀

肖形二氣嚴父稱莫大之尊資用五材元后標則天之貴至於攀號曲拳之禮陶化之侶同遵服勤就養之方懷生之倫共絕凡在君父理絕名言而老釋二門出塵遺俗虛無一旨離有會空瑞見毗耶闡慈悲之倡氣浮函谷開道德之篇處木雁之間養生在慮罷色聲之相寂滅爲心載禮蹈儀者靡窮其要妙懷忠履孝者未酌其波瀾理存太極之先事出生靈之表故尊其道則異其服重其教則變其禮爰自近古迄乎末葉雖沿革暫乖而斯道無墜洎哀纏雙樹慟結三號防後進之虧風約儒宗以控法故當輔成舊教豈應裁制新儀誠宜屈宸扆之嚴申方外之旨委尊親之重縱寰中之遊愚管斟量遵故爲允謹議

李敬貞

敬貞麟德時羅舍府果毅

請以陰燧取明水奏

淮南子云方諸陰燧大蛤磨拭令熱以向月則水生以銅盤受之下水數石王充論衡云陽燧取火於日方諸引水於月相去甚遠而火至水來者氣感之驗也漢舊儀云八月飮酎車駕夕牲以鑒方諸取水於月陽燧取火於日周禮考工記云有六齊金錫相半謂之鑒燧之齊鄭元注云方鑒陽燧取水火於日月之器也准鄭此注則水火之器皆以金錫爲之今司宰有陽燧形如圓鏡以取明火陰鑒形如方鏡以取明水從比年祠祭皆用陽燧取火應時得之陰鑒取水未有得者常用井水代之請准淮南論衡以

方諸取之則禮神之物備矣

韋萬石

萬石太常卿挺之子上元中累遷太常少卿知吏部選事

請定樂舞奏

據貞觀禮郊享曰文舞奏豫和順和永和等樂其舞人著委貌冠服並手執籥翟其武舞奏凱安其舞人並著平冕手執干戚奉麟德三年十月勅文舞改用功成慶善樂武舞改用神功破陣樂并改器服等自奉勅以來爲慶善樂不可降神神功破陣樂未入雅樂雖改用器服其舞猶依

舊迄今不改事既不安恐須別有處分者

定樂舞奏

謹按凱安舞是貞觀中所造武舞準貞觀禮及今禮但郊廟祭享奏武舞之樂即用之凡有六變一變象龍興參野二變象克靖關中三變象東夏賓服四變象江淮寧謐五變象獫狁讋伏六變復位以崇象兵還振旅謹按貞觀禮祭享曰武舞準作六變亦如周之大武六成樂止按樂有因人而作者則因人而止如禮云諸侯相見揖讓而入門入門而懸興揖讓而升堂升堂而樂闋是也如著成數者數終即止不得取行事賒促爲樂終早晚即禮云三闋六成八變九變是也今禮奏武舞六成而數終未止既非師古不可依行其武舞凱安望請依古禮及貞觀禮六成樂止立部伎內破陣樂五十二遍修入雅樂秖有一遍名曰九功上元舞二十九遍今入雅樂一無所減每見祭享日三獻已終上元舞猶自未畢今更加破陣樂兼恐酌獻已後歌舞更長其雅樂內破陣樂慶善樂及上元舞三曲並望修改通融令長短與禮相稱冀望久長安穩破陣樂有象武事慶善樂有象文事按古六代舞有雲門大咸大夏

大韶是古之文舞殷之大頀周之大武是古之武舞依古義先儒相傳國家以揖讓得天下則先奏文舞若以征伐得天下則先奏武舞望請應用二舞日先奏神功破陣樂次奏功成慶善樂先奉勅於圓丘方澤太廟祠享日則用上元之舞臣據見行禮欲令天皇酌獻降復位已後即作凱安六變樂止其神功破陣樂功成慶善樂上元之舞三曲待修改訖以次通融作之即得與舊樂前後不相妨破若有司攝行事日亦請據行事通融

請仍奏破陣樂舞奏

破陣樂舞者是皇祚發跡所由宣揚祖宗盛烈傳之於後永永無窮自太皇臨御四海寢而不作旣緣聖情感愴羣臣不敢開言臣忝職樂司廢缺是懼依禮祭之日天子親總干戚以舞先祖之樂與天下同樂也今破陣樂久廢羣下無所稱述將何以發孝思之情臣望每大宴會先奏此舞以光祖宗之功烈

請定明堂大享樂章奏

明堂大享帝准古禮鄭元義祀五天帝王肅義祀五行帝貞觀禮依鄭元義祀五天帝顯慶已來新修禮祀昊天上

帝奉乾封二年勅祀五帝又奉制兼祀昊天上帝者伏奉上元三年三月勅五禮行用已久並依貞觀年禮爲定又奉去年勅顯慶已來新修禮多有事不師古其禮並依周禮行事者今用樂須定所祀之神未審定依古禮及貞觀禮爲復依見行之禮臣以去年十二月錄奏至今未奉進止所以樂章不定

于敬之

敬之河南人官江寧縣令

桐柏眞人茅山華陽觀王先生碑銘

惟軒轅有道之君時著順風之美姑射凝神之主爰標讓位之芳斯皆遠鏡遺編遐希靈冊豈若道包千古業暎百王先天而天弗違後天而奉天時化洽無遺仁含有截青溪之館闕四字紫府之鄉言招若士迺下螭絨佇霓裳希停絳闕之游覽翰丹田之賞謹命終南山萬福觀道士麴元敬祇召先生之闕辰先生霞裝奄傲麴法師痛徽音之永隔收鞿松澗弟子祁行則丁元亮等悲陟岵之長往采絢芝巖共勒豐碑同甄盛烈先生姓王諱軌字洪範一字道模瑯琊臨沂人也耀質珠川分枝璿萼姬儲下鳳周書美

其輕舉葉宰飛鳧劉史記其神異綿聲遠系奚在言歟曾祖筠散騎常侍太府卿度支尚書文括辭林義殫學府旣飛華於楚塞誠宣德於梁州大父銛梁簡文太子洗馬招遠將軍泊陳大中正光祿大夫晨趨鶴禁夕侍龍樓出入兩朝聲猷纓侶從容二代譽掩珩流父瑜陳著作佐郎鄱陽國常侍蓬嶠含章作增輝於蘭閣梧宮載筆時揚譪於桂山抽簪陪置醴之賓偶乘篷脂車之彥竭誠以奉上鳴謙以接下常欹坐忘之寓迺秀行念之允先生養質鯤波終搏鵬羽遺之又遺元之又元志合天倪情舍地籟施妍

厲魄泯之而爲一梃橫楹從混之而無二年甫八歲早喪所天痛彼髫年志符曾孝哀思卝日性掩柴仁屬陳運告終人神靡託玉炎鍾岫芝焚楚郊萬始之劫正墮背飛之渙三荆之樹唯下分條之葉萍流不定蓬轉無依賴乎祖父故人攜養寄諸包氏一經憩廡五載方離先生業契自然道通縣解貞心粹質有符天縱蘊靈和之茂範流太虛之芳潤弱齡去俗高步歸眞太平觀法主王遠知踐三清之隩隅游六學之津要翹心丹訣警慮元波既毁網於迷途迺分燈於暗室清規素論一代偉人先生頓轡元門思

宏妙旨仍隨法主卜居茅谷爲香餅弟子一十六年夜寢夙興劬勞匪懈晨供沆瀣夕進流霞服義忘疲依仁無斁想朱公而思聖懷紫素以尋眞浪情泉石披襟蘭杜抗巢由而狎鳥轥莊惠以觀魚每至風覩春山月華秋水猿啼危嶠虎嘯幽谿未嘗不警思緣情抽毫寫慮先生爰及冠年虔受經法養谷神於元牝游浩氣於黃庭初在法主座下聽老子西昇靈寶南華眞人論退席之際即爲人講說五行俱覽一字無遺辯若建瓴詞同炙輠法主歎而言曰吾道東矣何獨康成洎隋氏握圖物色巖穴旁求俊異旌賁英翹王法主美孕三仙芳踰七聖爰降絲渙追赴東都先生此辰從遊京洛朝陪瑣闥夕侍銅池出入兩宮聲華四部若匪體符眞智志叶虛舟豈可應彼弓旌允兹綸召當時奉勅玉清元壇行道豐廚享饍既餌玉而漿金供帳芳華亦鋪霞而藉錦隋後主薄伐元菟先生扈從黃龍車駕凱旋陪還洛邑大業十一年有詔特委先生於河南二十四郡博訪緇素有道術異能雜技德行講說灼然堪供養者及精通道法之徒並具狀追送駕所以兹銜命言歸舊廬俄而炎運道消蒼靈失馭黃巾赤眉之侶蝗聚挺妖

綠林青犢之儔蠭蜚肆蠆關河路絕因即避亂名山遂歷天台赤城四明桐柏金庭蔡隩緡雲若耶悟一息之難追知百年之易往迺隨時石室或逆旅曲枝折桂紉蘭漱流自樂日月居諸復淹十載而黔黎塗炭懸命有歸我大唐鳳舉晉陽龍興渭涘掃欃槍以居南面除猰貐以正北辰御極紫微負圖黃屋靜稽天之大浸滅炎崑之燎火包日月以爲扃牖苑溟渤以作池隍列珪璧於長安大禮儀天地之軌陳簋簠於清廟大樂節天地之音先生既屬文明遂動思歸之引整虬馭振蜺裳背天台還地肺入轘轅而

迎法駕游郟鄏而謁眞人太宗文皇帝遊心寥廓之津開玉京於碧落凝神杳冥之境敞金闕於絳宮叡哲於是照臨至聖以之綿邈而亭毒之私宏遠然隨迎之道未臻遇崆山之順風仰瀨鄉之微旨於時法主尚承恩梓澤未果言之柳汧故遣法師先還修葺許陶遺址此觀梁武皇帝於許眞人舊宅爲陶隱居建立號曰朱陽皇明啓運更以華陽爲目按眞誥云華陽第八洞天之名也其山則崇巖隱天入雲遠而上竦盤基括地帶風溪而旁屬東連林屋飛九轉以游仙南控羅浮開五便而納聖西通峩嶠遠屬犀津北振岱宗遙翻鶴駕固靈祇之窟宅誠羽客之留連者也而舊基夷漫餘迹淪蕪先生更翦棘開場肇茲崇構敬造正殿三間兩廡幷及講堂壇靖房宇門廊飛桂棟於烟衢則黯然雲布架梅梁於霄路則赫爾霞舒虬簷軒舉征鶴度而嘹唳鳳甍孤峻賀雀仰而聯翩豈止蜚羽生風胡人竦貌而已抑靈光之易接何景福之難酬者歟又於內殿奉造元始天尊像一軀光趺八尺左右眞人夾侍神儀肅穆法相希微圖面影於月元寫毫精於日亮柱光雙彩表瑞金經掌耀十文摛祥玉札遂使天華聖伎睎菌閣

而來儀羽旆雲軺睋蕙樓而戾止先生於是排翠扆而扇元風游赤墀而宣衆妙運慈舟而濟有待揚智炬以照無明惠澤與鯨壑同深勝躅婉龜峯比峻大哉美矣信無得而稱焉法師往於名山福地咸遇眞經晚居華陽又摹寫上清尊法洞元洞神符圖祕寶並竭鍾魏之模楷盡班倕之剞劂緘封靜室永鎮山門先生自幼及長恒味松朮平生齋講傳授所有信施並入功德賙救貧無乾封二年歲在丁卯十一月丁巳朔旦朝禮畢迺顧命門人曰吾昨五更彷彿夢中見有三人羽衣嚴整手執簡策進於房內告云華陽天宮素已品藻用師爲神仙萬人主者兼知校領省官且法師才德清高宜居此任今重奉命邀迎請當行矣吾昔在桐柏山中已感斯夢辭不獲免須應此召遂戒勗門人示以修道要訣經書法事各有付囑其月八日頻索香湯沐浴改易冠帶更服新衣九日寅時異香入室整褐端笏奄從解化春秋八十有八粤十七日癸酉以符竹託祔於華陽觀雷平山西陶貞白墓右悲夫重惟先生德叶二儀情包六氣生而岐嶷長符規矩黃中表稱丹穴凝姿白鳳游豪掞華文於翰苑碧雞飛辯析妙理於談叢體

共神俱性與道合皎貞心於松路棲苦行於雲衢固迺鵬鶡齊區彭殤一致西山五色空想仙童淮南八公徒聞鴻烈弟子戴慧恭包方廣吳德偉王元熠等十有餘人並價逸楚林聲超稽箭承音闕里服道緇闈皆痛甚摧梁悲逾臨谷挹金華而結歎尋玉輪而增耿日月逝矣而清猷尚存見課摛文迺爲銘曰

至人無待上德難名心凝丹竈神游玉清搏風鵬羽擊水鯤瀛青溪孕質碧落蜚聲其一質茂松筠氣芳蘭芷性同濠上情符闕里爽節川停高風嶽峙徘徊林壑放曠文史其二

元珠已得白雲可馭目牛無全害馬斯去黃庭育德紫宸欽譽爰紆渙璽俄悲漬槃其三照雪崆峒凝霜姑射雲虬散弭雷轓徙跡乍看埋劒還睎留舄眷言宏誘其方孔碩其四重惟芳靄再美成功災延絳闕火浣丹宮開榛薙草餘基永隆虹盤鳳翥有類神功其五柳谷思陶芝田揖許四朝愉忭三茅宴語野調霞軒山情月舉亭臨霜嶠池連風溆其六猗歟法侶聲猷業邃智境未窮勝因先墜將鄰埏埴功虧覆簣素標眞宰寧資美謚其七儵睹龍姿俄觀蟬蛻釋謝星隕任委天折吁嗟應眞示同生滅紀仙官於紫府勒貞徽於翠碣其八

欽定全唐文卷一百八十七

李善

善揚州江都人顯慶中累補太子內率府録事參軍崇賢館直學士兼沛王侍讀除潞王府記室參軍轉祕書郎乾封中出爲經城令坐與賀蘭敏之款密流姚州赦還載初元年卒

進文選表

臣善言竊以道光九野縟景緯以照臨德載八埏麗山川以錯峙垂象之文斯著含章之義聿宣協人靈以取則基

化成而自遠故羲繩之前飛葛天之浩唱媯簧之後掞叢雲之奥詞步驟分途星躔殊建球鍾愈暢舞詠方滋楚國詞人御蘭芬於絕代漢朝才子綜鞶帨於遥年虛元流正始之音氣質馳建安之體長離北度騰雅詠於圭陰化龍東騖煽風流於江右爰逮有梁宏材彌劭昭明太子業膺守器譽貞問寢居肅成而講藝開博望以招賢搴中葉之詞林酌前修之筆海周巡緜嶠品盈尺之珍楚望長瀾比徑寸之寶故撰斯一集名曰文選後進英髦咸資準的伏惟陛下經緯成德文思垂風則大居尊耀三辰之珠璧希聲應物宣六代之雲英孰可撮壤崇山導涓宗海臣蓬衡蕞品樗散陋姿汾河委筴夙非成誦崇山墜簡未議澄心握玩斯文載移涼燠有欣永日實昧通津故勉十舍之勞寄三餘之暇弋釣書部願言註輯合成六十卷殺青甫就輕用上聞享帚自珍緘石知謬敢有塵於廣內庶無遺於小說謹詣闕奉進伏願鴻慈曲垂照覽謹言

陸遵

遵乾封時太常博士

北郊用十月致祭議

北郊之月古無明文漢光武正月辛未始建北郊東晉成帝咸和中議北郊用正月皆無明據武德來禮令即用十月爲是陰用事故於此時祭之請依舊十月致祭

程元素

元素總章時殿中侍御史

請改升階儀注奏

臣伏見儀注皇帝升壇及降並緣午階初引太尉奠玉亦從南陛臣不敢廣陳典故以煩聖覽必謂君王不可與臣下同階太尉奠玉請從卯階依西獻禮則登降有數君臣

道存

謝祐

祐龍朔中同文寺丞

沙門應拜君親議狀

竊以君親之重事極昊天恭恪之儀理貫名教至如凝心元路投迹法門莫不肅敬神明不輕品物（事如司馭議中彈）豈有弛傲所生不屈君父既違恭順之禮恐累求道之因（彈曰誠圖不累其如陷君親何）請革舊風准勑申拜謹議

喬師望

師望高宗朝封襄邑縣子駙馬都尉顯慶三年爲凉州刺史上元二年移華州

華山西峯秦皇觀基浮圖銘

巖巖靈嶽峻極氛氳下飛懸布遙橫陣雲雄峯異立觀起秦君郎高因遠岩然出羣詎假祇園無勞孤給乘基表刹載懷與葦月桂嶺松參差相及天歌人梵往來謡習伊初就刹走實馳名晚行應止何爲振纓匈奴樂獵關塞道清越裳奉贄風塵不驚縱誕務閑歸依淨域蓮池化造削成神力繪彩無施烟霞無飾以斯莊敬迴資動植今之建塔昔者沉碑桑田不定陵谷須移有非真有離非久離思超彼岸願入禪枝

婁師德

師德字宗仁鄭州原武人第進士調江都尉上元初爲監察御史長壽元年累授夏官侍郎進同鳳閣鸞臺平章事出爲河源積石懷遠軍及河蘭鄯廓州檢校營田大使入遷秋官尚書原武縣男改左肅政御史大夫並知政事證聖中拒吐蕃於洮州敗績貶原州員外司馬萬歲通天二年入爲鳳閣侍郎復知政事進納言更封譙縣子隴右諸

軍大使聖歷三年突厥入寇詔檢校并州長史天兵軍大總管卒年七十贈幽州都督謚曰貞

鎭軍大將軍行左鷹揚衛大將軍兼賀蘭州都督上柱國凉國公契苾府君碑銘（并序）

原夫哲后時乘聖人貞觀必俟風雲之應以光朝列尤資棟榦之林式隆王道若乃傑出文武挺生才俊道符忠孝性與清白高視於寇賈之前獨步於韓彭之上肸蠁名教蟬聯簪組許史焉可儔金張莫能匹四海慕其風範千里仰其談柄玉質金相探賾索隱没而不朽其惟賀蘭都督

涼國公之謂哉君諱明字若水本出武威姑臧人也聖期爰始賜貫神京而香逐芝蘭辛隨薑桂今屬洛州永昌縣以光盛業焉原夫仙窟延祉吞雹昭慶因白鹿而上騰事光圖牒遇奇峯而南遯義隆纂爵邑怛於是公精鮮卑由其褫魄恤允於前涼之境茂族於洪源之地良史載焉此可略而誌也曾祖哥論易勿施莫賀可汗遞襲珪璜夙傳弓冶共棲梧而比翼與良玉而齊價濯如春柳勁逾霜竹英名振白山雄圖光紫塞祖繼莫賀特勒積代爲英傑之先光圖絢史保家爲名教之首核今超昔宏材膠葛洪源

浩汗暎竹史而騰芬綴綿書而擅響父何力鎮軍大將軍行左衛大將軍撿校鴻臚卿撿校左羽林大將軍上柱國涼國公贈輔國大將軍使持節幷汾箕嵐四州諸軍事幷州大都督謚曰毅公地積膏腴門標英儁發言會規矩動容成楷則學該流略文超賈馬威青海而安白道光三部而截九夷揆務機司爲羣僚之宗匠榮膺蘭錡成五戎之準的而鐘漏斯盡天贈崇班聿加千里之榮俄處六條之位哀榮之禮既洽朝野式瞻送終之典更隆搢紳翹德公赤野生姿青田矯翰家蓄古賢之操門傳高士之節年甫

一歲起家授上柱國封漁陽縣開國公食邑一千戶八歲起家授太子左千牛十一授朝散大夫太子通事舍人裹行十二授奉輦大夫若夫紫禁青規之所必擇賢而方授玉階金闕之前實高門之能處所以榮加髫丱澤及綺紈鳴玉鏘金光前映後乃人物之儀表實衣冠之領袖重以河山險要惟賢是居爪牙任功非親莫委麟德年中授左武衛大將軍賀蘭州都督自非承家奕葉累代衣纓焉可內奉鉤陳外膺刺舉者矣相府在藩爲涼州道元帥以公爲左閫軍總管侍中姜恪爲涼州鎮守大使以公爲副然

則朝端妙選實佇異能望重材高允膺僉屬後以鼈海未清蛇川尚阻戎車所及尤俟英將從中書令李敬元征吐蕃公爲栢海道經略使於是南討吐蕃北征突厥累摧兇醜勳績居多後狼山及單于餘黨復相聚結奉制討擊應時平殄前後賞勞不可勝紀改授左驍衛大將軍襲爵涼國公食邑三千戶賜錦袍寶帶金銀器物雜綵綾錦等數千件授長男從三品以酬功也仍改爲燕然道鎮守大使撿校九姓及契苾部落公做裘遵遠望赤水而前驅勁騎騰空指白蘭而長騖左縈右拂入校於是爭先斬將搴旗

三軍以之作氣遂得降絲言以隆爵命自天府而錫珍奇金貝咸紓繒錦交集列鼎而光祖禰分茅以惠子孫策勳居最又授雞田道大總管至烏德鞬山南招降二萬餘帳縱使李牧寧部充國和戎推昔揆今當年罔二尋授右豹韜衛大將軍未幾復改授左豹韜衛將軍幷充懷遠軍經略大使又依舊知燕然道大使功高望重亟膺獎擢得人之譽聞於朝野惟大周革命重懸闕二字擢授鎮軍大將軍行左鷹揚衛大將軍餘並如故有制曰鎮軍大將軍行左鷹揚衛大將軍兼賀蘭都督契苾明妻涼國夫人李柔順

成姿幽閑植性聿修婦德每勤於闕二字叶贊夫家必存於忠義既竭由衷之請宜覃賜族之恩並及母臨洮縣主並蒙賜姓武氏公侯必復河洛冑賢屬寶運之開基接仙潢而錫派忠貞無替聲振金氏表裏承恩勳高石窌後授朔方道總管兼涼甘肅瓜沙五州經略使度玉關而去張掖棄置一生瞰弱水而望沙場橫行萬里幄中有策閫外宣威豈直操履冰霜固亦心符筠玉名高一代氣逸九霄者矣既而司寇逝川俄結頹山之恨將軍大樹行聞斷石之嗟悲夫以證聖元年臘月廿三日遘疾薨於涼州姑臧縣之里第春秋卌有六制曰悼往贈榮經邦之懿典飾終加等列代之徽猷諒以褒德勸能念勞追舊者也故鎮軍大將軍行左鷹揚衛大將軍兼賀蘭都督上柱國涼國公契苾明理識開舉局量沈雄家著勤誠代彰忠懇早膺朝寵夙紹庭規秩峻銜珠寄隆賜鉞入參巡警淑慎之譽必聞出綏藩落威惠之聲兼濟日轡不留夜舟俄徙未窮遠略遽謝昭途載想嘉庸良深矜歎宜申殊澤式旌幽壤可贈使持節都督涼州諸軍事涼州刺史餘如故賜物三百段便於涼州給付所緣葬一事以上並令官供仍差涼州都

督府長史元仁儼監護仍令朝散大夫通事舍人內供奉邊懷秀弔祭既而居諸易遠宅兆攸資金凫泛泉玉雞伺旦粵以大周萬歲通天元年歲次景申八月庚午朔十有五日甲申葬於咸陽縣之先塋禮也禮司謚曰公夙承門閥早踐通班茂績昭宣聲望顯著學該流略藝總兵鈐以孝安親以忠奉國終始如一存沒不渝旌善易名宜憑典實按謚法寬樂令終曰靖請謚曰靖公惟公降淳粹而蓄瓌奇稟清忠而挺才望韶儀淹雅難窺於得失逸調清通不測其涯涘抑揚人傑雕纘士林等桃李之無言若朱藍

之在性先人而後已鄙利而尚賢亭亭有千丈之榦其高非易仰汪汪如萬頃之波其深不可測有碩學焉有令問焉擅班馬之雄辯蓄靈蛇之雅作逸氣上煙霞之表高名振朝野之際五公七侯之盛僅可執鞭曜蟬鳴玉之榮纔堪捧轂如楊彪之承伯起若班固之嗣叔皮加以懸榻翹賢分庭接士衣裘鞍馬朝成夕費兼濟之性光映人物乃構厦之良林映車之名寶者矣夫人唐膠西公孝義之長女也齊輝娥彩擢榦瓊枝莊敬率由於自然抑揚女史溫柔稟之於本性光輝內則既而雄劍潛鋒崩城起恨毀瘠逾於大禮攀號洎乎蒯髮夷夏足其悲哀搢紳增其慘變

屈已而遵女誡飭躬而宣婦道可謂承家稟訓執仁組行者歟長子左豹韜衛大將軍兼賀蘭州都督上柱國凉國公裕次子右武威衛郎將上柱國姑臧縣開國子嵩右玉鈐衛郎將上柱國沓禾縣開國子崇等並早涉義方夙延庭訓孝心冥契至德純深仍候氣纏憂先嘗空 闕 充窮盈感孺慕增悲棘皃由乎絕 闕 柴毀幾於滅性可謂至道冠幽明窮途傷骨髓哀號擗踊獨超前輩雖罔極之誠踐霜露而逾感相質之重映今古而垂裕是用傍求翠琬式樹豐碑家風祖德居然在斯用以光士行用以芳本枝歷千秋兮無斁經百代兮無虧銘曰

東井蒼蒼西土茲茲天開分野地列封疆門多英毅代産忠良偉哉人物紛乎典章其一前涼後涼乃祖乃父赫奕冠蓋蟬聯文武金相玉質光台映轄至德符孝貞心翼主其二可汗嗣立抑揚流輩業盛後昆道隆前載遐邇欽挹夷夏欣戴四海英髦共推貞槩其三特勤垂裕搏風振翼孔席申歡嵇松比直智水游泳仁山止息討本尋源斯標岐嶷其四毅公雅節莫之與京既忠且孝王佐人英研精流略損 闕

良平昭昭餘慶恤允膺榮其五挺生異林韶年振響未盈小學亟承恩獎門閥易隆牆仞難仰學行無斁名實逾廣其六露冕關河式清邊徼遽宣威德聿敷名教肅彼夷落鎮茲襟要人揚德宇窮微盡妙其七綏邊寄重尤資望族顯允奇林悠然嗣福外清荒憬內膺榮祿總戎之寄聲連祕牘其八詵詵于隰屢警邊城侵 闕 躍馬槩 闕 揚旌橫雲列陣背水開營未經千日俄夢兩楹其九駕 闕 難留居諸易促旋悲 闕 佩遽傷埋玉松陰隴兮均青草紫墳兮吐綠式鐫貞琬以光勝躅其十

欽定全唐文卷一百八十八

韋承慶

承慶字延休贈幽州都督思謙子舉進士補雍王府參軍累遷太子司議郎長安初爲司僕少卿轉天官侍郎修國史拜鳳閣侍郎同鳳閣鸞臺平章事神龍初坐附張昌宗配流嶺表起授辰州刺史入爲祕書員外少監以修武后實錄功封扶陽縣子又撰武后紀聖文加銀青光祿大夫遷黃門侍郎未拜卒贈祕書監謚曰溫

靈臺賦

歲已殫夜向闌風威勁霜氣寒月斜臨於棟首河半落於簷端心耿耿而不寐魂煢煢而未安乃振衣危坐隱几太息繹思於今古之津佇懷於天地之域粤若天分地闢古往今來物之播焉成萬品人之生也配三才伊生人之爲貴咸賦職於靈臺彼靈臺者含粹而起惟神所止想四大之樞機執五成之端揆統精靈之往復括性命之終始坎憑慧而宣聽離假明而暢視六儀竦而承尊百骸運而爲使若衆星之拱璿極猶列國之宗玉扆夫其鼓動陶甄範圍涵育質微用廣如土圭之準盈縮精靈器要譬灰琯之調涼燠撫二儀之幹運必用此而休復閱庶類之區分亦俟兹而大畜奧室資明於洞户飛軒寄轉於輕軸靈筠挺防露之篁孤穎秀捎雲之木其高也巍乎峻峙傑爾孤標上干日月迥冠雲霄其深也如海之渟如淵之邃窅萬仞兮沈以清潛九重兮隱而閟其平也周道如砥君子之夷扃其險也蜀門若劍小人之跂躅彌性埸而極覽溥情囿而環矚鮮開曠而閑凝多鬱堙而窘促萌一緒而千變兆片機而萬觸無半刻而恬想乃終年而汩欲大木百圍而窾竅長河九支而屈曲怒則烈火扇於衡飈喜則春露融

於朝旭懼驚懷其若墜憂結念其如束或漫漫而川浮或迢迢而山屬繁襟霧合而烟聚單思鍼懸而縷續其鶩時也似飛蛾凌亂而投明燭其趨利也若饑烏聯翩而爭場粟力方躓而猶騁量已傾而未足吹劍首而聒虞韶握砆碱而銜荆玉纖埃不讓於山阜巨海見排於井谷沈浮兮靡定去就兮多途乍排下而進上忽出有而入無轉息而延緣萬古迴瞬而周流八區形寥寥於衽席慮淼淼於燕娛乃榮乃華如馳如驅甚飛猱之蹻喬木過奔兕之逸修衢雖杼軸而無已吾未知其所圖爾其清濁兩資臧否兼

司有緩者而密者幾附之而益之勇怯於焉競爽明晦所以相欺或外靜而中躁或情慍而顏怡或趣睽而迹偶或言信而誠疑眉睫兩連而相對山河萬重而在茲莫覩其深沈之實拖徒見其俯僂之虛姿類陰陽之不測匹神鬼之難期不可審之以權量不可卜之以蓍龜爭度長而自我各守勝而爲師設皇綱而懸帝制張地絡而舉天維雖衆條之所檢轄在斯軔而不能持徵善惡於遙祀訪賢愚於羣冊軒昊用之而司契堯舜守之而光宅湯武任之以爲玉桓文仗之而作伯宏聖道者謂之周孔肆凶德者攝

爲桀跖體仁成曾史之行毓智舉良平之策六國起爭交之端三方構鼎峙之跡政焚書而騁暴巨誦典而崇僻謟讒胥而獲誅靳譖原而受斥軻發匣而揮匕如睨極而抗璧蕭朱始諧而末釁餘耳初好而終隙寵包詐而昵躬宰蘊邪而附石究迴穴於今古鬱繽紛於載籍匪外物之所嬰諒乃心之攸敵若乃無損無益不盈不沖湛虛明其若鏡坦宏量其如空靜凝神而合道動應物而收功得至無於象外垂妙有於寰中既脗合而懸解且兼忘而大同象罔之珠易索橐籥之用無窮入窅冥而超宇宙翔寥廓而

矯樊籠斯上聖之神理遡先幾而感通諒凡情之靡得徒仰止於余衷至於宅義依仁棲貞履順崇禮讓之扃闥聳溫恭之牆仞赴艉壑而全忠處龍鄉而執信情居損而能酌時處遯而無悶一作道在恒而不振遊書圃而摭芳挹文河而濼潤循雅度而成則服嘉言而遺吝乃懿士之清規實吾人之所御持弱操而知勉飭微躬而底慎思不忮而不求絕相靡而相劭慨投筆而長想聊綴音於末韻

枯井賦

粤若天生五材兮一不可棄水包六府兮萬人攸利汙樽

抔飲兮變其淳樸鑿井汲泉兮與其繪事六十四卦兮表其名二十八宿兮列其位伯益創而功立重華浚而德備故有神邱玉檻仙苑銀牀浪華浮潤醴泉味芳永康則金精化鳥曲阜則土怪成羊感至誠於漢將通瑞氣於吳王若乃懸繘下垂抽絣上出窮百丈之幽祕極九重之邃窈由中夏而浹外區自帝王而周庶匹接壤鄰甸駢閭比室咸賴此以資生必待斯而養質隨大小而周用任多少而取實環終始兮歷古今積歲時而緜月日湯七載而無減堯九年而不溢一家曠兮靡寧寸路虛而有卹運其功兮

信廣收其利兮焉畢及夫欄傾甃毀土陷泉沈滋液中耗汙泥上侵古桃頹顇兮無色枯桐零落兮罷陰霜霰積兮空園冷荆棘攢兮荒徑深昔時之所趨挹疇日之所窺臨皆指新而競往罕存舊而來尋豈唯見嗤於射鮒諒亦興歎於無禽如使崩壞重修堙泉更濬澄汰汙滓鑒觀清洌擬晝處之蓮房除哭者之茅絰近類濟人之井遠分夏后之穴若澗溪之始泄猶泛濫之初決當給養之不窮寧酌甘而先竭亂曰有通有塞兮道之恒時用時舍兮業方宏疏而浚兮甘潤騰墾而竭兮汙泥增彼幽涸兮如重旋濟

窮渴兮良所能

明堂災極諫疏

文明垂拱後執政者未滿歲率以罪去大抵皆惡逆不道夫構大厦濟巨川必擇文梓艅艎若亟毀而敗則是用朽木乘膠船也臣謂陛下求賢之意切而取人之路寬故一言有合而付大任夫以堯舉舜猶歷試諸艱況庸庸者可超處輔相以百揆萬機畀小人哉

上東宮啟

臣承慶言伏以殿下國之儲貳主器承祧百姓繫心萬方延首行一事天下所瞻出一言天下所聽動靜不可以不愼進退不可以不思圖須數引正人詢謀得失使忠言日聞於耳善事每關於心所爲合度必自知其過如此則正心起邪心息德業日新聲聞彌廣福祿可以長守榮位可以久安若諂諛在側忠良不進意有所向則合詞稱善言未出口則同聲稱美有非莫悟有過莫知便自爲神睿聰明超絕今古驕溢之漸常必由之伏願特留睿情每存規誡聞過必改見善必行朝夕孜孜常恐不及則邦家是賴天下幸甚進德修業大易垂文說禮敦詩春秋所貴尚書云念終始典于學禮云玉不琢不成器人不學不知道孔

子曰吾嘗終日不食終夜不寢以思無益不如學也殿下昔在藩邸耽讀典墳論道觀書匪朝伊夕自升儲貳已歷炎涼侍讀承言稍以稀簡雖睿姿天挺神明生知器業自然非求外奬然更加研勵彌益風猷伏願數召儒生勤修學藝縑緗不離於左右披閱無捨於光陰使日知所未知月聞所未聞凡在匹夫苟能強學猶可以高取名譽坐致簪纓況殿下以儲后之尊而能留心於學德音之美固無得而稱焉畋獵馳騁敗德之源必須順動不可以盤遊無

度至於從禽逐獸絕野馳原駿足雲飛輕弧電舉當其適意豈憚艱危無險不陵無深不赴忽然奔馬委轡猛獸逸羣致驚駭之憂貽顛墜之患雖有所悔如何可及夫以千金之子猶且坐不垂堂況在萬國之身豈可不思重慎殿下初升儲位養德春闈理宜靜默自居文史爲務不可數爲遊縱以損德音尚書云內作色荒外作禽荒酣酒嗜音峻宇雕牆有一於此未或不亡伏願詳覽古今以爲鑒戒殿下驅使之人每於北門召入如此等色皆是憸利小人緣得供奉祇承自謂別蒙恩幸外則妄爲威福內則專事

諂諛巧媚百端以求顏色日爲一事時進一言漸漬纖微遂成瑕累此之浸潤最難覺察特須斥遠屏黜不宜親近左右殿下皇儲國嗣帝子天孫府庫充盈宮室崇麗但使不爲鄙僻不作奢淫凡所營求有司畢備何藉此等別有祇承今南衙官寮皆是搢紳士子或耆年舊德博識洽聞或雅望英林修身潔行莫不策名委質奉事殿下自非陪扈法從不得一奉宸顏豈有僕隸輿臺而可特承恩盼伏願一皆杜絕勿許更至宮闈所見者唯端士正人所聞者唯詩禮典誥則邪孽無由而起咎悔無從而生睿德彌高

休聲日遠伏見今年六月三十日令書以崇文館中學士極少令賓客庶子詹事及宮官五品以下各舉所知令出已來日月已久官寮所舉咸已進名迄至於今更無進止殿下敦崇學藝廣訪時英天下四方莫不欣悅文學之士飭躬待問而淹歷時序未有指歸朝中搢紳咸謂殿下徒有其聲而無其實私談竊議頗盈衆口但令出惟行理非虛設舉能進善其事不輕一降令書終年寂寞天下英髦誰不解體此乃欲益反損應是更非伏願與賓客庶子等量宜早爲處分事或不可專決亦須速以聞奏不可淹延

致招誹議今關隴之外蕃夷寇竊國家將中弔伐大興師旅轉輸給用糜費日多聖上內恤黎元外憂疆埸宵衣旰食惕慮兢懷殿下在國爲儲君在家爲長子事兼家國何以自寧至於居處服翫飲食聲樂並請務從省約以助聖上憂勞不可每事豐華自爲安逸儲副之尊士庶瞻仰雖宮闈務簡不資每日坐朝至於朔望之辰諸王賓客咸萃皆欲親承睿旨肅奉宸儀伏見秋冬以來累月不曾一坐恭己之義竊謂有虧伏願每至此朝特臨法從則殿下無晏安之逸羣寮有趨奉之歡臣聞體寬裕之德者在乎納

諫懷忠貞之極者期於盡節是知君以不諱昭其美臣以無隱達其誠固君臣之大義古今之通道伏惟殿下挺叡研幾凝貞毓照處帝王之元子爲億兆之副君當其冊命之初天下含齒戴髮童兒牧豎莫不歡忻踴躍抃舞謳歌者以殿下至德至仁克忠克孝故能上當天意下應人心雖夏邦建啟周朝立誦不之及也但能行之以道守之以仁居安慮危在滿防溢一日三省一事九思知稼穡之艱難省宮苑之遊翫正辭雅詁每關心術好聲亂色不留聰明忠讜者引而親之便佞者屏而遠之則可以長主宗祀

永在國本照黃離以保元吉居蒼震而享利貞臣出自膠庠即參藩邸微班再易馳年十變短才弱翰濫蒙甄奬書記文章特受恩寄洎乎嗣登銀牓復得忝侍銅闈俯存簪履之餘仰攀鱗羽之末蕩蕩鴻澤霑濡不已區區淺志答效無階所以輸罄心源瀝盡肝血奉芻蕘之片議獻狂瞽之一言庶輕露馳聲薄滋於少海纖塵驟影微助於瑤山逆耳黨伸觸鱗甘罪無任悾款之至謹奉啟以聞

重上直言諫東宮啟

臣聞太子者君之貳國之本也所以承宗廟之重繫億兆之心萬國以貞四海屬望殿下以仁孝之德明睿之姿岳峙泉澄金貞玉裕天皇升殿下以儲副寄殿下以監撫欲使照無不及恩無不覃百僚仰重曜之輝萬姓聞洊雷之響夫君以人爲本人以食爲命君非人無以保其位人非食無以全其生故孔子曰百姓足君孰與不足百姓不足君孰與足自頃年以來頻有水旱菽粟不能豐稔黎庶自致煎窮今夏亢陽米價騰踴貧窶之室無以自資朝夕遑遑惟憂餒饉下人之瘼實可哀矜稼穡艱難所宜詳悉天皇所以垂衣北極殿下所以守器東宮一作朝爲天下之所

尊得天下之所利者豈惟上元之幽贊亦百姓之倚命也百姓危則社稷不能獨安百姓亂則帝王不能獨理故古之明君飽而知人飢溫而知人寒每以天下爲憂不以四海爲樂今關隴之外凶寇憑陵西土邊甿凋喪將盡干戈日用烽柝荐驚千里有勞於饋糧三農不遑於稼穡雖蜂蠆之小毒亦足以煩師旅而擾邊隅矣殿下爲臣爲子乃國乃家爲臣在於竭忠爲子期於盡孝在家不可以自逸在國不可以自康一物有虧聖上每留神念三邊或梗殿下豈不兢懷況當養德之秋非是任情之日伏承北門之

內造作不常翫好所營或有煩費倡優雜伎不息於前鼓吹繁聲亟聞於外既喧聽覽且黷宮闈兼之僕隷小人緣此得親左右亦既奉承顏色能不恃賴恩光作福作威莫不由此若不防愼必有愆非倘使微累德音於後悔之何及書云不作無益害有益此皆無益之事固不可躭而悅之臣又聞在上不驕高而不危制節謹度滿而不溢高而不危所以長守貴滿而不溢所以長守富是知高危不可不愼滿溢不可不持易曰君子終日乾乾夕惕若厲無咎敬愼之謂也在於凡庶能守而行之猶可以高振聲華坐

致榮祿殿下有少陽之位有天挺之姿片善而天下必聞小能而天下咸服豈可不爲盡善盡美之道以取可久可大之名哉伏願博覽經書以廣其德屛退聲色以抑其情靜默無爲恬虛寡欲非禮勿動非法不言居處服玩必循節儉畋獵游娛不爲縱逸正人端士必引而親之便僻側媚必斥而遠之使惠聲溢於遠近仁風翔於內外則可以克享終吉長保利貞爲上嗣之稱首奉聖人之鴻業者矣臣昔參朱邸忝膠東之藩吏晚侍清宮叨望苑之儲寀每得親承睿盼側奉宸規出入銀牓之前旦暮銅樓之下小人頂戴無以勝恩區區淺誠竊不自已古人恥其君不及堯舜臣亦願陛下超於啟發是以冒進狂言庶有裨於萬一微生萬死實無限於三泉謹啟

長孫訥言

訥言儀鳳時人

箋注廣韻序

此製酌古沿今無以加也然古傳之已久多失本源差之一畫詎惟千里見炙從肉莫究厥由輒意形聲固當從夕及其晤矣彼乃乖斯若靡馮焉他皆倣此傾佩經之隙沐

雨之餘楷其紕繆疇茲得失銀鈎創闢晉豕成羣盪櫛行披魯魚盈貫遂徵金篆遐泝石渠略題會意之辭仍記所由之典亦有一文兩體不復備陳數字同歸惟其擇善勿謂有增有減便慮不同一點一畫咸資別據其有類雜並爲訓解傳之不謬庶埒箋云

劉審禮

審禮徐州彭城人貞觀中歷左騎衛郎將遷工部尚書檢校左衛大將軍儀鳳三年副中書令李敬元討吐蕃敗被執卒於吐蕃贈工部尚書謚曰僖

議釋道不應拜俗狀

一竊見王者尊敬神祇神祇之類尊佛弟子是以明其遠致尊其所尊抑從拜禮愚謂未可

一比見官人承詔不拜王師非是師賤下人乃以敬其主教出家僧衆染衣除髮異俗標形承佛綸言爲國崇福君父致敬不禮其身僧披法衣不拜君父

一竊見神象所立因人作形形已作成人還返敬豈以因人所立則不致尊若不致尊立之何用佛以遺教付囑國王王之所立王還尊敬如王不敬立之何益

一竊見承先代之後者立居百王之上道士等身披老君之法服口傳老君之法言同俗致拜恐乖其禮謹議

賈大隱

大隱太學博士公彥子儀鳳中爲太常博士終禮部侍郎

駁周悰立崇先七廟議

臣竊準秦漢皇太后臨朝稱制并據禮經正文天子七廟諸侯五廟蓋百王不易之義萬代常行之法未有越禮違古而擅裁儀注者也今周悰別引浮議廣述異文直崇臨朝權儀不依國家常度升崇先之廟而七降國家之廟而五臣聞皇圖廣闢實崇宗社之尊帝業宏基實等山河之固伏以天步多艱時逢遏密代天理物自古有之伏惟皇太后親承顧託憂勤黎庶納孝慈之請垂矜撫之懷實所謂光顯大猷恢崇聖載其崇先廟室合同諸侯之數國家宗廟不合輒有移變臣之愚直並依正禮周悰之請實乖古儀

欽定全唐文卷一百八十九

韋叔夏

叔夏宰相安石兄舉明經調露時累除太常博士長安中累擢春官侍郎轉太常少卿進銀青光祿大夫拜國子祭酒封沛郡公卒年七十餘贈兖州都督修文館學士謚曰文

建太社議

謹按祭法云王者立太社然王社所祭之處書傳無文漢書郊祀志漢興已有官社未立官稷遂於官社後立官稷以夏禹配食官社以后稷配食官稷瓚云案高紀立漢社

稷所謂太社也時又有官社配以夏禹所謂王社也見漢祠令而未立官稷至此始立之光武中興不立官稷相承至今魏以官稷為帝社故摯虞議曰魏氏故事立大社帝社是也晉初或廢或置皆不言當時所置之處或云兩社同處王社在大社之西崔氏皇甫氏並云王社在藉田引詩藉田而祈社稷為證今謹按衛宏漢舊儀春始東耕於藉田官祀先農則神農也又五經要義云立壇於田所以祠先農壇之制度如社魏秦靜議云風伯雨師靈星先農與社稷為國之六神晉泰始四年上耕於東郊以太牢祀先農又周隋舊儀及皇朝新禮先農皆祭帝神農配以后稷是則王社先農其來自遠各在祀典不可合而為一今欲崇立帝社實違禮經望於藉田之中別立帝社帝稷配以禹棄則先農帝社兩祠咸秩協載芟之義符祭法之文

改先農壇為帝社壇奏

謹按經典無先農之文禮記祭法云王自為立社曰王社先儒以為社在藉田詩之載芟篇序云春藉田而祈社稷是也永徽年中猶名藉田垂拱已後刪定改為先農先農

與社本是一神頻有改張以惑人聽其先農壇請改為帝社壇以應禮經王社之義其祭先農既改為帝社壇仍準令用孟春吉亥祠后土以勾龍氏配

太社用石主議

春秋傳曰君以軍行祓社釁鼓祝奉以從書曰不用命戮於社社之主蓋用石為之奉為將行也是鄭元以社主用石崔靈恩三禮義宗曰社之神用石以土地所主最為實故用石也又呂氏春秋云殷人之禮其社用石後魏書云天平四年四月太社石主遷於社宮是社主用石古有明

說周禮田主各用所宜之木者彼謂人間之社非太社也

社主制度議

社主制度長短在禮無文且天子親征又載社主謂之社事則社之神主可載而行今詳議以爲主既可載明非過重按郊特牲云社祭土而主陰氣韓詩外傳云天子大社方五丈諸侯半之蓋以五是土數故壇方五丈其社主請准五數長五尺准陰之二數方二尺剡其上以象物生方其下以象地體埋其半以根在土中而本末均也則神道設教法象有憑其尺請用古尺

太社議

韓詩外傳云天子太社廣五尺各分置四方色訖上冒以黃土說者云冒以黃土者象王者覆被四方據此則合用黃土遍覆壇上今檢舊壇之上亦備方色

明堂大饗議

謹按禮明堂大享唯祀五方五帝故月令季秋令云是月也大享帝則曲禮所云大享不問卜鄭元注云謂徧祭五帝於明堂莫適卜是也又按祭法云祖文王而宗武王鄭元注云祭五帝五神於明堂曰祖宗故孝經云宗祀文王於明堂以配上帝據此諸文明堂正禮唯祀五帝配以宗祖及五帝五官神等自外餘神並不合預伏惟陛下追遠情深崇禋志切故於明堂享祀加昊天上帝皇地祇重之以先后配享此乃補前王之闕典宏嚴配之虔誠往以神都郊壇未建乃於明堂之下廣祭衆神蓋義出權時非不刋之禮也謹按禮經其內官中官五岳四瀆諸神並合從祀於二至明堂總奠事乃不經然則宗祀配天之親雜與小神同爲於嚴敬之道理有不安望請每歲元日惟祀天地大神配以帝后其五岳以下請依禮於冬夏二至從方丘圜丘庶不煩黷

朱懷隱

懷隱進士登仕郎

大唐方與縣故棲霞寺講堂佛鐘經碑

蓋聞香山聳構如來開說法之堂雪嶺疏基菩薩起安居之寺駢龍宮於月路架迴舒丹浮雁塔於雲（闕一字）橫空疊翠是（闕一字）重臺累榭必栓圓泉梵宇祇園多連山岳依而悟道就以知眞至如四月王宮六年法樹尊三乘之軌躅闡八政之（闕二字）得其門者則豁爾天開迷其路者則窅然

雲合雖復銀函東度玉字南翻象負之所不勝龍藏之所未盡莫不絕（闕一字）門（闕四字）義高（闕三字）揚烟奂止蔭菩提之巨澤盡芬子於方城遊無礙之遐疆承天衣於磐石欲明常住覺體生光將說真空（闕二字）微（闕四字）養之國（闕一字）入祇洹之城遂得夙悟苦空堅持戒行去妻子如脫屣委家馬若遺塵並託真乘咸歸正覺側聞造像沙門獲（闕三字）緬鏡成龕羅漢取雄黃之樹敢緣斯義竊景前修各捨寶財俱爲淨業靖信士張師曠騎都尉王善義卻行等敬造（闕六字）置梟撰日開基擢修幹於松巒採規模於梓匠梅梁結影

望璇極以通光芰井披英泛銀河而蕩色虬檐霧闥鳳幌（闕五字）臨似度金娥之影霞窗曉徹疑窺玉女之容講座衆於燈玉聽筵多於方丈開寶函之奧典闡金字之微言顯證一（闕四字）慧（闕二字）各解俱會真如清信士閻文褒王孩王慈騎都尉司馬感張智靜司馬明遠等敬造一佛二菩薩洪鐘一（闕一字）多心經（闕一字）部（闕一字）刻浮檀如彫水玉毫光夕泛愛月凝輝紺彩晨明慈雲結（闕一字）洪鐘曉韻風傳浮磬之濱法鼓齊驚聲颺孤桐之嶺停酸（闕一字）刲拯泓大（闕一字）聞之者揮慈劒而斷惑纏聽之者搖智鉤以離魔網洞

崩雲之祕體菓宇相輝極垂露之華蹤烟文交映抑（闕四字）慮託六念以矜懷望樹階梯歸依勝業上爲（闕一字）天皇天后皇太子藉此莊嚴（闕一字）斯法本神明翊衞幽顯扶持括地開源張（闕二字）極定陶（闕一字）於寶思苞宇宙於神襟恒遊波若之船永蔭菩提之日況乃圓泉隱暎密爾猴池喬木森疎依然龍樹波舍日（闕二字）蕩菱光（闕二字）天衣仍低蓋影前臨鄴邑星弩開五色之疆却背砂邱天孫標九河之鎮迴接獲麟之野俯枕觀魚之臺孔宣（闕三字）存魯（闕一字）之望斯在周遊（闕二字）藻月思於烟花登陟（闕二字）暢風襟於露葉

雲如鵬翼忽已垂天樹異若華翻能拂日足使廬山（闕二字）精舍均芳（闕二字）籠（闕一字）仙都比麗庶憑靈鑒共建豐碑行方與縣令通（闕一字）郎宋元鳳銜命西秦佩銅（闕三字）職出宰（闕三字）墨綬而司官寬猛相（闕一字）韋弦並（闕一字）導之以廉恥敦之以孝慈禮讓風行仁恩雨沛（闕一字）巨鱗於魚俞局逸翰（闕三字）敷化一（闕三字）舞鸞之化調風百里風均（闕一字）蝗之風潔類冰壺處脂膏而不潤明齊水鏡照隱伏而猶神靜謐圓狴騰（闕三字）丞鄭元（闕六字）尉（闕二字）操並冠蓋八川羽儀四海含輝荆岫出則運城孕彩隨（闕一字）生而照乘五墨究

其枝派九易竭其泉源水溢方字闕十圍扇泛娥影而動仙歌六藝兼須三端乂備咸字闕二情慧字闕一降意禪門屢陟雲樓頻依日殿如來半影字闕四室之未修舍字闕一全身之函恨珠臺之未就俱抽正俸竝起檀心以儀鳳四年歲次已卯四月庚戌朔八日丁巳畢功字闕五移河内之灰長贏戒辰氣改淮南之燧交河合浦元兔朱鳶竝入法流同聞甘露繼使蕭邱永扇毒火不然閶闔長開業字闕三託斯妙力遐棲兜率之宮馭彼勝因遠庇淨居之域曬通賢之綺構偶福地之韶規雖敏悉終飈未擇菁於義窟思非楊鳳

闕絢藻於詞林字闕三物緘丹誠連字闕一議因機染素竊會字闕一林軋扣庸音聊字闕一腐翰式旌盛事迺緝銘云其詞曰

星光早落刦燼初開字闕三度白馬西來祇洹有廟波若成臺方逢飛錫乃遇乘杯其一妙覺是生眞如首出德侔造化功苞權實橫流法雨高浮慧日字闕三魂優塡喪律其二神工構極淨域開場日華蓮井霞照梅梁雕楹玉飾鏤檻金裝應龍若動威鳳疑翔其三天孫却背星弩前通字闕二鳧嶧枕輢龜蒙桐山清露磬水吟風高平草綠大野花紅其四衲衣梵志蓮花長者望月知虛聞鐘識假竝甘蟬蛻咸能喜捨永留天供長充鹿野其五梁岑勒崄燕嶠銘勳矧伊綺構闕紀餘芬才非擲地念恧臨雲聲騰永刦義屬斯文其六

唐璿

璿字休璟以字行京兆始平人少以明經擢第永徽中解褐吳王府典籤調授營州户曹參軍調露中將兵破奚厥奚契丹於獨護山遷朔州長史聖歷中破吐蕃於洪源谷擢右武威金吾二衞大將軍遷夏官尚書同鳳閣鸞臺三品中宗復位召拜輔國大將軍同中書門下三品封酒泉

郡公加特進拜右僕射還中書令充京師留守又以官僚之舊封宋國公景龍二年爲太子少師景雲元年充朔方道行軍大總管致仕延和元年卒年八十六贈荊州大都督謚曰忠

乞解職待罪表

臣聞天運其工用人代之而理禮行其化爲政資之以和所謂佐弼萬機主贊百揆其康庶績宏闡大猷得其理則陰陽以調失其和則災沴斯作故舉才而授帝惟其難論道於邦官不必備苟非其任自古缺之臣樗櫟散林桑榆

暮齒識非經遠器不濟時徒以循忝周行歷登朝廡再睹興運累辱寵章執典禁戎不雪四郊之恥忝尸端右更居八座之榮任重材輕恩深効淺空曠職事僶俛歲時莫能師長具寮損益大政況疲弊已至年髮浸衰心欲自彊力終不及無德而祿必爲小人之患非材安居果致大臣之咎頃自中夏及乎首秋郡國水災屢爲人害潁陽奧壤流溺邑居淇上名區漂壞閭井又雒水汎溢決潰隄防驚惶居人輒動皇念將政教之吏罔副天心實變理之才未知王度夫水陰氣也臣實主之臣忝職右樞致此陰沴是不

能調理其氣而乃曠居其官雖運屬堯年則無治水之用位侔殷相且闕濟川之功猶負明刑坐逃皇譴皇恩不棄其若天何昔漢官故事丞相以天災免職況竊在聖朝臣豈敢靦顏居位乞解所職待罪私庭冀移陰咎之徵復免夜行之眚

諫罷豐州書

豐州控河遏賊實爲襟帶自秦漢以來列爲郡縣田疇良美尤宜耕牧隋季喪亂不能堅守乃遷徙百姓就寧慶二州致使戎羯交侵乃以靈夏爲邊界貞觀之末始募人以實之西北一隅方得寧謐今若廢棄則河傍之地復爲賊有靈夏等州人不安業非國家之利也

韋展

展杜陵人官少府監主簿

日月如合璧賦 以應候不差如璧之合爲韻

國家纂宏天統紹啓王跡獵英華於百代漱芳潤於六籍於是闡睿歷於疇人鏡元象之冰釋察運行之盈縮見分度之損益五星同舍狀自叶於連珠兩曜集晨候不僭於合璧是知陰陽卷舒日月居諸時會而乍離乍合順行而

匪疾匪徐徵於顓頊之法考以軒轅之書百靈以之肅若四海由其晏如推上元之歲時和氣茂惟南至之辰日月來就望烏兔之交集瞻斗牛而旣覯璧惟圓制象其圓正之形玉以貞稱表此貞明之候可以纂承天意可以敬授人時觀臺之瑞斯驗馮相之言不欺方見仲尼無得而踰矣乃知游夏何足以當之臨楚山豈和氏而能識入秦野非相如之見持且夫日者尊而有常月者謙而不雜每有德而昭感必效靈而允答分則列照於三無聚則和光於六合徒觀夫炳煥可嘉毫釐靡差珥作如虹之氣波爲旁

達之華暎彼仙娥有似夫佩而比德吐兹王字更疑乎瑜不掩瑕然則天垂象兮至明歷爲功兮可久重之斯實理本輕之則爲亂首是以堯之分命典誥高其能然魯也失官春秋貶其誠不吾君之所懲勸將永代而遵守顧惟愚懵竊覩嘉應鉤深索隱雖無瞽史之才頌德歌功敢借詩人之興

權無二

無二高宗朝太常博士歷太子文學

答沙門復禮辯惑書

續晨鳬之足鑿混沌之竅百年之疑一朝頓盡永遵覺路長悟迷源藝煩惱之薪餐涅槃之飯請事斯語以卒餘年

源直心

直心相州臨漳人高宗時爲周王府長史擢太常伯流死嶺南

議釋道不應拜俗狀

釋旨希微理暢有形之表元宗罔像義軼無名之外括三才而體要包萬類而窮神眞氣麗關佇猶龍之西舉法雲彩野馴巨象之東歸玉洞仙經冲元羽化金容懿範演聖龍宮至道難名神功不揣爰自周漢咸著丹青典午當塗因循不替是知趨元門者千古崇釋典者百王剪髮緇裳忽輕肥之美變冠黃服蔑簪紱之榮莫不志越寰中心遊方外去揖讓之節就戒律之儀弛禮樂之規遊虛白之室是以如來祕說絕敬君親緜古洎今無朽兹教教如可廢法亦可刓教捨法存法將安措且甲士不拜豈伍卒之自尊天顏咫尺非一介之云貴並以銜威稟命所以禮棄謙恭况乎延思煙霞解塵俗於羈網誓情法界釋恩會於樊籠而使降出俗之容展入家之禮考古恐乖通理論今懼

爽彝章議逮芻微敢申管見瞻對疎謬悚懼交懷謹議

論曰元教廢興理鍾斯運而盛衰之寄抑亦人謀皇上御辯乘時允膺付託所以降非常之詔勵釋侶於明時者也春秋傳曰君所謂可而有否焉臣獻其否以成其可君所謂否而有可焉臣獻其可以去其否余聞其語矣今見其人焉觀秀上肆力釋君昌言帝闕詞志款款勤則勤矣而宣公之啓狀詳切該博吾無間然方今以大法爲已任思正其傾危能負重道遠者此其人也歟仲尼云顛而不扶危而不持則將焉用彼相矣若此眞可謂至覺元首良哉

股肱中臺周府等議雖文質有乖而咸得事要然樞紐經典疇咨故實理例鋒穎詞韻膏腴則司戎之稱鴻筆麗藻矣若標以顯議約以正詞其文辯潔其事明覈則左驍衛舉其綱領矣將來達鑒斯焉取斯

蘇遊

遊開耀時人

三品頤神保命神丹方敘

若夫汞者五行之秀氣二儀之純精津液流形體分三品之別剛柔爲用功標百鍊之奇故能匿銳燕圖白霓翹而

貫日潛芯豐匣紫霧發而衝星在物之靈莫斯爲最雖表名於兌域實取効於離方是以上古聖人歷嘗諸味甘而無毒可以養神遂變柔成剛從麤入妙或作規而寫圓璧或爲矩而象方諸鑒同明月之輝藏於習坎之地金水相合自表生成之數元臺吸引用召太陽之精因其自然而生故卽體之名爲汞麥合姿於酉德爲酒熱而且宣稟成氣於震宮爲藥溫而又潤以斯相和合而服之再餌晨晡一無所忌可以堅實骨髓羸體變而成剛可以悅澤肌膚衰容返而爲少至於男女之道房室之間姬媵數百取御之儀俄頃亦具辟鬼除邪蠲痾去疾風勞虛悸之輩攣躄疽癩之徒餌一劑而便瘳匝三周而並愈復本質於平素如舊姿而有佳倚震柱而不驚當離牖而寧懼若能依八節順四時採百物之初生合衆藥而爲長或乾或濕爲散爲丸適寒暑以調和隨道引而消息一服之後萬事都捐心若死灰形同槁木滓穢日去清虛日來通幽洞冥驅神役鬼純粹不覺其濁絕糧不覺其飢腸漸化而爲筋髓漸化而爲骨體生羽翼身若虛空駕鶴乘龍將煙霞而迴騖長生久視與穹壤而相侔斯則天仙之上品也若也不救

物表取足人間初服之日閉情無逸一二三年微用節宣八九十歲方始任使耳目惟有聰察神彩彌加精明顏與日而俱新智將年而共遠力則拔山扛鼎倒曳九牛誦則一日萬言五行俱下蠲塗靡乏任意所爲俯仰六合之中高視數百年外雖未能觀東海以成桑田詣西母而摘桃實抑亦優游自在其地仙之亞歟語曰上藥養命中藥養性下藥去病總三者以爲言惟此可以備矣豈與夫種石齊偶功效相侔膚體纔未充虛發徹已通中外可得同年而語哉但代人迷於攝養自致危脆苟徇目前不圖久遠

以爲壽有定極非關藥餌所資自然者飲鴆羽寧得斯須吞烏喙行爲邱死既能促之使短豈不能延之使長信彼而不信此斯爲惑也不亦愚乎且食鐵之獸得其麤獷猶能猛健有異毛族況人爲之取其精粹取其輕清而無殊特之姿不獲延長之壽未之有也余以汞丹之妙功用無比故申述舊方更爲新題庶有識君子知此評之不虛也其有餘小功能并合和節度隨時附出並論之於後

袁思古

思古高宗朝太常博士

許敬宗謚議

敬宗位以才昇歷居清級然棄長子於荒徼嫁少女於夷落聞詩學禮事絕於家庭納采問名惟聞於黷貨白珪斯玷有累清塵易名之典須憑實行案謚法名與實爽曰繆請謚爲繆

欽定全唐文卷一百九十

楊炯一

炯華陰人舉神童授校書郎爲崇文館學士俄遷詹事司直武后時坐從祖弟神讓犯逆左轉梓州司法參軍秩滿授盈川令卒中宗以舊僚追贈著作郎

渾天賦并序

顯慶五年炯時年十一待制宏文館上元三年始以應制舉補校書郎朝夕靈臺之下備見銅渾之象尋返初服臥病邱園二十年而一徙官斯亦拙之效也代之言天體者

未知渾蓋孰是代之言天命者以爲禍福由人故作渾天賦以辯之其辭曰

客有爲宣夜之學者喟然而言曰旁望萬里之橫山而皆青翠俯察千仞之深谷而皆黝黑蒼蒼在上非其正色遠而望之無所至極日月載於元氣所以或中而或昃星辰浮於太空所以有行而有息故知天常安而不動地極深而不測可以爲觀象之準繩可以作談天之楷式有稱周髀之術者輾然而笑曰陽動而陰靜天迴而地游天如倚蓋地若浮舟出於卯入於酉而生晝夜交於奎合於角而

有春秋天則西北旣傾而三光北轉地則東南不足而萬水東流比於圓首前臨胸者後不能覆背方於執炬南稱明者北可以言幽此天與而不取惡遑遑而更求太史公有睟其容乃盱衡而告曰楚旣失之齊亦未爲得也言宣夜者星辰不可以闊狹有常言蓋天者漏刻不可以春秋各半周三徑一遠近乖於辰極東井南箕曲直殊於河漢明入於地葛稚川所以有辭日應於天桓君山由其發難假蘇秦之不死旣莫知其爲說儻隸首之重生亦不能成其算也二客嘗亦知渾天之事與請爲左右揚摧而陳之

原夫杳杳冥冥天地之精混混沌沌陰陽之本何太虛之無礙俾造化之多端南溟玉室之宮炎皇是宅西極金臺之鎭上帝攸安地則方如棊局天則圓如彈丸天之運也一北而物生一南而物死地之平也景短而多暑景長而多寒太陰當日之衝也成其薄蝕衆星傳月之光也因其波瀾乾坤闔闢天地成矣動靜有常陰陽行矣方以類聚物以羣分吉凶生矣在天成象在地成形變化見矣部之以三門張之以八紀其周天也三百六十五度其去地也九萬一千餘里日居而月諸天行而地止載之以氣浮之以水生之育之長之畜之亭之毒之蓋之覆之天聰明也聖人得之天垂象也聖人則之其道也不言而信其神也不怒而威驗之以衡軸考之以樞機三十五官爲羣生之繫命一十二次當下土之封畿中衡外衡每不召而自至黃道赤道亦殊塗而同歸表裏見伏聖人於是乎發揮分至啓閉聖人於是乎範圍可以窮理而盡性可以極深而研幾天有北斗杓攜龍角魁枕參首天有北辰衆星環拱天帝威神尊之以耀魄配之以勾陳有四輔之上相有三公之近臣華蓋巖巖俯臨於帝座離宮奕奕旁絕於天津

列長垣之百堵啓閶闔之重闈文昌拜於大將大理囚於貴人泰階平而君臣穆招搖指而天下春東宮則析木之津壽星之野箕爲傲客房爲駟馬天王對於攝提皇極臨於官者左角右角兩曜之所巡行陰間陽間五星之所次舍後宮掌於燕息太子承於冢社宗人宗正內外惇敘於邦家市樓市垣貨殖畢陳於天下北宮則靈龜潛匿騰蛇伏藏瓠瓜宛然而獨處織女終朝而七襄登漸臺而顧步御輦道而徜徉聞雷霆之隱隱聽枹鼓之硠硠南斗主爵祿東壁主文章須女主布帛牽牛主關梁羽林之軍所以

除暴亂壘壁之陣所以備非常西宮則天潢咸池五車三柱奎爲封豕參爲白虎胃爲天倉婁爲衆聚旄頭之北宰制其邊陲天畢之陰蓄洩其雲雨大陵積尸之肅殺參旗九斿之部伍樵蘇之地出入於園苑萬億之貲塡積於倉庾南宮則黃龍賦象朱鳥成形五帝之座三光之庭傷成於鉞誅成於鑕福成於井德成於衡執法者廷尉之曹大夫之象少微者儲君之位處士之星天弧直而狼顧軍市曉而雞鳴三川之交鶉火通其耀七澤之國翼軫寓其精南河北河象闕於是乎增峻左轄右轄邊荒於是乎自寧

乃有金之散氣水之精液法渭水之横橋像昆池之刻石歲時占其水旱滄溟應其潮汐織女之室漢家之使可尋飲牛之津海上之人易覿日也者衆陽之長人君之尊天雞曉唱靈烏晝踆扶桑臨於大海若木照於崑崙太平太蒙所以司其出入南至北至所以節其寒溫龍山銜燭不能議其光景夸父棄策無以方其駿奔月也者羣陰之紀上天之使異姓之王后妃之事方諸對而明水洽重暈匝而邊風駛裁盈蚌蛤則虜騎先侵適鬭麒麟則暗虎潛值五星者木爲重華火爲熒惑鎮居戊巳斯爲土德太白土

西辰星主北俯察人事仰觀天則比參右肩之黃如奎大星之黑五材所以致用七政於焉不忒同舍而有四方分天而利中國赤角犯我城黃角地之爭五星同色天下偃兵趨前舍爲盈退後舍爲縮盈則侯王不寧縮則軍旅不復或向而或背或遲而或速金火犯之而甚憂歲鎮居之而有福觀衆星之部署歷七耀而驅馳定天下之文所以通其變見天下之賾所以象其宜然後播之以風雨威之以霜霰或吐霧而蒸雲或擊雷而鞭電一旬而太平感膚寸而天下徧白日爲之晝昏恒星爲之不見爾乃重明合

璧五緯連珠青氣夜朗黃雲晝扶握天鏡授河圖若曰賜之以福此明王聖帝之休符至如怪雲祅氛冬雷夏雪日暈長虹星流伏鼈陰有餘而地動陽不足而天裂若曰懼之以災此昏主亂君之妖孽昔者顓頊之命重黎司天而司地陶唐之分仲叔宅西而宅東其後宋有子韋鄭有裨竈魏有石氏齊有甘公唐都之推星王朔之候氣周文之視日吳範之占風有以見天地之情狀識陰陽之變通詩云謂天蓋高語云惟天爲大至高而無上至大而無外四時行焉萬物生焉羣神莫尊於上帝法象莫大於皇天靈

心不測神理難詮日何爲兮右轉天何爲兮左旋盤古何神兮立天地巨靈何聖兮造山川螟何細兮師曠清耳而不聞離婁拭目而無見鵬何壯兮摶扶搖而翔九萬運海水而擊三千龜與蛇兮異其短長之質椿與菌兮殊其大小之年鐘何鳴兮應霜氣劒何伏兮動星躔列子何方兮御風而有待師門何術兮驗火而登仙魯陽揮戈兮轉於西日陶侃折翼兮登乎上元女何寃兮化精衞帝何恥兮爲杜鵑爭疆理者有零陵之石聞絃歌者有蓋山之泉若怪神之不語夫何述於此篇以天乙之武也焦土而爛石

以唐堯之德也襄陵而懷山以顔回之仁也貧居於陋巷以孔子之聖也情希乎執鞭馮唐入於郎署也兩君而未識揚雄在於天祿也三代而不遷桓譚思周於圖讖也忽焉不樂張衡術窮於天地也退而歸田我無爲而人自化吾不知其所以然而然

浮漚賦

在霖霪之可翫惟浮漚而已矣況曲澗兮增淚復坳塘兮漲水霤滴瀝兮行注階潺湲而浪起寸步百川咫尺千里於是乍明乍滅時行時止排雨足而分規擘波心而對峙輕盈徘徊容與庭隈狀若初蓮出浦映清波而未開又似繁星落曙耿斜漢而將迴合散消息安有常則倏來忽往不可爲象雨密稠生風牽亂上若乃空濛采褰浩汗浮天流平舊沼派溢新泉分容對出吐映均鮮觸流萍而欲散礙浮芥而還連光凌虛而半動影倒水而分圓始參差而別趣終宛轉以同沿歷亂踟躕漂沸縈紆細而察之若美人臨鏡開寶匳大而望也若馮夷剖蚌列明珠逐風波而澹蕩乃變化而須臾跡均顯晦妙合虛無同至人之體道亦隨時而不拘夫其得坻則止乘風則逝處上下而無窮

任推移而不繫似君子之從容常卷舒而不滯故其在陽則隱在陰則出泄泄悠悠匪徐匪疾因自然以見體託行潦以凝質類達人之修身故不欺於暗室蕩薄昳瀹鼓舞洲渚其生兮若浮其居兮若旅雲消雨霽寂無處所惟斯物之靡依獨含情而應機暫假有而示潔終淪空而匿輝苟無心以自累夫何適而有違

臥讀書架賦

儒有傳經在乎致遠力學在乎請益士安號於書淫元凱稱於傳癖高眠孰可詎貽邊子之嘲甘寢則那寧聆宰予

之責伊國工而嘗巧度山林以爲格旣有奉於詩書故無違於枕席朴斲初成因夫美名兩足山立雙鉤月生從繩運斤義且得於方正量枘製鑿術乃取於縱橫功因期於學殖業可究於經明不勞於手無費於目開卷則氣雜香芸掛編則色聯翠竹風清夜淺每待蘧蘧之覺日永春深常偶便便之腹股因茲而罷刺膂由是而無伏庶思覃於下幃豈遽留而更讀其利何如其樂只且巾遂掛於簾幌履誰曳於階除每偶草元之字不親非聖之書比角枕而嗟若匹瑤琴而病諸爾其臨窗有風閉户多雪自得陶潛

之興仍秉袁安之節旣幽獨而多閑遂憑茲而偏閱讀易則期於索隱習禮則防於志悅倘叔夜之神交固周公之夢絕其始也一木所爲其用也萬卷可披墨沼之前謂江帆之乍至書林之下若雲翼之新垂動靜隨於語默出處任於輓推必欲事於所事實斯焉而取斯因謂之曰爾有卷兮爾有舒爲道可以集虛爾有方兮爾有直爲行可以立德濟筆海兮爾爲舟航騁文囿兮爾爲羽翼故吾不知夫不可聊逍遥以宴息

盂蘭盆賦

粤大周如意元年秋七月聖神皇帝御洛城南門會十方賢衆蓋天子之孝也渾元告秋羲和奏曉太陰望兮圓魄皎閶闔開兮涼風嫋四海澄兮百川晶陰陽肅兮天地窅掃離宮清重閣設皇邸張翠幕鸞飛鳳翔聯暘倏爍雲舒霞布翕赫曶霍陳法供飾盂蘭壯神功之妙物何造化之多端青蓮吐而非夏頳果搖而不寒銅鐵銀錫瓔琳琅玕映以甘泉之玉樹冠以承露之金盤憲章三極儀形萬類上寥廓兮法天下安貞兮象地殫怪力窮神異少君王子掣曳兮若來玉女瑤姬翩躚兮必至鳴鸐鶴與鸑鷟舞鵾

雞與翡翠毒龍拏兮赫然狂象奔兮沈醉怖魍魎潛魑魅離婁明目不足見其精微匠石洗心不足徵其奧秘繽繽紛紛氤氤氳氳五色成文若榮光休氣發彩於重雲蒨蒨粲粲煥煥爛爛三光壯觀若合璧連珠耿耀於長漢夫其遠也天台傑起繞之以赤霞夫其近也削成孤峙覆之以蓮花晃兮瑤臺之帝室赩兮金闕之仙家其高也上諸天於大梵其廣也遍法界於恒沙上可以薦元符於七廟下可以納羣動於三車者也於是乎騰聲名列部伍前朱雀後元武左蒼龍右白虎環衛匝羽林周雷鼓八面龍旂九

旂星戈耀日霜戟含秋三公以位百寮乃入鳴佩鏘鏘高冠岌岌規矩中威容翕無族談無錯立若乃山中禪定樹下經行菩薩之權現如來之化生莫不汪洋在列歡喜充庭天人儼而同會龍象寂而無聲聖神皇帝乃冠通天佩玉璽冕旒垂目統纊塞耳前後正臣左右直史身爲法度聲爲宮徵穆穆然南面以觀矣八枝初會四影高懸上妙之座取於燈王之國大悲之飯出於香積之天隨藍實味含衞金錢麪爲山兮酪爲沼花作雨兮香作烟明因不測大福無邊鏗九韶撞六律歌千人舞八佾孤竹之管雲和

之瑟麒麟在郊鳳凰蔽日天神下降地祇咸出於是乎上公列卿大夫學士再拜稽首而言曰聖人之德無以加於孝乎散元氣運洪鑪斷鼇足受龍圖定天寶建皇都至如立宗廟平圭臬繡栭文楣山楶藻棁昭穆敍樽罍設以觀嚴祖之耿光以揚先皇之大烈孝之始也考辰耀制明堂廣四脩一上圓下方布時令合烝嘗配天而祀文考配地而祀高皇孝之中也宣大乘昭羣聖光祖考登靈慶發深心展誠敬刑於四海加於百姓孝之終也夫孝始於顯親中於禮神終於法輪武盡美矣周命惟新聖神皇帝於是乎唯寂唯靜無營無欲壽命如天德音如玉任賢相惇風俗遠佞人措刑獄省遊宴拔圖籙捐珠璣寶菽粟罷宮之無事恤人之不足鼓天地之化淳作皇王之軌躅太陽夕乘輿歸下端闈入紫微

幽蘭賦

惟幽蘭之芳草稟天地之純精抱青紫之奇色挺龍虎之嘉名不起林而獨秀必固本而叢生爾乃丰茸十步綿連九畹莖受露而將低香從風而自遠當此之時叢蘭正滋美庭闈之孝子循南陔而采之楚襄王蘭臺之宮零落無

叢漢武帝猗蘭之殿荒涼幾變聞昔日之芳菲恨今人之不見至若桃花水上佩蘭若而續魂竹箭山陰坐蘭亭而開宴江南則蘭澤爲洲東海則蘭陵爲縣隰有蘭兮蘭有枝贈遠别兮交新知氣如蘭兮長不改心若蘭兮終不移及夫東山月出西軒日晚授燕女於春闈降陳王於秋坂乃有送客金谷林塘坐曛鶴琴未罷龍劒將分蘭缸熠燿蘭麝氛氲舞袖迴雪歌聲遏雲度清夜之未艾酌蘭英以奉君若夫靈均放逐離羣散侶亂鄢郢之南都下瀟湘之北渚步遲遲而適越心鬱鬱而懷楚徒眷戀於君王斂精

神於帝女汀洲兮極目芳菲兮襲予思公子兮不言結芳蘭兮延佇借如君章有德通神感靈縣車舊館請老山庭白露下而警鶴秋風高而亂螢循堦除而下望見秋蘭之青青重曰若有人兮山之阿紉秋蘭兮歲月多思握之兮猶未得空佩之兮欲如何乃抽琴操爲幽蘭之歌歌曰幽蘭生矣於彼朝陽含雨露之津潤吸日月之休光美人愁思兮採芙蓉於南浦公子忘憂兮樹萱草於北堂雖處幽林與窮谷不以無人而不芳趙元淑聞而嘆曰昔聞蘭葉據龍圖復道蘭林引鳳雛鴻歸燕去紫莖歇露往霜來綠

葉枯悲秋風之一敗與蒿草而爲芻

青苔賦

粤若稽古聖皇重暉日光開博望之苑闢思賢之堂華館三襲瑣軒四下地則經省而書坊人則後車而先馬相彼草木兮或有足言者吁嗟青苔兮可得而聞也借如靈山偃蹇巨壁崔嵬畫千峰而錦照圖萬壑而霞開王孫逝兮山之隈披薜荔兮踐莓苔悵容與兮徘徊一去千年兮時不復來至若圓潭寫鏡方流聚玉苔何水而不清水何苔而不綠漁父遊兮漢川曲歌滄浪兮濯吾足桂舟橫兮蘭枻觸浦激邅迴兮心斷續別有崇臺廣廈粉壁椒塗梁木蘭兮椽玳瑁草離合兮樹珊瑚白露下蒼苔蕪暗瑤砌澁瓊鋪有美人兮向隅應閉門兮踟躕心震蕩兮意不愉顏如玉兮淚如珠請循其本也見商羊兮鼓舞召風伯兮電起占顧兔兮離畢星雷闐闐兮雨冥冥浩兮蕩兮見潢汙之滿庭倏兮忽兮視苔蘚之青青爾其爲狀也羃歷綿密浸淫布濩斑駁兮長廊貫緣兮古樹肅兮若遠山之松柏汎兮若平郊之煙霧春淡蕩兮景物華承芳卉兮藉落花歲崢嶸兮日云暮迫寒霜兮犯危露觸類而長其生也蕃

莫不文堦兮鏤瓦碧地兮青垣別生分類西京南越則烏韭兮綠錢金苔兮石髮苔之爲物也賤苔之爲德也深夫其爲讓也每違燥而居濕其爲謙也常背陽而即陰重扃祕宇兮不以爲顯幽山窮水兮不以爲沈有達人卷舒之意君子行藏之心唯天地之大德匪予情之所任

庭菊賦并序

庭菊美貞芳也天子幸於東都皇儲監守於武德之殿以門下內省爲左春坊今庶子裴公所居即黃門侍郎之廳事也其庭有菊焉中令薛公昔拜瑣闈此焉遊處今兼左

庶子止於東廳畫宇連接洞門相向每罷朝之後未嘗不遊於斯詠於斯覽叢菊於斯歎其君子之德命學士為之賦是日也薛凱以親賢爲洗馬田巖以幽貞爲學士高元思張師德以至孝託後車顏强學沈尊行以博聞兼侍讀周琮李憲王祖英曹叔文以儒術進崔融徐彥伯劉知幾石抱忠以文章顯德行則許子儒耆舊則權無二駱縯則詁訓之前識張相則老莊之後興並承高命咸窮體物小子託於吹竽之末敢闕其詞哉遂作賦云

日之貞矣於彼重陽菊之榮矣於彼華坊含天地之精氣

吸日月之淳光雲布霧合箕舒翼張鬱兮蔓衍郁兮芬芳珉枝金蘂翠葉紅莖其在夕也言庭燎之晢晢其向晨也謂明星之煌煌爾其萬里年華九州春色花的皪兮如錦草連綿兮似織當此時也和其光同其塵應春光而早植及夫秋星下照金氣上騰風蕭蕭兮瑟瑟霜刺刺兮稜稜當此時也弱其志强其骨獨歲寒而晚登雨還風去天長地久純黃象於后土故採桑而菊衣輕體御於神仙故登山而菊酒文賓採之而羽化康公服之而不朽東極於是長生南陽以之眉壽胡太尉之允誠光輔漢庭萬幾理三階平及暮年華髮垂肩秋菊落英蠲邪滌瘵於焉永貞鍾太傅之家聲彝倫魏室道合鹽梅功成輔弼降文星之命修彭祖之術保性和神此焉終吉君章請老歲久懸車秋風生兮北園夕白露濕兮前堦虛佇閒庭之曠邈對涼菊之扶疎人生行樂孰知其餘淵明解印退歸田野山鬱律兮萬里天蒼莽兮四下憑南軒以長嘯出東籬而盈把歸去來兮何爲者若此窈窕重闈亘青瑣兮接黃扉深沈大壯通肅成兮連博望乃有舊鄉貴族薛縣名家共汾河之鼎氣同庶子之春華朝游夕處徘徊顧慕歎搖落於三秋

委貞芳於十步伊纖莖之菲薄荷君子之恩遇不羡池水之芙蓉願比瑤山之桂樹歲如何其歲已秋叢菊芳兮庭之幽君子至止悵容與而淹留歲如何其歲將逝叢菊芳兮庭之際君子至止聊從容以卒歲

老人星賦

赫赫宗周皇天降休麗哉神聖皇天降命開綱布綱發號施令河出圖兮五雲集天垂象兮三光映南極之庭老人之星煜煜熠熠煌煌熒熒秋分之旦見乎丙春分之夕入乎丁配神山之呼萬歲符德水之兆千齡晃如金粟粲若

銀燭比秋草之一螢狀荆山之片玉渾渾熊熊懸紫貝於河宮奕奕暐暐曜明珠於漢水其光也如丹其大也如李稽元命之攸述按星經之所紀見則化平主昌明則天下多士經始靈臺差我崔嵬星則唐都講藝氣則王朔呈林畫觀雲物夜察昭回覩南郊之炳燿欣北極之康哉三公輔弼庶官文武獻仙壽兮祝堯奏昌言兮拜禹瞻太霄而踴躍伏前庭而俯僂萬人於是和歌百獸於焉率舞穆穆神皇受天之祥邈矣台州之北窅然汾水之陽貞明也者日月同光貞觀也者天地爲常有混成之獨立運元氣之

茫茫若夫大虹流渚金天當宁大電繞樞軒轅受圖殷馗則黃星見楚雷煥則紫氣臨吳青方半月東井聯珠辰極之齊七政泰階之平六符雖前皇之盛德又何以加於此乎至若甘露溢醴泉出蓂莢生嘉禾實鳳凰丹彩騶虞白質南海無波東風入律比夫皇穹之錫壽何足以談其萬一聖上猶復招列仙擇羣賢日愼一日元之又元兵戈不起至德承天臣炯作頌皇家萬年

爲劉少傅等謝勑書慰勞表

臣某等言司馬郎中王知敬至伏奉今月日手詔璿璣下照覩天象之三光玉檢前開見河洛之八卦發揮圭璧感召風雲不知手之舞之足之蹈之者也臣等稽之天地明山闕長男之宮步之日星樂府奏重光之曲三王所以立教者天子爲先萬國所以稱貞者元良是寄伏惟天皇御中道踐平階對揚文武之休命紹述古先之大業洛京朝市義協於省方秦地山河事資於監守皇太子一物三善四方繼明孝以承親顯於直城之路明以照下驗於長壽之街虔奉絲綸躬親政事德刑詳矣旣遠安而邇肅博愛先之亦塗歌而里詠固以禮成恭敬道洽溫文知寶歷之

無疆信蒼生之幸甚臣等竊循愚蔽謬荷恩私或位聯輔弼職在台衡希少陽之末光自韜螢火洽重海之餘潤已息牛涔不謂殊獎曲豐眞文俯及載之稽首奉以周旋聽萬天氏之歌方慚此慶聞有虞氏之石未均斯喜但知懷璧之罪不可越鄉豈敢貪天之功以爲己力傾誠每積候朱鳥於南宮拜德無因限蒼龍於左闕臣無任云云

公卿以下冕服議

古者太昊庖犧氏仰以觀象俯以察法造書契而文籍生次有黃帝軒轅氏長而敦敏成而聰明垂衣裳而天下理

其後數遷五德君非一姓體國經野建邦設都文質所以再而復正朔所以三而改夫改正朔者謂夏后氏建寅殷人建丑周人建子至於以日繫月以月繫時以時繫年此則三王相襲之道也夫易服色者謂夏后氏尚黑殷人尚白周人尚赤至於山龍華蟲宗彝藻火粉米黼黻此又百代可知之道也今蘇知機表奏請立節文改章服奉付禮官學士詳定是非者謹按虞書曰予欲觀古人之象日月星辰山龍華蟲作會宗彝藻火粉米黼黻絺繡由此言之則其所從來者尚矣夫日月星辰者象聖王光照下土也

山者布散雲雨象聖王澤霑下人也龍者變化無方象聖王應時布教也華蟲者雉也身被五彩象聖王體兼文明也宗彝者虎蜼也以剛猛制物象聖王神武定亂也藻者逐水上下象聖王隨代而應也火者陶冶烹飪象聖王至德日新也粉米者人恃以生象聖王為物之所賴也黼者能斷割象聖王臨事能決也黻者兩巳相背象君臣可否相濟也逮有周氏乃以日月星辰為旌旗之飾又登龍於山登火於宗彝尊神明也於是乎制袞冕以祀先王也九章者法陽數也以龍為首章袞者卷也龍德神異應變潛見表聖王深識遠知卷舒神化也又制鷩冕以祭先公也鷩者雉也有耿介之志表公有賢才能守耿介之節也又制毳冕以祭四望也四望者岳瀆之神也虎蜼者山林所生明其象也又制絺冕以祭社稷也社稷者土穀之神也粉米由之而成象其功也又制元冕以祭羣小祀也百神異形難可遍擬但取黻之相背昭異名也夫以周公之多才也故治定制禮功成作樂夫以孔宣之將聖也故行夏之時服周之冕先王之法服乃此之自出矣天下之能事又於是乎畢矣今知機表狀請制大明冕十二章乘輿

服之者謹按日月星辰者已施於旌旗矣龍山火米者又不踰於古矣而云麟鳳有四靈之名元龜有負圖之應雲有紀官之號水有盛德之祥此蓋別表休徵終是無所比象然則皇王受命天地興符仰觀則璧合珠連俯察則銀黃玉紫盡南宮之粉墨不足寫其行狀磬東觀之鉛黃無以紀其名實固不可畢施於法服也雲也者從龍之氣也水也者藻之自生也又不假別為章目也此蓋不經之甚也又鸞冕八章三公服之者鸞者太平之瑞也非三公之德也鷹鸇者鷙鳥也適可以辨刑曹之職也熊羆者猛獸

也適可以旌武臣之力也又稱藻爲水草而無法象引張衡賦云蔕倒茄於藻井披紅葩之狎獵謂爲蓮華取其文彩者夫茄者蓮也藻者飾也蓋以蓮飾井非謂藻爲蓮若以蓮代藻變古從今既不知草木之名亦未達文章之意此又不經之甚也又毳冕六章三品服之者按此王者祀四望服之名也今三品乃得同王之毳冕而三公不得同王之袞名豈惟顛倒衣裳抑亦自相矛盾此又不經之甚也又黼冕四章五品服之者考之於古則無其名驗之於今則非章首此又不經之甚也國家以斷鼇鍊石之功今

上以緯地經天之德漢稱文景周曰成康講八代之樂蒐三王之禮文物既行矣尊卑又明矣天下已和平矣萬國已咸寧矣誠請順考古道率由舊章弗詢之謀勿庸無稽之言勿聽若夫禮惟從俗則命爲制令爲詔乃秦皇之故事猶可以適於今矣若夫義取隨時則出稱警入稱蹕乃漢國之舊儀猶可以行於代矣亦何取於變周公之軌物改宣尼之法度者哉謹議

欽定全唐文卷一百九十一

楊炯二

登秘書省閣詩序

若夫麒麟鳳凰之署三臺四部之經周王羣玉之山漢帝蓬萊之室觀星文而考南北大象入於璣衡披帝冊而質龍神負圖出於河洛司先王之載籍掌制書之典謨劉向沈研揚雄寂寞之士於茲翰墨馬融該博傅毅文章之才此焉游處莫不出言斯善有道可尊黼黻其德行珪璋其事業心同匪石達人千載之交手握靈珠文士一都之會

陶泓寡務油素多閑命蘭芷之君子坐芸香之秘閣徒觀其重欄四絶閣道三休紅梁紫柱金鋪玉碣平看日月唐都之物候可知坐望山川裴秀之輿圖在即虹蜺爲之回帶寒暑由其隔濶豈直崑崙十二瀛海千尋西州有百尺之樓東國有千秋之觀於時五行金王八月秋分風生閶闔之門日在中衡之道煙雲悽慘白露下而四郊空林野蒼茫青天高而九州迥登山臨水無非宋玉之詞高閣連雲有似安仁之興列芳饌命雕觴扼腕抵掌劇談戲笑假使神仙可得自蔑松喬富貴在天終輕許史聞之以博奕

申之以詠歌陶陶然樂在其中矣登高而賦羣公陳力於大夫聞善若驚下走自強於元晏輕爲序引綴在辭章

崇文館宴集詩序

天下之器也神立貳者所以經其化聖人之寶也大建儲者所以贊其庸易所謂照於四方禮所謂貞於萬國皇家以中樞北極淸都有天子之宮儲后以大火前星蒼震有乾男之位因心也孝常問安於寢門行已也恭每不絕於馳道有父子君臣之道焉有夏干冬羽之事焉於是發德音降明詔封紫泥於璽禁傳墨令於銀書齒於成均所以

明其長幼通於博望所以昭其賓客東方曼倩之文史郎預褉祠甪里先生之羽翼仍參獻壽爲賓者四友等黃龍之簡札論奏者八人同赤烏之下士莫不搢紳舊德縫掖名儒衣簪拜高闕之門驂駕陪直城之路琢磨其道玉質而金相黼黻其詞雲蒸而電激琴書暇景風月名辰周旋揖讓觀禮儀之溢目合異離堅聞辨論之盈耳八珍芳饌寒溫取適於四時一獻雕觴賓主交懽於百拜爾其青垣繚繞丹禁逶迤魚鑰則環鎖晨開雀窗則銅樓旦闢周廬綺合廨署星分左輔右弼之宮此焉攸集先馬後車之任於是乎在顧循庸菲濫沐恩榮屬多士之後塵預羣公之末坐聽笙竽於北里退思齊國之音覩瓌寶於東山自恥燕臺之石千年有屬咸蹈舞於時康四坐勿喧請謳歌於帝力小子狂簡題其弁云

李舍人山亭詩序

永嘉有高陽公山亭者今爲李舍人別墅也廊宇重複樓臺左右煙霞棲梁棟之間竹樹在汀洲之外龜山對出背東武而飛來鶴阜相臨向東吳而不進靑溪數曲赤巖千丈寥廓兮惚恍似蓬瀛之難行深邃兮眇然若桃源之失

路信可謂赤縣幽棲黃圖勝景從來八子闢高陽之邑居今日四郊逢舍人之置驛故知樊家失業遂作庾公之園習氏不游終成濮陰之地其人也凝脂點漆瓊樹瑤林學富文史言成準的葭莩爲漢帝之親凡蔣是周公之裔田孟嘗之待客照飯無疑孔文舉之邀懽樽中自溢三冬事隙五日歸休奏金石而滿堂召琳琅而觸目心焉而醉德焉而飽大隱朝市本無車馬之喧不出戶庭坐得雲霄之致於是乎百年無幾萬事徒勞唯談笑可以遣平生唯文詞可以陳心賞旣因良會咸請賦詩雖向之所歡已爲陳

迹俾千載之下感於斯文

送徐錄事詩序

徐學士風流籍籍容貌堂堂汝南則顏子更生洛陽則神人重出書有萬覽之者實符於鄭元州有九游之者頗類於班固懷岐嶓之舊迹想江漢之遺風粤在於永淳元年孟夏四月始以内率府錄事出攝蒼溪縣主簿同彼漆園之莊周聊居賤職異乎安平之梁竦不憚勞人騑驂而欲行紛紜而戒道是日也鶴鳴於野龍昇於天詩成流火之文易占清風之卦聖主以協時同律義在於省方皇儲以

守器承祧任隆於監國留臺務靜博望時閒於是久敬之善交平生之故友臨御溝而帳飲就離亭而出宿居成別易坐覺悲來平原二客追子高而已遠河上諸公餞林宗而有慕兩鄉風月萬里江山修路爲下泣之思長天非寄愁之所何以處我戒之必軾何以贈行上路不拜孫子荊傾國之送豈若是乎潘安仁金谷之篇盡於斯矣

送并州旻上人詩序

三元日月不能改弦望之期四序炎涼不能移變通之運況乎人生天地嶽鎮東西良時美景始雲蒸而電激臨水登山忽風流而雨散道之常也復何言哉旻上人天骨多奇神情獨王法門梁棟豈非龍象之雄晉國英靈卽是河汾之寶道尊德貴所以名稱並聞盡性窮神所以身心不動徧觀天下暫游城闕劉真長之遠致雅契高風習鑿齒之宏才深期上德芝蘭一面暫悅新知垂棘連城將游舊府雞山法衆餞行於素滻之濱麟閣良朋祖送於青門之外是日也河山雨氣原野秋陰風烟淒而禁籞寒草木落而城隍晚雲中振錫有如鴻鵠之飛水上乘杯更似神仙之别左右爲之魂動金石由其色變恒山岱岳看寶鼎於

風雲帝里神州對長安於白日兩鄉綿邈何當惠遠之游千里相思空有關山之望羣賢僉議咸可賦詩題其爵里編之簡牘

晦日藥園詩序

天下皆知禮之爲貴用周旋揖讓之儀天下皆知樂之爲盛飾金石絲簧之變是則忠信之薄飾容貌於矜莊風俗之微陶性靈於歌舞殊不知達人君子遺形骸於得喪之機心照神交混榮辱於是非之境非若諸公者大夫之相知也以爲煙霞可賞歲月難留遂欲極千載之交歡窮百

年之樂事莫不如珪如璋令聞令望濟濟鏘鏘同會於文場者也於時丁丑之年孟春之晦歲陰入於星紀斗柄臨於析木衣冠雜沓出城闕而盤游車馬駢闐俯河濱而帳飲乃有神州福地上藥中園左太沖所云當衢向術潘安仁以爲面郊後市九莖仙草搖八卦之祥風四照靈葩泣三危之寶露豈直帝神農旋赤鞭而驅毒崔文子擁朱幡以救人山圖採之而得道姮娥竊之而奔月若斯而已哉加以回溪漱石茂林脩竹澹風日之逶迤妙山泉之體勢然後搴杜若藉芝蘭高論參元飛觴舉白凡我良友同聲

相應心冥寵辱推富貴於皇天事一窮通任運隨於大命若使適情知足則玉帛子女爲伐性之源達變通機則尊官厚祿非保全之地所以列坐羲皇之代安歌帝堯之力陽光稍晚高興未闌請諸文會之游共紀當年之事凡厥衆作列之於後

羣官尋楊隱居詩序

若夫太華千仞長河萬里則吾土之山澤壯於域中西漢十輪東京四代則吾宗之人物盛於天下乃有渾金璞玉鳳戢龍蟠方圓作其輿蓋日月爲其扃牖天光下燭懸少微之一星地氣上騰發大雲之五色以不貪爲寶均珠玉以咳唾以無事爲貴比旂常於糞土諸侯不敢以交遊相得三府不敢以辟命相期與夫形在江海心游魏闕跡混朝市名爲大隱可得同年而語哉天子巡於下都望於中嶽軒皇駐蹕將尋大隗之居堯帝省方終全潁陽之節羣賢以公私有暇休沐多閑忽乎將行指林壑而非遠莞爾而笑覽煙霞而在矚登坱圠踐莓苔阮籍之見蘇門止聞鸞嘯盧敖之逢高士詎識鳶肩憶桑海而無時問桃源之易失寒山四絕煙霧蒼蒼古樹千年藤蘿漠漠誅茅作室

掛席爲門石隱磷而環階水潺湲而匝砌乃相與旁求勝境遍窺靈跡論其八洞實惟明月之宮相其五山卽是交風之地仙臺可望石室猶存極人生之勝踐得林野之奇趣浮杯若聖已蔑松喬清論凝神坐驚河漢游仙可致無勞郭璞之言招隱成文敢嗣劉安之作

宴皇甫兵曹宅詩序

皇甫君冠冕於安定李校書羽儀於隴西岑正字明目於漢南石宮坊抵掌於河朔高侯邦之司直下走齊之濫吹若夫風雲龍虎水火陰陽隔千里而應之莫不潛契於同

聲矣聖明千載區宇一家掩八紘以得之莫不高會於中京矣是日也河圖適至海鯨初死五嶽四瀆漢皇帝崇其望祀一日三朝周天子展其莊敬君臣慶色朝野歡心元宴先生開甲第而留賓二三君子赴龍門而廣讌陰雲已墨肅氣彌高霜寒萬里之圖冰納千金之水面郊後市卽爲潘岳之居累代通家咸言李膺之客百年何許相知在於我心四海何求爲樂止於名教抽毫進牘皆請賦詩日暮途遠聊裁序引

送東海孫尉詩序

東川孫尉文章動俗符彩射人官裁下士宜大夫之三德運偶上皇作東南之一尉庸才擾擾流俗喧喧談遠近爲等差敘中外爲優劣殊不知三元合朔九州同軌蓬瀛可訪還疑上苑之中日月不占更似靈臺之下彼其之子未爲後時凡我友朋無勞疑別徒以士之相見人之相知必欲軒蓋逢迎朝游夕處亦常煙波阻絕風流雨散去矣孫侯遠離隔矣但當晨看旅鴈君逢繫帛之書夕望牽牛余候乘槎之客未能免俗何莫賦詩綴集衆篇列之如左

宴族人楊八宅序

僕聞八音繁會合其德者宮商萬壑沸騰殊其流者涇渭方以類聚物以羣分出言斯應則四海之內可以爲兄弟吾道不行則同舟之人可以成胡越夫俗徒擾擾天下喧喧風雲竭而交道衰勢利行而小人長固知深期罕遇所以縱傾蓋之談高契難并所以泣相知之晚道之行也獨在茲乎楊八官金木精靈山河粹氣一門九龍之紱冕四代五公之緒秩天資學業口談夫子之文日用溫良身佩先王之德獨遊山水高步煙霞諸侯聞之而願交三公禮之而爭辟暫同流俗薄遊朝市人倫賞鑑同推郭泰之名

好事相趨畢詣揚雄之宅爾其年光六合草色三春膏雨零於山原和風滿於城闕遙遙別館花開玉樹之宮望望八川苔發橫溪之水當此時也披雲霧傲松喬坐忘樽酒之間戰勝形骸之外雕蟲壯思則符彩驚人非馬高談則鏗鏘滿聽亹亹然信天下之奇賞陶陶然誠域中之樂事若使陳雷可作攝齊於廊廡之間管鮑再生擁篲於高門之外蓋因文會共記良遊人賦一言同裁四韻

王勃集序

大矣哉文之時義也有天文焉察時以觀其變有人文焉

立言以重其範。歷年滋久。遞爲文質。應運以發其明。因人以通其粹。仲尼既沒。游夏光洙泗之風。屈平自沈。唐宋宏汨羅之跡。文儒於焉異術。詞賦所以殊源。逮秦氏燔書。斯文天喪。漢皇改運。此道不還。賈馬蔚興。已虧於雅頌。曹王傑起。更失於風騷。僶俛大猷。未忝前載。洎乎潘陸奮發。孫許相因。繼之以顏謝。申之以江鮑。梁魏羣林。周隋衆制。或苟求蟲篆。未盡力於邱墳。或獨徇波瀾。不尋源於禮樂。會時沿革。循古抑揚。多守律以自全。罕非常而制物。其有飛馳倏忽。倜儻紛綸。鼓動包四海之名。變化成一家之體。蹈

前賢之未識。探先聖之不言。經籍爲心。得王何於逸契。風雲入思。叶張左於神交。故能使六合殊林。並推心於意匠。八方好事。咸受氣於文樞。出軌躅而驤首。馳光芒而動俗。非君之博物。孰能致於此乎。君諱勃。字子安。太原祁人也。其先出自有周。濬啓文明之裔。隱乎炎漢。宏宣高尚之風。晉室南遷。家聲布於淮海。宋臣北徙。門德勝於河汾。宏材繼出。達人間峙。祖父通。隋秀才高第。蜀郡司户書佐。蜀王侍讀。大業末。退講藝於龍門。其卒也。門人諡之曰文中子。聞風睹奥。起予道惟。揣摩三古。開闡八風。始摈落於鄒韓。

終激揚於荀孟。父福時。歷任太常博士。雍州司功。交阯六合二縣令。爲齊州長史。抑惟邦彥。是曰人宗。絕六藝以成能。兼百行而爲德。司馬談之晚歲。思宏授史之功。揚子雲之暮年。遂起參元之歎。君之生也。含章是託。神何由降。星辰奇偉之精。明何由出。家國賢才之運。性非外獎。智乃自然。孝本乎未名。人應乎初識。器業之敏。先乎就傅。九歲讀顏氏漢書。撰指瑕十卷。十歲包綜六經。成乎朞月。懸然天得。自符音訓。時師百年之學。旬日兼之。昔人千載之機。立談可見。居難則易。在塞咸通。於術無所滯。於詞無所假。幼

有鈞衡之略。獨負舟航之用。年十有四。時譽斯歸。太常伯劉公巡行風俗。見而異之。曰此神童也。因加表薦。對策高第。拜爲朝散郎。沛王之初建國也。博選奇士。徵爲侍讀。奉教撰平臺鈔略十篇。書就。賜帛五十匹。先鳴楚館。孤峙齊宮。乘忌側目。應劉失步。臨秀不容。尋反初服。遠遊江漢。登降岷峨。觀精氣之會昌。翫靈奇之肸蠁。考文章之跡。徵造作之程。神機若助。日新其業。西南洪筆。咸出其詞。每有一文。海內驚瞻。所製九隴縣孔子廟堂碑文。宏偉絕人。稀代爲寶。正平之作。不能奪也。咸亨之初。乃參時選。三府交辟。

遇疾辭滿友人陸季友時爲虢州司法盛稱宏農藥物迺求補虢州參軍坐免歲餘尋復舊職棄官沈跡就養於交阯爲長卿坐廢於時君山不合於朝豈無媒也其惟命乎富貴比於浮雲光陰踰於尺璧著撰之志自此居多觀覽舊章翺翔羣藝隨方滲漉於何不盡在乎詞翰倍所用心嘗以龍朔初載文場變體爭構纖微競爲雕刻糅之金玉龍鳳亂之朱紫青黃影帶以徇其功假對以稱其美骨氣都盡剛健不聞思革其弊用光志業薛令公朝右文宗託末契而推一變盧照鄰人間才傑覽清規而輟九攻知音

與之矣知己從之矣於是鼓舞其心發洩其用八紘馳騁於思緒萬代出沒於毫端契將往而必融防未來而先制動搖文律宮商有奔命之勞沃蕩詞源河海無息肩之地以茲偉鑒取其雄伯壯而不虛剛而能潤雕而不碎按而彌堅大則用之以時小則施之有序徒縱橫以取勢非鼓怒以爲資長風一振衆萌自偃遂使繁綜淺術無藩籬之固紛繪小才失金湯之險積年綺碎一朝清廓翰苑豁如詞林增峻反諸宏博君之力焉矯枉過正文之權也後進之士翕然景慕久倦樊籠咸思自釋近則面受而心服遠則言發而響應教之者逾於激電傳之者速於置郵得其片言而忽焉高視假其一氣則邈矣孤騫竊形骸者既昭發於樞機吸精微者亦潛附於聲律雖雅才之變例誠壯思之雄宗也妙異之徒別爲縱誕專求怪說爭發大言乾坤日月張其文山河鬼神走其思長句以增其滯客氣以廣其靈已逾江南之風漸成河朔之制謬稱相述罕識其源扣純粹之精機未投足而先逝覽奔放之偏節已滯心而忘返迺相循於跼步豈見習於通方信誦不同非墨翟之過重增其放豈莊周之失唱高罕屬既知之矣以文罪

我其可得乎君以爲摛藻雕章研幾之餘事知來藏往探賾之所宗隨時以發其唯應便稽古以成其殆察微循紫宮於北門幽求聖事訪元扈於都洛響像天人每覽韋編思宏大易周流窮乎八索變動該乎四營爲之發揮以成注解嘗因夜夢有稱孔夫子而謂之曰易有太極子其勉之寤而循環思過半矣於是窮蓍蔡以像告考爻象以情言既乘理而得元亦研精而徇道虞仲翔之盡思徒見三爻韓康伯之成功僅踰兩繫君之所注見光前古與夫發天地之祕藏知鬼神之情狀者合其心矣君又以幽贊神

明非杼軸於人事經營訓導洒優游於聖作於是編次論語各以羣分窮源造極爲之古訓仰貫一以知歸希體二而致遠爲言式序大義昭然文中子之居龍門也睹隋室之將散知吾道之未行循歎鳳之遠圖宗獲麟之遺制裁成大典以贊孔門討論漢魏迄於晉代刪其詔命爲百篇以續書甄正樂府取其雅奥爲三百篇以續詩又自晉太始元年至隋開皇九年平陳之歲褒貶行事述元經以法春秋門人薛收竊慕同爲元經之傳未就而殁君思崇祖德光宣奥義續薛氏之遺傳制詩書之衆序包舉藝文克

融前烈陳羣稟太邱之訓時不逮焉孔伋傳司寇之文彼何功矣詩書之序並冠於篇元經之傳未終其業命不與我有涯先謝春秋二十八皇唐上元三年秋八月不改其樂顏氏斯殂養空而浮賈生終逝嗚呼天道何哉所注周易窮乎晉卦又注黃帝八十一難幸就其功撰合論十篇見行於代君平生屬文歲時不倦綴其存者纔數百篇嗟乎促齡材氣未盡殁而不朽君子貴焉兄勔及勮磊落詞韻鏗鋐風骨皆九變之雄律也弟助及勛總括前藻網羅羣思亦一時之健筆焉友愛之至人倫所及永言存殁何痛如之援翰紀文成所未忍盍以投分相期非宏詞說潛然擥涕究而序之分爲二十卷具諸篇目三都盛作恨不序於生前七志良書空撰得於身後神其不遠道或存焉

梓州官僚贊

昌西郡縣廣漢封疆岐嶓地德參井天光作固作鎮西南一方設官分職鵷鷺成行

岳州刺史前長史宏農楊譓贊

楊公四代不渝淳則學以自新政惟柔克自君去矣南浮澤國日往月來吏人思德

長史河南秦遊藝贊

州之端右必得其鄰始皇之裔厥姓惟秦其明察察其政恂恂梧桐生矣君子當仁

司馬上柱國隴西李景悟贊

司馬柱國下成桃李永安之孫高平之子肅肅宗廟巖巖清峙士元之才一日千里

朝散大夫行司功參軍事淄川縣公隴西李承業字溝贊

大夫李溝振振公族就養承顏閨門雍穆莅官行政人無

怨謗貴而不驕能保其祿

司倉參軍事高平獨孤文字大辯贊

大辯若訥歷官有聲是司出納我庾如京原承道濟家在高平祖德勳伐受氏因生

司戶參軍事博陵崔翚贊

博陵崔翚文儒代有其德不愆其言不朽發揮談論抑揚琴酒知微知章可大可久

司軍參軍事濮陽吳思溫字如玉贊

思溫吉士地藉東吳功成覆簣業就編蒲受猶冬日冏若

明珠州中煜煜此之謂乎

司兵參軍隴西李宏贊

李宏門胄衣冠赫奕氣蘊風霜心如鐵石討論詞翰沈研載籍善與人交歲寒無易

司法參軍事河南宇文林裔贊

宇文周後累代乘軒樂然後笑時然後言用刑勤恤斷獄平反高門可待東海無冤

司士參軍瑯琊顏大智贊

顏氏之子閑閑大智雅善元談尤長奕思不偶流俗坐忘人事同彼少遊能安下位

參軍事太原王令嗣字復贊

參軍王復眞多俗少琴動遊魚詞驚夢鳥仲舉志大吏吾器小德義可尊人之師表

參軍事上柱國滎陽鄭懷義贊

懷義倜儻談諧取容幕天席地何去何從

參軍中山張曼伯贊

謙謙曼伯不踰規矩節用厚生保家之主

參軍事盧恆慶贊

恆慶有地參卿述職多士之林不扶自直

參軍事滎陽鄭令賓字儼贊

令賓茂緒凝脂點漆淑愼溫恭始終貞吉

參軍事通化縣男河南賀蘭寡悔贊

猗歟寡悔開國承家當歌對酒屬賓烟霞

參軍事扶風馬承慶贊

承慶學稼食惟人天載懷充國遠事屯田

博士尚文贊

尚文儒者優游禮樂萬頃汪汪混之不濁

錄事呂忠義贊

惟彼忠義見賢思齊出言無玷南容白圭

鄭縣令扶風竇兢字思謹贊

竇兢爲宰其身自正極深研幾窮理盡性朗如日月清如水鏡化若有神途歌里詠

鹽亭縣令南陽鄒思恭字克勤贊

克勤無怠敬愼有儀清談振玉妙跡臨池絃歌百里君子攸宜公家之事知無不爲

元武縣令孫警融贊

警融好禮宣風下邑百姓安居流亡畢集

鄭縣丞安定梁歆字敬贊

安定梁歆有文有武馬繫青絲弦門白羽

射洪縣主簿上柱國斛律澄贊

澄爲主簿操綱振領直而能溫寬以濟猛

通泉縣丞上柱國于梁客字希嬴贊

希嬴負劒久事戎韜功名不立州縣爲勞

射洪縣尉康元辯贊

元辯精銳風生筆端片言折獄一尉當官

飛烏縣主簿蕭文裕贊

文裕就列明經擢第優哉游哉聊以卒歲

飛烏縣尉王思明贊

思明好學博古知今友朋千里風月招尋

司法參軍楊烱自贊

吾少也賤信而好古遊宦邊城江山勞苦歲聿云徂小人懷土歸歟歸歟自衞反魯

梓州惠集作慧義寺重閣銘 并序

大辰之歲正陽之月有鄭縣宰扶風竇兢字思眘昭宣令

德光闡化猷庶政惟和萬民以理閑庭不擾退食自公遠覽形勢虔心淨域乃與禪師釋智海忘言契道寓目於長平之山援飛莖陟峭崿削成千仞壁立萬尋俯觀大地僅如棗葉下望須彌裁同芥子飛流滴瀝而成響喬樹璀璨而垂榮玉堂石室千門相似璧殿珠毫十方皆現慷慨懷桷之未立吁嗟棟宇之莫修不捨有爲取諸大壯觀夫左龍角右參旗前太微後營室駢羅列以雜沓瑟蕭條而清泠上磊落以晃朗下泓澄而霎靆參參差差森森纚纚千櫨萬栱乍合乍離稍稍棨棨絢絢煥煥六采五章或同或

散莽如天覆蓋似雲平金火合舍於垂珠日月相望於銜璧璇墀釦砌平接太階玉戶金扉俯臨閶闔曳紅日舒丹霞豐隆爲雷砰鎣訇於軒檻列缺爲電翕曶霍於庭除寒暑隔閡於牆垣虹霓迴帶於廊廡仰之不極目炫炫而喪精登之無階心皇皇而失度若士翔九垓之表仍不逮於上榮大章窮四海之閒猶未離於前城借如梵天之宅釋帝之宮兩曜城池五雲樓觀輪王所處純金爲說法之堂諸佛所遊衆香作經行之地亦未可同年而語也夫黃金鏤牓曾不若四攝之門青石爲牆曾不若三空之舍殫百

工之力建七寶之樓豈徒然哉良有以也故如來神力且觀嚴淨道師方便化作一城事有古而可以質於今言有大而可以徵於小是則毗耶四會俱發道心險路衆人咸知寶所其銘曰

長平山兮建重閣上穹窿兮下磅礴紛被麗兮駢交錯嚴色相兮沖寂寞誰所爲兮天匠作

公獄辯

搢紳先生牧於東郡繩屬吏有公於獄者某適次於座乘間諮其所以爲公之道先生曰吾每窺辭牒意其曲直指而付之彼能立具牘無不了吾意亦可謂盡其公矣某居席之末不敢以非是爲決及退而辯其公且傳曰君所謂否臣獻其可君所謂可臣獻其否是欲彌縫其不至也及君可亦可君否亦否故平仲罪邱據踵君之意叔向譏樂王鮒從君者也所以知詢於愚或有得也尺先其寸或有長也皆庸其涓滴將助其廣大也況末世纖狡內荏外剛鳥有不盡其辭而能必究其情乎使居上者得其情屬踵而詰之可謂合於理未足言公也若居上者異於見遠於理亦隨而鞫之取協於意所謂明於不法烏可謂公哉且

不師古之言非不可爲也爲之不能遠不由禮之事非不可行也行之不能久故君子盡心法古動必本禮將遠而不泥久而不亂也若乃告諸獄任意以爲明其屬徇己以爲公是使懷倖者有窺進之路挾邪者有自容之門矣矧蓁棘之內辛楚備至何須而不克而況承執政指其所欲哉嗚呼欲人之隨意者吾見亂其曲直矣樂人之附己者吾見汩其善惡矣而猶伐其治譽其公無乃瞽者衒別諸五色乎

欽定全唐文卷一百九十二

楊炯三

遂州長江縣先聖孔子廟堂碑

法象莫大於天地變通莫大乎四時懸象著明莫大乎日月備物致用莫大乎聖人夫子諱某字仲尼魯國鄒人也龜龍負讖帝鴻驅八翼之軒魚鳥呈文天乙降三分之璧五十二戰權輿騄帝之基二十七征草昧馳王之業平域中之禍亂掃天下之虔劉以盛德大業之尊當開階立隧之重及其山崩海竭日薄星迴歷數不還謳謠遂遠元子

賓周而建國二王之車服可尋上卿翼宋而承家三命之衣冠再襲是故陰陽混合洩符瑞於平鄉宇宙氤氳灑休徵於闕里龍準而龜背月角而雷聲有軒帝之殊姿有殷王之異表山開遁甲尼邱落於紫垣星掌巫咸鉤鈐墜於蒼陸淨光童子來遊姬旦之郊乾象明靈下俯庖犧之國十五而志學三十而有成申下問於伯陽屈帝師於郯子天爲木鐸九州知發號之期吾豈匏瓜一國有來蘇之望嘗登委吏稍踐中都天下可臨諸侯取則以之禮而國定司空之官以成禮以之義而國平司寇之官以成義掌山林於夏典物得其生聽獄訟於秋官人忘其死大夫亂法仍行兩觀之誅陪臣執權卽問三雍之罪强公室弱私家敘君臣明長幼用能使犧牲秬鬯不登閽闠之庭羽戟旌旄不列壇場之位當斯時也三光薄蝕九土分崩夷狄有君中華無禮周京赫赫成康之至敎蔑聞魯國巖巖賢聖之餘風已墜河圖未出吾道不行周流八方經營四海治亂運也窮通命也荷天下之至聖仍逢盜跖之軍仗天下之至和猶有匡人之逼德生於我樂天命而何憂文不在茲臨大難而無懼使仁者必信安有伯夷使智者必行安

有王子豈三千擊水牛蹄不能鼓橫海之鱗九萬摶風雞羽不能扇垂天之翼然後上不臣天子下不事諸侯乘殷之輅服周之冕或屈伸於季孟之閒或動靜於魚龍之際下學而上達將聖而多能博而無名信而好古察殷周之禮樂損益可知觀杞宋之文章賢才不足數年學易伏羲龍馬之圖三月聞韶嬀帝鳳凰之典信存乎德術數貫於神明意見乎時制作侔於造化己所不欲則一言可以終身人之莫違則一言可以亾國惡鄭衞之亂雅樂惡利口之覆邦家榮辱定於樞機襃貶存乎簡牘精誠密召北辰

開紫掖之星福應全來中極歟元雲之氣乃若知幽明之
故見天地之心有感而遂通不行而克至年當甲子潛知
啓漢之萌音叶宮商預察亾秦之兆星移大火追責天司
月入陽街無勞雨備季桓子羵羊之井推水石之禎祥陳
惠公集隼之庭驗蠻夷之貢賦然後歷三辰而玉步照四
極而金聲坐於緇帷之林浮於亶州之海門生七十仰天
路以無階弟子三千望宮牆而不入哲人之能事畢矣先
王之至德行矣配乎二象不能遷必至之期參乎兩曜不
能稽非常之動南遊楚國遂聞衰鳳之歌西狩魯郊獨下

傷麟之泣夫子周靈王二十一年冬十月庚子生至魯哀
公十有六年夏四月己丑卒凡享年七十二於今一千餘
歲泰山頹而梁木壞微言絕而大義乖傳饗祀於百家奉
琴書於十代秦始皇見登牀之讖始亂衣裳魯恭王看壞
壁之書猶聞絲竹漢圖起於六千日賜金之禮載優魏德
行於五十年刻石之風未泯述文武者皆憲章於聖人修
學校者僉折衷於夫子自韋鞲玉歷毳幕瑤圖皇天無皁
白之徵戎狄起豺狼之釁摧六律絕笙竽塞師曠之耳天
下之人廢其聽矣散五彩滅文章膠離朱之目天下之人

黜其明矣我高祖神堯皇帝因三靈之寶歷藉萬國之歡
心風起北方月行中道削平宇宙戢干戈於羊馬之年彈
壓華夷照文物於龍蛇之代太宗文武聖皇帝昇瑤壇於
曲洛受玉版於平河經天緯地盪海夷嶽坐元宮而密轉
紫微光帝宅之尊戴黃屋以深居赤縣列神州之貴今上
天無私覆道不虛行馭六氣而平太階乘八風而制羣動
星連月合層臺有觀朔之勞海晏河移直筆有書祥之僟
封泰山而禪梁甫千載同歸儆衢室而築明堂百靈咸秩
雲行雨施品物流形天尊地卑乾坤定矣若乃虞夏商周

之禮考正朔而三遷東西南北之人混風聲而一變環林
拂日映高柳而對扶桑圓海澄天走鯤池而涵象浦粵以
乾封元年有詔追贈夫子爲太師咸亨元年又詔州縣官
司營葺學廟憑風雲於異代照日月於殊途逝者有知歿
而無朽如綸如綍大君施號令之嚴匪樸匪雕上宰極司
存之敬長江令楊公宏農華陰人也即華山公之孫大將
軍之子朱宮帶地明河一葦之西黃闕中天神嶽千花之
北山川壯麗於區宇人物繁多於海內齊九龍而闊步一
門鍾豹變之榮襲五公而長驅四代赫蟬聯之祉出忠入

孝誕秀與賢冠蓋城邑池臺鐘鼓英靈輻輳鏘鏘萬玉之門嘉瑞駢羅濟濟千金之子是故北方多士太一壯其魁梧南國仙人中書偉其端雅椅桐可仰丹漆兼施照明月於胷懷吐清風於襟袖臧武仲之智卞莊子之勇可以爲大臣矣韓尚書之臨八座發跡下邳卓太尉之踐三階來從密縣自操刀入仕聞魯邑之絃聲解劒分司察豐城之寶氣汝陰徐令人號無雙河內王君時稱未有飛雪千里不能改松柏之心名都十城不能動夷齊之行先是殊方暴客常嚴鉅野之兵絕磴奸豪每縱黃池之虓數州常以

爲弊歷政所不能移行人爲之聚衆耕父由其釋耒公英謀獨斷銳氣無前奮一劒以戮元兇馳單車而躡遺噍道旁牛馬並屬羅衡縣內神明皆稱傳炎若乃山林猛獸動星象而垂文江漢黿鼉鼓風飈而作氣城門六閉未防虞吏之災都市三言終有山君之暴公雄心裂眥壯髮衝冠按東海之金乃飛北斗之石箭罔繼不擾有符劉孟之城坑穽無虞更似童君之邑自非愛人猶子視物如傷豈能躬斬兇渠親除災害與夫赤繩不用道被於瑕邱桴鼓希聞化移於京洛可同年語哉然後示之以禮義陳之以庠

序憑三時之間暇興役鳩工視四野之川原依城負郭青泥險磴斜連白馬之關赤岸長波遠注黃牛之峽懸四方而開益部照參伐於天光賦三錯而闢梁州絕岷嶓於地德背山臨水掩全蜀之膏腴望日占星採公宮之法度丹牆數仞吐納雲霞椽柱三間蔽虧風雨瑠璃曉闢東宮雀目之窗玳瑁朝懸西漢虵鱗之桷圖光芒於北斗聖質猶生赫符彩於連珠宏姿可想至於月衡月準山額山庭侶侶星文堂堂日角莫不向之如在疑遊北上之山望之儼然似矚東流之水博士助教某等西州聞望南國英靈駭

飛兔於文場躍雕龍於筆海揚雄博識神遊象繫之端李郃幽通思入璣衡之表每至韶光令月朱鳥乘春爽氣高天元龜送歷瓊籩玉豆中堂奉先聖之儀石磬金鐘南面習諸侯之禮華陽曾子鼓篋來遊蜀國顏生摳衣請學絃歌在側還昇武騎之臺禮樂居前重覩文翁之室祁祁茂德濟濟時英聖人千載之風儒者一都之會丞主簿尉某等青田戒露望華蓋而長鳴綠地生風下仙閭而直轡大夫貞節還居內史之丞文學明經猶歷南昌之尉鄉望某等王孫獵騎騁原隰之盤遊公子文鋒敘江山之體勢符

偉明以都官謝職逢有道而相推趙元淑以郡吏從班見司徒而不拜僉以鄉閭少事風月多懷命童子於靈臺就門人於相圃冬禮春詩之化再造雙川淹中稷下之風一匡三蜀若夫平南壯烈沈流水於裁碑逐北勳庸登燕山而刻頌庾太尉新亭之墓尚有黃金鄭康成通德之門猶存白瓦況乎功苞大象績被蒼生豈使銘典闕如音塵不嗣是則雕牆峻宇列冠蓋於宜城塞陌塡街考春秋於太學小人狂簡不知所以裁之夫子文章今可得而言也詞曰

西崑玉闕南海金堂惟惚惟恍一陰一陽三辰赫赫九土茫茫太極天帝神州地皇驪連上古混沌中央降及軒頊終於夏商四時玉斗五緯珠囊聖德千載淳風八荒天開赤籙日照青光讖協金匱兵符玉璜化隆文武澤感成康天子穆穆諸侯皇皇春秋代謝宗社危亾帝典無象人倫不綱山河命德天地與祥禮樂三變文明一匡原承少典祚啟成湯吹律丹鳳銜符白狼三仁去國再命循牆不有積善其何以昌降靈鄒邑誕哲平鄉月角摛彩星鈴吐芒文行忠信恭儉溫良或默或語能柔能剛學而不厭師亦何常通禮明德尊賢毀方古之君子昔者明王道協公旦神交帝唐攝官從事服冕端章示之以德臨之以莊澤如春雨威若秋霜男女斯別尊卑克彰時逢板蕩運屬栖遑入齊損味居陳絕糧登山極目臨水徜徉無道斯隱舍之則藏季孫大賚敬叔揄揚問官郯子受樂師襄神明協贊雅頌鏗鏘紫麟遙集丹鳥遠翔生靈水火家國舟航功符日用德協天長倏嗟崩嶽奄歎摧梁昧昧神道悠悠彼蒼書開壞宅讖識登牀興代輕重因時弛張氊裘黼黻沙漠壇場璣衡慘慘載籍膏肓汾河水白晉野星黃軒電臨斗

殷雷入房九圍臣妾八極城隍東序西序上庠下庠粵惟銅墨寶號金箱靈山地輔德水天潢芝蘭秀出羔鴈成行玉匣孫劍瑤臺驌驦懲奸挫右濟猛移蝗風傳積石道被滄浪絲言渙汗經葺相望夏井蓮植秋窗桂芳繡楹文玤綺綴明璫四注飛閣三休步廊禮行釋菜敬盡明蘋圖非有若地異空桑伏羲書契女媧笙簧匏土金石琁琮璧璋高門程鄭碩學王楊威儀秩秩宮徵瑲瑲山棲鳥鳥水宿鴛鴦蜀門荷戟江津濫觴落星高堰明月回塘丹碑不朽清廟無疆

大唐益州大都督府新都縣學先聖廟堂碑文并序

敘曰銀衡用九天門壓西北之荒銅蓋虛三地户圻東南之野迴七星於上列太清不能潛混茫之機環四海於中州巨塊不能秘生成之業聖人有以見天下之賾擬諸形容聖人有以見天下之動行其典禮靈圖廣運百姓日用而不知神理潛行萬方樂推而不厭古者熊山南眺金崇橫上帝之居鳳穴西臨玉室考元皇之宅五龍乘正按天識以希微六羽提衡驗星謠而汗漫泊乎尊盧赫胥之代

驪連栗陸之君皇名邁於上元帝圖始於中葉莫不憑三靈之寶位鼓舞陰陽藉六合之尊名財成宇宙未有貴而無位博而無名大禮由其再造大樂出其一變蕩蕩乎民無得而稱焉巍巍乎其有成功者也若夫司徒立勳於天地還承帝嚳之家微子開國於商周仍纂成湯之業雖元禽歷數推移於景亳之都而白馬旗常赫奕於風邱之國由是千年有屬萬物知歸乾坤合而至德生日月會而明靈降奎婁冐昴風驅白虎之精角亢房心雲鬱青龍之祉君王異表儀石紐而法丹陵輔相宏資壯皋陶而圖子產豈止鑿就元象擒光芒於北斗之宮括成地形騰瑞氣於東山之曲非天下之至精其孰能與於此神冥造化德合陶鈞獲沖用於生知運幽機於性道窮庶事之終始協庶品之自然覩者不識其靈仰者不知其德步三光於太極昭曜三門含萬象於中區聲明萬國惟深也能通天下之志惟幾也能成天下之務非天下之至神其孰能與於此道尊德貴挫銳同塵始於中都宰終於大司寇能使長幼異節男女別途路無拾遺器不雕僞奸雄獨立初明兩觀之誅政教未行仍赦同狴之罪盟齊侯而歸四邑夷不亂

華黜季氏而覆三都家無藏甲非天下之至剛其孰能與於此青光歇滅赤籙衰微一匡爲海岱之尊一戰有河防之霸故得三王不相襲禮亾於寇戎五帝不相沿樂入於河海是以哀生靈之板蕩痛寓縣之分崩歷聘諸侯棲遑異國其爲大也法象莫之能容其爲高也黎元莫之能覩時非我與遂厄宋而圍陳道不吾行終樂天而知命非天下之至柔其孰能與於此泰山不辭土壤故能成其高滄海不讓細流故能成其大自季孫之賜我也交益親矣自敬叔之乘我也道彌尊矣於是歷郊社之所考明堂之則

金人右對仍觀太祖之階斧扆前臨還訪周公之位然後刪詩書而續易象動天地而感鬼神運百代之舟車開千齡之戶牖是故雷精日角聞道德而握衣月頰山庭奉琴書而撰杖非天下之至文其孰能與於此智以藏往有感而必通神以知來無微而不照論五行於帝輔潛觀太皡之先揆七廟於天災預察鼇王之過星流十月徵歷象於衰周日泛三江採謳謠於霸楚神無方而易無體聖人通變化之津河出圖而洛出書聖人悟輿公之兆非天下之至明其孰能與於此極天蟠地之禮周旋揖讓之規百神

於是會昌二儀以之同節非禮無以別父子兄弟親疎之序非禮無以辨君臣上下長幼之位本之於元氣徵之於太古德足以法於九圍道足以周於八極服先王之制度黜紅紫而無施斂上帝之明威感風雷而有變非天下之至恭其孰能與於此五行四氣十二月還相爲本五聲六律十二管還相爲宮至音將簡易同和廣樂與神明合契盛於中國還陳武象之容奄有四方自得文王之操南風奏雅知大舜之溫北里宣淫體殷辛之暴非天下之至和其孰能與於此悲夫日中則昃動靜之常也月滿則虧盈虛之數也自太平王佐委龍翰於芳年禮樂霸臣摧虎文於華月則知天之將喪也則知道之將廢也雖復頹山壞木兆悲歌於兩楹夏棟周牆陳盛制於三禮猶使文明炤爛百王知察變之機鐘石鏗鏘萬代挹希聲之樂信可謂備物致用立成器以爲天下利者莫大於聖人也旣而三河失統九州之寶幣不歸四塞提衡萬里之長城繼作星袄日祲乾象暗而恒文乖禮壞樂崩彝倫斁而舊章缺洎夫碭山休氣潛膺赤帝之圖沛國眞人密召黃星之錄尊褒成之厚級殷崇聖之榮班學校於是大興文武由其不

墜年當晉宋運距周隋泰山覆而崑崙倒天柱傾而地維絕三重赤暈還開爭戰之端千里黃埃濟有干戈之務亂罹瘼矣黔首何依王室蠢然蒼生無主閭閻市地今來爲講武之場荊棘參天昔日作談經之市皇家撥亂返正應天順人鼓之以雷霆潤之以風雨馳讒槍而掃穢上廓鵬雲決河海以澄奸下清鼇極今天子握大象運洪鑪星重輝海重潤乾迴北列垂衣裳於太紫之宮日出東方備法駕於中黃之道混沌之無天無地盡入提封伯陽之有物有象咸乘禮節太階三襲明瑞氣於朱符中極四游法祥

光於玉燭東膠西序雲閣蓬邱國號陶唐家成鄒魯遂使
西山童子陳歌謠於璧水之前南國老人受几杖於環林
之下乾坤之大德行矣皇王之盛節明矣江茆鄗黍晨昏
薦帝之祥鳳穴麟州晷刻因天之瑞乘輿乃選吉日協靈
辰詔風伯以行飌促雷師而出豫房爲天駟仍施列缺之
鞭斗爲帝車卽動招搖之柄奠玉帛奏金絲登介邱下梁
甫擁神休而尊明號莫之與京按玉冊而考銀繩於斯爲
盛於是迴輿轉旆臨曲阜之郊畿駐蹕停鑾訪雲壇之軌
跡若使九原可作大君得廊廟之才千載有知夫子託風

雲之會卽以乾封元年追贈太師禮也咸亨元年又詔曰
宣尼有縱自天體膺上哲合兩儀之簡易爲億載之師表
顧惟寢廟義在欽崇諸州縣廟堂及學館有破壞幷先來
未造者遂使生徒無肄業之所先師闕奠祭之儀久致飄
零深非敬本宜令州縣速加營葺新都學廟堂者奉詔之
所立也因三農之暇陳複道之規考幃帳於西京訪埃塵
於東魯梅梁桂柱深沈風雨之津鏤檻文櫨曠望江山之
表納流雲於上棟白日非遙披濁霧於中階青天在矚雕
鐫暐煜窮妙飾於重欄山海高深盡靈姿於反宇門生侶
侶如倍文杏之壇胄子鏘鏘若預崇蘭之室每至南方二
月草樹華滋蚍陸三秋風煙搖落莫不列蘋蘩於上席行
禮敬於質明奠椒桂於中尊敬神明於如在爾其邑居重
複原野平蕪出江干之萬里入參星之七度龜城藹藹煥
繁霞於百尺之樓蛟浦澄澄洗明月於千秋之水文翁舊
學日往年歸劉禪平堂烟荒霧慘武侯龍伏猶觀八陣之
圖壯士弛崩仍辨五丁之石左巴右貕之勝域陸海三江
之奧壤大都督周王天皇第八子也元元繼天而作降仙
才於玉斗之庭武昭應運而生開霸業於金城之域五潢

高暎流滋液於咸池十日旁羅散光華於若木星懸帝子
遙澄井絡之郊岳列天孫遠控彭門之野姬公以明德之
重行寶化於周南曹植以懿親之賢發金聲於魯北通議
大夫行長史南陽來恆隋十二衛大將軍滎國公之元子
申侯太岳鎮其靈襟傅說長河昭其神彩龐士元聚西申
之逸羽始踐題輿管公明糾東道之雄姿初臨別乘朝議
大夫守司馬宇文紀左衛將軍靈州都督之次子台門鼎
族傳呼棨戟之榮玉質金相海若河宗之寶庚冰清識得
嚴令而非常桓溫貴遊無郗公而不樂縣令鄭元嘉滎陽

人也東周王喬北海金宗列矛戟之森森吐風流而蒨蒨尺兵不用瑕邱有上德之君枹鼓希鬥洛陽有神明之宰丞京兆韋德工主簿扶風馬仁礪尉清河張嗣明北地傅懷愛等荆藍灼爍鄧杞扶疎許元度入風月之清關郭林宗獲神仙之妙境南昌晦跡共梅福而齊衡左部韜眞與喬元而等列博士張元鑒助教費仁敬等碧雞雄辯則滄海沸騰白鳳宏辭則煙霞噴薄一州聞道覩居典學之官四子乘風來聽中和之曲圓冠列侍執巾舄於西階大帶諸生受詩書於北面泮宮之上更開通德之門小學之前

復見華陰之市鄉望等魚文驥子震耀於平原漢女巴姬駢羅於甲第杜陵亭長終成輔相之才桐鄉嗇夫且著廉平之號莫不公私務隙卽聽絃歌陰雨時閒仍觀俎豆逍遙城郭拜夫子之靈祠髣髴風塵見夫子之遺像天道之璣衡莫測下問書生陽精之遠近未知來求小子當仁不讓思齊於上古之名遊聖難言有媿於中郎之石其辭曰

太虛寥廓洪鑪噴薄上綴三宮旁清八絡元精獨化聖人攸作鼇柱爲居龍門是託爰清爰淨惟寂惟寞其一龜識韜名魚圖表靈火紀雲紀天正地正君臣禮制宇宙輝明文武旣没成康遂行羣飛海水若羽天星其二玉筐曾喬金符遠系鐘石雖遷山河不替乾坤降德陰陽合契虎嘯風清龍騰雲逝三元載停萬方攸濟其三魯道旣昏緜緜若存祿移公室政在私門學而方仕謙而彌尊聽之也厲卽之也溫義責齊國刑懲季孫其四多能惟聖道廢惟命天下莫容諸侯走聘至於是邦必聞其政仁義立身溫恭成性不圖爲樂終悲擊磬其五九野八方栖栖遑遑從周返魯考夏觀商先王道術夫子文章可久可大爲龍爲光星衡入室月準升堂其六智周通塞神兼語默頎然而長黯然而息漢承

周運胡亾秦國察往知來研精茂德無必無我自南自北其七萬象皆尊千靈共同惟變所適居常待終樂天知命匪我求蒙北辰之北東海之東百王遺訓萬世餘風其八時亾王斗運鍾陽九周井龍沈秦原鹿走生人卷舌道路鉗口禮樂崩頽典章殘朽萬邦請命三靈授手其九日角昇圖星精應符載揚風敎重闡規模數遷三國年當五胡星芒夜指日暈朝枯環林摧折壁沼荒蕪其十赫矣高皇粤若稽古丕哉文皇照靈下土地維旁綴乾紘上補鯤化三千龍飛九五爰有列聖重規襲矩其十一我君文思念茲在茲金鏡

八海珠囊四時三雍九室秋禮冬詩絳帳語道青衿質疑載垂仙澳廣創靈祠其十二　披圖按籍遠求陳跡玉檻煙開金窗雨闢晬儀偘偘雲居寂寂弟子摳衣門人避席階列簠簋庭羅絲石其十三　地接臨邛山橫劍峯滇池躍馬沮澤蟠龍中望擊節高門叩鐘陰靈肸蠁文雅雍容書池必變坐席常重其十四　今還古往寂寥無尚泰山既頹吾將安仰梁木斯壞吾將安放異代風行殊塗影響敢立言而徵聖冀得意而忘象其十五

少室山少姨廟碑銘并序

臣聞崑崙西北之天門也則五帝處其陽陸三王居其正地泰山東南之日觀也則秦皇刻其石銘漢帝探其玉策故知建都邑正方位劃崇墉刳濬洫必憑天地之險然後四海爲家擁神休尊明號協時月同量衡必致山川之祠然後羣神受職少室山者山岳之神秀者也憑河圖而括地用遁甲以開山發揮宇宙之精噴薄陰陽之氣壁立而千仞削成而四方北臨恆碣猶如聚米南望荊衡纔同覆簣共工觸皇天之八柱未足擬議龍伯釣溟海之三山無階想像考於含神霧白玉猶存驗於山海經黃花不落其名有序則太室西偏其位可知則嵩高佐命若乃乾坤之所合雷雨之所交仰躔七星之野俯鎮三河之曲朝市臨於域中樞機正於天下六合交會於是乎有天帝之下都九州名山於是乎有靈仙之窟宅臣謹按少姨廟者則漢書地理志嵩高少室之廟也其神爲婦人像者則古老相傳云啟母塗山之妹也昔者生於石紐水土所以致其功娶於塗山家室所以成其德后宗之位象南宮之一星外戚之班比西京之列傳惟幾不測其道無方騁神變而揮霍降精靈而肸蠁亦猶蔣侯三妹青谿之軌跡可尋虞帝

二妃湘水之波瀾未歇何止祠稱丁婦廟號滕枯少女宅於西宮夫人館於南嶽山臨白岸空聞石室之靈浦對青崖獨有金臺之異若斯而已矣時更魏晉數歷周隋四望於是莫修八神以之無主炎涼代序寧觀俎豆之容霜露沾衣非復絃歌之地國家乘天造之草昧屬人謀之與能奄有大寶遂登神器天地水火之無象則女媧氏補之於是乎鍊其五石東西南北之失位則神農氏立之於是乎甄其四海天皇貴與天乎合德富與地乎侔貲窮變化之理盡神明之數伏犧畫卦唯觀鳥獸之文黃帝垂衣蓋取

乾坤之象利兼於成器功周於備物瑤臺美化闡邦國之風猷銀牓嘉聲茂君親之典禮稱才子者八族則叔獻季貍有亂臣者十人則太顛閎夭若夫圓丘方澤所以享天神地祇複廟重檐所以序文昭武穆命秩宗之位分太宰之官考虞夏之質文定殷周之損益其大禮有如此者高陽有飛龍之樂始會八風帝舜有儀鳳之音初調九奏后夔典其敎制氏辨其聲鐘磬笙竽致其和尊卑長幼成其序其廣樂有如此者太微營室明堂布政之宮白獸蒼龍象魏懸書之法下應猶草王言如絲北辰而拱衆星南面

而朝天下其爲政有如此者糾萬人者施之以八刑詰四方者戒之以三典畫衣不犯載酒無冤免禽獸於網羅納寰瀛於軌物其恤刑有如此者周人之養國老始闢西膠漢氏之召諸生初開太學辟雍所以行其禮泮宮所以辨其敎童子五尺羞稱霸后之臣冠者六人惟述明王之道其文德有如此者涼風至司馬於是乎陳兵太白高將軍於是乎宜戰乘斗杓而誓旅出星門而杖鉞莊周稱天子之劒舉之按之呂望言聖人之兵如風如雨其武功有如此者稽其殷令有文犀利劒之効珍考其周書有玆白乘

黃之騁力東漸西被南馳北走盧敖之窮觀六合不出於城隍陶侃之飛入八門未遊於仙室其疆理有如此者察璿璣而平大運天迴地游吹玉律而部人時陽動陰靜煙雲蕭索而合彩日月淑清而啟旦豈直鳳巢阿閣入軒后之圖書魚躍中舟稱武王之事業其休徵有如此者然則囊括混沌發揮生靈大庭不足使驂乘驪連不足使扶轂可以會玉帛可以答靈祇行聖人之大孝旣郊祀而宗祀昭帝王之盛節亦因天而事天猶復下聽輿人旁求故實以爲唐堯五載無聞太室之儀殷帝八遷未卜王城之地

是用陳圭置臬建周后之兩都詔蹕鳴鑾巡漢皇之中岳熒惑先列招搖在上隱天而動地飲野而歕山旌旗則日月運行鐘鼓則雷風相薄道伊闕據轘轅怡然肆望邈乎周覽壯靈山之雲雨仍求載祀之經對閒寢之邱墟思秩無文之禮於是降天渙命司存因其舊跡葺其新廟詳賚務議工徒下隴蜀之名林致荆藍之寶玉易者言乎悅使人忘其勞詩者歌乎子來成之不日東西轇轕南北崢嶸繡栭兮雲楣光昭耀兮奪日桂棟兮蘭橑氣氤氳兮襲人皎日登於綺疏奔星下於閨闥珠簾瑇瑁上高閣而三休

金柱銀楹步長廊而中宿窮山海之瓌寶盡人神之壯麗豈直河庭貝闕俯瞰馮夷之都洛水瑤壇旁臨宓妃之館爾其巖嶂重複岡巒左右青霞起而照天白露生而帀地餘基隱嶙仍知萬歲之亭古木摧殘尚辨三花之樹明公舊祀棟宇岧嶤仙女層臺風煙爛漫軒轅之訪大隗先求牧馬之童太一之徵少君直下乘龍之使夫峻極也天帝因而會昌夫降神也景福由其興作於是乎昭之以明德聽之以和聲可以羞澗溪沼沚之毛可以奠潢汙行潦之水聰明正直唯鬼神而有知玉帛犧牲在誠信而無媿日

之吉靈之來蜺爲旌兮翠爲葢雷爲車兮電爲策鼓之以南箕風嫋嫋而先路潤之以西畢雨冥冥而洒道其始至也若海靜山空曈曈矓矓昭白日於扶桑之東其少進也若移星轉漢燦燦爛爛吐明月於瀛洲之半佩珠璣而玓瓅襲羅縠而飄颻建晨興之寶冠踐遠遊之文履命儔兮嘯侶徙倚兮徘徊羣賢畢集衆靈咸至有西華之紫妃有中黄之素女華山之上明星遠燭陽臺之下暮雨潛通或瓊室以飛霞或銀臺而薦樂天孫忽降暫停支石之機神女相歡卽起投壺之電左侍右衞則甲申之瓊石乙巳之蘭蕭妍倡妙伎則憑悅之清歌幽靈之鼓瑟樂章既闋禮容斯備迴風兮雲旗入不言兮出不辭荷衣兮蕙帶倏而來兮忽而逝惟神享德降百福而無疆惟嶽配天視三公而有典昔者夏后氏之乘四載曾開宛委之圖周穆王之御八龍猶紀弇山之石況乎上照下漏地平天成人主宅中旁羅於寓縣山靈顯位密邇於神州豈使令德不傳頌聲無紀由是三天降策有南霍之升儲八丈鐫銘有西王之服道魏國鍾繇之字惟勒歲年晉家張載之文遂成明制其詞曰

上帝有命皇天無親樹之元后以牧蒸人光宅六合懷柔百神德成郊祀禮備宗禋其一
軒稱配永崑墟帝出堯號則天汾陽詔蹕觀人設教協時同律有感必通無文咸秩其二
皇家啟聖受命於天上鍊五色旁疏百川開階運斗宅海乘乾王母益地周公卜年其三
天子建德重規疊矩聖敬日躋宗文祖武範圍三極和平萬宇率由舊章粤若稽古其四
璇宮夜敞銀牓朝開德象陰月聲符震雷山河翼戴星緯鹽梅能事畢矣乾元大哉其五
治定制禮功成作樂日月旂常夏殷正朔德澤天外文明地角氣白星黄風搖露濁其六

兩京畿甸五載巡遊馳驅太一部列蚩尤將見大隗爰尋許由迴鑾蹕躅寓目周流其七鬱鬱靈鎭巖巖積石直上五千去天三百帝休非遠眞經可覿石室徘徊瓊膏滴瀝其八山維地德神卽陰靈瑤姬逐雨玉女隨星陰陽不測黍稷非馨倐忽年代荒蕪廟庭其九旁求祀典載垂天澳始詔林衡俄成壯觀紫梲星錯丹梁霞煥似對青溪如遊白岸其十文貍赤豹電策雷車隱隱中道訇訇太虛遂停龍駕永託神居天迴地止霧歇雲除其十一衆靈睒睗羣仙容與衡岳夫人漢濱遊女洛川解佩天河弄杼顧慕招攜繽紛儔侶

同氣同聲爰笑爰語其十二于以采蘋南澗之濱于以采藻于彼行潦日吉兮辰良浴蘭湯兮沐芳揚枹兮拊鼓奠桂酒兮椒漿神其醉止降福穰穰其十三

欽定全唐文卷一百九十三

楊炯四

唐同州長史宇文公神道碑

諸侯計功其銘曰仲山甫式於百辟大夫稱伐其銘曰正考甫恭於三命所以揚其先祖所以示其子孫上古之初刋於禮樂之言中年以降述於宗廟之碑文質既殊條流遂廣山河永配金石長存或旌原氏之阡或表滕公之墓觀百林之字者孝廉之舊業於是乎不忝不忘讀黃鳥之詞者文範之餘風於是乎可久可大公諱珽字叔珉河南洛陽人也宇文歸之遠派宇文翰之餘秩龍火晝夜於鍾

山鵬雲南北於溟海自中州圯坼上國崩離魏氏忘其寶圖齊人弄其神器則天有成命周雖舊邦文王以業重三分昭事上帝武王以功成八百陰騭下人車書混一於域中子弟星羅於海內方乎劉澤乃天漢之懿親匹以曹洪卽當塗之近屬及其隋室遷鼎唐運握符固亦壇社仍存山河不替曾祖顯和後魏冠軍將軍朱衣直閤東夏州刺史車騎將軍散騎常侍長廣郡公周贈使持節開府儀同三司延丹綏三州諸軍事延州刺史周書有傳對揚天命

保乂王家霍去病初封冠軍周亞夫始爲車騎剖符之重任在於六條建國之榮禮高於五等祖神舉使持節驃騎將軍開府儀同三司京兆尹柱國大將軍幷潞肆石四州十二鎮諸軍幷州總管東平郡公贈少保周書有傳材優輔弼業贊雲雷晉則羊祜儀同楚則若敖柱國王章之拜京兆天子聞其直言郭伋之莅幷州諸童符其恩信考諱隋文皇帝挽郎皇朝益州青城瀛州清苑二縣令鈞深致遠直道正詞不汲汲於富貴每乾乾於日夕廣都蔣公炎非無社稷之能太邱陳仲弓自有閨門之德公慶成弧矢

氣襲芝蘭劒則赤山之精照牽牛於北列鼎則黃雲之實入天駟於東方資大孝而立身蘊中和以成德詞參變化稽百代之闕文學富圖書閱三冬之舊史司徒袁粲許之以栝栢豫章處士禰衡目之以椅桐梓漆初任國子生擢第授道王府參軍兼鄭州參軍事橫經太學射策王庭高陽才子宣慈惠和之譽武公新邑濟河洛潁之間秉攝務殷參卿位重王徽之任達國士升車劉簡之博聞中郎寓直秩滿授遂州司戶參軍事天開井絡地洩江源財雄翕習於外區棟宇相望於近甸尹興爲政知陸續於衆人黃霸臨官識包咸於數子尋遷絳州翼城令大梁星野少澤封圻城故絳以深其宮都新田以流其惡實惟繁劇載著循良魯國有司無擅徵之事南陽郡吏罷休沐之娛州府狀聞鄉亭頌德亦由禮讓之化緜竹於是乎作歌風俗之夷浚儀於是乎刊石稍遷符璽郎尋奉敕檢校鴻臚本官如故環濟要略掌天子之符璽劉熙釋名表京師之心腹是分麾節式贊王侯國信不差郊迎有序遷尚書職方員外郎夏書禹貢辨其川澤周禮職方明其物土清晨伏奏幾承題柱之恩閒夜絜齋惟有張燈之宿詔除朝散大夫

晉州司馬尋遷長史平陽舊縣姑射靈山玉印仍存瑤城未映習鑿齒之逢宣武三命而踐侍中管公明之謁冀州四見而登別駕詔遷同州長史河西輻輳渭北膏腴秦地之下邦漢京之左輔使君何以爲政端右宜其得人江統知賢直言則陳留阮宣子唐林薦善通理則汝南黃叔度王祥糾合屈公輔之宏才荀羡逸羣壯沖天之勁翮享年六十有五以永淳元年六月二十一日終於華州之別業嗚呼哀哉公元亨利貞文行忠信禮樂之君子儒林之丈人當在顏冉中求自是風塵外物友于之義伯淮與季江

同寢朋從之道。鮑叔與管仲推賢。優游大學之中。藉甚平臺之下。輜車就列。化洽於二州。油軾當官。政成於半刺。道尊德貴。而大位不躋。有志無時。而天年不永。即以其年十月。遷窆於鄭縣安樂鄉之西源。嗣子某官等。詩禮預聞。箕裘早學。生則盡其養。劉殷積粟於七年。歿則致其哀。唐頌絕漿於九日。占白鶴。相青烏。鄭伯所封。有咸林之采地。晉侯所賂。有河外之城邑。其川渭水。而玉璜其鎮。華山而金石習習。旗旐紛紛。野田范巨卿則素車來哭。韓元良則緦麻設位。大夫受梁鴻之命。終陪列士之墳。妻子從田豫之言。竟托神人之墓。嗚呼哀哉。銘曰。

國自東部。家承北平。遂荒中縣。奄有神京。時逢日薄。運改天正。二王之後。三代之英。其一 惟宗惟祖。有典有則。大魏將軍。隆周柱國。於穆顯考。其儀不忒。禮樂宣風。閨門表德。其二 五才鍾秀。百福與賢。蜀都曾子。漢代顏淵。公之廣學。其積如山。公之大辯。其流如川。其三 親則郕霍。地居周鄭。人物會同。歌謠鼎盛。設官分職。天子有命。束髮登朝。參卿軍政。其四 江漢之流。河汾之都。禮優懸榻。任重前樞。六璽爲貴。皇天降符。九州爲廣。益地開圖。其五 平陽守土。下部風俗。秦晉間闔山河。軌躅緹油之化。海沂之曲。始聽雞晨。行復驥足。其六 龜長筮短。吉往凶來。賓朋永訣。徒御相哀。華館無象。元堂不開。青龍水曲。白馬車迴。其七 漠漠古墓。槭槭寒桐。郭門之路。平林之東。天光少日。地氣多風。凡生物而必死。唯君令始而善終。其八

唐恒州刺史建昌公王公神道碑

王氏之先。代爲佐命。秦之霸也。則王離滅楚國。而三將連衡。漢之興也。則王陵誅項籍。而五侯同拜。南陽克定。應圖讖而作司空。西晉聿興。合謌謠而濟天下。昔者伊尹伊陟

但保乂於商朝。太公桓公。唯夾輔於周室。蕭何之後。居食祿而無聞。鄧禹之孫。在當塗而不嗣。未有夏殷三統。金木五遷。冊命重光。軒裳代襲。則我瑯琊之郡。有冠蓋之里乎。建昌之縣。有公侯之子乎。公諱義童。字元稚。其先瑯琊臨沂人也。永嘉之末。徙於江外。皇運之始。還於五陵。今爲雍州萬年人也。祖僧輿。齊會稽令。梁安郡守。南安縣開國侯。祿位千石。珪符五等。營室迴於羽儀。山河入於盟誓。父方騐。梁正閤主簿。伏波將軍。梁安郡守。隋上儀同三司。以惠和之性。有文武之才。伏波將軍。從征等於馬援。儀同三司

開府均於鄧隲家餘積慶郡不乏賢代臨本州則元賓之父喜形於色繼爲本守則張翕之子迎者如雲自齊國遜位於梁庭及隋人内禪於皇室夏禹之鼎寶命集於周朝御龍之家世祿歸於范氏公台階茂緒昴宿精靈五百歲之賢才一千年之王佐忠規武節學府詞林元方閨門敬其有德少游鄉里稱其善人實惟清廟之器是曰皇家之寶韻諧金石奏虞庭之八音德合珪璋列塗山之萬國黄河一曲之水莫測其源赤城千丈之巖未階其峻羣童忽聚綴帛而引旛旗父老相呼援履而傳兵法隋授左勳衛

率非其好也河東離析海内風塵天子溺於膠船諸侯問於金鼎能扶天下之危者必據天下之安能除天下之憂者必享天下之樂我高祖神堯皇帝就之如日望之如雲發三河之雷電平四海之歷象武王之仗黄鉞一月臨於孟津高帝之執朱旗五星聚於東井公瞻烏於屋射隼於墉陳平則間行而去楚酈生則長揖而歸漢奉符繫組觀軹道之降玉偃武修文見山陽之散馬初拜車騎將軍稍遷右屯衛將軍錄有功也考於周典崇德報功稽於春秋策勳命爵車騎萬隊備涼土之羌戎衛軍千兵掌京師之

屯禁於時天下初定邊方未輯二十八舍尚有吳越之妖氛一十三州猶積東南之殺氣武德四年詔公爲江南道招慰使鼓琴而送受命而行乘使者之輶車掌行人之旌節陸賈至於南海先責尉佗隋河入於九江即徵黥布詔除泉州都督封建昌縣男食邑三百户斗牛星象舜禹精靈境接東甌地鄰南越言其寶利則瑇瑁珠璣叙其風俗則丹雞白犬公門容駟馬位列三刀防薏苡之譏嫌絕簡書之流謗豈直廣州清節酌貪泉於石門合浦神君返明珠於漲海貞觀三年詔遷散騎常侍行果州刺史授期天

帝肇跡人皇南充國之舊都西宕渠之古邑岡巒紛糾天彭雙闕而作門珠貝浮沈巴水三迴而成字公入參師友出居方伯金蟬左貂朱旗曲蓋纔臨蜀郡即聞來暮之謡初踐益州已聽中和之樂七年詔遷銀青光祿大夫行恒州刺史西街畢昴北岳恒山天開太乙之宫地列幷州之鎮境分靈壽魏將樂羊之所封邑對行唐趙王惠文之所築公政成朞月風行萬里鄧晨一郡漢帝稱爲主人李廣數年匈奴號爲飛將行嘗計日郭伋不負於童兒郡異中平王觀無私於任子既導德而齊禮亦勝殘而去殺三禾

在殿將拜鄭宏兩膺隨車坐悲虞國享年若干以十五年冬十一月二十五日薨於洛陽之清化里公家傳將相世有忠貞屬離亂之宏多值風雷之草昧河宗兩日負鼎而謁成湯渭水七年垂釣而逢西伯將軍再命刺史三遷种暠欒巴牧人之良翰麗參虞翻將帥之宏規立事於當年揚名於後代兄國卬穀州刺史弟國稀仁州刺史荊枝擢秀棣萼生輝何止平輿之二龍是爲賈家之三虎唐虞之際四岳分居趙魏之間八男爲郡公雖勳參締構位總班條金友玉昆良田廣宅而能吐食下士倒屣迎賓無笑客

之美人有拜賓之童隸策名委贄善始令終生當封侯克成丈夫之志死而可作無忝事君之道越十六年二月二日葬於伊闕縣之萬安山詔贈雜物百段給議仗往還禮也亭連長樂城枕高都守闕塞者汝寬適伊川者辛有北瞻洛汭尚想元凱之墳東望邢山依然國僑之墓夫人陽翟縣君河南褚氏即太常卿陽翟康侯亮之女中書令河南郡公遂良之妹也宋公子之流派褚先生之苗裔宏夫人之禮傳淑女之詩有文在手歸於魯國有鳳和鳴適於陳氏邑之石窌縣以封邱夫尊於朝妻貴於室仙人暫別

初悲寡鶴之聲寶劒纔分終合雙龍之氣以其年月日薨於某所越某年月日祔於建昌公之舊兆長子師本太穆神皇后挽郎襲建昌公歷韓王府祭酒岐州司士參軍定州安喜縣令譽聞州里學富邱山以卿子而爲郎以象賢而開國朝遊楚澤暮宿燕宮東臨石柱雍爲積高之地右會長星唐是中山之邑出遊鄰國不以陪臣見輕上謁邦君不以屬官相待洛陽朝覲適見雙鳧東都墓田行悲駟馬以年月日終於某所越某年月日即陪葬於先兆次子師表左千牛備身遷尚輦直長歷許州臨潁博州堂邑滄

州樂陵縣州萬安果州西充五縣令能傳祖業克嗣家聲有言偃之文章兼仲由之政事晨陪紫極繞鈎陳之六星旦奉黃麾屯玉車之千乘至若繁昌土宇魏文帝之墠壇堂邑提封漢陳嬰之侯國河分九道渤海東臨江派五津崑崙北指莫不愛人以禮爲政以德鍾離意之禁暴不用尺乃公孫述之有神能持五縣次子師元嶲州都督府嘉徵縣丞次子師楚夔州都督府雲安縣令芝蘭有秀羔鴈成行滇北數十尹莫大邛都之縣邑東七百里唯有巫山之峽言其縣職夔龍入於闕門叙其邑人鸞鳥翔於學舍

咸能生盡其孝喪盡其哀積粟萬鍾思負米而何得榱題三尺泣吾親而不見卜其宅兆麟鳳匝其岡巒陳其簠簋春秋變其霜露思傳舊德式建豐碑戴安道作頌於鄭元蔡伯喈披文於郭泰魏武皇讀而稱妙非所望焉夏侯湛見而陋之固其宜也銘曰

厥初兮后稷導生人兮知稼穡降及兮文王精翼日兮衣青光平東遷兮郟鄏晉上賓兮帝鄉秦三將兮繼代漢五侯兮克昌比狼山兮峻極等淮水兮靈長惟祖考兮鼎盛佩金璋兮疊映彼山川兮降靈生玉樹兮青青成張良兮

昴宿乘傅說兮箕星出忠兮入孝武緯兮文經陳嘉謨兮制千里摛藻思兮掞天庭有隋兮喪亂土崩兮瓦散皇運兮權輿人神兮攸贊值笙鏞兮變響屬天地兮貞觀河兩日兮事殷井五星兮歸漢帶長劍兮暐煜擁旛旗兮照爛周命兮惟新雲雷兮尚屯控東南兮荒景負江海兮未賓陳禮樂兮命使動輶車兮轔轔用虵符兮澤國頒虎節兮山人專一方兮革面重九譯兮稱臣天垂兮星紀地連兮交趾山草樹兮潛移蜃樓臺兮鬱起還合浦兮太守爲廣州兮刺史歸漲海兮明珠飲石門兮貪水侃沖天兮八翼代出身兮萬里全蜀兮奧區枕邛笮兮倚巴渝有靈臺兮古跡有充國兮舊都豐貂兮左珥介士兮前驅濬三刀兮持節昌兩日兮剖符降鳴鳩兮大夏騁神馬兮長衢畢昴兮分野蘭堂兮四下漢皇帝兮國都耿將軍兮壇社若恒山兮詔鄧猶朔方兮命賈李北平兮漢飛郭并州兮竹馬瞻泰階兮坐躡惜天年兮不假伊大姓兮潁川有美人兮嬋娟桂生兮因地女嫁兮因天見乘龍兮奕奕覩飛鳳兮翩翩知蘧瑗兮有禮笑虞卯兮未賢始銜悲兮晝哭終其盡兮千年卜龜謀兮習吉陳旨酒兮嘉栗車徒儼兮在門

旌旆紛兮競術循洛橋兮南渡從國門兮右出樹蕭蕭兮有風雲慘慘兮無日指邙陵兮一閈與天地兮相畢悲孝子兮純深孰憂思兮可任訴高天兮泣血蹐厚地兮崩心樹碑兮神道無媿兮詞林歷陽之都兮水没圓嶠之海兮山沈俾外孫兮幼婦生白玉兮黃金

瀘川都督王湛神道碑

惟漢高祖應天順人祭蚩尤於沛庭斬大虵於豐澤則豐沛之豪傑乘於雲矣惟漢光武龍飛鳳翔舉新市之八千破王尋之百萬則南陽之佐命動於天矣我高祖神堯皇

帝以唐侯而建國從晉陽以起兵協和萬邦光宅天下則太原之衣冠有大勳矣公諱湛字懷元太原晉陽人也十一代祖卓晉給事中毋常山公主河東有湯沐邑因家焉葬於長壽縣故鄉有太原之號皇業伊始公以中涓從事賜田鄠杜間今爲雍州人也昔武王定於下人太子賓於上帝基豐鎬而開國籍神仙以命氏霸則司徒所讓位天子所不臣祖則孝弟於閨門務學於師友豈直横江斬將南登建業之臺玉食金溝北徙邙山之宅自茲厥後數百年間國移三統周人共推其代祿家徙五陵漢朝不易其

冠冕曾祖邁後魏中書侍郎彭城王府司馬周春官大夫都督晉陽侯祖亮本州主簿司水上士隋贈信州刺史太名革於東魏天命集於西周宗伯所以辨其儀林衡所以平其守父綽秦孝王府掾仁壽宮監離石郡通守晉陽侯皇朝石州刺史逆賊劉武周攻陷郡城因而遇害贈代州總管謚曰烈侯禮也天造草昧王業艱難周師纔至於太原胡兵遂入於離石負戸而汲不能定西戎之禍析骸而爨不能解南楚之圍仁者殺身以成名君子有死而無貳公承聖賢之末代屬喪亂之宏多天子乘輿方靖秣陵之氣諸侯斧鉞莫救驪山之烽國有命而何言邦無道而斯隱大業之季本州察孝廉非其好也高祖乃操斗極拜圖書再駕臨於孟津五星合於東井公解衣而濟策杖而行酈食其之長者逢漢祖而長揖袁曜卿之茂才見曹公而不拜從平霍邑授紫金光祿大夫入長安加左光祿大夫歷丞相相國二府典籤參軍事高祖受禪擢爲通事舍人通直散騎侍郎封金水縣侯食邑七百户稍遷虞部郎中丁烈侯艱去職尋起爲隴西別駕商鄜二州刺史上柱國荆州大都督府司馬冀州刺史定其封邑誓以河山蕭相

立功於萬代留侯決策於千里願持一郡洛陽之任耿純兼攝八州江都之拜陶侃龍朔三年遷使持節東督瀘榮溱珍四州諸軍事瀘州刺史江陽縣地瀘水提封參伐下而爲益州岐山上而爲井絡尺兵再戰黄昌兩日之歌樂水斯來景伯三年之化功成露冕歲及懸車歎疏廣之知足慕祁奚之請老乾封二年上書乞骸骨詔公祿賜同京官仍朝朔望天子歷吉日協靈辰郊上元祀清廟詔公行太尉事國之大事攝在有司蒼璧黄琮六玉以昭天地路鼓陰竹九變而祠祖考名遂身退居常待終山川則羣望

並走星象則中台夜坼春秋九十有三以咸亨三年七月十七日薨於京師永崇里謚曰敏喪事官給賜物三百段米粟三百石葬日車服往還有司監護公幼鍾偏罰毀瘠過人八歲讀詩至無母何恃廢書慟哭嘔血數升逮事繼親孝聞州黨恩深母子比王元之事親夢感夫妻等衛卿之至孝年纔一紀有若成人吏部薛公見而稱歎潁川之司馬德操早知劉廙譙國之夏侯泰初深歎樂毅兵次霍邑力戰有功高祖嘉之賜良馬一匹進圍京城爲伏弩所中高祖臨視賜物三百段流血及屨未絕鼓音左輪朱殷

豈敢言病武德之始奉使嶺南馮盎等稽首稱臣獻琛奉贄舍人薛阜遇害北庭詔公責問單于謝罪賜黃金五十斤雜綵二百段南踰漲海北渡陰山大中大夫去尉佗之黃屋高車使者作匈奴之鐵券離石之難也杭干而寢見星而行號泣不絕聲者千里水漿不入口者數日同武陵之任襲入搆諸羌異河內之張武空持遺劍吳遠由其得銘王哀以之攀柏冀州境內舊多淫祀褰帷按部申明法禁詔書還秩百姓攀車立廟生祠樹碑頌德亦猶欒巴典郡山鬼潛移張禹牧州江濤不起公出身六十載遺愛二十州遂罷方岳之官仍居上台之位始於撥亂伊尹之輔成湯終於太平軒轅之得風后然後拂衣高蹈躬覽載籍著遺誡十八章盛行於代法文王周易之變象尼父孝經之篇窮性命之理盡天人之際莊周著論生也若浮史佚立言歿而不朽越文明元年二月十七日陪葬於獻陵禮也長子朝散大夫行扶風令遐觀等生芻一束泣血三年不踰聖人之禮能行大夫之孝京兆載開其新阡昆吾用昭其舊德百年宮室宛在章臺之東五校軍營依然茂陵之下其銘曰

昔在湯武阿衡尚父下及高光蕭何鄧禹皇天眷命赫矣高祖惟岳降神克生元輔攻城野戰張飛關羽奇策密謀荀彧賈詡始陪營衛仍參幕府旌節龍沙軒旗象浦出臨方岳入調風雨其生也榮池臺鐘鼓其死也哀陳兵復土孝乎惟孝無父何怙刊石勒銘永傳終古

後周青州刺史齊貞公宇文公神道碑

惟黃帝大電之精以太清而張樂惟高辛招搖之象以人事而紀官於是乎生我司徒敬敷五教翼贊虞帝而咸熙庶績惟殷湯受天明命以統九有之師惟微子崇德象賢

以爲萬邦之式於是乎生我丞相約法三章光輔漢室而威加四海自齊宣皇帝商周之日號西伯以稱臣太祖高皇帝堯舜之朝避南河而革故司空臨川獻王懿親明德論道經邦中庶子平樂侯開國承家丹書白馬於是乎生我齊貞公惟魏之寶惟周之翰開上帝而格天地燮陰陽而平水土詳求典載歷選台衡或大澤而康帝圖或高邱而濟王業諸侯五百伊尹出於庖廚甲士三千太公起於屠釣未有上從軒后下及全齊聖主明君三居域中之大帝師王佐累極人臣之重古所謂歿而不朽者抑斯之謂

歟公諱彪字明俊蘭陵人也即宣帝之元孫高帝之曾孫臨川王之孫平樂侯之子稟神河岳藉慶王侯攀兩曜之末光乘五行之秀氣溫厚廉讓當時以爲達人宣慈惠和天下謂之才子屬三方鼎立九土星分祿去公朝失諸侯之盟會政由梁國建天子之旌旗士女同歎於商墟鬼神共謀於曹社公杜門屛跡心不自安與門生故吏數百人歸於後魏宣武皇帝以客禮待之詔除給事中假龍驤將軍正光五年兼彭城府長史假節則將軍比於王濬優禮則長史兼於杜襲龍驤可畏晉后任之於渡江騏驥不乘魏氏託之於留府六年除通直郎散騎常侍中書侍郎永安三年帝北巡遷撫軍將軍銀青光祿大夫散騎常侍散騎通直起於天興之元中書侍郎始自黃初之代宣威撫軍之號僕射光祿之名奇才總於文武重任歸於將相徐方叛逆以公爲行軍長史兼統別部仍加鼓節彭城宋邑海岳徐州嶧陽孤桐羽畎夏翟昔稱都會今實邊陲魯伯禽始得專征周穆王遂行天討公手執旗鼓坐謀帷幄以陶侃部分之明當阮孚戎旅之重有如荀羡獨負逸羣之才不學江逌空有連雞之喻徐州平遷黃門侍郎揚州大

中正黃扉藹藹青瑣沈沈有若張公之萬户千門博觀圖籍太湖爲浸會稽爲山有若荀勗之十郡一州詮藻人物累遷大司農秦稱内史漢曰司農管夷吾陳不涸之名耿壽昌立常平之議時播百穀后稷讓於虞書阜成兆民列卿拜於周典普泰元年遷車騎將軍加右光祿大夫永熙二年出爲潁川太守地稱汝潁俗尚申韓有鄭伯之別都有周公之朝邑教之德化無囚歷於八年任於賢能蒭潤踰於九里於時齊武王居中作相實有遷鼎之謀周太祖在外持兵深懷事君之道昭公失位由季氏之執權襄王

出居成晉文之霸業三年秋八月武帝幸長安以義兵從順大統元年授開府儀同三司封靈壁縣開國子邑三百戶金堤石印清濟濁河爰賜土田以爲藩屏漢之宰相始開封邑周之列侯實兼卿士二年拜車騎大將軍九年遷五兵尚書十年遷中書監領驃騎大將軍加開府儀同三司進爵爲公增邑一千戶天子有詔不入軍門匈奴未滅不營私第蔡謨兼五兵之署鄧騭比三台之儀掌中書之綸翰加上公之冕服十六年遷侍中驃騎大將軍以下並如故昔惟常伯今則侍中切問近對拾遺補闕冕旒無象

先問顧和玉佩不存卽徵王粲廢帝後二年公不賀出爲使持節華州刺史侍中並如故桃林國邑大荔城隍三秦六輔之奧區五岳四瀆之襟帶倪寬之爲内史唯事溉田薛宣之守馮翊但知拱默尋加特進餘如故官品第一朝廷所敬辟吏如五府之間班列在三公之後唐虞之繼文德也稷契謨明於兩朝魏晉之順大名也裴王建功於二代周武成三年進封青州齊郡公邑二千戶賜號東岳先生詔曰堯有四岳朕惟公一人賜雜綵二千段甲第一區雍州良田百頃其優禮如此堯命羲仲星鳥嵎夷之官周

賜姜牙穆陵無棣之境三王不襲同盟固於泰山百代相因舊國傳於負海惟保定四年公薨於長安私第天子罷朝羣臣赴弔喪用官給嗚呼哀哉五年贈少保使持節揚光桂三州諸軍事揚州刺史諡曰貞公禮也公少丁外艱州黨稱其孝齊武皇帝見而歎曰可謂吾家曾閔外祖太尉公王儉謂其子侍中騫曰成汝宅相者在此孫乎公之北歸也後魏宣武帝勅曰昔微子去殷項伯歸漢卿又得之於今公涕泣橫流跪而對曰臣家國不造鼎祚淪亡進不能匡正退不能死節今復托身有道何敢比德古人帝

益重之及周太祖作相西朝王侯之下皆望塵而拜公與之抗禮太祖尤相敬待屢有諮詢嘗曰國家之子房也公體淳和之至性負廊廟之大才孝通神明忠定社稷馬伏波來遊二帝晏平仲能事百君在魏則賈詡荀攸在周則太顛閎夭惟司徒克愼厥始惟丞相克和厥中惟公載德克成厥終三后同其政道子孫訓其成式輝光助於日月積德廣於宇宙以某年月日葬於少陵原國遷三代年移十紀杜當陽之碑石沈漢水而無聞仲山甫之鼎銘入匈奴而不出曾孫皇朝右金吾將軍同州刺史得照宏才大

節玉振金聲入當天子之右軍出臨帝京之左輔承積善之餘慶襲大宗之不遷願述家風思傳祖德是用勒銘刻石相質披文載於景鐘大夫稱伐之義書於太常諸侯計功之道追題瓦屋鄭康成北海之門重刻碑陰張平子南陽之墓其詞曰

黄帝攝政勤勞耳目居於軒轅戰於涿鹿咸陽黜夏登壇受福表正萬邦纘禹舊服其一逮乎微子周之國賓降及蕭叔宋之懿親高祖丞相王迹是因宣皇御史社稷之臣其二太陰所立皇齊誕聖旣創元基仍集大命謀孫翼子重熙

累盛天祿永終南風不競其三惟公載誕克嗣家聲千文多節三年一鳴待時而動以族而行才歸晉國璧入秦庭其四符堅拜首降天之使陶豫策名勤王之事任隆起草榮高近侍赫赫禁門雍容貂珥其五日暮青瑣夕郎之職法駕畢陳黄門次直帝王之盛誠在農殖如京如坻我黍我稷其六吳王舊國採山鑄錢公爲中正佩以韋絃夏禹遺跡今來潁川公爲太守示以蒲鞭其七齊稱東帝周稱西伯諸侯謀王天子下席公之忠義如彼松柏其八發自新邑歸於陸海魏德雖衰天命未改功成晉鄭爲而不宰寵茂山河於是乎在其九亞夫真將去病元勳持兵對揖絕漠行軍尚書武庫抑有前聞侍中重席曾何足云其十當塗遜位有周經野二國唐虞兩朝裴賈出守馮翊人無訟者受封於齊實匡天下其十一晨占赤烏夜辨黄熊曾參易簀期於令終子囊城郢沒有遺忠明君輟祭羣臣會同其十二黄屋左纛輕車介士朝發桐鄉暮歸蒿里積善餘慶由來尚矣公侯子孫必復其始其十三

欽定全唐文卷一百九十四

楊炯五

唐贈荊州刺史成公神道碑

成氏之先有周之後姬文受命三十八王郕伯象賢二十一代漢之少府國家維城晉之廣楊王室藩屏公諱知禮其先上谷人也子孫避地徙於某曾祖休寧後魏汾州刺史齊特進左右衞大將軍宇文朝江州刺史隋成陽郡公謚曰武勲格皇天澤充區域該備寵榮兼包命賜祖少遐北齊民曹郎中宇文朝地官上士襲成陽公建國之屬以

訓五品以親百姓父緯隋金紫光祿大夫唐深州刺史上柱國天子大夫金章紫綬天王使者皁蓋朱輪公誕保靈和受茲介福講之以學合之以和純粹以積其中文明以宣其外出於口者必是先王之言萌於心者莫非君子之德戒慎乎其所不覩恐懼乎其所不聞時止時行左宫右徵在朝濟濟在家雍雍祇服宏業克丕堂構襲成陽公歷箕州平城洛州邯鄲二縣令武鄉里閈榆社隄封公宰平城日宣三德悲歌相聚袪服成羣公宰邯鄲雷震百里儀刑嘉誨範乎人倫令問廣譽塞乎天壤將蹈九列平三階豈意太和交薄而天道難諶降年不永春秋若干以某年月日終於某所夫人宜城縣主聖神皇帝之堂姊王姬外館之長女夫人道峻於閨房名輝於邦國我大周敘洪範作武成大賚而萬姓悅垂拱而天下理法號惟舊制贈荊州刺史生則唐堯不用沒則周武追封爲龍爲光有始有卒立名於後以顯其親反葬於周不忘其本以某年月日歸葬於某原碣石恒山燕南趙北禮儀光被宗族相臨大夫弔桓子之喪天子歸惠公之賵蘧瑗之葬不害良田孔邱之塋不生荊棘長子司衞少卿兼檢校魏州刺史大辨

中子左鷹揚將軍大方少子朝議大夫行司潢主簿大琬等門承四代德盛三賢有終身之憂盡生人之本璽冊褒贈宜宣無窮景鍾勒銘若古有訓嗚呼哀哉其銘曰

神岳之英大川之精如山之峻如流之清行之斯立言之斯成登車發耀在邦有聲傳於舊國舊國惟平宰於二縣二縣惟寧余聞舊說天鑒孔明誰謂靈誕喪落淑貞永錫不匱克揚其名冊書光寵沒有餘榮系曰列星垂象兮炳天光白露爲霜兮沾人裳彼蒼天兮殲我良列星垂象兮炳天暉白露爲霜兮沾人衣九原可作兮吾與歸

唐上騎都尉高君神道碑

南方火德陽精赫雷電之威西陸金行秋令毒風霜之氣達其變聖人所以定天下之文象其宜聖人所以觀天下之變或衣裳六合舞干戚而掃虔劉或鐘鼓八紘用甲兵而誅暴亂若夫皇天失紀彗孛飛流后土不綱山河崩竭蚩尤食石災害於生人項羽拔山憑陵於上國天子聞鼓鼙之響思將帥以龔行將軍屬甲冑之容攬英雄而決勝則風雲潛感豪傑挺生得七星之武曲破軍受五運之金多木少四時繁弱射連尹於嶅山萬辟太阿殺顏良於官

渡然後達人知足徒興白髮之歌烈士徇名不受黃金之賞與夫棄其筆墨漢家封萬里之侯稱爾戈矛周王命百夫之長豈可同年而語哉君諱則字宏規其先渤海人也後代因官遂家於涇州之安定縣神房阿閣泰山橫日觀之峰金闕銀臺滄海蔽天虛之岸風土形勝關河表裏三分六州之大業師尚父贊其經綸一匡九合之元勳齊桓公拓其疆埸高柴至德籍東魯之聲名高鳳沈研盛西京之學校英才磊落而秀發人物蟬聯而間起三光不墜祭高星於太紫之宮八柱無虧奠高嶽於中黃之域曾祖沖北齊鷹揚郎將周左屯衞清宮府別將成軍夜火教戰秋風九天揚後一之兵六合擁前三之陣張良入漢行觀滅楚之徵微子奔周坐見亡殷之兆祖赦周襄郡南和縣長陶元亮攝官於彭澤道契羲皇陳仲弓歷職於太邱德符星緯飄風驟雨不入灌壇之鄉暴虎蒼鷹潛出瑕邱之境考才朝議郎上開府孫子荆之天骨亮拔不羣王夷甫之道心神鋒太峻議郎清秩懸符處士之星開府崇班上接台階之位君雄心獨斷猛氣無前用兵書六甲於自然知射法三篇於性道早圖星象管公明懷察變之心幼識旌

旗陶恭祖有行師之略屬隋人板蕩天下崩離朱陽夾飛烏之雲紫極現雄雞之象陳兵爭戰竊玉策於中州姚石壇場竊金符於寓縣我高祖黃雲大帝白水眞人風雷海嶽之純精天地陰陽之正氣媧皇受命殺黑龍而定水災漢祖乘機斬白蛇而開火運君夜觀乾象晝察人情審熒惑之謌謠驗嵩山之讖記關中王氣不勞甘德之言沛國眞星無待殷馗之說賊薛舉豺狼梟獍檮杌窮奇守幽隴以行災負關河而作孽天王按劍出軍於玉帳之前猛將分麾受律於金壇之下以義寧二年王師薄伐趙國公長

孫無忌精兵若獸利器如霜問君以帷幄之謀待君以心腹之寄嘗當月暈因八門之死生陣法天星乘五將之關格蔭華蓋歷明堂以我和而制其離以我直而摧其曲敗楚師於柏舉未足權衡執秦俘於崤陵無階等級此實君之功也其年詔授朝散大夫賜物三百段排患而釋滯功成而不居比疏傅而辭榮追留侯以高蹈三靈革故君子於焉待時四海清平謀臣以之歸第自太王基命成康隆玉版之圖高帝受終文武盛金刀之業家給人足天成地平猶勞水旱之餘尚想京坻之積咸亨三年春奉勅於河

陽檢校水運使搜粟都尉河堤使者銅橈鐵舳蒼鷹白鶴之船竹箭桃花貝闕龍堂之水引紅粟於淮海汎歸舟於秦晉遂使齊臣獻納先陳不涸之名漢后絲綸即有常平之號望千石之氣可以療飢開萬箱之儲自然知禮此又君之功也其年詔賜上騎都尉嗟夫河流曲直天道盈虛鬼神莫之要聖賢莫能預高臺下泣孟嘗君之惻愴可知梁木興謌孔宣父之平生已矣上元三年春三月日終於樂邑里之私第享年七十六惟君魁梧動俗符彩驚人忠孝天資溫良日用一門兄弟盡同鍾毓之車千里賓朋時命嵇康之駕每至白雲生海素月流天未嘗不顧眄山河抑揚琴酒馮異之大樹對諸將而無言子夏之名山謝時人以長往四林遊刃八水忘筌能祛有漏之因早得無生之法雖十年俱盡陸士衡之長歎有徵而千載猶生蘭相如之壯心恒在即以冬十月丁酉葬於安定東南二十里之平原禮也陶公相宅郭璞占墳面丹鳳而背元龜兆青烏而徵白馬三百篇之後卜筮何從二千石之榮子孫無替長男仁叡中男仁楷少男仁護仁昉等或體窮三變潘陸不足以昇堂或力敵萬夫關張不足以扶轂有元方季

方之長幼傳學詩學禮之門風金友玉昆忠臣孝子窮號積於心髓創鉅纏於肌骨星辰已變昊天無報德之期霜露潛移君子有終身之慼葬之以禮垂制度於三王思之以時别蒸嘗於四季然後按耆賢之舊德敘潘岳之家風戴逵銘北海之文張昶刻西山之石若使鄧將軍之一見自得嘉名魏太祖之來觀懸知絕唱其詞曰

金闕千仞銀宮百常發揮雷雨震動陰陽山水形勝人神會昌九州霸業賜履勤王樂只君子邦家之光驚雷氣候大昴徵祥運屬飛海時逢吸霜中原逐鹿西嶽亾羊漢起

高帝周興太王乃披荆棘卽奉壇場國步猶阻黎元未康將軍不拜使者相望陣合星斗兵符玉璜殲夷叛逆剷滌邊荒化移三代時清九皇猶思禮節尚試堯湯漕通淮海水泛舟舵蒼鷹鴿軸紫貝龍堂功立身退懸車杖鄉百年俄頃萬緒悲涼昔時華屋今日元房平天慘慘半月蒼蒼地謂西郭山言北邙曲池無處松檟成行

唐昭武校尉曹君神道碑

君諱通字某其先沛國譙人也近代因官遂居於瓜州之長樂縣故今爲縣人焉顓頊高陽之子孫曹叔振鐸之苗

裔山河白馬漢丞相開一代之基譙沛黃龍魏武帝定三分之業承家卿允岳峙星羅居雍州之西境斷匈奴之右臂門容駟馬旌旗玉塞之雄坐列三貂人物金行之秀祖某隱居不仕父顯盪寇將軍河庭竇玉廣都鸞鳳或閭閻之內禮敵於諸侯或枹鼓之閒威振於千里功則可大以官族而爲官德亦不孤惟將門而有將君天才卓越雄略縱橫陶謙性好於幡旗王濬志在於長戟東方諫議口誦孫吳諸葛武侯坐吟梁甫屬有隋之末四海分崩皇運之初三光草昧五星同聚田横猶在於海中九代飛榮隗囂尚屯於隴右賀拔威操符誓衆斬木稱兵以被髮左衽之餘負檮杌窮奇之號遂欲驅馳我塞北撓亂我河西天子不憚於廟堂鼓其雷霆使者相望於道路申其弔伐武德元年乃詔侍中楊仁恭出使先之以德義陳之以兵甲七旬干羽不藉有苗之師萬國侯王坐見防風之戮君深知逆順獨斷胸懷去危卽安轉禍爲福非如馬援遨遊二帝之都不學竇融自保三分之重勅授昭武校尉鮮卑醜類慕容殘孽遷於大棘之城止於小蘭之介雖謂其羣下願聞禮於上京而拜於將軍遂誇大於諸國貞觀八年詔特

進代國公李靖爲行軍大總管登壇拜將授鉞行師開太一之三門閉陰符之六甲決勝於俎豆然後折衝萬里信賢如腹心故能匡正八極君當仁不讓聞義則行從王粲之戎旅棄班超之筆研係單于之頸有類長沙斬樓蘭之王更加平樂詔除上騎都尉車師舊國俯枕前庭戊己遺墟斜連後壁負天山而板蕩擁蒲海而虔劉聖人之德非欲窮兵黷武王者之師蓋爲夷凶靖亂十四年詔兵部尚書侯君集爲行軍大總管軍營玉帳武略珠韜旌旗蔽於日月金鼓聞於天地安人保大實憑帷幄之謀斬將搴旗

咸藉武夫之力君緬懷高義思報國恩從來六郡之子是爲萬人之敵梯衝所及披靡堅城矛戟所臨野無橫陣一舉而清海外再戰而滌河源飲至策勳抑惟恒授詔除上柱國君備嘗艱阻頻有戰功天子聞之累加徵辟慕田疇之節羞賣盧龍之塞高魯連之義請從滄海之遊遂乃散髮鄉亭拂衣邱壑爲趙魏之老在羲皇之年關内諸公深知郭解洛陽人物高談劇孟家僮有禮皆使拜賓門客多才咸能市義南宮養老坐聞鳩杖之榮東岳遊魂俄見鶴書之召以龍朔元年某月某日終於里第嗚呼哀哉夫人

某官之女也沅湘降祉河洛騰休符玉石之堅貞貫風霜之慘烈鏡飛天上窺祥鳳於銀臺劍動星文秘蛟龍於玉匣以某年某月日終越某年月日合葬於某原君孝實因心忠爲令德鮮花匝樹盡兄弟之歡娛好鳥鳴林展交遊之宴喜太初朗月俯照金鞍叔夜清風來生寶劍故能戰必勝攻必取西零種族遥憚武臣北漠酋豪見稱飛將雖死之日猶生之年園令獨慕於相如漢帝長懷於李牧長子遊擊將軍和政府右果毅都尉上柱國永雄次子朝散郎行西州柳中縣主簿上騎都尉知君等三餘廣學百戰雄才就養之方兼申愛敬慎終之道不忘哀感雖雨崩防墓無孔子之格言而水齧前和有文王之故事即以某年月日改葬於木城之平原長婦某氏即永雄之妻也其官之女柔風淑譽習禮聞詩上奉舅姑旁睦娣姒溫家之婦方歡白玉之臺盧氏之妻空對黃金之椀先以永淳元年某月日終至是即陪窆於塋内右翊衛宏軌兵圖日用劍術天知六郡許其良家三川養其聲利思宏祖德願敘家風託無愧之銘跋涉載勞於千仞訪他山之石東西向踰於萬里烟劾官昌運負譴明時始以東宫學士出爲梓州

司法傾蓋相逢當仁不讓庶使見曹娥之碣楊修歎其好詞讀元壽之文高祖稱其佳作其詞曰

大矣丞相天地寅亮烝哉王侯子孫蕃昌條分葉散源濬流長金城北峙玉關西侯山澤駢羅衣冠輻湊降神生德與賢誕秀曰萬人英材標國楨髫年學劍卅歲論兵以身許國東討西征皇家啓聖撥亂反正逆賊遊魂不恭王命亦既授首河西大定蕞爾湟中車書未同帝赫斯怒攢其英雄風行電轉谷靜山空二庭遺孽交河路絶天子聞鼙元戎按節王師無戰海外有截歸我田廬功成不居歲云

秋矣日月其除壽非金石命也何如孝乎兄弟葬之以禮蓼蓼者莪人生苦多言猶在耳邈若山河

益州溫江縣令任君神道碑

漢丞相之尊官大位乘輪滿於十人齊景公之利用厚生有馬盈於千駟羽旄冠劍擬金鳴玉疊其前苑囿池臺清歌妙舞喧其後崇高在於寵祿大欲存於食貨義然後取橫玉帶以當仁道不虛行坐鹽梅而自得若乃時之不與數之不通貴賤任於天窮通由於命左太沖之詠史下僚實英俊之場嵇叔夜之著書賤職爲老莊之地雖復勢力

以高下相懸尊卑以商周不敵孔宣父中都之小宰幽厲多謝於陪臣陳仲弓太邱之一官公卿有慚於縣長是以德成者上道在斯尊陶潛則安枕北窗言偃則鳴弦東武抑揚足以儀四海顧盼足以破三軍代有人焉斯爲盛矣公諱晃樂安博昌人也其後因官遂家蒲州之永樂天子令德軒皇爲誕姓之源諸侯討功薛國在宗盟之後西京執法則有御史大夫東漢循良則有會稽都尉任光鄉里之忠厚任隗朝臣之鯁直益州從事術數知名臨海眞人清貞克己況乎東西海岱强齊九合之都表裏山河全晉三分之國車馬雷駭衣冠鼎盛盟書百代可謂功臣遷徙邱陵實惟豪族曾祖顯祖熙考暢並策名天爵獨步人師懷素履之幽貞保黃裳之元吉張家碑碣荆州有七代孝廉荀氏鄉亭潁川有八人才子君外資剛健內育文明合千載聖賢之間鍾五行金木之秀王恭濯濯春柳懷風和嶠森森寒松列影有曾參之孝有史魚之直有子夏之文有冉求之藝先王德行固名言而在茲大聖溫良亦顛沛而於是當朝一見許其王佐之才行路相逢加以美人之贈解褐爲家令寺主簿天王太子之位赫赫前星天地長

男之宮巖巖左闕出身事主元良永固於萬邦束髮登朝七德不驚於百里秩滿授將作監主簿千門萬戶張華窮壯麗之圖東主西賓班固盡謳謠之致職掌宮觀是名將作大司馬桓溫之府績用在於元琳大將軍竇憲之曹文章寄於亭伯累遷右衛長史南京左掖上將陪藩北落師門天軍列衛東觀漢記梁統有清白之名中興晉書薛兼有恪勤之譽詔遷朝散大夫行益州溫江縣令華陽西極漢水東流背面通秦越之鄉左右夾巴涼之城風煙可接懸車東馬之山雲物潛通織女牽牛之象神仙所宅則有

二十四居途路所經則有五千餘里金城石郭還聞上代之風國富人安時聽中和之樂於是乎龍泉獨斷龜兆旁求品命千名封疆萬户暫過亭長乘軒之望可知且詣中軍理劇之才有屬旌孝悌勸農桑省徭役恤鰥寡所以一縣稱平所以百城尤最蕭育是杜陵男子不入後曹黄浮非鄉里所知不寬同歲洛陽行馬門士無心齊國池魚權家絶望鄭文公邵陵之縣但稱男子之名師尚父灌壇之鄉唯有神人之哭實謂樞機八座上下三階豈惟縛柱鞭絲操刀製錦巫馬期之任力弊起乘星鍾離意之悅人災

生解士享年五十有九以儀鳳二年六月二十五日卒於官第夫人姚氏徵士神俊之女也壽邱僊葉嬀水靈苗定姚信之璣衡審姚光之術藝明星皎皎不臨太邱之前暮雨沈沈不散巫山之曲婦人謂嫁女子有行織紝組紃秉脩榛栗南斗千齡之匣忽愴沈江北方三代之儀終悲共穴先以咸亨三年七月二日終於西京翊善里之私第越儀鳳三年冬十一月一日歸祔於永樂縣歷山之平原卜虞芮之間田帶關河之設險居人致祭桐鄉有朱邑之祠怪石成墳葉縣有王喬之墓君燕趙奇士神仙中人容貌魁梧衣冠甚偉揚子雲之窮巷好事來遊段干木之間居通侯展敬自陳力就列居家可移妾本絶於織蒲馬無聞於食粟原子思之厚秩徧給鄉人孔文舉之中罇延留坐客加以備觀圖史尤精釋教夢幻泡電知一切之皆空園林貨財見三陽之已淨遭時屯坎浮生蹇剝佳人不再荀奉倩之傷神赤子無期潘安仁之慘慟天乎到此命也如何及其瞑目少城歸魂舊壤平原古樹唯餘孺子之墳春露秋霜非復皋陶之祀於是鄉鄰作主朋友加麻撰德銘之於素常披文刻之於翠石魯哀公作仲尼之誄天不憖

遺蔡伯喈爲有道之碑人無媿色其銘曰

軒帝之族漢朝之臣西州智士東海眞人豪傑天縱衣冠日新實生其德必有其鄰道在爲貴知幾則神氣衝南斗價直西秦大蒙之信太平之仁辨窮非馬學究成麟孝友爲政觀光利賓重明比德少海爲春宫室之象南斗北辰甲兵之衞閶闔鉤陳山控金馬江迴玉輪天文井絡地紀梁岷庭前置水甑内生塵園蠶有績野雉來馴時命屯蹇生涯苦辛寶釵虛贈玉樹長淪輔德無輔親仁不親百年天枉一旦歸眞雷鳴之下長河之濱旌旐委鬱徒御逡巡

悲風汨起。血下霑巾。死而可贖。人百其身。

原州百泉縣令李君神道碑

金城裂地之災。玉弩驚天之禍。蹴崑崙以西倒。踢泰山而東覆。三微歷數。盡薰歇以聲沈。萬國衣裳。咸土崩而瓦散。是故殷憂啓聖。聖人騰海岳之符。草昧興王。王者受風雷之祉。則有思窮圖讖。潛觀赤伏之萌。識洞機祥。暗察黃星之兆。天懸兩日。詢去就於河宗。地震三川。考興亡於柱史。危邦不入。亂邦不居。蕭荆棘而叩天門。臨壇場而對休命。及其元黃再造日月重輪功成而不居。名遂而身退。南華

吾師也。親居賤職。東方達人也。安乎卑位。然後武城絃唱。優游禮樂之中。彭澤琴樽。散誕羲皇之表。雖杜當陽之文武。蘭菊猶存。而薛孟嘗之池臺。風煙遂歇。悲夫。死生命也。貴賤時也。用之則行。舍之則藏。出處者君子之恒務。左右者君子之攸宜。吾聞其語矣。今見其人也。君諱楚才。衛州衛縣人也。昔繞樞神電。軒轅氏之馭百靈。貫斗祥星。顓頊氏之臨四海。金科作範。商邱有帝系之雲。玉札披圖。幽谷有貞人之氣。由是公侯策命。歷千載而彌昌。鐘鼎歡娛。經百王而不替。豈直將軍列位。孫吳暗合之兵。協律當官。天地冥符之樂。若斯而已矣。曾祖裕。後魏東宮舍人。太子洗馬。使持節徐州諸軍事徐州刺史敦煌郡開國公。贈兗豫二州刺史。直城西望。高關東臨。非無置驛之歡。實有前驅之寵。琅琊負海。八門都督之榮。玉漳瀕河。百代封侯之貴。大父昌。北齊彭城王府中兵參軍事。隋濟陰郡守。襲封敦煌公。文場筆海。炤爛等於星辰。辯囿談叢。鏗鏘協於風雅。九千里之丹鳳。始踐王門。七十日之黃龍。初階郡職。考孝友。隋晉州岳陽縣令。顏回稱太平王佐。月角殊姿。仲由稱禮義霸臣。星衡詭狀。唐都晉野。有恒山太嶽之風。墨綬銅

章。有錯節盤根之化。若夫于公之宅。駟馬爭驅。辛氏之門。五龍齊駕。英靈不已。還當命代之期。將相有徵。克保承家之業。東郊競日。探祕跡於璣衡。西蜀談元。測靈心於造化。雄才壯思。首九奏而和八音。廣見洽聞。披五車而誦三篋。加以興居禮樂。出入孝忠。簡於一人。備於萬物。弓旌疊湊。始命賢良。幣帛交馳。載徵巖穴。從微至著。濫觴萌括地之波。積小成高。覆簣漸排雲之構。隋大業十二年。補謁者臺散從員外郎。非其好也。屬三千否運。百六災年。諸侯窺玉鼎之尊。天子厭金陵之氣。蚩尤則命風召雨。桀黠於中州

共工則折柱傾維崩騰於海縣能扶天下之危者必據天下之安能除天下之憂者必享天下之樂我高祖神堯皇帝所以從人望宅靈心鎮天關迴地軸鼓聲雷駭親張霹靂之威旌羽星懸手握招摇之柄君沖情索隱妙筭知來候東井而考前聞裂西河而尊故事上略中略奏山石之奇謀文韜武韜奉川璜之祕訣義寧二年授車騎將軍累加開府武德五年遷右衛二十四府右車騎將軍仍於卭州鎮守皇階甫闢猶勞尉候之虛天步初夷尚有風塵之警示之以文德陳之以武功所以外户不扃所以重門罷

柝六年轉中山府左列南州舊俗淫其白獸之祠西僰餘毗背我黃龍之約王師直進陵劒棧以長驅廟略遐宣指銅邱而決勝七年詔君討襲楓天衆地金門玉帳之營方卦圓蓍剡木弦弓之射以此衆戰誰能敵之以此攻城何城不克雷出而星曜龍騰而鳳飛一鼓而擒四姓三戰而平百濮大夫耆老非唯二十七人拓土開疆豈直五千餘里返行飲至舍爵策勲焉禮也其年加上大將軍賞口十六人弁良馬一匹而俄以爭功得罪游俠從軍特降王綸遐遷騰府通塞有命潘安仁之緒言富貴在天卜子夏之餘論無階封禪空嘆息於周南絕望夏臺竟棲遲於漢北太宗文武聖皇帝承聖皇之大寶奉天帝之休期雷雨八瀛光華四極旌賢赦過維新之命屢覃念功簡勞惟舊之恩累洽貞觀元年授長樂監仍命於北門供奉宜春禁苑太液神池浸石菌而揚波擢金莖而挹露南經丹徼恒陪萬乘之遊北繞黃山再奉三驅之禮當是時也穆穆焉皇皇焉濟濟焉鏘鏘焉一陰一陽而有序自南自北而無外猶復中宵不寐殷勤多士之林昃景忘疲渙汗非常之辟十四年應詔四科舉射策登甲第明於國家之大體達於

人事之始終可謂宰相之璞可謂皇居之寶洛陽才子一承宣室之談魯國儒生行踐中都之邑尋授靈州鳴沙縣令累遷原州百泉縣令科通紫徼印負黃州涼秋九月寒沙四面平雲匝隴處處而秋陰圓魄低關蒼蒼而夜色君乘輜演教佩紱臨人德被三城風移五縣抽琴命操還臨單父之堂鑿石飛鳴卽對李泉之學明以御下將水鏡而通輝清以立身共水壺而合照神行有感方登玉鉉之階靈化無方獨歎瓊棺之墓春秋七十有一以顯慶元年十二月八日終於官舍君年十一丁内艱朋友相哀家人不

識昔稱曾閔今曰荀何近古以來未之有也隋郡東曹掾江溢見而歎曰此眞可謂保家緯化嗟尚者久之大業末年皇綱漸紊不掃一室自懷包括之心獨守太元且忘名利之境於時魏特進房僕射杜相州等並以江海相期煙霞相許付同心之雅會訖刎頸之良遊或閉戶讀書累月不出或登山涉水經日忘歸斯賢達之素交蓋千年而一遇洎塵埋五岳海没三山辭殷而奉周背楚而歸漢深謀遠慮即良平無以加也行軍用兵則韓彭不能尚焉數奇命蹇遂無望於高門日往月來竟銷聲於下邑情均寵辱

則萬象同歸跡混彭殤則百齡俱盡浮生若寄大漸彌留遺誨子孫庶幾薄葬等梁鴻之宅兆邈矣他鄉符祭仲之高居依然新鄭唯仁與達君其有焉存榮殁哀此之謂也即以某年月日葬於某原夫人廣平宋氏齊尚書左丞士順之曾孫隋建安郡司法長文之季女霜凄月瑩菊艷茗華淑問秀於閨房柔風洽於詩禮琴前鏡裏孤鸞別鶴之哀竹死城崩杞婦湘妃之怨長子金河府校尉上柱國輔仁等十輪方駕萬石駢衡窺上帝之兵鈐入先王之冊府指蒼天而永訴血下霑襟對白日以長號悲來填臆於是緦麻執友素蓋賓朋傳祖德於高陽考豐碑於太學庶使城隍一變猶知鄧艾之名陵谷三遷尚識鍾繇之字其銘曰

玉斗之英瑤光之精巡河并洛握紀提衡柱史論道將軍用兵陸離簪紱奕葉公卿岳牧騰譽弦歌有聲階蘭疊影叢桂增榮山澤通氣風雲表靈凝脂點漆月角珠庭白玉無玷黄金滿籯忠爲令德孝實天經朋友千里烟霞百靈琴尊野尚松竹山情數屬郡海時逢鬬星黄龍電震白騎雷驚赫矣高祖元亨利貞聖人有作天下文明自此提劍

因兹間行攀鱗北海附翼南溟水火之陣孤虛之營左提右挈東討西征巨猾斯斬元兇載清功符衛霍知若良平自滿知損居中忌盈蕭條異縣坎壈浮生降以中旨賓於上京陳書詣闕對問揚庭山連鴈塞野接龍堆朞月而已三年有成波瀾不息箭刻無停梁木其壞高臺已傾關雲斷絶隴鴈飛鳴頓雙鳧於葉縣跼四馬於滕城

唐右將軍魏哲神道碑

經天緯地之帝求制禮作樂之才撥亂反正之君資拔山超海之力繼韶夏而崇謚號非無陣戰之風披皇圖而稽

文武或用干戈之道故能彌綸宗廟彈壓山川苞四海以爲家一六合而光宅是以二十八宿懸列將而察休徵三十五星聚天軍而赫符彩呂望垂竿於渭涘道峻匡周張良授策於圯橋功崇佐漢乃有心如鐵石氣若風雲洛讖書名河圖祕象青絲電燭歷大塊以三休碧羽霜淒倚渾天而一息岑彭許允征南鎮北之名馮異王昌大樹中軍之號杜太行而泥函谷猛氣無前戮封豕而斬長鯨雄圖不測元戎十乘驅衞霍於前軍甲士三千列孫吳於後殿秋風白露執金鼓而齊六軍泰山黃河折銅符而光百代

建廟堂之策爲社稷之臣孰能與於此乎在我右將軍矣公諱哲字知人鉅鹿陽曲人也七代祖靖非前秦征北大將軍鎮北地上郡其後子孫因居於寧州襄陽縣開國承家之始誕姓命氏之源大名發於本支當塗峻於層構三辰鬱鬱天街分畢昴之都九野茫茫地險列山河之境丞相以萬機論道匡大運以震威嚴尚書以八座當官贊金行而標領袖文昭武穆方駕齊驅公子王孫朱輪華轂大鵬垂翰馭風伯而指南溟天馬騰姿偶雲師而集東道祖唐隋天水郡丞河陽都尉瑤林瓊樹擢標格以千尋圓折方流委波濤而萬頃雄飛有望豈惟京兆之丞陰德不僭何直丹陽之尉父寶皇朝通議大夫總管府司兵參軍事東家孔子至德生於上天南國申侯明靈誕於中岳君朝翊贊道先王之法言公府弼諧對上天之休命若夫聖人作而萬物覩元首明而庶事康日月粲其光華山川鬱其雲雨則有英靈間出丹陵諧白獸之祥符瑞庭生黑帝感蒼龍之傑隋珠一寸魏后揚鞭和璧千金秦王動色顏生殆庶聞於竹馬之年揚子參元發自銅車之歲建情峯而直上疏筆海以橫流彫牆則百堵皆興峻宇則千門並列

可大可久無忌簡易之途爲子爲臣率由忠孝之境郭林宗之披霧豈敢名言孔文舉之欽風每相推薦若乃五材並用誰能去兵七德兼施止戈爲武出師於九天之上暗合兵書取聯於十日之前懸符射法固以文武之道揄揚滿於域中將相之才籍甚聞於海內貞觀十五年起家補國子博士喬林掃日驚白鳳於詞條壁水澄天駭雕龍於義壑班超慷慨常懷萬里之心李路平生每負三軍之氣十六年勅授左翊衞北門長上祿賜同京官仍令爲飛騎等講禮鄧司徒之舊事馬上讀書祭征虜之前聞營中習

禮宮花如錦還臨拜將之壇槐葉成帷復對閱軍之市自皇王眷命大帝應期運璇衡而制八方調玉燭而臨四極元兔白狼之野來奉衣簪蟠桃析木之鄉尚迷聲教太宗文皇帝操斗極把鈎陳因百姓之心問三韓之罪勝殘去殺上憑宗廟之威禁暴戢姦下藉熊羆之用公丹心白刃本自輕生六郡三河由來重氣烏江討逆剖項籍於五侯鹿野懲奸磔蚩尤於四冢二十年詔除游擊將軍右武候信義府右果毅都尉長上如故顯慶二年以內憂解職痛深吳隱哀極顏丁蹐厚地以崩魂訴高天而泣血紫泥垂

渙頻降璽書墨縗臨戎遂從金革三年詔除左衛清宮府左果毅都尉尋圍谷府折衝都尉並長上如故又以應詔舉對策甲科遷左騎衛郎將於時長榆歷歷烽火猶驚高柳依依邊風尚急關山夜月遂爲丹徼之秋西北浮雲翻作穹廬之景四年詔公爲鐵勒道行軍總管陳兵玉塞按節金微學常山之蛇擬麗譙之鶴鐘鼓嘈囋上聞於天旌旗繽紛下蟠於地伏尸百萬因瀚海而藏舟闢地數千卽燕山而築觀武臣雄略氣慴西零神將宏圖威加北狄武德元年詔遷左驍騎中郎將尋檢校右監門左武衛將軍本官如故昔者封禪陟云亭之後七十二君圖書出河洛以還三千餘歲振兵釋旅方崇薦帝之儀道洽功成必致禋天之禮粵以皇家闡統之五十年今上開基之十七載登封告禪玉牒金繩建顯號而施尊名揚英聲而騰茂實華夷輯睦皆承萬歲之恩朝野歡娛咸奉千年之慶乾封元年詔加明威將軍本官如故大風遺孽𤞑渙青邱小水殘魂憑陵碧海率百官於文祖尚興彭蠡之師會萬國於塗山猶有防風之戮是歲也詔公爲遼東道行軍總管軍營對日兵氣橫天開玉堂而按部坐金城而勒陳闕鞏之

甲犀兕七重艅艎之舩舳艫千里駕鼉梁於聖海秦皇息鞭石之威泛鼇釣於仙洲愚叟罷移山之力然後風行電卷斬將屠城塞丹浦之遙源伐黑林之奧本王孫公子名露阜隸之臣深谷大山境入樵漁之圃二年詔加上柱國仍檢校安東都護導之以德齊之以刑威振六官風揚五部兵戈載戢無勞尉候之虞桴鼓希聞寧有穿窬之盜仰太陽而晞湛露方預四朝臨逝水而急寒風俄悲一去齊孟嘗之下涙高榭曲池魯司寇之悲歌頹山壞木長安杳杳還符日近之言京兆悠悠竟絕天高之問玉關生入自

判無期繡服晨還竟知何日總章二年三月十六日遘疾薨於府第春秋五十有四嗚乎哀哉詔贈左監門將軍禮也唯公被服忠孝周旋禮樂仁者見之謂之仁智者見之謂之智研幾冊府金縢玉版之書索隱兵鈐元女黃公之法每建旗推轂三令五申躬擐甲胄親當矢石軍井未建如臨盜水之源軍竈未炊似對嗟來之食由是南馳北走東討西征運之無旁按之無下戴筐宮裏遙登大將之壇飛閣星邊獨列中軍之位雖龍泉匿字薰歇光沈而麟閣飛名天長地久夫人扶風馬氏隋濠州刺史圓之孫也五

松春豔牽少女之祥風八桂秋榮降仙娥之寶魄謝家之子歌柳絮而知慚劉氏之妻頌椒花而自恥三從按禮無虧內則之風四德揚蕤載闡中闈之訓宿盤龍於月鏡早沒鸞牀矯飛翼於霞樓先沈鳳穴珠星壁月終陪季子之階金鼎銀罇竟列齊侯之寢以貞觀十五年五月五日終於某所越咸亨元年某月日祔於某原長子瓜州司倉擇木次子右衛親衛元封等門傳萬石庭列雙珠花萼爭榮芝蘭競秀天經地義欽承避席之談日就月將虔奉趨庭之教變槐檀而遞謄木石悲酸代霜露以崩心幽明感動

葬之以禮祭之以時生人之本盡矣死生之義備矣孝子之事親終矣於是門生故吏共緝家聲才子文人思傳盛德庶使藺相如之生氣歷千載而猶存隨武子之餘風盡九原而可作其詞曰

文王受命畢公餘慶玉樹連芳金枝疊映三分並列七雄齊競建國承家重熙累盛功宣蹈舞德流歌詠河洛垂文山川出雲驪珠育照虹玉呈文直立孤聳天然不羣棲遲膠塾悅懌邱墳恥爲儒者自許將軍伊祁不懌軒轅討逆陣擁遼河兵屯碣石班超投翰揚雄執戟弓合三林刀長

四尺爰清尉候載澄疆場得人者昌失人者亡皇恩俾乂帝曰明歟幽桂含馥滋蘭吐芳承天待詔觀國賓王茂績斯遠英聲克彰鵬池淼漫鷄山禍亂出闈辭家夷兇靜難金微瓦解玉亭冰泮扈駕天門陪祠日觀萬邦胥悅千齡啓旦斗骨危城占蹄舉兵丸山霧塞渤海波驚帝赫斯怒王師有征虔劉北貊戡翦東明導以文軌宣其德刑太微上將文昌貴相非熊非羆令聞令望寵踰軍幕榮參武帳本謂來朝何期返葬原野蕭瑟風烟悽愴天道如何吞恨者多松風夜響薤露晨歌秋月如練春雲似羅榮華滅後

寒暑經過青烏邱壠白馬山河

欽定全唐文卷一百九十五

楊炯六

大周明威將軍梁公神道碑

蓋聞君為元首臣作股肱或論道三槐或折衝千里至有道存俎豆藝總干戈高視翰墨之英獨布爪牙之旅究青編於學府業有多聞受黃石之兵符筭無遺策故得九功咸敘七德攸彰文武不墜公實兼美公諱待賓安定臨涇人也竦以英才遠邁知州縣之徒勞鴻以抗節遐征覽帝京而有作由是五噫標興播金石而騰徽七貴承榮綰銀

黃而疊茂貞規盛烈映史凝圖粗紀詠歌無俟詳確高祖禦後魏駙馬都尉侍中少保金紫光祿大夫揚州總管贈太尉謚昭公食邑三千戶銀牓增輝玉壺流渥位隆三少化洽五胥既而幽壠埋魂終降槐庭之贈高門納駟式居茅社之封曾祖睿宇文周駙馬都尉鄜秦二州總管光祿大夫兵部尚書隋益州總管蔣國公贈司空食邑三千戶白水時清乳虎之謠行息祿符垂翼叩馬之諫必申加以主西序之羣英名高八座導文翁之遺訓學富三巴茂先榮級忽光泉壤漢祖寵章永存帶礪祖演隋沙州刺史上

柱國公踐仲寧之餘躅奸邪斂手簽孝仁之遠跡羣胡革
面連州跨郡邁陶氏之隆基開國承家掩張門之累葉父
贇隋左千牛備身驪山府上騎柱國皇朝豐王府諮議雲
州司馬冀州長史蔣國公襲良弓於簪笏榮侍紫宮翼雕
戟於巖廊肅趨丹地西園坐讌侶明月而飛文北土行康
望浮雲而展足公漸潤膏腴發靈川瀆七年可識抱杞梓
而呈材千里見知負騏驥而騁駿靈臺遠鑒與霜月而齊
明智府宏深共煙波而等曠踐仁義於區域白璧已輕許
然諾於樞機黃金豈重因心孝友宜於自然率志謙沖得

乎所性不脂韋而求達不詭計而自媒被玉軸之文章三
冬遽足窺金壇之祕訣百戰不孤譽滿寰中聲蓋天下而
學優將仕允屬名家欲昇鴻漸之姿終佇鶴鳴之聞以皇
朝麟德二年補左親衛從資例也屬金甲出戰玉帳論兵
從命文昌問罪遼碣公提戈赴海投筆從燕智者有謀仁
者必勇孤鋒直進九種於是克清匹馬橫行三韓由其殄
滅疇庸賞最我有力焉俯洽恩波泛承勳級即授上柱國
公深慚位薄命舛數奇雖露勒石之勳未展披堅之效嗟
乎揚子雲之才藻空疲執戟馬相如之文詞猶勞武騎今

古同貫夫復何言既而從牒隨班牽絲祇務起家拜朝議
郎永淳元年正月三十日授伊州伊吾縣丞非所好也路
指金河途連玉塞塵沙共起烽火相驚秋草將腓胡笳動
吹寒膠欲折虜騎騰雲公佐佑多方掌司攸寄服叛懷遠
擒奸擿伏於是寇騎不敢窺邊歌頌因滋溢境曾未朞月
政令大行特簡帝心超居不次永淳二年二月四日制授
昭節校尉守右衛蒲州府佐果毅仍令長上兼上陽洛城
等門供奉公洞曉戎章妙詳兵律軍國是賴戎幕允歸由
是徼道長巡嚴扃每奉朝求夕警不怠於風霜善牧能防

更申於閑皁其年十月七日奉勑命於大內祥麟廄檢校
馬公識高東野職參西極屬銜策則追風逐日加剪拂則
絕電奔星駃騠將駙騄齊衡驥騮共騊駼伏櫪於是龍媒
間出麟友挺生伯樂多謝於精微日磾有慚於秣養恩制
褒獎又加崇秩文明元年二月二十日遷游擊將軍仍依
舊長上大周革命兩儀開闢爰覃作解之恩式暢惟新之
典勤勞夙著休望允歸拜職遷榮實符僉議天授元年九
月十六日加威武將軍守左玉鈐衛翊善府折衝都尉依
舊長上封安定縣開國男食邑三百户公衹奉王庭職司

兵衛八屯由其增峻五校於是克宣翼翼兢心積劬勞於歲月勤勤忠志懷跼蹐於庠時憂能傷人竟成沈疾以長壽二年正月六日終於神都旌善里私第春秋五十惟公弱不好弄卓爾不羣九歲明詩七齡通易月初能對卽謝黃童日下相酬還慚夫子經耳不忘歷口不遺性沈深有器度能倜儻無拓落尤重交友雅愛林泉月幌風襟每吟謠於牋綵花新葉早必賞會於琴樽加以啼猿落鴈之奇鸞驚鳳翥之妙瀉水懸河之辨背碑覆局之精標映前哲公實多能至孝過人雍和絕俗事父母則造次不違友兄

弟則溫柔必盡既風樹興感霜露纏悲聿修之德惟新欲報之恩罔極虔誠大象宏誓小乘廣樹慈仁庶憑因果月抽官俸日減私財並入薰修咸資檀施故得雕檀之妙俯對禪龕貝葉之文式盈梵宇粵以大周長壽二年歲次癸巳二月辛酉朔二十四日甲申遷窆於雍州藍田縣驪山原舊塋禮也葬事之屬一皆官給鼓吹儀仗送至墓所墳開白日終留恨於滕城禮被皇家忽露榮於霍隧嗚乎哀哉嗣子左千牛去疑哀纏泣柏思結飧荼仰庭禮而不追覩楹書而增慕恐元穹倚杵碧海成桑敬勒堅貞乃爲銘曰

大哉嬴國遠矣少梁與秦同祖今則夏陽爰暨伯翳胙土惟良自茲厥後人物克昌逮乎漢朝令望不已三世連輝七侯承祉或顯或晦有文有史烏奕圭璋芬芳蘭芷少保名揚司空道泰惟祖惟禰蟬聯軒蓋挺生令則在邦之最丱歲騰芳髫年超譽君號神童晚稱英傑佩仁服義既明且哲七步立成五行不輟家惟萬卷章實三絕詞高許下學富淹中志惟謹潔心亦沖融溫淳植性朗潤在躬閨門禮洽朋友財通思若雲飛辯同河瀉兼該小說邕容大雅

武檀孫吳文標董賈樹下啼猿封中試馬且文且武執戟登位海隅不賓命我偏帥既陪勒石還從飲至輔翊百里褒昇佐貳既總兵權入司宮掖徼道宵警禁門曉闢式重其駿載懷斯瘳我馬既良我軍既雄折衝千里趨奉九重行承芝誥坐啓茅封恨深負米榮暨擊鐘爰持戒律思答慈容將福有徵謂仁必壽如何淑德遭此兇咎孺慕崩心惸嫠縮首夜泉扃閉天長地久

從弟去盈墓誌銘

古者皇帝軒轅氏沒帝嚳高辛氏作幼而徇齊長而敦敏

則天下之人用其教者百年忠肅恭懿宣慈惠和則天下之人謂之才者八子赤烏流而白魚躍有周武之興王彤弓一而盧矢千有晉文之啓霸雖隱公遜位哀侯失國而文之昭也武之穆也司徒爲五教之官有社稷爲有黎人爲丞相臨萬幾之職嶠函鼎盛赫奕於朱輪河洛台階昭彰於白玉積善餘慶信而有徵國子進士楊去盈字流謙宏農華陰人也曾祖諱初周大將軍隋宗正卿常州刺史順陽公皇朝左光祿大夫華山郡開國公食邑本鄉二千五百户唐虞之稷契魏晉之裴王晏嬰可以事百君臯陶

爲之暮九德麾蓋兵馬人知牧伯之尊名山大川地積公侯之氣王考諱安僞鄭王充遥授二十八將封鄖國公尋謀歸順爲充所害皇朝贈大將軍旌忠烈也陶謙雅尚祖逖雄心會天子之蒙塵見諸侯之釋位雖陳平去就潛懷仗劒之謀而石勒兇殘遂及推牆之禍父某潤州句容遂州長江二縣令朝散大夫行鄧州司馬文武兼備清明在躬人無間言位不充量四方取則孔宣父之踐中都百里非才龐士元之登別駕若夫庭生玉樹身帶金鐶有衞玠之風神有張良之容貌蔣琬之識盛允責在司空陳蕃之

對薛勤志清天下觀其昏定晨省立身揚名怪草蔚其休徵神魚會其冥感莊公獨歎聞潁叔之純深有道相推見茅容之盡禮則閨門雍穆以孝聞也輔仁會友合志同方晏平仲之善交鮑叔牙之知我張堪死日妻子唯託於朱暉劉惔生平風月每思於元度則朋友之德若蘭芬也朱穆好學終日忘餐譙周研精欣然獨笑張華四海之內若指諸掌班固百家之言無不窮究鈎深致遠悅邱墳也八音繁會五色章明動天地而感鬼神序人倫而成孝敬陽臺並作楚襄王賜雲夢之田上林同時漢武帝給尚書之

筆則瓊敷玉藻未足多也自攝齊東序撰杖西膠唯宰我之能言貴顏回之有德成如麟角道尊於璧水之前翼若鴻毛俯拾於金門之下方將咫尺宣室扈從明庭申賈誼之忠讜盡揚雄之規諫豫章七載擢修幹而聳長條有鳥三年搏積風而運滄海豈期數有迍否天無皂白苗而不秀秀而不實蓋有是夫古人有言沒而不朽者此之謂也春秋二十有六以上元三年五月二十二日歿於京師勝業里嗚乎哀哉至儀鳳四年十二月二日歸葬於華陰之某原不忘本也山河鬱鬱松柏蒼蒼骨肉閉兮歸后土魂

魄遊兮思故鄉三荆搖落五都悲涼痛門戶之無主悼人琴之兩亡嗚乎哀哉銘曰

高掌遠蹠濁涇清渭天子諸侯司空太尉星辰鼓舞山澤通氣道在者尊德成爲貴賈家三虎偉節最怒荀氏八龍慈明無雙劍光沖斗璧氣浮江據於道德聞於家邦子之承親溫席扇枕子之友悌同輿共寢朝歌不入盜泉不飲垂露崩雲繁絃縟錦明經太學射策鴻都揚名天子高揖司徒鱗翮將運波濤不虞子之喪也良可悲夫瞻望不及佇立以泣唯見黃埃心傷以摧躑躅兮徘徊嗚乎兮哀哉長夜漫漫何時旦魂兮魂兮歸去來

從弟去溢墓誌銘

處士宏農楊去溢年二十卽華山公之曾孫大將軍之孫朝散大夫鄧州司馬之第四子也維岳有五有華山之金石焉山阜相屬含谿懷谷所以鎮其南也維瀆有四有河宗之玉璧焉波瀾汨起洄洑萬里所以經其北也言其土地則巨靈之高掌遠蹠作西漢之城池敘其衣冠則太尉之四代五公爲東京之柱國然後積勳累德枝分葉散大君有命臨夏日之壇場天子動容聽秋風之金鼓是以熊羆入兆羔鴈成羣黃憲之名聞於海內陳蕃之志掃於天下羣童忽聚逢苦李而懸知賓客相過問楊梅而卽對善父母爲孝善兄弟爲友居家可移之道也利者義之和貞者事之幹元亨日新之德也若夫羽陵遺策汲冢殘書倚相之八索九邱張華之千門萬戶莫不山藏海納學無所遺至如白雪迴光清風度曲崔亭伯眞龍之氣揚子雲吐鳳之才莫不玉振金聲筆有餘力遠心天授高興生知盡江海之良圖得煙霞之祕筭貞不絕俗從容於名教之場道由人宏坐臥於羲皇之代於時朝廷之上山林之下英

儒瞻聞之士洪筆麗藻之客希末光而影集聽餘聲而響和者猶藩籬之望天地鱗介之宗龜龍也嗟乎陰陽爲道大道無亭毒之心禍福唯人聖人有抑揚之教智焉而斃仁焉而終今也則亾歎顏回之短命死而可作冀隨會之同歸文不在玆乎天之將喪也以某年某月某日終於某所越儀鳳四年十月二日歸葬於華陰之某原林野彌望關山寥廓樵童牧豎孟嘗君之池臺一去千年丁令威之城郭悲纏於魯衞痛深於花萼姜肱沒齒無因共被之歡鍾毓生年無復同車之樂嗚乎哀哉銘曰

叔虞建國天錫之唐伯僑受氏食采於楊五侯簪紱四代軒裳有德有行如圭如璋乃生男子初寢之牀從公小大辨日炎涼天下之寶邦家之光神鋒太峻旗鼓相當事親以禮左右無方交朋以信芝蘭有芳文犀健筆白鳳雕章鵬鷃齊致江湖兩忘謂天輔德則惟其常殲我吉士於何不傷關山搖落洲渚蒼茫黃塵匝地白露成霜左右刮骨親賓斷腸摧殘玉樹埋沒金鄉交交黃鳥爰集於桑命不可續人之云亡

從甥梁錡墓誌銘

故右衛率府翊衛安定梁錡年二十有八以上元三年秋八月某日終於某所圖其景宿天有大梁之星辨其物土地有大梁之物考其衣冠人有大梁之姓綜乾坤而列位兼水木而成文業耕織而樂琴書有梁鴻之雅尚生封侯而死廟食有梁竦之雄圖西山求白鹿之仙東海受黃蛇之寶曾祖某光祿大夫開府儀同三司驃騎將軍清河太守右衛大將軍同州刺史上柱國郡守旁通於月建儀同上法於太階光祿大夫下大夫之職驃騎將軍大將軍之比祖其河南澠池令鄭州司功參軍事冀州蒲州二府司馬朝散大夫紀王府司馬襄州同州二長史仲由宰邑蕭何主吏桓溫之徵謝奕暫爲司馬之官周景之禮陳蕃仍降題輿之命考某國子學生霍王府參軍幷州大都督府兵曹揚州大都督府錄事參軍仲尼閒居曰參不敏天子命我參卿軍事張常山之福應直保金鉤謝太傅之閨門唯生玉樹所以圓光折水貞氣衡天孩笑之時見之者知其孝友能言之際聽之者許其聰明審清河管輅之天文對江夏黃童之日蝕揮其勁翮則鳳凰飛鳴於赤山整其蘭筋則駿馬騰驤於綠地若夫龍神負卦瑞雀銜書安釐

王汲冢之文穆天子羽陵之籍莫不因條報葉望表知裏鄭元彈見覽萬卷之八千班固洽聞涉五經之四部至如琱弧夜月筋角三林鐵劍秋霜煙雲五色莫不推之以智勇成之以揖讓歷諸侯而說劍直之無前引司馬而操弓觀者如堵可謂多才天縱盛德日新曼倩不讓於詩書翁歸兼强於文武由是交道遂廣聲名益振朱家大俠滕公有然諾之言劇孟過人袁盎有逢迎之禮及其從微至著資父事君藉丹書之勳業參黑衣之行伍神宮海外瞻鏤牓於明山太室雲端聽仙簧於洛水翊駕馳道周廬甲觀

方當奉詞出使萬里行封受命忘身三軍拜將豈期年歲朝露浮生過隙漢逸人之雅操命也如何魯司寇之知言苗而不秀嗚乎哀哉望吾子者空懷倚閭之歎嗟予弟者獨有亾琴之悲從日月於龜謀考圖書於馬鬣越以儀鳳三年春二月某日甲子葬於某所悲夫吾見其進由來孔李之家吾謂之甥實曰何劉之族陽元既殁瞻舊宅而無成康伯不存對元言而誰與銘曰

山河帶礪金木精靈磊磊千丈森森五兵駢驂西掩出入東明人壽無幾皇天不平碑留郭泰挽送田横終寂寥於

相宅空嗟歎於佳城

隰州縣令李公墓誌銘

公諱嘉字大善隴西成紀人也趙郡太守雍州大中正上開府永康公之孫幽州都督鎮軍大將軍上柱國丹陽公之子重華以文明允塞謨九德於皋陶仲尼以恭儉溫良繙六經於柱史將軍李牧人主願其同時河尹李膺天下思其執御况乎衣冠代美祖考家聲占於日月爲宗周之姬姓誓以山河則炎漢之劉氏公門承將相地積英靈望之儼然横斷山而鬱起聽其言也注懸河而不竭玉則秦王所見天照白虹劍則殷帝所傳星浮紫氣假使蔡中郎之博學郭有道之人倫何嘗不迎王粲而倒屣爲茅容而下拜起家爲太子左千衛以調升也按河圖於玉版震一索而爲長男考天象於銅渾心前星而爲太子直城霞遠曲障雲平出入青膀之門周旋黑衣之列稍遷越王府户曹參軍越之建國也地居南斗之躔王之受封也禮極東門之拜郯霍所以隆懿親共和所以資明德一言而千楚后卽從雲夢之畋三見而說趙王仍襲上卿之印又遷隰州令川原爽塏風俗和平晉獻公之嗣夷吾是邑代恭王

之子郢容爲侯陽泉依六壁之城孟津合三溪之水公以輜車就列墨綬當官有鸞績於郯人用牛刀於魯邑市鄽無競不假鞭絲學校方興唯聞擊石諸侯取其軌則四海瞻其儀表爲杜陵之男子誰繼後曹茂鄉里之小人願辭彭澤於是退歸初服就養私門戲嬰兒於階下扶老生於井上尋丁外艱哀毁踰制加人一等俯就三年服闋襲封丹陽公勳上騎都尉公以安車禮盛賜杖年高被服先王之道優游太平之化左琴右書謀孫翼子居常飽德不言何氏之萬錢直置當仁豈特于公之駟馬清風可賞必有

鸞鳳相期白雪時遊多以神仙見屬義形於金石節貫於松筠西山五日之朝將化羽而生翼北海明年之驗便展辰而至巳以永淳元年八月二十一日終於京師道政里之私第享年七十二嗚乎哀哉長子隨州光化縣令守節等哀纏弔鶴痛結鄰人孝之始也則身體髮膚所以全其性孝之終也則衣裳棺槨所以成其禮天高八萬想京兆而何從地闊三阡對佳城而有恨越宏道二年歲次甲申正月甲申朔二十六日己酉陪葬於昭陵東南之平原烟樗櫟庸林餅笥小器仰惟先友叨雅契於金環俯逮嘉姻

荷深知於玉潤南容有道僅聞將聖之言東武建塋俄述安仁之賦嗚乎哀哉乃作銘曰

爰初帝子堯之大理降及眞人國之柱史衣冠百代慶靈千祀吉兆占熊嘉名贈鯉聿修厥德必復其始大孝因心至仁由己肅成門內章華宮裏父任爲郎學優則仕陽山之曲蜀江之涘月旦乘鳧田閒狎雉其心若鏡其直如矢亟改炎涼罷歸桑梓象賢舊國安車暮齒忽愴池臺俄悲生死郭門一望郊煙四起夫復何言平生已矣

常州刺史伯父東平楊公墓誌銘

楊氏之先其來尚矣在皇爲皇軒在帝爲帝嚳在王爲周武在霸爲晉文此之謂不朽西京爲丞相東漢爲司徒魏室爲九卿晉朝爲八座此之謂世祿公諱德裔宏農華陰人也即常州刺史華山公之元孫左衞將軍武安公之長子生而岐嶷代不乏賢事親以孝聞在鄉黨恂恂如也始以父任爲太子左千牛備身轉秀容華亭福昌維四縣令詔封東平公策勳上柱國是時也天子仄席求賢勵精爲化以公屈臨小縣焉用牛刀處治中別駕之任方展其驥足耳擢拜潁州幽州二司馬寬以濟猛嚴而不殘每行縣

錄囚徒其所平反者十八九詔徵尚書郎御史中丞謇謇諒直有王臣之節尋以公事去官復拜饒州括州越州都督府三州長史在會稽引陂水溉田數千頃人獲其利於今稱之焉遷棣曹恒常四州刺史歷政清白爲當時所重於是覽先賢之言知止足之分罷歸初服告老私庭乃率羣從子弟營別業於宜神鄉之望仙里其制宅也宗廟爲先廄庫爲次居室爲後喟然而言曰古人所謂歌於斯哭於斯聚國族於斯者吾知之矣維文明元年夏四月某日薨於正寢春秋八十有五嗚乎哀哉公簡貴不交流俗非

禮不動非禮不行望之儼然聽其言也厲博觀史籍不學書生尋章摘句而已至於臺閣舊事法令科條莫不成誦在心若指諸掌凡爲尚書郎二年御史中丞滿歲宰人者四縣上佐及專城者九州盛德形容被於謌詠門生故吏遍於天下永淳二年輿駕幸東都召見公於金城頓訪以得失公採摭羣言悉心以對高宗嗟歎者良久賜几杖粟帛鄉里榮之一子令珍早亡朝夕溫凊者四女公慨然有喪明之痛因不豫彌留遺命以弟之子神毅爲後越垂拱元年春二月某日與夫人隴西李氏合葬於某原禮也遠近會葬千餘人操筆而爲誄者以百數嗚乎哀哉其銘曰

巖巖華山峻及於天上侵神氣下固窮泉夫惟積德生我大賢（其一）滔滔河水中國之紀派別九都經營萬里夫惟積潤生我君子（其二）惟忻之城惟華之亭宜陽之地益部之星公爲其宰不殞其名（其三）汝陰之國薊門之北陂水朝黃燕雲夜黑公爲其佐日宣其德（其四）入踐郎官含香握蘭來居白室直繩明筆潘子一除士師三黜（其五）邑號鄱陽山名括蒼東南之美吳會之鄉展其驥足實賴王祥（其六）四州之大是稱都會千里之榮郎分麾蓋言旋舊國保茲耆艾（其七）生爲貴臣死爲貴神陰堂是夜古木非春鄧攸無子天道何親（其八）

杜袁州墓誌銘

公諱某字某京兆杜陵人也高辛之撫教萬方堯帝之平章百姓傳稱聖人之後易曰積善之家在夏爲御龍在周爲唐杜三王以降百代可知車服出於南陽衣冠襲於京兆曾祖榮業後魏秦州別駕祖良宇文朝復州長史父舉唐易州司兵參軍事事端履道操矢安貞學於天爵薄於人位闕里之庭學夫詩禮太邱之門執其羔鴈公孝慈而

敬威莊而安狎貫義方周覽典籍服其服則文之以君子之容遂其辭則實之以君子之德起家左翊衛選授貝州司倉參軍事出自中禁在於外臺謹其蓋藏實其倉庾尋遷蓬州咸安許州長社洛州洛陽三縣令地方百里官歷三城言非法度不出於口行非公道不萌於心令不肅而威宣教不舒而德洽轉虢州司馬制授朝散大夫婺州司馬又遷蘇州長史加中散大夫鸞鳳不棲於枳棘鸑雀不集於梧桐宜得其材非公莫可我大周誕受萬國寵綏四方建官惟賢垂拱而理乃命公爲朝議大夫使持節袁州

諸軍事守袁州刺史天王之使列國之君發其德音而勸不用賞正其顏色而禁不用刑德成而位尊名遂而身退乞骸告老謝病言歸以某年月日終於淮海之館春秋七十有七嗚乎哀哉夫人太原王氏魏驃騎大將軍新昌公平之曾孫唐蜀王府典軍上柱國志隆之女也纂承洪烈嗣續徽音中外柔嘉小大懷睦夫人之化國風美於鵲巢寶劍之沈夜氣衝於牛斗享年四十八嗚乎咸亨二年某月日終於長社之官第維天授三年春二月合祔杜陵之平原禮也王人弔祭儀仗官給長子某官等毀形於骨痛

貫於心父母哀哀昊天莫報任城鬱鬱白日何年願述餘風式銘幽壤其銘曰

鳳凰鳴矣于彼高岡顯允君子邦家之光猗歟令德秀於閨房歲云暮矣池樹荒凉死則同穴如何彼蒼

欽定全唐文卷一百九十六

楊炯七

李懷州墓誌銘

公諱沖寂字廣德隴西狄道人也左衛大將軍西平王之孫荊州大都督漢陽王之子今上之族兄也原夫帝堯之緒運期授於天漢顓頊之胄大命集於皇家光耀則若木十枝波瀾則長河九派或中軍按部金鼓所以節其聲或刺史班條冕旒所以彰其德信可謂玉林多寶天族多詒以御家邦以藩王室者也公山河誕慶辰昴發祥金多木少孔文舉之天骨玉潔水清華子魚之神彩南陽季恭偉

懸識宰臣沛國趙元儒竊知公望編漢皇之兄弟列周室之邢茅天下稱其八才吾家號爲千里初任尚舍直長稍遷城門郎仍奉敕於宏文館讀書掌舍諸宮城門列校詔諸東觀有黄香之博聞賜其制書有班游之廣學尋授駕部員外郎轉金部郎中又敕公爲戎州道支度軍糧使天府充牣軍儲委積振南宫之紱冕譽表三臺歷西蜀之江山榮高駟馬遷太府鴻臚二少卿丁艱去職楊播之登太府初聞累遷之命鄭默之拜鴻臚遽見終喪之禮卜子夏

既祥五日彈不成聲孟獻子加人一等縣而不樂服闋歷青德齊徐四州刺史東臨巨海西至長原或全齊歷下之軍或大禹徐方之地任隆荆部陶侃八州寄重潯陽桓伊十部遷宣州刺史吳王舊邑楚國先封江迴鵲尾之城山枕梅根之冶蜀郡無此計吏則惟薦張堪穎川尤多璽書則但稱黃霸巡察使以尤異聞遷陝州刺史觀其井邑號仲上陽之故墟度其川原周公分陜之遺跡唇齒通其列國咽喉壯其天險善人爲政無待於百年童子行謠先符於兩日於斯時也天以順動帝以會昌修封禪於岱嶽作

明堂於汶上望山川而遍羣神執玉帛而朝萬國制公檢校司理常伯文昌之省遙接太階建禮之門旁連複道萬幾匡贊八座謀猷既陪軒帝之巡乃覩漢家之事屬阿孫南走憑斗骨而爲城居衞滿東亡界朝鮮而爲役屬乘輿乃誅後至討不庭申命六事之人以問三韓之罪制曰師出遼左卿可爲北道主人檢校營州都督石門山險銅鼎河流天文則營室辨方地象則神臺鎮野供其行李鄭國有東道之名爲我主人常山當北州之寄遼東平以功遷蒲州刺史堯都蒲坂舜耕歷山昭襄王始作河橋穆天子至於雷首汝南朕之心腹遂拜韓崇河東吾之股肱時徵季布遷少府監忠信爲主楊阜齊衡清白在官常林比德又除蒲州刺史諸童之逢迎郭伋再牧并州百姓之願得耿純復臨東郡孝敬皇帝國之儲嗣乾之長男四極奉於重光二年賓於上帝崇其謚號用黃屋於羽儀卜其園塋象元宮之制度山陵之建也以公檢校將作大匠游衣漢寢之外抱劍橋山之下百工畢力陳琳於是乎躬親諸吏懷恩魏霸於是乎無讁遷銀青光祿大夫行少府監若夫協時月乘天正秦人往事遊別館而祈年漢宮舊儀下明

庭而避暑上幸九成宮以公檢校右領軍將軍本官如故董司戎政以戒不虞七校陳其甲兵五營按其車服領軍之職用文武於紀瞻右軍之官敘勤勞於常惠尋以公事免左授歸州司馬楚之舊也始得子男之田夔之先也裁爲附庸之國人同賈傅路似長岑伯騫有聲於鄉里仲任見知於筆札制遷中大夫行兗州都督府長史大庭之庫少昊之墟上直降婁金精吐角旁瞻日觀木德題山別乘初迎將宣萬邦之化佩刀終爽徒見三公之服以永淳元年某月日行次唐州方城縣遇疾薨朝廷聞而傷之贈懷

州刺史公嚴而有禮直而能和行孝立身移忠事主生知者上重之以八索九丘道在斯尊加之以文昭武穆故能入登常伯出踐方州爲六卿之儀表發三軍之號令列長戟於門前羅曲旃於堂下子孫朝夕玉樹相輝賓客送迎珧簪交映悲夫展禽三黜安仁再免奚辭棘署俯集桐華慘舒則不繫陰陽喜慍則不形顏色何嗟及矣竟遊東岱之山無所不知旋閉南陽之墓二年夏五月日葬於萬年縣龜川鄉之平原長子某官某次子某官某其裘必復花蕚生光隣人泣其悲慟明主憂其毀瘠觀其弔客不無雙

鶴之徵察其成墳自有百鳥之感森森隴樹漠漠郊烟右元灞而浩蕩左驪山而起伏杜陵萬家之邑非復城池滕公駟馬之銘不知年代其銘曰

高陽積德武昭餘慶宅鎬開基封唐啟聖協和萬國平章百姓天敘諸侯禮樂宗正其一周之曲阜漢之平陸地則葭莩祥惟嶽瀆鄉黨稱善閨庭雍穆始拜城門即遊天祿其二太微之位益部之星卿則有六四至丹青州則有九八牧專城既踐臺閣仍司甲兵其三倚伏無兆遭隨有運賈誼從王桓譚佐郡自忘寵辱曾無喜慍人去何歸天高不問其四東都門外長樂宮邊白馬旒旐青烏墓田楸梓夾路碑石書年百代之後南陽之阡其五

鄴國公墓誌銘

永昌元年春二月甲申朔鄴國公薨公諱恭字懷順宏農人也縣祀太原王廟諱改爲仙掌焉公即隋煬帝之元孫元德太子之曾孫恭帝之孫鄴國公行基之子粤若稽古崇德象賢統承先王修其禮物惟丞相保寧西漢惟太尉亮弼東朝功書王家澤流後嗣亦猶司徒之敬敷五教殷德日新后稷之播時百穀周有大賚隋高祖昧旦丕顯齊

聖廣淵皇天眷佑誕受顧命恭皇帝遜位明駿能讓天下作賓皇室與國咸休系承百代之宗國稱二王之後公山河積氣清白餘基孝友著於閨門信義行於邦國縱心妙用不出户庭覃思典墳不窺園圃及其上公傳位命服居前有怵惕之心無驕矜之色漢之平帝猶敬劉歆魯之戴公尚聞商頌大唐貴爲辰極富有寰瀛用三王之禮以同天地奏八代之樂以答神祇郊上元定泰畤金繩玉匣日觀登封左个西偏明堂布政未嘗不虞賓在列周客來庭禮秩尊於百寮贊拜絶於羣后猶能小心畏懼恪慎肅恭

上帝時歆下人祇協以爲藩屏以訓子孫稟命不融享年五十有五嗚乎哀哉越某月葬於某原嗣子某官生盡其孝死盡其哀學不替於爲喪禮有踰於鑽燧卜其宅兆俾無後艱述其家風謂之不朽其銘曰

有客有客乘殷之馬建於上公尹兹東夏有客有客乘殷之輅作賓王家率由典故天之蒼蒼人之云亡柏櫝成行魂歸故鄉

彭城公夫人爾朱氏墓誌銘

夫人爾朱氏河南洛陽人也若夫陰山表裏銜北斗之璣

衡瀚海彌綸直西街之畢昴四時銜火燭龍開照地之光六月摶風大鵬運垂天之翼由是奄有京縣遂荒中土車書禮樂三王之損益可知將相公侯百代之山河不殞祖歘隋儀同三司金紫光祿大夫岐同金申信臨徐七州總管兵部尚書金城郡開國公天列尚書之星地標光祿之塞出身萬里知呂岱之元勳專命一方識劉宏之重寄父休最隋左千牛備身朝散大夫齊王府司馬襲封爵金城公大夫稱伐諸侯胙土淮仙致雨仍攀桂樹之山楚客臨風更入芙蓉之水夫人玉臺貞氣金河仙液蔡中郎之女子早聽色絲謝太傅之閨門先揚麗則彭城公發源殷伯承家漢相山川氣候彰白虎於皋陶象緯休徵下蒼龍於曼倩三星照夜佇稽鳴鴈之期七日秉秋坐薦飛皇之兆夫人年甫十八遂歸於我巫山南眺逢暮雨於瑤姬華嶽西臨降明星於玉女動合詩禮言成軌則晨昏展敬事極於移天蘋藻虔誠義申於中饋女郎砧石響明月而思秋風織婦機牀聽寒蛩而催絡緯用曹大家之明訓執宋伯姬之貞節加以心依八覺理會三空遊智刃於檀林泛仙舟於法海幾神獨照默言象而無施空有兼忘東筌蹄而

不用人生天地壽非金石銀臺竊藥想奔月而何年金殿煎香思反魂而無日以某年月終於平原里之私第越上元三年十月二十日合葬於城南之畢原禮也齊侯寢側杜氏階前對文王之畢原用周公之合葬偃松千古長無寡鶴之悲文梓百尋還見雙鴛之集銘曰

合葬非古周公所存死生千載棺槨雙魂野曠風急天寒日昏煙霾杳嶂霧失遙林紀黃絹之碑表對青松之墓門

伯母東平郡夫人李氏墓誌銘

夫人姓李氏隴西狄道人也自涼武昭王以後一門三公

爲四海著族國史家牒詳之矣祖充穎後周大將軍滑州刺史流江郡公考元明皇朝上儀同闕濟三州刺史成紀縣男出入三朝剖符分竹秦隴河濟之地人到於今稱之天下士大夫知與不知莫不想望其風采夫人生而純深幼而恭敬長而敦睦成而和惠年初及笄甫歸於我執箕帚奉舅姑人不間於其娣姒妾媵之言閨門之內穆如也故宗黨推其令問鄉閭以爲美談東平公守淸白之基逢太平之日辟命交至聲聞於天詔徵尚書郎遷御史中丞出爲棣曹恒常四州刺史夫人輔佐君子聿修內政平旦

纚笄則有君臣之嚴沃盥饋食則有父子之敬報反而行則有兄弟之道受期必誠則有朋友之信其婦德也如此歷職中外聲名籍甚和其琴瑟正其邦家者夫人與有力焉蓋常喟然而言曰古者卿之內子爲大帶命婦成祭服社而獻功可不勖哉可不勖哉由是服澣濯之衣躬紡織之事筐筥錡釜之器所以執其勞蘋蘩薀藻之菜所以明其德非夫博文達禮貞婉聽從者孰能與於此乎及公乞骸告老退歸初服夫人年踰耳順視聽不衰每獻歲發春日南長至羣從子弟稱觴上壽者動至數十百未嘗不歡言善誘借以溫顏侃侃焉誾誾焉有孟母之風焉有敬姜之誨焉維永淳元年秋八月旁死魄寢疾彌留終於華陰之望仙里享年八十有一冬十一月一日丙辰遷窆於永豐鄉之平原從先兆也東平公撫存懷舊用痛悼於厥心遠近咸集宗親畢會生榮死哀其此之謂矣是日也皇太子監守長安烱忝爲詹事司直不獲展哀喪次陪奉靈輀敢薦李禹之文庶同潘岳之誄嗚乎哀哉銘曰

高岳之上浮雲翺兮函谷之外眞氣揚兮建功北狄討西羌兮受封南鄭家素昌兮於赫祖考爲龍光兮牧州典郡

佩銀璜兮降生淑質秉禎祥兮苕華菊茂蘭若芳兮我有懿德如珪璋兮求之卜筮鳴鳳凰兮君子至止玉環鏘兮室家好合琴瑟張兮執其麻枲供衣裳兮羞其饋食澄酒漿兮諸姑伯姊穆溫良兮姨姒叔妹歡未央兮公之出牧守四方兮夫人之化德洋洋兮公之告老返維桑兮閨門之內道彌彰兮正月上日南至長兮子孫歡慶各稱觴兮宋云孟母魯季姜兮匪怒伊教由舊章兮方期高舉登紫房兮誰謂冥默掩元堂兮肅肅松檟鬱成行兮沈沈厚穸終不暘兮

中書令汾陰公薛振行狀

高祖德魏給事中黃門侍郎御史中尉散騎常侍直閤輔國二將軍齊州刺史贈車騎將軍儀同三司華州刺史謚曰簡懿曾祖孝通魏中書黃門二侍郎銀青光祿大夫散騎常侍關西道大行臺右丞常山太守汾陰侯贈車騎將軍儀同三司齊鄭二州刺史祖道衡齊中書黃門二侍郎隋吏部內史二侍郎上開府儀同三司陵邛潘襄四州刺史襄州總管司隸大夫皇朝贈上開府臨河縣開國公父收皇朝上開府兼陝東道大行臺金部郎中天策上將軍

府記室參軍文學館學士上柱國汾陰縣開國男贈定州刺史太常寺卿謚曰獻河東郡汾陰縣薛振年六十二字元超狀昔者唐堯之協和萬邦也有若四岳之敬順昊天歷象日月虞舜之慎徽五典也有若八元之忠肅恭懿宣慈惠和夏禹之分別九州也有若咎繇之謨明弼諧允迪厥德殷湯之南征北怨也有若伊尹之格於皇天姬文之受命作周也有若虢叔之聞於上帝自唐虞而列考及秦漢而無譏元首必藉於股肱方隆太平之化賢者必待於明主克致崇高之業若夫驂駕六龍驅馳七聖斟酌元氣財成天道者其惟聖人乎宏闡大猷發揮神化匡正八極阜成兆人其惟良宰乎我大唐之建國也粵若神堯明揚側陋文王叶於朕卜迎太公於渭水高宗求於朕夢得良弼於傅巖若歲大旱以爲霖雨若濟巨川以爲舟楫者也公含天地之間氣依日月之末光能備九德兼資百行探賾索隱極深研幾齠齔之際蓋言霸道詞賦之間已成王佐年六歲襲爵汾陰男十一太宗召見敕宏文館讀書十六爲神堯皇帝挽郎十九尚和靜縣主高宗升儲之日也敕公爲太子通事舍人二十二除太子舍人高宗踐位詔

遷朝散大夫守給事中年二十六尋拜中書舍人宏文館學士三十二丁太夫人憂去職起爲黃門侍郎固辭不許修東殿新書畢進爵爲侯公毀瘠過禮多不視事出爲饒州刺史上夢公徵爲右成務四十復爲東臺侍郎是歲也放李義府於邛笮舊制流人禁乘馬公爲之言左遷簡州刺史歲餘上官儀伏誅坐詞翰往來徙居越巂五十三赦還拜正諫大夫五十四遷中書侍郎尋同中書門下三品兼檢校太子左庶子五十九遷中書令車駕幸洛陽詔公兼戶部尚書與皇太子居守俄以風疾不視事高宗崩輿

疾往成都抗表辭位至於再至於三詔加金紫光祿大夫仍聽致仕以先宅元年季冬旁死魄薨於洛陽豐財里之私第嗚乎哀哉公地藉膏腴姻連戚里鼎湖長往拜卿子而爲郎金牓洞開徵列侯而尚主遂乃彈冠筮仕策名委質叩天門於畫闕攀鳳翼於紫宸凡升右轄者一年居外臺者兩郡四遷門下二入中書用能燮理我陰陽經緯我天地鹽梅我寶鼎梁棟我宸極理百官而察萬人平邦國而和上下借如風后天老左右軒皇蕭何曹參謀猷漢室未有一心事主四十餘年參兩宮而出入歷三臺而陟降

合其道也大鑿縱其鯤鵬遇其時也名山出其雲雨功成輔弼德邁幾深星象不僭方踐中台之位山川並走竟遊東岱之魂天不憖遺民將安仰越翼日詔贈光祿大夫使持節都督秦成武渭四州諸軍事秦州刺史餘如故賜物四百段米粟四百石東園祕器凶事給儀仗至墓所往還司賓卿監護璽書弔祭別降中使賜斂衣一襲雜物百段又詔陪葬乾陵依故事也公襲封之年也受左傳於同郡韓文汪至天王狩河陽乃廢書而歎曰周朝豈無良相何得以臣召君文汪異焉神堯皇帝婕妤河東郡夫人公之姑也每侍高祖詞翰高祖嘗顧曰不見婕妤經數日便謂社稷不安其見重如此上幸溫泉射猛獸公奏疏極諫上深納焉後因閑居謂公曰我昔在春宮與卿俱少壯光陰倏忽已三十年往日賢臣良將索然俱盡我與卿白首相見卿歷觀書傳君臣共終白首者幾人我觀卿大憐我我亦記卿深公嗚咽稽首謝曰先臣早參麾蓋文皇委之以心膂臣又多幸天皇任之以股肱誓期殺身報國致一人於堯舜伏願天皇遵黃老之術養生衛壽則天下幸甚賜金二百鎰公有事君之節也不亦忠乎每讀孝子忠臣傳

未嘗不慷慨流涕以爲帝舜非孝子朱雲非忠臣客有譏之者公曰寧有楊君父之過而稱忠孝哉太夫人薨公每哭嘔血杖而後起上見公柴毀泣曰朕遂不識卿卿事朕君父一致遂至於滅性可謂孝乎中書省有一磐石隋內史府君常踞而草詔及公揮翰躍鱗每見此石未嘗不泫然流涕公有至性之道也不亦孝乎其年修晉史筆削之美爲當時最孝敬崩詔公爲哀冊上幸九成宮敕皇太子赴行在所置酒別殿享王公以下時太子英王侍皇帝酒酣公獻壽曰天皇合易象乾將三男震坎艮今日是也

上大悅百官舞蹈稱萬歲賜雜物百段銀鏤鍾一枚吐蕃不庭詔英王爲元帥揔戎西討公賦西征詩一首上稱善嗟歎者久之因代英王屬和御筆繕寫朝以爲榮公有屬詞之美也不亦文乎黃門侍郎上疏薦高智周任希古郭正一王義方顧徹孟利貞等後皆有重名歷登清貫及兼左庶子又表鄭祖元沈伯儀賀覬鄧元捷顏強學崔融等十人爲學士天下服其知人公爲右成務獻封禪書及平東策上深納焉或有抵罪者同類數百經赦令獄官評經年不決竟以死論公上疏陳其濫詔百寮廷議獄官及諸

宰臣未有所決公酬對如響眾咸服焉上歎息曰幾令我殺無辜之人百寮莫不震懼又上疏陳請備塞垣未幾而匈奴背誕公有神通之鑒也不亦明乎儀表魁傑鬢眉若畫身長七尺四寸望之儼然喜慍不形於色雖至於近習左右胥徒僕妾莫不待之以禮公有行己之方也不亦恭乎在饒州六年以仁明馭下鄱陽北岡上忽生芝草一株郡人以爲善政所感共起一舍號曰芝亭因立碑頌德公有馭人之術也不亦惠乎在邛都十餘載沈研易象韋編三絕賦詩縱酒以樂當年有醉後集三卷行於世公有安

和之德也不亦康乎上初覽萬幾公上疏論社稷安危君臣得失上大驚即日召見不覺膝之前席歎曰覽卿疏若暗室而照天光臨明鏡而覩萬象此後寵遇日隆每軍國大事必參謀帷幄在中書獨掌機務者五年出納帝命口占數百上曰使卿長在中書一夔足矣大駕東巡詔公驂乘上曰朕之留卿若去一目若斷一臂關西事重一以委卿因賜物百段公有社稷之勳也不亦重乎若夫有官功者賜其官族有大行者受其大名公叔列國之陪臣猶安社稷黔婁匹夫之介節不忘仁義古今以爲通訓書籍以

爲美談況乎輔佐明主寧濟天下生死無二始終若一業高於六相道貫於五臣其生也榮同心比於周召其死也哀陪葬均於衛霍豈使易名之典不及於會同賜謚之文不傳於終古門生故吏願述德音博士禮官佇聞清議是則鍾繇之策降於皇魏之年王導之疏寢於中興之日謹狀垂拱元年四月四日故中書令汾陽公府功曹姓名謹狀文昌臺考功竊聞生爲貴臣車服昭其令德死而不朽謚號光其大名今謹按故府主中書令汾陰公贈秦州都督薛元超以王佐之才逢太平之會撫綏萬國康濟兆人

力牧輔軒皇未爲盡善皋陶佐大禹猶有慚德名遂身退生榮死哀羽父之請魯君抑惟舊典衛侯之謚文子庶幾前烈謹上

左武衛將軍成安子崔獻行狀

祖宏壽隋獲嘉縣開國侯父萬善皇朝左監門將軍持節隆州諸軍事守隆州刺史上護軍成安縣開國男謚曰信某郡某縣崔獻年六十七夫推其天命南端上將之文考其地靈北極崆峒之武厥次有東方曼倩卓達於孫吳瑯琊有諸葛孔明深期於管樂貞觀九年起家太穆皇后挽

郎十六年授營州都督府參軍事燕齊遼遠所以分置營州天子命我以參卿軍事太宗文武聖皇帝把斧鉞動璇璣發西土之人爰整其旅問東夷之罪恭行天罰公自家刑國資父事君樂王粲之神武棄班超之筆硯一鼓作氣方輕肉食之謀七旬舞干始受昌言之拜二十三年遷除王府西閤祭酒梁孝王武者漢皇之少子廣東苑屬平臺則司馬相如所以騁其詞賦陳思王植者魏國之天人遊西園擁飛蓋則邯鄲子淑所以爲其賓友永徽六年授晉州司士龍朔三年遷岐州司户蔚桐垂棘珪璧相輝紫鳳寶雞休祥狎至從乾值巽之風土被山帶河之國邑邦君坐嘯方推太守之名鄰國從遊始屈陪臣之禮尋丁外憂三年泣血一慟能使禽獸莫觸其松柏神仙每留其玉石春秋忽變有君子之終身金革不辭達賢人之俯就麟德元年有詔起公爲左威衛修仁府左果毅都尉仍命羽林軍長上乘輿歷日月步山川詳益地之圖書聽干雲之律呂長城十角盡入提封高闕三襲並爲州縣於是九姓抗表請築安北府城詔公馳驛許以便宜從事則榮奉中旨計日期還親降鑾輿待於故都樓上雖復東西萬里張博

望之尋河裴綦千金陸大夫之使越猶未聞降星躔迴帝車擬於陶侃扣天門之八襲方於魯陽留白日於三舍若夫類上帝偏羣神則孔宣父之所刋者五年一狩登泰山禪梁甫則管夷吾之所識者十有二君秦皇致風雨之迷魏后積貂羊之恥夫名山之所望非我后而誰哉是以馭蒼龍控玉鳳陰陽不測發揮於作樂之文天地無私揖讓於升中之禮公受命陪祠汶上扈蹕梁陰列藩衛於環星受嘉名於捧日與夫茂陵之下獨留符命之書河洛之間不覩漢家之事豈同年而語也朝鮮舊壤歌箕子之風謠

斗骨危城屬烏孫之背誕地惟孤竹不聞謙讓之名親則同株曾無急難之意特進泉男生以蕭牆構孽蔓草方滋欲去危而就安思轉禍而爲福請歸有道使者相望天皇愍一物之推溝詔公於國城内迎接先之以造化之大示之以雷霆之威受其壁焚其櫬更徵侍子來朝京闕亦猶酈生憑軾入齊國而下其城賈誼上書伏匈奴而笞其背乾封元年詔遷遊騎將軍左威衛義陽府折衝都尉仍加上柱國右羽林軍長上如故是歲也太子太師英國公登壇而拜鑿門而出紫泥明詔不入於三軍之中黄石奇兵

自行於九天之外山林爲室不能有籓籬之險魚鼈成橋不能有逃亡之路詔公出使預參帷幄進奇策納嘉謀擴無臂而執無兵戰必勝而攻必取斬大風之翼霧卷青邱卧長鯨之鱗煙銷碧海二年以平夷功詔除定遠將軍右武衛中郎將檢校左羽林軍總章二年詔遷宣威將軍守左武衛將軍檢校右羽林軍襲封成安男咸亨二年進爵爲子尋奉別敕檢校右羽林軍餘如故太夫人以桑榆晚節霧露沈痾感年歲之扶危受皇天之賜藥屢陳表疏方請告歸頻降絲綸未蒙優許則知忠臣奉上多從孝子之門受命臨戎始見忘家之事潘安仁之豈弟始奉輕軒張景允之純深終悲晝翣儀鳳三年以内憂解職尋降詔起復本官四年加雲麾將軍正除左武衛將軍檢校右羽林軍如故王人奪服纔聞趙熹之喪明主相憂獨訝何曾之毀且割哀而從禮將以義而斷恩受軍麾命服之數掌期門佽飛之職以漢宮清暑忽照邊烽秦塞長城遂聞胡馬匈奴未滅霍去病所以辭家天子動容周亞夫於焉不拜調露元年詔公龍門鎮守兼於夏州防捍欽氷受命倍道兼行鞍甲成勞晦明爲疾璽書降問即日追還中使接跡於

家庭尚藥綢繆於錫賚人生詎幾神道何知仰觀於天值三軍之星落俯察於地逢五將之山崩詔書來北斗之門圖像在南宮之壁以三年秋七月薨於紫桂宫右羽林軍之官第詔賜御食幷錦被一張常服一襲雜采百五十段賜物一百段粟一百石敕書弔贈禮越常班喪葬所資歘優恒典琳琅觸目日月在懷陶謙則戲引幡旗賈逵則常陳部伍閨門有德歡若友朋事君無隱心如鐵石至如出車授鉞東征西討孤虚向背則雖女子之衆可以當於丈夫前後折旋則雖婦人之兵可以蹈於湯火兎起而鳧舉

龍騰而鳳飛無戰不平無城不尅有如馮異羞言大樹之功宛似魯連不受黃金之賞太平之事業行矣人主之恩榮備矣山河之寵久預同盟社稷之臣俄悲輟祭聖君興悼列辟相趨覩高屋而歎良弓聞鼓鼙而思將帥宏圖祕略實無得而稱焉追遠飾終請有易其名者謹狀永隆二年正月十一日故左武衛將軍成安子府功曹某上尚書省考功名也者功之表也謚也者行之跡也公叔文子曾辱四鄰之交黔婁先生有餘天下之貴謹按故府主左武衛將軍上柱國成安子崔獻誕靈辰昴降德山河漢陽閻

忠許有良平之策潁川徐庶知其管樂之才生覩太平仕逢明主秋風金鼓有司馬之論兵吉日壇場有將軍之拜職任重而道遠功成而身退奄息百夫之特彼蒼者天相如千載之人猶有生氣珠襦玉匣禮備於喪終筮短龜長事從於先見易名之道蓋取之於舊儀累德之文敢希之於執事謹狀

爲薛令祭劉少監文

中書令河東薛某謹以清酌中牢之奠謹祭故少監劉公之靈惟彼陶唐有此冀方上天祚漢人神攸贊開國承家枝分葉散三貂赫赫於臺省駟馬䮾䮾於里閈德之有隣吐符兮降神家之積慶受祿兮宜君星躔可以衡南越都邑可以質西秦言鄭公之不死謂張衡之後身雍州爲積高之地初登吏部尚書卽喉舌之端始拜郎官見天子而題柱侍明光而握蘭入麒麟之閣圖書掌於河洛測璇玉之機造化窮於制作大風積也方絕於雲天有力負之生悲於溝壑嗚乎哀哉言念平生求其友聲適我願兮共得朋從之道又吾姨也俱承下嫁之榮良辰美景必躬於樂事茂林修竹每叶於高情援茝蘭而無愧指金石以當行

誰言倏忽遽隔幽明人非兮地是心折兮骨驚卜日兮先遠陰雲凝兮歲將晚臨平原兮望行幰君一去兮何時返石室兮沈沈蓬萊山兮寂又陰蒼煙漫兮紫苔深陳絮酒兮涕沾襟嗚乎哀哉

同詹事府官寮祭郝少保文

少詹事鄧元機永昌令令狐思府司直王思善楊烱主簿鄭行該等謹以清酌庶羞之奠敬祭太子少保郝公之靈若夫星象降寶山川受氣以道爲尊以和爲貴軒后夢之於大澤文王卜之於清渭實憑舟檝之功必藉鹽梅之味

昭昭北斗宮號文昌隱隱西掖池名鳳凰增萬機而參政本定五字而對休光珥豐貂之奕奕識遺佩之鏘鏘懸車之歲方稱國老步輦之榮遂居師保劉蕃以光祿緝熙和嶠以尚書贊道百年方享於期頤五福冀徵於壽考西山訪藥北壁尋經金丹不化玉藥何成梁木斯壞曲池坐平府庭颯而色變寮寀慘而相驚嗚乎哀哉元機等親聞教義夙承提獎懷德音之不忘痛丹壑之長往門館閴寂簾帷仿像奠行潦之蘋蘩庶明靈之降饗嗚乎哀哉

爲梓州官屬祭陸鄭縣文

維垂拱二年太歲丙戌正月壬寅朔二十二日癸亥長史劉某謹以清酌庶羞之奠敬祭陸明府之靈夫萬里之别猶使飲淚成血思德音之斷絕況百年之分能不憂心如薰想公子兮氛氳惟彼積德挺生夫君天垂白氣地發黄雲江則有汜爲國之紀君傳其政愛人如子山則有梁鎮茲一方君宏其道視人如傷久勞於外路阻且長曾未朞月人之云亡嗚乎哀哉哀哀弱嗣朝暮一溢皎皎孀妻顇乎下室蜀門如劍長安如日歸路何從我心如疾嗚乎哀哉凡我在位羈官邊城共戮力兮誰言死生思其人兮造其户庭恍無見兮寂無聲稱觴兮酹酒心折兮骨驚嗚乎哀哉

祭汾陰公文

維大唐光宅之元祀太歲甲申冬十有二月戊寅朔丁亥御辰楊炯以柔毛清酒之奠敢昭告於故中書令汾陰公之貴神惟公含純德而載誕兮稟元精而秀出備百行而立身兮半千年而委質屬天地之貞觀兮逢聖人之得一若夔龍稷卨之寅亮舜朝兮若蕭曹魏邴之謀猷漢室懸大名於宇宙兮立大勳於輔弼如何斯人而有斯疾曾未

遐壽中年殞卒嗚乎哀哉若夫家傳寶鼎地闢金溝文則屬詞而比事兮學則八索而九邱入則東藩之上相兮出則南面之諸侯唯盡善兮未善固雖休而勿休既知退而知進兮亦能剛而能柔大才則九功惟叙兮大知則萬物潛周崇德廣業兮樂天知命而不憂嗚乎哀哉門館虛兮寂寞歲窮陰兮摇落備物儼兮如存光靈眇兮焉託垂繐帷與祖帳兮罷歌臺與舞閣天子惜其毗余兮羣臣思其可作嗚乎哀哉拊循兮弱齡叨蘘兮簪纓公夕拜之時也既齒跡於渠閣公春華之日也又陪遊於層城參兩宮而

承顧盼兮歷二紀而洽恩榮郭有道之青目兮蔡中郎之下迎倏焉今古非復平生無德不報兮願摩頂而至足有生必死兮空飲恨而吞聲天慘慘兮氣冥冥月窮紀兮日上下藉白茅兮無咎和黍稷兮非馨嗚乎哀哉

欽定全唐文卷一百九十七

駱賓王一

賓王婺州義烏人初為道王府屬歷武功主簿調長安武后時數上書言事下除臨安丞怏怏失志棄官去徐敬業舉兵署為府屬軍中書檄皆其詞也

蕩子從軍賦

胡兵十萬起妖氛漢騎三千掃陣雲隱隱地中鳴戰鼓迢迢天上出將軍邊沙遠離風塵氣塞草長萎霜露文蕩子辛苦十年行回首關山萬里情遠天橫劍氣邊地聚笳聲

鐵騎朝常警銅焦夜不鳴抗左賢而列陣比右校以疏營滄波積凍連蒲海雨雪凝寒遍柳城若乃地分元徼路指青波邊城暖氣從來少關塞元雲本自多嚴風凜凜將軍樹苦霧蒼蒼太史河既拔距而從軍且揚麾而挑戰征旆凌沙漠戎衣犯霜霰樓船一舉爭沸騰烽火四連相隱見戈文耿耿懸落星馬足駸駸擁飛電終取俊而先鳴豈論功而后殿征夫行樂踐榆溪倡婦銜怨坐空閨蘼蕪舊曲終難贈芍藥新詩豈易題池前怯對鴛鴦伴庭際羞看桃李蹊花有情而獨笑鳥無事而恒啼蕩子別來年月久賤

妾空閨更難守鳳凰樓上罷吹簫鸚鵡杯中休勸酒同道書來一雁飛此時緘怨下鳴機裁鴛帖夜被薰麝染春衣屛風宛轉蓮花帳夜月玲瓏翡翠帷箇日新粧始復罷祇應含笑待君歸

螢火賦

余猥以明時久遭幽縶見一葉之已落知四運之將終悽然客之爲心乎悲哉秋之爲氣也光陰無幾時事如何大塊是勞生之機小智非周身之務嗟乎綈袍非舊白首如新誰明公冶之非孰辨臧倉之愬是用中宵而作達旦不

暝覩玆流螢之自明哀此覆盆之難照夫類同而心異者龍躍歸而宋樹伐質殊而聲合者魚形出而吳石鳴苟有會於精靈夫何患於異類況乘時而變含氣而生雖造化之不殊亦昆蟲之一物應節不愆信也與物不競仁也逢昏不昧智也避日不明義也臨危不懼勇也事有沿情而動興因物而多懷感而賦之聊以自廣云爾

伊元功之播氣有丹鳥之賦象順陰陽而亭毒資變化而舍養每寒潛而暑至若知來而藏往既發揮以外融亦含光而內朗若夫小暑南收大火西流林塘改夏雲物迎秋

忽淩虛而赴遠乍排叢而出幽均火齊之宵映如夜光之暗投逝將歸而未返忽欲去而中留入槐榆而焰發若改燧而環周繞堂皇而影泛疑秉燭以嬉遊點綴懸珠之網隱映落星之樓乍滅乍興或聚或散居無定所習無常翫曳影周流飄光淩亂泛豔乎池沼徘徊乎林岸狀火井之沈熒似明珠之出漢值銜飆而不烈逢淫雨而逾煥焰灼兮若湛盧之夜飛的皪兮像招搖之夕㸌與庭燎而相炫照重陰於已昏共爝火而齊息避太陽於始旦爾其光不周物明足自資偶仙鼠而伺夜對飛蛾之赴燋類君子之

有道入暗室而不欺同至人之無迹懷明義以應時處幽不昧居照斯晦隨隱顯而動息候昏明以進退委性命兮幽元任物理兮推遷化腐木而含彩集枯草而藏烟不貪熱而苟進每和光而曲全豈如鎔金而自鑠寧學膏火之相煎陋蟬蜩之習蛻怵螻蟻之慕羶匪傷蜉蝣之夕不羨龜鶴之年槍榆飛而控地摶扶起而垂天雖小大之殊品豈逍遙之異筌夫何化之斯化無使然而自然乃若有來斯通無往不至排朱門而獨遠昇青雲而自致匪偷光於鄰壁寧假煇於陽燧終狥己以效能靡因人而成事物有

感而情動迹或均而心異響必應之於同聲道固從之於同類始未明其趨舍庸詎識其旨意子尚不知魚之爲樂吾又安能知螢之爲利高明兮有融遷變兮無窮牛哀倏而化虎羽泉忽兮生熊血三年而藏碧魂一變而成虹知戰場之化燐悟寃獄之爲蟲彼翾飛之弱質尚矯翼而淩空何微生之多躓獨宛頸以觸籠異璧光之照廡同劍影之埋豐覬道迷而可復庶鑒幽而或通覽光華而自照顧形影以相弔感秋夕之殷憂嘆宵行以熠燿熠燿飛兮絶復連殷憂積兮明且煎見流光之不息愴驚魂之屢遷如

過隙兮已矣同奔電兮忽焉儻餘光之可照庶寒灰之重然

靈泉頌

聞夫元功幽贊靈心以有德是親至道冥符篤行以通神爲本若乃天經地義色養叶於因心夏清冬溫愛敬宏於錫類下逮六幽之奥上洞三光之精不有至誠孰云斯感有廣平宋思禮字過庭皇朝永州刺史昉之適孫戶部員外順之長子伶丁偏露早喪慈親永懷鞠養之恩長增思慕之痛弱不好弄長而能賢趨庭聞詩禮之風亢宗勖曾閔之行事後母徐以至孝聞北面興悲泣高堂而咎己東遊下位歡微祿以逮親調露二年來佐百里俯就微班之列將申返哺之情苟立身其若斯於從政乎何遠時歲亢旱金石行銷遠近川原殆將堙絶濬井皆爲湯谷通波盡化汚池太夫人在遲暮之年有溫勞之疾非濫漿不可以適口非源泉不可以蠲痾色養既虧憂惶靡訴俄而廳堦之下忽有清泉自生因疏導其源遂流注不竭味甘若醴氣冷如氷此邑城控剡山地連禹穴基址多石岡阜無津爰自興建以來久微穿汲之利非精誠貫於有道純志浹

於無私孰能洽冥貺以通幽導靈泉而致養者也昔漢臣忠烈窮井飛於一言姜婦孝思潛波移於七里靜惟陳迹彼亦何人蕭縣尉柳晃耿介之士也道合則金蘭若膠漆情異則軒冕猶埃塵片善可嘉朝聞甘於夕死一諾猶重黃金賤於白圭以爲執友素交豈輕肥利祿之謂也賞音達禮寧鐘鼓玉帛之云乎所恥者沒而無稱所貴者存而不朽徒懷美志未遇良林某出贊荒陬塗經勝壤三秋客恨長懷宋玉之悲一面交歡暫雪桓譚之涕覩斯水之清泚感若人之精誠見賢思齊仰圭璋而有地揮毫與頌鏤

琬玉以無慚乃作頌曰

粤若稽古厥初生民其誰不孝獨我難倫義不悖道仁不遺親愛敬盡力孝弟通神顧我罔極因心感至冥契動天甘泉涌地泠泠無竭蒸蒸不匱曾是我思永錫爾類爰有勞人景行芳塵事諧則感道洽斯親孝爲禮主名爲實賓倘斯文之不墜知盛德之有鄰

爲齊州父老請陪封禪表

臣聞元天列象紫宫通北極之尊大帝凝圖宏猷暢東巡之禮是知道隆光宅既輯玉於雲臺業紹禋宗必塗金於

日觀陛下乘乾握紀纂三統之重光御辯登樞應千齡之累聖故得河浮五老啟赤文於帝期海薦四神奉丹書於王會瑞開三脊祥洽五雲既而輯總章之舊文紹辟雍之故事非烟翼馭移玉輦於梁陰若月乘輪祕金繩於岱巘臣等職均芻狗陰謝桑榆幸屬堯鏡多輝照餘光於連石軒圖光耀追盛禮於樅金然而鄒魯舊邦臨淄遺俗俱沐二周之化咸稱一變之風境接青疇俯瞰獲麟之野山開翠屺斜連辨馬之峯豈可使稷山遺氓頓隔陪封之禮淹中故老獨奉告成之儀是用就日披丹仰璧輪之三舍望雲抒素叫天閽於九重儻允微誠許陪大禮則夢瓊餘息仰仙闕以交懽就木殘魂遊岱宗而載躍

自敘狀

伏奉恩旨令通狀自敘所能某本江東布衣也幸屬大鑪貞觀合璧光輝易彼上農叨茲下秩於今三年矣然而進不能談社稷之務立事寰中退不能掃丞相之門買名天下徒以黃離元吉白賁幽貞沐少海之波瀾照重光之麗景雖任能尚齒載宏進善之規而觀過知人異降自媒之旨是用披誠瀝懇以抒愚衷若乃忘大易之謙光矜小人

之醜行彈冠入仕解褐登朝飾懷祿之心衒當年之用莫不徇名養素勵朽磨鉛自謂身負管樂之資志懷周召之業若斯人者可勝道哉而修譽察能聽言觀行捨真筌而擇士沿虛談以取才將恐有其語而無其人得其賓而喪其實故曰知人不易人不易知抑又聞之知臣莫若君知子莫若父誠能簡材試劇考績求功觀其所由察其所以臨大節而不可奪處至公而不可干冀斯言之無虧於從政乎何有若乃脂韋其迹乾没其心說已之長言身之善靦容冒進貪祿要君上以紊國家之大猷下以瀆狷介之

高節此凶人以爲恥況吉士之爲榮乎所以令銜其能斯不奉令謹狀

對策文三道

問岱岳遊魂入佳城而恒化瀛洲羽客竦鶴轡而輕舉雖則備於纖素昭晰可觀求諸耳目虛無罕驗葉杖成龍有異虞翻之旨銜恩結草寧符宗岱之言二者何從爾其揚搉

對遐觀素論眇覿元風惟鬼惟仙難究難測至夫滕公長往佳城開白日之徵洪崖不歸層邱控紫雲之蓋或祟成

蒼狗自是趙王之神道叶赤龍爰通陸安之冶玉壘變萇宏之血金闕化浮邱之靈固能目覩桑田來作西王之使魂遊蒿里還爲北帝之臣然而將聖生鄒本忘情於語怪多材封魯亦默論於通仙洎乎大義既乖斯文將墜於是八儒三墨之道異軫分馳九流百家之文殊途競爽語仙則有無交戰語鬼則虛實相紛遂使結草抗軍爰乖宗岱之論化竹游水有異虞翻之言然而博訪古詩緬尋囊冊狗其浮詭徒有奔競之談求諸至言抑匪通經之旨何則高明瞰室已著六爻之文太虛游形式編三洞之籙故齊君出獵遇豕啼於貝邱周嗣登仙游鶴軒於洛浦況乎干寶碩德已輯搜神之書劉向通儒非無列仙之傳斯皆實錄諒匪虛談謹對

問士農工商四民各業廢一不可取譬五材而闕里致言鄙於學稼漆園起論爰稱絕機豈先聖垂文義有優劣將隨方設教理或變通者哉汝其矢陳用啟前惑

對出震登皇垂衣裳而馭籙乘乾踐帝順舒慘而字氓莫不列九土以開疆因四人而安業故農爲政本兩漢舉力田之勤財用聚人九市列惟金之利防龍門而就日入仕

彈冠斷蟬翼以成風追工運斧咸用因人成事隨利濟時蓋五帝通規三王茂範然則泣麟上聖訓三千以領徒夢蝶幽人摶九萬以齊物欲使邱門志學折以問農之言漢渚絕機杼以灌園之巧斯乃變通權數趣舍適宜當今海內乂安天下樂業士食舊德農服先疇自可孫宏獻書以待公車之制王丹載酒時慰田家之勞謹對

問四十强仕七十懸車著在格言存諸甲令然則顏駟韞價殆乎白首和尊播美始自齠年欲使滋泉之彥必臻洛陽之才無捨則隄防或爽襟帶徒施其道如何佇聞嘉答

對竊聞大人有作義佇良林貞士徇名理資明主是知君必待士士必待君故使飛龍在天聖智有賢明之佐巨魚縱壑元后得唐虞之臣然則否泰或爽材運難并歲漸懸車尚牧淄原之豕年甫志學且珥漢庭之貂是知因藉時來和君播元齠之俊當其未遇顏生致白首之勤語其古今稽之運會雖則人事抑亦天時當今乘六御天得一居帝翹車徵彥束帛旌賢故叢桂幽人罷韜真於文豹青蓮江使自裂兆於非熊豈止洛陽之才來儀漢國滋泉之叟降止周朝而已哉某謏乏二龍識迷三豕徒以鑽木輕熠

仰昇扶而耀輝化草餘光對含桂而炫彩迴皇如失俯仰多慚謹對

上吏部裴侍郎書

四月一日武功縣主簿駱賓王謹再拜奉書吏部侍郎裴公執事易曰書不盡言言不盡意然則理存乎象非書無以達其微詞隱乎情非言無以筌其旨僕誠鄙人也頗覽前事每讀古書高堂九仞曾參負北向之悲積粟萬鍾季路起南遊之嘆未嘗不廢書輟卷流涕沾襟何則情蓄於中事符則感形潛於內迹應斯通是用布腹心瀝肝膽庶大雅含宏之量矜小人悃款之誠惟君侯察焉賓王一藝罕稱十年不調進寡金張之援退無毛薛之遊亦何嘗獻策干時高談王霸衒才揚己歷詆公卿不汲汲於榮名不戚戚於卑位蓋養親之故也豈謀身之道哉不圖君侯忽垂過聽之恩任以書記之事擬人則多慚阮瑀入幕則高謝郗超昔聶政荊軻刺客之流也田光豫讓烈士之分也咸以勢利相傾意氣相許尚且捐軀燕趙甘死秦韓今君侯無求於下官見接以國士正當陪麾後殿奉節前驅賈餘勇以求榮效輕生而答施而顧逡巡於成命躊躕於從

事者徒以夙遭不造幼丁閔凶老母在堂常嬰羸恙藜藿無甘旨之膳松檟闕遷厝之資撫躬存亡何心天地故寢食夢想噬指之戀徒深歲時烝嘗崩心之痛罔極若僕者固名教中一罪人耳何面目以奉三軍之士乎況屬天倫之喪奄踰七月違膝下之養忽以三年而凶服之制行終哀疚之情未洩興言永慕舉目增傷夫怨於心者哀聲可以應木石感於情者至性可以通神明故徐元直指心以求辭李令伯陳情以窮訴上以棄興王之佐命下以全奉親之篤誠而蜀主不以爲非晉君待之愈厚此二人者豈

貪貧賤惡榮華厭萬乘之交甘匹夫之辱也蓋有不得已者哉人有乾沒爲心脂韋成性捨慈親之色養許明主以驅馳內忘顧復之私外存傅會之眷薄骨肉厚榮寵苟背恩而自效則君侯何以處之且義士期乎貞夫忠臣出乎孝子旣不能推心以奉母亦安能死節以事人雖物議之無嫌實吾斯之未信也況流沙一去絕塞千里子迷入塞之魂母切倚閭之望就令覯以卒歲仰南薰之不貲而使憂能傷人迫西山而何幾君侯情深錫類道叶天經明恕待人慈心應物儻矜犬馬之微願憫烏鳥之私情寬其負

恩遂其終養則窮魂有望老母知歸賓王死罪再拜

與程將軍書

昨見武郎將備陳將軍之言恩出非常談過其實忝閱嘉惠深用慚惶君侯懷管樂之才當衛霍之任豐功厚利盛德在人送往事居元勳蓋俗智足以興王業道足以濟蒼生尚且屈公侯之尊伸莞庫之士若下僕者天地一無用芻狗耳粵自旌賁之辰郎逢聖明之歷材不經務不能成佐命之功智不通時不能包周身之慮加以天資木强不能屈節權門地隔蓬心不能買名時議常願爲仁由已喪我於吾見機可以絕機無用之爲有用隨時任其舒卷與物同其波流者矣其於木也魯班無所措其鉤繩其於駕也伯樂無所施其銜策不悟聖朝發明揚之詔君侯緝雍熙之道曲垂提獎廣借游揚猥以樗櫟之姿忝預賢良之薦當今鴻都富學麟閣多英非游夏不可以升堂非夔牙不可以擊節倘片言失德事暴區中匹夫竊議語流天下進乖得賢之舉退貽薄德之譏恐不肖之軀爲高明之累耳必能一盼增價九衢先登燕昭爲市駿之資郭隗居禮賢之始則當效駑駘之用飾固陋之心陶鑄堯舜之典謨

憲章文武之道德上以究三才之能事下以通萬物之幽情將使詞翰爲行已外篇文章是立身岐路耳又何足道哉言而不慚者恃惠子之知我也所恨禁門清切造別無緣官守牽纏程期有限某尚期辭滿倘泛孤舟萬里煙波舉目有江河之限百齡心事勞生無晷刻之歡嗟乎流水不窮浮雲自遠霑襟此別把袂何時恃以平生之私忘其貴賤之禮幸勿爲過謹不多談

答員半千書

張評事至辱惠書及詩把翫無厭蹔如有敘上言離恨下

勛交情篤以猛風乾蘇之談彌以驟雨濕薪之喻雖閒義則徙道存於起予而儗人失倫事均乎玩物借如誠誂蓋足下之不知言倘或劇談豈吾人之所仰望夫鯤之爲魚也潛碧海泳滄流沈鰓於渤海之中掉尾乎風濤之下而濠魚井鮒自以爲可得而齊焉鵬之爲鳥也刷毛羽恣飲啄戢翼於天地之間宛頸乎江海之畔而雙鳧乘雁自以爲可得而藝焉及其化羽垂天摶風九萬振鱗橫海擊水三千寧肯借翰於搶榆假力於在藻貧江濱涓流之水待堀堁揚塵之風哉故張子房之達人也擊水摶風之適焉

朱買臣之屈已也戢翼沈鰓之致焉足下雅得古人之致不乏先賢之遇自守莊筌無嬰魏網亦寧不知在藻搶榆之力非擊水搏風之助哉而詞旨殷勤深所未諭盡言爾志豈若是乎夫人生百年物理千變名利寵辱之形立矣愛憎毀譽之迹生焉其有道在則尊德成而上幽貞爲虛白之室靜默爲太元之門知軒冕是儻來悟榮華非力致苟斯道之不墜亦何患乎無成而欲圖僥倖於權重之交養聲譽於衆多之口所以楊朱徘徊於岐路阮籍悵惕於窮途嗟乎霜往露來歲寒不待山高河廣離會無睎桂樹寒花公子去而忘返松巖春草王孫遊以不歸去矣員生遠離隔矣音塵不嗣情其勞矣畏途窮谷靜躁殊矣惠而好我無密爾音

與博昌父老書

月日駱賓王致書於博昌父老等承並無恙幸甚幸甚雲雨俄別封壤異鄉春渚青山載勞延想秋天白露幾變光陰古人云別易會難不其然也自解攜襟袖一十五年交臂存亡略無半在張學士溘從朝露辟閭公倏掩夜臺故吏門人多遊蒿里耆年宿德但見松邱嗚乎泉壤殊途幽

明永隔人理危促天道奚言感今懷舊不覺涕之無從也過隙不留藏舟難固追維逝者浮生幾何哀緣物興事因情感雖蒙莊一指殆先覺於勞生秦佚三號詎忘情於怛化啜其泣矣尚何云哉又聞移縣就樂安故城廨宇邑居咸徙其地里閈阡陌徒有其名荒徑三秋蔓草滋於舊館頹墉四望拱木多於故人嗟乎仙鶴來歸遼東之城郭猶是靈烏代謝漢南之陵谷已非昔吾先君出宰斯邑清芬雖遠遺愛猶存延首城池何心天地雖則山河四塞是稱無棣之墟松檟千秋有切惟桑之里故每懷夙昔尚想經

過于役不遑願言徒擁今西成有歲東户無爲野老清談怡然自得田家濁酒樂以忘憂故可洽賞當年相歡卒歲寧復惠存舊好追思昔游所恨企予望之經途密邇佇中衢而空軫巾下澤而莫因風月虛心形留神送山川在目室邇人遐以此懷勞增其嘆息情不遺舊書何盡言

與親情書

風壤一殊山河萬里或平生未展或暌索累年存沒寂寥吉凶阻絕無由聚泄每積凄涼近緣之官佐任海曲便還故里冀敘宗盟徒有所懷未畢斯願不意遠勞折簡辱逮

埋淪雖未敘言蹔如披面晚夏炎熱並想履宜賓王疾患忽無況耳

與親情書

某初至鄉閭言尋舊友耆年者化爲異物少壯者咸爲老翁山川不改舊時邱隴多爲陳迹感今懷古撫存悼亡不覺涕之無從也詢問子姪彼亦凋零永言傷情增以悲慟雖死生之分同盡此塗而存亡之情豈能無恨終朝展接以申凋懷取此月二十日栖桐成禮事過之后始得可行祇敘尚賒仰繫何極各願珍勗遠無所詮

欽定全唐文卷一百九十八

駱賓王　二

上瑕邱韋明府啓

賓王啓側聞戢翮觸籠負垂天而跼影伏櫪羈蹄望絕塵而蹶足故以遊蓮遇鵝悟宋王於嬰羅在藻迷波顧蒙莊於煦轍是以臨淄遺婦寄東緼於齊鄰邯鄲下客效處囊於趙相伏惟明府公締址瓊峰靈岳蔽丹霄之景圖基珠浦神流沃清漢之波玉札飛文綜宏詞於楚傳金篇緝藝味雅道於扶陽孕蘭畹而生姿澧灞鍾高門之慶產銅溪

而寫鍔荆藍資象德之禎幼辨羝羊演飛龍之祕策夙談孔雀對家禽之麗詞赤野浮街價之光珠胎瑩色丹穴陪來儀之迅鳳彩含姿靈襟轉璧絢逸照於蘭池神府驚藻韻清音於桂浦談叢散馥韞餘氣於九蘭筆海飛濤駭洪波於八水綰銅麟而製錦冕郊化洽下車恩孚攬轡德聲含詠仁風飄十地之雄道化編謠惠露灑三天之渥狎中牟之馴雉豈懼驍媒驚重泉之瑞鸞非關照舞雖則塵飛范甑垂銀有結綬之華而乃調理宓絃烹雞屈函牛之量加以招攜白屋勸誘青衿遂使漱流逸客望驥足以雲蒸

棲泌遺才。欽龍門而霧會。某緯蕭末品。拾艾幽人。寓迹雩壇。挹危直之祕說。託根磐渚。戢戰勝之良圖。幸以奉訓趨庭。束情田於理窟。從師負笈。私默識於書林。至於九流百氏。頗探其異端。萬卷五車。亦研其奧旨。將欲優游三樂。負杖以終年。棲遲一邱。鳴絃而卒歲。諒以糟糠不贍。甘旨之養屢空。簞食無資。朝夕之歡寧展。是以祈安陽之捧檄。擬毛義之清塵。思魯國之執鞭。蹈孔聖之餘志。屬以蛬秋應節。雁序戒時。飆金將露玉共清。柳黛與荷緗漸歇。實含毫振藻之際。離經析理之期。不揆雕朽之林。竊冀遷喬之路。

輒期泛愛。輕用自媒。儻荊璞無見。致疑夜光。不逢梭劍。則沈骸九死。終望銜珠。殞首三泉。徒希結草。載塵清矚。跼影外慙。冒瀆威嚴。循心內駭。謹啟。

和學士閨情詩啟

某啟。學士袁慶隆奉宣教旨。垂示閨情詩並序。跪發珠韜。伏膺玉札。類西秦之鏡。照徹心靈。同指南之車。導引迷誤。竊惟詩之興作。肇基邃古。唐歌虞詠。始載典謨。商頌周雅。方陳金石。其后言志緣情。二京斯盛。含毫瀝思。魏晉彌繁。布在縑簡。差可商略。李都尉鴛鴦之詞。纏綿巧妙。班婕妤霜雪之句。發越清迥。平子桂林。理在文外。伯喈翠鳥。意盡行間。河朔詞人。王劉爲稱首。洛陽才子。潘左爲先覺。若乃子建之牢籠羣彥。士衡之藉甚當時。並文苑之羽儀。詩人之龜鏡。爰逮江左。謳謠不輟。非有神骨仙材。專事元風。道意顏謝。特挺戎伐。典麗自茲。以降聲律。稍精其間。沿改莫能正本。天縱明眷。卓爾不羣。聽新聲鄙師涓之作。聞古樂笑文侯之睡。以封魯之才。追自衛之迹。宏茲雅奏。抑彼淫哇。澄五際之源。救四始之弊。固可以用之邦國。厚此人倫。俯屈高調。聊同下里。思入態巧。文隨手變。侯調慙其曼聲。

延年愧其新曲。走以不敏。謬蒙提及。謹申奉和。輒以上呈。未近詠歌。伏深悚悳。謹啟。

上司刑太常伯啟

側聞曾澤祥麟。希委質於宣父。吳坂逸驥。實長鳴於孫陽。是則所貴在乎見知。所伸由乎知已。故雕其樸。嶧山有半死之桐。賞其聲。柯亭無永枯之竹。伏惟太常伯公儀天聳搆。橫九霄而拓基。浸地開源。控四紀而疏派。自赤文薦祉。曲阜分帝子之靈。紫氣浮仙。函谷誕真人之秀。本支百代。君子萬年。道叶神交。黃石授帝師之略。德由天縱。白星降

王輔之精峰秀學山列三墳而仰止瀾清筆海委四瀆以
朝宗登小魯之巖辨練光於曳馬臨大吳之國識寶氣於
連牛垂秋實於談叢絢春花於詞苑辯河飛箭激流翻白
馬之津文江散珠圓波潄驪龍之穴是用德茂麟趾削桐
葉以分珪道煥鶴池映桃花而曳綬既而揆留皇鑒忠簡
帝心奉職春宮爍離光於青殿代工天府明台曜於紫宸
綜理元風燮調元氣含輝禮樂皎愛日以流光毓彩文昌
映德星而開照若乃識度宏遠器宇疏通明允篤誠盛業
隆於后土惠和忠肅元功格於上天則伊陟謝其緝熙巫

咸愧其保乂舉才應器與士無私水鏡澄花炫金波於靈
府冰壺徹鑒朗玉燭於神機則鄧攸莫際其瀾盧毓罕窺
其術故使妍媸各安其分輕重不失其權五教克敷百揆
時敘折衝千里魯連談笑之工師表一時郭泰人倫之度
加以分庭讓士虛席禮賢片善經心揖仲宣於蔡席一言
合道接然明於鄭階某蓬廬布衣繩樞韋帶自弱齡植操
本謝聲名中年誓心不期聞達上則執鞭爲士王庭希干
祿之榮次則捧檄入官私室庶代耕之願然而忠不聞於
十室學無專於一經退異善藏進殊巧宦摶羊角而高翥

浩若無津附驥尾以上馳邈焉難托實欲投竿垂餌晦名
迹於渭濱抱甕灌園絶機心於漢渚幸屬乾坤貞觀烏兎
光華嵩山動萬歲之聲德水應千年之色雖無爲先宅欣
預比屋之封而有道賤貧恥作歸田之賦於是揭來甕牖
利見金門指帝鄉以望雲赴長安而就日美芹之願徒有
獻於至尊蟠木之姿誰爲容於左右明公決幾成務論道
經邦一顧之隆貽足逾於仙驥片言之重魚目軼於靈蛇
庶望顧兎離箕動薰風於舜海從龍潤礎霈甘澤於堯雲
則膾餘之魚希振鱗於吳水膳後之豕翻化龜於魯津拜

伏階墀增懼木谷謹啟

上李少常啟

賓王啟竊惟陰陽作炭化一氣以陶甄天地爲鑪混萬物
爲芻狗然則璧輪均照或流景於萊城玉燭平分獨翔寒
於黍谷是汙隆迭襲榮悴相循得氣者繁滋失時者零落
伏以君侯疏乾激派龍門開竹箭之流鎮地橫基鵠翅峙
蓮花之嶺曜重暉於若月炳疊彩於非烟至若瑞動赤符
著元勳於東漢烽驚紫塞宣武功於北征奕葉龍光聯蟬
龜紐德由天縱白星降王輔之精道叶神交黃石授帝師

之略故得三千運北擊舜海以遊鱗九萬圖南望堯雲而矯翰折衝千里魯連談笑之功師表一時郭泰人倫之度於是九重銜綍懸星彩於宸維四達埋輪振霜威於權石加以分庭讓士虛坐禮賢片善必甄揖虞翻於東箭一言可紀許顧榮以南金賓王蟠木朽株散樗賤質牆面難用灰心易寒退無毛薛之交進乏金張之援塊然獨居十載於茲矣然而日夜相代笑溝壑之非遙貧病交侵思薜蘿而可託欲乘幽控寂進綺季於青山樂道棲真從魯連於滄海幸屬舜門廣闢漢幣交馳遂得佇嘯高邱應箕文而

動韻聆吟大野浮艮岫以流陰將恐在藻纖鱗終寡登龍之望棲榆弱羽徒仰搏鵬之高所冀曲逮恩光資餘潤於東里襲承導引托輕夢於南柯撫已多慙循躬增懼謹啟

上兗州刺史啟

側聞未遇孫陽鹽車無絕塵之迹時逢和氏荆山有連城之珍豈若聽清音於爨餘則枯桐發響收夜光於元璧則怪石騰輝在物猶然況於含識者乎伏惟明使君鳳穴振儀龍門標峻瓊雕岳立表秀干雲霞煥霜霏澄虛鑒物既而代工天府忠簡帝心擁熊軾而撫百城建隼旗而臨千里坐棠敷惠恩纏去思剖竹垂仁式歌來暮清疑夜燭化警晨烏外助九農內宏五教道之以禮樂齊之以刑書約法遵寬設蒲鞭之恥立言惟信控竹馬之期甘雨隨車雲低輕重之蓋還珠合浦波含遠近之星至如臥理稱難坐嘯匪易披裳問疾垂愛景以字人搴帷廣聽穆薰風而扇物飛霜秋降叶隼擊而防小人零露春濡飾羔旌而禮君子於是仁必有勇吏不忍欺美譽鬱於三齊芳聲騰於萬古若乃清規遠鏡皎月色於靈臺元鑒虛凝穆松風於智府研幾十籤探頤九流縟翠蕚於詞林綷仙花於筆苑文

江翻浪纖玉激以韜霞學海驚瀾綴珠連於濯錦加以懸榻待士擁篲禮賢汲引忘疲獎題不倦懷經味道之客望範圍而駿奔兼流包略之夫窺義圃以遐集求小善於毫芥顧正禮於二龍振幽滯於泥沙許公明以一驥某淹中故俗體朴厚之清規稷下遺吡陶禮義之餘化頗遊簡素少閱縑緗每蟋蟀淒吟映素雪於書帳莎雞振羽截碧蒲於翰池既而學異懷蛟才非夢鳥價不齊於南漢芳不重於東山幸屬日月光華雲霞紛郁方結羨魚之網將諧扣角之詞奮短翮於槍榆希高標之餘拂濯纖鱗於涓滴望

鴻澤之微霑所冀顧盼曲流蒭拂增價則鉛刀起一割之用跛鼈致千里之行是知竊混吹於齊竽濫飛聲於郢唱抱山雞而自恧顧遼豕以多慙輕觸威嚴不遑流汗謹啟

上兗州崔長史啟

側聞豐城戢耀駭電之輝俄剖沙邱踠迹躡雲之轡載馳然則激溜侵星佩潛蛟於壯武騰鑣歷塊騁蹀駿於咸陽且煦轍波鱗側羨鼇潭之躍觸籠雲翼局望鵬程之迅是以齊郊夕唱牛歌掞白石之詞漢境朝趨車候警拂塵之恩伏惟某公騰瀾浴景濬靈派以含珠擢幹捎雲翊孤巖

而聳桂崇基壘秀匡霸道於周盟茂緒聯輝贊文場於漢戚偉龍章之秀質騰孔雀於觿年叶鳳彩之英資辯蟾精於弱歲靈臺宏遠騁霄練於霜潭冊府幽深絢朝虹於璧滯心波湛漢泳耀魄於黃陂情岳干天韜風雲於嵇嶽龍津共濟競欣登御之車燕室欽賢必攬澄清之轡鬱文條而耀彩藻逸潘花蔚詞鋒而銜奇光浮衛玉然則崑溪既琢必見山川之精樹羽已懸行嗣雲韶之響是以佐龜陰而演化務肅百城翼麟壤以宣風恩覃千里嶶猷克著逾盛德於休徵聲績聿宣軼英規於恭祖佩呂刀而邵美已贊褰帷之遊屈驪驥而流芳將騁仁風之駕加以側階引彥鑒啟子之微言倒屣延賓辯王生之雅量故使圓流之下探照乘於長波高岫之巔剖連城於幽石某瓠背小器蟭蚊末林環帶嶧桐戢晞暘之厚德傍鄰汶篠慕貫時之貞勁但以容膝一邱曲阜之甌遽切枕肱五畝成都之壁已窮擔石厭於糟糠負薪疲於裋褐然而少奉過庭之訓長趨克己之方弋志書林咀風騷於七略耘情藝圃偃圖籍於九流洒惠渥於羊陂屢泛文通之麥峻曲岸於鸞谷時遺公叔之冠雖不能縱逸韻於霜皋唳野致九天之響

而頗亦蓄餘香於露薄垂芬有十步之芳而乃恧跡魯鴻非荆山之抵鵲遁名韓犬歎稽阜之橫梁方今玉琯迎秋金風動籟吳宮歸乙望陰岫以依遲素林返雁候陽潮而低舉籯金味道之子佇縑帛以彈冠肩玉含毫之人望弓旌而翹足竊不揆於庸識輒輕擬於揚庭所冀曲逮恩波時流咳唾儻能分其斗水濟濡沫之枯鱗惠以餘光照霜棲之寒女得使伏櫪駑蹇希騏驥而蹀足竄棘翩翾排鴛鷺而刷羽則捐軀匪悋碎首無辭雖復投報楊金君子以之貽戒效誠魏草小人之所懷恩輕瀆威嚴深懼履尾載

塵聽覽迫甚蹈氷謹啟

上兗州張司馬啟

某啟竊聞綱潤緝裳傃指雲於偃蓋排虛止棘附絶電於纖離然則左右爲容鏘金有階於蟠木無因而至桉劍致懼於連城是以賃牘干榮發仞資於禽息求光抱燧束髮濟於于髡伏惟某官瓊峯聳峭儼曦觀而爭峙瑤派驚瀾泝天潢而比濬漢臺引路夕翊浮雲之陰晉閣垂瑠朝煜文星之苑劍池濯彩耀震德於渥津弱水摛祥炫離精於丹穴辨懸瞳於朗鏡肇自髫年對似傀於虧陽光乎弱歲

言阿激箭浴紫貝以飛湍情岳驚峯蔽丹霄而傑峻文條擢秀馥長坂之幽蘭筆苑揚葩煜小山之丹桂松飆結韻搢紳藉以雌黃品電流光通賢資其月旦於是佐褰帷於魯甸威讋列藩匡露冕於梁陰恩覃絶境緝諧麟甸下白鶴於仙庭輔弼梟郊重黃金於帝里加以獎拔幽滯汲引英髦錫以吹噓暖燕郊之陰谷延之顧盼熠漢園之寒灰某篠派庸微桐巖賤伍託根鄒邑時聞闕里之音接閈雩津屢聽杏壇之說加以承斷織之慈訓得銳志於書林奉過庭之嚴規遂容情於義圃方欲閉門却掃養拙以終年幽遁鑿坏甘貧而卒歲直以栖遲五畝獲鷦鷯之數粒蕭條三逕匱侏儒之斗餼雖則放曠林泉頗得閒居之趣而乃寂寞蓬戶唯深色養之憂是以望檄動容慨南陽而閒寂析名鳯駕嘆郢路而依遲方今涼秋屆節嚴飆扇序衡陽極浦振朝音於負霜寒皐迴甸驚宵吟於靜野弓旌之禮斯及辟聘之際是期不揆庸愚輕斯自衒所冀分其末照惠以餘波得預觀光全由咳唾倘雲鑣釋紲申其潄玉之音霜匣開輝照以盤蛟之影則陰山之雀敢懷衘藥之心漢東之蛇期致投珠之報不勝窘迫之至謹啟

上齊州張司馬啟

某啟昔者薛邑聞歌揖馮驩於彈鋏夷門命駕顧侯嬴於抱關何則志合風雲戴笠均乎乘馬情諧道術忘筌貴乎得魚是以挹蘭言於斷金交蓬心於匪石庶清音動聽賞流水於牙絃妙思通神叶成風於郢匠伏惟公疏源白水浸地軸以輪波纂慶黃軒感星精而誕命綴珠華於七曜聯玉葉於五雲至夫神石摛祥靈鉤表貺千年馭鶴振仙駕於帝鄉七葉珥貂襲榮光於戚里固以紛綸國牒昭晰家聲洎乎鹿走周原輔秦圖而興霸蛇分沛澤翌唐運以

開基常山王之玉潤金聲博望侯之蘭薰桂馥羽儀百代掩梁竇以霞騫鍾鼎一時畢袁楊而岳立故得重規遠鏡湛月路以流清茂祉遐鋪架雲門而擢秀英飛鳳穴藻五色以凝華頳躍龍泉涵九重而毓潤風情踈朗霜明月湛之資氣骨端嚴雪白氷清之槪若乃性符神授道擅生知挫三端於情峯朝九流於學海博聞强識辯晉國之黃熊將聖多能識吳門之白馬言泉激迴驚瀑布以飛瀾文江澹清含濯錦而翻浪鬱槐市而增茂穆蘭室以流芳於是翔鱣應符觀光上國飛龍成卦利見大人摶羊角以垂天

展驥足而騰景化貳藩邸紹敬祖之清廉光贊外臺陳君回之亮直推公平而折獄磔鼠謝其嚴明擁端愨而字人化蛇慙其智勇加以清規日舉湛虛照於氷壺元鑒露凝朗機心於水鏡謙光自牧恭巳愛人片善必甄揖虞翻於東箭一言可紀許顧榮以南金某疾抱支離材均擁腫進不能握蘭分竹綰銀黃於雲臺退不能絶粒茹芝煉金丹於地肺而出沒風塵之內淪漂名利之閒游無毛薛之交仕乏金張之援塊然獨處者一紀於兹矣然而日夜相代恐溝壑之非遥貧病交侵思薜蘿之可托常願處幽控寂追夏黃於商山樂道棲真從魯連於滄海豈圖語默易爽心迹難并題橋之恨愈深攀桂之情徒結是用絶深乾沒躭閱邱墳謁子將於南荆訪康成於北海西遊梁益效司馬王揚之風東入臨淄慕淳于管晏之智瞻言前古徒欲思齊俯惟當今空勞懷刺不意雲浮礎潤霜落鐘鳴揖郭泰於仙舟有道斯在賞殿明於樽俎盛德猶存雖雅調清歌誠寡和於郢路而庸音濫吹竊混奏於齊竽輕撮課囊揄揚盛德庶金波離畢零陵之石自飛瑶光建寅蕭邱之火漸爇學慚麟角德類鴻毛愧汗如漿憂心若厲謹啟

上廉使啟

賓王啟每讀書見古人負米之情捧檄之操未嘗不廢書輟卷流涕傷心何則情蓄於中事符則感形潛於內迹應斯通而悅帝力以栖魂情欣養素仰皇華而暢慮敢用披丹伏惟公源控玉輪激神濤而涵地基疏金闕架飛岊以韜雲泊乎鹿走周原霸燕圖於卽墨蛇分沛澤封漢爵於華城福祿攸鍾公侯必復炳靈丹穴習吉黃裳若乃峯秀學山列三墳而仰止瀾清筆海委九流以朝宗登小魯之山辯練光於飛馬臨大吳之國識寶氣於連牛垂秋實於

翰林絢春花於文苑清規湛秀照月旦而雕談素論凝元開夜光於妙辯既而業成麟角引茅茹而彈冠道映鳳池絢桃林而曳綬摛留皇鑒忠簡帝心奉職春宮標離光於青殿代工天府明台燿於紫宸故得龍紆垂光戢兩星而開照鶴蓋浮影翼五雲以連陰某大塊流形小人餘慶幸河神入昴映白榆以流祥江使負圖泛青蓮而薦兆薰風廣扇聖日多煇進不能高議雲臺談社稷之上務退不能銷形地肺揖箕潁之餘芳而出沒風塵浬淪名利十年無棣萬里惟桑既而日遠長安出蓬門而西笑雲飄吳會迴

松浦以南浮冀塵迹邱中絕漢機於俗網承歡膝下馭潘輿於家園不悟地絡退張維白駒於空谷天羅迴布弋黃鵠於高雲顧已駑鈍並從媒衒力農賤事未免東皋之勞反哺私情遽切南陔之詠少希顧復輒布悃誠雖嗤指思歸空軫倚閭之望而嚙臂求仕非圖高蓋之榮明公資孝履忠恕己及物惟幾成務論道經邦庶顧兔離箕動薰風於舜海從龍潤礎霈甘雨於堯雲則白羽書生自銘恩於食稻黃裳童子將賽德於餐花拜首迴惶傾心霡霂謹啟

上郭贊府啟

賓王啟側聞樞精嘯谷韻清瀨於鸞蘋震德昇乾霰元枝而布暖雖涸鱗濡沫尚觖望於鯨波而決羽搶榆頗思遷於鶯樹伏惟公瓊基疊秀積珠構於三龍玉翰鶯華煜瑤林於八桂仙飛有道縈河泛高尚之舟德驗通神靈策動幽明之鏡產耶溪而濯質霜鐔鄢豐匣之姿孕鍾嶺而飛華虹玉絢荊巖之氣松秋表勁翊楨霞而插極菊晚馳芳涵清露而炫沼鑒懸龍鏡明逸照於咸陽韻入鳧鐘驚洪音於長樂心源泛藻控鼇壑以朝宗情嶽披邐掩龜岑而作鎮惠牛曜辯鶩荀鶴於談叢揚鳳摛文詠鄴龍於筆海

故佐銅章於磬渚側扇文鰩之風貳墨綬於銅郊讚誘祥鸞之化絃揮單父弼清韻於嵇琴化洽中牟翊馴翬於潘雉加以延賓置驛接士軾廬採拔芻微邁欽賢於司馬提獎幽滯軼取俊於淳于某甕牖輕生席門賤品幸以參名比屋悅康衢以自娛預迹耦耕欣日出而知作又以家傳素業弋書林而騁志少奉庭訓馳文圃以遊魂至於白簡青箱頗測探其奥旨竹書石記亦幽求其邃原雖未能叫徹帝閽聲馳宰府而頗亦見推里閈譽浹鄉閭方今銀艚纏秋金壺應節叱墨翹足希造杖於一枝味道彈冠望橫

經於重席。不量庸昧。竊冀揚庭。伏乞恩波。暫垂迴盼。倘使陳留逸調。下探柯亭之篠。會稽陰德。傍眷餘溪之蔡。則迴眸之報。不獨著於前。龜清亮之音。誰專稱於往笛。雖滄溟遠量。敢不愧於牛涔。而嵩岱洪恩。終曾酬於蟻垤。輕喧視聽。憂讋惟深。猥瀆階庭。兢惶交集。謹啟。

上梁明府啟

竊聞薛邑聞琴。揖馮諼於彈鋏。夷門佇駕。顧侯嬴於抱關。何則。志合風雲。戴笠均乎乘馬。情諧道術。忘筌貴乎得魚。是用挹蘭言於斷金。效蓬心於匪石。庶清音動聽。賞流水於牙絃。妙思通神。叶薰風於郢匠。伏惟某公儀天峙構。層基控射牛之峯。浸地開源。驚濤疏釣鼇之浦。至夫封侯廟食。掩金張以騫翥。三主七公。罩袁楊而岳立。故得重規遠鏡。湛月露以流清。茂趾霞鋪。駕雲門而擢秀。若乃博聞強記。辨晉國之黃熊。將聖多能。識吳門之白馬。言泉潄迥。驚瀑布以飛瀾。文江瀹虛。涵濯錦而翻浪。於是功超食跖。位典烹鮮。水鏡澄瀾。照孤鸞之舞影。鳴琴動操。叶馴翬之雅音。既而盛德有鄰。佐皇華而省俗。居羣不器。扈輶軒而觀風。某疾抱支離。材均臃腫。自弱齡植操。本謝聲名。中年誓

心不祈聞達。始則執鞭爲仕。帝里希干祿之榮。次則捧檄入官。私庭庶代耕之樂。然而忠不聞於十室。學無專於一經。退異善交。進殊巧宦。搏羊角而遐翥。浩矣無津。附驥尾以上馳。邈焉難託。實欲垂竿投餌。晦名迹於渭濱。抱甕灌園。絕機心於漢渚。幸屬乾坤貞觀。烏兎光華。嵩山動萬歲之聲。德水應千年之色。雖無爲光宅。忻預比屋之封。而有道賤貧。恥作歸田之賦。明公顧盼成飾。咳唾爲恩。漏徽潤於江波。流末光於隣燭。幽禽遷木。侶丹山於帝梧。鳴石浮川。應黃鍾於僊管。敢布心也。詎能望焉。謹啟。謹按此據永樂大典本採入與今傳本詳略互異附載其後靈隱集上梁明府啟云昔者聞歌薛邑賞彈鋏於馮驩佇駕夷門揖抱關於侯子豈惟成風之斲妙思通神流水之絃清音入聽況夫志合者蓬心可采情諧者蘭味寧忘伏惟公儀天聳搆層基控射牛之峯浸地開源驚濤疏釣鼇之浦至夫封侯廟食掩金許以霞搴三主八公罩袁楊而岳立於是功超振鷺位典烹鮮水鏡澄瀾照翔鸞之舞影吟琴動揚叶馴雉之雅音既而盛德有鄰佐皇華而撫俗君子不器扈輶軒以觀風某蒲石橋還聲鄉蓬轉不叶十室無專一經攀驥逸而無由仰鵬飛而自失公顧盼成飾咳唾爲恩庶徽潤於江波蕣末光於鄰燭使幽禽遷木侶丹山於帝梧鳴石在川應黃鐘於僊管敢布心也詎能望焉謹啟

上吏部侍郎帝京篇啟

賓王啟。昨引注曰。垂索鄙文。拜手驚魂。承恩累息。楚翬丹賁。在荆南以懷慙。遼豕白頭。望河東而載恧。賓王散樗易

朽蟠本難容雖少好讀書無謝高鳳而老不曉事有類揚雄徒以易象六爻幽贊通乎政本詩人五際比興存乎國風故體物成章必寓情於小雅登高能賦豈圖榮於大夫蓋欲樂道遺榮從心所好非敢希聲刻鵠竊譽雕蟲至若資醜行以自媒衒庸音而苟進固立身之殊路行己之外篇矣君侯蘊明略以佐時虛靈臺以照物觀梁父之曲識卧龍於孔明聽康衢之歌得飯牛於甯戚是用異人翹首俊乂歸誠獨此疵賤之姿謬奉清通之盼雖仲由之瑟終闕響於邱門而宋玉之謳儻均音於郢路敢忘下里輕用

上呈庶道叶起予陳卜商之四始恐吾幾失子效然明於一言拜首增慙憂心如醉謹啟

欽定全唐文卷一百九十九

駱賓王三

代李敬業討武氏檄

僞臨朝武氏者性非和順地實寒微昔充太宗下陳曾以更衣入侍洎乎晚節穢亂春宮密隱先帝之私陰圖後庭之嬖入門見嫉蛾眉不肯讓人掩袖工讒狐媚偏能惑主踐元后於翬翟陷吾君於聚麀加以虺蜴爲心豺狼成性近狎邪佞殘害忠良殺子屠兄弒君鴆母神人之所共疾天地之所不容猶復包藏禍心竊窺神器君之愛子幽在別宮賊之宗盟委以重任嗚乎霍子孟之不作朱虛侯之

已亡燕啄皇孫知漢祚之將盡龍漦地后識夏庭之遽衰敬業皇唐舊臣公侯冢子奉先帝之遺訓荷本朝之厚恩宋微子之興悲良有以也袁君山之流涕豈徒然哉是用氣憤風雲志安社稷因天下之失望順宇內之推心爰舉義旗以清妖孽南連百越北盡三河鐵騎成羣玉軸相接海陵紅粟倉儲之積靡窮江浦黃旗匡復之功何遠班聲動而北風起劍氣衝而南斗平喑嗚則山岳崩頹叱咤則風雲變色以此制敵何敵不摧以此攻城何城不克公等

或居漢地或叶周親或膺重寄於話言或受顧命於宣室言猶在耳忠豈忘心一坏之土未乾六尺之孤安在儻能轉禍爲福送往事居共立勤王之勳無廢大君之命凡諸爵賞同指山河若其眷戀窮城徘徊岐路坐昧先幾之兆必貽後至之誅請看今日之域中竟是誰家之天下移檄州郡咸使知聞

兵部奏姚州破逆賊諾沒弄楊虔柳露布

尚書兵部臣聞北極列象六合奉天子之尊南面乘乾一統成聖人之業是知衣裳所會義有輯於殊鄰霜露所均誠兼育於異類故塗山萬國誅後至者防風丹浦一戎緩前禽者就日然則利弧矢以威天下法雷霆以靖域中四時行焉天道不能去殺五兵備矣皇業所以勝殘雖事切救焚苟順時以濟物恩深祝網不獲已而用兵伏惟皇帝陛下登翠嬀以握圖憲紫微而正象元功不宰混太始以凝神至道無名佇華胥而得夢闡文教以清中夏崇武功以制九夷環海十洲通波太液之水鄧林萬里交影甘泉之樹反踵穿胸之域襲冠帶以來王奇肱儋耳之酋奉正朔而請吏逆賊蒙儉和舍等浮竹遺種沈木餘苗邑殊禮

義之鄉人習貪殘之性日者王明廣燭帝道遐融頗亦削左衽而被朝衣解椎髻而昇華冕而豺狼有性梟獍難馴遂敢亂我天常變九隆而背誕負其地險攜七部以稽誅騷亂邊疆彼斁州郡是用三門授律長驅無戰之師五月渡瀘深入不毛之地去月二十一日軍次三胐崑崙鎮前後捕得生口知守捉山羌傍山連結十部蠻首徒五萬衆此山卽南郡中之巨防也岡巒千里西通大荒之郊溪谷萬重南極炎洲之境聳喬林而插漢陰兔有假道之標拔崇巖以隱天陽烏無迴翼之地峯危東馬路絕懸車賊踞臨仯之形負建瓴之勢徵風召雨蝟起蜂飛驅雜種以挺灾封狐千里肆沈黎而作孽雄虺九頭臣以爲制敵以權柔遠者祇成於德數伐叛以義決勝者不在乎干戈於是廣布朝恩恭宣帝澤申之以安撫曉之以存亡信重蠻陬無負黃龍之約賞隆漢爵不渝白馬之盟而地接冉駹詞屢殫於喻蜀俗通槃瓠聲不輟於吠堯臣遣左三軍子總管寧遠將軍前守右驍騎萬安府長史折衝都尉上柱國劉會基宰檢校果毅驍騎尉井陘縣開國男劉元暕等銜枚遠襲卷甲前驅偃危旆而設潛兵疑從天落乘間道而

掩不備若出地中又遣右三軍子總管明威將軍行右武衛翊府中郎將上柱國高奴弗率左武衛天水府折衝都尉張仁操等陟南山之南衝其要害之路又遣左一軍子總管前右金吾衛翊府左郎將上柱國孫仁感率衛尉府右果毅都尉王文雅等陵北山之北絶其飛走之塗賊首領楊虔柳諾沒弄諾覽斯等振螳螂之力拒轍當輪縱蚊蚋之羣彌山滿谷劉會基高奴弗孫仁感等並忠勤克著知略遠聞識明君之重恩輕生有地提太阿之神劍視死無時彎弧而兇黨土崩舉刃而妖徒瓦解雖危苕沸鼎未

窮梟首之誅救死扶傷猶致析骸之爨二十二日臣遣副總管兼安撫副使定遠將軍前左驍騎翊府中郎將令狐知通率右武衛良將壯府左果毅都尉韓惠德等擁貔豹之雄順天機而左轉遣管內安撫副使朝議大夫使持節守銀州刺史上柱國宜春縣開國男李大志率前左武衛靜初府右果毅都尉上柱國陳宏義等驅象犀之卒乘地軸以右廻又遣行軍司馬朝散大夫守嶲州都督府長史上柱國梁待辟率守右金吾衛宜昌府果毅都尉閻文成等總投石拔距之林蹈中權而拊其背又遣前守右威衛

龍西府果毅都尉康留買等騰躍鐵歎金之騎犯前茅而扼其喉臣等率守左衛清宮府左果毅許懷秀等橫玉弩以高臨縱金鉦而直進元雲結陣影密西郊赤堇揮鋒氣衝南斗飛塵坱而匝地白日爲之晝昏掃氛祲以稽天滄溟爲之晦色兵交刃接鳥散魚驚自卯及申追奔逐北斬首千餘級轉戰三十里激流膏而爲臬似變萇宏之血委亂骸而擠壑若泛鼈靈之屍旣而照盡高舂雲昏乙夜賊乃收集餘衆保據重巖臣度彼遊魂慮其宵遁使三軍齊進四面合圍二十三日乘魚爛之危啟蛇行之陣揚麾誓

衆杖節訓兵一鼓先登賞必懸於芳餌九攻棲律罪無赦於嚴誅五部雄林三河俠少或生居燕地尤工卽墨之圍或家本秦人早習昆明之戰叱咤則江山搖蕩慷慨則林壑飛騰舉鵬力以揚威燿犀渠而賈勇澄氛廓祲回夏景以潰春冰滅迹掃塵若霜風之捲秋籜戰踰百里時歷三朝前後生擒四千餘人斬首五千餘級諾沒弄楊虔柳等殞元行陣懸首旌門蒙儉和舍等委衆奔馳脫身挺險雖復刑以止殺丁壯咸伏於誅夷禮不重傷班白必存於寬宥昔魏臣賦蜀徒聞蒟醬之奇漢使開邛纔通竹杖之利

豈若膺紫泥而弔伐，指丹徼以臨戎，一戰而孟獲成擒，再舉而哀牢授首。斯並皇威遠暢，廟略遐覃，奉元猷以配天，徒知帝力；掩皇輿而闢地，豈曰臣功。無任慶快之誠，謹遣某奉露布以聞。軍資器械別簿條上。

兵部奏姚州破賊設蒙儉等露布

臣聞七緯經天，星墟分張翼之野；八紘紀地，炎洲限建木之鄉。西距大秦，雜金行而布氣；南通交趾，枕銅柱以爲鄰。俗帶白狼，人習貪殘之性；河淪赤虺，川多風雨之妖。水積炎氛，山涵毒霧，竹浮三節，肇興外域之源；木化九隆，頗爲

中原之患。年將千紀，代歷百王，鄭純之化不追，孟獲之風逾煽。故三年疲衆，徒聞定筰之譏；五月出師，未息波瀘之役。然則大人拯物，上聖乘期，法乾坤以握樞，體剛柔而建極。知仁義不能禁暴，設刑網以勝殘；知揖讓不可濟時，用干戈而靖亂。伏惟皇帝陛下祥摛戴玉，拓地軸以登皇；道契書繩，掩天紘而踐帝。元雲入戶，纂靈瑞於丹陵；蒼籙升壇，薦禎圖於翠渚。垂衣裳以朝萬國，崇玉帛而禮百神。昭儉防奢，露臺惜中人之產；宣風布政，明堂法上帝之宮。致羣生於太和，登品物於仁壽。四神踐雪，五老飛星。君囿祥麟，樂班文於仙卉；女牀鳴鳳，韻歸昌於帝梧。四隩同文，五方異色。鄧林萬里，繞疏苑囿之基；曾城九重，未出池隍之域。六合照臨之地，候月歸琛；大鑪覆載之間，占風納賮。蠢兹蠻貊，敢亂天常，橫赤嫖以疏疆，背朱提而設險。山林萬仞，巖邑千尋，望秦阜以相傾，嶠陵失四塞之阻；對梁山而錯峙，劍門成一簣之峯。自謂絕壤遐方，中外足以迷聲教；憑深負固，江山可以逃靈誅。不知玉弩垂芒，凶水無九嬰之沴；瑤階舞戚，洞庭有三苗之墟。臣等謬以散材，忝專分閫，自白招乘候，順秋帝以揚旌；絳節臨邊，通夜郎而解辮。

雲開萬穴，旆轉卭川，峻岐折坂之危，盡忘襟帶；滇池漏江之固，曾莫籓籬。唯逆賊設蒙儉等，未革狼心，仍懷豕突，陸梁方命，旅拒偷生。城接祠雞，竟無希於改旦；山多神鹿，終未息於擇音。臣以大帝宣威，有征無戰；明王仗順，先德後刑。宏聖澤於中孚，緩天誅於大造。庶南薰解慍，仰雲闕以翔魂；東律變音，扣轅門而頓顙。而祝禽疎網，徒開三面之恩；毒虺挻災，逾肆九頭之暴。乃鳩集餘衆，蟻結兇徒，儋耳椎髻之渠，千里霧合；鑿齒雕題之孽，一呼雲屯。凌石菌以開營，拒巖椒而峻壘。崇巒切漢，若登戴寶之山；絕壑憑霄

似瞰封泥之谷以前月十七日連營布陣踞險揚兵東西三十餘里馬步二十餘萬聚蚊蚋而成響聲若雷霆縱蛇豕以爲羣氣衝宇宙臣遣中郎將令狐智通等擁拔山超海之師當其步陣遣銀州刺史李大志等驅躍景騰雲之騎乘其馬軍遣嶲州都督府長史行軍司馬梁待辟等領勁卒三千絶其飛走之路遣臨源府果毅馬仁靜等勒精兵九百斷其潛伏之軍臣率行軍長史韓餘慶等負霸戈而直進指雲陣以長驅庶令斬馘七擒戰士挾雷公之怒伏屍百里蠻夷識天子之威於是三略訓兵五申誓衆先

登陷敵無遺大樹之功后拒亂行必致曲梁之罰楚人三戶蜀郡五丁氣擁元雲精貫白日喑鳴則乾坤搖蕩呼吸則林壑沸騰列旗幟以雲舒似長虹之東指橫劍鋒而電轉疑大火之西流刃接兵交洞胷達腋自辰踰午魚爛土崩沸殘息於層峯更切守陴之哭積圓顱於重阜殆成京觀之封唯賊帥夸千未悟傾巢之兆敢懷拒轍之心獨率馬軍憑川轉鬬驚塵亂起六合爲之寢光殺氣相稱四溟由是變色副總管李大志忠唯殉國義則忘軀臨危而貞節逾明制敵而神機獨遠丹誠自守雖九死其如歸白刃交前豈三軍之可奪投袂則妖徒霧廓搴旗而逆黨氷摧於是乘利追奔因機深入困獸猶鬬如戰廩君之魂窮鳥尚飛如驚杜宇之魄斬甲卒七千餘級獲裝馬五千餘匹僵尸蔽野臨赤坂而非遙流血灑途視丹徼以何遠首領和舍等並計窮力屈面縛軍門寬其萬死之誅宏以再生之路唯蒙儉脫身鋌險亘命窮山顧巢穴而靡依延晷漏其何幾況妖徒革面徼外非復他人部落離心舟中皆爲敵國贍言梟首指日可期凡在歸降隨事招撫與之經始復其故業首邱懷戀疑臨故國之墟安堵知歸似入新豐

之市然后班師遯水振旅禺山建鴻動於武功暢元猷於文教庶荒陬襲中邦之禮邊疆息外户之虞華封祝堯兆皇基於千載夷歌頌漢美王澤於三章宜與夫天帝前星廣賜秦公之冊坤元益地遙開王母之圖蓋亦有云曾何足紀斯並元謨廣運廟略遐覃一戎而荒景肅清再鼓而邊隅底定豈臣等提戈擐甲克全百勝之功仗節揚麾能通九變之策詣藁街而獻旅大帝成規聞杕杜以勞旋小臣何力不勝慶快之至謹遣行軍司馬朝散大夫守嶲州都督府長史上柱國梁待辟奉露布以聞軍資器械別簿

錄上

秋日於益州李長史宅宴序

夫以五岳棲真杳眇清溪之上六爻貞遁寂寥滄海之濱斯並激俗矯時獨善之風自遠懷材藴智兼濟之道未宏長史公元牝凝神虛舟應物得喪雙遣巢由與許史同歸寵辱兩存廊廟與山林齊致乘展驥之餘暇俯沈犀以開筵曲浦澄漪似對任棠之水芳亭輿洽如歸山簡之池加以秋水盈襟寒郊滿望洲渚蕭而蒹葭變風露凝而荷芰疎忘懷在真俗之中得性出形骸之外雖四子講德已頌

美於中和而五際陳詩未形言於大雅爰命虛誕題其序云弁側山頹自有琴歌留客操觚染翰非無池水助人盍各賦詩式昭樂事云爾

冒雨尋菊序

白帝徂秋黃金勝友解塵成契冒雨相邀問涼燠則鴻雁在天敘交游則芝蘭滿室砌花舒菊還同載酒之園岸葉低松直枕維舟之浦參差遠岫斷雲將野鶴俱飛滴瀝空庭竹響共雨聲相亂仰折巾於書閣行閱飄蕪把雅步於琴臺坐聞流水宇中蝌蚪競落文河筆下蛟龍爭投學海珠簾映水風生曳露之濤錦石封泥雨濕印龜之岓泛蘭英於戶牖座接雞談下木葉於中池廚烹野雁墜白花於濕桂落紫蔕於疎藤雖物序足悲而人風可愛留姓名於金谷不謝季倫混心迹於玉山無慙叔夜

晦日楚國寺宴序

夫天下通交忘筌蹄者蓋寡人間行樂共烟霞者幾何羣賢抱古人之清風翫新年之淑景情均物我緇衣將素履同歸迹混汙隆廊廟與江湖齊致於時春生城闕氣改川原聞遷鶯之候時行欣官侶見游魚之貪餌坐悟機心加以慧日低輪下禪枝而返照法雲凝蓋浮定水以涵光忘懷在真俗之中得性出形骸之外雖交非習靜多慙谷口

之談然醉可逃諠自得山陽之氣詩言志也可不云乎

餞宋三之豐城序

黯然銷魂者豈非生離之恨與帝里天津槐衢分黑龍之水巴陵地道楓江連白馬之門親友徘徊締歡言於促膝故人樽酒掩離涕於交頤於時晚吹吟桐疑奏別離之曲輕秋入麥似驚搖落之情白日將頹青山行暮想姑蘇之地夕露沾衣望吳會之郊斷風飄蓋嗟乎岐路是他鄉之

恨溝水非明日之歡玉斗臨吳太阿之氣可識金陵背楚小子之路行遙盡各賦詩式昭離緒

初夏邪嶺送益府竇參軍宴詩序

分首三春送君千里青山白日非舊國之春秋翠斝清樽是他鄉之盃酒況復圭峰南望切登高之情渭水北流動臨川之嘆於時寒光將歇春景未華殘雪飄花猶開六出輕氷涵影未解三川晨風軫孫楚之情岐路下楊朱之淚雖載言載笑賞風月於離前而一詠一吟寄心期於別後詩言志也可不云乎

秋日餞麴錄事使西州序

麴錄事務切皇華指輪臺而鳳舉羣公等情敦素賞臨別館而鳧分促樽酒而邀懽望山川而起恨於時露團龍隰雲斂雁天落葉響而庭樹寒殘花疎而蘭皐晚聞秋聲之亂水已愴分溝對零雨之飄風倍傷岐路五日之趣未淹蘭籍之娛二星之輝行照蔥河之境清飆朗月我則相思隴水秦川君方嗚咽行歌不駐遽驚班馬之嘶贈言可申聊振飛魚之藻人探一字一韻一篇

贈李八騎曹詩序

夫人生百齡促膝是忘言之契大夫四海交頤非贈別之資然而想山川之遽遙送歸將遠惜歲華之不待行樂無時是用輟征驂以少留敞離亭而多暇山芳襲吹坐疑蘭室之中水樹含香宛似楓江之上加以御溝新柳近入離絃賓館餘花遙催別酒既而榮波東注灞岸南登綠蟻傾而高宴終金烏落而離言促雖相思有贈終結想於華滋而素賞無睽盡申情於麗藻人為四韻各賦一言

揚州看競渡序

夏日江干駕言臨眺於時桂舟始泛蘭棹初遊鼓吹沸於

江山綺羅蔽於雲日㛹娟舞袖向綠水以頻低飄颻歌聲得清風而更遠是以臨波笑臉艷出浦之輕蓮映渚蛾眉麗穿波之半月靚粧舊飾此日增奇絃管相催茲辰特妙能使洛川迴雪猶賦陳思巫嶺行雲專稱宋玉凡諸同好請各賦詩云爾

秋日與羣公宴序

昔掛瓢隱舜蹈箕山而不歸解組逃齊泛滄波而長往咸用潛心物外撗影邱中豈若儗迹小山陶心大隱叶仲長之怡性偶潘岳之棲閑羣公或道合忘筌契金蘭而貴舊

或情深傾蓋披玉葉以交新於時玉女司秋金烏返照烟含碧篠結虛影於鱗枝風起青蘋動波文於翼態庭榴剖實擎丹彩以成珠岸石澄瀾泛清漪而散錦既而誓敦交道俱忘白首之情欸爾連襟共挹青田之酒不有雅什何以攄懷共引文江同開筆海云爾

聖泉詩序

元武山有聖泉焉浸淫歷數百千年垂巖泌湧接磴分流下瞰長江沙堤石岸咸古人遺迹也茲乃青蘋綠芰紫苔蒼蘚遂使江湖思遠寤寐寄託既而崇巒左峙石壑前縈

丹崿萬尋碧潭千頃松風唱響竹露熏空瀟瀟乎人間之難遇也方欲以林壑爲天屬琴樽爲日用嗟乎古今代謝方深川上之悲少長同遊且盡山陰之樂盍題芳什共寫高情

釣磯應詰文

余以三伏晨行至七里瀨此地即新安之江口也有嚴子陵釣磯焉澄潭至清洞澈見底往往有羣魚戲歷歷如水上行舟人有釣者試取餌投之或有游而不顧者或有貪而輒吞之者引竿而舉因以獲焉其始出也掉尾揚鬐有若恃力而自免其少退也則鼓鰓濡沫有似屈體而求哀嗟乎勢牽於人道窮乎我將欲以下座而歌馮子又安能中轍而呼莊周哉余乃祝之曰猛獸搏也拘於檻穽鷙鳥攫也縶於樊籠素龜靈也被髮河津白龍神也挂鱗且網何不泥潛而穴處何故貪餌而吞鉤乎於是放之江流盡其生生之理時同行者顧詰余曰夫至人之處世也擬迹而後投隱心而後動終始不易其業悔吝不乖其情而吾子沈緡於川登魚於陸烹之可以習政術羞之可以助庖廚曩求之將何圖今舍之將何欲余笑而應之曰聖人不

凝滯於物智士必推移於時知幾之謂神舍生之謂道殷乙聖也囚於夏矣孔某賢也畏於匡矣以明哲之賢尚罹幽憂之患況鱗羽之族能無弋釣之累哉故曩吾有心也恐求之不得今吾無心也既得之而亡求夫求與舍不亦雙美乎烹與羞不亦兩傷乎況療饑者半菽可以充腹爲政者一言可以興邦亦奚必因小鮮而後明三異之規勸大命而後寄一飧之飽擒而不殺可不謂仁乎獲而不饗可不謂廉乎且夫垂竿而爲事者太公之遺術也形坐磻溪之石兆應渭水之璜夫如是者將以釣川耶將以釣國

耶然後知古之善釣者其惟太公乎又有妙於此者其惟文王乎夫文王制六合爲鉤懸西伯爲餌薦之於清廟投之於巨川一引而獲太公再舉而登尚父由此觀之蹲會稽而沈犗者鮑肆之事也踞滄海而負鼇者漁父之事也斯並眇小者之所習安知大丈夫之所釣哉

祭趙郎將文

惟靈降精辰象委質昌期棄筆文場早徇封侯之志影纓武帳坐昇戎秩之榮屬滇浦挺妖昆明習戰應星文而動將奉天罰以揚威不能宏妙筭於五戎叶神謀於九變致

令王師失律兇狡憑陵嶲穴南臨同五溪之深入卭關北阻類雙崤之不歸亭候多虞故有負於明代春秋責帥豈無愧於幽途夫任賢與能明君之事也陳力就列忠臣之義也雖見危授命固誠節之有餘臨難權機何智謀之不足嗚乎哀哉某猥以散林謬專分閫途經夷落路踐戎場停疲驂於九原悲來有地痛遺骸於四野泣下無從暫輟征旅之勤爰崇掩骼之義庶幽靈有托梧邱息入夢之魂壯士不還薤露起送終之曲嗚乎九真邊徼萬里長安城危䟽勒山峻皋蘭因原爲隴卽壤成棺夕陰曦而平蕪晦秋風急而荒戍寒嗚乎哀哉異域幽埏但有新栽松柏他鄉古木非復舊邑枌榆感平生其若斯聊申絮酒倘聰明之不昧式薦箪醪

欽定全唐文卷二百

韋湊

湊字彥宗京兆萬年人永淳二年解褐婺州參軍六遷司農少卿加銀青光祿大夫開元時遷右衛大將軍封彭城郡公拜太原尹兼節度支度營田大使卒年六十五贈幽州都督謚曰文

諫征安西疏

臣聞兵者凶器不獲已而用之今西域諸蕃莫不順軌縱鼠竊狗盜有戍卒鎮兵足宣式遏之威非降赫斯之怒此

師之出未見其名臣又聞安不忘危理必資備自近及遠強幹弱支是以漢實關中徙諸豪族今關輔戶口積久逋逃承前先虛見猶未實屬北虜犯塞西戎駭邊凡在丁壯征行略盡豈宜更募驍勇遠資荒服又一萬行人詣六千餘里咸給遞馱並供熟食道次州縣將何以供秦隴之西人戶漸少涼州已去砂磧悠然遣彼居人如何得濟又萬人賞賜費用極多萬里資糧破損尤廣縱令必剋其獲幾何儻稽天誅無乃甚損請令計議所用所得校其多少即知利害況用者必費獲者未量何要此行頓空畿甸且上古之時大同之化不獨子子不獨親親何隔華戎務均安靖洎皇道謝古帝德慙淳猶尚綏懷不崇征伐有占風覘雨之客無越海踰山之師其後漢武膺圖志恢土宇西通絕域北擊匈奴雖廣獲珍奇多斬首級而中國疲耗殆至危亡是以俗號昇平君稱盛德者咸指唐堯之代不歸漢武之年其要功不成者復焉足比議惟陛下圖之

論謚節愍太子疏

臣聞王者發號施令必法乎天道使三綱敘十等咸若者善善明惡惡著也善善者懸爵賞以勸之也惡惡者設刑

罰以懲之也其賞罰所不加者則考行立謚以襃貶之所以勸誡將來也斯並至公之大猷非私情之可御故箕微獲用管蔡爲戮謚者臣議其君子議其父而曰靈曰厲者不敢以私而亂大猷也則其餘安可失哉臣竊見節愍太子與李多祚等擁北軍禁旅上犯宸居破扉斬關突禁而入兵指黃屋騎騰紫微孝和皇帝移御元武門以避其鋭親降德音諭以順逆而太子據鞍自若督衆不停俄而其黨悔非轉逆爲順或迴兵討賊或投狀自拘多祚等伏誅太子方自逃竄向使同惡相濟天道無徵賊徒鬬倒戈

之人侍臣虧陛戟之衞其爲禍也胡可忍言於時臣任將作少匠賜通事舍人内供奉其明日孝和皇帝引見供奉官等雨淚交集謂曰幾不與卿等相見其爲危懼不亦甚乎臣每思之不勝憤毒今聖朝雪罪禮葬謚爲節愍以臣愚識竊所惑焉夫臣子之禮嚴敬斯極故過位必趨蹙路馬芻有誅昔漢成之爲太子也行不敢絶馳道當周室之衰微也秦師過周北門左右免冑而下王孫滿猶以其不卷甲束兵譏其無禮知其必敗由是言之則太子稱兵宫内跨馬御前悖禮已甚矣況將更甚乎而可褒謚此臣所

未喻也以其斬武三思父子而嘉之乎然弄兵討逆以安君父可也當解甲於朝以請罪而乃欲因自取之是競爲逆可褒謚乎此又臣所未喻也將廢韋氏而嘉之乎然韋氏逆彰義絶雖誅之亦可也當此時也韋氏未有逆彰未爲義絶韋則母也太子子也豈有廢母之理乎且既非中宗之命而廢之是刦父廢母亦悖逆也可褒謚乎此又臣所未喻也夫君或不君臣安可不臣父或不父子安可不子借如君父有桀紂之行臣子無廢殺之理況先帝功格宇宙德被生靈廟號中宗謚曰孝和皇帝而逆命之子可

褒謚乎此又臣所未喻也昔獻公惑驪姬之譖將殺其太子申生公子重耳謂之曰子盍言子之志於公乎太子曰不可君安驪姬是我傷君之心也曰然則盍行乎曰不可君謂我欲弑君也天下豈有無父之國哉吾何行如之使人辭於狐突曰申生不敢愛其死雖然吾君老矣子少國家多難伯氏苟出而圖吾君申生受賜而死再拜稽首乃自縊其行如是其謚僅可爲恭今太子之行反是可謚爲節愍乎此又臣所未喻也昔漢武帝末年江充與太子有隙恐帝晏駕後爲太子所誅會巫蠱事起充典理其事因

此爲姦遂至太子宫掘蠱得桐木以誣太子時武帝避暑甘泉宫獨皇后太子在太子不能自明納其少傅石德謀遂矯節斬充因敗逃匿非稱兵詣闕無逆謀於父然身死於湖不葬無謚至昭帝時有男子詣北闕自稱衛太子制使公卿識視至者莫敢發言京兆尹雋不疑後至叱從吏收縛之或曰是非未可知且安之不疑曰諸君何患於衞太子昔蒯聵出奔輒拒而不納春秋是之衞太子得罪先帝亡不即死今來自詣此罪人也遂送制獄天子聞而嘉之曰公卿大臣當用經術明於大義者及後太子孫立爲

天子是曰孝宣皇帝太子方獲禮葬而謚曰戾今節愍太子之行比之豈可同年而語其於陛下又猶子也而謚爲節愍乎此又臣所未喻也昔項羽之臣丁公常將危漢高祖高祖謂之曰二賢豈相厄哉丁公乃止及高祖滅項氏遂戮丁公以徇曰使項王失天下者丁公也夫戮之大義至公也不私德之所以誡其後之事君者今節愍太子之爲逆復非欲保護陛下其可褒謚乎此又臣所未喻也陛下天縱聖哲所任賢明以臣至愚寧可干議然臣又惟堯舜聖君也八凱五臣良佐也猶廣聽芻蕘之言者蓋爲智

者千慮或有一失愚者千慮或有一得也故曰狂夫之言聖人擇焉臣輒緣斯義敢以陳聞願得與議謚者對議於御前若臣言非也甘受謗聖政之罪赴鼎鑊之誅仍請申明義以示天下使臣輩愚惑者咸蒙氷釋則無復異議矣若所謚未當奈何施之聖朝垂之史冊使後代逆臣賊子因而引譬資以爲辭是開悖亂之門豈示將來之法伏望改定其謚務合禮經其李多祚等罪請從宥免不謂爲雪以順天下之心則盡善盡美矣

請改義宗廟號疏

臣聞王者制禮是曰規模規模之興實由師古師古之道必曰正名名之與實固當相副其在宗廟禮之大者豈可失哉禮祖有功而宗有德祖宗之廟百代不毀故殷太甲曰太宗太戊曰中宗武丁曰高宗周宗文王武王漢則文帝爲太宗武帝爲代宗其後代有稱宗者皆以方制海內德澤可宗列於昭穆期於不毀稱宗之義不亦大乎伏惟孝敬皇帝位止東宮未嘗南面聖道誠冠於儲副德教不被於寰瀛立廟稱宗恐未合禮況別起寢廟不入昭穆稽諸祀典何義稱宗而廟號義宗稱之萬代以臣庸識竊謂

不可陛下率循典禮以闡大猷有司所議以致此失或虧盡善豈不惜哉望更詳議務合於禮

諫造寺觀疏

臣聞諸易曰何以守位曰仁何以聚人曰財然則非財無以建國國之府庫非自殖財還資於人賦斂而制也人之貲產非自然生勞筋苦骨竭力而致也人所以甘於征賦者知用之不爲私也資以散人人有何怨若乃用之或不節散之以非公旣盡而厚斂則人不堪命鮮不怨叛矣歷觀有先有天下者未嘗不以薄賦斂省徭役而興焉征稅

重人力殫而滅焉並詳諸載籍列爲龜鏡然曩以邊烽驟驚戎幕薦興每應機須頗傾帑藏臣竊計即時庫物如此嘗用略支一歲殊恐不足而觀寺興工土木所料動至巨萬更空竭之必不支年矣頃年天下災損流行乏絕稍多申奏相繼每延聖念總令賑恤更加賦稅則人交不堪衣食靡供調斂安出儻邊烽尚警戎虜南牧軍資糧用將何以濟乎此臣所以深憂也今營觀寺者蓋謂修德以禳災也以臣寡聞稽諸史冊人君修德有異於是昔殷大戊時桑穀生朝七日大拱太戊問伊陟陟曰臣聞天不勝德帝

其修德太戊懼早朝宴退務撫百姓三年遠方重譯而至者六十國桑穀日枯殷道中興此豈造寺觀哉宋景公時熒惑守心公召子韋而問焉子韋曰其禍當君雖然可移於相公曰相所以與理國者也曰可移於人公曰人死寡人將誰爲君乎曰可移於歲公曰歲饑人餓必死爲人君而殺其人誰以我爲君乎子韋曰君有至德之言三天必三賞君今夕星必徙舍君延二十一歲公曰子何知之對曰君有三善故有三賞星必三舍舍行七星星當一年君延年二十一矣果如子韋之言此由仁發於衷亦非造寺

觀也且修德者謂躋萬姓於仁壽不徇私於一已任忠直退諂諛省賦役也自陛下御極修之久矣何災不禳何祥不至而欲忽生靈之重命崇棟宇於空祠適足爲憂何益聖德此臣竊爲陛下不取也況道德之宗興乎元元皇帝其經曰聖人後其身而身先外其身而身存以其無私故能成其私此乃抱素守真薄以厚物輕稅節用清淨無爲之旨也今欲困人弊國峻宇雕牆思竭輸飾窮壯麗以希至道其可得乎近古以來修黃老術者漢之文景豈造寺觀乎惟寡欲清心愛人省費而時康俗阜海内晏然此得

之矣秦始皇規一身之樂志神器之危銳意神仙將圖羽化此失之矣伏願陛下究道家之旨備不虞之機緩非急之作務實府庫以育黎甿則實祚愈隆寰瀛永久矣臣伏見敕停金仙玉真兩觀以救農時可謂爲得矣今仍使司市木仍舊又大修觀内所費不停國用將空何以克濟支度一失天下不安

張泰

泰官耒陽縣令

學殖賦 以深根固柢無使將落爲韻

學者人之本也必資乎窮要道勵專心故假農以爲喻將克己而攸箴筆力載耕旣研精而不倦情田以耨將覃思而惟深懿茲善喻豐滋是務當勤勞而有獲豈滅裂而不固種德潛潤比土膏之勃興修業大成方雲稼之森布切磋討論將究其根孜孜而其功且倍矻矻而其教彌尊苟惰以自安則耒耜之用廢習而不輟則藨蔉之道存蘊經笥而煥乎旣庶成行業而油然實繁且夫以茲訓語譬彼樹藝學者在清其本末農者在立其根柢庶存心而有補期竭力而無替顧三冬之足用且俟經時異四體之不勤

而能望歲其道旣斁其志不渝自微至著生有於無厥修乃來類京坻之可積不思則罔同水旱之是虞原夫匪獨化人聿兼爲己寧徒取於披閱固可移於任使功成久習宋人之揠足傷事不兩全樊遲之學誠鄙稽其存於日省就此月將覩專專以開帙娩汲汲而築場勞而不怠焉奚必乎四之日祿在其中矣可期乎萬斯箱客有服膺糟粕惟善是樂恒慮失而不逮詎懷安而自若敢竊比於農夫懼見逢於搖落

蘇珦

珦雍州藍田人第明經調鄠尉垂拱初拜右臺監察御史累擢户部尚書賜爵河内郡公授太子賓客檢校詹事以老致仕開元三年卒年八十一贈兖州都督謚曰文

懸法象魏賦 以正月之吉懸法象魏爲韻

建皇極者存乎正名體元命者存乎作程彼宗周之創業遂體制而緣情職名六官必先庚而著令歷分三統因建子而爲正當是時也元律司候黃鍾紀月伊歲序之允初懿陽和之始發於是懸邦國之六典致象魏之兩闕俾萬人觀而取象罔敢逾越者也大矣哉示人有則布政惟時

旣當途而明矣亦浹日而斂之是則是效念茲在茲乃人君之大象諒王國之元龜是知象魏之章煥爲故實分章授事典司非一或以理象爲理人之規或以教象爲教人之術觀之者仰而可見從之者貞而且吉俯黃道而高懸與蒼龍而迴出法之不朽雖草創於前王體有可傳亦恢張於是日國家以務人爲本以施命爲先拱北極之六星庶官咸備張南端之雙闕舊典常懸是知大聖君臨名臣不乏欽承帝道足以爲法以之安人其國斯廣敢引此以爲喻亦因茲而取象懸法魏闕其教可以普施懸法禮闈

其人可以外奬夫然則青雲可期於影響

辛崇敏

崇敏高宗朝官戸部員外郎

對恤刑策

問易稱議獄書載恤刑人命所繫於茲爲重然姬旦制三典之宜蕭何定九章之律漢文除肉刑之科孝景減笞箠之令互相沿革雖復不同志在明威終資愼罰今旣道符太古德侔往初化越可封時當刑措專欲道德齊禮纔畫衣冠反樸還淳肌膚不慘復恐隨時之義革艾不足懲其

愆揆事立方赭墨無以防其僞歷代輕重捨用之規幸爲陳之何者便俗

對某聞天播四時資寒暑而成歲國持二柄愼賞罰而稱權然遂聽上皇異冠韠而知禁洎乎後葉迺黥刖以懲非故議獄緩刑著乎易象欽哉惟恤勒在虞書姬旦佐周量國政而爲三典蕭何輔漢取秦法而定九章逮文景仁明幾稱刑措減笞箠之令除肉刑之科降及當塗至於典午或遞相輕重筆削異端雖變易隨時各殊塗而並駕禁邪助禮乃一揆而同歸我皇叡哲欽明丕承寶祚道高連陸續邁羲軒元德潛通神功侔於造化損巳利物惠澤洽於含靈馭俗調風布春官之大禮明威止殺削秋荼之繁刑任臯陶以士師命定國爲廷尉惟明克允人自不偷比屋有可封之人道路無赭衣之伍納黎元於仁壽反旼俗於淳和蕩蕩巍巍無德而稱矣五刑八議金科玉條沿革合其規模損益得其輕重較如畫一法無二門用化洽於時雍將行之而不犯循之爲美改作非宜謹對

衛宏敏

宏敏顯慶元年官豫州刺史徙吳興遷右清道府率

對議漕運策

問昔在隋季厥庾空虛爰逮皇家京坻彌望旣乘前弊年蓄未登自東徂西依常運漕今送納之所物賤本州欲齎直買輸利益兼倍

對什一而稅布政之通規九稔爲儲經國之成務倉廩實而知禮夷吾之論有徵金湯守而惟粟墨翟之言無守昔隋季凋殘厥庾並竭洎皇明纘籙黎獻咸熙並孝弟力田信可封於比屋家給人足實委餘而棲畝於是上直常平將備水旱下斂薄賦以蓄京坻故遠近諸州隨方輸轉陸

輦車而接軫川漕引而連檣但六合時雍菽粟流而衍五錢標價水火埒其饒若政利從機惠美無費以送納之所物賤本州欲令齎直買輸不勞而益如愚管見竊未為宜何者任土税田定差於不刊之籍配租納税設條於惟行之令豈可取越公途苟從私益革送納之通式開買輸之權利者歟謹對

顧升

升顯慶時人

瘞琴銘 并序

嗚乎琴兮鼓者人亡則留為虛器友之樂盡將顧而生悲妻莊氏字清鄉明姿耀玉慧性旋珠垂髫而貞度山安待笄而麗辭泉涌蠶桑之暇癖嗜絲桐家有美林命工精斲音律既協性命相依年廿四歸余琴卽為媵春花芬而奏薰風秋月皎而操流水寢食與並好合彌篤纔及十年遽罹婉難春秋卅有四惜哉一息靡憑豈謂九原可作七絃無恙誰禁五内併傷乃以服御之具閉置高閣瘞琴於山巔殉所自也唯埋軫弛絃希聲於太古濡翰勒石歆恨以千秋銘曰

生不逢辰兮人物棄捐音徽不遠兮南山之巔銘幽表淑兮有待他年

題妻莊寧書心經後

檢遺篋感深意福無靈人先棄勒貞珉還資施

賀遂亮

遂亮顯慶中官侍御史出為陵州刺史

大唐平百濟國碑銘

原夫皇王所以朝萬國制百靈清海外而舉天維宅寰中而恢地絡莫不揚七德以馭遐荒耀五兵而肅邊徼雖質

文異軌步驟殊途揖讓之與干戈受終之與革命皆載勞神武未戢佳兵是知凶水挻妖九嬰遂戮洞庭構逆三苗已誅若乃式鑒千齡緬惟萬古當塗代漢典午承曹至於任重鑿門禮崇推轂馬伏波則鑄銅交阯竇車騎則勒石燕然竟不能覆鯷海之奔鯨絕狼山之封豕況丘樹磨滅聲塵寂寥圓鼎不傳方書莫紀蠢茲卉服竊命島洲襟帶九夷懸隔萬里恃斯險阨敢亂天常東伐親鄰近違明詔北連逆豎遠應梟聲況外棄直臣内信祆婦刑罰所及唯在忠良寵任所加必先諂倖標梅結怨杼軸銜悲我皇體

二居尊通三表極珠衡毓慶日角騰輝輯五瑞而朝百神妙萬物而乘六辯正天柱於西北迴地紐於東南若夫席龍圖褒鳳紀懸金鏡齊玉燭拔窮鱗於涸轍拯危卵於傾巢哀此遺昍憤斯兇醜未親弔伐先命元戎使持節神邱嵎夷馬韓熊津闕一字一十四道大總管左武衛大將軍上柱國邢國公蘇定方疊遠構於曾城派長瀾於委水叶英圖於武帳標秀氣於文昌架李霍而不追俯彭韓而高視趙雲一身之膽勇冠三軍關羽萬人之敵聲雄百代捐軀殉國之志冒流鏑而逾堅輕生重義之闕四字而難闕一字心

懸水鏡鬼神無以蔽其形質過松筠風霜不能改其色至於闕三字撫邊夷慎四知去三惑顧氷泉以表潔闕一字霜柏以凝貞不言而合詩書不行而闕三字將白雲而共爽與青松而競闕一字遠闕三字咸有慚德副大總管冠軍大將軍闕三字衛將軍上柱國下博公劉伯英上闕八字廊廟之材闕一字將相之器言爲物範行成士則詞溫布帛氣馥芝蘭績著旂常調諧律呂重平生闕三字輕尺璧於寸陰破鬼之勳常闕一字不足平闕一字之策闕一字未涉言副大總管使持節隴州諸軍事隴州刺史上柱國安夷公闕六字舉雄圖闕一字六藝通三略闕八字能令魏軍止渴無勞闕八字副大總管左領軍將軍金闕四字溫雅器識沈毅無小人之細行有君子之高風武既止戈文亦柔遠行軍長史中書舍人闕二字儀雲翹吐秀日鏡揚輝風偃搢紳道光雅俗鑒清許郭望重荀裴辯箭騰闕二字九流於學海詞闕一字發穎掩七澤於文闕二字太傅之深謀未堪捧轡杜鎮南之遠略猶可扶輪闕二字鳳池或淸鯨鼇邢國公運祕鑒總驍雄陰羽開偃月之圖陽文舍曉星之氣龍韜豹鈐必表於情源元女黃公咸會於神用況乎稽天蟻聚闕一字地蜂飛類短狐之舍沙似長

蛇之吐霧連營則豺狼滿道結陣則梟獍彌山以此兇徒守斯窮險不知懸縷將絕墜之以千鈞累碁先危壓之以九鼎于時秋草衰而寒山淨涼飆舉而殺氣嚴逸足與流電爭飛疊鼓共奔雷競震命豐隆而後殿控列缺以前驅沴氣祆氛掃之以戈戟崇墉峻堞碎之以衝闕一字監闕一字軍總管右屯衛郎將上柱國祝闕二字右一軍總管使持節淄州刺史上柱國闕一字元嗣地處關河材包文武挾山西之壯氣乘冀北之浮雲呼吸則江海停波嘯咤則風雷絕響嵎夷道副總管右武衛中郎將上柱國曹繼叔久預經

綸備嘗艱險異廉頗之強飯同充國之老臣行軍長史岐州司馬杜爽貭耀璿峯芳流桂畹追風籋電騁逸轡於西海排雲擊水搏勁翮於南溟驥足既申鳳池可奪右一軍總管宣威將軍行左驍衞郎將上柱國劉仁願資孝爲忠自家刑國早聞周孔之教晚習孫吳之書旣負英勇之林仍兼文吏之（闕一字）邢國公奉緣聖旨委以班條（闕二字）金如粟而不窺馬如羊而不顧右武衞中郎將金良圖左一軍總管使持節沂州刺史上柱國馬（闕六字）之（闕七字）之（闕七字）郡（闕一字）良邢國公（闕一字）奉神（闕二字）專節度或發揚蹈厲或後

勁前鋒出天入地之奇千變萬化（闕四字）之（闕一字）電發風行（闕四字）英聲載路邢國公（闕五字）甚投醪逆命者則肅之以秋霜歸順者則潤之以春露一舉而平九（闕三字）而掃三韓（闕二字）元之（闕二字）則千城仰德發（闕二字）之飛箭則萬里銜恩（闕六字）及太子隆（闕二字）王餘孝一十三人幷大首領大佐（闕七字）成以下七百餘人既入重闈並就擒獲（闕四字）載以牛車（闕薦司勳式獻清廟仍變斯獷俗令沐宏猷露冕褰（闕一字）先（闕三字）烹鮮製錦必選賢良庶使剖符績邁於龔黃（闕三字）高於卓魯凡置五都督卅七州三百五十縣戶廿四萬口六百廿萬各齊編戶咸變夷風大書（闕一字）觀（闕三字）所以旌其善勒辭鼎銘景鍾所以表其功（闕一字）州長史判兵曹賀遂亮濫以庸林謬司文翰學（闕三字）氣（闕一字）風雲職號將軍願與廉頗之列官稱博士猶（闕一字）賈（闕一字）之衞不以衰容猶（闕四字）戈（闕十字）九（闕十二字）乃（闕十八字）桑田同天（闕一字）永久（闕三字）島與日月長懸其銘曰

悠悠遂古（闕九字）化權輿（闕五字）歆（闕一字）居以糸以（闕一字）或畋或漁（闕九字）及（闕二字）代非一主揖讓唐虞革命湯武（闕五字）均九土屢擾干戈式（闕三字）未（闕一字）西（闕六字）我聖皇德叶穹蒼

（闕二字）千古（闕六字）遠徼遐哉大荒咸受正朔（闕三字）疆（闕六字）三光叛族障國憑凌水鄉天降飛將豹（闕一字）龍驤弓彎月影劍動星芒貔貅百萬電舉風揚（闕七字）桑氷銷夏日葉碎秋霜赳赳武夫明明號令（闕二字）廟（闕二字）齊軍政風嚴草衰日（闕二字）淨霜戈（闕十三字）勁巨（闕一字）授首逋誅請命（闕四字）邊隅（闕二字）嘉樹不薊（闕二十字）刊（闕三字）用紀殊功拒（闕三字）永固回地軸以無（闕一字）

淳于敬一

敬一永徽時人

王師德等造像記

大像主王師德成伏德夏侯雅沈端沈士公賈達張則劉客僧許士政封遐張苟子徐甑朱懷成難陁劉倫劉君闕一字賈奴奴程徹張徹張桂張表毛天生張端王愛竊聞無上慈尊隨緣演教廣開方便汲引羣迷故知極彼浮泡救斯沈溺若不示跡現容凡生何以歸仰爰暨夢靈西照象法東流或斲玉摸形或刻檀爲質今有洛陽鄉望父老等卅人並修因往刧生在太平思念大聖無由得覩遂謹於此堪敬造尊儀因山之固鐫瑩真容藉此莊嚴同希淨境

庶使城空芥盡福智常流刦石衣銷法輪常轉不因刻勒何以紀功冀盛德長存芳徽永著其上資皇家下沾靈識詞曰

闕一字理幽元眞趣無形相有分別事闕一字化城鄉中高士邑里達人心樂三寶情捐六塵優遊智岸葳蓉法津愛闕一字斯錮闕二字方新

沈成福

成福永徽時人

議移睦州治所疏略

州城俯臨江水先是江皐磽确崎嶇不平展拓無地置州築城東西南北縱橫纔百餘步城内惟有倉庫刺史宅曹司官宇自司馬以下及百姓並沿江居住城内更無營立之所每至夏中江水泛漲浸没年別修理夫役極多補整之間實大勞敝欲求移轉更無去處今歲夏水又湮江岸崩頹道路斷絶附郭雉山縣置在州東更甚卑下曾經大水漂失蓋藏屋被浸没一州管三萬餘戶置州西界州西惟有四鄉其桐廬等縣並在州東水陸兩途二三百里江山險阻已極艱虞加之夏雨暴至進退不能前有待死桐

廬縣令先後三人皆爲赴任上州並遭没溺言之可痛聞者傷心是以建德等三縣在州東者官人百姓並請移州就建德道里稍平輸納租庸沿江甚易空船歸棹遲亦無妨其建德地形高爽當三江之口五縣之中近歲以來不曾遭水若許移州治並移雉山縣入州舊城亦得牢固旣益公私不敢隱蔽

豆盧暕

暕龍朔朝官司宰寺丞

釋道拜君親議狀

竊以釋門垂範，義在沖虛；道家立言，理歸損挹。豈自矜尚，然後為高。事如祕閣局議中彈若乃君臣父子之儀，尊卑貴賤之序，與夫儒教，分路同趨。但緇服黃冠，未通正法；真言淨戒，莫能堅受。惟憑衣鉢，以自尊崇。彈曰：經稱袈裟者諸佛幢相，又言同于佛塔。鉢盂應法之器，自古諸佛皆用此器。故十輪經云：象王見獵師著袈裟，敬故自拔其牙與此獵師。又四分律云：大律娑伽陁伏毒龍，置於鉢中。是知應器法衣，其功不小。法服之貴，何事深疑。且負版晁衣，仲尼猶敬；矧茲器服，而不尊乎？謙撝之道既虧，熏修之行彌失。然則尊嚴之極，本屬君親；資敬所歸，道俗何別。上動皇鑒，下擇蒭詞，改而更張，請遵拜議。

謹議。